U0107430

孫啓治　陳建華　編撰

中國古佚書輯本目録解題

圖書在版編目(CIP)數據

中國古佚書輯本目録解題 / 孫啓治,陳建華編撰
. —上海：上海古籍出版社，2023.5
ISBN 978-7-5732-0656-5

Ⅰ.①中… Ⅱ.①孫… ②陳… Ⅲ.①古佚書－圖書
目録－中國 Ⅳ.①Z839.2

中國國家版本館 CIP 數據核字(2023)第 054166 號

中國古佚書輯本目録解題

孫啓治　陳建華　編撰
上海古籍出版社出版發行
（上海市閔行區號景路 159 弄 1-5 號 A 座 5F　郵政編碼 201101）
(1) 網址：www. guji. com. cn
(2) E-mail：guji1@guji. com. cn
(3) 易文網網址：www. ewen. co
常熟人民印刷有限公司印刷
開本 890×1240　1/32　印張 23.25　插頁 5　字數 911,000
2023 年 5 月第 1 版　2023 年 5 月第 1 次印刷
ISBN 978-7-5732-0656-5
K · 3348　定價：138.00 元
如有質量問題,請與承印公司聯繫

序

　　大凡世上的事難做，不外乎三種情況：沒有做這事的能力，則一切無從談起；有能力做了，但缺少必須具備的工作條件，則無從着手；有能力又有工作條件了，却怕吃苦，嫌不"合算"，因而懶得去做，則事情還是不成。所以，能做、有條件做、不怕做，三者缺一，世上的難事永遠是做不成的。回想二十多年前我們編著這部解題目録的情景，不免説了上面幾句感嘆的話。我們寫這篇自序，是想説清楚我們怎麼會編著這部書，抱着什麼樣的想法去做，是怎樣做的，以及存在什麼不足之處。倘若讀者知道這些，相信有助於了解和利用本書。

　　上世紀一九八六年，我們都在上海圖書館當時的古籍部工作。我們有一股熱情，覺得應該把這股熱情投入到古書堆中，做些踏實的、有助於古籍整理的事，這樣比較有實際意義。就在這年春，中華書局當時的副總編陳金生先生同我們聯繫，問我們是否願意參加編纂一部中國古佚書目録的工作。我們考慮後，同意參加。這部目録，原來打算由上海圖書館和北京圖書館（即今國家圖書館）進行南北分工合作，後來因要尋找合適的人選，拖延了一陣，最後決定全由我們來做。本來是兩家參與的項目，現在落到我們兩個人肩上，題目大了些。考慮再三，我們提出如下的建議：一、出於實用目的，可縮小收入範圍，把"古佚書目録"改爲"古佚書輯本目録"，因爲没有輯本的古佚書，恰似水月鏡花，目録内容雖增大很多，不過是畫餅充饑；二、同樣出於實用目的，把佚書的時代限定於隋代之前，因爲隋前的佚書是前人輯佚的重點；三、所收書包括佚書的輯本和現存書佚文的輯本，同時對輯本做考證和比較。如果説第一、二兩條是考慮到爲我們自己減輕工作負擔,那麼第三條却是把書名目録擴大爲解題目録,絶對是給自己增大工作量。這三條建議都爲陳先生接受,接下來就是靠我們自己"孤軍作戰"了。

第一步怎麼做? 那個時代我們没有計算機,當然是手工建立一套工作用的卡片目録。這不僅僅是查找相關的資料目録照抄在卡片上,然後根據內容分類,再按照版本時代排列一下就行了。因爲有些輯本從書名上看不出是輯本,需查核;有些輯本書名不同,實際上是同書異名,也要查核;有些輯本根本不是"書",而是以卷、篇甚至卷、篇中之一部分等形式存在於某書中,僅從現有目録上不可能看出,只有自己動手翻檢原書;有些輯本雖輯者不同,但是有承襲關係,也要查清,以便在目録編排上有所反映;有些單行本的書,內容爲幾種佚書輯本的合集,自然要分别著録,凡此種種,都不能靠"照抄"來建立我們的卡片目録。我們目録的分類和著録方式基本按照《中國叢書綜録》,對於"善本"的搜集主要根據《中國古籍善本書目》(包括當時已出版的經部和待出版的徵求意見稿)。但在著録方式上,有時不得不打破傳統,作些變通,因爲傳統的著録方式是以整部的書爲單位,而我們的目録所收不完全是整部的書,這在《凡例》中已有交待。現在回想,五年來以業餘時間埋頭勤幹,其中花了將近兩年時間建立這套卡片工作目録,才爲下一步的工作打下了基礎。

在編著這部目録之前,我們想過,工具書是爲讀者利用而作的,如果我是讀者,希望從這部目録中了解到什麼呢? 首先要知道佚書及其作者的有關情況,其次要知道已有的輯本中哪種較好。爲此我們决定給目録作解題,盡可能爲讀者提供相關的信息。本書的解題,對佚書和著者的情況以及與輯佚有關的問題,前人已作了考證則加引述;如果有些問題據我們當時所能看到的資料尚未解決,或者我們雖引述了前人的説法但不一定正確,就置之存疑,間或也提出我們的意見供參考。此外我們還對各輯本作了比較,包括佚書的輯本和現存書佚文的輯本,相信是讀者希望了解的。判斷輯本優劣的標準涉及到好幾個方面,但最基本的有兩條,一是所輯佚文的數量和採摭範圍的大小,二是所據資料是否可靠。一種輯本,儘管輯者對佚書的内容、體例以及作者等情况考證詳細，但佚文的數量和採撫範圍都有限，遺漏較多，或者依據的資料有問題，那麼作爲佚文的輯本就没有什麼大的利用價值；反之，如果所輯佚文比較完備，依據的資料也大致可信，那麼即使在佚文編排上不完全符合原書體例，字句的校勘上存在一些問題，這個輯本還是有較大的利用價值。有鑒於此，我們就依據上述兩個最基本的標準去衡量和比較輯本。

關於輯本所依據資料的可靠性，舉例説明如下：

例一　今本《尚書》爲唐代改字本，是假托漢代孔安國作傳（即注解）的僞古文本，滲入了魏晉間人所作的二十五篇僞古文經，所以無論内容和文字都同先秦的古文本有差異。先秦《古文尚書》至少在晉代就已亡佚，自《隋書·經籍志》以下所著録的《尚書》都是僞古文系統的本子。清代馬國翰輯有《古文尚書》三卷，他主要根據漢許慎《説文解字》、唐陸德明《經典釋文》、北宋初郭忠恕《汗簡》、日人山井鼎《七經孟子考文》四种資料。《經典釋文》以下三書所引“古文尚書”，全部是所謂“隸古定”本（是唐代改字本即今本的前身），“隸古定”本出現於魏晉之際，對於研究《尚書》版本及其文字演變有價值，但是絶對不能視之爲先秦的古文本，所以這三种資料不可信。至於《説文解字》，則確實收入一些《古文尚書》的字體和文句，因爲漢代還存在先秦古文系統的本子，大致到漢末魏初還有學者研究過。但是，許慎自序説：“其偁《易》孟氏、《書》孔氏、《詩》毛氏、《禮》、《周官》、《春秋》左氏、《論語》、《孝經》，皆古文也。”可見《説文解字》所舉“古文”字體來源不一，並非都出於《古文尚書》。况且“其偁……《書》孔氏……皆古文也”，不過是説，所引《尚書》文句出於孔安國本的則爲古文本，並非指所引的《尚書》文句均來自孔氏古文本，例如人部“假”字下云“《虞書》曰：假于上下”，其實是引漢代今文《尚書·堯典》文句作爲“假”通“徦”的例證。如果將許慎所引的《尚書》文句以及泛稱“古文”的字體不加辨別地輯入，再把《經典釋文》等三書所引混入其中，這個《古文尚書》輯本自然不可信。（參看本書經部書類《古文尚書》條解題）

例二　《莊子》是一部對後世影響深遠的先秦子書，歷代文人學者都愛讀,但據《漢書·藝文志》,今本亡佚十九篇。從宋代王應麟起直到民國以後,都有人在搜集《莊子》的佚文。其中明人陳治安的輯本是在王應麟輯本的基礎上擴增採摭範圍的。王輯佚文的採摭範圍和數量固然有限,而且又不注明出處,但陳輯增採的書有漢代嚴遵的《老子指歸》,把該書裏面不見於《莊子》的"莊子曰"大段文字都輯入。其實此"莊子"不是彼莊子,就是作者嚴遵本人,是後漢人爲避漢明帝諱改"嚴子"爲"莊子"。(參看本書子部先秦諸子類《莊子逸文》等條下解題)

以上兩例都是簡單明顯的例子,實際上,我們在工作中遇到的情況有些比這更为複雜,許多問題牽扯到一起,這在解題中有所反映。但就算上面這樣簡單的例子也足以説明問題,即如果輯本採摭所依據的的資料不可靠,那就不必論及其他了。

對某一佚書的不同輯本,想知道哪種本子所輯佚文比較完備,則没有捷徑可走,只有將各輯本攤開在案頭,通前徹後地對照。由於不同輯本的體例和編排方式有所不同,有些輯本只是簡單地羅列佚文,有些則將佚文綴屬成整篇,有些則根據佚文的内容分類編排,有些則根據資料所載的原書篇目將佚文散入各篇中。因此,同一條、同一段佚文在各家輯本中不僅排列次序不全同,而且可能收入到不同的類目或篇目中。問題還不止於此,一些佚書的流傳情況很複雜。比如最先是幾本書,後人合併爲一書。又比如原先是一本書,其後有人給書作注釋、增補,結果呢,或者是原書和注釋、增補合爲一書流傳,或者是原書和注解、增補各自單行。這些錯綜複雜的情況會造成歷代著録書名的差異,前人引用時稱名也不盡同,於是後人的輯佚有合數書輯爲一書的,也有以一書分輯爲數書的,表面上看題名互異,實際上所輯的内容互相關聯,不宜分割。所以對照輯本也得注意各輯本的分合關係,免得校對時顧此失彼,得甲忘乙,誤以爲輯者有漏略,而其實是該輯者另有所輯。當我們在解題中説某輯本較爲完備,那都是把相關的輯本收攏在一起,羅列案頭,翻前檢後,逐頁逐條校對後得出的結論,並舉例證説明。有時前人也提到某輯本"較善",但一經核對,並不是那麼一回事。假如不注意輯本的體例不同,輯本對所輯佚文的編排不同,輯本的分合不同，隨便對照幾頁便草率下結論，那多半靠不住。我們下斷語總要在全面對照輯本條文之後，而不敢依傍前人的結論，其原因就在此。

這部輯本目録收入了一些善本，大多爲清代的稿本、抄本和批校本等等。假如讀者以爲這些善本的利用價值一定都較高，那是誤解。稿本、抄本和批校本等主要因爲罕見，所以稱爲"善本"，不是指它們内容就一定"善"。實際上，就我們所目驗過的這些稿本、抄本和批校本的輯佚質量來看，雖然不能一概而論，但可説多數不及已刊行的輯本，這在我們的解題中也談到，當時我們私下戲稱爲"善本不善"。輯本之善本所以至今没有刊行，原因種種，其中也難免是由於作爲輯本來説利用價值不大，否則總會有些書早被人刻印傳佈的。就佚書輯本而言，它的價值應該體現在内容的翔實以及所據資料的可靠，而不在於版本的珍稀。這可以説是我們對輯本版本的一種有悖"常理"的經驗之談。

宋鄭樵在《通志·校讎略》提出"書有名亡實不亡"，並舉例説到漢鄭玄的《三禮目録》雖亡佚，但唐人作三《禮》疏已將此書分别録到三《禮》各篇篇題下，所以説其書實際仍存。這個説法雖然没有考慮到具體問題，畢竟前人所引不能代替原書（清章學誠就非難過，見章氏《校讎通義》卷一《補鄭第六》），但鄭樵的提示還是給後人的輯佚指出了門徑，即許多佚書經前人引用還散見於各種現存的古文獻中，後來宋王應麟開輯佚之先河，便是走的這個路子。也有人説輯佚並非自王應麟始，清葉德輝就認爲始於宋陳景元的《相鶴經》（見《書林清話》卷八引宋黄伯思《東觀餘論》卷下"跋慎漢公所藏相鶴經後"條）。但論到對後世輯佚的影響，當推王氏。總之輯佚是由宋人開始的，宋人開其端，明人承其緒，而輯佚真正達到鼎盛是在清代，並發展成爲專門的學問。清代的輯佚成就之所以超越前人，是受了樸學風氣的影響，又被《四庫全書》從《永樂大典》中輯録佚書所推動。乾隆時官修《四庫全書》，從《永樂大典》中輯出的佚書達三百七十餘種，不過《永樂大典》所載僅限於明人所見之書，明代已經亡佚的古書仍付闕如。所謂"上爲之，下效之"，乾嘉以降，清代學者主要就針對明代已經亡佚的古書來輯佚，而又以隋前古書爲重點，成績斐然。如果説清人早期輯佚還是沿襲隨文抄録的舊法，那麼後來就逐漸走出了一條輯佚加考證的新路子，佚文成爲考證的資料，考證又提高輯佚的質量，兩者相得益彰，最終還出現了佚書輯本的注釋本。清人的這些成就對後世輯佚學的影響一直延續至今。

我們這部目録，是想把以清人爲主的前人輯佚成果作一個初步的歸納。由於我們的學殖與精力有限，也由於客觀條件的制約，這個歸納並不完備，存在諸多不足。例如，目録收入的少數輯本藏於外單位，未經我們過目，其內容如何無法介紹；對佚書及其作者，我們雖然參考了許多資料，但當時還有一些資料無法找到，更無法利用國外的論著；國內對輯佚學的研究今天有了新發展，考古工作也發掘出新的出土文獻，當時都不及利用此類後來發現的資料，這些都造成解題的信息量不足。又例如，前人雖提到有某輯本，當時經調查還不能確定該輯本是否存在，故不著録；有些書藏於外單位，而僅根據書名無法確定是否是輯本，爲了謹慎起見，寧缺毋濫，也未著録；前人的輯佚有些不是"書"，而是單篇或零札筆記之類，多散見於文集、筆記、雜誌中，對此類零碎的輯佚我們雖著録了一些，但很不完備，因爲這需要做大量的原始調查，而以區區兩人之力實難做到；清人對史書經籍志、藝文志所作考證和補録之類的著作中，有時也附録幾條佚文，目的不在輯佚，而在舉證，且佚文與作者論述又交融在一起，我們也未著録；搜集佚書輯本，主要根據上海圖書館的館藏，上圖的古籍藏書量在國內雖屬最富之一，但肯定不比全國各單位的總藏量，而至少在當時還沒有一部完備的全國普通古籍藏書目録可供參考，搜集面必然受到限制，難免有所遺漏；所收輯本的版本年代下限定於一九四九年（雖然在解題中提到個別一九四九年後新出的輯本），另外也沒有收入國外出版的中國古佚書輯本。以上種種原因，使本目録的著録不盡完備。不過就清代以上的國內輯本而言，重要的輯本這部目録大體上都收入，包括佚書輯本的注釋本。

有一個問題這裏要説明一下，本目録收入的個別佚書輯本，由於後來地下文獻的出土，在今天已經不能稱爲"佚書"。那麼是不是説這些輯本就沒有利用價值了？當然不是。因爲出土文獻大多不完整，在篇幅和字句上都有殘缺，只能稱爲殘本，而前人輯本對殘本內容的補充和文字的校勘、訂補都很有用。東漢經學家鄭玄，後人對其著作有專門研究，稱爲“鄭學”。鄭氏的著作除了三《禮》注和《詩》箋之外，大多亡佚，包括《論語鄭氏注》。清代學者對《論語鄭氏注》的輯佚可謂不遺餘力，從前人經疏、史注、類書、字書中廣徵冥搜，成績出衆。但二十世紀初敦煌發現了《論語鄭氏注》的幾件唐寫本殘卷，二十世紀六七十年代吐魯番又陸續出土了唐景龍四年卜天壽寫本等幾件殘卷，匯總一起，大致保存了從《爲政》到《憲問》十三篇內容，佔全書半數以上，鄭注《論語》已經從“佚書”變爲殘本。但是，這十三篇以外的內容，以及十三篇中的殘缺文字和訛誤，都可以利用前人輯本來補充、糾正。一九九一年十一月出版的王素《唐寫本論語鄭氏注及其研究》（我們未及見，當年三月我們的書已經脫稿），匯總刊佈了這十三篇殘文，並寫了細緻的校記，堪稱精審，但這必然會利用到前人輯本，而前人輯本中還有這十三篇以外的內容尚待利用。舉此一例，可概其餘。

　　清代樸學家俞樾曾重編過武俠小説《七俠五義》，他在序中説：“今人學問遠不如昔，無論所作詩文，即院本傳奇、平話小説，凡出於近時者，皆不如乾嘉以前所出者遠甚。”俞樾以爲不僅做正經學問今不如昔，就連市井説唱文學、通俗小説都遠遜於乾嘉以前的人。這話是在光緒十五年説的，是真實對比後的感受也好，還是有感於當時西學東漸、傳統學術漸趨式微也好，總之是片面的牢騷話。時代在發展，人們總要學習新的東西，同時也會忽略或者捨棄舊的東西，此爲勢所必然。就今日而言，從傳統學術上看，確有不如前人之處，這也不必諱言，然而從學問總範圍看，今人所學所知則大大超過前人。但對於二十年前的我們兩個作者則不同，我們做的是舊傳統範圍內的“學問”，而且不是“坐而言”地發表論文，是“起而行”地去幹，深深感到真動手做起來，到底還是如俞樾所説的“今人學問遠不如昔”。更何況古佚書專題目錄方面未見前人有所撰述，鮮有借鑒，如此則篳路藍縷，僅爲草創伊始，大輅椎輪，終待後來之功。然而話又説回來，不學不做，永遠“今不如昔”。今天這個信息時代，一部《四庫全書》都能壓縮到一二張小小光盤上，輕點鼠標一搜即得，這不要説古人做夢不敢求，就我們那時的條件也遠遠比不上現在。所以只要好學勤做，踏實地幹而持之以恆，未必在傳統學術上總是落後於前人，缺乏的不全是條件，更是一種精神。中國古佚書的内容包羅萬象，前人特別是清人在輯佚上花了很大功夫，後來者如能對他們的成果加以整理和利用，在弘揚中華傳統文化上開闢一條新路，是爲盡後死之責。

　　本書原名《古佚書輯本目錄（附考證）》，一九九七年由中華書局出版。上海古籍出版社有鑒於此書在今日還有些利用價值，承蒙王興康社長大力支持，予以重版，改名《中國古佚書輯本目錄解題》。我們除了對此由衷致謝外，不免仍有遺憾——這部目錄畢竟編著於二十多年前，不足之處有待彌補，内容有待擴增，而我們已經沒有精力再幹了。我們真的希望，有志者繼而起之，以這部目錄作爲墊脚石，編著一部更爲詳明實用的新目錄取而代之，那實爲學術界的一件幸事。

　　本書承陳雅先生編制書名、作者索引，方便讀者查檢，在此致謝。

孫啓治　陳建華

二〇〇九年元月

凡　例

一、本目録專收先秦至南北朝佚書輯本及現存書佚文輯本，凡屬公元一九四九年以前之版本皆予著録。所收佚書以載籍有明徵者爲限，經部酌情放寬。

二、目録依經、史、子、集分部。每部之佚書按其科目或體裁以類相聚，並依作者時代先後排次。唯經部之排次兼顧經學之學派及師承，史部則兼顧所紀之史事，俾便統覽。

三、凡同一佚書有不同輯本，分條列目。爲求各輯本轉承關係之明瞭，兹依下列方法排次：

甲、輯者獨力採輯成書，於他人輯本無所依傍者，視爲母本。凡母本皆按版本先後排次。

乙、輯者言明據他人輯本補闕、增訂、改編者，視爲子本。凡子本皆列於所據母本之後。子本有不止一種者，亦按版本先後排次。

丙、輯者實於他人輯本有所承襲，而未言明，則仍視爲母本，注中說明其承襲何本。

四、佚書書名之著録，據輯本書端原題。編者如於書名有所擬加，擬加之文字置方括號内。佚書作者之著録，依輯本原題，編者如有所改動，則原題置圓括號内。書名及作者名稱因輯者避諱而改字，則徑回改。

五、凡輯者言明其輯本全襲他人所輯，則輯者之著録徑題原輯者。

六、同一輯本，因版本不同而書名、卷帙有異，則以版本最早者爲主條目，其餘依次換行移後一格著録，並省略作者與輯者名稱。

七、輯本版本之著録，單行本列前，叢書本列後，均以年代先後爲序。

1

年代不詳者置最後,稿本則列於首。凡叢書本僅注叢書書名及輯本所在之部類,叢書版本統見書後所附《叢書版本表》。如叢書版本不一,而目録所收之輯本僅爲一種版本所有,則叢書書名後加圓括號注明版本。朱彝尊《經義考》、馮惟訥《詩紀》、嚴可均《全上古三代秦漢三國六朝文》、丁福保《全漢三國晉南北朝詩》雖非叢書,爲避免重複著録,其版本亦略去,附見《叢書版本表》。

八、凡批校本及單行本屬善本者,均加方括號注明藏書單位,如爲多家所藏,僅舉二家,並加"等"字樣。

九、輯本有爲某書之一篇者,或爲某書某卷之部分者,或爲某書之附録者。此等輯文之著録,書名項不題卷數,版本項列某書書名及輯文所在之卷次或卷題,並加圓括號注明該書之單行本版本。如有叢書本,則另行換行著録,叢書書名後亦列某書書名及輯文所在之卷次或卷題。唯《清經解》及《清經解續編》所收各書無單獨卷數,僅有叢書總卷數,故書名後加圓括號分別注明《經解》、《續經解》刻本與石印本之輯文所在卷次。例如:

尚書大傳　(漢)伏生撰　(清)孫志祖輯
　　讀書脞録續編卷一(清嘉慶五年刻本、民國二十年中國書店影印嘉慶本)
　　皇清經解續編·讀書脞録續編(刻本卷四百九十三、石印本卷六十三)

十、本目録附有"注"一項,主要内容爲:一佚書作者簡歷,二佚書之歷代著録,三同書各輯本内容之比勘及對其輯文優劣之考證與評價。凡現存書佚文輯本,不作一、二項説明。又輯本未經過目者,不加評價。

十一、注中引史書藝文志,統用省稱如下:《漢書藝文志》稱《漢志》,《隋書經籍志》稱《隋志》,《舊唐書經籍志》稱《舊唐志》,《新唐書藝文志》稱《新唐志》,《宋史藝文志》稱《宋志》。又《舊唐志》、《新唐志》連舉稱兩《唐志》,《隋志》、兩《唐志》連舉稱《隋》、《唐志》。其他古籍用省稱者,或屬通行慣稱,或因上文舉全名而省,望而即知,不煩枚舉。

十二、爲便讀者檢索,書後附人名索引及書名索引。

目　　録

序 ·················· 1

凡例 ················ 1

經部 ················ 1

　易類 ·············· 3

　書類 ·············· 31

　詩類 ·············· 44

　周禮類 ············ 60

　儀禮類 ············ 65

　禮記類 ············ 75

　通禮類 ············ 83

　樂類 ·············· 88

　春秋左傳類 ········ 91

　春秋公羊傳類 ······ 100

　春秋穀梁傳類 ······ 104

　論語類 ············ 109

　孟子類 ············ 119

　孝經類 ············ 123

　爾雅類 ············ 128

　羣經總義類 ········ 136

　小學類 ············ 146

　讖緯類 ············ 181

史部 ················ 227

　正史類 ············ 229

　別史類 ············ 230

　編年類 ············ 243

　雜史類 ············ 253

　載記類 ············ 261

　史評類 ············ 269

　傳記類 ············ 269

　政書類 ············ 289

　職官類 ············ 295

　時令類 ············ 300

　地理類 ············ 301

　目録類 ············ 330

子部 ················ 333

　先秦諸子類 ········ 335

　儒家類 ············ 357

　兵書類 ············ 369

　農家類 ············ 375

　醫家類 ············ 379

　曆算類 ············ 381

　術數類 ············ 385

　藝術類 ············ 394

雜學類 ················ 398

典故類 ················ 413

小説類 ················ 415

道家類 ················ 423

集部 ················ 425

別集 ················ 427

　周 ················ 427

　漢 ················ 427

　三國 ················ 457

　晉 ················ 475

　前涼 ················ 533

　後趙 ················ 533

　前秦 ················ 533

　劉宋 ················ 533

南齊 ················ 553

梁 ················ 560

陳 ················ 590

後魏 ················ 600

北齊 ················ 604

北周 ················ 607

詩文評 ················ 611

附録 ················ 613

本書所收叢書版本表 ················ 615

索引凡例 ················ 643

書名索引 ················ 644

作者名索引 ················ 706

拼音與四角號碼對照表 ············ 721

經　部

易　　類

〔易〕軼語　（清）沈淑輯

　　經玩・經典異文補・周易附

　　後知不足齋叢書第一函・沈氏經學六
　　種・陸氏經典異文補・周易附

　　叢書集成初編・語言文學類・陸氏經
　　典異文補・周易附

易遺句　（清）朱彝尊輯

　　經義考・逸經上

周易遺篇　（清）王朝榘輯

　　十三經拾遺卷一（清嘉慶五年刻本）

　　王氏遺書・十三經遺文

　　豫章叢書（陶福履輯）第三集・十三經
　　拾遺卷一

周易遺文　（清）王朝榘輯

　　十三經拾遺卷一（清嘉慶五年刻本）

　　王氏遺書・十三經遺文

　　豫章叢書（陶福履輯）第三集・十三經
　　拾遺卷一

逸易一卷　（清）黃奭輯

　　漢學堂知足齋叢書・漢學堂經解

　　注：沈淑僅從《説文》、《漢書・東方
朔傳》等採得《易》佚句三節。朱彝尊從
《漢上易傳》及《説文》、《新語》、《鹽鐵
論》等輯出《易》句十九節，其文或不見
於今本，或多於今本所載。按漢人引經
説間亦稱本經，如不加考辯，皆視爲本
經佚文，則所採未免失之濫。如《新
語・明誠》篇引《易》“天垂象云云”一
節，實爲經説，非本經佚文也（參王利器

《新語校注》）。王朝榘《周易遺句》所採
數倍於朱輯，尤失之濫，甚者將《七經孟
子考文》及《補遺》所載日本之古本、足
利本異文亦悉採入，殊不足視爲佚文。
至王氏所輯《周易遺篇》，則僅據《晉
書》、《隋志》採得篇目二則，未輯有
佚文。

子夏易傳一卷　　（周）卜商撰
　　（清）孫堂輯

　　漢魏二十一家易注

　　漢魏二十一家易注　清侯康、陳澧批點
　　〔北京圖書館〕

子夏易傳一卷　　（周）卜商撰
　　（清）孫馮翼輯

　　問經堂叢書

周易子夏傳　（周）卜商撰　（清）
　　張惠言輯

　　易義別錄卷十四　（清抄本〔復旦大學
　　圖書館〕）

　　張皋文箋易詮全集・易義別錄卷十四

　　皇清經解・易義別錄（刻本卷一千二百
　　四十七、石印本卷一百五十一）

子夏易傳一卷　　（周）卜商撰
　　（清）張澍輯

　　二酉堂叢書

子夏易傳一卷　　（周）卜商撰
　　（清）黃奭輯

　　漢學堂叢書・經解易類

　　黃氏逸書考・漢學堂經解

周易子夏傳二卷　（周）卜商撰

（清）張澍輯　（清）馬國翰校錄

玉函山房輯佚書·經編易類

子夏易傳鉤遺二卷　（周）卜商撰

（清）吳騫輯

拜經樓叢抄

注：舊題卜商撰。商字子夏，孔子弟子，見《史記·仲尼弟子列傳》。《漢志》不載此書，《七略》有之，謂子夏即韓嬰（《釋文序錄》、《唐會要》卷七十七）。近人吳承仕（《經典釋文序錄疏證》）、余嘉錫（《古書通例》）均謂《漢志》有韓氏（嬰）《易傳》二篇，即本《七略》之《子夏易傳》著錄，唯改題本名而已。按韓嬰稱子夏，於載記雖無徵，然劉向父子近古，所撰《七略》言當有據，特其詳不可考。自晉以降，學者多不信《七略》説，或以撰此書者爲卜商，或以爲丁寬，或以爲馯臂子弓（並見《釋文序錄》）。清儒則多依《七略》而爲之説，臧庸謂子夏爲韓嬰之字（《拜經日記》），宋翔鳳謂子夏乃嬰孫商之字（《過庭錄》），張惠言則謂嬰爲《易傳》乃師承於卜商（見張氏輯本序），迄未成定論。此書自晉以降代有著錄，《中經簿錄》四卷，《七錄》六卷（並見《唐會要》卷七十七），《釋文序錄》三卷，《隋》、《唐志》均二卷，《宋志》十卷，《四庫全書總目》十一卷。按諸志所載實非一書。《唐志》之二卷本，當時司馬貞等已疑其非《七略》所載之舊（《唐會要》卷七十七）。至《宋志》之十卷本，則爲唐張弧所作（《直齋書錄題解》引晁説之《傳易堂記》，此本今亦不傳。今存之十一卷本乃宋以後人所作，又非宋時之十卷本也（《四庫全書總目》）。諸家

輯本大要據《釋文》、《周易集解》、《周易正義》等採撮，多爲唐人所見者。孫堂所輯較備，黃奭全襲孫輯，其自輯者唯從《周易窺餘》等採得二節爲補遺。馬國翰據張澍所輯一卷校錄，依《隋志》分爲二卷，較之孫、黃尚有缺漏，如《坤》"先迷後得主"、《屯》初九、《大有》九二、《豐》"日中見沫"等凡十餘節皆缺採。張惠言所輯亦缺《大有》九二、《咸》"取女吉"數節。孫馮翼所輯則未採《漢上易傳》所引九節。按宋人所引間有見於今本者，未可據信，黃氏總於書後引述之，較他家間亦採入正文者爲審慎。又張惠言、孫馮翼併《釋文》所引薛虞《記》（即注）亦採入，按黃、馬皆另輯有《周易薛虞記》，所採較備，詳彼條。

周易史氏義一卷　（周）史默撰

（清）王仁俊輯

玉函山房輯佚書續編·經編易類

注：《呂氏春秋·召類》篇載史默《易》説一節，王仁俊據以輯出。史默，晉大夫，《國語·晉語九》稱史黯，《左傳》昭公二十九年、三十一年稱蔡墨、蔡史墨、史墨，皆一人（參楊伯俊《春秋左傳注》）。

周易黃氏義一卷　（周）黃歇撰

（清）王仁俊輯

玉函山房輯佚書續編·經編易類

注：《戰國策·秦策四》載黃歇《易》説一節，王仁俊據以輯出。黃歇，楚人，考烈王以爲相，封春申君，見《史記》本傳。

周易呂氏義一卷　（秦）呂不韋撰

（清）王仁俊輯

玉函山房輯佚書續編·經編易類

注：《吕氏春秋·務本》、《慎大》二篇各載《易》說一節，王仁俊據以輯出。吕不韋，秦相，使客各撰所論，集而成《吕氏春秋》，見《史記》本傳。

周易古五子傳一卷 （清）馬國翰輯

玉函山房輯佚書·經編易類

周易古五子傳 （清）胡薇元輯

玉津閣叢書甲集·漢易十三家卷上

注：此書作者不詳，劉向《別録》云："所校讐中《易傳古五子》書，除重複，定著十八篇。分六十四卦，著之日辰，自甲子至於壬子，凡五子，故號曰古五子。"（《初學記》卷二十一）《漢志》載《易傳古五子》十八篇，注云："自甲子至壬子，説《易》陰陽。"近人顧實謂名曰"古"者，蓋古文經（《漢書藝文志講疏》）。此書《隋志》以下無載，久佚。《漢書·律曆志》引《傳》曰"日有六甲，辰有五子云云"一節及《易》九厄之説一節，又《文選·吳都賦》劉淵林注引《易》説一節，馬國翰考其均爲《古五子》佚文，據以輯存。按《吳都賦》注所引與《律曆志》所載《易》九厄之説雷同。胡薇元所輯二節未出馬輯外，似即轉録馬輯。

費氏易一卷 （漢）費直撰 （清）馬國翰輯

玉函山房輯佚書·經編易類

費直易 （漢）費直撰 （清）胡薇元輯

玉津閣叢書甲集·漢易十三家卷下

費氏古易訂文十二卷 王樹枏撰

陶廬叢刻

注：費直，字長翁，東萊人，治古文《易》，長於卦筮，無章句，徒以《彖》《象》《繫辭》十篇《文言》解説上下《經》，其説漢初行於民間，終未列學官（《漢書·儒林傳》、《漢志》），後漢馬融、鄭玄、荀爽及魏王肅、王弼諸人並傳費氏《易》（《後漢書·儒林傳》、《隋志》）。《漢志》不載費氏古文經。《隋志》云："梁有費氏《注》四卷，亡。"《釋文序録》、兩《唐志》並載費直《章句》四卷。馬國翰謂費氏無章句，疑治費學者附益之。馬氏所輯多採《釋文》所引古文及《周易音訓》載宋晁説之所引古文《易》，胡薇元所輯不出馬氏之外。《續修四庫全書提要》謂晁氏所引古文作某，猶通稱古字，如以爲費氏古文如此，則失之。今按費氏治古文《易》，漢所謂"古文"者即六國文字，則費氏《易》自是古字抄寫之本。惟古文多異構及假借，其字非一體，未可以爲凡古文皆出費氏之本。且後世隸書移寫失真，托古作僞者均有之，至乎宋時固不可據，即《釋文》所引亦未可信爲漢世真傳。王樹枏《訂文》據《釋文》、晁氏所引之古文不採，蓋有見於此。其《訂文》據羣書所引馬融、鄭玄、荀爽三家經文校訂，三家所不及而無所取證者，則以《説文》字體正之。按三家雖傳費氏之學，然其經文亦互有異同，則非費氏經之舊可知，以流爲源，似嫌牽強。至其泛採《説文》古字，失與馬氏正同。唯《訂文》採摭頗澹，考辨異文歧義足資參焉，特不足視爲費氏古文耳。

周易韓氏傳二卷 （漢）韓嬰撰 （清）馬國翰輯

玉函山房輯佚書·經編易類

周易韓嬰傳 （漢）韓嬰撰 （清）胡薇元輯

玉津閣叢書甲集·漢易十三家卷上

周易丁氏傳二卷　（漢）丁寬撰

（清）馬國翰輯

玉函山房輯佚書·經編易類

注：韓嬰，見《韓詩》類。《漢書·儒林傳》稱嬰亦以《易》授人，推《易》意而爲之傳。丁寬，字子襄，梁人。漢初，齊人田何傳今文《易》，寬爲其門人（《漢書·儒林傳》）。《漢志》載韓氏《易傳》二篇，又丁氏《易傳》八篇。按據《七略》，韓氏《易傳》當即《子夏易傳》（參《子夏易傳》），後人或謂《子夏易傳》爲卜商作，或謂丁寬作，馬國翰遂調和諸説，以爲嬰、寬之作《易傳》本於卜商。其輯《子夏易傳》已置卜商名下，此又重鈔而轉屬韓、丁二氏名下，謂“師承淵源可以考見”，則以一書分隸三家，《續修四庫全書提要》譏其叠牀架屋，徒充卷帙。唯於《韓氏傳》别從《韓詩外傳》及《漢書·蓋寬饒傳》採得《易》説七節附益之。胡薇元所輯則僅採《韓詩外傳》，未出馬氏之外。按《蓋寬饒傳》所引一節明稱《韓氏易傳》，唯其文又見《太平御覽》一百九十三引，而稱《韓詩外傳》（參王先謙《漢書補注》），未知孰是。

蔡氏易説一卷　（漢）蔡景君撰

（清）馬國翰輯

玉函山房輯佚書·經編易類

周易蔡景君説　（漢）蔡景君撰

（清）胡薇元輯

玉津閣叢書甲集·漢易十三家卷上

注：《周易集解》載虞翻引蔡景君説一節，蔡景君其人無考。馬國翰謂虞翻生漢末，景君當爲漢人在翻之前者，《漢志》有蔡公《易傳》二篇，或即景君所撰。

馬氏據《集解》輯出該節，又從《漢上易傳》採得變卦之説二節。胡薇元所輯全同。

施讎易章句　（漢）施讎撰　（清）黃奭輯

黃氏逸書考·漢學堂經解·易雜家注

周易施讎章句一卷　（漢）施讎撰

（清）馬國翰輯

玉函山房輯佚書·經編·易類

周易施讎章句　（漢）施讎撰

（清）胡薇元輯

玉津閣叢書甲集·漢易十三家卷上

注：施讎（黃奭輯本題作施犨，未詳所據），字長卿，沛人，與孟喜、梁丘賀俱從丁寬門人田王孫受今文《易》（《漢書·儒林傳》）。《漢志》載施氏《易章句》二篇。《禮記正義》引《五經異義》載施氏《易》説一節，《漢上易傳》亦載一節，黃奭、馬國翰據以輯出。馬氏又以彭宣爲施氏再傳弟子，而蔡邕書石經《易》用施、孟、梁丘三家今文，遂更據《漢書》、《釋文》等採彭、蔡二氏《易》説及三家本異文附益之，凡得十三節。胡薇元所輯七節，均不出馬氏之外。

孟氏周易章句　（漢）孟喜撰

（清）朱彝尊輯

經義考·易四

周易章句一卷　（漢）孟喜撰

（清）王謨輯

漢魏遺書鈔·經翼第一册

孟喜周易章句一卷　（漢）孟喜撰

（清）孫堂輯

漢魏二十一家易注

漢魏二十一家易注　清侯康、陳澧批點

〔北京圖書館〕

周易孟氏 （漢）孟喜撰 （清）張
惠言輯

　易義別錄卷一 （清抄本〔復旦大學圖
　書館〕）

　張皋文箋易詮全集・易義別錄卷一

　皇清經解・易義別錄（刻本卷一千二百
　三十四、石印本卷一百五十一）

孟喜易章句一卷附逸象 （漢）孟
喜撰 （清）黃奭輯

　漢學堂叢書・經解易類

　黃氏逸書考・漢學堂經解

**周易孟氏章句二卷附孟氏易圖、卦
氣圖** （漢）孟喜撰 （清）馬國
翰輯

　玉函山房輯佚書・經編易類

周易孟喜章句附孟氏易圖 （漢）
孟喜撰 （清）胡薇元輯

　玉津閣叢書甲集・漢易十三家卷上

　　注：孟喜，字長卿，東海蘭陵人，與施
讎、梁丘賀俱從丁寬門人田王孫受今文
《易》，得《易》家陰陽災變說（《漢書・儒
林傳》）。《漢志》載孟氏《易章句》二篇。
《釋文序錄》載《孟喜章句》十卷，注云：
"無上《經》。《七錄》云：'又下《經》無
《旅》至《節》，無上《繫》'。"則隋、唐以前
其書已非全帙。《隋志》八卷，兩《唐志》
十卷。姚振宗謂《漢志》祇二篇，蓋《章
句》本不連經文，後人附於經文，故爲十
卷（《隋書經籍志考證》）。《釋文》、《周
易正義》引有佚文，諸家皆據以採撫。
張惠言所輯最爲審慎，以許慎《說文敍》
雖云《易》用孟氏，實亦兼採他家，故僅
以《說文》所引《易》附後存參。馬國翰
則悉將《說文》所引採入，又以虞翻世傳
孟氏《易》，而蔡邕書石經《易》用施、孟、

梁丘三家，故更從《三國志》、《漢書》採
虞、蔡二氏引《易》，悉歸之孟氏，所採雖
博，而失之濫也。按馬採《釋文》、《周易
正義》等明引孟氏各節，多亦見孫堂、張
惠言二輯。其有不見者，如《正義》引許
慎《五經異義》說《訟》六三、《歸妹》九四
諸節，皆非明標孟氏說。黃奭全襲孫
輯，唯末附補遺一節。又黃輯所附《逸
象》，乃錄自惠棟《易漢學》。馬輯所附
二《圖》乃據《新唐書》、《漢上易傳》輯
出。朱彝尊、王謨、胡薇元所輯未出諸
家之外。

周易梁丘氏章句一卷 （漢）梁丘
賀撰 （清）馬國翰輯

　玉函山房輯佚書・經編易類

周易梁丘賀章句 （漢）梁丘賀撰
（清）胡薇元輯

　玉津閣叢書甲集・漢易十三家卷上

　　注：梁丘賀，字長翁，琅琊諸人，與施
讎、孟喜俱從丁寬門人田王孫受《易》
（《漢書・儒林傳》）。《漢志》載梁丘氏
《易章句》二篇。此書久佚，馬國翰據
前、後《漢書》採得王駿、范升諸人《易》
說及蔡邕所引《易》異文，凡十七節，皆
以其人或傳梁丘氏《易》，或習施、孟、梁
丘三家者，均非明稱梁丘氏說。胡薇元
所輯僅四節，不出馬外，似即節錄馬輯。

趙賓易義 （漢）趙賓撰 （清）黃
奭輯

　黃氏逸書考・漢學堂經解・易雜家注

　　注：趙賓，蜀人，爲《易》持論巧慧，自
云受《易》於孟喜（《漢書・儒林傳》）。
黃奭從《儒林傳》採得賓《易》說一節。

彭宣易傳 （漢）彭宣撰 （清）黃
奭輯

黄氏逸書考・漢學堂經解・易雜家注

周易彭氏義一卷　（漢）彭宣撰　（清）王仁俊輯

玉函山房輯佚書續編・經編易類

易彭氏義一卷

十三經漢注

　　注：彭宣，字子佩，淮陽陽夏人，官至大司空，受《易》於施讐門人張禹（《漢書》本傳、《儒林傳》）。黄奭、王仁俊均從本傳採得宣《易》説一節。

京房周易章句一卷　（漢）京房撰　（清）孫堂輯

漢魏二十一家易注

漢魏二十一家易注　清侯康、陳澧批點〔北京圖書館〕

周易京氏　（漢）京房撰　（清）張惠言輯

易義別録卷五　（清抄本〔復旦大學圖書館〕）

張皋文箋易詮全集・易義別録卷五

皇清經解・易義別録（刻本卷一千二百三十八、石印本卷一百五十一）

京房易章句一卷　（漢）京房撰　（清）黄奭輯

漢學堂叢書・經解易類

黄氏逸書考・漢學堂經解

周易京氏章句一卷　（漢）京房撰　（清）馬國翰輯

玉函山房輯佚書・經編易類

周易京氏章句一卷　（漢）京房撰　（清）王仁俊輯

玉函山房輯佚書續編・經編易類

易京氏章句一卷

十三經漢注

周易章句　（漢）京房撰　（清）王保訓輯

木犀軒叢書・京氏易卷一

周易京氏章句　（漢）京房撰　（清）胡薇元輯

玉津閣叢書甲集・漢易十三家卷上

　　注：京房，字君明，東郡頓丘人，從梁人焦延壽受《易》，延壽嘗從孟喜問《易》，善以《易》説災異，房用之尤精（《漢書》本傳、《儒林傳》）。《漢志》載《孟氏京房》十一篇，稱“孟氏”者蓋明其師承所自。《釋文序録》題爲《京氏章句》，十二卷，注引《七録》作十一卷。《隋》、《唐志》並十一卷。以上所載皆京氏章句詁訓之作，今其書佚。《漢志》又載《災異孟氏京房》六十六篇，《隋志》五行家載京房《周易占》等十餘種，兩《唐志》五行家及《宋志》蓍龜類亦均有載，唯代有佚失，至宋僅存《易傳》三卷、《易傳算法》一卷二種。今存陸績注《京氏易傳》三卷，即傳自宋者，乃占候災異之書，非京氏之《章句》也。《釋文》、《周易集解》諸書引有京氏説，多爲詮釋經文，張惠言謂出於《京氏章句》，諸家輯本亦皆據以採撫。孫堂所輯較備，黄奭全襲孫輯，其自採者僅所附補遺數節。馬國翰輯本較之孫、黄尚有缺漏，唯於《大畜》採《漢書・五行志》引一節爲孫、黄失採。王仁俊僅從《五行大義》採得二節以補馬氏之缺。其餘諸家所輯，大抵又不出馬氏之外也。按《釋文》於每卦首皆注“某宮某氏卦”，乃用京氏占候之説，與章句詁訓無涉，故諸家不採，而馬氏悉採入，未免失之濫。

谷永易義　（漢）谷永撰　（清）黄

奭輯

黃氏逸書考·漢學堂經解·易雜家注

注：谷永，字子雲，長安人，官至大司農，治京氏《易》(《漢書》本傳)。黃奭從本傳採得永《易》説三節。

淮南九師道訓　（漢）劉安撰（清）王謨輯

漢魏遺書鈔·經翼·九家易解附

淮南九師道訓附淮南引易　（漢）劉安撰　（清）黃奭輯

黃氏逸書考·漢學堂經解·易雜家注

周易淮南九師道訓一卷　（漢）劉安撰　（清）馬國翰輯

玉函山房輯佚書·經編易類

周易淮南九師道訓　（漢）劉安撰（清）胡薇元輯

玉津閣叢書甲集·漢易十三家卷上

注：劉安，漢高祖少子長之子，文帝時封淮南王(《漢書》本傳)。《漢志》載《易傳》有《淮南道訓》二篇，注云："淮南王安聘明《易》者九人，號九師説。"九人不詳爲誰，安嘗與蘇飛、李尚等八人及諸儒撰《淮南鴻烈》(見高誘《序》)，馬國翰以此九師即蘇、李諸人。《隋》、《唐志》不載此書，然《文選·思玄賦》李善注猶引一節，似唐初或尚及見。馬國翰即從李注採出一節，又從《淮南鴻烈》及《漢書》所載安《諫伐閩越書》採得《易》説十五節，合爲一輯。胡薇元輯得十四節，不出馬外。黃奭僅録李善注所引一節，而以《淮南鴻烈》所引《易》説爲附録。按馬、黃採《淮南鴻烈》所引《易》説互爲有無，皆不及楊樹達《周易古義》所採爲備。王謨所輯僅二節，不出諸家外。按王氏引朱彝尊《經義考》説，謂

《釋文》於《需》、《蠱》、《遯》、《損》諸卦有引稱"師説"者當即九師，實誤，參《周易張氏講疏》條。

周易賈氏義一卷　（漢）賈誼撰（清）王仁俊輯

玉函山房輯佚書續編·經編易類

易賈氏義一卷　（漢）賈誼撰（清）王仁俊輯

十三經漢注

注：賈誼，雒陽人，長沙王太傅，《漢書》有傳。《賈誼新書·容經》、《春秋》、《君道》三篇各載誼《易》説一節，王仁俊據以輯存。按《十三經漢注》本缺一節。

孔安國易義　（漢）孔安國撰（清）黃奭輯

黃氏逸書考·漢學堂經解·易雜家注

注：孔安國，孔子後裔，武帝時爲博士，官至臨淮太守(《史記·孔子世家》)。《漢書·儒林傳》稱安國以《古文尚書》起家，又從申公習《魯詩》，不言治《易》。黃奭從《周易集解》採得《繫辭》"河出圖，洛出書"一節孔注。按注云："《河圖》則八卦也，《洛書》則九疇是也。"考其上句乃出《論語·子罕》注，下句則出《尚書·洪範》注，《集解》蓋移此二注以釋《易》，非安國有《易》注。且《尚書注》固屬托名於安國，即《論語注》亦未可信以爲真，則黃奭此輯全不可信也。

周易董氏義一卷　（漢）董仲舒撰（清）王仁俊輯

玉函山房輯佚書續編·經編易類

注：董仲舒，參《春秋決事》。王仁俊從《春秋繁露·基義》篇採得仲舒《易》説三節。

杜欽易義 （漢）杜欽撰 （清）黃
奭輯

　　黃氏逸書考·漢學堂經解·易雜家注

　　注：杜欽，字子夏，南陽杜衍人，《漢
書》有傳。黃奭從《漢上易傳》採得欽
《易》説一節。

杜鄴易義 （漢）杜鄴撰 （清）黃
奭輯

　　黃氏逸書考·漢學堂經解·易雜家注

　　注：杜鄴，字子夏，本魏郡繁陽人，徙
茂陵，《漢書》有傳。黃奭從《漢書》本傳
採得鄴《易》説一節。

劉向劉歆易注附漢書本傳引易、五
行志易義 （漢）劉向、劉歆撰
（清）黃奭輯

　　黃氏逸書考·漢學堂經解·易雜家注

周易劉氏義一卷 （漢）劉向撰
（清）王仁俊輯

　　玉函山房輯佚書續編·經編易類

易劉氏義一卷 （漢）劉向撰
（清）王仁俊輯

　　十三經漢注

　　注：劉向，字子政，高祖弟楚元王四
世孫。子歆，字駿。成帝時向爲光禄
大夫，受詔校中秘書。向卒，歆爲中壘
校尉，繼父業，成《七略》。向父子始習
《易》，後向治《穀梁傳》，歆治《左傳》，並
有著述（《漢書·楚元王傳》、《漢志》）。
《釋文》引有向、歆《易》説數節，黃奭據
以輯出，並從《漢書·楚元王傳》、《五行
志》採得向《易》説三十餘節附後。王仁
俊所輯十八節（《十三經漢注》本僅三
節），中有數節《易》説採自劉向《説苑》、
《列女傳》，爲黃輯所無，其餘不出黃輯
外。按《漢書·五行志》所引《易》説有

明稱劉向説者，有未稱者，黃氏悉採入，
似宜區別之。

周易王氏義一卷 （漢）王充撰
（清）王仁俊輯

　　玉函山房輯佚書續編·經編易類

易王氏義一卷

　　十三經漢注

　　注：王充，字仲任，會稽人，撰《論
衡》，《後漢書》有傳。王仁俊從《論衡·
增藝》篇採得充《易》説一節。

賈逵易義 （漢）賈逵撰 （清）黃
奭輯

　　黃氏逸書考·漢學堂經解·易雜家注

周易賈氏義一卷 （漢）賈逵撰
（清）王仁俊輯

　　玉函山房輯佚書續編·經編易類

易賈氏義一卷

　　十三經漢注

　　注：賈逵，參《周禮賈氏解詁》。黃奭
從《漢上易傳》採得逵《易》説一節，王仁
俊從《左傳正義》採得二節。

周易班氏義一卷 （漢）班固撰
（清）王仁俊輯

　　玉函山房輯佚書續編·經編易類

　　注：班固，字孟堅，扶風安陵人，撰
《漢書》、《白虎通德論》，《後漢書》有傳。
王仁俊從《漢書·敍傳》、《後漢書》本傳
採得固《易》説二節。

魯恭易義 （漢）魯恭撰 （清）黃
奭輯

　　黃氏逸書考·漢學堂經解·易雜家注

周易魯恭義一卷 （漢）魯恭撰
（清）王仁俊輯

　　玉函山房輯佚書續編·經編易類

易魯氏義一卷　（漢）魯恭撰
（清）王仁俊輯
十三經漢注

注：魯恭，字仲康，扶風平陵人，官至
司徒，習《魯詩》《後漢書》本傳。黄奭
從本傳採得恭《易》説五節。王仁俊所
輯同，唯《十三經漢注》本僅二節。

鄭衆易義　（漢）鄭衆撰　（清）黄
奭輯
黄氏逸書考・漢學堂經解・易雜家注

周易鄭司農注一卷　（漢）鄭衆撰
（清）王仁俊輯
玉函山房輯佚書續編・經編易類

易鄭司農注一卷　（漢）鄭衆撰
（清）王仁俊輯
十三經漢注

注：鄭衆，參《周禮鄭司農解詁》，《後
漢書》本傳稱衆兼通《易》。黄奭、王仁
俊均從《周易口訣義》採得衆《易》説四
節。王氏又從《周禮・春官・天府》鄭
玄注採得一節（《十三經漢注》本未收此
節）。按此節乃衆釋《周禮》之文，王氏
以其引《易》爲説，故亦採入。

馬氏周易注　（漢）馬融撰　（清）
朱彝尊輯
經義考・易七

馬融周易傳一卷　（漢）馬融撰
（清）孫堂輯
漢魏二十一家易注
漢魏二十一家易注　清侯康、陳澧批點
〔北京圖書館〕

周易馬氏　（漢）馬融撰　（清）張
惠言輯
易義別録卷九　（清抄本〔復旦大學圖

書館〕）
張皋文箋易詮全集・易義別録卷九
皇清經解・易義別録（刻本卷一千二百
四十二、石印本卷一百五十一）

馬融易傳一卷　（漢）馬融撰
（清）黄奭輯
漢學堂叢書・經解易類
黄氏逸書考・漢學堂經解

周易馬氏傳三卷　（漢）馬融撰
（清）馬國翰輯
玉函山房輯佚書・經編易類

周易馬融傳　（漢）馬融撰　（清）
胡薇元輯
玉津閣叢書甲集・漢易十三家卷下

馬王易義一卷　（漢）馬融　（魏）王
肅撰　（清）臧庸輯
問經堂叢書

注：馬融，字季長，扶風茂陵人，官至
南郡太守，博通經籍，於《春秋》三傳、
《孝經》、《論語》、《詩》、《易》、《書》、三
《禮》等皆爲注解（《後漢書》本傳），治
《易》本費氏古文（參《周易費氏注》）。
《釋文序録》載融《易傳》十卷，注云：
“《七録》云九卷。”《隋志》云：“梁有馬融
注《周易》一卷，亡。”兩《唐志》復載《章
句》十卷。馬國翰謂蓋隋代散亡而唐復
得之。今按陸德明引《七録》明云九卷，
則梁時猶存全書，《隋志》稱梁祇一卷，
疑誤。《釋文序録》及兩《唐志》作十卷
者，蓋併序目一卷言之歟？諸家輯本皆
據《釋文》、《周易正義》、《周易集解》等
書採撷，大抵孫堂所輯較備。黄奭全襲
孫輯，僅別從《周易象旨決録》等採得三
節爲補遺。馬國翰、張惠言二輯較之孫
輯尚有缺漏，如《大畜》“曰閑輿衛”、

《睽》"後説之壺"、《損》"十朋之龜"諸節皆馬所缺，《遯》九四、《師》"以此毒天下"、《履》"履帝位而不疚"諸節皆張所缺。臧庸合輯馬融、王肅二家注，所採馬注與孫、黃二輯相當，唯缺《大畜》"曰閑輿衞"一節及黃氏補遺中二節，而所採《繫辭》"彖者"云云一節則爲孫、黃所無，其餘無大異。胡薇元所輯最略。朱彝尊僅採《釋文》所引。

周易鄭康成注一卷附易贊易論一卷 （漢）鄭玄撰 （宋）王應麟輯

玉海附刻

祕册彙函

四庫全書・經部易類

四部叢刊三編・經部

周易鄭注三卷附易贊易論一卷

摘藻堂四庫全書薈要・經部

易解附錄一卷附後語一卷 （明）胡震亨輯 （明）姚士粦補

祕册彙函

叢書集成初編・哲學類

鄭氏周易三卷附易贊易論一卷 （漢）鄭玄撰 （宋）王應麟輯 （清）惠棟增補

稿本〔上海圖書館〕

雅雨堂藏書・李氏易傳附

雅雨堂藏書本 清阮元校注〔北京圖書館〕

雅雨堂藏書本 清陳鱣校並録清盧文弨、孫志祖、丁杰校〔北京圖書館〕

雅雨堂藏書本 清李慈銘校〔北京圖書館〕

雅雨堂藏書本 清黃元錫校〔上海圖書館〕

新本鄭氏周易三卷附易贊易論一卷

四庫全書・經部易類

鄭康成周易注三卷附易贊易論一卷補遺一卷 （漢）鄭玄撰 （宋）王應麟輯 （清）惠棟增補 （清）孫堂重校並輯補遺

漢魏二十一家易注

漢魏二十一家易注 清侯康、陳澧批點〔北京圖書館〕

鄭氏周易注三卷附易贊易論一卷補遺一卷

古經解彙函

古經解彙函本 清許克勤校〔復旦大學圖書館〕

叢書集成初編・哲學類

周易鄭氏注三卷附易贊易論一卷 （漢）鄭玄撰 （宋）王應麟輯 （清）丁杰後定 （清）張惠言訂正

張皋文箋易詮全集

周易注三卷

鄭學彙函

周易鄭注十二卷附易贊易論一卷敍録一卷 （漢）鄭玄撰 （宋）王應麟輯 （清）丁杰後定 （清）張惠言訂正 敍録（清）臧庸撰

湖海樓叢書

叢書集成初編・哲學類

鄭氏周易注 （漢）鄭玄撰 （清）朱彝尊輯

經義考・易八

周易注一卷附易贊易論一卷 （漢）鄭玄撰 （清）黃奭輯

高密遺書　（清）黃奭校

知不足齋叢書

黃氏逸書考·通德堂經解

易注九卷附易贊易論一卷　（漢）

鄭玄撰　（清）袁鈞輯

鄭氏佚書

周易注十二卷附易贊易論一卷

（漢）鄭玄撰　（清）孔廣林輯

通德遺書所見錄

鄭學十八種

鄭學十八種　清葉志詵、趙之謙校
〔北京圖書館〕

鄭學十八種　李盛鐸校　〔北京大學圖
書館〕

周易鄭注箋釋十六卷附易贊易論
釋一卷　曹元弼撰

民國十五年刻本

注：鄭玄，字康成，北海高密人，官至
大司農。少從京兆第五元先、東郡張恭
祖通習諸經，後師扶風馬融。平生注
《周易》、《毛詩》、三《禮》、《古文尚書》、
《尚書大傳》、《論語》、《孝經》諸經傳，又
撰《魯禮禘祫義》、《六藝論》、《毛詩譜》、
《駁許慎五經異義》、《答臨孝存周禮問
難》等，凡百萬餘言，齊魯間以爲宗師
（《後漢書》本傳）。玄從馬融受費氏古
文《易》，作《易注》（《後漢書·儒林
傳》）。《釋文序錄》載鄭玄《易注》十卷，
《錄》一卷，注引《七錄》載十二卷。《隋
志》、《舊唐志》並九卷，《新唐志》十卷。
《宋志》僅存《文言》一篇。王應麟所輯
一卷，多從《周易集解》、《釋文》採摭。
胡震亨於所刻《周易集解》後附輯鄭玄
注（故稱《易解附錄》），大抵採自王輯，
唯凡已見於《集解》者皆不錄。姚士粦

《後語》從《釋文》、《周易正義》採得二十
五節，以補王輯之缺。惠棟增補王輯，
據經疏、史注採摭，併姚氏所補，計凡增
益九十餘節，佚文皆注出處。然惠本脫
漏尚多，於王輯之誤亦糾之未盡，故清
儒繼就惠本有所補正。張惠言以丁杰
校惠本爲據，參以盧文弨、孫志祖、臧庸
諸家所校，重爲訂正，最爲精審。（張本
三卷。刻入《湖海樓叢書》者十二卷，乃
補齊正文，並附臧庸《序錄》。）孫堂亦據
惠本校補，別有所採則附爲補遺，所增
不出丁杰、張惠言之外。《泰》初九一
節，王應麟原輯捨《釋文》所引玄注不
採，而採《漢書·劉向傳》鄭氏注，鄭氏
實非玄也，惠棟未及糾正，孫承其誤，反
謂《釋文》所引爲誤，則不及丁、張細審。
孔廣林所輯時有缺漏，不及諸家爲備。
黃奭所輯最富，如《繫辭》一篇，採宋李
衡《周易義海撮要》引玄注凡十餘節，皆
數十百字之文，爲諸家所無。按玄之
《易注》至宋時僅殘存《文言》一篇，宋人
所引雖似不可盡信，然與其捨置，毋寧
存之，如輯爲附錄存參而不入正輯，尤
爲宜也。唯黃氏於王輯多照錄而不加
校正，如王輯於《小過》、《繫辭》、《序卦》
有誤採《易緯》者，於《乾》卦一節誤採
《禮記·月令》孔穎達疏，凡此丁、張皆
已糾正於前，黃氏一仍其舊，故所採雖
富，嚴謹不如丁、張。袁鈞所輯亦頗澹，
大抵不出黃輯之外，間有失之濫者。如
《益》六三、《繫辭》"是故可與酬酢"等
節，採《周易集解》引《九家易注》中說禮
之文定爲玄注，謂鄭玄在九家之中，而
禮是鄭學也。按此說似屬牽強，鄭玄雖
精於禮，引禮說《易》者未必鄭氏一人。
九家注《易》，不得謂凡注中引禮爲說者

13

皆屬鄭玄一人之注也。朱彝尊所輯僅採《釋文》，最略。曹元弼《箋釋》所據即丁、張本，其疏解則多採魏晉以上諸家及清儒説，間亦下己意。又《周易正義·卷首》、《尚書·洪範·正義》等引鄭玄《易贊》、《易論》，王應麟輯得四節附後，孫、袁、黃皆承之。按王所輯有二節未明標爲《易贊》、《易論》，故其餘諸家或删或存。丁、張移"《周易》以變者爲占"一節入正文《乾》初九下，最爲合理。曹氏承丁、張本，復從《禮記·曲禮·正義》補採一節。按此節實鄭玄《六藝論》之文，曹增之非是。又玄爲《易贊》、《易論》未見載録，劉善澤《北海三考》以爲《易贊》、《易論》即在《易注》十二卷之中，其説近是。《世説新語·文學》劉孝標注引鄭玄序《易》"《易》之爲名也，一名而函三義云云"一節，即《正義》所引《易贊》、《易論》之文，則所謂《易贊》、《易論》蓋即玄《易注》之序耳。

鄭易馬氏學一卷 （清）陶方琦撰

清姚氏師石山房抄本 〔湖北省圖書館〕

漢孳室遺著

乙亥叢編

鄭易京氏學一卷 （清）陶方琦撰

漢孳室遺著

注：陶方琦以鄭玄師事馬融，輯録玄《易注》之合於馬融説者五十三節，爲之疏解，以明其承用師説。又以玄少嘗從事第五元先，通京氏《易》（事見《後漢書》本傳），故又輯録玄《易》注之合於京氏《易》説者二十餘節，以明其所本。按其中或採陸績注以證鄭説，蓋陸氏亦習京氏《易》者。

延篤易義 （漢）延篤撰 （清）黃奭輯

黃氏逸書考·漢學堂經解·易雜家注

注：延篤，字叔堅，南陽犨人，官至京兆尹。少習《左氏傳》，又從馬融受業，《後漢書》有傳。黃奭從《周易集解》採得篤《易》説一節。

服虔易注 （漢）服虔撰 （清）黃奭輯

黃氏逸書考·漢學堂經解·易雜家注

注：服虔，字子慎，河南滎陽人，官至九江太守，作《春秋左傳解》，又以《左傳》駁何休所駁漢事六十條，所著賦、碑、誄等凡二十餘篇（《後漢書·儒林傳》）。黃奭從《釋文》採得虔《易》説一節。

荀爽周易注一卷 （漢）荀爽撰 （清）孫堂輯

漢魏二十一家易注

漢魏二十一家易注 清侯康、陳澧批點〔北京圖書館〕

荀爽易言一卷 （漢）荀爽撰 （清）黃奭輯

黃氏逸書考·漢學堂經解

周易荀氏注三卷 （漢）荀爽撰 （清）馬國翰輯

玉函山房輯佚書·經編易類

周易荀爽注 （漢）荀爽撰 （清）胡薇元輯

玉津閣叢書甲集·漢易十三家

注：荀爽，字慈明，潁川潁陰人，官至司空，著《禮傳》、《易傳》等（《後漢書》本傳），治《易》傳費氏古文（《隋志》）。荀悦《前漢紀》卷二十五云："叔父故司空爽著《易傳》，據爻象承應陰陽變化之義，以十篇之文解説《經》義。"按十篇云

者，謂自《彖》至《雜卦》十篇。《漢書·儒林傳》稱費直治古文《易》，無章句，"徒以《彖》、《象》、《繫辭》十篇《文言》（按'十篇'疑當在'文言'後）解說上下《經》"，是爽之治《易》本於費氏之學。《釋文序錄》載爽《易注》十卷，注引《七錄》作十一卷。《隋志》十一卷。兩《唐志》題爲《章句》，並十卷。諸家輯本所採以《周易集解》、《釋文》爲主。馬國翰據張惠言所輯《周易荀氏九家》錄出爽注，編次爲三卷，較之孫堂所輯尚有缺漏，如《坤》"至哉坤元"、《小畜》"象曰"云云、《泰》六五、《漸》初六等二十餘節皆缺採。黃奭全襲孫輯，其自輯者唯所附補遺數節。胡薇元輯本最略。

九家易解一卷　（清）王謨輯

漢魏遺書鈔·經翼

九家周易集注一卷　（清）孫堂輯

漢魏二十一家易注

漢魏二十一家易注　清侯康、陳澧批點〔北京圖書館〕

周易荀氏九家三卷　（清）張惠言輯

張皋文箋易詮全集

九家易集注一卷　（清）黃奭輯

漢學堂叢書·經解易類

黃氏逸書考·漢學堂經解

注：《釋文序錄》、《隋志》並載《荀爽九家集注》十卷，《序錄》注云："不知何人所集，稱荀爽者，以爲主故也。其《序》有荀爽、京房、馬融、鄭玄、宋衷、虞翻、陸績、姚信、翟子玄。子玄不知何人，爲《易義》。《注》內又有張氏、朱氏，並不知何人。"據此所言，則此書乃集荀爽諸人之注，唯不詳集者爲何人。王

謨、張惠言（《易義別錄》卷三）皆以爲若九家果即爽等九人，則《周易集解》既已引此九人之注，不應又引《九家注》。今按陸德明撰《序錄》親見此書，又引其《序》，似無可疑。所謂集九家注，蓋就爽等九人之注有所採擇，集衆說之長而已，非必爲此九家注之彙總，則《集解》於《九家注》所採之外，更引九人本書，亦無足怪。且《九家注》內又有張、朱二氏，實亦不止九家，則《集解》所引《九家注》未必盡屬爽等九人之說也。諸家輯本皆據《集解》、《釋文》採撝。黃奭全襲孫堂所輯，僅從《周易窺餘》、《周易象旨決錄》等採得七節爲補遺而已。張惠言所輯較孫、黃尚有缺漏，如《坤》"象曰六二之動"、《同人》"言相克也"、《頤》"虎視眈眈"等十餘節皆缺採。按張氏不信陸氏《序錄》之說，以爲《九家注》乃失姓名之九家述荀爽《易》說，故其輯本兼採爽注，非是。孫、黃別輯有爽注，所採亦較張氏採入此輯者爲備，參《荀爽周易注》。王謨所輯最略，不出諸家之外。

趙溫易義　（漢）趙溫撰　（清）黃奭輯

黃氏逸書考·漢學堂經解·易雜家注

周易趙氏義一卷　（漢）趙溫撰（清）王仁俊輯

玉函山房輯佚書續編·經編易類

注：趙溫，字子柔，蜀郡成都人，官至司徒，錄尚書事（《後漢書·趙典傳》）。黃奭、王仁俊均從《趙典傳》採得溫《易》說一節，文無異。

高誘易義　（漢）高誘撰　（清）黃奭輯

黃氏逸書考·漢學堂經解·易雜家注

注：高誘，於史無傳，據其注《淮南鴻烈》、《吕氏春秋》自序，知爲涿縣人，少從同縣盧植學，建安十七年由濮陽令遷監河東。所注又有《孟子》、《孝經》，今皆佚。黄奭從誘《吕氏春秋》注採得其《易》説六節。

周易徐幹義一卷　　（漢）徐幹撰

（清）王仁俊輯

玉函山房輯佚書續編・經解易類

注：徐幹，字偉長，北海人，事蹟見《三國志・王粲傳》。王仁俊從《中論・虚道》、《修本》、《爵禄》三篇各採得幹《易》説一節。

劉表周易章句一卷　　（漢）劉表撰

（清）孫堂輯

漢魏二十一家易注

漢魏二十一家易注　清侯康、陳澧批點〔北京圖書館〕

周易劉景升氏　　（漢）劉表撰

（清）張惠言輯

易義别録卷十　　（清抄本〔復旦大學圖書館〕）

張皋文箋易詮全集・易義别録卷十

皇清經解・易義别録（刻本卷一千二百四十三、石印本卷一百五十一）

劉表易章句一卷　　（漢）劉表撰

（清）黄奭輯

漢學堂叢書・經解易類

黄氏逸書考・漢學堂經解

周易劉氏章句一卷　　（漢）劉表撰

（清）馬國翰輯

玉函山房輯佚書・經編易類

周易劉表章句　　（漢）劉表撰

（清）胡薇元輯

玉津閣叢書甲集・漢易十三家卷下

注：劉表，字景升，山陽高平人，官至鎮南將軍、荆州牧（《三國志》本傳）。《釋文序録》載劉表《易章句》五卷，《隋志》同。《序録》注云：“《中經簿録》云注《易》十卷，《七録》云九卷，録一卷。”兩《唐志》題作《易注》，五卷。諸家輯本皆採《釋文》及晁説之、吕祖謙所引。黄奭採得二十餘節，實全襲孫堂輯本，僅别採一節爲補遺。馬國翰所輯缺《家人》一節，其餘與孫、黄無大異。張惠言所輯不採晁、吕二氏所引。胡薇元所採僅九節，不出諸家之外。

宋衷周易注一卷　　（漢）宋衷撰

（清）孫堂輯

漢魏二十一家易注

漢魏二十一家易注　清侯康、陳澧批點〔北京圖書館〕

周易宋氏　　（漢）宋衷撰　　（清）張惠言輯

易義别録卷十　　（清抄本〔復旦大學圖書館〕）

張皋文箋易詮全集・易義别録卷十

皇清經解・易義别録（刻本卷一千二百四十三、石印本卷一百五十一）

宋衷易注一卷　　（漢）宋衷撰

（清）黄奭輯

漢學堂叢書・經解易類

黄氏逸書考・漢學堂經解

周易宋氏注一卷　　（漢）宋衷撰

（清）馬國翰輯

玉函山房輯佚書・經編易類

周易宋忠注　　（漢）宋忠撰　　（清）胡薇元輯

玉津閣叢書甲集・漢易十三家卷下

注：宋衷（《隋志》作宋忠），字仲子，

南陽章陵人，後漢荊州五等（《隋志》作
"五業"）從事，作《易注》（《釋文序録》、
《三國志·虞翻傳》）。《釋文序録》載宋
衷《易注》九卷，注云："《七志》、《七録》
云十卷。"《隋志》云亡，兩《唐志》復載十
卷。諸家輯本皆據《周易集解》、《釋文》
採摭，以孫堂所輯較備。黄奭全襲孫
輯，唯别從《周易象旨决録》採得一節爲
補遺。馬國翰所輯缺採《益》"利有攸
往"、《革》"巳日乃孚"、《繫辭》"天垂象"
云云三節，張惠言所輯僅缺《繫辭》一
節。胡薇元所輯最略。

甘容訟易箋　（漢）甘容訟撰
（清）黄奭輯
黄氏逸書考·漢學堂經解·易雜家注

易下邳傳甘氏義一卷　（漢）甘容
撰　（清）王仁俊輯
玉函山房輯佚書續編·經編易類
　　注：《禮記·王制》"天子七日而殯"
云云，孔穎達《正義》引許慎《五經異義》
載《易下邳傳其容説》一節，黄奭、王仁
俊均據以輯存。按阮元《禮記校勘記》
謂惠棟校宋本"傳其"作"傳甘"，並引盧
文弨説，謂字作"甘"者非，"傳其"當作
"侍其"，爲覆姓。若然，則其姓名爲侍
其容，下邳人也。此人無考，許慎已引
其説，則當是漢人在許前者。下邳本秦
縣，漢屬東海郡。黄奭據《古經解鈎沉》
引"説"作"訟"，疑誤。又按陳壽祺《五
經異義疏證》則謂字作"甘"爲是，説詳
彼書，識以存參。

薛虞易音注一卷　（□）薛虞撰
（清）黄奭輯
漢學堂叢書·經解易類
黄氏逸書考·漢學堂經解

周易薛氏記一卷　（□）薛虞撰
（清）馬國翰輯
玉函山房輯佚書·經編易類
　　注：《釋文序録》引張璠説，謂《子夏
易傳》或馯臂子弓所作，薛虞記。按《子
夏易傳》作者不詳，據《七略》蓋即韓嬰
之《易傳》（參《子夏易傳》）。唯《釋文》
引有薛虞音注，當是陸德明所見舊本原
有。薛虞無考，張璠晉人，虞在其前，馬
國翰以爲魏晉間人。馬氏據《釋文》採
得十一節。黄奭多採《井》九三一節，又
從《周易象旨决録》採得一節，凡十
三節。

王氏周易注　（魏）王肅撰　（清）
朱彝尊輯
經義考·易九

王肅周易注一卷　（魏）王肅撰
（清）孫堂輯
漢魏二十一家易注
漢魏二十一家易注　清侯康、陳澧批點
〔北京圖書館〕

周易王子雍氏　（魏）王肅撰
（清）張惠言輯
易義別録卷十一　（清抄本〔復旦大學
圖書館〕）
張皋文箋易詮全集·易義別録卷十一
皇清經解·易義別録（刻本卷一千二百
四十四、石印本卷一百五十一）

王肅易注一卷　（魏）王肅撰
（清）黄奭輯
漢學堂叢書·經解易類
黄氏逸書考·漢學堂經解

周易王氏注二卷　（魏）王肅撰
（清）馬國翰輯
玉函山房輯佚書·經編易類

注：王肅，字子雍，東海郯人，官至中領軍，加散騎常侍。善賈逵、馬融之學，而不好鄭玄。採會異同，爲《尚書》、《詩》、《論語》、三《禮》、《左傳》解，撰定父朗所撰《易傳》，皆列學官。又集《聖證論》以譏短鄭玄（《三國志》本傳）。《釋文序錄》載肅《易注》十卷，《隋》、《唐志》併同。朱彝尊僅從《釋文》採摭，最略。其餘諸家輯本皆從《釋文》、《周易集解》等採摭，以孫堂所輯較備。黃奭所輯全襲孫輯，其自採者唯所附補遺四節。臧庸（見所輯《馬王易義》，已著錄於前）、馬國翰二輯較孫、黃稍略，唯馬所採《比》“有孚盈缶”、《說卦》“坎爲狐”二節爲孫、黃所缺。又馬氏別輯有《周易王氏音》，故凡《釋文》所引肅注字音諸節皆不入此輯。張惠言所輯未出諸家之外。

何晏周易講説 （魏）何晏撰 （清）黃奭輯

黃氏逸書考・漢學堂經解・易雜家注

周易何氏解一卷 （魏）何晏撰 （清）馬國翰輯

玉函山房輯佚書・經編易類

注：何晏，字平叔，南陽宛人，尚公主，賜爵爲列侯，好《老》、《莊》言，亦説《易》（《三國志》本傳、盧弼《三國志集解》）。諸《志》不載晏《易》著，唯《周易集解》等引有其《易》説，黃奭、馬國翰皆採得四節，文無異。

董氏周易注 （魏）董遇撰 （清）朱彝尊輯

經義考・易九

董遇周易章句一卷 （魏）董遇撰 （清）孫堂輯

漢魏二十一家易注

漢魏二十一家易注 清侯康、陳澧批點〔北京圖書館〕

周易董氏 （魏）董遇撰 （清）張惠言輯

易義別錄卷十二 （清抄本〔復旦大學圖書館〕）

張皋文箋易詮全集・易義別錄卷十二

皇清經解・易義別錄（刻本卷一千二百四十五、石印本卷一百五十一）

董遇易章句一卷 （魏）董遇撰 （清）黃奭輯

漢學堂叢書・經解易類

黃氏逸書考・漢學堂經解

周易董氏章句一卷 （魏）董遇撰 （清）馬國翰輯

玉函山房輯佚書・經編易類

注：董遇，字季直，弘農華陰人，官至魏大司農（《釋文序錄》），歷注經傳，頗傳於世（《三國志・王肅傳》）。《序錄》載董遇《易章句》十二卷，注引《七志》、《七錄》並十卷。《隋志》云：“梁有十卷，亡。”《新唐志》復載十卷。按唐李鼎祚《周易集解》不引董注，則其注唐時蓋佚，《新唐志》所載疑是承沿舊志耳。諸家輯本皆從《釋文》採得二十餘節。馬國翰、孫堂所輯無出入。黃奭所輯，編次與孫本全同，間有考語亦無異，是全襲孫輯也。張惠言輯本僅漏採《賁》六四一節。朱彝尊所輯最略。

孟康易義 （魏）孟康撰 （清）黃奭輯

黃氏逸書考・漢學堂經解・易雜家注

注：孟康，字公休，安平廣宗人，官至中書令，封廣陵亭侯（顏師古《漢書敍

例》）。黄奭從《漢書》顏師古注採得康
《易》説二節。

荀粲易義 （魏）荀粲撰 （清）黄
奭輯

黄氏逸書考·漢學堂經解·易雜家注
注：荀粲，字奉倩，潁川潁陰人，好言
道，見《三國志·荀彧傳》裴松之注引何
劭《荀粲傳》。黄奭據《周易象旨決録》
採得粲《易》説一節。按此節見《荀粲
傳》，《象旨決録》實轉録裴注所引。

陸公紀易解一卷 （吳）陸績撰
（明）姚士粦輯

鹽邑志林
景印元明善本叢書十種·鹽邑志林

陸氏易解一卷

四庫全書·經部易類

陸績周易述一卷 （吳）陸績撰
（明）姚士粦輯 （清）孫堂增補

漢魏二十一家易注
漢魏二十一家易注 清侯康、陳澧批點
〔北京圖書館〕

陸氏周易述一卷

古經解彙函

周易陸氏 （吳）陸績撰 （清）張
惠言輯

易義別録卷六 （清抄本〔復旦大學圖
書館〕）
張皋文箋易詮全集·易義別録卷六
皇清經解·易義別録（刻本卷一千二百
三十九、石印本卷一百五十一）

陸績周易述一卷 （吳）陸績撰
（清）黄奭輯

漢學堂叢書·經解易類
黄氏逸書考·漢學堂經解

周易陸氏述三卷 （吳）陸績撰
（清）馬國翰輯

玉函山房輯佚書·經解易類

陸氏易解一卷 （吳）陸績撰
（清）汪□輯

易學六種
注：陸績，字公紀，吳郡吳人，官至鬱
林太守，加偏將軍，注《易》《釋》《玄》（《三
國志》本傳）。張惠言謂績注京房《易
傳》，則治京氏《易》。《釋文序録》載陸
績《周易述》十三卷，兩《唐志》同，《隋
志》十五卷。姚士粦據《釋文》、《周易集
解》採撫，益以陸氏《京氏易傳》之注，凡
得百五十節。孫堂就姚輯補缺，增多原
書四之一。黄奭全襲孫輯，唯從《周易
義海撮要》採得六節爲補遺。馬國翰、
張惠言皆不録《京氏易傳》之陸注，至其
所採，均不及孫、黄爲備。

虞翻周易注十卷 （吳）虞翻撰
（清）孫堂輯

漢魏二十一家易注
漢魏二十一家易注 清侯康、陳澧批點
〔北京圖書館〕

虞翻易注一卷 （吳）虞翻撰
（清）黄奭輯

黄氏逸書考·漢學堂經解

周易虞氏義九卷 （清）張惠言撰

清嘉慶八年阮氏琅嬛僊館刻本 清張
敦仁校 〔北京圖書館〕
清嘉慶八年阮氏琅嬛僊館刻本 清李
鋭批校 〔湖北省圖書館〕
清嘉慶八年阮氏琅嬛僊館刻本 清謝
章鋌校 〔武漢市圖書館〕
張皋文箋易詮全集
皇清經解

周易虞氏義箋　（清）張惠言撰　（清）曾釗箋

面城樓叢刊

周易虞氏義箋訂二十卷　（清）張惠言撰　（清）曾釗箋　李翊灼訂

民國間東北大學鉛印本

虞氏易義補注一卷　（清）張惠言撰　（清）紀磊補注

吳興叢書

〔周易虞氏〕義釋　（清）徐昂撰

徐氏全書・周易虞氏學卷一至卷三

注：虞翻，字仲翔，會稽餘姚人。少好學，仕吴爲騎都尉，後徙交州，講學不倦。其家世傳《孟氏易》，至翻五世，著《易注》。（《三國志》本傳）《釋文序録》載虞翻《易注》十卷，《新唐志》同。《隋志》、《舊唐志》並九卷。孫堂從《周易集解》、《釋文》等採摭，輯爲十卷。黄奭全襲孫輯，唯别從《周易叢説》等採得十七節爲補遺。張惠言《周易虞氏義》全録經文，採虞注附於各句下，所輯虞注凡見於《集解》、《釋文》皆不復注明，有據他書採得者則明其所出，又宋人所引多置不採，以不可全信也。至經文無虞注者則依虞氏之義自下注，於虞注間亦有補正。清儒治虞氏《易》以張氏爲精，故曾釗、紀磊、徐昂、李翊灼諸人皆就其書補缺糾誤。

姚信周易注一卷　（吴）姚信撰　（清）孫堂輯

漢魏二十一家易注

漢魏二十一家易注　清侯康、陳澧批點〔北京圖書館〕

周易姚氏　（吴）姚信撰　（清）張惠言輯

易義别録卷二　（清抄本〔復旦大學圖書館〕）

張皋文箋易詮全集・易義别録卷二

皇清經解・易義别録（刻本卷一千二百三十五、石印本卷一百五十一）

姚信易注一卷　（吴）姚信撰　（清）黄奭輯

黄氏逸書考・漢學堂經解

周易姚氏注一卷　（吴）姚信撰　（清）馬國翰輯

玉函山房輯佚書・經編易類

注：姚信，史無正傳，事蹟略見《三國志》陸績、陸遜諸人傳中，其詳無考。《釋文序録》載姚信《易注》十卷，注云："字德祐。"注又引《七録》作十二卷，云："字元直，吴興人，吴太常卿。"與《序録》云字德祐者異，未詳孰是。《隋志》、《新唐志》並載十卷。諸家輯本皆從《釋文》、《周易集解》、《周易正義》等採摭，大抵相當。間有數節互爲有無，如《乾》初九一節孫堂、黄奭有而馬國翰、張惠言缺，《繫辭》"如此以成變化"云云一節孫、張有而馬、黄缺，《繫辭》"河出圖"一節諸家皆有而孫獨缺。

蜀才周易注一卷　（蜀）范長生撰　（清）孫堂輯

漢魏二十一家易注

漢魏二十一家易注　清侯康、陳澧批點〔北京圖書館〕

周易蜀才氏　（蜀）范長生撰　（清）張惠言輯

易義别録卷四　（清抄本〔復旦大學圖書館〕）

張皋文箋易詮全集・易義别録卷四

皇清經解·易義別録(刻本卷一千二百三十七、石印本卷一百五十一)

易蜀才注　（蜀）范長生撰　（清）張澍輯

蜀典卷十下　（稿本〔四川省圖書館〕、清道光十四年張氏安懷堂刻本、光緒二年尊經書院刻本）

范長生易注一卷　（蜀）范長生撰（清）黃奭輯

漢學堂叢書·經解易類

黃氏逸書考·漢學堂經解

周易蜀才注一卷　（蜀）范長生撰（清）張澍輯　（清）馬國翰校補

玉函山房輯佚書·經編易類

注：《顏氏家訓·書證》篇云：“《易》有蜀才注，王儉《四部目録》不言姓名，題云王弼後人。謝炅、夏侯該皆疑是譙周。而《蜀李書》(一名《漢之書》)云姓范，名長生，自稱蜀才。”《釋文序録》載《蜀才注》十卷，注引《蜀李書》云：“姓范，名長生，一名賢，隱居青城山，自號蜀才，李雄以為丞相。”《隋》、《唐志》亦並載十卷。張澍輯本從《釋文》、《周易集解》採得四十八節，馬國翰據張本增採四節，與孫堂、張惠言所輯相當。所異者，《繫辭》“象也者象也”一節張有而孫、馬缺，又“易知則有親”、“夫《易》聖人之所以”云云二節孫、馬有而張缺，又“盛象謂之乾”一節孫、張有而馬缺。黃奭全襲孫輯，其自採唯補遺所附一節。

鄒湛周易統略論　（晉）鄒湛撰（清）黃奭輯

黃氏逸書考·漢學堂經解·易雜家注

周易統略一卷　（晉）鄒湛撰（清）馬國翰輯

玉函山房輯佚書·經編易類

注：鄒湛，字潤甫，南陽新野人，官至少府，撰《周易統略》(《晉書》本傳、《釋文序録》)。《隋志》載《周易統略》五卷，兩《唐志》並三卷。黃奭、馬國翰並從《釋文》採得二節，文無異。黃又別從《周易象旨決録》採得一節。

楊乂周易卦序論　（晉）楊乂撰（清）黃奭輯

黃氏逸書考·漢學堂經解·易雜家注

周易卦序論一卷　（晉）楊乂撰（清）馬國翰輯

玉函山房輯佚書·經編易類

注：楊乂，字玄舒，汝南人，晉司徒左長史，撰《易卦序論》一卷(《釋文序録》)。《隋》、《唐志》並載《易序卦論》一卷。黃奭、馬國翰均從《釋文》採得一節，文無異。

向秀周易義一卷　（晉）向秀撰（清）孫堂輯

漢魏二十一家易注

漢魏二十一家易注　清侯康、陳澧批點〔北京圖書館〕

向秀易義一卷　（晉）向秀撰（清）黃奭輯

漢學堂叢書·經解易類

黃氏逸書考·漢學堂經解

周易向氏音義一卷　（晉）向秀撰（清）馬國翰輯

玉函山房輯佚書·經編易類

注：向秀，字子期，河内懷人，雅好《老》、《莊》之學，官至黃門侍郎、散騎常侍(《晉書》本傳)，注《莊子》、《周易》(《世説新語·文學》劉孝標注引《向秀別傳》)。《釋文序録》謂晉張璠為《周易

集解》，經文依向秀本。向之《易》注《隋》、《唐志》均不載，諸家輯本據《釋文》等採摭，文無異。唯馬國翰據《序錄》之説，更採《釋文》所引張璠《集解》本異文九節，爲孫、黃所無。

張軌易義 （晉）張軌撰 （清）黃奭輯

黃氏逸書考·漢學堂經解·易雜家注

周易張氏義一卷 （晉）張軌撰

（清）馬國翰輯

玉函山房輯佚書·經編易類

注：張軌，字士彥，安定烏氏人，涼州刺史（《晉書》本傳），爲《易義》（《釋文序錄》）。《隋》、《唐志》均不載其書，黃奭、馬國翰僅從《釋文》採得一節，文無異。

翟玄周易義一卷 （□）翟玄撰

（清）孫堂輯

漢魏二十一家易注

漢魏二十一家易注 清侯康、陳澧批點〔北京圖書館〕

周易翟氏 （□）翟玄撰 （清）張惠言輯

易義別錄卷三 （清抄本〔復旦大學圖書館〕）

張皋文箋易詮全集·易義別錄卷三

皇清經解·易義別錄（刻本卷一千二百三十六、石印本卷一百五十一）

翟子玄易義一卷 （□）翟子玄撰

（清）黃奭輯

漢學堂叢書·經解易類

黃氏逸書考·漢學堂經解

周易翟氏義一卷 （□）翟玄撰

（清）馬國翰輯

玉函山房輯佚書·經編易類

注：翟玄，於史無考，《周易集解》引

作翟玄，《釋文序錄》引《荀爽九家易注》序稱翟子玄，云"子玄不詳何人，爲《易義》"。馬國翰謂玄於九家中次姚信之後，則亦魏晉間人。《隋》、《唐志》不載其書。諸家輯本皆從《釋文》、《集解》採摭，大體相當。唯黃奭從《周易象旨決錄》採得一節爲補遺，乃諸家所未採。

張璠周易集解一卷 （晉）張璠撰

（清）孫堂輯

漢魏二十一家易注

漢魏二十一家易注 清侯康、陳澧批點〔北京圖書館〕

張璠易集解一卷 （晉）張璠撰

（清）黃奭輯

漢學堂叢書·經解易類

黃氏逸書考·漢學堂經解

周易張氏集解一卷 （晉）張璠撰

（清）馬國翰輯

玉函山房輯佚書·經編易類

注：張璠，於史無傳，《三國志·高貴鄉公傳》裴松之注云"晉之令史，著《後漢紀》"。《釋文序錄》載張璠《周易集解》十二卷，注云："安定人，東晉秘書郎參著作，集二十二家解。"又云："《七錄》云集二十八家，《七志》云十卷。"按據《序錄》引諸家姓氏，實二十二家。《隋志》載爲八卷，注云殘缺。《新唐志》十卷，又《略論》一卷。諸家輯本皆據《釋文》等採摭，所輯無大出入，唯馬國翰以向秀、楊乂、鄒湛、張軌四人皆在張璠《集解》所集二十二家之中，故併採向等四人之注入此輯。按馬氏於向等四人注皆另有專輯，此又移而屬之張璠《集解》，未免重複。且所謂集二十二家解者，不過就諸家注中採其所長，固有所

取捨,當非總録無遺,《釋文》既引《集解》,復引諸家注,是所引在《集解》之外可知,馬氏悉採而歸之《集解》,未必璠書之原本如此。

王廙周易注一卷　　（晉）王廙撰
（清）孫堂輯

漢魏二十一家易注

漢魏二十一家易注　清侯康、陳澧批點〔北京圖書館〕

周易王世將氏　　（晉）王廙撰
（清）張惠言輯

易義別録卷十三　（清抄本〔復旦大學圖書館〕）

張皋文箋易詮全集·易義別録卷十三

皇清經解·易義別録（刻本卷一千二百四十六、石印本卷一百五十一）

王廙易注一卷　　（晉）王廙撰
（清）黄奭輯

漢學堂叢書·經解易類

黄氏逸書考·漢學堂經解

周易王氏注一卷　　（晉）王廙撰
（清）馬國翰輯

玉函山房輯佚書·經編易類

　　注:王廙,字世將,琅邪臨沂人,官至荆州刺史,贈侍中、驃騎將軍,謚曰康(《晉書》本傳)。《釋文序録》載王廙《易注》十二卷,注引《七録》、《七志》並十卷。《隋志》三卷,注云殘缺。《新唐志》復載十卷。諸家輯本皆據《釋文》採摭,大體相當。張惠言缺《豐》六二、《繫辭》"在地成形"及"二人同心"三節,黄奭缺《說卦》"爲徑路"一節,馬國翰缺《咸》六二、《益》"王用亨于帝"二節,又孫堂、黄奭、張惠言並缺《損》"二簋可用享"、《說卦》"爲果木"二節,其餘無異。

干常侍易解三卷　　（晉）干寶撰
（元）屠曾輯

鹽邑志林

影印元明善本叢書十種·鹽邑志林

干寶周易注一卷　　（晉）干寶撰
（元）屠曾輯　　（清）孫堂校補

漢魏二十一家易注

漢魏二十一家易注　清侯康、陳澧批點〔北京圖書館〕

周易干氏　　（晉）干寶撰　　（明）姚士粦輯　　（清）丁杰補正

易義別録卷七至卷八　（清抄本〔復旦大學圖書館〕）

張皋文箋易詮全集·易義別録卷七至卷八

皇清經解·易義別録（刻本卷一千二百四十至卷一千二百四十一、石印本卷一百五十一）

干寶易注一卷　　（晉）干寶撰
（清）黄奭輯

黄氏逸書考·漢學堂經解

周易干氏注三卷　　（晉）干寶撰
（明）姚士粦輯　　（清）丁杰補正（清）馬國翰校録

玉函山房輯佚書·經編易類

干氏易傳三卷　　（晉）干寶撰
（清）汪□輯

易學六種

干常侍易注疏證一卷　　（清）方成珪撰　　（清）孫詒讓校

敬鄉樓叢書第三輯

干常侍易注疏證一卷　　（清）方成珪撰

稿本　清孫詒讓校　〔温州市圖書館〕

清孫氏玉海樓抄本　清孫詒讓批〔杭州大學圖書館〕

清抄本〔北京圖書館〕

注：干寶，字令升，新蔡人，官至散騎常侍。性好陰陽數術，留意京房《易傳》，注《周易》、《周禮》，爲《春秋左氏外傳》，又撰《搜神記》三十卷（《晉書》本傳）。《釋文序録》載干寶《易注》十卷，《隋》、《唐志》及《宋志》並同。姚士粦據《周易集解》採摭而未備，丁杰復據姚輯補缺正誤，即張惠言刊入《易義別録》者。馬國翰據張本校録，然間有漏脱，如《大有》"公用享于天子"、《困》初六、《中孚》"與爾靡之"、《既濟》"婦喪其第"、《繫辭》"悔吝者"云云諸節皆脱。屠曾所輯亦據《集解》採摭，孫堂爲之校補。按孫、丁二輯大致無異，孫多《井》六四一節。黄奭全襲孫本，其自輯者唯從《周易窺餘》採二節爲補遺。方成珪據諸本參校，所輯最備，並採漢魏人及清儒説爲之疏證。

黄穎易注一卷　　（晉）黄穎撰（清）黄奭輯

漢學堂叢書・經解易類

黄氏逸書考・漢學堂經解

周易黄氏注一卷　　（晉）黄穎撰（清）馬國翰輯

玉函山房輯佚書・經編易類

信古閣小叢書

注：黄穎，於史無傳。《釋文序録》載黄穎《易注》十卷，注云："南海人，晉廣州儒林從事。"《隋志》四卷，注云："梁有十卷，今殘缺。"黄奭、馬國翰皆從《釋文》採得八節，文無異。按文廷式《補晉書藝文志》云《釋文》引黄穎説九節，而

據其所舉僅六節，且未出馬、黄所採之外，疑文氏誤。

韓康伯易注　　（晉）韓伯撰（清）黄奭輯

黄氏逸書考・漢學堂經解・易雜家注

注：韓伯，字康伯，潁川長社人，官至太常，《晉書》有傳。《釋文序録》云韓伯注《繫辭》。其注今存。宋趙汝楳《周易輯聞》引韓康伯《易音》一節，黄奭據此以爲康伯於《易》全書當有音義之作，不止於《繫辭》。又《周易義海撮要》引康伯釋《泰》六五一節，黄氏據以輯存，並採入《輯聞》所引《易音》一節。

顧歡周易繫辭注　　（南齊）顧歡撰（清）黄奭輯

黄氏逸書考・漢學堂經解・易雜家注

注：顧歡，字景怡，吳郡鹽官人，永明元年徵召爲太學博士，不應，有《繫辭》注（《南齊書》本傳）。黄奭據《周易正義》、《釋文》採得四節。

劉瓛周易義疏一卷　　（南齊）劉瓛撰（清）孫堂輯

漢魏二十一家易注

漢魏二十一家易注　清侯康、陳澧批點〔北京圖書館〕

周易劉子珪氏　　（南齊）劉瓛撰（清）張惠言輯

易義別録卷十三（清抄本〔復旦大學圖書館〕）

張皋文箋易詮全集・易義別録卷十三

皇清經解・易義別録（刻本卷一千二百四十六、石印本卷一百五十一）

劉瓛乾坤義一卷　　（南齊）劉瓛撰（清）黄奭輯

漢學堂叢書・經解易類

黃氏逸書考・漢學堂經解

劉瓛繫辭義疏一卷　（南齊）劉瓛

撰　（清）黃奭輯

漢學堂叢書・經解易類

黃氏逸書考・漢學堂經解

周易劉氏義疏一卷　（南齊）劉瓛

撰　（清）馬國翰輯

玉函山房輯佚書・經編易類

周易劉氏義疏一卷　（南齊）劉瓛

撰　（清）王仁俊輯

玉函山房輯佚書續編・經編易類

注：劉瓛，字子珪，沛國相人，博學，通五經（《南齊書》本傳）。《釋文序錄》稱瓛注《繫辭》，不言卷數。《隋志》載劉瓛《周易乾坤義》一卷（兩《唐志》作《周易義疏》一卷），又《周易繫辭義疏》二卷（《新唐志》同），又云：“梁有《周易四德例》一卷，劉瓛撰，亡。”是瓛之治《易》蓋不止於注《繫辭》，其書今皆亡。孫堂、張惠言、馬國翰皆據《周易集解》等採得十餘節，其文多釋《乾》、《坤》二卦及《繫辭》者。三家所輯相當，間有一二節互爲有無，如張缺《同人》“升其高陵”一節，孫、馬缺《繫辭》“故能彌綸天地之道”一節，其餘不過編次略有異同。按馬採《釋文》引《繫辭》“知以藏往”一節，實劉表注，馬依胡煦《周易函書》引作瓛注，非是。黃奭分爲《乾坤義》及《繫辭義疏》兩輯，核之孫本，輯文無出入，間有考語亦悉同，是全襲孫輯而分爲兩書。其自採者唯於《繫辭義疏》附補遺三節，中採《華嚴經音義》引一節爲諸家所無。王仁俊補馬輯之缺五節，多採自原本《玉篇》，亦諸家未及者。

沈驎士易經要略　（南齊）沈驎士

撰　（清）黃奭輯

黃氏逸書考・漢學堂經解・易雜家注

周易沈氏要略一卷　（南齊）沈驎

士撰　（清）馬國翰輯

玉函山房輯佚書・經編易類

注：沈驎士，字雲楨，吳興武康人，不仕，著《周易兩繫》、《易經要略》，並注《論語》、《孝經》等（《南齊書》本傳）。其書未見載錄，黃奭、馬國翰僅從《釋文》採得一節。

傅氏周易注　（□）傅□撰　（清）

黃奭輯

黃氏逸書考・漢學堂經解・易雜家注

周易傅氏注一卷　（□）傅□撰

（清）馬國翰輯

玉函山房輯佚書・經編易類

注：《隋志》載《周易》十三卷，傅氏注，缺其名。兩《唐志》並載十四卷。傅氏其人無考，馬國翰謂當是齊、梁間人，姚振宗《隋書經籍志考證》謂是北魏、北齊間人。黃奭、馬國翰皆從《釋文》採得三節，文無異。

崔覲易注　（□）崔覲撰　（清）黃

奭輯

黃氏逸書考・漢學堂經解・易雜家注

周易崔氏注一卷　（□）崔覲撰

（清）馬國翰輯

玉函山房輯佚書・經編易類

注：《隋志》載《周易》十三卷，崔覲注。覲其人無考，《北史・儒林傳》言魏末大儒徐尊明傳《易》於清河崔瑾，馬國翰以爲覲，瑾或是一人。姚振宗《隋書經籍志考證》謂是北魏、北齊間人。黃奭、馬國翰皆從《周易正義》、《周易集解》各採得一節，文無異。

姚規易注　（□）姚規撰　（清）黃
奭輯

黃氏逸書考·漢學堂經解·易雜家注

周易姚氏注一卷　（□）姚規撰
（清）馬國翰輯

玉函山房輯佚書·經編易類

注:《隋志》載《周易》七卷,姚規注。規其人無考,馬國翰以爲當是齊、梁間人,姚振宗《隋書經籍志考證》謂是北魏、北齊間人。黃奭、馬國翰僅據《釋文》採得一節。

梁武帝周易講疏　（梁）蕭衍撰
（清）黃奭輯

黃氏逸書考·漢學堂經解·易雜家注

周易大義一卷　（梁）蕭衍撰
（清）馬國翰輯

玉函山房輯佚書·經編易類

注:梁武帝姓蕭名衍,字叔達,南蘭中都里人,撰《周易講疏》等經疏凡二百餘卷(《梁書》本紀)。《隋志》載梁武帝《周易大義》二十一卷,兩《唐志》並二十卷。按《講疏》與《大義》疑是一書。《釋文》引梁武帝說四節,黃奭、馬國翰據以輯出,分別據本紀、《隋志》題名。又馬氏更從《梁武帝集》採得《易》說三節,爲黃所無。

伏曼容易注　（梁）伏曼容撰
（清）黃奭輯

黃氏逸書考·漢學堂經解·易雜家注

周易伏氏集解　（梁）伏曼容撰
（清）馬國翰輯

玉函山房輯佚書·經編易類

伏乘(一名十笏園叢刊)·伏氏佚書

注:伏曼容,字公儀,平昌安邱人,官至臨海太守,撰《周易》、《毛詩》等集解

及《老》、《莊》、《論語》義(《梁書》本傳)。《隋志》云:"梁有臨海令("令"當作"太守")伏曼容注《周易》八卷,亡。"黃奭、馬國翰皆從《釋文》、《周易集解》各採得一節,黃氏更從《周易叢說》採得二節。《伏乘》本即據馬輯,而僅有《集解》所引一節。

褚氏易注一卷　（梁）褚仲都撰
（清）黃奭輯

漢學堂叢書·經解易類

黃氏逸書考·漢學堂經解

周易褚氏講疏一卷　（梁）褚仲都
撰　（清）馬國翰輯

玉函山房輯佚書·經編易類

注:褚仲都,吳郡錢塘人,善《周易》,爲五經博士(《梁書·孝行傳》)。《釋文序錄》云"梁褚仲都作《易義》",不言卷數。《隋》、《唐志》並載褚仲都《講疏》十六卷。馬國翰據《周易正義》、《釋文》採得十六節,均不出黃奭所輯之外(唯其中三節乃仲都申王弼注之義,故黃氏僅以附後)。至黃氏所採,則《乾》、《需》、《蠱》、《解》、《升》、《巽》各卦均多出馬一節。

莊氏易義一卷　（□）莊□撰
（清）黃奭輯

黃氏逸書考·漢學堂經解

周易莊氏義一卷　（□）莊□撰
（清）馬國翰輯

玉函山房輯佚書·經編易類

注:《周易正義》引有莊氏說,而缺其名。莊氏不詳何人,馬國翰考其當在褚仲都之後爲義疏者。馬氏從《正義》採得二十餘節,大致未出黃奭所輯之外。其中《文言》"知至至之"及《恒》二節爲

莊氏申王弼注者,《大壯》一節爲駁王注者,黃氏皆以之附後。至黃所採《正義》,則《乾》、《坤》二卦各多出馬輯二節,又更從《周易口訣義》等採得三節。

周氏易注一卷　（陳）周弘正撰（清）黃奭輯

漢學堂叢書·經解易類

黃氏逸書考·漢學堂經解

周易周氏義疏一卷　（陳）周弘正撰　（清）馬國翰輯

玉函山房輯佚書·經編易類

注：周弘正,字思行,汝南安成人,官至尚書右僕射,領國子祭酒,撰《周易講疏》十六卷及《論語疏》、《莊子疏》等（《陳書》本傳）。《釋文序錄》云"陳周弘正作《易義》",《隋志》載周弘正《周易義疏》十六卷。黃奭從《周易正義》、《釋文》等採得二十餘節,其中採《釋文》引《繫辭》一節及採《周易口訣義》、《古周易訂詁》所引六節皆馬國翰輯本所無。至馬採《正義》引《恒》卦一節,乃弘正申王弼注義者,黃僅附後。

張氏易注一卷　（□）張□撰（清）黃奭輯

漢學堂叢書·經解易類

黃氏逸書考·漢學堂經解

周易張氏講疏一卷　（陳）張譏撰（清）馬國翰輯

玉函山房輯佚書·經編易類

周易師說一卷　（唐）陸德明述（清）王仁俊輯

玉函山房輯佚書·經編易類

注：張譏,字直言,清河武城人,受學於汝南周弘正,爲國子博士,撰《周易義》三十卷（《陳書·儒林傳》）。《隋》、

《唐志》並載張譏《周易講疏》三十卷。《周易正義》引有"張氏"説數節,不著其名。馬國翰考其"《易》者換代之名"之説本於周弘正,又據《正義》引其説每與褚仲都諸人並稱,定張氏即張譏。又《釋文》引有"師説"若干節,馬氏據譏本傳言譏講《周易》而陸德明諸人傳其業,定陸氏《釋文》所引"師説"亦指譏説也。因據《正義》採得"張氏"説七節,據《釋文》採得"師説"十三節,合爲一輯。黃奭僅採《正義》而未定張氏爲何人,又別從《周易口訣義》採得《謙》"利用侵伐"一節,爲馬所無。王仁俊則僅採《釋文》所引"師説",亦未定其爲何人。

劉昞易注　（後魏）劉昞撰　（清）黃奭輯

黃氏逸書考·漢學堂經解·易雜家注

周易劉氏注一卷　（後魏）劉昞撰（清）馬國翰輯

玉函山房輯佚書·補遺·經編易類

注：劉昞,字延明,敦煌人,好尚文典,注《周易》等（《魏書》本傳）。其書《隋》、《唐志》均不載,黃奭、馬國翰僅從《釋文》採得一節。

周易劉晝義一卷　（北齊）劉晝撰（清）王仁俊輯

玉函山房輯佚書續編·經編易類

注：劉晝,字孔昭,渤海阜城人,不仕,《北史》、《北齊書》均有傳。王仁俊從《劉子·思順》篇採得《易》説三節。按《劉子》始見載於兩《唐志》,題爲劉勰撰。《郡齋讀書志》、《直齋書錄題解》、《宋志》則題爲劉晝撰。此書作者舊説不一,今人楊明照考定爲晝所著,參楊氏所撰《劉子校注》。

盧氏易注一卷 　（□）盧□撰
（清）黃奭輯

黃氏逸書考・漢學堂經解

周易盧氏注一卷 　（□）盧□撰
（清）馬國翰輯

玉函山房輯佚書・經編易類

　　注：《隋志》載《周易》一帙十卷，盧氏
注，兩《唐志》同，均缺其名。馬國翰考
其人爲北魏盧景裕，《魏書》有傳。黃
奭、馬國翰皆從《周易集解》採撼，黃得
二十一節，較馬輯多《大有》九百三十
一節。

周易王氏義一卷 　（□）王嗣宗撰
（清）馬國翰輯

玉函山房輯佚書・經編易類

　　注：《釋文》引有王嗣宗《音義》三節，
馬國翰據以輯存。按《隋》、《唐志》不載
此書，嗣宗其人亦無考。《釋文序錄》引
晉張璠《周易集解》序，所列諸家有王宏
字正宗者，馬氏以爲即嗣宗。

朱仰之易注 　　（□）朱仰之撰
（清）黃奭輯

黃氏逸書考・漢學堂經解・易雜家注

周易朱氏義一卷 　（□）朱仰之撰
（清）馬國翰輯

玉函山房輯佚書・經編易類

　　注：《周易集解》引有朱仰之説，不詳
何人，《隋》、《唐志》亦未載其書。黃奭、
馬國翰均從《集解》採得二節，文無異。
按《釋文序錄》載《荀爽九家集注》，中有
朱氏缺名者，馬謂當即仰之。

王凱沖易注 　　（□）王凱沖撰
（清）黃奭輯

黃氏逸書考・漢學堂叢書・易雜家注

周易王氏注一卷 　（□）王凱沖撰
（清）馬國翰輯

玉函山房輯佚書・經編易類

　　注：《周易集解》引有王凱沖説四節，
黃奭、馬國翰據以輯存。按凱沖其人無
考，其《易注》僅《新唐志》載爲一卷，唯
《集解》已引之，則似是唐以前人。

桓玄周易繫辭注 　（晉）桓玄撰
（清）黃奭輯

黃氏逸書考・漢學堂經解・易雜家注

周易繫辭桓氏注 　（晉）桓玄撰
（清）馬國翰輯

玉函山房輯佚書・經編易類

　　注：桓玄，字敬道，一名靈寶，譙國龍
亢人，大司馬温之子，元興元年篡位，改
元永始（《晉書》本傳）。《釋文序錄》稱
桓玄注《繫辭》，不言卷數，《隋》、《唐志》
並載二卷。黃奭、馬國翰皆從《釋文》採
得三節，文無異。

荀柔之易音繫辭注 　（劉宋）荀柔
之撰 　（清）黃奭輯

黃氏逸書考・漢學堂經解・易雜家注

周易繫辭荀氏注一卷 　（劉宋）荀
柔之撰 　（清）馬國翰輯

玉函山房輯佚書・經編易類

　　注：《釋文序錄》云“荀柔之注《繫
辭》”，注云：“潁川潁陰人，宋奉朝請。”
《隋》、《唐志》並載荀柔之《繫辭注》二
卷。黃奭、馬國翰皆從《釋文》採得三
節，文無異。

明僧紹易義 　　（南齊）明僧紹撰
（清）黃奭輯

黃氏逸書考・漢學堂經解・易雜家注

周易繫辭明氏注一卷 　（南齊）明

僧紹撰　（清）馬國翰輯

玉函山房輯佚書·經編易類

注：明僧紹，字休烈，一字承烈，平原人，明經，有儒術，不仕（《南史》、《南齊書》本傳）。《釋文序録》稱明僧紹注《繫辭》，不言卷數。《隋》、《唐志》不載其書。黃奭、馬國翰均從《釋文》採得三節，文無異。

孫炎周易例　（魏）孫炎撰　（清）黃奭輯

黃氏逸書考·漢學堂經解·易雜家注

注：孫炎，字叔然，樂安人，不仕，受學於鄭玄之門，注《周易》、《爾雅》、《禮記》、《春秋》三傳等（《三國志·王肅傳》）。黃奭從《宋史》卷二百六十七採得孫炎《易例》一節，乃據余蕭客《古經解鈎沈》轉録。

易象妙于見形論一卷　（晉）孫盛撰　（清）馬國翰輯

玉函山房輯佚書·經編易類

注：孫盛，字安國，太原中都人，官至祕書監，加給事中，著《魏氏春秋》、《晉陽秋》，《易象妙于見形論》（《晉書》本傳）。《隋》、《唐志》均不載其《易》論，馬國翰從《世説新語》劉孝標注、《周易正義·卷首》各採得一節。

周易王氏音一卷　（魏）王肅撰　（清）馬國翰輯

玉函山房輯佚書·經編易類

注：參《王肅周易注》。

李軌周易音　（晉）李軌撰　（清）黃奭輯

黃氏逸書考·漢學堂經解·易雜家注

周易李氏音一卷　（晉）李軌撰　（清）馬國翰輯

玉函山房輯佚書·經編易類

注：李軌，字弘範，江夏人，東晉祠部郎中、都亭侯，爲《易音》（《釋文序録》）。《隋志》載李軌《周易音》一卷。馬國翰從《釋文》採得七節，黃奭所輯缺《姤》“誥四方”一節。

徐邈易音注一卷　（晉）徐邈撰　（清）黃奭輯

黃氏逸書考·漢學堂經解

周易徐氏音一卷　（晉）徐邈撰　（清）馬國翰輯

玉函山房輯佚書·經編易類

注：徐邈，字仙民，東莞姑幕人，官至中書侍郎、太子前衛率（《晉書》本傳）。《釋文序録》稱邈爲《易音》，不言卷數，《隋志》載爲一卷。黃奭、馬國翰皆據《釋文》採得百餘節，黃略多於馬。黃氏於《大有》、《豫》、《觀》、《大過》、《遯》、《暌》、《損》、《夬》各卦及《繫辭》所採，有十餘節爲馬所缺，馬所採唯《臨》“剛侵而長”一節爲黃所無，又《賁》卦各有一節互爲有無。

周易〔古經解鈎沉〕　（清）余蕭客輯

古經解鈎沉卷二　（清乾隆間刻本〔吉林省圖書館〕、嘉慶間刻本、光緒二十一年杭州竹簡齋石印本、民國二十五年陶風樓影印本）

注：余蕭客《古經解鈎沉》專採《十三經》已佚舊解，每一經少則一卷，多則八卷。是書於經傳羣書所引唐以前經解而今不傳者悉並收録，附於經文之下。所採均注書名卷第，有不注者，《周易》則出《周易集解》，其餘各經則出本經注疏。余氏所輯雖頗有疏謬，不及後來諸家單輯本精備，然彙唐以前經解佚説於

一編，頗便參閱，後來輯佚諸家實多取資於是輯也。按唐史徵《周易口訣義》、隋杜臺卿《玉燭寶典》、原本《玉篇》、慧琳《一切經音義》等引經解佚説至夥，余氏未及見。又皇侃《論語義疏》日本猶存全帙，余氏亦未及見，故於《論語》一經亦將諸書所引侃説視爲佚書輯入。

周易古義七卷　楊樹達輯

1930 年中華書局排印本

注：是書輯存先秦至漢魏人《易》説，遍採經史、周秦諸子、兩漢儒書，凡得百餘事，比附經文，間下考證。

連山易　（清）王謨輯

漢魏遺書鈔·經翼第一冊·歸藏附

連山　（清）王朝榘輯

十三經拾遺卷二（清嘉慶五年刻本）

王氏遺書·十三經遺文

豫章叢書（陶福履輯）第三集·十三經拾遺卷二

連山一卷　（清）朱彝尊輯　（清）馬國翰校補

玉函山房輯佚書·經編易類

注：《周禮·春官·太卜》云："掌三《易》之灋，一曰《連山》，二曰《歸藏》，三曰《周易》。"《漢志》不載《連山》、《歸藏》，然《北堂書鈔》一百一及《太平御覽》六百八引桓譚《新論》，謂《連山》八萬言，藏於蘭臺；《歸藏》四千三百言，藏於太卜，則漢時實有其書。杜子春《周禮·春官·太卜》注謂《連山》伏羲《易》，《歸藏》黃帝《易》。《周禮正義》引《鄭志》鄭玄答趙商，謂當時經師又以爲夏、殷之《易》。是此二書之由來漢人已無定説，要皆爲漢以前之古《易》也。《隋志》已不載《連山》。按據《北史·劉

炫傳》，炫於隋開皇中僞造《連山》進之，則《連山》亡於隋以前可知。《新唐志》所載十卷者，即後出之僞書，今亦不傳。王朝榘、馬國翰（馬實據朱彝尊《經義考》所舉佚文增補，見其自序）所輯《連山》多據《路史》、《六藝流別》等書採摭，皆宋明人所引，非隋以前舊本。唯馬尚採得皇甫謐《帝王世紀》、酈道元《水經注》各引一節（王輯缺《帝王世紀》引一節），二書皆在劉炫僞造《連山》之前，《續修四庫全書提要》謂所引當是舊文。王謨所輯僅二節，未出王朝榘、馬國翰之外。

歸藏一卷　（清）王謨輯

漢魏遺書鈔·經翼第一冊

歸藏　（清）王朝榘輯

十三經拾遺卷二（清嘉慶五年刻本）

王氏遺書·十三經遺文

豫章叢書（陶福履輯）·十三經拾遺卷二

歸藏　（清）嚴可均輯

全上古三代文卷十五

歸藏一卷　（清）洪頤煊輯

問經堂叢書·經典集林

經典集林

歸藏一卷　（清）朱彝尊輯　（清）馬國翰校補

玉函山房輯佚書·經編易類

歸藏一卷

一瓻筆存·經部

連山歸藏逸文一卷　（清）觀頮道人輯

閩竹居叢書

注：《歸藏》，三《易》之一，參《連山》。《漢志》不載《歸藏》，《隋》、《唐志》並載

十三卷，晉薛貞注，《宋志》只存三卷，今佚。《隋志》云："《歸藏》漢初已亡，案晉《中經》有之，唯載卜筮，不似聖人之旨。"按《北堂書鈔》一百一、《太平御覽》六百八引桓譚《新論》，稱《歸藏》四千三百言，藏於太卜，又鄭玄注《禮記·禮運》"吾欲觀殷道"，云"其書存者有《歸藏》"，則《歸藏》當後漢時猶存，《隋志》稱漢初已亡，疑非是。然據《隋志》所云，則已疑當時所傳之本非漢時之舊。

後人說亦不一，未有定讞。按《御覽》引《歸藏》稱殷湯爲唐，王國維引以證卜辭（見《殷卜辭中所見先公先王考》），此非後人所能僞造者，則唐宋所傳未必無所本，真僞不可一概而論。至於今所傳《古三墳書》中有《連山》、《歸藏》，決爲僞作。朱彝尊《經義考》舉《歸藏》佚文若干節，皆得之傳注、類書，馬國翰據以編次，注明出處，並增補所缺，輯爲一卷，較他家輯本爲備。

書　　類

逸書　（清）沈淑輯
　　經玩·經典異文補·尚書附
　　後知不足齋叢書第一函·沈氏經學六
　　　種·陸氏經典異文補·尚書附
　　叢書集成初經·語言文學類·陸氏經
　　　典異文補·尚書附

書逸篇附遺句　（清）朱彝尊輯
　　經義考·逸經上

尚書逸文　（清）江聲輯
　　尚書集注音疏附（清乾隆五十八年近市
　　　居刻本）
　　皇清經解·尚書集注音疏附

尚書逸文二卷　（清）江 聲 輯
　　（清）孫星衍補訂
　　岱南閣叢書·古文尚書附
　　十三經讀本（唐文治輯）·尚書讀本附
　　叢書集成初編·經編書類

尚書逸文　（清）顧觀光輯
　　武陵山人遺稿·古書逸文

尚書逸句　（清）顧觀光輯
　　武陵山人遺稿·古書逸文

逸書一卷　（清）黃奭輯
　　漢學堂知足齋叢書·漢學堂經解

書遺篇　（清）王朝梟輯
　　十三經拾遺卷三（清嘉慶五年刻本）
　　王氏遺書·十三經遺文
　　豫章叢書（陶福履輯）第三集·十三經
　　　拾遺卷三

書遺句　（清）王朝梟輯
　　十三經拾遺卷四（清嘉慶五年刻本）
　　王氏遺書·十三經遺文
　　豫章叢書（陶福履輯）第三集·十三經
　　　拾遺卷四

逸書徵三卷　（清）孫國仁輯
　　砭愚堂叢書

〔尚書〕逸文　（清）簡朝亮輯述
　　讀書堂叢刻·尚書集注音疏卷三十至
　　　三十二

尚書佚文一卷補遺一卷　（清）王仁俊輯

經籍佚文

尚書逸篇一卷

一瓻筆存・經部

注：先秦兩漢經籍引《書》多有不見於今本之文，清儒輯佚文皆據以採撫。沈淑、朱彝尊所輯爲早。沈氏所採頗疏略，朱輯雖或不及後來諸家，其採撫范圍大抵相當。孫星衍據江聲輯本增補重訂，佚文有篇名者編次列於前，稱《虞》、《夏》、《商》、《周書》者次之，泛稱逸書者又次之，疑似者附後。按江、孫所採頗失之濫，有誤以約舉經文爲佚文，如《左傳》隱公六年引《盤庚》“惡之易也”一節是；有誤以他書之文爲《尚書》佚文，如《宋書・禮志》高堂隆引《書》實《尚書中侯》之文；又多以《逸周書》七十一篇之佚文爲《尚書》佚文，如《墨子》、《韓非子》、《呂氏春秋》、《淮南子》、《史記》、《漢書》引《周書》是（參陳壽祺《左海文集》卷四《與臧拜經辨皋陶謨增句疏證書》）。王仁俊補江、孫之缺，凡得二十餘節，又補遺二節，中頗有以今本異文或約舉之文充佚文者。王朝渠、孫國仁兩輯所病與江、孫同，而駁雜過之。簡朝亮自序謂諸書所引似佚文而非佚文者有五焉，一則古志之書而非逸《書》，二則逸文而譌，三則異文而譌，四則櫽括經文而引之，五則雖稱經而實爲經說，故所採雖不出諸家之外，而取捨較爲審慎。其書亦以有篇名者列前，不詳篇名者附後，佚文皆加注釋。然所採間亦有失，如採《說文》引《周書》“宮人之冗食”，不知乃《周禮》之文（參段玉裁《說文解字注》）。又採《史記》、《漢書》引《周書》，亦《逸周書》之文。唯所採《漢書・律曆志》引《周書・武成》篇數節，其文與《逸周書・世俘》篇同，或以爲即《逸周書》之文，或以爲是《尚書》佚篇，未有定論（參陳夢家《尚書通論》二百八十六頁、劉起釪《尚書學史》二十五頁、蔣善國《尚書綜述》四百四十至四百四十一頁）。顧觀光《尚書逸文》祇採有篇名之文，大致與簡氏所採相當。間有溢出者，如採《墨子》引“先王之書”《相年》、《距年》諸文，皆簡氏序所謂古志之書也。至顧輯《尚書逸句》，則凡諸書所引不知篇名者悉歸之，自謂有出於《逸周書》、《周書六殺》、《尚書大傳》而不易分辨，則其失之濫可知。大較而言，諸家所輯佚文，以篇名見於《書序》，或稱《虞》、《夏》、《商書》者大致可信。至篇名出《書序》之外，或泛稱《書》、《周書》、《逸書》者，非皆《尚書》，蓋其中多爲古志書若《逸周書》之類也。陳夢家謂先秦古書引《周書》者唯《左傳》、《國語》可信爲《尚書》之文，以其所引多見於今文廿九篇中，餘則多爲《逸周書》（《尚書通論》二百八十三至二百八十四頁），其說信然。

伏生尚書

說郛（商務印書館本）卷二・古典録略

今文尚書一卷　（清）馬國翰輯

玉函山房輯佚書・經編尚書類

今文尚書經説考三十卷首一卷敍録一卷　（清）陳喬樅集

左海續集

今文尚書經説考三十八卷

皇清經解續編

注：《今文尚書》，漢初以隸書抄寫之

本,始傳於濟南伏生,迄宣帝時,有歐陽及大、小夏侯三家,立於學官(《漢志》)。《漢志》載《尚書》今文經二十九卷。《隋志》云:"永嘉之亂,《歐陽》、《大小夏侯尚書》並亡。"《說郛》輯有《今文尚書》三節,不標篇名、出處,驗之實《尚書大傳》文。馬國翰採《史記》、《漢書》所引,及《隸釋》所載《熹平石經》殘文,兼採經疏、史注,其中《泰誓》篇據孫星衍、王鳴盛所輯。按《史記》引《尚書》究爲今文抑或古文,清儒及近人說不一。持平而論,漢時今文立學官,古文則多爲私家傳授,司馬遷引《書》當是今文。然《漢書·儒林傳》稱遷從孔安國問故,遷書引《堯典》、《禹貢》、《洪範》、《微子》、《金縢》諸篇多古文說,蓋《史記》所引雖依今文,亦不盡爲今文,其中多有古文說也。然如所引盡是古文,則又不得但言"多古文說"而已。要之於《史記》所引,無徵不信,當能辨其爲今文、爲古文,而後取捨焉,如全取全捨,皆非所宜。唯《史記》引《書》有以詁訓代經文,如《皋陶謨》"動惟丕應"引作"天下大應",《湯誓》"其如台"引作"其奈何",《牧誓》"逖矣"引作"遠矣"皆是。又《史》、《漢》諸書所引每有節略或檃括。如此之類皆非今文之異文,而馬氏或亦採入,則失之。陳喬樅博採漢人書引今文及《隸釋》、漢碑所載,兼收漢人今文經說,皆詳爲辨證,遠勝馬輯。

尚書大傳　(漢)伏勝撰

　說郛(商務印書館本)卷二·古典錄略

尚書大傳注　(漢)鄭玄撰　(清)朱彝尊輯

　經義考·書六

尚書大傳三卷補遺一卷　(漢)伏勝撰　(漢)鄭玄注　(清)孫之騄輯

　晴川八識

尚書大傳四卷補一卷　(漢)伏勝撰　(漢)鄭玄注　補(清)惠棟輯

　清惠氏紅豆齋抄本　清翁方綱校〔北京圖書館〕

尚書大傳四卷補遺一卷續補遺一卷考異一卷　(漢)伏勝撰　(漢)鄭玄注　補遺(清)盧見曾輯　續補遺(清)盧文弨輯並撰考異

　清嘉慶五年愛日艸廬刻本　清顧觀光批校〔浙江圖書館〕

　清嘉慶五年愛日艸廬刻本　清劉恭冕批校〔南京圖書館〕

　清王有燿齋刻本

　雅雨堂藏書

　雅雨堂藏書本　清龔橙批校〔常熟市中學圖書館〕

　崇文書局彙刻書

尚書大傳四卷補遺一卷　(漢)伏勝撰　(漢)鄭玄注　補遺(清)盧見曾輯

　雅雨堂藏書本　清張澍補輯並跋〔北京圖書館〕

尚書大傳四卷補遺一卷　(漢)伏勝撰　(漢)鄭玄注

　四庫全書·經部書類

尚書大傳三卷補遺一卷續補遺一卷　(漢)伏勝撰　(漢)鄭玄注　補遺(清)盧見曾輯　續補遺(清)盧文弨輯

　反約篇

榕園叢書甲集

尚書大傳四卷補遺一卷續補遺一
　卷考異一卷附參考一卷拾遺一
　卷　（漢）伏勝撰　（漢）鄭玄注
　補遺（清）盧見曾輯　續補遺
　（清）盧文弨輯並撰考異　拾遺
　（清）陸明睿輯並撰參考
　清抄本〔上海圖書館〕

尚書大傳佚文一卷補遺一卷
　（清）盧見曾、盧文弨輯
　經籍佚文

尚書大傳一卷　（漢）伏勝撰
　（清）任兆麟選輯
　述記

尚書大傳考纂三卷附録一卷補遺
　一卷源委一卷備考一卷　（清）
　董豐垣輯述
　清乾隆間槐古齋刻本

尚書大傳二卷　（漢）伏勝撰
　（清）王謨輯
　漢魏遺書鈔・經翼第一冊

尚書大傳　（漢）伏勝撰　（清）孫
　志祖輯
　讀書脞録續編卷一（嘉慶七年刻本、民
　　國二十年中國書店影印嘉慶本）
　皇清經解續編・讀書脞録續編（刻本卷
　　四百九十三、石印本卷六十三）

尚書大傳定本五卷附序録一卷辨
　譌一卷　（漢）伏勝撰　（漢）鄭
　玄注　（清）陳壽祺輯校並撰序
　録辨譌
　左海全集

尚書大傳三卷附序録一卷辨譌

　一卷
　古經解彙函
　叢書集成初編・史地類

尚書大傳五卷附序録一卷辨譌
　一卷
　四部叢刊・經部

尚書大傳三卷　（漢）伏勝撰
　（漢）鄭玄注　（清）陳壽祺輯校
　皇清經解續編

尚書大傳注一卷　（漢）鄭玄撰
　（清）黃奭輯
　高密遺書　清黃奭校　〔北京圖書館〕
　漢學堂叢書・高密遺書
　黃氏逸書考・通德堂經解

尚書大傳注三卷　（漢）鄭玄撰
　（清）袁鈞輯　（清）袁堯年校補
　鄭氏佚書（浙江書局本）

尚書大傳三卷
　伏乘（一名十笏園叢書）・伏氏佚書

尚書五行傳注一卷　（漢）鄭玄撰
　（清）袁鈞輯　（清）袁堯年校補
　鄭氏佚書（浙江書局本）

尚書五行傳一卷
　伏乘（一名十笏園叢書）・伏氏佚書

尚書略説注一卷　（漢）鄭玄撰
　（清）袁鈞輯　（清）袁堯年校補
　鄭氏佚書（浙江書局本）

尚書略説一卷
　伏乘（一名十笏園叢書）・伏氏佚書

尚書大傳注四卷　（漢）鄭玄撰
　（清）孔廣林輯
　通德遺書所見録
　鄭學十八種
　鄭學十八種　清抄本　清葉志詵、趙之

謙校 〔北京圖書館〕

鄭學十八種　清抄本　李盛鐸校〔北京大學圖書館〕

尚書大傳疏證七卷 （清）皮錫瑞撰

師伏堂叢書

補注尚書大傳七卷 （漢）伏勝撰

（漢）鄭玄注　王闓運補注

靈鶼閣叢書第一集

湘綺樓全書

注：伏生名勝，見《漢書·儒林傳》張晏注，餘參《伏生尚書》。鄭玄，參《周易鄭康成注》。《漢志》《書》類載《傳》四十一篇，不著撰人。《釋文序錄》載《尚書大傳》三卷，稱伏生作。《隋志》亦云"伏生作《尚書大傳》四十一篇，以授同郡張生"，並載《尚書大傳》三卷，鄭玄注。據《中興館閣書目》引鄭玄《尚書大傳序》（見《玉海》三十七），此書乃伏生卒後，弟子張生、歐陽生等撰集師說大義而成。《舊唐志》載伏生注《尚書暢訓》三卷，《新唐志》載伏生注《尚書大傳》三卷、《暢訓》一卷。按兩《唐志》有誤，"注"當作"撰"，"暢訓"依陳壽祺說乃"略說"之訛，爲《大傳》之篇名。《宋志》猶載此書三卷，蓋元明以後佚，今其佚文及鄭玄注僅見於經疏、史注及唐宋類書所引。《說郛》所載祇二節，朱彝尊僅從《續漢書·五行志》劉昭注採得數節。孫之騄所輯爲早，頗多漏訛。盧見曾於吳中訪得舊本四卷，不詳何人所輯，引文均不注出處，盧氏爲之刊行，並撰《補遺》一卷（見《雅雨堂藏書》本自序，翻刻本刪節序文，後人多以爲盧文弨輯），盧文弨又參孫之騄輯本爲《考異》一卷，更

輯《續補遺》一卷，並附舊本之後。《四庫全書》即用此本而無《考異》及《續補遺》，《榕園叢書》亦翻刻此本而無《考異》。王仁俊《經籍佚文》全錄二盧之《補遺》、《續補遺》。上海圖書館藏有此本之清抄本一部（唯《續補遺》漏抄二節），後附陸明睿所輯《拾遺》五十餘節，又陸氏自撰考異百數十節，名曰《參考》。按陸氏校補多據《唐類函》、《淵鑑類函》、《康熙字典》等書，不足據信。董豐垣輯本每將諸書引《今文尚書》採入，未免混淆經、傳，又據孫之騄、盧見曾二本補錄所缺，爲《補遺》、《備考》各一卷。其書附考證，唯不及後來諸家精審。王謨取盧本校補，然不過略事校勘，補其所缺，於原本譌誤未加糾正，又刪去鄭玄注。孔廣林輯本凡所採均詳附出處，較之舊輯多濫採、譌漏者爲善。陳壽祺所輯出諸家之後，自序謂見孫、盧、孔三家輯本，則陳氏蓋就諸本糾譌補缺而成。所撰《辨譌》一卷，糾舉諸家輯本譌誤之甚者凡數十事，故所輯出諸本之上，考校文字亦詳審。袁鈞亦就盧本校補，間附考證，依《隋志》編次爲三卷，盧本原卷三《鴻範五行傳》、卷四《略說》二篇則析出各爲一輯。袁輯由其四世孫堯年校補刊行，堯年所加案語頗詳，核之陳書，知多採陳說也。《伏乘》本即轉錄袁輯，唯悉刪二袁考語，僅存正文。黃奭所輯最夥，然多將《今文尚書》及《尚書》逸文採入，甚者如《泰誓》篇採《墨子》所載《泰誓》之文，此實先秦之古本，與漢人之《大傳》殊無涉。又其轉錄盧刻所載或不及查核出處，但注曰"吳中本"，乃併其誤文亦鈔入，如《甫刑》"鮮度作刑"一節，不知原出《困學紀聞》

所引，而盧本以"鮮"字誤連下"度作刑"讀也。皮錫瑞據陳輯增訂並爲之疏證，所採《玉燭寶典》引諸節爲以前諸家未及，且疏解詳實，讀《大傳》者以此爲善。王闓運乃就盧本正其譌誤而加注解，不及皮氏《疏證》。孫志祖但據《困學紀聞》、《通鑑外紀》等採得佚文十餘節而已。任兆麟《述記》本爲選輯，未出盧本之外。

書賈氏義一卷　（清）王仁俊輯

玉函山房輯佚書・經編書類

注：賈誼，參《周易賈氏易》。王仁俊從《新書・君道》篇輯出引《書》爲説一節。按其引《書》之文曰"大道寘寘，其去身不遠"云云，不見於二十九篇今文（僞古文亦無此文），王應麟《困學紀聞》謂是逸《書》。疑此是古志書之文，古人引"書曰"者非皆指《尚書》。

今文尚書説一卷　（漢）歐陽生撰（清）王謨輯

漢魏遺書鈔・經翼第一册

歐陽生尚書章句一卷　（漢）歐陽生撰　（清）黄奭輯

漢學堂叢書・經解書類

黄氏逸書考・漢學堂經解

尚書歐陽章句一卷　（漢）歐陽生撰　（清）馬國翰輯

玉函山房輯佚書・經編尚書類

注：歐陽生字伯和，千乘人，從伏生受《今文尚書》，世傳至曾孫高，爲博士（《漢書・儒林傳》）。《漢志》載《歐陽章句》三十一卷，又《歐陽説義》二篇，不云其名字。鄭玄《尚書大傳序》謂伏生卒後，弟子歐陽生等各作《章句》（《玉海》三十七）。《釋文序録》則稱歐陽高撰

《章句》，與鄭説不同。按《説文》"离"下引歐陽喬説"离，猛獸也"，與《文選・西都賦》李善注引《歐陽尚書説》同訓，段玉裁《説文解字注》謂喬與高古音通，歐陽喬即歐陽高，據此則作《章句》者當爲高，鄭玄蓋推其原始出於歐陽生。《隋志》稱《歐陽尚書》亡於晉永嘉之亂，然唐人經疏、史注中猶引其佚説。王謨採得二十七節，黄奭全襲王輯，唯增注佚文所屬篇名，又删去《禮記月令正義》所引一節（此節黄氏蓋不詳所屬何篇而删，實應屬《洪範》篇）。馬國翰所輯與王氏大致相當，別採《漢書》、《後漢書》引平當、楊賜《書》説及《論衡》引《書》若干節，以平、楊皆習《歐陽尚書》者，而《論衡》所載亦漢人今文之説也。至王輯兼採《今文尚書》異文，馬氏別輯有《今文尚書》，故不入此輯。另參下條。

尚書大夏侯章句一卷　（漢）夏侯勝撰　（清）馬國翰輯

玉函山房輯佚書・經編尚書類

尚書小夏侯章句一卷　（漢）夏侯建撰　（清）馬國翰輯

玉函山房輯佚書・經編尚書類

尚書歐陽夏侯遺説考一卷　（清）陳喬樅撰

皇清經解續編

注：夏侯勝字長公，東平人，太子太傅。其先夏侯都尉從伏生弟子張生受《今文尚書》，世傳至勝。宣帝時，勝奉詔撰《尚書》説。建字長卿，勝之從弟，從勝受《尚書》，爲《章句》。（《漢書・夏侯勝傳》、《儒林傳》）《漢志》載大、小《夏侯章句》各二十九卷，又大、小《夏侯解故》二十九篇。《隋志》謂大、小《夏侯尚

書》亡於晉永嘉之亂。經疏、史注所引每泛稱"歐陽、夏侯等説"，而未加區別，馬國翰採之同隸三家，故此大、小夏侯氏二《章句》與其所輯《歐陽章句》多重複。唯別從《漢書》採劉向、孔光《書》説附於《大夏侯章句》，採李尋《書》説附於《小夏侯章句》，皆以其人傳習大、小夏侯氏之學。陳喬樅僅採諸書明引歐陽、夏侯説之文，以其多無從區別，故總爲一輯，附以考證。

古文尚書三卷　（清）馬國翰輯

玉函山房輯佚書·經編尚書類

注：《古文尚書》，以先秦古文鈔寫之本。漢所傳《古文尚書》見於載記者不一，其要者有二：武帝時魯恭王於孔子宅壁得《古文尚書》，後歸孔子後裔安國，以校今文二十九篇，多十六篇，此爲孔氏本（《漢志》）。後漢杜林於西州得漆書《古文尚書》一卷，此爲杜林本（《後漢書·杜林傳》）。大抵終漢之世《古文尚書》未立學官，諸儒傳習見於載記者不外此二本。《漢志》載《尚書古文經》四十六卷。《隋志》云："晉秘府所存，有《古文尚書》經文，今無有傳者。"按自東晉以降，僞《古文尚書孔氏傳》行世（即"隸古定"本），漢所傳真古文漸亡，《隋志》以下所載《古文尚書》皆僞孔本。馬國翰此輯，多採《説文》所載古文及所引《尚書》。按《説文敍》云："其稱《易孟氏》、《書孔氏》、《詩毛氏》、《禮》、《周官》、《春秋左氏》、《論語》、《孝經》，皆古文也。"是《説文》所載古文來源不一，其泛稱古文者非必出《古文尚書》。至《敍》云"稱《書孔氏》"，不過謂所引《尚書》爲古文者乃據孔氏本，非謂凡引《尚書》皆出孔氏古文本也。如《堯典》"格于上下"，《説文》引作"假于上下"，此爲引今文之明證。馬氏於《説文》所引或不加辨別，併今文亦採入。又多採《釋文》、《汗簡》所引《古文尚書》及日人山井鼎《七經孟子考文》所引足利古本，皆屬僞孔本，尤不足視爲漢之《古文尚書》。

漆書古文尚書逸文考一卷　（清）王紹蘭輯

蕭山王氏十萬卷樓輯佚書七種

注：後漢杜林於西州得漆書《古文尚書》一卷，衛宏、徐巡從習之。衛宏、徐巡、賈逵、馬融、鄭玄皆爲之作訓解，由是《古文尚書》顯於世。（《後漢書·杜林傳》、《儒林傳》）王紹蘭從《説文》、《史記正義》、《文選》李善注等採得杜林、衛宏、徐巡之説凡十二節，其文或爲詁訓，或爲議論，王氏皆考定其説漆書《古文尚書》之僅存者。按《東觀漢紀》載杜林議郊祀"后稷近周"云云一節，王氏以爲此即釋《召誥》"用牲於郊，以配后稷"之義。《史記·司馬相如傳正義》引杜林注"豻，似貙，白色"，王氏以爲此即釋《牧誓》"如虎如羆，如豻如離"（《史記·周本紀》引如此，與今本《牧誓》文略異）。所考其餘諸節亦類此，皆屬推斷，並無明證。且漆書祇一卷，似非全帙，恐不能兼存《牧誓》、《召誥》也。

百兩篇一卷　（漢）張霸撰　（清）王謨輯

漢魏遺書鈔·經翼第一册

張霸尚書百兩篇　（漢）張霸撰　（清）黄奭輯

漢學堂叢書·子史鈎沈·史部雜史類黄氏逸書考·子史鈎沈

注：《尚書百兩篇》，成帝時東萊張霸所僞造。《漢書·儒林傳》云，霸“分析合二十九篇以爲數十，又採《左氏傳》、《書敍》爲作首尾，凡百二篇”，《論衡·佚文》云霸“案百篇之序，以左氏話訓造作百二篇”。其書漢黜不用，《漢志》亦不載。《論衡·感類》引有一節，乃佚文之僅存者。王謨除採此節外，又依《玉海》之説，從《漢書》採《尚書》逸篇之文五節及《史記》引《泰誓》之文二節。按《尚書》逸篇非霸所造，《史記》所引今文《泰誓》雖出漢人之手，然其事在武帝末，先於霸之僞造《百兩篇》，王氏所輯不足信。黄奭全襲王輯。

五家要説章句一卷　（漢）劉莊撰
（清）王仁俊輯

玉函山房輯佚書續編·經編書類

注：漢明帝劉莊，光武帝第四子，建武十九年立爲太子，師事博士榮桓，學通《尚書》（《後漢書》本紀）。《後漢書·榮桓傳》稱明帝著《五家要説章句》，李賢注云：“《華嶠》曰‘帝自制《五行章句》’，此言五家，即謂五行之家也。”按李注據華嶠《後漢書》，故有此言，然“五行之家”而稱“五家”，殊爲不詞，其詳無可考。《初學記》卷十引司馬彪《續漢書》，稱明帝爲太子，從劉昆受施氏《易》。按今文《易》多五行之説，則明帝此書究爲釋《尚書》抑或釋《易》，亦不得其詳。王仁俊依侯康《補後漢書藝文志》歸此書入《尚書》類，似無明證。至其所輯佚文，則僅從《後漢書》本紀中元二年詔中採得引《書》之文二節而已，非原書之文。

古文尚書訓旨一卷　（漢）衛宏撰

（清）王仁俊輯

玉函山房輯佚書續編·經編書類

書古文訓旨一卷　（漢）衛宏撰
（清）王仁俊輯

十三經漢注

注：衛宏，字敬仲，東海人，從杜林受《古文尚書》，作《訓旨》，又作《漢舊儀》四篇（《後漢書·儒林傳》）。此書不載於史志，王仁俊從《漢書·儒林傳》採得宏《序》一節，又從《史記索隱》、《釋文》、《説文》採得宏説三節（《十三經漢注》本缺《説文》引一節）。

古文尚書訓一卷　（漢）賈逵撰
（清）王仁俊輯

玉函山房輯佚書續編·經編書類

書古文訓一卷　（漢）賈逵撰
（清）王仁俊輯

十三經漢注

注：賈逵，參《周禮賈氏解詁》。《後漢書》本傳稱賈傳父業，以《大夏侯尚書》教授。又爲杜林所傳《古文尚書》作《訓》（《後漢書·儒林傳》）。史志不載《古文尚書訓》，蓋久佚。《東漢會要》載之，當即據《後漢書》，非宋時猶存其書。王仁俊從經疏、《三國志·魏書》、《太平御覽》等採得逵説《尚書》義者五節，題爲《古文尚書訓》。又輯有《書古文訓》，實與前輯重複而缺二節。

尚書古文同異一卷　（漢）賈逵撰
（清）王仁俊輯

玉函山房輯佚書續編·經編書類

書古文同異

十三經漢注

注，賈逵，參《周禮賈氏解詁》及前編。《後漢書》本傳稱肅宗詔賈撰《歐陽》、

《大小夏侯》、《古文》同異，遂集爲三卷。其書史志不載，王仁俊從《詩齊風正義》採得一節。

尚書注一卷　（漢）馬融撰　（清）王謨輯

漢魏遺書鈔・經翼第一册

尚書馬氏傳四卷　（漢）馬融撰（清）馬國翰輯

玉函山房輯佚書・經編尚書類

注：馬融，參《馬氏周易注》。融爲杜林所傳《古文尚書》作《傳》，見《後漢書・儒林傳》，參《漆書古文尚書逸文考》。《釋文序錄》、《隋志》並載馬融《尚書注》十一卷，《舊唐志》十卷，《新唐志》題爲《尚書傳》，亦十一卷。王謨、馬國翰皆據《釋文》、《尚書正義》、《史記集解》等採摭。馬所採多於王二十餘節，王所採唯《堯典》"詩言志"、《禹貢》"九河既導"、《洪範》"不罹于咎"、《洛誥》"萬年厭于乃德"四節爲馬所無。

古文尚書十一卷　（漢）鄭玄注（宋）王應麟輯

清乾隆三十九年抄本〔河南省圖書館〕

清抄本　清翁方綱跋〔上海圖書館〕

鄭氏古文尚書十卷　（漢）鄭玄注（宋）王應麟輯　（清）李調元證訛

函海第三函（乾隆本、道光本）

鄭氏古文尚書證訛十一卷

函海第二十四函（光緒本）

尚書鄭氏注十卷　（漢）鄭玄撰（宋）王應麟輯　（清）孔廣林增訂

學津討原第二集

鄭學彙函

叢書集成初編・史地類

尚書注十卷

通德遺書所見錄

鄭學十八種

鄭學十八種　清抄本　清葉志詵、趙之謙校〔北京圖書館〕

鄭學十八種　清抄本　李盛鐸校〔北京大學圖書館〕

尚書古文注十卷　（漢）鄭玄撰（清）黃奭輯

高密遺書　清道光二十三年黃奭刻本清黃奭校〔北京圖書館〕

黃氏逸書考・通德堂經解

尚書注九卷　（漢）鄭玄撰　（清）袁鈞輯

鄭氏佚書

注：鄭玄，參《周易鄭康成注》、《漆書古文尚書逸文考》。《釋文序錄》及《隋》、《唐志》並載鄭玄《尚書注》九卷。舊輯本題王應麟輯，大抵採自經疏、史注、《釋文》。李調元《正訛》就王輯各節訂誤補缺，於王輯之外多未採摭。孔廣林增訂王輯，計凡增多四十餘節，於王氏原本譌誤亦多改正，勝於李氏《證訛》。黃奭所輯，多襲孔本，其注語亦多同孔氏，唯於孔本外別有所增，如《堯典》"惟明克允"、《禹貢》"下土墳壚"、《湯誓》"王曰格爾衆"、《盤庚》中"殷降大虐"等十餘節注均孔所無。袁鈞所輯較孔、黃更多十餘節，如採《元和郡縣圖志》、《太平寰宇記》、《羣經音辨》等書，皆孔、黃所未及。又諸書所引間有未明言鄭注者，袁氏考其爲鄭注而採入。如

從《周禮·山師正義》採《禹貢》"岱畎絲枲"注，乃據"羽畎夏翟"鄭注之文例定其亦爲鄭注。按《堯典正義》云"（鄭本）篇與夏侯等書同，而經字多異。夏侯等書'宅嵎夷'爲'宅嵎銕'，'昧谷'曰'柳谷'"云云，此謂夏侯氏《尚書》作"宅嵎銕"、"柳谷"也。自閻若璩、王鳴盛誤連讀"而經字多異夏侯等書"爲句，遂以"宅嵎銕"、"柳谷"等爲鄭本之文，宋翔鳳《過庭録》言之甚詳（見卷五）。袁氏亦將"宅嵎銕"等文採入，是其失也。而《續修四庫全書提要》反謂其"甚的"，則不可不辨。

古文尚書十卷　（漢）馬融、鄭玄注（宋）王應麟輯　（清）孫星衍補輯

乾隆六十年孫氏問字堂刻本

岱南閣叢書

尚書讀本十卷

十三經讀本（唐文治輯）

注：孫星衍據王應麟輯本增補，兼採馬融、鄭玄二家注。所採馬注較王謨、馬國翰二輯爲略，《釋文》所引馬融注音及馬本異文多未採入，唯從胡三省《通鑑音註》採得《君奭》注一節爲王、馬所無。是書輯鄭注略備，取捨間有疏失，不及孔廣林、黃奭、袁鈞所輯，然全録經文，引注句下，頗便閱讀。

中文尚書　（清）王紹蘭輯

蕭山王氏十萬卷樓輯佚七種·漢桑欽古文尚書説附

注：《後漢書·劉陶傳》云："陶明《尚書》、《春秋》，爲之訓詁，推三家《尚書》及《古文尚書》，是正文字三百餘事，名曰《中文尚書》。"王紹蘭從《後漢書·劉陶傳》採得陶説數節，以爲即説《中文尚書》之文。按所採陶説如"武丁得傅説，以消鼎雉之災"之類，不過爲用典，非明引《書》或説《書》。且據《後漢書》本傳，陶僅取歐陽及大、小夏侯三家《今文尚書》與《古文尚書》比勘，是正文字三百餘，則其本乃合今、古文本校訂而成，故名曰"中文"，並未有注解傳於世也。王氏此輯不足信。

尚書王氏注二卷　（魏）王肅撰（清）馬國翰輯

玉函山房輯佚書·經編尚書類

玉函山房輯佚書本　清同治十年濟南皇華館書局刻　王國維校　〔北京圖書館〕

書王氏注一卷　（魏）王肅撰（清）王仁俊輯

玉函山房輯佚書續編·經編書類

注：王肅，參《王氏周易注》。《釋文序録》載王肅《尚書注》十卷，兩《唐志》同，《隋志》十一卷。《隋志》又載《尚書駁議》五卷，兩《唐志》作《尚書釋駁》五卷。今並佚。馬國翰據《尚書正義》、《釋文》等採撫，輯爲二卷。王仁俊補馬輯之缺，從《原本玉篇》採得六節。

尚書集注一卷　（晉）李顒撰（清）王仁俊輯

玉函山房輯佚書續編·經編書類

注：《釋文序録》載李顒《尚書注》十卷，注云："字長林，江夏人，東晉本郡太守。"《隋志》作《集解尚書》十一卷，兩《唐志》作《集注》十卷。按《晉書·文苑傳》則謂顒父充注《尚書》，姚振宗《隋書經籍志考證》以爲書實顒作，或顒承父業也。王仁俊僅從《尚書正義》採得

一節。

舜典補亡一卷　（清）毛奇齡輯

西河合集

藝海珠塵・絲集（丙集）

叢書集成初編・史記類

注：毛奇齡謂《今文尚書》本有《堯典》、《舜典》，《史記》所載即是，又謂今本《尚書》之《舜典》僅亡其半，遂採《史記》之文以補之，充爲前半篇。按今、古文《尚書》均無《舜典》之篇，其述舜事均在《堯典》篇中，今僞古文本《舜典》乃自《堯典》分出者（參《古文尚書舜典注》）。毛氏欲翻此案，其說臆測無據。《史記》述堯、舜事雖有據《尚書》者，然文中絕無稱《堯典》、《舜典》，安知其述舜事必是《舜典》之文邪？毛不過據今本《書序》已有《堯典》、《舜典》之目，以爲孔子早已分之。然《書序》非孔子作，且經後人增竄，不足爲證。河南偃師出土漢《熹平石經・尚書》殘石所載《舜典》之文即在《堯典》中，是今文不分《舜典》之明證。《孟子・萬章上》引今本《堯典》"二十有八載，放勳乃徂落"之文而稱《堯典》，是古文亦不分《舜典》之明證。

古文尚書舜典注一卷　（晉）范甯撰　（清）馬國翰輯

玉函山房輯佚書・經編尚書類

書范氏集解一卷　（晉）范甯撰（清）王仁俊輯

玉函山房輯佚書續編・經編書類

注：范甯，字武子，南陽順陽人，官至豫章太守，爲《春秋穀梁集解》（《晉書》本傳）。《釋文序錄》載范甯《尚書集解》十卷。東晉梅賾奏上僞《古文尚書孔氏傳》，缺《舜典》一篇，乃取王肅注《堯典》自"慎徽五典"以下分爲《舜典》以續之。時范甯撰《尚書集解》，民間或取范注《舜典》以續僞孔本。（《釋文序錄》）《隋志》載《古文尚書舜典》范甯注一卷。按范注蓋早亡，以當時民間或取其《舜典》注以續僞孔傳之缺，故隋時猶存其書之《舜典》篇。自唐修《尚書正義》，用姚方興所僞造之孔傳《舜典》，范氏此篇亦見廢而消亡。馬國翰從《後漢書》劉昭注、《太平御覽》、玄應《一切經音義》採得十二節。王仁俊從《原本玉篇》採得三節，以補馬缺。按王氏雖題《書范氏集解》，所採三節亦均爲《舜典》之注。

禹貢鄭注釋二卷　（清）焦循撰

稿本　〔天津圖書館〕

焦氏叢書

皇清經解續編

注：是書輯錄《尚書・禹貢》鄭玄注略備，於鄭注有關地理諸節皆採《漢書・地理志》之說並列參觀，其釋鄭注則廣徵史志傳注，間引宋胡寅、清王鳴盛、胡渭之說。

禹貢鄭氏略例一卷　（清）何秋濤撰

皇清經解續編

注：是書輯錄《尚書・禹貢》鄭玄注，凡採自段玉裁《古文尚書撰異》、江聲《尚書集注音疏》、孫星衍《尚書今古文注疏》者，以原書具明出處，不復贅注。有採自他書則注明之。所輯鄭注按其注例編次爲十三類：一曰"援"，謂援引他書以證經；二曰駁正班《史》；三曰辯正他地理書；四曰地理證實；五曰地理志疑；六曰導山釋義；七曰導水釋義；八曰言"過"言"會"皆水名；九曰言"至于"者或山或澤，皆非水名；十曰改讀正字；十一曰明書法；十二曰政令；十三曰禮

制。按上十三例乃據鄭注内容歸納得之,如謂鄭預立諸例則未必。

尚書逸湯誓考六卷附校勘一卷

（清）徐時棟撰　　校勘（清）王 蜺撰

煙嶼樓集

尚書逸湯誓考六卷

稿本〔天一閣文物保管所〕

尚書逸湯誓考四卷

稿本〔天一閣文物保管所〕

注：徐時棟以爲今本《尚書·湯誓》篇言伐桀事首尾俱完,別無佚文。先秦古書所引《湯誓》皆爲湯禱旱之詞,與伐桀之事無涉,蓋古自有二《湯誓》篇。爰從諸書所引輯爲《逸湯誓》,並詳證其説。是書《煙雨樓集》本卷一之《徵引》篇爲輯文,卷三、四之《考證》篇爲輯文之疏證,其餘爲徐氏論説,末附《校勘記》。按《湯誓》有二之説始自閻若璩《古文尚書疏證》（卷二第十九條）。古書如《論語》、《國語》、《墨子》、《呂氏春秋》所引確爲湯禱旱之詞,與今本《湯誓》言伐桀之事者無涉,徐氏辨之已詳。然《尚書》以"誓"名篇者皆言征伐之事,禱詞而稱之爲"誓"則不類。《墨子·非樂下》引作《湯説》,蔣善國謂"説"爲《周禮·太祝》"六祈"之一,載記稱《湯誓》者或後人誤改也（參《尚書綜述》第六編第六章）。

太誓　（清）王鳴盛輯

尚書後案卷十（清乾隆四十五年禮堂刻本）

皇清經解·尚書後案（刻本卷四百四十三、石印本卷五十五）

太誓　（清）江聲輯

尚書集注音疏卷五（清乾隆五十八年近市居刻本）

皇清經解·尚書集注音疏（刻本卷三百九十四、石印本卷五十四）

泰誓　（清）孫星衍輯

平津館叢書·尚書今古文注疏卷十

皇清經解·尚書今古文注疏（刻本卷七百四十九、石印本卷一百二）

叢書集成初編·史地類·尚書今古文注疏卷十

四部備要·經部·清十三經注疏·尚書今古文注疏卷十

太誓　（清）莊述祖輯

珍埶宧遺書·尚書今古文考證卷六

雲自在龕叢書·尚書記附校逸

注：《泰誓》,亦作《太誓》、《大誓》,《尚書》篇名。今本《泰誓》爲魏晉間人雜採羣書增飾而成。《泰誓》原有二本,一爲古《泰誓》,此先秦之原本,漢時已亡,今《墨子》、《孟子》、《左傳》等書所引是。一爲漢《泰誓》,即見於《尚書大傳》、《史記》、《漢書》等所引者,馬融、鄭玄、王肅諸人所注亦此本。《尚書序正義》引劉向《別錄》謂此《泰誓》乃武帝末民間所獻,又引《論衡》則謂宣帝時所得。按《史記》已引之,似不應宣帝時始出。漢《泰誓》多涉神異,且與先秦經傳所引不合,故馬融、王肅諸人已疑其非是（見《尚書泰誓正義》引馬融《書序》及王肅説,參吳承仕《經典釋文序錄疏證》）。漢《泰誓》今亦亡。王鳴盛、孫星衍、莊述祖皆採《史記》、《漢書》、《尚書大傳》等綴屬成篇,是漢《泰誓》佚文。江聲所輯則兼採《墨子》、《孟子》諸先秦書所引,則混古本、漢本爲一矣。又馬國翰輯有《泰誓》篇,乃據王鳴盛、孫星

衍輯本參訂而成,在所輯《今文尚書》中。顧觀光亦輯有《泰誓》,在《尚書逸文》中,乃據王、江、孫所輯參訂而成。

洪範五行傳一卷 （漢）劉向撰 （清）王謨輯

漢魏遺書鈔·經翼第一册

劉向洪範五行傳一卷 （漢）劉向撰 （清）黃奭輯

黃氏逸書考·子史鉤沈

洪範五行傳三卷 （漢）劉向撰 （清）陳壽祺輯

左海全集

注:劉向,參《劉向劉歆易注》。《漢書·楚元王傳》云:"向見《尚書·洪範》箕子爲武王陳五行陰陽休咎之應,乃集合上古以來歷春秋六國至秦漢符瑞災異之記,推迹行事,連傳禍福,著其占驗,比類相從,各有條目,凡十一篇,號曰《洪範五行傳論》,奏之。"《漢志》載劉向《五行傳記》十一卷,《隋志》題爲《尚書洪範五行傳論》,亦十一卷,兩《唐志》同。王謨從《漢書·五行志》輯出向說百四十一節,兼採《藝文類聚》、《太平御覽》所引凡三十節附益之。陳壽祺則全錄《五行志》之文,採志及唐宋類書等所引附著《志》文向說之下,其無可附著者則綴於後,所採較王爲備。黃奭僅採《五行志》所載向說,不涉他書,按《志》所引"劉向以爲云云"之後,每綴以"一曰云云",此蓋別引他說,非向言也,王、黃間亦採入,非是。

書贊一卷 （漢）鄭玄撰 （清）王仁俊輯

玉函山房輯佚書續編·經編書類

注:鄭玄,參《周易鄭康成注》。玄作

《書贊》,見《尚書序正義》。史志不載者,蓋《贊》原附於《尚書注》,非單行也。王仁俊從《堯典·正義》採得一節。按《書序正義》、《武成正義》、《漢志》顏師古注亦引《書贊》佚文,王氏未採。孔廣林、黃奭、袁鈞皆有此《贊》輯文,附所輯《尚書注》,較王輯爲備。

漢桑欽古文尚書説一卷 （清）王紹蘭輯

蕭山王氏十萬卷樓輯佚七種

注:桑欽,字君長,習孔氏《古文尚書》,見《漢書·儒林傳》。《漢書·地理志》引欽地理説七節,王紹蘭考其中四節乃説《古文尚書》者,並據以輯出。

古文尚書音一卷 （晉）徐邈撰 （清）馬國翰輯

玉函山房輯佚書·經編尚書類

注:徐邈,參《徐邈易音注》。《釋文序錄》載徐邈爲《尚書音》,不言卷數,《隋志》載爲一卷。馬國翰從《釋文》、《集韻》等採得二百餘節。

尚書〔古解鉤沈〕 （清）余蕭客輯

古經解鉤沈卷三至卷五 （清乾隆中刻本 〔吉林省圖書館〕、嘉慶中刻本、光緒二十一年杭州竹簡齋石印本、民國二十五年陶風樓影印本〕

尚書今文〔古訓〕 （清）阮元輯

詩書古訓卷五 （清道光二十一年刻本〔北京圖書館〕）

粵雅堂叢書二編第十一集·詩書古訓卷五

皇清經解續編·詩書古訓（刻本卷二百四十七至卷二百四十八、石印本卷四十九）

叢書集成初編·總類·詩書古訓卷五

尚書逸文〔古訓〕 （清）阮元輯

　詩書古訓卷六 （清道光二十一年刻本
　　〔北京圖書館〕）

　粤雅堂叢書二編第十一集・詩書古訓
　　卷六

　皇清經解續編・詩書古訓（刻本卷二百
　　四十九、石印本卷四十九）

　叢書集成初編・總類・詩書古訓卷六

　注：《尚書〔古解鉤沈〕》參《周易〔古
　　解鉤沈〕》。阮元採《論語》、《孝經》、《孟

子》、《禮記》、《大戴禮》、《春秋》三傳、
《國語》、《爾雅》十書引《書》爲訓之文，
兼及秦漢史、子書。凡説今文二十九篇
諸文皆輯爲《尚書今文〔古訓〕》，附於當
句之下。其涉《尚書》逸篇諸文則輯爲
《尚書逸文〔古訓〕》，附於僞古文諸篇當
句之下。按僞古文各篇多抄襲先秦書
所引《尚書》逸篇之文，皆魏晉間人增飾
而成，安得有漢以前人爲之訓説？則阮
氏此輯適足以證僞古文抄襲所本耳。

詩　　類

逸詩 （宋）王應麟輯

　玉海附刻・詩考

　古名儒毛詩解十六種・新刻詩考

　格致叢書・詩考

　津逮秘書・詩考

　四庫全書・經部詩類・詩考

　學津討原第二集・詩考

　叢書集成初編・文學類・詩考

逸詩 （宋）王應麟輯 （清）盧文
　弨等增校

　盧抱經諸家校補詩考卷四 （民國二十
　　五年國學圖書館寫印本）

逸詩 （宋）王應麟輯 （清）盧文
　弨增訂

　詩考卷四 （清抄本　清范家相、徐鯤、
　　馮桂芬校 〔復旦大學圖書館〕、清抄
　　本 清曹文昭、馮登府校補 〔南京
　　圖書館〕）

逸詩 （宋）王應麟輯 （清）盧文

　弨等增校　楊晨補訂

　崇雅堂叢書・詩考補訂卷五

逸詩附補遺 （宋）王應麟輯

　（清）丁晏補注　並輯補遺

　頤志齋叢書・詩考補注卷二至三

　六藝堂詩禮七編・詩考補注卷二至三

　花雨樓叢鈔續鈔・詩考補注卷二、詩考
　　補注補遺卷二

古逸詩 （清）范家相輯

　三家詩拾遺卷二 （清嘉慶十五年古趣
　　亭刻本 〔中國科學院圖書館、復旦
　　大學圖書館、湖北省圖書館〕、光緒十
　　三年范氏墨潤堂重刻本、清抄本清顧
　　觀光校 〔天津市圖書館〕）

　四庫全書・經部・三家詩拾遺卷二

　守山閣叢書・經部・三家詩拾遺
　　卷二

　范氏三種・三家詩拾遺卷二

古逸詩 （清）范家相輯 （清）葉

鈞重訂

嶺南遺書第四集・重訂三家詩拾遺
卷十

逸詩　（清）沈淑輯

經玩・經典異文補・毛詩附

後知不足齋叢書第一函・沈氏經學六
種・陸氏經典異文補・毛詩附

叢書集成初編・語言文學類・陸氏經
典異文補・毛詩附

詩逸篇附遺句　（清）朱彝尊輯

經義考・逸經中

逸詩一卷　（清）黃奭輯

漢學堂知足齋叢書

詩遺篇　（清）王朝㴉輯

十三經拾遺卷五　（清嘉慶五年刻本）

王氏遺書・十三經遺文

豫章叢書(陶福履輯)第三集・十三經
拾遺卷五

詩遺句　（清）王朝㴉輯

十三經拾遺卷六　（清嘉慶五年刻本）

王氏遺書・十三經遺文

豫章叢書(陶福履輯)第三集・十三經
拾遺卷六

詩經拾遺一卷　（清）郝懿行輯

郝氏遺書

逸詩徵三卷　（清）孫國仁撰

砭愚堂叢書

注：王應麟《詩考》據經史諸子採摭
先秦古詩佚句，總爲一輯，名曰《逸詩》，
皆三百篇以外者。盧文弨增補《詩考》，
更經臧庸、汪遠孫、丁杰、李富孫、馮登
府等十餘家校補，於《逸詩》增多二十餘
節。丁晏據王輯補注，別採十餘節附爲
補遺。楊晨又據盧本增補，所增僅五
節，其中三節乃錄丁晏所輯。范家相亦

據王輯重爲增訂，分爲四類，一曰篇、辭
俱逸者，二曰篇名存詩辭逸者，三曰篇、
辭俱存者，四曰詩辭存篇名逸者，其編
次較有條理。按范氏所增大要不出諸
家所補之外，然自謂類於古成語、諺語
而非逸詩者皆摒不錄，則其取捨視諸家
爲審慎。其餘如沈淑、朱彝尊、王朝㴉、
郝懿行、孫國仁所輯，雖詳略互見，採摭
範圍大抵不出上述諸家之外，其中頗有
以古成語、謠諺爲逸詩如范氏所云者。

毛詩賈氏義一卷　（漢）賈逵撰

（清）王仁俊輯

玉函山房輯佚書續編・經編詩類

注：賈逵，參《周禮賈氏解詁》。王仁
俊此輯有序而無輯文。其序謂《後漢
書》本傳稱賈逵學《毛詩》於謝曼卿，據
《風俗通義》引逵說靈星，蓋即《絲衣》之
說云云。今按《風俗通義・祀典》引逵
說靈星，以爲"龍第三有天田星。靈者，
神也，故祀以報功。""靈星"一語亦見
《詩・絲衣》序，王氏蓋以《風俗通義》所
引逵說，即逸說《詩》之語，故據以爲輯。
唯但有序而未引《風俗通義》之文，蓋王
氏書爲稿本，未寫定也。

毛詩先鄭義一卷　（漢）鄭衆撰

（清）王仁俊輯

玉函山房輯佚書續編・經編詩類

十三經漢注

注：鄭衆，參《周禮鄭司農解詁》。
《後漢書・儒林傳》、《釋文序錄》並稱鄭
衆傳《毛詩》。《隋志》亦云衆作《毛詩
傳》，而未載其書，則久已散佚。王仁俊
從衆《周禮》注採其引《詩》、說《詩》之
文，凡得十一節(《十三經漢注》本僅有
四節)，其中《板》"詢於芻蕘"一節漏注

出處，按此節見《周禮‧小司寇》注。

毛詩馬融注一卷 （漢）馬融撰
（清）黃奭輯

漢學堂叢書‧經解易類

黃氏逸書考‧漢學堂經解

毛詩馬氏注一卷 （漢）馬融撰
（清）馬國翰輯

玉函山房輯佚書‧經編詩類

注：馬融，參《馬氏周易注》。《後漢書‧儒林傳》稱融作《毛詩傳》。《釋文序錄》載馬融《毛詩注》十卷，注云“無下袟”。《隋志》云：“梁有《毛詩》十卷，馬融注，亡。”黃奭、馬國翰皆據《釋文》等採得十餘節，黃缺《釋文》引《大叔于田》“抑釋掤忌”一節及酈道元《水經》注引一節，馬缺《論語集解》、《論語義疏》及《後漢書》本傳所引凡四節，其餘無大異。

毛詩義問 （漢）劉楨撰 （清）王謨輯

漢魏遺書鈔‧經翼第一冊‧毛詩箋音證附

毛詩義問一卷 （漢）劉楨撰
（清）馬國翰輯

玉函山房輯佚書‧經編詩類

注：劉楨，字公幹，東平人，曹操辟爲丞相掾屬，見《三國志‧王粲傳》。《世說新語》劉孝標引《魏略》云“建安十六年，世子（曹丕）爲五官中郎將，妙選文學，使楨隨侍太子”，故《隋志》追稱爲魏太子文學。楨卒於建安末，後漢人也。《隋》、《唐志》並載劉楨《毛詩義問》十卷。王謨據《毛詩正義》、酈道元《水經》注及唐宋類書採得十五節。馬國翰所採未出王輯之外，而缺《太平御覽》所引

《甘棠》、《靜女》、《揚之水》三節。

毛詩王肅注一卷 （魏）王肅撰
（清）黃奭輯

漢學漢叢書‧經解詩類

黃氏逸書考‧漢學堂經解

毛詩王氏注四卷 （魏）王肅撰
（清）馬國翰輯

玉函山房輯佚書‧經編詩類

注：王肅，參《王氏周易注》。《釋文序錄》載王肅《毛詩注》二十卷，《隋》、《唐志》同。《隋志》又載《毛詩》二十卷，鄭玄、王肅注，馬國翰謂蓋魏晉間人取肅注次鄭《箋》，取便觀覽，非肅別有注本。黃奭、馬國翰皆據《釋文》、《毛詩正義》等採撼，頗多互爲有無。如馬採《汝墳》“惄如調飢”、《柏舟》“泛彼柏舟”、《采葛》“彼採蕭兮”、《綢繆》“三星在戶”、《庭燎》“夜未艾”等十餘節爲黃所缺。黃採《摽有梅》小序、《匏有苦葉》“士如歸妻”、《氓》“秋以爲期”、《節南山》“俾民不迷”、《殷武》“天命多辟”等二十餘節爲馬所無。按黃所採數節爲肅駮難鄭《箋》者，馬氏已別輯入《毛詩問難》、《義駁》、《奏事》三書中。

毛詩問難一卷 （魏）王肅撰
（清）馬國翰輯

玉函山房輯佚書‧經編詩類

注：王肅，參《王氏周易注》。《隋志》云：“梁有《毛詩問難》二卷，王肅撰，亡。”兩《唐志》復載爲二卷。馬國翰謂肅有《毛詩義駁》、《奏事》，皆攻難鄭《箋》，此《問難》大抵亦申毛難鄭者。馬從《釋文》採得七節。

毛詩義駁一卷 （魏）王肅撰
（清）馬國翰輯

玉函山房輯佚書·經編詩類

注：王肅，參《王氏周易注》。《釋文序錄》云：“鄭玄作《毛詩箋》，申明毛義，難三家，王肅更述毛難鄭。”《隋志》載《毛詩義駁》八卷，王肅撰。兩《唐志》題爲《毛詩雜義駁》，亦八卷。馬國翰從《毛詩正義》採得十二節。

毛詩奏事一卷 （魏）王肅撰 （清）馬國翰輯

玉函山房輯佚書·經編詩類

注：王肅，參《王氏周易注》。《隋志》載王肅《毛詩奏事》一卷。馬國翰謂肅既有《義駁》專攻鄭玄，此蓋取鄭氏之違失，條奏於朝，故題爲《奏事》。馬據《毛詩正義》採得四節。

毛詩馬王微四卷 （清）臧庸輯

問經堂叢書

注：是書兼採馬融、王肅注，並錄王基、孫毓說。所以總爲一輯者，以肅攻鄭玄義，基據鄭以駁肅，毓則評諸人異同，源流旨趣皆相關涉也。是書採馬注僅八節，不及馬國翰、黃奭所輯爲備。至採其餘諸家佚說，大抵亦未出馬、黃所輯之外。又是書所採皆不注出處，蓋不外乎《釋文》、《正義》，故略之。

毛詩王基申鄭義一卷 （魏）王基撰 （清）黃奭輯

漢學堂叢書·經解詩類

黃氏逸書考·漢學堂經解

毛詩駁一卷 （魏）王基撰 （清）馬國翰輯

玉函山房輯佚書·經編詩類

注：王基，字伯興，東萊曲城人，官至征南將軍。王肅著諸經傳解，改易鄭玄舊說，基據持鄭義，常與肅抗衡（《三國

志》本傳）。按基爲鄭玄門人，見《後漢書·鄭玄傳》。《釋文序錄》云：“基駁王肅，申鄭義。”《隋志》載王基《毛詩駁》一卷，注云“梁五卷”。兩《唐志》並五卷。黃奭、馬國翰皆從《釋文》、《毛詩正義》採得十五節，無大異。

毛詩答雜問一卷 （吳）韋昭、朱育等撰 （清）王謨輯

漢魏遺書鈔·經翼第一冊

毛詩答雜問一卷 （吳）韋昭、朱育等撰 （清）馬國翰輯

注：《隋志》云：“梁有《毛詩答雜問》七卷，吳侍中韋昭、侍中朱育等撰，亡。”兩《唐志》並載五卷，不題撰人。韋昭字宏嗣，吳郡雲陽人，《三國志》有傳。朱育，山陰人，見《三國志·虞翻傳》裴注引《會稽典錄》。馬國翰從《毛詩正義》及唐宋類書等採得十三節，王謨所輯僅五節，不出馬外。

毛詩異同評一卷 （晉）孫毓撰 （清）王謨輯

漢魏遺書鈔·經翼第一冊

孫毓毛詩異同評一卷 （晉）孫毓撰 （清）黃奭輯

漢學堂叢書·經解詩類

黃氏逸書考·漢學堂經解

毛詩異同評三卷 （晉）孫毓撰 （清）馬國翰輯

玉函山房輯佚書·經編詩類

孫氏詩評摭遺一卷 （晉）孫毓撰 （清）吳騫輯

稿本 〔上海圖書館〕

注：《釋文序錄》云：“晉豫州刺史孫毓，字休朗，北海平昌人，長沙太守，爲《詩評》，評毛、鄭、王肅三家異同，朋於

王。徐州從事陳統，字元方，難孫申鄭。"《序錄》載孫毓《詩同異評》十卷。《隋志》作《詩異同評》，亦十卷，兩《唐志》同。諸家皆據《釋文》、《毛詩正義》採摭。黃奭實襲王謨所輯，唯增補《斯干》"西南其戶"、《皇矣》"上帝耆之"二節。馬國翰所輯較備，如採《關雎》"琴瑟友之"、《終風》"願言則嚏"、《敝笱》"齊子歸止"、《斯干》"君子所躋"、《雲漢》"先祖于摧"等十餘節皆王、黃所缺。按王、黃所輯亦有數節爲馬所無，然除《簡兮》"簡兮簡兮"、《閟予小子》"閟予小子"二節外，其餘諸節馬皆另輯入《毛詩王氏注》、《毛詩義駁》、《毛詩駁》三書中。蓋諸家彼此論難，互爲關連，輯者各有所重，取捨不盡一也。吳騫所輯，多不標正文，取與馬輯比堪，大體相當，間有數節互有出入。唯吳輯文字較略，其書祇存稿本，未及寫定。

難孫氏毛詩評一卷　（晉）陳統撰
（清）馬國翰輯

玉函山房輯佚書·經編詩類

注：陳統，晉徐州從事，駁孫毓《詩評》，參《毛詩異同評》。《隋志》載陳統《難孫氏毛詩評》四卷，兩《唐志》同。馬國翰據《釋文》、《毛詩正義》、《隋書·音樂志》採得三十節。按馬氏此輯採《隋書·音樂志》引一節，明標陳統説，採《釋文》引一節但標陳氏。其餘所採皆孔穎達《毛詩正義》之文，馬氏考其暗用陳統之説，故亦採入。

毛詩舒氏義疏一卷　（□）舒瑗撰
（清）馬國翰輯

玉函山房輯佚書·經編詩類

注：《隋志》載《毛詩義疏》二十卷，舒

援撰。援不詳何人，孔穎達《毛詩正義序》又作舒瑗。馬國翰據《隋志》以舒援次於吳陸機與後魏元延明之間，謂援當爲晉、宋間人。馬據《毛詩正義》及《禮記正義》採得三節。

毛詩序義一卷　　（劉宋）周續之撰
（清）王謨輯

漢魏遺書鈔·經翼第一册

毛詩周氏注一卷　（劉宋）周續之撰　（清）馬國翰輯

玉函山房輯佚書·經編詩類

注：周續之，字道祖，建昌人，通《毛詩》諸經，見《晉書·隱逸傳》。《釋文序錄》稱周續之撰《詩序義》，《顏氏家訓·書證》引其書則稱《毛詩注》，《隋》、《唐志》均不載。王謨據《顏氏家訓》、《北堂書鈔》、《匡謬正俗》採得四節。馬國翰採得六節，其中採《釋文》、《毛詩正義》各引一節，爲王所無。按據王、馬所輯，則續之治《詩》不僅釋《詩》序，亦注解《詩》文。

毛詩隱義一卷　　（梁）何胤撰
（清）馬國翰輯

玉函山房輯佚書·經編詩類

注：何胤，字子季，廬江灊人，撰《毛詩隱義》十卷（《梁書·處士傳》）。《隋志》云："梁有《毛詩隱義》十卷，梁處士何胤撰，亡。"馬國翰據《釋文》採得二十四節。

集注毛詩一卷　　（梁）崔靈恩撰
（清）馬國翰輯

玉函山房輯佚書·經編詩類

毛詩集注一卷　　（梁）崔靈恩撰
（清）王仁俊輯

玉函山房輯佚書續編·經編詩類

注：崔靈恩，清河東武城人，官至桂州刺史，集注《毛詩》二十二卷（《梁書·儒林傳》）。《釋文序錄》及《隋》、《唐志》並載崔靈恩《集注毛詩》二十四卷。馬國翰據《釋文》、《毛詩正義》等輯成一卷，中有七節採自《呂氏家塾讀詩記》。王仁俊補馬輯之缺，僅從《讀詩記》採得崔本異文一則。

沈氏毛詩義疏　（北周）沈重撰
（清）朱彝尊輯

經義考·詩五

毛詩義疏一卷　（北周）沈重撰
（清）王謨輯

漢魏遺書鈔·經翼第一册

毛詩沈氏義疏二卷　（北周）沈重撰　（清）馬國翰輯

玉函山房輯佚書·經編詩類

毛詩沈氏義疏一卷　（北周）沈重撰　（清）王仁俊輯

玉函山房輯佚書續編·經編詩類

注：沈重，字子厚，吳興武康人。明《詩》及《左氏春秋》，撰《毛詩義》二十八卷，《毛詩音》二卷，《周禮義》三十一卷，《周禮音》一卷（《北史·儒林傳》）。《隋志》載《毛詩義疏》二十八卷，云“蕭巋散騎常侍沈重撰”。馬國翰據《釋文》採摭。王謨凡《釋文》所引僅注音而不釋義諸節多不採，故所採《釋文》較馬爲少，唯採《燕燕》“遠送於野”、《株林》“乘我乘駒”二節爲馬所無。又王氏別從《初學記》、《史記孔子世家正義》採得十三節，則馬所未採。按《初學記》、《史記正義》所引僅稱《詩義疏》或《毛詩義疏》，未明標沈重之名。作《毛詩義疏》者夥矣，似未可遽定爲沈重之書。朱彝尊所輯亦據《初學記》，大抵不出王採之外。王仁俊補馬輯之缺，從《文選》鮑照《苦熱行》李善注採得一節，善注亦但稱《毛詩義疏》，未明言沈重作。

毛詩十五國風義一卷　（梁）蕭綱撰　（清）馬國翰輯

玉函山房輯佚書·經編詩類

注：蕭綱，梁簡文帝，字世纘，武帝第三子（《梁書》本紀）。《隋志》云：“梁有《毛編十五國風義》二十卷，梁簡文撰。”馬國翰僅據唐成伯璵《毛詩指説》採得一節。

毛詩提綱　（清）王謨輯

漢魏遺書鈔·經翼第一册·毛詩答雜問附

毛詩題綱一卷　（清）馬國翰輯

玉函山房輯佚書·經編詩類

注：《太平御覽》引《毛詩題綱》四節，不名撰人，王謨、馬國翰皆從《御覽》輯出。馬國翰云：“考《隋志》有《毛詩發題序義》一卷，梁武帝撰，疑即此也。”

毛詩草蟲經一卷　（清）馬國翰輯

玉函山房輯佚書·經編詩類

注：是書《隋》、《唐志》均不載，唯《初學記》、《埤雅》引有其文，未題撰者，馬國翰據以採得四節，謂是書當爲六朝人所作，至北宋猶存者。

毛詩拾遺一卷　（晉）郭璞撰
（清）馬國翰輯

玉函山房輯佚書·經編詩類

注：郭璞，字景純，河東聞喜人，注《爾雅》、《方言》、《山海經》等數十萬言（《晉書》本傳）。《隋志》載郭璞《毛詩拾遺》一卷。馬國翰從《釋文》、《初學記》等採得七節。

毛詩徐氏音一卷　（晉）徐邈撰
　（清）馬國翰輯
　玉函山房輯佚書·經編詩類
　注：徐邈，參《徐邈易音注》。《釋文
　序錄》稱徐邈爲《詩音》，不言卷數。《隋
　志》云："梁有《毛詩音》十六卷，徐邈等
　撰；又有《毛詩音》二卷，徐邈撰，亡。"按
　十六卷者蓋後人集邈與他家音注而成，
　邈自爲者則祇二卷。馬國翰據《釋文》、
　《集韻》等所引輯爲一卷。

劉氏毛詩箋音義證　（後魏）劉芳
　撰　（清）朱彝尊輯
　經義考·詩六

毛詩箋音義證一卷　（後魏）劉芳
　撰　（清）王謨輯
　漢魏遺書鈔·經翼第一冊

毛詩箋音義證一卷　（後魏）劉芳
　撰　（清）馬國翰輯
　玉函山房輯佚書·經編詩類
　注：劉芳，字伯文，彭城人，官至太常
　卿，撰《毛詩箋音義證》十卷（《魏書》本
　傳）。其書載於《隋志》。馬國翰據《太
　平御覽》等採得八節。王謨採得五節，
　其中採《匡謬正俗》引一節爲馬所無。
　按考王所採者見《匡謬正俗》卷一第四
　條，原文乃引劉昌宗、周續（疑當作周續
　之）説，王氏誤採。朱彝尊僅從《御覽》
　採得四節，未出王、馬之外。

毛詩序義疏一卷　（南齊）劉瓛等
　撰　（清）馬國翰輯
　玉函山房輯佚書·經編詩類
　注：劉瓛，參《劉瓛周易義疏》。《釋
　文序錄》稱劉瓛爲《詩序義》，不言卷數。
　《隋志》載《毛詩序義疏》一卷，注云："劉
　瓛等撰，殘缺，梁三卷。"兩《唐志》亦並

載一卷，《舊唐志》誤題爲"劉氏志撰"。
馬國翰從《釋文》、《毛詩正義》採得
三節。

詩譜補亡後訂一卷拾遺一卷
　（清）吳騫輯
　稿本　〔上海圖書館〕
　拜經樓叢書
　重刊拜經樓叢書七種
　重校拜經樓叢書七種
　清芬樓叢書·經部

詩譜補亡後訂一卷　（清）吳騫撰
　拜經樓叢書本　清吳騫校　〔復旦大學
　圖書館〕

詩譜一卷　（漢）鄭玄撰　（清）王
　謨輯
　漢魏遺書鈔·經翼第一冊
　重訂漢唐地理書鈔

毛詩譜一卷　（漢）鄭玄撰　（清）
　黃奭輯
　高密遺書　清黃奭校
　漢學堂叢書·高密遺書
　黃氏逸書考·通德堂經解

鄭氏詩譜考正一卷　（清）丁晏撰
　頤志齋叢書
　六藝堂詩禮七編
　邵武徐氏叢書初刻
　花雨樓叢鈔
　詩譜考正一卷
　皇清經解續編

詩譜一卷　（漢）鄭玄撰　（清）李
　光廷輯
　反約篇
　榕園叢書甲集

詩譜三卷　（漢）鄭玄撰　（清）袁

鈞輯

鄭氏佚書

毛詩譜一卷 （漢）鄭玄撰 （清）
胡元儀輯

皇清經解續編

毛詩譜一卷 （漢）鄭玄撰 （清）
孔廣林輯

通德遺書所見録

鄭學十八種

鄭學十八種 清葉志詵、趙之謙校
〔北京圖書館〕

鄭學十八種 清趙在翰校 〔福建省圖
書館〕

鄭學十八種 李盛鐸校 〔北京大學圖
書館〕

詩譜逸文考 （清）馬瑞辰輯

毛詩傳箋通釋卷一（清道光十五年刻
本）

廣雅書局叢書·毛詩傳箋通釋卷一

皇清經解續編·毛詩傳箋通釋（刻本卷
四百十六、石印本卷七十五）

四部備要·經部·毛詩傳箋通釋卷一

毛詩鄭譜疏證一卷 （清）馬徵
慶撰

馬鍾山遺書

注：鄭玄，參《周易鄭康成注》。《釋
文序録》及《隋》、《唐志》並載鄭玄《詩
譜》，參下條。《毛詩正義》載玄《詩譜
序》云：“夷、厲已上年數不明，太史《年
表》自共和始，歷宣、幽、平王而得春秋。
次第以立斯譜，欲知原流清濁，則循其
上下而省之；欲知風化芳臭氣澤所及，
則旁行而觀之，此《詩》之大綱也。”是玄
《譜》本爲表格式。今其《譜》文散見於
《毛詩正義》，載於《國風》、《雅》、《頌》卷

首，其《譜》式已不存。《釋文》、《後漢
書》注等亦引有佚文，是《正義》所載亦
未全。諸家皆據《正義》輯出《序》及
《譜》文，文字無大異。黃奭、孔廣林、袁
鈞三輯皆據經疏、《釋文》及唐宋類書所
引校其異同，又輯佚文數節附後（黃、孔
二輯雷同），視王謨、李光廷僅輯存《正
義》所載者爲善。唯袁氏每據諸書所引
增改《正義》所載，黃、孔則但注異文，不
加改動。馬瑞辰採諸書所引佚文，大致
同於孔、袁所輯。又附輯徐整《毛詩譜
暢》佚文二節。其中採《漢書·儒林傳》
注引一節，爲馬國翰、王謨輯本所無，參
下條。馬徵慶《疏證》但解史事，不作詁
訓校勘，唯篤信今本《竹書紀年》，每加
徵引，頗不足信。《曹譜》“乃正驕佚”下
衍入《正義》之文二十一字，黃、孔、袁皆
已校删，馬氏仍存未删。吳騫、丁晏、胡
元儀皆以輯文作表格式，附以《詩》世次
表，其《譜》式前後分合大同小異。按鄭
氏《譜》式已不得見，自歐陽修稱得其殘
本而加訂補（《歐陽文忠全集》卷四十一
《詩譜補亡後序》），清儒繼起從事，要不
能復其原，徒增眩瞀而已。

毛詩譜注一卷 （吳）徐整撰
（清）王謨輯

漢魏遺書鈔·經翼第一册

毛詩譜暢一卷 （吳）徐整撰
（清）馬國翰輯

玉函山房輯佚書·經編詩類

注：《釋文序録》載鄭玄《詩譜》二卷，
徐整暢。《隋志》載《毛詩譜》三卷，吳太
常卿徐整撰。按《譜》爲玄所撰，整但撰
注以暢演鄭義。王謨、馬國翰皆從《釋
文序録》採得一節。按王氏所輯自“一

云子夏傳曾申"云云以下，乃《序録》引别説，非整言，馬氏不録"一云"以下，是。又《漢書・儒林傳》注引有佚文一節，王、馬失採。

魯詩 （漢）申培撰 （宋）王應麟輯

玉海附刻・詩考
古名儒毛詩解十六種・新刻詩考
格致叢書・詩考
津逮秘書・詩考
四庫全書・經部詩類・詩考
學津討源第二集・詩考
叢書集成初編・文學類・詩考

魯詩 （漢）申培撰 （宋）王應麟輯 （清）盧文弨等增校

盧抱經諸家校補詩考卷一（民國二十五年國學圖書館寫印本）

魯詩 （漢）申培撰 （宋）王應麟輯 （清）盧文弨增訂

詩考卷一 （清抄本 清范家相、徐鯤、馮桂芬校 〔復旦大學圖書館〕）
詩考卷一 （清抄本 清曹文昭、馮登府校補 〔南京圖書館〕）

魯詩 （漢）申培撰 （宋）王應麟輯 （清）盧文弨等增校 楊晨訂補

崇雅堂叢書・詩考補訂卷一

魯詩附補遺 （漢）申培撰 （宋）王應麟輯 （清）丁晏補注並輯補遺

頤志齋叢書・詩考補注卷一至三
六藝堂詩禮七編・詩考補注卷一至三
花雨樓叢鈔續鈔・詩考補注卷一、詩考補注補遺卷一

魯詩傳一卷 （漢）申培撰 （清）王謨輯

漢魏叢書鈔・經翼第一册

申培魯詩傳一卷 （漢）申培撰 （清）黄奭輯

漢學堂叢書・經解詩類
黄氏逸書考・漢學堂經解

魯詩故二卷 （漢）申培撰 （清）馬國翰輯

玉函山房輯佚書・經編詩類

魯詩 （漢）申培撰 （清）阮元輯

觀古堂彙刻書第一集・三家詩補遺
郋園先生全書・三家詩補遺

魯詩〔釋〕 （清）朱士端撰

齊魯韓三家詩釋卷十一至十三 （手稿本 〔上海圖書館〕、清吉金樂石山房鈔本 〔北京圖書館〕）

魯詩遺説考六卷敍録一卷 （清）陳壽祺撰 （清）陳喬樅述並撰敍録

左海續集・三家詩遺説考

魯詩遺説考二十卷敍録一卷

續皇清經解（刻本）・三家詩遺説考

魯詩遺説考附敍録

續皇清經解（石印本）・三家詩遺説考（卷一百五十九）

魯詩〔異文疏證〕附補遺 （清）馮登府撰

三家詩異文疏證卷五、疏證補遺卷二（手稿本 〔上海圖書館〕）
皇清經解・三家詩異文疏證（刻本卷一千四百〇八、石印本卷一百九十）

注：申培，魯人，少與楚元王劉交從齊人浮丘伯受《詩》。文帝時，培以精

《詩》爲博士，作《詩傳》，號《魯詩》。《漢書·儒林傳》)《漢志》載《魯故》二十五卷，《魯説》二十八卷。《隋志》云：“《魯詩》亡於西晉。”按漢三家《詩》，《齊》、《魯》早亡，故羣書所引佚文、佚説無多。王應麟《詩考》所輯《魯詩》，據《漢書》注、《毛詩正義》等採得十餘節，又益以《隸釋》所載漢石經《魯詩》殘文。盧文弨增校《詩考》，雖更經臧庸、江遠孫、丁杰、李富孫、馮登府等十餘家補校，於《魯詩》僅據《釋文》、《漢書·地理志》補得二節。丁晏補注《詩考》，考證頗詳，別採王氏所缺附爲補遺，於《魯詩》所補除與盧本同者外，更採漢蔡邕、韋玄成引《詩》之文十餘節，以蔡、韋皆習《魯詩》也。楊晨據盧本補訂，於《魯詩》一無所增。以上諸家皆僅採諸書明引《魯詩》，或其人《詩》説之師承於《魯詩》於史有明徵者。王謨、馬國翰、黃奭、阮元、陳喬樅諸家除採明文外，更兼採漢儒《詩》説之可考定爲《魯詩》者，以陳輯爲澹備。陳氏廣徵漢儒引《詩》、説《詩》之文，校其異同，辨其師承，參觀互證，以定其家派。其考定爲《魯詩》者，大要以申培從浮丘伯受詩，而伯從荀子受業，定荀子始傳《魯詩》；以孔安國習《魯詩》，而司馬遷從安國問故，定遷《史記》所述爲《魯詩》，以劉向父子爲楚元王遠孫，習《詩》當承家傳，定向父子述《魯詩》；以蔡邕書《石經》用《魯詩》，而楊賜與邕同定《石經》，定二人皆述《魯詩》；以白虎觀會議諸儒如魯恭、魏應等皆習《魯詩》，定《白虎通》所引爲《魯詩》。又據臧庸所考，定《爾雅》及衆家注所引爲《魯詩》。其餘如《楚辭章句》、《潛夫論》、《吕氏春秋》及《淮南子》高誘注等所引《詩》與《詩》説，有與《魯詩》合者亦並採入。其餘諸家所輯，以王謨最略，而阮元專補《詩考》所缺，於《魯詩》增補最夥。諸家採撝雖大抵未出陳輯範圍，然其考訂、取捨亦不無異同，如陳氏以鄭玄注《禮》所述《詩》説多歸《齊詩》，而阮元、黃奭則歸《魯詩》；陳以《漢書》、《鹽鐵論》所引歸《齊詩》，阮氏則歸《魯詩》，此其取捨互異之大者。按漢儒引《詩》、説《詩》見載者甚多，以史載師承有間斷，其家派究無明文可徵，諸家考訂雖得其源流之大概，取捨固難盡同。至如馬國翰多採孔安國《古文孝經注》，安國習《魯詩》於史雖有明文，《古文孝經注》則出依託，如此之類固不足據。馮登府專採三家《詩》經文之異於今本者，辨其文字之正訛、聲音之通假，其《詩》説雖存而經文無異則不涉焉。所輯《魯詩》異文大致不出陳外，然以《漢書·地理志》等所引歸《魯詩》，則與陳歸《齊詩》異。朱士端《三家詩釋》採撝及考訂亦稱澹詳，然存手稿未及寫定（藏上海圖書館），頗草率零亂。

魯詩韋氏説一卷　（漢）韋玄成撰（清）王仁俊輯

玉函山房輯佚書續編·經編詩類

魯詩韋氏義一卷

十三經漢注

注：韋玄成，字少翁，魯國鄒人，官至丞相，《漢書》有傳。玄成治《魯詩》，見《禮記郊特牲正義》引許慎《五經異義》，王仁俊即從《五經異義》採得一節。按諸家輯《魯詩》者多已採入此節。

齊詩　（漢）轅固撰　（宋）王應麟輯

玉海附刻·詩考

古名儒毛詩解十六種・新刻詩考

格致叢書・詩考

津逮秘書・詩考

四庫全書・經部詩類・詩考

學津討原第二集・詩考

叢書集成・文學類・詩考

齊詩 （漢）轅固撰 （宋）王應麟
輯 （清）盧文弨等增校

盧抱經諸家校補詩考卷一（民國二十五
年國學圖書館寫印本）

齊詩 （漢）轅固撰 （宋）王應麟
輯 （清）盧文弨增訂

詩考卷一 （清抄本 清范家相、徐鯤、
馮桂芬校 〔復旦大學圖書館〕）

詩考卷一 （清抄本 清曹文昭、馮登
府校 〔南京圖書館〕）

齊詩 （漢）轅固撰 （宋）王應麟
輯 （清）盧文弨等增校 楊晨
補訂

崇雅堂叢書・詩考補訂卷一

齊詩〔補注〕附補遺 （漢）轅固撰
（宋）王應麟輯 （清）丁晏補注
並輯補遺

頤志齋叢書・詩考補注卷一至三

六藝堂詩禮七編・詩考補注卷一至三

花雨樓叢鈔續鈔・詩考補注卷一、詩考
補注補遺卷一

齊詩故傳 （漢）轅固撰 （宋）王
應麟輯 （清）迮鶴壽增補

齊詩翼氏學卷四（清嘉慶十七年蓬萊山
房刻本）

皇清經解續編・齊詩翼氏學（刻本卷八
百五十一、石印本卷一百二十八）

齊詩 （漢）轅固撰 （清）王謨輯

漢魏遺書鈔・經翼第一冊・魯詩傳附

轅固齊詩傳一卷 （漢）轅固撰
（清）黃奭輯

漢學堂叢書・經解詩類

黃氏逸書考・漢學堂經解

齊詩傳二卷 （漢）后蒼撰 （清）
馬國翰輯

玉函山房輯佚書・經編詩類

齊詩 （漢）轅固撰 （清）阮元輯

觀古堂彙刻書第一集・三家詩補遺

郎園先生全書・三家詩補遺

齊詩〔釋〕 （清）朱士端撰

齊魯韓三家詩釋卷十四 （手稿本
〔上海圖書館〕、清吉金樂石山房抄本
〔北京圖書館〕）

齊詩遺說考四卷敘錄一卷 （清）
陳壽祺撰 （清）陳喬樅述並撰
敘序

左海續集・三家詩遺說考

齊詩遺說考十二卷敘錄一卷

皇清經解續編（刻本）・三家詩遺說考

齊詩遺說考附敘錄

皇清經解續編（石印本）・三家詩遺說
考（卷一百五十九）

齊詩〔異文疏證〕 （清）馮登府撰

三家詩異文疏證卷六、疏證補遺卷三
（手稿本 〔上海圖書館〕）

皇清經解・三家詩異文疏證（刻本卷一
千四百〇八、石印本卷一百九十）

注：轅固，齊人，治《詩》，號《齊詩》，
景帝時爲博士。后蒼，字近君，東海郯
人，事固弟子夏后始昌爲師，通《詩》、
《禮》，爲博士，授翼奉、蕭望之、匡衡諸
人。《漢書・儒林傳》《漢志》稱轅固
爲《詩傳》，而載其書則題“后氏（蒼）”，曰《齊后氏故》二十卷,曰《齊后氏傳》三十九卷,蓋后蒼述師説也。《隋志》云:"《齊詩》魏代已亡。"王應麟《詩考》所輯,據《漢書·地理志》、董逌《廣川詩故》採得數節,並採《漢書》所載翼奉、匡衡、蕭望之諸人《詩》説附益之,皆漢儒之習《齊詩》於史有明徵者。按董逌《詩故》引《齊詩》不可據信,説見丁晏《詩考補注》。王謨大抵録自王氏《詩考》,而稍有删節。盧文弨等十餘家增校《詩考》(參《魯詩》),於《齊詩》僅據《漢書》增補翼奉、匡衡等《詩》説數節。丁晏補注《詩考》頗詳,別採王氏所缺爲補遺,於《齊詩》據《漢書》、《六經奥論》等採得數節。楊晨補訂盧校本,於《齊詩》僅從丁晏所補録得數節,別無他採。迮鶴壽自云以《詩考》所輯爲本,兼採他書,實多採《漢書·翼奉傳》,採自他書者無幾。以上諸家皆僅採諸書明引《齊詩》,或其人《詩》説之師承於《齊詩》於史有明徵者。其餘諸家所輯除採明文外,更採漢儒《詩》説之可考定《齊詩》者,以陳喬樅所採爲澹備。陳氏所考,大要以后蒼通《詩》及《禮》,而戴德、戴聖從蒼受《禮》,定《儀禮》及大、小戴《禮記》所引爲《齊詩》;以鄭玄注《禮》時未見《毛詩》,而《禮》家本用《齊詩》,定玄注《禮》所述《詩》説爲《齊詩》;以班伯少受《齊詩》,而班彪、固父子爲其從子、孫,世傳家學,定《漢書》之《表》、《志》、贊、敍所引爲《齊詩》。其餘如《漢紀》、《公羊春秋》、《春秋繁露》、《易林》、《鹽鐵論》等,皆考其淵源於《齊詩》而加採摭。馬國翰、黄奭、阮元所輯大抵不出陳氏所採範圍。按諸家之考訂《齊詩》,取捨間有異同,參《魯詩》。馮登府專採《齊詩》異文而加疏證,其《詩》説雖存而經文無異於今本者不涉焉,所輯大致不出陳氏之外。唯馮輯中有數節録自《詩考》及范家相《三家詩拾遺》,出處不明,陳氏未採也。又朱士端所輯屬稿本未寫定,參《魯詩》。

齊詩翼氏學疏證二卷　(清)陳喬樅撰

左海續集

皇清經解續編

注:翼奉,字少君,東海下邳人,治《齊詩》,好律歷陰陽之占,官至諫大夫(《漢書》本傳)。按奉本傳載其奏封事云:"《易》有陰陽,《詩》有五際,《春秋》有裁異,皆列始終、推得失、考天心,以言王道之安危。"孟康注云:"《内傳》曰:五際,卯、酉、午、戌、亥也。陰陽始終際會之歲,於此則有變化之政也。"(按此所引爲《齊詩》之《内傳》,陳喬樅考之確甚,或以爲《韓詩内傳》,誤。)據此知奉之説《詩》流入陰陽五行之術,故諸家輯《齊詩》多略其無關《詩》旨之説不採。陳喬樅既輯《齊詩》,復爲此輯,備採其説而加疏證。

韓詩　(漢)韓嬰撰　(明)王應麟輯

玉海附刻·詩考

古名儒毛詩解十六種·新刻詩考

格致叢書·詩考

津逮秘書·詩考

四庫全書·經部詩類·詩考

學津討原第二集·詩考

叢書集成·文學類·詩考

韓詩　(漢)韓嬰撰　(宋)王應麟輯　(清)盧文弨等增校

盧抱經諸家校補詩考卷一(民國二十五

韓詩　（漢）韓嬰撰　（宋）王應麟
　輯　（清）盧文弨增訂
　詩考卷一　〔清抄本　清范家相、徐鯤、
　　馮桂芬校　〔復旦大學圖書館〕）
　詩考卷一　〔清抄本　清盧文弨、馮登
　　府校补　〔南京圖書館〕）

韓詩　（漢）韓嬰撰　（宋）王應麟
　輯　（清）盧文弨等增校　楊晨
　補訂
　崇雅堂叢書・詩考補訂卷一

韓詩附補遺　（漢）韓嬰撰　（宋）
　王應麟輯　（清）丁晏補注並輯
　補遺
　頤志齋叢書・詩考補注卷一至三
　六藝堂詩禮七編・詩考補注卷一至三
　花雨樓叢鈔續鈔・詩考補注卷一、詩考
　　補注補遺卷一

韓詩內傳一卷　（漢）韓嬰撰
　（清）王謨輯
　漢魏遺書鈔・經翼第一冊

韓嬰詩內傳一卷　（漢）韓嬰撰
　（清）黃奭輯
　黃氏逸書考・漢學堂經解

韓詩輯一卷　（清）蔣日豫輯
　蔣侑石遺書・滂喜齋學錄

韓詩故二卷　（漢）韓嬰撰　（清）
　馬國翰輯
　玉函山房輯佚書・經編詩類

韓詩內傳一卷　（漢）韓嬰撰
　（清）馬國翰輯
　玉函山房輯佚書・經編詩類

韓詩說一卷　（漢）韓嬰撰　（清）
　馬國翰輯

玉函山房輯佚書・經編詩類

韓詩　（漢）韓嬰撰　（清）阮元輯
　觀古堂彙刻書第一集・三家詩補遺
　郋園先生全書・三家詩補遺

韓詩故二卷　（漢）韓嬰撰　（清）
　沈清瑞輯
　沈氏羣峯集

韓詩內傳徵四卷補遺一卷　（清）
　宋綿初撰
　清乾隆六十年志學堂刻本　〔北京大學
　　圖書館、復旦大學圖書館、揚州師範
　　學院圖書館、湖北省圖書館〕
　清乾隆六十年志學堂刻本　清孫馮翼
　　校　〔北京圖書館〕

韓詩內傳徵四卷敍錄二卷補遺一
　卷疑義一卷　（清）宋綿初撰
　積學齋叢書

韓詩遺說二卷訂譌一卷　（清）臧
　庸撰
　清抄本　清趙之謙校　〔北京大學圖書
　　館〕
　仰視千七百二十九鶴齋叢書第一集

韓詩遺說二卷訂譌一卷　（清）臧
　庸撰　（清）陶方琦重校
　靈鶼閣叢書第一集
　叢書集成初編・文學類

韓詩〔釋〕　（清）朱士端撰
　齊魯韓三家詩釋卷一至卷十　（手稿本
　　〔上海圖書館〕、清吉金樂石山房抄本
　　〔北京圖書館〕）

韓詩遺說考五卷敍錄一卷韓詩外
　傳附錄一卷韓詩內外傳補逸一
　卷　（清）陳壽祺撰　（清）陳喬
　樅述並撰敍錄

左海續集・三家詩遺説考

韓詩遺説考十七卷敍録一卷韓詩外傳附録一卷韓詩内外傳補逸一卷

皇清經解續編(刻本)・三家詩遺説考

韓詩遺説考並敍録、韓詩外傳附録、韓詩内外傳補逸

皇清經解續編(石印本)・三家詩遺説考(卷一百五十九)

韓詩遺説續考四卷　(清)顧震福撰

清光緒十九年刻本

韓詩遺説補一卷　(清)陶方琦撰

稿本　〔復旦大學圖書館〕

清姚氏咫進齋抄本　〔中山大學圖書館〕

漢孳室遺著

韓詩〔異文疏證〕附補遺　(清)馮登府撰

三家詩異文疏證卷一至卷四、疏證補遺卷一(手稿本　〔上海圖書館〕)

皇清經解・三家詩異文疏證(刻本卷一千四百〇七至一千四百〇八、石印本卷一百九十)

韓詩内傳考　(清)邵晉涵撰

清沈氏鳴野山房抄本　〔浙江圖書館〕

韓詩一卷　(漢)韓嬰撰　龍璋輯

小學蒐佚下編補

注：韓嬰，燕人，文帝時爲博士。嬰推詩人之意，作《内》、《外傳》數萬言，號《韓詩》(《漢書・儒林傳》)。《漢志》載《韓故》三十六卷，又《韓内傳》四卷，又《韓説》四十一卷。《隋志》載《韓詩》二十二卷，薛氏章句。《舊唐志》二十卷，《新唐志》二十二卷。《宋志》以下不載，

當亡於宋以後。王應麟《詩考》所輯《韓詩》，據《釋文》、《文選》李善注及經疏、史注、唐宋類書等採摭，雖遠富於所輯《魯詩》、《齊詩》然漏譌猶多，故盧文弨等十餘家(參《魯詩》)及丁晏、阮元皆據羣書補輯王氏所缺，所增多至數十百節。其餘如王謨、馬國翰、黃奭、沈清瑞諸人，大抵亦據《詩考》增補編訂成書。諸家所輯雖同者泰半，互異者亦復不鮮見，皆未爲備。又王謨析出侯包《韓詩翼要》別自爲輯，馬國翰更析爲《韓詩故》、《内傳》、《説》及薛氏《章句》、侯包《翼要》五種，與諸家合爲一輯者異。按《隋志》以下所載已泛稱《韓詩》，不復如《漢志》作《韓故》、《内傳》、《説》，蓋當時已渾不能區別，諸書稱引亦每稱《韓詩》，不能辨其爲《故(詁)》、爲《傳》、爲《説》，馬氏所析，未必符其原。至《章句》、《翼要》，本爲《韓詩》而作，似亦以合輯爲宜。蔣曰豫《韓詩輯》所採較諸家獨多，復經方怪校補，增入若干節。唯是輯所採頗失之濫，如以鄭玄少從張恭祖習《韓詩》，乃悉以鄭注三《禮》引《詩》異文歸諸《韓詩》。按鄭注《禮》引《詩》兼用三家，不得盡屬之《韓詩》也。又如《甘棠》採劉向《説苑》，應是《魯詩》；《十月之交》採《漢書・翼奉傳》孟康注引《内傳》“五際”説，實《齊詩》説(參《齊詩翼氏學疏證》)，此類尤不足據。臧庸、宋綿初所輯皆詳注出處，間附考證，凡諸書所引未詳所屬或有疑義者皆附後，取捨頗審慎。二家所輯相埒，唯宋氏所採宋人引諸節，臧氏皆不採，其餘互爲有無者一二十節而已。按《韓詩》於三家中亡之最晚，宋人引雖未可全信，亦不全僞，陳喬樅考其可信者

取之，是也。若全取、全捨，則得失參半。陳氏《遺說考》後出，所採除載記所引明文外，兼及漢魏人習《韓詩》者之說，其採摭之博，考證之詳，出前人之上。唯原本《玉篇》、慧琳《一切經音義》、《玉燭寶典》三書引《韓詩》甚夥，諸家皆未及見。顧震福專據此三書補陳氏之缺、凡補入百餘節。其考證於文字之正俗、音聲之通假尤爲用力，足以續陳書。陶方琦《遺說補》亦據《原本玉篇》等三書補藏輯之缺，唯無考證，其書自《小雅·大田》以下皆缺，蓋未竟之稿。《北堂書鈔》引《天保》"如山如阜云云"一節，稱"韓壽曰"，陶氏考"壽"乃"詩"之訛，此節他家皆失採。楊晨亦據《原本玉篇》等增補《詩考》，不及顧、陶爲備。馮登府僅採諸書所引《韓詩》異文而加疏證，經說雖存而經文無異者則不涉焉，所採異文大致不出陳輯之外。朱士端《韓詩〔釋〕》參《魯詩》。

薛君韓詩章句二卷　（漢）薛漢撰
（清）馬國翰輯
玉函山房輯佚書·經編詩類

注：《後漢書·儒林傳》云："薛漢，字公子，淮陽人也。世習《韓詩》，父子以《章句》著名。杜撫，字叔和，犍爲武陽人也，受業於薛漢，定《韓詩章句》。"《隋志》載《韓詩》二十二卷，薛君章句。馬國翰謂《章句》定於杜撫，諸書引亦稱薛君者，尊其師故。王應麟《詩考》所輯《韓詩》兼採《章句》附之，多所缺漏，馬氏據以增訂爲二卷。按諸家輯《章句》均與《韓詩》並，參《韓詩》條。

韓詩翼要一卷　（漢）侯包撰
（清）王謨輯

漢魏遺書鈔·經翼第一册

韓詩翼要一卷　（漢）侯苞撰
（清）馬國翰輯
玉函山房輯佚書·經編詩類

韓詩翼要一卷　（漢）侯苞撰
（清）王仁俊輯
玉函山房輯佚書續編·經編詩類

注：《隋志》載《韓詩翼要》十卷，漢侯苞撰（"苞"，《困學紀聞》引作"包"）。《新唐志》亦作十卷，不題撰者，《舊唐志》題卜商撰，誤。王謨謂《漢志》不載其書，苞當是後漢人。王謨從《隋書·音樂志》、《毛詩正義》採得四節，馬國翰亦從二書採得四節。按二家採自《正義》者各缺一節，王缺《斯干》"載衣之裼"一節，馬缺《江漢》"武夫滔滔"一節。王仁俊補馬氏之缺，所補即《江漢》一節。

韓詩趙氏學一卷　（漢）趙曄（原題趙煜）撰　（清）王仁俊輯
玉函山房輯佚書續編·經編詩類

注：趙曄（王仁俊避諱作趙煜），字長君，會稽山陰人，從杜撫受《韓詩》，著《吳越春秋》（《後漢書·儒林傳》）。王仁俊從《吳越春秋》採得曄《詩》說一節。

韓詩外傳補逸一卷　（清）趙懷玉輯
韓詩外傳附（清乾隆五十五年趙氏亦有生齋刻本、光緒元年吳氏望三益齋刻本）
畿輔叢書·韓詩外傳附
龍谿精舍叢書·經部·韓詩外傳附
叢書集成初編·哲學類·韓詩外傳校注附

韓詩外傳逸文　（清）顧觀光輯
武陵山人遺稿·古書逸文

〔韓詩外傳〕補遺　（清）郝懿行輯
　　郝氏遺書・曬書堂文集卷三・韓詩外
　　傳考證序附
韓詩外傳佚文一卷　（清）郝懿
　行輯
　　經籍佚文
韓詩外傳佚文一卷　（清）王仁
　俊輯
　　經籍佚文
　　注：趙懷玉、郝懿行、王仁俊皆從《文
　選》李善注及唐宋類書等採摭。趙氏採
　得三十七節（乾隆刻本缺《後漢書》注所
　引五節，凡三十二節）。郝氏所採僅十
　節，其中“陰陽相勝”、“魯哀公噴然太
　息”、“鳳鳴，雄曰節節”三節爲趙所無，
　又“鶴鴿胎生”一節乃誤採《大戴禮記》
　盧辯注引《韓詩内傳》文，其餘未出趙輯
　之外。王仁俊《經籍佚文》所載凡二輯，
　其一即録郝輯，其一則自輯者。其自輯
　者凡七節（中一節與郝輯誤重，故實得
　六節），其中唯“孔子曰君子終日言”、
　“往而不可返者年也”二節爲趙所無。
　又按《漢書・翼奉傳》孟康注引《内傳》
　“五際”説一節，實爲《齊詩》（參《齊詩翼
　氏學疏證》），《後漢書・郎凱傳》李賢注
　誤引此節作《韓詩外傳》文，趙氏遂採
　入，非是。顧觀光所採與趙輯大抵相
　當。唯顧採《廣韻》引一節，《初學記》引
　二節，《路史》注及《寰宇記》各引一節，
　皆趙所無。趙採《後漢書・翟酺傳》引
　一節爲顧所缺，又採《文選》注所引者多
　於趙輯五節。其餘無大異。

詩考補二卷　（宋）王應麟輯
　（清）胡文英增訂
　　清乾隆間刻本

　　注：是書據王應麟《詩考》增訂。王
　氏原輯於三家《詩》各自爲編，胡文英合
　編爲一輯，所增亦多疏漏，至有將歐陽
　修《詩本義》等宋人《詩》説採入者，殊不
　可解。

三家詩拾遺十卷　（清）范家相輯
　　清嘉慶十五年古趣亭刻本　〔中國科學
　　院圖書館、復旦大學圖書館、湖北省
　　圖書館〕
　　光緒十三年范氏墨潤堂重刻本
　　清抄本　清顧觀光校　〔天津圖書館〕
　　四庫全書・經部
　　守山閣叢書・經部
　　范氏三種
　　叢書集成初編・文學類
重訂三家詩拾遺十卷　（清）范家
　相輯　（清）葉鈞重訂
　　嶺南遺書第四集
　　注：是書據王應麟《詩考》重編增輯，
　首列《毛詩》經文，而採三家遺説並列於
　後，與《詩考》分輯三家者異。三家之異
　文，其關涉詩義者皆注於經文當句之
　下，否則不注。葉氏重訂本爰就原書文
　字訛誤及編次失當者正之，於輯文並無
　增補。按是書所輯不及陳喬樅《三家詩
　遺説考》爲備。書中又輯有《古逸詩》一
　卷，參《逸詩》。

詩經四家異文考五卷　（清）陳喬
　樅撰
　　左海續集
　　皇清經解續編
詩經四家異文考補一卷　江瀚撰
　　晨風閣叢書
　　長汀江先生遺書
　　注：陳喬樅兼採諸書所引三家《詩》

異文,並及《毛詩》異文,故稱四家,所採旁及《石經》、碑銘。其疏證則考字音,辨字體,釋字義,説名物,唯已詳於氏所撰《三家詩遺説考》者是書多略之。江瀚補輯陳書,得異文百八十餘事,中採自《原本玉篇》、慧琳《一切經音義》引諸節,皆陳氏所未及。

毛詩〔古解鉤沉〕 (清)余蕭客輯

古經解鉤沉卷六至卷七 (清乾隆刻本〔吉林省圖書館〕、嘉慶中刻本、光緒二十一年杭州竹簡齋石印本、民國二十五年陶風樓影印本)

詩古訓 (清)阮元輯

詩書古訓卷一至卷四 (清道光二十一年刻本〔北京圖書館〕)

粤雅堂叢書二編第十一集·詩書古訓卷一至卷四

皇清經解續編·詩書古訓(刻本卷二百四十至卷二百四十六、石印本卷四十九)

叢書集成初編·總類·詩書古訓卷一至卷四

注:阮元採《論語》、《孝經》、《孟子》、《禮記》、《大戴禮》、《春秋》三傳、《國語》、《爾雅》十書引《詩》爲訓之文,旁及秦漢諸子及前、後《漢書》。所採不分今、古文家派,總爲一輯。余蕭客所輯參《周易〔古解鉤沉〕》

三家詩遺説不分卷 (清)馮登府撰

稿本 清李富孫校 〔復旦大學圖書館〕

三家詩遺説八卷補一卷 (清)馮登府撰

清抄本 清李富孫校 〔天津圖書館〕

三家詩異文釋三卷補遺三卷 (清)馮登府撰

稿本 清李富孫校 〔浙江圖書館〕

周 禮 類

周禮遺官 (清)王朝榘輯

十三經拾遺卷八(清嘉慶五年刻本)

王氏遺書·十三經遺文

豫章叢書(陶福履輯)第三集·十三經拾遺卷八

周禮遺文 (清)王朝榘輯

十三經拾遺卷八(清嘉慶五年刻本)

王氏遺書·十二經遺文

豫章叢書(陶福履輯)第三集·十三經拾遺卷八

注:《周禮·序官》列舉各職有不見於正文者,計《地官》缺一職,《夏官》、《秋官》各缺五職。王氏從《序官》輯出所缺各職,並採鄭玄注、賈公彥疏及後儒之説,以考諸職所掌。又以《冬官》原缺(參下條),故考之本書及鄭注,採摭相關之文,以補《冬官》之缺,凡得十餘節,旨在略存其概。又從經史傳注採其引《周禮》不見於今本之文,凡得二十節,名曰《遺文》。按中有數節採自《唐石經》等,實屬版本異文,非本書之遺文也。

考工記遺職　（清）王朝渠輯

　　十三經拾遺卷八（清嘉慶五年刻本）

　　王氏遺書・十三經遺文

　　豫章叢書（陶福履輯）第三集・十三經
　　　拾遺卷八

考工記遺文　（清）王朝渠輯

　　十三經拾遺卷八（清嘉慶五年刻本）

　　王氏遺書・十三經遺文

　　豫章叢書（陶福履輯）第三集・十三經
　　　拾遺卷八

　　注：《周禮》亡《冬官》一篇，漢時以
　《考工記》補之，見賈公彥《序周禮興廢》
　引馬融《傳》。唯《序官》所列《考工記》
　各工之職，亦有不見於正文者，計攻金
　之工、設色之工各缺一職，攻皮之工、設
　色之工各缺二職。王朝渠據《序官》輯
　出所缺各職，並採賈公彥疏等説，以考
　其職所掌。又據《毛詩正義》、《唐石經》
　等採得今本異文七節，而名之曰《遺
　文》，則非是。

周禮杜氏注二卷　（漢）杜子春撰
　（清）馬國翰輯

　　玉函山房輯佚書・經編周官禮類

　　注：杜子春，《後漢書》無傳。賈公彥
　《序周禮興廢》引馬融《傳》云：“河南緱
　氏杜子春，永平之初年且九十，能通其
　讀（按指《周禮》），鄭衆、賈逵往受業
　焉。”（按侯康《補後漢書藝文志》謂賈所
　引《傳》爲馬融《周官傳》，是。馬國翰誤
　以此爲謝承等《後漢書》之《馬融傳》。）
　《釋文序録》云：“王莽時，劉歆爲國師，
　始建《周官經》，以爲《周禮》。河南緱氏
　杜子春受業於歆，還家以教門徒，好學
　之士鄭興父子等多往師之。”《隋》、《唐
　志》無其書，馬國翰從鄭玄《周禮》注等

輯出二卷。

周禮鄭大夫解詁一卷　（漢）鄭興
　撰　（清）馬國翰輯

　　玉函山房輯佚書・經編周官禮類

　　注：鄭興，字少贛，河南開封人，官至
　太中大夫，好古學，尤明《左氏》、《周官》
　（《後漢書》本傳），從杜子春習《周禮》
　（參前條），作《周禮解詁》（賈公彥《序周
　禮興廢》引鄭玄《周禮序》）。其書《隋》、
　《唐志》不載，馬國翰據鄭玄《周禮》注輯
　出十五節。

周禮鄭司農解詁六卷　（漢）鄭衆
　撰　（清）馬國翰輯

　　玉函山房輯佚書・經編周官禮類

　　注：鄭衆，興子，字仲師，官至大司
　農，從父受《左氏春秋》，撰《春秋難記條
　例》等（《後漢書》本傳）。衆從杜子春習
　《周禮》（參《周禮杜氏注》），撰《周禮解
　詁》（賈公彥《序周禮興廢》引鄭玄《周禮
　序》）。其書《隋》、《唐志》不載，馬國翰
　從鄭玄《周禮》注等輯出六卷。

周禮賈氏解詁一卷　（漢）賈逵撰
　（清）馬國翰輯

　　玉函山房輯佚書・經編周官禮類

周禮賈氏注一卷　（漢）賈逵撰
　（清）王仁俊輯

　　玉函山房輯佚書續編・經編周官禮類

　　注：賈逵，字景伯，扶風平陵人，官至
　侍中，領騎都尉，好《古文尚書》、《左氏
　傳》，撰《歐陽大小夏侯尚書古文同異》、
　《左氏傳解詁》、《國語解詁》等（《後漢
　書》本傳）。逵從杜子春習《周禮》（參
　《周禮杜氏注》），撰《周禮解詁》（賈公彥
　《序周禮興廢》引鄭玄《周禮序》）。其書
　《隋》、《唐志》不載，馬國翰從《周禮注

疏》等採得十八節。王仁俊補馬輯之缺，從《原本玉篇》採得二節。

周禮班氏義一卷 （漢）班固撰 （清）王仁俊輯

十三經漢注

注：班固，參《周易班氏義》。王仁俊從《白虎通·耕桑》、《嫁娶》、《社稷》三篇各採得固説《周禮》之文一節。

周官傳一卷 （漢）馬融撰 （清）王謨輯

漢魏遺書鈔·經翼第二册

周官馬融傳一卷 （漢）馬融撰 （清）黄奭輯

漢學堂叢書·經解禮類

黄氏逸書考·漢學堂經解

周官傳一卷 （漢）馬融撰 （清）馬國翰輯

玉函山房輯佚書·經編周官禮類

注：馬融，參《馬氏周易注》。《釋文序録》、《隋志》並載馬融注《周禮》十二卷。兩《唐志》題作《周官傳》，亦十二卷。王謨、黄奭、馬國翰皆從《周禮注疏》、《通典》、《太平御覽》等採撰，各得五十餘節。所採雖泰半相同，亦多互爲有無。如馬輯《酒正》“一曰泛齊”、《封人》“凡封國”云云、《大宗伯》“以檜禮哀圍敗”、《玉人》“棗桌十有二列”、《梓人》“張五採之侯”、《匠人》“九階”等十餘節皆王、黄所缺。王、黄所輯，除《肆人》“立小祀用牲”、《庭士》“則以救日之弓”云云、《冶氏》“重三鋒”數節爲馬所無者外，其餘溢出馬氏之外者頗不足據。如《鄉大夫》“一曰和”云云一節當是融《論語》注，《小宗伯》“兆五帝”一節當是《月令》注，《司服》“祀五帝”一節亦當爲《月

令》注（參《續修四庫全書提要》胡玉縉説）。

周官禮注一卷 （晉）干寶撰 （清）王謨輯

漢魏遺書鈔·經翼第二册

周官干寶注一卷 （晉）干寶撰 （清）黄奭輯

漢學堂叢書·經解禮類

黄氏逸書考·漢學堂經解

周官禮干氏注一卷 （晉）干寶撰 （清）馬國翰輯

玉函山房輯佚書·經編周官禮類

注：干寶，參《干常侍易解》（周易類）。《釋文序録》載干寶注《周官》十二卷，兩《唐志》同。《隋志》題作《周官禮注》，亦十二卷。馬國翰據《周禮注疏》、《釋文》、《續漢書》劉昭注等採得五十二節。王謨所採少於馬輯七節，唯《續漢書·禮儀志》中，劉昭注引“朱絲縈社”云云一節爲馬所漏採。按王氏不詳此節爲何篇之注，據孫詒讓説應屬《鼓人》“救日月則詔王鼓”之注（參《周禮正義》）。黄奭所輯，除《保氏》“六曰九數”、《巾車》“翟車”云云二節缺採外，餘與馬輯無異。

周禮三家佚注一卷 （清）孫詒讓輯

清光緒二十年刻本

注：是書採賈逵、馬融、干寶三家注彙爲一輯，爲《周禮正義》附録，今本《正義》無此附録者，已入疏中，是書輯成蓋在先。所輯佚文皆詳明出處，間附案語考定文字，採撰較王謨、黄奭、馬國翰三輯爲備。如據《太平御覽·珍寶部》、李淳風《乙巳占》採馬注凡十節，皆王謨所失採。又諸家輯本考定佚注所屬之

篇間有異同，大抵亦以孫氏所考爲精。

周官禮異同評一卷　　（晉）陳邵撰
（清）馬國翰輯

玉函山房輯佚書補遺・經編周官禮類

注：陳邵（《隋志》作劭），字節良，東海襄賁人（《釋文序錄》作下邳人），爲燕王師，撰《周禮評》（《晉書・儒林傳》）。《隋志》載《周官禮異同評》十二卷，云“晉司空長史陳劭撰”。《舊唐志》作《周官論評》十二卷，陳劭駁，傅玄評。《新唐志》作傅玄《周官論評》十二卷，陳劭駁。按據兩《唐志》所題，作評者爲傅玄，而劭乃駁玄者。姚振宗《隋書經籍志考證》謂是書當爲二人合撰，未是。二人一評一駁，旨趣相背，恐非合撰，疑後人以劭駁附入，取便參觀耳。是書唐以後蓋不存，今唯《釋文序錄》引劭《序》一節，馬氏據以輯出。馬又謂賈公彦疏於鄭玄注引杜子春、鄭興父子之說，必明其從違之義，當即取說於劭，可參觀而得其大凡。按果如馬氏所說，則公彦當取材於劭、玄，亦未可必其爲劭一人之說也。

周官禮義疏一卷　　（北周）沈重撰
（清）馬國翰輯

玉函山房輯佚書・經編周官禮類

注：沈重，參《毛詩義疏》。《釋文序錄》載沈重《周禮音》，不言卷數。《隋》、《唐志》並載沈重《周禮義疏》四十卷，而無《周禮音》。按《北史・儒林傳》明言沈重撰《周禮義》、《周禮音》二書，《釋文序錄》與《隋》、《唐志》各載其一。馬國翰從《釋文》、《集韻》採得八十餘節，皆爲音注，實《周禮音》佚文，而據《隋志》題爲《義疏》，未免名不符實。

答臨孝存周禮難一卷　　（漢）鄭玄撰
（清）黃奭輯

高密遺書

漢學堂叢書・高密遺書

黃氏逸書考・通德堂經解

答臨碩難周禮一卷　　（漢）鄭玄撰
（清）袁鈞輯

鄭氏佚書（浙江書局本）

答周禮難一卷　　（漢）鄭玄撰
（清）孔廣林輯

通德遺書所見錄

鄭學十八種

鄭學十八種　清抄本　清葉志詵、趙之謙校〔北京圖書館〕

鄭學十八種　清抄本　清趙在翰校〔福建省圖書館〕

鄭學十八種　清抄本　李盛鐸校〔北京大學圖書館〕

答臨碩周禮難一卷　　（漢）鄭玄撰
（清）王仁俊輯

玉函山房輯佚書續編・經編周官禮類

答臨孝存周禮難疏證　　（清）皮錫瑞撰

皮氏經學叢書・鄭志疏證附

注：鄭玄，參《周易鄭康成注》。賈公彦《序周禮興廢》云：“林孝存以爲武帝知《周官》末世瀆亂不驗之書，故作十論、七難以排棄之。鄭玄遍覽羣經，知《周禮》者乃周公致太平之跡，故能答林碩之論難。”按《後漢書・鄭玄傳》作《答臨孝存周禮問難》，《孝經正義》引《鄭志・目錄》作“答臨碩難禮”，“林”均作“臨”。臨碩字孝存，北海人，知名而早卒，見《後漢書・孔融傳》。鄭玄此書《隋》、《唐志》不載，諸家皆從《毛詩正

義》、《禮記正義》、《周禮注疏》等輯得六節，文無異。王仁俊僅採得一節，未出諸家之外。

周禮鄭氏音一卷　（漢）鄭玄撰

（清）馬國翰輯

玉函山房輯佚書·經編周官禮類

注：鄭玄，參《周易鄭康成注》。《釋文序錄》載鄭玄三禮《音》各一卷，《隋志》不載，兩《唐志》並載鄭玄《周官音》三卷。馬國翰據《釋文》等採得二十餘節。姚振宗《隋書經籍志考證》謂《魏書·劉芳傳》言芳長於音訓，撰鄭玄所注《周官》、《儀禮》音各一音，《釋文序錄》所稱玄三禮《音》當即出於芳。按洪頤煊《讀書叢錄》亦謂《釋文》所載鄭玄三禮《音》乃後人所爲，胡玉縉辨之尤詳，參《續修四庫全書提要》。

周禮李氏音一卷　（晉）李軌撰

（清）馬國翰輯

玉函山房輯佚書·經編周官禮類

注：李軌，參《李軌周易音》。《釋文序錄》載李軌《周禮音》一卷，《隋》、《唐志》不載。馬國翰據《釋文》、《集韻》輯出一卷。

周禮徐氏音一卷　（晉）徐邈撰

（清）馬國翰輯

玉函山房輯佚書·經編周官禮類

注：徐邈，參《徐邈易音注》。《釋文序錄》載徐邈《周禮音》一卷，《隋》、《唐志》不載。馬國翰據《釋文》、《集韻》輯出一卷。

周禮劉氏音二卷　（□）劉昌宗撰

（清）馬國翰輯

玉函山房輯佚書·經編周官禮類

注：劉昌宗，其詳無考，《顏氏家訓·音辭》篇引有劉昌宗《周官音》，《釋文序錄》載劉昌宗《周禮音》一卷，《隋志》三卷。馬國翰謂昌宗當是齊梁間儒，並據《釋文》、《集韻》等輯成二卷。

周禮聶氏音一卷　（□）聶□撰

（清）馬國翰輯

玉函山房輯佚書·經編周官禮類

注：《釋文》引聶氏音注，不詳何人。馬國翰據《太卜·釋文》注云"沈依聶氏"，定聶氏在沈重之前，並從《釋文》採得佚注十節。

周禮戚氏音一卷　（陳）戚袞撰

（清）馬國翰輯

玉函山房輯佚書·經編周官禮類

戚氏周禮音拾遺一卷　（陳）戚袞撰

拜經樓叢抄

注：戚袞，字公文，吳郡鹽官人，仕梁入陳，撰《禮記義》四十卷（《南史》本傳）。《釋文序錄》稱戚袞作《周禮音》，不言卷數，《隋》、《唐志》不載。馬國翰從《釋文》、《集韻》採得五十餘節。

鄭康成周禮序　（漢）鄭玄撰

（清）盧文弨輯

抱經堂叢書·鍾山札記卷三

式訓堂叢書二集·鍾山札記卷三

校經山房叢書·鍾山札記卷三

皇清經解·鍾山礼記（刻本卷三百三十八、石印本卷五十二）

周禮序一卷　（漢）鄭玄撰　（清）盧文弨輯

玉函山房輯佚書續編·經編周官禮類

周禮馬融鄭玄敘一卷　（漢）馬融、鄭玄撰　（清）孫詒讓輯

清玉海樓抄本　〔杭州大學圖書館〕

注：鄭玄，參《周易鄭康成注》。盧文

弨謂鄭玄注《周禮》有自序,見於賈公彥《序周禮興廢》中,然其文不全,且與賈語相雜。盧氏就中採其灼然可知爲鄭序之文凡四節,王仁俊《玉函山房輯佚書續編》所輯即録自盧氏。

周禮〔古解鉤沉〕　(清)余蕭客輯

古經解鉤沉卷八　(清乾隆間刻本〔吉林省圖書館〕、嘉慶中刻本、光緒二十一年杭州竹簡齋石印本、民國二十五年陶風樓影印本)

注:參《周易〔古解鉤沉〕》。

儀　禮　類

儀禮逸經一卷　(元)吳澄輯

　明弘治十年程敏政刻本　〔北京圖書館〕

　儀禮逸經

　通志堂經解・儀禮逸經傳

　四庫全書・經部禮類・儀禮逸經傳卷上

　學津討原第二集・儀禮逸經傳卷上

　叢書集成初編・社會科學類・儀禮逸經傳卷上

〔逸禮佚文〕　(清)閻若璩輯

　古文尚書疏證卷二第二十一　(清乾隆十年眷西草刻本、同治六年汪氏振綺堂刻本)

　四庫全書・經部尚書類・古文尚書疏證卷二第二十一

　皇清經解續編・古文尚書疏證(刻本卷二十九第二十一、石印本卷十三第二十一)

儀禮逸文　(清)顧觀光輯

　武陵山人遺稿・古書逸文

逸禮一卷　(清)黃奭輯

　漢學堂知足齋叢書・漢學堂經解

儀禮遺篇　(清)王朝梁輯

　十三經拾遺卷九(清嘉慶五年刻本)

　王氏遺書・十三經遺文

　豫章叢書(陶福履輯)第三集・十三經拾遺卷九

儀禮遺文　(清)王朝梁輯

　十三經拾遺卷九(清嘉慶五年刻本)

　王氏遺書・十三經遺文

　豫章叢書(陶福履輯)第三集・十三經拾遺卷九

〔禮〕佚經　(清)丁晏輯

　佚禮扶微卷一　(手稿本〔北京圖書館、上海圖書館〕、清抄本〔北京圖書館〕)

　南菁書院叢書第三集・佚禮扶微卷一

逸禮經輯本　(清)汪宗沂輯

　汪仲伊所著書

　逸禮經一卷

　一瓻筆存・經部

逸禮考一卷　劉師培輯

　劉申叔先生遺書

　注:《漢志》禮家載《古經》五十六卷,《經》十七篇。《經》十七篇爲今文,即今《儀禮》之文是。《古經》五十六卷即五

十六篇古文經，多於今文三十九篇。劉歆《移太常博士書》云"魯恭王壞孔子宅，得古文於壞壁中，《逸禮》有三十九篇"，即指此古文經所多之三十九篇。而稱《逸禮》者，以其在十七篇之外，無師説也。《漢書·儒林傳》稱平帝時《逸禮》立於學官，鄭玄三《禮》注及蔡邕《明堂論》亦均引《逸禮》之文，則漢時此三十九篇皆存。劉師培謂《逸禮》三十九篇之亡蓋在東晉以前，至唐人經疏間亦引之者，乃轉述漢人所引，未必實見其文。宋王應麟《困學紀聞》據鄭玄、蔡邕所引舉出《逸禮》篇目七則，元吳澄始輯出八篇（有佚文者實三篇，餘五篇悉録自大、小戴《禮記》，詳下）。清朱彝尊、閻若璩、王朝渠皆先後爲輯，閻氏據鄭玄三《禮》注輯出八篇凡二十五節佚文，雖未加編次，然已草具規模（朱輯兼採《逸記》，且以《記》爲主，故著録於《禮記》類）。以上諸家皆不及丁晏、劉師培所採爲備。至王朝渠又別採遺句，不過爲今本《儀禮》之異文，與佚篇絕無涉。丁晏輯出自《天子巡守禮》至《樂經》八篇之佚文，凡三十六節，多採自鄭玄三《禮》注及《白虎通》等。又《禮記·奔喪》、《投壺》二篇及大戴《禮記》之《諸侯遷廟》、《諸侯釁廟》、《公冠》三篇，吳澄取之以爲《逸禮》三十九篇之文義入大、小戴《禮記》者，丁氏從其説存目，並增《夏小正》一目，又採《奔喪》、《夏小正》佚文數節附焉。按丁氏每篇皆爲考證，其考吳氏所取之五篇爲《逸禮》之篇甚詳。唯丁輯《樂經》一篇，似非《逸禮》之屬。至以《夏小正》爲"夏后授時之大典"，乃歸之《逸禮》，升附於經，未免失之濫。劉師培所輯不取《夏小正》、《樂經》，而多《魯郊禮》一篇。劉氏所採各篇佚文與丁輯相當，間有一二節互爲有無，如丁採《奔喪》佚文多《白虎通》引一節，劉採《軍禮》多《左傳正義》引一節。大抵劉氏取捨較審慎，如丁氏於《天子巡守禮》採《文選》李善注等引《禮記逸記》二節，於《中霤禮》據《公羊注疏》説採何休注一節，於《禘於太廟禮》採《漢書》注、《後漢書》注各引一節，皆有疑義者。凡此類劉氏皆附録於後，或僅加案語識之，不入於正文。顧觀光輯本屬草未定，所採不出丁、劉之外，而缺《魯郊禮》、《禘於太廟禮》、《投壺禮》三篇。

皇覽逸禮一卷　（魏）繆襲等纂 （清）王謨輯

漢魏遺書鈔·經翼第二册

皇覽逸禮附太平御覽引逸禮、藝文類聚引逸禮　（魏）繆襲等纂 （清）丁晏輯

佚禮扶微卷五　（手稿本〔北京圖書館、上海圖書館〕、清抄本〔北京圖書館〕）

南菁書院叢書·佚禮扶微卷五

皇覽逸禮　劉師培輯

劉申叔先生遺書·逸禮考附

注：繆襲，字熙伯，東海人，官至尚書、光禄勳（《三國志·劉劭傳》）。《三國志·文帝紀》載帝使諸儒撰集經傳，隨類相從，凡千餘篇，號曰《皇覽》。按撰集《皇覽》者除繆襲外，劉劭、曹爽、楊俊等皆參預焉，見《三國志》諸人本傳。《隋志》雜家類載《皇覽》一百二十卷，繆襲等撰。《藝文類聚》、《太平御覽》等又引有《皇覽逸禮》。按《皇覽》當屬類書，《逸禮》爲所纂集之一種。姚振宗《隋書經籍考證》謂此《逸禮》當即《漢志》所載

之三十九篇《逸禮》,漢末尚未亡,故得具載於《皇覽》。王謨從《類聚》、《御覽》採得九節,劉師培較王輯少《御覽》引"衛靈公時"云云一節及《類聚》引"天子之著九尺"一節。按《類聚》所引見卷八十二,僅標爲《逸禮》,故劉不採入正文,而識於案語之中。至《御覽》所引一節又見《類聚》二十四,亦僅標爲《逸禮》,且其文不類禮經,劉氏不採,是也。丁晏所輯較劉少一節。孫馮翼輯《皇覽》(見子部),中有《逸禮》,所採與丁晏同。又孫、丁均採諸書所引僅稱《逸禮》之文附後。按劉所採《皇覽逸禮》諸節,其文較諸家爲備,所據《玉燭寶典》一書爲諸家未及見。

中霤禮　(清)王謨輯

漢魏遺書鈔・經翼第二册・皇覽逸禮附

注:《中霤禮》,《逸禮》之一篇。王謨據《禮記・月令》鄭玄注採得五節。按丁晏《佚經》、劉師培《逸禮考》均輯有《中霤禮》,文較王輯爲備。丁、劉二書均已著錄於前。

儀禮班氏義一卷　(漢)班固撰　(清)王仁俊輯

十三經漢注

注:班固,參《周易班氏義》。王仁俊從《白虎通・號》、《瑞贄》、《封公侯》三篇各採得班固說《儀禮》之文一節。

冠禮約制一卷　(漢)何休撰　(清)馬國翰輯

玉函山房輯佚書・經編儀禮類

何休冠禮約制　(漢)何休撰　(清)丁晏輯

佚禮扶微附錄　(手稿本〔北京圖書館、上海圖書館〕、清抄本(北京圖書館〕)

南菁書院叢書第二集・佚禮扶微卷四

注:何休,字邵公,任城樊人,官至諫議大夫,精研六經,作《春秋公羊解詁》,注訓《論語》,又作《公羊墨守》、《左氏膏肓》、《穀梁廢疾》(《後漢書・儒林傳》)。《通典》引何休《冠禮約制》一篇,《隋》、《唐志》不載,馬國翰、丁晏皆輯出是篇。胡玉縉謂是篇乃撮取《士冠禮》大意,非爲釋《士冠禮》而作,說見《續修四庫全書提要》。

鄭氏婚禮一卷　(漢)鄭衆撰　(清)馬國翰輯

玉函山房輯佚書・經編儀禮類

婚禮　(漢)鄭衆撰　(清)嚴可均輯

全後漢文卷二十二

婚禮謁文　(漢)鄭衆撰　(清)嚴可均輯

全後漢文卷二十二

婚禮謁文贊　(漢)鄭衆撰　(清)嚴可均輯

全後漢文卷二十二

婚禮謁文一卷　(漢)鄭玄撰　(清)王仁俊輯

玉函山房輯佚書續編・經編儀禮類

注:鄭衆,參《周禮鄭司農解詁》。《晉書・禮志下》云"古者婚冠皆有禮,鄭氏醮文三首具存",並引鄭氏《婚物贊》。又《藝文類聚》等引《鄭氏婚禮謁文》、《婚禮謁文贊》,亦皆稱鄭氏而不舉其名。唯《通典》五十八云"後漢鄭衆《百官六禮辭》大略因於周,而採納女家答辭"云云,所引《贊言》"羊者祥也"與《晉書・禮志下》引鄭氏《婚物贊》文同,馬國翰據此知鄭氏即鄭衆。馬據《通

典》、《晉書》及唐宋類書採得三十餘節。嚴可均所輯分爲《婚禮》、《婚禮謁文》、《婚禮謁文贊》三目，採摭不及馬氏爲備，唯於《婚禮謁文贊》從《初學記》採得《贊言》二節及採《太平御覽》引"卷柏藥草"云云一節，爲馬所無。隋蕭吉《五行大義》引《婚禮謁文》"雁候陰陽"一節，與《類聚》、《通典》所引同，而題爲鄭玄撰。王仁俊據以輯出，並謂馬國翰據杜佑《通典》題作鄭衆撰，然蕭吉在隋，見聞當較杜佑爲確。按《隋》、《唐志》不載衆或玄撰《婚禮》，蕭、杜所云皆不詳何據，均爲孤證，故作者誰屬似不能據之而定。

凶禮一卷 （晉）孔衍撰 （清）馬國翰輯

玉函山房輯佚書·經編儀禮類

注：孔衍，字舒元，魯國人，孔子二十二世孫，官至廣陵太守，凡所撰述，百餘萬言（《晉書·儒林傳》）。《隋志》載《凶禮》一卷，晉廣陵相孔衍撰。兩《唐志》不載。馬國翰據《通典》採得三篇。

葬禮一卷 （晉）賀循撰 （清）馬國翰輯

玉函山房輯佚書·經編儀禮類

葬禮 （晉）賀循撰 （清）嚴可均輯

全晉文卷八十八

注：賀循，字彥先，本姓慶，避安帝父諱改姓。其先慶普，漢世傳《禮》，世稱慶世學。官至太子太傅、太常，精禮傳（《晉書》本傳）。《通典》、《太平御覽》等引循《葬禮》之文，《隋》、《唐志》不載此書。馬國翰從《通典》、《御覽》等採得八節，嚴可均僅從《通典》採得一節。

喪服變除一卷 （漢）戴德撰 （清）王謨輯

漢魏遺書鈔·經翼第二册

戴德喪服變除一卷 （漢）戴德撰 （清）洪頤煊輯

問經堂叢書·經典集林

經典集林

大戴喪服變除一卷 （漢）戴德撰 （清）馬國翰輯

玉函山房輯佚書·經編儀禮類

漢戴德喪服變除 （漢）戴德撰 （清）丁晏輯

佚禮扶微附録 （手稿本〔北京圖書館、上海圖書館〕、清抄本〔北京圖書館〕）

南菁書院叢書第三集·佚禮扶微卷四

注：戴德，字延軍，梁人，與戴聖同受《禮》於后蒼。德號大戴，爲信都太傅。（《漢書·儒林傳》）《禮記曲禮正義》引鄭玄《六藝論》云："戴德傳《記》八十五篇，則《大戴禮》是也。"兩《唐志》並載戴德《喪服變除》一卷，《隋志》不載。王謨謂此當爲《大戴禮記》之一篇，非别爲一書。王謨、洪頤煊、馬國翰、丁晏皆從《通典》、《禮記正義》採摭。馬採得十五節，其中"童子當室十五以上"云云一節爲洪所無。按此節與《通典》八十一引"童子當室謂十五至十九"云云一節所論似是一事，然文多不同。洪採得十六節，其中"小歛之後"云云、"哭時隨其哀殺"云云二節爲馬所無。王輯十三節，丁輯十二節，均未出洪、馬之外。按諸家所採《喪服變除》之文間有未明標戴德者，如《禮記雜記正義》引"玄衣黄裳"、"既祭及服禫服"二節是。洪氏於此類皆注明"此條未稱戴德"，而仍採入

者,蓋以鄭玄無《喪服變除》之作,故歸之戴德,參《鄭玄喪服變除注》。

喪服經傳一卷　（漢）馬融撰（清）王謨輯

漢魏遺書鈔·經翼第二册

馬融儀禮喪服經傳一卷　（漢）馬融撰　（清）黃奭輯

漢學堂叢書·經解禮類

黃氏逸書考·漢學堂經解

喪服經傳馬氏注一卷　（漢）馬融撰　（清）馬國翰輯

玉函山房輯佚書·經編儀禮類

注：馬融,參《馬氏周易注》。《隋志》載《喪服經傳》一卷,馬融注。按《晉書·禮志》云“《喪服》本文省略,必待注解事義乃彰”。據《釋文序錄》,馬融而外,王肅、孔倫、陳銓、雷次宗、周續之皆注《喪服》,清儒均有輯本。王謨、黃奭、馬國翰所採,皆據《通典》爲主,兼及經疏。黃奭全襲王輯,唯別採十節附爲補遺。王採“斬者何,不緝也”及黃補“童子”云云、“大夫爲舊君”云云凡三節爲馬所無,馬採“爲君之父母”云云、“庶孫之孫”二節爲王、黃所無。其餘則條文之析併、編次之前後不盡同而已。按馬輯諸節文較備。

鄭玄喪服變除注　（漢）鄭玄撰（清）洪頤煊輯

問經堂叢書·經典集林·戴德喪服變除附

經典集林·戴德喪服變除附

喪服變除一卷附變除注　（漢）鄭玄撰　（清）黃奭輯

高密遺書　清道光十二年黃奭刻本清黃奭校　〔北京圖書館〕

漢學堂叢書·高密遺書

黃氏逸書考·通德堂經解

鄭氏喪服變除一卷　（漢）鄭玄撰（清）馬國翰輯

玉函山房輯佚書·經編儀禮類

鄭玄喪服變除　（漢）鄭玄撰（清）丁晏輯

佚禮扶微補遺　（手稿本〔北京圖書館、上海圖書館〕、清抄本〔北京圖書館〕）

南菁書院叢書·佚禮扶微卷五

喪服變除一卷　（漢）鄭玄撰（清）袁鈞輯

鄭氏佚書（浙江書局本）

喪服變除一卷附變除注　（漢）鄭玄撰　（清）孔廣林輯

鄭學十八種

鄭學十八種　清抄本　清葉志詵、趙之謙校　〔北京圖書館〕

鄭學十八種　清抄本　清趙在翰校〔福建省圖書館〕

鄭學十八種　清抄本　李盛鐸校　〔北京大學圖書館〕

注：鄭玄,參《周易鄭康成注》。兩《唐志》載鄭玄《喪服變除》一卷,《隋志》不載。今唯《通典》引之,諸家皆據以爲輯,以黃奭、袁鈞所採略多(黃輯與孔廣林輯本雷同,而稍有溢出)。又《禮記喪服小記正義》載崔氏説,中有引鄭玄《喪服變除注》之文,諸家亦皆採以附後。洪頤煊所採“尸襲去纚括髮”、“至死之明日”云云二節,皆則稱鄭玄《喪服變除注》之文。袁鈞所採三節,考其中“男子婦人”云云一節,據宋本《禮記正義》實鄭注《士喪禮》之文,又“小歛之後”云云一節乃《喪服變除》文而未稱鄭玄,孔廣

林、黄奭亦誤採入。按戴德撰有《喪服變除》一卷,《禮記正義》載崔氏説所引鄭玄《喪服變除注》者,即注戴文也。唯據兩《唐志》玄又自有《喪服變除》一卷,則既自撰矣,復又注戴,此不無可疑也。洪氏《經典集林·總目》云:"據《禮記喪服小記正義》,鄭康成注《喪服變除》即注戴正文("注戴"刻本誤倒,今乙正)。《通典》所引稱鄭玄《喪服變除》,或是注文。"按洪説是也,其輯本徑題《鄭玄喪服變除注》,亦是。鄭義如與戴不合,則自撰可也,何必注戴? 如相合,則注戴可也,又何必更自撰一卷? 疑兩《唐志》、《通典》誤脱一"注"字耳。馬國翰謂《隋志》有鄭玄注《喪服譜》一卷,當即兩《唐志》之鄭玄《喪服變除》。若然,則兩《唐志》誤脱"注"字益明。至馬氏所輯,中有採《禮記·間傳》等篇鄭注引《喪服變除》之文,按此是引戴文,不應採入。唯採《禮記·雜記》鄭注引"釋禫之禮云云"而説其義,《正義》謂所引爲《喪服變除》文,則此是鄭釋戴文。胡玉縉反謂此既是鄭注戴文,不得視爲鄭自撰之文採入。然依洪説鄭氏衹有注,並無自撰之文,《通典》所引亦是注文也。蓋泥於兩《唐志》,遂至撲朔迷離,依違兩難耳。

新定禮一卷 （漢）劉表撰 （清）馬國翰輯

玉函山房輯佚書·經編儀禮類

注:劉表,參《劉表周易章句》。《隋志》載漢荆州刺史劉表《新定禮》一卷。馬國翰謂《後漢書·劉表傳》稱表與綦母闓等撰立五經章句,謂之"後定",後定亦即新定也。馬氏據《通典》採得六節。

王肅儀禮喪服注一卷 （魏）王肅撰 （清）黄奭輯

漢學堂叢書·經解禮類

黄氏逸書考·漢學堂經解

喪服經傳王氏注一卷 （魏）王肅撰 （清）馬國翰輯

玉函山房輯佚書·經編儀禮類

注:王肅,參《王肅周易注》。《隋志》載王肅注《喪服經傳》一卷(《新唐志》作《喪服紀》一卷)。按《釋文序録》亦云肅注《喪服》,參馬融《喪服經傳》。黄奭、馬國翰皆從《釋文》、《通典》採得二十餘節,其中"外納居倚廬"、"舊君傳曰"云云、"庶子爲父後者爲其母"三節爲黄所無,"爲人後者爲其父母報"一節爲馬所無。

儀禮喪服經傳馬王注 （漢）馬融 （魏）王肅撰 （清）臧庸輯 （清）孫馮翼校

問經堂叢書

注:按是書合採馬融、王肅《喪服注》。所採大抵未出黄奭、馬國翰輯本之外。唯從《太平御覽》採馬注"居倚廬"一節及從《通典》採馬注"祛尺二寸"一節爲黄、馬所無。按臧輯間有失誤,如"大夫爲宗子"下採馬注"尊祖故不降也"一節應是"曾祖父爲士者如衆人"之注。又"出妻之子爲母"下據《通典》採馬注"犯七出爲之服","服"下漏一"周"字,服周即服期,杜祐避諱改"期"爲"周"。又"傳曰何以小功也,君母在"云云一節之注,臧氏採自《儀禮注疏》,乃賈公彦轉述之文,不知《通典》引馬注原文具在也。凡此馬、黄二輯皆不誤。

喪服要記一卷 （魏）王肅撰

（清）王謨輯

漢魏遺書鈔·經翼第二冊

王肅喪服要記一卷　（魏）王肅撰

（清）黃奭輯

漢學堂叢書·子史鉤沈·史部傳記類

黃氏逸書考·子史鉤沈

王氏喪服要記一卷　（魏）王肅撰

（清）馬國翰輯

玉函山房輯佚書·經編儀禮類

喪服要記一卷　（魏）王肅撰

（清）王仁俊輯

玉函山房輯佚書續編·經編通禮類

注：王肅，參《王肅周易注》。《隋志》載王肅注《喪服要記》一卷，《舊唐志》同，唯“記”作“紀”。《新唐志》作王肅《喪服要記》一卷。馬國翰謂此乃肅引申《喪服》之義作《要記》。按《隋志》、《舊唐志》題“王肅注”，誤，此書爲肅所撰。王謨、馬國翰皆從《藝文類聚》、《太平御覽》等採得七節，馬又別從《通典》採得十三節。王仁俊從《法苑珠林》九十七採得一節，補馬之缺。黃奭全襲王謨輯本。

喪服變除圖一卷　（吳）射慈撰

（清）王謨輯

漢魏遺書鈔·經翼第二冊

喪服變除圖一卷　（吳）射慈撰

（清）黃奭輯

漢學堂叢書·經解禮類

黃氏逸書考·漢學堂經解

喪服變除圖一卷　（吳）射慈撰

（清）馬國翰輯

玉函山房輯佚書·經編儀禮類

喪服變除　（吳）射慈撰　（清）嚴

可均輯

全三國文卷七十三

注：射慈，一作謝慈，據《廣韻》射、謝同姓。慈字孝宗，彭城人，撰《喪服變除》及《喪服圖》，見《三國志·孫奮傳》裴松之注。《隋志》云：“梁有《喪服變除圖》五卷，吳齊王傅射慈撰，亡。”《舊唐志》作《喪服天子諸侯圖》二卷，謝慈撰。《新唐志》一卷。按據裴松之注，射慈所撰原爲二書，至南朝梁時併爲一書，隋已亡佚，兩《唐志》所載當是殘袟復出者。王謨、馬國翰皆從《通典》採摭，其中“徐整議，問者曰”云云、“女子未許嫁”、“二十兩曰溢”三節爲馬所無。又馬別從《南史》、《禮記正義》各採得一節，則爲王所無。黃奭全襲王輯。嚴可均所採最略，如《通典》所引多未採。

喪服要集一卷　（晉）杜預撰

（清）馬國翰輯

玉函山房輯佚書·經編儀禮類

注：杜預，參《春秋釋例》。《隋志》載杜預《喪服要集》二卷，兩《唐志》作《喪服要集議》，並三卷。馬國翰據《通典》、《北堂書鈔》、《初學記》採得十餘節。

喪服經傳袁氏注一卷　（晉）袁準撰　（清）馬國翰輯

玉函山房輯佚書·經編儀禮類

喪服傳　（晉）袁準撰　（清）嚴可均輯

全晉文卷五十四

注：袁準，字孝尼，以儒學知名，注《喪服經》，官至給事中（《晉書·袁瓌傳》）。按準，渙子，陳郡扶樂人，事跡亦見《三國志·袁渙傳》裴松之注引《袁氏世紀》、《九州記》。《隋志》載《喪服經

傳》一卷，晉給事中袁準注。《舊唐志》作《喪服紀》一卷，袁準注。《新唐志》作《儀禮注》一卷。按《新唐志》所載亦祇一卷，則仍是《喪服》一篇之注耳。馬國翰從《釋文》採得一節，從《通典》採得九節。按《通典》所引僅一節明標爲袁準《喪服傳》，其餘各節多爲準《正論》之文，馬氏以其所論發明《喪服》之義，故並輯入。嚴可均所輯祇《通典》所引明文一節。

集注喪服經傳一卷　（晉）孔倫撰（清）馬國翰輯

玉函山房輯佚書・經編儀禮類

注：孔倫，字敬序，會稽人，東晉廬陵太守，集衆家《喪服》注（《釋文序錄》）。《隋志》載孔倫《集注喪服經傳》一卷。按《新唐志》載孔倫注《儀禮》一卷，當即此書。馬國翰從《釋文》、《通典》採得五節。

喪服釋疑一卷　（晉）劉智撰（清）王謨輯

漢魏遺書鈔・經翼第二冊

喪服釋疑一卷　（晉）劉智撰（清）馬國翰輯

玉函山房輯佚書・經編儀禮類

喪服釋疑論　（晉）劉智撰　（清）嚴可均輯

全晉文卷三十九

注：劉智，字子房，平原高唐人，官至太常，撰《喪服釋疑論》（《晉書・劉寔傳》）。《隋志》云："梁有《喪服釋疑》二十卷，孔智撰。"王謨、馬國翰皆謂"孔"乃"劉"之誤。諸家皆據《通典》採摭，各得十餘節。馬國翰缺"或問曰：《喪服傳》云妾之子無子"云云一節，王謨、嚴可均缺"《喪服》云庶子不得爲長子"云云及"侍中庾純"云云二節，嚴又缺"或問《禮》爲人後者"云云一節。又馬別從《禮記正義》採得二節，則爲嚴、王所未採。

出後者爲本父母服議一卷　（晉）王廙撰　（清）王仁俊輯

玉函山房輯佚書續編・經編通禮類

注：王廙，參《周易王氏（廙）注》。王仁俊從《通典》九十六輯出此文。

爲曾祖後服議　（晉）何琦撰（清）嚴可均輯

全晉文卷三十二

孫曾爲後議一卷　（晉）何琦撰（清）王仁俊輯

玉函山房輯佚書續編・經編通禮類

注：何琦，字萬倫，《晉書》有傳。嚴可均、王仁俊皆從《通典》輯出此議，文同。

賀氏喪服譜一卷　（晉）賀循撰（清）馬國翰輯

玉函山房輯佚書・經編儀禮類

賀氏喪服譜一卷　（晉）賀循撰（清）王仁俊輯

玉函山房輯佚書續編・經編通禮類

宗議　（晉）賀循撰　（清）嚴可均輯

全晉文卷八十八

宗議一卷　（晉）賀循撰　（清）王仁俊輯

玉函山房輯佚書續編・經編通禮類

答庾亮問　（晉）賀循撰　（清）嚴可均輯

全晉文卷八十八

答庾亮問宗議一卷　（晉）賀循撰

（清）王仁俊輯

玉函山房輯佚書續編·經編通禮類

注：賀循，參《葬禮》。《隋》、《唐志》載賀循《喪服譜》一卷。馬國翰云：「《通典》引賀循《宗義》二節、《袷祭圖》一節，服必以宗起例，以圖表明，均爲《譜》之佚文，據以輯録。」王仁俊從《通典》更採得《宗義》文一節，以補馬缺。又《通典》引賀循《宗議》一節，王氏採出別爲一輯。按《宗議》即《宗義》（字作「義」爲是），當爲一篇之文，故馬氏已採此節入《喪服譜》中，王氏區別之，非是。《通典》又引賀循《答庾亮問宗議》（字宜作「義」）一節，王氏據以輯存。按此節與王氏所輯《喪服譜》文略同。嚴可均所採未出馬、王之外。

賀氏喪服要記一卷　（晉）賀循撰

（清）馬國翰輯

玉函山房輯佚書·經編儀禮類

喪服要記　（晉）賀循撰　（清）嚴可均輯

全晉文卷八十八

注：賀循，參《葬禮》。《隋志》載賀循《喪服要記》十卷，兩《唐志》五卷。馬國翰據《禮記正義》、《通典》輯爲一卷，嚴可均僅採《通典》引一節。按馬氏所採諸節有未明標爲《要記》者，馬蓋據其所論定爲《要記》佚文耳。

蔡氏喪服譜一卷　（晉）蔡謨撰

（清）馬國翰輯

玉函山房輯佚書·經編儀禮類

注：蔡謨，字道明，陳留考城人，官至光禄大夫，開府儀同三司，博學於禮儀，宗廟制度多所議定（《晉書》本傳）。《隋》、《唐志》並載蔡謨《喪服譜》一卷。

馬國翰據《晉書·禮志》、《通典》採得十餘節。

喪服要記注一卷　（□）謝徽撰

（清）馬國翰輯

玉函山房輯佚書·經編儀禮類

注：兩《唐志》並載賀循《喪服要記》五卷，謝微注。微不詳何人（馬國翰輯本題謝徽，疑誤）。《隋志》載賀循《喪服要記》十卷，又梁有一本六卷。姚振宗《隋書經籍志考證》以爲六卷者當即微注本，若然，則微當是晉以後、梁以前人。馬國翰從《通典》採得微注五節。

葛氏喪服變除一卷　（晉）葛洪撰

（清）馬國翰輯

玉函山房輯佚書·經編儀禮類

注：葛洪，字稚川，丹陽句容人，官至咨議參軍，後居羅浮山煉丹，自號抱朴子（《晉書》本傳）。《隋志》載葛洪《喪服變除》一卷。馬國翰據《釋文》、《通典》採得三節。

喪服經傳陳氏注　（□）陳銓撰

（清）馬國翰輯

玉函山房輯佚書·經編儀禮類

注：《釋文序録》載陳銓注《喪服》，云「不詳何人」。馬國翰以《序録》次陳銓於孔倫、裴松之之間，以爲當是晉宋間人。《隋志》載《喪服經傳》一卷，陳銓注。《舊唐志》題爲《喪服紀注》，《新唐志》題爲《儀禮注》，並一卷。馬國翰據《通典》採得二十餘節。

集注喪服經傳一卷　（劉宋）裴松之撰　（清）馬國翰輯

玉函山房輯佚書·經編儀禮類

注：裴松之，字世期（《釋文序録》作士期），河東聞喜人，官至太中大夫，注

陳壽《三國志》(《宋書》本傳)。《隋志》載《集注喪服經傳》一卷,裴松之撰。馬國翰據《通典》採得一節。按此節載於何承天《禮論》,乃何氏引裴松之答江氏之問。原文起首云"江氏問裴松之"云云,繼引松之所答,馬氏遂截取裴氏所答成此輯,且謂松之答語中引他家之説,與書稱《集注》合。然裴氏作《集注》,豈有爲問答體之文,且自稱裴松之邪?此非《集注》之文無疑,馬説珠爲牽强附會。

喪服經傳略注一卷 (劉宋)雷次宗撰 (清)王謨輯

漢魏遺書鈔·經翼第二册

雷次宗儀禮喪服經傳略注一卷 (劉宋)雷次宗撰 (清)黄奭輯

黄氏逸書考·漢學堂經解

略注喪服經傳一卷 (劉宋)雷次宗撰 (清)馬國翰輯

玉函山房輯佚書·經編儀禮類

注:雷次宗,字仲倫,豫章南昌人,篤志好學,尤明三《禮》、《毛詩》(《南史·隱逸傳》)。按次宗嘗事釋慧遠習《喪服傳》,後著《義疏》,見《高僧傳》。《釋文序録》亦載次宗注《喪服》。《隋志》載《略注喪服經傳》一卷,雷次宗撰。王謨、馬國翰皆從《儀禮注疏》、《通典》採得三十餘節,中有數節互爲有無。如"爲君之父母妻子長子"、"寄公爲所寓"、"傳曰吾姑者"云云、"庶子爲後者"云云數節爲馬所缺,"女子在室"云云、"妻,至親也"、"士爲庶母"云云諸節馬所輯文較備。黄奭大抵因襲王輯(王氏間有校語,悉照録),而稍有增删,所增亦未出馬氏之外。至三家編次,則互有異同。

喪服問難一卷 (劉宋)崔凱撰 (清)馬國翰輯

玉函山房輯佚書·經編儀禮類

注:《隋志》云:"梁有《喪服問難》六卷,崔凱撰。"凱不詳何人,《隋志》次其書於劉宋庾蔚之所撰書下,馬國翰定其爲劉宋時人。馬據《通典》採得十七節。按《通典》所引諸節,間有稱《喪服駁》、《喪儀》等,馬氏以爲皆一書之文。

喪服答問 (劉宋)周續之撰 (清)王謨輯

漢魏遺書鈔·經翼第一册·毛詩序義附

周氏喪服注一卷 (劉宋)周續之撰 (清)馬國翰輯

玉函山房輯佚書·補遺·經編儀禮類

注:周續之,參《毛詩序義》。《釋文序録》載周續之注《喪服》,不言卷數。《隋、唐志》皆不載,馬國翰據《通典》採得三節,王謨缺一節。按所採三節均問答體,似非《注》文,故王輯僅題爲《喪服答問》。

逆降義一卷 (劉宋)顏延之撰 (清)馬國翰輯

玉函山房輯佚書·經編通禮類

注:顏延之,字延年,琅琊臨沂人,官至光禄大夫(《宋書》本傳)。《隋志》云:"梁有《逆降義》三卷,顏延之撰,亡。"《舊唐志》作《禮論降議》,《新唐志》作《禮逆降議》,並三卷。《通典》引顏氏答問一節,馬國翰以其辨姪甥之名義,亦關禮服,據以採入。

喪服古今集記一卷 (南齊)王儉撰 (清)馬國翰輯

玉函山房輯佚書·經編儀禮類

注：王儉，字仲寶，琅邪臨沂人，官至侍中、中書令，贈太尉，撰《古今喪服集記》(《南齊書》本傳)。《隋》、《唐志》並載三卷。馬國翰從《南齊書》、《隋書》等採得十餘節。

喪服世行要記一卷　(南齊)王逡之撰　(清)馬國翰輯

玉函山房輯佚書·經編儀禮類

注：王逡之，字宣約，琅邪臨沂人，官至光祿大夫加侍中。王儉撰《古今喪服集記》，逡之難儉十一條，更撰《世行》五卷。《南齊書·文學列傳》《隋志》載《喪服世行要記》十卷，齊光祿大夫王逸撰。馬國翰謂"逸"乃"逡之"之譌。兩《唐志》並作《喪服五代行要記》，亦十卷。按《新唐志》題"王逡之注"，《舊唐志》"注"作"志"。姚振宗《隋書經籍志考證》謂"志"是"注"之音譌。按志者猶言記(今字作"誌")，與撰同意。據《南齊書》本傳此書爲逡之自撰，則《新唐志》作"注"轉是誤字耳。姚氏又謂唐人避諱，"世行"作"代行"，因衍"五"字，其說近是。馬國翰從《南齊書》採得一篇。

儀禮〔古解鉤沉〕　(清)余蕭客輯

古經解鉤沉卷九至卷十　(清乾隆間刻本〔吉林省圖書館〕、嘉慶中刻本、光緒二十一年杭州竹簡齋石印本、民國二十五年陶風樓影印本)

注：參《周易〔古解鉤沉〕》。

禮　記　類

禮逸篇附遺句　(清)朱彝尊輯

經義考·逸經下

禮記逸文附逸句　(清)顧觀光輯

武陵山人遺稿·古書逸文

禮記遺篇　(清)王朝渠輯

十三經拾遺卷十(清嘉慶五年刻本)

王氏遺書·十二經遺文

豫章叢書(陶福履輯)第三集·十三經拾遺卷十

禮記遺文　(清)王朝渠輯

十三經拾遺卷十一(清嘉慶五年刻本)

王氏遺書·十三經遺文

豫章叢書(陶福履輯)第三集·十三經拾遺卷十一

〔禮〕佚記　(清)丁晏輯

佚禮扶微卷二　(手稿本〔北京圖書館、上海圖書館〕、清抄本〔北京圖書館〕)

南菁書院叢書·佚禮扶微卷二

〔禮〕佚文　(清)丁晏輯

佚禮扶微附錄　(手稿本〔北京圖書館、上海圖書館〕、清抄本〔北京圖書館〕)

南菁書院叢書·佚禮扶微卷三

禮記佚文　(清)王仁俊輯

經籍佚文

注：《漢志》禮家載《記》百三十一篇，今之大、小戴《禮記》在其中。《大戴禮記》八十五篇，今存四十篇。《禮記》三十九篇雖存，然載記引《檀弓》、《王制》、

《雜記》等篇之文亦有溢出今本者。是《漢志》之百三十一篇《記》多有散佚。《白虎通》、《風俗通義》每引佚《記》及今《禮記》各篇之佚文，經疏、史注等亦引之，諸家皆據以採撮。朱彝尊輯得十二篇之佚文凡三十二節，又五篇無佚文，但存其目，其餘無篇可考者悉輯爲《遺句》附焉。按朱輯《秩官》一篇乃《周禮》之屬。又《王居明堂禮》、《中霤禮》、《袷於太廟禮》三篇乃逸《禮》之屬，參《儀禮逸經》。王朝渠所輯《遺篇》稍多於朱輯。至王氏所輯《遺句》，乃據《唐石經》及山井鼎《七經孟子考文》採撮今《禮記》之異文，與佚文殊無涉。丁晏《〔禮〕佚記》輯出自《五帝記》至《禮傳》凡二十一篇之佚文五十七節，並《禮記·檀弓》至《雜記》凡九篇之佚文二十四節，又《大戴禮·孔子三朝記》之佚文一節。以樂統於禮，故更採《樂記》佚文八節及《樂元語》佚文三節附後。按丁氏所採勝於朱、王二輯，唯朱氏從《禮記》疏採得《大戴禮·盛德記》佚文一節，爲丁所未採。又丁輯所採《魯郊禮》，劉師培歸爲逸《禮》之篇，輯入《逸禮考》。丁氏又輯《〔禮〕佚文》，採何休《公羊》注、《孟子》、《荀子》、《白虎通》、《說文》等泛引《禮》之文，不分經、記，總爲一卷，凡得百三十餘節。顧觀光所輯《禮記佚文》大抵不出丁氏《〔禮〕佚記》之外，而不及丁採爲備，間亦有溢出丁氏者，如所採《禮記·祭義》篇佚文三節即爲丁氏所無。至顧輯所附《逸句》，專採無篇名可考之佚文，範圍亦大抵未出丁氏《〔禮〕佚文》，其中多爲逸《禮》之屬，非《記》之佚文，又每將《皇覽逸禮》採入，頗失之濫。王仁俊《禮記佚文》有

二。其一採得《月令》篇佚文三節及《曾子問》篇佚文一節。按所採《月令》三節，中一節從山鼎井《七經孟子考文》輯出，乃今本之異文，餘二節但注採自《會要》，實出《合璧事類》前集所引《宋會要》，沈濤以爲是《唐月令》也（《銅熨斗齋隨筆》）。又一輯則僅從《文選·頭陁寺碑文》李善注採得正文及鄭注各一節。按其文云"步中《武》、《象》，驟中《韶》、《濩》，所以養耳"，鄭玄注云："《韶》，舜樂也；《濩》，湯樂也。"考此文見《史記·禮書》，鄭注亦《史記集解》所引，李善注蓋誤記《禮書》爲《禮記》耳。又《史記·禮書》此文本《荀子·正論》篇，鄭玄不注《荀子》，《集解》所引實《周禮·大司樂》鄭注，移以解此文也。王氏不察，所輯皆不足據。

禮記注　（漢）馬融撰　（清）王謨輯

漢魏遺書鈔·經翼第二册·周官傳附

禮記馬氏注一卷　（漢）馬融撰
（清）馬國翰輯

玉函山房輯佚書·經編禮記類

　　注：馬融，參《馬融周易傳》。《後漢書·馬融傳》稱融於三《禮》皆有注解，然其注《禮記》未載於《隋》、《唐》志，唯見於《禮記正義》、《通典》等書所引，馬國翰據以採得十餘節。王謨採得八節，中有三節爲馬所無。考《月令》"昏參中"一節採自《儀禮·士昏禮》疏，未明標爲融《禮記注》，"中霤"一節採自《通典》，亦非《禮記》之文，唯採《正義》引《雜記上》篇注一節爲馬氏所缺。

盧氏禮記解詁一卷補遺一卷附錄一卷　（漢）盧植撰　（清）臧庸輯

拜經堂叢書

鄦齋叢書

小戴禮記注一卷　（漢）盧植撰

（清）王謨輯

漢魏遺書鈔·經翼第二冊

盧植禮記解詁一卷　（漢）盧植撰

（清）黃奭輯

漢學堂叢書·經解禮類

黃氏逸書考·漢學堂經解

禮記盧氏注一卷　（漢）盧植撰

（清）馬國翰輯

玉函山房輯佚書·經編禮記類

禮記盧注佚文疏證二卷　（清）蔣元慶撰

清光緒三十四年排印本

注：盧植，字子幹，涿郡涿人，官至北中郎將。少與鄭玄俱事馬融，作三《禮》解詁等（《後漢書》本傳）。《釋文序錄》、兩《唐志》並載盧植《禮記注》二十卷，《隋志》獨作十卷，疑誤。臧庸據《釋文》、《禮記正義》、《通典》及史志、唐宋類書等輯成一卷，附《補遺》二節。後得見杭世駿所輯，復加訂補，增綴五節於卷末，中有二節與《補遺》重複。馬國翰所採大致與臧輯相當，間有數節互爲有無。如《檀弓》“毋爲戎首”云云、《曾子問》“小宰升舉弊”、《祭法》“王宮祭日也”云云、《中庸》“追王大王、王季”諸節爲馬所缺，《雜記》“夫於妻於昆弟執之”、《鄉飲酒義》“笙入三終”云云等節爲臧所缺。按臧、馬二輯考訂馬融佚注頗多異同，如臧輯《檀弓》“君無所私諱”、“詩書不諱”云云、“廟中不諱”三節之注，馬輯定爲《玉藻》篇之注；臧輯《大傳》“有虞氏禘黃帝”、《王制》“天子七廟”二節之注，馬輯考定爲《祭法》篇之

注。又如《詩·靈臺·正義》所引馬注，馬輯歸爲《明堂位》“昔者周公朝諸侯於明堂之位”之注，臧輯則歸爲《月令》“天子居明堂大廟”之注，至馬輯《月令》該節之注則別採自《左傳正義》等，臧輯《明堂位》該節之注則別採自《通典》，二家之不同如此。胡玉縉以爲臧氏所定較妥（參《續修四庫全書提要》），按胡氏說未必盡然。王謨輯本較略，黃奭則全襲臧本。蔣元慶《疏證》據其序爲二卷，實僅成《曲禮上》半篇，其餘未刊印。其疏證於訓詁、考證皆頗詳實，惜止存半篇。

禮傳一卷　（漢）荀爽撰　（清）馬國翰輯

玉函山房輯佚書·經編禮記類

注：荀爽，參《周易荀氏注》。《後漢書》本傳稱爽著《禮傳》，《隋》、《唐志》不載。馬國翰從《文選》李善注、《通典》等採得爽注六節。

禮記王氏注二卷　（魏）王肅撰

（清）馬國翰輯

玉函山房輯佚書·經編禮記類

注：王肅，參《王肅周易注》。《釋文序錄》及《隋》、《唐志》並載王肅注《禮記》三十卷。馬國翰據《釋文》、《禮記正義》、《通典》等輯成二卷。

禮記孫氏注一卷　（魏）孫炎撰

（清）馬國翰輯

玉函山房輯佚書·經編禮記類

注：孫炎，參《孫炎周易例》。《釋文序錄》載孫炎注《禮記》二十九卷，《隋》、《唐志》並三十卷（馬國翰謂《唐志》不載，誤）。馬國翰據《釋文》、《禮記正義》、《史記集解》等採得三十餘節。按

中有數節爲《正義》引炎《爾雅注》，移以釋《禮記》者，馬氏亦並採入。

禮記略解一卷 （劉宋）庾蔚之撰 （清）馬國翰輯

玉函山房輯佚書·經編禮記類

注：庾蔚之，《宋書》無傳，《釋文序錄》載其《禮記略解》十卷，注云："字季隨，潁川人，宋員外常侍。"《隋》、《唐志》亦並載十卷。馬國翰據《禮記正義》等輯成一卷。

禮記隱義一卷 （梁）何胤撰 （清）馬國翰輯

玉函山房輯佚書·經編禮記類

禮記隱義 （梁）何胤撰 （清）劉寶楠輯

廣雅書局叢書·雜著·愈愚録卷二

禮記隱義一卷 （梁）何胤撰 （清）劉寶楠輯 （清）王仁俊校録

玉函山房輯佚書續編·經編禮記類

注：何胤，參《毛詩隱義》。《梁書·處士傳》稱胤"又解《禮記》，於卷背書之，謂之《隱義》"。《隋志》不載此書，兩《唐志》載《禮記隱》二十六卷，而未著明撰人，唯《冊府元龜》載何胤《禮記隱義》二十卷。馬國翰謂史志不載其姓名者乃缺略。馬據《釋文》、《禮記正義》採摭，輯爲一卷。按何氏《隱義》間有釋鄭玄注者，馬輯於《隱義》釋鄭注之文徑接鄭注，而未標《隱義》或何氏之名，則讀者不易區分，此宜加區別爲是。劉寶楠採得三十一節，僅佔馬輯之半數。按《釋文》、《正義》所引，或明稱《隱義》，或但稱何胤、何。馬氏以爲皆一書之佚文，故所採多於劉氏。王仁俊即據劉輯

重爲編次，删併重複，凡得二十九節。

禮記新義疏一卷 （梁）賀瑒撰 （清）馬國翰輯

玉函山房輯佚書·經編禮記類

注：賀瑒，字德璉，會稽山陰人，官至步兵校尉領五經博士。祖道力，善三《禮》。瑒少傳家業，著《禮》、《易》講疏等。（《梁書·儒林傳》）《隋志》載《禮記新義疏》二十卷，賀瑒撰。兩《唐志》不載。馬國翰據《釋文》、《禮記正義》等輯成一卷。

禮記皇氏義疏四卷 （梁）皇侃撰 （清）馬國翰輯

玉函山房輯佚書·經編禮記類

注：皇侃（或作偘，字同），吳郡人，官至國子助教（《梁書·儒林傳》）。《梁書·武帝本紀》、《釋文序錄》及兩《唐志》並載侃《禮記義疏》五十卷，《隋志》四十八卷。馬國翰據《釋文》、《禮記正義》輯爲四卷。

禮記義證一卷 （後魏）劉芳撰 （清）馬國翰輯

玉函山房輯佚書·經編禮記類

注：劉芳，參《毛詩箋音義證》。《北史》本傳稱芳撰《禮記義證》十卷，《隋》、《唐志》同。（《舊唐志》誤"芳"爲"方"。）《禮記正義》引"劉氏"説六節，馬國翰考其人爲芳而採入其説，詳馬氏自序。

禮記沈氏義疏一卷 （北周）沈重撰 （清）馬國翰輯

玉函山房輯佚書·經編禮記類

注：沈重，參《毛詩義疏》。《隋》、《唐志》並載沈重《禮記義疏》四十卷。馬國翰據《釋文》、《禮記正義》採得三十餘節。

禮記熊氏義疏四卷　（北周）熊安生撰　（清）馬國翰輯
玉函山房輯佚書・經編禮記類
注：熊安生，字植之，長樂阜城人，博通五經，專以三《禮》教授，官至露門學博士，撰《禮記義疏》四十卷等（《周書・儒林傳》）。《隋志》不載其書，兩《唐志》並載熊安生《禮記義疏》四十卷。馬國翰據《禮記正義》輯得四卷。

月令輯佚一卷　（清）孫國仁輯
砭愚堂叢書

月令佚文一卷　（清）王仁俊輯
經籍佚文
注：孫國仁從《文選》李善注、《事類賦》、《鹽鐵論》等採得佚文九節。又諸書引《古月令》、《周書月令》、《明堂月令》、《今月令》之文，皆採以附後，凡四十節。王仁俊僅從《素問》注採得一節，在孫輯之外。

蔡氏月令章句二卷　（漢）蔡邕撰　（清）臧庸輯
拜經堂叢書
鄦齋叢書

月令章句一卷　（漢）蔡邕撰　（清）王謨輯
漢魏遺書鈔・經翼第二册

月令章句　（漢）蔡邕撰　（清）蔡雲輯
元和蔡氏所著書・蔡氏月令卷上、下
南菁書院叢書・蔡氏月令卷二、三
龍谿精舍叢書・經部・蔡氏月令卷上、下

蔡邕月令章句一卷　（漢）蔡邕撰　（清）黄奭輯
漢學堂叢書・經解禮類
黄氏逸書考・漢學堂經解

蔡氏明堂月令章句一卷　（漢）蔡邕撰　（清）陸堯春輯
清嘉慶三年陸氏小蓬山館刻本　〔北京圖書館〕

月令章句一卷　（漢）蔡邕撰　（清）馬國翰輯
玉函山房輯佚書・經編禮記類

月令章句一卷　（漢）蔡邕撰　（清）王仁俊輯
玉函山房輯佚書續編・經編禮記類

月令章句三卷　（漢）蔡邕撰　（清）曹元忠輯
稿本　〔復旦大學圖書館〕

月令章句一卷　（漢）蔡邕撰　（清）陶濬宣輯
稷山館輯補書

月令章句四卷　（漢）蔡邕撰　葉德輝輯
觀古堂所著書第一集
郎園先生全書
注：蔡邕，字伯喈，陳留圉人，官至左中郎將。好辭章、數術、天文，妙操音律。熹平四年，奏求定六經文字，乃自書丹於碑。所作詩文、《獨斷》、《勸學》等凡百四篇。（《後漢書》本傳）《隋志》載蔡邕《月令章句》十二卷，兩《唐志》同，而誤題戴顒撰（參姚振宗《隋書經籍志考證》）。諸家輯本皆從經疏、史注及唐宋類書等採摭。王謨所輯《章句》不附經文，閲讀不便，且所採亦不及後來諸家。臧庸、蔡雲、馬國翰三輯均附經文，而以蔡輯爲贍備，臧、馬所採大致不出其外。蔡輯佚文出處詳明，多附考證，顧廣圻《序》謂其考證“博考群書，反

覆申究，旁及枝條”，實與疏證無異。然其所採偶亦失之濫，如採《汗簡》引《古文月令》，與蔡邕《章句》無涉也。又三家考定《章句》間有異同，如《禮記正義》引《章句》“法象莫大乎天地”云云一節，臧氏歸爲“東風解凍”云云之注，馬氏歸爲“其帝太皞”云云之注，蔡氏則歸爲“孟春之月”之注。《續漢書》劉昭注引《章句》“孟春以立春爲節”云云一節，臧、蔡歸爲“是月也以立春”之注，而馬獨歸爲“日在營室”之注。黃奭所輯大體即轉録蔡輯，間亦襲用蔡氏案語而不具名。葉德輝輯本後出，得見馬、蔡、黃三家之書，參觀互比，糾譌補缺，又多採《玉燭寶典》，爲諸家所未及。按以輯佚而論，葉輯實後來居上，唯但輯存佚文，而無考證如蔡氏者，故蔡輯亦不可廢也。陶濬宣專就《玉燭寶典》一書採摭，其意蓋在補諸家所缺。其書止存稿本，僅採至季春而中止，所採亦未出葉氏之外。按唐釋慧琳《一切經音義》引《章句》亦多，此則陶、葉二氏亦未及採。王仁俊從《五行大義》、《原本玉篇》、《華嚴經音義》採得五節，多爲諸家輯本所無。又王謨輯本採《説郛》載《月令問答》十四節弁於首，參《月令問答》。

明堂月令論 （漢）蔡邕撰 （清）臧庸輯

　　拜經堂叢書·蔡氏月令章句附
　　鄦齋叢書·蔡氏月令章句附

明堂月令論一卷 （漢）蔡邕撰 （清）王謨輯

　　漢魏遺書鈔·經翼第二册

月令明堂論 （漢）蔡邕撰 （清）蔡雲輯

　　元和蔡氏所著書·蔡氏月令卷上
　　南菁書院叢書·蔡氏月令卷一
　　龍谿精舍叢書·蔡氏月令卷上

蔡邕明堂月令論一卷 （漢）蔡邕撰 （清）黃奭輯

　　黃氏逸書考·漢學堂經解

明堂月令論一卷 （漢）蔡邕撰 （清）陸堯春輯

　　清嘉慶三年陸氏小蓬山館刻本 〔北京圖書館〕

明堂論 （漢）蔡邕撰 （清）嚴可均輯

　　全後漢文卷八十

　　注：蔡邕，參前注。明刻《蔡中郎集》有《月令明堂論》一篇及《月令問答》十三節，《説郛》亦載之。此二文諸志皆不載，王謨、嚴可均皆以爲是《月令章句》之文。按蔡集所載亦後人輯成者，非全帙。諸家輯本皆從蔡集録出。除王謨外，其餘諸家均據羣書所引校勘異同，以臧、蔡所校爲詳。

月令問答一卷 （漢）蔡邕撰

　　説郛（宛委山堂本）弓四
　　説郛（宛委山堂本）弓四　清傅增湘校〔北京圖書館〕
　　五朝小説大觀（掃葉山房本）·魏晉小説藝術家

明堂月令問答 （漢）蔡邕撰 （清）臧庸輯

　　拜經堂叢書·蔡氏月令章句附
　　鄦齋叢書·蔡氏月令章句附

月令問答 （漢）蔡邕撰 （清）蔡雲輯

　　元和蔡氏所著書·蔡氏月令卷下
　　南菁書院叢書·蔡氏月令卷四

龍谿精舍叢書・經部・蔡氏月令卷下

蔡邕月令問答一卷　　（漢）蔡邕撰

（清）黃奭輯

漢學堂叢書・經解禮類

黃氏逸書考・漢學堂經解

月令問答一卷　　（漢）蔡邕撰

（清）陸曉春輯

清嘉慶三年陸氏小蓬山館刻本　〔北京
圖書館〕

月令問答一卷　　（漢）蔡邕撰

（清）馬國翰輯

玉函山房輯佚書・經編禮記類

月令問答　　（漢）蔡邕撰　　（清）嚴
可均輯

全後漢文卷八十

注：諸家皆據《蔡中郎集》錄出十三
節，臧庸、蔡雲、黃奭均據諸書所引校勘
文字異同。按王謨據《説郛》本錄出，弁
於所輯《月令章句》之首。其餘參前
二注。

月令篇名　　（漢）蔡邕撰　　（清）嚴
可均輯

全後漢文卷八十

注：蔡邕，參《月令章句》。嚴可均從
明刻《蔡中郎集》錄出此篇，並據《後漢
書・律曆志》注所引校勘文字。按此篇
諸史志不載，嚴氏以爲是《月令章句》
之文。

禮記音義隱一卷　　（吳）射慈撰

（清）王謨輯

漢魏遺書鈔・經翼第二冊

禮記音義隱一卷　　（□）謝□撰

（清）馬國翰輯

玉函山房輯佚書・經編禮記類

射慈禮記音隱一卷　　（吳）射慈撰

（清）黃奭輯

黃氏逸書考・漢學堂經解

禮記音義隱　　（□）謝□撰　　（清）
劉寶楠輯

廣雅書局叢書・雜著・愈愚錄卷二

禮記音義隱一卷　　（□）謝□撰

（清）劉寶楠輯　　（清）王仁俊校錄

玉函山房輯佚書續編・經編禮記類

注：射慈，參《喪服變除圖》。《隋志》
載謝氏《禮記音義隱》一卷。謝氏不詳
何人，朱彝尊《經義考》以爲即謝慈。馬
國翰考其人亦以爲射慈，而仍題謝氏
者，以示闕疑。按《隋志》又云梁有射慈
《禮記音》一卷，與此謝氏《禮記音義隱》
非一書，王謨據此以爲謝氏非射慈可
知，而其輯本又姑據《經義考》題爲射
慈，則未免自相矛盾。馬國翰據《釋
文》、《禮記正義》採得《音義隱》八節，又
採《正義》引謝（射）慈説一節附末。按
馬氏於《月令》所採一節，胡玉縉以爲是
郭璞《爾雅音義》之文，馬誤採入（參《續
修四庫全書提要》）。王謨兼採《釋文》、
《正義》所引《音義隱》、《隱義》及謝慈
説，凡二十八節，統爲一輯，殊爲混雜。
按《禮記隱義》爲梁何胤所撰，王氏誤
採。黃奭全襲王輯，文無異。劉寶楠採
得六節，未出馬輯之外。

禮記范氏音一卷　　（晉）范宣撰

（清）馬國翰輯

玉函山房輯佚書・經編禮記類

注：范宣，字宣子，陳留人，不仕，博
綜衆書，尤善三《禮》，撰《禮》、《易》論難
（《晉書・儒林傳》）。《釋文序錄》載范
宣《禮記音》二卷，《隋志》云："梁有范宣

《音》二卷,亡。"兩《唐志》不載。馬國翰據《釋文》、《集韻》所引採得十二節。

禮記徐氏音三卷 　（晉）徐邈撰

（清）馬國翰輯

玉函山房輯佚書·經編禮記類

注：徐邈,參《徐邈易音注》。《釋文序録》載徐邈《禮記音》三卷,《隋志》云："梁有徐邈《音》三卷,亡。"兩《唐志》復載三卷。馬國翰據《釋文》輯成三卷。

禮記劉氏音一卷 　（□）劉宗昌撰

（清）馬國翰輯

玉函山房輯佚書·經編禮記類

注：劉宗昌,參《周禮劉氏音》。《釋文序録》載劉宗昌《禮記音》五卷,《隋志》云："梁有劉宗昌《禮記音》五卷,亡。"兩《唐志》不載。馬國翰據《釋文》、《集韻》採得十二節。

禮記〔古解鈎沈〕 　（清）余蕭客輯

古經解鈎沈卷十一至卷十四（清乾隆間刻本 〔吉林省圖書館〕、嘉慶間刻本、光緒二十一年杭州竹簡齋石印本、民國二十五年陶風樓影印本）

注：參《周易〔古解鈎沈〕》。

夏大正逸文考 　（清）王紹蘭輯

蕭山王氏十萬卷樓輯佚七種

注：《夏小正》云："四月,昴則見,初昏南門正。"《傳》云："南門者,星也,歲再見壹正,蓋《大正》所取法也。"王紹蘭據此以爲古有《夏大正》之書,並從《左傳》、《國語》採得《夏書》、《夏令》之文凡三節,以爲即《夏大正》之佚文。按《傳》所謂"大正",説有不同。孔廣森、惠棟説與王同,見顧鳳藻《夏小正傳集解》。洪震煊《夏小正義疏》謂大正爲古刑官之名。畢沅《夏小正箋》則謂"大正"爲"小正"之誤。

王度記一卷 　（周）淳于髠等撰

（清）王謨輯

漢魏遺書鈔·經翼第二册

注：《白虎通》及《禮記·雜記》鄭玄注等引有《王度記》佚文。《雜記》疏引劉向《别録》云："《王度記》似是齊宣王時淳于髠等所説也。"則漢時已有此篇,當在《漢志》禮家所載百三十一篇《記》中。淳于髠齊人,見《史記·孟子荀卿列傳》、《滑稽列傳》。劉向所云亦疑似之言,是此篇撰者已不能定,丁晏以爲蓋齊稷下之士採集古禮爲之。王謨採得九節。丁晏《〔禮〕佚記》（已著録於前）亦輯有此篇,所採較王輯爲備。

三正記 　（清）王謨輯

漢魏遺書鈔·經翼第二册·王度記附

注：《風俗通義·山澤》引《禮三正記》,《白虎通》亦引之,均不言作者。史志不載此篇,按此當在《漢志》禮家所載百三十一篇《記》中。王謨採得佚文七節。按丁晏《〔禮〕佚記》、顧觀光《禮記佚文》（已著録於前）皆輯有此篇,文較備。

大戴禮逸

説郛（宛委山堂本）弓五

説郛（宛委山堂本）弓五　清傅增湘校〔北京圖書館〕

清照堂叢書摘次編第二函·諸經緯匯

大戴禮記逸文 　（清）顧觀光輯

武陵山人遺稿·古書逸文

注：《説郛》載佚文九節,不注出處,其文頗不類。顧觀光採得《王度記》、《辨名記》、《謚法》、《政穆》等佚篇,又佚

句二十餘節。多採自經疏、史注、《白虎通》等。按顧所採佚篇皆屬《漢志》禮家之百三十一篇《記》，丁晏多已採入《〔禮〕佚記》，大抵較顧採爲備。唯顧採

《禘於太廟禮》一篇，實禮經之佚篇，丁晏輯入《〔禮〕佚經》，是也。《儀禮·少牢饋食》賈公彥疏謂此篇出《大戴記》，顧氏遂採入，皆誤。

通 禮 類

石渠禮論一卷　（漢）戴聖撰　（清）王謨輯
　　漢魏遺書鈔·經翼第二册

石渠禮論一卷　（漢）戴聖撰　（清）洪頤煊輯
　　問經堂叢書·經典集林
　　經典集林

漢甘露石渠禮議一卷　（漢）戴聖撰　（清）宋翔鳳輯
　　浮谿精舍叢書

漢甘露石渠禮議一卷　（漢）戴聖撰　（清）丁杰輯
　　拜經樓雜抄

戴聖石渠禮論一卷　（漢）戴聖撰　（清）黃奭輯
　　漢學堂叢書·子史鉤沈·史部政書類
　　黃氏逸書考·子史鉤沈

石渠禮論一卷　（漢）戴聖撰　（清）馬國翰輯
　　玉函山房輯佚書·經編通禮類

漢石渠禮論　（漢）戴聖撰　（清）丁晏輯
　　佚禮扶微附錄　手稿本　〔北京圖書館、上海圖書館〕

南菁書院叢書·佚禮扶微卷四
　　注：戴聖，字次君，與戴德等同受《禮》於后蒼，號小戴，以博士論五經於石渠閣（《漢書·儒林傳》）。按《漢書·宣帝記》載甘露三年詔諸儒講五經同異，太子太傅蕭望之等平奏其議，宣帝親稱制臨決焉，即此論五經於石渠之事。《漢志》禮家載《石渠議奏》三十八篇。《隋志》作《石渠禮論》四卷，題戴聖撰。馬國翰謂蓋《禮論》出諸儒，而戴聖一人所手定。諸家輯本皆從《通典》等採摭，編次不盡同，而文字詳略互見，大抵以馬國翰輯本編次較有條理，以洪頤煊輯本所採稍多。（丁杰所輯未見）如洪採《政和五禮新儀》所引，中有二節爲馬國翰、王謨所缺。採《續漢書·輿服志》劉昭注引一節，爲馬所缺。採《禮記禮運正義》引一節，爲王謨、宋翔鳳所缺。又採《通典》所引亦多於王二節，多於宋一節。黃奭所輯全襲王謨本，文無異。丁晏所輯僅缺《政和五禮新儀》引"冠者人道之始也"一節，餘並與洪輯同。

荀氏禮傳一卷　（漢）荀爽撰　（清）王仁俊輯
　　玉函山房輯佚書續編·經編通禮類

注：荀爽，參《荀爽周易注》。《後漢書》本傳稱爽著《禮傳》。《通典》七十九引荀爽《禮傳》一節，《册府元龜》引同，王仁俊據以輯録。

五禮駁一卷　（晉）孫毓撰　（清）王謨輯

漢魏遺書鈔·經翼第二册

五禮駁　（晉）孫毓撰　（清）嚴可均輯

全晉文卷六十七

注：孫毓，參《毛詩異同評》。《通典》引孫毓《五禮駁》一節，又引孫毓等議數節，《禮記檀弓正義》又引孫毓《難語》二節，《隋》、《唐志》並不載。王謨謂“難”即“駁”，因並採入，凡九節。嚴可均僅採《通典》明引《五禮駁》一節。按五禮者，吉、凶、軍、賓、嘉禮，見《周禮·小宗伯》。

禮雜問一卷　（晉）范甯撰　（清）馬國翰輯

玉函山房輯佚書·經編通禮類

注：范甯，參《古文尚書舜典注》。《隋志》載《禮雜問》十卷，范甯撰。兩《唐志》作《禮問》九卷，又有《禮論答問》九卷。馬國翰謂此書乃記范氏與當時名流問答禮例之語。按兩《唐志》既載《禮問》，又載《禮論答問》，且並九卷，疑是一書而誤重，即《隋志》之《禮雜問》耳。馬從《通典》採得佚文九節。

雜禮議一卷　（晉）吳商撰　（清）馬國翰輯

玉函山房輯佚書·經編通禮類

注：《隋志》云：“梁有晉益陽陽令吳商《禮難》十二卷，《雜議》十二卷，又《禮議雜記故事》十三卷，《喪雜事》二十卷，

亡。”吳商事跡不詳，馬國翰謂《晉書·禮志》中稱商爲博士，蓋嘗爲此官。按兩《唐志》載吳商《雜禮義》十一卷，“義”通“議”，馬氏謂即《隋志》之《雜議》，是也。馬從《通典》採得吳商《議》文六節。

禮論難一卷　（晉）范宣撰　（清）馬國翰輯

玉函山房輯佚書·補遺·經編通禮類

注：范宣，參《禮記范氏音》。《晉書》本傳稱宣著《禮論難》，《隋》、《唐志》皆不載。馬國翰據《禮記正義》、《晉書·禮志》、《通典》採得二十節。按“父母墓毀服議”一節，首六字乃《通典》標目，馬氏誤採入，應删。此節“范宣曰”上應據《通典》補“或問曰曾祖墓從祖墓毀發哭制云何”十五字，參《續修四庫全書提要》胡玉縉説。

禮論答問一卷　（劉宋）徐廣撰　（清）馬國翰輯

玉函山房輯佚書·經編通禮類

注：徐廣，字野民，東莞姑幕人，官至晉大司農（《晉書》本傳）。《宋書》、《晉書》本傳稱廣著《答禮問》。《隋志》載《禮論答問》八卷，又一本十三卷，並題宋中散大夫徐廣撰。又載《禮答問》二卷，注云：“徐廣撰，殘缺，梁十一卷。”兩《唐志》作《禮論問答》，並九卷。按《隋志》著録三部，蓋一書之别本，非三書。馬國翰從《通典》採得八節。

禮論一卷　（劉宋）何承天撰　（清）馬國翰輯

玉函山房輯佚書·經編通禮類

注：何承天，東海郯人，官至御使中丞。删減併合《禮論》，以類相從，凡爲三百卷。（《宋書》本傳）按據本傳所云，

則《禮論》爲前人所撰，殆非指一家之書（《隋志》載《禮論》之屬夥矣），承天不過取前人書删汰冗雜，合併重複，以類編次爲三百卷，非其自撰也。《隋志》載何承天《禮論》三百卷，兩《唐志》三百七卷。馬國翰謂兩《唐志》多七卷者，或並目言之。《禮記正義》及唐宋類書引有《禮論》佚文，馬氏採得十節。又《通典》引有何承天駁難問答五篇，馬氏以爲亦《禮論》之佚篇，因並採之。

禮論條牒一卷　（劉宋）任預撰　（清）馬國翰輯

玉函山房輯佚書·經編通禮類

注：《隋志》載《禮論條牒》十卷，宋太尉參軍任預撰，兩《唐志》同。任預字里不詳，據《高僧傳》，預與何承天均善曆事，所撰別有《益州記》，姚振宗《隋書經籍志考證》疑預是蜀人。馬國翰據《禮記正義》、《周禮注疏》各採得佚文一節。

禮義答問一卷　（南齊）王儉撰　（清）馬國翰輯

玉函山房輯佚書·經編通禮類

注：王儉，參《喪服古今集記》。儉於永明二年奉詔制定新禮，見《南齊書·禮志》。《隋志》載《禮答問》三卷，又《禮義答問》八卷，並王儉撰。《舊唐志》作《禮儀問答》十卷，又《禮儀答問》十卷。《新唐志》作《禮儀答問》十卷，又《禮雜答問》十卷。按三志所載各書之名互有異同，疑祇是一書，或多別本，或前代載録各異，撰志者一一轉録耳。馬國翰據《南齊書·禮志》採得儉禮説數節。

禮論鈔略一卷　（南齊）荀萬秋撰　（清）馬國翰輯

玉函山房輯佚書·經編通禮類

注：荀萬秋，字元寶，潁川潁陰人，仕齊，官御使中丞（《南史·荀伯子傳》）。《隋志》云：“梁有齊御使中丞荀萬秋《禮論鈔略》二卷，亡。”兩《唐志》作《禮雜鈔略》二卷。《通典》引萬秋議郊廟樂制二篇，馬國翰據以輯録。按書名《鈔略》，則非自撰之文可知。馬所採其議當非《鈔略》之佚篇。

禮統一卷　（梁）賀述撰　（清）王謨輯

漢魏遺書鈔·經翼第二册

禮統一卷　（梁）賀述撰　（清）馬國翰輯

玉函山房輯佚書·經編通禮類

注：《新唐志》載賀述《禮統》十二卷，《舊唐志》十三卷。賀述不詳何人，其書《隋志》亦不見載，馬國翰以《新唐志》載其序次在梁賀瑒與崔靈恩之間，定述亦梁人。王謨題爲會稽人，未詳所據。王、馬皆從唐宋類書等採得佚文十餘節，其中《太平御覽》引“天子墳高三雉”、“風，萌也”二節爲馬所缺，《北堂書鈔》引“雨凝曰雹”、《山堂考索》引“祭有昭穆”二節爲王所缺。按馬輯引文出處詳明，間注異文，較王本爲優。

禮疑義一卷　（梁）周捨撰　（清）馬國翰輯

玉函山房輯佚書·經編通禮類

注：周捨，字昇逸，汝南安成人，官至太子詹事，撰《禮疑義》（《梁書》本傳）。《隋志》載周捨《禮疑義》五十二卷，兩《唐志》並五十卷。馬國翰從《南史·司馬筠傳》、《通典》等採得四節。

三禮義宗一卷　（梁）崔靈恩撰　（清）王謨輯

漢魏遺書鈔·經翼第二冊

崔靈恩三禮義宗一卷　（梁）崔靈恩撰　（清）黃奭輯

漢學堂叢書·經解禮類

黃氏逸書考·漢學堂經解

三禮義宗四卷　（梁）崔靈恩撰　（清）馬國翰輯

玉函山房輯佚書·經編通禮類

三禮義宗一卷　（梁）崔靈恩撰　（清）王仁俊輯

玉函山房輯佚書續編·經編通禮類

　　注：崔靈恩，參《集注毛詩》。《梁書·儒林傳》稱靈恩徧通五經，尤精三《禮》，制《三禮義宗》四十七卷（《南史·儒林傳》作三十七卷）。《隋》、《唐志》並載《三禮義宗》三十卷。王謨、馬國翰皆從《禮記正義》、《通典》、《太平御覽》等採撷，頗多互爲有無。大抵採自《禮記正義》、《通典》者，馬多於王三十餘節，而王採《玉海》引約四十節則多爲馬所無。他如馬採《五代會要》、《紺珠集》、《隋書·音樂志》等書爲王所未及，王採《毛詩正義》、《困學紀聞》、《三禮圖》等書爲馬所未及。其餘相同各節，文字亦詳略互見。按馬輯附經文，並加編次，計《周禮》、《儀禮》各一卷，《禮記》二卷。王輯渾無編次，又不附經文，不及馬輯爲有條理。黃奭全襲王輯，至如王本梓誤如“王制疏”誤“玉制疏”、“舊唐書”誤“舊堂書”之類，亦沿誤如故，是不特抄襲，亦不復校核矣。王仁俊據《五行大義》採得二十五節，爲馬國翰、王謨所未採。又從《玉海》採得一節，已見王謨輯本。

魯禮禘祫志一卷　（漢）鄭玄撰

（清）王謨輯

漢魏遺書鈔·經翼第二冊

魯禮禘祫義一卷　（漢）鄭玄撰　（清）黃奭輯

高密遺書　清道光二十三年黃奭刻本　清黃奭校　〔北京圖書館〕

漢學堂叢書·高密遺書

黃氏逸書考·通德堂經解

魯禮禘祫義一卷　（漢）鄭玄撰　（清）馬國翰輯

玉函山房輯佚書·經編通禮類

魯禮禘祫義一卷　（漢）鄭玄撰　（清）袁鈞輯

鄭氏佚書（浙江書局本）

魯禮禘祫義一卷　（漢）鄭玄撰　（清）孔廣林輯

通德遺書所見錄

鄭學十八種

鄭學十八種　清抄本　清葉志詵、趙之謙校　〔北京圖書館〕

鄭學十八種　清抄本　清趙在翰校　〔福建省圖書館〕

鄭學十八種　清抄本　李盛鐸校　〔北京大學圖書館〕

魯禮禘祫義疏證一卷　（清）皮錫瑞撰

師伏堂叢書

皮氏經學叢書

　　注：鄭玄，參《周易鄭康成注》。《後漢書》本傳稱玄作《魯禮禘祫義》，經傳所引多稱《魯禮禘祫志》，《隋》、《唐志》均不見載。王謨謂《隋志》（當作《新唐志》）載鄭玄《禮議》二十卷，《禘祫志》乃《禮議》中之一篇。按《詩閟宮正義》引鄭玄《駁五經異義》云：“三年一祫，五年

一禘，百王通義，以《禮讖》所云，故作《禘祫志》。"則此篇之名據玄自述作《魯禮禘祫志》是。諸家輯本皆從《毛詩正義》、《禮記正義》等採摭，文字詳略互見，編次互爲異同。皮錫瑞《疏證》後出，集諸家之長而正其譌，詳爲疏解，出諸本之上。

明堂制度論一卷　（後魏）李謐撰（清）馬國翰輯

玉函山房輯佚書·補遺·經編通禮類

注：李謐，字永和，趙郡平棘人，不仕，見《北史》本傳。本傳載謐論明堂制度一篇，史志不著錄，馬國翰從本傳錄出其文。

三禮圖一卷　（漢）鄭玄　阮諶撰（清）馬國翰輯

玉函山房輯佚書·經編通禮類

注：鄭玄，參《周易鄭康成注》。阮諶，於史無傳，《三國志·杜恕傳》裴松之注引《阮氏譜》云："字士信，徵辟無所就，造《三禮圖》，傳於世。"按據《隋志》諶官後漢侍中，與《譜》説不同。《隋志》載《三禮圖》九卷，鄭玄及後漢侍中阮諶等撰。馬國翰謂蓋《圖》爲鄭玄作，而阮氏因而修之。按馬説臆測無據，《隋志》題爲鄭玄、阮諶等撰，則撰者不止二家，作《三禮圖》者尚有梁正、夏侯伏朗、張鎰諸人（參下二條），蓋以其書同類，後人合爲一袟，取便參觀耳。《四庫全書總目》謂檢《鄭志》玄無《三禮圖》之作，考《圖》中宮室車服等説與鄭《禮》注多相違，殆習鄭學者所作而歸之鄭氏。按《三國志·虞翻傳》引翻言，有覽玄《明堂圖》，皆有悟人之意云云之語，則玄當有《禮圖》之作。宋聶崇義《三禮圖》集

採前人《圖》，其書引有鄭氏《圖》、阮氏《圖》，又引舊《圖》，馬國翰以爲皆一書之文，因據以採摭，並採經疏、史志及類書所引附益之，輯成一卷。按《隋志》所載具名者衹鄭、阮二氏，其餘不詳何人，聶書所引舊《圖》乃撰者失其姓名，未必即《隋志》之《三禮圖》所原有，蓋其詳不可考。

梁氏三禮圖一卷　（□）梁正撰（清）馬國翰輯

玉函山房輯佚書·補遺·經編通禮類

注：梁正，不詳何人。《崇文總目》載《三禮圖》九卷，梁正撰。聶崇義《三禮圖》引之，馬國翰據以採得十餘節。

三禮圖一卷　（漢）阮諶等撰（清）王謨輯

漢魏遺書鈔·經翼第二冊

三禮圖三卷　（漢）阮諶等撰（清）孫彤輯

問經堂叢書

阮諶三禮圖一卷　（漢）阮諶等撰（清）黃奭輯

漢學堂叢書·經解禮類

黃氏逸書考·漢學堂經解

注：《三禮圖》，參前馬國翰輯《三禮圖》。《隋志》載鄭玄、阮諶等撰《三禮圖》九卷，《崇文總目》載梁正撰九卷，兩《唐志》載夏侯伏朗撰九卷，《新唐志》又載張鎰撰九卷。聶崇義《三禮圖序》云"博採舊《圖》，凡得六本"，所引有鄭、阮、梁、張諸《圖》及舊《圖》。王謨、孫彤皆從聶氏書採摭，統爲一輯，不加分別，並採經疏、史志及類書等所引附益之。二家所採大體相當，文字詳略互見。按孫輯引文出處詳明，兼注異文，勝於王

輯。黃奭全襲王本。

三禮目録一卷　（漢）鄭玄撰
　（清）王謨輯
　　漢魏遺書鈔・經翼第二册

三禮目録一卷　（漢）鄭玄撰
　（清）臧庸輯
　　拜經堂叢書
　　　鄭氏三禮目録一卷
　　鄦齋叢書

三禮目録一卷　（漢）鄭玄撰
　（清）黃奭輯
　　高密遺書　清道光二十三年黃奭刻本
　　　清黃奭校　〔北京圖書館〕
　　漢學堂叢書・高密遺書
　　黃氏逸書考・通德堂經解

三禮目録一卷　（漢）鄭玄撰
　　拜經樓雜抄

三禮目録一卷　（漢）鄭玄撰
　（清）袁鈞輯
　　鄭氏佚書（浙江書局本）

三禮目録一卷　（漢）鄭玄撰
　（清）孔廣林輯
　　通德遺書所見録

鄭學十八種

鄭學十八種　清抄本　清葉志詵、趙之
　謙校　〔北京圖書館〕

鄭學十八種　清抄本　清趙在翰校
　〔福建省圖書館〕

鄭學十八種　清抄本　李盛鐸校　〔北
　京大學圖書館〕

　　注：鄭玄，參《周易鄭康成注》。
《隋》、《唐志》並載鄭玄《三禮目録》一
卷，今佚。唐人三《禮》疏引之，各附當
篇題下，諸家皆據以録出。除王謨外，
諸家皆據《釋文》等所引校勘文字異
同，並別輯玄《禮序》一首冠於《目録》
之前。按諸家所校大致無出入，唯文
字取捨間有不同，以袁鈞、黃奭二本稍
優。唯袁氏多校改正文，黃氏則但注
異同，正文一仍其舊。

鄭氏儀禮目録校證一卷　（清）胡
　匡衷輯注
　　皇清經解續編

　　注：《儀禮目録》，鄭玄《三禮目録》之
一，參前條。是書從《儀禮注疏》輯出，
加以校證。

樂　類

樂遺句　（清）朱彝尊輯
　　經義考・逸經下
　　四庫全書・史部目録類・經義考・逸
　　　經下
　　摘藻堂四庫全書薈要・史部・經義

考・逸經下
　四部備要・經部經義・經義考・逸
　　經下

樂經一卷　（漢）陽成子長撰
　（清）王謨輯

漢魏遺書鈔·經翼第二册

陽城衡樂經　（漢）陽城衡撰

（清）張澍輯

蜀典卷十下（稿本〔四川省圖書館〕、清道光十四年張氏安懷堂刻本、光緒二年尊經書院刻本）

樂經一卷　（清）馬國翰輯

玉函山房輯佚書·經編樂類

注：《隋志》載《樂經》四卷，不著撰人。《論衡·超奇》篇云：“陽成子長作《樂經》，造於眇思，極睿冥之深。”子長名衡，蜀郡人，王莽時爲講學祭酒（《太平御覽》八十五引桓譚《新論》，參黄暉《論衡校釋》）。按《漢書·王莽傳》載元始四年立《樂經》，《四庫全書總目提要》謂《隋志》所載《樂經》即莽時所立者，馬國翰以爲亦即陽成衡所撰之書。王謨、張澍、馬國翰皆從《尚書大傳》、《周禮注疏》等採得數節。張輯略多，其中採《白虎通》引二節及《周禮·馮相氏》疏引一節皆馬輯所缺，又採鄭玄《周禮》注引一節則爲馬、王所無。按《白虎通》所引二節見《禮樂》篇，實《樂記》之文，張氏誤採也。朱彝尊《樂遺句》採得三節，丁晏《〔禮〕佚記》（已著錄）亦輯有《樂經》凡三節，均未出張輯之外。又馬氏別以《周禮·大司樂》之文弁於首。按《漢志》云：“六國之君，魏文侯最爲好古，孝文時得其樂人竇公，獻其書，乃《周官·大宗伯》之《大司樂》章也。”馬氏據明朱載堉説，以爲《大司樂》爲古《樂經》，因採録之合爲一輯。

樂遺篇　（清）王朝渠輯

十三經拾遺卷十五（清嘉慶五年刻本）

王氏遺書·十三經遺文

豫章叢書（陶福履輯）第三集·十三經拾遺卷十五

樂記一卷　（清）馬國翰輯

玉函山房輯佚書·經編通禮類

注：《漢志》云：“武帝時，河閒獻王好儒，與毛生等共採《周官》及諸子言樂事者，以作《樂記》。劉向校書，得《樂記》二十三篇。”按今《禮記》中所載《樂記》僅有《樂本》至《魏文侯》十一篇之文，其餘自《奏樂》至《竇公》十二篇之文今已不存，唯孔穎達《正義》引劉向《別録》猶載其目。馬國翰據《別録》所載《樂記》篇次重訂今本《樂記》十一篇順序，以復《漢志》之舊。所缺十二篇仍存其目，並採《周禮·樂師》鄭司農注一節以爲《奏樂》篇佚文，採《白虎通》引《樂記》二節以爲《樂器》篇佚文。按丁晏《〔禮〕佚記》（已著録於前）亦輯有《樂記》佚文，除採《白虎通》所引二節外，又從《風俗通義》採得六節，爲馬氏所無。王朝渠《樂遺篇》所採實即《樂記》佚文，與丁輯雷同。

樂元語一卷　（漢）劉德撰　（清）王謨輯

漢魏遺書鈔·經翼第二册

樂元語一卷　（漢）劉德撰　（清）馬國翰輯

玉函山房輯佚書·經編樂類

注：河閒獻王劉德，景帝子，見《漢書·景十三王傳》。《白虎通·禮樂篇》、《禮記·明堂位·正義》等引有《樂元語》，《漢志》、《隋志》並不載。唯《漢書·食貨志》下顔師古注引鄧展曰：“《樂元語》，河閒獻王所傳。”王謨、馬國翰皆謂《樂元語》當爲河閒獻王所纂之

《樂記》佚篇。按《漢書·禮樂志》言河間獻王採禮樂古事，稍稍增輯至五百餘篇，則《樂元語》當爲其中之一篇，然不必屬《樂記》之篇也。《《禮記樂記正義》引劉向《別錄》載《樂記》篇目亦無《樂元語》。）王、馬皆輯得四節，文無大異。按丁晏《〔禮〕佚記》亦輯有《樂元語》，較馬、王少一節。

琴清英一卷 （漢）揚雄撰 （清）王謨輯

漢魏遺書鈔·經翼第二册

揚雄琴清英 （漢）揚雄撰 （清）張澍輯

蜀典卷十下（稿本〔四川省圖書館〕、清道光十四年張氏懷安堂刻本、光緒二年尊經書院刻本）

琴清英一卷 （漢）揚雄撰 （清）馬國翰輯

玉函山房輯佚書·經編樂類

琴清英 （漢）揚雄撰 （清）嚴可鈞輯

全前漢文卷五十四

注：揚雄，字子雲，蜀郡成都人，《漢書》有傳。《太平御覽》等引揚雄《琴清英》，史志不載。按《漢志》儒家載揚雄所序三十八篇，中有《樂》四篇，王謨、馬國翰皆以爲《琴清英》即其中之一篇。馬氏據《文選序》"略其蕪穢，集其清英"之語，以爲"清英"即精華之意。諸家皆從《太平御覽》、《水經注》等採得數節，文無大異，唯編次互有不同。按嚴可均、馬國翰二輯所注引文出處較詳。

樂書一卷 （後魏）信都芳撰 （清）馬國翰輯

玉函山房輯佚書·經編樂類

注：信都芳，字玉琳，河間人，少明算術。安豐王延明欲鈔集古今樂事爲《樂書》，令芳算之。《北史·藝術傳》《隋志》載《樂書》七卷，後魏丞相曹行參軍信都芳撰，兩《唐志》並作九卷，題信都芳刪注。馬國翰從《太平御覽》採得十餘節。

鐘律書一卷 （漢）劉歆撰 （清）王謨輯

漢魏遺書鈔·經翼第二册

劉歆鐘律書一卷 （漢）劉歆撰 （清）黄奭輯

漢學堂叢書·子史鈎沈·子部藝術類
黄氏逸書考·子史鈎沈

鐘律書 （漢）劉歆撰 （清）嚴可均輯

全前漢文卷四十一

注：《漢書·律曆志》上云："元始中，王莽秉政，欲耀名譽，徵天下通知鐘律者百餘人，使羲和劉歆等典領條奏，言之最詳。故刪其僞辭，取正義，著於篇。"是班固撰《律曆志》，即刪取劉歆鐘律之說而成。顏師古注謂《志》文自"一曰備數"至"用竹爲引者，事之宜也"皆是劉氏說。王謨即據顏注輯錄，別從《玉海》及《隋書·牛弘傳》採得佚文二節附焉。黄奭全襲王輯。嚴可均僅採《隋書·牛弘傳》所引一節。

樂社大義一卷 梁武帝撰 （清）馬國翰輯

玉函山房輯佚書·經編樂類

注：梁武帝，參《周易大義》。《隋》、《唐志》並載《樂社大義》十卷，梁武帝撰。馬國翰謂《周禮·大司馬》云"先凱樂於社"，"樂社"之名或取義於此。馬

從《隋書・音樂志》採得十餘節。按馬氏注佚文出處，凡涉梁代之文皆注云《梁書・音樂志》，《梁書》無《志》，實本《隋書・音樂志》。

鐘律緯一卷　梁武帝撰　（清）馬國翰輯

玉函山房輯佚書・經編樂類

鐘律緯　（梁）蕭衍撰　（清）嚴可均輯

全梁文卷七

注：梁武帝蕭衍，參《周易大義》。《隋志》云：“梁有《鐘律緯》六卷，梁武帝撰，亡。”《隋書・律曆志》云：“武帝作《鐘律緯》，論前代得失。”馬國翰、嚴可均皆從《隋書・律曆志》採得四節，文無大異，唯馬輯“主衣從上”云云一節誤連上節。

樂律義一卷　（北周）沈重撰（清）馬國翰輯

玉函山房輯佚書・經編樂類

注：沈重，參《毛詩沈氏義疏》。《隋志》載《樂律義》四卷，題沈重撰。次載《鐘律義》一卷，不著撰人。兩《唐志》則並載沈重《鐘律》五卷。姚振宗《隋書經籍志考證》謂《隋志》分載二書，《鐘律義》下失載沈重之名，兩《唐志》則合併載爲五卷也。《隋書・律曆志》載沈重《鐘律議》一篇及三百六十律名目，馬國翰據以輯錄。

春秋左傳類

春秋左氏傳遺句　（清）朱彝尊輯

經義考・逸經下

春秋左氏經遺文　（清）王朝榘輯

十三經拾遺卷十二（清嘉慶五年刻本）

王氏遺書・十三經遺文

豫章叢書（陶福履輯）第三集・十三經拾遺卷十二

春秋左氏傳遺文　（清）王朝榘輯

十三經拾遺卷十二（清嘉慶五年刻本）

王氏遺書・十三經遺文

豫章叢書（陶福履輯）第三集・十三經拾遺卷十二

注：朱彝尊僅從《通典》載徐禪《議》採得引《左傳》文一節，不見於今本。王朝榘以《經》、《傳》分輯，所採多爲《公羊》、《穀梁》二經異文及《唐石經》、山井鼎《七經孟子考文》所載異文，以充《左氏經》、《傳》之佚文，殊爲不類。夫《春秋》三家，各傳其學，家派不同，經本亦有今、古文之別，豈得互較異同，補文增字，以爲各家之遺文乎？至《唐石經》、《七經孟子考文》所引，乃《左傳》版本之異文，亦不得視爲遺文。王氏又輯有《公羊》、《穀梁》經傳遺文，其法亦如是輯，皆不足據。

春秋左氏傳吳氏義一卷　（周）吳起撰　（清）王仁俊輯

玉函山房輯佚書續編・經編春秋類

注：吳起，衛人，爲魏文侯將，《史記》有傳。劉向《別錄》云：“左丘明授曾申，申授吳起，起授其子期。”（見杜預《春秋序》題下《正義》引）是吳起習《左氏傳》。王仁俊從《説苑》採得起説一節。

春秋左氏傳章句一卷 （漢）劉歆撰 （清）馬國翰輯

玉函山房輯佚書·經編春秋類

注：劉歆，參《劉向劉歆易注》。《漢書·楚元王傳》云：“初《左氏傳》多古字古言，學者傳訓詁而已，及歆治《左氏》，引《傳》以解《經》，轉相發明，由是章句義理備焉。”《隋》、《唐志》不載其書，馬國翰從《左傳正義》、《釋文》採得二十節，其説多與賈逵諸人同。

春秋左氏傳解詁一卷 （漢）賈逵撰 （清）王謨輯

漢魏遺書鈔·經翼第三册

賈逵春秋左氏解詁一卷 （漢）賈逵撰 （清）黄奭輯

漢學堂叢書·經解春秋類
黄氏逸書考·漢學堂經解

春秋左氏傳解詁二卷 （漢）賈逵撰 （清）馬國翰輯

玉函山房輯佚書·經編春秋類

注：賈逵，參《賈逵易義》。《後漢書》本傳稱逵尤明《左氏傳》、《國語》，爲之《解詁》五十一篇。李賢注謂《左傳》注三十篇，《國語》注二十一篇。《釋文序錄》及《隋》、《唐志》並載賈逵《春秋左氏解詁》三十卷。其書久佚，今《左傳正義》、《史記集解》等多引逵説，是其佚文也。宋王應麟輯《古文春秋左傳》（一説爲清惠棟託名爲之），採逵佚説，馬國翰據以增訂，合爲二卷，較王謨輯本多出

六十餘節，中採《御覽》、《玉篇》所引諸節更爲王氏所未採。至王輯所採，僅隱公十一年“夫許，太岳之胤也”、僖公二十三年“狄人伐廧咎如”、宣公十五年“夏五月”云云、昭公十二年“有先大夫子犯、子餘”等數節爲馬輯所無。又二家輯本考訂間有不同，如《史記魯世家集解》引注“申繻，魯大夫”，馬氏歸之桓公六年，而王氏歸之十八年。《詩·漸漸之石·正義》引注“秦始皇父諱楚”，馬歸於莊公四年，而王歸於十年。黄奭全襲王輯。

春秋左氏長經章句一卷 （漢）賈逵撰 （清）馬國翰輯

玉函山房輯佚書·經編春秋類

注：賈逵，參《賈逵易義》及前條。《後漢書》本傳載建初元年肅宗（章帝）詔逵入講白虎觀，使專發《左氏傳》大義長於《公羊》、《穀梁》二《傳》者，逵於是具條奏之，摘出尤明著者三十事。《隋志》載賈逵《春秋左氏長經》二十卷，兩《唐志》作《春秋左氏長經章句》二十卷。馬國翰從《後漢書》本傳採得逵舉發《左傳》大義一篇，又别採李賢注、徐彦《公羊疏》所引逵佚説數節附益之，並據《隋》、《唐志》題《長經》之名。按馬氏所採《左傳》大義一篇，與《隋》、《唐志》所載實非同一書。何休《公羊序》云：“賈逵緣隙奮筆，以爲《公羊》理短，《左氏》理長。”徐彦《疏》云：“逵作《長義》四十一條，云《公羊》理短，《左氏》理長。”按《後漢書·李育傳》稱，育作《難左氏義》四十一事，建初四年諸儒論五經於白虎觀，育以《公羊》義難賈逵，往反皆有理論。此即逵作《長義》四十一事之由，與建初元年舉發《左傳》大義三十事奏上

者爲不同時。故孔穎達《春秋序》疏云："章帝時賈逵上《春秋大義》以抵《公羊》、《穀梁》，又與《左氏》作《長義》。"是《大義》、《長義》爲二矣。《隋》、《唐志》所載《長經》即《長義》，與李育往返駁難四十一事者是也。若馬氏所輯，乃奏上章帝者，當題《左氏大義》爲是。載記言此二書每多混淆，姚振宗《後漢書藝文志》辨之甚詳。

春秋牒例章句一卷　（漢）鄭衆撰（清）馬國翰輯

玉函山房輯佚書·經編春秋類

注：鄭衆，參《周禮鄭司農解詁》。《後漢書》本傳云："（衆）年十二，從父受《左氏春秋》。精力於學，明《三統曆》，作《春秋難記》、《條例》。"《釋文序錄》云："大司農鄭衆作《左氏條例章句》。"《隋志》云："梁有《春秋左氏傳條例》九卷，漢大司農鄭衆撰，亡。"《舊唐志》作《春秋左氏傳條例》，注云："《章句》九卷，鄭衆撰。"《新唐志》作《牒例章句》九卷。按牒例即條例，據兩《唐志》所載，鄭衆實爲《條例》作《章句》，《釋文序錄》亦作《條例章句》，本傳與《隋志》當脫"章句"二字。《舊唐志》載劉歆《春秋左氏傳條例》二十卷。歆之爲《條例》亦見《三國志·尹默傳》。《後漢書·鄭興傳》稱興從劉歆講正大義，歆使撰《條例章句》。是歆撰《條例》而興爲之作《章句》也。衆撰《章句》蓋承父業。（參馬國翰輯本自序及《續修四庫全書提要·劉歆春秋左氏傳章句》條。）經疏、史注引有佚文，馬國翰採得四十餘節。

左傳延注一卷　（漢）延篤撰（清）王仁俊輯

玉函山房輯佚書續編·經編春秋類
十三經漢注

注：延篤，參《延篤易義》。《釋文序錄》稱篤受《左氏》於賈逵之孫伯升，因而注之。王仁俊從《左傳》昭公十二年《正義》採得延篤說一節。按此節乃篤引張平子之說。

春秋左傳許氏注一卷　（漢）許慎撰　（清）王仁俊輯

十三經漢注

注：許慎，參《駁五經異義》。王仁俊從希麟《續一切經音義》採得許慎詁《左傳》字義者一節。

左氏傳解誼四卷　（漢）服虔撰（清）王謨輯

漢魏遺書鈔·經翼第三冊

服虔春秋左傳解誼一卷　（漢）服虔撰　（清）黃奭輯

漢學堂叢書·經解春秋類
黃氏逸書考·漢學堂經解

春秋左氏傳解誼四卷　（漢）服虔撰　（清）馬國翰輯

玉函山房輯佚書·經編春秋類

春秋傳服氏注十二卷　（漢）服虔撰　（清）袁鈞輯

鄭氏佚書（浙江書局本）

春秋左傳服注存二卷續一卷補遺一卷　（漢）服虔撰　（清）沈豫輯

藏修堂叢書第一集

春秋左傳服注存二卷

芋園叢書·經部

春秋左氏傳服氏注一卷　（漢）服虔撰　（清）王仁俊輯

玉函山房輯佚書續編·經編春秋類

注：服虔，參《服虔易注》。虔爲《春秋左氏傳解》，見《後漢書》本傳。然《世説新語·文學》稱鄭玄欲注《春秋傳》，尚未成，聞虔説注《傳》義多與已意合，乃盡以所注與虔，遂成《服氏注》。故學者多以服注本諸鄭玄。《釋文序録》及《隋》、《唐志》並載服虔《春秋左氏傳解誼》三十卷，今佚，唯經疏、史注多引之。王應麟輯《古文春秋左傳》（一説惠棟託名爲之），中採服注，馬國翰據以增輯，與王謨、袁鈞所輯頗多互爲有無，編次亦不盡同。大抵馬、袁所採多於王，注佚文出處亦較王輯詳明。至馬、袁二輯，則各有四十餘節互爲有無。黄奭全襲王輯。王仁俊補馬採之缺，從《五行大義》採得一節。

春秋成長説一卷 （漢）服虔撰

（清）馬國翰輯

玉函山房輯佚書·經編春秋類

注：服虔，參《服虔易注》。《隋志》載服虔《春秋成長説》九卷，兩《唐志》並七卷。馬國翰從《公羊傳》徐彦疏採得一節。按姚振宗《隋書經籍志考證》謂成長爲人名，此書爲虔集其説而論之。

春秋左傳賈服注輯述二十卷

（清）李貽德輯注

清同治五年刻本

皇清經解續編

注：是書採撫賈逵、服虔佚注較前人所輯爲備，取捨尤爲審慎。附以疏證，糾注文之訛誤，通文字之詁訓，於天文、地輿及名物制度皆詳加徵引以疏通注義，最爲贍詳。賈服注輯本以此書爲善。

箴膏肓一卷 （漢）鄭玄撰

四庫全書·經部春秋類

鄭學四種 清抄本 清錢大昕校 〔上海圖書館〕

左氏膏肓一卷 （漢）何休撰

（清）王謨輯

漢魏遺書鈔·經翼第三册

箴膏肓一卷 （漢）鄭玄撰 （清）王復輯 （清）武億校

藝海珠塵金集（甲集）

問經堂叢書

反約篇

後知不足齋叢書第一函·鄭氏遺書

食舊堂叢書

叢書集成初編·史地類

箴左氏膏肓一卷 （漢）鄭玄撰

（清）黄奭輯

高密遺書 清道光二十三年黄奭刻本 清黄奭校 〔北京圖書館〕

黄氏逸書考·通德堂經解

箴膏肓一卷 （漢）鄭玄撰 （清）袁鈞輯

鄭氏佚書（浙江書局本）

箴左氏膏肓一卷 （漢）鄭玄撰

（清）孔廣林輯

通德遺書所見録

鄭學十八種

鄭學十八種 清抄本 清葉志詵、趙之謙校 〔北京圖書館〕

鄭學十八種 清抄本 清趙在翰校 〔福建省圖書館〕

鄭學十八種 清抄本 李盛鐸校 〔北京大學圖書館〕

箴膏肓一卷 （漢）鄭玄撰

鄭學五種 清乾隆四十一年孔繼涵家抄本 清孔繼涵校 〔北京圖書館〕

箴膏肓評一卷　（清）劉逢禄撰
皇清經解

注：何休，參《冠禮約制》。鄭玄，參《周易鄭康成注》。《後漢書·儒林傳》、《鄭玄傳》稱何休著《膏肓》以短《左氏傳》，鄭玄爲《箴》以駁《膏肓》。《隋志》載何休《春秋左氏膏肓》十卷。兩《唐志》同，注云："鄭玄箴。"蓋附《箴》於《膏肓》，取便參觀。諸家輯本或題何休，或題鄭玄，實爲一書。舊有輯本收入《四庫全書》，凡二十餘節，多採自經疏所引，或稱王應麟輯，一説惠棟託名爲之。諸家皆據舊輯本增訂，詳略互見，大抵王謨輯本最略，而王復所輯則頗失於編次。袁鈞、孔廣林二輯所採相當，孔僅缺僖公三十四年"夏四月"云云一節。按經疏所引佚文，間或有《膏肓》而缺《箴》，或反之。孔氏於缺《箴》各節，加案語以己意駁何休之《膏肓》。袁氏則據經疏所引何休、鄭玄之説，考其有爲《膏肓》或《箴》之佚文者，採以補缺。黄奭所輯，凡補《膏肓》及《箴》之缺文多與袁本同，間加案語以駁《膏肓》則同孔説，蓋實因襲袁、孔而未舉其姓名（袁、孔之書出黄本後，然前此當有抄本流傳，比勘三家之書，黄氏掠美之迹昭昭然）。然以輯本而論，則黄本後來居上。又經疏引鄭玄《箴》每接以蘇寬之説，袁氏以爲此乃玄引寬之説以駁《膏肓》，因並録焉。按蘇寬不詳何人，檢孔穎達《春秋正義序》，其文有云："故晉、宋傳授以至于今，其爲義疏者則有沈文阿、蘇寬、劉炫。"則寬乃晉以後人（馬國翰謂北魏人，近是，參《春秋左傳義疏》），鄭玄必不能引其説，當是孔氏《正義》所引，袁氏偶失考。劉逢禄《評》所採凡三

十節，經疏所引明文大致已備。劉氏治今文，其評皆申何以駁鄭《箴》者。

春秋左氏膏肓釋痾一卷　（漢）服虔撰　（清）馬國翰輯
玉函山房輯佚書·經編春秋類

駁春秋釋痾一卷　（漢）服虔撰（漢）何休駁　（清）王仁俊輯
春秋釋痾駁一卷
十三經漢注

注：服虔，參《服虔易注》。何休，參《冠禮約制》。《隋志》載服虔《春秋左氏膏肓釋痾》十卷，兩《唐志》並五卷。馬國翰據《續漢書·禮儀志》劉昭注採得一節。姚振宗《隋書經籍志考證》云："何休作《膏肓》以短《左氏》，故服氏有是《釋》，猶鄭氏（玄）之《箴》也。"（參《箴膏肓》）《初學記》二十六引何休《釋痾注》一節，王仁俊以爲此乃休駁服虔之《釋痾》者，因録出，附《禮儀志》所引《釋痾》後。按《禮儀志》所引《釋痾》及此駁所論似非一事，不當附其後。

春秋左傳鄭氏義一卷　（漢）鄭玄撰　（清）王仁俊輯
十三經漢注

注：鄭玄，參《周易鄭康成注》。按玄注《左傳》未成，悉以其注與服虔，參《左氏傳解誼》。故學者多以爲玄注未有成書（今人王利器則以爲玄注自有其書，參所著《鄭康成年譜·著述》）。唯《鄭志》載玄答弟子問，有説《春秋》義之語，王仁俊從王復所輯《鄭志》採得三節。

左氏奇説一卷　（漢）彭汪撰（清）馬國翰輯
玉函山房輯佚書·經編春秋類

注：《釋文序錄》云：“汝南彭汪，字仲博，記先師奇説及舊注。”孔穎達《春秋序疏》亦云：“中興以後，陳元、鄭衆、賈逵、馬融、延篤、彭仲博、許惠卿、服虔、潁容之徒皆傳《左氏》。”是仲博當有書行世，然史志無載也。馬國翰從《左傳正義》採得佚説三節。

春秋左傳許氏注一卷 （漢）許淑撰 （清）馬國翰輯

玉函山房輯佚書·經編春秋類

注：《釋文序錄》云“太中大夫許淑注解《左氏傳》”，注云：“字惠卿，魏郡人。”孔穎達《春秋序疏》亦云許惠卿傳《左氏》（參上條）。按淑後漢人，見《後漢書·范升傳》。《隋》、《唐志》均不載其書，馬國翰從《左傳正義》採得六節，其説多與賈逵、劉歆諸人同。

春秋左傳王氏注 （魏）王肅撰 （清）馬國翰輯

玉函山房輯佚書·經編春秋類

注：王肅，參《王肅周易注》。《釋文序錄》載王肅《左氏注》三十卷，《隋》、《唐志》同。馬國翰從《釋文》、經疏及《史記集解》等採摭，輯成一卷。

春秋左氏經傳章句一卷 （魏）董遇撰 （清）馬國翰輯

玉函山房輯佚書·經編春秋類

注：董遇，參《董遇周易章句》。《釋文序錄》載董遇《左氏章句》三十卷，《隋》、《唐志》亦並三十卷。馬國翰從《釋文》、《左傳正義》採得十節。

春秋左氏傳義注一卷 （晉）孫毓撰 （清）馬國翰輯

玉函山房輯佚書·經編春秋類

注：孫毓，參《毛詩異同評》。《釋文序錄》載孫毓《左氏注》二十八卷。《隋志》作《春秋左氏傳義注》十八卷，兩《唐志》並三十卷。按《隋志》載爲十八卷，與《序錄》及兩《唐志》所載相差過甚，似不應有十卷之出入，疑本作“二十八卷”，脱“二”字耳。兩《唐志》作三十卷者，蓋並序、目計之，故多二卷也。馬國翰從《左傳正義》採得八節。

春秋左氏函傳義一卷 （晉）干寶撰 （清）馬國翰輯

玉函山房輯佚書·經編春秋類

注：干寶，參《干常侍易解》。《隋志》載干寶《春秋左氏函傳義》十五卷，兩《唐志》作《春秋義函傳》十六卷。馬國翰從《左傳正義》、《通典》各採得一節。

春秋左傳劉氏注一卷 （晉）劉兆撰 （清）王仁俊輯

玉函山房輯佚書續編·經編春秋類

注：劉兆，字延世，濟南東平人，不仕，以《春秋》一經而三家殊塗，乃思三家之異，合而通之，作《春秋調人》，又著《春秋左氏解》及《公羊》、《穀梁》解詁等（《晉書·儒林傳》）。王仁俊從《原本玉篇》採得詁《左傳》字義者一節。

春秋左氏經傳義略一卷 （陳）沈文阿撰 （清）馬國翰輯

玉函山房輯佚書·經編春秋類

注：沈文阿（孔穎達《春秋正義序》作沈文何），字國衞，吳興武康人，通三禮、三傳，仕梁爲五經博士，入陳爲國子博士，撰《春秋義疏》、《禮記義疏》等七十餘卷（《陳書·儒林傳》）。《隋志》載《春秋左氏經傳義略》二十五卷。兩《唐志》並作《春秋義略》二十七卷。馬國翰謂《隋志》有王元規續沈氏《義略》，兩《唐

志》卷數多於《隋志》者，蓋合元規所續。按兩《唐志》僅多二卷，蓋並序、目計之耳。若元規所續，《隋志》載爲十卷，依馬説恐卷數不止多二卷也。馬氏從《左傳正義》《釋文》等採得六十餘節。

續春秋左氏傳義略一卷　（陳）王元規撰　（清）馬國翰輯

玉函山房輯佚書·經編春秋類

注：王元規，字正範，太原晉陽人，仕陳爲尚書祠部郎，少從沈文阿受業，通《春秋左氏》（《南史·儒林傳》）。《釋文序録》謂文阿撰《左氏義疏》，元規續之，又作《春秋音》。《隋志》載王元規續沈文阿《春秋左氏傳義略》十卷。馬國翰謂《序録》稱《義疏》即《隋志》之《義略》，並據《釋文》採得佚文三節。按其中二節爲注音，蓋即《序録》所稱《春秋音》之佚文。

難杜一卷　（後魏）衛冀隆撰　（清）王謨輯

漢魏遺書鈔·經翼第三册

春秋傳駁一卷　（後魏）賈思同撰　（後魏）姚文安、秦道静述　（清）馬國翰輯

玉函山房輯佚書·經編春秋類

注：賈思同，字仕明，齊郡益都人，官至侍中。國子博士衛冀隆精服氏（虔）學，上書難杜氏（預）《春秋》六十三事，思同復駁冀隆十餘條，互見是非，積成十卷。其後魏郡姚文安、樂陵秦道静復述思同意，浮陽劉休和又持冀隆説，卒未能裁正。（《魏書·賈思同傳》）是書《隋》《唐志》不載。《經義考》載賈思同《春秋傳駁》十卷，即據《魏書》本傳著録者。《左傳正義》引衛難、賈駁及秦氏、

蘇氏等人説凡十餘節，王謨、馬國翰皆據以採掇。馬輯多採二節（見襄公十六年），並據《經義考》題爲賈思同《春秋傳駁》。王謨題爲衛冀隆《難杜》，蓋以發難攻杜始於衛氏，與馬輯實爲一書。又《正義》引蘇氏其人者，馬謂當即蘇寬。蘇寬，參下條。

春秋左傳義疏一卷　（□）蘇寬撰　（清）馬國翰輯

玉函山房輯佚書·經編春秋類

注：孔穎達《春秋正義序》舉晉、宋以下爲《春秋左傳》作義疏者，有蘇寬其人。蘇寬未知何人，其書《隋》《唐志》亦不載，唯孔穎達《正義》引其説，馬國翰據以採得二十餘節。按中有二節釋衛冀隆《難杜》，《正義》引作蘇氏，馬氏以爲即寬，當爲與北魏賈思同等同時之人，參上條。

春秋土地名一卷　（晉）京相璠撰　（清）王謨輯

漢魏遺書鈔·經翼第三册

重訂漢唐地理書鈔

京相璠春秋土地名一卷　（晉）京相璠撰　（清）洪頤煊輯

問經堂叢書·經典集林

經典集林

京相璠春秋土地名一卷　（晉）京相璠撰　（清）黄奭輯

漢學堂叢書·經解春秋類

黄氏逸書考·漢學堂經解

春秋土地名一卷　（晉）京相璠撰　（清）馬國翰輯

玉函山房輯佚書·經編春秋類

注：京相璠不詳何人，酈道元《水經·穀水注》云：“京相璠與裴司空彦季

修晉輿地圖，作《春秋土地名》。"《隋志》載《春秋土地名》三卷，晉裴秀、客京相璠等撰。《舊唐志》不署撰人，《新唐志》僅題京相璠撰。蓋書成於衆手，而璠總其事也。裴秀字彦季，泰始中作《禹貢地域圖》奏之，《晉書》有傳。姚振宗《隋書經籍考證》謂秀與璠等撰此書當亦在泰始中。諸家皆從《水經》注採摭，馬國翰輯本較備，多於王謨、洪頤烜二輯各十餘節。唯王輯採釋濮水一節（隱公四年），洪輯採釋茅一節（哀公七年），皆爲馬所無。又三家編次間有異同。如《水經·巨洋水》注引釋斟尋一節，王、洪歸襄公四年，而馬歸哀公元年。又《淄水》注引釋申水一節，洪、馬歸襄公十八年，而王歸文公十八年。蓋地名多重見，三家所歸不能盡同。又王輯每節下皆附杜預《春秋釋例·土地名》以證異同，爲馬、洪所未附。黃奭全襲王輯。

春秋釋例一卷　　（漢）潁容撰
（清）王謨輯

漢魏遺書鈔·經翼第三册

春秋釋例一卷　　（漢）潁容撰
（清）馬國翰輯

玉函山房輯佚書·經編春秋類

注：潁容，字子嚴，陳國長平人，不仕，善《春秋左氏》，著《左氏條例》五萬餘言（《後漢書·儒林傳》）。《釋文序録》亦云潁容作《春秋條例》，《隋志》載作《春秋釋例》十卷，《新唐志》七卷。王謨、馬國翰皆從《左傳正義》及唐宋類書等採摭，王輯十八節，馬輯二十七節。按馬輯各節皆附以《傳》文，編次較善，所採亦多於王輯。唯王輯從《史記楚世家正義》採得一節，爲馬所無。

春秋釋例十五卷　　（晉）杜預撰

四庫全書·經部春秋類

武英殿聚珍版書·經部（武英殿木活字本）

春秋釋例十五卷　　（晉）杜預撰
（清）莊述祖、孫星衍校

岱南閣叢書

古經解彙函

春秋釋例十五卷附校勘記二卷
（晉）杜預撰　　校勘記（清）孫星華撰

武英殿聚珍版書·經部（福建本、廣雅書局本）

叢書集成初編·史地類

注：杜預，字元凱，京兆杜陵人，官至鎮南大將軍、都督荆州諸軍事。爲《春秋左氏經傳集解》。又參考衆家譜第，謂之《釋例》。又作《盟會圖》、《春秋長曆》。（《晉書》本傳）按杜預《春秋序》云："又別集諸例及地名、譜第、曆數，相與爲部，凡四十部，十五卷，皆顯其異同，從而釋之，名曰《釋例》。"是《晉書》本傳所言《春秋長曆》乃《釋例》之一篇，非別爲一書。（説見《四庫全書總目》）《釋文序録》、《隋志》、兩《唐志》及《宋志》並載杜預《春秋釋例》十五卷。明以後散佚無傳。清四庫館臣從《永樂大典》採得三十篇，並據《左傳正義》等所引補缺校譌，用武英殿聚珍版印行。其後莊述祖、孫星衍校訂重刊。孫星華復取二本參觀，録其文字異同，成《校勘記》二卷，附於粤刻聚珍本後。按莊、孫校訂本較聚珍版原本爲詳備，唯卷三脱去正文八百餘字及注二節，他處亦間有訛脱。

春秋長曆一卷　（晉）杜預撰（清）王謨輯

漢魏遺書鈔‧經翼第三冊

注：杜預撰《春秋釋例》，此《春秋長曆》當是《釋例》之一篇，參上條。王謨此輯未注採摭出處，核其文，知從《續漢書‧律曆志》劉昭注鈔出。

春秋左氏傳嵇氏音一卷　（魏）嵇康撰　（清）馬國翰輯

玉函山房輯佚書‧經編春秋類

注：嵇康，字叔夜，譙國銍人，仕魏爲中散大夫，見《三國志‧王粲傳》及《晉書》本傳。《釋文序錄》、《隋志》並載嵇康《春秋左氏傳音》三卷。馬國翰據《釋文》採得五節，據《史記索隱》採得一節，又據宋庠《國語補音》採得一節。

春秋徐氏音一卷　（晉）徐邈撰（清）馬國翰輯

玉函山房輯佚書‧經編春秋類

注：徐邈，參《徐邈易音注》。《釋文序錄》、《隋志》並載徐邈《春秋左氏傳音》三卷，兩《唐志》同，唯誤題孫邈撰。馬國翰據《釋文》、《集韻》、《左傳正義》輯成一卷。

古文春秋左傳一卷　（宋）王應麟輯　（清）惠棟校補

稿本〔上海圖書館〕

古文春秋左傳十二卷　（宋）王應麟輯

清抄本　王大隆跋〔北京圖書館〕

古文春秋左傳十二卷　（清）惠棟輯

清抄本　清陳鱣、吳騫、吳昂駒校補〔北京圖書館〕

注：是輯題王應麟撰，未見刊刻，或云惠棟託名爲之，故抄本有逕題惠氏

者。所採爲漢魏晉人注，多據經疏、史注所引，其中什九爲賈逵、服虔注，餘人僅一二節至數節而已。北京圖書館所藏二本未見。

春秋內傳古注輯存三卷　（清）嚴蔚輯

清乾隆間二酉齋刻本

清乾隆間二酉齋刻本　清臧庸校〔北京大學圖書館〕

注：書名《內傳》者，《漢書‧律曆志》稱《國語》爲《春秋外傳》，故《左傳》有《春秋內傳》之稱。是書據《釋文》、經疏、史注、唐人類書採摭《左傳》古注，以賈逵、服虔等漢人注爲主，兼及魏晉人說。凡所採皆詳其出處，同一文而數引者一一注明，僅擇其引文詳備者錄之。是輯旨在錄存《左氏》經傳古說，故考證頗簡略，然所輯古注略備。唯以《左氏》爲古文經，通書文字多依篆體，如“之”作“㞢”、“武”作“𤞷”之類，此不過依今本改作“隸古”字，殊屬無謂。

春秋左氏古義六卷　（清）臧壽恭輯

清勞氏丹鉛精舍抄本　清勞格校〔北京圖書館〕

湜喜齋叢書第二函

皇清經解續編

叢書集成初編‧史地類

注：是輯採摭《左氏春秋》漢人佚說，僅限於經，不及傳文，所採大致不外劉歆、賈逵、服虔三家，多附案語。又以《漢書‧劉歆傳》言歆作《三統術》以說《春秋》，因將《漢書》所載《三統術》採入。更採《漢書‧五行志》載歆日食之說，以釋《春秋經》諸“日有食之”之文。潘祖蔭《序》謂《左氏》之學興於歆，採歆說足補古義，是也。唯以《公羊傳》文公

十六年疏所引賈逵注有舉《公羊》、《穀梁》異文者一節，臧氏遂謂賈注凡有《公》、《穀》二傳異文皆議之，故依其例補録今本二傳異文，並加案語考證。按賈逵著有《春秋三家經本訓詁》，此舉異文之一節當即彼書佚文。然賈注既佚，安知所見二傳異文必如今本？如自撰一書以考二傳異文，無不可也。如謂輯存古義，則非其類。

春秋左傳〔古解鉤沈〕　（清）佘蕭客輯

古經解鉤沈卷十五至卷二十一下（清乾隆間刻本 〔吉林省圖書館〕、嘉慶中刻本、光緒二十一年杭州竹簡齋石印本、民國二十五年陶風樓影印本）

注：參《周易〔古解鉤沈〕》。

春秋公羊傳類

春秋公羊氏經遺文　（清）王朝渠輯

十三經拾遺卷十三（清嘉慶五年刻本）

王氏遺書·十三經遺文

豫章叢書（陶福履輯）第三集·十三經拾遺卷十三

春秋公羊氏傳遺文　（清）王朝渠輯

十三經拾遺卷十三 （清嘉慶五年刻本）

王氏遺書·十三經遺文

豫章叢書（陶福履輯）第三集·十三經拾遺卷十三

公羊傳佚文一卷　（清）王仁俊輯

經籍佚文

注：王朝渠是輯多採《左傳》、《穀梁傳》、《唐石經》等異文，視爲《公羊傳》之缺佚，名曰“遺文”，殊爲不類，參《春秋左氏經遺文》、《春秋左氏傳遺文》。王仁俊僅從《周禮·考工記》鄭玄注採得一節，其文見《公羊傳》昭公二十五年，較之今本多一句。

公羊眭生説一卷　（漢）眭孟撰（清）王仁俊輯

玉函山房輯佚書續編·經編春秋類

春秋公羊眭氏義一卷

十三經漢注

注：《通典》卷八十《凶禮》引眭生説《公羊》義一節，王仁俊以爲眭生即眭孟，因據以録出。按眭孟即眭弘，孟其字，魯國蕃人，從嬴公受《春秋》，《漢書》有傳。《漢書·儒林傳》又稱眭孟習《公羊春秋》，授嚴彭祖、顏安樂，由是《公羊》有嚴、顏之學。

公羊嚴氏春秋一卷　（漢）嚴彭祖撰　（清）馬國翰輯

玉函山房輯佚書·經編春秋類

春秋公羊嚴氏義一卷　（漢）嚴彭祖撰　（清）王仁俊輯

玉函山房輯佚書續編·經編春秋類

嚴氏春秋逸義述一卷　（清）王仁俊輯

玉函山房輯佚書續編・經編春秋類

注：嚴彭祖，字公子，官至太子傅，東海下邳人。與顏安樂俱事眭孟習《公羊春秋》。彭祖、安樂各專門教授，由是《公羊》有嚴、顏之學。（《漢書・儒林傳》、何休《公羊序》徐彥疏引鄭玄《六藝論》）。《隋志》載嚴彭祖《春秋公羊傳》十二卷，兩《唐志》並五卷。馬國翰從《左傳正義》、《公羊傳注疏》、《通典》各採得一節，又從《漢書・韋元成傳》採得嚴彭祖等議一節附後。王仁俊補馬輯之缺，採鄭玄三《禮》注所引《公羊》之文三節，並引惠棟《九經古義》說，以此三節引文乃據嚴氏本。王氏又自輯《嚴氏春秋逸義述》，從《漢書》採承宮、致惲、樊鯈諸人說凡八節，以其人皆習顏氏《公羊》者，其說本諸嚴氏也。

春秋公羊顏氏記一卷　（漢）顏安樂撰　（清）馬國翰輯

玉函山房輯佚書・經編春秋類

注：顏安樂，字公孫，魯國薛人，習《公羊春秋》，見《漢書・儒林傳》，參前條。《漢志》載《公羊顏氏記》十一篇，《隋》、《唐志》不載。馬國翰據《左傳正義》、《公羊傳注疏》及《隸釋》卷十四（馬輯誤注爲《隸續》卷四）所載石經《公羊》顏氏說採摭，凡得七節。

公羊貢氏義一卷　（漢）貢禹撰　（清）王仁俊輯

玉函山房輯佚書續編・經編春秋類

春秋公羊貢氏義一卷

十三經漢注

注：《詩烈祖正義》引《五經異義》載《春秋公羊》御史大夫貢禹說一節，王仁俊據以輯存。貢禹字少翁，琅邪人，《漢書》有傳。

騶氏春秋說一卷　（清）王紹蘭輯

蕭山王氏十萬卷樓輯佚書七種

注：《漢志》春秋家載《鄒氏傳》十一卷，鄒氏其人無考。《漢書・王吉傳》稱吉能通《騶氏春秋》，騶、鄒古字通。王紹蘭從《王吉傳》吉所上疏採得吉說一節。

解疑論一卷　（漢）戴宏撰　（清）馬國翰輯

玉函山房輯佚書・經編春秋類

注：戴宏，字元襄，濟北剛縣人，官至酒泉太守（參《後漢書・吳祐傳》及李賢注引《濟北先賢傳》。馬國翰謂宏不詳何人，失考）。何休《公羊序》有"恨先師觀聽不決"之語，徐彥疏謂先師指戴宏之流，宏作《解疑論》難《左氏》，不得《左氏》之理，不能以《正義》決之云云。《解疑論》不載於諸史志，馬國翰僅從徐彥疏採得三節。按此三節一爲《序》文，一爲述《公羊》源流，一爲說吳與揚州異稱，似與難《左氏》無涉。

春秋文諡例一卷　（漢）何休撰　（清）馬國翰輯

玉函山房輯佚書・經編春秋類

注：何休，參《冠禮約制》。《隋志》載何休《春秋公羊諡例》一卷。《公羊傳》隱公元年徐彥疏云"何氏作《文諡例》"，書名"諡"上有"文"字。徐彥疏又引其五始、三科、九旨、七等、六輔、二類、七缺諸說之大略，馬國翰據以輯存。

春秋漢議一卷　（漢）何休撰

（清）王仁俊輯

玉函山房輯佚書續編·經編春秋類

十三經漢注

　　注：何休，參《冠禮約制》。《後漢書·儒林傳》稱何休以《春秋》駁漢事六百餘條，妙得《公羊》本意。《隋志》載《春秋漢議》十三卷，《舊唐志》十一卷，《新唐志》十卷。王仁俊從《通典》卷八十採得一節。按此節未明標爲《漢議》之文，王氏乃據侯康《補後漢書藝文志》説定爲是書佚文。

發墨守一卷　（漢）鄭玄撰

四庫全書·經部·春秋類·箴膏肓附

鄭學四種　清抄本　清錢大昕校　〔上海圖書館〕

公羊墨守一卷　（漢）何休撰

（清）王謨輯

漢魏遺書鈔·經翼第三册

發墨守一卷　（漢）鄭玄撰　（清）王復輯　（清）武億校

藝海珠塵金集（甲集）

問經堂叢書

反約篇

榕園叢書甲集

後知不足齋叢書·鄭氏遺書

食舊堂叢書

叢書集成初編·史地類

發公羊墨守一卷　（漢）鄭玄撰

（清）黃奭輯

高密遺書　清道光二十三年黃奭刻本　清黃奭校　〔北京圖書館〕

黃氏逸書考·通德堂經解

發墨守一卷　（漢）鄭玄撰　（清）袁鈞輯

鄭氏佚書（浙江書局本）

發公羊墨守一卷　（漢）鄭玄撰

（清）孔廣林輯

通德遺書所見録

鄭學十八種

鄭學十八種　清抄本　清葉志詵、趙之謙校　〔北京圖書館〕

鄭學十八種　清抄本　清趙在翰校〔福建省圖書館〕

鄭學十八種　清抄本　李盛鐸校　〔北京大學圖書館〕

發墨守一卷　（漢）鄭玄撰

鄭學五種　清乾隆四十一年孔繼涵家鈔本　清孔繼涵校　〔北京圖書館〕

發墨守評一卷　（清）劉逢禄撰

皇清經解

　　注：何休，參《冠禮制約》。鄭玄，參《周易鄭康成注》。何休好《公羊》，著《公羊墨守》，謂《公羊》之義不可駁，如墨翟之守城。鄭玄作《發墨守》以排之，其事見《後漢書·儒林傳》、《鄭玄傳》。《隋志》載何休《公羊墨守》十四卷。舊《唐志》二卷，新《唐志》一卷，題"何休撰，鄭玄發"，蓋附鄭氏《發》於《墨守》，取便參觀。諸家輯本或題何休，或題鄭玄，實係一書。舊有輯本收入《四庫全書》，僅據經疏所引採得四節，或稱王應麟輯，袁鈞謂當是惠棟董託名爲之。上海圖書館藏有此本之抄本，錢大昕以朱筆點校，而無有增補。諸家皆據此本增輯，王復、孔廣林據《禮記·樂記》疏補入鄭玄《發》一節，袁鈞、黃奭更據《文選注》採得何休《墨守》一節。按袁、黃二輯皆按年編次，附以經、傳之文，勝於王、孔。又僖公二十四年、成公六年等節缺《墨守》而祇有鄭《發》，袁氏間有據

何休《公羊》注採其合《墨守》之義者補之，而黄本所補亦同，蓋襲袁氏而隱其姓名耳（黄本刊刻在先，然前此當有袁輯抄本流傳。黄輯襲人之作夥矣，以彼度此，必爲黄襲袁，非袁襲黄）。王謨所輯，較之袁、黄又多僖公二十五年《墨守》一節及哀公十二年《墨守》、《發》各一節。按查此三節皆徐彦《公羊疏》所引，原文但稱何休、鄭玄云云，未明稱《墨守》與《發》。劉逢禄《評》僅採得四節，不出諸家之外，又其中僅桓公十一年鄭玄《發》一節加評語，餘三節皆無評。又《初學記》卷二十六引《春秋釋痾》何休説一節，劉氏採出附末。按王仁俊謂此節乃何休駁服虔者，參《駁春秋釋痾》。

春秋公羊鄭氏義一卷　（漢）鄭玄撰　（清）王仁俊輯

十三經漢注

公羊一卷　（漢）鄭玄注　龍璋輯

小學蒐佚下編補

注：鄭玄，參《周易鄭康成注》。王仁俊從慧琳《一切經音義》採得鄭説一節。按鄭玄不注《公羊傳》，《音義》所引或是移鄭氏他書之説以注《公羊》也。

孔舒元公羊傳一卷　（晉）孔衍撰（清）王仁俊輯

玉函山房輯佚書續編·經編春秋類

注：孔衍，參《凶禮》。《釋文序錄》載孔衍《公羊集解》十四卷。《隋志》云："梁有《春秋公羊傳》十四卷，孔衍集解。"兩《唐志》並三十卷。按孔衍，《晉書》有傳，其注《公羊傳》今佚，孔穎達疏杜預《春秋序》引孔衍注《公羊傳》本文一節，其文多於今本，王仁俊據以輯存。

公羊王門子注一卷　（晉）王愆期撰（清）王仁俊輯

玉函山房輯佚書續編·經編春秋類

注：《釋文序錄》載王愆期《公羊注》十二卷，注云："字門子，河東人，東晉散騎常侍，辰陽伯。"《隋志》載爲十三卷，兩《唐志》並二卷。按王愆期，《晉書》有傳，王仁俊從《尚書泰誓正義》採得一節。

春秋繁露佚文一卷　（漢）董仲舒撰　（清）王仁俊輯

經籍佚文

〔春秋繁露〕佚文輯補　（漢）董仲舒撰　劉師培輯

劉申叔先生遺書·春秋繁露斠補附

注：劉師培據鄭玄《周禮》注、《史記索隱》、《路史》、《太平御覽》等採得佚文十二節。王仁俊僅採得二節，其中採《通典》引一節不見於劉輯。

春秋決事一卷　（漢）董仲舒撰（清）王謨輯

漢魏叢書鈔·經翼第三册

董仲舒春秋決獄一卷　（漢）董仲舒撰　（清）洪頤煊輯

問經堂叢書·經典集林

經典集林

董仲舒公羊治獄一卷　（漢）董仲舒撰　（清）黄奭輯

漢學堂叢書·子史鈎沈·子部法家類

黄氏逸書考·子史鈎沈

春秋決事一卷　（漢）董仲舒撰（清）馬國翰輯

玉函山房輯佚書·經編春秋類

注：董仲舒，廣川人，景帝時爲博士，

武帝時官至江都相,治《春秋公羊傳》《漢書》本傳)。《後漢書‧應劭傳》稱董仲舒作《春秋決獄》二百三十二事,《漢志》有《公羊董仲舒治獄》十六篇,即其書。按《論衡‧程材》云:"董仲舒表《春秋》之義,稽合於律,無乖異者。"是此書引經以決獄事。《隋志》作《春秋決事》十卷,兩《唐志》並作《春秋決獄》十卷。《宋志》猶載此書,則其佚在明以後。諸家皆據唐宋類書及《通典》等採摭,馬國翰採得八節,王謨、洪頤煊各採得六節。王輯不出馬外,黃奭全襲王輯。洪氏據《北堂書鈔》採得一節爲馬所無,其餘五節亦未出馬外。

春秋盟會圖一卷　(漢)嚴彭祖撰　(清)王謨輯

漢魏遺書鈔‧經翼第三冊

嚴彭祖春秋盟會圖一卷　(漢)嚴彭祖撰　(清)黃奭輯

漢學堂叢書‧經解春秋類

黃氏逸書考‧漢學堂經解

注:嚴彭祖,參《公羊嚴氏春秋》。《隋志》云:"梁有漢太子太傅嚴彭祖撰《古今春秋盟會地圖》一卷,亡。"兩《唐志》復載作《春秋圖》七卷。按此書梁代祇爲一卷,《隋志》已云亡矣,而《唐志》居然見載,且多至七卷,其不爲僞託,即爲後人所增竄無疑。王謨從《路史》採得二十餘節,其中多唐以後州名,王氏以爲或後人就嚴氏本書作疏改之,亦臆測之詞,是輯徒存其名,不可據信。黃奭全襲王輯。

春秋公羊〔古解鉤沉〕　(清)余蕭客輯

古經解鉤沉卷二十二(清乾隆間刻本〔吉林省圖書館〕、清嘉慶中刻本、清光緒二十一年杭州竹簡齋石印本、民國二十五年陶風樓影印本)

注:參《周易〔古解鉤沉〕》。

春秋穀梁傳類

春秋穀梁氏經遺文　(清)王朝璩輯

十三經拾遺卷十三(清嘉慶五年刻本)

王氏遺書‧十三經遺文

豫章叢書(陶福履輯)第三集‧十三經拾遺卷十三

春秋穀梁氏傳遺文　(清)王朝璩輯

十三經拾遺卷十三(清嘉慶五年刻本)

王氏遺書‧十三經遺文

豫章叢書(陶福履輯)第三集‧十三經拾遺卷十三

注:是輯多採《左傳》、《公羊傳》、《唐石經》等異文,以爲《穀梁》經、傳之缺佚,殊爲不類,參《春秋左氏經遺文》、《春秋左氏傳遺文》。

春秋穀梁傳章句一卷　(漢)尹更始撰　(清)馬國翰輯

玉函山房輯佚書‧經編春秋類

　　注：尹更始，字翁君，汝南人，官至諫大夫，從瑕丘江公再傳弟子蔡千秋習《穀梁》，又受《左氏》，取其變理合者爲《章句》（《漢書‧儒林傳》）。《釋文序錄》、《舊唐志》並載尹更始《穀梁章句》十五卷，《新唐志》作《春秋穀梁傳》十五卷，尹更始注。按注即章句，《隋志》云"《春秋穀梁傳》十五卷，尹更始撰"，"撰"應作"注"。此書《隋志》已云梁有今亡，兩《唐志》復載之。馬國翰從經疏、《文選》李善注採得尹說四節。又《穀梁疏》等引有"《穀梁》說"、"舊說"凡十一節，馬氏考定爲尹氏《章句》，亦併採入。

春秋穀梁傳説一卷　（漢）劉向撰

（清）馬國翰輯

玉函山房輯佚書‧經編春秋類

春秋穀梁劉更生義一卷　（漢）劉

向撰　（清）王仁俊輯

玉函山房輯佚書續編‧經編春秋類

春秋穀梁劉氏義一卷

十三經漢注

　　注：劉向，參《劉向、劉歆易義》。《漢書‧儒林傳》稱劉向以故諫大夫通達待詔，受《穀梁》。不言有所撰述，史志亦未載其注《穀梁》之書，唯《穀梁疏》、《晉書‧天文志》引有向《穀梁》說，馬國翰據以採得十六節。王仁俊補馬輯之缺，從《說苑》採得向說二節。

起廢疾一卷　（漢）鄭玄撰

四庫全書‧經部‧箴膏肓附

鄭學四種　清抄本　清錢大昕校　〔上海圖書館〕

穀梁廢疾一卷　　（漢）何休撰

（清）王謨輯

漢魏遺書鈔‧經翼第三册

起廢疾一卷　（漢）鄭玄撰　（清）

王復輯　（清）武億校

藝海珠塵金集（甲集）

問經堂叢書

反約篇

榕園叢書甲集

食舊堂叢書

後知不足齋叢書第一函‧鄭氏遺書

叢書集成初編‧史地類

釋穀梁廢疾一卷　（漢）鄭玄撰

（清）黄奭輯

高密遺書　清道光二十三年黄奭刻本清黄奭校　〔北京圖書館〕

黄氏逸書考‧通德堂經解

釋廢疾一卷　（漢）鄭玄撰　（清）

袁鈞輯

鄭氏佚書（浙江書局本）

釋穀梁廢疾一卷　（漢）鄭玄撰

（清）孔廣林輯

通德遺書所見錄

鄭學十八種

鄭學十八種　清抄本　清葉志詵、趙之謙校　〔北京圖書館〕

鄭學十八種　清抄本　清趙在翰校〔福建省圖書館〕

鄭學十八種　清抄本　李盛鐸校　〔北京大學圖書館〕

起廢疾一卷　（漢）鄭玄撰

鄭學五種　清乾隆四年孔繼涵家抄本清孔繼涵校　〔北京圖書館〕

穀梁廢疾申何二卷　（清）劉逢禄

輯評

皇清經解

注：何休，參《冠禮制約》。鄭玄，參《周易鄭康成注》。何休好《公羊》，著《廢疾》以難《穀梁》，鄭玄起《廢疾》以排之，事見《後漢書·儒林傳》、《鄭玄傳》。《隋》、《唐志》並載《穀梁廢疾》三卷，何休撰，鄭玄釋，蓋附鄭駁於《廢疾》，取便參觀。《四庫全書》收有舊輯本，從經疏採得三十八節，或稱王應麟輯，袁鈞謂當是惠棟輩託名爲之。上海圖書館藏有舊輯抄本，錢大昕以朱筆點校，並無增補。諸家皆據舊輯增補，以袁鈞、孔廣林二本所增爲多。舊輯失次弟者，袁、孔皆重加編次，大抵袁輯較優。較之舊輯，袁於桓公八年、十三年、莊公十八年、文公五年、成公七年、二十年、定公十二年皆有增補，孔輯所增少桓公二年一節。又孔别採范甯《穀梁集解》引鄭玄説四節，以未能定其爲《釋廢疾》之文，故附載於末存參。按定公十二年《傳》"墮猶取也"，楊士勛疏引《廢疾》"當言取，不言墮"云云，孔氏截斷此文下半以爲鄭玄《釋廢疾》之駁，不知鄭駁另見范甯《集解》所引，非此文也。袁氏考之甚詳，足見細審。黄奭所增與袁輯無異，唯定公十二年一節誤與孔同，又脱去舊輯原有《禮記月令正義》引一節。黄輯後所附鄭玄説四節亦與孔輯同，蓋皆襲人之書而隱其姓名耳。劉逢禄《申何》採得三十七節，皆加案語駁鄭申何，標"難曰"以識之。按劉所採諸節不出袁、孔之外，唯另摘録《穀梁傳》文百餘節，自據《公羊》義駁之，與輯佚無涉。

春秋穀梁段氏注一卷　（漢）段肅撰　（清）王仁俊輯

玉函山房輯佚書續編·經編春秋類

注：《釋文序録》載段肅《穀梁注》十二卷，注云："不詳何人。"《隋志》十四卷，注云："疑漢人。"按惠棟謂段肅即漢弘農功曹史殷肅，詳見吳承仕《經典釋文序録疏證》。王仁俊此輯僅有一自序，未採得佚文。

穀梁傳注一卷　（魏）糜信撰　（清）王謨輯

漢魏遺書鈔·經翼第三册

糜（原題誤麋）信春秋穀梁傳注一卷　（魏）糜信撰　（清）黄奭輯

漢學堂叢書·經解春秋類

黄氏逸書考·漢學堂經解

春秋穀梁傳糜氏注一卷　（魏）糜信撰　（清）馬國翰輯

玉函山房輯佚書·經編春秋類

注：糜信，《三國志》無傳。《釋文序録》載糜信《穀梁傳注》十二卷，注云："字南山，東海人，魏樂平太守。"按信爲《穀梁傳注》，亦見《南齊書·陸澄傳》。此書《隋》、《唐志》並載十二卷。王謨、馬國翰皆據《釋文》、《穀梁疏》等採摭。馬輯多於王九節，其中八節採自《太平御覽》，爲王所未及。王輯唯採僖公三年一節爲馬所無，然此節非引糜信注原文。黄奭全襲王輯。

春秋穀梁傳注義一卷　（晉）徐邈撰　（清）馬國翰輯

玉函山房輯佚書·經編春秋類

注：徐邈，參《徐邈易音注》。《晉書》本傳稱邈注《穀梁傳》，見重於時。《釋文序録》載徐邈《穀梁傳注》十二卷，《隋》、《唐志》同。《隋志》又載徐邈《春秋穀梁傳義》十卷，《新唐志》同，《舊唐志》十二卷。姚振宗《隋書經籍志考證》謂《義》是義疏、講義之類。馬國翰據

《穀梁疏》等採得九十餘節，以《注》、《義》二書不能區分，總題之爲《注義》。按云《注》、云《義》，皆有所本，是遺書原名也。今云"注義"，則非《注》非《義》，未免不倫，遂無是書也。既不能區分，毋如徑題爲"徐邈説"爲宜。

春秋穀梁傳徐氏注一卷　（晉）徐乾撰　（清）馬國翰輯

玉函山房輯佚書·經編春秋類

注：徐乾，《晉書》無傳。《釋文序録》載徐乾《穀梁傳注》十三卷，注云："字文祚，東莞人，東晉給事中。"《隋志》云："梁有，亡。"兩《唐志》復載爲十三卷。馬國翰據《穀梁傳》范甯集解及楊士勛疏採得七節。

春秋穀梁傳鄭氏説一卷　（晉）鄭嗣撰　（清）馬國翰輯

玉函山房輯佚書·經編春秋類

注：范甯《穀梁集解》引鄭嗣説凡二十節，馬國翰據以輯存。嗣不詳何人，馬氏據范甯《集解序》考之，以爲當是甯父汪門生故吏。

答薄氏駁穀梁義一卷　（晉）范甯撰　（清）王謨輯

漢魏遺書鈔·經翼第三册

薄叔玄問穀梁義一卷　（晉）范甯撰　（清）馬國翰輯

玉函山房輯佚書·經編春秋類

注：范甯，參《古文尚書舜典注》。《隋志》載《薄叔玄問穀梁義》二卷，注云："梁四卷。"楊士勛《穀梁疏》引有范甯答薄氏駁問，薄氏當即叔玄，而《隋志》所載即録范甯所答者也。叔玄不詳何人。黃逢元《補晉書藝文志》謂薄氏即薄邕，叔玄當係邕字，《隋志》有其文

集七卷。馬國翰從楊士勛《疏》採得薄、范問答凡二十節，王謨僅採得八節，未出馬外。成公十年疏引范答薄氏駁一節，馬氏僅録至"明亦有賢行故也"句止，王氏更録至"明稱弟皆賢也"句止，文數倍於馬所録。按此節僅引范答，缺薄氏問，不詳范答所指，未知王氏所多録者係范答抑或楊士勛疏語。

穀梁傳例一卷　（晉）范甯撰　（清）王謨輯

漢魏遺書鈔·經翼第三册

范甯穀梁傳例一卷　（晉）范甯撰　（清）馬國翰輯

漢學堂叢書·經解春秋類

黃氏逸書考·漢學堂經解

注：范甯，參《古文尚書舜典注》。范甯《穀梁集解序》有"商略名例"之語，楊士勛疏云"即范氏别爲《略例》百餘條是也"。《隋志》載范甯《春秋穀梁傳例》一卷，即其書。今本《集解》與楊疏中時有《傳例》之文，《四庫全書總目》謂當是楊氏割裂其書散入《集解》與疏中。按《集解》有《傳例》之文或是范氏自引其書作解，疏中有《傳例》則楊氏所引也。如謂楊氏割裂其書，何不盡散入《集解》，或盡於疏中引之，乃分屬《集解》與自疏之中邪？此於情理有不可通者。王謨從楊疏中輯出二十四例，至見於《集解》諸例則不録。按王氏蓋以爲見於《集解》者易尋檢，故不贅録。其實既輯其書，則宜求備，不得以易尋檢與否爲取捨之準則。黃奭全襲王輯。

春秋穀梁傳序一卷　（清）王仁俊輯

玉函山房輯佚書續編·經編春秋類

注：常璩《華陽國志》卷十下引《春秋

穀梁傳序》一節，王仁俊據以輯存。按魏晉人注《穀梁》者多家，今除范甯《集解》外皆不存，常璩或尚見其書而引其序，唯何人之書則不知而得。

春秋穀梁〔古解鈎沉〕　（清）余蕭客輯

古經解鈎沉卷二十三（清乾隆間刻本、嘉慶間刻本、光緒二十一年杭州竹簡齋石印本、民國二十五年陶風樓影印本）

注：參《周易〔古解鈎沉〕》。

春秋大傳一卷　　（漢）□□撰　（清）馬國翰輯

玉函山房輯佚書・經編春秋類

春秋大傳一卷　　（漢）□□撰　（清）王仁俊輯

玉函山房輯佚書續編・經編春秋類

注：《史記・三王世家》褚少孫補傳、余知古《渚宮舊事》各引《春秋大傳》一節，作者不詳。馬國翰謂少孫在漢宣帝、元帝之世，則此書當爲漢初經師所作，乃録以爲輯。王仁俊從《三國志・魏書》注採得一節，補馬輯之缺。

春秋三家經本訓詁一卷　　（漢）賈逵撰　（清）王仁俊輯

玉函山房輯佚書續編・經編春秋類
十三經漢注

注：賈逵，參《周禮賈氏解詁》。《隋志》載賈逵《春秋三家經本訓詁》十二卷。《舊唐志》作《春秋三家經詁訓》，《新唐志》作《春秋三家訓詁》，並十二卷。徐彥《公羊疏》引賈逵説，其中有舉《公羊》、《穀梁》二家經文之異於《左氏》者，王仁俊採得五節，以爲此書之佚文。考侯康《補後漢書藝文志》，王氏此輯全

本侯説。

春秋三傳異同説一卷　　（漢）馬融撰　（清）馬國翰輯

玉函山房輯佚書・經編春秋類

注：馬融，參《馬融周易傳》。《後漢書》本傳稱融著《三傳異同説》，《隋》、《唐志》皆不載，馬國翰據經疏、史注採得佚説二十一節。

春秋公羊穀梁傳集解一卷　　（晉）劉兆撰　（清）王謨輯

漢魏遺書鈔・經翼第三册

春秋公羊穀梁傳解詁一卷　　（晉）劉兆撰　（清）馬國翰輯

玉函山房輯佚書・經編春秋類

公羊劉氏注一卷　　（晉）劉兆撰　（清）王仁俊輯

玉函山房輯佚書續編・經編春秋類

穀梁劉氏義一卷　　（晉）劉兆撰　（清）王仁俊輯

玉函山房輯佚書續編・經編春秋類

公羊一卷　　（晉）劉兆撰　　龍璋輯

小學蒐佚下編補

穀梁一卷　　（晉）劉兆撰　　龍璋輯

注：劉兆，參《春秋左傳劉氏注》。《隋志》載劉兆《春秋公羊穀梁傳》十二卷，兩《唐志》作《春秋三家集解》十一卷。按《隋志》“傳”下當有“解”或“解詁”字。王謨、馬國翰皆據《釋文》、《文選》李善注等採摭，皆訓解二傳之義者。馬輯得十節，王輯六節未出馬外。王仁俊補馬氏之缺，析爲《公羊》、《穀梁》二輯，從《原本玉篇》採得《公羊》注三節，《穀梁》注十四節。

春秋公羊穀梁二傳評一卷　　（晉）

江熙撰　（清）馬國翰輯

玉函山房輯佚書·經編春秋類

　　注：江熙，參《論語江氏集解》。《釋
文序録》載熙《毛詩注》二十卷。《隋》、

《唐志》並載《春秋公羊穀梁二傳評》三
卷，《隋志》不著撰人，兩《唐志》並題江
熙撰。范甯《穀梁集解》引熙説，馬國翰
據以採得十九節。

論　語　類

逸論語　（清）沈淑輯

　　經玩·經典異文補·論語附

　　後知不足齋叢書第一函·沈氏經學六
　　　種·陸氏經典異文補·論語附

　　叢書集成初編·語言文學類·陸氏經
　　　典異文補·論語附

論語逸篇附遺句　（清）朱彝尊輯

　　經義考·逸經下

逸論語一卷　（清）朱彝尊輯

（清）王謨校録

　　漢魏遺書鈔·經翼第四册

論語遺篇　（清）王朝渠輯

　　十三經拾遺卷十四（清嘉慶五年刻本）

　　王氏遺書·十三經遺文

　　豫章叢書（陶福履輯）第三集·十三經
　　　拾遺卷十四

論語遺文　（清）王朝渠輯

　　十三經拾遺卷十四（清嘉慶五年刻本）

　　王氏遺書·十三經遺文

　　豫章叢書（陶福履輯）第三集·十三經
　　　拾遺卷十四

　　逸論語一卷

　　一瓻筆存

　　注：朱彝尊所輯逸篇即《齊論語》之
《問王》、《知道》二篇（參後《齊論語》），

其中《問王》一篇所採五節未出馬國翰
《齊論語》輯本之外（王謨之《逸論語》即
録朱輯），至《知道》一篇則但存其目，並
無佚文。朱氏又從《白虎通》、《禮記王
制正義》採得逸句二節附後。沈淑所輯
僅二節，已見於朱輯。王朝渠所輯《遺
篇》與朱輯同。所輯《遺文》則多於朱
輯，唯多採《唐石經》及山井鼎《七經孟
子考文》所引，皆屬版本之異文，非遺
文也。

古論語六卷　（清）馬國翰輯

　　玉函山房輯佚書·經編論語類

　　注：《漢志》載《論語》古二十一篇，班
固自注：“出孔子壁中，兩《子張》。”如淳
注：“分《堯曰》篇後子張問‘何如可以從
政’以下爲篇，名曰《從政》。”按《漢志》
云：“武帝末，魯恭王壞孔子宅，欲以廣
其宮，而得《古文尚書》及《禮記》、《論
語》、《孝經》凡數十篇，皆古字也。”《古
論語》出於此。《釋文序録》引桓譚《新
論》，謂《古論》與《齊》、《魯論》文異者四
百餘字，則當時實有其書也。《漢志》述
《齊》、《魯論》之傳授甚詳，於《古論》之
傳授無一言及之，蓋《古論》並無傳人。
魏何晏《論語集解序》始稱孔安國爲《古
論》訓説而世不傳，及至馬融亦爲《古

論》訓説。《釋文序録》遂稱孔安國爲
《古論》作《傳》，馬融亦注之，蓋本何氏
之説，並無確據。馬國翰此輯專採《古
論》經文，多不可據信。如以孔安國、馬
融治《古論》，而王肅好賈逵、馬融之學，
故凡何晏《集解》所引孔、馬、王注之經
文悉採入而標爲《古論》。然孔安國、馬
融爲《古論》訓解非出漢人説，況《集解》
所引孔注又不可信乎？（參《論語孔氏
訓解》）至以王肅亦注《古論》，則純爲臆
測，並無明徵。又如以司馬遷從孔安國
問故，故凡《史記》引《論語》亦悉歸爲
《古論》。夫遷之問故於安國者，《古文
尚書》也，此在《漢書》明載之，豈必兼及
《論語》邪？要之馬氏此輯多臆斷，唯存
《説文》所引古文《論語》及《釋文》所引
鄭玄注"魯讀某，今從古"之文爲可信。

齊論語一卷 　（清）馬國翰輯
玉函山房輯佚書・經編論語類

齊論語問王知道逸文補一卷
（清）王紹蘭輯
蕭山王氏十萬卷樓輯佚七種
　　注：《齊論語》者，皇侃《論語義疏》序
引劉向《別録》云："齊人所學，謂之《齊
論》。"《漢志》載《齊論》二十二篇，多《問
王》、《知道》二篇。《漢志》云："漢興，有
齊、魯之説。傳《齊論》者，昌邑中尉王
吉、少府宋畸、御史大夫貢禹、尚書令五
鹿充宗、膠東庸生，唯王楊名家。"顔師
古注："王吉字子陽，故謂之王楊。"按
《説文》、《御覽》、《初學記》引《論語》逸
文有詳論玉者，王應麟《漢書藝文志考
證》謂《問王》當即《問玉》，朱彝尊《經義
考》亦考定爲《問玉》。馬國翰此輯專採
《齊論》經文，據《漢書》採王吉、貢禹引
《論語》之文，以二人治《齊語》史有明文

也。又以董仲舒爲齊人，而仲舒引《論
語》多與王吉所引合，定其所引亦爲《齊
論》。又以鄭玄據《齊》、《古》以校《魯
論》，故凡《釋文》等引鄭本異文與《魯》
異而鄭又不言從《古》者皆《齊》、《古》同
文之故，因亦據以採入。至《問王》一
篇，則據王應麟、朱彝尊之説採得六節。
王紹蘭所輯《問王》與馬同。又從《孟
子》、《説苑》等採得孔子語九節，以爲
《知道》篇佚文。按《知道》篇久佚，所述
不可考，諸家輯《論語》逸篇者均但存其
目。王氏所採孔子語九節多有"知道"、
"知王道"之語，故以爲即《知道》篇之佚
文。此雖未必然，亦足備一説。

論語孔氏訓解十一卷 　（漢）孔安
國撰 　（清）馬國翰輯
玉函山房輯佚書・經編論語類

論語孔注一卷 　（漢）孔安國撰
（清）王仁俊輯
玉函山房輯佚書續編・經編論語孟
子類

論語孔氏注一卷
十三經漢注

孔注論語一卷 　（漢）孔安國撰
龍璋輯
小學蒐佚下編補
　　注：孔安國，參《孔安國易義》。馬國
翰引王肅《孔子家語後序》，稱孔安國考
論古今文字，撰衆師之義，爲《古文論語
訓解》十一篇。魏何晏《論語集解》多引
孔安國注，馬氏據以採摭，輯成十一卷。
按安國注《論語》，《史記》、《漢書》均無
記載，《漢志》及《隋》、《唐志》亦無其書，
故清儒多以《集解》所引不可據信。陳
鱣《論語古訓》、沈濤《論語孔注辨僞》、

丁晏《論語孔注證僞》、劉寶楠《論語正義》（卷二十四）等皆有論説，或以爲何晏僞託，或以爲出王肅之手，迄未能裁定。要之雖非安國所撰，視爲魏以前人舊解，則仍不失爲古注。王仁俊補輯之缺，從慧琳《一切經音義》採得二節。

論語包氏章句二卷　　（漢）包咸撰
（清）馬國翰輯

玉函山房輯佚書・經編論語類

論語包注一卷　　（漢）包咸撰
（清）王仁俊輯

玉函山房輯佚書續編・經編論語孟
子類

十三經漢注

包咸注論語一卷　　（漢）包咸撰
龍璋輯

小學蒐佚下編補

注：包咸（皇侃《論語義疏》作苞咸），字子良，會稽曲阿人，少習《魯詩》、《論語》，建武中，入授皇太子《論語》，又爲其章句。官至大鴻臚。（《後漢書》本傳）何晏《論語集解序》、《釋文序録》並稱包咸爲《論語章句》不言卷數。《隋》、《唐志》不載，蓋久佚。馬國翰據《集解》、《文選》李善注、韓愈《論語筆解》等所引輯爲二卷。王仁俊從慧琳《一切經音義》、《原本玉篇》各採得一節，以補馬輯之缺。

論語周氏章句一卷　　（漢）周□撰
（清）馬國翰輯

注：何晏《論語集解序》云：“安昌侯張禹本受《魯論》，兼講《齊》説，善者從之，號曰‘張侯論’，爲世所貴，包氏、周氏《章句》出焉。”皇侃《義疏》云：“包氏，包咸也。周氏，不悉其名也。”《釋文序

録》云：“鄭玄就《魯論》張、包、周之篇章，考之《齊》、《古》，爲之注焉。”又《學而》篇“傳不習乎”，《釋文》云：“鄭注云：‘《魯》讀傳爲專，今從《古》。’案鄭校周之本，以《齊》、《古》讀正，凡五十事。”馬國翰據此以爲鄭注《魯論》本周氏，故凡鄭言《魯》讀者悉爲周氏《章句》之遺，而鄭本之異文不言《魯》、《古》者亦皆從周本也。因據《釋文》採摭，兼採《漢石經》之《論語校記》所引包、周本異文二節附益之。今按何晏《集解序》明云包咸、周氏之《章句》出於張禹《魯論》，《釋文序録》亦云鄭玄就張、包、周之篇章考之《齊》、《古》，然則包本、周本即張本，三本篇章無異，實一本也。《漢石經》所刊爲《魯論》（見馬衡《漢石經集存》），張禹之《魯論》兼從《齊》説，故與《漢石經》所刊不盡同，而包、周之《章句》據張本，自亦與《石經》有所不同，故《校記》舉包、周之異文也。周氏之《章句》已佚，馬此輯所採皆正文，則稱周本、包本或張本皆無不可矣。

論語馬氏訓説二卷　　（漢）馬融撰
（清）馬國翰輯

玉函山房輯佚書・經編論語類

馬融注論語一卷　　（漢）馬融撰
龍璋輯

小學蒐佚下編補

注：馬融，參《馬融周易傳》。《後漢書》本傳稱馬融注解《論語》，何晏《論語集解序》謂融爲《古文論語》訓説，皇侃《論語義疏》則稱融爲《魯論語》訓説。然本傳祇言注《論語》，未言是《古論》或《魯論》。劉寶楠謂何《序》稱《古論》者，以融注他經多爲古文，故意度所注《論

語》亦是《古論》也。(見《論語正義》卷
二十四)《隋》、《唐志》不載其書,馬國翰
據《集解》等所引輯成二卷。

古文論語二卷附錄一卷 (漢)鄭
玄注 (宋)王應麟輯

清嘉慶鮑氏知不足齋刻本 清陳鱣、吳
騫校補 清陳鱣錄 清丁杰補 〔北
京圖書館〕
碧琳琅館叢書甲部

論語鄭氏注輯二卷

芋園叢書·經部

論語注一卷 (漢)鄭玄撰 (清)
王謨輯

漢魏遺書鈔·經翼第四冊

論語鄭氏注十卷 (漢)鄭玄撰
(清)宋翔鳳輯

浮谿精舍叢書
食舊堂叢書

論語鄭氏注二卷

浮谿精舍叢書本 清戴穗孫批注 〔浙
江圖書館〕

論語注一卷 (漢)鄭玄撰 (清)
黃奭輯

高密遺書 清道光二十三年黃奭刻本
清黃奭校
漢學堂叢書·高密遺書
黃氏逸書考·通德堂經解

論語鄭注 (漢)鄭玄撰 (清)勞
格輯

月河精舍叢鈔·讀書雜識卷二、卷六

論語鄭注十卷 (漢)鄭玄撰
(清)陳鱣輯 (清)馬國翰校錄

玉函山房輯佚書·經編論語類
鄭學彙函

論語注十卷 (漢)鄭玄撰 (清)袁
鈞輯

鄭氏佚書(浙江書局本)

論語注十卷 (漢)鄭玄撰 (清)
孔廣林輯

通德遺書所見錄
鄭學十八種
鄭學十八種 清抄本 清葉志詵、趙之
謙校並跋 〔北京圖書館〕
鄭學十八種 清抄本 清趙在翰校
〔福建省圖書館〕
鄭學十八種 清抄本 李盛鐸校 〔北
京大學圖書館〕

論語鄭注一卷 (漢)鄭玄撰
(清)錢玫輯

上虞錢氏叢著

論語鄭注一卷 (漢)鄭玄撰
(清)王仁俊輯

玉函山房輯佚書續編·經編論語孟
子類

論語鄭氏注一卷 (漢)鄭玄撰
(清)王仁俊輯

十三經漢注

鄭注論語一卷 (漢)鄭玄撰 龍
璋輯

小學蒐佚下編補

　注:鄭玄,參《周易鄭康成注》。《後
漢書》本傳稱玄注《論語》。何晏《論語
集解序》云:"漢末大司農鄭玄,就《魯
論》篇章,考之《齊》、《古》,以爲之注。"
《釋文序錄》及《隋》、《唐志》並載鄭玄
《論語》注十卷。按鄭注《論語》實據張
禹本校以《齊論》、《古論》(參《論語周氏
章句》),其注見於《集解》、《釋文》、經
疏、史注及唐宋類書引者甚夥。舊有輯

本，題王應麟輯，袁鈞謂是惠棟托名爲之。王謨、袁鈞等皆據舊輯增補，馬國翰據陳鱣《論語古訓》所輯鄭注録出。王、馬、孔廣林三家輯本頗多互爲有無，皆不及袁輯爲備。袁所採多於馬、王四十餘節，多於孔二十餘節。綜王、馬、孔三家所採，唯《學而》"言可復也"、《爲政》"所損益可知也"、"其或繼周者"、《八佾》"下而飲"、《公冶長》"未知，焉得仁"、《述而》"多見而志（識）之"、《泰伯》"三分天下有其二"、"周之德其可謂至德也矣"、《鄉黨》"鞠躬如也，屏氣似不息者"、《衛靈公》"君子疾没世而名不稱焉"、《季氏》"餓於首陽山下"、"夫人自稱小童"、《陽貨》"女爲《周南》、《召南》矣乎"、《微子》"叔夜"凡十四節爲袁所無，餘皆不出袁外。黃奭所輯有溢出上諸家外者，如《爲政》"孟懿子問孝"、《雍也》"子游爲武城宰"、《子路》"以不教民戰，是謂棄"、《子張》"夫子之牆數仞"諸節皆諸家所無。又上述袁輯所無之十四節，其中《學而》、《爲政》、《公冶長》、《鄉黨》、《衛靈公》、《季氏》六篇凡八節，黃氏皆已採入。其餘未採之六節，或非鄭注《論語》之文（如《八佾》"下而飲"一節，王採自《玉篇》，今查《玉篇》乃《禮記》注），或出處不明（如《微子》"叔夜"一節，王採鄭注"夜讀爲液"，而未注出處。今查此實鄭注《尚書大傳·洪範五行傳》之文，非《論語》注）。按黃輯蓋在後，較諸家爲勝。袁輯所採則僅《公冶長》"辭"、《憲問》"行人子羽脩飾之"、"霸諸侯，一匡天下"、"下學而上達"四節爲黃所無。唯諸書所引有未明標爲鄭氏《論語》注者，袁氏間附考證，辨其爲《論語》注而採之，如《爲政》"見義不

爲，勇也"、《雍也》"子曰觚不觚"、《鄉黨》"不撤薑食"、《衛靈公》"子告之曰某在斯"、《陽貨》"可以怨"等十餘節注皆是。故袁、黃二輯互有短長。王仁俊從《玉燭寶典》、《原本玉篇》、慧琳《一切經音義》、《帝範》注、《臣軌》注等採得十七節（唯在《十三經漢注》中者僅有其中六節），多爲袁、黃諸家所未及。宋翔鳳所採不及袁、黃爲備，中有從《臣軌》注採得三節，亦未出王仁俊之外。唯宋氏間有考證，亦足資參考。勞格從《北堂書鈔》採得一節以補王謨、宋翔鳳之缺（在《讀書雜識》卷二），又從《臣軌》注採得六節以補陳鱣《論語古訓》所採之缺（在《讀書雜識》卷六），皆未出王仁俊所補之外。

論語鄭義一卷　（清）俞樾輯
皇清經解續編
春在堂全書·俞樓雜纂
　注：是書專採鄭玄《詩》箋及三《禮》注中涉及《論語》之文，間下按語。雖所輯非《論語》注，然皆鄭氏説《論語》之義者，可補諸家《論語注》輯本所缺。

何休注訓論語述一卷　（清）劉恭冕輯
皇清經解續編
鄦齋叢書

何劭公論語義一卷　（清）俞樾輯
春在堂全書·曲園雜纂

論語何注一卷　（漢）何休撰（清）王仁俊輯
玉函山房輯佚書續編·經編論語孟子類

何注論語一卷　（漢）何休撰　龍璋輯

小學蒐佚下編補

注：何休，參《冠禮約制》。《後漢書》本傳稱何休注訓《論語》，而其書《隋》、《唐志》均不載，魏何晏《論語集解》亦未引其注，疑未有成書。唯何休解《公羊傳》每引《論語》爲説，劉恭冕、俞樾皆據以採摭，所輯大體相當。按劉氏兼採何休《左氏膏肓》、《穀梁廢疾》所引《論語》，凡得四節，爲俞氏所未採。王仁俊從《北堂書鈔》、慧琳《一切經音義》各採得一節。按《書鈔》所引一節不可信，參侯康《補後漢書藝文志》及《續修四庫全書提要》之《論語古注集箋》條。

論語麻達注一卷　（漢）麻達撰　（清）王仁俊輯

玉函山房輯佚書續編・經編論語孟子類

注：麻達，漢人，注《論語》，見《廣韻》引《風俗通》。按麻達無考（王利器《風俗通義校注》謂後漢人，未知所本），王仁俊此輯僅有小序（全録侯康《補後漢書藝文志》説），未有輯文。

論語王氏説一卷　（魏）王朗撰　（清）馬國翰輯

玉函山房輯佚書・經編論語類

注：王朗，字景興，東海郡人，官至司空，著《易》、《春秋》等傳（《三國志》本傳）。皇侃《論語義疏》引朗説四節，馬國翰據以録存。按本傳及諸志均不載朗注《論語》，吴承仕云"疑子雍（王肅）述其父學，故皇《疏》得引之"（《經典釋文序録疏證》），是也。肅有《論語注》十卷，參後。

論語陳氏義説一卷　（魏）陳羣撰　（清）馬國翰輯

玉函山房輯佚書・經編論語類

注：陳羣，字長文，潁川許昌人，官至司空（《三國志》本傳）。何晏《論語集解序》稱陳羣爲《論語》義説，《隋》、《唐志》不載其書，馬國翰從《集解》採得三節，並以皇侃之《疏》附後。

論語王氏義説一卷　（魏）王肅撰　（清）馬國翰輯

玉函山房輯佚書・經編論語類

王肅注論語一卷　（魏）王肅撰　龍璋輯

小學蒐佚下編補

注：王肅，參《王肅周易注》。《三國志》本傳稱肅爲《論語》解，何晏《論語集解序》亦稱肅爲《論語》義説。《釋文序録》載王肅《論語注》十卷。《隋志》云："梁有王肅注《論語》十卷，亡。"兩《唐志》復載爲十卷。馬國翰據《集解》採得三十九節，又據皇侃《論語義疏》、邢昺《論語注疏》、韓愈《論語筆解》採得七節，合爲一卷。

論語周生氏義説一卷　（魏）周生烈撰　（清）馬國翰輯

玉函山房輯佚書・經編論語類

注：周生烈，敦煌人，姓周生，魏初徵士（《三國志・王肅傳》及裴松之注）。《釋文序録》云："字文逢，本姓唐，魏博士侍中。"按馬總《意林》引《周生烈子》自序，"文逢"作"文逸"。又據《敦煌實録》，則其人本姓唐，外養周姓，非複姓周生（參張澍《周生烈子》輯本序）。何晏《論語集解序》稱周生烈爲《論語》義説，《隋》、《唐志》均不載其書，唯《集解》引之，馬國翰據以採得十四節。按皇侃《論語義疏》載《集解》引此十四節均稱

“周生烈曰”，邢昺《論語注疏》載《集解》引作“周曰”，《四庫全書總目》謂後人刊版省之。

論語釋疑一卷　（魏）王弼撰

（清）馬國翰輯

玉函山房輯佚書・經編論語類

論語王註一卷　（魏）王弼撰

（清）王仁俊輯

玉函山房輯佚書續編・經編論語孟子類

注：王弼，字輔嗣，山陽高平人，魏尚書郎，注《周易》、《老子》等（《經典釋文序錄》）。《序錄》、《隋志》並載弼《論語釋疑》三卷，兩《唐志》二卷。馬國翰從《釋文》、皇侃《論語義疏》採得王説四十節。按《憲問》“民到於今受其賜”，皇疏引王弼説一節，馬氏漏採。王仁俊補馬氏之缺，僅從《姓解》採得一節，此節所注之正文不見今本，王氏以爲逸文。

論語譙氏注一卷　（蜀）譙周撰

（清）馬國翰輯

玉函山房輯佚書・經編論語類

注：譙周，字允南，巴西西充國人，仕蜀官至光禄大夫，精研六經，撰定《法訓五經論》、《古史考》（《三國志》本傳）。《釋文序錄》載譙周《論語注》十卷。《隋志》云：“梁有譙周注《論語》十卷，亡。”馬國翰據《釋文》、《續漢書・禮儀志》劉昭注各採得一節。

論語衛氏集注一卷　（晉）衛瓘撰

（清）馬國翰輯

玉函山房輯佚書・經編論語類

注：衛瓘，字伯玉，河東安邑人，官至司空，進位太保（《晉書》本傳）。《釋文序錄》載衛瓘《論語注》八卷，注云：“少

二卷，宋明帝補缺。”《隋志》載《集注論語》六卷，注云：“晉八卷，晉太保衛瓘注。梁有《論語補闕》二卷，宋明帝補衛瓘闕，亡。”《新唐志》載宋明帝補衛瓘《論語注》十卷，《舊唐志》同，唯“補”誤“撰”。按《隋志》祇載六卷，較之晉時已少二卷。至明帝所補二卷，梁時已亡。兩《唐志》並載之合爲十卷，或沿襲舊志，未必亡書復出。馬國翰據皇侃《論語義疏》等採得十五節。

論語旨序一卷　（晉）繆播撰

（清）馬國翰輯

玉函山房輯佚書・經編論語類

注：繆播，字宣則，蘭陵人，官至中書令（《晉書》本傳）。《隋志》載繆播《論語旨序》三卷，兩《唐志》並二卷。馬國翰據皇侃《論語義疏》採得十四節。按馬序云“陸德明《經典釋文序錄》引一則”，而輯本實未有採，查《序錄》亦未見引者。

論語樂氏釋疑一卷　（晉）樂肇撰

（清）馬國翰輯

玉函山房輯佚書・經編論語類

注：樂肇，《晉書》無傳，《釋文序錄》云：“字永初，太山人，晉太保掾、尚書郎，爲《易論》。”皇侃《論語義疏序》則稱肇爲廣陵太守，高平人。《序錄》、《隋志》並載樂肇《論語釋疑》十卷，兩《唐志》作《論語釋》十卷。馬國翰據皇侃《義疏》、《史記集解》採得十五節，並從楊慎《丹鉛總録》採得《論語駁序》一節。按《隋志》云：“梁有《論語駁序》二卷，樂肇撰，亡。”兩《唐志》並作《論語駁》二卷。此與《釋疑》爲二書。

論語體略一卷　（晉）郭象撰

（清）馬國翰輯

玉函山房輯佚書・經編論語類

注：郭象，字子玄，官至太傅主簿（《晉書》本傳）。《隋志》載郭象《論語體略》二卷，兩《唐志》同。馬國翰從皇侃《論語義疏》採得九節。

論語蔡氏注一卷　（晉）蔡謨撰

（清）馬國翰輯

玉函山房輯佚書・經編論語類

注：蔡謨，參《蔡氏喪服譜》。晉江熙集《論語》十三家注，誤爲其一（見皇侃《論語義疏序》）。《隋》、《唐志》不載其書，馬國翰從皇侃《義疏》等採得注九節，又蔡《序》一節。

論語李氏集注二卷　（晉）李充撰

（清）馬國翰輯

玉函山房輯佚書・經編論語類

注：李充，字弘度，江夏人，官至大著作郎，分典籍爲四部，以類相從。又注《尚書》及撰《周易旨》六篇、《釋莊論》上下篇等。（《晉書・文苑傳》）《釋文序錄》載李充《論語集注》十卷。《隋志》作《論語》十卷，晉著作郎李充注，兩《唐志》同。馬國翰從皇侃《論語義疏》等採得五十一節，次爲二卷。

論語孫氏集解一卷　（晉）孫綽撰

（清）馬國翰輯

玉函山房輯佚書・經編論語類

注：孫綽，字興公，太原中都人，官至廷尉卿，領著作（《晉書・孫楚傳》）。《釋文序錄》載孫綽《論語集注》十卷。馬國翰從皇侃《論語義疏》採得三十一節。

論語范氏注一卷　（晉）范甯撰

（清）馬國翰輯

玉函山房輯佚書・經編論語類

注：范甯，參《古文尚書舜典注》。晉江熙集《論語》十三家注，甯爲其一（見皇侃《論語義疏序》）。《隋》、《唐志》不載其書，馬國翰據皇侃《義疏》等採得四十八節。

論語梁氏注釋一卷　（晉）梁覬撰

（清）馬國翰輯

玉函山房輯佚書・經編論語類

注：《釋文序錄》載梁覬《論語注》十卷，注云：“天水人，東晉國子博士。”《隋志》云：“梁有，亡。”兩《唐志》復載十卷。按梁覬，《晉書》無傳，其書久佚。皇侃《論語義疏》引梁冀説二節，馬國翰謂冀、覬音義相近，當爲一人，因據以輯出。

論語袁氏注一卷　（晉）袁喬撰

（清）馬國翰輯

玉函山房輯佚書・經編論語類

注：袁喬，字彥叔，陳郡陽夏人，官至龍驤將軍，封湘西伯，注《論語》及《詩》（《晉書・袁瓌傳》）。《釋文序錄》載袁喬注《論語》十卷，《隋志》云“梁有，亡”，兩《唐志》復載十卷。皇侃《論語義疏》引有“袁氏”注，馬國翰定其人即喬，據以採得十九節。按皇侃《義疏》序引晉江熙集《論語》注十三家姓名，中有袁宏一家，皇疏所引“袁氏”即此人，馬氏謂“宏”乃“喬”之誤，吳承仕亦有考辯以證馬説，參《經典釋文序錄疏證》。

論語江氏集解二卷　（晉）江熙撰

（清）馬國翰輯

玉函山房輯佚書・經編論語類

注：江熙，字太和，濟陽人，東晉兗州別駕（《釋文序錄》）。《序錄》載江熙《毛

詩注》二十卷，又《論語集解》十二卷。《隋》、《唐志》並載《論語集解》十卷。皇侃《論語義疏序》列舉江氏所集十三家注姓名，並於疏中引諸家說，馬國翰已分別爲輯，此輯專採皇疏引江熙自注，凡得九十餘節，次爲二卷。

論語張氏注一卷　（晉）張憑撰

（清）馬國翰輯

玉函山房輯佚書·經編論語類

注：《釋文序錄》載張憑《論語注》十卷，注云："字長宗，吳人，東晉司徒長史。"《晉書》亦有傳。其書《隋志》云："梁有十卷，亡。"《隋志》別有張憑《論語釋》一卷，馬國翰謂乃後人裒輯散佚而成者。馬氏從皇侃《論語義疏》採得十二節。

論語虞氏讚注一卷　（晉）虞喜撰

（清）馬國翰輯

玉函山房輯佚書·經編論語類

注：虞喜，字仲寧，會稽餘姚人，不仕，注《毛詩》、《孝經》（《晉書·儒林傳》）。《隋志》載虞喜《論語鄭注讚》九卷，兩《唐志》十卷，《冊府元龜·學較部》載作《論語注》九卷。馬國翰據皇侃《論語義疏》採得其說十節。

論語庾氏釋一卷　（晉）庾翼撰

（清）馬國翰輯

玉函山房輯佚書·經編論語類

注：庾翼，字稚恭，鄢陵人，官都督江荊司雍梁益六州諸軍事、南蠻校尉等（《晉書·庾亮傳》）。《隋志》云："梁有《論語釋》一卷，庾翼撰，亡。"馬國翰從皇侃《論語義疏》採得一節。

論語殷氏集解一卷　（晉）殷仲堪撰　（清）馬國翰輯

玉函山房輯佚書·經編論語類

注：殷仲堪，陳郡人，官至荊州刺史（《晉書》本傳）。其注《論語》，《隋》、《唐志》均不載，唯皇侃《論語義疏》引有其說，馬國翰據以採得九節。

論語繆氏說一卷　（晉）繆協撰

（清）馬國翰輯

玉函山房輯佚書·經編論語類

注：皇侃《論語義疏》引繆協說，馬國翰採得二十七節。按繆協無考，馬國翰云"不詳何人"，而題爲"晉"，未知何據。《泰伯》篇"子曰：學如不及，猶恐失之"、《先進》篇"所謂大臣者，以道事君"云云，皇疏並引"繆協稱中正曰"云云，馬氏刪"繆協稱"三字，而以"中正"爲繆協官稱。吳承仕云："中正爲爵號，自有其人，繆協稱之，而皇氏又引其說也。"（《經典釋文序錄疏證》）按吳說是。

論語顏氏說一卷　（劉宋）顏延之撰　（清）馬國翰輯

玉函山房輯佚書·經編論語類

注：顏延之，字延年，琅琊臨沂人，官至光禄大夫（《宋書》本傳）。其注《論語》，《隋》、《唐志》不載，皇侃《論語義疏》引有其說，馬國翰據以採得十五節。

論語琳公說一卷　（劉宋）釋慧琳撰　（清）馬國翰輯

玉函山房輯佚書·經編論語類

注：慧琳，秦郡秦縣人，姓劉氏，少出家（《宋書·天竺迦毗黎國傳》）。《隋》、《唐志》不載其注《論語》，皇侃《論語義疏》引其說，稱"琳公"，馬國翰採得四節。

論語沈氏訓注一卷　（南齊）沈驎士撰　（清）馬國翰輯

玉函山房輯佚書・經編論語類

注：沈驎士，參《沈驎士易經要略》。《南齊書》本傳稱驎士注《論語》，《隋》、《唐志》皆不載。皇侃《論語義疏》引有"沈居士説"七節，馬國翰謂史稱驎士隱居餘干吳差山，三徵不起，故皇疏直題"居士"，因據以輯録存之。按吳承仕《經典釋文序録疏證》謂晚世稱"居士"對"沙門"言，不與"隱士"一實。未詳馬説確否。

論語顧氏注一卷　（南齊）顧歡撰
（清）馬國翰輯

玉函山房輯佚書・經編論語類

注：顧歡，參《顧歡周易繫辭注》。《隋》、《唐志》不載其注《論語》，唯皇侃《論語義疏》引其注，馬國翰據以採得八節。

論語梁武帝注一卷　（梁）蕭衍撰
（清）馬國翰輯

玉函山房輯佚書・經編論語類

注：梁武帝蕭衍，參《梁武帝周易講疏》。其注《論語》史志無載，唯《釋文》、李匡乂《資暇集》引其説。馬國翰以爲唐人引必有所本，據以採得三節。

論語太史氏集解一卷　（梁）太史叔明撰　（清）馬國翰輯

玉函山房輯佚書・經編論語類

注：太史叔明，吳興烏程人，少善《老》、《莊》，兼通《孝經》、《論語》、《禮記》，爲國子助教（《南史・儒林・沈峻傳》）。《隋志》云："梁有太史叔明《集解論語》十卷，亡。"馬國翰從皇侃《論語義疏》採得二節。

論語褚氏義疏一卷　（梁）褚仲都撰　（清）馬國翰輯

玉函山房輯佚書・經編論語類

注：褚仲都，參《褚氏易注》。《隋志》載褚仲都《論語義疏》十卷，兩《唐志》作《論語講疏》，亦十卷。馬國翰僅據皇侃《論語義疏》採得一節。

論語沈氏説一卷　（□）沈峭撰
（清）馬國翰輯

玉函山房輯佚書・經編論語類

注：皇侃《論語義疏》引沈峭説一節，馬國翰據以録存。峭不詳何人，馬氏疑其人即梁人沈峻，"峭"乃"峻"之誤。

論語熊氏説一卷　（□）熊埋撰
（清）馬國翰輯

玉函山房輯佚書・經編論語類

注：皇侃《論語義疏》引熊埋説，馬國翰據以採得六節。埋不詳何人，馬氏云："《唐書・藝文志》雜家有熊理《瑞應圖讚》三卷，《南齊書・祥瑞志》引熊襄説。'襄'與'理'義類相叶，疑熊氏一人，理名而襄字。解《論語》者或即其人，而皇疏偶缺筆，'理'遂爲'埋'耳。"

論語隱義一卷　（清）王謨輯
漢魏遺書鈔・經翼第四册

論語隱義注一卷　（清）馬國翰輯
玉函山房輯佚書・經編論語類

論語隱義注一卷　（清）王仁俊輯
玉函山房輯佚書續編・經編論語孟子類

注：《隋志》云："梁有《論語隱義注》三卷，亡。"兩《唐志》復載作《論語義注隱》三卷。馬國翰謂《隋志》載梁有郭象《論語隱》一卷，此《論語隱義注》疑是後人衍象義而注之，《唐志》《義注隱》乃文誤倒。王謨、馬國翰皆據《太平御覽》、《白氏六帖》採得三節。原引皆不著經

句,馬國翰據余蕭客《古經解鉤沉》所考,屬其中二節於《先進》、《微子》二篇,又自考定一節屬之《陽貨》篇。王仁俊從《御覽》採得一節,爲馬、王所無。

論語漢説　（清）張佩綸輯

張佩綸雜稿

注:是輯從《尚書大傳》、《詩毛傳》、《史記》、《漢書》、《淮南子》採摭引《論語》爲説之文,皆漢人舊義,唯屬稿未定,頗有缺漏。

論語古訓十卷　（清）陳鱣輯

清乾隆六十年簡莊刻本　清沈濤校〔上海圖書館〕

清乾隆六十年簡莊刻本　清李慈銘校〔北京圖書館〕

清浙江書局刻本

清浙江書局刻本　鄭文焯校〔上海圖書館〕

論語古注集箋二十卷　（清）潘維城撰

稿本　清潘錫爵校〔浙江圖書館〕

清光緒七年江蘇書局刻本

皇清經解續編

注:陳鱣以何晏《論語集解》所引各家爲主,兼採《釋文》及他書所引,皆漢、魏人舊注,間附案語以明古訓。經文從邢昺《注疏》本,校以漢、唐《石經》及皇侃《義疏》本、《釋文》等,異文注於經文之下。按是書彙集漢、魏舊注,全著經文,頗便觀覽,唯於輯佚而論,則不及清儒單輯本較備。潘維城所輯與陳書大體相當,唯於《集解》所引孔安國注及何晏自注皆置不錄。雖廣徵清儒説爲之集箋,然罕有發明,於前人義未安者亦未糾駁(參《續修四庫全書提要》)。按潘氏既輯古注,則不當捨何晏、孔安國二家。孔安國注雖大抵爲托名,要不失爲漢魏間人所爲也。

論語〔古解鉤沉〕　（清）余蕭客輯

古經解鉤沉卷二十五(清乾隆間刻本〔吉林省圖書館〕、嘉慶間刻本、光緒二十一年杭州竹簡齋石印本、民國二十五年陶風樓影印本)

注:參《周易〔古解鉤沉〕》。

孟　子　類

〔孟子〕逸文　（明）陳士元輯

歸雲別集・孟子雜記卷三

四庫全書・經部四書類・孟子雜記卷三

湖海樓叢書・孟子雜記卷三

湖北叢書・孟子雜記卷三

叢書集成初編・哲學類・孟子雜記

卷三

孟子遺句附逸篇目　（清）朱彝尊輯

經義考・逸經下

逸孟子一卷　（清）李調元輯

函海(乾隆本、道光本)第二十函

函海(光緒本)第二十五函

叢書集成初編・哲學類

孟子逸文考一卷　（清）周廣業輯

孟子四考　稿本　清翁方綱校〔北京
圖書館〕

孟子四考

皇清經解續編・孟子四考

一瓻筆存

逸孟子一卷　（清）黄奭輯

漢學堂知足齋叢書・漢學堂經解

孟子遺篇　（清）王朝渠輯

十三經拾遺卷十五（清嘉慶五年刻本）

王氏遺書・十三經遺文

豫章叢書（陶福履輯）第三集・十三經
拾遺卷十五

孟子遺文　（清）王朝渠輯

十三經拾遺卷十五（清嘉慶五年刻本）

王氏遺書・十三經遺文

豫章叢書（陶福履輯）第三集・十三經
拾遺卷十五

注：《漢志》載《孟子》十一篇，《風俗
通義・窮通》篇亦稱孟軻"作書中、外十
一篇"。唯《史記・孟子列傳》稱七篇，
蓋略外篇不計。趙岐《孟子題辭》云：
"又有外書四篇：《性善》、《辯文》、《説
孝經》、《爲政》。其文不能深宏，不與内
篇相似。"故趙氏删之，自是《孟子》以七
篇行世，而外書之四篇散佚無傳。今有
《孟子外書》四卷，題宋熙時子注（一説
即劉歆），實僞書，説見焦循《孟子正
義》。唯經、史、諸子及類書所引，多有
不見於今本，或其文與今本異者，諸家
輯佚文者皆據以採摭（黄奭輯本未見），
然真僞混雜，甄别非易。蓋唐以前《孟
子》未升爲經，故引者非如引經之慎，或
檃括其文，或以意發揮，類皆有之，如一
切視爲佚文，則採摭未免失之濫矣。周

廣業輯本以漢魏六朝人所引者列於前，
唐宋類書所引僅附後，凡得五十餘節，
多附考證，間亦辯説引文有不可據信
者。故所輯雖未必盡信爲《孟子》逸
文，然視他家較爲審慎也。王朝渠除
《遺文》所輯爲逸文外，又輯有《遺篇》，
即趙岐所云之外書四篇。其《性善》一
篇僅據《荀子》等採得四節以爲佚文，餘
三篇但存其目而已。

孟子劉向注一卷　（漢）劉向撰
（清）王仁俊輯

玉函山房輯佚書續編・經編論語孟
子類

注：劉向，參《劉向劉歆易義》。《文
選・琴賦》李善注引劉熙《孟子注》一
節，各本同，唯汲古閣本引作劉向《孟子
注》，王仁俊録存。按汲古閣本誤，此不
足據，劉向不注《孟子》也。

孟子程氏章句一卷　（漢）程曾撰
（清）馬國翰輯

玉函山房輯佚書・經編孟子類

注：程曾，字秀升，豫章南昌人，官海
西令，撰《孟子章句》（《後漢書・儒林
傳》）。《隋》、《唐志》均不載其《章句》，
馬國翰從宋熙時子《孟子外書》注採得
一節。按《孟子外書》不足信（參〔孟
子〕逸文），況宋人豈得見隋以前已亡
之書而引之？此節殊不可信。

孟子注一卷　（漢）劉熙撰　（清）
王謨輯

漢魏遺書鈔・經翼第四册

漢劉熙孟子注　（漢）劉熙撰
（清）周廣業輯

孟子四考・孟子古注考　稿本　清翁
方綱校〔北京圖書館〕

孟子四考·孟子古注考

皇清經解續編·孟子四考·孟子古
注考

孟子劉注一卷　（漢）劉熙撰
（清）宋翔鳳、孫彤輯

問經堂叢書

浮溪精舍叢書

廣雅書局叢書·經類

孟子劉熙注一卷　（漢）劉熙撰
（清）黃奭輯

黃氏逸書考·漢學堂經解

孟子注一卷　（漢）劉熙撰　（清）
陳鱣輯

清抄本　清盧文弨校　〔上海圖書館〕

孟子劉氏注一卷　（漢）劉熙撰
（清）馬國翰輯

玉函山房輯佚書·經編孟子類

孟子劉熙注一卷　（漢）劉熙撰
（清）王仁俊輯

玉函山房輯佚書續編·經編論語孟
子類

孟子劉氏注一卷

十三經漢注

孟子章句一卷附劉熙事跡考一卷
（漢）劉熙撰　（清）葉德輝輯並
撰事跡考

觀古堂所著書

郋園先生全集

　　注：劉熙，《後漢書》無傳。據其所撰
《釋名》題名，則字成國，北海人。《隋
志》稱其官後漢安南太守，晉李石《續博
物志》稱其爲博士，明翻宋本《釋名》陳
道人題記引《館閣書目》稱其爲徵士，説
不同如此。清儒多有考辯，參姚振宗

《隋書經籍志考證》、焦循《孟子正義》卷
一、葉德輝《劉熙事跡考》。《隋》、《唐
志》並載劉熙注《孟子》七卷，蓋所注即
今存之七篇，以篇爲卷也。《史記集
解》、《文選》李善注等每引熙《孟子》注
，諸家皆據以採摭。王謨、宋翔鳳、陳鱣、
黃奭、馬國翰、周廣業均採得三十餘節，
大體相當，出入無多。唯馬、黃更從熙
時子《孟子外書》注採得一節。按據
《隋》、《唐志》熙只注内篇七篇，未注外
書，況《孟子外書》又屬僞託，不足據也。
又王謨兼採焉毋逵注五節，與劉注混爲
一輯，而僅題劉熙之名，殊爲雜駁（此五
節馬氏亦採之，別爲一輯）。葉德輝參
校宋、周、馬三家輯本，所採爲備，唯陳
鱣所採《滕文公》“已頻蹙”一節爲葉所
無，又“周人百畝而徹”一節文多於葉所
採。葉氏又更從慧琳《一切經音義》、
《原本玉篇》採得二十餘節，則爲諸家所
未及。又《意林》引趙岐《孟子注》三節，
葉氏以其與今本趙注文有異，定爲劉注
而採入。按據葉氏自序所舉八證，似未
足以定其爲劉注，存疑可也。王仁俊亦
從慧琳《音義》、《原本玉篇》採摭，僅得
七節，未及葉採爲備。（王氏《十三經漢
注》僅有五節。）

孟子鄭氏注一卷　（漢）鄭玄撰
（清）馬國翰輯

玉函山房輯佚書·經編孟子類

孟子鄭氏注一卷　（漢）鄭玄撰
（清）王仁俊輯

十三經漢注

　　注：鄭玄，參《周易鄭康成注》。《後
漢書》本傳詳舉玄所著書，不言注《孟
子》，唯《隋》、《唐志》並載鄭玄《孟子注》

七卷，馬國翰疑後人爲鄭學者依託其説而成。載記亦無徵引其注，馬氏採玄注諸書援引《孟子》及櫽括《孟子》義者輯成一卷，凡三十節。王仁俊補馬輯之缺，從慧琳《一切經音義》採得一節。今案鄭玄不注《孟子》，馬氏疑《隋》、《唐志》所載爲後人依託，是也。王利器辨之甚詳，見所著《鄭康成年譜·著述》。又按王氏採慧琳《音義》引一節，乃《離婁》篇“不以規矩，不能成方圓”之注，其文云：“規，正圓器也。”此或移《詩·汧水》毛《序》之鄭《箋》以注《孟子》耳。

孟子高氏章句一卷　（漢）高誘撰　（清）焦循輯　（清）馬國翰補輯

玉函山房輯佚書·經編孟子類

孟子高氏義一卷　（清）俞樾輯

春在堂全集·俞樓雜纂

注：高誘，參《高誘易義》。誘《呂氏春秋序》云“正《孟子章句》”，《隋》、《唐志》均不載其書，載記亦無徵引者，蓋散佚已久。焦循撰《孟子正義》，採誘注《呂氏春秋》、《淮南子》、《戰國策》三書涉及《孟子》之文者三十餘節，附於卷一《孟子題辭》疏中。馬國翰據以錄出，爲之編次，別從《孟子外書》熙時子注採得二節（按熙時子注《外書》不可信據，參《孟子逸文》）。俞樾亦就《呂氏春秋》等三書之注採摭，所採除涉及《孟子》明文者外，兼及高氏訓詁可與《孟子》參考者，故所採多於馬輯五十餘節。又多附考證，辨其説與趙岐注之異同，足資參考。按馬、俞所採，均非高氏《章句》原注，俞題《高氏義》，猶可也，馬直題《章句》之名，未免不符其實。

綦毋氏孟子注　（晉）綦毋邃撰

（清）朱彝尊輯

經義考·孟子二

晉綦毋邃孟子注　（晉）綦毋邃撰

（清）周廣業輯

孟子四考·孟子古注考　稿本　清翁方綱校〔北京圖書館〕

孟子四考·孟子古注考

皇清經解續編·孟子四考·孟子古注考

孟子綦毋氏注一卷　（晉）綦毋邃撰　（清）馬國翰輯

玉函山房輯佚書·經編孟子類

注：綦毋邃，其人無考。裴駰《史記集解》引綦毋邃注《列女傳》，裴爲劉宋人，周廣業據此以爲邃爲晉人。馬國翰以《隋志·史部》雜傳類載綦毋邃所著書於晉皇甫謐、杜預所著書之間，知其爲晉人。《隋志》云：“梁有《孟子注》九卷，綦毋邃撰，亡。”兩《唐志》復載爲七卷。周廣業從《文選》李善注採得四節。馬輯多一節，採自《通典》，又別從熙時子《孟子外書》注採得四節，則不足據（參《逸孟子》）。朱彝尊僅從《文選》注採得二節，未出周、馬之外。

孟子古注一卷　（清）王仁俊輯

玉函山房輯佚書·經編孟子類

注：李善注《文選》有引《孟子注》而未稱注者姓名，王仁俊據以採得四節，題爲《古注》。

孟子〔古解鉤沉〕　（清）余蕭客輯

古經解鉤沉卷二十六至二十七（清乾隆間刻本〔吉林省圖書館〕、嘉慶間刻本、光緒二十一年杭州竹簡齋石印本、民國二十五年陶風樓影印本）

注：參《周易〔古解鉤沉〕》。

孝 經 類

孝經逸篇 （清）朱彝尊輯
　　經義考・逸經下

孝經遺章 （清）王朝渠輯
　　十三經拾遺卷十四（清嘉慶五年刻本）
　　王氏遺書・十三經遺文
　　豫章叢書（陶福履輯）第三集・十三經
　　拾遺卷十四

孝經遺文 （清）王朝渠輯
　　十三經拾遺卷十四（清嘉慶五年刻本）
　　王氏遺書・十三經遺文
　　豫章叢書（陶福履輯）第三集・十三經
　　拾遺卷十四
　　注：朱彝尊《逸篇》及王朝渠《遺章》
　所採即《閨門》一章，實不足信，參《孝經
　長孫氏説》。至王輯《遺文》，不過據偽
　《古文孝經孔傳》、山井鼎《七經孟子考
　文》等錄其異文而已，殊不足觀。

孝經傳一卷 　（周）魏文侯撰
　（清）王謨輯
　　漢魏遺書鈔・經翼第四册

孝經傳一卷 　（周）魏文侯撰
　（清）馬國翰輯
　　玉函山房輯佚書・經編孝經類
　　注：魏文侯，魏桓子之孫，名都（《史
　記索隱》引《世本》名斯，桓子之子），受
　經藝於子夏，見《史記・魏世家》。《漢
　志》載《孝經》説凡十一家，中有《雜傳》
　四篇。王應麟《漢書藝文志考證》謂蔡
　邕《明堂論》稱魏文侯《孝經傳》，蓋即

《漢志》所載《雜傳》之一。王謨謂《漢
志》儒家有《魏文侯》六篇，《孝經傳》當
爲其一。按此説未是，《漢志》儒家之六
篇當是文侯自撰之文，故《漢志》不歸入
六藝略。至《孝經》之《雜傳》四篇，乃失
撰者姓名，故題曰“雜傳”，王應麟説亦
揣測之詞耳。馬國翰從《續漢書・祭祀
志》中劉昭注、《通典》、《舊唐書》各採得
一一節。又《齊民要術》卷一引魏文侯
語，不著經文，余蕭客《古經解鉤沉》取
以屬《孝經》第六章“因天之道，分地之
財”句下，馬亦依之採入。按此實本朱
彝尊《經義考》説。王仁俊所輯較馬氏
少一節。按此書疑托名爲之。

孝經長孫氏説一卷 　（漢）長孫□
　撰 　（清）馬國翰輯
　　玉函山房輯佚書・經編孝經類
　　注：《漢志》述《孝經》傳述云：“漢興，
　長孫氏、博士江翁、少府后蒼、諫大夫翼
　奉、安昌侯張禹傳《孝經》，各自名家，經
　文皆同。唯孔氏壁中古文爲異。”《漢
　志》載《孝經》一篇，十八章，長孫氏、江
　氏、后氏、翼氏四家。又載《長孫氏説》
　二篇，江、后、翼《説》各一篇。《隋》、《唐
　志》均不載。《隋志》云“長孫有《閨門》
　一章”，馬國翰據此從《古文孝經孔氏
　傳》錄出此章。按《古文孝經》實偽書，
　説見《四庫全書總目》。且據《漢志》，長
　孫氏之經文與江、后、翼三家無異，皆十
　八章，與《漢志》所載古文經二十二章者

不同,《隋志》獨云長孫氏本有《閨門》一章,其時書已亡而不載,則此説不知果何據也。馬氏所録此章僅二十二字,又見宋黄震《黄氏日抄》,亦不知所本,不足信。

孝經后氏説一卷　（漢）后蒼撰
（清）馬國翰

玉函山房輯佚書·經編孝經類

注：后蒼,參《齊詩》及上條。《漢志》載《孝經后氏説》一篇。馬國翰據《漢書·儒林傳》稱匡衡爲后蒼弟子,謂漢人説經皆本師法,因據《漢書》採匡衡説《孝經》者三節,以爲后氏遺説。

孝經安昌侯説一卷　（漢）張禹撰
（清）馬國翰輯

玉函山房輯佚書·經編孝經類

注：張禹,字子文,河内軹人,官至丞相,封安昌侯,爲《論語章句》(《漢書》本傳)。禹傳《孝經》,參《孝經長孫氏説》。《漢志》載《孝經安昌侯説》一篇。馬國翰從邢昺《孝經正義》採得劉瓛述張禹義一節。又《正義》引"舊説"四節,馬國翰謂《漢志》載《孝經》説有長孫氏等五家,唯張禹之義見於劉瓛所引,則禹之佚説六朝時尚存,其餘四家皆無傳述,故以爲"舊説"即本禹説,因亦採入。按即如馬所説六朝時尚存張禹一家佚説,然邢昺宋人,安知《正義》所謂"舊説"非六朝人舊説耶？此當闕疑,不得遽定爲禹説也。

孝經董氏義一卷　（漢）董仲舒撰
（清）王仁俊輯

玉函山房輯佚書續編·經編孝經類

注：董仲舒,參《春秋決事》。王仁俊從《春秋繁露》採得董氏説《孝經》義

二節。

孝經馬氏注一卷　（漢）馬融撰
（清）王仁俊輯

玉函山房輯佚書續編·經編孝經類
十三經漢注

注：馬融,參《馬融周易傳》。《後漢書》本傳稱融注《孝經》,《隋志》云："梁有二卷,亡。"王仁俊從《資治通鑑》胡三省注採得一節。

鄭氏孝經注　（漢）鄭玄撰　（清）
朱彝尊輯

經義考·孝經一

孝經註一卷　（漢）鄭玄撰　（清）
王謨輯

漢魏遺書鈔·經翼第四册

孝經鄭註一卷　（漢）鄭玄撰　（日本）岡田挺之輯

知不足齋叢書第二十一集
反約篇
榕園叢書甲集
叢書集成初編·哲學類

孝經鄭注補證一卷　（清）洪頤煊輯

知不足齋叢書第二十一集·孝經鄭註附
叢書集成初編·哲學類

孝經鄭氏解輯一卷　（漢）鄭玄撰
（清）臧庸輯

知不足齋叢書第二十一集
叢書集成初編·哲學類

孝經解一卷　（漢）鄭玄撰　（清）
黄奭輯

高密遺書附　清道光二十三年黄奭刻本　清黄奭校
漢學堂叢書·高密遺書

黃氏逸書考·通德堂經解

孝經鄭氏注一卷　（漢）鄭玄撰
（清）陳鱣輯
涉聞梓舊

叢書集成初編·哲學類

孝經鄭注一卷　（漢）鄭玄撰
（清）嚴可均輯
光緒三十三年金陵江楚編譯官書局石
　　印本

邵進齋叢書第三集

叢書集成初編·哲學類

孝經鄭氏注一卷
怡蘭堂叢書

私立北泉圖書館叢書

孝經鄭注　（漢）鄭玄撰　（清）勞
格輯
月河精舍叢鈔·讀書雜識卷六

孝經注一卷　（漢）鄭玄撰　（清）
袁鈞輯
鄭氏佚書(浙江書局本)

孝經注一卷　（漢）鄭玄撰　（清）
孔廣林輯
通德遺書所見錄

鄭學十八種附

鄭學十八種附　清抄本　清葉志詵、趙
　　之謙校〔北京圖書館〕

鄭學十八種附　清抄本　清趙在翰校
　　〔福建省圖書館〕

鄭學十八種附　清抄本　李盛鐸校
　　〔北京大學圖書館〕

孝經鄭注附音　（漢）鄭玄撰
（清）孫季咸輯
孫氏山淵閣叢刊

孝經鄭注疏二卷　（清）皮錫瑞撰
師伏堂叢書

四部備要·經部·清十三經注疏

孝經鄭氏注箋釋三卷　曹元弼撰
民國二十四年刻本
注：鄭玄，參《周易鄭康成注》。《後漢書》本傳稱玄注《孝經》，唐劉肅《大唐新語》卷九引玄《孝經序》，宋均《孝經緯》注引玄《六藝論》（見《唐會要》卷七十七）亦自云注《孝經》，則玄注《孝經》實有其事。然《鄭志》列舉玄所撰書，獨未言注《孝經》。又《唐會要》卷七十七引《晉中經簿》載《孝經注》但題"鄭氏"，未明言是玄。《隋志》、《宋志》載《孝經注》一卷，亦僅題"鄭氏"。唯兩《唐志》明題鄭玄注。自南齊陸澄（《南齊書》本傳）、唐陸德明（《釋文序錄》）、孔穎達（《禮記王制正義》）、宋王應麟（《困學紀聞》）以下，代有人疑玄未注《孝經》。《唐會要》卷七十七載開元七年劉知幾議，舉十二證以明《孝經》非鄭玄所注。綜諸家所論，大要不外二端：《鄭志》不載玄注《孝經》，一也；其注不與所注他經相類，二也。清儒如陳鱣、袁鈞、嚴可均、皮錫瑞皆有駁，參侯康《補後漢書藝文志》、姚振宗《隋書經籍志考證》、皮錫瑞《六藝論疏證》、《孝經鄭注疏》。又王利器《鄭康成年譜》亦有辯說，見《年譜》初平二年及所附《著述考》。明刻《十三經古注》有《孝經》鄭玄注一卷，實即今通行之唐玄宗注（玄宗注依用鄭注頗多，參邢昺《孝經正義》）。朱彝尊、王謨、陳鱣、臧庸、袁鈞、孔廣林皆據《釋文》、經疏、史注、《文選》李善注及唐宋類書等採摭（朱輯較略，所採不注出處），然皆未及《羣書治要》所載。日本岡田挺之專就《治要》採得百餘節，然又

未兼及羣書所引,則與諸家各有所缺。洪頤煊據岡田本爲之補證。補者,採羣書所引補《治要》之缺;證者,羣書所引有與《治要》同,則注其下以相印證也。黃奭、嚴可均亦據《治要》及羣書所載彙而録之。故洪、黃、嚴三本較他家所採爲備。三家所採雖間有出入,然大體相當,以嚴本編次較善。孫季咸輯本亦兼採《治要》及羣書所引。又以《釋文》即據鄭本爲音義,故以《釋文》附各章後,而删去後人校語之衍入者。按孫氏此輯乃綜參諸家輯本而成,所校文字間有勝於嚴輯者(例詳孫本孫葆田識語),唯所採均不注出處,參考不便。勞格補嚴輯之缺,從《臣軌》注採得二節。皮錫瑞據嚴輯作疏證,其疏於鄭注引典禮者爲之疏通證明,於諸家駁鄭義者爲之解釋凝滯,而經文之義明顯者則略而不説。曹元弼亦就嚴本爲之箋釋,唯以嚴輯《治要》諸節不可信,悉加删汰,附於注解之末以駁之。按曹箋引古今説頗備,間有經文義極顯而亦疏解不厭其煩。然删汰《治要》所載,是其大謬。魏徵纂《治要》皆節録原書,猶是唐初之本。洪頤煊《補證》以羣書所引與《治要》互證,知其爲鄭玄注無疑。曹删《治要》,蓋以其注有淺近語,不類玄注他經(阮元已有此説,見臧庸輯本阮序)。如首章"仲尼居"下,《治要》載注云:"仲尼,孔子字。"曹辨之曰:"此學者共知。"蓋以玄注經爲一代宗師,不屑下此極淺近之注。不知漢時《孝經》爲童蒙所習,鄭注爲此而施,自與注他經不同也。又今本唐玄宗注多依用鄭注,故《治要》所引有與相合者,此玄宗用鄭注也。邢昺《正義》亦明言玄宗多依鄭注,而曹反謂《治

要》用玄宗注,可謂本末倒置。

孝經鄭氏注　（魏）鄭偁撰　（清）王仁俊輯

玉函山房輯佚書續編·經編孝經類·孝經董氏義附

注:《公羊傳》昭公十五年何休注引《孝經》爲説,徐彦疏謂何説《孝經》之義與鄭偁同,與鄭玄異。王仁俊即據以輯出何氏説,題爲鄭偁注,實非偁注原文。阮元《校勘記》引梁玉繩云:"鄭偁爲魏侍中,有答魏武帝金輅之問,見《續後漢書·輿服志》注。又《魏志》延康元年注引《魏略》,言偁篤學大儒,爲武德侯叡傅,叡即魏明帝也。"

孝經王氏解一卷　（魏）王肅撰　（清）馬國翰輯

玉函山房輯佚書·經編孝經類

注: 王肅,參《王肅周易注》。《釋文序録》稱王肅注《孝經》,不言卷數。《隋志》載《孝經》一卷,王肅解。兩《唐志》並作王肅注一卷。馬國翰從邢昺《孝經正義》、《釋文》、《史記集解》、《資治通鑑》胡三省注採得二十二節。馬氏序云:"子雍好攻鄭學,此《解》不見有駁難之語,蓋唐明皇帝作注時悉令汰去。"按《禮記·郊特牲》"天子大社"云云,孔穎達《正義》引睎《聖證論》有難鄭玄注《孝經》一節。

孝經解讚一卷　（吳）韋昭撰　（清）馬國翰輯

玉函山房輯佚書·經編孝經類

注: 韋昭,參《毛詩答雜問》。《釋文序録》稱韋昭注《孝經》,不言卷數。《隋志》載《孝經解讚》一卷,韋昭解。兩《唐志》並作韋昭注《孝經》一卷。馬國翰據

邢昺《孝經正義》採得十節,又從朱熹《儀禮經傳通解》採得一節。

孝經殷氏注一卷　（晉）殷仲文撰

（清）馬國翰輯

玉函山房輯佚書·經編孝經類

注：殷仲文,《晉書》有傳,字里不詳。《釋文序錄》稱殷仲文注《孝經》,注云:"陳郡人,東晉東陽太守。"《文選·南州桓公九井作一首》李善注引檀道鸞《晉陽秋》云:"殷仲文,字仲文,陳郡人也。"疑仲文以字行,名遂不傳耳。《隋志》云:"梁有東陽太守殷仲文注《孝經》一卷,亡。"兩《唐志》復載之。馬國翰從邢昺《孝經正義》採得四節。

集解孝經一卷　（晉）謝萬撰

（清）馬國翰輯

玉函山房輯佚書·經編孝經類

注：謝萬,字萬石,陳國陽夏人,官至散騎常侍(《晉書·謝安傳》)。《釋文序錄》稱謝萬注《孝經》,不言卷數。《隋志》載《集解孝經》一卷,謝萬集。兩《唐志》並作謝萬注《孝經》一卷。馬國翰據邢昺《孝經正義》採得四節。又採謝安說一節,以安爲萬兄,是一家之學也。按安不注《孝經》,此或萬爲《集解》,引其兄說,故《正義》得以引之。

齊永明諸王孝經講義一卷　（南齊）□□撰　（清）馬國翰輯

玉函山房輯佚書·經編孝經類

注：《隋志》云:"梁有齊永明三年東宮講、齊永明中諸王講及賀瑒講議《孝經義疏》各一卷,亡。"兩《唐志》不載。《南齊書·文惠太子傳》載永明五年太子臨國學策試諸生,並載與諸生問答凡十四節。馬國翰謂此與《隋志》所稱"永明中諸王講"正合,因據以爲輯。按《南齊書》所載爲太子與諸生問答,似不得稱"諸王講"(講者,論也),而與《隋志》所載"東宮講"則合,蓋略諸生而僅題太子("東宮")耳。《隋志》之"永明三年","三"應依《南齊書》作"五","五"爛壞而誤作"三"也。姚振宗《隋書經籍志考證》以永明四年國子講《孝經》事當之,亦未是。

孝經劉氏說一卷　（南齊）劉瓛撰

（清）馬國翰輯

玉函山房輯佚書·經編孝經類

注：劉瓛,參《劉瓛周易義疏》。史志不載劉瓛注《孝經》,唯邢昺《孝經正義》引瓛說,馬國翰採得五節。

孝經義疏一卷　（梁）蕭衍撰

（清）馬國翰輯

玉函山房輯佚書·經編孝經類

注：梁武帝蕭衍,參《梁武帝周易講疏》。武帝嘗自講《孝經》,見《梁書·朱異傳》。《隋》、《唐志》並載梁武帝《孝經義疏》十八卷。馬國翰從邢昺《孝經正義》採得三節,又據《梁武帝集》採得說明堂一節,合爲一輯。

孝經嚴氏注一卷　（梁）嚴植之撰

（清）馬國翰輯

玉函山房輯佚書·經編孝經類

注：嚴植之,字孝源,建平秭歸人。少精解《孝經》、《論語》,及長,徧習鄭玄《禮》注等書,官至中撫記室參軍,兼五經博士。(《梁書·儒林傳》)《隋志》云:"梁有嚴植之《孝經注》一卷,亡。"馬國翰從邢昺《孝經正義》採得三節。《正義》又引"先儒"說二節,馬謂嚴亦在內,並採入。

孝經皇氏義疏一卷 （梁）皇侃撰
（清）馬國翰輯
　　玉函山房輯佚書・經編孝經類
　　　注：皇侃，參《禮記皇氏義疏》。
　　《隋》、《唐志》並載皇侃《孝經義疏》三
　　卷。馬國翰從邢昺《孝經正義》採得十
　　八節。

孝經〔古解鈎沉〕 （清）余蕭客輯
　　古經解鈎沉卷二十四（清乾隆間刻本
　　〔吉林省圖書館〕、嘉慶間刻本、光緒
　　二十一年杭州竹簡齋石印本、民國二
　　十五年陶風樓影印本）
　　　注：參《周易〔古解鈎沉〕》。

爾　雅　類

爾雅遺句 （清）朱彝尊輯
　　經義考・逸經下

爾雅遺文 （清）王朝渠輯
　　十三經拾遺卷十六（清嘉慶五年刻本）
　　王氏遺書，十三經遺文
　　豫章叢書（陶福履輯）第三集・十三經
　　　遺文卷十六

爾雅逸文 （清）嚴元照輯
　　湖州叢書・爾雅匡名卷二十
　　廣雅書局叢書・爾雅匡名卷二十
　　皇清經解續編・爾雅匡名（刻本卷五百
　　　十五、石印本卷七十九）

爾雅佚文一卷 （清）嚴元照輯
（清）王仁俊補輯
　　經籍佚文
　　　注：朱彝尊僅據《宋書・樂志》採得
　　《爾雅・釋樂》文數節。按其文實見今
　　本，唯文字互有詳略。《爾雅》之佚文見
　　於經疏、史注、《文選》李善注等所引，王
　　朝渠、嚴元照皆據以採得三十餘節，互
　　爲有無。嚴輯較審慎，凡有疑義者皆加
　　注説明。王仁俊全錄嚴輯，更從慧琳

《一切經音義》、《原本玉篇》、《太平御
覽》採得九節附益之。

爾雅許義一卷 （漢）許慎撰
（清）王仁俊輯
　　玉函山房輯佚書續編・經編爾雅類

爾雅許氏義一卷
　　十三經漢注
　　　注：許慎，參《駁五經異義》。王仁俊
　　從《詩簡兮正義》採得一節。按《正義》
　　所引乃許慎《五經異義》稱"《爾雅》説"，
　　蓋許引舊説也，不得徑題爲許義。

犍爲文學爾雅注 （漢）犍爲文學
撰 （清）朱彝尊輯
　　經義考・爾雅一

爾雅注一卷 （漢）犍爲文學撰
（清）王謨輯
　　漢魏遺書鈔・經翼第四册

犍爲舍人爾雅注 （漢）犍爲舍人
撰 （清）張澍輯
　　蜀典卷十上（稿本〔四川省圖書館〕、
　　　清道光十四年張氏安懷堂刻本、光緒
　　　二年尊經書院刻本）

爾雅犍爲文學注一卷　（漢）郭舍人撰　（清）黃奭輯

爾雅古義　清道光間刻本　清黃奭校補　〔北京圖書館〕

漢學漢叢書・經解小學類・爾雅古義

黃氏逸書考・漢學堂經解・爾雅古義

榕園叢書甲集・爾雅古義

犍爲文學爾雅注一卷

漢學堂知足齋叢書・通緯　清黃奭校〔北京圖書館〕

爾雅犍爲文學注三卷　（漢）郭舍人撰　（清）馬國翰輯

玉函山房輯佚書・經編爾雅類

爾雅舍人注一卷　（漢）□□撰　（清）王仁俊輯

十三經漢注

注：《釋文序錄》載犍爲文學《爾雅注》三卷，注云："一云犍爲郡文學卒史臣舍人，漢武帝待詔。闕中卷。"《隋志》云："梁有漢犍爲文學《爾雅注》三卷，亡。"《釋文》、經疏等引其注或稱"文學"，或稱"舍人"，王謨、馬國翰、黃奭皆以爲一人，黃奭序引清儒説論之甚詳。又《詩大田釋文》引《爾雅注》一節，稱"郭云"，據孔穎達《正義》，知《釋文》所引此節即舍人注，《文選・羽獵賦》李善注引此亦稱郭舍人，是舍人姓郭。張澍謂即《漢書・東方朔傳》與朔同時待詔之郭舍人，然未有實據，未知是否，孫志祖《讀書脞錄續編》卷二亦有此説也。朱彝尊僅據《釋文》採摭，不及後來諸家爲備。王謨據《釋文》、經疏、《文選》李善注等輯爲一卷，取捨欠精，有誤以他家注羼入者。黃奭初僅據王輯稍加附益，後見余蕭客、邵晉涵、郝懿行、臧庸

諸人書，遂重爲訂補删正（見黃序）。張澍、馬國翰所採與黃輯相當，以馬、黃二本較勝。馬、黃所採大體無甚出入，唯《釋言》"繘，介也"、《釋訓》"薨薨，衆也"、"恔恔，愛也"、"夢夢，詎詎，亂也"四節爲馬所無，而《釋樂》"大塤謂之㲈"、《釋草》"荼，苦菜"二節爲黃所無，餘無大異。又《釋鳥》"桑鳸，竊脂"，今本《爾雅》一文而前後二見，馬、黃各删其一，所採注則同。按馬删後文是，乃《唐石經》所誤重。王仁俊從《原本玉篇》採得一節，爲諸家所無。按《玉燭寶典》亦引有舍人注，諸家皆未及採也。

爾雅劉歆注　（漢）劉歆撰　（清）黃奭輯

爾雅古義・爾雅李巡注附　清道光間刻本　清黃奭校補　〔北京圖書館〕

漢學堂叢書・經解小學類　爾雅古義・爾雅李巡注附

黃氏逸書考・漢學堂經解・爾雅古義・爾雅李巡注附

榕園叢書甲集・爾雅古義・爾雅李巡注附

爾雅劉氏注一卷　（漢）劉歆撰　（清）馬國翰輯

玉函山房輯佚書・經編爾雅類

注：劉歆，參《劉向、劉歆易注》。《釋文序錄》載劉歆《爾雅注》三卷，注云："與李巡注正同，疑非歆注。"《隋志》云："梁有三卷，亡。"吳承仕《經典釋文序錄疏證》云："此謂劉、李注同。今散見諸書，則不悉相應。疑舊題劉注者，乃後人綴集劉義以釋《爾雅》，非子駿自有注本也。"馬國翰謂李蓋本劉爲注，又謂《説文》引劉注一節，與《春秋正義》引李

注異,則二家之注亦不無異者。黃奭謂《隋志》已云劉、李二注均亡,《釋文》何以知二注同? 今按《漢書》本傳不言歆注《爾雅》,《釋文》所載究爲劉氏自注抑或後人所爲,此不得而知。至黃氏以《隋志》云亡而疑《釋文》所載,則非是。陸德明撰《釋文》在陳至德元年(一説在唐貞觀元年,誤。吳氏《疏證》綜清儒之説,凡列五證,確鑿無疑),遠在唐人修《隋書》之先,不得以《隋志》云亡而疑陸氏也。今檢隋杜臺卿《玉燭寶典》,如卷六、卷十一皆引劉歆《爾雅注》,引李巡注者猶多,是二家之注隋時尚及見,則陸氏《釋文》所引必爲親見其書也。至陸氏云二注正同,蓋就大體言之,非一切無異。不爾,則《釋文》既引李注矣,何又引劉注邪? 黃、馬皆據《釋文》等採得數節,文無異。按二家均未及採《玉燭寶典》。

樊氏爾雅注 　(漢)樊光撰　(清)朱彝尊輯

經義考·爾雅一

爾雅樊光注一卷　(漢)樊光撰 (清)黃奭輯

爾雅古義　清道光間刻本　清黃奭校補

漢學堂叢書·經解小學類·爾雅古義

黃氏逸書考·漢學堂經解·爾雅古義

榕園叢書甲集·爾雅古義

爾雅樊氏注一卷　(漢)樊光撰 (清)馬國翰輯

玉函山房輯佚書·經編爾雅類

注:《釋文序錄》載樊光《爾雅注》六卷,注云:"京兆人,後漢中散大夫。沈旋疑非光注。"《隋志》載三卷,兩《唐志》

復載六卷。《釋文》、經疏等引有樊注。又臧庸《拜經日記》謂唐人經疏引"某氏"《爾雅注》者,亦樊光注。馬國翰證以《毛詩正義》引樊注一節與《禮記正義》引"某氏"注同,又《春秋正義》引樊注一節與《毛詩正義》引"某氏"注同,謂臧氏之説確不可易。又謂稱"某氏"者,以沈旋疑非光著,故不明稱其姓名,示闕疑之義。今按《毛詩正義》所引,稱樊光注與稱"某氏"注者互見,故吳承仕以爲究系一人與否疑未能定也(見《經典釋文序錄疏證》)。黃、馬所採,見於《釋文》、經疏等明稱樊注者均得七十餘節,大體相當。唯黃缺《釋草》"菲,芴"、"蓄,虞蓼"二節,馬缺《釋草》"戎菽謂之荏菽"、《釋木》"杜,赤棠。白者棠"。二節。又馬氏兼採經疏引"某氏"注三十餘節,則爲黃所未採。按《玉燭寶典》亦引樊注,二家均未及採。朱彝尊僅據《釋文》採摭,不出馬、黃外。

李氏爾雅注　(漢)李巡撰　(清)朱彝尊輯

經義考·爾雅一

爾雅李巡注一卷　(漢)李巡撰 (清)黃奭輯

爾雅古義　清道光間刻本　清黃奭校補　〔北京圖書館〕

漢學堂叢書·經解小學類·爾雅古義

黃氏逸書考·漢學堂經解·爾雅古義

榕園叢書甲集·爾雅古義

爾雅李氏注一卷　(漢)李巡撰 (清)馬國翰輯

玉函山房輯佚書·經編爾雅類

爾雅李氏注一卷　(漢)李巡撰 (清)王仁俊輯

十三經漢注

注：李巡，汝陽人，宦者，漢熹平立《石經》，即巡發端倡議，事見《後漢書·宦者呂强傳》。《釋文序錄》載李巡《爾雅注》三卷，注云："汝南人，後漢中黃門。"《隋志》云："梁有中黃門李巡《爾雅注》三卷，亡。"兩《唐志》復載三卷。黃奭、馬國翰皆據《釋文》、經疏、《開元占經》等採摭，所輯大體相當。唯馬缺《釋言》"氂，罽也"、《釋訓》"仇仇、敖敖，傲也"、《釋樂》"小者謂之棧"、《釋天》"三月爲寎"四節，黃缺《釋詁》"弛，易也"、《釋言》"翮，薶也"、《釋訓》"翕翕、訿訿，莫供職也"、《釋草》"蘆，棗蓬"四節。按《詩·小雅·小明》及《何草不黃》孔穎達《正義》引李巡、孫炎《釋天》注各二節（一節爲"四月爲余"，另一節爲"九月爲玄"），馬氏均誤採孫炎注入此輯，而李巡注則誤採入所輯《爾雅孫氏注》中，黃氏不誤。又《春秋正義》、《文選注》等引李注《釋獸·鼠屬》數節，馬均歸之"鼷鼠"一節，而黃則分隸"鼸鼠"、"鼷鼠"、"鼩鼠"三節，此則二家編次之異，未詳孰是。王仁俊從《法苑珠林》採得二節，爲黃、馬所無。按《玉燭寶典》引李注頗多，三家均未及採也。朱彝尊僅據《釋文》採摭，不出馬、黃之外。

爾雅鄭注一卷　　（漢）鄭玄撰
（清）王仁俊輯
玉函山房輯佚書續編·經編爾雅類

爾雅鄭氏注一卷　　（漢）鄭玄撰
（清）王仁俊輯
十三經漢注

注：鄭玄，參《周易鄭康成注》。王仁俊從慧琳《一切經音義》採得三節，從《史記五帝本紀索隱》採得一節。按鄭玄不注《爾雅》，此或鄭注他書，而慧琳《音義》移以釋《爾雅》也。至《索隱》所引一節，稱"鄭氏"，鄭氏自有其人，非玄也。又王氏輯入《十三經漢注》者僅二節，未出上述四節之外。

爾雅孫炎音注一卷　　（魏）孫炎撰
（清）黃奭輯
爾雅古義　清道光間刻本　清黃奭校補　〔北京圖書館〕
漢學堂叢書·經解小學類·爾雅古義
黃氏逸書考·漢學堂經解·爾雅古義
榕園叢書甲集·爾雅古義

爾雅孫氏注三卷　　（魏）孫炎撰
（清）馬國翰輯
玉函山房輯佚書·經編爾雅類

爾雅孫氏音一卷　　（魏）孫炎撰
（清）馬國翰輯
玉函山房輯佚書·經編爾雅類

爾雅孫叔然注一卷　　（魏）孫炎撰
（清）王仁俊輯
玉函山房輯佚書·經編爾雅類

注：孫炎，參《孫炎周易例》。《釋文序錄》載孫炎《爾雅注》三卷，《隋志》七卷，兩《唐志》並六卷。姚振宗《隋書經籍志考證》謂《隋志》之七卷，蓋合《音》計之。按《序錄》注云："《音》一卷。"陶說近是。《隋志》云："梁有《爾雅音》二卷，孫炎、郭璞撰。"此蓋孫、郭各一卷，合計爲二卷耳。唯《序錄》載《注》僅三卷，與《隋》、《唐志》相差過甚。疑原爲三卷，其後各卷析爲二則成六卷，合《音》一卷則爲七卷也（此略本吳承仕《經典釋文序錄疏證》說）。馬國翰據《釋文》、經疏等輯成《注》三卷，據《釋

文》、《集韻》、《太平御覽》等輯成《音》一卷。黃奭則兼採《注》、《音》，總爲一輯。合而觀之，兩家所採大體相當，互爲有無者約十餘節。馬所採《音》缺《釋詁》"妥，止也"、《釋草》"中馗，菌"、《釋木》"棗李曰檓之"三節，黃則缺《釋器》"康瓠"、"革中絕謂之辨"、《釋水》"氿"、《釋蟲》"蟼蟇，蟵蚚"、《釋魚》"鮎"五節。馬所採《注》缺《釋詁》"典，常也"、《釋訓》"洗洗，武也"、"濟濟，止也"、《釋天》"十月爲陽"、《釋地》"邑外謂之郊"、《釋草》"蓫，王芻"、《釋獸》"貁貐"七節及黃氏《補遺》所附數節，黃則缺《釋器》"革中絕謂之辨"、《釋丘》"陾，隒"、《釋水》"氿"、《釋蟲》"强醜捋"、《釋魚》"蠑螈，蜥蜴"云云五節。又馬輯於《釋天》有誤採李巡注者(參《爾雅李巡注》)。又《釋樂》"小者謂之棧"一節，黃、馬均誤採李巡注。邢昺《爾雅疏叙》云："俗間有孫炎、高璉，皆淺近俗儒，不經師匠。"此孫炎與魏孫炎同名，馬謂蓋唐宋間人，黃謂五代時人。其人無考，要之與魏孫炎字叔然者非一人。今《埤雅》引有其注，黃氏採得四節附入此輯。按既非同一人，則不應附入，黃氏謂"姑以同名附入"，成何言邪？王仁俊僅從《禮記內則正義》採得二節以補馬缺。又《史記貨殖列傳集解》引孫叔敖注一節，王氏考"敖"爲"然"之誤，亦採入。按《玉燭寶典》引孫炎注頗多，三家皆未及採。

爾雅劉劭注一卷　　(魏)劉劭撰

(清)王仁俊輯

玉函山房輯佚書續編・經編爾雅類

　　注：《初學記》卷三引《爾雅》劉劭注一節，王仁俊據以輯存，並定其人爲魏人劉劭。按《三國志》本傳，劭字孔才，

廣平邯鄲人。考《宋書》、《晉書》別有二劉劭，與此魏劉劭同姓名，史皆不言有注《爾雅》者，《隋》、《唐志》亦未載其《爾雅注》。今檢《玉燭寶典》卷六"蟋蟀居壁"句下，注引《爾雅》及劉劭注一節，與《初學記》引正同，是"劉劭"乃"劉歆"之誤耳。劉歆注《爾雅》見《釋文序錄》，參《爾雅劉歆注》。

爾雅郭璞音義一卷　　(晉)郭璞撰

(清)黃奭輯

爾雅古義　清道光間刻本　清黃奭校補　〔北京圖書館〕

漢學堂叢書・經解小學類・爾雅古義

黃氏佚書考・漢學堂經解・爾雅古義

榕園叢書甲集・爾雅古義

爾雅音義一卷　　(晉)郭璞撰

(清)馬國翰輯

玉函山房輯佚書・經編爾雅類

　　注：郭璞，參《毛詩拾遺》。《晉書》本傳稱郭璞"注釋《爾雅》，別爲《音義》、《圖譜》"。《釋文序錄》載郭璞《爾雅注》三卷，注云："《音》一卷。"是郭璞於注《爾雅》外，又有《音》一卷，即本傳所謂"別爲《音義》"也。兩《唐志》亦並載《音》一卷。《隋志》云"梁有《爾雅音》二卷，孫炎、郭璞撰"者，馬國翰謂孫、郭各一卷，是也。今存其《注》，而《音》則佚。馬氏此輯所採，大要不出《釋文》、經疏所引。黃奭則兼及玄應《一切經音義》、《文選》李善注等，又考《太平御覽》凡於郭注下載《爾雅》音者皆郭書之佚文，故其所採多於馬輯百五十餘節。按據《晉書》本傳郭既爲《注》，又別爲《音義》，未知二者何以區別。據《釋文序錄》及《隋》、《唐志》，則郭氏於《注》外別有

《音》，郭氏《爾雅序》亦自云“別爲《音》、《圖》”，皆不作《音義》。蓋《音》者祇涉字音而不及字義，故與《注》別而單行歟？馬、黃所採佚文，除涉字音外，又有釋字義者，又黃採郭氏佚說間有見於今本郭《注》而文爲詳者，此類皆不知是《音》之佚文，抑或《注》之佚文也。又馬氏所採雖不及黃爲備，然間亦有溢出黃外者，如《釋詁》“從、申、神、加、弼、崇，重也”、《釋訓》“斤斤”、《釋言》“二達謂之歧旁”、《釋山》“一成，坯”、《釋草》“萍，萍”、《釋蟲》“蜻蛚”等十餘節皆爲黃所缺。

爾雅沈旋集注一卷　　（梁）沈旋撰（清）黃奭輯

爾雅古義　清道光間刻本　清黃奭校補　〔北京圖書館〕

遜敏堂叢書

漢學堂叢書·經解小學類·爾雅古義

黃氏逸書考·漢學堂經解·爾雅古義

榕園叢書甲集·爾雅古義

集注爾雅一卷　　（梁）沈旋撰（清）馬國翰輯

玉函山房輯佚書·經編爾雅類

注：沈旋，約子，字士規，武康人，見《南史·沈約傳》。《傳》稱其“集注《通言》”，吳承仕《經典釋文序錄考證》謂《通言》當爲《爾雅》之誤。《序錄》云：“梁有沈旋，集衆家（《爾雅》）之注。”《隋》、《唐志》並載爲十卷。（《隋志》、《新唐志》“旋”作“琁”，《舊唐志》作“璇”。）黃奭、馬國翰皆據《釋文》等輯爲一卷，中有數節互爲有無。黃輯《釋詁》“藞，落也”、《釋鳥》“鷦，沈鳬”二節及《補遺》一節爲馬所缺，又《釋魚》“鯢蚑，

鱳婦”下多採《類篇》引一節。馬輯《釋詁》“命、令云云，告也”、《釋言》“樞謂之椳”、“石杠謂之徛”、《釋器》“劀謂之鏙”、《釋獸》“狒狒”六節爲黃所缺，又《釋山》“一成，坯”下多採《集韻》引一節。

爾雅顧野王音一卷　　（梁）顧野王撰　（清）黃奭輯

爾雅古義　清道光間刻本　清黃奭校補　〔北京圖書館〕

漢學堂叢書·經解小學類·爾雅古義

黃氏逸書考·漢學堂經解·爾雅古義

爾雅音注一卷

榕園叢書甲集·爾雅古義

爾雅顧氏音一卷　　（梁）顧野王撰（清）馬國翰輯

玉函山房輯佚書·經編爾雅類

注：顧野王，字希馮，吳郡吳人，官至黃門侍郎、光祿卿（《陳書》本傳）。《釋文序錄》稱野王撰《爾雅音》，不言卷數，《隋》、《唐志》不載。黃奭、馬國翰皆從《釋文》採得五十餘節。黃缺《釋訓》“存存、蔄蔄，在也”、《釋魚》“鮥，當魱”二節，餘與馬輯無大異。唯《釋詁》“即，尼也”下馬誤採謝喬《音》，黃氏不誤。又黃氏別採顧氏《玉篇》所引《爾雅》經文及音注附錄於後，爲馬輯所無。

爾雅音注一卷　　（陳）施乾撰（清）黃奭輯

爾雅古義　清道光間刻本　清黃奭校補　〔北京圖書館〕

遜敏堂叢書

榕園叢書甲集·爾雅古義

爾雅施乾音一卷

漢學堂叢書·經解小學類·爾雅古義

黃氏逸書考·漢學堂經解·爾雅古義

爾雅施氏音一卷 （陳）施乾撰

（清）馬國翰輯

玉函山房輯佚書·經編爾雅類

注：《釋文序錄》稱陳博士施乾撰《爾雅音》，不言卷數，其人事迹無考，《隋》、《唐志》亦不載其書。黃奭、馬國翰皆據《釋文》等採摭。馬輯缺《釋言》“徇，徧也”、《釋地》“中有枳首蛇焉”、《釋草》“葵，蘆萉”、《釋蟲》“蜦，蛹”四節。黃缺《釋丘》“水潦所還，埒丘”、《釋水》“鬲津”、《釋蟲》“蒺藜，蝍蛆”、《釋獸》“幺，幼”四節。又《釋木》“楔，荆桃”下馬多採《集韻》引一節。按黃輯《釋詁》“相，視也”一節，原引未明標爲施氏《音》。馬輯《釋丘》“途出其右而還之，晝丘”一節注乃誤採謝嶠《音》。

爾雅謝嶠音一卷 （陳）謝嶠撰

（清）黃奭輯

爾雅古義　清道光間刻本　清黃奭較補　〔北京圖書館〕

漢學堂叢書·經解小學類·爾雅古義

黃氏逸書考·漢學堂經解·爾雅古義

榕園叢書甲集·爾雅古義

注：謝嶠，會稽山陰人，篤學，爲世通儒（《陳書·謝岐傳》）。《釋文序錄》云：“陳國子祭酒謝嶠撰《爾雅音》。”《隋》、《唐志》不載。黃奭、馬國翰皆據《釋文》等採摭，大體相當。唯黃輯《釋訓》“委委、佗佗，美也”、《釋器》“置，罦也”、《釋地》“西方有比肩獸焉”云云、《釋丘》“途出其右而還之，晝丘”四節爲馬所缺。馬輯於《釋草》“藬，牛蘈”、“芍，鳧茈”（馬本“鳧茈”下誤衍“芍”字，今刪正）、《釋畜》“青驪，駽”下皆兼採《集韻》所

引，爲黃所缺。又馬輯《釋詁》“即，尼也”乃誤採顧野王《音》，黃氏所採不誤。按《爾雅·釋草》“茷，虸蚄”，郭璞引“謝氏”說一節，黃採入，實誤。此謝氏必非謝嶠，郭爲晉人，安得引陳人之説？

爾雅麻杲注 （□）麻杲撰 （清）王仁俊輯

玉函山房輯佚書續編·經編爾雅類·爾雅孫氏注附

注：唐釋湛然《輔行記》引《爾雅·釋宮》麻杲注一節，王仁俊據以輯存。麻杲，不詳何人。

爾雅圖贊一卷 （晉）郭璞撰

（清）王謨輯

漢魏遺書鈔·經翼第四册

郭璞尒雅贊 （晉）郭璞撰 （清）孫志祖輯

讀書脞録卷二（嘉慶四年刻本、光緒十三年醉六堂刻本）

張氏聚珍版叢書·讀書脞録卷二

尒雅贊 （晉）郭璞撰 （清）孫志祖輯

讀書脞録續編卷二（嘉慶七年刻本、民國二十年中國書店影印本）

爾雅圖贊一卷 （晉）郭璞撰

（清）錢熙祚輯

指海第十八集

爾雅郭璞圖贊一卷 （晉）郭璞撰

（清）黃奭輯

爾雅古義　清道光間刻本　清黃奭校補　〔北京圖書館〕

漢學堂叢書·經解小學類·爾雅古義

黃氏逸書考·漢學堂經解·爾雅古義

爾雅圖讚一卷 （晉）郭璞撰

（清）馬國翰輯

　玉函山房輯佚書·經編爾雅類

爾雅圖贊　（晉）郭璞撰　（清）嚴可均輯

　全晉文卷一百二十一

爾雅圖贊一卷　（晉）郭璞撰

（清）嚴可均輯

　觀古堂所刊書

　觀古堂彙刻書第一集

　郋園先生全書

注：郭璞，參《毛詩拾遺》。《晉書》本傳稱其“注《爾雅》，別爲《音義》、《圖譜》”。郭璞《爾雅序》亦自云“別爲《音》、《圖》，用袪未寤”，邢昺疏云：“謂於注解之外，別爲《音》一卷，《圖贊》二卷。字形難識者則審音以知之，物狀難辯者則披圖以別之。”按贊、讚字通，《圖贊》當附於《圖》，《隋志》載郭璞《爾雅圖》十卷，即郭《序》所謂《圖》也。《釋文序錄》載《圖贊》二卷者，疑後人析出郭《圖》之贊語單行之。其《圖》則兩《唐志》祇載爲一卷，至《圖贊》則《隋志》已云“梁有二卷，亡”。蓋皆久已散佚。《圖贊》之佚文猶見於《釋文》、邢昺《爾雅疏》及唐、宋類書所引，諸家皆據以採摭。黃奭所輯較備，其餘諸家輯本所採互爲有無，而以孫志祖最略（孫氏前後二輯，總凡不足二十節，中六節乃採自邵晉涵《爾雅正義》所引）。諸家所採，唯馬國翰、嚴可均採《鼠贊》一節及嚴採《太室山贊》一節爲黃所缺，餘皆不出黃外。按郭璞於《爾雅》、《山海經》皆有《圖贊》之作，二書所舉名物每有同者，而《藝文類聚》等引多僅稱“贊”，不加區別，孰此孰彼，諸家所見不盡同，故取捨間亦互異。葉德輝謂嚴輯最爲審慎，如《犀贊》據郭注之文意與其所輯《山海經圖贊》之《犀贊》互易（按嚴輯《全晉文》尚未互易二《贊》，葉所刊爲後來之定稿），《太室山贊》據《山海經圖贊》移入，皆足見校讎之精密（見《觀古堂彙刻書》本葉跋，識以存參）。

爾雅漢注三卷　（清）臧庸輯

（清）孫馮翼校訂

　問經堂叢書

　槐廬叢書三編

　叢書集成初編·語言文學

爾雅舊注三卷　（清）陳鱣輯

　清朱元呂抄本　清許瀚校補並跋　〔復旦大學圖書館〕

爾雅衆家注二卷　（清）黃奭輯

　爾雅古義　清道光間刻本　清黃奭校補　〔北京圖書館〕

　漢學堂叢書·經解小學類·爾雅古義

　黃氏逸書考·漢學堂經解·爾雅古義

爾雅古注斠三卷　（清）葉蕙心輯並注

　清光緒二年李氏半畝園刻本（《小學類編附編》本）　清李慈銘校　〔北京圖書館〕

　小學類編附編

爾雅古注斠補二卷　（清）陶方琦輯

　漢孳室遺書

爾雅一切注音十卷　（清）嚴萬里（可均）輯

　木犀軒叢書

爾雅古注合存十九卷　（清）董桂新輯

　清抄本　〔上海圖書館〕

爾雅〔古解鉤沉〕　（清）余蕭客輯

古經解鉤沉卷二十八至卷三十　（清乾隆間刻本〔吉林省圖書館〕、嘉慶間刻本、光緒二十一年杭州竹簡齋石印本、民國二十五年陶風樓影印本）

注：臧庸《爾雅漢注》採犍爲舍人、劉歆、樊光、李巡、孫炎五家佚注，兼及經疏所引"某氏"注，合爲一輯。按孫炎雖仕於魏，其學則出鄭玄之門，猶是漢人舊説。至"某氏"注，臧氏考定即樊光注，故亦作漢注輯入（參《爾雅樊光注》）。葉蕙心《爾雅古注斠》所採除漢注外，兼及魏晉六朝人注及舊注失姓名者，又郭璞《爾雅音義》及《爾雅圖贊》之佚文亦並採入，總爲一輯。嚴可均《爾雅一切注音》採摭範圍大抵與葉輯同，所異者，嚴氏更將今本郭注亦悉採入，而郭氏之《音義》佚文及佚名舊注則多未採。臧、葉、嚴三家所採漢注，及葉、嚴所採魏晉六朝注，大體均相當，以葉輯較爲詳實。又葉、嚴所輯間附疏解、考證，皆足資參考。陶方琦補葉輯之缺，凡增七十餘節，間爲訂正葉氏之誤數節。董桂新《爾雅古注合存》所採以犍爲舍人、樊光、李巡、孫炎四家注爲主，不及葉、嚴爲備，引文出處多不注明。其編次則全録《爾雅》經文及今存之郭璞、鄭樵二家注，各家佚注散列其後。董氏自云："他書引《爾雅》古注，有字與經異者，非明見陸氏《釋文》，則必系引之者所改，故此編所録仍用本經原字。"（見《釋詁》"弘、廓云云，大也"樊光注下自注）按此例殊不善，夫唐以前舊家注本夥矣，陸德明豈盡得見之？即盡得見之，亦未必能於《釋文》一一舉出各本異文無遺。即舉出無遺，其今本《釋文》安得必無删削漏訛而一如陸氏原書？則舊注所用本經異文而不見於《釋文》所舉者，豈必是引之者所改邪？今悉改同今本，殊失存古之意。又按諸家所採佚注，清儒亦多有專輯單行，此皆合爲一帙，頗便參觀。唯慧琳《一切經音義》、《原本玉篇》、《玉燭寶典》引《爾雅》舊注頗多，諸家皆未及採也。黄奭《爾雅衆家注》專輯佚名舊注，兼及羣書所引古本舊音及異文。據其自序則採及之書達六十餘種，雖難免失之濫，然雜採兼收，不爲不富。余蕭客所輯參《周易〔古解鉤沉〕》。

羣經總義類

五經通義

説郛（宛委山堂本）弓五

説郛（宛委山堂本）弓五　清傅增湘校〔北京圖書館〕

五經通義

説郛（商務印書館本）卷二·古典録略

五經通義　（清）劉學寵輯

青照堂叢書摘次編第二函·諸經緯遺

劉氏五經通義　（漢）劉向撰　（清）朱彝尊輯

經義考·羣經一

五經通義一卷 （漢）劉向撰
（清）王謨輯

漢魏遺書鈔·經翼第四册

劉向五經通義一卷 （漢）劉向撰
（清）洪頤煊輯

問經堂叢書·經典集林

經典集林

五經通義一卷 （清）宋翔鳳輯

浮谿精舍叢書

劉向五經通義一卷 （漢）劉向撰
（清）黄奭輯

漢學堂叢書·經解五經總義類

黄氏逸書考·漢學堂經解

五經通義一卷 （漢）劉向撰
（清）馬國翰輯

玉函山房輯佚書·經編五經總類

五經通義一卷 （漢）劉向撰
（清）王仁俊輯

玉函山房輯佚書·經編五經總類

五經通義一卷 （漢）劉向撰
拜經樓雜抄

注：劉向，參《劉向劉歆易義》。《隋志》載《五經通義》八卷，注云：“梁九卷。”不題撰者。兩《唐志》並載九卷，題劉向撰。按《漢書》本傳不言向撰《五經通義》，諸書引《五經通義》多不稱撰人，未知兩《唐志》題劉向撰果何據也。朱彝尊謂諸書所引大都劉向説，此蓋本兩《唐志》所題，未有明證。唯《太平御覽》載《五經通義》一節，中引《孝經援神契》説，朱氏以爲劉向時《援神契》未行，此節蓋曹褒《五經通義》十二篇中語。按據《後漢書·曹褒傳》，褒好禮學，説《禮》多雜以五經讖記，所撰有《通義》十

二篇，朱説本此。然其書《隋》、《唐志》不載，且傳但言撰《通義》，未詳是通説五經抑或專説《禮》者。姚振宗《隋書經籍志考證》以爲褒十二篇《通義》似爲説《禮》而作，非《五經通義》。然則諸書所引究爲何人之書，實難遽定也。《説郛》輯有《五經通義》，不題撰人，宛委山堂本載十七節，商務印書館本僅二節，均不注佚文出處，核之清儒所輯，知即雜採類書而成者。清儒皆據唐、宋類書及《通典》等採摭，多依兩《唐志》題爲劉向撰。諸家所採，編次互異，文句亦互有詳略。如王謨、洪頤煊採“王者受命而起”、“冕制奈何”、王採“大社在中門之外”，洪採“王者己有州伯”、“何謂聲”、“聖人聞羽聲”、“日蝕者”、“王冠夏曰收”、“皮弁冠前後玉飾”凡九節爲馬國翰所無。馬採“易姓而致太平”、“靈星爲立尸”、“諸侯不得觀四方”、“《春秋説題辭》曰”云云、“大臣吉服之南郊”、“周桓王時蔡侯卒”六節爲王所無，又“春浅氣爲雨”、“王者一歲七祭天地”、“樂者所以象德”、“鄭衛之音使人淫逸也”、“鄭國有溱渭之水”、“帝堯帝舜先號後諡也”、“問曰天子有天下”、“婦人以隨從爲義”、“夫人無爵故無諡”九節爲洪所無，又“祭地與天同服”、“漢出德洽，作樂名予”二節爲王、洪所共無。按大較言之，馬輯稍多於洪、王所採，唯其中“天子藉田千畝”一節乃《五經要義》之文，馬氏誤採入此。朱彝尊、宋翔鳳二輯較略，大抵皆未出諸家所採之外。劉學寵全録宛委山堂本《説郛》，黄奭全抄王謨輯本。王仁俊從《事類賦》、《舊唐書·禮儀志》各採得一節，以補馬輯所缺。

五經要義

　説郛(商務印書館本)卷二·古典録略

五經要義　（漢）劉向撰　（清）朱

　彝尊輯

　經義考·羣經一

劉向五經要義一卷　（漢）劉向撰

（清）洪頤煊輯

　問經堂叢書·經典集林

　經典集林

五經要義一卷　（清）宋翔鳳輯

　浮谿精舍叢書

五經要義一卷　（漢）劉向撰

（清）王仁俊輯

　玉函山房輯佚書續經·經編五經總類

五經要義一卷　（清）吳騫校

　拜經樓雜抄

　　注：劉向，參《劉向劉歆易義》。《隋
志》載《五經要義》五卷，注云：“梁十七
卷，雷氏撰。”兩《唐志》並載五卷，題劉
向撰。按據《隋志》此書似爲雷氏撰，梁
時爲十七卷，至當時僅存五卷耳。據兩
《唐志》則又似五卷者爲劉向撰，《隋志》
缺題撰人也。姚振宗《隋書經籍志考
證》謂據《唐志》知五卷者爲劉向所撰，
十七卷者爲雷氏所撰。然兩《唐志》未
載雷氏之十七卷，其五卷題爲劉向撰，
亦未詳何據。今諸書引《五經要義》俱
不稱撰人姓名，不知果爲何家之書。雷
氏亦不詳何人，王謨據《蓮社高賢傳》定
爲劉宋雷次宗。《説郛》(商務印書館
本)輯有《五經要義》一節，不題撰人，核
其文實採自類書。清儒亦多據唐、宋類
書及《通典》等爲輯。諸家題名依違於
《隋》、《唐志》，今玆目録各按其所題撰
者之時代著録(不題撰者統併於此)，核

其内容實爲一書，故總於此述之。朱彝
尊僅採得十節，最略，其中“冠，嘉禮也”
一節採自《通典》，爲諸家所無。其餘各
家所採編次互異，其文詳略互見。王
謨、洪頤煊、馬國翰三家所輯大體相當，
中有數節互爲有無。如王、洪採“天子
之笏謂之珽”、“凡樂有八”、“王者田
獵”、“虞主埋之廟北牖下”凡四節爲馬
所無，洪採“太昊之世”一節爲馬、王所
無，馬採“今人謂社神爲公”、“《周禮》大
馭”二節爲王、洪所無，又“笏所以記事
防忽忘”一節爲洪所無，馬、洪採“先農
立壇”、“大廟經爲大室”、“笏者臣見於
君以書思對命”、“篊以竹爲之”凡四節
爲王所無，其餘文字小異尚有之。按
洪、馬二輯皆詳明佚文出處，勝於王輯。
宋翔鳳所採稍略，僅“地有九州”一節出
諸家之外。黄奭所輯，實據王謨本增
補，所缺者唯洪輯“太昊之世”、馬輯“今
人謂社神爲公”、“《周禮》大馭”、宋輯
“地有九州”凡四節，故較他家爲備。王
仁俊補馬輯之缺，從《世説新語》劉孝標
注採得一節。

五經通義　（漢）許慎撰　（清）王

　仁俊輯

　玉函山房輯佚書續編·經編五經總類

　　注：許慎，參下條。《通典》引許慎
《五經通義》一節，王仁俊據以輯存。按
許慎無《五經通義》之作，王所採此節僅
“卒之爲言絶於邦也”一句，查《通典》三
十八引《五經通義》“《春秋説題辭》曰”
云云，其中正有此句，而未稱許慎，則
《通典》彼處實誤稱許慎耳。據兩《唐
志》，《五經通義》爲劉向撰，參前《五經
通義》。

駁五經異義一卷補遺一卷　（漢）

鄭玄撰

四庫全書・經部五經總義類

鄭學四種　清抄本　清錢大昕校〔上海圖書館〕

許氏五經異義　（漢）許慎撰　（清）朱彝尊輯

經義考・羣經一

駁異義一卷　（漢）鄭玄撰

鄭學五種　清乾隆四十一年孔繼涵家抄本　清孔繼涵校並跋〔北京圖書館〕

五經異義二卷　（漢）許慎撰　（漢）鄭玄駁　（清）王謨輯

漢魏遺書鈔・經翼第四冊

駁五經異義一卷補遺一卷　（漢）鄭玄撰　（清）王復輯　（清）武億校

問經堂叢書

後知不足齋叢書第一函・鄭氏遺書

清芬堂叢書・經部

食舊堂叢書

叢書集成初編・總類

駁五經異義一卷補遺一卷

藝海珠塵絲集（丙集）

反約篇

榕園叢書甲集

駁五經異義一卷　（漢）鄭玄撰　（清）黃奭輯

高密遺書　清道光二十三年黃奭刻本　清黃奭校〔北京圖書館〕

漢學堂叢書・高密遺書

黃氏逸書考・通德堂經解

駁五經異義　（漢）鄭玄撰　（清）袁鈞輯　（清）袁堯年補輯

鄭氏佚書（浙江書局本）

駁五經異義　（漢）鄭玄撰　（清）孔廣林輯並補證

通德堂遺書所見錄

鄭學十八種

鄭學十八種　清抄本　清葉志詵、趙之謙校〔北京圖書館〕

鄭學十八種　清抄本　清趙在翰校〔福建省圖書館〕

鄭學十八種　清抄本　李盛鐸校〔北京大學圖書館〕

五經異義疏證三卷　（清）陳壽祺撰

左海全集

皇清經解

駁五經異義疏證十卷　（清）皮錫瑞撰

民國二十三年李氏重刻本

注：鄭玄，參《周易鄭康成注》。許慎，字叔重，汝南召陵人，官至洨長。以五經傳說臧否不同，於是撰爲《五經異義》，又作《說文解字》十四篇。（《後漢書・儒林傳》)《隋志》載《五經異義》十卷，後漢太尉祭酒許慎撰。兩《唐志》亦載十卷，題許慎撰，鄭玄駁。按《後漢書》本傳舉玄之著述有《駁許慎五經異義》,《四庫全書總目》謂鄭玄所駁之文蓋即附於許氏原書之內，非二書單行，史志題名互有省略。此書久佚，經疏及唐宋類書、《通典》等引有《異義》及鄭《駁》。朱彝尊所輯最略，僅採得《異義》數節，皆附鄭《駁》。舊有輯本一卷，所採不注出處，《四庫》本即據舊輯重加釐訂，又據朱彝尊、惠棟所採爲《補遺》一卷。上海圖書館藏《鄭學四種》清抄本即據《四庫》本，錢大昕以朱筆點校，僅

"娶女皆當親迎"、"衛輒拒父"二節有眉批。王復以《四庫》本爲底本，參取錢本、莊本，增定爲一輯，佚文皆注明出處。（《藝海珠塵》諸本即翻刻王復本，唯於《補遺》續增二節。按其中一節實重出。）按王復本所稱錢本、莊本，未詳指何人，據陳壽祺《五經異義疏證》序，當是錢大昭、莊葆琛也。其餘諸家所輯詳略互見，編次亦頗不同，大抵以袁鈞本體例最善，此本又經其四世孫堯年增補，採�摭頗備。黄奭實襲孔廣林輯本，稍加釐訂，間附案語亦全抄孔氏，而没其姓名。陳壽祺所輯參訂王復、孔廣林諸本，並爲疏證，後來居上。其後皮錫瑞評陳疏有漏略、習非、澗疏、炫博四失，爰據袁輯爲底本，參互鉤稽，其疏證間採陳疏及孔廣林諸家説，成《疏證》十卷，集諸本之長。

六藝論一卷　（漢）鄭玄撰　（清）
　陳鱣輯
　清乾隆四十九年陳氏裕德堂刻本〔北京圖書館〕
　涉聞梓舊·孝經鄭氏注附
　後知不足齋叢書第五函
　叢書集成初編·總類

六藝論一卷　（漢）鄭玄撰　（清）
　陳鱣輯　（清）袁鈞重訂
　鄭氏佚書（浙江書局本）

六藝論一卷　（漢）鄭玄撰　（清）
　王謨輯
　漢魏遺書鈔·經翼第四册

六藝論一卷　（漢）鄭玄撰　（清）
　臧琳輯　（清）臧庸補輯
　清嘉慶二年臧鏞堂抄本〔常熟市圖書館〕

　拜經堂叢書

鄭氏六藝論一卷
　鄦齋叢書

鄭玄六藝論一卷　（漢）鄭玄撰
　（清）洪頤煊輯
　問經堂叢書·經典集林
　經典集林

六藝論一卷　（漢）鄭玄撰　（清）
　黄奭輯
　高密遺書　清道光二十三年黄奭刻本　清黄奭校〔北京圖書館〕
　黄氏逸書考·通德堂經解

六藝論一卷　（漢）鄭玄撰　（清）
　馬國翰輯
　玉函山房輯佚書·經編五經總類

六藝論　（漢）鄭玄撰　（清）嚴可均輯
　全後漢文卷八十四
　漢魏六朝名家集初刻·鄭康成集

六藝論一卷　（漢）鄭玄撰　（清）
　孔廣林輯
　通德遺書所見録
　鄭學十八種
　鄭學十八種　清抄本　清葉志詵、趙之謙校〔北京圖書館〕
　鄭學十八種　清抄本　清趙在翰校〔福建省圖書館〕
　鄭學十八種　清抄本　李盛鐸校〔北京大學圖書館〕

六藝論疏證一卷　（清）皮錫瑞撰
　師伏堂叢書
　皮氏經學叢書

　注：鄭玄，參《周易鄭康成注》。《後漢書》本傳載玄所著書有《六藝論》，《隋》、《唐志》並載一卷。又《日本國見

在書目》亦載一卷，題鄭玄撰，方叔機注。叔機不詳何人，《禮記正義》引其注一節。諸家皆據經疏、《路史》及唐、宋類書等採撫。陳鱣、洪頤煊、孔廣林、黃奭所採相當，間有數節互爲有無。陳、黃採《汎歷樞》云云云、"文王創基"、"五傳弟子"三節爲孔、洪所無。孔、洪採"孔子録周衰之歌"、"《禮》其初起蓋與《毛詩》同"二節爲陳、黃所無。又孔本獨未採"玄又爲之注"二節(此一語而二見引，一指注《春秋》，一指注《孝經》)。王謨、馬國翰、袁鈞(其本即依陳輯重爲審訂)、臧庸所採未出上四家外，均缺採唐釋法琳《辯正論》注所引數節。嚴可均所輯，除"炎帝神農氏"、"若堯知命在舜"二節缺採外，悉與洪輯同。又臧氏據《唐會要》採鄭玄《自序》三節(嚴氏亦採一節)，實非《六藝論》中文。皮錫瑞《疏證》參合陳、洪、嚴諸本，爲之疏解，所採最備，唯缺孔、黃二輯《易·繫辭》曰易之興也"一節。

鄭志三卷補遺一卷　(魏)鄭小同編
四庫全書·經部五經總義類

鄭志三卷　(魏)鄭小同編
武英殿木活字聚珍版書本　清陳鱣、吳騫校　〔上海圖書館〕
武英殿木活字聚珍版書本　清劉玉麐校　〔上海圖書館〕
武英殿聚珍版書·經部(木活字本、江西書局本)

鄭志三卷補遺一卷　(魏)鄭小同編　(清)王復按並撰補遺　(清)武億校
問經堂叢書

古經解彙函
清芬堂叢書·經部
食舊堂叢書
叢書集成初編·總類

鄭志三卷　(魏)鄭小同撰　(清)錢東垣、錢繹、錢侗按
汗筠齋叢書本　清王振聲校　〔上海圖書館〕
汗筠齋叢書第一輯
粵雅堂叢書二編第十集
後知不足齋叢書第一函·鄭氏遺書
叢書集成初編·總類

鄭志三卷拾遺一卷附校勘記一卷　(魏)鄭小同編　拾遺(清)王復輯　校勘記(清)孫星華撰
武英殿聚珍版書·經部(福建本、廣雅書局本)

鄭志一卷　(魏)鄭小同編
鄭學五種附　清乾隆四十一年孔繼涵家抄本　清孔繼涵校並跋　〔北京圖書館〕

鄭志一卷　(魏)鄭小同編　(清)黃奭輯
高密遺書附　清道光二十三年黃奭刻本　清黃奭校　〔北京圖書館〕
知足齋叢書
黃氏逸書考·通德堂經解

鄭志八卷　(魏)鄭小同編　(清)袁鈞輯
鄭氏佚書(浙江書局本)

鄭志八卷　(魏)鄭小同編　(清)孔廣林輯
通德遺書所見録
鄭學十八種附
鄭學十八種附　清抄本　清葉志詵、趙

之謙校 〔北京圖書館〕

鄭學十八種附 清抄本 清趙在翰校
〔福建省圖書館〕

鄭學十八種附 清抄本 李盛鐸校
〔北京大學圖書館〕

鄭志考證一卷 （清）成蓉鏡撰

南菁書院叢書第六集

鄭志疏證三卷補遺一卷 （清）雷雨人撰

稿本 〔湖南省圖書館〕

鄭志疏證八卷 （清）皮錫瑞撰

師伏堂叢書

皮氏經學叢書

注：鄭小同，玄孫，高貴鄉公時爲侍中（《後漢書·鄭玄傳》）。《隋志》載《鄭志》十一卷，魏侍中鄭小同撰。兩《唐志》並九卷，不題撰人。按《後漢書·鄭玄傳》云："門人相與撰玄答諸弟子問五經，依《論語》作《鄭志》。"是此書爲鄭玄門人所撰述，記玄答弟子問五經之義者。鄭珍《鄭學録》謂玄卒時小同僅四五歲，不及記述其祖師徒問答，必是玄卒後門人各出所記師説，後來由小同編定爲十一卷，故《隋志》歸之小同撰。書已佚，今猶見於經疏、《通典》、《水經注》及唐、宋類書等所引。舊有輯本三卷，不知出何人手，所採佚文皆不注明出處。四庫館臣據此本校以羣書所引，注其文字異同，以武英殿木活字版印行，又有江西書局翻刻殿本。（上海圖書館藏陳鱣、劉玉麐手校殿本，皆依孔廣林輯本校補，以陳校略詳。按陳校引惠棟輯本數條，劉校引盧文弨校語數條，今皆未見其書。）《四庫全書》所收同殿本，又別採他書爲《補遺》一卷。其後錢東

垣昆弟、王復等均據殿本重爲考訂，加按語補館臣所校之缺，並補注原本佚文之出處。王復本又附《補遺》一卷。（上海圖書館藏王振聲手校錢本，乃依孔廣林輯本校補，間據經疏所引注其文字異同。）福建、廣雅書局翻刻殿本，皆附孫星華《校勘記》，乃合録錢東垣、王復諸人所加按語而成，又所附《拾遺》亦即轉録王復本之《補遺》也。按舊輯頗有漏訛，編次猶爲錯雜失序，以上諸家之本皆據舊輯加按考訂，於原書編次之失序、採摭之溢濫皆未予釐正。袁鈞所輯，依五經各歸其類，各類均按篇序排比，編次最善。所採亦較舊輯爲備，如《尚書志》"凡所貢篚之物"、《毛詩志》"答張逸云舊俗者"云云、《周禮志》"男女夜行以燭"、《儀禮志》"趙商問慈母嫁亦當爲服如繼母不（同否）"、《禮記志》"趙商問《郊特牲》祭土而主陰氣"、《春秋志》"五星之期"、《雜問志》"《天子巡守禮》無六軍之文"等二十餘節皆舊輯所缺。又諸書引《鄭記》及《答林孝存周禮難》之文，舊輯或混入《鄭志》中，袁氏皆析出各自爲輯，不相雜次。至舊輯則唯卷中"王瓚問曰舉於旌首"及《補遺》"答趙商云戎狄之數"、"答趙商云九貊即九夷也"凡三節爲袁所缺。孔廣林輯本編次與袁輯大體相同，偶亦有異者，如袁輯《毛詩志》"答張逸云時桓公館敬仲"一節孔入《春秋志》，袁輯《尚書志》"張逸問《注》曰《書》説"云云一節孔附於《禮記志》後。又孔輯所採略少於袁輯，如《尚書志》"答趙商云畿内四百國"、《周禮志》"答曰《爾雅》之文雜"、《禮記志》"鄭沖曰五祀雖出天地之間"、《春秋志》"煬公伯禽之子"、《雜問志》

“《鄭志》目録記鄭之所注”(此條實後人所附)等十餘節皆爲孔本所無。孔輯唯《禮記志》“王讚問曰舉於旌首”一節爲袁所無。又孔輯凡於諸書引《鄭記》之文皆低一格厠於正文中，與袁氏別爲一輯者異。黄奭所輯，核其文及考語，實據孔本而參用王、錢二本，然較之袁輯仍有脱漏。如《周禮志》“男女夜行以燭”、《儀禮志》“祖祭神道”、《禮記志》“答趙商曰此《王制》所論皆殷制”、《春秋志》“煬公伯禽之子”、《雜問志》“《鄭志》目録記鄭之所注”諸節皆缺。又《尚書志》經文“四百里粟，五百里米”下漏刻《鄭志》之文一節。成蓉鏡《考證》據舊輯作疏，其書未完，僅至舊輯卷上“趙商問云按《祭法》殷人禘嚳而郊冥”一節中輟。皮錫瑞《疏證》以袁輯後出最爲詳審，故據其本作疏，袁輯間有疏失則別依他本訂正。其疏則搜羅漢人經説，考證名物，訓釋文字，兼採成氏《考證》及清儒説，最爲詳備。

鄭記一卷　(清)袁鈞輯

鄭氏佚書(浙江書局本)

鄭記考證　(清)皮錫瑞撰

師伏堂叢書・鄭志疏證附

皮氏經學叢書・鄭志疏證附

　　注：《隋志》載《鄭記》六卷，題爲鄭玄弟子撰。兩《唐志》亦六卷，不題撰人。按《鄭志》記玄答弟子問，《鄭記》則記玄弟子互相答問，《四庫全書總目》辨之甚詳。舊輯《鄭志》間將《鄭記》混入，孔廣林、黄奭所輯《鄭志》並將《鄭記》低一格厠入正文(參前條)，袁鈞則單爲一輯。袁氏據經疏、《通典》等輯爲一卷，所採亦較備。皮錫瑞據袁本作疏證，袁採間有疏略，則據孔輯及《玉燭寶典》

訂補。

劉表五經章句後定一卷　(漢)劉表撰　(清)王仁俊輯

玉函山房輯佚書續編・經編五經總義類

　　注：劉表，參《劉表周易章句》。《後漢書》本傳載表使綦毋闓、宋忠等撰五經章句，謂之《後定》。王仁俊此輯但録侯康《補後漢書藝文志》考證一節，未採得佚文。

聖證論一卷　(魏)王肅等撰　(清)王謨輯

漢魏遺書鈔・經翼第四册

聖證論一卷　(魏)王肅等撰　(清)馬國翰輯

玉函山房輯佚書・經編五經總義類

聖證論補評　(清)皮錫瑞撰

師伏堂叢書

皮氏經學叢書

　　注：王肅，參《王肅周易注》。《三國志》本傳稱肅善賈逵、馬融之學，而不好鄭玄，集《聖證論》以譏短玄。《舊唐志・元行沖傳》載沖著《釋疑論》，稱肅規玄説，時有中郎馬昭守鄭學，上書以爲肅謬，詔王學之輩占答以聞，又遣博士張融案經論詰，融等召集，分別推處理之是非，具《聖證論》。《隋志》載《聖證論》十二卷，兩《唐志》並十一卷。按諸書所引每附馬昭、張融諸人駁、答、評議，姚振宗謂肅書無卷可考，《隋》、《唐》志載作十一、十二卷者，皆附馬、張諸人説在内，乃後人重爲編纂也(《隋書經籍志考證》)。王謨、馬國翰據經疏、《通典》及唐、宋類書等採撮。馬輯四十節，依各經編次，較王輯爲備。皮錫瑞據馬輯重爲校訂，正其譌，補其缺，所增約原

輯三之一,中採《玉燭寶典》一書爲王、馬所未及。又採前人申鄭之説,參以己意,爲之補評。王輯多附鄭注,俾便與蕭駁參觀,皮氏仿其例,皆補鄭注於經文下。

五經析疑 （魏）邯鄲綽撰

説郛（宛委山堂本）弓五

説郛（宛委山堂本）弓五 清傅增湘校〔北京圖書館〕

五經析疑 （魏）邯鄲綽撰 （清）劉學寵輯

清照堂叢書摘次編第二函·諸經緯遺

邯鄲氏五經析疑 （魏）邯鄲綽撰 （清）朱彝尊輯

經義考·羣經二

五經析疑一卷 （魏）邯鄲綽撰 （清）王謨輯

漢魏遺書鈔·經翼第四册

注:《隋志》經部載《五經析疑》二十八卷,邯鄲綽撰。兩《唐志》並三十卷,入子部法家。按邯鄲綽無考,據《元和姓纂》,則漢有陳留人邯鄲綽,《説郛》所輯題爲魏人,未詳與《姓纂》所云系一人與否。《説郛》凡載十節,皆不注出處。王謨從《初學記》採得四節,又從《北堂書鈔》、《太平御覽》各採得一節。其中《初學記》引"夫笙者"一節及《御覽》引"矢絕於弦"一節亦見於《説郛》。朱彝尊僅從《初學記》採得四節,未出王外。劉學寵全録《説郛》。

譙氏五經然否論 （蜀）譙周撰 （清）朱彝尊輯

經義考·羣經二

五經然否論一卷 （蜀）譙周撰 （清）王謨輯

漢魏遺書鈔·經翼第四册

譙周五經然否論 （蜀）譙周撰 （清）張澍輯

蜀典卷十下（稿本 〔四川省圖書館〕、清道光十四年張氏安懷堂刻本、光緒二年尊經書院刻本）

譙周五經然否論一卷 （蜀）譙周撰 （清）黄奭輯

黄氏逸書考·漢學堂經解

五經然否論一卷 （蜀）譙周撰 （清）馬國翰輯

玉函山房輯佚書·經編五經總類

注:譙周,參《論語譙氏注》。《隋》、《唐志》並載譙周《五經然否論》五卷。按《三國志》本傳稱周誦讀典籍,研精六經諸子文章,撰定《五經論》,即此書。又《秦宓傳》稱宓駁五帝同族之説,論皇帝王霸黎龍之説,譙周記録其言於《春秋然否論》,姚振宗《隋書經籍志考證》謂此即《五經然否論》之一。按據宓傳所言,則譙氏乃於五經各爲一論,本傳及《隋》、《唐志》總名之曰《五經（然否）論》,實非通論五經之書也。朱彝尊從《續漢書·禮儀志》劉昭注及《通典》採得三節,王謨據朱輯更從《穀梁集解》、《毛詩正義》、《禮記正義》增採四節。馬國翰所輯凡二十餘節,中有譙周《禮祭集志》、《縗服圖》、《集圖》數節,馬氏謂當是《論》之目。王輯中除採《毛詩正義》、《禮記正義》所引三節爲馬未採外,餘四節均不出馬外。按王採《毛詩正義》引"男自二十以及三十"一節,其文已見《通典》引"國不可久無儲貳"一節,此實重出。又王輯附採虞喜評議二節,馬所未採。喜字仲寧,《晉書》有傳。黄

奭全録王輯。張澍所採略少於馬,唯採《禮記正義》引二節及《通典》引"或曰有人死而亡其屍"一節爲馬所無。

五經通論一卷　　（晉）束晳撰（清）王謨輯

漢魏遺書鈔・經翼第四册

五經通論一卷　　（晉）束晳撰（清）馬國翰輯

玉函山房輯佚書・經編五經總類

注:束晳,字廣微,陽平元城人。太康二年汲郡人不準盜發魏襄王墓,得竹書數十車,時晳爲佐著作郎,得見竹書,爲義證。所著又有《五經通論》、《發蒙記》等。《晉書》本傳《隋》、《唐志》皆不載束晳《五經通論》,馬國翰據《通典》、《左傳正義》採得十節。王謨僅採得三節,中採《初學記》引一節爲馬所無。

楊氏五經鉤沈　　（晉）楊方撰（清）朱彝尊輯

經義考・羣經二

五經鉤沈一卷　　（晉）楊方撰（清）王謨輯

漢魏遺書鈔・經翼第四册

五經鉤沈一卷　　（晉）楊方撰（清）馬國翰輯

玉函山房輯佚書・經編五經總義類

注:楊方,字公回,會稽人,官至高梁太守,著《五經鉤沈》等(《晉書・賀循傳》)。《隋志》載《五經拘沈》十卷,題晉高涼太守楊方撰。《舊唐志》作《五經鉤深》十卷,《新唐志》作《五經鉤沈》十卷,《宋志》作《五經鉤沈》五卷。按據《晉書》,《隋志》"拘沈"當作"鉤沈",《舊唐志》"鉤深"亦當作"鉤沈"。又晉無高梁

郡,疑《隋志》作"高涼"是。王謨、馬國翰並從《初學記》、《太平御覽》採得五節,文無異。朱彝尊採得四節,未出王、馬之外。又《玉海》卷四十二載《中興書目》引劉方自序一節,馬氏録以弁諸首。

五經大義一卷　　（晉）戴逵撰（清）馬國翰輯

玉函山房輯佚書・經編五經總類

注:戴逵,字安道,譙國人,不仕(《晉書・隱逸傳》)。《隋志》載戴逵《五經大義》三卷,兩《唐志》不載。馬國翰據《通典》、《北堂書鈔》採得三節。

七經詩一卷　　（晉）傅咸撰　（清）王謨輯

漢魏遺書鈔・經翼第四册

注:傅咸,字長虞,北地泥陽人,見《晉書・傅玄傳》。《藝文類聚》、《初學記》皆引成《七經詩》,王謨採得《孝經》、《論語》、《周官》、《左傳》詩各二首,又《周易》詩一首,合爲一輯。

五經要義一卷　　（劉宋）雷次宗撰（清）王謨輯

漢魏遺書鈔・經翼第四册

雷次宗五經要義一卷　　（劉宋）雷次宗撰　（清）黃奭輯

黃氏逸書考・漢學堂經解

五經要義一卷　　（□）雷□□撰（清）馬國翰輯

玉函山房輯佚書・經編五經總類

注:參劉向《五經要義》。

六經略注序一卷　　（後魏）常爽撰（清）馬國翰輯

玉函山房輯佚書・經編五經總類

注:常爽,字仕明,河内溫人,官至宣威將軍。設館授徒,教授之暇,述《六經

略注》。《北史》本傳其書《隋》、《唐志》不載,唯《北史》本傳載其序一篇,馬國翰據以輯存。

五經疑問一卷　（後魏）房景先撰　（清）王謨輯

漢魏遺書鈔・經翼第四册

房景先五經疑問一卷　（後魏）房景先撰　（清）黃奭輯

黃氏逸書考・漢學堂經解

五經疑問　（後魏）房景先撰　（清）嚴可均輯

全後魏文卷四十四

注:房景先,字光冑,官至步兵校尉,領尚書郎,作《五經疑問》百餘篇(《魏書》本傳)。王謨、嚴可均皆從《魏書》本傳採得十四節,文無異。黃奭全錄王輯。

七經義綱　（北周）樊深撰　（清）朱彝尊輯

經義考・羣經二

七經義綱一卷　（北周）樊深撰　（清）王謨輯

漢魏遺書鈔・經翼第四册

七經義綱一卷　（北周）樊深撰　（清）馬國翰輯

玉函山房輯佚書・經編五經總類

注:樊深,字文深,河東猗氏人,官至縣伯中大夫,加開府儀同三司(《北史・儒林傳》)。《隋志》載樊深《七經義綱》二十九卷,兩《唐志》並作《七經義綱略論》三十卷。朱彝尊、王謨、馬國翰皆據《初學記》、《太平御覽》採得三節(朱輯不注出處),文無異,唯馬氏依余蕭客《古經解鉤沈》附以經文。按三家所採"孔子曰天子之德"一節,見《初學記》卷九所引《七經義綱》。然此節又見《藝文類聚》卷十一,而標爲《帝王世紀》,兩引必有一誤。

小　學　類

説文逸字二卷附錄一卷　（清）鄭珍輯　附錄　（清）鄭知同輯

鄭子尹遺書

天壤閣叢書

叢書集成初經・語文學類

巢經巢全集

注:是書從《玉篇》、《釋文》、玄應《一切經音義》、《汗簡》、《集韻》、《類篇》等採摭《説文》逸字凡百六十五字。至諸書所引譌或以他書冒《説文》者,皆彙爲附錄。

史篇　（清）黃奭輯

漢學堂叢書・經解小學類・小學

黃氏逸書考・漢學堂經解・小學

史籀篇一卷　（周）太史籀撰　（清）馬國翰輯

玉函山房輯佚書・經編小學類

史籀篇疏證一卷敍錄一卷　王國維撰

廣倉學宭叢書甲類第一集

海寧王忠愨公遺書初集

海寧王靜安先生遺書

　　注：《漢志》云：“《史籀篇》者，周時史官教學童書也。”《漢志》小學家載《史籀》十五篇，注云：“周宣王太史，作大篆十五篇，建武時亡六篇矣。”《隋》、《唐志》不載。許慎《説文解字敍》亦稱宣王太史籀作，皆以籀爲太史之名。王國維謂古“籀”、“讀”二字同音同義，作此書者其首句蓋云“太史籀書”，籀書即讀書，爲古史官之專職，後人取句中“史籀”二字以名篇，如《急就篇》之取名然，非籀爲太史名（説詳《史籀篇疏證自序》）。按《漢書·古今人名表》有史留，周壽昌《漢書補注》以爲即史籀。周属王十九年《趞鼎》銘亦有史留其人，唐蘭以爲即宣王太史史籀。則漢人舊説未必無根之談，王説亦未可視爲定論。（参《古文字研究》十五輯何琳儀《戰國文字與傳鈔古文》）馬國翰輯本據《説文》所引採得二百十八字，又以《玉篇》所引皆本《説文》，故據以採得今本《説文》所遺之籀文凡十四字。王國維《疏證》僅採《説文》所引，凡得二百二十五字，並據甲骨文、金文考其字形之演變。按馬輯採《説文》間有遺漏，如“童”、“大”二字《説文》明引籀文，“爰”、“匋”、“鼎”三字據許慎説亦見於《史籀篇》，而皆缺採。又有誤以古文爲籀文者，如所採“麗”字之籀文，實古文也。此類均不及王輯詳審。至馬採《玉篇》所引，則“挈”字籀文明見《説文》，“翼”字籀文亦見徐鍇《説文繫傳》，捨本書而轉據《玉篇》，失之疏略。黄奭僅從《説文》採得引《史篇》之文三節，《史篇》即《史籀篇》之省稱，王輯亦採入。

異字苑　（清）任大椿輯　（清）王念孫校

小學鉤沈卷十九

小學鉤沈卷十九　清嘉慶二十二年汪廷珍刻本　清黄奭校補　〔北京圖書館〕

小學鉤沈卷十九　清嘉慶二十二年汪廷珍刻本　清莫有芝批點　〔四川省圖書館〕

小學鉤沈卷十九　清光緒十年龍氏刻本　曹元忠校補　〔復旦大學圖書館〕

小學鉤沈卷十九　清光緒三十三年薛壽抄本　清薛壽校　〔南京圖書館〕

小學類編附編·小學鉤沈卷十九

翠琅玕館叢書（馮兆年輯）第二集·小學鉤沈卷十九

芊園叢書·經部·小學鉤沈卷十九

異字苑　（清）黄奭輯

漢學堂叢書·經解小學類·小學

黄氏逸書考·漢學堂經解·小學

異字苑　（清）顧震福輯

小學鉤沈續編卷八

異字苑一卷　（吳）朱育撰　龍璋輯

小學蒐佚上編

異字音　（清）任大椿輯　（清）王念孫校

小學鉤沈卷十九

小學鉤沈卷十九　清嘉慶二十二年汪廷珍刻本　清黄奭校補　〔北京圖書館〕

小學鉤沈卷十九　清嘉慶二十二年汪廷珍刻本　清莫友芝批點　〔四川省圖書館〕

小學鉤沈卷十九　清光緒十年龍氏刻本　曹元忠校補　〔復旦大學圖書館〕

小學鉤沈卷十九　清光緒三十三年薛壽抄本　清薛壽校　〔南京圖書館〕

小學類編附編・小學鉤沈卷十九

翠琅玕館叢書(馮兆年輯)第二集・小學鉤沈卷十九

芋園叢書・經部・小學鉤沈卷十九

異字一卷　(吴)朱育撰　(清)馬國翰輯

玉函山房輯佚書・經編小學類

異字一卷　(吴)朱育撰　龍璋輯

小學蒐佚上編

注：朱育，參《毛詩雜答問》。《三國志・虞翻傳》裴松之注引《會稽典録》，稱育少好奇字，凡所特達，依體象類，造作異字千名以上。《隋志》云："梁有《異字》一卷，朱育撰，亡。"按諸書所引，名稱不一，《汗簡》引作《朱育集古字》、《朱育奇字》、《朱育字略》，《玉篇》、《廣韻》引作《異字苑》、《異字音》，馬國翰以爲皆是一書，引者意爲標題，故互有參差。按《玉篇》、《廣韻》引《異字苑》、《異字音》，未標朱育名，據《隋志》所載，當是朱育所撰(姚振宗以爲《隋志》作《異字》者，當脱一"苑"字，説見《隋書經籍志考證》)。至諸書所引名稱不同，玩其實，古字、奇字、異字皆一類，則或如馬説也。馬國翰從《汗簡》採得二十一節，從《玉篇》、《廣韻》採得五節，合爲一輯，依《隋志》題爲《異字》，諸書所引之原標題仍附注各節之下。任大椿僅從《玉篇》、《廣韻》採得《異字苑》三節，《異字音》二節，分爲二輯。顧震福補任輯之缺，採得《異字苑》二節。按任、顧所採均未出

馬輯之外。黄奭所輯凡七節，即合任、顧所採者。

字苑　(清)任大椿輯　(清)王念孫校

小學鉤沈卷十三

小學鉤沈卷十三　清嘉慶二十二年汪廷珍刻本　清黄奭校補　〔北京圖書館〕

小學鉤沈卷十三　清嘉慶二十二年汪廷珍刻本　清莫友芝批點　〔四川省圖書館〕

小學鉤沈卷十三　清光緒十年龍氏刻本　曹元忠校補　〔復旦大學圖書館〕

小學鉤沈卷十三　清光緒三十三年薛壽抄本　清薛壽校　〔南京圖書館〕

小學類編附編・小學鉤沈卷十三

翠琅玕館叢書(馮兆年輯)第二集・小學鉤沈卷十三

芋園叢書・經部・小學鉤沈卷十三

字苑　(晉)葛洪撰　(清)顧震福輯

小學鉤沈續編卷四

字苑一卷　(晉)葛洪撰　(清)陳鱣輯

古小學鉤沈　稿本　〔北京圖書館〕

要用字苑一卷　(晉)葛洪撰　(清)馬國翰輯

玉函山房輯佚書・經編小學類

字苑一卷　(晉)葛洪撰　龍璋輯

小學蒐佚上編

注：葛洪，參《葛氏喪服變除》。兩《唐志》並載葛洪《要用字苑》一卷。《顏氏家訓・書證》篇引作葛洪《字苑》，當是省稱。按《晉書》本傳、《隋志》均不載洪撰此書，馬國翰謂《顏氏家訓》引之，

其書蓋盛行於北，《隋志》承梁《七錄》，偶失載也。馬國翰、任大椿皆據《顏氏家訓》、玄應《一切經音義》等採得三十餘節，互爲出入者二三節而已。顧震福續補任輯，計增多百餘節，數倍於任氏原輯，所採多據《玉燭寶典》、慧琳《一切經音義》及日本源順《倭名類聚抄》，均馬、任所未及採，中唯採"然猶爾也"一節與任輯誤重。按《倭名類聚抄》引作《四聲字苑》，且未標葛洪之名，顧氏採之最多，未詳果與《唐志》之《要用字苑》爲一書否。又馬輯"塼，音剸"、"突，突也"二節爲任、顧所無。

字林　（晉）呂忱撰

說郛（宛委山堂本）弓八十五

說郛（宛委山堂本）弓八十五　清傅增湘校　〔北京圖書館〕

清照堂叢書摘次編第四函

字林考逸八卷　（晉）呂忱撰

（清）任大椿輯

清乾隆刻本　清陳壽祺校　〔南京圖書館〕

清乾隆刻本　清陶方琦校補　〔北京圖書館〕

清抄本　清陳倬錄清鈕樹玉、顧廣圻、馮桂芬校　〔杭州大學圖書館〕

燕禧堂五種

式訓堂叢書三集

字林七卷首一卷　（晉）呂忱撰

（清）任大椿輯　（清）曾釗校增

面城樓叢刊

字林考逸八卷　（晉）呂忱撰

（清）任大椿輯　（清）錢保塘校

清風室叢刊

字林補逸一卷　（清）陶方琦輯

漢孳室遺著

字林考逸八卷附錄一卷補本一卷補本附錄一卷　（晉）呂忱撰

（清）任大椿輯　補本　（清）陶方琦等輯　補本附錄（清）諸可寶輯

清光緒十六年江蘇書局刻本

注：呂忱，字伯雍（《書斷》），任城人，晉義陽王典祠令（《魏書·江式傳》）。呂忱撰《字林》，《書斷》稱五篇，《江式傳》稱六卷，《隋志》、《新唐志》並載七卷，《舊唐志》十卷，《宋志》五卷。按《舊唐志》所載獨多，疑"十"乃"七"之誤。《說郛》（宛委山堂本）輯有《字林》一卷，首列《分毫字辨》，次以《音同畫異》、《音同義異》、《畫同音異》、《一字數音》，凡五編。任大椿云："今《說郛》所存《字林》與諸書徵引者全殊，若所載《一字數音》條內，用《古今韻會》部次，定非呂忱之書。"（《字林考逸·凡例》）按任說是。任兆麟謂《封氏聞見記》稱呂忱搜求異字，是呂書固有字同體異重文若干（見曾釗校增本《序》），不知《字林》倣《說文》而作，雖搜求異體重文，其書編次當如《封氏聞見記》所云依《說文》五百四十部無異，故即就《說郛》本編次言之，亦望而知其不類也。任兆麟又謂陶宗儀輯入《說郛》時，《古今韻會》盛行，故依之次定。此更爲臆測之詞，尤不足據。任大椿從《釋文》、《文選》李善注、玄應《一切經音義》及唐、宋類書等輯成七卷（任書八卷，首卷爲序目及凡例，實祇七卷），依《說文》分部，所採均詳明出處，間下考語。以唐陸善經《新字林》於呂書多所補益，故間亦從《廣韻》等採之附各部之末。曾釗、錢保塘皆就任輯加

按語。曾本有增補,乃曾氏與任兆麟同輯,唯任兆麟所採有據《説郛》者,不可信。陶方琦《字林補逸》專就《玉燭寶典》、慧琳《一切經音義》、希麟《續一切經音義》三書採出任輯所缺者。諸可寶合曾釗、任兆麟、陶方琦三家所輯,並自補若干節,彙爲《補本》一卷,附任氏原輯後,即江蘇書局刻本。此本有任大椿所輯《附録》一卷,爲任書原刻所無,蓋後來補入也。《附録》爲諸家考證未及載入書内者十餘則及丁小山(杰)籤記三十餘則。諸氏又自輯補本《附録》一卷,凡四項,一爲洪頤煊《讀書叢録》所作考證十七則,一爲曾釗、任兆麟本所加按語五十四則,一爲錢保塘本所加按語十七則,一爲諸氏舊所作校記六十四則,四項均爲補訂任氏原輯者。按諸氏彙合諸家增補及考訂,附於任輯之後,其書最詳備。

字書 (清)任大椿輯 (清)王念孫校

　小學鉤沈卷十七至十八

　小學鉤沈卷十七至十八　清嘉慶二十二年汪廷珍刻本　清黄奭校補 〔北京圖書館〕

　小學鉤沈卷十七至十八　清嘉慶二十二年汪廷珍刻本　清莫友芝批點〔四川省圖書館〕

　小學鉤沈卷十七至十八　清光緒十年龍氏刻本　曹元忠校補 〔復旦大學圖書館〕

　小學鉤沈卷十七至十八　清光緒三十三年薛壽抄本　清薛壽校 〔南京圖書館〕

　小學類編附編・小學鉤沈卷十七至十八

翠琅玕館叢書(馮兆年輯)第二集・小學鉤沈卷十七至十八

芋園叢書・經部・小學鉤沈

字書 (清)顧震福輯

　小學鉤沈續編卷六至八

字書一卷 (清)陳鱣輯

　古小學書鉤沈

字書一卷 (清)黄奭輯

　漢學堂叢書・經解小學類

　黄氏逸書考・漢學堂經解

字書二卷 龍璋輯

　小學蒐佚上編

　　注:《隋志》載《古今字書》十卷,又《字書》三卷,又《字書》十卷,兩《唐志》並載《字書》十卷,皆不著撰人。姚振宗《隋書經籍志考證》謂此大抵抄録諸家字學之書,會粹一篇。按據《隋志》所載,《字書》不止一種,今諸書所引未詳是一書與否,唯《玉篇》已引之,則梁以前已有此類之書。任大椿據《玉篇》、《釋文》、玄應《一切經音義》等輯成二卷。黄奭全録任輯,更從玄應《音義》續採得八節附後。顧震福繼任氏輯成續編三卷,多採自《原本玉篇》、慧琳《一切經音義》。又顧書後附《補遺》,中有《字書》二節,乃未及採入正文者。

文字集略附字略 (清)任大椿輯 (清)王念孫校

　小學鉤沈卷十五

　小學鉤沈卷十五　清嘉慶二十二年汪廷珍刻本　清黄奭校補 〔北京圖書館〕

　小學鉤沈卷十五　清嘉慶二十二年汪廷珍刻本　清莫友芝批點 〔四川省圖書館〕

小學鉤沈卷十五　清光緒十年龍氏刻本　曹元忠校補　〔復旦大學圖書館〕

小學鉤沈卷十五　清光緒三十三年薛壽抄本　清薛壽校　〔南京圖書館〕

小學類編附編·小學鉤沈卷十五

翠琅玕館叢書（馮兆年輯）第二集·小學鉤沈卷十五

芋園叢書·經部·小學鉤沈卷十五

文字集略附字略　（梁）阮孝緒撰　（清）顧震福輯

小學鉤沈續編卷四

字略一卷　（梁）阮孝緒撰　（清）陳鱣輯

古小學鉤書鉤沈

阮孝緒文字集略一卷　（梁）阮孝緒撰　（清）黃奭輯

漢學堂叢書·經解小學類
黃氏逸書考·漢學堂經解

文字集略一卷　（梁）阮孝緒撰　（清）馬國翰輯

玉函山房輯佚書·經編小學類

文字集略一卷　（梁）阮孝緒撰　（清）王仁俊輯

玉函山房輯佚書續編·經編小學類

文字集略一卷　（梁）阮孝緒撰　龍璋輯

小學蒐佚上編

宋世良字略一卷　（後魏）宋世良撰　（清）黃奭輯

漢學堂叢書·經解小學類
黃氏逸書考·漢學堂經解

字略一卷　（後魏）宋世良撰　龍璋輯

小學蒐佚上編

注：阮孝緒，字士宗，陳留尉氏人，不仕，著《七錄》等，卒，門人私謚曰文貞（《梁書·處士傳》）。《隋志》載《文字集略》六卷，梁文貞處士阮孝緒撰。兩《唐志》並載一卷。任大椿、馬國翰皆據《釋文》、玄應《一切經音義》、《文選》李善注等採摭佚文。諸書所引，或稱《文字集略》，或稱"阮孝緒曰"，皆一書之文也。又有但稱《字略》者，馬國翰謂即《文字集略》之省文，故並採之，合輯爲一卷。按《詩葛覃釋文》、《爾雅釋山釋文》兩引此書均稱阮孝緒《字略》，是《字略》即《文字集略》之省，馬說近是。任大椿則以《字略》附《文字集略》之後，不相渾雜，蓋昭其慎歟？黃奭全襲任輯，唯於《字略》從《文選》李善注增補"轜樓"一節。又黃氏以《字略》屬之宋世良。按世良字元友，西河介休人，官至東郡太守，撰《字略》五卷，《魏書》、《北史》皆有傳。然《隋》、《唐志》皆不載其《字略》一書，蓋散佚已久，世所不傳。且任輯亦採入《葛覃釋文》、《釋山釋文》所引二節，明是引阮氏之書，豈得歸之宋世良？蓋抄襲他人所輯，竟不一核原文，不知《釋文》引《字略》之上更有"阮孝緒"三字，遂有此失，亦疏略之甚。任、馬二家所採大體相當，互有出入者數節而已。如馬採《文字集略》"嘯，吹聲"、"霓，亦霈也"（此節見《文選·雪賦》李善注引，原注出處誤）二節及《字略》"鷙，力知反"一節爲任輯所無。任採《文字集略》"瞖，目障也"以下四節及"漏刻，謂水筒受水刻節"一節爲馬輯所無。王仁俊補馬輯所缺，從日本源順《倭名類聚鈔》採得十八節。顧震福繼任輯爲之補輯，所

增《文字集略》凡百九十餘節,數倍於任輯,多採自慧琳《一切經音義》、希麟《續一切經音義》、《倭名類聚鈔》三書,皆任、馬未及採者。又從《文選》李注採得《字略》一節附後。

字統 （後魏）楊承慶撰 （清）任大椿輯 （清）王念孫校

小學鉤沈卷十六

小學鉤沈卷十六　清嘉慶二十二年汪廷珍刻本　清黃奭校補　〔北京圖書館〕

小學鉤沈卷十六　清嘉慶二十二年汪廷珍刻本　清莫友芝批點　〔四川省圖書館〕

小學鉤沈卷十六　清光緒十年龍氏刻本　曹元忠校補　〔復旦大學圖書館〕

小學鉤沈卷十六　清光緒三十三年薛壽抄本　清薛壽校　〔南京圖書館〕

小學類編附編·小學鉤沈卷十六

翠琅玕館叢書（馮兆年輯）第二集·小學鉤沈卷十六

芋園叢書·經部·小學鉤沈卷十六

字統 （後魏）楊承慶撰 （清）顧震福輯

小學鉤沈續編卷五

字統一卷 （後魏）楊承慶撰 （清）陳鱣輯

古小學書鉤沈

楊承慶字統一卷附補遺 （後魏）楊承慶撰 （清）黃奭輯

漢學堂叢書·經解小學類

黃氏逸書考·漢學堂經解

字統一卷 （後魏）楊承慶撰 （清）馬國翰輯

玉函山房輯佚書·經編小學類

字統輯逸 （清）張佩綸輯

張佩綸雜稿

字統一卷 （後魏）楊承慶撰　龍璋輯

小學蒐佚上編

注:《魏書·陽尼傳》云:"尼字景文,北平無終人,爲國子祭酒,有書數千卷,所造《字釋》數十篇,未就而卒。其從孫太學博士承慶撰爲《字統》二十卷。"《隋志》載《字統》二十一卷,楊承慶撰。兩《唐志》並二十卷。姚振宗《隋書經籍志考證》謂"楊"字應依《魏書》作"陽"。任大椿、馬國翰皆從《玉篇》、《廣韻》等採得約四十節,中有數節互爲有無。如馬採"鵠鵊"、"橦"、"痛"、"規"、"碑"等爲任輯所無。任採"根"、"瑩"、"盍"、"姑"、"轄"等爲馬輯所無。顧震福續補任輯,所增凡百餘節,多採自慧琳《一切經音義》、希麟《續一切經音義》。黃奭全襲任輯,唯別從《埤雅》採得一節爲補遺。張佩綸所輯爲草稿,僅有數紙,未完成。

字類 （清）任大椿輯 （清）王念孫校

小學鉤沈卷十九

小學鉤沈卷十九　清嘉慶二十二年汪廷珍刻本　清黃奭校補　〔北京圖書館〕

小學鉤沈卷十九　清嘉慶二十二年汪廷珍刻本　清莫友芝批點　〔四川省圖書館〕

小學鉤沈卷十九　清光緒十年龍氏刻本　曹元忠校補　〔復旦大學圖書館〕

小學鉤沈卷十九 清光緒三十三年薛
壽抄本 清薛壽校 〔南京圖書館〕
小學類編附編·小學鉤沈卷十九
翠琅玕館叢書(馮兆年輯)第二集·小
學鉤沈卷十九
芋園叢書·經部·小學鉤沈卷十九

字類 (清)顧震福輯
小學鉤沈續編卷八

字類 (清)黃奭輯
漢學堂叢書·經解小學類·小學
黃氏逸書考·漢學堂經解·小學
注:《文選》李善注、《廣韻》引《字類》
凡三節,不稱撰者。任大椿採得二節,
顧震福續補一節,黃奭採得三節。按
《隋志》載侯洪伯《字類敍評》三卷,洪伯
不詳何人,《通志·藝文略》"伯"作
"泊"。黃奭謂疑作《字類》者別爲一人,
而侯氏爲之敍評。若然,則《字類》亦隋
以前之書。

古文官書 (清)任大椿輯 (清)
王念孫校
小學鉤沈卷五
小學鉤沈卷五 清嘉慶二十二年汪廷
珍刻本 清黃奭校補 〔北京圖書
館〕
小學鉤沈卷五 清嘉慶二十二年汪廷
珍刻本 清莫友芝批點 〔四川省圖
書館〕
小學鉤沈卷五 清光緒十年龍氏刻本
曹元忠校補 〔復旦大學圖書館〕
小學鉤沈卷五 清光緒三十三年薛壽
抄本 清薛壽校 〔南京圖書館〕
小學類編附編·小學鉤沈卷五
翠琅玕館叢書(馮兆年輯)第二集·小
學鉤沈卷五

芋園叢書·經部·小學鉤沈卷五

古文官書 (漢)衛宏撰 (清)顧
震福輯
小學鉤沈續編卷一

古文官書一卷 (漢)衛宏撰
(清)馬國翰輯
玉函山房輯佚書·經編小學類

衛宏詔定古文官書一卷 (漢)衛
宏撰 (清)顧觀光輯
武陵山人遺稿·古書逸文

古文官書一卷 (漢)衛宏撰 費
廷璜輯
南菁札記

古文官書一卷 (漢)衛宏撰 龍
璋輯
小學蒐佚上編

衛宏一卷 龍璋輯
小學蒐佚上編
注:衛宏,參《古文尚書訓旨》。《隋
志》載衛宏《古文官書》一卷,《舊唐志》
作《詔定古文官書》一卷,《新唐志》"官
書"作"字書",《史記量錯列傳正義》又
引作《詔定古文尚書》。段玉裁謂"字
書"、"尚書"皆"官書"之誤(《古文尚書
撰異》)。按段説是也。據唐人所引,此
書多辨正字體,"官書"云者,猶後世所
謂正字。又《史記正義》兩引其序,皆述
《尚書》與伏生事,陳夢家《尚書通論》謂
此書即辨《尚書》字體者。今按據諸書
所引,所辨之字有出《尚書》之外者,陳
説未必是。蓋此書旨在辨正古文字體,
其取材亦涉及《尚書》之字,故序中兼述
《尚書》耳,非專爲《尚書》而作。又孫詒
讓《籀膏述林》卷四謂《後漢書》本傳未
言宏撰此書,當是衛恒所撰,誤作衛宏,

識以存參。此書久佚，任大椿從玄應《一切經音義》採得三節，從《集韻》採得二節。顧震福續補任輯，從《説文》採得三節，從慧琳《一切經音義》採得十五節。費廷璜採得二十四節，大致與任、顧二輯相當。唯任採"馳"、顧採"叚即禳字"、"麵作麥少"、"侯，衛宏或作䢉"、"察，衛宏或作詧"凡五節爲費所無。費採"峃"、"懲"、"紀"三節及《汗簡》引三節爲任、顧所無。馬國翰所輯未及採慧琳《音義》，唯於玄應《音義》凡稱引"古文"者多採入。按唐以前集古文字者非一家，見載於《隋志》及《汗簡》所引者皆是也，不得以凡稱"古文"皆出衛宏之書，馬輯不足據。顧觀光所輯僅四節，中唯採《藝文類聚》卷四十九引一節不見於諸家所輯。按此節非辨字體，疑是序之佚文耳。

郭訓古文奇字　（漢）郭訓撰　（清）任大椿輯　（清）王念孫校

小學鉤沈卷五・古文官書附

小學鉤沈卷五・古文官書附　清嘉慶二十二年汪廷珍刻本　清黃奭校補〔北京圖書館〕

小學鉤沈卷五・古文官書附　清嘉慶二十二年汪廷珍刻本　清莫友芝批點〔四川省圖書館〕

小學鉤沈卷五・古文官書附　清光緒十年龍氏刻本　曹元忠校補〔復旦大學圖書館〕

小學鉤沈卷五・古文官書附　清光緒三十三年薛壽抄本　清薛壽校〔南京圖書館〕

小學類編附編・小學鉤沈卷五・古文官書附

翠琅玕館叢書（馮兆年輯）第二集・小學鉤沈卷五・古文官書附

芋園叢書・經部・小學鉤沈卷五・古文官書附

郭訓古文奇字　（漢）郭訓撰　（清）黃奭輯

漢學堂叢書・經解小學類・小學

黃氏逸書考・漢學堂經解・小學

古今奇字　（清）黃奭輯

漢學堂叢書・經解小學類・小學

黃氏逸書考・漢學堂經解・小學

古文奇字　（漢）郭顯卿撰　龍璋輯

小學蒐佚上編

注：《隋志》載《古今奇字》二卷，郭顯卿撰。兩《唐志》作《古文奇字》二卷，郭訓撰。黃奭謂顯卿當爲郭訓之字。郭訓事跡無考，《隋志》載《雜字指》一卷，題後漢太子中庶子郭顯卿撰，與此同爲一人。任大椿、黃奭皆從玄應《一切經音義》採得《郭訓古文奇字》一節。按《隋志》作《古今奇字》，未知執是。《北堂書鈔》、《廣韻》各引《古今奇字》一節，或系一書，黃奭別録爲一輯。

古文奇字　（清）任大椿輯　（清）王念孫校

小學鉤沈卷五・古文官書附

小學鉤沈卷五・古文官書附　清嘉慶二十二年汪廷珍刻本　清黃奭校補〔北京圖書館〕

小學鉤沈卷五・古文官書附　清嘉慶二十二年汪廷珍刻本　清莫友芝批點〔四川省圖書館〕

小學鉤沈卷五・古文官書附　清光緒十年龍氏刻本　曹元忠校補〔復旦大學圖書館〕

小學鉤沈卷五・古文官書附　清光緒

三十三年薛壽抄本　清薛壽校　〔南京圖書館〕

小學類編附編·小學鉤沈卷五·古文官書附

翠琅玕館叢書（馮兆年輯）第二集·小學鉤沈卷五·古文官書附

芋園叢書·經部·小學鉤沈卷五·古文官書附

古文奇字　（清）顧震福輯

小學鉤沈續編卷一

古文一卷　龍璋輯

小學蒐佚上編補

注：任大椿從玄應《一切經音義》採得《古文奇字》二節，原引不舉撰者姓名。按其一節云"炒，古文奇字作㷇"，又一節云"鐹，戶花反，此古文奇字鏵"，疑"古文奇字"非書名，蓋稱字體之詞耳。顧震福續補任輯，從慧琳《一切經音義》採得一節，從《説文》採得三節。按《説文》稱"古文奇字"明是舉字體，非佚書之文也。

字諟　（清）任大椿輯　（清）王念孫校

小學鉤沈卷十九

小學鉤沈卷十九　清嘉慶二十二年汪廷珍刻本　清黄奭校補　〔北京圖書館〕

小學鉤沈卷十九　清嘉慶二十二年汪廷珍刻本　清莫友芝批點　〔四川省圖書館〕

小學鉤沈卷十九　清光緒十年龍氏刻本　曹元忠校補　〔復旦大學圖書館〕

小學鉤沈卷十九　清光緒三十三年薛壽抄本　清薛壽校　〔南京圖書館〕

小學類編附編·小學鉤沈卷十九

翠琅玕館叢書（馮兆年輯）第二集·小學鉤沈卷十九

芋園叢書·經部·小學鉤沈卷十九

字諟　（清）顧震福輯

小學鉤沈續編卷八

字諟　（魏）張揖撰　（清）黄奭輯

漢學堂叢書·經解小學類·小學

黄氏逸書考·漢學堂經解·小學

字諟一卷　龍璋輯

小學蒐佚上編

注：張揖，參《埤倉》。《廣韻》引《字諟》，不稱撰者。《隋》、《唐志》不載此書，唯《册府元龜》載爲一卷，題張揖撰。按《説文》："諟，理也。"《禮記·大學》鄭玄注："諟，正也。"字諟者，即理正文字之謂。《隋志》載張揖《錯誤字》一卷，姚振宗《隋書經籍志考證》謂與《字諟》爲一書，其説近是。任大椿據《廣韻》採得四節，黄奭缺採一節。顧震福從楊慎《字説》採得一節。

古今文字表一卷　（後魏）江式撰（清）馬國翰輯

玉函山房輯佚書·經編小學類

注：江式，字法安，陳留濟陽人，官至著作郎，撰《古今字書》四十卷，大體以《説文》爲本，上篆下隷，其書竟未成（《北史》本傳）。按江氏書未成，故《隋》、《唐志》均不載，唯《北史》本傳載其上表一篇，敍字學之源流，馬國翰據以録出，題爲《古今文字表》。

演説文一卷　（□）庚儼撰（原題庚儼默撰）　（清）馬國翰輯

玉函山房輯佚書·經編小學類

注：《隋志》云："梁有《演説文》一卷，

庾儼默注，亡。”按撰者爲庾儼，默注猶言心得。《隋志》載徐整《孝經默注》，“默注”義與此同。馬國翰以庾儼默爲人名，非是（參姚振宗《隋書經籍志考證》）。庾儼其人無考，《册府元龜》載“儼”作“儀”，“默注”作“撰”。馬國翰從《汗簡》採得二十五節。

字體　（清）任大椿輯　（清）王念孫校

小學鉤沈卷十九

小學鉤沈卷十九　清嘉慶二十二年汪廷珍刻本　清黃奭校補〔北京圖書館〕

小學鉤沈卷十九　清嘉慶二十二年汪廷珍刻本　清莫友芝批點〔四川省圖書館〕

小學鉤沈卷十九　清光緒十年龍氏刻本　曹元忠校補〔復旦大學圖書館〕

小學鉤沈卷十九　清光緒三十三年薛壽抄本　清薛壽校〔南京圖書館〕

小學類編附編・小學鉤沈卷十九

翠琅玕館叢書（馮兆年輯）第二集・小學鉤沈卷十九

芋園叢書・經部・小學鉤沈卷十九

字體　（清）顧震福輯

小學鉤沈續編卷八

字體一卷　龍璋輯

小學蒐佚上編

注：《隋志》載《雜體書》九卷，釋正度撰。兩《唐志》作《雜字書》八卷。正度，梁釋僧祐弟子，見慧皎《高僧傳》。玄應《一切經音義》引有“字體作某”之文，姚振宗《隋書經籍志考證》以爲《字體》即正度之書。任大椿採得四節，顧震福續補三十六節，皆據玄應《音義》一書採撮。按姚氏以爲《字體》即正度之《雜體書》，並無明證，乃意度之詞。臧庸《與王懷祖觀察論小學鉤沈書》謂玄應《音義》凡云“字體作某”者皆言字之形體如此，非别有《字體》一書（見《拜經堂文集》卷三），王念孫答書亦謂《字體》當從臧説删去。

倉頡篇三卷　（清）孫星衍輯

岱南閣叢書本　清陳鱣校〔北京圖書館〕

岱南閣叢書本　清江標校〔上海圖書館〕

清道光十年畢裕曾抄本　清畢裕曾校〔北京圖書館〕

岱南閣叢書

叢書集成初編・語言文學類

倉頡篇校證三卷補遺一卷　（清）孫星衍輯　（清）梁章鉅校證並撰補遺

稿本〔天一閣文物保管所〕

清光緒五年刻本

倉頡篇三卷　（清）孫星衍輯　（清）陳其榮增訂

稿本〔北京大學圖書館〕

觀自得齋叢書

倉頡篇二卷續本一卷補本一卷　（清）孫星衍輯　續本（清）諸可寶編録　補本（清）陶方琦輯

光緒十六年江蘇書局刻本

倉頡篇補本續一卷　曹元忠輯

南菁札記

倉頡篇義證三卷校義二卷箋釋一卷　（清）葉大莊撰

稿本〔福建師範大學圖書館〕

倉頡篇附倉頡訓詁倉頡解詁
（清）任大椿輯　（清）王念孫校
小學鉤沈卷一至二
小學鉤沈卷一至二　清嘉慶二十二年
汪廷珍刻本　清黃奭校補　〔北京圖
書館〕
小學鉤沈卷一至二　清嘉慶二十二年
汪廷珍刻本　清莫有芝批點　〔四川
省圖書館〕
小學鉤沈卷一至二　清光緒十年龍氏
刻本　曹元忠校補　〔復旦大學圖書
館〕
小學鉤沈卷一至二　清光緒三十三年
薛壽抄本　清薛壽校　〔南京圖書
館〕
小學類編附編・小學鉤沈卷一至二
翠琅玕館叢書（馮兆年輯）第二集・小
學鉤沈卷一至二
芋園叢書・經部・小學鉤沈卷一至二

蒼頡篇二卷　（清）任大椿輯
（清）任兆麟補正
有竹居集附

三倉附三倉訓詁三倉解詁　（清）
任大椿輯　（清）王念孫校
小學鉤沈卷三至四
小學鉤沈卷三至四　清嘉慶二十二年
汪廷珍刻本　清黃奭校補　〔北京圖
書館〕
小學鉤沈卷三至四　清嘉慶二十二年
汪廷珍刻本　清莫友芝批點　〔四川
省圖書館〕
小學鉤沈卷三至四　清光緒十年龍氏
刻本　曹元忠校補　〔復旦大學圖書
館〕
小學鉤沈卷三至四　清光緒三十三年

薛壽抄本　清薛壽校　〔南京圖書
館〕
小學類編附編・小學鉤沈卷三至四
翠琅玕館叢書（馮兆年輯）第二集・小
學鉤沈卷三至四
芋園叢書・經部・小學鉤沈卷三至四

三蒼一卷　（清）任大椿輯　（清）
任兆麟補正
有竹居集附

三蒼考逸補正一卷
小學類編附編・小學鉤沈

倉頡篇　（清）顧震福輯
小學鉤沈續編卷一

倉頡解詁　（清）顧震福輯
小學鉤沈續編卷一

三倉　（清）顧震福輯
小學鉤沈續編卷一

三倉解詁　（晉）郭璞撰　（清）顧
震福輯
小學鉤沈續編卷一

倉頡篇一卷　（清）黃奭輯
知足齋叢書
漢學堂叢書・經解小學類
黃氏逸書考・漢學堂經解

倉頡訓纂一卷　（漢）揚雄撰
（清）黃奭輯
黃氏逸書考・漢學堂經解

倉頡解詁一卷　（晉）郭璞撰
（清）黃奭輯
黃氏逸書考・漢學堂經解

三倉解詁一卷　（晉）郭璞撰
（清）黃奭輯
黃氏逸書考・漢學堂經解

蒼頡篇一卷　（魏）張揖訓詁

（晉）郭璞解　（清）馬國翰輯

 玉函山房輯佚書·經編小學類

訓纂篇一卷　（漢）揚雄撰　（清）
 馬國翰輯

 玉函山房輯佚書·經編小學類

蒼頡訓詁一卷　（漢）杜林撰
 （清）馬國翰輯

 玉函山房輯佚書·經編小學類

三蒼一卷　（魏）張揖訓詁　（晉）
 郭璞解詁　（清）馬國翰輯

 玉函山房輯佚書·經編小學類

杜林訓詁逸文一卷　（清）王紹
 蘭輯

 蕭山王氏十萬卷樓輯佚書七種·漆書
 古文尚書逸文考附

重輯蒼頡篇二卷　姬覺彌輯

 民國九年廣倉學宭排印本

重輯蒼頡篇二卷　王國維輯

 海寧王靜安先生遺書

倉頡篇二卷　龍璋輯

 小學蒐佚上編

三倉一卷　龍璋輯

 小學蒐佚上編

  注：秦始皇以小篆統一文字，丞相李斯作《蒼頡篇》（蒼，《説文解字敍》引作"倉"），車府令趙高作《爰歷篇》，太史令胡毋敬作《博學篇》，皆小篆。漢初，閭里書師併三篇爲一篇，仍取名《蒼頡》。（詳《漢志》及《説文解字敍》）《漢志》載《蒼頡》一篇，注云："上七章，秦丞相李斯作。《爰歷》六章，車府令趙高作。《博學》七章，太史令胡毋敬作。"按此即閭里書師所合併者，爲漢之《蒼頡》，非李斯所作之原書也。嗣後武帝時司馬

相如作《凡將篇》，元帝時黃門令史游作《急就篇》，成帝時將作大匠李長作《元尚篇》，亦皆載於《漢志》。今除《急就》一篇外，餘均亡佚。據《説文解字敍》引《倉頡篇》"幼子承詔"，《文選》李善注引《凡將篇》"黃潤纖美宜禪制"，以四字、七字爲句，與《急就篇》之文例相類，蓋諸書皆取當時習用之字，編爲文句，便童蒙誦習，故《漢志》統歸於小學也。（參孫星衍輯本自序）至元始中，徵天下通小學者數百人，各令記字於庭中，揚雄取其有用者以作《訓纂篇》，順續《蒼頡》（《漢志》）。其書見載《漢志》，今亦亡佚。《漢志》又載揚雄《蒼頡訓纂》一篇，即合《蒼頡》、《訓纂》爲一者（説本王先謙《漢書補注》）。和帝時，賈魴又作《滂喜篇》，合《蒼頡》、《訓纂》爲《三倉》，皆用隸字寫之（《法書要錄》卷二、《書斷》下）。姚振宗謂諸書皆爲小篆，至賈魴始由小篆變隸書（《隋書經籍志考證》）。按漢行隸字，諸書之作皆爲童蒙誦習，自當作隸字，似不得至後漢和帝時始由賈魴改篆爲隸，疑前此已變篆爲隸，特於史無載耳。《隋志》載《三蒼》三卷，注云："秦李斯作《蒼頡篇》，漢揚雄作《訓纂篇》，後漢郎中賈魴作《滂喜篇》，故曰《三蒼》。"按《隋志》以李斯之《蒼頡》爲《三蒼》之一，誤。斯原書漢初已與《爰歷》、《博學》二篇合併，賈魴取以合爲《三蒼》者必漢已合併之《蒼頡》無疑。自漢至晉，爲《蒼頡》、《三蒼》作訓解者，除揚雄外，《漢志》載《蒼頡傳》一篇，又杜林《蒼頡訓纂》、《蒼頡故》各一篇。《隋志》載郭璞注《三蒼》三卷，兩《唐志》同。兩《唐志》又載杜林《蒼頡訓詁》、張揖《三蒼訓詁》各二卷。書皆亡

佚。今見於羣書所引者，或稱"訓詁"，或稱"解詁"，每不能辨其爲何家之解也。史注、《文選》李善注、玄應《一切經音義》及唐、宋類書等多引《蒼頡》、《三蒼》之文及諸家訓解，孫星衍合而採之，總爲一輯。其書之編次，凡引正文二字以上者皆列於前，僅引一字者則依《說文》分部列於後，諸家訓解即連正文錄之。梁章鉅、陳其榮皆據孫輯糾訛補缺。陳氏據陳鱣校孫本更爲搜求，所增遠較梁氏爲多，其中採《原本玉篇》、《玉燭寶典》、慧琳《一切經音義》三書皆孫、梁所未及。諸可寶重刊孫輯，據任大椿輯本採錄孫氏所遺，編爲《續本》附後。此書與陶方琦《補本》合刊，陶氏亦據《原本玉篇》、《玉燭寶典》、慧琳《音義》等補孫輯之缺。嗣後曹元忠又就陶氏《補本》更爲補綴，凡得五十餘節。以上諸家皆據孫輯增補校訂，體例一如孫本。任大椿以諸書所引《蒼頡》、《三蒼》分別爲輯，諸家訓解亦另輯附後。任兆麟補正任輯，所增無多。顧震福續補亦依任氏原書之例分別爲輯，所採除《原本玉篇》、《玉燭寶典》、慧琳《音義》外，又兼採日本源順《倭名類聚鈔》，則爲諸家所未及。（顧書後附《補遺》，又續採《三倉》一節。）按清儒輯本以孫、任二家爲最著，繼起諸人皆分別就二家書續補。二家所採範圍大體相當，孫輯在先，失誤自較多，又注引文出處不甚詳明，此皆不及任輯。唯孫輯依《說文》分部編次，取便檢查，任輯多隨舊移錄，不加編次，此任不及孫者一也。《說文》博引通人說，如引杜林、揚雄說，多訓解《蒼頡》之文，而任皆不採，此任不及孫者二也。黃奭謂任氏分別輯之，較孫氏

渾爲一輯者爲善。此就兩家體例之大別者言之，而實不盡然。夫諸書所引正文，多連及詁訓，此實引後人訓解之書，而但稱《蒼頡》、《三蒼》者，省稱也。今將正文與訓解分輯，反爲不宜。又諸書引訓解，間有稱《訓詁》、《解詁》，而於解者姓名則或標或否，是不特正文與注也，即注文亦不易區分。且據《法書要錄》引梁庾元威說，謂《三蒼》三卷，上卷爲《蒼頡》。然則《蒼頡》雖與《訓纂》、《滂喜》併爲《三蒼》，其書固未相渾，則諸書引《三蒼》上卷或亦得稱《蒼頡》，故同引一文而稱《蒼頡》、《三蒼》者互見，是不特正文與注文，即正文亦不易區分矣，安見分輯爲善邪？蓋有所不能者。故王國維以爲按名目區分，殊爲駢枝，其說甚是（參王氏輯本《敍錄》）。馬國翰亦以《蒼頡》、《三蒼》分輯，諸家訓釋即隨正文錄之。按凡諸書引《蒼頡》、《三蒼》同文者，馬氏悉歸之《蒼頡》，蓋既欲區分，不得不強爲取捨。其實魏晉以下《三蒼》盛行，諸書所引雖稱《蒼頡》，而多出《三蒼》，如引《蒼頡》或雜反切，反切之行不得早於後漢，此實引《三蒼》也。又馬輯亦仿孫本按《說文》分部，唯用元人吾邱衍《學古編》之說，以《說文》部首字列各部之首，斯爲大謬。蓋《說文》爲字書，以字形旁分部乃創自許慎，前所無有，與《蒼頡》諸篇編字爲文以便童蒙誦習者體例全異。孫氏依《說文》分部，不過取便檢閱，非以《蒼頡》諸篇編次亦同《說文》也。且部首多非習用之字，《蒼頡》諸篇亦無由收入（參王國維輯本《敍序》）。又馬氏採《說文》引揚雄、杜林說，輯爲揚雄《蒼頡訓纂》、杜林《蒼頡訓詁》。按二家之說馬

氏已輯入《蒼頡篇》中，此又抽出單行，未免重複。王紹蘭亦從《説文》、《漢書》注、玄應《音義》等採得杜林字説，詁訓二十餘節，大抵未出諸家採撫之外。黃奭亦仿任輯分輯，覈其文多與任、馬二家雷同，而稍有出入。王國維得見諸家輯本，綜合參訂，取長補短，重輯爲二卷，出諸家之上。其中採《流沙墜簡》所存殘句，爲諸家所不及見。又以《漢志》明言《急就篇》皆取《蒼頡》正字，故悉採入。其編次則以漢簡殘句及《急就篇》之字輯爲上卷，以揚雄、杜林諸人訓解附焉。他書所引《蒼頡》、《三蒼》及諸家訓解悉輯爲下卷。大抵上卷即漢時《蒼頡篇》之遺文，下卷則《隋志》著錄之《三蒼》遺文也。二卷皆仿孫輯依《説文》分部，以正文爲經，注則低一格附後。《續修四庫提要》謂王氏未採《切韻》、《唐韻》諸書，猶有遺珠之憾。按《倭名類聚鈔》引有《蒼頡》數節，王氏亦未採。然所遺無多，今所有輯本當推王輯爲善。王書初成，姬覺彌冒名刊行，後始收入王氏《遺書》。

凡將篇 （清）任大椿輯 （清）王念孫校

小學鉤沈卷五

小學鉤沈卷五 清嘉慶二十二年汪廷珍刻本 清黃奭校補 〔北京圖書館〕

小學鉤沈卷五 清嘉慶二十二年汪廷珍刻本 清莫友芝批點 〔四川省圖書館〕

小學鉤沈卷五 清光緒十年龍氏刻本曹元忠校補 〔復旦大學圖書館〕

小學鉤沈卷五 清光緒三十三年薛壽抄本 清薛壽校 〔南京圖書館〕

小學類編附編·小學鉤沈卷五

翠琅玕館叢書（馮兆年輯）第二集·小學鉤沈卷五

芋園叢書·經部·小學鉤沈卷五

凡將篇 （漢）司馬相如撰 （清）顧震福輯

小學鉤沈續編卷一

凡將篇佚文 （漢）司馬相如撰 （清）張澍輯

蜀典卷十上（稿本 〔四川省圖書館〕、清道光五年安懷堂刻本、光緒二年尊經書院刻本）

司馬相如凡將篇一卷 （漢）司馬相如撰 （清）黃奭輯

漢學堂叢書·經解小學類

黃氏逸書考·漢學堂經解

凡將篇一卷 （漢）司馬相如撰 （清）馬國翰輯

玉函山房輯佚書·經解小學類

凡將篇逸文注一卷 （清）王紹蘭輯

蕭山王氏十萬卷樓輯佚七種

凡將一卷 （漢）司馬相如撰 龍璋輯

小學蒐佚上編

注：司馬相如，字長卿，蜀郡人，武帝時拜文園令，《漢書》有傳。《漢志》云："武帝時，司馬相如作《凡將篇》。"顏師古《急就篇序》謂司馬相如作《凡將篇》，史游景慕，擬而廣之。馬國翰據此以爲《凡將》體例與《急就》同。《漢志》載《凡將》一卷。《隋志》不載，云："梁有，亡。"兩《唐志》復載一卷。《文選》李善注、《説文》"唊"字注、《藝文類聚》、《茶經》、《北戶錄》並引之。馬國翰、黃奭皆採得五節，任大椿、張澍各缺一節。又《説

文》引有司馬相如《字説》，馬國翰、顧震福、黄奭均採得九節。馬、顧所採同，黄氏則缺"軡"下所引一節，而多"蕈"下引"蕈一莖六穗"一節。按此節乃許慎引司馬相如《封禪文》，非《字説》，黄氏誤採。王紹蘭所輯與馬輯相當，唯王多"當門"一節，馬多"棟"一節。按《凡將》既與《急就》同類，則亦編字爲句之童蒙識字書，以體例言似不當有《字説》之文雜其中，《説文》所引《字説》未詳系《凡將》逸文否。王氏輯本題爲《逸文注》，蓋謂正文之注也。則以爲《字説》爲其書之自注歟？

勸學篇　（清）任大椿輯　（清）王念孫校

小學鈎沈卷五

小學鈎沈卷五　清嘉慶二十二年汪廷珍刻本　清黄奭校補　〔北京圖書館〕

小學鈎沈卷五　清嘉慶二十二年汪廷珍刻本　清莫友芝批點　〔四川省圖書館〕

小學鈎沈卷五　清光緒十年龍氏刻本曹元忠校補　〔復旦大學圖書館〕

小學鈎沈卷五　清光緒三十三年薛壽抄本　清薛壽校　〔南京圖書館〕

小學類編附編·小學鈎沈卷五

翠琅玕館叢書（馮兆年輯）第二集·小學鈎沈卷五

芋園叢書·經部·小學鈎沈卷五

勸學篇　（漢）蔡邕撰　（清）顧震福輯

小學鈎沈續編卷一

蔡邕勸學篇一卷　（漢）蔡邕撰（清）黄奭輯

漢學堂叢書·經解小學類

黄氏逸書考·漢學堂經解

勸學篇一卷　（漢）蔡邕撰　（清）馬國翰輯

玉函山房輯佚書·經編小學類

勸學篇　（漢）蔡邕撰　（清）嚴可均輯

全後漢文卷八十

勸學篇一卷　（漢）蔡邕撰　（清）王仁俊輯

玉函山房輯佚書續編·經編小學類

勸學篇一卷　龍璋輯

小學蒐佚上編

　　注：蔡邕，參《蔡氏月令章句》。《後漢書》本傳稱邕作《勸學》，《隋志》載一卷，兩《唐志》並作《勸學篇》，亦一卷。玄應《一切經音義》及唐、宋類書引之，馬國翰採得八節，任大椿採得十節，顧震福採得三節以補任輯之缺（其中"周之師氏"一節與任輯重，而文較備）。去其重複，三家所輯凡得十二節。嚴可均採得十三節，最備，其中採《世説新語》注引一節，爲三家所無。唯"周之師氏"一節，嚴據《北史·劉芳傳》，不及馬、顧採《後魏書·劉芳傳》文字爲備。黄奭全襲任輯。王仁俊補馬輯之缺，從《太平御覽》、《藝文類聚》、《周易正義》各採得一節。按其中"蚓无爪牙"、"鼫鼠五能"二節語本《荀子·勸學》。馬國翰謂《勸學篇》皆勉學之言，編爲韻語，取便諷誦。然玄應《音義》引"儲，副君"等，《爾雅釋文》引"鼫鼠五技者"云云，皆注語，蓋邕作是篇，亦自注其文（參曾樸《補後漢書藝文志》）。

聖皇篇　（清）任大椿輯　（清）王念孫校

小學鉤沈卷五

小學鉤沈卷五　清嘉慶二十二年汪廷珍刻本　清黃奭校補　〔北京圖書館〕

小學鉤沈卷五　清嘉慶二十二年汪廷珍刻本　清莫友芝批點　〔四川省圖書館〕

小學鉤沈卷五　清光緒十年龍氏刻本曹元忠校補　〔復旦大學圖書館〕

小學鉤沈卷五　清光緒三十三年薛壽刻本　清薛壽校　〔南京圖書館〕

小學類編附編·小學鉤沈卷五

翠琅玕館叢書(馮兆年輯)第二集·小學鉤沈卷五

芋園叢書·經部·小學鉤沈卷五

蔡邕聖皇篇　（漢）蔡邕撰　（清）黃奭輯

漢學堂叢書·經解小學類·小學

黃氏逸書考·漢學堂經解·小學

聖皇篇　（漢）蔡邕撰　（清）嚴可均輯

全後漢文卷八十

聖皇篇一卷　（漢）蔡邕撰　龍璋輯

小學蒐佚上編

注：蔡邕，參《蔡氏月令章句》。《後漢書》本傳不言邕作《聖皇篇》，唯《書斷》稱靈帝詔邕作《聖皇篇》。《隋志》云"梁有蔡邕《聖皇篇》，亡。"兩《唐志》復載一卷，而題爲《聖草章》。姚振宗《隋書經籍志考證》謂或唐人書寫有此名，或《唐志》誤也。任大椿、黃奭、嚴可均皆從《書斷》採得一節，文無異。

聖皇篇　（魏）曹植撰　（清）顧震福輯

小學鉤沈續編卷一

注：曹植，字子建，操第四子，文帝封爲陳王，《三國志》有傳。本傳及史志皆不言植撰《聖皇篇》，唯《文選》謝玄暉《京路夜發詩》李善注引一節，顧震福據以錄存。

埤蒼　（清）任大椿輯　（清）王念孫校

小學鉤沈卷八至九

小學鉤沈卷八至九　清嘉慶二十二年汪廷珍刻本　清黃奭校補　〔北京圖書館〕

小學鉤沈卷八至九　清嘉慶二十二年汪廷珍刻本　清莫友芝批點　〔四川省圖書館〕

小學鉤沈卷八至九　清光緒十年龍氏刻本　曹元忠校補　〔復旦大學圖書館〕

小學鉤沈卷八至九　清光緒三十三年薛壽抄本　清薛壽校　〔南京圖書館〕

小學類編附編·小學鉤沈卷八至九

翠琅玕館叢書(馮兆年輯)　第二集·小學鉤沈卷八至九

芋園叢書·經部·小學鉤沈卷八至九

埤倉　（魏）張揖撰　（清）顧震福輯

小學鉤沈續編卷二

張揖埤倉一卷附補遺　（魏）張揖撰　（清）黃奭輯

漢學堂叢書·經編小學類

黃氏逸書考·漢學堂經解

埤蒼一卷　（魏）張揖撰　（清）馬國翰輯

玉函山房輯佚書·經編小學類

埤倉二卷附埤倉輯本考異一卷敍

録一卷　（魏）張揖撰　（清）陶
方琦輯　（清）姚振宗增訂並撰
考異、敍録
清徐氏孟晉齋抄本　〔上海圖書館〕

埤倉二卷附考異一卷
清光緒抄本　〔浙江圖書館〕

埤蒼一卷　（魏）張揖撰　陶棟輯
輯佚叢刊

埤倉一卷　（魏）張揖撰　龍璋輯
小學蒐佚

注：張揖，字稚讓，清河人，一云河間人，魏太和中爲博士（顏師古《漢書敍例》），著《埤倉》、《廣雅》、《古今字詁》（《魏書·江式傳》）。《隋》、《唐志》並載《埤蒼》三卷（蒼，或作倉）。姚振宗謂埤訓補、訓增，倉即《倉頡》。又謂《日本國見在書目》、《通志·藝文略》、《玉海》均著爲二卷，知舊本《隋志》當爲二卷，因《唐志》誤爲三卷，後人又據改《隋志》。其説近是，參姚氏輯本《敍録》。《釋文》、《文選》李善注、《玉篇》、玄應《一切經音義》等多引之，任大椿、馬國翰皆據以採得三百五十餘節，大體相當，互爲有無者二三十節而已。按任輯隨書移録，漫無編次，馬輯依《説文》分部，較便查檢。顧震福續補任輯，從《原本玉篇》、慧琳《一切經音義》等採得三百餘節，幾與任氏原輯相埒，唯於馬有任缺諸節多未爲補採。黃奭全襲任輯，別採十三節爲補遺。按黃氏所增"膩"、"瓔琅"、"垂棘"、"瞫"四節實與任輯誤重，其餘所增皆未出馬輯之外。陶方琦亦據《原本玉篇》、慧琳《音義》採摭，皆任、馬二家所遺，其意蓋補二家之缺。姚振宗參合任、馬二輯，與陶輯彙合，增訂爲

二卷，凡得六百餘節，依《説文》分部。又撰《考異》一卷，糾正任、馬之誤二百餘事。諸家所輯，當推此本爲善。此本未刊行，上海圖書館所藏爲抄本，與陶輯《廣倉》合録（《廣倉》另著録），有蔡元培跋，謂假原稿於姚海槎，屬丁漢章鈔之云云。按《文選》李善注、玄應《音義》等引《埤倉》多雜音切，任氏不録音切，馬氏悉録入，姚振宗以爲音切或後人所加，故擇其近似者録之，餘多不録。蔡跋謂《文選》李注等引他書每附音切，不獨於此書爲然，恐非原文所有。陶棟僅據《文選》李注採摭，不涉他書，凡得百零五節，其編次按名詞、形容詞、動詞分類。

廣倉　（清）任大椿輯　（清）王念孫校
小學鉤沈卷十五
小學鉤沈卷十五　清嘉慶二十二年汪廷珍刻本　清黃奭校補　〔北京圖書館〕
小學鉤沈卷十五　清嘉慶二十二年汪廷珍刻本　清莫友芝批點　〔四川省圖書館〕
小學鉤沈卷十五　清光緒十年龍氏刻本　曹元忠校補　〔復旦大學圖書館〕
小學鉤沈卷十五　清光緒三十三年薛壽抄本　清薛壽校　〔南京圖書館〕
小學類編附編·小學鉤沈卷十五
翠琅玕館叢書（馮兆年輯）第二集·小學鉤沈卷十五
芋園叢書·經部·小學鉤沈卷十五

廣倉　（□）樊恭撰　（清）顧震福輯
小學鉤沈續編卷五

樊恭廣倉一卷 （□）樊恭撰
　（清）黃奭輯
　　黃氏逸書考・漢學堂經解

廣蒼一卷 （□）樊恭撰 （清）馬
　國翰輯
　　玉函山房輯佚書・經編小學類

廣倉一卷附廣倉輯本考異一卷敍
　錄一卷 （□）樊恭撰 （清）陶
　方琦輯 考異、敍錄（清）姚振
　宗撰
　　清徐氏孟晉齋抄本 蔡元培跋 〔上海
　　圖書館〕

廣倉一卷附考異一卷
　　清光緒抄本 〔浙江圖書館〕

廣倉一卷 （□）樊恭撰 （清）陳
　鱣輯
　　古小學書鈎沈

廣倉一卷 （□）樊恭撰 龍璋輯
　　注：《隋志》云：“梁有《廣倉》一卷，樊
　恭撰，亡。”兩《唐志》復載一卷。按樊恭
　其人無考，姚振宗《隋書經籍志考證》謂
　其書蓋增廣《埤倉》未盡之詁訓及未收
　之字，則當在張揖之後。任大椿、馬國
　翰皆從《文選》李善注、玄應《一切經音
　義》、《廣韻》等各採得十九節。其中任
　採“種”、“碎”（任氏原書誤作“碎”，據
　《玉篇》原正）二節爲馬所缺，馬採
　“餃”、“佟”二節爲任所缺，餘無異。顧
　震福續補任輯，從《原本玉篇》、慧琳《一
　切經音義》等採得廿九節，又書後《補
　遺》續採三節，唯馬氏從《顏氏家訓》所
　採“餃”一節顧亦漏採。黃奭所採與馬
　輯同。陶方琦採得四十七節，較諸家爲
　備，所缺者僅顧輯“戴”、“庬”、“轎”、
　“歐”四節。姚振宗又撰《考異》糾任、馬

二輯之誤十二事。此本未見刊行，僅存
抄本，與陶輯《埤倉》合錄，參前條。

始學篇一卷 （吳）項竣撰 （清）
　馬國翰輯
　　玉函山房輯佚書・經編小學類

始學篇一卷 （吳）項竣撰 （清）
　王仁俊輯
　　玉函山房輯佚書續編・經編小學類

始學篇一卷 （吳）項竣撰 龍璋輯
　小學蒐佚上編
　　注：項竣（《三國志・吳主傳》注引
　《志林》作項峻），吳郎中，大皇帝孫權末
　年，命竣與太史令丁孚撰《吳書》（《三國
　志・薛綜傳》）。按竣字里事蹟均不詳。
　《隋志》云：“梁有《始學》十二卷，吳郎中
　項峻撰，亡。”兩《唐志》復載之。按《隋
　志》又有《始學》一卷，不著撰人，疑即項
　書之殘袠，其全書已亡，《唐志》或承舊
　目，未必十二卷復出也。姚振宗《隋書
　經籍志考證》謂《太平御覽》引《始學篇》
　注，是其書別有注本，蓋即十二卷之本，
　其一卷者則無注。然如姚說，則《隋志》
　一卷之本爲項氏原書，不當缺注撰人。
　且注本十二卷自在原書之後，似不應先
　原書而亡。疑項氏書原有自注耳。馬
　國翰從《初學記》、《太平御覽》等採得佚
　文五節，又從《南齊書》採得項氏論說一
　節附焉。王仁俊從《初學記》、《繹史》等
　續採得四節。

發蒙記 （晉）束晢撰
　　説郛（委宛山堂本）弓六十
　　説郛（委宛山堂本）弓六十 清傅增湘
　　　校 〔北京圖書館〕

晉束晢發蒙記一卷 （晉）束晢撰
　（清）黃奭輯

漢學堂知足齋叢書·子史鈎沈　清刻
本　清黄奭校〔北京圖書館〕

發蒙記一卷　（晉）束皙撰　（清）馬國翰輯

玉函山房輯佚書·經編小學類

發蒙記一卷　（晉）束皙撰　龍璋輯

小學蒐佚上編

注：束皙，參《五經通論》。《晉書》本傳稱皙撰《發蒙記》，《隋志》小學類、地理類並載一卷。馬國翰云："兩書同名而分著之歟？抑一書而兩載，失於釐定歟？疑不能明。"委宛山堂本《説郛》輯有十五節，皆不注明出處。馬國翰據以錄出，中六節爲之補注出處，餘皆不詳所出。馬氏又別從《初學記》等續採得十一節附後。按《説郛》載"玉精名委"一節，乃《太平御覽》引《啓蒙記》之文，與此非一書，應删去。又按據所輯諸節，其文與志怪小説相類，而書名題曰"發蒙"，其旨又似在啓發童蒙，《隋志》一書兩載之，蓋職是之故而疑不能決歟？如謂二書同名而分著，則以一人所撰，恐無是理也。

啓蒙記一卷　（晉）顧凱之撰　（清）馬國翰輯

玉函山房輯佚書·經編小學類

注：顧凱之，字長康，晉陵無錫人，官至散騎常侍，著《啓蒙記》（《晉書·文苑傳》）。《隋志》載《啓蒙記》、《啓疑記》各三卷，並顧凱之撰。兩《唐志》並載《啓疑記》三卷。按本傳不言《啓疑記》，姚振宗《隋書經籍史考證》謂疑即《啓蒙記》之異名。馬國翰從《北堂書鈔》、《太平御覽》等採得十節。按此書與束皙

《發蒙記》（參前條）同類小説家言，《隋志》入小學類者，恐泥於"啓蒙"之名耳。

顏延之幼誥　（劉宋）顏延之撰　（清）黄奭輯

漢學堂叢書·經解小學類·小學
黄氏逸書考·漢學堂經解·小學

誥幼一卷　（劉宋）顏延之撰　（清）馬國翰輯

玉函山房輯佚書·經編小學類

誥幼一卷　（劉宋）顏延之撰　龍璋輯

小學蒐佚上編

庭誥　（劉宋）顏延之撰　（清）嚴可均輯

全宋文卷三十六

庭誥一卷　（劉宋）顏延之撰　（清）馬國翰輯

玉函山房輯佚書·經編小學類

庭誥一卷　（劉宋）顏延之撰　龍璋輯

小學蒐佚上編

注：顏延之，參《逆降義》。《宋書》本傳稱延之閒居無事，爲《庭誥》之文。《隋志》云："梁有《誥幼》二卷，顏延之撰；《廣誥幼》一卷，宋給事中荀楷撰，亡。"兩《唐志》復載爲三卷，題作顏延之《誥幼文》。姚振宗《隋書經籍志考證》謂"誥"、"誥"皆"誥"之誤。又謂《唐志》所載多一卷者，似即合荀楷所廣之一卷。按宋本《爾雅·釋蟲·釋文》引作《誥幼》，《續漢書·輿服志》劉昭注引作《幼誥》，《廣韻·一董》引作《告幼童文》，則姚氏之説似非無據。然以上三書所引凡四節，無一不爲詁訓、音切之文，則仍以《隋志》作"誥"爲是。此蓋爲

童蒙而作，所詁訓者皆習見字，猶今之小學生字典之類。其名似當作《幼詁》，謂童蒙所習之詁訓也。《輿服志》劉注引作《幼誥》，"誥"乃"詁"之誤耳。《隋志》作《詁幼》者，文雖倒而字未誤也。至《廣韻》作《告幼童文》，乃後人據《誥幼》之誤文而演出，決非原名。馬國翰從《爾雅釋文》等採得四節，黃奭僅採得二節。又馬國翰據《藝文類聚》、《太平御覽》等採得《庭誥》五節。按《宋書》本傳節引《庭誥》之文，較馬氏採自類書所引者爲備。嚴可均輯本即從本傳錄出，又更從《御覽》、《弘明集》採得五節附後。《隋》、《唐志》載《幼詁》而不載《庭誥》，本傳則載《庭誥》而不載《幼詁》，姚氏《考證》以爲一書而異名。按據馬、嚴所輯，《庭誥》言心性學品，馬氏謂與顏之推《家訓》相似，是也。其書與《幼詁》專舉詁訓者不同科，恐非一書而異名。疑《幼詁》乃《庭誥》之一篇，猶之《顏氏家訓》有《書證》、《音辭》篇，亦涉詁訓、字音者。

聲類 （清）任大椿輯 （清）王念孫校

小學鉤沈卷十一

小學鉤沈卷十一 清嘉慶二十二年汪廷珍刻本 清黃奭校補 〔北京圖書館〕

小學鉤沈卷十一 清嘉慶二十二年汪廷珍刻本 清莫友芝批點 〔四川省圖書館〕

小學鉤沈卷十一 清光緒十年龍氏刻本 曹元忠校補 〔復旦大學圖書館〕

小學鉤沈卷十一 清光緒三十三年薛壽抄本 清薛壽校 〔南京圖書館〕

小學類編附編·小學鉤沈卷十一

翠琅玕館叢書（馮兆年輯）第二集·小學鉤沈卷十一

芋園叢書·經部·小學鉤沈卷十一

聲類 （魏）李登撰 （清）顧震福輯

小學鉤沈續編卷三

聲類一卷 （魏）李登撰 （清）陳鱣輯

稿本 〔北京圖書館〕

聲類一卷 （魏）李登撰 （清）章宗源輯

清抄本 清趙之謙、章綬銜跋 〔南京圖書館〕

李登聲類一卷 （魏）李登撰 （清）黃奭輯

漢學堂叢書·經解小學類

黃氏逸書考·漢學堂經解

聲類一卷 （魏）李登撰 （清）馬國翰輯

玉函山房輯佚書·經編小學類

聲類一卷 （魏）李登撰 龍璋輯

小學蒐佚上編

注：《隋志》載《聲類》十卷，魏左校令李登撰，兩《唐志》同。《魏書·江式傳》、《隋書·潘徽仲傳》並言李登撰《聲類》，其人字里、事跡無考。《封氏聞見記》云："魏時有李登者，撰《聲類》十卷，凡一萬一千五百二十字，以五聲命字，不立諸部。"《釋文》、《文選》李善注、玄應《一切經音義》等多引之，任大椿、馬國翰皆據以採得二百餘節。馬輯按韻編次，任輯則隨書移錄，不加編次。二家所採間亦互爲有無，任採"出氣急曰吹"、"魃"、"隊"、"裸"、"篩"等二十一節爲馬所無，馬採"秏飿"、"喑啞"、"唫"、

"拂"、"踊"等二十節爲任所無。其餘文字詳略互見者尚有之，然大體相當。顧震福續補任輯，所補凡三百餘節，中採《原本玉篇》、慧琳《一切經音義》、希麟《續一切經音義》及日本源順《倭名類聚鈔》等書，皆任、馬二氏所未及。唯於馬有任缺諸節，顧氏所補僅得其半。黄奭全錄任輯，僅從玄應《音義》採得十六節爲補遺。按黄所增大抵未出顧、馬所採之外。

韻集　（清）任大椿輯　（清）王念孫校

小學鉤沈卷十二

小學鉤沈卷十二　清嘉慶二十二年汪廷珍刻本　清黄奭校補　〔北京圖書館〕

小學鉤沈卷十二　清嘉慶二十二年汪廷珍刻本　清莫友芝批點　〔四川省圖書館〕

小學鉤沈卷十二　清光緒十年龍氏刻本　曹元忠校補　〔復旦大學圖書館〕

小學鉤沈卷十二　清光緒三十三年薛壽刻本　清薛壽校　〔南京圖書館〕

小學類編附編·小學鉤沈卷十二

韻集　（晉）吕静撰　（清）顧震福輯

小學鉤沈續編卷三

韻集一卷　（晉）吕静撰　（清）黄奭輯

黄氏逸書考·漢學堂經解

韻集一卷　（晉）吕静撰　（清）馬國翰輯

玉函山房輯佚書·經編小學類

韻集一卷　（晉）吕静撰　（清）陳

鱣輯

古小學鉤沈

韻集一卷　（晉）吕静撰　龍璋輯

小學蒐佚下編

　　注：吕静，忱弟，任城人，仿李登《聲類》作《韻集》五卷，使宮、商、角、徵、羽各爲一篇（《魏書·江式傳》）。《隋志》載《韻集》六卷，晉安復令吕静撰。兩《唐志》並五卷。馬國翰謂《隋志》六卷或並序、目計之。任大椿、馬國翰皆從《顏氏家訓》、《釋文》、玄應《一切經音義》及唐、宋類書等採得六七十節。任採"煥"、"蟜"、"鰍"、"聾"、"髠髳"等十節爲馬所無，馬採"車渠"、"袈裟"、"烰"、"狉"、"蛭"等十一節爲任所無。又凡諸書引音切兼詁訓者，任氏多祇録音切，而馬氏則並採詁訓，如"酵"、"橙"諸節是。按吕氏《韻集》亦涉詁訓，諸書所引即是。其書特按五音編次，不立諸部，如《聲類》然，非僅舉字音也。唯玄應《音義》引"飼"、"菸"二節，中有説方音者，似是玄應之案語，馬氏亦採入，任氏不採近是。顧震福續補任輯，從《玉燭寶典》、慧琳《一切經音義》、希麟《續一切經音義》等書採得五十三節，又書後《補遺》從《史記索隱》採得一節，唯於馬有任缺諸節所補無多。黄奭全錄任輯，僅從玄應《音義》採得三節爲補遺，其中"翳"字一節與任輯誤重，餘二節亦未出馬外。

文字音義一卷　（晉）王延撰　龍璋輯

小學蒐佚下編

　　注：《隋志》載《文字音》七卷，晉蕩昌令長王延撰。兩《唐志》載作《雜文字

音》七卷。黃逢元《補晉書藝文志》云：
"本書《王延傳》字延元，西河人，年六十
方仕劉聰，官至金紫光祿大夫，不言爲
蕩昌令長。又《世說·規箴》篇引《王氏
譜》緒字仲業，太原人，祖延。名同籍
異，其人未知孰是。"按《文選》李善注引
有《文字音》。龍璋輯本未見。

韻會一卷　（晉）孟昶撰　龍璋輯
　　小學蒐佚下編
　　　注：此書史志不見載，龍璋輯本
未見。

音譜　（清）任大椿輯　（清）王念
　　孫校
　　小學鉤沈卷十三
　　小學鉤沈卷十三　清嘉慶二十二年汪
　　　廷珍刻本　清黃奭校補　〔北京圖書
　　　館〕
　　小學鉤沈卷十三　清嘉慶二十二年汪
　　　廷珍刻本　清莫友芝批點　〔四川省
　　　圖書館〕
　　小學鉤沈卷十三　清光緒十年龍氏刻
　　　本　曹元忠校補　〔復旦大學圖書
　　　館〕
　　小學鉤沈卷十三　清光緒三十三年薛
　　　壽刻本　清薛壽校　〔南京圖書館〕
　　小學類編附編·小學鉤沈卷十三
　　翠琅玕館叢書（馮兆年輯）第二集·小
　　　學鉤沈卷十三
　　芋園叢書·經部·小學鉤沈卷十三

音譜　（北齊）李槩撰　（清）顧震
　　福輯
　　小學鉤沈續編卷四

音譜一卷　（北齊）李槩撰　（清）
　　黃奭輯
　　漢學堂叢書·經解小學類

黃氏逸書考·漢學堂經解

音譜一卷　（北齊）李槩撰　龍璋輯
　　小學蒐佚下編
　　　注：李槩，字季節，趙郡平棘人，撰
《戰國春秋》、《音譜》，見《北史·李公緒
傳》。《隋志》載李槩《音譜》四卷，兩《唐
志》不載。任大椿從《廣韻》採得十四
節，顧震福從希麟《續一切經音義》續採
二節。黃奭全錄任輯。

聲譜　（清）任大椿輯　（清）王念
　　孫校
　　小學鉤沈卷十九
　　小學鉤沈卷十九　清嘉慶二十二年汪
　　　廷珍刻本　清黃奭校補　〔北京圖書
　　　館〕
　　小學鉤沈卷十九　清嘉慶二十二年汪
　　　廷珍刻本　清莫友芝批點　〔四川省
　　　圖書館〕
　　小學鉤沈卷十九　清光緒十年龍氏刻
　　　本　曹元忠校補　〔復旦大學圖書
　　　館〕
　　小學鉤沈卷十九　清光緒三十三年薛
　　　壽抄本　清薛壽校　〔南京圖書館〕
　　小學類編附編·小學鉤沈卷十九
　　翠琅玕館叢書（馮兆年輯）第二集·小
　　　學鉤沈卷十九
　　芋園叢書·經部·小學鉤沈卷十九

聲譜　（清）顧震福輯
　　小學鉤沈續編卷八

聲譜　（清）黃奭輯
　　漢學堂叢書·經解小學類·音譜附
　　黃氏逸書考·漢學堂經解·音譜附

聲譜　龍璋輯
　　小學蒐佚下編
　　　注：《廣韻》引有《聲譜》，不知何人所

撰,史志亦不載此書。姚振宗《隋書經籍志考證》以爲即李槩之《音譜》(參上條),黃奭則以爲《聲譜》亦李槩所撰。按依姚氏説則《聲譜》、《音譜》爲一書異名,然《廣韻》既引《音譜》,又引《聲譜》,如果爲一書,似不應異其題名,恐是二書也。黃氏以爲《聲譜》亦槩所撰,蓋以二書名相類,推測之詞。今亦不能定孰是,姑依黃説次《音譜》之後。任大椿從《廣韻》採得十五節,又從《竹譜》採得一節。顧震福從《廣韻》續採一節。黃奭採得十六節,其中採《廣韻》"棚"、"筶"、"顅"、"骰子"四節爲任、顧所無。

韻略　(北齊)陽休之撰　(清)任大椿輯　(清)王念孫校

小學鉤沈卷十六

小學鉤沈卷十六　清嘉慶二十二年汪廷珍刻本　清黃奭校補　〔北京圖書館〕

小學鉤沈卷十六　清嘉慶二十二年汪廷珍刻本　清莫友芝批點　〔四川省圖書館〕

小學鉤沈卷十六　清光緒十年龍氏刻本　曹元忠校補　〔復旦大學圖書館〕

小學鉤沈卷十六　清光緒三十三年薛壽抄本　清薛壽校　〔南京圖書館〕

小學類編附編·小學鉤沈卷十六

翠琅玕館叢書(馮兆年輯)第二集·小學鉤沈卷十六

芋園叢書·經部·小學鉤沈卷十六

韻略　(北齊)陽休之撰　(清)顧震福輯

小學鉤沈續編卷五

韻略一卷　(北齊)陽休之撰

(清)黃奭輯

漢學堂叢書·經解小學類

黃氏逸書考·漢學堂經解

韻略一卷　(北齊)陽休之撰
(清)馬國翰輯

玉函山房輯佚書·經編小學類

韻略一卷　(北齊)陽休之撰
(清)王仁俊輯

玉函山房輯佚書續編·經編小學類

韻略一卷　(北齊)陽休之撰　龍璋輯

小學蒐佚下編

　　注:陽休之,字子烈,右北平無終人,仕齊爲中書監(《北齊書》本傳)。《隋》、《唐志》並載陽休之《韻略》一卷("陽",皆誤作"楊",今依本傳)。《顏氏家訓·音辭》云"陽休之造《切韻》",與《隋》、《唐志》所載異名。按陸法言《切韻序》亦稱《韻略》。周祖謨云:"劉善經《四聲論》云:'齊僕射陽休之,當世之文匠也。乃以音有楚、夏,韻有訛切,辭人代用,今古不同,遂辨其尤相涉者五六十韻,科以四聲,名曰《韻略》。'據此可知其書體例之大概。"(王利器《顏氏家訓集解》引)任大椿、馬國翰皆從玄應《一切經音義》、《廣韻》等採得十節,其中任採《太平御覽》引"餻餅"一節爲馬所無,馬採玄應《音義》引"篋"一節爲任所無。顧震福續補任輯,從慧琳《一切經音義》、希麟《續一切經音義》採得四十四節,又馬有任缺一節亦補入。黃奭採得十一節,除據《華嚴經音義》採得"矖"一節外,餘悉同任輯。按黃所增此節亦爲馬、顧所無。王仁俊補馬輯之缺,所採即"矖"字一節。

證俗音 （清）任大椿輯 （清）王念孫校

小學鉤沈卷十六

小學鉤沈卷十六 清嘉慶二十二年汪廷珍刻本 清黃奭校補 〔北京圖書館〕

小學鉤沈卷十六 清嘉慶二十二年汪廷珍刻本 清莫友芝批點 〔四川省圖書館〕

小學鉤沈卷十六 清光緒十年龍氏刻本 曹元忠校補 〔復旦大學圖書館〕

小學鉤沈卷十六 清光緒三十三年薛壽抄本 清薛壽校 〔南京圖書館〕

小學類編附編・小學鉤沈卷十六

翠琅玕館叢書（馮兆年輯）第二集・小學鉤沈卷十六

芋園叢書・經部・小學鉤沈卷十六

證俗音 （北齊）顏之推撰 （清）顧震福輯

小學鉤沈續編卷五

證俗音一卷 （北齊）顏之推撰 龍璋輯

小學蒐佚下編

證俗文 （清）任大椿輯 （清）王念孫校

小學鉤沈卷十九

小學鉤沈卷十九 清嘉慶二十二年汪廷珍刻本 清黃奭校補 〔北京圖書館〕

小學鉤沈卷十九 清嘉慶二十二年汪廷珍刻本 清莫友芝批點 〔四川省圖書館〕

小學鉤沈卷十九 清光緒十年龍氏刻本 曹元忠校補 〔復旦大學圖書館〕

小學鉤沈卷十九 清光緒三十三年薛壽抄本 清薛壽校 〔南京圖書館〕

小學類編附編・小學鉤沈卷十九

翠琅玕館叢書（馮兆年輯）第二集・小學鉤沈卷十九

芋園叢書・經部・小學鉤沈卷十九

注：顏之推，字介，琅邪臨沂人，仕齊至黃門侍郎，所撰有《家訓》二十篇等（《北齊書・文苑傳》）。《顏魯公家廟碑》載之推撰《證俗音字》五卷。按此書史志所載互異。《隋志》作《證俗音字略》六卷，又《訓俗文字略》一卷，均顏之推撰。《舊唐志》作《證俗音略》二卷，而題爲顏愍楚撰。《新唐志》作張推《證俗音》三卷（姚振宗《隋書經籍志考證》謂“張推”爲“顏之推”之誤），又顏愍楚《證俗音略》一卷。《宋志》作顏之推《證俗字音》四卷。愍楚其人無考。姚氏《考證》謂據《碑》則是書實五卷，《隋志》載六卷及《訓俗文字略》一卷者，大抵有序錄及愍楚所撰節略本在內。按姚説近是。《碑》載《證俗字音》五卷，是之推原書也。唐時《日本國見在書目》載顏愍楚《證俗音字略》一卷，蓋約其書爲一卷也。後來或併著爲一書，或分著爲二書，故諸志記載歧異。任大椿從《北户錄》採得《證俗音》十二節，顧震福從慧琳《一切經音義》續採得四節。又任氏從《廣韻》採得《證俗文》四節，疑一書異名。

小爾雅佚文一卷 （清）王仁俊輯

經籍佚文

注：王煦《小爾雅疏》中引有佚文六節，採自《釋文》、玄應《一切經音義》等，王仁俊據以錄存。

廣雅佚文一卷　（清）王仁俊輯

　　經籍佚文

　　　注：王仁俊從《初學記》、《太平御覽》及《文選》李善注等採得佚文七節。按王念孫《廣雅疏證》亦錄佚文，以小字附正文下，可參。

通俗文　（清）任大椿輯　（清）王念孫校

　　小學鈎沈卷六至七

　　小學鈎沈卷六至七　清嘉慶二十二年汪廷珍刻本　清黃奭校補　〔北京圖書館〕

　　小學鈎沈卷六至七　清嘉慶二十二年汪廷珍刻本　清莫友芝批點　〔四川省圖書館〕

　　小學鈎沈卷六至七　清光緒十年龍氏刻本　曹元忠校補　〔復旦大學圖書館〕

　　小學鈎沈卷六至七　清光緒三十三年薛壽刻本　清薛壽校　〔南京圖書館〕

　　小學類編附編·小學鈎沈卷六至七

　　翠琅玕館叢書（馮兆年輯）第二集·小學鈎沈卷六至七

　　芋園叢書·經部·小學鈎沈卷六至七

通俗文　（漢）服虔撰　（清）顧震福輯

　　小學鈎沈續編卷一

通俗文一卷　（漢）服虔撰　（清）臧庸輯

　　清抄本　〔上海圖書館〕

　　邃雅齋叢書

服虔通俗文一卷　（漢）服虔撰（清）黃奭輯

　　漢學堂叢書·經解小學類

　　黃氏逸書考·漢學堂經解

通俗文一卷　（漢）服虔撰　（清）馬國翰輯

　　玉函山房輯佚書·經編小學類

通俗文一卷補音一卷　（漢）服虔撰　（清）顧懷三輯

　　小方壺齋叢書第二集

通俗文一卷　（漢）服虔撰　龍璋輯

　　小學蒐佚上編

　　　注：服虔，參《服虔易義》。《隋志》載《通俗文》一卷，服虔撰。兩《唐志》載《續通俗文》二卷，李虔撰。馬國翰謂《唐志》無服書而有李書，當是服作此書一卷，李續之爲二卷。按馬說近是，蓋李續增服書爲二卷，故《唐志》即題李名。《顏氏家訓·書證》云：“《通俗文》，世間題云河南服虔字子慎造。虔既是漢人，其《敍》乃引蘇林、張揖，蘇、張皆魏人。且鄭玄以前，全不解反語，《通俗》反音，甚會近俗。阮孝緒又言李虔所造。河北此書，家藏一本，遂無作李虔者。晉《中經簿》及《七志》並無其目，竟不知誰制。”按蘇林、張揖皆魏初之人，服氏于漢末得及見之，《敍》引其人，不足爲疑，説詳姚振宗《隋書經籍志考證》。反切之用，盛行於魏晉以下，然實濫觴於漢末。顏氏於《家訓·音辭》亦自云：“孫叔言（“然”之誤。叔然，炎之字）創《爾雅音義》，是漢末人獨知反語，至於魏世，此事大行。”則何獨疑於服氏邪？且服氏注《漢書》即用反切，應劭與服氏同時，注《漢書》亦用反切，是當時已知反切，見於《通俗文》者無足怪也。又書經李虔續增，馬國翰據《晉書·孝友傳》稱李密一名虔（《文選·陳情表》

171

李善注引《華陽國志》同），以爲李虔即密，若然，則虔爲晉人，書中有反語更無可疑矣。臧林《經義雜記》謂《隋志》次《通俗文》於梁沈約、北齊李槩諸人之下，則《隋志》不以爲漢之服虔所撰。按臧氏不明《隋志》類中分類之義例，故有此説。蓋沈、李諸人之書爲韻書，在小學類韻書之末，《通俗文》置韻書之後，爲別一類之首也。（參姚氏《考證》）洪亮吉《更生齋文甲集》謂《初學記》引《通俗文》次於《説文》，玄應《一切經音義》引《通俗文》在《三蒼》、《釋名》以上，是唐人皆以此書爲漢服虔撰。今按《釋文》、《文選》李善注、玄應《音義》及唐、宋類書多引之，中容有李虔所續，然不能分辨。任大椿、臧庸、馬國翰皆據諸書所引採摭，各得三百餘節，互爲出入者什一而已。如任、馬所採"不媚曰媚"、"通白曰晶"、"煮米曰糁"、"篇子"諸節爲臧所無，臧、馬所採"强健爲駁"、"匕首"、"邪道曰徯"、"雞伏卵"諸節爲任所無，任、顧所採"蹙頞曰瞋"、"方絮曰紙"、"幘裏曰纕"、"弓靶謂之韝"諸節爲馬所無。顧懷三所採與諸家大體相當，唯各節連屬不分行，檢閲頗不便。又諸書所引有反切者，顧氏皆別輯爲《補音》一卷附後，與諸家合併者異。顧震福繼任輯爲之續補，從慧琳《一切經音義》、希麟《續一切經音義》等採得四十五節，多爲諸家所未及。合任、顧所採，自較他家爲備，然間亦有所缺，如臧、顧懷三採"丸毛謂之鞠"、"羹斗曰魁"，臧採"伏覘曰覰"，顧懷三採"鑿棲曰榱"、"捭指謂之擺撕"，馬採"嗷咷"、"終梂"等，皆任、顧所無。黃奭全録任輯，僅增補數節於後，亦未出諸家所採

之外。按各家輯本編次殊不同，臧、馬、顧懷三大抵以事類爲次，然亦多有異同。任、顧則隨書移録而已。

通俗文一卷　（晉）李虔撰　（清）陳鱣輯
稿本〔北京圖書館〕

李虔通俗文　（□）李虔撰　（清）黃奭輯
漢學堂叢書·經解小學類·小學
黃氏逸書考·漢學堂經解·小學
　注：李虔，馬國翰以爲即晉李密，續增服虔《通俗文》，並參前條。黃奭從《初學記·舟》採得一節，乃明標李虔者。陳鱣輯本未見。

補釋名　（漢）劉熙撰　（清）畢沅輯
釋名疏證補附（光緒二十二年刻本）
經訓堂叢書·釋名疏證附
融經館叢書·釋名疏證附
廣雅書局叢書·小學·釋名疏證附
叢書集成初編·語言文學類·釋名疏證附
　注：畢沅從唐、宋類書及玄應《一切經音義》等採得引《釋文》之文而不見於今本者二十餘節。按中有數節如"霧"、"省"、"救"、"雩"等實見於今本，唯文字略異，非佚文，參王先謙《釋名疏證補》引蘇輿説。又按諸書所引佚文多説官爵，據《三國志·韋昭傳》載昭獄中上辭，謂劉熙釋爵位有失，知《釋名》原有釋官爵之篇。然今本二十七篇，與熙自序所稱篇數合，則又似無佚篇。畢氏謂《釋名》實三十篇，後人據所存二十七篇改《序》"三十"爲"二十七"，説詳《釋名疏證》。

辨釋名、官職訓　（吳）韋昭撰

（清）畢沅輯

　釋名疏證補附（光緒二十二年刻本）

　經訓堂叢書・釋名疏證附

　融經館叢書・釋名疏證附

　廣雅書局叢書・釋名疏證附

　叢書集成初編・語言文學類・釋名疏
　　證附

辨釋名　（清）任大椿輯　（清）王
念孫校

　小學鉤沈卷十二

　小學鉤沈卷十二　清嘉慶二十二年汪
　　廷珍刻本　清黃奭校補　〔北京圖書
　　館〕

　小學鉤沈卷十二　清嘉慶二十二年汪
　　廷珍刻本　清莫友芝批點　〔四川省
　　圖書館〕

　小學鉤沈卷十二　清光緒十年龍氏刻
　　本　曹元忠校補　〔復旦大學圖書
　　館〕

　小學鉤沈卷十二　清光緒三十三年薛
　　壽刻本　清薛壽校　〔南京圖書館〕

　小學類編附編・小學鉤沈卷十二

　翠琅玕館叢書（馮兆年輯）第二集・小
　　學鉤沈卷十二

　芋園叢書・經部・小學鉤沈卷十二

辨釋名　（吳）韋昭撰　（清）顧震
福輯

　小學鉤沈續編卷三

韋昭辨釋名一卷　（吳）韋昭撰
（清）黃奭輯

　漢學堂叢書・經解小學類

　黃氏逸書考・漢學堂經解

辨釋名一卷　（吳）韋昭撰　（清）
馬國翰輯

　玉函山房輯佚書・經編小學類

辨釋名一卷　（吳）韋昭撰　龍璋輯

　小學蒐佚下編補

　　注：韋昭，參《毛詩答雜問》。《三國
志》本傳載昭於獄中上辭，言劉熙《釋
名》時有得失，而爵位之事又有是非，因
作《官職訓》及《辨釋名》各一卷。《隋
志》經部載韋昭《辨釋名》一卷，又史部
載其《官儀職訓》一卷。兩《唐志》及《宋
志》並載《辨釋名》一卷，而不載《官職
訓》。唐、宋類書引《辨釋名》多釋官制，
侯康《補三國藝文志》謂《官職訓》疑即
在《辨釋名》中。按昭作《辨釋名》本爲
糾劉熙《釋名》之誤，又謂熙書釋官爵多
有失，則所作《官職訓》亦糾熙書之誤
者，故《官職訓》當即附於《辨釋名》，諸
書因亦祇稱《辨釋名》。（説本姚振宗
《隋書經籍志考證》）《隋志》蓋以類區分，
析出《官職訓》別載之史部耳。唯今本
《釋名》二十七篇中無釋官爵之篇，馬國
翰以爲是後人緣昭之辨而刪去此篇。
按熙釋官爵一篇或脱佚，未必後人所
刪，參前條。畢沅從唐、宋類書等採得
二十餘節，其中《太平御覽》引"臣，慎
也"、"友，有也"、"古者稱師曰先生"三
節標爲韋昭《釋名》，與他引稱爲《辨釋
名》者異，畢氏析出之，以爲是《官職訓》
佚文。按此三節或是引《辨釋名》而誤
脱"辨"字，或是引劉熙《釋名》而誤稱韋
昭（所引"友，有也"一節即見今本《釋
名》），二者必居其一，畢氏以爲《官職
訓》佚文，非是。任大椿、馬國翰所採與
畢輯大體相當，其中馬、任採"古者諸侯
薨"、"充六牲"二節爲畢所無，畢、任採
"臣，慎也"一節爲馬所無，畢、馬採"古
者稱師曰先生"一節爲任所無。又"友，
有也"一節任、馬皆未採。又諸書引韋

昭辨語間舉《釋名》原文,任、馬並録之,畢氏已輯入《補釋名》中,故此輯略之。顧震福補任輯之缺,所補即畢、馬各多出之一節。黃奭全襲任輯。

纂文 (劉宋)何承天撰 (清)任大椿輯 (清)王念孫校

小學鉤沈卷十四

小學鉤沈卷十四 清嘉慶二十二年汪廷珍刻本 清黃奭校補 〔北京圖書館〕

小學鉤沈卷十四 清嘉慶二十二年汪廷珍刻本 清莫友芝批點 〔四川省圖書館〕

小學鉤沈卷十四 清光緒十年龍氏刻本 曹元忠校補 〔復旦大學圖書館〕

小學鉤沈卷十四 清光緒三十三年薛壽刻本 清薛壽校 〔南京圖書館〕

小學類編附編·小學鉤沈卷十四

翠琅玕館叢書(馮兆年輯)第二集·小學鉤沈卷十四

芋園叢書·經部·小學鉤沈卷十四

纂文 (劉宋)何承天撰 (清)顧震福輯

小學鉤沈續編卷四

纂文一卷 (劉宋)何承天撰 (清)陳鱣輯

古小學鉤沈

何承天纂文一卷 (劉宋)何承天撰 (清)黃奭輯

黃氏逸書考·漢學堂經解

纂文一卷 (劉宋)何承天撰 (清)馬國翰輯

玉函山房輯佚書·經編小學類

纂要文徵遺一卷 (劉宋)何承天撰 (清)茆泮林輯

鶴壽堂叢書

纂文一卷 (劉宋)何承天撰 (清)王仁俊輯

玉函山房輯佚書續編·經編小學類

纂文一卷 (劉宋)何承天撰 龍璋輯

小學蒐佚上編

注:何承天,參《禮論》。《宋書》本傳舉承天所撰書有《纂文》,不言卷數。《隋志》云"梁有《纂文》三卷,亡",而不言作者爲誰。兩《唐志》並載何承天《纂文》三卷。《釋文》、《文選》李善注、玄應《一切經音義》及唐、宋類書等均引之,諸家皆據以採摭。馬國翰、黃奭所採大致無異,附注亦多雷同,疑黃襲馬也。任大椿所輯較馬、黃爲略,如《廣韻》、《通志·氏族略》等所引四十餘節皆缺採。顧震福續補任輯,凡補五十餘節,任所缺諸節多已補入,轉有溢出馬、黃之外者。唯馬、黃所採"羡水舞"、"毒"、"肬氏"、"臺一名山莎"、"㲲"五節顧未及補。茆泮林所輯大體未出任、顧之外。按茆據《元和姓纂》採得數節,爲諸家所未及。其餘溢出諸家外者,如"齊人生子曰娩"、"草木華曰蕐"、"木大曰薪"、"琚瑀所以納閒"、"宮殿四面欄"諸節,皆誤採梁元帝諸人《纂要》文。王仁俊亦從《元和姓纂》採得三節,以補馬缺。按諸書所引或稱何承天《纂文》,或省姓名,或省書名,皆是引一書也。《通志》獨稱何承天《纂要》、《纂要文》,以其所引有與《廣韻》引《纂文》同者,知亦一書也(顧震福疑何氏《纂文》一名《纂要》,不然則鄭樵誤記書名耳)。外此其

餘,凡諸書引稱《纂要》者當皆爲梁武帝、顏延之書。又按《廣韻》、《通志》、《元和姓纂》所引《纂文》各節皆釋姓氏者,考《隋》、《唐志》史部並載何承天《姓苑》一卷(《唐志》作十卷,疑誤),《新唐書·柳冲傳》亦云承天有《姓苑》二篇,故章宗源《隋書經籍志考證》謂《廣韻》等所引即《姓苑》文。按《廣韻》除引《纂文》外,別引何氏《姓苑》,如系一書,不當兩稱,疑《纂文》內自有釋姓氏之文。或後人析出《纂文》釋姓氏之文,續增爲一篇,別稱《姓苑》歟?據《宋書》本傳,則何氏衹有《纂文》也。

纂要　(清)任大椿輯　(清)王念孫校

小學鉤沈卷十五

小學鉤沈卷十五　清嘉慶二十二年汪廷珍刻本　清黃奭校補〔北京圖書館〕

小學鉤沈卷十五　清嘉慶二十二年汪廷珍刻本　清莫友芝批點〔四川省圖書館〕

小學鉤沈卷十五　清光緒十年龍氏刻本　曹元忠校補〔復旦大學圖書館〕

小學鉤沈卷十五　清光緒三十三年薛壽刻本　清薛壽校〔南京圖書館〕

小學類編附編·小學鉤沈卷十五

翠琅玕館叢書(馮兆年輯)第二集·小學鉤沈卷十五

芋園叢書·經部·小學鉤沈卷十五

纂要　(清)顧震福輯

小學鉤沈續編卷四

纂要一卷　(劉宋)顏延之　(梁)蕭繹撰　(清)黃奭輯

黃氏逸書考·漢學堂經解

纂要一卷　(劉宋)顏延之撰　(清)馬國翰輯

玉函山房輯佚書·經編小學類

纂要一卷　(梁)蕭繹撰　(清)馬國翰輯

玉函山房輯佚書·經編小學類

纂要一卷　(劉宋)顏延之撰　(清)王仁俊輯

玉函山房輯佚書·經編小學類

纂要解　(劉宋)顏延之撰　曹元忠輯

南菁札記·纂要附

纂要一卷　(梁)蕭繹撰　曹元忠輯

南菁札記

纂要一卷　(劉宋)顏延之撰　龍璋輯

小學蒐佚上編

纂要一卷　(梁)蕭繹撰　龍璋輯

小學蒐佚上編

注:顏延之,參《逆降義》。梁元帝蕭繹,字世誠,武帝第七子,封湘東王,簡文帝卒,遂踐位,是爲元帝,見《梁書》本紀。《隋志》子部雜家類載《纂要》一卷,注云:"載道安撰,一云顏延之撰。"兩《唐志》並載顏延之《纂要》六卷,歸入經部小學類。《文選》李善注及唐、宋類書等引之,或稱顏延之《纂要》、《纂要解》,或稱顏延年《纂要》,或僅稱《纂要》而不稱撰人。《初學記》又引梁元帝《纂要》。按《隋志》所載一卷撰者已不能定,至唐、宋人所引則稱顏延之、梁元帝者互見,蓋撰《纂要》者舊有數家,而其後渾不能別,不爾則同一書而諸家相繼增補、作解,由一卷而演至六卷也。馬國

翰以諸書引標顏延之、梁元帝者分別爲輯，至泛稱《纂要》諸節悉歸顏氏名下。曹元忠亦分爲二輯，唯以泛稱《纂要》諸節悉歸元帝名下。其餘諸家皆合爲一輯，不爲區分。按諸書所引多略其姓名，如“素秋素商”一節，《北堂書鈔》引作《纂要》，而《初學記》引作梁元帝《纂要》，知《書鈔》略其姓名也。然此類究不能一一得其佐證而區別之，悉歸一家則得失參半，无如合爲一輯，各注其原引之題爲宜。合而觀之，任大椿、馬國翰所採不及黃奭、曹元忠二家爲備。如馬缺採《北堂書鈔》所引，任缺採《初學記》引梁元帝《纂要》諸節。黃、曹所採大體相當，其中黃採“八關唐歌”、“四月曰夏首”二節爲曹所無，曹採“洛陽亭長”、“九州之外有八地”二節爲黃所無。按曹本引文出處及異文之校覈較黃本尤詳，唯強分爲二輯，不及黃氏合輯而各注原題爲宜。又按諸書引顏延年《纂要》各節，黃氏皆不錄入正文，僅例舉於書後附語中。延年乃延之之字，明是一書之文，未詳黃氏何以不錄入正文。顧震福續補任輯，凡採十五節，其中採自日本源順《倭名類聚鈔》諸節爲諸家所未及，外此所增皆不出黃、曹之外。王仁俊僅從《華嚴經音義》採得泛稱《纂要》者一節，依馬輯之例歸顏延之名下。

郭顯卿雜字指　（漢）郭訓撰（清）黃奭輯

漢學堂叢書·經解小學類·小學

黃氏逸書考·漢學堂經解·小學

雜字指一卷　（漢）郭訓撰（清）馬國翰輯

玉函山房輯佚書·經編小學類

注：《隋志》載《雜字指》一卷，題後漢太子中庶子郭顯卿撰。《新唐志》作《字旨篇》一卷，郭訓撰，《舊唐志》“郭訓”誤“郭玄”。郭訓其人無考，顯卿蓋其字，參《郭訓古文奇字》。《汗簡》引郭訓《字指》，馬國翰據以採得二十九節，又從《廣韻》採得一節。黃奭僅採《廣韻》所引一節。

古今字詁　（清）任大椿撰（清）王念孫校

小學鉤沈卷十

小學鉤沈卷十　清嘉慶二十二年汪廷珍刻本　清黃奭校補〔北京圖書館〕

小學鉤沈卷十　清嘉慶二十二年汪廷珍刻本　清莫友芝批點〔四川省圖書館〕

小學鉤沈卷十　清光緒十年龍氏刻本曹元忠校補〔復旦大學圖書館〕

小學鉤沈卷十　清光緒三十三年薛壽刻本　清薛壽校〔南京圖書館〕

小學類編附編·小學鉤沈卷十

翠琅玕館叢書（馮兆年輯）第二輯·小學鉤沈卷十

芋園叢書·經部·小學鉤沈卷十

古今字詁　（魏）張揖撰（清）顧震福輯

小學鉤沈續編卷三

字詁一卷　（魏）張揖撰（清）陳鱣輯

古小學書鉤沈

張揖古今字詁一卷　（魏）張揖撰（清）黃奭輯

漢學堂叢書·經解小學類

黃氏逸書考·漢學堂經解

古今字詁一卷　（魏）張揖撰　（清）馬國翰輯

玉函山房輯佚書·經編小學類

古今字詁一卷　（魏）張揖撰　龍璋輯

小學蒐佚上編

古今字詁疏證一卷　（清）許瀚撰

山左先哲遺書甲編

注：張揖，參《埤蒼》。《魏書·江式傳》稱張揖撰《古今字詁》，《隋志》載三卷，兩《唐志》並作《古文字訓》二卷。《顏氏家訓》、《釋文》、史注、玄應《一切經音義》等多引之，任大椿、馬國翰皆據以採得約六十節。兩家所採頗有出入，如馬採"吆"、"櫨"、"樂"、"被"、"闖"、"愁"、"彌"、"矛"八節爲任所無，又採《汗簡》所引十一節爲任所未採；任採"怗"、"茄"、"略"、"紙"、"魄"等十七節爲馬所無，又"庵"、"鰲"二節文多於馬。顧震福續補任輯，凡補六節，又書末《補遺》續補五節，所補多採自《玉燭寶典》、慧琳《一切經音義》，爲任、馬未及採，唯於馬有任缺諸節多所未補。按馬採《汗簡》所引諸節皆爲篆書，似張揖原書凡古字皆作篆體，後人改爲隸書也。唯《汗簡》所錄古文亦有依隸字筆劃改作篆體，如舉《古文尚書》之字有僅見於二十五篇僞古文中者，明是緣"隸古定"改作篆體。則《汗簡》所引張揖書究爲原本抑或據隸改篆，亦未能遽定。黃奭所輯全襲任本。許瀚《疏證》即據任本，唯於但有訓釋而無涉古今字體諸節皆略之。按許疏頗詳，間有王筠説附各節後，蓋稿成後或經王氏校閲，參許書王獻唐《敍》。

雜字　（清）任大椿輯　（清）王念孫校

小學鉤沈卷十

小學鉤沈卷十　清嘉慶二十二年汪廷珍刻本　清黃奭校補　〔北京圖書館〕

小學鉤沈卷十　清嘉慶二十二年汪廷珍刻本　清莫友芝批點　〔四川省圖書館〕

小學鉤沈卷十　清光緒十年龍氏刻本　曹元忠校補　〔復旦大學圖書館〕

小學鉤沈卷十　清光緒三十三年薛壽抄本　清薛壽校　〔南京圖書館〕

小學類編附編·小學鉤沈卷十

翠琅玕館叢書（馮兆年輯）第二集·小學鉤沈卷十

芋園叢書·經部·小學鉤沈卷十

張揖雜字　（魏）張揖撰　（清）黃奭輯

漢學堂叢書·經解小學類·小學

黃氏逸書考·漢學堂經解·小學

雜字一卷　（魏）張揖撰　（清）馬國翰輯

玉函山房輯佚書·經編小學類

雜字一卷　（魏）張揖撰　龍璋輯

小學蒐佚上編

注：張揖，參《埤蒼》。《隋志》云："梁有《難字》一卷，張揖撰，亡。"《新唐志》復載之，作《雜字》一卷。按"難"、"雜"形近，《釋文》引亦作《雜字》，馬國翰謂書中所釋之字如"詁"、"訓"等皆非難識，依《新唐志》作《雜字》爲是。任大椿、馬國翰皆據玄應《一切經音義》等採摭。馬輯凡二十一節，任輯七節。按任所採未出馬輯之外，唯"闖"字一節馬氏

已另輯入《古今字詁》。按此節見《文選·報任少卿書》李善注引，稱張揖《訓詁》，或是《字詁》之誤，馬輯入《古今字詁》近是。黃奭僅採得二節，未出任、馬之外。

雜字解詁　（清）任大椿輯　（清）王念孫校

小學鉤沈卷十三

小學鉤沈卷十三　清嘉慶二十二年汪廷珍刻本　清黃奭校補　〔北京圖書館〕

小學鉤沈卷十三　清嘉慶二十二年汪廷珍刻本　清莫友芝批點　〔四川省圖書館〕

小學鉤沈卷十三　清光緒十年龍氏刻本　曹元忠校補　〔復旦大學圖書館〕

小學鉤沈卷十三　清光緒三十三年薛壽抄本　清薛壽校　〔南京圖書館〕

小學類編附編·小學鉤沈卷十三

翠琅玕館叢書（馮兆年輯）·第二集·小學鉤沈卷十三

芋園叢書·經部·小學鉤沈卷十三

雜字解詁　（魏）周成撰　（清）顧震福輯

小學鉤沈續編卷三

雜字解詁一卷　（魏）周成撰　（清）馬國翰輯

玉函山房輯佚書·經編小學類

雜字解詁一卷　（魏）周成撰　龍璋輯

小學蒐佚上編

周成難字　（魏）周成撰　（清）任大椿輯　（清）王念孫校

小學鉤沈卷十三

小學鉤沈卷十三　清嘉慶二十二年汪廷珍刻本　清黃奭校補　〔北京圖書館〕

小學鉤沈卷十三　清嘉慶二十二年汪廷珍刻本　清莫友芝批點　〔四川省圖書館〕

小學鉤沈卷十三　清光緒十年龍氏刻本　曹元忠校補　〔復旦大學圖書館〕

小學鉤沈卷十三　清光緒三十三年薛壽抄本　清薛壽校　〔南京圖書館〕

小學類編附編·小學鉤沈卷十三

翠琅玕館叢書（馮兆年輯）第二集·小學鉤沈卷十三

芋園叢書·經部·小學鉤沈卷十三

周成難字　（魏）周成撰　（清）顧震福輯

小學鉤沈續編卷十三

難字一卷　（魏）周成撰　（清）陳鱣輯

古小學書鉤沈

周成難字一卷　（魏）周成撰　龍璋輯

小學蒐佚上編

注：《隋志》載《雜字解詁》四卷，題魏掖庭右丞周氏撰。按《史記索隱》引有周成《雜字解詁》，是《隋志》所載之周氏即成，其人事迹無考。《新唐志》載周成《解文字》七卷（《舊唐志》作《解字文》）。按《隋志》於《雜字解詁》下注云："梁有《解文字》七卷，周成撰，亡。"姚振宗云："此《解文字》七卷似其總名，七卷之中有《雜字解詁》四卷，至隋僅存，其餘三卷亡矣。唐時全書復出，故兩《唐志》著錄《解字文》七卷，不復重出《雜字

解詁》四卷也。《選》注引《解字文》，與《舊唐志》合，本志及《新唐志》似誤倒其文。"（《隋書經籍志考證》）按《雜字》、《解文字》必爲一書，姚説是也（沈濤《銅熨斗齋隨筆》先有此説），蓋周氏原書《解文字》七卷，其後散佚，後人拾掇其殘餘合爲四卷，以其殘零無系統，故題曰"雜字"耳。如謂其書原有《雜字》四卷，散佚後亦僅存此四卷，似未必然。又按《解文字》猶言文字解，如作"解字文"則不可通。魏晉六朝所著書，如《文字集略》、《文字整疑》、《文字譜》、《文字音》、《訓俗文字略》（皆見《隋志》），並作"文字"，不作"字文"，唯《千字文》爲例外，然彼以"千字"連讀，非以"字文"連讀也。《文選》李善注及《舊唐志》作《解字文》明是誤倒，姚氏翻以《隋志》、《新唐志》所載不誤者爲誤，失之。史注、玄應《一切經音義》、《文選》注及唐、宋類書並引之，或稱周成《雜字解詁》，或稱周成《解字文》，或省書名，或省姓名，皆一書之文。玄應《音義》獨引作周成《難字》，馬國翰、姚振宗等皆以"難"爲"雜"之誤，是。任大椿、馬國翰所輯相當。任採得二十一節，其中"格"一節爲馬所無。馬採得二十二節，其中"芸"、"潦水"二節爲任所無。唯任氏以玄應《音義》引周成《難字》七節析出單爲一輯，與馬氏合爲一輯者異。按此實出一書之文，任氏分輯非是。顧震福續補任輯凡三節，其中從楊慎《字説》所採一節爲馬所無。

字指　（清）任大椿輯　（清）王念孫校

小學鉤沈卷十三

小學鉤沈卷十三　清嘉慶二十二年汪廷珍刻本　清黃奭校補　〔北京圖書館〕

小學鉤沈卷十三　清嘉慶二十二本汪廷珍刻本　清莫友芝批點　〔四川省圖書館〕

小學鉤沈卷十三　清光緒十年龍氏刻本　曹元忠校補　〔復旦大學圖書館〕

小學鉤沈卷十三　清光緒三十三年薛壽抄本　清薛壽校　〔南京圖書館〕

小學類編附編・小學鉤沈卷十三

翠琅玕館叢書（馮兆年輯）第二集・小學鉤沈卷十三

芊園叢書・經部・小學鉤沈卷十三

字指　（晉）李彤撰　（清）顧震福輯

小學鉤沈續編卷四

字指一卷　（晉）李彤撰　（清）陳鱣輯

古小學書鉤沈

字指一卷　（晉）李彤撰　（清）黃奭輯

漢學堂叢書・經解小學類

黃氏逸書考・漢學堂經解

字説　（晉）李彤撰　（清）黃奭輯

漢學堂叢書・經解小學類・小學

黃氏逸書考・漢學堂經解・小學

字指一卷附四部、單行字　（晉）李彤撰　（清）馬國翰輯

玉函山房輯佚書・經編小學類

字指一卷　（晉）李彤撰　龍璋輯

小學蒐佚上編

單行字一卷　（晉）李彤撰　龍璋輯

小學蒐佚上編

注：《隋志》載《字指》二卷，晉朝議大夫李彤撰。兩《唐志》不載。彤事迹無

考。《文選》李善注引之，他書或引作《字説》、《集字》、《字略》，馬國翰以爲皆一書之文，爰據《文選》注，玄應《一切經音義》、《汗簡》等採得十七節。任大椿採得十一節，其中"醯"、"嶷剈"二節爲馬所無，餘悉不出馬外。黃奭全錄任輯，唯增"河内有郎亭"一節附後。又《文選》注引《字説》一節，黃氏另採之入所輯《小學》中。馬氏又從《太平御覽》、《文選》注得李彤《單行字》、《四部》凡三節爲附錄。按《單行字》見載於《隋志》，云："梁有四卷，亡。"《四部》則未詳。《文選》注引《單行字》之文亦見引於《原本玉篇》，而稱《字指》，似亦一書之文。顧震福續補任輯，凡補三十餘節，所採《原本玉篇》、慧琳《一切經音義》、日本源順《倭名類聚鈔》三書皆任、馬所未及。馬輯溢出任本之外諸節，除"搊"、"礦矷"二節及《汗簡》所引三節外，顧氏皆補入。

小學篇 （清）任大椿輯 （清）王念孫校

小學鈎沈卷十三

小學鈎沈卷十三　清嘉慶二十二年汪廷珍刻本　清黃奭校補　〔北京圖書館〕

小學鈎沈卷十三　清嘉慶二十二年汪廷珍刻本　清莫友芝批點

小學鈎沈卷十三　清光緒十年龍氏刻本曹元忠校補　〔復旦大學圖書館〕

小學鈎沈卷十三　清光緒三十三年薛壽刻本　清薛壽校　〔南京圖書館〕

小學類編附編·小學鈎沈卷十三

翠琅玕館叢書（馮兆年輯）第二集·小學鈎沈卷十三

芋園叢書·經部·小學鈎沈卷十三

小學篇 （晉）王義撰 （清）顧震福輯

小學鈎沈續編卷十三

小學篇一卷 （晉）王義之撰 （清）陳鱣輯

古小學書鈎沈

小學篇 （晉）王義撰 （清）黃奭輯

漢學堂叢書·經解小學類·小學

黃氏逸書考·漢學堂經解·小學

小學篇一卷 （晉）王義撰 龍璋輯

小學蒐佚上編

注：《隋志》載《小學篇》一卷，晉下邳内史王義撰。王義其人無考。兩《唐志》亦載之，而誤題王義之撰。任大椿從《北户錄》、玄應《一切經音義》採得五節。黃奭輯本多採"歖"字一節，凡六節。顧震福從《埤雅》採得一節，以補任缺。按此節黃輯亦無。

文字釋訓一卷 （梁）釋寶誌撰 龍璋輯

小學蒐佚下編

注：兩《唐志》並載《文字訓釋》三十卷，釋寶誌撰。其書《隋志》不載。寶誌，梁高僧，本姓朱，《北史》有傳。龍璋輯本未見。

文字辨疑 （清）黃奭輯

漢學堂叢書·經編小學類·小學

黃氏逸書考·漢學堂經解·小學

注：《玉篇》、《廣韻》引《文字辨疑》二節，黃奭據以錄存。黃氏云："疑即彭立《文字辨疑》，見《隋志》。否則李少通《今字辨疑》，亦見《隋志》。"按彭立不知何時人，姑置無論。李少通則隋人，《玉篇》恐不及見其書而引之。

方言佚文一卷 （漢）揚雄撰

（清）王仁俊輯

經籍佚文

　　注：王仁俊僅從《正字通》採得一節佚文。

小學鉤沈續編不分卷　曹元忠輯

稿本　〔復旦大學圖書館〕

小學集略七卷補一卷　（清）孔繼涵輯

稿本　〔復旦大學圖書館〕

讖　緯　類

河圖一卷　（清）殷元正原輯
（清）陸明睿增訂
集緯

河圖一卷　（清）黃奭輯
漢學堂知足齋叢書·通緯　清黃奭校
〔北京圖書館〕
黃氏逸書考·通緯

泛引河圖　（清）喬松年輯
喬勤恪公全集·緯攟·河圖緯
山右叢書初編·緯攟·河圖緯

河圖緯逸文　（清）顧觀光輯
武陵山人遺稿·河洛緯

河圖帝系譜一卷　（清）殷元正輯
（清）陸明睿增訂
集緯

河圖帝通紀　（明）孫瑴輯
古微書·河圖緯·河圖雜緯篇
墨海金壺·經部·古微書·河圖緯·
河圖雜緯篇
守山閣叢書·經部·古微書·河圖
緯·河圖雜緯篇
叢書集成初編·哲學類·古微書·河
圖緯·河圖雜緯篇

河圖帝通紀一卷　（清）殷元正輯

（清）陸明睿增訂
集緯

河圖帝通紀　（清）黃奭輯
漢學堂叢書·通緯·河圖緯
黃氏逸書考·通緯·河圖緯

河圖帝通紀　（清）喬松年輯
喬勤恪公全集·緯攟·河圖緯·河圖
雜篇
山右叢書初編·緯攟·河圖緯·河圖
雜篇

河圖帝通紀　（清）顧觀光輯
武陵山人遺稿·河洛緯

河圖帝視萌一卷　（清）殷元正輯
（清）陸明睿增訂
集緯

河圖帝視萌　（清）喬松年輯
喬勤恪公全集·緯攟·河圖緯·河圖
雜篇
山右叢書初編·緯攟·河圖緯·河圖
雜篇

河圖帝視萌　（清）顧觀光輯
武陵山人遺稿·河洛緯·河圖挺佐
輔附

河圖括地象一卷

説郛(宛委山堂本)弓五

説郛(宛委山堂本)弓五　傅增湘校
〔北京圖書館〕

青照堂叢書摘次編第二函・諸經遺緯

河圖括地象　（明）孫瑴輯

古微書・河圖緯

墨海金壺・經部・古微書・河圖緯

守山閣叢書・經部・古微書・河圖緯

叢書集成初編・哲學類・古微書・河
圖緯

河圖括地象　（清）朱彝尊輯

經義考・毖緯二

河圖括地象一卷　（清）王謨輯

重訂漢唐地理書鈔

河圖括地象一卷　（清）殷元正輯
（清）陸明睿增訂

集緯

河圖括地象一卷　（清）黃奭輯

漢學堂知足齋叢書・通緯　清黃奭校
〔北京圖書館〕

漢學堂經解・通緯河圖類

黃氏逸書考・通緯

河圖括地象　（清）喬松年輯

喬勤恪公全集・緯攟・河圖緯

山右叢書初編・緯攟・河圖緯

河圖括地象　（清）顧觀光輯

武陵山人遺稿・河洛緯

河圖始開圖一卷

説郛(宛委山堂本)弓五

説郛(宛委山堂本)弓五　傅增湘校
〔北京圖書館〕

青照堂叢書摘次編第二函・諸經緯遺

河圖始開圖　（明）孫瑴輯

古微書・河圖緯

墨海金壺・經部・古微書・河圖緯

守山閣叢書・經部・古微書・河圖緯

叢書集成初編・哲學類・古微書・河
圖緯

河圖始開篇　（清）朱彝尊輯

經義考・毖緯二

河圖始開圖一卷　（清）殷原正輯
（清）陸明睿增訂

集緯

河圖始開圖一卷　（清）黃奭輯

漢學堂知足齋叢書・通緯　清黃奭校
〔北京圖書館〕

漢學堂叢書・通緯河圖類

黃氏逸書考・通緯

河圖始開圖　（清）喬松年輯

喬勤恪公全集・緯攟・河圖緯

山右叢書初編・緯攟・河圖緯

河圖始開圖　（清）顧觀光輯

武陵山人遺稿・河洛緯

河圖挺佐輔　（明）孫瑴輯

古微書・河圖緯

墨海金壺・經部・古微書・河圖緯

守山閣叢書・經部・古微書・河圖緯

叢書集成初編・哲學類・古微書・河
圖緯

河圖挺佐輔一卷　（清）殷元正輯
（清）陸明睿增訂

集緯

河圖挺佐輔一卷　（清）黃奭輯

漢學堂知足齋叢書・通緯　清黃奭校
〔北京圖書館〕

黃氏逸書考・通緯

河圖挺佐輔　（清）喬松年輯

喬勤恪公全集・緯攟・河圖類

山右叢書初編・緯攟・河圖類

河圖挺佐輔　（清）顧觀光輯

武陵山人遺稿・河洛緯

河圖稽燿鈎

説郛(宛委山堂本)弖五

青照堂叢書摘次編第二函・諸經緯遺

河圖稽燿鈎　（明）孫瑴輯

古微書・河圖緯

墨海金壺・經部・古微書・河圖緯

守山閣叢書・經部・古微書・河圖緯

叢書集成初編・哲學類・古微書・河圖緯

河圖稽燿鈎　（清）朱彝尊輯

經義考・恕緯二

河圖稽燿鈎一卷　（清）殷元正輯（清）陸明睿增訂

集緯

河圖稽燿鈎一卷　（清）黃奭輯

漢學堂知足齋叢書・通緯　清黃奭校〔北京圖書館〕

漢學堂叢書・通緯河圖類

黃氏逸書考・通緯

河圖稽燿鈎　（清）喬松年輯

喬勤恪公全集・緯攈・河圖緯

山右叢書初編・緯攈・河圖緯

河圖稽燿鈎　（清）顧觀光輯

武陵山人遺稿・河洛緯

河圖帝覽禧　（明）孫瑴輯

古微書・河圖緯

墨海金壺・經部・古微書・河圖緯

守山閣叢書・經部・古微書・河圖緯

叢書集成初編・哲學類・古微書・河圖緯

河圖帝覽嬉　（清）朱彝尊輯

經義考・恕緯二

河圖帝覽嬉一卷　（清）殷元正原輯　（清）陸明睿增訂

集緯

河圖帝覽嬉一卷　（清）黃奭輯

漢學堂知足齋叢書・通緯　清黃奭校〔北京圖書館〕

河圖帝覽禧　（清）喬松年輯

喬勤恪公全集・緯攈・河圖緯

山右叢書初編・緯攈・河圖緯

河圖帝覽嬉　（清）顧觀光輯

武陵山人遺稿・河洛緯

河圖握矩記　（明）孫瑴輯

古微書・河圖緯

墨海金壺・經部・古微書・河圖緯

守山閣叢書・經部・古微書・河圖緯

叢書集成初編・哲學類・古微書・河圖緯

河圖握矩紀一卷　（清）殷元正輯（清）陸明睿增訂

集緯

河圖握矩記一卷　（清）黃奭輯

漢學堂知足齋叢書・通緯　清黃奭校〔北京圖書館〕

漢學堂叢書・通緯河圖類

黃氏逸書考・通緯

河圖握矩起　（清）喬松年輯

喬勤恪公全集・緯攈・河圖緯

山右叢書初編・緯攈・河圖緯

河圖握矩記　（清）顧觀光輯

武陵山人遺稿・河洛緯

河圖玉版　（明）孫瑴輯

古微書・河圖緯

墨海金壺・經部・古微書・河圖緯

守山閣叢書・經部・古微書・河圖緯

叢書集成初編・哲學類・古微書・河圖緯

河圖玉版一卷　（清）殷元正輯

（清）陸明睿增訂
集緯

河圖玉版一卷　（清）黃奭輯
漢學堂知足齋叢書・通緯　清黃奭校
〔北京圖書館〕
漢學堂叢書・通緯河圖類
黃氏逸書考・通緯

河圖玉版　（清）喬松年輯
喬勤恪公全集・緯攟・河圖緯
山右叢書初編・緯攟・河圖緯

河圖玉版　（清）顧觀光輯
武陵山人遺稿・河洛緯

龍魚河圖
説郛（宛委山堂本）弖五
説郛（宛委山堂本）弖五　傅增湘校
〔北京圖書館〕
青照堂叢書摘次編第五函・諸經緯遺

龍魚河圖　（明）孫㲄輯
古微書・河圖緯
墨海金壺・經部・古微書・河圖緯
守山閣叢書・經部・古微書・河圖緯
叢書集成初編・哲學類・古微書・河
圖緯

龍魚河圖　（清）朱彝尊輯
經義考・愍緯二

龍魚河圖一卷　（清）殷元正輯
（清）陸明睿增訂
集緯

龍魚河圖一卷　（清）黃奭輯
漢學堂知足齋叢書・通緯　清黃奭校
〔北京圖書館〕
漢學堂叢書・通緯河圖類
黃氏逸書考・通緯

龍魚河圖　（清）喬松年輯
喬勤恪公全集・緯攟・河圖緯

山右叢書初經・緯攟・河圖緯

龍魚河圖　（清）顧觀光輯
武陵山人遺稿・河洛緯

河圖合古篇　（清）朱彝尊輯
經義考・愍緯二

河圖合古篇一卷　（清）殷元正輯
（清）陸明睿增訂
集緯

河圖合古篇　（清）黃奭輯
漢學堂叢書・通緯河圖類
黃氏逸書考・通緯・河圖緯

河圖合古篇　（清）喬松年輯
喬勤恪公全集・緯攟・河圖緯
山右叢書初編・緯攟・河圖緯

河圖今占篇　（清）喬松年輯
喬勤恪公全集・緯攟・河圖緯
山右叢書初編・緯攟・河圖緯

河圖舍占篇　（清）顧觀光輯
武陵山人遺稿・河洛緯

河圖赤伏符一卷　（清）殷元正輯
（清）陸明睿增訂
集緯

河圖赤伏符　（清）黃奭輯
漢學堂叢書・通緯・河圖緯
黃氏逸書考・通緯・河圖緯

河圖赤伏符　（清）喬松年輯
喬勤恪公全集・緯攟・河圖緯
山右叢書初編・緯攟・河圖緯

河圖赤伏符　（清）顧觀光輯
武陵山人遺稿・河洛緯

河圖闓苞受一卷　（清）殷元正輯
（清）陸明睿增訂
集緯

河圖闓苞受　（清）黃奭輯

漢學堂叢書・通緯・河圖緯

黃氏逸書考・通緯・河圖緯

河圖閩苞受 （清）喬松年輯

喬勤恪公全集・緯攟・河圖緯・河圖
雜篇

山右叢書初編・緯攟・河圖緯・河圖
雜篇

河圖閩苞受 （清）顧觀光輯

武陵山人遺稿・河洛緯

河圖叶光篇一卷 （清）殷元正原

輯 （清）陸明睿增訂

集緯

河圖叶光紀 （清）黃奭輯

漢學堂叢書・通緯・河圖緯

黃氏逸書考・通緯・河圖緯

河圖抃光篇 （清）喬松年輯

喬勤恪公全集・緯攟・河圖緯・河圖
雜篇

山右叢書初編・緯攟・河圖緯・河圖
雜篇

河圖汁光篇 （清）顧觀光輯

武陵山人遺稿・河洛緯

河圖龍文一卷 （清）殷元正輯

（清）陸明睿增訂

集緯

河圖龍文 （清）喬松年輯

喬勤恪公全集・緯攟・河圖緯・河圖
雜篇

山右叢書初編・緯攟・河圖緯・河圖
雜篇

河圖龍文 （清）顧觀光輯

武陵山人遺稿・河洛緯

河圖録運法一卷 （清）殷元正輯

（清）陸明睿增訂

集緯

河圖禄運法一卷 （清）黃奭輯

漢學堂知足齋叢書・通緯 清黃奭校
〔北京圖書館〕

黃氏逸書考・通緯

河圖録運法 （清）喬松年輯

喬勤恪公全集・緯攟・河圖緯・河圖
雜篇

山右叢書初編・緯攟・河圖緯・河圖
雜篇

河圖録運法 （清）顧觀光輯

武陵山人遺稿・河洛緯

河圖説徵 （清）黃奭輯

漢學堂叢書・通緯・河圖緯

黃氏逸書考・通緯・河圖緯

河圖説徵 （清）喬松年輯

喬勤恪公全集・緯攟・河圖緯・河圖
雜篇

山右叢書初編・緯攟・河圖緯・河圖
雜篇

河圖説徵祥 （清）喬松年輯

喬勤恪公全集・緯攟・河圖緯・河圖
雜篇

山右叢書初編・緯攟・河圖緯・河圖
雜篇

河説命徵宋注一卷 （魏）宋均注

（清）王仁俊輯

玉函山房輯佚書續編・經編緯

河圖會昌符 （明）孫瑴輯

古微書・河圖緯・河圖雜緯篇

墨海金壺・經部・古微書・河圖緯・
河圖雜緯篇

守山閣叢書・經部・古微書・河圖
緯・河圖雜緯篇

叢書集成初編・哲學類・古微書・河

圖緯・河圖雜緯篇

河圖會昌符一卷　（清）殷元正輯

（清）陸明睿增訂

集緯

河圖會昌符　（清）黃奭輯

漢學堂叢書・通緯・河圖緯

黃氏逸書考・通緯・河圖緯

河圖會昌符　（清）喬松年輯

喬勤恪公全集・緯攟・河圖緯・河圖
雜篇

山右叢書初編・緯攟・河圖緯・河圖
雜篇

河圖會昌符　（清）顧觀光輯

武陵山人遺稿・河洛緯

河圖真紀鉤　（明）孫瑴輯

古微書・河圖緯・河圖雜緯篇

墨海金壺・經部・古微書・河圖緯・
河圖雜緯篇

守山閣叢書・經部・古微書・河圖
緯・河圖雜緯篇

叢書集成初編・哲學類・古微書・河
圖緯・河圖雜緯篇

河圖真紀鉤一卷　（清）殷元正輯

（清）陸明睿增訂

集緯

河圖真鉤　（清）黃奭輯

漢學堂叢書・通緯・河圖緯

黃氏逸書考・通緯・河圖緯

河圖真紀鉤　（清）喬松年輯

喬勤恪公全集・緯攟・河圖緯・河圖
雜篇

山右叢書初編・緯攟・河圖緯・河圖
雜篇

河圖真紀鉤　（清）顧觀光輯

武陵山人遺稿・河洛緯

河圖考鉤一卷　（清）殷元正輯

（清）陸明睿增訂

集緯

河圖考鉤　（清）喬松年輯

喬勤恪公全集・緯攟・河圖緯・河圖
雜篇

山右叢書初編・緯攟・河圖緯・河圖
雜篇

河圖八丈一卷　（清）殷元正輯

（清）陸明睿增訂

集緯

河圖秘徵　（明）孫瑴輯

古微書・河圖緯・河圖雜緯篇

墨海金壺・經部・古微書・河圖緯・
河圖雜緯篇

守山閣叢書・經部・古微書・河圖
緯・河圖雜緯篇

叢書集成初編・哲學類・古微書・河
圖緯・河圖雜緯篇

河圖秘徵篇　（清）朱彝尊輯

經義考・毖緯二

河圖秘徵篇一卷　（清）殷元正輯

（清）陸明睿增訂

集緯

河圖秘徵　（清）黃奭輯

漢學堂叢書・通緯・河圖緯

黃氏逸書考・通緯・河圖緯

河圖秘徵　（清）喬松年輯

喬勤恪公全集・緯攟・河圖緯・河圖
雜篇

山右叢書初編・緯攟・河圖緯・河圖
雜篇

河圖秘徵　（清）顧觀光輯

武陵山人遺稿・河洛緯

河圖稽命徵
　説郛(宛委山堂本)弓五
　説郛(宛委山堂本)弓五　傅增湘校
　〔北京圖書館〕
　青照堂叢書摘次編第二函・諸經緯遺

河圖稽命徵　（明）孫瑴輯
　古微書・河圖緯・河圖雜緯篇
　墨海金壺・經部・古微書・河圖緯・
　河圖雜緯篇
　守山閣叢書・經部・古微書・河圖
　緯・河圖雜緯篇
　叢書集成初編・哲學類・古微書・河
　圖緯・河圖雜緯篇

河圖稽命徵一卷　（清）殷元正輯
（清）陸明睿增訂
　集緯

河圖稽命徵一卷　（清）黃奭輯
　漢學堂知足齋叢書・通緯　清黃奭校
　〔北京圖書館〕
　漢學堂叢書・通緯河圖類
　黃氏逸書考・通緯

河圖稽命徵　（清）喬松年輯
　喬勤恪公全集・緯攟・河圖緯・河圖
　雜篇
　山右叢書初編・緯攟・河圖緯・河圖
　雜篇

河圖揆命篇　（清）喬松年輯
　喬勤恪公全集・緯攟・河圖緯・河圖
　雜篇
　山右叢書初編・緯攟・河圖緯・河圖
　雜篇

河圖要元篇　（明）孫瑴輯
　古微書・河圖緯・河圖雜緯篇
　墨海金壺・經部・古微書・河圖緯・
　河圖雜緯篇

　守山閣叢書・經部・古微書・河圖
　緯・河圖雜緯篇
　叢書集成初編・哲學類・古微書・河
　圖緯・河圖雜緯篇

河圖要元篇　（清）朱彝尊輯
　經義考・毖緯二

河圖要元篇一卷　（清）殷元正輯
（清）陸明睿增訂
　集緯

河圖要元　（清）黃奭輯
　漢學堂叢書・通緯・河圖緯
　黃氏逸書考・通緯・河圖緯

河圖要元篇　（清）喬松年輯
　喬勤恪公全集・緯攟・河圖緯・河圖
　雜篇
　山右叢書初編・緯攟・河圖緯・河圖
　雜篇

河圖要元篇　（清）顧觀光輯
　武陵山人遺稿・河洛緯・河圖挺佐
　輔附

河圖考靈曜　（明）孫瑴輯
　古微書・河圖緯・河圖雜緯篇
　墨海金壺・經部・古微書・河圖緯・
　河圖雜緯篇
　守山閣叢書・經部・古微書・河圖
　緯・河圖雜緯篇
　叢書集成初編・哲學類・古微書・河
　圖緯・河圖雜緯篇

河圖考靈曜一卷　（清）殷元正輯
（清）陸明睿增訂
　集緯

河圖考靈曜　（清）黃奭輯
　漢學堂叢書・通緯・河圖緯
　黃氏逸書考・通緯・河圖緯

河圖天靈　（清）黃奭輯

漢學堂叢書·通緯·河圖緯
黃氏逸書考·通緯·河圖緯

河圖天靈 （清）喬松年輯
喬勤恪公全集·緯攟·河圖緯·河圖
雜篇
山右叢書初編·緯攟·河圖緯·河圖
雜篇

河圖聖洽一卷 （清）殷元正輯
（清）陸明睿增訂
集緯

河圖聖洽符一卷 （清）黃奭輯
漢學堂知足齋叢書·通緯 清黃奭校
〔北京圖書館〕
漢學堂叢書·通緯附識
黃氏逸書考·通緯附識

河圖聖洽符 （清）顧觀光輯
武陵山人遺稿·河洛緯

河圖提劉篇 （明）孫瑴輯
古微書·河圖緯·河圖雜緯篇
墨海金壺·經部·古微書·河圖緯·
河圖雜緯篇
守山閣叢書·經部·古微書·河圖
緯·河圖雜緯篇
叢書集成初編·哲學類·古微書·河
圖緯·河圖雜緯篇

河圖提劉一卷 （清）殷元正輯
（清）陸明睿增訂
集緯

河圖提劉 （清）黃奭輯
漢學堂叢書·通緯·河圖緯
黃氏逸書考·通緯·河圖緯

河圖提劉篇 （清）喬松年輯
喬勤恪公全集·緯攟·河圖緯·河圖
雜篇
山右叢書初編·緯攟·河圖緯·河圖

雜篇

河圖提劉子 （清）顧觀光輯
武陵山人遺稿·河洛緯

河圖絳象 （明）孫瑴輯
古微書·河圖緯
墨海金壺·經部·古微書·河圖緯
守山閣叢書·經部·古微書·河圖緯
叢書集成初編·哲學類·古微書·河
圖緯

河圖緯象 （清）朱彝尊輯
經義考·鑣緯二

河圖絳象一卷 （清）殷元正輯
（清）陸明睿增訂
集緯

河圖絳象 （清）黃奭輯
漢學堂叢書·通緯·河圖緯
黃氏逸書考·通緯·河圖緯

圖緯絳象 （清）喬松年輯
喬勤恪公全集·緯攟·河圖緯·河圖
雜篇
山右叢書初編·緯攟·河圖緯·河圖
雜篇

河圖著命 （明）孫瑴輯
古微書·河圖緯·河圖雜緯篇
墨海金壺·經部·古微書·河圖緯·
河圖雜緯篇
守山閣叢書·經部·古微書·河圖
緯·河圖雜緯篇
叢書集成初編·哲學類·古微書·河
圖緯·河圖雜緯篇

河圖著命 （清）黃奭輯
漢學堂叢書·通緯·河圖緯
黃氏逸書考·通緯·河圖緯

河圖著命 （清）喬松年輯
喬勤恪公全集·緯攟·河圖緯·河圖

雜篇

山右叢書初編·緯攟·河圖緯·河圖雜篇

河圖著命　（清）顧觀光輯

武陵山人遺稿·河洛緯

河圖皇參持　（清）朱彝尊輯

經義考·愍緯二

河圖皇參持一卷　（清）殷元正輯

（清）陸明睿增訂

集緯

河圖皇參持　（清）黃奭輯

漢學堂叢書·通緯·河圖緯

黃氏逸書考·通緯·河圖緯

河圖皇參持　（清）喬松年輯

喬勤恪公全集·緯攟·河圖緯·河圖雜緯篇

山右叢書初編·緯攟·河圖緯·河圖雜篇

河圖皇參持　（清）顧觀光輯

武陵山人遺稿·河洛緯

注：《易·繫辭》云："河出圖，洛出書。"孔穎達疏云："如鄭康成之義，則《春秋緯》云：'河以通《乾》，出天苞；洛以流《坤》，吐地符。河龍圖發，洛龜書感。《河圖》有九篇，《洛書》有六篇。'孔安國以爲《河圖》則八卦是也，《洛書》則九疇是也。"《隋志》云："蓋龜龍銜負，出於河、洛，以紀易代之徵。其理幽昧，究極神道。"按讖緯之書起於漢，隋以後漸消散，《隋志》述讖諱之始末頗詳，今總錄於此："説者又云，孔子既叙六經，以明天人之道，知後世不能稽同其意，故別立緯及讖，以遺來世。其書出於前漢，有《河圖》九篇，《洛書》六篇，云自黃帝至周文王所受本文。又別有三十篇，

云自初起至於孔子，九聖之所增演，以廣其意。又有《七經緯》三十六篇，並云孔子所作。并前合爲八十一篇。而又有《尚書中侯》、《洛罪級》、《五行傳》、《詩推災度》、《氾曆樞》、《含神霧》、《孝經鉤命決》、《援神契》、雜讖等書。漢代有郗氏、袁氏説。漢末，郎中郗萌集圖、緯、讖、雜占爲五十一篇，謂之《春秋災異》。宋均、鄭玄並爲讖律之注。然其文辭淺俗，顛倒舛謬，不類聖人之旨，相傳疑世人造爲之後，或者又加點竄，非其實録。起王莽好符命，光武以圖讖興，遂盛行於世。漢時，又詔東平王蒼正《五經章句》，皆命從讖。俗儒趨時，益爲其學，篇卷第目，轉加增廣，言《五經》者，皆馮讖爲説。唯孔安國、毛公、王橫、賈逵之徒獨非之，相承以爲妖妄，亂中庸之典。故因魯恭王、河閒獻王所得古文參而考之，以成其義，謂之'古學'。當世之儒又非毁之，竟不得行。魏代王肅推引古學，以難其義。王弼、杜預從而明之，自是古學稍立。至宋大明中，始禁圖讖。梁天監已後，又重其制。及高祖受禪，禁之踰切。煬帝即位，乃發使四出，搜天下書籍與讖緯相涉者，皆焚之，爲吏所糾者至死。自是無復其學，秘府之内亦多散亡。"《隋志》載《河圖》二十卷，《河圖龍文》一卷，注云："梁有《河圖洛書》二十四卷，目録一卷，亡。"姚振宗《隋書經籍志考證》謂《河圖龍文》似即《河圖洛書》二十四卷之佚存者。按《河圖洛書》疑合《河圖》與《洛書》爲一書者，蓋梁猶存《洛書》四卷。《隋志》不載，則其時《洛書》已散佚，衹存《河圖》二十卷也。《河圖龍文》當爲《河圖》篇目之一，朱彝尊《經義

考·䜟緯》二輯《河圖》篇目之散見於羣書者凡三十三目，中有《河圖龍文》一種（朱輯各目間亦附輯佚文）。《山海經》郭璞注、經疏、史注、《開元占經》，《路史》、類書等引有《河圖》諸篇佚文及鄭玄、宋均注，諸家皆據以採摭。《説郛》輯得五種，最略，且不注佚文出處。孫㲄輯得十八種，亦不注出處，然已略具規模，清儒所輯多參是書。朱彝尊輯得十種，其意在舉偶，故採摭不能備，間亦不注出處。其餘則黃奭輯得二十六種，殷元正輯得二十九種，喬松年輯得三十一種，顧觀光輯得二十三種，皆較孫輯爲備，且注明佚文出處。又諸書有泛引《河圖》而不稱篇名者，殷、黃、喬、顧皆總彙爲一輯。按諸書所引，有同爲一篇而名稱小異，有同爲一文而稱屬互異，故各家採摭取捨或有不同，所標名目亦不盡一致也。以相同各輯言之，大抵黃奭所輯佚文較備，如《括地象》、《稽命徵》、《稽耀鉤》、《握矩記》、《禄運法》、《始開圖》諸篇有鄭玄、宋均注，而他家多有未採。按黃輯多轉引他書如《説郛》、《古微書》及"清河郡本"等是，於原書間有譌誤處多未加糾正。又王仁俊所輯《河圖説命徵宋注》凡四節，乃採自《稽瑞》，則爲諸家所未及採。

雒書一卷　（清）殷元正輯　（清）陸明睿增訂

集緯

雒書一卷　（清）黃奭輯

漢學堂知足齋叢書·通緯　清黃奭校〔北京圖書館〕

漢學堂叢書·通緯雒書類

黃氏逸書考·通緯

泛引雒書　（清）喬松年輯

喬勤恪公全集·緯攟·雒書緯

山右叢書初編·緯攟·雒書緯

洛書緯逸文　（清）顧觀光輯

武陵山人遺稿·河洛緯

洛書鄭注一卷　（漢）鄭玄撰（清）王仁俊輯

玉函山房輯佚書續編·經編緯書類

洛書靈準聽　（明）孫㲄輯

古微書·雒書緯

墨海金壺·經部·古微書·洛書緯

守山閣叢書·經部·古微書·洛書緯

叢書集成初編·哲學類·古微類·洛書緯

雒書靈準聽一卷　（清）殷元正輯（清）陸明睿增訂

集緯

雒書靈准聽一卷　（清）黃奭輯

漢學堂知足齋叢書·通緯　清黃奭校〔北京圖書館〕

漢學堂叢書·通緯雒書類

黃氏逸書考·通緯

雒書靈準聽　（清）喬松年輯

喬勤恪公全集·緯攟·雒書緯

山右叢書初編·緯攟·雒書緯

洛書靈準聽　（清）顧觀光輯

武陵山人遺稿·河洛緯

洛書甄耀度

説郛（宛委山堂本）弓五

説郛（宛委山堂本）弓五　傅增湘校〔北京圖書館〕

青照堂叢書摘次編第二函·諸經緯遺

洛書甄曜度　（明）孫㲄輯

古微書·雒書緯

墨海金壺·經部·古微書·洛書緯

守山閣叢書・經部・古微書・洛書緯
叢書集成初編・哲學類・古微書・洛書緯

雒書甄曜度一卷　（清）殷元正輯
（清）陸明睿增訂
集緯

雒書甄曜度一卷　（清）黃奭輯
漢學堂知足齋叢書・通緯　清黃奭校
〔北京圖書館〕
漢學堂叢書・通緯雒書類
黃氏逸書考・通緯

雒書甄曜度　（清）喬松年輯
喬勤恪公全集・緯攟・雒書緯
山右叢書初編・緯攟・雒書緯

洛書甄曜度　（清）顧觀光輯
武陵山人遺稿・河洛緯

洛書甄曜度一卷　（清）王仁俊輯
玉函山房輯佚書續編・經編緯書類

洛書摘六辟　（明）孫瑴輯
古微書・雒書緯
墨海金壺・經部・古微書・洛書緯
守山閣叢書・經部・古微書・洛書緯
叢書集成初編・哲學類・古微書・洛書緯

雒書摘六辟一卷　（清）殷元正輯
（清）陸明睿增訂
集緯

雒書摘六辟一卷　（清）黃奭輯
漢學堂知足齋叢書・通緯　清黃奭輯
〔北京圖書館〕
漢學堂叢書・通緯雒書類
黃氏逸書考・通緯

雒書摘六辟　（清）喬松年輯
喬勤恪公全集・緯攟・雒書緯
山右叢書初編・緯攟・雒書緯

洛書摘六辟　（清）顧觀光輯
武陵山人遺稿・河洛緯

雒書寶予命一卷　（清）殷元正輯
（清）陸明睿增訂
集緯

雒書寶號命　（清）喬松年輯
喬勤恪公全集・緯攟・雒書緯雜篇
山右叢書初編・緯攟・雒書緯雜篇

洛書寶予命　（清）顧觀光輯
武陵山人遺稿・河洛緯

雒書說禾一卷　（清）殷元正輯
（清）陸明睿增訂
集緯

雒書說禾　（清）喬松年輯
喬勤恪公全集・緯攟・雒書緯雜篇
山右叢書初編・緯攟・雒書緯雜篇

雒書說徵示　（清）顧觀光輯
武陵山人遺稿・河洛緯

雒書兵鈐一卷　（清）殷元正輯
（清）陸明睿增訂
集緯

洛書兵鈐勢　（清）顧觀光輯
武陵山人遺稿・河洛緯

洛書錄運法　（明）孫瑴輯
古微書・雒書緯
墨海金壺・經部・古微書・洛書緯
守山閣叢書・經部・古微書・洛書緯
叢書集成初編・哲學類・古微書・洛書緯

雒書錄運期一卷　（清）殷元正輯
（清）陸明睿增訂
集緯

雒書錄運法　（清）喬松年輯
喬勤恪公全集・緯攟・雒書緯雜篇

山右叢書初編·緯攟·雒書緯雜篇

雒書録運期 (清)喬松年輯

喬勤恪公全集·緯攟·雒書緯雜篇

山右叢書初編·緯攟·雒書緯雜篇

雒書雒罪級 (清)黄奭輯

漢學堂知足齋叢書·通緯·雒書摘六辟附

漢學堂叢書·通緯雒書類·雒書摘六辟附

黄氏逸書考·通緯·雒書摘六辟附

雒書雒罪級 (清)顧觀光輯

武陵山人遺稿·河洛緯

孔子河洛讖 (明)孫瑴輯

古微書·河洛讖

墨海金壺·經部·古微書·河洛讖

守山閣叢書·經部·古微書·河洛讖

叢書集成初編·哲學類·古微書·河洛讖

孔子河洛讖 (清)顧觀光輯

武陵山人遺稿·河洛緯

録運期讖 (明)孫瑴輯

古微書·河洛讖

墨海金壺·經部·古微書·河洛讖

守山閣叢書·經部·古微書·河洛讖

叢書集成初編·哲學類·古微書·河洛讖

甄曜度讖 (明)孫瑴輯

古微書·河洛讖

墨海金壺·經部·古微書·河洛讖

守山閣叢書·經部·古微書·河洛讖

叢書集成初編·哲學類·古微書·河洛讖

讖語附録 (清)顧觀光輯

武陵山人遺稿·河洛緯

注:《洛書》(洛或作雒),參《河圖》。朱彝尊《經義考·毖緯》二輯得《洛書》篇目散見於諸書者凡七種。《開元占經》、《文選》李善注、史注、《路史》及唐宋類書等引有《洛書》諸篇佚文,諸家皆據以採摭。孫瑴、殷元正、喬松年並輯得七種,黄奭輯得四種,顧觀光輯得九種。又殷、黄、喬、顧四家均將諸書泛引《洛書》之文總爲一輯。按諸書稱引互有異同,故各家取捨不盡同,大抵以黄輯較備。至黄氏所未輯諸篇,每篇無過數節而已。

易緯一卷 (清)殷元正輯 (清)陸明睿增訂

集緯

易緯一卷 (清)黄奭輯

漢學堂叢書·通緯易類

黄氏逸書考·通緯

泛引易緯 (清)喬松年輯

喬勤恪公全集·緯攟·易緯

山右叢書初編·緯攟·易緯

易緯附録 (清)顧觀光輯

武陵山人遺稿·七緯拾遺·易緯

易讖附録 (清)顧觀光輯

武陵山人遺稿·七緯拾遺·易緯

易通卦驗

説郛(宛委山堂本)弓五

説郛(宛委山堂本)弓五 傅增湘校〔北京圖書館〕

青照堂叢書摘次編第二函·諸經緯遺

易通卦驗 (明)孫瑴輯

古微書·易緯

墨海金壺·經部·古微書·易緯

守山閣叢書·經部·古微書·易緯

叢書集成初編·哲學類·古微書·易緯

易通卦驗　（清）朱彝尊輯
　　經義考・毖緯一

易緯通卦驗二卷　（漢）鄭玄注
　　四庫全書・經部易類
　　武英殿聚珍版書・經部・易緯
　　古經解彙函・易緯八種
　　鄭學彙函

易通卦驗一卷　（漢）鄭玄注
　（清）趙在翰輯
　　七緯・易緯
　　七緯・易緯　清孫詒讓校　〔杭州大學
　　圖書館〕

易緯通卦驗一卷　（清）殷元正輯
　（清）陸明睿增訂
　　集緯

易通卦驗鄭氏注一卷　（漢）鄭玄
　　撰　（清）黃奭輯
　　黃氏逸書考・通緯

易通卦驗　（清）喬松年輯
　　喬勤恪公全集・緯攟・易緯
　　山右叢書初編・緯攟・易緯

易通卦驗逸文　（清）顧觀光輯
　　武陵山人遺稿・七緯拾遺・易緯

易緯通卦驗鄭注佚文一卷　（清）
　　王仁俊輯
　　經籍佚文

易通統圖　（明）孫瑴輯
　　古微書・易緯・易雜緯
　　墨海金壺・經部・古微書・易緯・易
　　　雜緯
　　守山閣叢書・經部・古微書・易緯・
　　　易雜緯
　　叢書集成初編・哲學類・古微書・易
　　　緯・易雜緯

易通統圖　（清）朱彝尊輯
　　經義考・毖緯一

易通統圖　（清）黃奭輯
　　漢學堂叢書・通緯易類・易緯附
　　黃氏逸書考・通緯・易緯附

易通統圖　（清）喬松年輯
　　喬勤恪公全集・緯攟・易緯
　　山右叢書初編・緯攟・易緯

易通統圖　（清）顧觀光輯
　　武陵山人遺稿・七緯拾遺・易緯

易統驗玄圖　（明）孫瑴輯
　　古微書・易緯・易雜緯
　　墨海金壺・經部・古微書・易緯・易
　　　雜緯
　　守山閣叢書・經部・古微書・易緯・
　　　易雜緯
　　叢書集成初編・哲學類・古微書・易
　　　緯・易雜緯

易通卦驗玄圖　（清）黃奭輯
　　漢學堂叢書・通緯易類・易緯附
　　黃氏逸書考・通緯・易緯附

易巛靈圖一卷
　　説郛（宛委山堂本）弓五
　　説郛（宛委山堂本）弓五　傅增湘校
　　〔北京圖書館〕
　　青照堂叢書摘次編第二函・諸經緯遺

易坤靈圖　（明）孫瑴輯
　　古微書・易緯
　　墨海金壺・經部・古微書・易緯
　　守山閣叢書・經部・古微書・易緯
　　叢書集成初編・哲學類・古微書・
　　　易緯

易坤靈圖　（清）朱彝尊輯
　　經義考・毖緯一

易緯坤靈圖一卷　（漢）鄭玄注

四庫全書·經部易類
武英殿聚珍版書·經部·易緯
古經解彙函·易緯八種
鄭學彙函
叢書集成初編·哲學類

易坤靈圖一卷 （清）趙在翰輯
七緯·易緯
七緯·易緯 清孫詒讓校 〔杭州大學
圖書館〕

易緯坤靈圖一卷 （清）殷元正輯
（清）陸明睿增訂
集緯

易坤靈圖鄭氏注一卷 （漢）鄭玄
撰 （清）黃奭輯
漢學堂叢書·通緯易類
黃氏逸書考·通緯

易坤靈圖逸文 （清）顧觀光輯
武陵山人遺稿·七緯拾遺·易緯

易坤靈圖一卷 （清）王仁俊輯
玉函山房輯佚書續編·經編緯書類

易稽覽圖一卷
説郛（宛委山堂本）弓五
説郛（宛委山堂本）弓五
青照堂叢書摘次編第二函·諸經緯遺

易稽覽圖 （明）孫瑴輯
古微書·易緯
墨海金壺·經部·古微書·易緯
守山閣叢書·經部·古微書·易緯
叢書集成初編·哲學類·古微書·易緯

易稽覽圖 （清）朱彝尊輯
經義考·愍緯一

易緯稽覽圖二卷 （漢）鄭玄注
四庫全書·經部易類
武英殿聚珍版書·經部·易緯
藝海珠塵革集（庚集）

反約篇
古經解彙函·易緯八種

易稽覽圖一卷 （漢）鄭玄注
（清）趙在翰輯
七緯·易緯
七緯·易緯 清孫詒讓校 〔杭州大學
圖書館〕

易緯稽覽圖一卷 （清）殷元正輯
（清）陸明睿增訂
集緯

易稽覽圖鄭氏注一卷 （漢）鄭玄
撰 （清）黃奭輯
黃氏逸書考·通緯

易稽覽圖 （清）喬松年輯
喬勤恪公全集·緯攟·易緯
山右叢書初編·緯攟·易緯

易稽覽圖逸文 （清）顧觀光輯
武陵山人遺稿·七緯拾遺·易緯

易筮類謀 （明）孫瑴輯
古微書·易緯
墨海金壺·經部·古微書·易緯
守山閣叢書·經部·古微書·易緯
叢書集成初編·哲學類·古微書·
易緯

易是類謀 （清）朱彝尊輯
經義考·愍緯一

易緯是類謀一卷 （漢）鄭玄注
四庫全書·經部易類
武英殿聚珍版書·經部·易緯
藝海珠塵土集（己集）
反約篇
古經解彙函·易緯八種
鄭學彙函
叢書集成初編·哲學類

易是類謀一卷 （漢）鄭玄注

（清）趙在翰輯

　七緯・易緯

　七緯・易緯　清孫詒讓校〔杭州大學
　　圖書館〕

易緯是類謀一卷　（清）殷元正輯

（清）陸明睿增訂

　集緯

易是類謀鄭氏注一卷　（漢）鄭玄

撰　（清）黄奭輯

　漢學堂叢書・通緯易類

　黄氏逸書考・通緯

易是類謀　（清）喬松年輯

　喬勤恪公全集・緯攟・易緯

　山右叢書初編・緯攟・易緯

易是類謀逸文　（清）顧觀光輯

　武陵山人遺稿・七緯拾遺・易緯

易辨終備　（明）孫瑴輯

　古微書・易緯・易雜緯

　墨海金壺・經部・古微書・易緯・易
　　雜緯

　守山閣叢書・經部・古微書・易緯・
　　易雜緯

　叢書集成初編・哲學類・古微書・易
　　緯・易雜緯

易辨終備　（清）朱彝尊輯

　經義考・愍緯一

易緯辨終備一卷　（漢）鄭玄注

　四庫全書・經部易類

　武英殿聚珍版書・經部・易緯

　鄭學彙函

　古經解彙函・易緯八種

易辨終備一卷　（漢）鄭玄注

（清）趙在翰輯

　七緯・易緯

　七緯・易緯　孫詒讓校〔杭州大學圖

書館〕

易緯辨終備一卷　（清）殷元正輯

（清）陸明睿增訂

　集緯

易辨終備鄭氏注一卷　（漢）鄭玄

撰　（清）黄奭輯

　黄氏逸書考・通緯

易辨終備　（清）喬松年輯

　喬勤恪公全集・緯攟・易緯

　山右叢書初編・緯攟・易緯

易辨終備逸文　（清）顧觀光輯

　武陵山人遺稿・七緯拾遺・易緯

易中備　（清）顧觀光輯

　武陵山人遺稿・七緯拾遺・易緯

易經備一卷　（清）王仁俊輯

　玉函山房輯佚書續編・經編緯書類

易河圖數　（明）孫瑴輯

　古微書・易緯

　墨海金壺・經部・古微書・易緯

　守山閣叢書・經部・古微書・易緯

　叢書集成初編・哲學類・古微書・
　　易緯

易中孚傳　（明）孫瑴輯

　古微書・易緯・易雜緯

　墨海金壺・經部・古微書・易緯・易
　　雜緯

　守山閣叢書・經部・古微書・易緯・
　　易雜緯

　叢書集成初編・哲學類・古微書・易
　　緯・易雜緯

易中孚傳　（清）喬松年輯

　喬勤恪公全集・緯攟・易緯

　山右叢書初編・緯攟・易緯

易緯天人應一卷　（清）殷元正輯

（清）陸明睿增訂

集緯

易天人應 （清）喬松年輯

喬勤恪公全集・緯攟・易緯

山右叢書初編・緯攟・易緯

易運期 （明）孫瑴輯

古微書・易緯・易雜緯

墨海金壺・經部・古微書・易緯・易雜緯

守山閣叢書・經部・古微書・易緯・易雜緯

叢書集成初編・哲學類・古微書・易緯・易雜緯

易運期 （清）朱彝尊輯

經義考・㲚緯一

易運期 （清）喬松年輯

喬勤恪公全集・緯攟・易緯

山右叢書初編・緯攟・易緯

易運期 （清）顧觀光輯

武陵山人遺稿・七緯拾遺・易緯

易萌氣樞 （明）孫瑴輯

古微書・易緯・易雜緯

墨海金壺・經部・古微書・易緯・易雜緯

守山閣叢書・經部・古微書・易緯・易雜緯

叢書集成初編・哲學類・古微書・易緯・易雜緯

易萌氣樞 （清）朱彝尊輯

經義考・㲚緯一

易緯萌氣樞一卷 （清）殷元正輯（清）陸明睿增訂

集緯

易萌氣樞 （清）黃奭輯

漢學堂叢書・通緯易類・易緯附

黃氏逸書考・通緯・易緯附

易萌氣樞 （清）喬松年輯

喬勤恪公全集・緯攟・易緯

山右叢書初編・緯攟・易緯

易萌氣樞 （清）顧觀光輯

武陵山人遺稿・七緯拾遺・易緯

易傳太初篇 （清）朱彝尊輯

經義考・㲚緯一

易傳太初篇 （清）喬松年輯

喬勤恪公全集・緯攟・易緯

山右叢書初編・緯攟・易緯

易内篇 （清）喬松年輯

喬勤恪公全集・緯攟・易緯

山右叢書初編・緯攟・易緯

易内傳 （清）喬松年輯

喬勤恪公全集・緯攟・易緯

山右叢書初編・緯攟・易緯

萬形經 （清）朱彝尊輯

經義考・㲚緯一

易曆 （清）朱彝尊輯

經義考・㲚緯一

易九厄讖 （明）孫瑴輯

古微書・易緯

墨海金壺・經部・古微書・易緯

守山閣叢書・經部・古微書・易緯

叢書集成初編・哲學類・古微書・易緯

易九厄讖 （清）黃奭輯

漢學堂叢書・通緯易類・易緯附

黃氏逸書考・通緯・易緯附

易緯乾元序制記一卷 （漢）鄭玄注

四庫全書・經部易類

武英殿聚珍版・經部・易緯

古經解彙函・易緯八種

鄭學彙函

叢書集成初編·哲學類

易緯乾元序制記一卷　（清）殷元正輯　（清）陸明睿增訂

集緯

易乾元序制記一卷　（漢）鄭玄注（清）趙在翰輯

七緯·易緯

七緯·易緯　清孫詒讓校　〔杭州大學圖書館〕

易乾元序制記鄭氏注一卷　（漢）鄭玄撰　（清）黃奭輯

漢學堂叢書·通緯易類

黃氏逸書考·通緯

注：《隋志》稱漢有《七經緯》三十六篇，鄭玄、宋均皆爲之注（參《河圖》）。七經者，《易》、《書》、《詩》、《禮》、《樂》、《春秋》、《孝經》。《後漢書·樊英傳》李賢注引《易緯》篇目凡七，即《稽覽圖》、《乾鑿度》、《坤靈圖》（坤或作巛）、《通卦驗》、《是類謀》（是或作筮）、《辨終備》。朱彝尊《經義考·毖緯》一所輯《易緯》篇目散見諸書者凡二十七種（朱氏間亦附輯佚文），姚振宗《隋書經籍志考證》謂朱輯諸篇或有屬讖文者，不盡爲緯文。按諸書所引各篇或有同屬一篇而名稱略異者。如《顏氏家訓》、《釋文》引《通卦驗玄圖》，通或作統，而《太平御覽》又引《通統圖》，疑皆爲《通卦驗》之文。又如《稽瑞》引《易備經》一節，與《古微書》引《辨終備》文雷同，是亦同引一篇而名稱小異。《隋志》載鄭玄注《易緯》八卷，兩《唐志》載宋均注《易緯》九卷，皆不具列篇目。唯《宋志》既載《易緯》七卷，又別著《乾鑿度》三卷、《稽覽圖》一卷、《通卦驗》二卷，並鄭玄注，或

此三篇單行也。按《易緯》諸篇除《乾鑿度》外今皆佚，經疏、史注、《開元占經》、《文選》李善注及唐、宋類書等引之。孫㲄輯得十二種，略見規模，然尚有缺遺，如《占經》所引頗多，而未採及。清四庫館臣從《永樂大典》輯出《通卦驗》、《坤靈圖》、《稽覽圖》、《是類謀》、《辨終備》、《乾元序制記》六篇，其文較孫氏雜採諸書者爲備。黃奭即據館臣所輯校以諸書所引，加“謹案”於各節之下，兼採張惠言《易緯略義》校說，並輯補遺附後。其餘清儒諸家大抵亦就孫本或館臣所輯增補，所採雖間有出黃氏之外者，大較不及黃奭爲備。（陸明睿增訂殷元正輯本，每採《佩文韻府》、《淵鑑類函》等書，皆屬轉引。）至黃氏所未輯諸篇，則每篇不過一二節至三五節而已。王仁俊專採《稽瑞》，爲黃氏所未及採，然所得不過一二節。又殷元正、黃奭、喬松年、顧觀光皆採諸書泛引《易緯》之文總爲一輯，所採互爲有無。按諸書所引互有異同，故諸家所輯不能盡同也。

尚書緯附錄附補遺　（清）趙在翰輯

七緯·尚書緯

七緯·尚書緯　清孫詒讓校　〔杭州大學圖書館〕

尚書緯一卷　（清）殷元正輯（清）陸明睿增訂

集緯

尚書緯一卷　（清）黃奭輯

漢學堂知足齋叢書·通緯　清黃奭校〔北京圖書館〕

黃氏逸書考·通緯

泛引尚書緯　（清）喬松年輯

喬勤恪公全集·緯攟·尚書緯

山右叢書初編・緯攟・尚書緯

尚書考靈耀一卷

說郛(宛委山堂本)弓五

說郛(宛委山堂本)弓五　傅增湘校
〔北京圖書館〕

青照堂叢書摘次編第二函・諸經緯遺

尚書考靈曜二卷　（漢）鄭玄注
（明）孫㲄輯

古微書・尚書緯

墨海金壺・經部・古微書・尚書緯

守山閣叢書・經部・古微書・尚書緯

叢書集成初編・哲學類・古微書・尚
書緯

尚書考靈曜　（清）朱彝尊輯

經義考・愁緯三

尚書考靈曜一卷附補逸　（清）趙
在翰輯

七緯・尚書緯

七緯・尚書緯　清孫詒讓校　〔杭州大
學圖書館〕

尚書考靈耀一卷　（清）殷元正輯
（清）陸明睿增訂

集緯

尚書考靈曜一卷　（清）黃奭輯

漢學堂知足齋叢書・通緯　清黃奭校
〔北京圖書館〕

黃氏逸書考・通緯

尚書緯考靈曜一卷　（漢）鄭玄注
（清）馬國翰輯

玉函山房輯佚書・經編緯書類

玲瓏山館叢書・經編緯書類

尚書考靈曜　（漢）鄭玄注　（清）
喬松年輯

喬勤恪公全集・緯攟・尚書緯

山右叢書初編・緯攟・尚書緯

尚書緯考靈曜一卷　（漢）鄭玄注
（清）王仁俊輯

玉函山房輯佚書續編・經編緯書類

尚書帝命驗一卷　（明）孫㲄輯

古微書・尚書緯

墨海金壺・經部・古微書・尚書緯

守山閣叢書・經部・古微書・尚書緯

叢書集成初編・哲學類・古微書・尚
書緯

尚書帝命驗　（清）朱彝尊輯

經義考・愁緯三

尚書帝命驗一卷　（清）趙在翰輯

七緯・尚書緯

七緯・尚書緯　清孫詒讓校　〔杭州大
學圖書館〕

尚書帝命驗一卷　（清）殷元正輯
（清）陸明睿增訂

集緯

尚書帝命驗一卷　（漢）鄭玄注
（清）黃奭輯

漢學堂知足齋叢書・通緯　黃奭校
〔北京圖書館〕

尚書緯帝命驗一卷　（漢）鄭玄注
（清）馬國翰輯

玉函山房輯佚書・經編緯書類

玲瓏山館叢書・經編緯書類

尚書帝命驗　（清）喬松年輯

喬勤恪公全集・緯攟・尚書緯

山右叢書初編・緯攟・尚書緯

尚書帝命驗宋注一卷　（魏）宋均
注　（清）王仁俊輯

玉函山房輯佚書續編・經編緯書類

尚書帝命期

說郛（宛委山堂本）弓五

說郛（宛委山堂本）弓五　傅增湘校
　〔北京圖書館〕

青照堂叢書摘次編第二函·諸經緯遺

尚書帝驗期　（明）孫瑴輯

　古微書·尚書緯

　墨海金壺·經部·古微書·尚書緯

　守山閣叢書·經部·古微書·尚書緯

　叢書集成初編·哲學類·古微書·尚
　書緯

尚書帝驗期　（清）喬松年輯

　喬勤恪公全集·緯攟·尚書緯

　山右叢書初編·緯攟·尚書緯

尚書旋璣鈐一卷

　說郛（宛委山堂本）弓五

　說郛（宛委山堂本）弓五　傅增湘校
　　〔北京圖書館〕

　青照堂叢書摘次編第二函·諸經違遺

尚書旋璣鈐　（漢）鄭玄注

　說郛（商務印書館本）卷二·古典錄略

尚書旋璣鈐　（明）孫瑴輯

　古微書·尚書緯

　墨海金壺·經部·古微書·尚書緯

　守山閣叢書·經部·古微書·尚書緯

　叢書集成初編·哲學類·古微書·尚
　書緯

尚書旋璣鈐一卷附補遺　（清）趙
　在翰輯

　七緯·尚書緯

　七緯·尚書緯　清孫詒讓校　〔杭州大
　　學圖書館〕

尚書旋璣鈐一卷　（清）殷元正輯
　（清）陸明睿增訂

　集緯

尚書旋璣鈐一卷　（漢）鄭玄注

（清）黃奭輯

　漢學堂知足齋叢書·通緯·清黃奭校
　　〔北京圖書館〕

　漢學堂叢書·通緯書類

　黃氏逸書考·通緯

尚書緯璇璣鈐一卷　（漢）鄭玄注
（清）馬國翰輯

　玉函山房輯佚書·經編緯書類

　玲瓏山館叢書·經編緯書類

尚書旋璣鈐　（清）喬松年輯

　喬勤恪公全集·緯攟·尚書緯

　山右叢書初編·緯攟·尚書緯

尚書刑德放　（明）孫瑴輯

　古微書·尚書緯

　墨海金壺·經部·古微書·尚書緯

　守山閣叢書·經部·古微書·尚書緯

　叢書集成初編·哲學類·古微書·尚
　書緯

尚書刑德放　（清）朱彝尊輯

　經義考·怼緯三

尚書刑德放一卷附補遺　（清）趙
　在翰輯

　七緯·尚書緯

　七緯·尚書緯　清孫詒讓校　〔杭州大
　　學圖書館〕

尚書刑德放一卷　（清）殷元正輯
（清）陸明睿增訂

　集緯

尚書刑德放一卷　（漢）鄭玄注
（清）黃奭輯

　漢學堂知足齋叢書·通緯　清黃奭校
　　〔北京圖書館〕

　漢學堂叢書·通緯書類

　黃氏逸書考·通緯

尚書緯刑德放一卷　（漢）鄭玄注
　　（清）馬國翰輯
　　　玉函山房輯佚書·經編緯書類
　　　玲瓏山館叢書·經編緯書類

尚書刑德放　（清）喬松年輯
　　　喬勤恪公全集·緯攟·尚書緯
　　　山右叢書初編·緯攟·尚書緯

尚書緯刑德放一卷　（漢）鄭玄注
　　（清）王仁俊輯
　　　玉函山房輯佚書續編·經編緯書類

尚書運期授　（明）孫瑴輯
　　　古微書·尚書緯
　　　墨海金壺·經編·古微書·尚書緯
　　　守山閣叢書·經編·古微書·尚書緯
　　　叢書集成初編·哲學類·古微書·尚
　　　書緯

尚書運期授附補遺　（清）趙在
　　翰輯
　　　七緯·尚書緯
　　　七緯·尚書緯　清孫詒讓校　〔杭州大
　　　學圖書館〕

尚書運期授一卷　（清）殷元正輯
　　（清）陸明睿增訂
　　　集緯

尚書運期授一卷　（漢）鄭玄注
　　（清）黃奭輯
　　　漢學堂知足齋叢書·通緯　清黃奭校
　　　〔北京圖書館〕
　　　漢學堂叢書·通緯書類
　　　黃氏逸書考·通緯

尚書緯運期授一卷　（漢）鄭玄注
　　（清）馬國翰輯
　　　玉函山房輯佚書·經編緯書類
　　　玲瓏山館叢書·經編緯書類

尚書運期授　（清）喬松年輯
　　　喬勤恪公全集·緯攟·尚書緯
　　　山右叢書初編·緯攟·尚書緯

洪範緯　（明）孫瑴輯
　　　古微書·尚書緯·中侯雜篇附
　　　墨海金壺·經部·古微書·尚書緯·
　　　中侯雜篇附
　　　守山閣叢書·經部·古微書·尚書
　　　緯·中侯雜篇附
　　　叢書集成初編·哲學類·古微書·尚
　　　書緯·中侯雜篇附

尚書洪範記　（清）喬松年輯
　　　喬勤恪公全集·緯攟·尚書緯
　　　山右叢書初編·緯攟·尚書緯
　　　注：《尚書緯》，《七經緯》之一，參《河
　　圖》、《易緯》。《後漢書·樊英傳》李賢
　　注舉《尚書緯》篇目凡五，即《璇璣鈐》、
　　《考靈曜》、《刑德放》、《帝命驗》、《運期
　　授》。朱彝尊《經義考·逸緯》三所輯篇
　　目又有《帝驗期》（一作《帝命期》）、《鉤
　　命決》、《洛罪級》。《隋》、《唐志》並載鄭
　　玄注《書緯》三卷，皆不具例篇目。按據
　　《後漢書》李賢注，《尚書緯》已有五篇，
　　《隋》、唐志祇載三卷者，疑已非全袟。
　　經疏、史注、《開元占經》、《文選》李善注
　　及唐、宋類書等引《尚書緯》諸篇佚文，
　　諸家所採不盡同，大抵以黃奭所輯較
　　備，唯王仁俊從《稽瑞》採得《帝命驗》文
　　二節，爲黃氏等未及採。又趙在翰、殷
　　元正、黃奭、喬松年皆採諸書泛引《尚書
　　緯》之文彙爲一輯，所採頗多互爲有無。

尚書中侯一卷
　　　說郛（宛委山堂本）弓五
　　　說郛（宛委山堂本）弓五　傅增湘校
　　　〔北京圖書館〕

青照堂叢書摘次編第二函・諸經緯遺

尚書中侯一卷　（明）孫瞉輯

　古微書・尚書緯

　墨海金壺・經部・古微書・尚書緯

　守山閣叢書・經部・古微書・尚書緯

　叢書集成初編・哲學類・古微書・尚
　　書緯

尚書中侯一卷　（漢）鄭玄注
（清）王謨輯

　漢魏遺書鈔・經翼第一冊

尚書中侯一卷　（清）黃奭輯

　高密遺書　清道光二十三年刻本　清
　　黃奭校　〔北京圖書館〕

　黃氏逸書考・通緯

尚書中侯三卷　（漢）鄭玄注
（清）馬國翰輯

　玉函山房輯佚書・經編緯書類

　玲瓏山館叢書・經部緯書類

尚書中侯注一卷　（漢）鄭玄撰
（清）袁均輯

　鄭氏佚書

尚書中侯　（清）喬松年輯

　喬勤恪公全集・緯攟・尚書緯

　山右叢書初編・緯攟・尚書緯

尚書中侯鄭注五卷　（漢）鄭玄注
（清）孔廣林輯

　學津討源第二集

　　尚書中侯注六卷

　通德遺書所見錄

　鄭學十八種

　鄭學十八種　清抄本　清葉志詵、趙之
　　謙校　〔北京圖書館〕

　鄭學十八種　清抄本　李盛鐸校　〔北
　　京大學圖書館〕

尚書中侯一卷　（清）顧觀光輯

　武陵山人遺稿・七緯拾遺

尚書中侯一卷　（清）王仁俊輯

　玉函山房輯佚書續編・經編緯書類

尚書中侯馬氏注一卷　（漢）馬融
撰　（清）王仁俊輯

　玉函山房輯佚書續編・經編緯書類

尚書中侯鄭注一卷　（漢）鄭玄撰
（清）王仁俊輯

　玉函山房輯佚書續編・經編緯書類

尚書中侯疏證一卷　（清）皮錫瑞撰

　師伏堂叢書

　皮氏經學叢書

中侯握河紀　（明）孫瞉輯

　古微書・尚書緯

　墨海金壺・經部・古微書・尚書緯

　守山閣叢書・經部・古微書・尚書緯

　叢書集成初編・哲學類・古微書・尚
　　書緯

中侯握河紀　（清）喬松年輯

　喬勤恪公全集・緯攟・尚書緯

　山右叢書初編・緯攟・尚書緯

中侯我應　（清）喬松年輯

　喬勤恪公全集・緯攟・尚書緯

　山右叢書初編・緯攟・尚書緯

中侯考河命　（明）孫瞉輯

　古微書・尚書緯

　墨海金壺・經編・古微書・尚書緯

　守山閣叢書・經編・古微書・尚書緯

　叢書集成初編・哲學類・古微書・尚
　　書緯

中侯考河命　（清）朱彝尊輯

　經義考・毖緯三

中侯考河命　（清）喬松年輯

喬勤恪公全集・緯攟・尚書緯
山右叢書初編・緯攟・尚書緯

中侯洛予命　（明）孫瑴輯

古微書・尚書緯・中侯雜篇
墨海金壺・經部・古微書・尚書緯・
　中侯雜篇
守山閣叢書・經部・古微書・尚書
　緯・中侯雜篇
叢書集成初篇・哲學類・古微書・尚
　書緯・中侯雜篇

中侯洛予命　（清）朱彝尊輯

經義考・彖緯三

中侯雒予命　（清）喬松年輯

喬勤恪公全集・緯攟・尚書緯
山右叢書初編・緯攟・尚書緯

中侯雒師謀　（清）喬松年輯

喬勤恪公全集・緯攟・尚書緯
山右叢書初編・緯攟・尚書緯

中侯摘洛戒　（明）孫瑴輯

古微書・尚書緯
墨海金壺・經部・古微書・尚書緯
守山閣叢書・經部・古微書・尚書緯
叢書集成初編・哲學類・古微書・尚
　書緯

中侯摘洛戒　（清）朱彝尊

經義考・彖緯三

中侯摘洛戒　（明）孫瑴輯

古微書・尚書緯・中侯雜篇
墨海金壺・經部・古微書・尚書緯・
　中侯雜篇
守山閣叢書・經部・古微書・尚書
　緯・中侯雜篇
叢書集成初編・哲學類・古微書・尚
　書緯・中侯雜篇

中侯摘雒貳　（清）喬松年輯

喬勤恪公全集・緯攟・尚書緯
山右叢書初編・緯攟・尚書緯

中侯儀明篇　（明）孫瑴輯

古微書・尚書緯・中侯雜篇

中侯義明

墨海金壺・經部・古微書・尚書緯・
　中侯雜篇
守山閣叢書・經部・古微書・尚書
　緯・中侯雜篇
叢書集成初編・哲學類・古微書・尚
　書緯・中侯雜篇

中侯義明　（清）喬松年輯

喬勤恪公全集・緯攟・尚書緯
山右叢書初編・緯攟・尚書緯

中侯敕省圖　（明）孫瑴輯

古微書・尚書緯・中侯雜篇
墨海金壺・經部・古微書・尚書緯・
　中侯雜篇
守山閣叢書・經部・古微書・尚書
　緯・中侯雜篇
叢書集成初編・哲學類・古微書・尚
　書微・中侯雜篇

中侯敕省圖　（清）喬松年輯

喬勤恪公全集・緯攟・尚書緯
山右叢書初編・緯攟・尚書緯

中侯稷起　（明）孫瑴輯

古微書・尚書緯・中侯雜篇
墨海金壺・經部・古微書・尚書緯・
　中侯雜篇
守山閣叢書・經部・古微書・尚書
　緯・中侯雜篇
叢書集成初編・哲學類・古微書・尚
　書緯・中侯雜篇

中侯稷起　（清）朱彝尊輯

經義考・彖緯三

四部備要·經部經義·經義考·毖
緯三

中侯稽起　（清）喬松年輯

喬勤恪公全集·緯攟·尚書緯

山右叢書初編·緯攟·尚書緯

中侯準讖哲　（明）孫瑴輯

古微書·尚書緯·中侯雜篇

墨海金壺·經部·古微書·尚書緯·
中侯雜篇

守山閣叢書·經部·古微書·尚書
緯·中侯雜篇

叢書集成初編·哲學類·古微書·尚
書緯·中侯雜篇

中侯準讖哲　（清）朱彝尊輯

經義考·毖緯三

中侯準讖哲　（清）喬松年輯

喬勤恪公全集·緯攟·尚書緯

山右叢書初編·緯攟·尚書緯

中侯運行　（明）孫瑴輯

古微書·尚書緯·中侯雜篇

墨海金壺·經部·古微書·尚書緯·
中侯雜篇

守山閣叢書·經部·古微書·尚書
緯·中侯雜篇

叢書集成初編·哲學類·古微書·尚
書緯·中侯雜篇

中侯運衡篇　（清）朱彝尊輯

經義考·毖緯三

中侯運衡　（清）喬松年輯

喬勤恪公全集·緯攟·尚書緯

山右叢書初編·緯攟·尚書緯

中侯契握　（清）朱彝尊輯

經義考·毖緯三

中侯契握　（清）喬松年輯

喬勤恪公全集·緯攟·尚書緯

山右叢書初編·緯攟·尚書緯

中侯合符后　（清）喬松年輯

喬勤恪公全集·緯攟·尚書緯

山右叢書初編·緯攟·尚書緯

中侯苗興　（清）喬松年輯

喬勤恪公全集·緯攟·尚書緯

山右叢書初編·緯攟·尚書緯

注：孔穎達《尚書序正義》引《尚書
緯》云：“孔子求《書》，得黄帝玄孫帝魁
之書迄於秦穆公凡三千二百四十篇，斷
遠取近，定可以爲世法者百二十篇，以
百二篇爲《尚書》，十八篇爲《中侯》。”此
漢人造説，不足信，然據此知《中侯》凡
十八篇。朱彝尊《經義考·毖緯》三云：
“《中侯》專言符命，當是新莽時所出之
書。”《隋志》載鄭玄注《尚書中侯》五卷，
注云：“梁有八卷，今殘缺。”經疏、史注、
《開元占經》、《文選》李善注及唐、宋類
書等引有《中侯》諸篇佚文，諸家皆據以
採摭。王謨、孔廣林、黄奭、馬國翰、袁
均所輯皆總標爲《尚書中侯》，以各篇篇
名爲子目，佚文分篇歸屬，不知篇名者
則統附於後。其餘諸家皆以一篇爲一
輯，至佚文不知篇名者，則總爲一輯而
題爲《尚書中侯》。按各家輯本佚文編
次頗有異同，大抵以馬、袁、黄三家所輯
較備，校勘亦視他家爲詳審。袁氏輯本
又附考證，校訂佚文頗精，諸書所引間
有以鄭注爲正文者，有泛稱《中侯》而不
知篇名者，有引鄭注而不附正文者，袁
氏加以考證而歸於所當。皮錫瑞《疏
證》即依袁輯爲底本，參以馬國翰諸輯，
正誤補缺，疏解鄭注頗詳，於袁氏所缺
採則附補遺於後。唯《珥玉集》殘本引
《中侯》佚文，王仁俊採得三節，爲皮氏
及諸家所未及。王仁俊又從《稽瑞》、

《紺珠集》採得馬融、鄭玄注《中侯》文數節。按讖諱之注僅鄭玄、宋均二家（參《河圖》），馬融未有注。王氏從《稽瑞》採得《中侯》文及馬注一節，驗之似出漢人所造《泰誓》，非《中侯》文。

詩緯附錄附補遺　（清）趙在翰輯

七緯·詩緯

七緯·詩緯　清孫詒讓校　〔杭州大學圖書館〕

詩緯一卷　（清）殷元正輯　（清）陸明睿增訂

集緯

詩緯一卷　（清）黃奭輯

漢學堂知足齋叢書·通緯　清黃奭校〔北京圖書館〕

黃氏逸書考·通緯

泛引詩緯　（清）喬松年輯

喬勤恪公全集·緯攟·詩緯

山右叢書初編·緯攟·詩緯

詩緯一卷　（魏）宋均注　（清）王仁俊輯

玉函山房輯佚書續編·經編緯書類

詩緯　（清）陳喬樅輯並集證

左海續集·詩緯集證卷四

詩讖附錄　（清）顧觀光輯

武陵山人遺稿·七緯拾遺

詩含神霧

說郛（宛委山堂本）弓五

說郛（宛委山堂本）弓五　傅增湘校〔北京圖書館〕

青照堂叢書摘次編第二函·諸經緯遺

詩含神霧

說郛（商務印書館本）卷二·古典錄略

詩含神霧　（明）孫瑴輯

古微書·詩緯

墨海金壺·經部·古微書·詩緯

守山閣叢書·經部·古微書·詩緯

叢書集成初編·哲學類·古微書·詩緯

詩含神霧　（清）朱彝尊輯

經義考·悬緯三

詩含神霧附補遺　（清）趙在翰輯

七緯·詩緯

七緯·詩緯　清孫詒讓校　〔杭州大學圖書館〕

詩含神霧一卷　（清）殷元正輯（清）陸明睿增訂

集緯

詩含神霧一卷　（魏）宋均注（清）黃奭輯

漢學堂足知齋叢書·通緯　清黃奭校〔北京圖書館〕

漢學堂叢書·通緯詩類

黃氏逸書考·通緯

詩含神霧一卷　（魏）宋均注（清）馬國翰輯

玉函山房輯佚書·經編緯書類

玲瓏山館叢書·經編緯書類

詩含神霧　（清）喬松年輯

喬勤恪公全集·緯攟·詩緯

山右叢書初編·緯攟·詩緯

詩緯含神霧一卷　（魏）宋均注（清）王仁俊輯

玉函山房輯佚書續編·經編緯書類

含神霧附補遺　（清）陳喬樅輯並集證

左海續集·詩緯集證卷三

詩緯含神霧訓纂一卷　（清）胡薇元撰

玉津閣叢書甲集

詩緯含文侯一卷　（清）殷元正輯
（清）陸明睿增訂
　集緯

詩推度災　（明）孫瑴輯
　古微書・詩緯
　墨海金壺・經部・古微書・詩緯
　守山閣叢書・經部・古微書・詩緯
　叢書集成初編・哲學類・古微書・
　詩緯

詩推度災　（清）朱彝尊輯
　經義考・愻緯三

詩推度災一卷附補遺　（清）趙在
　翰輯
　七緯・詩緯
　七緯・詩緯　清孫詒讓校〔杭州大學
　圖書館〕

詩緯推度災一卷　（清）殷元正輯
（清）陸明睿增訂
　集緯

詩推度災一卷　（魏）宋均注
（清）黃奭輯
　漢學堂知足齋叢書・通緯　清黃奭校
　〔北京圖書館〕
　漢學堂叢書・通緯詩類
　黃氏逸書考・通緯

詩緯推度災一卷　（魏）宋均注
（清）馬國翰輯
　玉函山房輯佚書・經編緯書類
　玲瓏山館叢書・經編緯書類

詩推度災　（清）喬松年輯
　喬勤恪公全集・緯攟・詩緯
　山右叢書初編・緯攟・詩緯

詩緯推度災一卷　（魏）宋均注

（清）王仁俊輯
　玉函山房輯佚書續編・經編緯書類

推度災　（清）陳喬樅輯並集證
　左海續集・詩緯集證卷一

詩緯推度災訓纂一卷　（清）胡薇
　元撰
　玉津閣叢書甲集

詩紀歷樞一卷
　説郛（宛委山堂本）弓五

詩紀歷圖
　青照堂叢書摘次編第二函・諸經緯遺

詩汎歷樞　（明）孫瑴輯
　古微書・詩緯
　墨海金壺・經部・古微書・詩緯
　守山閣叢書・經部・古微書・詩緯
　叢書集成初編・哲學類・古微書・
　詩緯

詩汎歷一卷附補遺　（清）趙在翰輯
　七緯・詩緯
　七緯・詩緯　清孫詒讓校〔杭州大學
　圖書館〕

詩緯紀歷樞一卷　（清）殷元正輯
（清）陸明睿增訂
　集緯

詩汎歷樞一卷　（清）黃奭輯
　漢學堂知足齋叢書・通緯　清黃奭校
　〔北京圖書館〕
　黃氏逸書考・通緯

詩緯汎歷樞一卷　（魏）宋均注
（清）馬國翰輯
　玉函山房輯佚書・經編緯書類
　玲瓏山館叢書・經編緯書類

詩汎歷樞　（清）喬松年輯
　喬勤恪公全集・緯攟・詩緯

山右叢書初編·緯攟·詩緯

詩緯氾歷樞一卷　（魏）宋均注
（清）王仁俊輯

玉函山房輯佚書續編·經編緯書類

氾厤樞　（清）陳喬樅輯並集證

左海續集·詩緯集證卷二

詩緯氾歷樞訓纂一卷　（清）胡薇
元撰

玉津閣叢書甲集

注：《詩緯》，《七經緯》之一，參《河圖》、《易緯》。《後漢書·樊英傳》李賢注舉《詩緯》篇目凡三，即《推度災》、《記歷樞》（“記”，諸書引或作“紀”、“氾”、“汜”，“歷”亦作“曆”）、《含神務》（“務”諸書引亦作“霧”）。按《隋志》稱《七經緯》凡三十六篇，而於三十六篇外又舉《詩推度災》等三篇，似此三篇不在《詩緯》之中，與李賢異。孫瑴、姚振宗（《隋書經籍志考證》）等皆以此三篇爲雜讖，陳喬樅則謂《隋志》所録又有《詩雜讖》，與此三篇固有區別（《詩緯集證敍》）。按陳説近是，《隋志》於《七經緯》三十六篇外，謂又有《詩推度災》、《氾歷樞》、《含神霧》、雜讖等書，此“雜讖”當別指諸讖文，非承《推度災》等篇而言也。《隋志》載魏博士宋均注《詩緯》十八卷，注云：“梁十卷。”兩《唐志》並載宋均注十卷，又載鄭玄注三卷。按《隋志》不載鄭注，然其敍亦云鄭玄注讖律，似不當獨於《詩緯》有缺。且宋均注梁時僅十卷，兩《唐志》亦十卷，而《隋志》獨多八卷，或者並鄭注言之歟？今諸書所引僅有宋注也。經疏、史注、《開元占經》、《文選》李善注及唐、宋類書等引有《詩緯》各篇佚文及宋均注，諸家據以採

撫，雖取捨不盡同，大體以黃奭、陳喬樅二家採撫較備。又趙在翰、殷元正、黃奭、喬松年、陳喬樅諸人均採諸書泛引《詩緯》之文總爲一輯，黃氏採得二十餘節，較他家爲多。胡薇元《訓纂》所採佚文少於陳喬樅輯本，疏解亦不及陳氏爲詳。

禮緯附録附補遺　（清）趙在翰輯

七緯·禮緯

七緯·禮緯　清孫詒讓校　〔杭州大學圖書館〕

禮緯一卷　（清）殷元正輯　（清）
陸明睿增訂

集緯

禮緯一卷　（清）黃奭輯

漢學堂叢書·通緯禮類

黃氏逸書考·通緯

泛引禮緯　（清）喬松年輯

喬勤恪公全集·緯攟·禮緯

山右叢書初編·緯攟·禮緯

禮含文嘉

説郛（宛委山堂本）弓五

説郛（宛委山堂本）弓五　傅增湘校
〔北京圖書館〕

青照堂叢書摘次編第二函·諸經緯遺

禮含文嘉

説郛（商務印書館本）卷二·古典録略

禮含文嘉　（明）孫瑴輯

古微書·禮緯

墨海金壺·經部·古微書·禮緯

守山閣叢書·經部·古微書·禮緯

叢書集成初編·哲學類·古微書·
禮緯

禮含文嘉一卷附補遺　（清）趙在
翰輯

七緯・禮緯

七緯・禮緯　清孫詒讓校　〔杭州大學圖書館〕

禮緯含文嘉一卷　（清）殷元正輯

（清）陸明睿增訂

集緯

禮含文嘉一卷　（魏）宋均注

（清）黃奭輯

漢學堂知足齋叢書・通緯

黃氏逸書考・通緯

禮緯含文嘉一卷　（魏）宋均注

（清）馬國翰輯

玉函山房輯佚書・經編緯書類

玲瓏山館叢・經編緯書類

禮含文嘉　（清）喬松年輯

喬勤恪公全集・緯攟・禮緯

山右叢書初編・緯攟・禮緯

禮緯含文嘉一卷　（魏）宋均注

（清）王仁俊輯

玉函山房輯佚書續編・經編緯書類

禮稽命徵

說郛（宛委山堂本）弖五

說郛（宛委山堂本）弖五　傅增湘校〔北京圖書館〕

青照堂叢書摘次編第二函・緒經緯遺

禮稽命徵　（明）孫轂輯

古微書・禮緯

墨海金壺・經編・古微書・禮緯

守山閣叢書・經編・古微書・禮緯

叢書集成初編・哲學類・古微書・禮緯

禮稽命徵　（清）朱彝尊輯

經義考・愍緯三

禮稽命徵一卷附補遺　（清）趙在翰輯

七緯・禮緯

七緯・禮緯　清孫詒讓校　〔杭州大學圖書館〕

禮緯稽命徵一卷　（清）殷元正輯

（清）陸明睿增訂

集緯

禮稽命徵一卷　（魏）宋均注

（清）黃奭輯

漢學堂知足齋叢書・通緯

漢學堂叢書・通緯禮類

黃氏逸書考・通緯

禮緯稽命徵一卷　（魏）宋均注

（清）馬國翰輯

玉函山房輯佚書・經編緯書類

玲瓏山館叢書・經編緯書類

禮稽命徵　（清）喬松年輯

喬勤恪公全集・緯攟・禮緯

山右叢書初編・緯攟・禮緯

禮緯稽命徵一卷　（魏）宋均注

（清）王仁俊輯

玉函山房輯佚書續編・經編緯書類

禮斗威儀

說郛（宛委山堂本）弖五

說郛（宛委山堂本）弖五　傅增湘校〔北京圖書館〕

青照堂叢書摘次編第二函・諸經緯遺

禮斗威儀　（明）孫轂輯

古微書・禮緯

墨海金壺・經部・古微書・禮緯

守山閣叢書・經部・古微書・禮緯

叢書集成初編・哲學類・古微書・禮緯

禮斗威儀　（清）朱彝尊輯

經義考・愍緯三

禮斗威儀附補遺　（清）趙在翰輯

　　七緯・禮緯

　　七緯・禮緯　清孫詒讓校〔杭州大學
　　圖書館〕

禮緯斗威儀一卷　（清）殷元正輯
（清）陸明睿增訂

　　集緯

禮斗威儀一卷　（清）黃奭輯

　　漢學堂知足齋叢書・通緯

　　黃氏逸書考・通緯

禮緯斗威儀一卷　（魏）宋均注
（清）馬國翰輯

　　玉函山房輯佚書・經編緯書類

　　玲瓏山館叢書・經編緯書類

禮斗威儀　（清）喬松年輯

　　喬勤恪公全集・緯攟・禮

　　山右叢書初編・緯攟・禮

禮緯斗威儀一卷　（魏）宋均注
（清）王仁俊輯

　　玉函山房輯佚書續編・經編緯書類

禮元命包　（清）朱彝尊輯

　　經義考・毖緯三

禮元命包一卷　（清）殷元正輯
（清）陸明睿增訂

　　集緯

　　　注：《禮緯》，《七經緯》之一，參《河
　　圖》、《易緯》。《後漢書・樊英傳》李賢
　　注舉《禮緯》篇目凡三，即《含文嘉》、《稽
　　命徵》、《斗威儀》。朱彝尊《經義考・毖
　　緯》三所輯篇目又有《稽命曜》、《元命
　　包》、《瑞命記》。姚振宗《隋書經籍志考
　　證》謂《稽命曜》似即《稽命徵》，餘二種
　　當是讖文之屬。《隋志》載鄭玄注《禮
　　緯》三卷，兩《唐志》並載宋均注三卷，皆
　　不具列篇目。今諸書所引多爲宋均注，

鄭注僅見黃奭輯本所引“清河郡本”。
經疏、史注、《開元占經》及唐、宋類書等
引《禮緯》諸篇佚文，諸家所採編次不盡
同，大體以黃奭輯本較備。趙在翰、殷
元正、黃奭、喬松年又採諸書泛引《禮
緯》之文總爲一輯。又諸書引有“禮説”
之文，考《爾雅釋宮正義》引《禮緯》“天
子外屏諸侯”一節，《公羊傳》莊十五年
疏引之而稱“禮説”，是禮説即《禮緯》，
故諸家所輯《禮緯》亦兼採禮説之文。
大抵以黃輯所採略多，然與他家所輯亦
多互爲有無。王仁俊專就《五行大義
論》、《稽瑞》二書採撦，雖所採無多，然
多爲黃奭所未及採。又朱彝尊從《通
典》採得《禮元命包》文一節，殷元正承
之。馬國翰以爲《元命包》乃《稽命徵》
之誤（説詳馬輯《禮稽命徵》“唐虞五載”
一節注）。

樂緯附錄附補遺　（清）趙在翰輯

　　七緯・樂緯

　　七緯・樂緯　清孫詒讓〔杭州大學圖
　　書館〕

樂緯一卷　（清）殷元正輯　（清）
陸明睿增訂

　　集緯

樂緯一卷　（清）黃奭輯

　　漢學堂叢書・通緯樂類

　　黃氏逸書考・通緯

泛引樂緯　（清）喬松年輯

　　喬勤恪公全集・緯攟・樂緯

　　山右叢書初編・緯攟・樂緯

樂緯一卷　（清）王仁俊輯

　　玉函山房輯佚書續編・經編緯書類

樂動聲儀　（明）孫瑴輯

　　古微書・樂緯

墨海金壺・經部・古微書・樂緯

守山閣叢書・經部・古微書・樂緯

叢書集成初編・哲學類・古微書・
樂緯

樂動聲儀 （清）朱彝尊

經義考・惢緯三

樂動聲儀一卷附補遺 （清）趙在
翰輯

七緯・樂緯

七緯・樂緯　清孫詒讓校 〔杭州大學
圖書館〕

樂緯動聲儀一卷 （清）殷元正輯
（清）陸明睿增訂

集緯

樂動聲儀一卷 （魏）宋均注
（清）黃奭輯

漢學堂知足齋叢書・通緯

黃氏逸書考・通緯

樂緯動聲儀一卷 （魏）宋均注
（清）馬國翰輯

玉函山房輯佚書・經編緯書類

玲瓏山館叢書・經編緯書類

樂動聲儀 （清）喬松年輯

喬勤恪公全集・緯攟・樂緯

山右叢書初編・緯攟・樂緯

樂緯動聲儀一卷 （魏）宋均注
（清）王仁俊輯

玉函山房輯佚書續編・經編緯書類

樂稽耀嘉

說郛（宛委山堂本）弓五

青照堂叢書摘次編第二函・諸經緯遺

樂稽耀嘉 （明）孫瑴輯

古微書・樂緯

墨海金壺・經部・古微書・樂緯

守山閣叢書・經部・古微書・樂緯

叢書集成初編・哲學類・古微書・
樂緯

樂稽耀嘉 （清）朱彝尊輯

經義考・惢緯三

樂稽耀嘉一卷附補遺 （清）趙在
翰輯

七緯・樂緯

七緯・樂緯　清孫詒讓校 〔杭州大學
圖書館〕

樂緯稽耀嘉一卷 （清）殷元正輯
（清）陸明睿增訂

集緯

樂稽耀嘉一卷 （清）黃奭輯

黃氏逸書考・通緯

樂緯稽耀嘉一卷 （魏）宋均注
（清）馬國翰輯

玉函山房輯佚書・經編緯書類

玲瓏山館叢書・經編緯書類

樂稽耀嘉 （清）喬松年輯

喬勤恪公全集・緯攟・樂緯

山右叢書初編・緯攟・樂緯

樂叶圖徵 （明）孫瑴輯

古微書・樂緯

墨海金壺・古微書・樂緯

守山閣本叢書・經部・古微書・樂緯

叢書集成初編・哲學類・古微書・
樂緯

樂叶圖徵 （清）朱彝尊輯

經義考・惢緯三

樂叶圖徵附補遺 （清）趙在翰輯

七緯・樂緯

七緯・樂緯　清孫詒讓校 〔杭州大學
圖書館〕

樂緯叶圖徵一卷 （清）殷元正輯
　（清）陸明睿增訂
　集緯

樂協圖徵一卷 （魏）宋均注
　（清）黃奭輯
　漢學堂叢書·通緯樂類
　黃氏逸書考·通緯

樂緯叶圖徵一卷 （魏）宋均注
　（清）馬國翰輯
　玉函山房輯佚書·經編緯書類
　玲瓏山館叢書·經編緯書類

樂叶圖徵 （清）喬松年輯
　喬勤恪公全集·緯攟·樂緯
　山右叢書初編·緯攟·樂緯

樂緯叶圖徵一卷 （魏）宋均注
　（清）王仁俊輯
　玉函山房輯佚書續編·經編緯書類
　注：《樂緯》，《七經緯》之一，參《河
圖》、《易緯》。《後漢書·樊英傳》李賢
注舉《樂緯》篇目凡三，即《動聲儀》、《稽
耀嘉》、《叶圖徵》（叶，一作協）。《隋》、
《唐志》並載宋均注《樂緯》三卷，不具列
篇目。經疏、史注、《開元占經》及唐、宋
類書等引《樂緯》諸篇佚文及宋均注。
按諸家考訂間有異，故取捨不盡同。如
《公羊傳》桓公十一年何休解詁引“樂
說”之文“天道本下”云云一節，黃奭視
爲泛引之文而輯入《樂緯》，馬國翰則考
訂爲《稽耀嘉》篇之文。又如《北堂書
鈔》一百五引《樂緯》“作樂所以防隆滿”
一節，孫瑴輯入《叶圖徵》，而馬氏輯入
《稽耀嘉》。大體言之，以黃輯所採較
多，如《動聲儀》自“凡六樂者一變而致
羽”以下十四節採自“清河郡本”，皆他
家所無。《隋》、《唐志》均不載鄭玄注

《樂緯》，唯《御覽·天部》一引《動聲儀》
“作樂制禮時五音始於上元戊辰”一節，
附鄭氏注，未詳所本。

春秋緯
　説郛（宛委山堂本）弓五
　説郛（宛委山堂本）弓五　傅增湘校
　〔北京圖書館〕
　青照堂叢書摘次編第二函·諸經緯遺

春秋緯
　説郛（商務印書館本）卷二·古典録略

春秋緯附録附補遺 （清）趙在翰輯
　七緯·春秋緯
　七緯·春秋緯　清孫詒讓校　〔杭州大
　學圖書館〕

春秋一卷 （清）黃奭輯
　漢學堂知足齋叢書·通緯
　漢學堂叢書·通緯春秋類
　黃氏逸書考·通緯

泛引春秋緯 （清）喬松年輯
　喬勤恪公全集·緯攟·春秋緯
　山右叢書初編·緯攟·春秋緯

春秋緯一卷 （清）王仁俊輯
　玉函山房輯佚書續編·經編緯書類

春秋讖附録一卷 （清）顧觀光輯
　武陵山人遺稿·七緯拾遺·春秋緯

春秋演孔圖
　説郛（宛委山堂本）弓五
　青照堂叢書摘次編第二函·諸經緯遺

春秋演孔圖 （明）孫瑴輯
　古微書·春秋緯
　墨海金壺·經部·古微書·春秋緯
　守山閣叢書·經部·古微書·春秋緯
　叢書集成初編·哲學類·古微書·春
　秋緯

春秋演孔圖一卷附補遺 （清）趙

在翰輯

　七緯·春秋緯

　七緯·春秋緯　清孫詒讓校　〔杭州大學圖書館〕

春秋孔演圖一卷　（清）殷元正輯（清）陸明睿增訂

　集緯

春秋演孔圖一卷　（魏）宋均注（清）黃奭輯

　漢學堂叢書·通緯春秋類

　黃氏逸書考·通緯

春秋緯演孔圖一卷　（魏）宋均注（清）馬國翰輯

　玉函山房輯佚書·經編緯書類

　玲瓏山館叢書·經編緯書類

春秋演孔圖　（清）喬松年輯

　喬勤恪公全集·緯攟·春秋緯

　山右叢書初編·緯攟·春秋緯

春秋緯演孔圖一卷　（魏）宋均注（清）王仁俊輯

　玉函山房輯佚書續編·經編緯書類

春秋元命苞

　説郛（宛委山堂本）弓五

　説郛（宛委山堂本）弓五　傅增湘校〔北京圖書館〕

　青照堂叢書摘次編第二函·諸經緯遺

春秋元命苞

　説郛（商務印書館）卷二·古典録略

春秋元命包　（明）孫瑴輯

　古微書·春秋緯

　墨海金壺·經部·古微書·春秋緯

　守山閣叢書·經部·古微書·春秋緯

　叢書集成初編·哲學類·古微書·春秋緯

春秋元命包　（清）朱彝尊輯

　經義考·愍緯四

春秋元命苞一卷　（清）殷元正輯（清）陸明睿增訂

　集緯

春秋元命苞一卷　（魏）宋均注（清）黃奭輯

　漢學堂知足齋叢書·通緯

　漢學堂叢書·通緯春秋類

　黃氏逸書考·通緯

春秋緯元命苞二卷　（魏）宋均注（清）馬國翰輯

　玉函山房輯佚書·經編緯書類

　玲瓏山館叢書·經編緯

春秋元命包　（清）喬松年輯

　喬勤恪公全集·緯攟·春秋緯

　山右叢書初編·緯攟·春秋緯

春秋緯元命苞一卷　（魏）宋均注（清）王仁俊輯

　玉函山房輯佚書續編·經編緯書類

春秋文曜鉤一卷

　説郛（宛委山堂本）弓五

　説郛（宛委山堂本）弓五　傅增湘校〔北京圖書館〕

　青照堂叢書摘次編第二函·諸經緯遺

春秋文耀鉤　（明）孫瑴輯

　古微書·春秋緯

　墨海金壺·經部·古微書·春秋緯

　守山閣叢書·經部·古微書·春秋緯

　叢書集成初編·哲學類·古微書·春秋緯

春秋文曜鉤一卷附補遺　（清）趙在翰輯

　七緯·春秋緯

七緯・春秋緯　清孫詒讓校　〔杭州大學圖書館〕

春秋文耀鉤一卷　（魏）宋均注（清）黃奭輯

漢學堂叢書・通緯春秋類

黃氏逸書考・通緯

春秋緯文耀鉤一卷　（魏）宋均注（清）馬國翰輯

玉函山房輯佚書・經編緯書類

玲瓏山館叢書・經編緯書類

春秋文曜鉤　（清）喬松年輯

喬勤恪公全集・緯攟・春秋緯

山右叢書初編・緯攟・春秋緯

春秋緯文耀鉤一卷　（魏）宋均注（清）王仁俊輯

玉函山房輯佚書續編・經編緯書類

春秋運斗樞

說郛（宛委山堂本）弓五

說郛（宛委山堂本）弓五　傅增湘校〔北京圖書館〕

青照堂叢書摘次編第二函・諸經緯遺

春秋運斗樞

說郛（商務印書館）卷二・古典錄略

春秋運斗樞　（明）孫㲉輯

古微書・春秋緯

墨海金壺・經部・古微書・春秋緯

守山閣叢書・經部・古微書・春秋緯

叢書集成初編・哲學類・古微書・春秋緯

春秋運斗樞　（清）朱彝尊輯

經義考・毖緯四

春秋運斗樞附補遺　（清）趙在翰

七緯・春秋緯

七緯・春秋緯　清孫詒讓校〔杭州大學圖書館〕

春秋運斗樞一卷　（魏）宋均注（清）黃奭輯

漢學堂知足齋叢書・通緯

漢學堂叢書・通緯春秋類

黃氏逸書考・通緯

春秋緯運斗樞一卷　（魏）宋均注（清）馬國翰輯

玉函山房輯佚書・經編緯書類

玲瓏山館叢書・經編緯書類

春秋運斗樞　（清）喬松年輯

喬勤恪公全集・緯攟・春秋緯

山右叢書初編・緯攟・春秋緯

春秋緯運斗樞一卷　（魏）宋均注（清）王仁俊輯

玉函山房輯佚書續編・經編緯書類

春秋感精符一卷

說郛（宛委山堂本）弓五

說郛（宛委山堂本）弓五　傅增湘校〔北京圖書館〕

青照堂叢書摘次編第二函・諸經緯遺

春秋感精符

說郛（商務印書館本）卷二・古典錄略

春秋感精符　（明）孫㲉輯

古微書・春秋緯

墨海金壺・經部・古微書・春秋緯

守山閣叢書・經部・古微書・春秋緯

叢書集成初編・哲學類・古微書・春秋緯

春秋感精符　（清）朱彝尊輯

經義考・毖緯四

春秋感精符一卷附補遺　（清）趙在翰輯

七緯・春秋緯

七緯・春秋緯　清孫詒讓校　〔杭州大

〔學圖書館〕

春秋感精符一卷　（魏）宋均注

（清）黃奭輯

漢學堂叢書・通緯春秋類

黃氏逸書考・通緯

春秋緯感精符一卷　（魏）宋均注

（清）馬國翰輯

玉函山房輯佚書・經編緯書類

玲瓏山館叢書・經編緯書類

春秋感精符　（清）喬松年輯

喬勤恪公全集・緯攟・春秋緯

山右叢書初編・緯攟・春秋緯

春秋緯感精符一卷　（魏）宋均注

（清）王仁俊輯

玉函山房輯佚書續編・經編緯書類

春秋合誠圖

説郛（宛委山堂本）弓五

説郛（宛委山堂本）弓五　傅增湘校

〔北京圖書館〕

青照堂叢書摘次編第二函・諸經緯遺

春秋合誠圖　（明）孫㲄輯

古微書・春秋緯

墨海金壺・經部・古微書・春秋緯

守山閣叢書・經部・古微書・春秋緯

叢書集成初編・哲學類・古微書・春秋緯

春秋合誠圖附補遺　（清）趙在翰輯

七緯・春秋緯

七緯・春秋緯　清孫詒讓校　〔杭州大學圖書館〕

春秋合誠圖一卷　（魏）宋均注

（清）黃奭輯

漢學堂叢書・通緯春秋緯

黃氏逸書考・通緯

春秋緯合誠圖一卷　（魏）宋均注

（清）馬國翰

玉函山房輯佚書・經編緯書類

春秋合誠圖　（清）喬松年輯

喬勤恪公全集・緯攟・春秋緯

山右叢書初編・緯攟・春秋緯

春秋緯合誠圖一卷　（魏）宋均注

（清）王仁俊輯

玉函山房輯佚書續編・經編緯書類

春秋考異

説郛（商務印書館本）卷二・古典録略

春秋考異郵　（明）孫㲄輯

古微書・春秋緯

墨海金壺・經部・古微書・春秋緯

守山閣叢書・經部・古微書・春秋緯

叢書集成初編・哲學類・古微書・春秋緯

春秋考異郵　（清）朱彝尊輯

經義考・彙緯四

春秋考異郵附補遺　（清）趙在翰輯

七緯・春秋緯

七緯・春秋緯　注孫詒讓校　〔杭州大學圖書館〕

春秋考異郵一卷　（魏）宋均注

（清）黃奭輯

漢學堂叢書・通緯春秋類

黃氏逸書考・通緯

春秋考異郵一卷　（魏）宋均注

（清）馬國翰輯

玉函山房輯佚書・經編緯書類

玲瓏山館叢書・經編緯書類

春秋考異郵　（清）喬松年輯

喬勤恪公全集・緯攟・春秋緯

山右叢書初編・緯攟・春秋緯

春秋考異郵一卷 （魏）宋均注
（清）王仁俊輯
　　玉函山房輯佚書續編・經編緯書類
春秋保乾圖 （明）孫㲄輯
　　古微書・春秋緯
　　墨海金壺・經部・古微書・春秋緯
　　守山閣叢書・經部・古微書・春秋緯
　　叢書集成初編・哲學類・古微書・春
　　秋緯
春秋保乾圖 （清）朱彝尊輯
　　經義考・㤗緯四
春秋保乾圖附補遺 （清）趙在
　翰輯
　　七緯・春秋緯
　　七緯・春秋緯　清孫詒讓校 〔杭州大
　　學圖書館〕
春秋保乾圖一卷 （魏）宋均注
（清）黃奭輯
　　漢學堂叢書・通緯春秋緯
　　黃氏逸書考・通緯
春秋緯保乾圖一卷 （魏）宋均注
（清）馬國翰輯
　　玉函山房輯佚書・經編緯書類
　　玲瓏山館叢書・經編緯書類
春秋保乾圖 （清）喬松年輯
　　喬勤恪公全集・緯攗・春秋緯
　　山右叢書初編・緯攗・春秋緯
春秋保乾圖一卷 （魏）宋均注
（清）王仁俊輯
　　玉函山房輯佚書續編・經編緯書類
春秋漢含
　　説郛（商務印書館本）卷二・古典録略
春秋漢含孳 （明）孫㲄輯
　　古微書・春秋緯

　　墨海金壺・經部・古微書・春秋緯
　　守山閣叢書・經部・古微書・春秋緯
　　叢書集成初編・哲學類・古微書・春
　　秋緯
春秋漢含孳 （清）朱彝尊輯
　　經義考・㤗緯四
春秋漢含孳附補遺 （清）趙在翰輯
　　七緯・春秋緯
　　七緯・春秋緯　清孫詒讓校 〔杭州大
　　學圖書館〕
春秋漢含孳一卷 （魏）宋均注
（清）馬國翰輯
　　玉函山房輯佚書・經編緯書類
　　玲瓏山館叢書・經編緯書類
春秋漢含孳 （清）喬松年輯
　　喬勤恪公全集・緯攗・春秋緯
　　山右叢書初編・緯攗・春秋緯
春秋佐助期
　　説郛（宛委山堂本）弓五
　　青照堂叢書摘次編・諸經緯遺
春秋佐助期 （明）孫㲄輯
　　古微書・春秋緯
　　墨海金壺・經部・古微書・春秋緯
　　守山閣叢書・經部・古微書・春秋緯
　　叢書集成初編・哲學類・古微書・春
　　秋緯
春秋佐助期附補遺 （清）趙在翰輯
　　七緯・春秋緯
　　七緯・春秋緯　清孫詒讓校 〔杭州大
　　學圖書館〕
春秋佐助期一卷 （魏）宋均注
（清）黃奭輯
　　漢學堂叢書・通緯春秋類
　　黃氏逸書考・通緯
春秋佐助期一卷 （魏）宋均注

（清）馬國翰輯

玉函山房輯佚書・經編緯書類

玲瓏山館叢書・經編緯書類

春秋佐助期　（清）喬松年輯

喬勤恪公全集・緯攟・春秋緯

山右叢書初編・緯攟・春秋緯

春秋緯佐助期　（魏）宋均注

（清）王仁俊輯

玉函山房輯佚書續編・經編緯書類

春秋握誠圖　（明）孫㲄輯

古微書・春秋緯

墨海金壺・經部・古微書・春秋緯

守山閣叢書・經部・古微書・春秋緯

叢書集成初編・哲學類・古微書・春秋緯

春秋握誠圖　（清）趙在翰輯

七緯・春秋緯

七緯・春秋緯　清孫詒讓校　〔杭州大學圖書館〕

春秋握誠圖一卷　（魏）宋均注

（清）黃奭輯

漢學堂叢書・通緯春秋類

黃氏逸書考・通緯

春秋緯握誠圖一卷　（魏）宋均注

（清）馬國翰輯

玉函山房輯佚書・經編緯書類

玲瓏山館叢書・經編緯書類

春秋握誠圖　（清）喬松年輯

喬勤恪公全集・緯攟・春秋緯

山右叢書初編・緯攟・春秋緯

春秋潛潭巴

說郛（宛委山堂本）弓五

說郛（宛委山堂本）弓五　傅增湘校〔北京圖書館〕

青照堂叢書摘次編第二函・諸經緯遺

春秋潛潭巴

說郛（商務印書館本）卷二・古典錄略

春秋潛潭巴　（明）孫㲄輯

古微書・春秋緯

墨海金壺・經部・古微書・春秋緯

守山閣叢書・經部・古微書・春秋緯

叢書集成初編・哲學類・古微書・春秋緯

春秋潛潭巴　（清）朱彝尊輯

經義考・愍緯四

春秋潛潭巴附補遺　（清）趙在翰輯

七緯・春秋緯

七緯・春秋緯　清孫詒讓校　〔杭州大學圖書館〕

春秋潛潭巴一卷　（魏）宋均注

（清）黃奭輯

漢學堂叢書・通緯春秋類

黃氏逸書考・通緯

春秋緯潛潭巴一卷　（魏）宋均注

（清）馬國翰輯

玉函山房輯佚書・經編緯書類

玲瓏山館叢書・經編緯書類

春秋潛潭巴　（清）喬松年輯

喬勤恪公全集・緯攟・春秋緯

山右叢書初編・緯攟・春秋緯

春秋緯潛潭巴一卷　（魏）宋均注

（清）王仁俊輯

玉函山房輯佚書續編・經編緯書類

春秋說題辭

說郛（宛委山堂本）弓五

說郛（宛委山堂本）弓五　傅增湘校〔北京圖書館〕

青照堂叢書摘次編第二函・諸經緯遺

春秋說題

説郛（商務印書本）卷二・古典録略

春秋説題辭　（明）孫瑴輯

　古微書・春秋緯

　墨海金壺・經部・古微書・春秋緯

　守山閣叢書・經部・古微書・春秋緯

　叢書集成初編・哲學類・古微書・春
　秋緯

春秋説題辭　（清）朱彝尊輯

　經義考・毖緯四

春秋説題辭附補遺　（清）趙在
　翰輯

　七緯・春秋緯

　七緯・春秋緯　清孫詒讓校〔杭州大
　學圖書館〕

春秋説題辭一卷　（魏）宋均注
　（清）黄奭輯

　漢學堂叢書・通緯春秋類

　黄氏逸書考・通緯

春秋緯説題辭一卷　（魏）宋均注
　（清）馬國翰輯

　玉函山房輯佚書・經編緯書類

　玲瓏山館叢書・經編緯書類

春秋説題辭　（清）喬松年輯

　喬勤恪公全集・緯攟・春秋緯

　山右叢書初編・緯攟・春秋緯

春秋緯説題辭一卷　（魏）宋均注
　（清）王仁俊輯

　玉函山房輯佚書續編・經編緯書類

春秋命歷序　（明）孫瑴輯

　古微書・春秋緯

　墨海金壺・經部・古微書・春秋緯

　守山閣叢書・經部・古微書・春秋緯

　叢書集成初編・哲學類・古微書・春
　秋緯

春秋命厤序一卷　（魏）宋均注
　（清）黄奭輯

　漢學堂知足齋叢書・通緯

　漢學堂叢書・通緯春秋類

　黄氏逸書考・通緯

春秋命歷序一卷　（魏）宋均注
　（清）馬國翰輯

　玉函山房輯佚書・經編緯書類

　玲瓏山館叢書・經編緯書類

春秋命歷序　（清）喬松年輯

　喬勤恪公全集・緯攟・春秋緯

　山右叢書初編・緯攟・春秋緯

春秋命歷序　（清）顧觀光輯

　武陵山人遺稿・七緯拾遺・春秋緯

春秋命歷序一卷　（魏）宋均注
　（清）王仁俊輯

　玉函山房輯佚書續編・經編緯書類

春秋內事　（明）孫瑴輯

　古微書・春秋緯

　墨海金壺・經編・古微書・春秋緯

　守山閣叢書・經部・古微書・春秋緯

　叢書集成初編・哲學類・古微書・春
　秋緯

春秋內事　（清）朱彝尊輯

　經義考・毖緯四

春秋內事一卷　（魏）宋均注
　（清）黄奭輯

　漢學堂知足齋叢書・通緯　清黄奭校
　〔北京圖書館〕

　漢學堂叢書・通緯春秋類

　黄氏逸書考・通緯

春秋內事一卷　（魏）宋均注
　（清）馬國翰輯

　玉函山房輯佚書・經編緯書類

玲瓏山館叢書・經編緯書類

春秋内事　（清）喬松年輯

　喬勤恪公全集・緯攟・春秋緯

　山右叢書初編・緯攟・春秋緯

春秋内事　（清）顧觀光輯

　武陵山人遺稿・七緯拾遺・春秋緯

春秋録圖　（清）喬松年輯

　喬勤恪公全集・緯攟・春秋緯・春秋
　　緯雜篇

　山右叢書初編・緯攟・春秋緯・春秋
　　緯雜篇

春秋録圖　（清）顧觀光輯

　武陵山人遺稿・七緯拾遺・春秋緯

春秋圖　（清）顧觀光輯

　武陵山人遺稿・七緯拾遺・春秋緯

春秋録運法　（清）喬松年輯

　喬勤恪公全集・緯攟・春秋緯

　山右叢書初編・緯攟・春秋緯

春秋孔録法　（清）黄奭輯

　漢學堂知足齋叢書・通緯・春秋内事
　　附　清黄奭校　〔北京圖書館〕

　漢學堂叢書・通緯春秋類・春秋内
　　事附

　黄氏逸書考・通緯・春秋内事附

春秋孔録法　（清）喬松年輯

　喬勤恪公全集・緯攟・春秋緯・春秋
　　緯雜篇

　山右叢書初編・緯攟・春秋緯・春秋
　　緯雜篇

春秋孔録法　（清）顧觀光輯

　武陵山人遺稿・七緯拾遺・春秋緯

春秋璇璣樞　（清）喬松年輯

　喬勤恪公全集・緯攟・春秋緯・春秋
　　緯雜篇

　山右叢書初編・緯攟・春秋緯・春秋

　　緯雜篇

春秋撰命篇　（清）朱彝尊輯

　經義考・愍緯四

春秋揆命篇　（清）喬松年輯

　喬勤恪公全集・緯攟・春秋緯・春秋
　　緯雜篇

　山右叢書初編・緯攟・春秋緯・春秋
　　緯雜篇

春秋河圖揆命篇　（清）喬松年輯

　喬勤恪公全集・緯攟・春秋緯・春秋
　　緯雜篇

　山右叢書初編・緯攟・春秋緯・春秋
　　緯雜篇

春秋河圖揆命篇　（清）顧觀光輯

　武陵山人遺稿・七緯拾遺・春秋緯

春秋説命徵一卷　（清）王仁俊輯

　玉函山房輯佚書續編・經編緯書類

春秋玉版　（清）喬松年輯

　喬勤恪公全集・緯攟・春秋緯・春秋
　　緯雜篇

　山右叢書初編・緯攟・春秋緯・春秋
　　緯雜篇

春秋玉版讖一卷　（清）王仁俊輯

　玉函山房輯佚書續編・經編緯書類

春秋瑞應傳　（清）喬松年輯

　喬勤恪公全集・緯攟・春秋緯・春秋
　　緯雜篇

　山右叢書初編・緯攟・春秋緯・春秋
　　緯雜篇

春秋符

　説郛（商務印書館本）卷二・古典録略

春秋考曜文　（清）朱彝尊輯

　經義考・愍緯四

春秋含文嘉　（清）朱彝尊輯

　經義考・愍緯四

春秋括地象 （清）朱彝尊輯
　　經義考・總緯四

春秋文義 （清）朱彝尊輯
　　經義考・總緯四

春秋少陽篇 （清）顧觀光輯
　　武陵山人遺稿・七緯拾遺・春秋緯
　　　注：《春秋緯》，《七經緯》之一，參《河
　　圖》、《易緯》。《後漢書・樊英傳》李賢
　　注舉《春秋緯》篇目凡十三，即《演孔圖》
　　（一作《孔演圖》）、《元命包》（包或作
　　苞）、《文耀鈞》、《斗運樞》、《感精符》、
　　《合誠圖》、《考異郵》、《保乾圖》、《漢含
　　孳》、《佑助期》（諸書引作《佐助期》）、
　　《握誠圖》、《潛潭巴》（潭一作澤）、《說題
　　辭》。侯康《補後漢書藝文志》謂《合誠
　　圖》、《握誠圖》當爲一篇之異名，諸書又
　　引有《春秋命歷序》，應爲《春秋緯》十三
　　篇之一。按諸書所引除十三篇之文外，
　　又有《春秋錄圖》、《瑞應傳》、《錄運法》、
　　《揆命法》（揆一作撰）、《玉版》等十餘
　　種，姚振宗《隋書經籍志考證》以爲此類
　　大抵皆讖文。《隋》、《唐志》並載宋均注
　　《春秋緯》三十卷，皆不具列篇目。《隋
　　志》又云：“梁有《春秋內事》四卷，亡。”
　　蓋在十三篇以外者，故單行。今諸篇皆
　　亡佚，唯經疏、史注、《開元占經》、《文選
　　注》及唐、宋類書等引之，諸家輯本據以
　　採摭。大體馬國翰、黃奭所採爲多，而
　　以黃奭輯本較備，如黃採《五行大義論》
　　多諸家所未及，採《開元占經》亦較馬國
　　翰所採爲備。唯《握誠圖》一篇，黃氏採
　　《隋書・律曆志》等所載十餘節皆馬所
　　缺，而馬採《開元占經》等凡五十餘節皆
　　黃所未採，彼此殊相出入。按《開元占
　　經》等有泛引《春秋緯》而不具稱篇名
　　者，黃奭、喬松年、趙在翰皆總爲一輯，

馬氏間有考其屬某篇之文而輯入。至
黃輯所未採諸篇，大抵爲雜讖之文，諸
家所採每篇無過一二節而已。又《隋》、
《唐志》均不載鄭玄注，唯《後漢書・李
雲傳》李賢注引鄭注《運斗樞》一節，又
《文選・褚淵碑文》李善注亦引鄭注一
節，姚振宗《後漢書藝志》據此以爲鄭玄
亦注《春秋緯》。

論語讖 （魏）宋均注 （清）黃奭輯
　　漢學堂叢書・通緯附讖
　　黃氏逸書考・通緯附讖

論語讖 （清）馬國翰輯
　　玉函山房輯佚書・經編緯書類・論語
　　讖・論語崇爵讖附
　　玲瓏山館叢書・經編緯書類・論語
　　讖・論語崇爵讖附

泛引論語讖 （清）喬松年輯
　　喬勤恪公全集・緯攟・論語緯
　　山右叢書初編・緯攟・論語緯

論語讖附録 （清）顧觀光輯
　　武陵山人遺稿・七緯拾遺・論語讖

論語讖一卷 （魏）宋均注 （清）
　　王仁俊輯
　　玉函山房輯佚書續編・經編緯書類

論語比考讖 （明）孫瑴輯
　　古微書・論語緯
　　墨海金壺・經部・古微書・論語緯
　　守山閣叢書・經部・古微書・論語緯
　　叢書集成初編・哲學類・古微書・論
　　語緯

論語比考讖一卷 （魏）宋均注
（清）黃奭輯
　　漢學堂知足齋叢書・通緯附讖 清黃
　　奭校 〔北京圖書館〕
　　漢學堂叢書・通緯附讖

黃氏逸書考・通緯附讖

論語比考讖一卷　（魏）宋均注
（清）馬國翰輯

　玉函山房輯佚書・經編緯書類・論語讖

　玲瓏山館叢書・經編緯書類・論語讖

論語比考　（清）喬松年輯

　喬勤恪公全集・緯攟・論語緯

　山右叢書初編・緯攟・論語緯

論語比考讖　（清）顧觀光輯

　武陵山人遺稿・七緯拾遺・論語讖

論語譔考　（明）孫瑴輯

　古微書・論語緯

　叢書集成初編・哲學類・古微書・論
　語緯

　論語譔考讖

　墨海金壺・經編・古微書・論語緯

　守山閣叢書・經編・古微書・論語緯

論語撰考讖　（清）朱彝尊輯

　經義考・彗緯五

論語撰考讖　（魏）宋均注　（清）
黃奭輯

　漢學堂知足齋叢書・通緯附讖　清黃
　奭校　〔北京圖書館〕

　漢學堂叢書・通緯附讖

　黃氏逸書考・通緯附讖

論語撰考讖一卷　（魏）宋均注
（清）馬國翰輯

　玉函山房輯佚書・經編緯書類・論
　語讖

　玲瓏山館叢書・經編緯書類・論語讖

論語譔考　（清）喬松年輯

　喬勤恪公全集・緯攟・論語緯

　山右叢書初編・緯攟・論語緯

論語撰考讖　（清）顧觀光輯

武陵山人遺稿・七緯拾遺・論語讖

論語摘輔象　（明）孫瑴輯

　古微書・論語緯

　墨海金壺・經部・古微書・論語緯

　守山閣叢書・經部・古微書・論語緯

　叢書集成初編・哲學類・古微書・論
　語緯

論語摘輔象　（清）朱彝尊輯

　經義考・彗緯五

論語摘輔象一卷　（魏）宋均注
（清）黃奭輯

　漢學堂知足齋叢書・通緯　清黃奭校
　〔北京圖書館〕

　漢學堂叢書・通緯論語類

　黃氏逸書考・通緯

論語摘輔象一卷　（魏）宋均注
（清）馬國翰輯

　玉函山房輯佚書・經編緯書類・論
　語讖

　玲瓏山館叢書・經編緯書類・論語讖

論語摘輔象　（清）喬松年輯

　喬勤恪公全集・緯攟・論語緯

　山右叢書初編・緯攟・論語緯

論語摘輔象　（清）顧觀光輯

　武陵山人遺稿・七緯拾遺・論語讖

論語摘衰聖　（明）孫瑴輯

　古微書・論語緯

　墨海金壺・經部・古微書・論語緯

　守山閣叢書・經部・古微書・論語緯

　叢書集成初編・哲學類・古微書・論
　語緯

論語摘衰聖　（清）朱彝尊輯

　經義考・彗緯五

論語摘衰聖一卷　（魏）宋均注
（清）黃奭輯

漢學堂知足齋叢書・通緯　清黃奭校
〔北京圖書館〕
漢學堂叢書・通緯論語類
黃氏逸書考・通緯

論語摘衰聖承進讖一卷　（魏）宋
均注　（清）馬國翰輯
玉函山房輯佚書・經編緯書類・論
語讖
玲瓏山館叢書・經編緯書類・論語讖

論語摘衰聖　（清）喬松年輯
喬勤恪公全集・緯攟・論語緯
山右叢書初編・緯攟・論語緯

論語摘衰聖　（清）顧觀光輯
武陵山人遺稿・七緯拾遺・論語讖

論語素王受命讖　（清）朱彝尊
經義考・惢緯五

論語素王受命讖　（清）黃奭輯
漢學堂叢書・通緯附讖
黃氏逸書考・通緯附讖

論語素王受命讖一卷　（魏）宋均
注　（清）馬國翰輯
玉函山房輯佚書・經編緯書類・論
語讖
玲瓏山館叢書・經編緯書類・論語讖

論語素王受命讖　（清）喬松年輯
喬勤恪公全集・緯攟・論語緯・論語
緯雜篇
山右叢書初編・緯攟・論語緯・論語
緯雜篇

論語素王受命讖　（清）顧觀光輯
武陵山人遺稿・七緯拾遺・論語讖

論語崇爵讖　（清）朱彝尊輯
經義考・惢緯五

論語崇爵讖　（清）黃奭輯
漢學堂叢書・通緯附讖

黃氏逸書考・通緯附讖

論語崇爵讖一卷　（魏）宋均注
（清）馬國翰輯
玉函山房輯佚書・經編緯書類・論
語讖
玲瓏山館叢書・經編緯書類・惢緯五

論語崇爵讖　（清）喬松年輯
喬勤恪公全集・緯攟・論語緯・論語
緯雜篇
山右叢書初編・緯攟・論語緯・論語
緯雜篇

論語崇爵讖　（清）顧觀光輯
武陵山人遺稿・七緯拾遺・論語讖

論語紀滑讖　（清）朱彝尊輯
經義考・惢緯五

論語紀滑讖一卷　（清）黃奭輯
漢學堂叢書・通緯附讖
黃氏逸書考・通緯附讖

論語紀滑讖一卷　（魏）宋均注
（清）馬國翰輯
玉函山房輯佚書・經編緯書類・論
語讖
玲瓏山館叢書・經編緯書類・論語讖

論語糾滑讖　（清）喬松年輯
喬勤恪公全集・緯攟・論語緯・論語
緯雜篇
山右叢書初編・緯攟・論語緯・論語
緯雜篇

論語糾滑讖　（清）顧觀光輯
武陵山人遺稿・七緯拾遺・論語讖

論語陰嬉讖　（明）孫瑴輯
古微書・論語緯
墨海金壺・經部・古微書・論語緯
守山閣叢書・經部・古微書・論語緯
叢書集成初編・哲學類・古微書・論

語緯

論語陰嬉讖　（魏）宋均注　（清）黃奭輯

漢學堂叢書·通緯附讖

黃氏逸書考·通緯附讖

論語陰嬉讖一卷　（魏）宋均注　（清）馬國翰輯

玉函山房輯佚書·經編緯書類·論語讖

玲瓏山館叢書·經編緯書類·論語讖

論語陰嬉讖　（清）喬松年輯

喬勤恪公全集·緯攟·論語緯·論語緯雜篇

山右叢書初編·緯攟·論語緯·論語緯雜篇

論語陰嬉讖　（清）顧觀光輯

武陵山人遺稿·七緯拾遺·論語讖

注：《後漢書·張純傳》"乃案《七經讖》"云云，李賢注舉七經爲《詩》、《書》、《禮》、《樂》、《易》、《春秋》及《論語》。《隋志》云："梁有《論語讖》八卷，宋均注，亡。"兩《唐志》並作《論語緯》十卷，宋均注。按李賢注舉《七經讖》之七經有《論語》而無《孝經》，據《樊英傳》李注則《七經緯》之七經有《孝經》無《論語》（參《易緯》），似《論語》有讖無緯，《孝經》有緯無讖。然《三國志·魏書·文帝紀》裴松之注引《獻帝傳》，載太史丞許芝引《孝經中黃讖》一節，則又似《孝經》亦有讖也。姚振宗以爲七經中《論語》、《孝經》當合爲一經，故李注於《七經緯》、《七經讖》互舉其一（參《隋書經籍志考證》），按依姚説則《論語》亦當有緯，然並無實據。緯者傅會經書爲説，對"經"而稱"緯"。讖則詭爲預言隱語，

妄稱效驗。讖、緯有別，李注於《七緯》、《七讖》所舉諸經不盡同，自無足怪，似不必牽合。《隋志》於《論語》已祇載讖而無緯，兩《唐志》則有緯而無讖，似誤也。《文選》李善注及唐、宋類書等引《論語讖》諸篇佚文，所稱篇名間有異同。如《紀滑讖》之"紀"或作"糾"、"糺"，《摘衰聖》之"衰"或作"襄"、"褒"。按《太平御覽》七十六引《摘褒聖》曰："承進曰帝不先義任道德"云云，"承進"當屬正文（黃奭謂文有脱誤），馬國翰以"摘褒聖承進"五字爲篇題，疑非，諸書引皆作《摘衰（褒、襄）聖》，無"承進"二字。諸家所採，每篇少則一二節，多則十餘節而已。大抵黃奭、馬國翰、喬松年三家所採相當，間有數節互爲有無。按諸書泛引《論語讖》之文，諸家或別爲一輯，或考其爲某篇之佚文，故取捨不能盡同。如《文選·鄒陽〈獄中上書〉》李注引"徐衍負石"一節，孫瑴、黃奭屬之《比考讖》，而馬國翰則考其爲《摘褒聖》之文，是其例。又《陰嬉讖》一篇，馬氏從《開元占經》採得十餘節，皆泛引之文，爲黃、喬所不採，此其取捨互異之大者。王仁俊從《稽瑞》採得讖文及宋注一節，爲諸家所未採。

孝經緯

説郛（商務印書館本）卷二·古典録略

孝經雜緯　（清）朱彝尊輯

經義考·毖緯五

孝經緯附録附補遺　（清）趙在翰輯

七緯·孝經緯

七緯·孝經緯　清孫詒讓校　〔杭州大學圖書館〕

孝經一卷　（清）黃奭輯

漢學堂叢書・通緯孝經類

黃氏逸書考・通緯

泛引孝經緯 （清）喬松年輯

喬勤恪公全集・緯攟・孝經緯

山右叢書初編・緯攟・孝經緯

孝經援神契

說郛（宛委山堂本）弓五

說郛（宛委山堂本）弓五　傅增湘校

〔北京圖書館〕

青照堂叢書摘次編第二函・諸經緯遺

孝經援神契

說郛（商務印書館本）卷二・古典錄略

孝經援神契 （明）孫轂輯

古微書・孝經緯

墨海金壺・經部・古微書・孝經緯

守山閣叢書・經部・古微書・孝經緯

叢書集成初編・哲學類・古微書・孝

經緯

孝經援神契 （清）朱彝尊輯

經義考・悬緯五

孝經援神契一卷附補遺 （清）趙

在翰輯

七緯・孝經緯

七緯・孝經緯　清孫詒讓校〔杭州大

學圖書館〕

孝經援神契一卷 （魏）宋均注

（清）黃奭輯

漢學堂叢書・通緯孝經類

黃氏逸書考・通緯

孝經援神契二卷 （魏）宋均注

（清）馬國翰輯

玉函山房輯佚書・經編緯書類

玲瓏山館叢書・經編緯書類

孝經援神契 （清）喬松年輯

喬勤恪公全集・緯攟・孝經緯

山右叢書初編・緯攟・孝經緯

孝經援神契一卷 （魏）宋均注

（清）王仁俊輯

玉函山房輯佚書續編・經編緯書類

孝經中契 （明）孫轂輯

古微書・孝經緯

墨海金壺・經部・古微書・孝經緯

守山閣叢書・經部・古微書・孝經緯

叢書集成初編・哲學類・古微書・孝

經緯

孝經中契 （清）朱彝尊輯

經義考・悬緯五

孝經中契一卷 （魏）宋均注

（清）黃奭輯

漢學堂知足齋叢書・通緯・孝經緯

清黃奭校〔北京圖書館〕

漢學堂叢書・通緯孝經類・孝經緯

黃氏遺書考・通緯・孝經緯

孝經中契一卷 （魏）宋均注

（清）馬國翰輯

玉函山房輯佚書・經編緯書類

玲瓏山館叢書・經編緯書類

孝經中契 （清）喬松年輯

喬勤恪公全集・緯攟・孝經緯

山右叢書初編・緯攟・孝經緯

孝經中契 （清）顧觀光輯

武陵山人遺稿・七緯拾遺・孝經緯

孝經左契

說郛（宛委山堂本）弓五

青照堂叢書摘次經第二函・諸經緯遺

孝經左契 （明）孫轂輯

古微書・孝經緯

墨海金壺・經部・古微書・孝經緯

守山閣叢書・經部・古微書・孝經緯

叢書集成初編・哲學類・古微書・孝

經緯

孝經左契圖　（清）朱彝尊輯
經義考・緯考五

孝經左契　（魏）宋均注　（清）黃
奭輯
漢學堂知足齋叢書・通緯・孝經緯
　清黃奭校〔北京圖書館〕
漢學堂叢書・通緯孝經類・孝經緯
黃氏逸書考・通緯

孝經左契一卷　（魏）宋均注
（清）馬國翰輯
玉函山房輯佚書・經編緯書類
玲瓏山館叢書・經編緯書類

孝經左契　（清）喬松年輯
喬勤恪公全集・緯攟・孝經緯
山右叢書初編・緯攟・孝經緯

孝經左契　（清）顧觀光輯
武陵山人遺稿・七緯拾遺・孝經緯
孝經右契
說郛（宛委山堂本）弓五
說郛（宛委山堂本）弓五　傅增湘校
〔北京圖書館〕
青照堂叢書摘次編第二函・諸經緯遺

孝經右契　（明）孫瑴輯
古微書・孝經緯
墨海金壺・經部・古微書・孝經緯
守山閣叢書・經部・古微書・孝經緯
叢書集成初編・哲學類・古微書・孝
經緯

孝經右契圖　（清）朱彝尊輯
經義考・緯考五

孝經右契　（魏）宋均注　（清）黃
奭輯
漢學堂知足齋叢書・通緯・孝經緯
　清黃奭輯〔北京圖書館〕

漢學堂叢書・通緯孝經類・孝經緯
黃氏逸書考・通緯・孝經緯

孝經右契一卷　（魏）宋均注
（清）馬國翰輯
玉函山房輯佚書・經編緯書類
玲瓏山館叢書・經編緯書類

孝經右契　（清）喬松年輯
喬勤恪公全集・緯攟・孝經緯
山右叢書初編・緯攟・孝經緯

孝經右契　（清）顧觀光輯
武陵山人遺稿・七緯拾遺・孝經緯

孝經契　（魏）宋均注　（清）黃奭輯
漢學堂知足齋叢書・通緯・孝經緯
　清黃奭校〔北京圖書館〕
漢學堂叢書・通緯孝經類・孝經緯
黃氏逸書考・通緯・孝經緯

孝經鉤命決
說郛（宛委山堂本）弓五
說郛（宛委山堂本）弓五　傅增湘校
〔北京圖書館〕
青照堂叢書摘次編第二函・諸經緯遺

孝經鉤命訣　（明）孫瑴輯
古微書・孝經緯
墨海金壺・經部・古微書・孝經緯
守山閣叢書・經部・古微書・孝經緯
叢書集成初編・哲學類・古微書・孝
經緯

孝經鉤命決　（清）朱彝尊輯
經義考・緯考五

孝經鉤命決附補遺　（清）趙在翰輯
七緯・孝經緯
七緯・孝經緯　清孫詒讓校〔杭州大
學圖書館〕

孝經鉤命決一卷　（魏）宋均注
（清）黃奭輯

漢學堂知足齋叢書・通緯　清黃奭校
〔北京圖書館〕
漢學堂叢書・通緯孝經類
黃氏逸書考・通緯

孝經鉤命訣一卷　（魏）宋均注
（清）馬國翰輯
玉函山房輯佚書・經編・緯書類
玲瓏山館叢書・經編・緯書類

孝經鉤命決　（清）喬松年輯
喬勤恪公全集・緯攟・孝經緯
山右叢書初編・緯攟・孝經緯

孝經鉤命訣一卷　（魏）宋均注
（清）王仁俊輯
玉函山房輯佚書續編・經編緯書類

孝經內事
說郛（宛委山堂本）弓五
說郛（宛委山堂本）弓五　傅增湘校
〔北京圖書館〕
青照堂叢書摘次編第二函・諸經緯遺

孝經內事圖一卷　（明）孫瑴輯
古微書・孝經緯
墨海金壺・經部・古微書・孝經緯
守山閣叢書・經部・古微書・孝經緯
叢書集成初編・哲學類・古微書・孝
經緯

孝經內事一卷　（魏）宋均注
（清）王謨輯
漢魏遺書鈔・經翼第四冊

孝經內記圖一卷　（魏）宋均注
（清）黃奭輯
漢學堂知足齋叢書・通緯
漢學堂叢書・通緯孝經類
黃氏逸書考・通緯

孝經內事圖一卷　（魏）宋均注

（清）馬國翰輯
玉函山房輯佚書・經編緯書類
玲瓏山館叢書・經編緯書類

孝經內事　（清）喬松年輯
喬勤恪公全集・緯攟・孝經緯
山右叢書初編・緯攟・孝經緯

孝經內事　（清）顧觀光輯
武陵山人遺稿・七緯拾遺・孝經緯

孝經內記　（清）顧觀光輯
武陵山人遺稿・七緯拾遺・孝經緯

孝經河圖　（清）朱彝尊輯
經義考・毖緯五

孝經河圖　（清）馬國翰輯
玉函山房輯佚書・經編緯書類・孝經
古秘附
玲瓏山館叢書・經編緯書類・孝經古
秘附

孝經河圖　（清）喬松年輯
喬勤恪公全集・緯攟・孝經緯・孝經
緯雜篇
山右叢書初編・緯攟・孝經緯・孝經
緯雜篇

孝經中黃讖　（清）朱彝尊輯
經義考・毖緯五

孝經中黃　（清）喬松年輯
喬勤恪公全集・緯攟・孝經緯・孝經
緯雜篇
山右叢書初編・緯攟・孝經緯・孝經
緯雜篇

孝經中黃讖一卷　（清）王仁俊輯
玉函山房輯佚書續編・經編緯書類

孝經威嬉拒　（明）孫瑴輯
古微書・孝經緯
墨海金壺・經部・古微書・孝經緯
守山閣叢書・經部・古微書・孝經緯

叢書集成初編・哲學類・古微書・孝
經緯

孝經威嬉拒　（魏）宋均注　（清）黃奭輯

漢學堂知足齋叢書・通緯・孝經緯
清黃奭校　〔北京圖書館〕

漢學堂叢書・通緯孝經類・孝經緯

黃氏逸書考・通緯・孝經緯

孝經威嬉拒　（清）喬松年輯

喬勤恪公全集・緯攟・孝經緯・孝經
緯雜篇

山右叢書初編・緯攟・孝經緯・孝經
緯雜篇

孝經古秘　（魏）宋均注　（清）黃奭輯

漢學堂知足齋叢書・通緯・孝經緯
清黃奭校　〔北京圖書館〕

漢學堂叢書・通緯孝經類・孝經緯

黃氏逸書考・通緯・孝經緯

孝經古秘一卷　（清）馬國翰輯

玉函山房輯佚書・經編緯書類

玲瓏山館叢書・經編緯書類

孝經古秘　（清）顧觀光輯

武陵山人遺稿・七緯拾遺・孝經緯

孝經雌雄圖一卷　（魏）宋均注　（清）黃奭輯

漢學堂知足齋叢書・通緯附讖　清黃
奭校　〔北京圖書館〕

漢學堂叢書・通緯附讖

黃氏逸書考・通緯附讖

孝經雌雄圖一卷　（清）馬國翰輯

玉函山房輯佚書・經編緯書類

玲瓏山館叢書・經編緯書類

孝經雌雄圖　（清）顧觀光輯

武陵山人遺稿・七緯拾遺・孝經緯

孝經章句　（魏）宋均注　（清）黃奭輯

漢學堂知足齋叢書・通緯・孝經緯
清黃奭輯　〔北京圖書館〕

漢學堂叢書・通緯孝經類・孝經緯

黃氏逸書考・通緯・孝經緯

孝經章句一卷　（清）馬國翰輯

玉函山房輯佚書・經編緯書類

玲瓏山館叢書・經編緯書類

孝經讖附錄　（清）顧觀光輯

武陵山人遺稿・七緯拾遺・孝經緯

注：《孝經緯》，《七經緯》之一，參《河圖》、《易緯》。《後漢書・樊英傳》舉《孝經緯》篇目，僅《援神契》、《鉤命決》二種。《隋志》載《勾命決》六卷，《援神契》七卷，並宋均注。又載《孝經內事》一卷，注云：“梁有《孝經雜緯》十卷，宋均注；《孝經元命包》一卷，《孝經古祕援神》二卷，《孝經古秘圖》一卷，《孝經左右握》二卷，《孝經左右契圖》一卷，《孝經雌雄圖》三卷，《孝經異本雌雄圖》二卷，《孝經分野圖》一卷，《孝經內事圖》二卷，《孝經內事星宿講堂七十二弟子圖》一卷，又《口授圖》一卷，亡。”《新唐志》載宋均注《孝經緯》九卷，不具例篇目。今諸篇皆亡，唯見於經疏、史注、《開元占經》及唐、宋類書等所引，其中《孝經河圖》、《中黃讖》、《威嬉拒》、《孝經章句》等不載於《隋志》，當是雜緯或讖文之屬。諸家所採互爲出入，大體以黃奭所採較備。唯《孝經古秘》、《孝經雌雄圖》、《孝經章句》三種馬國翰所輯多於黃輯。又王仁俊據《稽瑞》採摭，多爲馬、黃所未及。

史　部

正　史　類

史記寧成傳異文　（漢）司馬遷撰
　（清）杜文瀾輯
　曼陀羅華閣叢書·古謠諺卷四
史記佚文一卷　（漢）司馬遷撰
　（清）王仁俊輯
　經籍佚文
　　注：杜文瀾據《白帖》卷十六採得一
節。王仁俊轉鈔本，又從《十一經問對》
及《御覽》採得二節。

律曆逸文　（漢）班固撰　（清）王
　鳴盛輯
　十七史商榷卷十一

律曆逸文一卷　（清）王仁俊輯
　經籍佚文

漢書逸文　（漢）班固撰　（清）杜
　文瀾輯
　曼陀羅華閣叢書·古謠諺卷五

漢書佚文一卷　（漢）班固撰
　（清）王仁俊輯
　經籍佚文
　　注：王鳴盛自《春秋左傳》襄公二十
四年疏輯得一節，云《漢書·律曆志》之
逸文。杜文瀾據《御覽》卷九百一採得
歌謠一首。王仁俊輯本凡二節，首節與
杜本同。杜氏所輯，次節採自《梁書·
劉遴之傳》。

漢書許義一卷　（漢）許慎撰
　（清）王仁俊輯

玉函山房輯佚書續編·史編正史類
　　注：許慎，參《駁五經異義》。王仁俊
云：“《漢書許義》一卷，後漢許慎撰，
《隋》、《唐志》不著錄，班氏《敍例》亦未
列。王氏鳴盛《十七史商榷》獨以爲許
君嘗注《漢書》，其見甚卓，惜未成輯本。
陶君方琦著《許君年表》則以爲《史記》
注。俊謂許君博極羣書，想二史必皆有
注釋，今惜佚矣。竊據如淳、晉灼、臣
瓚、顏籀所引，參以圖經諸書，輯成《許
義》一卷，尃以《説文解字》疏通證明，以
存汝長一家之學，間採司農古義，則以
許、鄭大恉本異流同歸也。”按王仁俊輯
得三十餘節。

漢書糾謬一卷　（漢）伏儼撰　陳
　蜚聲輯
　十笏園叢刊·伏氏佚書
　　注：伏儼，字景宏，琅邪人（顏師古
《漢書敍例》。史志無載是書，陳蜚聲從
《漢書》顏師古注採得九節，題爲《漢書
糾謬》。

漢書舊注一卷　（清）王仁俊輯
　玉函山房輯佚書續編·史編正史類
　　注：王仁俊據《風俗通義·聲音》篇
採得二節，未知何人之注。

後漢書逸文　（劉宋）范曄撰
　（清）杜文瀾輯
　曼陀羅華閣叢書·古謠諺卷六

後漢書異文　（劉宋）范曄撰

（清）杜文瀾輯

　曼陀羅華閣叢書·古謠諺卷六

　　注：杜文瀾據《廣博物志》、《樂府詩集》採得佚文五節，又從《御覽》卷三百七十採得異文一節。按《御覽》所引實亦佚文。

三國志佚文一卷　　（晉）陳壽撰

（清）王仁俊輯

　經籍佚文

　　注：王仁俊自《御覽》卷五百八十、卷十五、卷十八與《文選·辨亡論》注輯得四節，其中《魏志》、《蜀志》各一節，《吳志》二節。

別　史　類

帝王世記一卷　　（晉）皇甫謐撰

　説郛弓五十九（宛委山堂本）

　説郛弓五十九（宛委山堂本）　傅增湘校〔北京圖書館〕

帝王世紀輯注八卷　　（晉）皇甫謐撰　（清）張澍輯注

　稿本〔上海圖書館〕

帝王世紀集校十卷　　（晉）皇甫謐撰　（清）宋翔鳳輯

　浮谿草堂叢書

帝王世紀十卷補遺一卷　　（晉）皇甫謐撰　（清）宋翔鳳集校

　清風室叢書

　訓纂堂叢書

帝王世紀續補一卷考異一卷（晉）皇甫謐撰　（清）錢保塘輯併撰考異

　清風室叢書

　訓纂堂叢書

帝王世紀不分卷　　（晉）皇甫謐撰（清）顧觀光輯

　稿本〔上海圖書館〕

帝王世紀一卷　　（晉）皇甫謐撰（清）顧觀光輯

　指海第六集

　叢書集成初編·史地類

皇甫謐帝王世紀一卷　　（晉）皇甫謐撰　（清）黃奭輯

　漢學堂知足齋叢書·子史鉤沈　清黃奭校〔北京圖書館〕

帝王世紀一卷　　（晉）皇甫謐撰（清）王仁俊輯

　玉函山房輯佚書續編·史編總類

帝王世紀十卷　　（晉）皇甫謐撰

　元晏遺書

　　注：皇甫謐，字士安，幼名靜，安定朝那人，自號玄晏先生，博綜典籍，以著述爲務，撰《帝王世紀》等書，見《晉書》本傳。《隋》、《唐志》並載皇甫謐《帝王世紀》十卷，《隋志》注云：“起三皇，盡漢魏。”《宋志》作九卷。《玉海·藝文》引《中興書目》亦載九卷，“闕周中一卷”，云：“晉正始初，安定皇甫謐撰。以《漢

紀》殘闕，始博案經傳，旁觀百家，著《帝王世紀》並《年歷》，合十二篇，起太昊帝，迄漢獻帝。"張澍輯注本、宋翔鳳集校本、顧觀光輯本與《元晏遺書》本互有詳略，大抵多據《史記》三家注、《御覽》等書採摭。錢保塘以宋翔鳳輯校本疏漏而補入數十條，並云"原書所引，間有歧異，亦有非《世紀》而誤入者，悉爲別出之"，"分編於後，聊備古史者採擇焉"（《世紀續補序》）。王仁俊據《類聚》採得一節，《續博物志》一節，《稽瑞》十節，《琱玉集》四節，其中《稽瑞》、《琱玉集》所引之文諸家皆未採及。《說郛》本僅十餘節，未注出處，甚簡陋。按顧觀光輯本之稿本較刻本稍詳，稿本末附數十節爲刻本所無。

帝王世家一卷　（清）王仁俊輯

玉函山房輯佚書續編・史編總類

　注：史志未載此書。《琱玉集》卷十四引嫫母事一節，王仁俊據以輯錄。

世本二卷　（清）王謨輯

漢魏遺書鈔・經翼第三册

世本一卷　（清）孫馮翼輯

增訂漢魏叢書・載籍（三餘堂本、大通書局石印本）

問經堂叢書

叢書集成初編・史地類

世本二卷　（清）孫馮翼輯　（清）陳其榮增訂

槐廬叢書初編

世本一卷　（清）沈清瑞輯

清吳翌鳳抄本　〔上海圖書館〕

世本輔補十卷　（清）秦嘉謨輔補

清嘉慶二十三年琅琅仙館刻本

世本五卷　（清）張澍輯並補注

二酉堂叢書

叢書集成初編・史地類

世本二卷附考證一卷　（清）雷學淇輯併撰考證

畿輔叢書

叢書集成初編・史地類

世本一卷　（清）茆泮林輯

十種古逸書

十種古逸書　清許克勤校　〔復旦大學圖書館〕

龍谿精舍叢書・史部

叢書集成初編・史地類

世本集覽四十八卷　（清）王梓材撰

稿本　〔浙江博物館〕

世本集覽一卷　（清）王梓材撰

四明叢書第四集

世本一卷　（清）王仁俊輯

玉函山房輯佚書續編・史編總類

世本輯逸一卷

清抄本　〔南京圖書館〕

　注：商務印書館於一九五七年出版《世本八種》，其《出版說明》對《世本》論述頗詳，現摘其評議各輯本之言如下："各本中，王梓材的《世本集覽》意在創作，不欲恢復《世本》之舊觀，是另外一個類型的；而且正文未刊，無從具体了解其內容。其餘七種，篇目大致相同，而以秦本最爲賅備。但秦本過於務博，以'與其過而棄之，毋寧過而存之'（秦序引劉之駿語）爲宗旨，舉凡氏姓之書，《史記・世家》之文，《左傳》杜注、《國語》韋注述及世系者，無不搜採，未免失之於汎。《大夫譜》以《史記・十二諸侯年表》爲綱，與所輯《世家》引自《世本》者往往自相牴牾，也是一個缺點。茆泮

林批評它：'所補者類皆司馬遷、韋昭、杜預之説，注欠分曉，多與《世本》原文相汩，轉覺《世本》一書，蕩然無復畺界矣。'確是道着短處，並非故加詆毀。王（謨）、孫、陳、張、雷、茆諸家，體例基本相同，引書之謹嚴，以茆氏爲最，雷本次之。張澍本每多以意删改引文，致失原文之真；雖逐條注釋，而考訂不精，往往轉增讀者的疑惑，在各本中較爲遜色。王謨本成書最早，在清代輯本中開風氣之先，引書雖然忠實，而失之於簡。孫本成書亦早，但年代無序，去取失宜，似乎是隨筆採録，未經詳校。陳其榮於孫本之蕪雜，稍加整理，然而刊誤未盡，增補無多，本身亦有譌舛，不足以方駕茆、雷。總的説來，出處錯漏，引文譌脱，以及誤入非《世本》文字，是各本普遍存在的情形，只不過程度有所不同。"按沈清瑞輯本大抵不出諸本外。王仁俊據《孔氏祖庭廣記》、《姓纂》、《姓解》諸書採得五十餘節，可補以上各本之缺。

〔汲冢周書〕逸書　（清）郝懿行輯
　　郝氏遺書・汲冢周書輯要附

古文周書　（清）嚴可均輯
　　全上古三代文卷十五

〔逸周書〕補遺　（清）陳逢衡輯
　　逸周書補注卷末（清道光五年刻本）

周書逸文　（清）朱右曾輯
　　逸周書集訓校釋附（清道光二十六年歸
　　　硯齋刻本、民國元年鄂官書處刻本）
　　崇文書局彙刻書・逸周書集訓校釋附
　逸周書逸文
　　皇清經解續編・逸周書集訓校釋附
　　萬有文庫第二集・逸周書集訓校釋附
　　國學基本叢書・逸周書集訓校釋附

周書佚文一卷
　　經籍佚文
〔周書〕佚文考　陳漢章撰
　　綴學堂叢稿初集・周書後案附
　　注：郝懿行、陳逢衡、朱右曾、陳漢章所輯互有詳略。郝懿行僅得十節，採輯較少，但亦有爲諸家失採之文。陳漢章所輯頗善，取舍嚴謹，且附考文。陳逢衡據羣書廣爲採輯，上及《管子》所引，下至《御覽》，末又列諸書誤引之文。嚴可均僅從《文選》注採得二條，不出陳本之外。

汲冢書鈔一卷　（清）馬國翰輯
　　玉函山房輯佚書・史編雜史類
　　注：汲冢書之來歷詳見朱希祖《汲冢書考》，朱氏對此考訂頗詳，兼論各家之説。據《晉書・束皙傳》所云，汲冢書有《紀年》十三篇、《易經》二篇、《易繇陰陽卦》二篇、《卦下易經》一篇、《公孫段》二篇、《國語》三篇、《□名》三篇、《師春》一篇、《梁丘藏》一篇、《繳書》二篇、《生封》一篇、《大曆》二篇、《穆天子傳》五篇、《圖詩》一篇、《雜書》十九篇，"大凡七十五篇，七篇簡書折壞，不識名題"。馬國翰題束皙撰，當是刊誤。《晉書・束皙傳》云："皙在著作，得觀竹書，隨疑分釋，皆有義證。"知皙曾考定汲冢之書，非皙所撰。又，校理汲冢書之人尚有荀勖、和嶠、華廙、衛恒、華嶠、何邵、摯虞等，非皙一人，詳見朱希祖《汲冢書考》。馬國翰據《史記正義》、《漢書》注、《初學記》等採得《紀年》等篇凡二十餘節，較簡略。

東觀漢記　（漢）劉珍等撰　（清）
　　姚之駰輯

後漢書補逸卷一至八（清康熙五十三年
　露滌齋刻本　〔上海圖書館、首都圖
　書館等〕、清末徐友蘭抄本　蔡元培
　校　〔北京圖書館〕）

四庫全書・史部別史類・後漢書補逸
　卷一至八

東觀漢記二十四卷　（漢）劉珍等撰

清桐華館刻本　〔北京圖書館〕

清掃葉山房刻本

清抄本　〔北京圖書館〕

四庫全書・史部別史類

武英殿聚珍版書・史部（武英殿木活字
　本、福建本、廣雅書局本）

武英殿聚珍版書・史部（武英殿木活字
　本）　清孫志祖校　〔上海圖書館〕

桐華館史翼

湖北先正遺書・史部

叢書集成初編・史地類

四部備要・史部別史

東觀漢記　（漢）劉珍等撰　（清）杜文瀾輯

曼陀羅華閣叢書・古謠諺卷十六

東觀漢記一卷　（漢）劉珍等撰（清）王仁俊輯

玉函山房輯佚書續編・史編總類

東觀漢記二卷拾遺二卷　（漢）劉珍等撰　陶棟輯

輯佚叢刊

注：是書初稱《漢記》，後因修書於洛
陽南宮之東觀，故名《東觀漢記》，先後
有劉珍、崔寔、馬日磾、盧植等纂修，《隋
志》載一百四十三卷，兩《唐志》載一百
二十六卷又録一卷，詳見《四庫全書總
目提要》。姚之駰據《續漢書志》劉昭

注、《後漢書》注、《書鈔》、《類聚》、《初學
記》五書採輯，挂漏殊多。《四庫全書總
目提要》云："今謹據姚本舊文，以《永樂
大典》各韻所載，參考諸書，補其闕逸，
所增者幾十之六。""姚本不加考證，隨
意標題，割裂顛倒，不可殫數，今悉加釐
正，分爲帝紀三卷，年表一卷，志一卷，
列傳十七卷，載記一卷，其篇第無可考
者，別爲佚文一卷，而以《漢記》與范書
異同附録於末"云云。陶棟僅據《文選》
注與《後漢書》注採摭，約得數百條，有
出二十四卷本者。杜文瀾所輯凡五節，
採自《御覽》，爲姚氏失採。王仁俊據
《姓解》採得二節，《稽瑞》十六節，李瀚
《蒙求》自注三節，可補諸本之缺，又轉
抄杜輯五節。

謝承後漢書　（吳）謝承撰　（清）姚之駰輯

後漢書補逸卷九至十二（清康熙五十三
　年露滌齋刻本　〔上海圖書館、首都
　圖書館等〕、清末徐友蘭抄本　蔡元
　培校　〔北京圖書館〕）

四庫全書・史部別史類・後漢書補逸
　卷九至十二

謝承後漢書八卷　（吳）謝承撰（清）汪文臺輯

七家後漢書

謝承後漢書一卷　（吳）謝承撰（清）黃奭輯

黃氏逸書考・子史鉤沈（民國間朱長圻
　刻本）

後漢書一卷　（吳）謝承撰　（清）王仁俊輯

玉函山房輯佚書補編

謝氏後漢書補逸五卷　（吳）謝承

撰 （清）姚之駰輯 （清）孫志
祖增訂

清抄本 〔南京圖書館〕

謝氏後漢書補佚五卷

民國二十年盍山精舍石印本

謝氏後漢書補逸六卷 （吳）謝承
撰 （清）姚之駰輯 （清）孫志
祖增訂 孫峻補訂

清抄本 〔浙江圖書館〕

民國十七年孫氏壽松堂刻本

注：謝承，字偉平，會稽山陰人，博學
洽聞，拜五官郎中，官至長沙都尉、武陵
太守，撰《後漢書》百餘卷（《三國志·妃
嬪謝夫人傳》及注引《會稽典録》）。《隋
志》載謝承《後漢書》一百三十卷，注云：
"無帝紀。"《舊唐志》載一百三十卷，《新
唐志》作一百三十三卷又録一卷。諸輯
本以孫峻補訂本最善，汪文臺所輯亦較
姚之駰本與黃奭本詳盡。王仁俊從《稽
瑞》採得一節，爲諸本所無，又自杜文瀾
《古謠諺》卷十六轉録二節，以補姚本之
遺漏。

薛瑩後漢書 （晉）薛瑩撰 （清）
姚之駰輯

後漢書補逸卷十三（清康熙五十三年露
滌齋刻本 〔上海圖書館、首都圖書
館等〕、清末徐友蘭抄本 蔡元培校
〔北京圖書館〕）

四庫全書·史部別史類·後漢書補逸
卷十三

薛瑩後漢書一卷 （晉）薛瑩撰
（清）汪文臺輯

七家後漢書

漢後記一卷 （晉）薛瑩撰 （清）
黃奭輯

知足齋叢書

薛瑩漢後書一卷

漢學堂叢書·子史鉤沈·史部正史類

黃氏逸書考·子史鉤沈

注：薛瑩，字道言，沛郡竹邑人，事蹟
見《三國志·薛綜傳》。《隋志》載薛瑩
《後漢記》六十五卷，注云："本一百卷，
梁有，今殘缺。"兩《唐志》復載一百卷。
黃奭據唐宋類書與《世説》注等採得十
五節，標篇目爲《光武》、《明帝》、《章
帝》、《安帝》、《桓帝》、《靈帝》、《王霸》、
《馬防》、《李膺》、《八俊》、《白波賊》。姚
之駰輯存十節，不出黃本之外，黃本中
《章帝》第二節、《靈帝》第三第四節、《安
帝》、《桓帝》均爲姚氏失採。汪文臺所
輯同黃本，僅編次有異。

華嶠後漢書 （晉）華嶠撰 （清）
姚之駰輯

後漢書補逸卷十五（清康熙五十三年露
滌齋刻本 〔上海圖書館、首都圖書
館等〕、清末徐友蘭抄本 蔡元培校
〔北京圖書館〕）

四庫全書·史部別史類·後漢書補逸
卷十五

華嶠後漢書二卷 （晉）華嶠撰
（清）汪文臺輯

七家後漢書

後漢書一卷 （晉）華嶠撰 （清）
黃奭輯

華嶠後漢書注一卷

漢學堂知足齋叢書·子史鉤沈 清黃
奭校 〔北京圖書館〕

漢學堂叢書·子史鉤沈·史部正史類

黃氏逸書考·子史鉤沈

知足齋叢書

華嶠後漢書　（晉）華嶠撰　（清）
　　杜文瀾輯
　　曼陀羅華閣叢書・古謠諺卷八十八
　　後漢書一卷
　　　玉函山房輯佚書補編
　　　　注：華嶠，字叔駿，平原高唐人，博學
洽聞，治《禮》，有才學，封樂鄉侯，詳見
《晉書・華表傳》。《晉書・華表傳》云：
"初，嶠以《漢紀》煩穢，概然有改作之
意。會爲臺郎，典官制事，由是得徧觀
祕籍，遂就其緒。起於光武，終於孝獻，
一百九十五年，爲帝紀十二卷，皇后紀
二卷，十典十卷，傳七十卷及三譜、序
傳、目錄，凡九十七卷。嶠以皇后配天
作合，前史作外戚傳以繼末編，非其義
也，故易爲皇后紀，以次帝紀。又改志
爲典，以有《堯典》故也。而改名《漢後
書》奏之，詔朝臣會議。時中書監荀勗、
令和嶠、太常張華、侍中王濟咸以嶠文
質事核，有遷、固之規，實錄之風，藏以
祕府。後太尉汝南王亮、司空衛瓘爲東
宮傳，列上通講，事遂施行。""所撰書十
典未成而終，祕書監何劭奏嶠中子徹爲
佐著作郎，使踵成之，未竟而卒。後監
繆徵又奏嶠少子暢爲佐著作郎，克成十
典，并草魏晉紀傳，與著作郎張載等俱
在史官。永嘉喪亂，經籍遺沒，嶠書存
者五十餘卷。"《隋志》載華嶠《後漢書》
十七卷，注云："本九十七卷，今殘缺。"
兩《唐志》三十一卷。《文心雕龍・史
傳》篇稱"華嶠之準當"，《史通・序例》
篇謂嶠書"多同班氏"。姚之駰輯本凡
百餘節。汪文臺、黃奭據《後漢書》注與
唐宋類書等採摭，均較姚本詳備；然汪
本與黃本不盡同，亦可互爲補充。杜文
瀾於《何氏語林・寵禮》篇注採得一首，

爲姚本所無，汪、黃本亦載此文，但採自
《御覽》，不及杜氏所輯者詳。

司馬彪續漢書　（晉）司馬彪撰
　　（清）姚之駰輯
　　後漢書補逸卷十八至二十一（清康熙五
　　　十三年露滌齋刻本　〔上海圖書館、
　　　首都圖書館等〕、清末徐友蘭抄本
　　　蔡元培校　〔北京圖書館〕）
　　四庫全書・史部別史類・後漢書補逸
　　　卷十八至二十一

司馬彪續漢書五卷　（晉）司馬彪
　　撰　（清）汪文臺輯
　　七家後漢書
　　　注：司馬彪，字紹統，高陽王睦長子，
初拜騎都尉，泰始中爲秘書郎，轉丞，後
拜散騎侍郎（《晉書》本傳）。《晉書》本
傳云："（彪以爲）漢氏中興，訖於建安，
忠臣義士亦以昭著，而時無良史，記述
煩雜，譙周雖已刪除，然猶未盡，安、順
以下，亡缺者多。""彪乃討論衆書，綴其
所聞，起於世祖，終於孝獻，編年二百，
錄世十二，通綜上下，旁貫庶事，爲紀、
志、傳凡八十篇，號曰《續漢書》。"《隋
志》與《舊唐志》並載八十三卷，《新唐
志》多《錄》一卷。汪文臺據《御覽》、《書
鈔》等採得約三百人之事蹟，末爲敍述
西南夷、西羌、西域、烏桓、鮮卑之文，較
姚之駰輯本完備。姚本亦可一觀，唯未
注引文出處，是其病。

謝沈後漢書　（晉）謝沈撰　（清）
　　姚之駰輯
　　後漢書補逸卷十六（清康熙五十三年露
　　　滌齋刻本　〔上海圖書館、首都圖書
　　　館等〕、清末徐友蘭抄本　蔡元培校
　　　〔北京圖書館〕

四庫全書・史部別史類・後漢書補逸
卷十六

謝沈後漢書一卷　（晉）謝沈撰

（清）汪文臺輯

七家後漢書

後漢書一卷　（晉）謝沈撰　（清）

黃奭輯

知足齋叢書

謝沈後漢書一卷

漢學堂叢書・子史鉤沈・史部正史類

黃氏逸書考・子史鉤沈

注：謝沈，字行思，會稽山陰人，康帝
時徵爲太學博士，除尚書度支郎，遷著
作郎，明練經史，有史才，注《尚書》，撰
《毛詩》、《漢書》外傳，著《晉書》三十餘
卷、《後漢書》百卷（《晉書》本傳、《隋志》
經部書類）。《隋志》載謝沈《後漢書》八
十五卷，注云：“本一百二十二卷。”兩
《唐志》作一百二卷，又《外傳》十卷。
按，疑《唐志》所載《外傳》十卷爲二十
卷，合一百二卷爲一百二十二卷，與《隋
志》相符，或唐代《外傳》佚十卷。汪文
臺據《續漢書志》劉昭注等書採得二十
節，黃奭得二十二節，汪本《鄭敬》篇“敬
字次都，釣於大澤”一節爲黃本所無，黃
本《序》、《朱鮪》二篇及《龍邱萇》第二節
則爲汪氏失採，餘大致同。姚之駰輯本
凡十一節，不出汪、黃二本。

漢南記一卷　（晉）張瑩撰

説郛弓六十一（宛委山堂本）

説郛弓六十一（宛委山堂本）　傅增湘
校　〔北京圖書館〕

注：張瑩，生平不詳。《隋志》載晉江
州從事張瑩《後漢南記》四十五卷，注
云：“本五十五卷，今殘缺。”兩《唐志》並

載作《漢南紀》五十八卷。《説郛》本凡
六節，未注出處。按此書見引於《世説》
注、《初學記》、《文選》注、《書鈔》、《御
覽》、《史記集解》等，詳章宗源《隋書經
籍志考證》卷一。

袁崧後漢書　（晉）袁山松撰

（清）姚之駰輯

後漢書補逸卷十七（清康熙五十三年露
滌齋刻本

〔上海圖書館、首都圖書館等〕、清末徐
友蘭抄本　蔡元培校　〔北京圖書
館〕）

四庫全書・史部別史類・後漢書補逸
卷十七

袁山松郡國志一卷　（晉）袁山松

撰　（清）王謨輯

重訂漢唐地理書鈔

袁山松後漢書一卷　（晉）袁山松

撰　（清）汪文臺輯

七家後漢書

後漢書一卷　（晉）袁山松撰

（清）黃奭輯

知足齋叢書

袁山松後漢書一卷

漢學堂叢書・子史鉤沈・史部正史類

黃氏逸書考・子史鉤沈

袁崧後漢書　（晉）袁山松撰

（清）杜文瀾輯

曼陀羅華閣叢書・古謠諺卷十六

後漢書一卷

玉函山房輯佚書補編

注：袁山松（一作崧），陳郡陽夏人，
博學能文，官至吳郡太守，著《後漢書》
百篇（《晉書・袁瓌傳》）。《隋志》載袁
山松《後漢書》九十五卷，注云：“本一百

卷。”《舊唐志》一百二卷,《新唐志》一百一卷又録一卷。姚之駰輯得約六十節。汪文臺與黃奭據《後漢書》注、《續漢書志》劉昭注、唐宋類書等採撝,兩本不盡同,互爲有無,均較姚本善。杜文瀾據《御覽》採出四節,可補姚本之缺,但未出黃本之外。王謨云:“按《隋》、《唐志》及《御覽》書目俱不著録袁山松《郡國志》,而《水經注》引之,則從山松所撰《後漢書》採録也。”按王謨自《後漢書志》注採得四條,《水經注》四十條,有爲諸家未採及者。

失氏名後漢書　（清）汪文臺輯
　　七家後漢書附

　　　　注:汪文臺云:“羣書所引未標名《後漢書》,不知所附,因録於諸家《後漢書》之後,俟考。”按汪氏據《御覽》採得張重、嚴光、秦彭、李膺、楊彪、鄭凱六人之事蹟,人各一節。

吳書抄一卷　（清）王仁俊輯
　　玉函山房輯佚書補編

　　　　注:史志未載此書。王仁俊自《寰宇記》輯出二節,又從《琱玉集》卷十四採得鄭泉事蹟一節。

吳録一卷　（晉）張勃撰
　　説郛弓五十九(宛委山堂本)
　　説郛弓五十九(宛委山堂本)　傅增湘
　　　校　〔北京圖書館〕

吳録　（晉）張勃撰
　　説郛卷三(商務印書館本)

張勃吳地理志一卷　（晉）張勃撰　（清）王謨輯
　　重訂漢唐地理書鈔

吳録逸文　（晉）張勃撰　（清）杜文瀾輯
　　曼陀羅華閣叢書·古謠諺卷二十八

吳録一卷　（晉）張勃撰　（清）王仁俊輯
　　玉函山房輯佚書補編

吳録一卷　（晉）張勃撰　葉昌熾輯
　　齻淡廬叢稾

　　　　注:張勃,儼子,吳郡吳人(《史記·伍子胥傳》集解、《晉書·文苑張翰傳》)。《隋志》注云:“晉有張勃《吳録》三十卷,亡。”按“晉”當爲“梁”之誤。兩《唐志》復載三十卷。諸本以王謨所輯最詳,其序云:“諸書引入地理,或祇稱《吳録》,或兼稱《吳録地理志》,今故仍據以爲本,並採而輯之。”按王謨輯得九十餘節,題爲《吳地理志》,兩《唐志》載張勃《吳地志》一卷,此必是《吳録》中所紀州郡地理之部分。杜文瀾自《御覽》卷四百六十五、卷四百九十六各採得二節。王仁俊據《寰宇記》卷一百十三採出一節,又卷一百十五、卷一百十八採得《吳録地理志》二節,末附佚名《吳録》一節。按王本佚名《吳録》一節輯自李瀚《蒙求》自注,紋吳時孟宗事蹟,考史志傳注,唯著録《吳録》,此文必出於勃手。葉昌熾據《草堂詩箋》採出二節,亦未題撰者。以上三本均可補王謨本之缺。《説郛》宛委山堂本凡十四節,多爲各本所無,惜未注出處;商務印書館本僅二節,即宛委山堂本前二節。

王隱晉書地道記一卷　（晉）王隱撰　（清）畢沅輯
　　清光緒十七年思賢講舍刻本
　　經訓堂叢書
　　廣雅書局叢書·史學

晉書地道記一卷

叢書集成初編·史地類

王隱晉書地道記一卷　（晉）王隱撰　（清）王謨輯

重訂漢唐地理書鈔

王隱晉書一卷　（晉）王隱撰　（清）黃奭輯

黃氏逸書考·子史鉤沈

王隱晉書地道記一卷　（晉）王隱撰　（清）黃奭輯

漢學堂叢書·子史鉤沈·史部地理類

黃氏逸書考·子史鉤沈·晉書附

王隱晉書十一卷　（晉）王隱撰　（清）湯球輯

廣雅書局叢書·史學·晉書輯本

叢書集成初編·史地類·九家舊晉書輯本

晉書一卷　（晉）王隱撰　（清）王仁俊輯

玉函山房輯佚書補編

王隱晉書二卷　（晉）王隱撰　陶棟輯

輯佚叢刊

注：王隱，字處叔，陳郡陳人，博學多聞，尤諳西都舊事（《晉書》本傳）。先其父銓私錄晉事及功臣行狀未成書而卒。《晉書》本傳云："太興初，典章稍備，乃召隱及郭璞俱爲著作郎，令撰《晉書》。"後以虞預謗，黜歸於家，"貧無資用，書遂不就，乃依征西將軍庾亮於武昌。亮供紙筆，書乃得成，詣闕上之。隱雖好著述，而文辭鄙拙，蕪舛不倫，其書次第可觀者，皆其父所撰；文體混漫義不可解者，隱之作也。"《隋志》載王隱《晉書》八十六卷，注云："本九十三卷，今殘缺。"兩《唐志》八十九卷。唐劉知幾謂

是書於"咸康六年始詣闕奏上"（《史通·古今正史篇》），並論曰："王隱、何法盛之徒所撰晉史，乃專訪州閭細事，委巷瑣言，聚而編之，目爲鬼神傳錄，其事非要，其言不經，異乎三史之所書，五經之所載也。"（《史通·書事篇》）王隱《晉書》以黃奭與湯球所輯頗詳盡，據傳注類書採出，互有詳略。陶棟僅據《文選》注採撮，較簡。王仁俊自《稽瑞》、《珊玉集》等書採得五節，可補以上諸本之缺。畢沅、王謨、黃奭皆採得《地道記》百餘節，不盡同。

虞預晉書一卷　（晉）虞預撰　（清）黃奭輯

漢學堂叢書·子史鉤沈·史部正史類

黃氏逸書考·子史鉤沈

虞預晉書一卷　（晉）虞預撰　（清）湯球輯

廣雅書局叢書·史學·晉書輯本

四明叢書第八集

叢書集成初編·史地類·九家舊晉書輯本

注：虞預，字叔寧，本名茂，犯明穆皇后母諱，改名預，會稽餘姚人，雅好經史，歷官秘書丞、著作郎、散騎常侍，爵平康縣侯（《晉書》本傳）。《晉書·王隱傳》云："時著作郎虞預私撰《晉書》，而生長東南，不知中朝事，數訪於隱，並借隱所著書竊寫之，所聞漸廣。"《晉書》本傳稱預"著《晉書》四十餘卷"。《隋志》載二十六卷，注云："本四十四卷，訖明帝，今殘缺。"兩《唐志》五十八卷。黃奭據傳注類書採得四十餘人之事蹟，末一篇爲《寫起居注》。湯球所輯與黃本稍異，黃本中戴儼其人與《寫起居注》爲湯

本無，湯本中元帝（黃本爲淳于伯）、王祥、王戎、虞欽、武陔、稽康、戴淵諸人之事蹟皆比黃本詳，餘不過編次不同而已。

朱鳳晉書一卷　　（晉）朱鳳撰
（清）黃奭輯
　　漢學堂叢書・子史鉤沈・史部正史類
　　黃氏逸書考・子史鉤沈

朱鳳晉書一卷　　（晉）朱鳳撰
（清）湯球輯
　　廣雅書局叢書・史學・晉書輯本
　　叢書集成初編・史地類・九家舊晉書
　　輯本
　　注：朱鳳，晉陵人，有史才，官至著作佐郎（《晉書・華譚傳》、《北堂書鈔・設官部》引何法盛《中興書》）。《隋志》載晉中書郎朱鳳《晉書》十卷，注云“未成，本十四卷，今殘缺”，“訖元帝”。兩《唐志》復載十四卷。黃奭與湯球均據《世說》注、《文選》注及唐宋類書採得十餘節，爲文帝、元帝、安平王孚、彭城王權、梁王肜、齊王攸、趙王倫、陳興等人之事蹟，所輯大略相當，其中湯本元帝事蹟稍詳，安平王孚、梁王肜事蹟與黃本不盡同，黃本劉琨《勸進表》之文爲湯氏未採。

謝靈運晉書一卷　　（劉宋）謝靈運撰　　（清）黃奭輯
　　漢學堂叢書・子史鉤沈・史部正史類
　　黃氏逸書考・子史鉤沈

謝靈運晉書一卷　　（劉宋〕謝靈運撰　　（清）湯球輯
　　廣雅書局叢書・史學・晉書輯本
　　叢書集成初編・史地類・九家舊晉書
　　輯本
　　注：謝靈運，陳郡陽夏人，博涉羣籍，工詩文，《宋書》、《南史》有傳。《南史》本傳云：“（文帝）令撰《晉書》，粗立條流，書竟不就。”《隋志》載謝靈運《晉書》三十六卷，《舊唐志》三十五卷，《新唐志》三十五卷又《錄》一卷。劉知幾論曰：“謝靈運之虛張高論，玉卮無當，曾何足云。”《史通・論贊篇》湯球據諸類及《文選》注採出十節，標題目爲《武帝》、《惠帝》、《懷帝》、《百官志》。黃奭輯本較湯本少《武帝》篇第三節“世祖受命”云云，餘則編次標目不同而已。

晉中興書一卷　　（劉宋）何法盛撰
　　說郛弓五十九（宛委山堂本）
　　說郛弓五十九（宛委山堂本）　傅增湘
　　校〔北京圖書館〕
　　古今說部叢書一集

晉何法盛晉中興書一卷　　（劉宋）
何法盛撰　　（清）黃奭輯
　　漢學堂知足齋叢書・子史鉤沈

何法盛晉中興書一卷
　　漢學堂知足齋叢書・子史鉤沈　清黃
　　奭校〔北京圖書館〕

何法盛晉中興書一卷附徵祥說
　　漢學堂叢書・子史鉤沈・史部正史類
　　黃氏逸書考・子史鉤沈

何法盛晉中興書七卷　　（劉宋）何法盛撰　　（清）湯球輯
　　廣雅書局叢書・史學・晉書輯本
　　叢書集成初編・史地類・九家舊晉書
　　輯本

晉中興書一卷　　（劉宋）何法盛撰
（清）王仁俊輯
　　玉函山房輯佚書補編

晉中興徵祥說一卷　　（劉宋）何法

盛撰 （清）王仁俊輯

玉函山房輯佚書補編

何法盛晉中興書二卷 （劉宋）何

法盛撰 陶棟輯

輯佚叢刊

注：何法盛，字里不詳，宋孝武帝時
爲奉朝請，校書東宮（《宋書》沈約《自
序》）。《隋志》載宋湘東太守何法盛《晉
中興書》七十八卷，注云“起東晉”。兩
《唐志》八十卷。按《南史·徐廣傳》云：
“有高平郗紹亦作《晉中興書》，數以示
何法盛。法盛有意圖之，謂紹曰：‘卿名
位貴達，不復俟此延譽。我寒士，無聞
於時，如袁宏、干寶之徒，賴有著述，流
聲於後。宜以爲惠。’紹不與。至書成，
在齋内廚中，法盛詣紹，紹不在，直入竊
書。紹還失之，無復兼本，於是遂行何
書。”然《晉書》、《宋書》無紀此事，未審
《南史》所載屬實否？劉知幾對何書略
有評論，見《史通·古今正史篇》、《表曆
篇》、《因習篇》，劉曰：“東晉之史，作者
多門，何氏《中興》實居其最，而爲晉學
者曾未之知，儻湮没不行，良可惜也。”
（《史通·雜説篇》）黄奭與湯球皆據諸
傳注類書採得五、六百節，頗詳備，但亦
有此採而彼失採者，兩本可互補。王仁
俊據《稽瑞》輯得十五節，均爲黄、湯所
失採。陶棟僅從《文選》注中採摭，甚簡
略。《説郛》本有十二節，未注出處。黄
氏又輯《徵祥説》八十餘節，王氏據《稽
瑞》得一節，爲黄本所無。檢史志傳紀，
何法盛僅著《晉中興書》，疑《徵祥説》即
爲此書之文。

臧榮緒晉書一卷 （南齊〕臧榮緒

撰 （清）黄奭輯

漢學堂叢書·子史鉤沈·史部正史類
黄氏逸書考·子史鉤沈

臧榮緒晉書十七卷補遺一卷 （南

齊〕臧榮緒撰 〔清〕湯球輯

廣雅書局叢書·史學·晉書輯本
叢書集成初編·史地類·九家舊晉書
　輯本

臧榮緒晉書一卷 （南齊）臧榮緒

撰 （清）王仁俊輯

玉函山房輯佚書補編

臧榮緒晉書二卷 （南齊）臧榮緒

撰 陶棟輯

輯佚叢刊

注：臧榮緒，東莞莒人，隱居京口教
授，自號被褐先生，善《左氏春秋》，“括
東西晉爲一書，紀録志、傳一百一十卷”
（《南齊書·高逸傳》）。《隋》、《唐志》並
載臧榮緒《晉書》一百一十卷。據《舊唐
書·房玄齡傳》所紀，玄齡與褚遂良受
詔重撰《晉書》，以臧氏《晉書》爲主，參
考諸家，大約玄齡等《晉書》成，臧書漸
廢。黄奭據唐宋類書及諸傳注採得二
百餘節。湯球所輯頗多，其序云：“後人
引其書，雖標名者固多，而未標名者亦
不少。”“今合而輯之，而注其明標未標，
以便後人檢閲。”“或曰：‘未標名者，不
間有王隱書乎？’然考臧書多本於王，則
謂此爲臧書亦無不可。”王仁俊自《稽
瑞》採得一節，爲黄、湯失採。陶棟從
《文選》注採輯，約得六、七十節，大致不
出黄、湯本之外。

沈約晉書 （梁）沈約撰 （清）黄

奭輯

漢學堂叢書·子史鉤沈·史部別史
　類·衆家晉史

黃氏逸書考・子史鉤沈・衆家晉史

沈約晉書一卷　　（梁）沈約撰

（清）湯球輯

廣雅書局叢書・史學・晉書輯本

叢書集成初編・史地類・九家舊晉書輯本

注：沈約，字休文，吳興武康人，有史才，工詩文，著述頗富，《梁書》《南史》有傳。《宋書・自序》云：“史臣年十三而孤，少頗好學，雖棄日無功，而伏膺不改。常以晉氏一代，竟無全書，年二十許，便有撰述之意。泰始初，征西將軍蔣興宗爲啓明帝，有敕賜許，自此迄今，年逾二十，所撰之書，凡一百二十卷。條流雖舉，而採掇未周。永明初，遇盜失第五帙。”《梁書》本傳稱約著《晉書》百一十卷，《隋志》注謂此書梁有一百一十一卷，“亡”。按所謂一百一十卷或一百一十一卷本，當是一百二十卷佚第五帙之本。劉知幾評曰：“沈氏著書，好誣先代，於晉則故造奇説，在宋則多出謗言，前史所載，已譏其謬矣。”（《史通・採撰篇》）黃奭據《書鈔》、《世説》注、《初學記》採得裴潛、周顗、王羲之凡三人之事蹟，人各一節。湯球輯本多黃本二節，爲“琅邪國姓牛者，與夏侯妃私通，生中宗”一節與“康僧淵有義學”一節。

蕭子雲晉書　　（梁）蕭子雲撰

（清）黃奭輯

漢學堂叢書・子史鉤沈・史部別史類・衆家晉史

黃氏逸書考・子史鉤沈・衆家晉史

蕭子雲晉書一卷　　（梁）蕭子雲撰

（清）湯球輯

廣雅書局叢書・史學・晉書輯本

叢書集成初編・史地類・九家舊晉書輯本

注：蕭子雲，字景喬，蘭陵人，工文，善草隸，齊建武中封新浦縣侯，官至國子祭酒（《梁書・蕭子恪傳》），注《千字文》（《隋志》經部小學類）。《梁書・蕭子恪傳》謂子雲“以晉代竟無全書，弱冠便留心撰述。至年二十六，書成，表奏之，詔付祕閣”。“所著《晉書》一百一十卷”。《隋志》載十一卷，注云：“本一百二卷，梁有，今殘缺。”兩《唐志》九卷。黃奭自《御覽》輯得一節，湯球本多“姚略時”，有賀僧者，云云一節。

蕭景暢晉史草　　（梁）蕭子顯撰

（清）黃奭輯

漢學堂叢書・子史鉤沈・史部別史類・衆家晉史

黃氏逸書考・子史鉤沈・衆家晉史

蕭子顯晉史草一卷　　（梁）蕭子顯撰　　（清）湯球輯

廣雅書局叢書・史學・晉書輯本

叢書集成初編・史地類・九家舊晉書輯本

注：蕭子顯，字景陽，蘭陵人，封寧都縣侯，官國子祭酒，加侍中，遷吏部尚書，有著作數種（《梁書・蕭子恪傳》）。《隋志》載蕭子顯《晉史草》三十卷；兩《唐志》亦載三十卷，誤題蕭景暢。按“暢”當爲“陽”之形訛。黃奭自《御覽》採得賀僧事蹟一節。湯球據《通鑑》注與《開元占經》等輯得五節，均爲黃本所無。

晉諸公別傳一卷　　（清）湯球輯

廣雅書局叢書・史學・晉書輯本

叢書集成初編・史地類・九家舊晉書

輯本

注：湯球云："嘗輯諸家舊《晉書》，見各書所引晉人之別傳者不少，以其可以參互考證也，爰依《晉書》前後，復爲編排錄出。夫別傳者何，蓋別乎正史而名之也，故無論凡泛稱某傳者可歸之，即家傳及公鉅卿爲人所作之傳皆可云別傳，所以搜集《晉諸公別傳》，於此二類亦開採之，而明標其名。惟荀氏家傳等，似是其家譜敍，故另錄其入晉以後之人，附於別傳之後，因而以譜敍自敍次焉，世紀家記次焉，本事行狀又次焉，至譜牒碑碣誄銘，請俟異日，蓋亦猶錄別傳以補訂正史之意也，故於《諸公別傳》而類及焉。"按湯球自唐宋類書與諸傳注採得百餘種別傳，及家傳、譜敍、自敍、世家、本事等十九篇。

三國志注引晉書　（清）黃奭輯

漢學堂叢書·子史鉤沈·史部別史類·衆家晉史

黃氏逸書考·子史鉤沈·衆家晉史

注：黃奭採得閻纘、司馬通、陳騫、常峕、牽弘、王渾凡六人之事蹟，人各一節。

世說注引晉書　（清）黃奭輯

漢學堂叢書·子史鉤沈·史部別史類·衆家晉史

黃氏逸書考·子史鉤沈·衆家晉史

注：黃奭採得王萬、于法開之事蹟，凡二節。

文選注引晉紀　（清）黃奭輯

漢學堂叢書·子史鉤沈·史部別史類·衆家晉史

黃氏逸書考·子史鉤沈·衆家晉史

注：黃奭採得劉琨事蹟一節。

北堂書鈔引晉紀　（清）黃奭輯

漢學堂叢書·子史鉤沈·史部別史類·衆家晉史

黃氏逸書考·子史鉤沈·衆家晉史

注：黃奭採得劉弘、羊祜、甘卓之事蹟凡三節，及敍玉麒麟璽一節。

初學記引晉紀　（清）黃奭輯

漢學堂叢書·子史鉤沈·史部別史類·衆家晉史

黃氏逸書考·子史鉤沈·衆家晉史

注：黃奭輯得束晳、張載、溫嶠事蹟凡三節。

羣書治要所載晉書　（清）黃奭輯

漢學堂叢書·子史鉤沈·史部別史類·衆家晉史

黃氏逸書考·子史鉤沈·衆家晉史

注：黃奭採得四十餘人之事蹟，及《刑法志》、《百官志》。

白帖引晉紀　（清）黃奭輯

漢學堂叢書·子史鉤沈·史部別史類·衆家晉史

黃氏逸書考·子史鉤沈·衆家晉史

注：黃奭輯得劉瑤事蹟一節。

御覽引晉紀　（清）黃奭輯

漢學堂叢書·子史鉤沈·史部別史類·衆家晉史

黃氏逸書考·子史鉤沈·衆家晉史

注：黃奭採得王廙、祖逖、孫登、劉伶、王逢妻衛氏、張綱凡六人之事蹟，人各一節。

晉抄一卷　（清）王仁俊輯

玉函山房輯佚書補編

注：史志未載是書。王仁俊據《瑉玉集》採出二十節。

編　年　類

竹書紀年補遺辨證　（清）董豐
　垣撰
　　吳興叢書・竹書紀年辨證附
竹書紀年存真　（清）顧觀光輯
　　武陵山人遺稿・古書逸文
〔竹書紀年〕補遺　（清）陳逢衡輯
　　江都陳氏叢書・竹書紀年集證卷四十
　　九至五十
竹書紀年一卷　（清）黃奭輯
　　漢學堂叢書・子史鉤沈・史部編年類
　　黃氏逸書考・子史鉤沈
竹書佚文一卷　（清）王仁俊輯
　　經籍佚文
汲冢紀年存真二卷　（清）朱右
　曾撰
　　清歸硯齋刻本〔北京圖書館　復旦大
　　學圖書館等〕
古本竹書紀年輯校一卷　（清）朱
　右曾輯　王國維補
　　廣倉學宭叢書甲類第二集
　　海寧王忠愨公遺書三集
　　海寧王靜安生生遺書
　　注：《竹書紀年》,詳朱希祖《汲冢書
考》。此書今本爲僞書,前人多有考述。
朱希祖云："近人有疑《竹書紀年》爲僞
書者,經詳加分析研究後,可以解答如
下。《紀年》原本,發現於晉咸寧五年,
亡於北宋末期,各家徵引甚多,決無可
懷疑。今本《竹書紀年》蓋後人得宋三

卷殘本及《師春》所錄,又雜採他書以補
綴之。"(《汲冢書考・汲冢書篇目考》)。
按史注、《水經注》及唐宋類書等多引
《竹書紀年》,猶是宋以前之本,故學者
稱爲古本,以對今本而言。陳逢衡於今
本後附輯佚文百餘節,其已見於今本者
則不錄。顧觀光、黃奭、董豐垣、王仁俊
所採均不及陳爲詳,唯顧輯間有出陳本
外者。朱右曾專據羣書採撮,不依旁今
本,故題曰《存真》。朱輯復經王國維校
補,較諸本爲善。按今人方詩銘、王修
齡《古本竹書紀年輯證》,集前人之長而
重爲輯校,爲後來居上,識以存參。

張璠漢記　（晉）張璠撰　（清）姚
　之駰輯
　　後漢書補逸卷十四(清康熙五十三年露
　　滌齋刻本,〔上海圖書館　首都圖書
　　館等〕,清末徐友蘭抄本　蔡元培校
　　〔北京圖書館〕)
　　四庫全書・史部別史類・後漢書補逸
　　卷十四
張璠漢記一卷　（晉）張璠撰
　（清）汪文臺輯
　　七家後漢書
漢記一卷　（晉）張璠撰　（清）黃
　奭輯
　　知足齋叢書
張璠後漢紀一卷
　　漢學堂叢書・子史鉤沈・史部別史類

黄氏逸書考·子史鉤沈

注：張璠，參《張璠周易集解》。《三國志·三少帝紀》裴松之注云："案張璠、虞溥、郭頒皆晉之令史。""璠撰《後漢紀》，雖似未成，辭藻可觀。"《隋》、《唐志》並載張璠《後漢記》三十卷。汪文臺自《三國志》注、《御覽》、《書鈔》等採得五十餘人之事蹟，末二篇爲《北郊》、《于闐》。黄奭所採與汪本大致相當，唯孫堅、譙周事蹟爲汪失採，汪本所採周璆事蹟則黄未採及，又吴祐、梁冀、孔融、朱穆、蔡邕、陳寵等人事蹟兩家所採互有詳略，餘則編次不同而已。姚之駰所輯較略，無出汪、黄本之外。

獻帝春秋一卷 （晉）袁曄撰

説郛弓五十九（宛委山堂本）

説郛弓五十九（宛委山堂本） 傅增湘校 〔北京圖書館〕

古今説部叢書一集

袁曄獻帝春秋一卷 （晉）袁曄撰 （清）黄奭輯

漢學堂知足齋叢書·子史鉤沈 清黄奭校 〔北京圖書館〕

注：袁曄（《三國志》裴松之注引作袁暐），字思光，廣陵人，作《獻帝春秋》（《三國志·陸瑁傳》及裴松之注）。《隋》、《唐志》並載十卷。裴松之於袁書有較詳之評説，云："不知（樂）資、（袁）暐之徒竟爲何人，未能識別然否，而輕弄翰墨，妄生異端，以行其書。如此之類，正足以誣罔視聽，疑誤後生矣。寔史籍之罪人，達學之所不取者也"（《三國志·袁紹傳》注）。又云："袁暐、樂資等諸所記載，穢雜虚謬，若此之類，殆不可勝言也"（《三國志·馬超傳》注）。《三國志·荀彧傳》注與《張紘傳》注亦有類似之言。《説郛》本有十節，原未題撰者。檢諸傳注史志，撰《獻帝春秋》者唯袁暐，《説郛》本必爲暐之文。黄奭輯本未見。章宗源謂《續漢五行志》注、《百官志》注、《水經注》、《文選》注、《三國志》注、《後漢書》注、《御覽》等共引數十事，詳見《隋書經籍志考證》卷二。

魏春秋一卷 （晉）孫盛撰

説郛弓五十九（宛委山堂本）

説郛弓五十九（宛委山堂本） 傅增湘校 〔北京圖書館〕

古今説部叢書一集

魏氏春秋一卷 （晉）孫盛撰

增定漢魏六朝別解·史部

魏氏春秋評 （晉）孫盛撰 （清）嚴可均輯

全晉文卷六十三至六十四

魏氏春秋異同評 （晉）孫盛撰 （清）嚴可均輯

全晉文卷六十四

晉孫盛魏春秋一卷 （晉）孫盛撰 （清）黄奭輯

漢學堂知足齋叢書·子史鉤沈 清黄奭校 〔北京圖書館〕

注：孫盛，字安國，太原中都人，起家佐著作郎，歷爲陶侃、庾亮、庾翼、桓温參軍，以功進封吴昌縣侯，累遷秘書監，勤於學，善言名理，著《魏氏春秋》（《晉書》本傳）。《隋志》載孫盛《魏氏春秋》二十卷，兩《唐志》作《魏武春秋》二十卷。按"武"爲"氏"之誤。嚴可均據《三國志》注採得《魏氏春秋評》四十餘節，《魏氏春秋異同評》十節，疑均爲《魏氏春秋》之文。《説郛》本凡七節，與嚴本不同，未注出處。

陸機晉書一卷　（晉）陸機撰

（清）黃奭輯

　漢學堂叢書・子史鈎沈・史部別史類

　黃氏逸書考・子史鈎沈

陸機晉紀一卷　（晉）陸機撰

（清）湯球輯

　廣雅書局叢書・史學・晉紀輯本

　叢書集成初編・史地類・晉紀輯本

　　注：陸機，字士衡，吳郡人，有才學，文章冠世，伏膺儒術，曾官平原內史、後將軍、河北大都督，事蹟詳《晉書》本傳，著《吳章》二卷（《隋志》經部小學類）。《隋志》載陸機《晉紀》四卷，兩《唐志》作《晉帝紀》四卷。《文心雕龍・史傳》篇云：“至於晉代之書，繁乎著作，陸機肇始而未備。”劉知幾論曰：“列紀三祖，直序其事，竟不編年。年既不編，何紀之有！”（《史通・本紀》）黃奭自《初學記》、《書鈔》採得三節，紀三祖、文帝、王濬事，末附《三國志・顧譚傳》注引陸機所撰譚傳一節。湯輯與黃本文無異，僅編次不同，無譚傳。

曹嘉之晉紀一卷　（晉）曹嘉之撰

（清）黃奭輯

　黃氏逸書考・子史鈎沈（民國補刻本）

曹嘉之晉紀一卷　（晉）曹嘉之撰

（清）湯球輯

　廣雅書局叢書・史學・晉紀輯本

　叢書集成初編・史地類・晉紀輯本

　　注：《隋》、《唐志》並載曹嘉之《晉紀》十卷，諸書所引亦題曹嘉之撰。按史傳無曹嘉之，考《三國志・曹彪傳》注引王隱《晉書》，謂李重稱“東莞太守曹嘉，才干學義，不及志、翕。而良素修潔，性業踰之。”《北堂書鈔》卷五十八亦引此而稱“曹嘉之”，則“曹嘉之”即“曹嘉”也。曹嘉，彪子，入晉封高邑公，事蹟見《三國志・曹彪傳》裴注。湯球據諸類書及《世說》注、《文選》注採得十三節。

干寶晉紀一卷　（晉）干寶撰

（清）黃奭輯

　漢學堂知足齋叢書・子史鈎沈　清黃

　　奭校〔北京圖書館〕

　漢學堂叢書・子史鈎沈・史部別史類

　黃氏逸書考・子史鈎沈

干寶晉紀一卷　（晉）干寶撰

（清）湯球輯

　廣雅書局叢書・史學・晉紀輯本

　叢書集成初編・史地類・晉紀輯本

干寶晉紀二卷　（晉）干寶撰　陶

　　棟輯

　輯佚叢刊

　　注：干寶，參《干常侍易解》。據《晉書》本傳所紀；初，未置史官，王導上疏奏設史官，並請“敕佐著作郎干寶等漸就撰集”，元帝納之。“寶於是始領國史”，“著《晉紀》，自宣帝迄於愍帝五十三年，凡二十卷，奏之。其書簡略，直而能婉，咸稱良史。”《隋志》載干寶《晉紀》二十三卷，兩《唐志》二十二卷，又劉協注本六十卷。按《唐志》稱劉協注，劉協當爲劉彤之誤，《梁書・劉昭傳》云：“初，昭父彤集眾家《晉書》，注干寶《晉紀》，爲四十卷。”劉知幾論曰：“晉世干寶著書，乃盛譽丘明而深抑子長”（《史通・二體》篇）。黃奭據《文選》注及唐宋類書等採得百餘人之事蹟，又論文等，頗完備。湯球所輯亦詳，統彙七篇，爲《高祖宣皇帝》、《世宗景皇帝》、《太祖文皇帝》、《世祖武皇帝》、《孝惠皇帝》、

《孝懷皇帝》、《孝愍皇帝》，各以编年係事，可與黃本相互參閱。陶棟僅從《文選》注採撮，得帝紀七篇，諸臣十餘人，較簡略。

晉陽秋一卷　（晉）庾翼撰

續百川學海乙集

說郛弓五十九（宛委山堂本）

說郛弓五十九（宛委山堂本）　傅增湘校　〔北京圖書館〕

古今説部叢書一集

晉春秋　（晉）庾翼撰

說郛卷二·古典録略（商務印書館本）

晉庾翼晉陽秋一卷　（晉）庾翼撰　（清）黃奭輯

漢學堂知足齋叢書·子史鈎沈　清黃奭校　〔北京圖書館〕

注：庾翼，參《論語庾氏釋》。史志不載此書。《說郛》（宛委山堂本）凡七節；商務印書館本凡二節，與宛委山堂本首起二節大致同

習鑿齒漢晉春秋一卷　（晉）習鑿齒撰　（清）黃奭輯

漢學堂叢書·子史鈎沈·史部別史類

黃氏逸書考·子史鈎沈

習鑿齒漢晉春秋三卷　（晉）習鑿齒撰　（清）湯球輯

廣雅書局叢書·史學·漢晉春秋

漢晉春秋一卷　（晉）習鑿齒撰　（清）王仁俊輯

玉函山房輯佚書續編·史編總類

注：習鑿齒，字彥威，襄陽人，桓温辟爲從事，轉西曹主簿，遷別駕，官至滎陽太守，博學洽聞，有史才（《晉書》本傳與《世説·文學》篇）。《晉書》本傳云："是時温覬覦非望，鑿齒在郡，著《漢晉春

秋》以裁正之。起漢光武，終於晉愍帝。於三國之時，蜀以宗室爲正，魏武雖受漢禪晉，尚爲篡逆，至文帝平蜀，乃爲漢亡而晉始興焉。""凡五十四卷。"《隋志》載習鑿齒《漢晉春秋》四十七卷，注云："訖愍帝。"兩《唐志》五十四卷。黃奭據《三國志》注等採得九十餘節，湯球得一百餘節，可互爲補缺。王仁俊據《續漢郡國志》劉昭注採得一節，敍鍾離意事，不出黃本之外。

鄧粲晉紀一卷　（晉）鄧粲撰　（清）黃奭輯

漢學堂叢書·子史鈎沈·史部別史類

黃氏逸書考·子史鈎沈

鄧粲晉紀一卷　（晉）鄧粲撰　（清）湯球輯

廣雅書局叢書·史學·晉紀輯本

叢書集成初編·史地類·晉紀輯本

晉紀一卷　（晉）鄧粲撰　（清）陳運溶集證

麓山精舍叢書第一集

注：鄧粲，長沙人，官荆州別駕，《晉書》有傳。《晉書》本傳云："粲以父騫有忠信言而世無知音，乃著《元明紀》十篇，注《老子》，並行於世。"《隋》、《唐志》並載鄧粲《晉紀》十一卷。《文心雕龍·史傳》篇評曰："按《春秋》經傳，舉例發凡。自《史》、《漢》以下，莫有準的。至鄧粲《晉紀》始立條例；又擺落漢、魏，憲章殷、周，雖湘川曲學，亦有心典、謨。及安國立例，乃鄧氏之規焉。"劉知幾云："鄧粲、道鸞詞煩而寡要。"（《史通·序例》篇）黃奭據《世説》注、《御覽》等採得約四十餘人之事蹟，各以姓名標列篇目，末爲敍白玉壐一條。陳運溶輯本大

体無出黄本之外，其裴遐事蹟中"裴遐賦性恬和"一節爲黄本所無，黄本《郭舒》篇、《陶潛》篇則陳氏未採（按陳本《郭舒》篇即黄本《王澄》篇），又黄本《楊雄》篇陳氏改爲《易雄》。陳氏於每人事蹟之後均以《晉書》相映證。湯球採得五十餘節，分爲《中宗元皇帝》及《肅祖明皇帝》二部，其意以原書名《元明紀》故也，所採可補黄、陳之缺，如首起數節即爲黄、陳本無。

晉陽秋評　（晉）孫盛撰　（清）嚴可均輯

全晉文卷六十四

孫盛晉陽秋一卷　（晉）孫盛撰（清）黄奭輯

漢學堂知足齋叢書·子史鉤沈　清黄奭校〔北京圖書館〕

漢學堂叢書·子史鉤沈·史部別史類

黄氏逸書考·子史鉤沈

孫盛晉陽秋三卷　（晉）孫盛撰（清）湯球輯

廣雅書局叢書·史學·晉陽秋輯本

注：孫盛，參《易象妙于見形論》。《晉書》本傳謂盛著《晉陽秋》，"詞直而理正，咸稱良史。既而桓溫見之，怒謂盛子曰：'枋頭誠爲失利，何至乃如尊君所説！若此史遂行，自是關君門户事。'其子遽拜謝，謂請删改之。時盛年老還家，性方嚴有軌憲，雖子孫班白，而庭訓愈峻。至此，諸子乃共號泣稽顙，請爲百口切計。盛大怒。諸子遂爾改之。盛寫定兩本，寄於慕容儁。太元中，孝武帝博求異聞，始於遼東得之，以相考校，多有不同，書遂兩存。"《隋志》載孫盛《晉陽秋》三十二卷，注云："訖哀帝。"

《新唐志》二十三卷，《宋志》三十卷。《玉海·藝文類》引《中興書目》曰："今止存宣帝一卷，懷帝下一卷，唐人所書康帝一卷，餘亡。"《文心雕龍·史傳》篇稱"孫盛《陽秋》，以約舉爲能"。黄奭據傳注、類書採得一百一十餘節。湯球輯本亦百餘節，稍詳，可補黄本之缺，如湯據《開元占經》所採之文即爲黄氏失採。嚴可均所輯《晉陽秋評》僅九節。

晉陽秋一卷　（清）王仁俊輯

玉函山房輯佚書補編

注：《隋志》載孫盛《晉陽秋》，《唐志》有檀道鸞與鄧粲所撰《晉陽秋》。王仁俊據《稽瑞》採得三節，未知何人所撰之文。

徐廣晉紀一卷　（晉）徐廣撰（清）黄奭輯

漢學堂叢書·子史鉤沈·史部別史類

黄氏逸書考·子史鉤沈

注：徐廣，參《禮論答問》。據《宋書·徐廣傳》所載，晉義熙二年敕廣撰國史，"十二年，《晉紀》成，凡四十六卷。"《隋》、《唐志》並載四十五卷。黄奭據《世説》注、《御覽》等採摭，得四十人之事蹟。

劉謙之晉紀一卷　（劉宋）劉謙之撰　（清）黄奭輯

漢學堂叢書·子史鉤沈·史部別史類

黄氏逸書考·子史鉤沈

劉謙之晉紀一卷　（劉宋）劉謙之撰　（清）湯球輯

廣雅書局叢書·史學·晉紀輯本

叢書集成初編·史地類·晉紀輯本

晉紀一卷　（劉宋）劉謙之撰（清）王仁俊輯

玉函山房輯佚書補編

注：劉謙之，彭城呂人，官至廣州刺史、太中大夫，撰《晉紀》二十卷（《宋書·劉康祖傳》）。《隋志》載劉謙之《晉紀》二十三卷，兩《唐志》二十卷。黃奭自《世説》注等書採得十一節，湯球所輯凡七節，黃本中《許柳》《蕭輪》《登豆》篇爲湯本無，其《應詹》篇與湯本文互異，餘大體相當。王仁俊從《御覽》卷八百五十三採得一節，與黃本《登豆》篇文無異。

王韶之晉安帝紀一卷　（劉宋）王韶之撰　（清）黃奭輯

漢學堂叢書·子史鉤沈·史部別史類

黃氏逸書考·子史鉤沈

注：王韶之，字体泰，琅邪臨沂人，除著作佐郎，後出爲吳興太守，善敍事（《宋書》本傳）。《宋書》本傳云："（其父）偉之少有志尚，當世詔命表奏，輒自書寫，太元、隆安時事，小大悉撰録之，韶之因此私撰《晉安帝陽秋》。"《南史·蕭韶傳》云："（湘東王）曰：'昔王韶之爲《隆安紀》十卷，説晉末之亂離。'"《隋志》載王韶之《晉紀》十卷，兩《唐志》載作《崇安記》十卷。按安帝改元隆安，唐人諱"隆"而改爲"崇"字。《文心雕龍·史傳》篇論曰："至於晉代之書，繁乎著作，陸機肇始而未備，王韶續末而不終。"黃奭自《世説》注、《御覽》等採得三十八人之事蹟。

裴松之晉紀　（劉宋）裴松之撰　（清）黃奭輯

漢學堂叢書·子史鉤沈·史部別史類·衆家晉史

黃氏逸書考·子史鉤沈·衆家晉史

裴松之晉紀一卷　（劉宋）裴松之撰　（清）湯球輯

廣雅書局叢書·史學·晉紀輯本

叢書集成初編·史地類·晉紀輯本

注：裴松之，參《集注喪服經傳》。《宋書》本傳謂裴松之著《晉紀》行於世，史志無載此書。黃奭據《書鈔》採得一節，湯球輯得二節，其中一節與黃本稍異。

續晉陽秋一卷　（劉宋）檀道鸞撰

説郛弓五十九（宛委山堂本）

説郛弓五十九（宛委山堂本）　傅增湘校〔北京圖書館〕

古今説部叢書一集

晉檀道鸞續晉陽秋一卷　（劉宋）檀道鸞撰　（清）黃奭輯

漢學堂知足齋叢書·子史鉤沈　清黃奭校〔北京圖書館〕

檀道鸞續晉陽秋一卷

漢學堂叢書·子史鉤沈·史部別史類

黃氏逸書考·子史鉤沈

檀道鸞續晉陽秋二卷　（劉宋）檀道鸞撰　（清）湯球輯

廣雅書局叢書·史學·晉陽秋輯本

注：檀道鸞，字萬安，高平金鄉人，位國子博士，官至永嘉太守，撰《續晉陽秋》二十卷（《南史·文學檀超傳》）。《隋志》載檀道鸞《續晉陽秋》二十卷，兩《唐志》並作二十卷。劉知幾論曰："道鸞不揆淺才，好出奇語，所謂欲益反損，求妍更媸者矣。"（《史通·雜説》篇）黃奭據《世説》注、《文選》注、《御覽》等採得八十餘人之事蹟。湯球所輯亦詳，編次與黃本異，兩本可互爲補缺，如湯氏所據《開元占經》一書即爲黃氏所未採。

《説郛》本僅十二節，未注出處，甚簡陋。

晉紀一卷　（清）王仁俊輯

玉函山房輯佚書補編

注：《稽瑞》引佚名所撰《晉紀》二條，王仁俊據之採出。《鳴沙石室佚書初編》有影印唐寫本《晉紀》，羅振玉曰：“此卷前後殘損，無書題，記晉元帝太興二年事，其存者始於二月，訖於六月，計百五十一行，約二千八百言。考《隋》、《唐書》經籍藝文志，有晉一代別史至多，此卷体裁編年繫月，乃《晉陽秋》、《晉紀》之類，此類作者亦多至十餘家，不知果出誰氏。觀此卷僅存五閏月中事實，已將三千言，其卷帙必宏大，即元帝一朝殆將二三十倍於是卷。《晉書·鄧粲傳》載粲著《元明紀》十卷，此或粲書耶？此卷雖僅百餘行，然以較《晉書》多可補正”云云（《鳴沙石室佚書目錄提要》）。

晉録　（清）黃奭輯

漢學堂叢書·子史鉤沈·史部別史類·衆家晉史

黃氏逸書考·子史鉤沈·衆家晉史

晉録一卷　（清）王仁俊輯

玉函山房輯佚書補編

注：兩《唐志》並載《晉録》五卷。黃奭自《書鈔》、《類聚》、《白帖》採得五節，云：“疑即郭季産著。案虞預亦有《晉録》，見《文選》任彥升《爲范尚書讓吏部封侯第一表》注，又劉越石《答盧湛詩》注引何法盛《晉録》、盧子諒《贈崔温詩》注引何法盛《晉録》。”王仁俊據《稽瑞》採得一節，與黃本《白狐》一節内容同。

晉世譜　（清）黃奭輯

漢學堂叢書·子史鉤沈·史部別史類·衆家晉史

黃氏逸書考·子史鉤沈·衆家晉史

注：史志無載此書。《世説·言語》篇注引二節，敍武帝、成帝事，黃奭據之採摭。

晉武帝起居注　（清）黃奭輯

漢學堂叢書·子史鉤沈·史部別史類·衆家晉史

黃氏逸書考·子史鉤沈·衆家晉史

注：黃奭自《御覽》採得三節，敍司馬瑾、胡威事蹟，末一節標篇名爲《出掖庭才人》。按晉武帝紀元太康十年、太熙一年。

李軌晉泰始起居注　（晉）李軌撰（清）黃奭輯

漢學堂叢書·子史鉤沈·史部別史類·衆家晉史

黃氏逸書考·子史鉤沈·衆家晉史

注：李軌，參《李軌周易音》。《隋》、《唐志》並載李軌《晉泰始起居注》二十卷。據《晉書·武帝紀》所紀，泰始六年，秋七月乙巳，詔曰：“自泰始以來，大事皆撰録秘書，寫副。後有其事，輒宜綴集以爲常。”按晉泰始紀元凡十年。黃奭自《御覽》、《三國志·諸葛瞻傳》注採得二節，紀嘉柰、敍諸葛京事。

李軌晉咸寧起居注　（晉）李軌撰（清）黃奭輯

漢學堂叢書·子史鉤沈·史部別史類·衆家晉史

黃氏逸書考·子史鉤沈·衆家晉史

注：李軌，參《李軌周易音》。《隋志》載李軌《晉咸寧起居注》十卷，《新唐志》二十二卷。按晉咸寧紀元凡五年。黃奭據《類聚》卷六十七採得一節，敍程據

事蹟。

李軌晉泰康起居注　（晉）李軌撰 （清）黄奭輯

漢學堂叢書・子史鉤沈・史部別史類・衆家晉史

黄氏逸書考・子史鉤沈・衆家晉史

注：李軌，參《李軌周易音》。《隋志》載李軌《晉泰康起居注》二十一卷，兩《唐志》二十二卷。按晉泰康紀元凡十年。黄奭自唐宋類書採得十一節。

惠帝起居注　（晉）陸機撰　（清）黄奭輯

漢學堂叢書・子史鉤沈・史部別史類・陸機晉書附

黄氏逸書考・子史鉤沈・陸機晉書附

陸機惠帝起居注一卷　（晉）陸機撰　（清）湯球輯

廣雅書局叢書・史學・晉紀輯本

叢書集成初編・史地類・晉紀輯本

注：陸機，參《晉書》。《隋志》注稱梁有《惠帝起居注》二卷，“亡”，未言撰者。按今各書所引，或稱陸機，或未言撰者，《隋志》二卷是否即爲陸機所撰，已無考。按晉惠帝在位凡十七年。黄奭據《御覽》、《三國志》注等採得十二節，紋惠帝、愍懷太子、愍懷皇太子妃、皇孫臧、裴頠、張林、石超之事蹟。湯球採得七節，與黄本有異。

晉永安起居注　（清）黄奭輯

漢學堂叢書・子史鉤沈・史部別史類・衆家晉史

黄氏逸書考・子史鉤沈・衆家晉史

注：此書於史志無載。黄奭自《初學記》卷二十六採得一節，紀郤善國。

晉建武起居注　（清）黄奭輯

漢學堂叢書・子史鉤沈・史部別史類・衆家晉史

黄氏逸書考・子史鉤沈・衆家晉史

注：《隋志》載《晉建武大興永昌起居注》九卷，注云：“梁有二十卷，”未言撰者。兩《唐志》二十二卷。按晉建武紀元一年、大興紀元四年。黄奭據《御覽》卷七百九採得一節，標篇名爲《敬后廟》。

晉太興起居注　（清）黄奭輯

漢學堂叢書・子史鉤沈・史部別史類・衆家晉史

黄氏逸書考・子史鉤沈・衆家晉史

注：按太興即大興，紀元凡四年，參《晉建武起居注》。黄奭據《御覽》採得二節，紋散騎侍郎某、王隱之事。

李軌晉咸和起居注　（晉）李軌撰 （清）黄奭輯

漢學堂叢書・子史鉤沈・史部別史類・衆家晉史

黄氏逸書考・子史鉤沈・衆家晉史

注：李軌，參《李軌周易音》。《隋志》載李軌《晉咸和起居注》十六卷，兩《唐志》十八卷。按晉咸和紀元凡九年。黄奭據《類聚》、《御覽》採得三節，各標篇名爲《甘露降》、《魏氏故事》、《鷗集太極殿》。

晉咸康起居注　（清）黄奭輯

漢學堂叢書・子史鉤沈・史部別史類・衆家晉史

黄氏逸書考・子史鉤沈・衆家晉史

注：黄奭據《御覽》、《書鈔》、《類聚》採得五節。按《隋志》載《晉咸康起居注》二十二卷，置李軌《晉咸和起居注》後，兩《唐志》明載李軌《晉咸康起居注》

二十二卷,疑諸書所引即軌書。

晉康帝起居注　（清）黃奭輯

漢學堂叢書・子史鉤沈・史部別史類・衆家晉史

黃氏逸書考・子史鉤沈・衆家晉史

注：史志無載此書。《隋》、《唐志》並載《晉建元起居注》四卷,未言撰者,或即此書否？晉康帝在位二年,紀元建元。黃奭據《書鈔》卷五十九採得一節,標篇名爲《尚書》。

晉永和起居注　（清）黃奭輯

漢學堂叢書・子史鉤沈・史部別史類・衆家晉史

黃氏逸書考・子史鉤沈・衆家晉史

注：《隋志》載《晉永和起居注》十七卷,注云：“梁有二十四卷”,未言撰者。兩《唐志》二十四卷。按晉永和紀元凡十二年。黃奭據《白帖》、《初學記》採得二節,標篇名爲《瑟琶箜篌》、《穀城北金》。

晉孝武帝起居注　（清）黃奭輯

漢學堂叢書・子史鉤沈・史部別史類・衆家晉史

黃氏逸書考・子史鉤沈・衆家晉史

注：史志無載此書,然諸書引之。晉孝武帝紀元爲寧康三年、太元二十一年。《隋志》載《晉寧康起居注》六卷,又《晉泰元起居注》二十五卷,注云：“梁五十四卷”,均未言撰者。諸書所引蓋爲統稱也。兩《唐志》載《晉寧康起居注》六卷,《晉太元起居注》五十二卷。黃奭從《御覽》採得二節,敍納太子妃王氏與聘太子妃之事。

晉太元起居注　（清）黃奭輯

漢學堂叢書・子史鉤沈・史部別史類・衆家晉史

黃氏逸書考・子史鉤沈・衆家晉史

注：《隋志》載《晉泰元起居注》二十五卷,注云：“梁五十四卷,”未言撰者。兩《唐志》載《晉太元起居注》五十二卷。按“泰”、“太”相通,晉太元紀元凡二十一年。黃奭自《世説・賞譽》篇注採得一節,標篇名爲《法汰》。

晉隆安起居注　（清）黃奭輯

漢學堂叢書・子史鉤沈・史部別史類・衆家晉史

黃氏逸書考・子史鉤沈・衆家晉史

注：《隋志》載《晉隆安起居注》十卷,未言撰者。兩《唐志》作《晉崇寧起居注》十卷。按“隆安”作“崇寧”,唐、宋人避諱字。晉隆安紀元凡五年。黃奭據《御覽》卷九百七十採得一節,標篇名爲《安石榴》。

晉起居注一卷　（清）王仁俊輯

玉函山房輯佚書補編

注：王仁俊據《寰宇記》卷一百十八採得一節,紀隆安時事。石榴六子同帶,與黃奭所輯《晉隆安起居注》之文相近。

晉義熙起居注　（清）黃奭輯

漢學堂叢書・子史鉤沈・史部別史類・衆家晉史

黃氏逸書考・子史鉤沈・衆家晉史

注：《隋志》載《晉義熙起居注》十七卷,注云：“梁三十四卷,”未言撰者。兩《唐志》三十四卷。按晉太熙紀元凡十四年。黃奭自《書鈔》、《御覽》採得十節,其間有何無忌、徐應禎、盧循、謝澹等事蹟。

劉道薈晉起居注一卷　（劉宋）劉

道薈撰 （清）黄奭輯

漢學堂叢書・子史鈎沈・史部別史類

黄氏逸書考・子史鈎沈

注：劉道薈，生平不詳。《隋志》載宋北徐州主簿劉道會《晉起居注》三百一十七卷，注云："梁有三百二十二卷。"按道會即道薈，《新唐志》作劉道薈。兩《唐志》三百二十卷。黄奭據唐宋類書及《文選》注等採摭，得百餘篇。

宋書一卷 （南齊）王智深撰

（清）王仁俊輯

玉函山房輯佚書補編

注：王智深，字雲才，琅邪臨沂人，少從謝超宗學屬文，見《南齊書・文學傳》。《舊唐志》載王智深《宋書》三十卷，兩《唐志》又均載《宋紀》三十卷。《南齊書・文學傳》云："又敕智深撰《宋紀》，召見芙蓉堂，賜衣服，給宅。智深告貧於豫章王，王曰：'須卿書成，當相論以禄。'書成三十卷，世祖後召見智深於璿明殿，令拜表奏上。表未奏而世祖崩。隆昌元年，敕索其書，智深遷爲竟陵王司徒參軍，坐事免。""初，智深爲司徒袁粲所接，及撰《宋紀》，意常依依。"所謂《宋書》，與《宋紀》當爲一書。王仁俊據《珊玉集》卷十四採得一節，敍陶潛事。

宋紀一卷 （清）王仁俊輯

玉函山房輯佚書補編

注：王仁俊據《稽瑞》採得十二節，未言撰者。考史志傳注，僅王智深撰《宋紀》，疑《稽瑞》所引即王氏之書。今附於王智深《宋書》後。

元嘉起居注一卷

説郛弓五十九（宛委山堂本）

説郛弓五十九（宛委山堂本） 傅增湘校 〔北京圖書館〕

注：《隋志》載《宋元嘉起居注》五十五卷，注云："梁六十卷，"未言撰者。《舊唐志》載六十卷，《新唐志》七十一卷。《説郛》本凡六節。

宋起居注一卷 （清）王仁俊輯

玉函山房輯佚書補編

注：王仁俊據《稽瑞》採得二節，紀宋文帝時事。按《隋》、《唐志》並載《宋元嘉起居注》，未知王氏所採是否即爲此書之文。

齊春秋一卷 （梁）吳均撰

説郛弓五十九（宛委山堂本）

説郛弓五十九（宛委山堂本） 傅增湘校 〔北京圖書館〕

齊春秋 （梁）吳均撰

説郛卷二・古典録略（商務印書館本）

梁吳均齊春秋一卷 （梁）吳均撰

（清）黄奭輯

漢學堂知足齋叢書・子史鈎沈 清黄奭校 〔北京圖書館〕

注：吳均，字叔庠，吳興故鄣人，有才學，官至奉朝請，注范曄《後漢書》，撰通史等，《梁書》、《南史》有傳。《南史・文學傳》云："先是，均將著史以自名，欲撰齊書，求借齊起居注及羣臣行狀，武帝不許，遂私撰《齊春秋》奏之。書稱帝爲齊明帝佐命，帝惡其實録，以其書不實，使中書舍人劉之遴詰問數十條，竟支離無對。敕付省焚之，坐免職。""著《齊春秋》二十卷。"《梁書・文學傳》謂均《齊春秋》三十卷。《隋志》與《新唐志》並載三十卷，《舊唐志》作三卷。按：疑《舊唐志》所載脱"十"字，當爲三十卷。

劉知幾論曰："其私本竟能與蕭氏所撰並傳於後"（《史通·古今正史篇》）。《説郛》（宛委山堂本）凡二十餘節；商務印書館本僅一節，即宛委山堂本首節。

梁起居注一卷　（清）王仁俊輯

玉函山房輯佚書補編

注：王仁俊據《稽瑞》採得七節，紀天監、普通、大通、大同時事。按《隋志》載《梁大同起居注》十卷。

梁天監起居注一卷　（清）王仁俊輯

玉函山房輯佚書補編

注：史志無載此書。梁天監紀元凡十八年。王仁俊自《稽瑞》採得六節。

梁大同起居注一卷　（清）王仁俊輯

玉函山房輯佚書補編

注：《隋志》載《梁大同起居注》十卷，《新唐志》有《梁大同七年起居注》十卷。按梁大同紀元凡十一年。王仁俊據《稽瑞》採得六節，多紀大同九年、十年時事。

何之元梁典　（陳）何之元撰　陶棟輯

輯佚叢刊·劉璠梁典附

注：何之元，廬江灊人，有才思，事蹟詳見《陳書·文學傳》。《陳書·文學傳》云："及叔陵誅，之元乃屏絕人事，銳精著述。以爲梁氏肇自武皇，終於敬帝，其興亡之運，盛衰之蹟，足以垂鑒戒，定褒貶。究其始終，起齊永元元年，迄於王琳遇獲，七十五年行事，草創爲三十卷，號曰《梁典》。"《隋》、《唐志》並載何之元《梁典》三十卷。陶棟自《文選》注採得十二節，計《高祖紀略》九節，《到徐二王傳略》三節。

劉璠梁典一卷　（北周）劉璠撰　陶棟輯

輯佚叢刊

注：劉璠，字寶義，沛國沛人，善文筆，仕梁入周，明帝時授内史中大夫，詳見《周書》本傳。《周書》本傳謂璠"著《梁典》三十卷"。"初璠所撰《梁典》始就，未及刊定而卒。臨終謂休徵（璠子）曰：'能成我志，其在此書乎。'休徵治定繕寫，勒成一家，行於世。"《隋志》與《新唐志》並載劉璠《梁典》三十卷，《舊唐志》二十卷。陶棟據《文選》注採得十三人事蹟，爲齊明帝、齊東昏侯、齊和帝、梁高祖、江淹、任昉、張謖、范雲、沈約、王僧孺、劉峻、陸倕、劉沼。

雜　史　類

鄭書　（清）嚴可均輯

全上古三代文卷十五

注：《左傳》襄公三十年、昭公二十八年各引《鄭書》一節，嚴可均據以輯存。按杜預注云："鄭國史書。"

桃左春秋　（清）嚴可均輯

全上古三代文卷十五

注：宋本《韓非子·備内》篇引《桃左春秋》一節，嚴可均據此採摭。《道藏》本"桃"作"挑"，疑誤。俞樾謂"桃左"應作"桃兀"，即《檮兀》，楚史名《諸子平議》）。按俞説亦屬揣測，古史亡佚甚夥，韓非所引或即其一，未必爲楚之《檮兀》。

國語佚文一卷　（清）王仁俊輯

經籍佚文

注：《路史·前紀》卷三鉅靈氏注引佚文一節，王仁俊據以輯存。

國語注一卷　（漢）賈逵撰　（清）王謨輯

漢魏遺書鈔·經翼第三册

賈逵國語注　（漢）賈逵撰　（清）勞格輯

月河精舍叢鈔·讀書雜識卷六

賈逵國語注一卷　（漢）賈逵撰（清）黃奭輯

漢學堂叢書·子史鉤沈·史部雜史類
黃氏逸書考·子史鉤沈

國語解詁二卷　（漢）賈逵撰（清）馬國翰輯

玉函山房輯佚書·補遺·經編春秋類

國語賈景伯注一卷　（漢）賈逵撰（清）蔣曰豫輯

蔣侑石遺書·湝喜齋學録

國語賈氏注一卷　（漢）賈逵撰（清）王仁俊輯

玉函山房輯佚書續編·經編春秋類

注：賈逵，參《周禮賈氏解詁》。《後漢書》本傳云："（逵）尤明《左氏傳》、《國語》，爲之解詁五十一篇，永平中，上疏獻之。顯宗重其書，寫藏祕館。"注云："《左氏》三十篇，《國語》二十一篇也。"《隋志》載逵注《春秋外傳國語》二十卷。李善注《文選》多引賈注，此書在唐代當存。韋昭注《國語》序曰："至於章帝，鄭大司農爲之訓注，解疑釋滯，昭晰可觀，至於細碎，有所闕略。侍中賈君敷而衍之，其所發明，大義略舉，爲已憭矣，然於文間時有遺忘。"王謨自韋昭《國語》注、《文選》注、《史記集解》、唐人類書等採得近二百節，馬國翰輯本與蔣曰豫輯本均可補王謨本之缺。王仁俊從《玉篇》採得百餘節，又從《姓解》採得三節，皆爲諸家所未採。黃奭全龔王本。勞格據《文選》注採得二節，云"汪輯本失輯"，其所云汪氏大約即汪遠孫。

鄭衆國語解詁一卷　（漢）鄭衆撰（清）黃奭輯

漢學堂叢書·子史鉤沈·史部雜史類
黃氏逸書考·子史鉤沈

國語章句一卷　（漢）鄭衆撰（清）馬國翰輯

玉函山房輯佚書·補遺·經編春秋類

注：鄭衆，參《周禮鄭司農解詁》。史志無載此書。韋昭注《國語》序云："至於章帝，鄭大司農爲之訓詁，解疑釋滯，昭晰可觀，至於細碎，有所闕略。"黃奭據韋昭《國語》注、《書鈔》、《文選》注採得十八節，又附録十餘節。馬國翰僅得五節，末二節爲黃本所無。蔣曰豫輯《國語賈景伯注》内附鄭注，有出黃、馬本之外者。

王肅國語章句一卷　（魏）王肅撰（清）黃奭輯

漢學堂叢書·子史鉤沈·史部雜史類

黃氏逸書考·子史鉤沈

　　注：王肅，參《周易王氏注》。《魏志》本傳謂肅注《國語》，《隋志》載王肅《春秋外傳章句》一卷，注云"梁二十一卷"。按宋庠《國語補音》序謂"《隋志》云梁有二十二卷"，今本《隋志》載二十一卷，疑有誤。兩《唐志》並載二十二卷。黃奭自《左傳正義》與《史記集解》輯得八節。

唐固國語注一卷　（吳）唐固撰

（清）黃奭輯

漢學堂叢書·子史鉤沈·史部雜史類

黃氏逸書考·子史鉤沈

春秋外傳國語唐氏注一卷　（吳）

唐固撰　（清）馬國翰輯

玉函山房輯佚書·補遺·經編春秋類

　　注：唐固，字子正，丹陽人，黃武四年爲尚書僕射，注《國語》、《公羊傳》、《穀梁傳》（《三國志·闞澤傳》及裴注引《吳錄》）。韋昭注《國語》序云："建安、黃武之間，故侍御史會稽虞君、尚書僕射丹陽唐君皆英才碩儒洽聞之士也，採摭所見，因賈爲主而損益之，觀其辭義，信多善者，然所理釋，猶有異同。"《隋》、《唐志》並載唐固注《國語》二十一卷。黃奭、馬國翰據韋昭《國語》注等採摭，約得百節，兩本所採大致相當，然亦有互異者。又，王謨輯賈逵《國語注》間附固注三十餘節，蔣曰豫輯《國語賈景伯注》內亦附固注，皆較簡略。《古逸叢書》有影印日本舊鈔卷子本《玉燭寶典》，中引固注爲諸家未採。

虞翻國語注一卷　（吳）虞翻撰

（清）黃奭輯

黃氏逸書考·子史鉤沈

春秋外傳國語虞氏注一卷　（吳）

虞翻撰　（清）馬國翰輯

玉函山房輯佚書·補遺·經編春秋類

國語虞氏注一卷　（吳）虞翻撰

（清）王仁俊輯

玉函山房輯佚書續編·經編春秋類

　　注：虞翻，參《虞翻周易注》。《三國志》本傳謂翻注《國語》。韋昭注《國語》序曰："建安、黃武之間，故侍御史會稽虞君、尚書僕射丹陽唐君皆英才碩儒洽聞之士也，採摭所見，因賈爲主而損益之，觀其辭義，信多善者，然所理釋，猶有異同。"《隋》、《唐志》並載虞翻注《國語》二十一卷。黃奭據韋昭《國語》注採得數十節。馬國翰輯本較黃輯多數節，唯黃本"其得姓者十四人爲十二姓"及"計億事"此二節下注文爲馬氏失採。王仁俊自《姓解》採得一節，爲黃、馬本所無。蔣曰豫輯《國語賈景伯注》內附翻注十餘節，有出以上諸本之外者。

孔晁國語注一卷　（晉）孔晁撰

（清）黃奭輯

漢學堂叢書·子史鉤沈·史部雜史類

黃氏逸書考·子史鉤沈

春秋外傳國語孔氏注一卷　（晉）

孔晁撰　（清）馬國翰輯

玉函山房輯佚書·補遺·經編春秋類

　　注：孔晁，其詳無考。《隋志》載晉五經博士孔晁注《國語》二十卷。《新唐志》載二十一卷，誤題孔鼂解。黃奭與馬國翰均據《左傳正義》等書採摭，得數十節，以黃本稍詳，然馬本亦有黃所失採之文。蔣曰豫輯《國語賈晁伯注》內附晁注十餘節，無出黃、馬本之外。

國語三君注輯存四卷　（清）汪遠

孫輯

振綺堂遺書・國語校注本三種

注：汪遠孫據諸傳注及唐宋類書採摭，得賈逵、虞翻、唐固、孔晁等人之注，釐爲四卷，頗可觀，以之與黃、馬等所輯諸家《國語》注本相校勘，汪氏所採有爲黃、馬等未採者。勞格《讀書雜識》卷六有賈氏注二節，云"汪輯本失採"，所謂汪氏大約即汪遠孫。

〔戰國策佚文〕　（宋）姚寬輯

戰國策附（剡川姚氏本）

戰國策佚文一卷

經籍佚文

戰國策逸文　（清）顧觀光輯

武陵山人遺稿・古書逸文

注：姚寬從《史記索隱》、《御覽》、《書鈔》等採得二十餘節。顧觀光亦輯得二十餘節，大多爲姚氏失採之文。

春秋後語一卷　（晉）孔衍撰

説郛弓五（宛委山堂本）

説郛弓五（宛委山堂本）　傅增湘校

〔北京圖書館〕

春秋後語

青照堂叢書次編第二函・諸經緯遺

春秋後語一卷　（晉）孔衍撰
（清）王謨輯

漢魏遺書鈔・經翼第三册

孔衍春秋後語一卷　（晉）孔衍撰
（清）黃奭輯

漢學堂叢書・子史鉤沈・史部雜史類
黃氏逸書考・子史鉤沈

春秋後語一卷　（晉）孔衍撰
（清）王仁俊輯

玉函山房輯佚書續編・史編總類

注：孔衍，參《凶禮》。按此書今有唐寫本四卷，即《趙語》第五、《韓語》第六、

《魏語》第七、《楚語》第八，收入《鳴沙石室佚書初編》中，羅振玉對此書論述頗詳，見《鳴沙石室佚書目錄提要》。王謨據唐宋類書等採得《秦語》十五條、《齊語》十八條、《楚語》七條、《趙語》十九條、《魏語》八條、《韓語》二條、《燕語》六條。《説郛》本係從《戰國策》採出，凡十節。王仁俊據《珊玉集》等採得四節，爲諸本所無。按王仁俊輯本未題撰者，考《隋志》等，僅衍撰《春秋後語》，知所採必爲衍書。黃奭輯本與王謨本無異，是黃氏襲王本也。按：諸家未及見唐寫本之殘卷，然所採佚文有出唐寫本之外者。

春秋前傳一卷　（清）王仁俊輯

玉函山房輯佚書續編・史編總類

注：王仁俊據《稽瑞》採得一節，未言撰者。考《南史・何承天傳》，知何氏撰有《前傳》，《隋》、《唐志》並載何氏《春秋前傳》十卷，未知王氏所採是否即何書之文。

春秋後傳一卷　（晉）樂資撰
（清）王謨輯

漢魏遺書鈔・經翼第三册

樂資春秋後傳一卷　（晉）樂資撰
（清）黃奭輯

漢學堂叢書・經解春秋類
黃氏逸書考・漢學堂經解

注：樂資，生平不詳。《隋志》載樂資《春秋後傳》三十一卷，兩《唐志》三十卷。劉知幾曰："逮孔子云没，經傳不作。於時文籍，唯有《戰國策》及《太史公書》而已。至晉著作郎魯國樂資，乃追採二史，撰爲《春秋後傳》。其書始以周貞王續前傳魯哀公後，至王赧入秦，

又以秦文王繼周，終於二世之滅，合成三十卷"(《史通·六家篇》)。按樂資所著之書，裴松之頗持譏貶之辭，云："不知(樂)資、(袁)曄之徒竟爲何人，未能識別然否，而輕弄翰墨，妄生異端，以行其書。如此之類，正足以誣罔視聽，疑誤後生矣。寔史籍之罪人，達學之所不取者也。"(《三國志·袁紹傳》注)又云："袁曄、樂資等諸所記載，穢雜虛謬，若此之類，殆不可勝言也。"(《三國志·馬超傳》注)王謨云："今祇從《水經注》鈔出一條，又《初學記》二條，《書鈔》二條，《御覽》六條，若《玉海》引《春秋後傳》五條與記事文體不類，疑當即本傳序例，故列卷首，而以《史記索隱》所引樂資説數條附焉。"按黃奭所輯，內容、編次與王謨本全同，且所注出處亦無異，知黃抄襲王本也。

史説一卷　　（清）王仁俊輯

玉函山房輯佚書續編·史編總類

注：史志無載此書。王仁俊據《琱玉集》卷十四採得一節，紀西施事。

康部抄一卷　　（清）王仁俊輯

玉函山房輯佚書補編

注：史志無載此書。王仁俊自《琱玉集》卷十四採得一節，紀敦洽事。

陸賈楚漢春秋一卷　　（漢）陸賈撰（清）洪頤煊輯

問經堂叢書·經典集林

經典集林

楚漢春秋一卷附疑義一卷　　（漢）陸賈撰　　（清）茆泮林輯

十種古逸書

十種古逸書　清許克勤校〔復旦大學圖書館〕

後知不足齋叢書第七函

龍谿精舍叢書·史部

楚漢春秋一卷附疑義一卷考證一卷　　（漢）陸賈撰　　（清）茆泮林輯　考證　　（清）陳其榮輯

槐廬叢書初編

陸賈楚漢春秋一卷　　（漢）陸賈撰（清）黃奭輯

漢學堂叢書·子史鉤沈·史部雜史類

黃氏逸書考·子史鉤沈

注：陸賈，楚人，有口辨，高帝時拜爲太中大夫，《史記》、《漢書》有傳。《漢志》載陸賈《楚漢春秋》九篇，《隋志》與《新唐志》並載九卷，《舊唐志》二十卷。《後漢書·班彪傳》彪曰："漢興定天下，太中大夫陸賈記録時功，作《楚漢春秋》九篇。"司馬貞謂"記項氏與漢高祖初起及説惠、文間事"(《史記集解序》司馬貞《索隱》)。劉知幾論曰："唯次篇章不繫時月，此乃子書雜記"云云(《史通·題目篇》)。又曰："劉氏初興，書唯陸賈而已，子長述楚、漢之事專據此書。""然觀遷之所載，往往與舊不同。"(《史通·雜説篇》)洪頤煊據《史記》注、《文選》注、《類聚》等採得約五十節。茆泮林所輯與洪本大體相當，其中《韓信》、《英布》、《酈生》、《項王在鴻門》、《董公遮説》等文與洪本稍異，又《間道革山而望趙軍》篇中"卑山"一節爲洪本無，其餘不過編次不同。黃奭輯本與茆本盡同，是黃氏轉録茆本也。

漢皇德傳一卷　　（漢）侯瑾撰（清）張澍輯

二酉堂叢書

叢書集成初編·史地類

257

注：侯瑾，字子瑜，敦煌人，好讀書，不樂佐途，見《後漢書·文苑傳》。《後漢書·文苑傳》云："（瑾）徙入山中，覃思著述。以莫知於世，故作《應賓難》以自寄。又案《漢記》撰中興以後行事，爲《皇德傳》三十篇，行於世。"據《宋書·胡大且渠蒙遜傳》所紀，宋元嘉十四年，河西王茂虔獻《漢皇德傳》二十五卷，疑非完本。《隋》、《唐志》並載侯瑾《漢皇德紀》三十卷，《隋志》注云："起光武，至冲帝。"張澍自《御覽》採得四節，從《漢書·五行志》注採得一節，凡五節。

後漢抄一卷　（清）王仁俊輯

玉函山房輯佚書補編

注：史志無載此書。王仁俊據《珊玉集》卷十二採得二節，敍耿恭、王況事蹟。

九州春秋一卷　（晉）司馬彪撰

說郛弓五十九（宛委山堂本）

說郛弓五十九（宛委山堂本）　傅增湘校　〔北京圖書館〕

古今說部叢書一集

九州春秋　（晉）司馬彪撰

說郛卷二·古典錄略（商務印書館本）

司馬彪九州春秋一卷　（晉）司馬彪撰　（清）黃奭輯

漢學堂知足齋叢書·子史鉤沈　清黃奭校　〔北京圖書館〕

漢學堂叢書·子史鉤沈·史部雜史類

黃氏逸書考·子史鉤沈

注：司馬彪，參《司馬彪續漢書》。《晉書》本傳云："泰始中，爲秘書郎、轉丞。注《莊子》，作《九州春秋》。"劉知幾謂："當漢氏失馭，英雄角力。司馬彪又錄其行事，因爲《九州春秋》，州爲一

篇，合爲九卷。尋其體統，亦近代之《國語》也。"《隋志》載十卷，注云："記漢末事。"兩《唐志》九卷，《宋志》十卷。《直齋書錄解題》作九卷，云："漢末州部之亂，司、冀、徐、兗、青、荊、揚、梁、幽，凡盜賊僭叛皆紀之。"黃奭自《三國志》注等採得三十餘人之事蹟。《說郛》宛委山堂本凡六節，大體無出黃本之外；商務印書館本僅一節，無出宛委山堂本之外。

司馬彪戰略一卷　（晉）司馬彪撰　（清）黃奭輯

漢學堂知足齋叢書·子史鉤沈　清黃奭校　〔北京圖書館〕

漢學堂叢書·子史鉤沈·史部雜史類

黃氏逸書考·子史鉤沈

注：司馬彪，參《司馬彪續漢書》。《隋志》兵家類載司馬彪《兵記》八卷，又趙奭《戰略》二十六卷。按奭，《隋書》有傳。今《三國志》注等引《戰略》俱標爲司馬彪，不知《隋志》有誤仰或別有彪《戰略》一書。黃奭從《三國志》注、《御覽》採得八節，又採《初學記》引一節附後。按其文皆敍三國人物，爲劉表、傅幹、孟達、司馬懿、蔣濟、傅嘏、王基等，非兵家言，黃奭謂與《九州春秋》相表裏，是也。唯題爲《戰略》，則名不符實，其詳無考，姑依黃氏列入雜史。

三國典略一卷　（魏）魚豢撰

說郛弓五十九（宛委山堂本）

說郛弓五十九（宛委山堂本）　傅增湘校　〔北京圖書館〕

五朝小說·魏晉小說訓誡家

五朝小說大觀·魏晉小說訓誡家

古今說部叢書一集

晉魚豢三國典略一卷　（魏）魚豢撰　（清）黃奭輯

漢學堂知足齋叢書·子史鉤沈　清黃奭校　〔北京圖書館〕

魏略一卷　（魏）魚豢撰　（清）王仁俊輯

玉函山房輯佚書補編

魏略輯本二十五卷補遺一卷

（魏）魚豢撰　張鵬一輯

民國十三年陝西文獻徵輯處刻本

注：《隋志》載魏郎中魚豢《典略》八十九卷；《舊唐志》載《典略》五十卷，又《魏典》三十卷；《新唐志》載《魏略》五十卷，無《典略》。按《舊唐志》中《典略》五十卷與《魏略》三十八卷，疑即《隋志》所載《典略》，其間少一卷者，蓋爲錄。劉知幾曰："先是，魏時京兆魚豢私撰《魏略》，事止明帝"（《史通·古今正史篇》）。又曰："魚豢、姚察著魏、梁二史，巨細畢載，蕪累甚多，而俱膀之以《略》，考名責實，奚其爽歟！"《史通·題目篇》《說郛》本凡十八節。王仁俊據周嬰《卮林》卷一與李瀚《蒙求》自注採得二節，自《稽瑞》採得四節，與《說郛》本俱異。張鵬一據《三國志》注等書廣爲採摭，各傳排列以其生平先後爲序，所引東漢以前事實者附於卷末，甚善。按王本可補張本之缺。

魏文帝雜事一卷　（清）王仁俊輯

玉函山房輯佚書補編

注：史志無載此書。王仁俊自《稽瑞》採得一節。

荀綽晉後略一卷　（晉）荀綽撰　（清）黃奭輯

漢學堂叢書·子史鉤沈·史部雜史類

黃氏逸書考·子史鉤沈

注：荀綽，字彥舒，潁川潁陰人，永嘉末爲司空從事中郎，没於石勒，爲勒參軍，博學，撰《晉後書》十五篇（《晉書·荀勗傳》）。《隋志》與《舊唐志》載《晉後略記》五卷，《新唐志》作《晉後略》五卷，《宋志》史鈔類有綽《晉略》九卷。黃奭據《羣書治要》、《御覽》、《世說》注採摭，得十一節，敍晉武帝、賈后、成都王、張方、荀勗、劉漢、馮播、武含凡八人之事蹟。

八王故事一卷　（晉）盧綝撰

說郛弓五十九（宛委山堂本）

說郛弓五十九（宛委山堂本）　傅增湘校　〔北京圖書館〕

闕名八王故事　（晉）盧綝撰　（清）黃奭輯

漢學堂知足齋叢書·子史鉤沈　清黃奭校　〔北京圖書館〕

盧綝晉八王故事一卷

漢學堂叢書·子史鉤沈·史部雜史類

黃氏逸書考·子史鉤沈

注：盧綝，范陽涿人，官至尚書郎（《晉書·盧欽傳》、《熊遠傳》），《隋志》載晉廷尉盧綝《晉四王起事》四卷，知綝曾拜廷尉。晉八王爲汝南王亮、楚王瑋、趙王倫、齊王冏、長沙王乂、成都王穎、河間王顒、東海王越。《隋志》載《晉八王故事》十卷，未言撰者。兩《唐志》載盧綝《晉八王故事》十二卷。黃奭據《世說》注、《書鈔》等輯得二十餘人之事蹟。《說郛》本凡四節，未注出處，亦爲黃氏所搜羅。按《說郛》本與《漢學堂知足齋叢書》本均未題撰者，今從兩《唐志》補題綝撰。

盧綝晉四王遺事一卷　（晉）盧綝撰　（清）黃奭輯

漢學堂叢書·子史鉤沈·史部雜史類

黃氏逸書考·子史鉤沈

注：盧綝，參《八王故事》。《隋志》與《新唐志》並載盧綝《晉四王起事》四卷，《舊唐志》作《四王起居》四卷。按《四王起居》當爲《四王起事》。檢諸書所引，多晉惠帝征成都王穎而軍敗於蕩陰之事，似四王爲齊王冏、成都王穎、河間王顒、長沙王乂。黃奭據《御覽》、《書鈔》、《水經注》採得十四節。

晉要事　（清）黃奭輯

漢學堂叢書·子史鉤沈·史部別史類·衆家晉史

黃氏逸書考·子史鉤沈·衆家晉史

注：《隋志》載《晉要事》三卷，未言撰者。《舊唐志》有《晉故事》三卷，《新唐志》有《晉氏故事》三卷，俱未言撰者，疑即此書。黃奭據《書鈔》、《御覽》採得四節，紋武帝、諸葛恢、曹宏之、張頃元之事蹟。

晉朝雜事　（清）黃奭輯

漢學堂叢書·子史鉤沈·史部別史類·衆家晉史

黃氏逸書考·子史鉤沈·衆家晉史

注：《隋》、《唐志》並載《晉朝雜事》二卷，未言撰者。按《梁書·處士庾詵傳》謂詵撰《晉朝雜事》五卷，行於世，《隋》、《唐志》所載或爲詵書之殘。詵，字彥寶，新野人，博涉經史百家，詳見《梁書·處士傳》。黃奭據《御覽》、《書鈔》採撍，凡九篇，標名爲《晉律》、《雪五尺》、《赤雪》、《死牛語》、《霹靂破高禖石》、《大寒》、《明帝》、《羊琇》、《張林》。

建武故事　（清）黃奭輯

漢學堂叢書·子史鉤沈·史部別史類·衆家晉史

黃氏逸書考·子史鉤沈·衆家晉史

注：《隋志》載《晉建武故事》一卷，未言撰者。兩《唐志》載《晉建武以來故事》三卷。檢諸書所引，或言咸和間事，或云王敦之死（敦卒於太寧二年），事均在建武之後，疑此書全本爲《晉建武以來故事》。然諸書稱引《建武故事》，未知何故？黃奭據《御覽》、《類聚》採得三節，標篇名爲《野廬》、《庾亮》、《應詹》。

晉山陵故事　（清）黃奭輯

漢學堂叢書·子史鉤沈·史部別史類·衆家晉史

黃氏逸書考·子史鉤沈·衆家晉史

注：史志無載此書。黃奭自《御覽》卷七百十八採得一節。

晉陽抄一卷　（清）王仁俊輯

玉函山房輯佚書補編

注：史志無載此書。《珝玉集》卷十四引一節，王仁俊據之採撍。

江表傳一卷　（晉）虞溥撰　（清）王仁俊輯

玉函山房輯佚書補編

注：王仁俊據《稽瑞》採得一節，未言撰者。按《晉書·虞溥傳》謂溥撰《江表傳》，溥卒，"子勃過江上《江表傳》於元帝，詔藏於秘書。"兩《唐志》並載虞溥《江表傳》五卷，《新唐志》又另出三本。《稽瑞》所引當係溥書。虞溥，字允源，高平昌邑人，事蹟詳見《晉書》本傳。

宋拾遺錄一卷　（梁）謝綽撰

說郛弓五十九（宛委山堂本）

說郛弓五十九（宛委山堂本）　傅增湘

校　〔北京圖書館〕

古今説部叢書一集

晉謝綽宋拾遺録一卷　（梁）謝綽撰　（清）黄奭輯

漢學堂知足齋叢書・子史鉤沈　清黄
奭校　〔北京圖書館〕

注：嚴可均云："綽，陳郡陽夏人"
《全梁文》卷五十九）。《隋志》載梁少

府卿謝綽《宋拾遺》十卷，兩《唐志》作
《宋拾遺録》十卷。劉知幾曰："裴松補
陳壽之闕，謝綽拾沈約之遺"（《史通・
書事篇》）。《説郛》本凡九節，不注出
處。章宗源云《初學記》、《書鈔》、《御
覽》共引九事，作《宋拾遺記》，《唐六典》
注引一事，作《宋拾遺録》，詳《隋書經籍
志考證》卷三。

載　記　類

吳越春秋逸文一卷　（漢）趙曄撰　（清）顧觀光輯

武陵山人遺稿

武陵山人遺書

隨盦徐氏叢書

龍谿精舍叢書・史部

吳越春秋逸文　（漢）趙曄撰　（清）杜文瀾輯

曼陀羅華閣叢書・古謠諺卷二十三

吳越春秋佚文一卷　（漢）趙曄撰　（清）王仁俊輯

經籍佚文

注：顧觀光據《羣書治要》、《初學
記》、《水經注》等書採得三十一節。杜
文瀾自《廣博物志》卷三十四採得一節，
爲顧本所無。王仁俊即合録顧、杜
兩本。

越絶書逸文　（漢）袁康撰　（清）顧觀光輯

武陵山人遺稿・古書逸文

〔越絶書〕逸文　（漢）袁康撰　（清）錢培名輯

小萬卷樓叢書・越絶書附札記

龍谿精舍叢書・史部・越絶書附札記

叢書集成初編・史地類・越絶書附
札記

越絶書佚文一卷　（漢）袁康撰　（清）王仁俊輯

經籍佚文

注：錢培名自《文選》注、《吳地記》等
書採得二十餘節。顧觀光採得十一節，
其首節"子胥曰"云云、次節"子胥兵分
爲兩翼"與第八節"越有"云云之文均爲
錢本所無，餘無出錢本之外。王仁俊轉
抄錢本，又據《續漢郡國志》劉昭注採得
一節，可補錢本之缺。

揚雄蜀王本紀一卷　（漢）揚雄撰　（清）洪頤煊輯

問經堂叢書・經典集林

經典集林

蜀王本紀　（漢）揚雄撰　（清）嚴可均輯

全前漢文卷五十三

揚雄蜀王本紀　　（漢）揚雄撰
（清）顧觀光輯

武陵山人遺稿・古書逸文

蜀王本紀一卷　　（漢）揚雄撰
（清）王仁俊輯

玉函山房輯佚書補編

　　注：揚雄，參《琴清英》。《隋》、《唐志》並載揚雄《蜀王本紀》一卷。劉知幾曰：“觀其《蜀王本紀》，稱杜魄化而爲鵑，荆屍變而爲鼈，其言如是，何其鄙哉。”洪頤煊、顧觀光皆據傳注類書採摭，顧本末二節“秦始皇葬於驪山”及“縣前有兩石”云云爲洪本所無，洪本“秦惠王遣張儀、司馬錯伐蜀”、“張儀伐蜀”及“李冰以秦時爲蜀守”凡三節則爲顧氏失採，其餘則二本大體相當。王仁俊據《稽瑞》採得一節，未言撰者。又自《珊玉集》卷十二及《法苑珠林》卷五採得二節，題揚雄撰。王輯除《法苑珠林》一節外，餘二節爲洪本所無。嚴可均輯本與洪本盡同，是嚴氏全襲洪本也。

武敏之三十國春秋一卷　　（劉宋）武敏之撰　　（清）湯球輯

廣雅書局叢書・史學・三十國春秋輯本

叢書集成初編・史地類・三十國春秋輯本

　　注：武敏之，生平不詳。兩《唐志》並載武敏之《三十國春秋》一百卷。湯球據《高氏家譜》採得一篇，云：“案蕭方等《三十國春秋》，《隋志》云起漢建安、訖晉元熙，宋《中興書目》云起宣帝、迄恭帝，皆不云及宋時事，則此爲武敏之之書無疑。”

蕭方等三十國春秋一卷　　（梁）蕭方等撰　　（清）湯球輯

廣雅書局叢書・史學・三十國春秋輯本

叢書集成初編・史地類・三十國春秋輯本

　　注：蕭方等，字實相，世祖長子，長於巧思，有俊才，撰《三十國春秋》及《静住子》（《梁書》本傳）。《隋志》載蕭萬等《三十國春秋》三十一卷。按蕭萬等當爲蕭方等，以“萬”俗字“万”，與“方”形近而誤。《唐》、《宋志》載三十卷，題蕭方等撰，誤删“等”字。《玉海・藝文》引《中興書目》載三十卷，云：“方等採削諸史，以晉爲主，附列漢劉淵以下二十九國，又上取吳孫皓事，起宣帝，迄恭帝。”湯球據《御覽》等約採得一百一十節，頗詳。

三十國春秋一卷　　（清）王仁俊輯

玉函山房輯佚書補編

　　注：王仁俊據李瀚《蒙求》自注卷上採得一節。按《隋志》所載，僅蕭方等、武敏之撰《三十國春秋》，未知王氏所採之文出於誰手。

十六國春秋十六卷　　（後魏）崔鴻撰

廣漢魏叢書・別史

四庫全書・史部載記類

增訂漢魏叢書・別史

叢書集成初編・史地類

四部備要・史部載記

萬有文庫第二集

國學基本叢書

十六國春秋一百卷　　（後魏）崔鴻撰　　（明）屠介孫　項琳輯

明萬曆三十七年屠氏蘭暉堂刻本〔北

　京圖書館　上海圖書館等〕

清乾隆三十九年刻本

清乾隆四十一年刻本

清乾隆四十六年欣託山房刻本

清會稽徐氏述史樓刻本

清光緒元年湖北崇文書局刻本

清光緒十二年湖北官書處刻本

四庫全書・史部載記類

摛藻堂四庫全書薈要・史部

崔鴻十六國春秋略不分卷　（後魏）崔鴻撰

明在茲閣抄本　清馮舒校　〔北京圖書館〕

十六國春秋逸文　（後魏）崔鴻撰　（清）杜文瀾輯

曼陀羅華閣叢書・古謠諺卷二十三

十六國春秋佚文一卷　（後魏）崔鴻撰　（清）杜文瀾輯

經籍佚文

十六國春秋纂錄校本十卷附校勘記一卷　（後魏）崔鴻撰　（清）湯球輯　校勘記　（清）吳翊寅撰

廣雅書局叢書・史部

叢書集成初編・史地類

十六國春秋輯補一百卷年表一卷　（後魏）崔鴻撰　（清）湯球輯

廣雅書局叢書・史學

叢書集成初編・史地類

國學基本叢書

　注：崔鴻，字彥鸞，其從父光爲東清河鄃人，博綜經史，事蹟見《魏書・崔光附傳》。《魏書・崔光附傳》云：“鴻弱冠便有著述之志，見晉、魏前史皆成一家，無所措意。以劉淵、石勒、慕容儁、苻

健、慕容垂、姚萇、慕容德、赫連屈孑、張軌、李雄、呂光、乞伏國仁、禿髮烏孤、李暠、沮渠蒙遜、馮跋等，並因世故，跨僭一方，各有國書，未有統一，鴻乃撰爲《十六國春秋》，勒成百卷，因其舊記，時有增損褒貶焉。鴻二世仕江左，故不錄僭晉、劉、蕭之書”云云。鴻又別作序例一卷，年表一卷，詳見《魏書・崔光附傳》。劉知幾謂此書爲一百二卷（《史通・古今正史篇》）。《隋志》載一百卷，兩《唐志》一百二十卷。《四庫全書總目提要》云：“宋初李昉等作《太平御覽》猶引其文，《宋藝文志》始不著錄，南宋諸家書目亦不載，是亡於北宋也。”又謂十六卷本“其出在屠喬孫本之前，而亦莫詳其所自。十六國各爲一錄，惟列僭僞之主五十八人，其諸臣皆不爲立傳，全爲載記之体，其非一百二卷之舊已不待言。”“或屬後人節錄鴻書亦未可定也。”按屠、項輯本未注出處，大致抄através連綴《晉書》、《類聚》、《御覽》等書而成，凡載五百四十四人。湯球據十六卷本重採，謂屠本“採摘雖繁，而本書之引於羣書者，反多失檢錄，其餘差謬難屈。殊於心不慊，因取纂錄本及《晉書》傳記及原書之散見於諸書者，別爲輯本，編纂雖不及屠詳，而採集要信而有徵”云云（《十六國春秋輯補敍例》）。杜文瀾從《白帖》卷七十七與《廣博物志》卷十六採得二首，爲諸本所無。王仁俊於《經籍佚文》中僅抄錄杜本前一首。

和苞漢趙記一卷　（前趙）和苞撰　（清）湯球輯

廣雅書局叢書・史學・三十國春秋輯本

叢書集成初編・史地類・三十國春秋

輯本

注：和苞，字里不詳，仕劉曜，爲侍中（《晉書·劉曜載記》）。《隋志》與《舊唐志》並載和苞《漢趙記》十卷，《新唐志》載十四卷，《宋志》一卷。劉知幾云："劉曜時，平輿子和苞撰《漢趙記》十篇，事止當年，不終曜滅"（《史通·古今正史》篇）。湯球據《初學記》、《書鈔》、《御覽》、《事類賦》注採得十節。

前趙録一卷 （清）王仁俊輯

玉函山房輯佚書補編

注：史志未載此書。王仁俊據《姓解》卷一採得一節。按崔鴻有《十六國春秋》，未知王氏所採是否即崔書之文。

王度二石傳一卷 （晉）王度撰 （清）湯球輯

廣雅書局叢書·史學·三十國春秋輯本

叢書集成初編·史地類·三十國春秋輯本

注：王度，字里不詳，仕石虎，爲中書著作郎（《晉書·藝術佛圖澄傳》）。《隋志》載王度《二石傳》二卷，又《二石僞治時事》二卷。兩《唐志》並載王度、隋翽等撰《二石僞事》六卷，《新唐志》又載《二石書》十卷。考《史通·古今正史篇》，時田融、郭仲産、王度、王蘭等相次撰述二石事，疑《唐志》所載六卷係後人合併衆書而成。湯球據《御覽》、《世説》注、《開元占經》等採得《石勒傳》五節，《石虎傳》三節，附《二石僞事》六節。

田融趙書一卷 （□燕）田融撰 （清）湯球輯

廣雅書局叢書·史學·三十國春秋輯本

叢書集成初編·史地類·三十國春秋輯本

注：田融，字里不詳，仕燕，爲太傅長史（《史通·古今正史篇》）。《隋志》載田融《趙書》十卷，注云："一曰《二石集》，記石勒事。"兩《唐志》載作《趙石記》二十卷，又《二石記》二十卷，似爲一書。按二石爲石勒、石虎。湯球據《御覽》、《書鈔》等採得四十餘節。

吴篤趙書一卷 （□）吴篤撰 （清）湯球輯

廣雅書局叢書·史學·三十國春秋輯本

叢書集成初編·史地類·三十國春秋輯本

注：吴篤，生平不詳。史志未載此書。湯球據《御覽》卷八百二十採得一節，紀石勒時大宛貢物事。

趙書一卷 （清）王仁俊輯

玉函山房輯佚書補編

注：《琱玉集》卷十四引一節，未言撰者，敍石勒事，王仁俊據以輯存。

後趙録一卷 （清）王仁俊輯

玉函山房輯佚書補編

注：史志未載此書。王仁俊據《姓解》採得六節。按崔鴻有《十六國春秋》，未知王氏所採是否即崔書之文。

常璩蜀李書一卷 （晉）常璩撰 （清）湯球輯

廣雅書局叢書·史學·三十國春秋輯本

叢書集成初編·史地類·三十國春秋輯本

注：常璩，字道將，蜀成都人（《十六國春秋·蜀録》）。《隋志》載常璩《漢之

書》十卷,《舊唐志》載《蜀李書》九卷,而《新唐志》則載《漢之書》十卷又《蜀李書》九卷。《顏氏家訓·書證》云:"《李蜀書》一名《漢之書》。"所謂《李蜀書》當爲《蜀李書》。《史通·古今正史篇》言之更明,云:"常璩撰《漢書》十卷,後入晉秘閣,改爲《蜀李書》。"湯球從《御覽》、《類聚》等採得七節。

蜀録一卷　（清）王仁俊輯

玉函山房輯佚書補編

注:史志未載此書。王仁俊從《姓解》卷三採得一節。按崔鴻有《十六國春秋》,未知王氏所採是否即崔之文。

後蜀録一卷　（清）王仁俊輯

玉函山房輯佚書補編

注:史志未載此書。王仁俊據《姓解》採得二節。按崔鴻有《十六國春秋》,未知王氏所採是否即崔書之文。

范亨燕書一卷　（□燕）范亨撰

（清）湯球輯

廣雅書局叢書·史學·三十國春秋輯本

叢書集成初編·史地類·三十國春秋輯本

注:范亨,生平不詳。《隋志》載僞燕尚書范亨《燕書》二十卷,注云:"記慕容雋事。"兩《唐志》與《宋志》並載二十卷。湯球據《御覽》等採得四十餘節。

前燕録一卷　（清）王仁俊輯

玉函山房輯佚書補編

注:史志未載此書。王仁俊據《姓解》採得五節。按崔鴻有《十六國春秋》,未知王氏所採是否即崔書之文。

高閭燕志一卷　（後魏）高閭撰

（清）湯球輯

廣雅書局叢書·史學·三十國春秋輯本

叢書集成初編·史地類·三十國春秋輯本

注:高閭,字閭士,漁陽雍奴人,博綜經史,能文,詳見《魏書》本傳。《隋志》與《新唐志》並載高閭《燕志》十卷,《隋志》注云:"記馮跂事。"按《魏書·韓麒麟傳》云:"顯宗撰馮氏《燕志》、《孝友傳》各十卷,所作文章,頗傳於世。"又高祖謂顯宗曰:"見卿所撰《燕志》及在齊詩詠,大勝比來之文。然著述之功,我所不見,當更訪之監、令"云云。劉知幾亦稱"韓顯宗記馮氏"。《史通·古今正史》上所紀之事與《隋》、《唐志》不符。大約顯宗撰此書,高閭監其事也。《舊唐志》載十卷,未言撰者。湯球從《初學記》採得一節,《御覽》三節。

後燕録一卷　（清）王仁俊輯

玉函山房輯佚書補編

注:史志未載此書。王仁俊據《姓解》卷三採得一節。按崔鴻有《十六國春秋》,未知王氏所採是否即崔書之文。

北燕録一卷　（清）王仁俊輯

玉函山房輯佚書補編

注:史志未載此書。王仁俊從《姓解》卷一採得二節。按崔鴻有《十六國春秋》,未知王氏所採是否即崔書之文。

南燕書一卷　（□燕）張詮撰

（清）湯球輯

廣雅書局叢書·史學·三十國春秋輯本

叢書集成初編·史地類·三十國春秋輯本

注:張詮,生平不詳。《隋志》載僞燕

尚書郎張詮《南燕録》五卷，注云："記慕
容德事。"《舊唐志》載作《南燕書》五卷，
《新唐志》十卷。湯球據《初學記》卷十
一、《御覽》卷四百六十四採得二節。

王景暉南燕書一卷　（南燕）王景
暉撰　（清）湯球輯

廣雅書局叢書·史學·三十國春秋
輯本

叢書集成初編·史地類·三十國春秋
輯本

注：王景暉，趙郡人（《史通·古今正
史篇》）。劉知幾云："南燕有趙郡王景
暉，嘗事德、超，撰二主起居注。超亡，
仕於馮氏，官至中書令，仍撰《南燕録》
六卷"（《史通·古今正史篇》）。《隋》、
《唐志》並載六卷，《隋志》注云："記慕
容德事。"湯球據《初學記》卷六採得
一節。

南燕録一卷　（清）王仁俊輯

玉函山房輯佚書補編

注：史志未載此書。王仁俊據《姓
解》採得四節。按崔鴻有《十六國春
秋》，未知王氏所採是否即崔書之文。

涼州記　（□燕）張諮撰　（清）張
澍輯

叢書集成初編·史地類·涼州記（段龜
龍撰）附

張諮涼記一卷　（□燕）張諮撰
（清）湯球輯

廣雅書局叢書·史學·三十國春秋
輯本

叢書集成初編·史地類·三十國春秋
輯本

注：張諮，一作張資，事蹟不詳。《隋
志》載偽燕右仆射張諮《涼記》八卷，注

云："記張軌事。"兩《唐志》十卷。《世
說·言語》篇注引張資《涼州記》二節，
敍張天錫之事，張澍與湯球皆據此
採摭。

前涼録一卷　（清）王仁俊輯

玉函山房輯佚書補編

注：史志未載此書。王仁俊據《姓
解》卷三採得一節。按崔鴻有《十六
國春秋》，未知王氏所採是否即崔書
之文。

涼州記　（北涼）段龜龍撰

說郛（商務印書館本）卷四·墨娥漫録

涼州記　（北涼）段龜龍撰

說郛弓六十一（宛委山堂本）

說郛弓六十一（宛委山堂本）　傅增湘
校　〔北京圖書館〕

涼州記一卷　（北涼）段龜龍撰
（清）張澍輯

二酉堂叢書

叢書集成初編·史地類

晉段龜龍涼州記一卷　（北涼）段
龜龍撰　（清）黃奭輯

漢學堂知足齋叢書·子史鈎沈　清黃
奭校　〔北京圖書館〕

段龜龍涼記一卷　（北涼）段龜龍
撰　（清）湯球輯

廣雅書局叢書·史學·三十國春秋
輯本

叢書集成初編·史地類·三十國春秋
輯本

注：段龜龍，生平不詳。《隋志》載偽
涼著作佐郎段龜龍《涼記》十卷，注云：
"記呂光事。"《新唐志》亦載十卷。湯球
據唐宋類書採得二十一節，末四節係從
《說郛》宛委山堂本中摘録。張澍採摭

頗備，除湯本首節“武王吕光字世明”云云爲張氏失採外，餘較湯本多八、九節，且附按語，故視湯輯爲善。《説郛》宛委山堂本凡八篇，篇各一節，其中《涼州樂》、《寒服暑啜》篇爲張本所無，然未注出處；商務印書館本僅一節，即宛委山堂本首節。

涼書　（□）赫連氏撰　（清）張澍輯

叢書集成初編·史地類·涼州記（段龜龍撰）附

注：撰者不詳，史志亦未載此書。張澍據《御覽》採得三節，敍赫連氏之事。

西河記一卷　（晉）喻歸撰　（清）張澍輯

二酉堂叢書

叢書集成初編·史地類

喻歸西河記一卷　（晉）喻歸撰　（清）湯球輯

廣雅書局叢書·史學·三十國春秋輯本

叢書集成初編·史地類·三十國春秋輯本

注：《元和姓纂》卷八引《姓苑》曰：“南昌有喻氏，東晉有喻歸撰《西河記》三卷。”《隋志》載喻歸《西河記》二卷，注云：“記張重華事。”兩《唐志》有段龜龍《西河記》二卷，疑誤題撰者。張澍謂此書係喻歸奉使時所記（張輯本序）。按喻歸奉使之事見《晉書·張重華傳》。湯球據《初學記》、《御覽》採得四節。張澍輯本有七節，其“西河無蠶桑”一節與湯本稍異，末三節則爲湯本所無（其中二節爲《御覽》所引《姑藏記》）。

燉煌新録一卷　（後魏）劉昞撰

説郛弓六十（宛委山堂本）

説郛弓六十（宛委山堂本）　傅增湘校〔北京圖書館〕

宋劉昞敦煌新録一卷　（後魏）劉昞撰　（清）黄奭輯

漢學堂知足齋叢書·子史鉤沈　清黄奭校〔北京圖書館〕

劉昞燉煌實録一卷　（後魏）劉昞撰　（清）湯球輯

廣雅書局叢書·史學·三十國春秋輯本

叢書集成初編·史地類·三十國春秋輯本

注：劉昞，參《周易劉氏注》。《魏書》本傳謂劉昞著《敦煌實録》二十卷，《隋志》載十卷（避諱而題劉景撰），兩《唐志》並載二十卷。劉知幾云：“劉昞之該博而能傳諸不朽，見美來裔者，蓋無幾焉。”（《史通·雜述篇》）又云：“交阯遠居南裔，越裳之俗也；燉煌僻處西域，昆戎之鄉也。求諸人物，自古闕載，蓋由地居下國，路絶上京，史官注記所不能及也。既而士燮著録，劉炳裁品，則磊落英才、粲然盈矚者矣。向使兩賢不出，二郡無記，彼邊隅之君子何以取聞於後世乎！”（《史通·雜説篇》）湯球據《御覽》及《續漢志》注等採得十三節。《説郛》本凡十一節，有出湯本之外者，唯均不注出處。

車頻秦書一卷　（前秦〕車頻撰　（清）湯球輯

廣雅書局叢書·史學·三十國春秋輯本

叢書集成初編·史地類·三十國春秋輯本

注：車頻，生平不詳。劉知幾曰："先是，秦秘書郎趙整參撰國史，值秦滅，隱於商洛山，著書不輟，有馮翊，車頻助其經費。整卒，翰乃啓頻纂成其書，以元嘉九年起，至二十八年方罷，定爲三卷，而年月失次，首尾不倫。"（《史通·古今正史篇》）按所謂"定爲三卷"，疑爲三十卷之誤，裴景仁據此刪爲《秦紀》已有十一卷矣。史志未載此書。湯球據《世説》注、《開元占經》及唐宋類書等採得三十餘節。

秦書一卷　（清）王仁俊輯

玉函山房輯佚書補編

注：《珊玉集》卷十四引《秦書》一節，未言撰者，敍苻朗事，王仁俊據以錄出。按此文大約出於車頻之手。

裴景仁秦記一卷　（劉宋）裴景仁撰　（清）湯球輯

廣雅書局叢書·史學·三十國春秋輯本

叢書集成初編·史地類·三十國春秋輯本

注：《宋書·沈曇慶傳》云："大明元年，（曇慶）督徐、兗二州及梁都諸軍事、輔國將軍、徐州刺史。時殿中員外將軍裴景仁助戍彭城，本偁人，多悉戎荒事。曇慶使撰《秦記》十卷，敍苻氏僭僞本末，其書傳於世。"《隋志》載《秦記》十一卷，稱宋殿中將軍裴景仁撰、梁雍州主簿席惠明注；兩《唐志》亦載十一卷，謂杜惠明注。劉知幾則曰："先是，秦秘書郎趙整參撰國史，值秦滅，隱於商洛山，著書不輟，有馮翊、車頻助其經費。整卒，翰乃啓頻纂成其書，以元嘉九年起，

至二十八年方罷，定爲三卷（按疑爲三十卷），而年月失次，首尾不倫。河東裴景仁又正其訛僻，刪爲《秦紀》十一篇"（《史通·古今正史篇》）。湯球據諸類書及傳注採得十三節。

前秦錄一卷　（清）王仁俊輯

玉函山房輯佚書補編

注：史志未載此書。王仁俊據《姓解》卷三採得一節。按崔鴻有《十六國春秋》，未知王氏所採是否即崔書之文。

姚和都後秦記一卷　（後魏）姚和都撰　（清）湯球輯

廣雅書局叢書·史學·三十國春秋輯本

叢書集成初編·史地類·三十國春秋輯本

注：劉知幾曰："后秦扶風馬僧虔、河東衛隆景並著秦史。及姚氏之滅，殘缺者多。泓從弟和都仕魏，爲左民尚書，又追撰《秦紀》十卷"（《史通·古今正史篇》）。《隋志》載姚和都《秦紀》十卷，注云："記姚萇事。"湯球據《御覽》等採得九節。

後秦錄一卷　（清）王仁俊輯

玉函山房輯佚書補編

注：史志未載此書。王仁俊據《姓解》採得二節。按崔鴻有《十六國春秋》，未知王氏所採是否即崔書之文。

西秦錄一卷　（清）王仁俊輯

玉函山房輯佚書補編

注：史志未載此書。王仁俊據《姓解》採得三節。按崔鴻有《十六國春秋》，未知王氏所採是否即崔書之文。

史　評　類

譙周古史考一卷　（蜀）譙周撰
（清）章宗源輯
　平津館叢書
　訓纂堂叢書
　龍谿精舍叢書·史部
譙周古史考一卷　（蜀）譙周撰
（清）黃奭輯
　漢學堂知足齋叢書·子史鉤沈　清黃
　　奭校　〔北京圖書館〕
　黃氏逸書考·子史鉤沈
　　注：譙周，參《論語譙氏注》。《晉
書·司馬彪傳》云："初，譙周以司馬遷
《史記》書周秦以上，或採俗語百家之
言，不專據正經，周於是作《古史考》二
十五篇，皆憑舊典，以糾遷之謬盡誤。
彪復以周爲未善也，條《古史考》中凡百

二十二事爲不當，多據《汲冢紀年》之
義，亦行於世。"《隋》、《唐志》並載譙周
《古史考》二十五卷。劉知幾論曰："譙
周撰《古史考》，思欲擯抑馬《記》，師放
孔經。"（《史通·模擬篇》）章宗源據諸
傳注類書採得近百節。黃奭輯本與章
宗源輯本全同，是襲章本也。

三國評　（晉）徐衆撰　（清）嚴可
　均輯
　全晉文卷一百三十一
　　注：徐衆，字里不詳。嚴可均曰：
"衆，咸康中爲黃門郎，建元初進侍
中。"《隋志》載《三國志評》三卷，誤題
徐爰撰。兩《唐志》載徐衆《三國評》三
卷。嚴氏從《三國志》注採得九節。

傳　記　類

論語孔子弟子目録　（漢）鄭玄撰
（清）陳鱣輯
　論語古訓附〔清乾隆六十年簡莊刻本
　　清沈濤校　〔上海圖書館〕、乾隆六十
　　年簡莊刻本　清李慈銘校　〔北京圖
　　書館〕、清浙江書局刻本、清浙江書局
　　刻本　鄭文焯校　〔上海圖書館〕）

論語孔子弟子目録一卷
　玉函山房輯佚書·經編論語類
孔子弟子目録一卷　（漢）鄭玄撰
（清）袁鈞輯
　鄭氏佚書（浙江書局本）
論語篇目弟子一卷　（漢）鄭玄撰
（清）孔廣林輯

通德遺書所見録

孔子弟子目録一卷 （漢）鄭玄撰 （清）王謨輯

漢魏遺書鈔・經翼第四册

論語孔子弟子目録一卷 （漢）鄭玄撰 （清）宋翔鳳輯

浮谿精舍叢書

食舊堂叢書

論語篇目弟子一卷 （漢）鄭玄撰 （清）黄奭輯

漢學堂叢書・高密遺書

黄氏逸書考・通德堂經解

注：鄭玄，參《周易鄭康成注》。《隋志》載鄭玄《論語孔子弟子目録》一卷，兩《唐志》載作《論語篇目弟子》一卷。《史記・仲尼弟子列傳》載孔子弟子七十七人，袁鈞悉據此録出。孔廣林僅採有鄭玄注之孔子弟子，凡三十八人。黄奭輯本與孔本大致同，黄云："案鄭君目録必全列孔門弟子，今所録止此者，以其餘皆同乎《史記》也。"宋翔鳳所採亦三十八人，唯較孔本多録衆弟子之字。王謨採得七十九人，於《弟子列傳》採得七十六人（除南宮括外），又從《家語》輯出琴牢、陳亢、懸亶三人補入此書。陳鱣本凡三十九人，末附"申振魯人"一節，云："此條《史記・弟子傳》無，蓋後人因本注附入。"

季漢輔臣贊 （蜀）楊戲撰 （清）嚴可均輯

全三國文卷六十二

注：楊戲，字文然，犍爲武陽人，事蹟詳《三國志》本傳。《三國志》本傳云："戲以延熙四年著《季漢輔臣贊》，其所頌述，今多載於蜀書，是以記之於左。

自此之後卒者，則不追謚，故或有應見稽紀而不在乎篇者也。其戲之所贊而今不作傳者，余皆注疏本末於其辭下，可以觕知其髣髴云爾。"嚴可均即據《三國志》本傳採摭。

忠臣傳序 梁元帝撰 （清）嚴可均輯

全梁文卷十七

忠臣傳序一卷 梁元帝撰 （清）王仁俊輯

玉函山房輯佚書續編・史編總類

注：梁元帝，參《纂要》。《金樓子》卷五載《忠臣傳》三秩三十卷，《梁書》本紀與《隋》、《唐志》並載三十卷。按是書係梁元帝爲湘東王時所著，見《南史・隱逸阮孝緒傳》。今《藝文類聚》與《金樓子》卷五等存此書序一篇，及《忠臣傳死節篇序》、《忠臣傳諫爭篇序》，嚴可均、王仁俊分別據以採摭。

文士傳一卷 （晉）張隱撰

説郛弓五十八（宛委山堂本）

説郛弓五十八（宛委山堂本） 傅增湘校 〔北京圖書館〕

古今説部叢書二集

五朝小説大觀・魏晉小説雜傳家

晉張隱文士傳一卷 （晉）張隱撰 （清）黄奭輯

漢學堂知足齋叢書・子史鉤沈 清黄奭校 〔北京圖書館〕

文士傳逸文 （晉）張隱撰 （清）杜文瀾輯

曼陀羅華閣叢書・古謡諺卷二十

文士傳逸文 （晉）張隱撰 （清）杜文瀾輯

曼陀羅華閣叢書・古謡諺卷八十九

文士傳佚文一卷　（晉）張隱撰

（清）杜文瀾輯

經籍佚文

文士傳　（晉）張隱撰

舊小説甲集

　　注：張隱，一作張騭，生平不詳。《隋
志》載張隱《文士傳》五十卷，兩《唐志》
作張騭《文士傳》五十卷，《崇文總目》十
卷。《玉海・藝文類》引《中興書目》謂
《文士傳》五卷，“載六國以來文士，起楚
羋原，終魏阮瑀，《崇文目》十卷，終宋謝
靈運，已疑其不全，今又缺其半”。鍾嶸
稱：“張騭《文士》，逢document即書。”（《詩品》）
裴松之謂此書是“虛偽妄作”。（《三國
志・王粲傳》注）《説郛》本所載凡十七
人之事蹟，《舊小説》本從中抄錄劉楨、
桓驎二人。杜文瀾據《御覽》卷四百九
十六採得諺一首（在《古謠諺》卷二十），
又從《三國志・王粲傳》注採得歌曲一
首（在《古謠諺》卷八十九），均可補《説
郛》本之缺。王仁俊即轉錄杜輯。

竹林七賢論　（晉）戴逵撰　（清）
嚴可均輯

全晉文卷一百三十七

　　注：戴逵，參《五經大義》。《隋》、《唐
志》並載戴逵《竹林七賢論》二卷。按劉
伶、阮咸、向秀、王戎、阮籍、嵇康與山濤
常集於竹林之下，肆意酣暢，有竹林七
賢之稱。嚴可均據《世説》注及唐宋類
書採得二十六節。

聖賢高士傳一卷　（魏）嵇康撰
（清）嚴可均輯

全三國文卷五十二

聖賢高士傳贊一卷　（魏）嵇康撰
（清）嚴可均輯　唐鴻學校補

怡蘭堂叢書

私立北泉圖書館叢書

聖賢高士傳一卷　（魏）嵇康撰
（劉宋）周續之注　（清）馬國翰輯

玉函山房輯佚書・史編雜傳類

高士傳一卷　（魏）嵇康撰　（清）
王仁俊輯

玉函山房輯佚書補編

　　注：嵇康，參《春秋左氏傳嵇氏音》；
周續之，參《毛詩序義》。《三國志・王
粲傳》注引《嵇氏譜》謂康兄喜爲康傳，
曰：“撰錄上古以來聖賢、隱逸、遁心、遺
名者，集爲傳贊，自混沌至於管寧，凡百
一十有九人，蓋求之於宇宙之內，而發
之乎千載之外者矣。故世人莫得而名
焉。”《宋書・隱逸周續之傳》云續之“常
以嵇康《高士傳》得出處之美，因爲之
注”。《隋志》載嵇康撰、周續之注《聖賢
高士傳贊》三卷；《舊唐志》載嵇康《高士
傳》三卷，又周續之《上古以來聖賢高士
傳讚》三卷；《新唐志》作嵇康《聖賢高士
傳》八卷，又周續之《上古以來聖賢高士
傳讚》三卷。劉知幾於此書有評論，見
《史通・雜説篇》。馬國翰據諸傳注類
書採得約五十人之事蹟。嚴可均云：
“今檢羣書，得五十二傳五贊，凡六十一
人。”按嚴本較馬本多如下十餘人之事
蹟：廣成子、襄城小童、巢父、壤父、老
子、原憲、范蠡、段干木、莊周、田生、韓
福。但馬氏從《聖賢羣輔錄》採得求仲、
平仲事蹟則爲嚴氏未採，其安邱望之
（嚴本作安丘生）、逄萌、徐房、李曇、王
遵數人事蹟較嚴本詳。唐鴻學據嚴本
校補，凡六十四人，補入者條下均有案
語。王仁俊從《御覽》卷五百十採得一

節，紋蔣詡事，無出嚴、馬本之外。

高士傳一卷　（晉）皇甫謐撰
説郛弓五十七（宛委山堂本）
説郛弓五十七（宛委山堂本）　傅增湘校　〔北京圖書館〕

高士傳　（晉）皇甫謐撰
説郛卷七・諸傳摘玄（商務印書館本）

高士傳二卷　（晉）皇甫謐撰
明嘉靖刻本　〔北京圖書館〕

高士傳三卷　（晉）皇甫謐撰
明嘉靖刻本　〔北京圖書館〕
古今逸史・逸記
山居便覽
廣漢魏叢書・別史
廣漢魏叢書・別史　清孫志祖、孫同元校　〔上海圖書館〕
祕書廿一種
四庫全書・史部傳記類
增訂漢魏叢書
祕書廿八種
崇文書局彙刻書
龍谿精舍叢書・史部
叢書集成初編・史地類
四部備要・史部傳記
影印元明善本叢書十種・古今逸史・逸記

高士傳三卷　（晉）皇甫謐撰　（明）黄省曾輯
漢唐三傳

高士傳一卷　（晉）皇甫謐撰
採昭堂祕書史拾

高士傳一卷　（晉）皇甫謐撰
史拾遺聞

删補高士傳三卷　（晉）皇甫謐撰　（清）魏裔介删補
清康熙五年刻本　〔上海圖書館〕

高士傳三卷附逸文一卷　（晉）皇甫謐撰　（清）錢熙祚校　逸文（清）錢熙祚輯
指海第十五集

高士傳佚文一卷　（晉）皇甫謐撰
（清）錢熙祚輯
經籍佚文

高士傳一卷　（晉）皇甫謐撰　羅振玉輯
雪堂叢刻

高士傳　（晉）皇甫謐撰
舊小説甲集

注：皇甫謐，參《帝王世紀》。《隋志》載皇甫謐《高士傳》六卷，《舊唐志》七卷，《新唐志》與宋代書目俱載十卷。謐自序云："謐采古今八代之士，身不屈於王公，名不耗於終始，自堯至魏凡九十餘人。雖執節若夷齊，去就若兩龔，皆不録也。"《郡齋讀書志》云："凡九十六人，而東漢之士居三之一。"《直齋書録解題》云："今自被衣至管寧，惟八十七人。"宋李石《續博物志》卷七謂"皇甫士安撰《高士》亦七十二人。"今所傳《古今逸史》等三卷本凡九十六人，乃後人雜採諸書而成，未注出處。魏裔介删除原三卷本中之被衣、王倪、齧缺、子州支父、石户之農、蒲衣子、弘高、曾參、顏回、摯恂凡十人，補入逢萌、高鳳、陳留老父。錢熙祚以《御覽》等書校三卷本，又輯得逸文十二節附於末，頗善。羅振玉則據《御覽》等重新採摭，得七十三人之事蹟，與錢本可互爲補缺。王仁俊抄録錢本，編入《經籍佚文》中，其末"客有候孔子者"云云一節未注出處，且爲《指

海》本所無，未知何故。《說郛》宛委山堂本與三卷本的卷上內容大致相當，商務印書館本僅錄嚴遵一人之事，《舊小說》本亦僅十則。

高士傳一卷　（清）王仁俊輯

玉函山房輯佚書補編

注：王仁俊據李瀚《蒙求》自注採得三節，未言撰者，述於陵子、張仲蔚、老萊子事。考史志傳注，著《高士傳》者有嵇康、皇甫謐。謐《高士傳》輯本有張仲蔚、老萊子，所紀與《蒙求》所引不同，疑《蒙求》所引爲嵇書之文。

至人高士傳讚　（晉）孫綽撰

（清）嚴可均輯

全晉文卷六十一

注：孫綽，參《論語孫氏集解》。《隋志》載孫綽《至人高士傳讚》二卷。《初學記》卷十七載《原憲》一條，嚴可均以爲此文出於《至人高士傳讚》，據以錄存。

虞般佑高士傳　（晉）虞般佑撰

元晏遺書・元晏先生集附

注：虞般佑，一作虞槃佑，字弘猷，高平人，東晉處士，注《孝經》《釋文序錄》）。《隋志》注謂梁有處士虞槃佐所注《孝經》一卷，虞槃佐即虞槃佑。《隋》、《唐志》並載虞槃佐《高士傳》二卷。《元晏遺書》輯有一則，敍皇甫謐事蹟，未注出處。

達士傳一卷　（晉）皇甫謐撰

（清）王仁俊輯

玉函山房輯佚書補編

注：皇甫謐，參《帝王世紀》。史志載皇甫謐《逸士傳》、《高士傳》、《列女傳》，無《達士傳》。《御覽》卷四百九十六引

皇甫謐《達士傳》，敍繆裴事蹟，王仁俊據此採摭。

逸士傳一卷　（晉）皇甫謐撰

元晏遺書

逸士傳一卷　（晉）皇甫謐撰

（清）王仁俊輯

玉函山房輯佚書補編

注：皇甫謐，參《帝王世紀》。《晉書》本傳謂謐撰《逸士傳》，《隋志》與《新唐志》並載一卷。《元晏遺書》本採自《世說》注、《御覽》等書，敍巢父、許由、擊壤老人、公儀潛、繆裴、王儁、荀靖、羅威、高鳳凡九人之事。王仁俊據李瀚《蒙求》自注採得一節，未言撰者。考諸傳注史志，僅皇甫謐有《逸士傳》，王氏所採之文必出於謐手。又，王氏所採不出《元晏遺書》本之外。

列士傳一卷　（清）王仁俊輯

玉函山房輯佚書補編

注：王仁俊據《瑀玉集》卷十二採得一節，敍伯夷兄弟隱於首陽山之事。按《隋》、《唐志》並載劉向《列士傳》，疑王氏所採即爲向書之文。

列女傳缺文　（漢）劉向撰　（清）孫志祖輯

讀書脞錄卷四（清嘉慶四年刻本、光緒十三年醉六堂刻本）

江氏聚珍版叢書四集・讀書脞錄卷四

列女傳佚文一卷　（漢）劉向撰

（清）王仁俊輯

經籍佚文

注：劉向，參劉向劉歆《易注》《御覽》卷一百三十五載佚文一條，孫志祖、王仁俊據之採摭

列女傳頌　（魏）曹植撰　（清）嚴

可均輯

全三國文卷十七

　　注：曹植，字子建，操子，有文才，事
蹟詳《三國志》本傳。《隋志》與《新唐
志》並載曹植《列女傳頌》一卷。嚴可均
據《文選·石闕銘》注採得一節。

列女傳一卷　（晉）皇甫謐撰

　　説郛弓五十八（宛委山堂本）

　　説郛弓五十八（宛委山堂本）　傅增湘
校　〔北京圖書館〕

　　五朝小説·魏晉小説雜傳家

　　五朝小説大觀·魏晉小説雜傳家

晉皇甫謐列女傳一卷　（晉）皇甫
謐撰　（清）黃奭輯

　　漢學堂知足齋叢書·子史鈎沈　清黃
奭校　〔北京圖書館〕

列女傳一卷　（晉）皇甫謐撰

　　元晏遺書

列女傳　（晉）皇甫謐撰

　　舊小説甲集

　　注：皇甫謐，參《帝王世紀》。《晉書》
本傳謂謐撰《列女傳》，《隋》、《唐志》並
載六卷。《説郛》本凡十節；《舊小説》本
僅二節，不出《説郛》本之外。《元晏遺
書》本所輯採自《御覽》、《三國志》注：
凡四十人之事蹟，且多爲《説郛》本所
無，頗詳。

劉向孝子傳　（漢）劉向撰　（清）
茆泮林輯

　　十種古逸書·古孝子傳

　　十種古逸書·古孝子傳　清許克勤校
〔復旦大學圖書館〕

　　龍谿精舍叢書·史部·古孝子傳

　　叢書集成初編·史地類·古孝子傳

劉向孝子傳一卷　（漢）劉向撰

（清）黃奭輯

　　漢學堂叢書·子史鈎沈·史部傳記類

　　黃氏逸書考·子史鈎沈

孝子傳一卷　（漢）劉向撰　（清）
王仁俊輯

　　玉函山房輯佚書續編·史編總類

　　注：劉向，參《劉向劉歆易注》。史志
未載此書。茆泮林據馬驌《繹史》卷十
注中採得舜事一節，又據《御覽》採得郭
巨事蹟一節及董永事蹟一節。王仁俊
據《法苑珠林》卷四十九採得四人事蹟，
其中丁蘭爲茆本無，舜事較茆本詳，董
永事蹟與茆本稍異，郭巨事蹟則以茆本
爲詳。黃奭所輯與茆本全同，是抄録茆
本也。

蕭廣濟孝子傳　（晉）蕭廣濟撰
（清）茆泮林輯

　　十種古逸書·古孝子傳

　　十種古逸書·古孝子傳　清許克勤校
〔復旦大學圖書館〕

　　龍谿精舍叢書·史部·古孝子傳

　　叢書集成初編·史地類·古孝子傳

蕭廣濟孝子傳一卷　（晉）蕭廣濟
撰　（清）黃奭輯

　　漢學堂叢書·子史鈎沈·史部傳記類

　　黃氏逸書考·子史鈎沈

蕭廣濟孝子傳輯本一卷　（晉）蕭
廣濟撰　（清）陶方琦輯

　　漢孳室遺著

　　注：蕭廣濟，生平不詳。《隋志》載晉
輔國將軍蕭廣濟《孝子傳》十五卷，兩
《唐志》亦載十五卷。茆泮林與陶方琦
皆據《御覽》等採得數十人事蹟，兩本互
有詳略，如陶本末一節“獺，水獸也”爲
茆本無，而茆本伍襲、郭世道、展勤三人

之事蹟則爲陶本所缺。黄奭所採與茆本同，是襲録茆本也。

孝子傳一卷　　（晉）徐廣撰

說郛弓五十八（宛委山堂本）

說郛弓五十八（宛委山堂本）　傅增湘校　〔北京圖書館〕

徐廣孝子傳一卷　　（晉）徐廣撰

（清）黄奭輯

漢學堂知足齋叢書・子史鉤沈　清黄奭校　〔北京圖書館〕

注：徐廣，參《禮論答問》。《新唐志》載徐廣《孝子傳》三卷。《說郛》本所載凡十餘人之事蹟。

虞盤佑孝子傳　　（晉）虞般（題盤）

佑撰　　（清）茆泮林輯

十種古逸書・古孝子傳

十種古逸書・古孝子傳　清許克勤校　〔復旦大學圖書館〕

龍谿精舍叢書・史部・古孝子傳

叢書集成初編・史地類・古孝子傳

注：虞盤佑，即虞般佑，一作虞盤佐，參《高士傳》。兩《唐志》載虞盤佐《孝子傳》一卷。茆泮林據《御覽》採得曾子、華光事蹟各一節。

王韶之孝子傳　　（劉宋）王韶之撰

（清）茆泮林輯

十種古逸書・古孝子傳

十種古逸書・古孝子傳　清許克勤校　〔復旦大學圖書館〕

龍谿精舍叢書・史部・古孝子傳

叢書集成初編・史地類・古孝子傳

注：王韶之，參王韶之《晉安帝紀》。《南史》本傳謂韶之撰《孝傳》三卷，《隋志》載作《孝子傳讚》三卷（誤題王昭之撰），兩《唐志》並載王韶之《孝子傳》十

五卷，《新唐志》又載《讚》三卷。茆泮林據《類聚》、《書鈔》、《御覽》採得三節，敍周青、李陶、竺彌事蹟。

師覺授孝子傳　　（劉宋）師覺授撰

（清）茆泮林輯

十種古逸書・古孝子傳

十種古逸書・古孝子傳　清許克勤校　〔復旦大學圖書館〕

龍谿精舍叢書・史部・古孝子傳

叢書集成初編・史地類・古孝子傳

師覺授孝子傳一卷　　（劉宋）師覺授撰　　（清）黄奭輯

漢學堂叢書・子史鉤沈・史部傳記類

黄氏逸書考・子史鉤沈

注：師覺授，字覺授，南陽涅陽人，著《孝子傳》八卷（《南史・孝義傳》）。唐林寶《元和姓纂》謂帥氏“本姓師氏，避晉景王諱，改爲帥氏。”“宋有帥覺授，一云名昺。”《隋》、《唐志》並載師覺授《孝子傳》八卷。茆泮林多據《御覽》採撮，得九人之事蹟，爲閔損、老萊子、仲子崔、北宮氏女、魏連、趙徇、程曾、吳叔和、王祥。黄奭所輯與茆本盡同，是全襲茆本也。

鄭緝之孝子傳　　（劉宋）鄭緝之撰

（清）茆泮林輯

十種古逸書・古孝子傳

十種古逸書・古孝子傳　清許克勤校　〔復旦大學圖書館〕

龍谿精舍叢書・史部・古孝子傳

叢書集成初編・史地類・古孝子傳

孝子傳一卷　　（劉宋）鄭緝之撰　　（清）王仁俊輯

玉函山房輯佚書續編・史編總類

注：鄭緝之，生平不詳。《隋志》載宋

員外郎鄭緝之《孝子傳》十卷，兩《唐志》載作《孝子傳贊》十卷。茆泮林從《世說》注採得一節，敍吳隱之之事蹟。王仁俊據《法苑珠林》卷四十九採得丁蘭、吳逵、蕭固之事蹟，凡三節。

宋躬孝子傳　（南齊）宋躬撰

（清）茆泮林輯

十種古逸書·古孝子傳

十種古逸書·古孝子傳　清許克勤校〔復旦大學圖書館〕

龍谿精舍叢書·史部·古孝子傳

叢書集成初編·史地類·古孝子傳

孝子傳一卷　（南齊）宋躬撰

（清）王仁俊輯

玉函山房輯佚書續編·史編總類

注：宋躬，一作宗躬，曾官江陵令等，事蹟略見《南齊書·孔稚圭傳》與《南史·袁彖傳》。《隋志》載齊平西諮議《宗躬集》十三卷。《隋志》又載宋躬《孝子傳》二十卷，《舊唐志》十卷，《新唐志》二十卷。按兩《唐志》均題作宗躬。茆泮林據《御覽》等類書採得十八人事蹟。王仁俊從《法苑珠林》採得陳遺、王虛子（按即茆本王靈之）凡二人之事蹟，所敍大致不出茆本之外。

王歆孝子傳　（□）王歆撰　（清）

茆泮林輯

十種古逸書·古孝子傳

十種古逸書·古孝子傳　清許克勤校〔復旦大學圖書館〕

龍谿精舍叢書·史部·古孝子傳

叢書集成初編·史地類·古孝子傳

注：王歆，生平不詳。《隋志》史部謂梁有王歆《後漢林》二百卷，置蕭子顯《後漢書》之後，疑即此人。若是，則歆

爲梁人。史志無載王歆《孝子傳》，茆泮林從《御覽》卷十三採得竺彌事蹟一節。

周景式孝子傳　（□）周景式撰

（清）茆泮林輯

十種古逸書·古孝子傳

十種古逸書·古孝子傳　清許克勤校〔復旦大學圖書館〕

龍谿精舍叢書·史部·古孝子傳

叢書集成初編·史地類·古孝子傳

注：周景式，生平不詳。史志未載此書。茆泮林據《御覽》採得三節，標目爲《管寧》、《荆樹連陰》、《猴母負子》。

孝子傳　（清）茆泮林輯

十種古逸書·古孝子傳

十種古逸書·古孝子傳　清許克勤校〔復旦大學圖書館〕

龍谿精舍叢書·史部·古孝子傳

叢書集成初編·史地類·古孝子傳

孝子傳補遺　（清）茆泮林輯

十種古逸書·古孝子傳

十種古逸書·古孝子傳　清許克勤校〔復旦大學圖書館〕

龍谿精舍叢書·史部·古孝子傳

叢書集成初編·史地類·古孝子傳

孝子傳一卷　（清）王仁俊輯

玉函山房輯佚書續編·史編總類

注：茆泮林云："《隋》、《唐志》諸家《孝子傳》外，又有雜《孝子傳》，故其中所引姓氏及事實儘有同者，今皆備載焉。"按茆氏將諸傳注類書中佚名《孝子傳》彙爲一編，約得三十人事蹟，其《補遺》又附十人。王仁俊據《稽瑞》、《珊玉集》、《姓解》及李瀚《蒙求》自注採摭，得六人之事蹟，爲茆氏失採。

孝德傳序　梁元帝撰　（清）嚴可

均輯

全梁文卷十七

孝德傳序一卷　　梁元帝撰　　（清）
王仁俊輯

玉函山房輯佚書續編・史編總類

注：梁元帝，參《纂要》。《金樓子》卷
五載《孝德傳》三秩三十卷，下注云："金
樓合眾家《孝子傳》成此。"《梁書》本紀
與《隋》、《唐志》並載三十。今《類聚》
與《金樓子》卷五並載此書之序，嚴可
均、王仁俊分別據以採錄。

列仙傳　　（清）孫志祖輯

讀書脞錄卷四（清嘉慶四年刻本、光緒
十三年醉六堂刻本）

江氏聚珍版叢書四集・讀書脞錄卷四

列仙傳佚文一卷

經籍佚文

列仙傳一卷　　（清）王仁俊輯

玉函山房輯佚書補編

列仙傳一卷　　（清）王仁俊輯

經籍佚文

注：《列仙傳》，舊本題劉向撰，疑此
書爲魏、晉方士所依託。孫志祖據《文
選》注採得四節，又從《世說・文學》篇
注採得一節。王仁俊抄錄孫本，收入
《經籍佚文》中，加題葛洪撰，未詳所本。
王仁俊更據《稽瑞》與李瀚《蒙求》自注
採得三節，收入《補編》，又從《姓解》採
得十四節，收入《經籍佚文》，均爲孫氏
失採。

列仙傳贊　　（晉）孫綽撰　　（清）嚴
可均輯

全晉文卷六十一

注：孫綽，參《論語孫氏集解》。《隋
志》載《列仙傳贊》三卷，劉向撰，鄡續，

孫綽贊。嚴可均據《初學記》卷二十三
與《世說・輕詆篇》注採得《老子贊》、
《商丘子贊》凡二節。

神仙傳一卷　　（清）王仁俊輯

玉函山房輯佚書續編・史編總類

注：王仁俊據《御覽》卷六百十六採
得一節，爲孔子與老子問答，又據李瀚
《蒙求》自注採得蘇子訓、左慈、欒巴、費
長房與董奉五人事蹟。考《隋志》，僅葛
洪著《神仙傳》，然王氏所採與葛氏《神
仙傳》不盡同，未審此文出於誰手。

武陵十仙傳一卷　　（清）陳運溶輯

麓山精舍叢書第一集・歷朝傳記九種

注：史志不載此書。陳運溶據《太平
廣記》卷三百八十九採得一節，敍李正
事蹟。

桂陽列仙傳一卷　　（清）陳運溶輯

麓山精舍叢書・歷朝傳記九種

注：史志未載此書。陳運溶據《水經
注》、《御覽》、《書鈔》採得四節，敍蘇耽、
成武丁事蹟。

幼童傳一卷　　（梁）劉昭（題劉劭）撰

說郛弓五十八（宛委山堂本）

說郛弓五十八（宛委山堂本）　傅增湘
校　〔北京圖書館〕

梁劉劭幼童傳一卷　　（梁）劉昭（題
劉劭）撰　　（清）黃奭輯

漢學堂知足齋叢書・子史鉤沈　清黃
奭校　〔北京圖書館〕

注：劉昭，字宣卿，平原高唐人，通
《老》、《莊》義，善屬文，注范曄《後漢
書》，有《幼童傳》十卷（《梁書・文學
傳》）。《隋》、《唐志》並載劉昭《幼童傳》
十卷。《說郛》本所載凡五人之事蹟，爲
任嘏、楊氏、夏侯榮、祖瑩、孫士潛，人各

一節，未注出處。章宗源謂《御覽》、《書鈔》、《後漢書》注引昭書，詳見《隋書經籍志考證》卷十三。

三輔決録一卷　（漢）趙岐撰

說郛弓五十九（宛委山堂本）

說郛弓五十九（宛委山堂本）　傅增湘校　〔北京圖書館〕

五朝小説・魏晉小説訓誡家

五朝小説大觀・魏晉小説訓誡家

古今説部叢書一集

三輔決録　（漢）趙岐撰

說郛卷三（商務印書館本）

三輔決録二卷　（漢）趙岐撰（晉）摯虞注　（清）張澍輯

二酉堂叢書

知服齋叢書第二集

關中叢書第一集

三輔決録一卷補遺一卷　（漢）趙岐撰　（晉）摯虞注　（清）茆泮林輯

十種古逸書

十種古逸書　清許克勤校　〔復旦大學圖書館〕

龍谿精舍叢書・史部

三輔決録一卷　（漢）趙岐撰（晉）摯虞注　（清）黃奭輯

漢學堂叢書・子史鈎沈・史部傳記類

黃氏逸書考・子史鈎沈

三輔決録一卷　（漢）趙岐撰（清）王仁俊輯

玉函山房輯佚書續編・史編總類

三輔決録注一卷　（晉）摯虞撰（清）王仁俊輯

玉函山房輯佚書續編・史編總類

三輔録一卷　（清）王仁俊輯

玉函山房輯佚書續編・史編總類

注：趙岐，字邠卿，京兆長陵人，初名嘉，字臺卿，多所述作，事蹟詳《後漢書》本傳。摯虞，字仲洽，京兆長安人，少事皇甫謐，才學通博，事蹟詳《晉書》本傳。《後漢書・趙岐傳》注引岐自序曰："三輔者，本雍州地也。""余以不才，生於西土，耳能聽而聞故老之言，目能視而見衣冠之疇，心能識而觀其賢愚。常以玄冬，夢黃髮之士，姓玄名明，字子真，與余寤言，言必有中，善否之間，無所依違，命操筆書之。近從建武以來，暨於斯今，其人既亡，行乃可書，玉石朱紫，由此定矣，故謂之《決録》矣。"按此書著成，未即行世，《三國志・荀彧傳》注引《三輔決録注》曰："恐時人不盡其意，故隱其書，唯以云象。"後摯虞爲之注解，事見《晉書・摯虞傳》。《隋志》與《舊唐志》並載趙岐撰、摯虞注《三輔決録》七卷，《新唐志》十卷。劉知幾論之曰："文言美辭，列於章句，委曲叙事，存於細書"（《史通・補注篇》）。諸家輯本以張澍與茆泮林所採最詳，茆氏從傳注類書輯得《決録》九十四事、《注》三十六事。王仁俊據《稽瑞》採得《注》一節，從《姓解》採得《決録》文八節，均可補茆、張本之缺。《説郛》宛委山堂本僅十五節，且多爲茆本所有；商務印書館本僅一節，無出宛委山堂本之外。黃奭輯本同茆本，唯編次稍異而已。王仁俊又據李瀚《蒙求》自注採得《三輔録》三節，爲諸本所無，未言撰者，大約亦系岐書之文。

魯國先賢傳一卷　（清）王仁俊輯

玉函山房輯佚書補編

注：王仁俊據《姓解》卷三採得一節。按《隋志》載晉大司農白褒《魯國先賢傳》二卷，兩《唐志》載十四卷，《舊唐志》作《魯國先賢志》，未知王氏所採是否即褒書之文。

魯國先賢志一卷　（清）王仁俊輯

玉函山房輯佚書補編

注：未知此書是否爲白褒所著，參《魯國先賢志》。王仁俊據《御覽》卷四百九十五採得一節。

青州先賢傳一卷　（清）王仁俊輯

玉函山房輯佚書補編

注：史志未載此書。王仁俊據《類聚》卷三十二採得一節。

吳先賢傳贊　（吳）陸凱撰　（清）嚴可均輯

全三國文卷六十九

注：陸凱，字敬風，吳郡吳人，官至左丞相，封嘉興侯（《三國志》本傳）。《隋志》載陸凱《吳先賢傳》四卷，《新唐志》載《吳國先賢傳》五卷與《吳國先賢像讚》三卷。嚴可均據《初學記》卷十七採得三節，標篇名爲《揚州別駕從事戴矯贊》、《奮武將軍顧承贊》及《上虞令史冑贊》。

會稽先賢傳一卷　（吳）謝承撰

說郛弓五十八（宛委山堂本）

說郛弓五十八（宛委山堂本）　傅增湘校　〔北京圖書館〕

五朝小說・魏晉小說雜傳家

五朝小說大觀・魏晉小說雜傳家

謝承會稽先賢傳一卷　（吳）謝承撰　（清）黃奭輯

漢學堂知足齋叢書・子史鉤沈　清黃奭校　〔北京圖書館〕

會稽先賢傳一卷　（吳）謝承撰　魯迅輯

會稽郡故書雜集

魯迅全集・會稽郡故書雜集

注：謝承，參《謝承後漢書》。《隋志》與《新唐志》並載謝承《會稽先賢傳》七卷，《舊唐志》載五卷。《說郛》本所載凡孔愉、闞澤、董崑、陳業、魏朗、賀劭、陳修七人之事蹟。魯迅輯本凡八人事蹟，爲嚴遵、董昆、沈勳、淳于翼、茅開、陳業、闞澤、賀氏，其中陳業、闞澤事蹟較《說郛》本爲詳。

會稽典録一卷　（晉）虞預撰

說郛弓五十九（宛委山堂本）

說郛弓五十九（宛委山堂本）　傅增湘校　〔北京圖書館〕

古今說部叢書一集

會稽典録　（晉）虞預撰

說郛卷三（商務印書館本）

會稽典録　（晉）虞預撰　（清）勞格輯

讀書雜識卷六（清嘉慶四年刻本、光緒十三年醉六堂刻本）

江氏聚珍版叢書四集・讀書脞録卷六

晉虞預會稽典録一卷　（晉）虞預撰　（清）黃奭輯

漢學堂知足齋叢書・子史鉤沈　清黃奭校　〔北京圖書館〕

會稽典録一卷　（晉）虞預撰　（清）王仁俊輯

玉函山房輯佚書續編・史編總類

會稽典録二卷存疑一卷　（晉）虞預撰　魯迅輯

會稽郡故書雜集

四明叢書第七集

魯迅全集·會稽郡故書雜集

注：虞預，參《虞預晉書》。《晉書》本傳謂預著《會稽典録》二十篇，《隋》、《唐志》並載虞預《會稽典録》二十四卷，《宋志》不載。魯迅云："而宋人撰述時見稱引，又非出於轉録，疑民間尚有其書，後遂湮昧。今搜緝逸文，尚得七十二人，略依時代次第，析爲二卷。有慮非本書者，別爲《存疑》一篇，附於末。"勞格僅採得陳囂事蹟，凡三節。王仁俊轉録勞本，又從李瀚《蒙求》自注採得敍盛吉事一節。《説郛》宛委山堂本所載凡十人之事蹟。按勞、王等本均不出魯迅輯本之外，《説郛》商務印書館本僅録宛委山堂本中夏方、夏香事蹟。

會稽後賢傳記一卷　　（□）鍾離岫撰　魯迅輯

會稽郡故書雜集

魯迅全集·會稽郡故書雜集

注：鍾離岫，生平不詳。漢有鍾離意，會稽山陰人，《後漢書》有傳，或岫爲意之後裔。《隋志》載鍾離岫《會稽後賢傳記》二卷，兩《唐志》載作《會稽後賢傳》三卷。魯迅據諸類書及《世説》注採得五人事蹟，爲孔愉、孔羣、孔坦、丁潭、謝仙女，其敍孔愉事與《説郛》本謝承《會稽先賢傳》中孔愉同。

會稽先賢像讚一卷　　（□）賀氏撰　魯迅輯

會稽郡故書雜集

魯迅全集·會稽郡故書雜集

注：《隋志》雜傳類載《會稽先賢像讚》五卷，未言撰者。《舊唐志》載賀氏《會稽先賢像傳讚》四卷，《新唐志》作《會稽先賢像傳像讚》四卷，又並載賀氏《會稽太守像讚》二卷。按《隋志》載賀循《會稽記》一卷，入地理類，疑《會稽先賢像讚》與《會稽記》原係一書，後人析出言地域山川者入地理類，言人物傳記者入雜傳類。賀循，參《葬禮》。魯迅據《書鈔》卷七十九、卷七十二採得二條，敍董昆、綦母俊事蹟。

丹陽尹傳序　梁元帝撰　（清）嚴可均輯

全梁文卷十七

丹陽尹傳序一卷　梁元帝撰　（清）王仁俊輯

玉函山房輯佚書續編·史編總類

注：梁元帝，參《纂要》。《金樓子》卷五載《丹陽尹傳》一秩十卷，《梁書》本紀與《隋》、《唐志》並載十卷。按此書係元帝爲湘東王時所著，見《南史·隱逸阮孝緒傳》。今《類聚》卷五十與《金樓子》卷五存序一篇，嚴可均、王仁俊分別據以採録。

陳留耆舊傳一卷　（魏）蘇林撰

説郛弓五十八（宛委山堂本）

説郛弓五十八（宛委山堂本）　傅增湘校　〔北京圖書館〕

陳留耆舊傳　（魏）蘇林撰

説郛卷七·諸傳摘玄（商務印書館本）

蘇林陳留耆舊傳一卷　（魏）蘇林撰　（清）黃奭輯

漢學堂知足齋叢書·子史鉤沈　清黃奭校　〔北京圖書館〕

陳留耆舊傳逸文　（魏）蘇林撰　（清）杜文瀾輯

曼陀羅華閣叢書·古謠諺卷十九

陳留耆舊傳佚文一卷　（魏）蘇林撰　（清）杜文瀾輯

經籍佚文

　　注：蘇林，字孝友，外黃人，博學，多敘作（《三國志·劉劭傳》及注引《魏略》）。《隋志》載蘇林《陳留耆舊傳》一卷，兩《唐志》三卷。按圈稱有《陳留耆舊傳》（《隋志》），諸書所引或稱蘇林《廣舊傳》，大約蘇林續補圈稱之書。《説郛》宛委山堂本凡八節，商務印書館本僅録宛委山堂本首節。杜文瀾據《御覽》卷二百六十五、卷四百六十五採得二節；王仁俊轉録杜本次節，編入《經籍佚文》中。

汝南先賢傳一卷　（魏）周斐撰
說郛弓五十八（宛委山堂本）

說郛弓五十八（宛委山堂本）　傅增湘校　〔北京圖書館〕

五朝小説·魏晉小説雜傳家

五朝小説大觀·魏晉小説雜傳家

汝南先賢傳　（魏）周斐撰
說郛卷七·諸傳摘玄（商務印書館本）

晉周斐汝南先賢傳一卷　（魏）周斐撰　（清）黃奭輯
漢學堂知足齋叢書·子史鉤沈　清黃奭校　〔北京圖書館〕

汝南先賢傳一卷　（魏）周斐撰
（清）王仁俊輯

玉函山房輯佚書補編

汝南先賢傳　（魏）周斐撰
舊小説甲集

　　注：周斐，生平不詳。《隋志》稱魏周斐，《説郛》本題晉周斐，大約斐自魏入晉，今從《隋志》題作魏人。《隋志》與《新唐志》並載周斐《汝南先賢傳》五卷。《舊唐志》載三卷，誤題周裴撰。《説郛》宛委山堂本凡十九節。商務印書館本僅二節，《舊小説》本五節，均不出宛委山堂本之外。王仁俊據《稽瑞》採得二節，敍蔡從、應從仲之事，爲《説郛》本所無。按王本未言撰者，考《隋志》，僅斐著此書，知王所採亦出斐手。

楚國先賢傳一卷　（晉）張方撰
說郛弓五十八（宛委山堂本）

說郛弓五十八（宛委山堂本）　傅增湘校　〔北京圖書館〕

五朝小説·魏晉小説雜傳家

五朝小説大觀·魏晉小説雜傳家

張方楚國先賢傳一卷　（晉）張方撰　（清）黃奭輯
漢學堂知足齋叢書·子史鉤沈　清黃奭校　〔北京圖書館〕

楚國先賢傳逸文　（晉）張方撰
（清）杜文瀾輯

曼陀羅華閣叢書·古謠諺卷十九

楚國先賢傳一卷　（晉）張方撰
（清）陳運溶輯

麓山精舍叢書第一集·歷朝傳記九種

楚國先賢傳　（晉）張方撰
舊小説甲集

　　注：張方，生平不詳。《隋志》載晉張方《楚國先賢傳贊》十二卷，《新唐志》載作《楚國先賢傳》十二卷。《舊唐志》有《楚國先賢志》十二卷，誤題楊方撰。陳運溶據《三國志》注、《後漢書》注、唐宋類書等採得三十餘節，末附佚名所撰一條。《説郛》本所載凡八節，有出陳本之外者，唯不詳出處。杜文瀾據《御覽》卷四百九十六採得一節，可補《説郛》本之缺。《舊小説》本僅轉録《説郛》本中李善、應余事蹟。

楚國先賢傳一卷　（清）王仁俊輯

玉函山房輯佚書補編

　　注：王仁俊據《寰宇記》、《稽瑞》及李瀚《蒙求》自注採得四節，又轉録杜文瀾所輯一節（在《古謡諺》卷十九），未言撰者。按史志載張方《楚國先賢傳》，《直齋書録解題》地理類謂唐吳從政删鄒閎甫《楚國先賢傳》爲《襄沔記》，以王氏所採與張方《楚國先賢傳》諸輯本相校勘，文均不同，未知王氏所採是否即鄒閎甫書之文。鄒閎甫生平不詳。晉有鄒湛，字潤甫，南陽新野人（見《晉書·文苑傳》），閎甫或其昆季行。

桂陽先賢畫贊 　（吳）張勝　撰
（清）嚴可均　輯

　　全三國文卷七十三

桂陽先賢傳一卷 　（吳）張勝　撰
（清）陳運溶　輯

　　麓山精舍叢書第一集·歷朝傳記九種

　　注：張勝，生平不詳。《隋志》載吳左中郎張勝《桂陽先賢書讚》一卷。按“書讚”當爲“畫讚”之誤。兩《唐志》載五卷。陳運溶據《御覽》等採得七人之事蹟，爲胡滕、張熹、程曾、蘇耽、成武丁、程桓、羅陵。嚴可均僅採《羅陵畫讚》、《成武丁畫讚》，無出陳本之外。

零陵先賢傳一卷 　題（晉）司馬彪　撰

　　説郛弓五十八（宛委山堂本）

　　説郛弓五十八（宛委山堂本）　傅增湘校〔北京圖書館〕

　　五朝小説·魏晉小説雜傳家

　　五朝小説大觀·魏晉小説雜傳家

司馬彪零陵先賢傳一卷 　題（晉）司馬彪　撰　（清）黃奭　輯

　　漢學堂知足齋叢書·子史鈎沈　清黃

奭校　〔北京圖書館〕

零陵先賢傳一卷 　（清）陳運溶　輯

　　麓山精舍叢書第一集·歷朝傳記九種

　　注：《隋》、《唐志》並載《零陵先賢傳》一卷。按史志與《三國志》注、《類聚》、《水經注》等引此書均未言撰者，《説郛》本與黃奭輯本題司馬彪撰，未知所本。《説郛》本載劉巴、鄭産、葉譚、蔡倫凡四人事蹟。陳運溶據《三國志》注及諸類書採得五人事蹟，爲李融、鄭産、楊懷、劉巴、劉先、周不疑，其劉巴事蹟與《説郛》本不同，鄭産事蹟亦稍異。

襄陽記 　（晉）習鑿齒　撰

　　説郛卷四·墨娥漫録（商務印書館本）

襄陽耆舊傳一卷 　（晉）習鑿齒　撰

　　説郛弓五十八（宛委山堂本）

　　説郛弓五十八（宛委山堂本）　傅增湘校〔北京圖書館〕

　　五朝小説·魏晉小説雜傳家

　　五朝小説大觀·魏晉小説雜傳家

襄陽耆舊記三卷 　（晉）習鑿齒　撰
（清）任兆麟　訂

　　心齋十種

襄陽耆舊記逸文 　（晉）習鑿齒　撰
（清）杜文瀾　輯

　　曼陀羅華閣叢書·古謡諺卷十九

襄陽耆舊記佚文一卷

　　經籍佚文

襄陽耆舊傳一卷 　（晉）習鑿齒　撰
（清）王仁俊　輯

　　玉函山房輯佚書補編

襄陽耆舊傳 　（晉）習鑿齒　撰

　　舊小説甲集

　　注：習鑿齒，參《習鑿齒漢晉春秋》。《隋志》載習鑿齒《襄陽耆舊記》五卷，兩

《唐志》載作《襄陽耆舊傳》五卷，宋代書目並載五卷。《郡齋讀書志》云："前載襄陽人物，中載其山川城邑，後載其牧守。《隋經籍志》曰《耆舊記》，《唐藝文志》曰《耆舊傳》，觀其書，紀錄叢脞，非傳体也，名當從《經籍志》。"《玉海·地理類》引《中興書目》曰："(此書)載先賢事蹟及山川地理，末有賀鑄題，疑記述無倫貫，非全書云。"周中孚跋任兆麟訂本云："此本前有明萬曆癸巳陸長庚舊序，稱《襄陽耆舊傳》，紹熙初太守吳琚刻於郡齋，泯滅久，郡無得而覩焉。宣城胡價初得於臨海，梓以歸，前載人物，中載山川、城邑，後載牧守云云。是價初梓與晁氏說合，當屬宋人本。而是本止三卷，前二卷爲人物，凡三十二人，後一卷爲牧宰，凡十人，文田序稱家藏一册，前神宗時郡齋刻本，不載山川城邑，世尟行本，脱譌頗多，今爲補正數處，以備史傳記一家，則又與長庚所序胡刊本不合。夫文田所藏亦即胡本，疑原本已亡其山川城邑二卷，陸氏但據晁氏說而著之，而未核及本書，明人之鹵率，往往如此，不足異也。《說郛》所載一卷，僅十八人，蓋陶氏所刪節云。"(《鄭堂讀書記補遺》卷二十三)按《說郛》宛委山堂本可補任本之缺，如敍韓係伯、郭祖深、蔡道貴、魚弘諸人之事蹟即爲任本所無。《舊小說》本僅五節，無出宛委山堂本之外。《說郛》商務印書館本凡三節，其首節敍黃承彥事蹟爲宛委山堂本所載，餘二節均爲諸本所無。《古謠諺》載逸文一節，杜文瀾云："從任氏本録之。"按此諺載於《御覽》卷二十二，查任兆麟訂本，未見此諺，姑題杜氏輯。王仁俊據《稽瑞》採得一節，敍黃穆事蹟，爲諸

本所無。按王氏未言撰者，考史志傳注，僅習鑿齒著此書，知王氏所採亦出於習書。

襄陽記一卷　（清）王仁俊輯
　　玉函山房輯佚書補編（一）

襄陽記一卷　（清）王仁俊輯
　　玉函山房輯佚書補編（二）
　　注：史志未載此書。王仁俊據《珮玉集》卷十四採得山蘭（即山簡）事蹟一節，又從《寰宇記》卷一百十八採得李衡事蹟一節。

長沙耆舊傳一卷　（晉）劉彧撰
　　說郛弓五十八（宛委山堂本）
　　說郛弓五十八（宛委山堂本）　傅增湘校　〔北京圖書館〕

長沙耆舊傳　（晉）劉彧撰
　　說郛卷七·諸傳摘玄（商務印書館本）

劉彧長沙耆舊傳一卷　（晉）劉彧撰　（清）黃奭輯
　　漢學堂知足齋叢書·子史鉤沈　清黃奭校　〔北京圖書館〕

長沙耆舊傳逸文　（晉）劉彧撰　（清）杜文瀾輯
　　曼陀羅華閣叢書·古謠諺卷十九

長沙耆舊傳一卷　（晉）劉彧撰　（清）陳運溶輯
　　麓山精舍叢書第一集·歷朝傳記九種
　　注：劉彧，生平不詳。《隋志》載晉臨川王郎中劉彧《長沙耆舊傳讚》三卷，《舊唐志》載作《長沙舊邦傳讚》三卷（誤題劉成撰），《新唐志》載劉彧《長沙舊邦傳讚》四卷。《說郛》宛委山堂本所載凡劉壽、文虔、徐偉、虞芝四人事蹟；商務印書館本僅一節，敍劉壽事，與宛委山堂本中劉壽事蹟互有詳略。陳運溶據諸

類書及《水經注》採得九人事蹟,爲祝良、劉壽、文虔、虞芝、桓階、夏隆、虞授、徐韋、桓龍,其中劉壽等人事蹟與《説郛》宛委山堂本不盡同。杜文瀾稱據《詩紀》採出一節,爲虞授事。按杜氏所採又見《書鈔》卷九十七,陳氏採入。

武陵先賢傳一卷 (清)陳運溶輯

麓山精舍叢書第一集・歷朝傳記九種

注:史志未載此書。陳運溶據《書鈔》等採得三節,敍王坦、潘京事蹟。

廣州先賢傳一卷 (□)鄒閦甫撰

説郛弓五十八(宛委山堂本)

説郛弓五十八(宛委山堂本) 傅增湘校 〔北京圖書館〕

廣州先賢傳 (□)鄒閦甫撰

説郛卷七・諸傳摘玄(商務印書館本)

鄒閦甫廣州先賢傳一卷 (□)鄒閦甫撰 (清)黃奭輯

漢學堂知足齋叢書・子史鉤沈 清黃奭校 〔北京圖書館〕

注:鄒閦甫,參《楚國先賢傳》(王仁俊輯本)。史志未載此書。《説郛》宛委山堂本所載凡丁密、項琦、董正、尹牙四人之事蹟;商務印書館本僅丁密一人。

益都耆舊傳一卷 (晉)陳壽撰

説郛弓五十八(宛委山堂本)

説郛弓五十八(宛委山堂本) 傅增湘校 〔北京圖書館〕

五朝小説・魏晉小説雜傳家

五朝小説大觀・魏晉小説雜傳家

益都耆舊傳 (晉)陳壽撰

説郛卷七・諸傳摘玄(商務印書館本)

晉陳壽益都耆舊傳一卷 (晉)陳壽撰 (清)黃奭輯

漢學堂知足齋叢書・子史鉤沈 清黃奭校 〔北京圖書館〕

益都耆舊傳逸文 (晉)陳壽撰 (清)杜文瀾輯

曼陀羅華閣叢書・古謠諺卷十九

益都耆舊傳一卷 (晉)陳壽撰 (清)王仁俊輯

玉函山房輯佚書補編

益部耆舊傳一卷雜記一卷補遺一卷 (晉)陳壽撰 胡安瀾輯

雜記與補遺 香雪樓主人輯

民國四年四川成都存古書局刻本

益都耆舊傳 (晉)陳壽撰

舊小説甲集

注:陳壽,字承祚,巴西安漢人,曾師事譙周,治《尚書》、《春秋》等,善敍事,有良史之才,著《益都耆舊傳》十篇(《晉書》本傳)。《華陽國志・後賢志》云:"益部自建武後,蜀郡鄭伯邑、太尉趙彦信及漢中陳申伯、祝元靈、廣漢王文表皆以博學洽聞,作巴、蜀《耆舊傳》。壽以爲不足經遠,乃并巴、漢,撰爲《益部耆舊傳》十篇。散騎常侍文立表呈其《傳》,武帝善之。"又《序志》篇謂此書"始漢及魏,煥乎可觀"。《隋》、《唐志》並載《益部耆舊傳》十四卷,《隋志》題陳長壽撰。《説郛》宛委山堂本所載凡十六節,未注出處;商務印書館本轉録宛委山堂本首卷。《舊小説》本從《説郛》宛委山堂本抄出張松、楊之拒妻事蹟,凡二節。杜文瀾據《御覽》卷四百六十五採得一節,敍王忱事,可補《説郛》本之缺。王仁俊轉録杜本之一節,又據《姓解》採得二節。胡安瀾所輯最詳備,據《御覽》、《書鈔》、《三國志》注等採得數十節,香雲樓主人又補輯《雜記》八

節,《補遺》七節。按杜氏所採與胡本中一節大致同(胡氏採自《御覽》四百三),王仁俊採自《姓解》者則爲胡氏與香雪樓主人失採。

先賢傳一卷　（清）王仁俊輯

玉函山房輯佚書補編

注：史志未載此書。王仁俊據《姓解》卷一採得一節。

春秋公子譜一卷　（清）王仁俊輯

玉函山房輯佚書續編・史編總類

注：史志未載此書。王仁俊據《姓解》採得十二節。

海内先賢傳一卷　（清）王仁俊輯

玉函山房輯佚書補編

注：《隋志》載《海内先賢傳》四卷,注云：“魏明帝時撰。”《舊唐志》載四卷,則題魏明帝撰。《新唐志》五卷,仍題魏明帝時撰。按《羣輔錄》有“二十四賢”,云：“右,魏文帝初爲丞相、魏王所旌表二十四賢,後明帝乃述撰其狀,見文帝令及《甄表狀》。”疑他人續補明帝之作而成《海内先賢傳》,故史志或謂明帝時撰,或題明帝撰。王仁俊據《世說》卷一採得三節。

懷舊志序　梁元帝撰　（清）嚴可均輯

全梁文卷十七

懷舊志序一卷　梁元帝撰　（清）王仁俊輯

玉函山房輯佚書續編・史編總類

注：梁元帝,參《纂要》。《金樓子》卷五載《懷舊志》一秩一卷,《梁書》本紀亦載一卷,《南史》本紀謂二卷,《隋志》與《新唐志》並載九卷。《周書・顏之儀傳》云：“梁元帝爲湘東王引協爲其府記室參軍,協不得已乃應命,梁元帝後著《懷舊志》及詩,並稱贊其美”。今《類聚》卷三十四與《金樓子》卷五並載序一篇,嚴可均、王仁俊分別據以採録。

全德志論　梁元帝撰　（清）嚴可均輯

全梁文卷十七

全德志論一卷　梁元帝撰　（清）王仁俊輯

玉函山房輯佚書續編・史編總類

注：梁元帝,參《纂要》。《金樓子》卷五載《全德志》一秩一卷,《梁書》本紀與《隋》、《唐志》並載一卷。今《類聚》卷二十一及《金樓子》卷五並引一篇,嚴可均、王仁俊分別據以採録。

英雄記鈔一卷　（漢）王粲撰

廣漢魏叢書・別史

説郛弓五十七(宛委山堂本)

説郛弓五十七(宛委山堂本)　傅增湘校〔北京圖書館〕

五朝小説・魏晉小説雜傳家

增訂漢魏叢書・別史

王粲英雄記一卷　（漢）王粲撰　（清）黃奭輯

漢學堂知足齋叢書・子史鉤沈　清黃奭校〔北京圖書館〕

漢學堂叢書・子史鉤沈・史部雜史類

黃氏逸書考・子史鉤沈

英雄記逸文　（漢）王粲撰　（清）杜文瀾輯

曼陀羅華閣叢書・古謠諺卷十七

英雄記一卷　（漢）王粲撰

清抄本〔北京圖書館〕

注：王粲,字仲宣,山陽高平人,入魏,累官侍中,有《尚書釋問》四卷(《三

國志》本傳、《隋志》)。《隋志》載王粲《漢末英雄記》八卷,注云:"殘缺,梁有十卷。"《新唐志》載十卷,名曰《漢書英雄記》。《舊唐志》載王粲等撰《漢書英雄記》十卷。《四庫總目提要》云:"粲卒於建安中,其時黃星雖兆,玉步未更,不應名書以《漢末》,似後人之所追題。然考粲《從軍詩》中已稱曹操爲聖君,則儼以魏爲新朝,此名不足怪矣。"按粲傳未言及此書,《舊唐志》題王粲等撰,疑此書非王粲一人之作。黃奭據《三國志》注等採得五十餘人之事蹟,頗完備。《說郛》本所載凡四十餘人事蹟,未注出處。杜文瀾據《續漢書‧五行志》注採得一節,爲《說郛》本所無,但不出黃本之外。

傅暢晉諸公讚一卷　(晉)傅暢撰　(清)黃奭輯

漢學堂叢書‧子史鉤沈‧史部雜史類
黃氏逸書考‧子史鉤沈

晉諸公敍讚二卷　(晉)傅暢撰　(清)傅以禮輯

傅氏家書

注:傅暢,字世道,北地泥陽人,事石勒,爲大將軍、右司馬,諳識朝儀,恒居機密,著《晉諸公敍讚》二十二卷(《晉書‧傅玄傳》)。《隋志》載傅暢《晉諸公讚》二十一卷,兩《唐志》並載二十二卷。傅以禮以宋代尚引此書,"則其湮散或在元代未可知也"。黃奭、傅以禮皆據諸類書傳注採得百餘人事蹟,傳本凡三百餘節,較黃本爲詳。

晉先賢傳一卷　(清)王仁俊輯

玉函山房輯佚書補編
注:史志未載此書。王仁俊據李瀚《蒙求》自注採得一節。

師曠紀一卷　(清)王仁俊輯

玉函山房輯佚書續編‧史編總類
注:史志未載此書。王仁俊據《稽瑞》採得一節。

墨子傳一卷　(清)王仁俊輯

玉函山房輯佚書補編
注:史志未載此書。《法苑珠林》卷六十七引之,王仁俊據以輯存。

衝波傳　(清)杜文瀾輯

曼陀羅華閣叢書‧古謠諺卷九十

衝波傳一卷　(清)王仁俊輯

玉函山房輯佚書補編
注:史志未載此書。王仁俊據《類聚》卷七十一及《繹史‧孔子類記》採得二節。杜文瀾輯本有一節,即王本次節,但未注出處。

燕太子傳一卷　(清)王仁俊輯

玉函山房輯佚書續編‧史編總類
注:史志未載此書。王仁俊據《琱玉集》卷十二採摭。

鍾離意別傳一卷　(清)王仁俊輯

玉函山房輯佚書續編‧史編總類
注:史志未載此書。王仁俊據《後漢書‧鍾離意傳》注與《續漢郡國志》注採得二節。

鄭玄別傳一卷　(清)洪頤煊輯

問經堂叢書‧經典集林
經典集林

鄭康成別傳　(清)勞格輯

月河精舍叢鈔‧讀書雜識卷一

鄭君別傳一卷

玉函山房輯佚書續編‧史編總類
注:史志未載此書,然《三國志》裴注已引之,則書當成於劉宋前或劉宋之

際。勞格據《世説》注等採得十三節,洪頤煊所輯較勞本爲詳,唯勞本所採"大將軍何進辟玄"及"玄有子爲孔融吏"等文與洪本不盡同。

蔡琰別傳一卷 （清）王仁俊輯

玉函山房輯佚書補編

注：史志未載此書。王仁俊據《瑯玡集》卷十二採摭。

桓階別傳一卷 （清）陳運溶輯

麓山精舍叢書第一集·歷朝傳記九種

注：史志未載此書。陳運溶據《書鈔》及《御覽》採得數事。

王弼傳 （晉）何劭撰 （清）嚴可均輯

全晉文卷十八

注：何劭,字敬祖,陳國陽夏人,善屬文,著《王弼傳》等,詳《晉書·何曾傳》。史志未載此書,嚴可均據《三國志·鍾會傳》注採摭,並云："案《世説·文學》篇注引《弼別傳》,其文小異。"

嵇康傳 （晉）嵇喜撰 （清）嚴可均輯

全晉文卷六十五

注：嵇喜,字公穆,譙國銍人,晉時拜揚州刺史,事蹟詳見《三國志·王粲傳》注引《嵇氏譜》與《晉書·嵇康傳》。史志未載此書。嚴可均據《三國志·王粲傳》注採摭。

葛粲傳 （晉）何劭撰 （清）嚴可均輯

全晉文卷十八

注：何劭,參《王弼傳》。史志未載此書。嚴可均據《三國志·荀彧傳》注採摭。

蒲元傳 （清）嚴可均輯

全三國文卷六十二

蒲元別傳 （清）嚴可均輯

全三國文卷六十二

注：史志未載此書。嚴可均據《類聚》卷六十採得《蒲元傳》,又據《御覽》卷三百四十五採得《蒲元別傳》(涵芬樓影印宋本《御覽》卷三百四十五引爲《蒲元傳》)。按《類聚》與《御覽》所載內容同,僅文字稍異。

陶侃別傳一卷 （清）王仁俊輯

玉函山房輯佚書補編

注：史志未載此書。王仁俊據《姓解》採得二節。

羅含別傳一卷 （清）陳運溶輯

麓山精舍叢書第一集·歷朝傳記九種

注：史志未載此書。陳運溶從《世説》注、《類聚》與《御覽》採得數事。

單道開傳贊 （晉）康泓撰 （清）嚴可均輯

全晉文卷一百三十三

注：梁釋慧皎《高僧傳》卷十云："單道開,姓孟,燉煌人。""至晉昇平三年,來之建業,俄而至南海,後入羅浮山。獨處茅茨,蕭然物外。春秋百餘歲,卒於山舍。""有康泓者,昔在北間,聞弟子敍開昔在山中,每有神仙去來,逍遙心敬悒。及後從役南海,親與相見,側席鑽仰,稟聞備至,迺爲之傳讚,讚曰"云云。《隋志》載康洓《道人善道開傳》一卷。按《法苑珠林》卷二十七引《冥祥記》曰："趙沙門單,或作善,字道開,不知何許人也。《別傳》云：燉煌人,本姓孟。"嚴可均據《高僧傳》卷十採得此書贊一節。

羊氏家傳一卷 （清）王仁俊輯

玉函山房輯佚書補編

　　注：史志未載此書。王仁俊從《姓解》卷一採得一節。

孫氏世録一卷　（清）王仁俊輯

玉函山房輯佚書補編

　　注：史志未載此書。王仁俊據《蒙求》自注採得一節，敍孫康事蹟。

祖氏家傳一卷　（清）王仁俊輯

玉函山房輯佚書補編

　　注：史志未載此書。王仁俊據《姓解》卷三採得一節。

潁川褧氏文士傳一卷　（清）王仁俊輯

玉函山房輯佚書補編

　　注：史志未載此書。王仁俊據《姓解》採得一節。

皇甫謐説一卷　（晉）皇甫謐撰　（清）王仁俊輯

玉函山房輯佚書補編

　　注：皇甫謐，參《帝王世紀》。《姓解》卷一"氾"字下注曰："音帆，出燉煌郡。皇甫謐云：本姓凡，遭秦亂避地汎水，因改焉"。王仁俊據之採摭，題爲《皇甫謐説》。

姓苑一卷　（劉宋）何承天撰　（清）王仁俊輯

玉函山房輯佚書補編

　　注：何承天，參《禮論》。《隋志》載《姓苑》一卷，但云何氏撰，未題名。《新唐書·柳沖傳》柳芳曰："宋何承天有《姓苑》二篇。"兩《唐志》與《崇文總目》載何承天《姓苑》十卷。《直齋書録解題》載二卷，云："不著名氏，古有何承天《姓苑》，今此以李爲卷首，當是唐人所爲。"按《新唐志》與《崇文總目》又載

崔日用《姓苑略》，疑陳氏所云之本即爲崔氏本。王仁俊據《姓解》採得三百餘節。

何承天説一卷　（劉宋）何承天撰　（清）王仁俊輯

玉函山房輯佚書補編

　　注：何承天，參《禮論》。《姓解》卷一"喻"字下注曰："何承天又云：喻音樹。"王仁俊據以採録，題爲《何承天説》。按何氏著述甚富，未知此説是否即《姓苑》之文，以從《姓解》中輯存，姑附何氏《姓苑》後。

英賢傳一卷　（梁）賈執撰　（清）王仁俊輯

玉函山房輯佚書補編

　　注：考《新唐書·宰相世系賈氏表》，知賈執爲齊、梁間人。執歷南康嗣王府行參軍、知譜事（《文苑英華》卷六百四十九引劉潛《彈賈執傳湛文》），事蹟不詳。《新唐書·儒學柳沖傳》柳芳曰："於時有司選舉，必稽譜籍，而考其真僞。故官有世胄，譜有世官，賈氏、王氏譜學出焉。""晉太元中，散騎常侍河東賈弼撰《姓氏譜狀》，十八州百十六郡，合七百一十二篇，甄析士庶無所遺。""弼傳子匪，匪之傳子希鏡，希鏡撰《姓氏要狀》十五篇，尤所諳究。希鏡傳子執，執更作《姓氏英賢》一百篇，又著《百家譜》，廣兩王所記。執傳其孫冠，冠撰《梁國親皇太子序親簿》四篇。王氏之學，本於賈氏。"《隋》、《唐志》並載賈執《姓氏英賢譜》一百卷。王仁俊據《姓解》卷一採得一節。

百家譜一卷　（梁）王僧孺撰　（清）王仁俊輯

玉函山房輯佚書補編

　　注：王僧孺，字僧孺，東海郯人，工文，多識古事，入直西省，知撰譜事（《南史》本傳）。《南史》本傳云："尚書令沈約以爲'晉咸和初，蘇峻作亂，文籍無遺。後起咸和二年以至於宋，所書並皆詳實，並在下省左戶曹前廂，謂之晉籍，在東西二庫。此籍既並精詳，實可寶惜，位宦高卑，皆可依案。宋元嘉二十七年，始以七條徵發，既立此科，人姦互起，僞狀巧籍，歲月滋廣。以至於齊，患其不實，於是東堂校籍，置郎令史以掌之。競行姦貨，以新換故，昨日卑細，今日便成士流。凡此姦巧，並出愚下，不辨年號，不識官階'。""'臣謂宋、齊二代，士庶不分，雜役減闕，職由於此。竊以晉籍所餘，宜加寶愛'。武帝以是留意譜籍，州郡多離其罪，因詔僧孺改定《百家譜》。""僧孺之撰，通范陽張等九族以代雁門解等九姓。其東南諸族別爲一部，不在百家之數焉。""集《十八州譜》七百一十卷，《百家譜集抄》十五卷，《東南譜集抄》十卷。"《隋志》載王僧孺《百家譜》三十卷、又《百家譜集抄》十五卷，兩《唐志》載《百家譜》三十卷、又《十八州譜》七百一十二卷。王仁俊據《姓解》採得五節。

姓書一卷　（清）王仁俊輯

玉函山房輯佚書補編

　　注：王仁俊據《姓解》採得十五節。按宋以前所著姓氏之書頗多，《姓解》僅稱《姓書》，未知此書之撰者與成書年代，以《姓解》多引古書，姑編入。

政　書　類

漢禮器制度一卷　（漢）叔孫通撰（清）王謨輯

漢魏遺書鈔·經翼第二册

漢禮器制度一卷　（漢）叔孫通撰（清）孫星衍輯

稿本　清顧廣圻校　〔上海圖書館〕

平津館叢書

漢官六種

後知不齋叢書第七函

知服齋叢書第一集

叢書集成初編·社會科學類

叔孫通漢禮器制度　（漢）叔孫通撰　（清）孫星衍輯　（清）丁晏輯補

南菁書院叢書第三集·佚禮扶微卷五

漢禮器制度　（漢）叔孫通撰（清）勞格輯

月河精舍叢鈔·讀書雜識卷二

叔孫通漢禮器制度一卷　（漢）叔孫通撰　（清）黃奭輯

漢學堂知足齋叢書·子史鉤沈　清黃奭校　〔北京圖書館〕

漢禮器制度一卷　（漢）叔孫通撰（清）王仁俊輯

玉函山房輯佚書續編・經編通禮類

漢禮器制度一卷　（漢）叔孫通撰 （清）王仁俊輯

玉函山房輯佚書續編・史編總類

注：叔孫通，薛人，定漢諸儀法，事蹟見《漢書》本傳。《後漢書・曹褒傳》云："章和元年正月，乃召褒詣嘉德門，令小黃門持班固所上叔孫通《漢儀》十二篇，勑褒曰：'此制散略，多不合經，今宜依禮條正，使可施行。'"《周官・天官・凌人》賈公彥疏曰："叔孫通前漢時作《漢禮器制度》，多得古之周制，故鄭君依而用之也。"《隋》、《唐志》未載此書。王謨據諸傳注類書採得二十五節。孫星衍輯本凡八節，多爲王謨所無。勞格從《禮記正義》採得八節，以補孫本之缺。丁晏補輯孫本，得十六節，校之勞本，丁本末第三、四節與勞本同，餘皆出勞本之外。王仁俊合抄勞、丁兩本爲一輯，編入史編總類，又於諸家所採外得三十節，編入經編通禮類，其序云："凡稱《漢禮器制度》外，曰《漢禮》，曰《制度》，曰《漢制》，曰《禮儀》，曰《漢禮制度》，以一書異名，皆採列焉。"

封禪儀記一卷　（漢）馬第伯撰

説郛弓五十一（宛委山堂本）

説郛弓五十一（宛委山堂本） 傅增湘校　〔北京圖書館〕

封禪儀記一卷　（漢）馬第伯撰 （清）嚴可均輯

全後漢文卷二十九

注：馬第伯，生平不詳。史志未載此書。嚴可均據諸傳注及唐宋類書等採得四十九節。《説郛》本不及嚴本爲詳，且未注出處。

南北郊冕服議　（漢）劉蒼撰 （清）嚴可均輯

全後漢文卷十

南北郊冕服議一卷　（漢）劉蒼撰 （漢）王仁俊輯

玉函山房輯佚書續編・經編通禮類

注：劉蒼，光武帝子，封東平憲王，好經書，事蹟詳《後漢書》本傳。《後漢書》本傳云："是時中興三十餘年，四方無虞，蒼以天下化平，宜修禮樂，乃與公卿共議定南北郊冠冕車服制度，及光武廟登歌八佾舞數。"考《後漢書・樊儵傳》，知儵參與議定，云"與公卿雜定郊祠禮儀"。董鈞亦預其事，《後漢書・儒林傳》云："永平初，爲博士。時草創五郊祭祀，及宗廟禮樂，威儀章服，輒令鈞參議，多見從用。"史志未載此書。嚴可均從《續漢書・輿服志》注引《東觀》採得一節；王仁俊從《東觀漢紀》採得一節，與嚴採同文，蓋即據《輿服志》注所引。

胡廣漢制度　（漢）胡廣撰 （清）王謨輯

漢魏遺書鈔・經翼第二册・漢禮器制度附

漢制度　（漢）胡廣撰 （清）孫星衍輯

漢官解詁附（稿本　清顧廣圻校 〔上海圖書館〕）

平津館叢書・漢官解詁附

漢官六種・漢官解詁附

後知不足齋叢書第七函・漢官解詁附

知服齋叢書第一集・漢官解詁附

叢書集成初編・社會科學類・漢官解詁附

四部備要・史部政書・漢官六種・漢

官解詁附

〔胡廣漢制度〕　（漢）胡廣撰
（清）王仁俊輯

玉函山房輯佚書續編・經編通禮類・
漢禮器制度附

注：胡廣，字伯始，南郡華容人，博識
多通，學究五經（《後漢書》本傳及注引
謝承書）。《後漢書・禮儀志》注引謝承
《後漢書》云："太傅胡廣博綜舊儀，立漢
制度，蔡邕因以爲志，譙周後改定以爲
《禮儀志》"。《南齊書・禮志》謂"胡廣
撰舊儀，""綴識時事"。《百官志》稱其
"事惟簡撮"。史志未載此書。孫星衍
據諸傳注採得十節。王謨輯本凡六節，
其末一節孫氏列入王隆《漢官解詁》之
中，餘五節均未出孫本之外。王仁俊
《漢禮器制度》輯本末五節爲胡廣《漢制
度》，其中第四節爲孫本所無。

魏尚書奏王侯在喪襲爵議一卷
（清）王仁俊輯

玉函山房輯佚書續編・經編通禮類

注：《通典》卷七十二引魏尚書奏議，
王仁俊據以錄存。

決疑要注一卷　（晉）摯虞撰

説郛弓六十（宛委山堂本）

説郛弓六十（宛委山堂本）　傅增湘校
〔北京圖書館〕

晉摯虞決疑要注一卷　（晉）摯虞
撰　（清）黃奭輯

漢學堂知足齋叢書・子史鉤沈　清黃
奭校　〔北京圖書館〕

決疑要注一卷　（晉）摯虞撰　張
鵬一輯

關隴叢書・摯太常遺書

關中叢書第四集・摯太常遺書

注：摯虞，參《三輔決錄》。《晉書・
禮志》云："及晉國建，文帝又命荀顗因
魏代前事，撰爲新禮，參考古今，更其節
文，羊祜、任愷、庾峻、應貞並共刊定，成
百六十五篇，奏之。太康初，尚書僕射
朱整奏付尚書郎摯虞討論之。""虞討論
新禮訖，以元康元年上之。所陳惟明堂
五帝、二社六宗及吉凶王公制度，凡十
五篇。有詔可其議。後虞與傅咸續續
其事，竟未成功。中原覆没，虞之《決疑
注》，是其遺事也。逮於江左，僕射刁
協、太常荀崧補緝舊文，光祿大夫蔡謨
又踵修其事。"《隋志》與《新唐志》並載
摯虞《決疑要注》一卷。張鵬一據傳注
類書採得二十節。《説郛》本僅六節，其
中"秦除袞冕之制"與"譙之與會"云云
二節同張本，餘四節未知所出。

東宮舊事一卷　（晉）張敞撰

説郛弓五十九（宛委山堂本）

説郛弓五十九（宛委山堂本）　傅增湘
校　〔北京圖書館〕

冠悔堂叢書・譚鯖

五朝小説・魏晉小説偏録家

五朝小説大觀・魏晉小説偏録家

晉張敞東宮舊事一卷　（晉）張敞
撰　（清）黃奭輯

漢學堂知足齋叢書・子史鉤沈　清黃
奭校　〔北京圖書館〕

注：《顏氏家訓・書證》云："或問曰：
'《東宮舊事》何以呼鴟尾爲祠尾。'答
曰：'張敞者，吳人，不甚稽古，隨宜記
注，逐鄉俗訛謬，造作書字耳'"云云。
《隋志》載《晉東宮舊事》十卷，未言撰
者。《舊唐志》載張敞《東宮舊事》十一
卷，《新唐志》十卷。《説郛》本載五
十節。

問禮俗一卷　（魏）董勛撰　（清）
　王謨輯

漢魏遺書鈔・經翼第二冊

董勛問禮俗一卷　（魏）董勛撰
（清）黃奭輯

漢學堂叢書・子史鉤沈・史部政書類
黃氏逸書考・子史鉤沈

問禮俗一卷　（魏）董勛撰　（清）
　馬國翰輯

玉函山房輯佚書・經編通禮類

　　注：嚴可均云：「勛，仕魏，入晉爲議
郎。」（《全晉文》卷四十四）按《北齊書・
魏收傳》稱晉議郎董勛，仕魏事不詳。
《隋》、《唐志》並載董勛《問禮俗》十卷。
王謨據經傳採得十二節，馬國翰採得十
五節，王本第五節「正月一日」、第六節
「人日」及「職高者名録在上」一節爲馬
本所無，馬輯本末四節則爲王氏失採，
其中「俗以正月一日爲雞」、「或問董勛
曰俗五月不上屋」二節與王本稍異。黃
奭輯本同馬本。

後養議一卷　（晉）干寶撰　（清）
　馬國翰輯

玉函山房輯佚書・經編通禮類

　　注：干寶，參《干常侍易解》。《隋志》
注謂梁有干寶《後養議》五卷，「亡」。
《晉書・禮志》載其論一首，馬國翰以爲
「五篇中佚篇之一」，據以輯存。

通疑　（晉）虞喜撰　（清）嚴可
　均輯

全晉文卷八十二

通疑一卷　（晉）虞喜撰　（清）馬
　國翰輯

玉函山房輯佚書・子編儒家類
四明叢書第六集

　　注：虞喜，參《論語虞氏讚注》。史志
未載此書。馬國翰據《通典》卷九十五、
卷九十八採得五節。嚴可均輯本凡三
節，無出馬本之外。

廣林一卷　（晉）虞喜撰　（清）馬
　國翰輯

玉函山房輯佚書・子編儒家類
四明叢書第六集

　　注：虞喜，參《論語虞氏讚注》。《隋
志》注謂梁有虞喜《廣林》二十四卷，
「亡」。馬國翰曰：「考杜佑《通典》引虞
喜説凡二十節，除標題《釋滯》、《通疑》
八節，明標《廣林》者一節，他皆稱虞喜
曰，循其文義，皆雜論禮服，知爲一書
語，引者舉一例，餘不標《廣林》者，省
文也。」

釋滯　（晉）虞喜撰　（清）嚴可均輯

全晉文卷八十二

釋滯一卷　（晉）虞喜撰　（清）馬
　國翰輯

玉函山房輯佚書・子編儒家類
四明叢書第六集

　　注：虞喜，參《論語虞氏讚注》。史志
未載此書。馬國翰云：「杜佑《通典》引
三節，題曰虞喜《釋滯》，喜別撰此而史
志佚之耶？ 抑其爲《志林》、《廣林》、《後
林》篇目之一耶？ 疑不能明。」馬氏據
《通典》卷九十三採得二節，又卷一百三
引虞喜《釋疑》一節，馬以「疑」爲「滯」字
之誤，亦並採入。嚴可均輯本凡二節，
與馬本同，又所輯《釋疑》一節，另標名。

祭典　（晉）范汪撰　（清）嚴可均輯

全晉文卷一百二十四

祭典一卷　（晉）范汪撰　（清）馬
　國翰輯

玉函山房輯佚書·經編通禮類

注：范汪，字玄平，南陽順陽人，善談名理，事蹟見《晉書》本傳。《隋志》注稱梁有范汪《祭典》三卷，"亡"。《新唐志》復載三卷。馬國翰從唐宋類書與《通典》採得九節。嚴可均僅據《通典》採得二節，無出馬本之外。

謚法三卷　（漢）劉熙　（晉）孔晁注　（清）孫馮翼輯

問經堂叢書

劉熙謚法注　（漢）劉熙撰　（清）洪頤煊輯

讀書叢録卷四（用二十四卷本：清道光元年刻本、光緒十三年吳氏醉六堂刻本）

傳經堂叢書·讀書叢録卷四

謚法劉熙注一卷

玉函山房輯佚書續編·經編儀禮類

諡謚記　（清）丁晏輯

南菁書院叢書·佚禮扶微卷二

逸周書謚法解劉注補遺一卷（漢）劉熙注　（清）王仁俊輯

玉函山房輯佚書續編·經篇儀禮類

注：《隋志》載劉熙《謚法》注三卷。兩《唐志》並載三卷，題荀顗演，劉熙注。劉熙，參《孟子注》。孫馮翼據諸傳注採摭，云"今以《周書·謚法》爲正，并録劉熙、孔晁兩家之注，而以他書所引《謚法》不在《周書》內者附於後"。按孫輯本採孔注多於劉注。洪頤煊以爲《文選·景福殿賦》注引劉熙《孟子》注一節與玄應《一切經音義》卷二十引一節皆爲劉熙《謚法》注之文，據此輯存。按《一切經音義》所引一節爲孫本所無。王仁俊從《玉篇》採得二十餘節，其中劉

熙注四節，皆諸家所未採。丁晏據《白虎通》等採得五節，無注，有出諸本之外者。按《周書》有《謚法》篇，以上諸家或輯正文之佚文，或輯注，今併列於政書類。

祭法　（晉）盧諶撰　（清）嚴可均輯

全晉文卷三十四

雜祭法一卷　（晉）盧諶撰　（清）馬國翰輯

玉函山房輯佚書·經編通禮類

注：盧諶，字子諒，范陽涿人，撰《祭法》，事蹟詳見《晉書》本傳。《隋志》注謂梁有盧諶《雜祭法》六卷，"亡"。兩《唐志》復載六卷。馬國翰據唐宋類書採得二十餘節。嚴可均輯本僅六節，唯末一節爲馬氏失採，餘均不出馬本之外。

謚法一卷　（梁）賀琛撰　（清）王謨輯

漢魏遺書鈔·經翼第二冊

注：賀琛，字國寶，會稽山陰人，幼從伯文場習經，通義理，猶精三《禮》，《梁書》、《南史》有傳。《梁書》本傳云："詔琛撰《新謚法》，至今施用。"《隋志》載《謚法》五卷，題賀瑒撰。按"瑒"當爲"琛"之誤。《唐》、《宋志》並載賀琛《謚法》三卷。《崇文總目》載四卷，云："初，沈約本周公之謚法，琛又分君臣美惡婦人之謚，各以其類標其目。"《郡齋讀書志》亦載四卷，云："右，梁沈約撰，凡七百九十四條，賀琛又加婦人謚二百三十八條。"《玉海·藝文》引《中興書目》曰："採《舊謚法》及《廣謚》，又益以己所撰《新謚》，分君、臣、婦人三卷，卷各分美、平、惡三等，其條比沈約，謚例頗多，亦

有約載而琛不取者。"按《舊諡法》即所謂周公之諡法,《廣諡》爲沈約所著,見《崇文總目》賀琛《諡法》條。王謨多據胡三省《通鑑》注採摭,約得百節。

太府之憲 （清）嚴可均輯

全上古三代文卷十五

注:《戰國策·魏策》載魏安陵君語,引《大府之憲》一節,董説謂此是李悝變法之前魏國相襲之法(《七國考》)。嚴可均據以輯存。按《御覽》卷四百二十二引作《太府之憲》。

伏侯古今注三卷補遺一卷又補遺一卷 （漢）伏無忌撰 （清）茆泮林輯

十種古逸書

十種古逸書 清許克勤校 〔復旦大學圖書館〕

龍谿精舍叢書·史部

叢書集成初編·社會科學類

伏侯古今注一卷

十笏園叢刊·伏氏佚書

伏侯古今注一卷 （漢）伏無忌撰 （清）黃奭輯

漢學堂叢書·子史鈎沈·史部雜史類

黃氏逸書考·子史鈎沈

伏侯古今注一卷 （漢）伏無忌撰 （清）馬國翰輯

玉函山房輯佚書·子編雜家類

注:伏無忌,琅琊東武人,順帝時爲侍中屯騎校尉,永和元年與黃景校定中書五經、諸子百家輿藝術(《後漢書·伏湛傳》)。《後漢書·伏湛傳》曰:"元嘉中,桓帝復詔無忌與黃景、崔寔等共撰《漢記》。又自採集古今,删著事要,號曰《伏侯注》"。注云:"其書上自黃帝,下

盡漢質帝,爲八卷,見行於今。"《隋志》與《舊唐志》並載伏無忌《古今注》八卷,《新唐志》子部雜家類載《伏侯古今注》三卷。茆泮林與馬國翰皆據諸類書及《後漢書》注等書採摭成卷,茆輯較詳備。《十笏園叢刊》本與《十種古逸書》本内容同,僅編次稍異而已。黃奭輯本與茆本亦同,是黃奭轉錄茆本也。

獨斷佚文一卷 （漢）蔡邕撰 （清）胡玉縉輯

經籍佚文

注:王仁俊云:"右,從胡君玉縉《獨斷疏證》録出。"按胡氏據《後漢書·光武紀》注、《續漢書·輿服志》注及《御覽》卷十三採得三節。

茂陵書一卷 （清）洪頤煊輯

問經堂叢書·經典集林

經典集林

注:洪頤煊云:"《漢書·藝文志》不載《茂陵書》,臣瓚注《漢書》引之,《史記索隱》云《茂陵書》亡於西晉。"按洪氏據《史記集解》及《漢書》瓚注採得十八節。

帝王要略一卷 （晉）環濟撰 （清）馬國翰輯

玉函山房輯佚書·史編雜史類

注:環濟,生平不詳。《風俗通·姓氏篇》(據張澍輯本)卷上云:"環氏,出楚環列之尹,後以爲氏。"《隋志》載環濟《帝王要略》十二卷,注云:"紀帝王及天官、地理、喪服。"兩《唐志》亦載十二卷。《隋志》經部禮類載晉太學博士環濟《喪服要略》一卷,似其書總名《要略》,《帝王要略》、《喪服要略》均爲其中一篇。馬國翰據唐宋類書及《文選》注、《廣韻》等採得二十餘節,題吳環濟撰。按馬氏

謂環濟爲吳人，未知何據，今從《隋志》題晉。

山公啓事一卷　（晉）山濤撰

說郛弓五十九（宛委山堂本）

說郛弓五十九（宛委山堂本）　傅增湘校〔北京圖書館〕

啓事　（晉）山濤撰　（清）嚴可均輯

全晉文卷三十四

晉山濤山公啓事一卷　（晉）山濤撰　（清）黃奭輯

漢學堂知足齋叢書·子史鉤沈　清黃奭校〔北京圖書館〕

山公啓事一卷　（晉）山濤撰　葉德輝輯

觀古堂所著書（光緒本）第一集

觀古堂所著書（民國重編本）第二集

郎園先生全書

注：山濤，字巨源，河内懷人，能文，好《老》、《莊》，詳《晉書》本傳。《晉書》本傳云："濤再居選職十有餘年，每一官缺，輒啓擬數人，詔旨有所向，然後顯奏，隨帝意所欲爲先。故帝之所用，或非舉首，衆情不察，以濤輕重任意。或譖之於帝，故帝手詔戒濤曰：'夫用人惟才，不遺疏遠單賤，天下便化矣。'而濤行之自若，一年之後衆情乃寢。濤所奏甄拔人物，各爲題目，時稱《山公啓事》。"《隋志》載《山公啓事》三卷，《舊唐志》亦載三卷，《新唐志》十卷。嚴可均據諸類書及傳注採得五十一節。葉德輝亦採得五十餘節，輯文下附注，較嚴本爲善。《說郛》本僅六節，未注出處，甚爲簡陋。

職　官　類

秩官　（清）嚴可均輯

全上古三代文卷十五

注：《國語·周語》載單襄公引周之《秩官》一節，韋昭注云："《秩官》，周常官，篇名。"嚴可均據以輯存。

揚雄十二州箴一卷　（漢）揚雄撰　（清）王謨輯

重訂漢唐地理書鈔

注：揚雄，參《琴清英》。《漢書》本傳謂揚雄以爲"箴莫善於《虞箴》，作《州箴》"。晉灼注曰："九州之箴也。"後漢崔瑗《敍箴》云："昔揚子雲讀《春秋傳·虞人箴》而善之，於是作《九州》及《二十五官箴》，規匡救言，君德之所宜，斯乃體國之宗也。"（《御覽》卷五百八十八引作崔漢《敍箴》，崔漢當爲崔瑗之誤。）《後漢書·胡廣傳》云："初，揚雄依《虞箴》，作《十二州二十五官箴》，其九箴亡闕。"王謨據《類聚》卷六採得十二州箴：冀州、揚州、荆州、青州、徐州、兗州、豫州、雍州、益州、幽州、并州、交州。按王氏所採之箴以入集部爲妥，後人輯雄集多載州箴，今姑依王氏入史部。

漢官一卷　（清）孫星衍輯

平津館叢書

漢官六種

後知不足齋叢書第七函

知服齋叢書第一集

叢書集成初編・社會科學類

四部備要・史部政書・漢官六種

漢官一卷　（清）黃奭輯

漢學堂知足齋叢書・子史鈎沈　清黃
　奭校　〔北京圖書館〕

漢學堂叢書・子史鈎沈・史部職官類

黃氏逸書考・子史鈎沈

　注：此書撰者不明，或引作《漢官目
錄》。孫星衍據《續漢志》劉昭注採得九
十餘節。黃奭輯本與孫本俱同，知黃氏
全襲孫本也。

王隆漢官解詁　（漢）王隆撰（漢）胡廣注　（清）王謨輯

重訂漢唐地理書鈔・十二州箴附

漢官解詁一卷　（漢）王隆撰（漢）胡廣注　（清）孫星衍輯

稿本　清顧廣圻校　〔上海圖書館〕

平津館叢書

漢官六種

後知不足齋叢書第七函

知服齋叢書第一集

叢書集成初編・社會科學類

四部備要・史部政書・漢官六種

王隆漢官解詁一卷　（漢）王隆撰（漢）胡廣注　（清）黃奭輯

漢學堂知足齋叢書・子史鈎沈　清黃
　奭校　〔北京圖書館〕

漢學堂叢書・子史鈎沈・史部職官類

黃氏逸書考・子史鈎沈

　注：王隆，字文山，馮翊雲陽人，曾爲
竇融左護軍，建武中爲新汲令（《後漢

書・文苑傳》)。胡廣，參《胡廣漢制
度》。《續漢書・百官志》云：“故新汲令
王隆作小學《漢官篇》。”劉昭注引胡廣
語曰：“(隆書)略道公卿内外之職，旁及
四夷，博物條暢，多所發明，足以知舊制
儀品。蓋法有成易而道有因革，是以聊
集所宜，爲作詁解，各隨其下，綴續後
事，令世施行。”《後漢書・胡廣傳》謂廣
“所著詩、賦、銘、頌、箴、弔及諸解詁，凡
二十二篇”。《隋志》載王隆撰、胡廣注
《漢官解詁》三篇，兩《唐志》載三卷。孫
星衍據諸類書及傳注採得隆書正文與
廣注凡百餘節。王謨據《御覽》州郡部
採得十餘節，不出孫本之外。黃奭輯本
與孫本盡同，是黃氏全襲孫本也。

漢官舊儀二卷補遺一卷　（漢）衛宏撰

四庫全書・史部政書類

武英殿聚珍版書・史部

反約篇

榕園叢書乙集

清芬堂叢書・史部

勵志齋叢書

叢書集成初編・社會科學類

漢舊儀二卷補遺二卷　（漢）衛宏撰　（清）孫星衍校併輯補遺

稿本　清顧廣圻校　〔上海圖書館〕

平津館叢書

漢官六種

後知不足叢書第七函

知服齋叢書第一集

叢書集成初編・社會科學類

四部備要・史部政書・漢官六種

漢衛宏漢舊儀一卷附補遺　（漢）衛宏撰　（清）黃奭輯

漢學堂知足齋叢書・子史鉤沈　清黃
　奭校　〔北京圖書館〕

漢學堂叢書・子史鉤沈・史部政書類

黃氏逸書考・子史鉤沈

　　注：衛宏，參《古文尚書訓旨》。《後
漢書・儒林傳》云：“宏作《漢舊儀》四
篇，以載西京雜事。”《隋》、《唐志》並載
四卷，《宋志》三卷。《直齋書錄解題》載
《漢官舊儀》三卷，云：“漢議郎東海衛宏
敬仲撰，或云胡廣。按宏本傳作《漢舊
儀》四篇，以載西京雜事，不名《漢官》。
今此惟三卷，而又有《漢官》之目，未知
果當時本書否？《唐志》亦無‘官’字。”
四庫館臣據《永樂大典》採摭，云：“其間
述西京舊事、典章儀式甚備，且與諸書
所引《漢舊儀》之文參校，無弗同者，自
屬衛宏本書。”“此本舊時失於讐正，首
尾序次錯糅，文字至脫誤不可乙，今據
史文覈勘，且旁徵舊書，參析同異，疏於
各句下方。”又“謹爲蒐擇甄錄，別爲《補
遺》一卷。”(《四庫全書總目提要》)孫星
衍以《武英殿聚珍版書》本爲底本，考證
羣書，校補脫誤，又輯得《補遺》二卷，頗
精詳。按《四庫全書》本《補遺》僅二十
八條，採自兩《漢書》、《類聚》、《書鈔》
等，孫氏據羣書採得《補遺》百餘節。黃
奭輯本與孫本俱同，是黃氏抄錄孫
本也。

漢官儀一卷　(清)王仁俊輯

玉函山房輯佚書續編・史編總類

　　注：王仁俊據《稽瑞》採得一節，敍開
陽門。按王氏於目錄中題衛宏撰，然輯
文中則未言撰者，檢《稽瑞》所引，亦未
云衛宏之作。考《隋志》，名《漢官儀》者
僅應劭著之，但撰述漢典章制度者非應
氏一人，未知王氏所採出於誰手。

漢官典職儀式選用一卷　(漢)蔡質
　撰　(清)孫星衍輯

平津館叢書

漢官六種

後知不足齋叢書第七函

知服齋叢書第一集

叢書集成初編・社會科學類

四部備要・史部政書・漢官六種

蔡質漢官典儀一卷　(漢)蔡質撰
　(清)黃奭輯

漢學堂知足齋叢書・子史鉤沈　清黃
　奭校　〔北京圖書館〕

漢學堂叢書・子史鉤沈・史部職官類

黃氏逸書考・子史鉤沈

　　注：蔡質，字子文，陳留圉人，官歷衛
尉、尚書，著《漢職儀》(《後漢書・蔡邕
傳》注與《續漢書・律歷志》注引蔡邕
《戍邊上章》)。《隋志》載蔡質《漢官典
職儀式選用》二卷，《新唐志》與宋代書
目載作《漢官典儀》一卷。《直齋書錄解
題》又多《續補》一卷，陳氏云：“今存一
卷，李埴亦補一卷，其續者皆出於史中
採拾。”　孫星衍以《續漢志》注爲主，採
得七十餘節。黃奭輯本與孫本俱同，是
黃氏轉錄孫本也。

漢官儀一卷　(漢)應劭撰

說郛弓五十九(宛委山堂本)

說郛弓五十九(宛委山堂本)　傅增湘
　校　〔北京圖書館〕

古今說部叢書一集

應劭漢官儀引里語　(漢)應劭撰
　(明)馮惟訥輯

詩紀・古逸卷十

漢官儀逸文

曼陀羅華閣叢書・古謠諺卷三十二

漢官儀佚文一卷

經籍佚文

漢官儀二卷　（漢）應劭撰　（清）

孫星衍輯

稿本　清顧廣圻校〔上海圖書館〕

平津館叢書

漢官六種

後知不足齋叢書第七函

知服齋叢書第一集

叢書集成初編·社會科學類

四部備要·史部政書·漢官六種

漢官儀　（漢）應劭撰　（清）嚴可

均輯

全後漢文卷三十四至三十五

應劭漢官儀一卷　（漢）應劭撰

（清）黃奭輯

漢學堂知足齋叢書·子史鉤沈　清黃
　奭校〔北京圖書館〕

漢學堂叢書·子史鉤沈·史部職官類

黃氏逸書考·子史鉤沈

注：應劭，字仲遠（一作仲援、或仲
瑗），汝南南頓人，博覽多聞，著《中漢輯
序》、《風俗通》，集解《漢書》等，皆傳於
時，事蹟詳《後漢書》本傳。《後漢書》本
傳云："（劭）又刪定律令爲《漢儀》，建安
元年乃奏之。""二年，詔拜劭爲袁紹軍
謀校尉。時始遷都於許，舊章埋没，書
記罕存。劭慨然歎息，乃綴集所聞，著
《漢官禮儀故事》，凡朝廷制度，百官典
式，多劭所立。"《隋》、《唐志》並載應劭
《漢官儀》十卷，宋代書目俱載一卷。
《直齋書錄解題》又載《續補》一卷，陳氏
云："今惟存此一卷，載三公官名及名姓
州里而已，其全書亡矣。李埴季允嘗續
補一卷。"《玉海·藝文類》引《中興書

目》曰："今存一卷，載光武以來三百
官名氏。李埴續補一卷。"孫星衍據傳
注類書採得四百餘節。嚴可均輯本凡
三百餘節，核之孫本，即爲孫本卷一之
内容，知嚴氏抄錄孫本也，不知嚴氏何
故未抄卷二之佚文。黃奭輯本與孫本
俱同，是黃氏全襲孫本也。馮惟訥採得
里語一條，可補孫本之缺。《説郛》本僅
十餘節，未注出處。

漢儀一卷　（吳）丁孚撰　（清）孫

星衍輯

平津館叢書

漢官六種

後知不足齋叢書第七函

知服齋叢書第一集

叢書集成初編·社會科學類

四部備要·史部政書·漢官六種

丁孚漢儀一卷　（吳）丁孚撰

（清）黃奭輯

漢學堂知足齋叢書·子史鉤沈　清黃
　奭校〔北京圖書館〕

漢學堂叢書·子史鉤沈·史部職官類

黃氏逸書考·子史鉤沈

注：丁孚，字里不詳，曾官吳太史令
（《三國志·薛綜傳》）。《新唐志》載丁
孚《漢官儀式選用》一卷。孫星衍云：
"與蔡質書同名，不知實本一書或後人
誤合爲一？"孫氏據《續漢志》注等採得
十三節。黃奭輯本與孫本盡同，知黃氏
轉錄孫本也。

晉公卿禮秩　（晉）傅暢撰　（清）

勞格輯

月河精舍叢鈔·讀書雜識卷六

晉公卿禮秩一卷

玉函山房輯佚書續編·史編總類

傅暢晉公卿禮秩一卷附晉故事

（晉）傅暢撰　（清）黃奭輯

漢學堂叢書·子史鉤沈·史部職官類

黃氏逸書考·子史鉤沈

晉公卿禮秩故事　（晉）傅暢撰

（清）傅以禮輯

傅氏家書·晉諸公敍讚附

注：傅暢，參《傅暢晉諸公讚》。《晉書》本傳謂暢"諳識朝儀，恒居機密，勒甚重之"。"爲《公卿故事》九卷"。《三國志·傅嘏傳》注引《世語》亦稱暢著《晉公卿禮秩故事》。《隋志》與《新唐志》並載傅暢《晉公卿禮秩故事》九卷，《舊唐志》載作《晉公卿禮秩》九卷。黃奭與傅以禮皆據諸傳注類書採得數十節，互有詳略。勞格從《御覽》卷七百七十三採得一節，爲黃、傅所失採。

荀綽晉百官表注一卷　（晉）荀綽撰　（清）黃奭輯

漢學堂叢書·子史鉤沈·史部職官類

黃氏逸書考·子史鉤沈

注：荀綽，參《荀綽晉後略》。《隋志》注稱梁有荀綽《百官表注》十六卷，"亡"。按諸書所引未言撰者，黃奭從唐宋類書及《續漢志》注等採得七十餘節，依《隋志》題荀綽撰。考《南齊書·百官志》與《通典·職官》，知荀勗於泰康六年上《百官表》，《隋志》謂荀綽撰，或爲荀勗之誤，不然則綽注勗《百官表》也。綽，勗之孫。

大司馬寮屬名一卷　（晉）伏滔撰

陳蝱聲輯

十笏園叢刊·伏氏佚書

注：伏滔，字玄度，平昌安丘人，有才學，見《晉書·文苑傳》。史志未載此書。陳蝱聲據《世說》注採得三節，敍趙悦、劉奭、鄧遐事蹟。按大司馬，桓溫也。

晉官品令　（清）黃奭輯

漢學堂叢書·子史鉤沈·史部別史類·衆家晉史

黃氏逸書考·子史鉤沈·衆家晉史

注：史志未載此書。《魏書·禮志》劉芳云："案《晉官品令》所制九品，皆正無從，故以第八品準古下士。"黃奭據《書鈔》採得十一節，標篇名爲《司馬》、《秘書郎》、《給事黃門》、《尚書僕射》、《五校尉》、《太子太師》、《郡王》、《舉秀才》，又從《御覽》輯得《三公》一節。

王朝目錄　（清）黃奭輯

漢學堂叢書·子史鉤沈·史部別史類·衆家晉史

黃氏逸書考·子史鉤沈·衆家晉史

注：史志未載此書。黃奭據《世說·品藻》篇注採得一條，敍裴綽事蹟。

晉百官名一卷　（清）黃奭輯

漢學堂叢書·子史鉤沈·史部職官類

黃氏逸書考·子史鉤沈

注：《隋志》載《晉百官名》三十卷，未言撰者。《舊唐志》載《百官名》四十卷，《新唐志》作十四卷，未知即爲《隋志》所載《晉百官名》否？按《三國志·蘇則傳》裴松之注已引之，大約成書於晉代。黃奭據《世說》注、《御覽》等採得三十餘節。

時　令　類

四民月令一卷　（漢）崔寔撰
　說郛弓六十九（宛委山堂本）
　說郛弓六十九（宛委山堂本）　傅增湘
　　校　〔北京圖書館〕
四民月令一卷　（漢）崔　寔　撰
　（清）任兆麟輯
　心齋十種
四民月令一卷　（漢）崔　寔　撰
　（清）王謨輯
　漢魏遺書鈔·經翼第二册
四民月令一卷　（漢）崔　寔　撰
　（清）嚴可均輯
　稿本　清勞格校補　〔上海圖書館〕
　全後漢文卷四十七
四民月令一卷　（漢）崔　寔　撰
　（清）嚴可均輯　（清）陶濬宣
　　輯補
　稷山館輯補書
四民月令一卷　（漢）崔　寔　撰
　（清）王仁俊輯
　玉函山房輯佚書續編·子編農家類
四民月令一卷　（漢）崔寔撰　唐
　鴻學輯
　怡蘭堂叢書
四民月令一卷附札記一卷　（漢）
　崔寔撰　唐鴻學輯並撰札記
　私立北泉圖書館叢書

注：崔寔，字子真，一名台，字元始，涿郡安平人，好典籍，拜議郎，遷大將軍冀司馬，與邊韶等著作東觀，出爲五原太守（《後漢書》本傳）。《隋》、《唐志》並載《四民月令》一卷，《新唐志》誤題崔湜撰。按史志或作《四人月令》，唐人避諱故也。嚴可均云：“近人任兆麟、王謨皆有輯本，編次不倫，且多罣漏。王本又誤以《齊人月令》謂即《四民月令》，而所採《齊民要術》有今本所無者六事，其文不類，未知何據。”“（余）蒐録遺佚，得二百許事，省並重複，逐月分章，爲十二章，定著一卷。有注，疑即崔寔撰，徵用者或以注爲正文，今加注字間隔之，而王本所採《齊民要術》六事附存俟考。”又輯孫思邈《齊人月令》，附於後，不與崔書相混。陶濬宣據嚴本輯補數條。唐鴻學謂任、王（謨）、嚴三家輯本以嚴本較善，“然其中有誤注爲正文，誤正文爲注者，又有誤引佗書入文、入注者，余輯是篇，一皆釐正，而以《玉燭寶典》爲主，若《齊民要術》（校宋本）、《北堂書鈔》（舊鈔本南海孔氏刻本）、《藝文類聚》（校宋本）、《初學記》（舊校本）、《太平御覽》（明補宋刻本）所引，但刺取附注而已”。王仁俊僅據《齊民要術》採得約四十節。

地　理　類

禹受地記一卷　（清）王謨輯
　　重訂漢唐地理書鈔
　　　注：史志未載此書。王謨以杜氏《通典》注引《禹受地統書》、《史記·大宛列傳》贊與《山海經》注引《禹本紀》、王逸《離騷》注引《禹大傳》及《山海經》載禹言五臧山數文彙合一處，題爲《禹受地記》。

周公城名録一卷　（清）王謨輯
　　重訂漢唐地理書鈔
　　　注：史志未載此書。王謨從《御覽》採得一條。王云：“按《尚文釋文》於禹貢九州下引《周公職録》，‘城、職字相似，恐傳寫之誤。’”“此書自晉以後世嘗著録，蓋必因周公營建洛邑作城土中，而後人依託爲之者也。”

四方令一卷　（清）王謨輯
　　重訂漢唐地理書鈔

四方獻令　（清）嚴可均輯
　　全上古三代文卷一·伊尹文
　　　注：史志未載此書。王謨、嚴可均皆據《周書·王會》採摭。王氏云：“惟殷商一代地理未見經傳，若《爾雅》九州，注家雖以爲殷制，然無考證。”“故特採録，以補殷代地制之闕。”

奏土論一卷　（周）唐勒撰　（清）王謨輯
　　重訂漢唐地理書鈔

奏土論　（周）唐勒撰　（清）嚴可

均輯
　　全上古三代文卷十
　　　注：史志未載此書。王謨、嚴可均皆據《水經·汝水注》採得一節。

帝王經界紀一卷　（清）王謨輯
　　重訂漢唐地理書鈔
　　　注：史志未載此書。王謨據傳注類書採得二十條。

秦地圖一卷　（清）王謨輯
　　重訂漢唐地理書鈔
　　　注：《史記·蕭何傳》云：“沛公至咸陽，諸將皆争走金帛財物之府分之，何獨先入收秦丞相御史律令圖書藏之。”“漢王具知天下阨塞，户口多少，疆弱之處，民所疾苦者，以何具得秦地圖也。”《漢書·地理志》琅邪郡長廣縣及代郡班氏縣下引秦地圖，王謨據以採得二節。《晉書·裴秀傳》載秀《禹貢九州地域圖序》云：“今秘書既無古之地圖，又無蕭何所得。”蓋晉代已不復存矣。

括地圖一卷　（清）王謨輯
　　重訂漢唐地理書鈔

括地圖　（清）黄奭輯
　　漢學堂叢書·通緯河圖類·河圖括地象附
　　黄氏逸書考·通緯·河圖括地象附

括地圖一卷　（清）王仁俊輯
　　玉函山房輯佚書補編
　　　注：《晉書·裴秀傳》載秀《禹貢九州

地域圖序》云："今秘書既無古之地圖，又無蕭何所得，惟有漢氏所畫輿地及括地諸雜圖"云云。王謨云："則此圖在晉以前有之，但與本圖體例不合，《隋》、《唐志》不載，未知即此圖與否?"王謨據《史記》注、《文選》注及唐宋類書等採得三十餘節，黃奭亦採得三十餘節，兩本可互補。王仁俊從《寰宇記》卷一百十五輯得一節，爲王謨、黃奭本所無。

括地譜　（□）樂彦撰　（清）王謨輯

重訂漢唐地理書鈔·括地圖附

注：樂彦，生平不詳。《史記·匈奴列傳》索隱引樂彦《括地譜》一節，王謨據以輯存。

漢輿地圖一卷　（清）王謨輯

重訂漢唐地理書鈔

注：元狩六年四月，莊青翟等請立皇子臣閎等爲諸侯王，請令史官擇吉日，具禮儀上，御史奏輿地圖，詳見《史記·三王世家》。《史記·淮南王列傳》亦言及輿地圖，云："王日夜與伍被、左吳等案輿地圖。"《索隱》引《志林》云："輿地圖，漢家所畫，非出遠古也。"王謨從《史記·匈奴列傳》索隱所引採得一條。

地圖一卷　（清）王仁俊輯

玉函山房輯佚書補編

注：王仁俊據《寰宇記》卷一百十五、卷一百十八採得二節。按此書於史無載，撰者與成書年代不明，姑編入。

桑欽地理志考逸　（漢）桑欽撰　（清）王紹蘭輯

蕭山王氏十萬卷樓輯佚七種·漢桑欽古文尚書説附

注：桑欽，參《漢桑欽古文尚書説》。

《水經·河水》酈道元注引欽《地理志》一節，王紹蘭據此謂欽自有《地理志》之作，爰採《水經注》、《漢書·地理志》所引欽説地理者數節，以爲其佚文。

張氏土地記一卷　（□）張□撰　（清）王謨輯

重訂漢唐地理書鈔

注：王謨云："按《隋》、《唐志》俱不載此《記》，而郭璞於注《爾雅》、《山海經》並引其説，此書必當爲漢、魏間人撰。"此書或稱《張氏地理記》，或稱《張氏地里志》，或稱《張氏土地記》，"書名錯互不同，其稱張氏一也，故未能審定"。按王謨據《爾雅》注、《山海經》注及《史記》注採得六節。

太康地記

説郛卷四·墨娥漫録（商務印書館本）

太康地記一卷

説郛弓六十（宛委山堂本）

説郛弓六十（宛委山堂本）　傅增湘校〔北京圖書館〕

太康地記一卷　（清）王謨輯

重訂漢唐地理書鈔

晉太康三年地記一卷　（清）畢沅輯

清光緒十七年思賢講舍刻本

經訓堂叢書

廣雅書局叢書·史學

叢書集成初編·史地類

晉太康三年地記一卷　（清）黃奭輯

漢學堂知足齋叢書·子史鈎沈　清黃奭校〔北京圖書館〕

漢學堂叢書·子史鈎沈·史部地理類

黃氏逸書考·子史鈎沈

太康地志一卷　（清）王仁俊輯

玉函山房輯佚書補編

注：《舊唐志》載《地記》五卷，云"太康三年撰"。《新唐志》載作《晉太康土地記》十卷。畢沅考此書成於太康三年，云："晉初，輿地之學最著者裴司空秀，繼之以京相璠、摯虞，是書或成於數君之手。"（清光緒十七年思賢講舍刻本）王謨據傳注類書採得百餘節。畢沅所採較王謨本稍詳，然亦有疏漏。周中孚跋云："惜秋帆集録是書成於匝月，故失採者甚多。即是《續漢州郡志》注引《晉元康地道記》，云雒陽城内南北九里七十步，東西六里十步，爲地三百頃一十二畝有三十六步，城東北隅周威烈王冢，計四十字，且一志之首，猶失於採附，他可知已。又如《初學記》明有州郡部，而不一檢閲，以致失採者八九條，其他又可知已。"（《鄭堂讀書記補逸》卷十一）王仁俊據《寰宇記》卷一百十七、卷一百十八採得二節，爲諸本所無。《説郛》宛委山堂本凡六節，商務印書館本四節，兩本相同者僅敍并州一節，均未注出處，有出諸本之外者。黄奭輯本與畢本同，是黄氏抄録畢本也。

十三州記一卷　（晉）黄恭（題黄義仲）撰

説郛弓六十（宛委山堂本）

説郛弓六十（宛委山堂本）　傅增湘校

〔北京圖書館〕

黄恭十四州記一卷　（晉）黄恭撰（清）王謨輯

重訂漢唐地理書鈔

注：王謨云："案《水經注》引此書本作黄義仲《十三州記》（上海圖書館藏鈔本誤作《十四州記》），《藝文類聚》乃作苗恭《十四州記》，又別有苗恭《交廣

記》，《御覽》始作黄恭《十四州記》，人名書名俱參差不合。今考諸書所引，如應劭《十三州記》，闞駰《十三州志》，皆據兩漢地制，至三國吳時始分交州置廣州，故爲十四州。黄恭宜即廣州人，其作記多在晉初，故得合併交、廣爲十四州，又析而爲《交廣記》也。《水經注》作黄義仲，意即恭之字，《類聚》以黄、苗二字形似，並訛其姓，固當從《御覽》作黄恭《十四州記》爲正，而《隋》、《唐志》俱不載。今特鈔《水經注》一條，《類聚》一條，《御覽》三條。"按《説郛》本凡六節，末三節爲王本所無。

畿服經一卷　（晉）摯虞撰　（清）王謨輯

重訂漢唐地理書鈔

注：摯虞，參《三輔決録》。《隋志》序云："晉世，摯虞依《禹貢》、《周官》作《畿服經》，其州郡及縣分野封略事藝，國邑山陵水泉，鄉亭城道里土田，民物風俗，先賢舊好，靡不具悉，凡一百七十卷，今亡。"王謨從伏琛《齊記》、徐廣《史記》注及《寰宇記》採得四節，云："虞於地理書別無論著，必《畿服經》也。"

九州要記一卷　（清）王謨輯

重訂漢唐地理書鈔

九州記一卷　（清）王仁俊輯

玉函山房輯佚書補編

注：王謨云："按《隋》、《唐志》俱不著録此書，不知撰人姓名，唐人類書亦未見稱引，意必六朝後人所作，而裴駰《史記集解》已引《九州記》，酈道元《水經注》引樂資《九州志》，不知即此書與否？如果屬樂資撰，則是晉著作郎，嘗爲《春秋後傳》三十一卷、《山陽公載記》十卷，

俱見《隋志》，不應獨缺此書，且何以不見採於諸類書？今既無考，姑撮合爲一書，仍分注各條下，凡共鈔出《史記集解》一條，《水經注》一條，《御覽》十九條，《寰宇記》四十七條，又附錄《九州要略》一條，《十州志》一條。"王仁俊據《珛玉集》卷十四採得一節，敍劉表事蹟，爲王謨本所無。

陸澄地理書抄一卷　（南齊）陸澄撰　（清）王謨輯

重訂漢唐地理書抄

注：陸澄，字彦淵，吳郡吳人，博覽群籍，王儉稱"陸公書厨"，《南齊書》、《南史》有傳。《隋志》載陸澄所撰《地理書抄》二十。按《隋志》別載澄《地理書》一百四十九卷，注云："陸澄合《山海經》已來一百六十家以爲此書。澄本之外，其舊事並多零佚。"《梁書·文學庾仲容傳》謂仲容鈔"衆家地理書二十卷"。未知仲容鈔澄《地理書》與否？王謨據《御覽》、《寰宇記》採得三條。

顧野王輿地志一卷　（梁）顧野王撰　（清）王謨輯

重訂漢唐地理書鈔

輿地志一卷　（梁）顧野王撰（清）王仁俊輯

玉函山房輯佚書補編

注：顧野王，參《爾雅顧野王音》。《陳書》本傳及《隋》、《唐志》並載顧野王《輿地志》三十卷，《隋志》序云："陳時，顧野王抄撰衆家之言，作《輿地志》。"王象之《輿地碑記目》卷一引《嘉興府碑記》云："(法雲)寺南高基，顧野王曾於此修《輿地志》，並建屋立像，曰顧侍郎祠。"王謨謂此書"宋初尚有傳本，故《太

平御覽》及樂史《寰宇記》率多採撝，而不著錄於《文獻通考》，則其時已無傳矣"。按王謨據《史記》注、《御覽》、《寰宇記》等採得二百三十餘節。王仁俊從《寰宇記》卷一百十三、卷一百十七採得二節，爲王謨本所無。

闞駰十三州志一卷　（後魏）闞駰撰　（清）王謨輯

重訂漢唐地理書鈔

十三州志一卷　（後魏）闞駰撰（清）張澍輯

二酉堂叢書

知服齋叢書第二集

關中叢書第一集

叢書集成初編·史地類

十三州志一卷　（後魏）闞駰撰（清）王仁俊輯

玉函山房輯佚書補編

十三州志一卷　（後魏）闞駰撰

葉昌熾輯

毈淡廬叢薰

注：闞駰，字玄陰，敦煌人，拜祕書考課郎中，加奉車都尉，遷尚書，樂平王丕鎮涼州，引爲從事中郎，博通經傳，注王朗《易傳》，撰《十三州志》(《魏書》本傳)。《隋志》載闞駰《十三州志》十卷，兩《唐志》載十四卷。劉知幾論曰："地理書者，若朱贛所採，浹於九州；闞駰所書，彈於四國。斯則言皆雅正，事無偏黨者矣。"(《史通·雜述篇》)顏師古於中古以來地理書持貶辭(見《漢書·地理志》注)，然顏注多引闞駰之説，知此書頗爲精審。王謨據《史記》注、兩《漢書》注、《水經注》及唐宋類書等採得二百四十節。張澍所採亦詳，且加按語，

頗善。王仁俊從《寰宇記》卷一百十四採得一節，葉昌熾從《草堂詩箋》卷三採得一節，均爲王謨、張澍本所無。

大魏諸州記一卷 （清）王謨輯

重訂漢唐地理書鈔

注：《隋志》載《大魏諸州記》二十一卷，《舊唐志》載《魏諸州記》二十卷，《新唐志》作《後魏諸州記》二十卷，均未言撰者。按《南齊書·魏虜傳》云：“（永明三年），初令鄰里黨各置一長，五家爲鄰，五鄰爲里，五里爲黨。四年，造户籍。分置州郡”，“凡分魏、晉舊司、豫、青、兗、冀、并、幽、秦、雍、涼十州地，及宋所失淮北爲三十八州矣。”永明四年即太和十年，《魏書·高祖紀》亦謂太和十年二月定民户籍事。王謨據唐宋類書及《寰宇記》等採得近百節。

周地圖記一卷 （清）王謨輯

重訂漢唐地理書鈔

注：《隋志》載《周地圖記》一百九卷。《舊唐志》載《周地圖》九十卷，《新唐志》一百三十卷。王謨從《寰宇記》、《御覽》等採得八十五節。

關中記 （晉）潘岳撰

説郛卷四·墨娥漫録（商務印書館本）

關中記一卷 （晉）潘岳撰

説郛弓六十一（宛委山堂本）

説郛弓六十一（宛委山堂本） 傅增湘校 〔北京圖書館〕

晉潘岳關中記一卷 （晉）潘岳撰 （清）黄奭輯

漢學堂知足齋叢書·子史鈎沈 清黄奭校 〔北京圖書館〕

關中記一卷 （晉）潘岳撰 葉昌熾輯

毃淡廬叢蕖

注：潘岳，字安仁，滎陽中牟人，有才學，工詩文，《晉書》有傳。兩《唐志》並載潘岳《關中記》一卷。《説郛》宛委山堂本凡八節；商務印書館本凡三節，不出宛委山堂本之外。葉昌熾據《草堂詩箋》採得三節，可補《説郛》本之缺。

三秦記 （□）辛□撰

説郛卷四·墨娥漫録（商務印書館本）

三秦記一卷 （□）辛□撰

説郛弓六十一（宛委山堂本）

説郛弓六十一（宛委山堂本） 傅增湘校 〔北京圖書館〕

三秦記一卷 （□）辛□撰 （清）張澍輯

二酉堂叢書

知服齋叢書第二集

龍谿精舍叢書·史部

辛氏三秦記一卷 （□）辛□撰 （清）黄奭輯

漢學堂知足齋叢書·子史鈎沈 清黄奭校 〔北京圖書館〕

三秦記逸文 （□）辛□撰 （清）杜文瀾輯

曼陀羅華閣叢書·古謠諺卷二十八

三秦記佚文一卷

經籍佚文

辛氏三秦記一卷 （□）辛□撰

葉昌熾輯

毃淡廬叢蕖

注：王謨云：“案《隋》、《唐志》俱不著録此書。然自《三輔黄圖》及劉昭《後漢書志》注、酈道元《水經注》、賈思勰《齊民要術》、宗懍《荆楚歲時記》，凡六朝人著書，已相承採用，且所記山川、都邑、

宮室,皆秦、漢時地理故事,並不及魏、晉,此書必漢人所著。辛氏在漢末隴西大姓,特失其名爲可惜耳。"(張國淦《中國古方志考》)《通典·州郡》卷一百七十一注云:"辛氏《三秦記》、常璩《華陽國志》、羅含《湘中記》、盛弘之《荆州記》之類,皆自述鄉國靈怪、人賢、物盛,參以他書,則多紕謬,既非通論,不暇取之矣。"張澍據《御覽》、《寰宇記》等採得八十餘節。葉昌熾從《草堂詩箋》採得十四節,爲張本所無。《説郛》宛委山堂本凡十九節,未注出處,有出諸本之外者;商務印書館本僅一節,即宛委山堂本首節。杜文瀾從《御覽》卷三百七十七採得一節,以補《説郛》本之缺,但未出張本之外。

三輔舊事一卷　（清）張澍輯

二酉堂叢書

龍谿精舍叢書·史部

叢書集成初編·史地類

注:兩《唐志》載《三輔舊事》一卷,題韋氏撰,歸故事類。《新唐志》地理類又載《三輔舊事》三卷,未言撰者。《隋志》不載此書,但有《三輔故事》二卷,題晉時撰。考諸書均以《故事》、《舊事》互引,大約兩本係一書。據《後漢書·韋彪傳》所紀,帝數召彪,問三輔舊事,或此書即彪因問而作,故《唐志》謂韋氏撰。檢佚文,有非彪所知之事,疑後人增補彪書,則《隋志》題晉時撰也。張澍據《寰宇記》、宋敏求《長安志》、《玉海》與唐宋類書等採得七十餘節,並有按語。

三輔故事一卷　（清）張澍輯

二酉堂叢書

龍谿精舍叢書·史部

叢書集成初編·史地類

注:《隋志》載《三輔故事》二卷,題晉時撰。按《隋志》所載大約即《三輔舊事》,參《三輔舊事》。張澍據《漢書》注、《玉海》、《唐會要》及唐宋類書等採得五十餘節。

西河舊事一卷　（清）張澍輯

二酉堂叢書

叢書集成初編·史地類

注:《新唐志》載《西河舊事》一卷,未言撰者。張澍據《後漢書》注、《世説》注及《寰宇記》採得十八節,並加按語。

秦州記　（劉宋）郭仲産撰

説郛卷四·墨娥漫録（商務印書館本）

秦州記一卷　（劉宋）郭仲産撰

葉昌熾輯

毂淡廬叢槀

秦州記一卷　（劉宋）郭仲産撰

馮國瑞輯

民國三十二年石印本

注:郭仲産,字里不詳,曾任宋尚書庫部郎,爲南郡王從事,後以義宣之謀被誅(《史通·古今正史篇》、《太平廣記》卷一百四一引唐余知古《渚宮舊事》)。史志未載此書。《説郛》本僅存一節,未注出處。馮國瑞據諸傳注類書採得二十餘節,頗詳。葉昌熾從《草堂詩箋》採得二節,無出馮本之外。

涼州異物志一卷　（清）張澍輯

二酉堂叢書

叢書集成初編·史地類

注:《隋志》載《涼州異物志》一卷,《新唐志》載二卷,均未言撰者。張澍云:"宋膺《異物志》,隱匿鮮章,史注所引,多説西方,且月氏羊尾,文與《涼州

異物志》全同，《太平廣記》引《涼州異物志》，羊子生土中，文亦與宋膺《異物志》同，疑《涼州異物志》即宋膺所纂。漢、晉之時，敦煌宋氏，俊才如林，文採多麗，豈其然乎！以無左證，未能質言耳。"按張氏據傳注類書採得五十餘節，並有按語。

沙州記一卷　（劉宋）段國撰
說郛弓六十一（宛委山堂本）
說郛弓六十一（宛委山堂本）　傅增湘校　〔北京圖書館〕

沙州記一卷附錄一卷　（劉宋）段國撰　（清）張澍輯
二酉堂叢書
叢書集成初編・史地類
注：段國，生平不詳。張澍云："按《魏書》，阿豺立自號沙州刺史，部內有黃沙，周回數百里，不生草木，因號沙州。宋新亭侯段國所纂《沙州記》，即《隋志》之《吐谷渾記》也。"按《隋志》載宋新亭侯段國《吐谷渾記》二卷。張澍據《御覽》、《水經注》等採得二十餘節，附以《寰宇記》所紀吐谷渾始末。《說郛》本凡七節，不出張本之外。

風土記　（晉）周處撰
說郛卷四・墨娥漫録（商務印書館本）

風土記一卷　（晉）周處撰
說郛弓六十（宛委山堂本）
說郛弓六十（宛委山堂本）　傅增湘校〔北京圖書館〕
五朝小説・魏晉小説外乘家
五朝小説大觀・魏晉小説外乘家

晉周處風土記一卷　（晉）周處撰　（清）黃奭輯
漢學堂知足齋叢書・子史鉤沈　清黃

奭校〔北京圖書館〕

陽羨風土記一卷附校勘記一卷補輯一卷續補輯一卷　（晉）周處撰　（清）王謨輯　校勘記與補輯　金武祥撰輯
粟香室叢書

陽羨風土記補輯一卷　（晉）周處撰　金武祥輯
稿本〔上海圖書館〕
注：周處，字子隱，義興陽羨人，仕吳，爲東觀左丞，後歷新平、廣漢太守，官至御史中丞，著《默語》三十篇及《風土記》，事蹟詳《晉書》本傳。《隋志》載周處《風土記》三卷，兩《唐志》載十卷。劉知幾云："既而史傳小書，人物雜記"，若"周處之《陽羨風土》"，"文言美辭，列於章句，委曲敍事，存於細書"。（《史通・補注篇》）王謨據傳注類書採得九十七節。金武祥復於《玉燭寶典》等採得數十節，以補王本之缺，兼收同條而兩書引用互異者，於王本譌誤者，亦辨正之。《説郛》宛委山堂本凡二十餘節，商務印書館本僅二節（即宛委山堂本首二節），均爲王、金採録。

三齊略記　（晉）伏琛撰
說郛卷四・墨娥漫録（商務印書館本）

三齊略記一卷　（晉）伏琛撰
說郛弓六十一（宛委山堂本）
說郛弓六十一（宛委山堂本）　傅增湘校　〔北京圖書館〕
五朝小説・魏晉小説外乘家
五朝小説大觀・魏晉小説外乘家

晉伏琛三齊略記一卷　（晉）伏琛撰　（清）黃奭輯
漢學堂知足齋叢書・子史鉤沈　清黃

奭校　〔北京圖書館〕

三齊記逸文　（晉）伏琛撰　（清）

杜文瀾輯

曼陀羅華閣叢書·古謠諺卷二十八

三齊記佚文一卷

經籍佚文

三齊略記一卷　（晉）伏琛撰

（清）王仁俊輯

玉函山房輯佚書補編

三齊略記一卷　（晉）伏琛撰　葉

昌熾輯

齡淡廬叢稾

齊地記一卷　（晉）伏琛撰　陳蚩

聲輯

十笏園叢刊·伏氏佚書

注：伏琛，生平不詳。史志未載此書。《説郛》宛委山堂本凡九節，未注出處；商務印書館本僅三節，無出宛委山堂本之外。杜文瀾從《孟子疏》中採得《寧戚飯牛歌》一首。王仁俊據李瀚《蒙求》自注輯存，文與杜本稍異。葉昌熾據《草堂詩箋》卷一、卷七採得諸葛亮《梁甫吟》及《飯牛歌》，其《飯牛歌》較杜本稍略。杜、王、葉本所採均爲《説郛》本所無。陳蚩聲據《文選》注、《寰宇記》、《御覽》、《水經注》等採得百餘節，題爲《齊地記》。按陳氏以伏琛爲魏人，誤也。考陳所輯之文，東陽城有"晉永嘉五年"云云之事，琛處晉代明矣。王仁俊、葉昌熾俱未題撰者，以與陳氏所採伏琛《齊地記》相校，文或有出入者，或爲陳本所無者，今從《説郛》本題伏琛撰。章宗源、文廷式均以《三齊略記》與伏琛《齊記》爲二書，分別著録，見章氏《隋書經籍志考證》卷六及文氏《補晉書

藝文志》卷二。今姑編一處。

丹陽記　（劉宋）山謙之撰

説郛卷四·墨娥漫録（商務印書館本）

丹陽記一卷　（劉宋）山謙之撰

説郛弓六十一（宛委山堂本）

説郛弓六十一（宛委山堂本）　傅增湘

校　〔北京圖書館〕

晉山謙之丹陽記一卷　（劉宋）山

謙之撰　（清）黃奭輯

漢學堂知足齋叢書·子史鈎沈　清黃

奭校　〔北京圖書館〕

注：山謙之，字里不詳，事蹟略見沈約《宋書·自序》。史志未載此書。《説郛》宛委山堂本凡七節，標篇目爲《慈母山》、《烈洲》、《蔣山》、《新亭》、《石城》、《蔣陵》、《張侯橋》；商務印書館本僅有《慈母山》一篇。

南徐州記一卷　（劉宋）山謙之撰

葉昌熾輯

齡淡廬叢稾

注：山謙之，參《丹陽記》。《隋》、《唐志》並載山謙之《南徐州記》二卷。葉昌熾從《草堂詩箋》卷八採得一節。

宋王元謨壽陽記一卷　（劉宋）王

元謨撰　葉昌熾輯

齡淡廬叢稾

注：王元謨，生平不詳。史志未載此書。葉昌熾據《歲時廣記》卷九、卷二十及卷二十五採得四節。

宣城記一卷　（劉宋）紀義撰

（清）王仁俊輯

玉函山房輯佚書補編

注：王仁俊據李瀚《蒙求》自注採得一節。按章宗源列舉諸書援引紀義《宣城記》，詳見《隋書經籍志考證》卷六。

義,生平不詳。王謨云:"按《隋》、《唐志》俱不載此《記》,而宗懍《荆楚歲時記》已採用之,則紀義當爲晉、宋間人"。(張國淦《中國古方志考》)疑王仁俊所採即紀義書之文。

劉道真錢塘記　　（劉宋）劉道真撰

（清）勞格輯

月河精舍叢鈔・讀書雜識卷六

錢塘記一卷

玉函山房輯佚書續編・史編總類

注:《輿地紀勝》卷二《臨安府・官吏》下稱宋劉道真,並引《晏公類要》曰:"道真爲錢塘令,劉道錫爲餘杭令。元嘉十三年,上遣李演之行郡,上表以道真、道錫爲邦之首最,治民之良宰。道真又作《錢塘記》。"顏氏《漢書敍例》云:"劉寶字道真,高平人,晉中書令,河内太守,御史中丞。"寶仕晉,未知即錢塘令道真否?勞格據《御覽》等採得十二節。

吳興山墟名一卷　　（晉）張玄之撰

（清）范鍇輯

范白舫所刊書

范聲山雜著

吳興山墟名一卷　　（晉）張玄之撰

繆荃孫輯

清光緒間刻本

雲自在龕叢書第一集

注:張玄之,字祖希,吳郡人,以才學顯,官歷吳興太守,拜冠軍將軍,封晉寧侯(《世説・言語篇》注引《續晉陽秋》、《晉書・謝玄傳》、《隋志》集部)。史志未載此書。范鍇從《湖録》採得五十餘節,繆荃孫據《輿地紀勝》等採得六十餘節,兩本可互補。

吳興記一卷　　（劉宋）山謙之撰

（明）董斯張輯

范白舫所刊書

范聲山雜著

吳興記一卷　　（劉宋）山謙之撰

繆荃孫輯

清光緒間刻本

雲自在龕叢書第一集

注:山謙之,參《丹陽記》。《隋志》載山謙之《吳興記》三卷。董斯張據唐宋類書、《後漢書》注、談鑰《吳興志》等採撮,得五十則,於輯文下未注出處。范鍇序云:"予見而録存之","今散見於《湖録》者又缺十之二。"按范鍇録存董斯張本未足四十節,當非董本之全。繆荃孫據羣書採得六十六事,每條下均注出處,頗善。

吳興入東記一卷　　（梁）吳均撰

（清）范鍇輯

范白舫所刊書

范聲山雜著

注:吳均,參《齊春秋》。史志未載此書。范鍇云:"按談《志》:梁吳均居長城縣南之青山,在吳興之西,太守柳惲召補主簿,始入東境,乃作《入東記》,以辨山川故實。今其書已佚,從《湖録》中輯鈔存之。"按范本凡十一節,分五篇,標名爲《烏程》、《歸安》、《安吉》、《長興》、《德清》。

會稽土地記一卷　　（吳）朱育撰

魯迅輯

會稽郡故書雜集

魯迅全集・會稽郡故書雜集

注:朱育,參《毛詩雜答問》。《隋志》載朱育《會稽土地記》一卷。兩《唐志》

有朱育《會稽記》四卷，歸入雜傳類。按《隋志》所載或即《唐志》、《會稽記》中之一部。《唐志》作《會稽記》四卷，以書言人物居多，故入傳記類。魯迅云："《世說新語》引《土地志》二條，不題撰人，蓋即育《記》。"

會稽記一卷　（晉）賀循撰　魯迅輯

會稽郡故書雜集

魯迅全集·會稽郡故書雜集

注：賀循，參《葬禮》。《隋志》載賀循《會稽記》一卷。參賀氏《會稽先賢像贊》。魯迅據《史記正義》、《輿地紀勝》、《宋書》、《御覽》等採得六條。

會稽記一卷　（劉宋）孔靈符撰

説郛弓六十一（宛委山堂本）

説郛弓六十一（宛委山堂本）　傅增湘校　〔北京圖書館〕

晉孔曄會稽記一卷　（劉宋）孔靈符撰　（清）黃奭輯

漢學堂知足齋叢書·子史鉤沈　清黃奭校　〔北京圖書館〕

會稽記逸文　（劉宋）孔靈符撰　（清）杜文瀾輯

曼陀羅華閣叢書·古謠諺卷二十八

會稽記佚文一卷

經籍佚文

會稽記一卷　（劉宋）孔靈符撰　魯迅輯

會稽郡故書雜集

魯迅全集·會稽郡故書雜集

注：孔靈符，山陰人，曾爲會稽太守，詳見《宋書·孔季恭傳》。史志未載此書。魯迅云："諸書引《會稽記》，或云孔靈符，或云孔曄，曄當是靈符之名，如

《射的諺》一條，《御覽》引作靈符，《寰宇記》引作曄，而文辭無其異，知爲一人。"按《説郛》本題孔曄撰，誤以曄爲晉人。魯迅據唐宋類書、《嘉泰會稽志》、《世說》注等採得約六十節，頗詳。《説郛》本凡五節。杜文瀾據《御覽》卷四十一採得諺一首。按除《説郛》本"孫興公、許玄度共在白樓亭"一節爲魯迅輯本所無，餘皆不出其外。

會稽地志一卷　（□）夏侯曾先撰　魯迅輯

會稽郡故書雜集

魯迅全集·會稽郡故書雜集

注：魯迅云："夏侯曾先《會稽地志》，《隋書·經籍志》及《新》、《舊唐志》皆不載，曾先事蹟亦無可考，見唐時撰述已引其書，而語涉梁武，當是陳、隋間人。"魯迅從《嘉泰會稽志》及《寰宇記》等採得三十餘節。

臨海水土記　（漢）楊孚撰　（清）曾釗輯

嶺南遺書第五集·楊議郎著書

注：明歐大任《百越先賢志》卷二云："楊孚字孝元，南海人。章帝朝，舉賢良，對策上第，拜議郎。""後爲臨海太守，復著《臨海水土記》。"按臨海郡始置於吳太平二年，以會稽東部劃之，曾釗云："據此則議郎歷漢末至吳時尚存，蓋百餘歲人矣，而史志猶稱爲漢議郎，其不仕吳可知。"今無從考實。曾釗據《初學記》、《廣韻》、《文選》注採得五節。

臨海異物志一卷　（吳）沈瑩撰

説郛弓六十二（宛委山堂本）

説郛弓六十二（宛委山堂本）　傅增湘校　〔北京圖書館〕

臨海異物志逸文　（吳）沈瑩撰

（清）杜文瀾輯

曼陀羅華閣叢書·古謠諺卷三十

臨海異物志佚文一卷

經籍佚文

　　注：沈瑩，字里不詳，曾官丹陽太守（《三國志·孫晧傳》）。《隋志》載沈瑩《臨海水土物志》一卷，兩《唐志》載作《臨海水土異物志》一卷。《說郛》本凡十三節。杜文瀾從《齊民要術》、《御覽》及《廣博物志》採得三節，以補《說郛》本之缺。

臨海異物志

說郛卷六·廣知（商務印書館本）

臨海異物志一卷　（清）王仁俊輯

玉函山房輯佚書補編

臨海異物志一卷　楊晨輯

台州叢書後集

崇雅堂叢書

　　注：諸書所引或作《臨海水土異物志》，或作《臨海異物志》，或《臨海志》，或《臨海水土志》，或作沈瑩《異物志》等，名稱繁多，未知係一書否？楊晨據傳注類書採得百餘節，文下均注出處，其中明言《臨海異物志》者，疑爲瑩書之文。《說郛》商務印書館本凡四節，末一節爲曹叔雅《異物志》。王仁俊據《稽瑞》採得一節，爲諸本所無。參沈瑩《臨海異物志》。

臨海記一卷　（清）洪頤煊輯

問經堂叢書·經典集林

台州叢書後集

經典集林

　　注：洪頤煊云：“史志俱不著錄，未詳撰人名氏”，並據《御覽》、《類聚》、《法苑珠林》等採得數十節。按《書鈔》卷一百五十八引孫詵《臨海記》，大約洪所採之文即出於詵手。孫詵，字休羣，太原中都人（《南史·文學丘巨源傳》）。

永嘉郡記一卷　（劉宋）鄭緝之撰

說郛弓六十一（宛委山堂本）

說郛弓六十一（宛委山堂本）　傅增湘校　〔北京圖書館〕

晉鄭緝之永嘉郡記一卷　（劉宋）

鄭緝之撰　（清）黃奭輯

漢學堂知足齋叢書·子史鉤沈　清黃奭校　〔北京圖書館〕

永嘉郡記一卷　（劉宋）鄭緝之撰

（清）孫詒讓輯

清光緒四年石印本

民國元年石印本

　　注：鄭緝之，參《孝子傳》。史志未載此書。《說郛》本凡五節，未注出處。孫詒讓據傳注類書採撫，得五十餘節，頗詳備。

陳留風俗傳一卷　（漢）圈稱（題晉江微）撰

說郛弓六十二（宛委山堂本）

說郛弓六十二（宛委山堂本）　傅增湘校　〔北京圖書館〕

陳留風俗傳　（漢）圈稱撰

說郛卷七·諸傳摘玄（商務印書館本）

晉江微陳留風俗傳一卷　（漢）圈稱（題晉江微）撰

漢學堂知足齋叢書·子史鉤沈　清黃奭校　〔北京圖書館〕

陳留風俗傳逸文　（漢）圈稱撰

（清）杜文瀾輯

曼陀羅華閣叢書·古謠諺卷三十

陳留風俗傳一卷　（漢）圏稱撰

（清）王仁俊輯

玉函山房輯佚書補編

注：《元和姓纂》卷六云：“後漢末有圏稱，字幼舉，撰《陳留風俗傳》。”而《姓解》卷三則謂“秦有圏稱，撰《陳留風俗傳》，後入漢，累官至司徒”。據顔師古《匡謬正俗》卷八云：“圏稱《陳留風俗傳》自序云：圏公之後。圏公爲秦博士，避地南山，漢祖聘之不就，惠太子即位，以圏公爲司徒，自圏公至稱傳世十一。”顔氏以爲此序有誤，云：“按班《書》述四皓，但有園公，非圏公也。公當秦之時，避地而入商洛深山，則不爲博士明矣。又漢初不置司徒，安得以圏公爲之乎！且呼惠帝爲太子，無意義。孟舉（即幼舉）之説，實爲鄙野。”《隋志》載漢議郎圏稱《陳留耆舊傳》二卷，其處漢代無疑，大致若《元和姓纂》所云爲後漢人。《隋》、《唐志》並載圏稱《陳留風俗傳》三卷。《説郛》宛委山堂本凡九節，題晉江微撰。按《隋志》僅載東晉剡令江敞《陳留志》十五卷，兩《唐志》並載十五卷《舊唐志》題江微撰），諸書引《陳留志》（見章宗源《隋書經籍志考證》卷十三）或謂江微撰，知江微、江敞與江徽實爲一人。《説郛》本九節，未審究係何人著述，或爲江氏《陳留志》風俗之文亦未可知，以史志明言圏稱《陳留風俗傳》，姑改之而題名圏稱。《説郛》商務印書館本僅轉鈔宛委山堂本前二節。杜文瀾據《御覽》卷四百九十六採得諺一節，以補《説郛》本之缺。王仁俊據《姓解》、《文苑英華辨證》採得六節，題圏稱撰，爲諸本所無。

洛陽記一卷　（晉）陸機撰

説郛弓六十一（宛委山堂本）

説郛弓六十一（宛委山堂本）　傅增湘校　〔北京圖書館〕

陸機洛陽記一卷　（晉）陸機撰

葉昌熾輯

瞉淡廬叢稾

注：陸機，參《陸機晉書》。《隋》、《唐志》並載陸機《洛陽記》一卷。《説郛》本凡十節，未注出處。葉昌熾從《草堂詩箋》卷一採得一節，爲《説郛》本所無。

洛陽記一卷　葉昌熾輯

瞉淡廬叢稾

注：《隋志》載《洛陽記》四卷，未言撰者。葉昌熾從《草堂詩箋》卷一採得一節。按《隋志》又載陸機《洛陽記》一卷，未知葉氏所採爲何書之佚文。

鄴中記　（晉）陸翽撰

説郛卷四・墨娥漫録（商務印書館本）

説郛卷七十三（商務印書館本）

鄴中記一卷　（晉）陸翽撰

説郛弓五十九（宛委山堂本）

説郛弓五十九（宛委山堂本）　傅增湘校　〔北京圖書館〕

五朝小説・魏晉小説偏録家

五朝小説大觀・魏晉小説偏録家

古今説部叢書一集

鄴中記一卷　（晉）陸翽撰

四庫全書・史部載記類

武英殿聚珍版書・史部

武英殿聚珍版書・史部（清乾隆四十一年刻）　清張士垣、褚德儀校　〔上海圖書館〕

武英殿聚珍版書・史部（清乾隆四十一年刻）　清盧文弨校　〔南京圖書館〕

增訂漢魏叢書・載籍（三餘堂本、大通

書局石印本）

廣漢魏叢書・載籍（嘉慶本）

榕園叢書乙集

龍谿精舍叢書・史部

叢書集成初編・史地類

鄴中記一卷　（晉）陸翽撰

續百川學海乙集

反約篇

清芬堂叢書・史部

注：陸翽，生平不詳。《隋志》載晉國子助教陸翽《鄴中記》二卷，《新唐志》同。陳氏《直齋書錄解題》載一卷，云："不著名氏，記自魏而下及僭偽都鄴者六家宮殿事蹟。"《唐書・藝文志》有陸翽《鄴中記》二卷，疑即是書。"《四庫全書總目提要》云："原書久佚。陶宗儀《說郛》所載，寥寥數頁，亦非完本。今以散見《永樂大典》者，蒐羅薈粹，以諸書互證，刪除重複，共得七十四條，排比成編，仍爲一卷。以石虎諸事爲翽本書，其續入諸條，亦唐以前人所紀，棄之可惜，則殿居卷末，別以附錄名焉。"《說郛》商務印書館本凡三節，首節即爲宛委山堂本次節，餘二節出諸本之外。《續百川學海》本、《反約篇》本與《清芬堂叢書》本未見。

荆州記一卷　（晉）范汪撰　（清）陳運溶輯

麓山精舍叢書第一集・荆湘地記二十九種

注：范汪，參《祭典》。史志未載此書。陳運溶據《史記正義》及唐宋類書採得九節。

荆州記一卷　（劉宋）郭仲產撰（清）陳運溶輯

麓山精舍叢書第一集・荆湘地記二十九種

注：郭仲產，參《秦州記》。《新唐志》載郭仲產《荆州記》二卷。陳運溶據《寰宇記》卷一百四十六與《渚宮舊事》卷二注採得二節。

荆州記一卷　（劉宋）庾仲雍撰（清）陳運溶輯

麓山精舍叢書第一集・荆湘地記二十九種

荆州記一卷　（劉宋）庾仲雍（題庾穆之）撰　（清）王仁俊輯

玉函山房輯佚書補編

注：庾仲雍，生平不詳。按諸書多引作庾仲雍《荆州記》，然《寰宇記》卷一百十七引爲庾穆之《荆州記》，庾氏又著《湘州記》，《御覽》卷四十九及《岳陽風土記》並作庾穆之，古人名字相應，大約穆之爲名，仲雍其字，或以字行。陳運溶據《文選》注、《寰宇記》、《渚宮舊事》注與唐宋類書採得十七節。王仁俊據《寰宇記》卷一百十七採得一節，可補陳本之缺。

荆州記　（劉宋）盛弘之撰

說郛卷四・墨娥漫鈔（商務印書館本）

荆州記　（劉宋）盛弘之撰

說郛卷七十三（商務印書館本）

荆州記一卷　（劉宋）盛弘之撰

說郛弓六十一（宛委山堂本）

說郛弓六十一（宛委山堂本）　傅增湘校　〔北京圖書館〕

五朝小說・魏晉小說外乘家

五朝小說大觀・魏晉小說外乘家

晉盛宏之荆州記一卷　（劉宋）盛弘之撰　（清）黃奭輯

漢學堂知足齋叢書·子史鉤沈　清黄
奭校〔北京圖書館〕

荆州記三卷　（劉宋）盛弘之撰
（清）馬國翰輯

玉函山房輯佚書·目耕帖續編·史編
地理類（清光緒十五年繡江李氏補
刻本）

荆州記三卷附録一卷　（劉宋）盛
弘之撰　（清）陳運溶輯並集證

麓山精舍叢書第一集

荆州記一卷　（劉宋）盛弘之撰
（清）王仁俊輯

玉函山房輯佚書補編

荆州記三卷　（劉宋）盛弘之撰
曹元忠輯

清光緒二十七年荆州田氏刻移山堂叢
書本

箋經室叢書

荆州記一卷　（劉宋）盛弘之撰
繆荃孫輯

稿本　〔北京圖書館〕

盛弘之荆州記一卷　（劉宋）盛弘
之撰　葉昌熾輯

穀淡廬叢稾

注：盛弘之，生平不詳。《隋志》載宋
臨川王侍郎盛弘之《荆州記》三卷。《通
典·州郡》卷一百七十一注謂：“辛氏
《三秦記》、常璩《華陽國志》、羅含《湘中
記》、盛弘之《荆州記》之類，皆自述鄉國
靈怪、人賢、物盛，參以他書，則多紕謬，
既非通論，不暇取之矣。”諸本以陳運溶
輯本較詳，陳氏據《水經注》、《後漢書》
注、《寰宇記》與唐宋類書等輯存，凡百
七十餘事，依《晉書·地理志》郡縣次序
排列。曹元忠採得百餘節，其間亦有爲

陳氏失採之文。王仁俊據《寰宇記》、
《姓解》、《湘煙録》等採得八節，有出陳、
曹本之外者。葉昌熾僅從《草堂詩箋》
採得一節，爲諸本所無。《説郛》宛委山
堂本凡二十節，未注出處；商務印書館
本所載均不出宛委山堂本之外。

荆州記一卷　（南齊）劉澄之撰
（清）陳運溶輯

麓山精舍叢書第一集·荆湘地記二十
九種

注：劉澄之，宋宗室，爲驃騎長史，昇
明元年任南豫州刺史（《宋書·宗室
傳》、《順帝紀》）。入齊，任都官尚書
（《隋志》史部）。陳運溶云：“《隋書經籍
志》云《永初山川記》，齊都官尚書劉澄
之撰，疑即此人也”（《荆湘地記》序）。
史志未載劉澄之《荆州記》。按陳氏據
《初學記》卷七採得一節。

荆州記一卷　（清）陳運溶輯

麓山精舍叢書第一集·荆湘地記二十
九種

荆州記一卷　（清）王仁俊輯

玉函山房輯佚書補編

注：陳運溶據傳注類書採得百餘節。
王仁俊從《寰宇記》卷一百十六、卷一百
十七及《世説》卷六注採得三節，爲陳氏
失採。陳氏云：“案此因各書所引皆未
著録作者姓名，故附入斯類，以非一人
所撰也”（《荆湘地記》序）。按撰《荆
記》者有范汪、郭仲産、庾仲雍、盛弘之、
劉澄之諸人。

荆州圖記一卷　（清）陳運溶輯

麓山精舍叢書第一集·荆湘地記二十
九種

注：史志未載此書。陳運溶據《文

《選》注、《書鈔》、《類聚》、《初學記》、《御覽》、《寰宇記》採得三十七節。

荆州圖副一卷　（清）陳運溶輯

麓山精舍叢書第一集·荆湘地記二十九種

注：史志未載此書。陳運溶據《文選》注、《史記正義》、《書鈔》、《類聚》、《初學記》、《御覽》、《寰宇記》採得三十六節。

荆州圖經一卷　（清）陳運溶輯

麓山精舍叢書第一集·荆湘地記二十九種

荆州圖經一卷　（清）王仁俊輯

玉函山房輯佚書補編

注：史志未載此書。陳運溶從《御覽》、《文選》注採得四節。王仁俊據《寰宇記》卷一百十三採得一節，可補陳本之缺。

荆州土地記一卷　（清）陳運溶輯

麓山精舍叢書第一集·荆湘地記二十九種

注：史志未載此書。陳運溶據《書鈔》、《類聚》、《御覽》、《齊民要術》採得九節。

荆楚歲時記一卷　（梁）宗懔撰

廣漢魏叢書·載籍

說郛弓六十九（宛委山堂本）

說郛弓六十九（宛委山堂本）　傅增湘校　〔北京圖書館〕

五朝小說·魏晉小說雜志家

五朝小說大觀·魏晉小說雜志家

增訂漢魏叢書·載籍

湖北先正遺書·史部

四部備要·史部地理

荆楚歲時記

舊小說甲集

荆楚歲時記　（梁）宗懔撰

說郛卷二十五（商務印書館本）

荆楚歲時記一卷　（梁）宗懔撰

寶顏堂祕籍·廣集

四庫全書·史部地理類

荆楚歲時記一卷　（梁）宗懔撰　（清）陳運溶輯

麓山精舍叢書第一集

注：宗懔，字元懔，南陽涅陽人，徙居江陵，《梁書》有傳。《唐》、《宋志》並載宗懔《荆楚歲時記》一卷，《直齋書錄解題》載懔自序，謂此書凡二十餘事。陳運溶云：“是記所逸甚多，今流傳之本殆亦輯錄而成者。”“今就《藝文類聚》、《初學記》、《太平御覽》三書採輯，”“依原書體例，縷析條分，詳爲紀載。”按《四庫全書》本與《四部備要》本不盡同；《說郛》商務印書館本分八篇，係節本。

漢陽郡圖經一卷　（清）王仁俊輯

玉函山房輯佚書補編

注：史志未載此書，撰者與成書年代不明，姑編入。王仁俊據《寰宇記》卷一百十三採得一節。

興軍國圖經一卷　（清）王仁俊輯

玉函山房輯佚書補編

注：史志未載此書，撰者與成書年代不明，姑編入。王仁俊據《寰宇記》卷一百十三採得一節。

南雍州記一卷　（劉宋）王韶之（題晉王韶）撰

說郛弓六十一（宛委山堂本）

說郛弓六十一（宛委山堂本）　傅增湘校　〔北京圖書館〕

晉王韶南雍州記一卷　（劉宋）王

韶之撰　（清）黃奭輯

漢學堂知足齋叢書·子史鉤沈　清黃
　奭校　〔北京圖書館〕

　　注：王韶之，參《王韶之晉安帝紀》。
王韶，即王韶之，《文心雕龍·史傳篇》
亦稱王韶。王韶之從晉入宋，故《說郛》
本以其爲晉人；韶之又著《始興記》，《說
郛》本亦題晉王韶撰。史志未載王韶之
《南雍州記》，《隋志》載鮑至《南雍州記》
六卷，《舊唐志》載郭仲產《南雍州記》三
卷。《說郛》本凡六節，不知所出。

荆南地志一卷　梁元帝撰　（清）
陳運溶輯

麓山精舍叢書第一集·荆湘地記二十
　九種

荆南志一卷　梁元帝撰　（清）王
仁俊輯

玉函山房輯佚書補編

　　注：梁元帝，參《纂要》。《金樓子》卷
五載《荆南志》一袟二卷，《南史》本紀作
《荆南地記》，《隋志》與《新唐志》並載作
《荆南地志》二卷。陳運溶據《御覽》、
《寰宇記》、《渚宮舊事》注採得十節。王
仁俊從《寰宇記》卷一百十三採得一節，
爲陳本所無。

宜都記　（晉）袁山松撰

說郛卷四·墨娥漫錄（商務印書館本）

宜都記一卷　（晉）袁山松撰

說郛弓六十一（宛委山堂本）

說郛弓六十一（宛委山堂本）　傅增湘
　校　〔北京圖書館〕

五朝小説·魏晉小説外乘家

五朝小説大觀·魏晉小説外乘家

袁崧宜都記一卷　（晉）袁山松撰
（清）黃奭輯

漢學堂知足齋叢書·子史鉤沈　清黃
　奭校　〔北京圖書館〕

　　注：袁山松，參《袁山崧後漢書》。史
志未載此書。諸書或引作《宜都山川
記》，或省稱《宜都記》（見秦榮光、文廷
式、丁國鈞、黃逢元、吳士鑑各自所著
《補晉書藝文志》）。《說郛》宛委山堂本
凡七節；商務印書館本僅一節，無出宛
委山堂本之外。

宜都山川記一卷　（□）李□撰

葉昌熾輯

毈淡廬叢蔂

　　注：《新唐志》載李氏《宜都山川記》
一卷。葉昌熾據《草堂詩箋》卷十一採
得一節。按此文與《說郛》中袁山松《宜
都記》中之一節相同。

湘中記　（晉）羅含撰

說郛卷四·墨娥漫錄（商務印書館本）

湘中記一卷　（晉）羅含撰

說郛弓六十一（宛委山堂本）

說郛弓六十一（宛委山堂本）　傅增湘
　校　〔北京圖書館〕

五朝小説·魏晉小説外乘家

五朝小説大觀·魏晉小説外乘家

晉羅含湘中記一卷　（晉）羅含撰
（清）黃奭輯

漢學堂知足齋叢書·子史鉤沈　清黃
　奭校　〔北京圖書館〕

湘中記一卷　（晉）羅含撰　（清）
陳運溶輯

麓山精舍叢書第一集·荆湘地記二十
　九種

湘中記一卷　（晉）羅含撰　（清）
王仁俊輯

玉函山房輯佚書補編

注：羅含，字君章，桂陽耒陽人，事蹟見《晉書·文苑傳》。《宋志》載羅含《湘中山水記》三卷，諸書引作《湘中記》。《通典·州郡》卷一百七十一注云："辛氏《三秦記》、常璩《華陽國志》、羅含《湘中記》、盛弘之《荆州記》之類，皆自述鄉國靈怪、人賢、物盛，參以他書，則多紕謬，既非通論，不暇取之矣。"陳運溶據《水經注》、《後漢書郡國志》劉昭注、《初學記》、《御覽》採得七節。王仁俊據《寰宇記》卷一百十四採得二節，爲陳本所無。《說郛》宛委山堂本凡十七節，大多爲陳、王本所無；商務印書館本凡五節，即宛委山堂本前五節。

湘州記一卷　（劉宋）郭仲産撰
（清）陳運溶輯
麓山精舍叢書第一集·荆湘地記二十九種

湘州記一卷　（劉宋）郭仲産撰
（清）王仁俊輯
玉函山房輯佚書補編

注：郭仲産，參《秦記》。《隋志》載《湘州記》一卷，題郭仲彥撰。按"彥"當爲"産"之誤。《崇文總目》載一卷。陳運溶從《御覽》卷八百四十五及《寰宇記》卷一百六十三採得二節。王仁俊據《寰宇記》卷一百十四、卷一百十六採得三節，爲陳本所無。

湘州記一卷　（劉宋）庾仲雍撰
（清）陳運溶輯
麓山精舍叢書第一集·荆湘地記二十九種

湘州記一卷　（劉宋）庾仲雍（題庾穆之）撰　（清）王仁俊輯
玉函山房輯佚書補編

注：庾仲雍，參《庾仲雍荆州記》。《隋志》載庾仲雍《湘州記》二卷。陳運溶據《初學記》、《御覽》、《岳陽風土記》採得四節。王仁俊從《寰宇記》卷一百十三、卷一百十四、卷一百十七採得三節，可補陳本之缺。

湘中記一卷　（劉宋）庾仲雍撰
（清）陳運溶輯
麓山精舍叢書第一集·荆湘地記二十九種

注：庾仲雍，參《庾仲雍荆州記》。史志未載此書。陳運溶據《類聚》卷七採得一節，敍馬嶺山。按庾氏有《湘州記》，王仁俊據《寰宇記》卷一百十七採得一節，亦敍馬嶺山，文字與《湘中記》不盡同，然所載則爲一事，疑《湘中記》爲《湘州記》之誤，或一書而異名歟？

湘州記一卷　（劉宋）甄烈撰
（清）陳運溶輯
麓山精舍叢書第一集·荆湘地記二十九種

湘州記一卷　（劉宋）甄烈撰
（清）王仁俊輯
玉函山房輯佚書補編

注：甄烈，生平不詳。史志未載此書。陳運溶據《御覽》卷四十九、卷一百七十一採得三節。王仁俊據《寰宇記》卷一百十四至一百十七採得六節，其中僅敍石鷰山一節與陳本同，餘均爲陳本所無。

湘州記一卷　（清）陳運溶輯
麓山精舍叢書第一集·荆湘地記二十九種

湘州記一卷　（清）王仁俊輯
玉函山房輯佚書補編

注：陳運溶據《後漢書》注、《書鈔》、《類聚》、《初學記》、《御覽》、《寰宇記》採得四十六節。王仁俊從《寰宇記》卷一百十四至一百十七採得七節，爲陳本所無。考史志傳注，著《湘州記》者有郭仲産、庾仲雍、甄烈，陳、王皆彙爲一編，而不題撰者。

湘中記一卷 （清）陳運溶輯

麓山精舍叢書第一集·荊湘地記二十九種

湘中記一卷 （清）王仁俊輯

玉函山房輯佚書補編

注：陳運溶據諸傳注類書採得十六節。王仁俊從《寰宇記》卷一百十四、卷一百十六採得七節，爲陳本所無。考史志傳注，著《湘中記》者有羅含、庾仲雍，陳、王皆彙爲一編，而不題撰者。

楚地記一卷 （清）王仁俊輯

玉函山房輯佚書補編

注：史志未載此書。王仁俊據《寰宇記》卷一百十三採得一節，敍巴陵。

湘州滎陽郡記一卷 （清）陳運溶輯

麓山精舍叢書第一集·荊湘地記二十九種

注：史志未載此書。陳運溶據《續漢書郡國志》劉昭注採得二節。

桂陽記一卷 （清）陳運溶輯

麓山精舍叢書第一集·荊湘地記二十九種

桂陽記一卷 （清）王仁俊輯

玉函山房輯佚書補編

注：陳運溶據《御覽》卷八百十二採得一節，其文曰："臨賀山有黑銀。"王仁俊從《寰宇記》卷一百十七採得一節，敍

平陽郡縣沿革。檢《梁書·文學劉杳傳》，知楊元鳳撰有《桂陽記》，楊爲三國魏人。考王氏所採之文，其敍平陽郡縣沿革止隋末，則似非楊書之佚文，或後人又有續增也。

武陵記一卷 （南齊）黃閔（題鮑堅）撰

說郛弓六十一（宛委山堂本）

說郛弓六十一（宛委山堂本） 傅增湘校 〔北京圖書館〕

武陵記一卷 （南齊）黃閔撰 （清）陳運溶輯

麓山精舍叢書第一集·荊湘地記二十九種

武陵源記一卷 （南齊）黃閔撰 （清）王仁俊輯

玉函山房輯佚書補編

注：黃閔，武陵人，見《湖南通志》李瀚章等修二百四十九卷。史志未載此書。陳運溶據《後漢書》注、《書鈔》、《初學記》、《御覽》採得二十四節。王仁俊據《寰宇記》卷一百十八採得九節，其中"天門山上有葱如人"云云一節與"昔有臨沅黃道真在此山（黃聞山）"云云一節與陳本同，餘均可補陳本之缺。《説郛》本無出陳本之外，題鮑堅撰。按鮑堅，唐人，著《武陵記》，《湖南通志》卷二百四十八雜記類謂《太平廣記》引之。考《説郛》本凡六節，未注出處，《御覽》四十九所引與之同，大約《説郛》本即出《御覽》。《御覽》引《武陵記》或明稱黃閔，或不言撰者，陳氏以之歸黃書（如《御覽》卷四十九引一節是），《説郛》本則題鮑堅撰，未詳孰是。

武陵記一卷 （梁）伍安貧撰

（清）陳運溶輯

麓山精舍叢書第一集・荊湘地記二十
九種

注：《輿地紀勝》卷六十八云："梁伍
安貧，字子素，武陵漢壽人，晉伍朝之
後，梁朝累降玄纁之禮，辭以疾，撰《武
陵地理記》，又撰《晉黃門沅川記》。"史
志未載此書。陳運溶據《酉陽雜俎》、
《輿地紀勝》採得九節。

五溪記一卷　（清）陳運溶輯

麓山精舍叢書第一集・荊湘地記二十
九種

注：史志未載此書。陳運溶據《御
覽》卷一百七十一採得一節。

豫章古今記一卷　（劉宋）雷次
宗撰

說郛弓六十七（宛委山堂本）

說郛弓六十七（宛委山堂本）　傅增湘
校　〔北京圖書館〕

五朝小說・魏晉小說外乘家

五朝小說大觀・魏晉小說外乘家

豫章古今記　（劉宋）雷次宗撰

說郛卷五十一（商務印書館本）

雷次宗豫章古今記一卷　（劉宋）
雷次宗撰　（清）黃奭輯

漢學堂知足齋叢書・子史鉤沈　清黃
奭校〔北京圖書館〕

宋雷次宗豫章記一卷　（劉宋）雷
次宗撰　葉昌熾輯

觳淡廬叢藁

注：雷次宗，參《喪服經傳略注》。
《隋》、《唐志》並載雷次宗《豫章記》一
卷，《宋志》載《豫章古今記》三卷，《崇文
總目》載作《豫章古今誌》三卷。《說郛》
宛委山堂本所載凡十一部，爲《郡城

縣》、《城闕》、《山石》、《水沙》、《津濟》、
《泉池》、《寺觀》、《神祠》、《第宅》、《冢
墓》、《翹俊》。周中孚云："今考書中《翹
俊部》有云，雷次宗，字仲倫，入廬山侍
沙門慧遠，篤志好學，屢徵不起，卒有文
集，注《禮記》、《周易》，元嘉六年撰《豫
章記》云云，則是仲倫原有是書，今本爲
後人所附益明矣。又考書中稱唐爲大
唐，而吳（愛）、李（思元）、滕王（元嬰）、
應（智頊）俱以唐人而記於末，可見竄益
出唐人手"（《鄭堂讀書記補逸》卷十
八）。《說郛》商務印書館本所載較宛委
山堂本爲詳，其中《寶瑞部》、《術藝部》、
《鬼神部》、《變化部》爲宛委山堂本無。
葉昌熾據《歲時廣記》卷三十四採得
一節。

豫章記

說郛卷四・墨娥漫錄（商務印書館本）

豫章記一卷　（清）王仁俊輯

玉函山房輯佚書補編

注：王仁俊據《稽瑞》採得一節。《說
郛》本凡二節，其末一節與王本同。考
《隋》、《唐志》，雷次宗有《豫章記》，然吳
徐整有《豫章舊志》、《豫章烈士傳》，晉
熊默亦有《豫章舊志》，晉熊欣有《豫章
舊志後撰》，未知王氏所採與《說郛》本
所載是否即雷之文。

九江志一卷　（魏）何晏撰

說郛弓六十一（宛委山堂本）

說郛弓六十一（宛委山堂本）　傅增湘
校　〔北京圖書館〕

晉何晏九江志一卷　（魏）何晏撰
（清）黃奭輯

漢學堂知足齋叢書・子史鉤沈　清黃
奭校〔北京圖書館〕

九江志 （魏）何晏撰
舊小説甲集
　　注：何晏，參《何晏周易講説》，史志未載此書。《説郛》本凡五篇，爲《神泉》、《溢城》、《匡廬》、《泉穴》、《石人》。張國淦云：“其《神泉》條，宋紹興間皇甫履隱斯山，當是後人羼入。”（《中國古方志考》）《舊小説》本凡三篇，敍王植、陸社兒、顧保宗事蹟。

南康記 （晉）鄧德明撰
説郛卷四·墨娥漫録（商務印書館本）

南康記一卷 （晉）鄧德明撰
説郛弓六十一（宛委山堂本）
説郛弓六十一（宛委山堂本） 傅增湘校 〔北京圖書館〕

晉鄧德明南康記一卷 （晉）鄧德明撰 （清）黃奭輯
漢學堂知足齋叢書·子史鈎沈 清黃奭校 〔北京圖書館〕
　　注：鄧德明，生平不詳，《太平寰宇記》江南西道引作劉德明《南康記》，《通典》州郡門注稱劉嗣之。史志未載此書。《説郛》宛委山堂本凡八篇，標名爲《神闕》、《金鷄》、《梓樹》、《石桃》、《鸚鳥》、《玉臺》、《青竹杖》、《潯陽四隱》；商務印書館本僅《神闕》一節。二本均未注出處。黃奭輯本未見。章宗源云《水經注》、《漢書》注、《初學記》、《太平寰宇記》引鄧書，詳《隋書經籍志考證》卷六。

潯陽記 （晉）張僧鑒撰
説郛卷四·墨娥漫録（商務印書館本）

潯陽記一卷 （晉）張僧鑒撰
説郛弓六十一（宛委山堂本）
説郛弓六十一（宛委山堂本） 傅增湘校 〔北京圖書館〕

晉張僧鑒潯陽記一卷 （晉）張僧鑒撰 （清）黃奭輯
漢學堂知足齋叢書·子史鈎沈 清黃奭校 〔北京圖書館〕
　　注：張僧鑒，一作張僧監，文廷式謂“《永樂大典》卷六千三百三十九引《江州志》：‘張僧監，南陽人，父須無，徙尋陽，世爲州別駕從事。僧監善屬文，先是須無嘗作《九江圖》，具載八州曲折成江者九，僧監因之遂作《尋陽記》。後又有張密者，不知何許人，亦著《九江新舊録》，或曰其裔也’”（《補晉書藝文志》卷三）。《新唐志》載張僧監《潯陽記》二卷。《説郛》宛委山堂本凡九節；商務印書館本僅二節，無出宛委山堂本之外。

鄱陽記一卷 （南齊）劉澄之撰
説郛弓六十一（宛委山堂本）
説郛弓六十一（宛委山堂本） 傅增湘校 〔北京圖書館〕

晉劉澄之鄱陽記一卷 （南齊）劉澄之撰 （清）黃奭輯
漢學堂知足齋叢書·子史鈎沈 清黃奭校 〔北京圖書館〕
　　注：劉澄之，參劉澄之《荆州記》，史志未載此書。《説郛》本凡五篇，爲《清灣》、《沙堆》、《白雲城》、《三鐵鑊》、《望夫岡》。張國淦云：“其《清灣》條有隋開皇中太守梁文謙，《白雲城》條有隋州刺史題詩，當是後人續補。”（《中國古方志考》）

異物志 （漢）楊孚撰 （清）曾釗輯
嶺南遺書第五集·楊議郎著書

南裔異物志 （漢）楊孚撰 （清）曾釗輯
嶺南遺書第五集·楊議郎著書

交州異物志　（漢）楊孚撰　（清）曾釗輯

嶺南遺書第五集·楊議郎著書

注：楊孚，參《臨海水土記》。明歐大任《百越先賢志》卷二云："時南海屬交阯部，刺史夏則巡行封部，冬則還奏天府，舉刺不法。其後競事獻珍，孚乃枚舉物性靈悟，指爲異品，以諷切之，著爲《南裔異物志》。"《隋志》載楊孚《異物志》一卷，又出楊孚《交州異物志》一卷，兩《唐志》亦載《交州異物志》一卷。曾氏據諸類書及《後漢書》注、《埤雅》採得《異物志》八節，據《水經注》、《文選》注採得《南裔異物志》五節，又從《御覽》、《太平廣記》採得《交州異物志》二節。按《隋》、《唐志》及歐書所載，疑一書而異名也。

異物志一卷　（清）曾釗輯

嶺南遺書第五集

叢書集成初編·史地類

異物志三卷　陶棟輯

輯佚叢刊

注：曾釗題楊孚撰，云："謹按議郎（楊孚）著《異物志》一卷，其後沿襲其名往往有之。""顧羣書引用，必著撰人之名，惟引議郎，如《齊民要術》引稻事、《事類賦》注引橘之類，直稱《異物志》而已，然則羣書所引《異物志》，疑皆爲議郎書，蓋《異物志》創自議郎，惟議郎得以專其名，斯亦引述者之義例歟？"按曾氏據《齊民要術》及諸類書採得約百節，頗詳備，然以諸書所引無名氏《異物志》定爲楊書，則欠周慮。陶棟僅據《文選》注而採得百餘節，以類相從，可與曾本互爲補缺。

扶南異物志一卷　（吳）朱應撰　（清）陳運溶輯

麓山精舍叢書第二集·古海國遺書鈔

注：《梁書·諸夷海南列傳》云："海南諸國，大抵在交州南及西海大海洲上，相去近者三五千里，遠者二三萬里，其西與西域諸國接。漢元鼎中，遣伏波將軍路博德開百越，置日南郡。其徼外諸國，自武帝以來皆朝貢。後漢桓帝世，大秦、天竺皆由此道遣使貢獻。及吳孫權時，遣宣化從事朱應、中郎康泰通焉。其所經過及傳聞，則有百數十國，因立記傳。"《梁書·文學劉杳傳》云："（沈）約又云：'何承天《纂文》奇博，其書載張仲師及長勁王時，此何出？'杳曰：'仲師長尺二寸，唯出《論衡》。長勁是毗騫王，朱建安《扶南以南記》云：古來至今不死。'約即取二書尋檢，一如杳言。"《隋志》與《舊唐志》並載朱應《扶南異物志》一卷，《新唐志》載作米應《扶南異物》一卷。陳輯未見。

南方草木狀佚文一卷　（晉）嵇含撰　（清）王仁俊輯

經籍佚文

注：王仁俊據《齊民要術》卷十竹類採得一節。

交州記一卷　（晉）劉欣期撰

説郛弓六十一（宛委山堂本）

説郛弓六十一（宛委山堂本）　傅增湘校　〔北京圖書館〕

晉劉欣期交州記一卷　（晉）劉欣期撰　（清）黃奭輯

漢學堂知足齋叢書·子史鉤沈　清黃奭校　〔北京圖書館〕

交州記二卷　（晉）劉欣期撰

（清）曾釗輯

嶺南遺書第五集

叢書集成初編・史地類

交州記 （晉）劉欣期撰 陶棟輯

輯佚叢刊・異物志附

注：劉欣期，生平不詳。史志未載此書。《説郛》本凡八節，未注出處。曾釗據《御覽》等採得約七十節，頗詳。陶棟僅從《文選》注採得二節，無出曾本之外。

交州記 （南齊）劉澄之撰 （清）曾釗輯

嶺南遺書第五集・（劉欣期）交州記附

叢書集成初編・史地類・（劉欣期）交州記附

注：劉澄之，參劉澄之《荆州記》。史志未載此書。曾釗據《初學記》卷六採得一節。

交州記 （□）姚文咸撰 （清）曾釗輯

嶺南遺書第五集・（劉欣期）交州記附

叢書集成初編・史地類・（劉欣期）交州記附

注：姚文咸，生平不詳，章宗源謂《寰宇記》作姚文感（《隋書經籍志考證》卷六）。史志未載此書。曾釗據《寰宇記》卷一百五十七採得一節。

廣州記 （晉）顧微撰

說郛卷四・墨娥漫録（商務印書館本）

廣州記一卷 （晉）顧微撰

說郛弓六十一（宛委山堂本）

說郛弓六十一（宛委山堂本） 傅增湘校 〔北京圖書館〕

五朝小説・魏晉小説外乘家

五朝小説大觀・魏晉小説外乘家

晉顧微之廣州記一卷 （晉）顧微

撰 （清）黃奭輯

漢學堂知足齋叢書・子史鉤沈 清黃奭校 〔北京圖書館〕

注：顧微，榮弟，官侍中，又居監官（《唐書・宰相世系表》）。榮，吳國吳人（《晉書》本傳）。《説郛》宛委山堂本凡二十節，商務印書館本僅一節，其文自"廣州城北有馬鞍崗"以下爲宛委山堂本所無。文廷式謂《御覽》、《類聚》多引之（《補晉書藝文志》卷三），章宗源云《類聚》等書引之（《隋書經籍志考證》卷六）。

廣州記一卷 （清）王仁俊輯

玉函山房輯佚書補編

注：按著《廣州記》者凡三人，一爲顧微，一爲裴淵（《水經注》浪水、《書鈔》儀飾部等書引之），一爲劉澄之（《御覽》地部引之）。王仁俊據《稽瑞》採得一節，敍裴淵於廣州之事，此文與宛委山堂本《廣州記》中某節同，宛委山堂本題顧微撰。

始興記 （劉宋）王韶之撰

說郛卷四・墨娥漫録（商務印書館本）

始興記一卷 （劉宋）王韶之（題王韶）撰

說郛弓六十一（宛委山堂本）

說郛弓六十一（宛委山堂本） 傅增湘校 〔北京圖書館〕

晉王韶始興記一卷 （劉宋）王韶之撰 （清）黃奭輯

漢學堂知足齋叢書・子史鉤沈 清黃奭校 〔北京圖書館〕

始興記一卷 （劉宋）王韶之撰 （清）曾釗輯

嶺南遺書第五集

始興記一卷　（劉宋）王韶之撰

（清）王仁俊輯

玉函山房輯佚書補編

　　注：王韶之，參《王韶之晉安帝紀》。史志未載此書。曾釗云："始興郡吳立，屬廣州，晉成帝度荊州，宋元嘉二十九年又度廣州，三十年度湘州，明帝太豫元年改廣興，韶之卒於元嘉十二年，其時尚屬荊州，領曲江、桂陽、陽山、滇陽、舍洭、始興、中宿七縣。元嘉初，徐豁爲始興太守，有政聲，韶之未嘗至始興，或即從徐豁討問故事，筆爲此記歟？"曾氏據《文選》注、《太平廣記》、《寰宇記》及唐宋類書採得二十八節。王仁俊從《寰宇記》卷一百十七採得一節，爲曾本所無。按王本未言撰者，檢史志傳注，僅王韶之著《始興記》，王仁俊所採必爲韶之書。《說郛》宛委山堂本凡十節，未注出處，有出曾本外者。商務印書館本僅二節，即宛委山堂本前二節。

南越志一卷　（劉宋）沈懷遠撰

說郛弓六十一（宛委山堂本）

說郛弓六十一（宛委山堂本）　傅增湘校　〔北京圖書館〕

五朝小說・魏晉小說外乘家

五朝小說大觀・魏晉小說外乘家

南越志　（劉宋）沈懷遠撰

說郛卷六・廣知（商務印書館本）

南越志逸文　（劉宋）沈懷遠撰

（清）杜文瀾輯

曼陀羅華閣叢書・古謠諺卷二十八

南越志佚文一卷

經籍佚文

南越志一卷　（劉宋）沈懷遠撰

（清）王仁俊輯

玉函山房輯佚書補編

南越志一卷　（劉宋）沈懷遠撰

葉昌熾輯

毄淡廬叢藁

南越志　（劉宋）沈懷遠撰　陶棟輯

輯佚叢刊・異物志附

南越記　（劉宋）沈懷遠撰

舊小說甲集

　　注：沈懷遠，吳興武康人，爲始興王濬征北長流參軍，坐事徙廣州，官至武康令，撰《南越志》（《宋書・沈懷文傳》）。《隋志》載沈氏《南越志》八卷，未言其名。兩《唐志》與《宋志》並載沈懷遠《南越志》五卷，《崇文總目》與《直齋書錄解題》載七卷。《玉海・地理》引《中興書目》載五卷，云："載三代至晉南越疆域事蹟。"《說郛》宛委山堂本凡十四節。商務印書館本有二節，《舊小說》本僅一節，均不出宛委山堂本之外。杜文瀾據《御覽》卷九百四十二採得一節，葉昌熾從《草堂詩箋》卷三採得一節，均爲《說郛》本所無。王仁俊從《稽瑞》採得一節，陶棟據《文選》注採得十四節，均可補以上諸本之缺，然王、陶本未題撰者，考史志傳注，僅沈氏著此書，王、陶所採之文當出沈手。

〔華陽國志佚文〕　（晉）常璩撰

（清）顧觀光撰

華陽國志校勘記（民國八年四川成都存古書局刻本、民國二十六年成都成都志古堂刻本）

武陵山人遺稿・華陽國志校勘記

武陵山人遺書・華陽國志校勘記

龍谿精舍叢書・華陽國志校勘記

四部備要·華陽國志校勘記

華陽國志校補　（晉）常璩撰
（清）勞格輯
月河精舍叢鈔·讀書雜識卷六

華陽國志逸文　（晉）常璩撰
（清）杜文瀾輯
曼陀羅華閣叢書·古謠諺卷二十三

華陽國志佚文一卷補遺一卷
（晉）常璩撰　（清）王仁俊輯
經籍佚文

華陽國志巴郡士女逸文一卷
（晉）常璩撰　繆荃孫輯
藝風堂讀書志
注：顧觀光撰《華陽國志校勘記》，兼採輯佚文，附於《校勘記》中，頗詳。勞格據《御覽》卷六十採得一節，杜文瀾從《詩紀》採得一節，均未出顧本之外。王仁俊彙録三家所採，最備。繆荃孫輯本凡十餘節，其據《輿地紀勝》與《姬侍類偶》所採之文爲諸家失採。

益州記一卷　（劉宋）任預撰
説郛弓六十一（宛委山堂本）
説郛弓六十一（宛委山堂本）　傅增湘校　〔北京圖書館〕
注：任預，參《禮論條牒》章宗源謂《續漢郡國志》注、《類聚》、《初學記》、《御覽》引任豫《益州記》，《史記正義》、《書鈔》引作杜預《益州記》，云“杜預、任豫字形相近，易訛，自是一書”，詳《隋書經籍志考證》卷六。任豫即任預，形音並相近也。任預，參《禮論條牒》。《説郛》本凡十餘節，未注出處，題晉任豫撰。

南州異物志贊　（吳）萬震撰
（清）嚴可均輯
全三國文卷七十四

南州異物志一卷　（吳）萬震撰
（清）陳運溶輯
麓山精舍叢書第二集·古海國遺書鈔
注：萬震，生平不詳。《隋志》載吳丹陽太守萬震《南州異物志》一卷，兩《唐志》並載一卷。嚴可均據《御覽》卷八百九、卷八百九十八與《類聚》卷九十五採得三節，云：“案類書引此《志》皆不云贊，楊慎《丹鉛録》引作贊，未審何據，俟考。”陳輯未見。

扶南土俗一卷　（吳）康泰撰
説郛弓六十（宛委山堂本）
説郛弓六十（宛委山堂本）　傅增湘校　〔北京圖書館〕

扶南土俗傳一卷　（吳）康泰撰
（清）陳運溶輯
麓山精舍叢書第二集·古海國遺書鈔
注：《梁書·諸夷海南列傳》云：“（吳孫權時），遣宣化從事朱應、中郎康泰通焉。其所經過及傳聞則有百數十國，因立記傳。”史志未載此書。《説郛》本載十二節，論諸國或地區之風俗。陳輯未見。

吳時外國傳一卷　（吳）康泰撰
（清）陳運溶輯
麓山精舍叢書第二集·古海國遺書鈔
注：康泰，參《扶南土俗》。史志未載此書。陳輯未見。

外國圖一卷　（清）陳運溶輯
麓山精舍叢書第二集·古海國遺書鈔
注：史志未載此書。陳輯未見。

扶南記一卷　（□）竺芝撰　（清）陳運溶輯
麓山精舍叢書第二集·古海國遺書鈔
注：竺芝，生平不詳。史志未載此

書。陳輯未見。

扶南傳

説郛卷七・諸傳摘玄(商務印書館)

扶南傳一卷　（清）陳運溶輯

麓山精舍叢書第二集・古海國遺書鈔
　　注：《説郛》本有一節，論荔枝，未注出處。陳輯未見。

交州以南外國傳一卷　（清）陳運溶輯

麓山精舍叢書第二集・古海國遺書鈔
　　注：《隋志》載《交州以南外國傳》一卷，《舊唐志》有《交州已來外國傳》一卷，《新唐志》載作《交州以來外國傳》一卷，俱未言撰者。陳輯未見。

林邑記一卷

説郛弓六十一(宛委山堂本)
説郛弓六十一(宛委山堂本)　傅增湘校　〔北京圖書館〕
　　注：《隋》、《唐志》並載《林邑國記》一卷，未言撰者。姚振宗云："案《宋書・文帝本紀》，元帝二十三年六月，交州刺史檀和之伐林邑國，剋之。二十四年秋七月乙卯，以林邑所獲金銀寶物班賚各有差。此次《宋武北征記》之後，或其時檀和之等所上者歟?"又晉稽含《南方草木狀》引東方朔《林邑記》，似《林邑記》不止此一家。"《隋書經籍志考證》卷二十一》《説郛》本凡八節，未注出處。章宗源謂《水經注》引《林邑記》，見《隋書經籍志考證》卷六。

外國事一卷　（清）陳運溶輯

麓山精舍叢書第二集・古海國遺書鈔
　　注：史志未載此書。陳輯未見。

西域諸國志一卷　（清）陳運溶輯

麓山精舍叢書第二集・古海國遺書鈔
　　注：史志未載此書。陳輯未見。文廷式謂《水經・河水》酈注引《外國事》一節(《補晉書藝文志》卷三)。

西域志一卷　（晉）道安撰　（清）陳運溶輯

麓山精舍叢書第二集・古海國遺書鈔
　　注：道安，姓衛，常山扶柳人，博物多才，通經名理(《高僧傳》初集卷五)。梁僧祐《出三藏集記》卷五、《三寶記》與《開元釋教録》等並載道安《西域志》一卷。陳輯未見。文廷式謂《類聚》、《御覽》、《水經注》引釋氏《西域記》甚多，"蓋亦出此書"(《補晉書藝文志》卷三)。

梁元帝職貢圖一卷　梁元帝撰　（清）王謨輯

重訂漢唐地理書鈔

職貢圖序　梁元帝撰　（清）嚴可均輯

全梁文卷十七

職貢圖序一卷　梁元帝撰　（清）王仁俊輯

玉函山房輯佚書續編・史編總類
　　注：梁元帝，參《纂要》。《金樓子》卷五載《貢職圖》一秩一卷，兩《唐志》載作《職貢圖》一卷，《宋志》又作《貢職圖》一卷。《金樓子》卷五與《類聚》卷五十五存此書序，諸家據以輯存，王謨又從《類聚》中採得贊一首。

山書一卷　（清）王謨輯

重訂漢唐地理書鈔
　　注：王謨云："按《山書》之名，千古無考，獨見《家語・執轡篇》，子夏述商聞《山書》以告朱(孔)子云，其而文乃全出《大戴禮・本命篇》，初不及引《山書》。昔人謂《家語》本王肅依託爲之，此篇問

答,疑即係肅所增益,則此《山書》亦未知古初果有是書與否?"王氏從《家語·執轡篇》採得一節。

古岳瀆經一卷 (清)王謨輯
重訂漢唐地理書鈔
　　注:元和九年李公佐從元公錫泛洞庭,登包山,入靈洞得《古岳瀆經》第八卷,詳王謨輯本序引《戎幕閒談》。王云:"此經至唐始出,猶有卷目可考,何以遂不復傳於世?其出於洞庭包山,又若與靈寶書同一故事,至所云無支祈,或即釋氏以爲泗州僧伽所降水而託爲之説亦未可知。此皆誕謾,未足據信,以其事與文皆奇古,不忍没,故特採之,以次於《山海經》後"云云。王謨從《路史》採得一節。

南嶽記 (晉)徐靈期撰
説郛卷四·墨娥漫録(商務印書館本)

南嶽記一卷 (晉)徐靈期撰 (清)陳運溶輯
麓山精舍叢書第一集·荊湘地記二十九種

南嶽記一卷 (晉)徐靈期撰 (清)王仁俊輯
玉函山房輯佚書補編
　　注:徐靈期,生平不詳。《通典》卷一百三謂"東晉徐靈期問張憑",並載其《久喪不葬服議》一首。憑,晉簡文帝時人,《晉書》有傳。陳運溶題徐靈期爲劉宋時人,未知所據。今據《通典》題晉人。史志未載此書。陳運溶據唐宋類書與《輿地紀勝》採得十節。王仁俊從《寰宇記》卷一百十四採得二節,未言撰者,可補陳本之缺。《説郛》本僅一節,與陳本中"衡山之岡有石室"一節稍異。

神境記一卷 (劉宋)王韶之撰
説郛弓六十(宛委山堂本)
説郛弓六十(宛委山堂本) 傅增湘校〔北京圖書館〕

晉王韶之神境記一卷 (劉宋)王韶之撰 (清)黃奭輯
漢學堂知足齋叢書·子史鈎沈 清黃奭校〔北京圖書館〕

神境記一卷 (劉宋)王韶之撰 (清)陳運溶輯
麓山精舍叢書第一集·荊湘地記二十九種

神境記一卷 (劉宋)王韶之撰 (清)王仁俊輯
玉函山房輯佚書補編
　　注:王韶之,參《王韶之晉安帝紀》。史志未載此書。陳運溶據唐宋類書採得十二節。王仁俊從《寰宇記》卷一百十六採得二則,敍蘭巖山、九疑山,與陳氏所輯蘭巖、九疑不盡同。《説郛》本凡五節,其中《蘭巖雙鶴》、《武陵池》、《印渚》之文爲陳本所無,唯未注出處。

宋劉徵之永初山川記一卷 (南齊)劉澄之撰 (清)王謨輯
重訂漢唐地理書鈔

宋永初山川記一卷 (南齊)劉澄之撰 (清)王仁俊輯
玉函山房輯佚書補編

劉澄之永初山川古今記一卷 (南齊)劉澄之撰 葉昌熾輯
毅淡廬叢藁

梁州記 (南齊)劉澄之撰
説郛卷四·墨娥漫録(商務印書館本)

梁州記一卷 (南齊)劉澄之撰

説郛弓六十一(宛委山堂本)

説郛弓六十一(宛委山堂本)　傅增湘
　校　〔北京圖書館〕

晉劉澄之梁州記一卷　(南齊)劉澄之撰　(清)黄奭輯

漢學堂知足齋叢書·子史鈎沈　清黄
　奭校　〔北京圖書館〕

注：劉澄之，參劉澄之《荆州記》。
《隋志》與《新唐志》並載劉澄之《永初山
川古今記》二十卷。王謨據《水經注》、
《初學記》、《寰宇記》等採得五十餘節。
王仁俊從《寰宇記》卷一百十四採得二
節，葉昌熾《草堂詩箋》卷十三採得一
節，均可補王謨本之缺。姚振宗云："案
宋武受禪，改元永初。永初之時，拓地
稍廣。《宋書·州郡志》序言所據諸書
有《永初郡國》，故篇中時以爲言，是書
蓋總名《永初郡國記》，故《初學記》、《御
覽》引劉澄之《揚州記》、《荆州記》、《江
州記》、《豫州記》、《梁州記》、《廣州記》、
《交州記》，而本志亦別出《司州山川古
今記》三卷，皆是書之篇目也。"(《隋書
經籍志考證》卷二十一)今從姚氏之説。
《説郛》宛委山堂本凡六節；商務印書館
本僅二節，無出宛委山堂本之外。

山川記一卷　(清)王仁俊輯

玉函山房輯佚書補編

注：王仁俊據《寰宇記》卷一百十六
採得一節。史志未載此書名，劉澄之撰
有《永初山川古今記》，未知王氏所採是
否即劉書之文。

衡山記一卷　(南齊)宗測(題宋居士)撰　(清)陳運溶輯

麓山精舍叢書第一集·荆湘地記二十
　九種

注：宗測，字敬微，一字茂深，南陽涅
陽人，家居江陵，能畫，好音律，善《易》、
《老》，嘗游衡山七嶺，著《衡山記》、《廬
山記》(《南史·隱逸傳》)。《隋志》載宋
居士《衡山記》一卷。按宋居士爲宗居
士之誤。陳運溶據《文選》注、《書鈔》、
《類聚》、《初學記》、《御覽》採得十一節。

麓山記一卷　(□)宋淵撰　(清)陳運溶輯

麓山精舍叢書第一集·荆湘地記二十
　九種

麓山記一卷　(□)宋淵撰　(清)王仁俊輯

玉函山房輯佚書補編

注：宋淵，生平不詳。史志未載此
書。陳運溶據《御覽》卷四十九採得一
節，王仁俊從《寰宇記》卷一百十六採得
一節，兩本可互爲補缺。

丹壺名山記一卷　(清)王謨輯

重訂漢唐地理書鈔

注：史志未載此書，不知成書年代與撰
者，姑編入。王仁俊據《路史》採得一節。

郭注引水經　(漢)桑欽撰　(清)郝懿行輯

山海經箋疏·訂譌附(清嘉慶九年阮氏
　琅環仙館刻本、嘉慶十四年刻本、光
　緒十二年上海還讀樓刻本)

郝氏遺書·山海經箋疏·訂譌附

龍谿精舍叢書·史部·山海經箋疏·
　訂譌附

四部備要·史部古史·山海經箋疏·
　訂譌附

注：郭璞《山海經》注每引《水經》，其
文有不見於今本者，郝懿行謂是佚文，
據以輯得八節，又從陶弘景《刀劍録》及

《初學記》卷三十採得二節。

〔水經注佚文〕 （後魏）酈道元撰
（清）趙一清輯

水經注釋（稿本 〔南京圖書館〕、清乾
隆五十一年趙氏小山堂刻本、清乾隆
五十一年趙氏小山堂刻本 清汪士
鐸校 〔復旦大學圖書館〕、清乾隆五
十一年趙氏小山堂刻本 清佚文録
各家校 〔上海圖書館〕、清乾隆五十
一年趙氏小山堂刻五十九年修改印
本、清乾隆五十一年趙氏小山堂刻五
十九年修改印本 酈衡叔校 〔青海
省圖書館〕、清乾隆五十一年趙氏小
山堂刻五十九年修改印本 清王詠
霓校正並補箋 〔北京圖書館〕、清乾
隆五十一年趙氏小山堂刻五十九年
修改印本 清潘介繁校並批注 〔湖
北省圖書館〕、清乾隆五十一年趙氏
小山堂刻五十九年修改印本 清劉
傅瑩校 〔湖北省圖書館〕、清汪氏振
綺堂抄本（配小山堂刻本）〔南京
圖書館〕、清吳氏拜經樓抄本 清吳
騫校 〔北京圖書館〕、清光緒六年蛟
川花雨廎張氏刻本）

合校水經注（王先謙校本：清光緒十八
年思賢講舍刻本、光緒二十年寶善書
局石印本）

四部備要·史部地理·水經注（王先謙
校本）

〔水經注〕補遺 （後魏）酈道元撰
（清）趙一清輯 （清）王梓材校
録 （清）董沛重校

水經注附 （清光緒十四年無錫薛氏刻
全祖望校本）

〔水經洛水涇水注佚文〕 （後魏）

酈道元撰 （清）謝鍾英輯

合校水經注（王先謙校本：清光緒十八
年思賢講舍刻本、光緒二十年寶善書
局石印本）

四部備要·史部地理·水經注（王先謙
校本）

水經注逸文 （後魏）酈道元撰
（清）杜文瀾輯

曼陀羅華閣叢書·古謡諺卷二十九

水經注佚文一卷

經籍佚文

〔水經弱水黑水注佚文〕 （後魏）

酈道元撰 楊守敬輯

水經注疏要删補遺卷四十（清宣統元年
刻本）

注：趙一清據《寰宇記》、《長安志》及
唐宋類書等採摭酈注佚文，凡十二水，
每水多則二、三十節，少則數節，散入
《水經注釋》中，爲卷十滄水、洺水，卷
十一濡沱水、泒水、滋水，卷十六洛水，卷
十九豐水、涇水、汭水，卷三十二滌水、
卷四十弱水、黑水。董沛據王梓材校録
本糾正趙輯之誤，補其所缺，併爲一卷，
不入正文。王先謙校本轉録趙輯，又於
卷十六增入謝鍾英所採洛水佚文，於
十九增入謝採涇水佚文。按趙採各水
均有考證，每引胡渭説，唯佚文與考證
混雜不分，尋檢不便。王（梓材）、董校
本僅録佚文，分條羅列，頗便檢索。謝
氏所採洛水、涇水，亦據趙輯删補而成。
楊守敬從《御覽》、《寰宇記》採得二節，
以爲弱水、黑水之佚文。又《廣博物志》
卷五引酈注一節，乃古歌謡，爲諸家未
採，杜文瀾據以輯存。

湘水記一卷 （清）王仁俊輯

玉函山房輯佚書補編

　　注：史志未載此書。王仁俊據《寰宇記》卷一百十五採得一節。

三輔黃圖補遺一卷　（清）畢沅輯

清光緒十七年思賢講舍刻本

經訓堂叢書

廣漢魏叢書·載籍（嘉慶本）

龍谿精舍叢書·史部

叢書集成初編·史地類

三輔黃圖佚文一卷

經籍佚文

　　注：今本《三輔黃圖》相傳爲六朝人所撰，陳直以爲係中唐以後人所撰，詳見陳直《三輔黃圖校證》序言。然此書隋以前已有，其出六朝人手似無疑議，《水經注》亦引其文，大約傳至唐代又爲人續增。畢沅據《水經注》《隋書》《史記》注、《漢書》注、《玉海》及唐宋類書等採得八十二節。

晉宮閣銘一卷　葉昌熾輯

毅淡廬叢藁

　　注：史志未載此書。葉昌熾據《詩·七月》正義採得一節。

周譜一卷　（清）王謨輯

重訂漢唐地理書鈔

　　注：按譜諜之作古已有之，《史記·三代世表》云：“余讀諜記，黃帝以來皆有年數。稽其曆譜諜終始五德之傳，古文咸不同，乖異。”《漢書·溝洫志》載大司空掾王橫言，謂《周譜》云云，如淳注曰：“世統譜諜也。”王謨據以採得一節。

江源記一卷　（清）王仁俊輯

玉函山房輯佚書補編

　　注：史志未載此書。王仁俊據《寰宇記》卷一百十三採得一節。

洞庭記一卷　（清）陳運溶輯

麓山精舍叢書第一集·荆湘地記二十九種

洞庭記一卷　（清）王仁俊輯

玉函山房輯佚書補編

　　注：史志未載此書。陳運溶據《岳陽風土記》採得一節，王仁俊從《寰宇記》卷一百十三採得一節，均論揚子洲蛟患事，兩本文不盡同。

沅川記一卷　（清）陳運溶輯

麓山精舍叢書第一集·荆湘地記二十九種

　　注：史志未載此書。陳運溶據《初學記》卷八採得二節。

郭緣生述征記一卷　（劉宋）郭緣生撰　葉昌熾輯

毅淡廬叢藁

　　注：郭緣生，字里不詳，《隋志》史部雜傳類載宋天門太守郭緣生《武昌先賢志》二卷，《隋》《唐志》並載郭緣生《述征記》二卷。《舊唐志》題郭象撰。葉昌熾據《歲時廣記》卷九與《草堂詩箋》卷九、卷十三採得四節。

西征記一卷　（晉）戴祚撰

説郛弓六十（宛委山堂本）

説郛弓六十（宛委山堂本）　傅增湘校〔北京圖書館〕

五朝小説·皇明百家小説

五朝小説大觀·皇明百家小説

西征記　（晉）戴祚撰

説郛卷四（商務印書館本）

西征記一卷　（晉）戴祚撰　葉昌熾輯

毅淡廬叢藁

　　注：《隋志》載戴延之《西征記》二卷，

又載戴祚《西征記》一卷,《舊唐志》一卷,《新唐志》二卷。封演云:"祚,江東人,晉末從劉裕西征姚泓。"(《封氏聞見記》卷七)按《水經·洛水》酈注言延之從劉武王西征,祚與延之當是一人,延之其字也。祚,官至西戎主簿。(《隋志》史部雜傳類)《説郛》宛委山堂本凡五篇,標名爲《石床》、《厄井》、《陽渠》、《七山》、《南嶽》;商務印書館本凡三節,其中二節爲宛委山堂本所無。葉昌熾據《歲時廣記》卷十八及《草堂詩箋》卷十一採得二節,與《説郛》不同。

北征記一卷 （晉）伏滔撰 （清）丁錫田輯

十笏園叢刊·伏氏佚書

注:伏滔,字玄度,平昌安丘人,有才學,詳《晉書·文苑傳》。史志未載此書。丁錫田據《御覽》、《續漢書地理志》注等採得二十餘節。

遊名山志 （劉宋）謝靈運撰 （清）嚴可均輯

全宋文卷三十三

注:謝靈運,參《謝靈運晉書》。靈運喜游山水,出任永嘉太守時,肆意游邀,徧歷諸縣。《隋志》載謝靈運《遊名山志》一卷。嚴可均據《初學記》、《御覽》等採得十二節。

目　錄　類

劉向別錄一卷 （漢）劉向撰 （清）洪頤煊輯

問經堂叢書·經典集林

經典集林

別錄 （漢）劉向撰 （清）嚴可均輯

全前漢文卷三十八

劉向別錄一卷 （漢）劉向撰 （清）顧觀光輯

武陵山人遺稿·古書逸文

古書逸文

七略別錄一卷 （漢）劉向撰 （清）馬國翰輯

玉函山房輯佚書·史編目錄類

劉向別錄一卷 （漢）劉向撰

（清）嚴可均輯 （清）陶濬宣補輯

稷山館輯補書

七略別錄一卷別錄補遺一卷 （漢）劉向撰 （清）王仁俊輯

玉函山房輯佚書續編·史編總類

七略別錄佚文一卷 （漢）劉向撰 （清）姚振宗輯

稿本 〔復旦大學圖書館〕

快閣師石山房叢書

注:劉向,參《劉向劉歆易義》。《漢書·藝文志》云:"至成帝時,以書頗散亡,使謁者陳農求遺書於天下。詔光禄大夫劉向校經傳、諸子、詩賦,步兵校尉任宏校兵書,太史令尹咸校數術,侍醫李柱國校方技。每一書已,向輒條其篇

目,撮其指意,録而奏之。"梁阮孝緒《七録序》云:"昔劉向校書,輒爲一録,論其指歸,辨其訛謬,隨竟奏上,皆載在本書。時又別集衆録,謂之《別録》;即今之《別録》是也。"(《廣弘明集》卷三)按《漢書·藝文志》又云:"會向卒,哀帝復使向子侍中奉車都尉歆卒父業。歆於是總羣書而奏其《七略》,故有《輯略》、有《六藝略》、有《諸子略》、有《詩賦略》、有《兵書略》、有《數術略》、有《方技略》。"是向撰《別録》於前,而歆繼父業成《七略》於後也。然父子同事,前後相繼,其撰述有不能區分判然者,故《隋志》或併而稱之爲《七略別録》者。《隋》、《唐志》並載劉向《七略別録》二十卷。洪頤煊據傳注類書採得約百節,以各書所引《別録》、《七略》多同,凡題劉向者俱入《別録》。嚴可均輯本與洪本同,唯從《文選》中王康琚《反招隱詩》注採得"《列子目録》曰"云云一節爲洪本所無,大致嚴氏襲録洪本。馬國翰所輯可補洪本之缺。王仁俊據《御覽》、《意林》等採得九節,又從《初學記》卷二十八採得《補遺》一節,可補馬本之缺,亦有爲洪本所無者。陶濬宣校補嚴本,約二十節。姚振宗輯本頗善,姚氏云:"大凡《七略別録》鈔奏八篇,佚文一百五十四條,附録一十九條,又卷首鈔録三章三十四條。""今兹所録,但注嚴本、馬本,不復俱記所出,以省繁重,其續有所得,在二家之外者,則仍注條下,俾可覆核。""諸所引《別録》稱劉向者,今皆曰'臣向',此本書通例,非關改竄。其引文大異者,並録存之;單詞隻語不可解者,略注而引申之。"顧觀光所採不逾百節,較姚本簡略。

劉歆七略一卷　(漢)劉歆撰　(清)洪頤煊輯
　問經堂叢書·經典集林
　經典集林

七略　(漢)劉歆撰　(清)嚴可均輯
　全前漢文卷四十一

劉歆七略一卷　(漢)劉歆撰
　(清)顧觀光輯
　武陵山人遺稿·古書逸文
　古書逸文

劉歆七略一卷　(漢)劉歆撰
　(清)嚴可均輯　(清)陶濬宣補輯
　稷山館輯補書

七略一卷　(漢)劉歆撰　(清)王仁俊輯
　玉函山房輯佚書續編·史編總類

七略佚文七卷　(漢)劉歆撰
　(清)姚振宗輯
　稿本　〔復旦大學圖書館〕

七略佚文一卷
　快閣師石山房叢書

　注:劉歆,參《劉向劉歆易義》。歆撰《七略》,詳前條。阮孝緒《七録序》載《古今書最》謂是書凡三十八篇,六百三家,一萬三千二百一十九卷(《廣弘明集》卷三)。《隋》、《唐志》並載劉歆《七略》七卷。洪頤煊據傳注類書採得四十餘節。嚴可均輯本與洪本大致同,唯編次稍異而已。陶濬宣據嚴本校補十餘條。姚振宗以爲嚴本詳備,"今兹所録,不過據《漢書·藝文志》移易其体裁而已,於佚文無所增益也"。顧觀光亦採得數十節,有出洪本之外者。王仁俊據李瀚《蒙求》自注採得一節,敍田駢。按洪本亦載田駢事,出於《文選·宣德皇

后令》注，文字與王本稍異。

中經簿一卷 （晉）荀勖撰 （清）王仁俊輯

玉函山房輯佚書補編

注：荀勖，字公曾，潁川潁陰人，《晉書》有傳。《晉書》本傳云："（勖）俄領祕書監，與中書令張華依劉向《別錄》，整理記籍。及得汲郡冢中古文竹書，詔勖撰次之，以爲《中經》，列在祕書。"阮孝緒《七錄序》云："荀勖因魏《中經》，更著新簿，雖分爲十有餘卷，而總以四部別之。""《晉中經簿》四部書一千八百八十五部，二萬九百三十五卷。其中十六卷《佛經書簿》少二卷，不詳所載多少。"《廣弘明集》卷三）《隋志》謂其四部，"一曰甲部，紀六藝及小學等書；二曰乙部，有古諸子家、近世子家、兵書、兵家、術數；三曰丙部，有《史記》、舊事、皇覽簿、雜事；四曰丁部，有詩賦、圖讚、汲冢書。大凡四部合二萬九千九百四十五卷。"《隋》、《唐志》並載荀勖《晉中經》十四卷。王仁俊據《姓解》卷三採得一節，未言撰者。按王氏所採當爲荀書之文。

文章志 （晉）摯虞撰 張鵬一輯

關中叢書第四集·摯太常遺書附

注：摯虞，參《三輔決錄》。《晉書》本傳謂虞撰《文章志》四卷，《隋》、《唐志》並載四卷。張鵬一據《後漢書》注採得五節。

續文章志一卷 （劉宋）傅亮撰 （清）傅以禮輯

傅氏家書

注：傅亮，字季友，北地靈州人，博涉經史，善屬文辭，《宋書》有傳。《隋》、《唐志》並載傅亮《續文章志》二卷。傅亮據《文選》注採得十四節。

七錄序 （梁）阮孝緒撰 （清）嚴可均輯

全梁文卷六十六

七錄目錄 （梁）阮孝緒撰 （清）嚴可均輯

全梁文卷六十六

七錄一卷 （梁）阮孝緒撰

清道光七年東武劉氏昧經書屋抄本 清朱大源校 〔北京圖書館〕

七錄一卷 （梁）阮孝緒撰

清抄本〔復旦大學圖書館〕

七錄序目一卷 （梁）阮孝緒撰

晉石厂叢書

七錄一卷 （梁）阮孝緒撰 （清）王仁俊輯

玉函山房輯佚書續編·史編總類

注：阮孝緒，參《文字集略附字略》。阮孝緒《七錄序》述纂編是書甚詳，自云："每披錄內省，多有缺，然其遺文隱記，頗好搜集。凡自宋、齊以來，王公搢紳之館，苟能蓄聚墳籍，必思致其名簿。凡在所遇，若見若聞，校之官目，多所遺漏。遂總集衆家，更爲新錄。其方內經史至於術技，合爲五錄，謂之內篇；方外佛道，各爲一錄，謂之外篇。凡爲錄有七，故名《七錄》。"其收書多至六千二百八十八種，四萬四千五百二十六卷，分爲五十五部，見《廣弘明集》卷三。據《隋志》序所云，《七錄》爲《經典錄》、《記傳錄》、《子兵錄》、《文集錄》、《技術錄》、《佛錄》、《道錄》。《隋》、《唐志》並載阮孝緒《七錄》十二卷。嚴可均、王仁俊均從《廣弘明集》卷三採得此書序、目，《晉石厂叢書》本與之同。其餘二本未見。

子　部

先秦諸子類

家語逸文　（清）孫志祖輯

　　讀書脞録卷四（清嘉慶四年刻本、光緒
　　　十三年醉六堂刻本、張氏聚珍版叢
　　　書本）

　　家語佚文一卷

　　　經籍佚文

　　　注：孫志祖從《左傳正義》、《毛詩正
　　義》、《列子》張湛注各採得《家語》文一
　　節，皆今本所無者。王仁俊《經籍佚文》
　　即轉録孫輯。

漆雕子一卷　（周）漆雕□撰
　　（清）馬國翰輯

　　玉函山房輯佚書·子編儒家類

　　　注：《漢志》儒家載《漆雕子》十三篇，
　　注云：“孔子弟子漆雕啓後。”《史記·仲
　　尼弟子列傳》有漆雕開其人，字子開，
　　《索隱》引鄭玄注稱魯人，《孔子家語》則
　　云蔡人。王應麟《漢書藝文志考證》謂
　　其人蓋名啓，字子開，《史記》作漆雕開
　　者，乃避景帝諱。此書《隋》、《唐志》不
　　載，亡佚已久。馬國翰謂《漢志》所載十
　　三篇蓋漆雕啓之後人習其學，因述其言
　　以成書。《韓非子》、《論衡》、《孔子家
　　語》載漆雕氏議及漆雕開説，馬氏據以
　　採得四節，更以諸書所載漆雕氏事跡附
　　後。按《家語》引漆雕憑與孔子對答一
　　節，亦見《説苑》，而作漆雕馬人。馬氏
　　謂其人蓋名憑字馬人，即《漢志》所謂漆
　　雕啓之後。《續修四庫提要》謂“馬人”

當是“憑”字之訛而爲二字者。又楊樹
達《漢書窺管》謂《漢志》注“漆雕啓後”
之“後”字爲衍文，則以此書爲漆雕啓自
撰（郭沫若《十批判書》説同）。按先秦
子書有自著者，有弟子或後人掇其言行
以成書者，更有依託爲之者。《漆雕子》
久佚，其詳不可知，楊説無據。

曾子書補遺　（周）曾參撰　（清）
　　馮雲鵷輯

　　聖門十六子書·曾子書卷五

重輯曾子遺書十四卷　（周）曾參
　　撰　（清）嚴式誨輯

　　曾子四種

曾子逸文　（周）曾參撰　（清）顧
　　觀光輯

　　武陵山人遺稿·古書逸文

　　　注：曾參，字子輿，孔子弟子，見《史
　　記·仲尼弟子列傳》。《漢志》儒家載
　　《曾子》十八篇，《隋》、《唐志》及《宋志》
　　並二卷。其書今佚八篇，存者即《大戴
　　禮記》四十九《曾子修身》以下至五十八
　　《曾子天圓》十篇是。據《郡齋讀書志》
　　卷十及《玉海》引《中興書目》，唐、宋之
　　二卷本所載即《大戴禮記》之十篇。按
　　高似孫《子略》卷一云：“凡十篇，自《修
　　身》至於《天圓》，已見《大戴禮》，爲四十
　　九，爲五十八。他又雜見於《小戴禮》，
　　略無少異。”是唐、宋所傳之本，即取《大
　　戴禮記》之十篇録出別行者，間有雜取

《禮記》以附益之。清人所輯大要亦不出此。以其十篇之文現存，故茲不著錄。至宋汪淖所輯《曾子全書》十二篇，皆割裂經文，自立名目（參《四庫全書總目》），又非唐、宋相承之舊，尤不足據。此外經史諸子及類書引曾子之言至夥，馮雲鷯採書三十餘種，輯爲《補遺》一卷。嚴式誨採書更達七十餘種，輯爲《遺書》十四卷。按諸書所引曾子之言，容有八篇之佚文存焉，唯二家所採殊失之濫，至若小說、讖諱之言亦採入，未免失於裁斷，且所採《孔叢子》、《孟子外書》、《古文孝經》孔安國注等，皆僞書不可據也。顧觀光所輯僅十節，中採《五行大義論》、《翻譯名義集》等爲馮、嚴所未及。

宓子一卷 （周）宓不齊撰 （清）馬國翰輯

玉函山房輯佚書·子編儒家類

宓子 （周）宓不齊撰 李峻之輯

古史辨第六冊·呂氏春秋中古書輯佚（民國二十七年上海開明書店排印本）

注：《漢志》儒家載《宓子》十六篇，注云：“名不齊，字子賤，孔子弟子。”《史記·仲尼弟子列傳》載孔子弟子宓不齊字子賤，爲單父宰，《集解》引孔安國云魯人。（馬國翰謂《史記》、《孔子家語》作密不齊，蓋據誤本。）此書《隋》、《唐志》不載，馬國翰從《韓非子》、《呂氏春秋》、《淮南子》、《説苑》、《家語》採得佚文七節，皆記宓不齊言行者。李峻之僅從《呂氏春秋·具備》、《察賢》二篇各採得一節。按《察賢》所引一節馬氏別輯入《景子》，詳下條。又按顏之推謂宓乃虑之誤字，説見《顏氏家訓·書證》篇。清

人梁玉繩《古今人表考》、劉寶楠《論語正義》、段玉裁《説文解字注》皆不以爲然。按六朝及唐人俗字、凡字從虍者或寫作宀，此例多不勝舉，讀碑銘及六朝、唐人寫本者類能知之，則顏説未必無據。識此存參。

景子一卷 （周）景□撰 （清）馬國翰輯

玉函山房輯佚書·子編儒家類

注：《漢志》儒家載《景子》三篇，注云：“説宓子語，似其弟子。”《隋》、《唐志》不載。景子其人無考。《韓詩外傳》二、《呂氏春秋·察賢》等引宓子賤語二節，皆有評語附其後，馬國翰以爲即景子所記，與《漢志》注云“説宓子語”正合，故據以輯存。按此二節評語未明標爲景子所言，馬氏亦懸測而已。且其書久佚，《漢志》所謂“説宓子語”者，爲評宓子語邪？抑述宓子語邪？此未能詳也。

晏子佚文一卷 （清）王仁俊輯

經籍佚文

晏子春秋佚文 劉師培輯

劉申叔先生遺書·晏子春秋斠補附

注：劉師培據唐、宋類書等採得佚文十四節，王仁俊僅據《元和郡縣志》採得一節，未出劉採之外。按近人吳則虞《晏子春秋集釋》又據劉輯增補三節。

世子一卷 （周）世碩撰 （清）馬國翰輯

玉函山房輯佚書·子編儒家類

注：《漢志》儒家載《世子》二十一篇，注云：“名碩，陳人也。七十子之弟子。”按《論衡·本性》稱周人世碩。馬國翰從《論衡·本性》、《春秋繁露·俞序》採

得二節。

魏文侯書一卷　（周）魏文侯撰
（清）馬國翰輯
玉函山房輯佚書·子編儒家類

魏文侯　（周）魏文侯撰　李峻之輯
古史辨第六册·吕氏春秋中古書輯佚（民國二十七年上海開明書店排印本）

　注：魏文侯，參《孝經傳》。《漢志》儒家載《魏文侯》六篇，《隋》、《唐志》不載，書佚已久。《禮記·樂記》載魏文侯問樂一篇，馬國翰以爲即採自文侯書者，因據以輯出，更從《戰國策》、《吕氏春秋》、《説苑》、《新序》等採得記文侯言行之文二十餘節附益之。李峻之僅從《吕氏春秋》採得四節，其文均已見馬輯。

李克書一卷　（周）李克撰　（清）馬國翰輯
玉函山房輯佚書·子編儒家類

李克　（周）李克撰　李峻之輯
古史辨第六册·吕氏春秋中古書輯佚（民國二十七年上海開明書店排印本）

　注：《漢志》儒家載《李克》七卷，注云：“子夏弟子，爲魏文侯相。”《隋》、《唐志》不載。按李克見《史記·魏世家》，據《經典釋文序録》則克爲子夏再傳弟子。《文選·魏都賦》李善注引《李克書》一節，《史記》、《韓詩外傳》、《説苑》等引李克對文侯語，馬國翰並爲輯出，凡得七節。李峻之僅採《吕氏春秋》引二節，已見馬輯。

公孫尼子一卷　（周）公孫尼撰
（清）洪頤煊輯

問經堂叢書·經典集林
經典集林

公孫尼子一卷　（周）公孫尼撰
（清）馬國翰輯
玉函山房輯佚書·子編儒家類

公孫尼子　（周）公孫尼撰　（清）顧觀光輯
武陵山人遺稿·古書逸文

　注：《漢志》儒家載《公孫尼子》二十八篇，注云：“七十子弟子。”《隋志》載爲一卷，注云：“似孔子弟子。”兩《唐志》並一卷。按公孫尼子事跡史無明文，郭沫若以爲即公孫龍（見《公孫尼子及其音樂理論》），純出臆測，似不可據信。沈約謂《禮記·樂記》篇取於《公孫尼子》（《隋書·音樂志》），劉瓛謂《禮記·緇衣》篇爲公孫尼子所作（《緇衣釋文》引。一說《緇衣》爲子思作，參下條），洪頤煊、馬國翰、顧觀光均以此二篇明見《禮記》，故不具録，別從《意林》及唐、宋類書等輯得佚文十餘節。洪採稍多，其中“良匠不能斲”、“屈到貊冠”、“樂者先王所以飾喜也”、“樂者審一以定和”四節爲馬所無，後二節則爲顧所無。唯馬採《春秋繁露》引一節，文多於洪採自《太平御覽》者。

子思子全書一卷　（周）孔伋撰
（宋）汪晫輯
曾思二子全書

子思子一卷
四庫全書·子部儒家類

子思子書六卷首一卷　（周）孔伋撰　（清）馮雲鵷輯
聖門十六子書

子思子一卷　（周）孔伋撰　（清）

洪頤煊輯

問經堂叢書·經典集林

經典集林

子思子七卷 （周）孔伋撰 （清）黄以周輯

光緒中定海黄氏刻本（意林逸子第二種）

子思子 （周）孔伋撰 （清）顧觀光輯

武陵山人遺稿·古書逸文

注：孔伋，字子思，孔子之孫，見《史記·孔子世家》。《漢志》儒家載《子思》二十三篇，《隋志》、《新唐志》、《宋志》並載爲七卷，《舊唐志》八卷。按《孔子世家》謂子思作《中庸》，《隋書·音樂志》引梁沈約説，謂《中庸》、《表記》、《坊記》、《緇衣》皆取於《子思子》（一説《緇衣》爲公孫尼子作，參前條），若然，則此四篇具在《禮記》中，其書猶殘存。黄以周謂《史》、《漢》注、《文選》注及《意林》引《子思子》，其文有見於此四篇者，則沈約説可信。洪頤煊未採《中庸》等四篇現存之文，而據《史記》、《後漢書》、《意林》及唐、宋類書等採得子思佚語二十四節。黄以周則採《中庸》等四篇並鄭玄注各爲一卷，又採《後漢書·王良傳》引《子思·累德篇》佚文，單爲一卷。更從《意林》、《禮記·檀弓》及諸子書、史注、類書等採得佚語五十節，爲外篇一卷。末卷爲附録，則採自《孔叢子》。按《孔叢子》僞書，不足據。洪輯所採，除"夏之政忠"（此節已見《中庸》）、"七日戒"二節外，皆不出黄輯外篇所採。顧觀光採得十一節，其中唯《路史》引"天子封畿千里"一節爲黄輯所無。按

《路史》引此節作《子惠子》，顧謂"惠"即"思"之誤也。汪晫、馮雲鵷多採《孔叢子》，汪氏更割裂篇文，皆不足據。

荀子逸文 （清）孫志祖輯

讀書脞録續編卷三（清嘉慶七年刻本、民國二十年中國書店影印本）

荀子佚文 （清）王念孫輯

讀書雜志·荀子補遺（清同治九年金陵書局刻本、民國十三年掃葉山房石印本）

荀子集解·考證上（清光緒十七年思賢講舍刊本、民國間掃葉山房石印本）

諸子集成·荀子集解·考證上

荀子佚文一卷 （清）王仁俊輯

經籍佚文

荀子佚文輯補一卷 （清）王念孫輯 劉師培輯補

劉申叔先生遺書

注：王念孫從《文選》注、《太平御覽》等採得佚文四節。王仁俊轉録王輯，並從《尚書洪範正義》補採一節。劉師培亦據王念孫所輯增補，從唐、宋類書採得數節。唯王仁俊採《洪範正義》引一節，亦爲劉所未採。按此節王念孫已補入《荀·勸學》篇，故於《佚文》不復採。

讕言一卷 （周）孔穿撰 （清）馬國翰輯

玉函山房輯佚書·子編儒家類

注：《漢志》儒家載《讕言》十篇，注云："不知作者，陳人君法度。"顏師古注云："説者引《孔子家語》云孔穿所造，非也。"按孔穿字子高，孔子六世孫，見《史記·孔子世家》。馬國翰謂王肅《家語後序》以此書爲孔穿作，其説可信，因從

《孔叢子》輯出六篇，皆記孔穿之言者。按班固注已云不知作者，王肅説未必可信，況《孔叢子》又爲僞書乎？馬氏此輯不足據。

甯子一卷　（周）甯越撰　（清）馬國翰輯

玉函山房輯佚書・子編儒家類

注：《漢志》儒家載《寧越》一篇，注云：“中牟人，爲周威王師。”《隋》、《唐志》不載。按寧越，見《史記・秦本紀》，賈誼《新書》作甯越。《呂氏春秋》、《説苑》各引其説一節，馬氏據以爲輯，並以諸書所載其事跡附後。

王孫子一卷　（周）王孫撰　（清）馬國翰輯

玉函山房輯佚書・子編儒家類

王孫子　（周）王孫撰　（清）顧觀光輯

武陵山人遺稿・古書逸文

王孫子　（周）王孫撰　（清）王仁俊輯

玉函山房輯佚書續編・子編儒家類

注：《漢志》儒家載《王孫子》一篇，注云：“一曰《巧心》。”《隋志》云：“梁有《王孫子》一卷，亡。”唐、宋類書引有佚文，馬國翰據以採摭，省併重複，得五節。王仁俊從宋刻《意林》卷六採得一節，以補馬缺。顧觀光採得六節，中採《史記・李斯傳・集解》引一節爲馬、王所無，餘與馬同。

董子一卷　（周）董無心撰　（清）馬國翰輯

玉函山房輯佚書・子編儒家類

注：《漢志》儒家載《董子》一篇，注云：“名無心，難墨子。”《隋志》、《新唐志》並載爲一卷，《舊唐志》二卷。《論衡・禍福》載董無心與墨者纏子論難，又《文選》李善注及《意林》引《纏子》亦有董無心語，馬國翰據以爲輯，凡得四節。

徐子一卷　（周）徐□撰　（清）馬國翰輯

玉函山房輯佚書・子編儒家類

注：《漢志》儒家載《徐子》四十二篇，注云：“宋外黄人。”《隋》、《唐志》不載。按徐子見《史記・魏世家》，其名字不詳。朱彝尊《經義考》以爲孟子弟子，梁玉繩駁之，參姚振宗《漢書藝文志條理》。馬國翰從《戰國策》採得徐子與魏太子言事一節，並據《史記》參訂文字。

三柱子　（周）魯仲連撰　（明）歸有光輯

諸子彙函卷十三

魯連子一卷　（周）魯仲連撰　（清）洪頤煊輯

問經堂叢書・經典集林

經典集林

魯連子一卷　（周）魯仲連撰　（清）馬國翰輯

玉函山房輯佚書・子編儒家類

魯連子　（周）魯仲連撰　（清）嚴可均輯

全上古文卷八

魯連子　（周）魯仲連撰　（清）杜文瀾輯

曼陀羅華閣叢書・古謠諺卷三十六

魯連子　（周）魯仲連撰　（清）顧觀光輯

武陵山人遺稿・古書逸文

注：魯仲連，齊人，《史記》有傳。《漢志》儒家載《魯仲連子》十四篇，《隋志》、《舊唐志》並作《魯連子》五卷，《新唐志》一卷。《戰國策》載魯仲連言行者凡六篇（《諸子彙函》所收《三柱子》採錄其中三篇），馬國翰據以錄出，又從《水經注》、《意林》及唐、宋類書等採得佚文二十餘節。嚴可均輯本採《戰國策》不及馬備（其中《遺燕將書》一節嚴氏別採入文集），至採他書所載佚文，則"齊伐魯"、"所同食天下士至"、"孟子，劇之辯士"、"棄感忽之恥"四節爲馬所無，而馬採"一井五鉼"、"從兄弟室父往而不得其粗糲焉"、"子曰君子能仁於人"三節爲嚴所無。洪頤煊、顧觀光皆不採《戰國策》成篇之文，二家採自他書者大體不出馬、嚴之外，唯洪採"司馬狗，衛宣公臣也"一節爲嚴、馬所無。又洪、顧二輯間採諸書所引而亦見於《戰國策》者，馬氏既採《策》文，故不復錄，非缺也。杜文瀾僅從《意林》採得二節。

虞氏春秋一卷　（周）虞卿撰　（清）馬國翰輯

玉函山房輯佚書·子編儒家類

注：虞卿，其人字里無考，爲趙上卿，故號虞卿，著《虞氏春秋》八篇，《史記》有傳。《漢志》儒家載《虞氏春秋》十五篇，與本傳稱八篇異，蓋劉向校書，於八篇中有析爲上下篇者，故爲十五篇也，參章學誠《校讎通義》。此書《隋》、《唐志》不載，久已散佚。馬國翰從《戰國策》、《史記》、《新序》輯出虞卿言論二節。

李氏春秋　（清）馬國翰輯

玉函山房輯佚書·子編儒家類

注：《漢志》儒家載《李氏春秋》二篇，不言撰者名字。《隋》、《唐志》不載。馬國翰據此書厠於齊公孫固與秦博士羊子之間，定其人爲戰國時人。沈欽韓《漢書疏證》疑爲李兌。《呂氏春秋·勿躬》引李子言一節，馬氏以爲本書佚文，據以錄存。按《漢志》法家載《李子》三十二篇，注云："名悝，相魏文侯。"范耕研、陳奇猷皆以《勿躬》所引乃法家《李子》之佚文，說詳陳氏《呂氏春秋校釋》。

伊尹書一卷　（商）伊摯撰　（清）馬國翰輯

玉函山房輯佚書·子編道家類

伊尹　（商）伊尹撰　（清）嚴可均輯

全上古三代文卷一

伊尹　（商）伊摯撰　李峻之輯

古史辨第六册·呂氏春秋古書輯佚（民國二十七年上海開明書店排印本）

注：伊尹，湯相，見《史記·殷本紀》。其名字、事跡，諸書所載互有異同，參梁玉繩《漢書人表考》。《漢志》道家載《伊尹》五十一篇，《隋》、《唐志》不載。嚴可均、馬國翰皆從《逸周書》、《呂氏春秋》、《説苑》等採摭。馬輯十一節，其中採自《別錄》、《齊民要術》、《尸子》、《韓詩外傳》、《説苑》各一節，爲嚴所未採。嚴輯十節，其中從《漢書·律曆志》、《堯典正義》等採得《伊訓》四節，爲馬所無。按《伊訓》乃佚《書》之篇，恐非子部之《伊尹》所當有，大抵《伊尹》乃後人托名爲之。李峻之僅據《呂氏春秋》採得二節，不出嚴、馬之外。

辛甲書一卷　（周）辛甲撰　（清）馬國翰輯

玉函山房輯佚書·子編道家類

辛甲　（周）辛甲撰　（清）嚴可均輯

全上古三代文卷二

　　注：《漢志》道家載《辛甲》二十九篇，注云：“紂臣，七十五諫而去，周封之。”按《漢志》注本《別錄》（見《史記·周本紀·集解》引），據《左傳》襄公四年，則辛甲爲周太史，與《別錄》説異，蓋去商而事周，爲周之太史歟？此書《隋》、《唐志》已不載，馬國翰從《左傳》、《韓非子》各採得辛甲言一節，嚴可均缺採一節。

鬻子補一卷　（明）楊之森輯

　　養素軒叢録第三集·鬻子附

　　二十二子全書·鬻子附

　　子書百家·雜家類·鬻子附

　　百子全書·雜家類·鬻子附

〔鬻子〕逸文　（清）錢熙祚輯

　　守山閣叢書·子部·鬻子附

鬻子〔佚文〕　（清）嚴可均輯

　　手稿本　〔上海圖書館〕

　　全上古三代文卷九

鬻子二卷　（周）鬻熊撰　葉德輝校輯

　　觀古堂所著書·第二集

　　郋園先生全書

　　注：《漢志》道家載《鬻子》二十二篇，注云：“名熊，爲周師，自文王以下問焉，周封爲楚祖。”《史記·周本紀》、《楚世家》均載其事。此書《隋》、《唐志》及《宋志》均載爲一卷。今存舊本爲唐逢行珪注，凡十四篇，實即《羣書治要》所載之三篇，而强爲分章，妄擬篇目。明楊森之從《賈誼新書》輯出佚文七節以補舊本，洪頤煊則從《太平御覽》採得二節，二家所補均未備。嚴可均以《治要》現存，故不採，別從《列子》、《新書》、《意林》及《太平御覽》採得佚文十四節。葉

德輝輯本二卷，前卷仍存舊本而删去逢注，以《治要》所載校其文字。後卷所採與嚴輯同，蓋即據嚴輯轉録。唯《御覽》引“昔者黄帝十歲”一節，嚴氏謂乃今本《數始五帝治天下》篇篇首佚文，葉氏蓋依其説移入該篇之首。

老子佚文一卷　（清）王仁俊輯

　　經籍佚文

老子失文　馬敍倫輯

　　老子覈詁附（民國十三年排印本）

　　注：王仁俊採得五節，其中河上公《序》、《葛仙序》佚文各一節，故正文之佚文實止三節。按此三節皆不足據。《後漢書·李固傳》引一節爲《孟子》語，《史記索隱》引一節爲後世方士所托（參馬敍倫《失文序》）。至《荀子·解蔽》所引《道經》一節，王氏謂《老子》書分《道經》與《德經》，遂以此《道經》爲《老子》佚文。按此《道經》自是古佚書，古書絶無稱《老子》爲《道經》或《德經》者也。馬敍倫據《韓非子·解老》等採得佚文八節。按以帛書《老子》與今本相校，章句實無大異，則《老子》即有佚文，亦無多。古書引《老子》至夥，或轉述其意，或出依託，或傳本有異（如《韓非子·解老》、《喻老》所引），大抵多非原書佚文，馬氏所採亦未可必信爲佚文。

老子鍾氏注一卷　（魏）鍾會撰（清）王仁俊輯

　　玉函山房輯佚書續編·子編道家類

　　注：鍾會，字士季，潁川長社人，《三國志》本傳稱其涉歷衆書，特好《易》、《老子》。《釋文序録》載鍾會《老子注》二卷，《隋》、《唐志》同。王仁俊僅從《釋文》採得一節。按《文選》李善注亦引

之,王氏未及。

文子逸文 （清）顧觀光輯

　　武陵山人遺稿・古書逸文

　　　注：顧觀光從《文選》李善注、《太平御覽》、《事類賦注》及《長短經・是非篇》採得佚文五節。

莊子逸篇 （宋）王應麟輯

　　困學紀聞卷十（清乾隆三年馬氏叢書樓刻本、民國十五年傅氏藏園景元刻本）

　　困學紀聞集證卷十（清嘉慶六年刻本、道光二年近聖堂刻本）

　　困學紀聞三箋卷十（清嘉慶九年刻本）

　　困學紀聞五箋卷十（清嘉慶七年經正堂刻本）

　　困學紀聞注卷十（清道光五年翁氏守福堂刻本、咸豐元年小嫏嬛仙館重刻本、光緒五年京都善成堂刻本）

　　四庫全書・子部雜家類・困學紀聞卷十

　　摛藻堂四庫全書薈要・子部・困學紀聞卷十

　　趙氏藏書・困學紀聞三箋卷十

　　四部叢刊三編・子部・困學紀聞卷十

　　四部備要・子部儒家・困學紀聞注卷十

　　莊子遺篇一卷

　　一瓻筆存・子部

　　南華逸篇一卷

　　覆古介書前集

〔莊子〕**逸語** （明）陳治安輯

　　南華真經本義・附錄卷一（明崇禎五年刻本）

莊子逸文 （清）孫志祖輯

　　讀書脞錄續編卷三（清嘉慶七年刻本、民國二十年中國書店影印本）

莊子逸篇一卷莊子逸語司馬彪注一卷莊子逸篇司馬注補遺一卷 （清）茆泮林輯

　　十種古逸書・司馬彪莊子注附

　　十種古逸書・司馬彪莊子注附　清許克勤校　〔復旦大學圖書館〕

逸莊子一卷 （清）黃奭輯

　　漢學堂叢書・子史鈎沈・子部道家類

　　黃氏逸書考・子史鈎沈

莊子逸文 （清）杜文瀾輯

　　曼陀羅華閣叢書・古謠諺卷七十一

〔莊子〕**逸語** （清）劉鴻典輯

　　槐軒全書・莊子約解卷三外附

〔莊子〕**逸篇** （清）馬其昶輯

　　集虛草堂叢書甲集・莊子故卷八

莊子逸文 （清）顧觀光輯

　　武陵山人遺稿・古書逸文

莊子佚文一卷 （清）王仁俊輯

　　經籍佚文

莊子佚文一卷 　馬敍倫輯

　　莊子義證・附錄二（民國十九年商務印書館排印本）

　　天馬山房叢箸・莊子義證・附錄二

莊子逸文一卷補遺一卷續補遺一卷 　王叔岷輯

　　莊子校釋・附錄一（民國三十六年影印本,國立中央研究院歷史語言研究所專刊之二十六）

　　　注：《莊子》今本三十三篇,《漢志》載五十二篇,則佚十九篇。佚篇篇目之可考者唯《畏累虛》（見《史記》本傳）、《閼奕》、《意修》、《危言》、《游鳧》、《子胥》（並見《釋文序錄》）、《惠施》（見《北齊書・杜弼傳》）、《馬捶》（見《南史・文學

傳》）八篇，其餘皆不可考，詳參茆泮林《莊子逸篇》及王叔岷《莊子逸文序》。《釋文序錄》謂司馬彪、孟氏所注《莊子》即依《漢志》五十二篇之本。按諸書所引佚文間有司馬彪注，即佚篇之注也。王應麟輯録佚文三十九節，不注出處，實採自《世説新語》注、《文選》注及唐宋類書等。陳治安全録王輯，唯首增《古今樂録》所引一節，又從嚴遵《道德經指歸》、《史記·日者傳》、《博物志》採得數節附後。按《指歸》所稱"莊子"即嚴遵自稱，避諱易"嚴"爲"莊"，翁元圻《困學紀聞注》引張琦説辨之甚碻，陳氏視爲《莊子》佚文，大謬。清人萬希槐、閻若璩、孫志祖、翁元圻諸人或補注王輯佚文出處，或訂其訛誤，或補其所缺（翁氏《困學紀聞注》引諸家校補最備，可參），然亦時見疏漏，如閻若璩所補即採自嚴遵《指歸》，失與陳氏同。茆泮林輯《莊子》司馬彪注（詳下條），亦附採佚篇之文及注十餘節，黃奭《逸莊子》全襲茆輯。馬其昶合王應麟、孫志祖、黃奭三家所輯爲一，並據《御覽》增補九節。王叔岷、馬敍倫得見諸家所輯，更據羣書廣爲蒐羅，皆得百數十節，其中採《玉燭寶典》、《原本玉篇》、慧琳《一切經音義》等，均諸家所未及。二家所輯大體相當，然亦有三十餘節互爲有無，如馬採唐寫本《切韻》、《荀子》、《新論》、《昌言》等所引諸節爲王輯未採，王採《記纂淵海》、《事文類聚》、《草堂詩箋》、《説文繫傳》等所引諸節則爲馬輯所無。其餘劉鴻典，杜文瀾、顧觀光所採皆不及王、馬爲備。

司馬彪莊子注一卷莊子逸注考一卷　（晉）司馬彪撰　（清）孫馮翼　輯

問經堂叢書·逸子書

司馬彪莊子注一卷莊子司馬注補遺一卷莊子司馬音一卷莊子司馬注疑義一卷莊子司馬音補遺一卷莊子司馬注又補遺一卷　（晉）司馬彪撰　（清）茆泮林輯

十種古逸書

十種古逸書　清許克勤校　〔復旦大學圖書館〕

司馬彪莊子注一卷　（晉）司馬彪撰　（清）黃奭輯

漢學堂叢書·子史鉤沈·子部道家類

黃氏逸書考·子史鉤沈

莊子司馬注一卷　（晉）司馬彪撰　（清）王仁俊輯

玉函山房輯佚書續編·子編道家類

　　注：司馬彪，字紹統，河内人，官至散騎侍郎，注《莊子》（《晉書》本傳）。《釋文序録》載司馬彪《莊子注》五十二篇。兩《唐志》並載爲二十一卷，《隋志》十六卷，注云："本二十一卷，今闕。"按今本三十三卷，彪注爲五十二篇者，即《漢志》所載之本，今佚十九篇，參前條。《隋志》所載已爲十六卷，非二十一卷之原書，而兩《唐志》復載爲二十一卷，疑承沿舊志，非佚而復出者。孫馮翼輯本二卷，前卷採《文選》李善注及唐、宋類書等所引彪注，而不及《釋文》。自序謂以《釋文》有專書在，毋庸抄録。然後卷《逸注考》又專採《釋文》所載，則與自序相違，且僅至《天運》而中輟，蓋實未完之稿。茆泮林併孫輯二卷爲一卷，訂訛補闕，重爲編次，計增多原輯十之二三。又以《隋志》、《新唐志》單載司馬彪

《莊子音》一卷，故據《釋文》、《文選》注採其音注，別爲一輯，後附《注》、《音》之補遺各一卷。黃奭全襲茆輯，唯將《注》、《音》及補遺併爲一卷而已。王仁俊從《原本玉篇》採得十節，爲孫、茆所未及。按王採"綏夫正徑"一節之注，其正文不見今本，蓋佚篇之文也。

公子牟子一卷　　（周）公子牟撰

（清）馬國翰輯

玉函山房輯佚書・子編道家類

公子牟　　（周）公子牟撰　李峻之輯

古史辨第六册・吕氏春秋中古書輯佚（民國二十七年上海開明書店排印本）

注：《漢志》道家載《公子牟》四篇，注云："魏之公子也。先莊子，莊子稱之。"《吕氏春秋・審爲》高誘注："子牟，魏公子也，作書四篇。魏伐中山，公以邑子牟，因曰中山公子牟也。"《隋》、《唐志》不載其書，蓋久佚。馬國翰從《莊子》、《戰國策》、《吕氏春秋》、《説苑》採得公子牟言四節。李峻之僅採《吕氏春秋》引一節。

田子一卷　　（周）田駢撰　（清）馬國翰輯

玉函山房輯佚書・子編道家類

田子　　（周）田駢撰　李峻之輯

古史辨第六册・吕氏春秋中古書輯佚（民國二十七年上海開明書店排印本）

注：《漢志》道家載《田子》二十五篇，注云："名駢，齊人，遊稷下，號天口駢。"《吕氏春秋・不二》篇作陳駢（陳、田古音通，均屬真部定紐字），高誘注："陳

駢貴齊，齊死生，等古今也。"其書《隋》、《唐志》不載，馬國翰、李峻之均從《吕氏春秋》採得佚説三節，唯馬氏更據《淮南子》校補文字。

老萊子一卷　　（周）老萊子撰

（清）馬國翰輯

玉函山房輯佚書・子編道家類

注：老萊子，楚人，著書十五篇，言道家之用，修道而養壽。《史記・老子列傳》《漢志》載《老萊子》十六篇，注云："楚人，與孔子同時。"《隋》、《唐志》不載。馬國翰從《莊子》、《孔叢子》、《尸子》、皇甫謐《高士傳》各採得其説一節。按《尸子》已佚，馬氏所採一節未注出處，實見《文選》魏文帝《善哉行》李善注引。

黔婁子一卷　　（周）黔婁先生撰

（清）馬國翰輯

玉函山房輯佚書・子編道家類

注：《漢志》道家載《黔婁子》四篇，注云："齊隱士，守道不詘，威王下之。"按《廣韻・十九侯》婁字下注云："《漢書・藝文志》有齊隱士贛婁子，著書。"贛、黔並牙音字，一聲之轉，古音得通。《隋》、《唐志》不載此書，久佚。曹庭棟《孔子逸語》引《黔婁子》二節，未詳出處，馬國翰據以録存。

鶡冠子逸文　　（清）孫志祖輯

讀書脞録續編卷三（清嘉慶七年刻本、民國二十年中國書店影印本）

鶡冠子佚文一卷　　（清）王仁俊輯

經籍佚文

注：孫志祖從《湘山野録》採得一節，王仁俊從《文選》李善注採得一節。按王採一節亦見《意林》卷二，而標爲《慎

子》。

鄭長者書一卷　（周）鄭長者撰

（清）馬國翰輯

玉函山房輯佚書·子編道家類

　　注：《漢志》道家載《鄭長者》一篇，注云：“六國時，先韓子，韓子稱之。”顏師古注引劉向《別錄》曰：“鄭人，不知姓名。”《隋》、《唐志》不載其書，馬國翰從《韓非子·外儲説》採得一節。

蘇子一卷　（周）蘇淳撰　（清）王仁俊輯

玉函山房輯佚書續編·子編道家類

　　注：宋本《意林》卷六載《蘇子》十八卷，注云：“名淳，衛人。”並引其文二節（原引文相連屬，按自“周之管蔡”以下當爲另一節）。王仁俊據以錄存。按《子略》載梁庾仲容《子鈔》有《蘇子》八卷，注云：“自云魏人。”考《意林》乃增損《子鈔》以成書，其目一遵《子鈔》（見《意林》戴叔倫序及《子略》），則《意林》注“衛人”疑是“魏人”之誤。且《子鈔》、《意林》皆厠《蘇子》於袁準《正論》與桓範《世要》之間，則其人當在魏晉之際可知，恐非春秋時人也。又《意林》載爲十八卷者，疑亦八卷之誤，並應從《子鈔》爲是。餘詳蘇彥《蘇子》條。

管子〔佚文〕　（清）嚴可均輯

全上古三代文卷七

管子逸文　（清）顧觀光輯

武陵山人遺稿·古書佚文

　　注：嚴可均僅從《文選·猛虎行》李善注採得一節。顧觀光採得二節，其一與嚴同，其一採自《風俗通·怪神》。按《怪神》篇所引乃敍齊桓公田於澤見鬼怪之事，與《莊子·達生》文多同，王利

器疑此節乃誤引作《管子》，説見《風俗通義校注》。

李悝一卷　（周）李悝撰　（清）嚴可均輯

全上古三代文卷四

法經三卷　（周）李悝撰　（清）黃奭輯

漢學堂叢書·子史鉤沈·子部法家類

黃氏逸書考·子史鉤沈

　　注：李悝，魏文侯相，作盡地力之教，魏國以富强（《漢書·食貨志》）。悝撰次諸國法，作《法經》六篇（《晉書·刑法志》）。《漢志》法家載《李子》三十二篇，注云：“名悝，相魏文侯，富國强兵。”《隋》、《唐志》不載《法經》。孫星衍謂《法經》六篇今存《唐律》中，即《漢志》法家之《李子》三十二篇，後人援其書入律令，故隋以後經籍志不載。（《嘉穀堂集》）按《法經》六篇似僅爲《漢志》三十二篇之六篇，若以此六篇當彼三十二篇，則篇數相懸過甚也。黃奭所輯《法經》不注出處，蓋即錄自《唐律》。嚴可均未錄《法經》，從《韓非子》、《漢書·食貨志》輯出習射令、盡地力之教各一節。

〔商君書〕六法　（清）嚴可均輯

全上古三代文卷十一

　　注：《羣書治要》卷三十六載《商君書·六法》一節，不見於今本，乃佚篇之文，嚴可均據以錄存。嚴氏謂《六法》當作《立法》。按嚴説近是，據《治要》所載，此篇乃論人君必當時而立法。“立”、“六”形近易訛。

慎子逸文　（清）錢熙祚輯

守山閣叢書·子部·慎子附

慎子三種合帙·守山閣本慎子附

諸子集成第五册·慎子附

叢書集成初編·哲學類·慎子附

四部備要·子部周秦諸子·慎子附

慎子逸文一卷 （清）王仁俊輯

經籍佚文

慎子逸文 繆荃孫輯

四部叢刊·子部·慎子附

慎子逸文 王斯睿輯

國學小叢書·慎子校正附

慎子逸文 蔡汝堃輯

國學小叢書·慎子集説附

注：今本《慎子》五篇，乃後人掇拾殘剩，重爲編次者，非《漢志》四十一篇之舊(參《四庫全書總目》)，書後有佚文數節，未詳何人所輯，乃雜採《鶡子》、《墨子》、《韓非子》、《逸周書》等而成，殊不足信。錢熙祚以《羣書治要》校補今本，別從《意林》、《文選》李善注、唐宋類書採得佚文四十餘節，原本所附之佚文亦存而不删。世傳明慎懋賞本《慎子》，分内外篇，文多於今本不啻倍蓰，實多剽襲他書之文以充《慎子》，詳參錢基博《慎子校讀記》(在《名家五種校讀記》中)。繆荃孫有鈔本，收入《四部叢刊》中，後附繆氏所輯佚文，驗之實選録錢輯者。王斯睿、蔡汝堃二輯則依違於錢、繆兩本而未能出其外。

申子 （周）申不害撰

説郛(商務印書館本)卷六·讀子隨識

申子一卷 （周）申不害撰 （清）馬國翰輯

玉函山房輯佚書·子編法家類

申子 （周）申不害撰 （清）嚴可均輯

全上古三代文卷四

申子 （周）申不害撰 （清）顧觀光輯

武陵山人遺稿·古書逸文

申子一卷 （周）申不害撰 （清）王仁俊輯

玉函山房輯佚書續編·子編法家類

申子逸文 （周）申不害撰 王時潤輯

商君書斠詮·附録(民國四年宏文圖書社排印本)

申子 （周）申不害撰 李峻之輯

古史辨第六册·吕氏春秋中古書輯佚(民國二十七年上海開明書店排印本)

注：申不害，京人，故鄭之賤臣，學術以干韓昭侯，昭侯用爲相。學本黄老而主刑名，著書二篇，號曰《申子》(《史記》本傳)。《漢志》法家載《申子》六篇，多於本傳所載。按《集解》引劉向《别録》云"今民間所有上下二篇，中書六篇"，是當時民間僅傳二篇之本，其六篇者爲中秘書。《隋志》云："梁有《申子》三卷，韓相申不害撰，亡。"兩《唐志》復載之。書今佚，唯《羣書治要》載《大體》一篇，又《意林》、《韓非子》、《吕氏春秋》及唐、宋類書等亦引之。《説郛》所載僅一節，不注出處，實爲《太平御覽》所引。馬國翰採得二十四節，未及採《治要》所載《大體》一篇。嚴可均採《治要》一篇，又從諸書採得佚文十三節，則未出馬輯之外。王仁俊據《治要》補馬氏所缺《大體》一篇，又從《繹史》採得一節。按此節與馬氏採自薛璩《孔子集語》者文同，王氏誤重也。顧觀光所輯除《大體》一篇外，其餘大致不出馬外，唯採《史記·

李斯傳》引一節爲馬所無。又顧所採《意林》所載"劉向云申子名不害"云云一節，非本文，故諸家皆不錄。王時潤全錄馬輯(僅"子曰丘少好學"、"子張見魯哀公"、"豈不知鏡"三節未錄)，又採《大體》篇弁諸首。李峻之僅從《吕氏春秋》採得一節，已見馬輯。

〔韓非子〕佚文　（清）王先慎輯

　　韓非子集解・卷首(清光緒二十二年長沙王氏刻本、民國間掃葉山房石印本)

　　諸子集成・韓非子集解・卷首

韓非子佚文　（清）嚴可均輯

　　全上古三代文卷四

韓非子佚文　（清）王仁俊輯

　　經籍佚文

　　注：王先慎從《羣書治要》、《意林》及唐、宋類書採得二十二節。按王採《太平御覽》六百二十引"爲人君者猶壺也"一節非佚文，見今本《外儲說左上》，唯"壺"作"盂"。類書所引每或改字，《御覽》七百六十引仍作"盂"。嚴可均從《續漢書・律歷志下》劉昭注採得一節，王仁俊從《淮南子・道應訓》、薛據《孔子集語》各採得一節，均王先慎所未採。按《道應訓》所載"季子治亶父三年"一節未明標爲《韓非子》之文。

尹文子逸文　（清）錢熙祚輯

　　尹文子校錄卷首(民國四年排印本)

　　守山閣叢書・子部・尹文子附

　　袖珍古書讀本・尹文子附

　　諸子集成・尹文子附

　　四部備要・子部周秦諸子・尹文子附

　　萬有文庫第二集・尹文子附

　　萬有文庫簡編・尹文子附

尹文子佚文一卷補遺一卷　（清）王仁俊輯

　　經籍佚文

〔尹文子〕佚文　錢基博輯

　　無錫國學專修學校叢書・名家五種校讀記・尹文子校讀記附

　　注：錢熙祚從《意林》、《文選》李善注及唐、宋類書採得十六節。王仁俊所輯一卷全錄錢輯。又自輯《補遺》一卷，據《意林》、類書等採得九節。錢基博從《意林》採得四節，不出錢、王之外，又從《羣書治要》採得今本《大道下》篇佚文一節，則爲錢、王所未及。

公孫龍子佚義　張懷民輯

　　公孫龍子斠釋・公孫龍子考證下(民國二十六年商務印書館排印本)

　　注：張懷民從《鹽鐵論・箴石》採得佚文一節。按王先謙以爲所引公孫龍字子石，其人爲孔子弟子，與六國時著書者非一人，見王氏刻《鹽鐵論》所附《校勘小識》。馬非百則以爲所引爲《公孫龍子》之佚文，見所撰《鹽鐵論簡注》。張氏又從《莊子・天下》篇、《列子》、《抱朴子》等採得公孫龍辯題六節，名曰《佚目》。

惠子　（周）惠施撰　（明）歸有光輯

　　諸子彙函卷十三

惠子一卷　（周）惠施撰　（清）馬國翰輯

　　玉函山房輯佚書・子編名家類

惠子徵文記　錢基博輯

　　無錫國學專修學校叢書・名家五種校讀記

惠子　（周）惠施撰　李峻之輯

　　古史辨第六册・吕氏春秋中古書輯佚

（民國二十七年上海開明書店排印本）

注：惠施，宋人，仕魏，爲惠王相（《呂氏春秋·淫辭》高誘注）。其事跡散見《戰國策·魏策》、《莊子》、《呂氏春秋》諸書。《漢志》名家載《惠子》一篇，注云："名施，與莊子並時。"《隋》、《唐志》不載，書佚已久。馬國翰據《莊子》、《韓非子》、《呂氏春秋》、《説苑》採其言凡四十節。錢基博僅得四節，唯其中採《荀子·不苟》篇所引一節爲馬所無。李峻之從《呂氏春秋》採得七節，均已見馬輯。《諸子彙函》所載僅二節，題曰楊喻，曰彈喻，實見於《説苑》、《戰國策》。

史佚書一卷　（周）尹佚撰　（清）馬國翰輯

玉函山房輯佚書·子編墨家類

尹逸　（周）尹逸撰　（清）嚴可均輯

全上古三代文卷二

注：《漢志》墨家載《尹佚》二篇，注云："周臣，在成、康時也。"按尹佚見《史記·周本紀》，爲周太史，故亦稱史佚，《大戴禮記·保傅》盧辯注："史佚，周太史尹佚也。"《尚書·洛誥》云"王命祝册逸祝册"，逸、佚通，祝册逸即史佚，見《詩·烈文》疏引鄭玄注。此書《隋》、《唐志》已不載，馬國翰從《逸周書》、《史記》、《左傳》、《國語》採得其言九節。嚴可均所採七節未出馬外。

田俅子一卷　（周）田俅撰　（清）馬國翰輯

玉函山房輯佚書·子編墨家類

田俅子　（周）田俅撰　（清）勞格輯

月河精舍叢鈔·讀書雜識卷六

田俅子佚文　（周）田俅撰　（清）孫詒讓輯

墨子閒詁·墨子後語下·墨家諸子鈎沉　（清光緒二十一年木活字本、光緒間刻本、宣統二年刻本、民國間涵芬樓影印本、民國十六年校經山房石印本）

諸子集成·墨子閒詁·墨子後語下·墨家諸子鈎沉

國學基本叢書·墨子閒詁·墨子後語下·墨家諸子鈎沉

田俅子　（周）田俅撰　（清）顧觀光輯

武陵山人遺稿·古書逸文

田俅子一卷　（周）田俅撰　（清）王仁俊輯

玉函山房輯佚書續編·子編墨家類

注：《漢志》墨家載《田俅子》三篇，注云："先韓子。"《隋志》云："梁有《田俅子》一卷，亡。"馬國翰從唐、宋類書及《文選》李善注採得八節。又《呂氏春秋·首時》篇有墨者田鳩，馬繡《繹史》、梁玉繩《漢書人表考》並謂鳩、俅音近，田鳩即田俅。馬氏從其説，據《韓非子》採得田鳩言二節附焉。孫詒讓所輯實據馬輯，而未錄田鳩二節，別從《稽瑞》採得三節。顧觀光採得八節，中採《能改齋漫録》引一節爲馬、孫所無，其餘大體不出馬外。王仁俊僅從《太平御覽》採得一節，實與馬採自《白帖》一節文雷同。勞格所輯七節均不出馬外。

隨巢子　（周）隨巢子撰　（明）歸有光輯

諸子彙函卷十三

隨巢子一卷　（周）隨巢子撰

（清）馬國翰輯

玉函山房輯佚書・子編墨家類

隨巢子　（周）隨巢子撰　（清）勞

格輯

月河精舍叢鈔・讀書雜識卷六

隨巢子佚文　（周）隨巢子撰

（清）孫詒讓輯

墨子閒詁・墨子後語下・墨家諸子鉤
沉（清光緒二十一年木活字本、光緒
間刻本、宣統二年刻本、民國間涵芬
樓影印本、民國十六年校經山房石
印本）

諸子集成・墨子閒詁・墨子後語下・
墨家諸子鉤沉

國學基本叢書・墨子閒詁・墨子後語
下・墨家諸子鉤沉

隨巢子　（周）隨巢子撰　（清）顧

觀光輯

武陵山人遺稿・古書逸文

隨巢子一卷　（周）隨巢子撰

（清）王仁俊輯

玉函山房輯佚書續編・子編墨家類

注：《漢志》墨家載《隨巢子》六篇,注
云：“墨翟弟子。”《隋》、《唐志》並一卷。
梁玉繩《漢書人表考》謂隋巢似是姓。
孫詒讓《墨子後語》上謂《隋志》注云：
“巢,似墨翟弟子。”則以巢爲名。馬國
翰據《意林》及唐、宋類書等採得十五
節。孫詒讓實據馬輯增補,從《荀子》楊
倞注、《通鑑外紀》、《稽瑞》增入三節。
又馬輯“夏后之興,方澤出馬”一節未注
出處,故孫亦未錄。按此節出《開元占
經》,馬氏偶失注耳。王仁俊從《稽瑞》、
《海錄碎事》各採得一節以補馬缺。勞

格採得五節,未出馬外。顧觀光採得七
節,其中“殷滅,周人受之”、“有陰而遠
者”、“禹生碣石之東”三節爲馬所無。
《諸子彙函》所載僅一節,題曰鬼神,即
見於《意林》所載者,而文略異。

胡非子　（周）胡非子撰　（明）歸

有光輯

諸子彙函卷十三

胡非子一卷　（周）胡非子撰

（清）馬國翰輯

玉函山房輯佚書・子編墨家類

胡非子佚文　（周）胡非子撰

（清）孫詒讓輯

墨子閒詁・墨子後語下・墨家諸子鉤
沉（清光緒二十一年木活字本、光緒
間刻本、宣統二年刻本、民國間涵芬
樓影印本、民國十六年校經山房石印
本）

諸子集成・墨子閒詁・墨子後語下・
墨家諸子鉤沉

國學基本叢書・墨子閒詁・墨子後語
下・墨家諸子鉤沉

胡非子　（周）胡非子撰　（清）顧

觀光輯

武陵山人遺稿・古書逸文

注：《漢志》墨家載《胡非子》三篇,注
云：“墨翟弟子。”《隋》、《唐志》並一卷。
《廣韻・十一模》云：“胡非,複姓,齊胡
公之後有公子非,因以胡非爲氏。”梁玉
繩《人表考》據此以爲胡非子齊人。孫
詒讓《墨子後語上》謂《隋志》注云“非,
似墨翟弟子”,則以非爲名。馬國翰據
《意林》及唐、宋類書採得四節,孫詒讓
所輯與馬無異,蓋即據馬輯轉錄。顧觀
光所採凡三節,不出馬外。《諸子彙函》

所載僅一節，題曰論勇，驗之馬輯，則實採自《太平御覽》。

纏子一卷　（周）纏子撰　（清）馬國翰輯

玉函山房輯佚書·子編墨家類

纏子佚文　（周）纏子撰　（清）孫詒讓輯

墨子閒詁·墨子後語·墨家諸子鉤沈（清光緒二十一年木活字本、光緒間刻本、宣統二年刻本、民國間涵芬樓影印本、民國十六年校經山房石印本）

諸子集成·墨子閒詁·墨子後語·墨家諸子鉤沉

國學基本叢書·墨子閒詁·墨子後語·墨家諸子鉤沉

纏子　（周）纏子撰　（清）顧觀光輯

武陵山人遺稿·古書逸文

注：《意林》卷一載《纏子》一卷，引其文二節。按《漢志》以下均未著錄，纏子亦不詳何人。《意林》所引，其一節言纏子修墨子之業，與儒者董無心論難，又一節則僅記董無心之言。馬國翰謂《漢志》儒家載《董子》一篇，名無心，難墨子。又《論衡》載董無心與纏子論難，《文選》李善注引《纏子》亦載董無心之言。蓋本董之書，取為《纏子》（參馬氏輯本自序）。孫詒讓亦以《董子》、《纏子》為一書（參孫輯後按）。馬氏從《意林》、《論衡》、《文選》李注等採得六節，孫輯同。顧觀光所採亦六節，中採《風俗通·神怪》引一節為馬所無。而馬採《論衡》引一節則為顧所缺。

墨子佚文　（清）畢沅輯

經訓堂叢書·墨子卷十五附

子書百家·雜家類·墨子卷十五附

百子全書·雜家類·墨子卷十五附

二十二子·墨子卷十五附

二十五子彙函·墨子卷十五附

子書二十二種·墨子卷十五附

子書二十八種·墨子卷十五附

袖珍古書讀本·墨子卷十五附

四部備要·子部周秦諸子·墨子卷十五附

墨子佚文　（清）畢沅輯　（清）孫詒讓校補

墨子閒詁·墨子附錄（清光緒二十一年木活字本、光緒間刻本、宣統二年刻本、民國間涵芬樓影印本、民國十六年校經山房石印本）

諸子集成·墨子閒詁·墨子附錄

國學基本叢書·墨子閒詁·墨子附錄

墨子佚文　（清）畢沅輯　（清）吳汝綸補

桐城吳先生點勘諸子七種·墨子卷十六

墨子佚文一卷　（清）畢沅輯　（清）王仁俊補

經籍佚文

墨子佚文　（清）畢沅輯　尹桐陽補

墨子新釋附（民國間排印本）

墨子佚文　（清）畢沅輯　曹耀湘補

墨子箋卷十五附（民國間排印本）

墨子佚文　（清）畢沅等輯　張純一補

墨子集解·附錄（民國二十五年世界書局排印本）

注：畢沅從《史記》、《文選》李善注及唐、宋類書等採得佚文二十一節。又

《意林》載佚文三節，畢氏於《墨子篇目考》中引之，而未録入此輯。吳汝綸、王仁俊、曹耀湘、尹桐陽皆轉録畢輯，並將《意林》所載三節補入，王仁俊更從《文選》李注採得一節附末。按畢輯所採《太平御覽》引各節多不可信，諸家轉録未校核。孫詒讓重校畢輯頗審，並從《水經注》、《稽瑞》等續採得佚文六節附末，唯《意林》所載仍畢輯之舊未收入。張純一就孫輯增補，悉録畢、孫、曹三家案語，並從《開元占經》等續採得佚文九節附末，又《意林》所載三節亦補入，故較諸家爲備。

鬼谷先生　（清）嚴可均輯

全上古三代文卷九

〔鬼谷子佚文〕　（清）秦恩復輯

鬼谷子附録（清乾隆五十四年石研齋刻本）

石研齋四種・鬼谷子附録

湖北先正遺書・子部・鬼谷子附録

四部備要・子部周秦諸子・鬼谷子附録

四部叢刊・子部・鬼谷子附録

國學小叢書・鬼谷子新注附

鬼谷子佚文一卷　（清）王仁俊輯

經籍佚文

鬼谷子佚文　尹桐陽輯

鬼谷子新釋附（民國二十年鉛印本）

注：秦復恩從《説苑》、《史記索隱》、《意林》、《太平御覽》採得七節，又從《文選》李善注、《太平御覽》等採得《鬼谷子序》佚文四節附焉。王仁俊所輯缺《史記田敬仲完世家索隱》所引一節，多曹耀湘《正揚》引一節。按《御覽・治道部》引“君得名”云云一節，末有“其言並

未嘗隱鰲峭薄”一句，乃引者之按語也，故秦氏未録，王氏併録入，非是。尹桐楊所輯八節，殊不可據。按白雲觀《道藏》本《揣篇》偶脱“古之善用天者”云云一節，諸本皆不脱。尹氏不察，乃自《百子全書》本録出，以爲佚文。又《捭闔》篇注“陰陽之理盡”云云、《符言》篇注“因求而與”云云，《百子全書》本誤義入正文，尹氏竟亦録出以爲佚文，其疏略有如此。又“崖密”一節，明知爲《冷齋夜話》引《金樓子》文，乃强爲之説而採入，殊不可解。其餘所採，皆不出秦、王之外，且只據《四庫全書提要》、《百子全書序》轉引，未據原引之書也。嚴可均從《藝文類聚》三十六採得鬼谷先生遺蘇秦、張儀書一節，又杜光庭《録異記》亦載此節而文略異，嚴氏亦採入。按《鬼谷子》作者不詳何人，兩《唐志》屬之蘇秦，未有實據。此書乃出僞托，然《説苑》已引之，則漢時已有其書，參黃雲眉《古今僞書考補證》。

蘇子一卷　（周）蘇秦撰　（清）馬國翰輯

玉函山房輯佚書・子編縱橫家類

注：蘇秦，東周雒陽人，遊説六國抗秦，佩六國相印，見《史記》本傳。《漢志》縱橫家載《蘇子》三十一篇，注云：“名秦。”或以爲即《鬼谷子》，未有實據，參黃雲眉《古今僞書考補證》。馬國翰從《戰國策》、《史記》採録蘇秦遊説秦及六國之文十餘篇。

闕子一卷　（周）闕□撰　（清）馬國翰輯

玉函山房輯書・子編縱橫家類

闕子一卷　（周）闕□撰　（清）顧

觀光輯

武陵山人遺稿·古書逸文

　　注：《漢志》縱橫家載《闞子》一篇，《隋》、《唐志》不載。按闞爲姓，見《後漢書·孝獻帝紀》注引《風俗通》。《文選》李善注、《太平御覽》或引作"闚"，誤。其人無考，馬國翰定爲六國時人。《隋》、《唐志》並載梁元帝《補闞子》十卷。按原書不過一篇，元帝乃補成十卷，未詳所以。馬國翰從《水經注》及唐、宋類書採得佚文六節，顧觀光所輯無異。按《闞子》自《隋志》已不載，諸書所引者疑是元帝之補作。

由余書一卷　（周）由余撰　（清）馬國翰輯

玉函山房輯佚書·子編雜家類

　　注：由余，其先晉國人，亡入戎，戎王使觀秦，事見《史記·秦本紀》。《漢志》雜家載《由余》三篇，注云："戎人，秦穆公聘以爲大夫。"《隋》、《唐志》不載。馬國翰從《秦本紀》、《韓非子·十過》採得由余對穆公問二節，又從賈誼《新書》採得一節。

尸子　（周）尸佼撰

説郛（商務印書館本）卷六·讀子隨識

尸子　（周）尸佼撰　（明）歸有光輯

諸子彙函卷九

尸子三卷附録一卷　（周）尸佼撰　附録　（清）惠棟輯　（清）任兆麟補遺

心齋十種

尸子一卷　（周）尸佼撰　（清）任兆麟選輯

述記

尸子逸文　（周）尸佼撰　（清）孫志祖輯

讀書脞録卷四（嘉慶四年刻本、光緒十三年醉六堂刻本、張氏聚珍版叢書本）

尸子一卷　（周）尸佼撰　（清）孫星衍輯

清嘉慶九年岱南閣刻本　〔上海圖書館〕

尸子二卷　（周）尸佼撰　（清）孫星衍輯

問經堂叢書

平津館叢書

子書百家·法家類

百子全書·法家類

求實齋叢書

四部備要·子部周秦諸子

尸子二卷存疑一卷　（周）尸佼撰　（清）汪繼培輯

湖海樓叢書

二十二子

二十五子彙函

子書二十二種

子書二十八種

子書四十八種

尸子一卷

三十六子全書

尸子一卷　（周）尸佼撰　張之純評注

評註諸子菁華録·雜家三種

　　注：尸子名佼，晉人，秦相衛鞅客，鞅被刑，乃亡逃入蜀，作《尸子》二十篇，凡六萬言（《史記·孟子荀卿列傳·集解》引劉向《別録》）。按《史記》稱佼楚人，《漢志》班固注則稱魯人，均與劉向説

異。梁玉繩《人表考》以爲佼因逃亡在蜀，而魯後屬楚，故稱魯人、楚人。按此蓋傳聞各異，不必強爲牽合。唯班固《漢志》即本劉向父子《別錄》、《七略》，"魯"、"晉"形近，則或有形誤耳。《漢志》雜家載《尸子》二十篇，《隋》、《唐志》並載二十卷。《隋志》注云："其九篇亡，魏黃初中續。"則自隋、唐以下已是補本。王應麟《漢書藝文志考證》引李淑《書目》存四卷，又《館閣書目》止存二篇，則宋時已無完書。明人刻本不能出宋人所見之外，或有雜採群書而成者。《說郛》止載二節，未明出處。今唯《羣書治要》載《勸學》至《神明》十三篇，又《爾雅注疏》引《廣澤》一篇。至《諸子彙函》所載《止楚師》、《君治》，汪繼培謂乃雜取諸書，妄擬篇目，非原書之篇也。外此則《文選》李善注及唐、宋類書亦引有佚文。孫星衍初據章宗源輯本訂補爲一卷，後見惠棟輯本及《治要》所載，因重輯爲二卷，上卷即錄自《治要》所載諸篇，下卷則採自諸書所引。汪繼培所輯在後，得見任兆麟、惠、孫三家本，參互比較，依孫本體例釐爲二卷，後附存疑一卷，以考訂諸家訛誤。張之純大體即據汪輯爲之評注，唯於汪輯下卷有所刪略。

子華子　（清）嚴可均輯

全上古三代文卷七

注：子華子，見《呂氏春秋·貴生》，高誘注："子華子，古體道人。無欲，故全其生。"一說魏人（《莊子釋文》引司馬彪注），一說宋人（《列子·周穆王》），其詳不可考。其書《漢志》不載，然《呂氏春秋》引之，則周秦時或有其書也。嚴可均從《呂氏春秋·貴生》、《先己》、《誣

徒》、《知度》、《審爲》諸篇各採得其説一節。按《明理》篇亦引一節，嚴氏失採。又《列子·周穆王》亦載予華子言，未詳有所本否。至今本《子華子》程程本撰者，決爲宋人僞托，參《四庫全書總目》、黃雲眉《古今僞書考補證》。

呂氏春秋逸文　（清）顧觀光輯

武陵山人遺稿·古書逸文

呂氏春秋佚文一卷　（清）王仁俊輯

經籍佚文

呂氏春秋佚文輯校一卷　蔣維喬等輯

光華大學叢書（中華書局版）·呂氏春秋彙校

注：蔣維喬等據《文選》李善注、《廣韻》、史注及唐、宋類書等採得佚文三十餘節。按據蔣氏等所校，所採不盡爲《呂氏春秋》佚文，中有誤引者。又採《長短經》引"夫信立則虛可以賞矣"云云一節，乃節引《貴信》篇之文，蔣氏等誤採。王仁俊僅採得一節。顧觀光採得四節，其中採《開元占經》及《元和姓纂》各一節爲蔣氏等所無。按今人陳奇猷《呂氏春秋校釋》附輯佚文，大抵亦本諸蔣輯，而校勘較蔣氏爲詳。

神農書　（清）馬國翰輯

玉函山房輯佚書·子編農家類
農學叢書·古農書輯佚

注：《漢志》農家載《神農》二十篇，注云："六國時，諸子疾時怠于農業，道耕農事，託之神農。"顏師古引《別錄》云："疑李悝及商君所説。"按《別錄》亦推測之詞，故班《志》不從其說。李悝、商鞅皆用事者，如有撰述以促耕農，則具名而頒其書無不可，何事隱名而托之神農

邪？此書蓋六國時習農家者所爲，不爾則集古農家之言，而托之神農耳。其書久佚，《開元占經》引有《八穀生長篇》、《神農占》佚文，《藝文類聚》一百引有《神農求雨書》，又《管子》、《淮南子》、《漢書》、《路史》等引有神農之教、神農之法、神農之數，大體皆古農家言，馬氏以不能區分孰爲《漢志》所載之舊，故統輯爲一集。

野老書一卷　（清）馬國翰輯

玉函山房輯佚書·子編農家言

農學叢書·古農書輯佚

古農家言四篇　王時潤輯

商君書斠詮附（民國四年宏文圖書社排印本）

注：《漢志》農家載《野老》十七篇，注："六國時，在齊楚間。"應劭注云："年老居野，相民耕種，故號野老。"其書久佚，諸書亦不見徵引。馬驌《繹史》謂《呂氏春秋》所載《上農》、《任地》、《辯土》、《審時》四篇蓋古農家野老之書，馬國翰即據以輯出此四篇。按馬驌所謂"農家野老"蓋泛稱，馬氏指爲《漢志》之《野老書》，純爲臆測，羌無實據。王時潤亦採録此四篇，而題爲《古農家言》，似較審慎。又近人夏緯英謂此四篇乃取之古《后稷》農書，見《呂氏春秋上農等四篇校釋》）。

計然萬物録一卷補遺一卷　（周）

辛文撰　（清）茆泮林輯

十種古逸書

十種古逸書　清許克勤校　〔復旦大學圖書館〕

龍谿精舍叢書·子部

叢書集成初編·總類

范子計然一卷　（周）范蠡、計然撰

（清）洪頤煊輯

問經堂叢書·經典集林

經典集林

范子計然一卷　（周）范蠡、計然撰

（清）黃奭輯

漢學堂叢書·子史鉤沈·子部農家類

黃氏逸書考·子史鉤沈

范子計然三卷　（周）范蠡、計然撰

（清）馬國翰輯

玉函山房輯佚書·子編農家類

農學叢書·古農書輯佚

范子計然　（周）范蠡、計然撰

（清）顧觀光輯

武陵山人遺稿·古書逸文

注：范蠡，楚人，字少伯，仕越爲大夫，佐越王勾踐滅吳，事見《史記·越王世家》。計然，葵丘濮上人，姓辛，字文子，范蠡之師（《史記·貨殖列傳·集解》引《范子》），著《萬物録》，述五方之物産所出，《皇覽》及晉《中經簿》載之（《漢書·貨殖傳》顏師古注）。計然，一作計研（《漢書·古今人表》），一作計倪（《越絶書》），皆一人。諸志不載《萬物録》，唯《新唐志》農家載《范子計然》十五卷，注云："范蠡問，計然答。"《齊民要術》、《意林》、《文選》李善注及唐、宋類書皆引之，或稱《范子》，或稱《范蠡》，或稱《計然》，據《新唐志》皆一書之文也。馬國翰輯得三卷，其上卷從《越絶書》、《吳越春秋》採得三篇，中、下卷則雜採諸書所引。按《越絶書》、《吳越春秋》所引乃計倪對越王問，與《新唐志》注所言對范蠡問者不合，恐非《范子計然》之文，洪頤煊不採此三篇，是。茆泮林則

僅採述五方物產各節，並據《皇覽》、《中經簿》題爲《萬物錄》，黃奭全襲茆輯，而仍《唐志》之題。今以洪、茆二輯與馬輯相較，則洪、茆所採“日者，火精也”、“月者，水精也”、“立夏九十一日立秋”、“罷”、“礜石”、“大蘭”、“醬”七節，又洪採“六尺蘭”、“千里馬”二節，又茆採“曾青”、“扁青”二節，均馬所無，其餘則二家所採皆不出馬外。顧觀光所輯，大體與馬輯中、下兩卷相當，間亦互有出入。又所述物產諸節，其地名多與《漢書·地理志》合，馬國翰以爲後人羼入，茆泮林則以爲乃後人僞托。按此書《漢志》不載，而見載於《皇覽》（即魏諸臣所撰者，參經部），則似是漢魏間人僞托，所舉地名多與《漢書·地理志》合，正其僞托之證，茆説是也。《續修四庫提要》疑《萬物錄》與《范子計然》爲二書。按諸書所引以述物產者爲多，然皆稱《范子》或《計然》，而無稱《萬物錄》者。蓋此書既列農家，則計然答范蠡問者當涉物產所出，故又別稱爲《萬物錄》歟？似非有二書也。

〔山海經〕佚文　（清）郝懿行輯

　　山海經箋疏·山海經訂譌附（清嘉慶九年阮氏琅環仙館刻本、嘉慶十四年刻本、光緒十二年上海還讀樓刻本）

　　郝氏遺書·山海經箋疏·山海經訂譌附

　　龍谿精舍叢書·史部·山海經箋疏·山海經訂譌附

　　四部備要·史部古史·山海經箋疏·山海經訂譌附

山海經逸文　（清）孫志祖輯

　　讀書脞錄續編卷三（清嘉慶七年刻本、民國二十年中國書店影印本）

山海經佚文一卷　（清）王仁俊輯

　　經籍佚文

　　注：郝懿行採得佚文三十六節。首六節乃據郭璞注考訂今本經文有脱佚，故標爲《經内逸文》，然只列經文與郭注，其考證已詳《箋疏》中，故須參看。其餘三十節則採自《論衡》、《文選》李善注、《廣韻》及唐、宋類書所引，皆不見於今本者。孫志祖僅從《文選·西京賦》李注及《南都賦》李注各採得一節。按《西京賦》注引一節亦見郝輯，郝氏疑爲《淮南子》之文。王仁俊從《通志》、《太平御覽》各採得一節。按《御覽》所引已見郝輯。

山海經圖讚一卷　（晉）郭璞撰（清）王謨輯

　　重訂漢唐地理書鈔

山海經圖讚一卷　（晉）郭璞撰（清）郝懿行輯

　　山海經箋疏附（清嘉慶九年阮氏琅環仙館刻本、嘉慶十四年刻本、光緒十三年上海還讀樓刻本）

　　郝氏遺書·山海經箋疏附

　　龍谿精舍叢書·史部·山海經箋疏附

　　四部備要·史部古史·山海經箋疏附

山海經圖贊一卷　（晉）郭璞撰（清）錢熙祚輯

　　指海第十八集

山海經圖贊二卷　（晉）郭璞撰（清）嚴可均輯

　　全晉文卷一百二十二至一百二十三

　　觀古堂所刊書

　　觀古堂彙刻書第一集

　　郋園先生全書

　　注：郭璞，參《毛詩拾遺》。《隋》、《唐

志》史部並載郭璞《山海經圖讚》二卷。"讚"或作"贊"。《玉海》引《中興書目》，謂郭注《山海經》，每篇後有贊。今唯《道藏》本有之，《贊》文次弟與經文不盡相符，又自卷十四《大荒東經》以下五篇皆缺《贊》。明刻本多錄自《道藏》本，間有補遺，則什之八九爲《爾雅圖讚》之文。盧文弨刊入《群書拾補》者即錄自《道藏》本，所附補遺則錄自明刻，或以爲盧氏自輯，誤也。郝懿行、錢熙祚、嚴可均皆據《道藏》本補輯。郝氏於《道藏》原文未加校訂，僅從《初學記》等採得佚贊六首附末。錢氏據《山海經》本文校訂各贊次序，並據唐、宋類書所引校正各贊文字。又採得佚贊八首，其中《鬼草贊》補入《中山經》，餘七首爲《大荒東經》以下各篇之贊。嚴輯大體與錢氏無異，唯贊文次序間有不同。又嚴氏考訂《騰蛇贊》爲《爾雅圖讚》之文而刪去，並以《犀贊》與《爾雅圖讚》之《犀贊》互換（參《爾雅圖贊》，嚴輯《全晉文》尚未糾正）。按嚴氏自謂採自類書者得六十七首，益以《道藏》本，凡得二百六十六首。今核其文，出《道藏》之外者，聊聊無幾，而於文字異同亦未加注。

山海經圖讚 （晉）張駿撰 （清）嚴可均輯

全晉文卷一百五十四

注：張駿，字公庭，安定烏氏人，《晉書》有傳。《太平御覽》引駿《山海經圖讚》兩節，嚴可均據以錄存。按《隋志》載駿文集殘存八卷，不言有《圖讚》之作。

青史子一卷 （清）馬國翰輯

玉函山房輯佚書·子編小說家類

青史子 （清）丁晏輯

佚禮扶微卷二（手稿本〔北京圖書館、上海圖書館〕、清抄本〔北京圖書館〕）

南菁書院叢書第三集·佚禮扶微卷二

青史子一卷 （清）王仁俊輯

玉函山房輯佚書續編·子編小說家類

青史子 魯迅輯

魯迅全集·古小說鉤沉

注：《漢志》小說家載《青史子》五十七篇，注云："古史官記事也。"《隋志》云："梁有《青史子》一卷，亡。"青史子不詳爲何人，《通志》引《姓氏英賢錄》云："晉太史董狐之子，受封青史之田，因氏焉。"《大戴禮》、《賈誼新書》並引《青史氏之記》，馬國翰據以輯出。王仁俊從《風俗通義》採得《青史子書》一節，以補馬氏之缺。魯迅所輯即馬、王所有之三節。丁晏採得二節，缺《大戴禮》所引一節。

宋子一卷 （周）宋鈃撰 （清）馬國翰輯

玉函山房輯佚書·子編小說家類

注：宋鈃，宋人（《孟子·告子》趙岐注），與孟子、尹文子、彭蒙、慎到同時（《荀子·非十二子》楊倞注）。《漢志》小說家載《宋子》十八篇，注云："孫卿道宋子，其言黃老意。"按《孟子》作宋牼，《韓非子》作宋榮，《荀子》作宋鈃。牼、榮、鈃並喉音字，一聲之轉，古字相通。此書久佚，馬國翰從《莊子·天下》篇採得其說六節。

燕丹子三卷 （清）孫星衍校輯

問經堂叢書·逸子書

岱南閣叢書

平津館叢書

子書百家·小説家雜事類

三十六子全書

百子全書·小説家雜事類

子書四十八種

叢書集成初編·文學類

四部備要·子部周秦諸子

　　注：《隋志》小説家載《燕丹子》一卷，注云：“丹，燕王喜太子。”《新唐志》亦一卷，《舊唐志》、《宋志》並三卷。《永樂大典》載此書凡三篇，四庫館臣輯出，列入

《四庫全書》存目。孫星衍據紀昀鈔本刊入《問經堂叢書》、《岱南閣叢書》。其後又據《意林》、《史記》及唐、宋類書等詳加校勘，刊入《平津館叢書》，後來翻刻、翻印者皆據此本。按《漢志》不載此書，故其爲先秦舊籍與否，自來説之不一。今人程毅中點校孫本，於《點校説明》論之甚詳，又集諸家説於附錄，可參。

儒　家　類

平原君書一卷　（漢）朱建撰（清）馬國翰輯

玉函山房輯佚書·子編儒家類

　　注：朱建，楚人。故淮南王黥布相，布欲反，建嘗諫止之。漢既誅布，賜建號平原君。（《漢書》本傳）《漢志》儒家載《平原君》七篇，注云：“朱建也。”《隋》、《唐志》不載。馬國翰從《漢書》本傳採得建説閩籍孺一節。

劉敬書一卷　（漢）劉敬撰（清）馬國翰輯

玉函山房輯佚書·子編儒家類

婁敬　（漢）婁敬撰（清）嚴可均輯

全漢文卷十四

　　注：劉敬，本姓婁，齊人，説高祖都秦地，高祖賜姓劉。（《漢書》本傳）《漢志》儒家載《劉敬》三篇。《隋》、《唐志》不載。馬國翰從《漢書》本傳採得敬説高

祖三事。嚴可均則從《晉書·段灼傳》、《北堂書鈔》採得敬上書諫高祖、作丹書鐵券，與匈奴分土界三文，與馬輯互爲有無。

至言一卷　（漢）賈山撰（清）馬國翰輯

玉函山房輯佚書·子編儒家類

至言　（漢）賈山撰（清）嚴可均輯

全漢文卷十四

　　注：賈山，潁川人，嘗給事潁陰侯爲騎，孝文帝時數上疏言事，《漢書》有傳。《漢志》儒家載《賈山》八篇，《隋》、《唐志》不載。本傳載其《至言》一篇，馬國翰、嚴可均皆據以輯存。嚴氏又從本傳採得對詰諫除盜鑄錢令一節。

〔賈子新書〕佚文輯補　（漢）賈誼撰　劉師培輯

劉申叔先生遺書·賈子新書斠補附

　　注：劉師培從唐、宋類書採得佚文

三節。

公孫弘書一卷　（漢）公孫弘撰
（清）馬國翰輯
玉函山房輯佚書·子編儒家類

公孫弘　（漢）公孫弘撰　（清）嚴可均輯
全漢文卷二十四

　　注：公孫弘，菑川薛人，武帝元光五年以賢良對策擢第一，官至丞相，封平津侯。《漢書》本傳《漢志》儒家載《公孫弘》十篇，《隋》、《唐志》不載。《漢書》本傳載弘對策、上疏，馬國翰據以採得四節，更從《藝文類聚》採得《答東方朔書》一節，從《太平御覽》採得佚語一節。嚴可均缺採《御覽》所引一節，然别從《漢書·吾丘壽王傳》、《史記·儒林傳》、《郭解傳》採得奏言、議等四節，則爲馬所無。

河閒獻王書一卷　（漢）劉德撰
（清）馬國翰輯
玉函山房輯佚書·子編儒家類

　　注：劉德，漢景帝子，立爲河閒獻王，好書，所得多先秦舊籍。武帝時，來朝獻雅樂，對三雍宮及詔策所問三十餘事（《漢書·景十三王傳》）。《漢志》儒家載河閒獻王《對上下三雍宮》三篇，《隋》、《唐志》不載。《説苑》載其文四節，馬國翰據以輯存，並從《春秋繁露》採得問《孝經》一節附焉。

兒寬書一卷　（漢）兒寬撰　（清）馬國翰輯
玉函山房輯佚書·子編儒家類

兒寬　（漢）兒寬撰　（清）嚴可均輯
全漢文卷二十八

　　注：兒寬，千乘人，治《尚書》，武帝時官至御史大夫（《漢書》本傳）。《漢志》儒家載《兒寬》二篇，《隋》、《唐志》不載。馬國翰從《漢書》本傳採得寬對封禪及改正朔議二節，嚴輯雷同。

吾丘壽王書一卷　（漢）吾丘壽王撰　（清）馬國翰輯
玉函山房輯佚書·子編儒家類

吾丘壽王　（漢）吾丘壽王撰　（清）嚴可均輯
全漢文卷二十七

　　注：吾丘壽王，字子贛，趙人，武帝時官至光禄大夫侍中（《漢書》本傳）。按吾丘，姓。通作虞丘，《姓解》二引《風俗通》云：“晉有虞丘書，爲乘馬御。”清人或題作吾邱者，避孔子名諱也。《漢志》儒家載《吾丘壽王》六篇。《隋志》集部云：“梁有漢光禄大夫吾丘壽王集二卷，亡。”馬國翰從《漢書》本傳及《藝文類聚》採得佚文三節。嚴可均缺馬所採説鼎一節，唯更從《文選》李善注、《北堂書鈔》各採得一節，則爲馬所無。又《漢志》於《吾丘壽王》後載《虞丘説》一篇，馬氏以爲亦壽王之書。姚振宗《漢書藝文志條理》以爲“説”乃人名，與壽王非一人，馬氏誤以“説”爲所説之書。楊樹達云：“按姚説是也。若如馬説，則《志》當合計之云《吾丘壽王》七篇，不必别二事也。”（《漢書窺管》）

嚴助書一卷　（漢）嚴助撰　（清）馬國翰輯
玉函山房輯佚書補遺·子編儒家類

嚴助　（漢）嚴助撰　（清）嚴可均輯
全漢文卷十九

　　注：嚴助，《漢志》作莊助，本傳避明

帝諱改莊爲嚴,《志》承《七略》之舊未改。助,會稽吳人,武帝拜爲會稽太守,事具《漢書》本傳。《漢志》儒家載《莊助》四篇,《隋》、《唐志》不載。馬國翰、嚴可均皆從本傳採得佚文二節。其中馬採詰田蚡一節爲嚴所無,嚴採上書謝罪一節爲馬所無。

〔新序〕逸篇　（清）盧文弨輯

抱經堂叢書・羣書拾補初編・新序附

紹興先正遺書第二集・羣書拾補初編・新序附

叢書集成初編・總類・羣書拾補・新序附

新序〔佚文〕　（清）嚴可均輯

全漢文卷三十九

新序逸文　（清）顧觀光輯

武陵山人遺稿・古書逸文

新序佚文一卷　（清）王仁俊輯

經籍佚文

注：盧文弨據《荀子》楊倞注、《文選》李善注、《後漢書》注及《太平御覽》等採得五十餘節。嚴可均全襲盧輯,唯更從《北堂書鈔》採得一節附後。王仁俊僅從《意林》採得一節。按此節亦見《後漢書・邊讓傳》注所引,而題爲《説苑》,未詳孰誤,豈二書皆有此文耶？顧觀光所採與盧氏大體相當,間有數節互爲有無。如盧採"子産相鄭"、"齊景公遊海上"、"趙簡子使使者聘孔子於魯"等爲顧所無,顧採"諸侯垣牆有黝堊之色"、"秦孝公保崤函之固"等爲盧所無。又顧採《羣書治要》亦盧所未及。

〔説苑〕逸篇　（清）盧文弨輯

抱經堂叢書・羣書拾補初編・説苑附

紹興先正遺書第二集・羣書拾補初編・説苑附

叢書集成初編・總部・羣書拾補・説苑附

説苑〔佚文〕　（清）嚴可均輯

全漢文卷三十九

説苑逸文　（清）顧觀光輯

武陵山人遺稿・古書逸文

説苑佚文　（清）王仁俊輯

經籍佚文

注：盧文弨據《後漢書》注、《文選》李善注及唐、宋類書等輯得二十餘節,嚴可均全襲盧輯,唯刪去《後漢書・呂布傳》注所引一節,按此節與《藝文類聚》二十四所引雷同。又盧輯"中行獻子將伐鄭"、"秦急圍邯鄲"、"楚（應作魏）文侯曰"云云、"蓬生枲中"四節,見今本《貴德》、《復恩》、《政理》、《談叢》四篇,實非佚文,而嚴氏照錄未刪,說詳近人向宗魯《説苑校證》。顧觀光所輯與盧氏大致相當,間有數節互爲有無。如顧採《史記・李斯傳正義》引"昔隨侯行,遇大蛇中斷"、《法苑珠林》引"石奢,楚人"二節即爲盧所無。而盧採《太平御覽》引"楚文公伐楚"、"梁君出獵"（此節或引作《新序》文）二節則爲顧所無。王仁俊從薛據《孔子集語》、《後漢書・邊讓傳注》、《藝文類聚》各採得一節。按《類聚》所引者已見盧輯。

〔法言〕佚文　劉師培輯

劉申叔先生遺書・揚子法言斠補附

注：劉師培從《文選》李善注、《太平御覽》各採得佚文一節。

新論　（漢）桓譚撰

説郛（宛委山堂本）弓五十九

古今説部叢書第一集

荊山子 （漢）桓譚撰 （明）歸有
　光輯
　　諸子彙函卷二十一
新論一卷 （漢）桓譚撰 （清）孫
　馮翼輯
　　問經堂叢書・逸子書
　　龍谿精舍叢書・子部
　　叢書集成初編・哲學類
　　四部備要・子部儒家類
桓子新論三卷 （漢）桓譚撰
　（清）嚴可均輯
　　清抄本　清□思儼校　〔上海圖書館〕
　　全後漢文卷十三至十五
新論一卷 （漢）桓譚撰 （清）
　□□輯
　　指海第十三集
　　　注：桓譚，字君山，沛國相人，光武帝
　時累官至議郎給事中，以極言讖之非
　經，黜爲六安丞，事具《後漢書》本傳。
　本傳稱譚著書言當世行事二十九篇，號
　曰《新論》。李賢注具引篇名，自《本造》
　至《琴道》凡十六篇，中有分爲上下者，
　故爲二十九篇。《隋》、《唐志》子部儒家
　並載《新論》十七卷，蓋十六篇篇爲一
　卷，並序目爲十七卷也。其書亡佚，史
　注、《文選》李善注、《意林》及唐、宋類書
　等多引之，唯除《琴道》篇外，皆泛引而
　不標篇名者。《說郛》所載僅十餘節，乃
　雜採諸書而未注出處者。《諸子彙函》
　僅載《琴道》一篇。孫馮翼、《指海》本所
　輯皆以《琴道》弁諸首，其餘泛引不知所
　屬何篇者均附後。嚴可均則將泛引諸
　文以意歸類，分隸十六篇舊題之下。大
　抵嚴氏採書爲多，次則《指海》本，孫輯
　爲略。如嚴氏及《指海》本採《羣書治

要》、《法苑珠林》、《元和姓纂》、《長短
經》等皆孫所未採，又嚴氏採《論衡》、
《弘明集》、《五行大義》、《隋書》、《晉
書》、《抱朴子》、《辯正論》等皆《指海》
本、孫氏所未採。按嚴氏分篇皆以意爲
之，未免武斷，毋如從孫本、《指海》本以
泛引之文統附於後爲慎。
中論逸文 （清）錢培名輯
　　小萬卷樓叢書・中論附
　　龍谿精舍叢書・子部・中論附
　　叢書集成初編・哲學類・中論附
中論佚文一卷 （清）王仁俊輯
　　經籍佚文
　　　注：錢培名從《羣書治要》採得二節，
　王仁俊同。
黌山子 （漢）仲長統撰 （明）歸
　有光輯
　　諸子彙函卷二十二
仲長統論一卷 （漢）仲長統撰
　　兩京遺編
　　叢書集成初編・哲學類
　　景印元明善本叢書十種・兩京遺編
仲子昌言一卷
　　增定漢魏六朝別解・子部
昌言 （漢）仲長統撰
　　漢魏別解・兩漢文
仲長子昌言一卷 （漢）仲長統撰
　（清）馬國翰輯
　　玉函山房輯佚書・子編儒家類
昌言二卷 （漢）仲長統撰 （清）
　嚴可均輯
　　漢魏四家軼存
　　嚴鐵橋輯佚稿　稿本　清勞格校　〔上
　　海圖書館〕
　　全後漢文卷八十八至八十九

仲長子昌言一卷　（漢）仲長統撰（清）王仁俊輯

玉函山房輯佚書續編・子編儒家類

注：仲長統，字公理，山陽高平人，好學，博涉書記，贍於文辭，尚書令荀彧聞其名，舉爲尚書郎，後參丞相曹操軍事，每論説古今及時俗行事，因著論，名曰《昌言》，凡三十四篇。（《後漢書》本傳）《隋志》子部雜家載《仲長子昌言》十二卷，兩《唐志》歸儒家，並十卷。《宋志》仍置雜家，載爲二卷。其書今佚，唯本傳載三篇，《羣書治要》載九篇。又本傳載論一篇，嚴可均據《文選・閑居賦》李善注引《昌言》之文即見於此論，知此論亦《昌言》之一篇。此外散見於《意林》及唐、宋類所引者尚多。明刻本均採之本傳，並非原書。馬國翰、嚴可均皆據本傳及諸書重複採集，二家採自《意林》及類書者各有十餘節互爲有無，唯嚴別採《治要》九篇及從《抱朴子》、《博物志》各採得二節，均爲馬氏所未及。王仁俊從《治要》採得九篇，以補馬所缺。

潛夫論佚文一卷　（清）王仁俊輯

經籍佚文

注：王仁俊僅從《意林》採得一節。

王逸正部論　（漢）王逸撰　（清）勞格輯

月河精舍叢鈔・讀書雜識卷六

正部論一卷　（漢）王逸撰　（清）馬國翰輯

玉函山房輯佚書・子編儒家類

注：王逸，字叔師，南郡宜城人，官至侍中，著《楚辭章句》等（《後漢書・文苑傳》）。《隋志》子部儒家云：“梁有《正部論》八卷，後漢侍中王逸撰，亡。”《意林》

載爲十卷。姚振宗《隋書經籍志考證》謂《文苑傳》稱逸“賦、誄、書、論及雜文凡二十一篇”，當即此《正部論》，《意林》稱十卷者，乃併其文集二卷而言，《隋志》以文集別置集部，故此祇載八卷也。按賦、誄非論，《文苑傳》所稱二十一篇者未必皆屬《正部論》。此書亡佚，馬國翰從《意林》採得十二節。又唐、宋類書或引作《王逸子》，馬氏以爲一書之文，因據以採得八節。勞格所輯凡八節，中採原本《北堂書鈔》引“屈原、宋玉”云云一節爲馬所無。

魏子一卷　（漢）魏朗撰　（清）馬國翰輯

玉函山房輯佚書・子編儒家類

注：魏朗，字少英，會稽上虞人，官至尚書，見《後漢書・黨錮列傳》。《隋志》子部儒家載《魏子》三卷，注云：“後漢會稽人魏朗撰。”兩《唐志》同爲三卷，《舊唐志》誤題作“魏朗注”。馬國翰從《意林》採得十二節，又從《太平御覽》、《文選》李善注採得五節。

典論一卷　（漢）荀悦撰　（清）王仁俊輯

玉函山房輯佚書續編・子編道家類

典論一卷　（魏）曹丕撰　（清）孫馮翼輯

問經堂叢書・逸子書

叢書集成初編・文學類

典論一卷　（魏）曹丕撰　（清）黃奭輯

漢學堂叢書・子史鈎沈・子部儒家類

龍谿精舍叢書・子部

黃氏逸書考・子史鈎沈

典論一卷　（魏）曹丕撰　（清）嚴

可均輯

漢魏四家軼存

嚴鐵橋輯佚稿　稿本　清勞格校〔上海圖書館〕

全三國文卷八

典論一卷補遺一卷　（魏）曹丕撰

（清）王仁俊輯

玉函山房輯佚書續編·子編道家類

注：魏文帝曹丕，字子恒，沛國譙人，武帝長子。好文學，著《典論》及詩賦百餘篇（《三國志》本紀及裴注引《魏書》）。太和四年，明帝詔以《典論》刻石，立廟門外。（《三國志·明帝紀》)《隋志》經部小學類載《一字石經典論》一卷，又子部儒家載《典論》五卷，兩《唐志》亦五卷。今存《論文》、《自敍》二篇，見本紀注及《文選》。又《博物志》、《群書治要》、《意林》及唐、宋類書亦引之。孫馮翼採得佚文四十餘節，並以《論文》、《自敍》二篇弁首。黃奭所輯與孫本雷同，唯多“雒陽令郭珍居財巨億”、“汝南許詔與族兄靖避難”二節，而缺“余嘗彈棋”一節。又“上洛都尉王琰獲高幹”、“荊州牧劉表跨有南土”二節孫本文重複，黃氏刪併之。檢黃氏案注多與孫同，疑即轉錄孫輯而變更其次序耳。嚴可均據孫本訂補，刪汰孫誤採魚豢《典略》各節，佚文可考篇名者皆以篇歸併，無考者統附後。按嚴氏採書較孫、黃爲備，如採《群書治要》、《抱朴子》、《搜神記》、《法苑珠林》皆孫、黃所未及。王仁俊僅採得十八節，又補遺五節，多不出嚴、孫、黃之外，唯採《歲時廣記》引一節爲三家所未有。按此節標爲魏文帝《典略》，疑有誤。王氏又輯有荀悦《典論》，其文採自《治要》卷四十六，明是魏文帝

書，而題荀悦，未詳何以謬誤至斯，且入道家，亦不類矣。

周生烈子一卷　（魏）周生烈撰

（清）張澍輯

二酉堂叢書

叢書集成·哲學類

周生子要論一卷　（魏）周生烈撰

（清）馬國翰輯

玉函山房輯佚書·子編儒家類

周生子要論一卷　（魏）周生烈撰

（清）王仁俊輯

玉函山房輯佚書續編·子編儒家類

注：周生烈，參《論語周生氏義説》。《隋志》子部儒家云：“梁有《周生子要論》一卷，《録》一卷，魏侍中周生烈撰，亡。”兩《唐志》復載《周生烈子》五卷。馬國翰從《意林》及唐、宋類書採得二十二節，又《序》一節。張澍據《太平御覽》等採得九節，其中“桀紂是湯武之梯”“心者衆智之門”二節爲馬所缺。王仁俊補馬氏之缺，採得“心者衆智之門”“夫獵葉之風”二節。按後一節實已見馬輯，王氏誤重。

王氏新書一卷　（魏）王基撰

（清）馬國翰輯

玉函山房輯佚書·子編儒家類

王基　（魏）王基撰　（清）嚴可均輯

全三國文卷三十八

注：王基，參《毛詩駁》。《隋志》子部儒家云：“梁有《王氏新書》五卷，王基撰，亡。”兩《唐志》不載。馬國翰從《三國志》本傳及裴松之注採得八節，嚴可均亦從本傳採得八節，唯兩家取捨與編次不盡同。又嚴氏從《晉書·劉毅傳》採得薦劉毅文一節，則爲馬所無。

法訓　（蜀）譙周撰

　　說郛（宛委山堂本）弓五十九

　　古今說部叢書第一集

譙周法訓　（蜀）譙周撰　（清）張
澍輯

　　蜀典卷十下・著作類（清道光十四年張
氏安懷堂刻本、光緒二年尊經書院
刻本）

法訓一卷　（蜀）譙周撰　（清）黃
奭輯

　　漢學堂知足齋叢書・子史鉤沉　清黃
奭校　〔北京圖書館〕

　　黃氏逸書考・子史鉤沉

法訓一卷　（蜀）譙周撰　（清）馬
國翰輯

　　玉函山房輯佚書・子編儒家類

法訓　（蜀）譙周撰　（清）嚴可
均輯

　　全晉文卷七十

法訓一卷　（蜀）譙周撰　（清）王
仁俊輯

　　玉函山房輯佚書續編・子編儒家類

　　注：譙周，參《論語譙氏注》。《三國
志》本傳稱周撰《法訓》，《隋》、《唐志》子
部儒家並載爲八卷。馬國翰謂書名《法
訓》乃擬於古之格言，亦如揚雄稱《法
言》之類。《說郛》所載僅十節，不明出
處，實雜採《太平御覽》等而成，其中“男
子幼娶必冠”一節乃誤採譙周《喪服圖》
文。馬國翰據《說郛》增訂，凡補十三
節，採自《齊民要術》、《世說新語》注及
唐、宋類書等。其中篇名可考者唯《齊
交》一篇，其餘無考者統附後。嚴可均
所輯缺“石門於墓”一節，餘與馬同。張
澍採得二十三節，其中“昔燕趙之間”、

“《風俗通》謂雙生者”、“今有挽歌者，高
帝招田橫”三節爲馬所無，而馬採“一產
二子者”、“好學以崇智”二節則爲嚴所
無。按嚴、張皆未採《喪服圖》一節，馬
氏承《說郛》之舊而未刪，未是。王仁俊
從宋本《意林》卷六採得六節，則爲嚴、
馬、張所未及。

周子一卷　（吳）周昭撰　（清）馬
國翰輯

　　玉函山房輯佚書・子編儒家類

周昭　（吳）周昭撰　（清）嚴可均輯

　　全三國文卷七十一

　　注：周昭，字恭遠，潁川人，官至中書
郎，與韋昭等共述《吳書》（《三國志・步
隲傳》）。《隋志》子部儒家云：“梁有《周
子》九卷，吳中書郎周昭撰，亡。”兩《唐
志》不載。馬國翰從《步隲傳》採得論一
篇，從《太平御覽》採得論交之文一節，
又從《白帖》採得一節。嚴可均未採《白
帖》所引，唯別從《御覽》採得論薛瑩等
人一節及《周紹新論》一節，則爲馬所
無。按嚴氏謂“周紹”乃“周昭”之誤，因
知其書名《新論》也。

顧子新言一卷　（吳）顧譚撰
（清）馬國翰輯

　　玉函山房輯佚書・子編儒家類

顧譚　（吳）顧譚撰　（清）嚴可均輯

　　全三國文卷六十七

顧子新言一卷　（吳）顧譚撰
（清）王仁俊輯

　　玉函山房輯佚書續編・子編儒家類

　　注：顧譚，字子默（《意林》作“默造”，
疑誤），吳郡吳人，官至太常平尚書事
（《三國志》本傳）。本傳稱譚著《新言》
二十篇，《隋志》作《新語》十二卷，《舊唐

志》五卷，《新唐志》作《新論》五卷。書代有亡佚，而書名相異又如此，似當依本傳作《新言》爲是，《意林》、《太平御覽》亦引作《新言》。馬國翰從《御覽》採得七節。又本傳載疏一篇，馬氏謂《隋志》不別載顧譚文集，疏當亦在《新言》中，因據以錄出。嚴可均亦採此疏，更從《三國志·吳主傳》採得議一節。按疏、議是否出《新言》未可臆定，至馬氏據本傳稱譚"著《新言》二十篇，其《知難》篇蓋以自悼傷"，遂謂此疏即《知難》之文，並據補篇名，則附會太甚。王仁俊從宋本《意林》卷六採得一節，以補馬缺。

典語一卷　（吳）陸景撰　（清）馬國翰輯

玉函山房輯佚書·子編儒家類

典語一卷　（吳）陸景撰　（清）嚴可均輯

嚴鐵橋輯佚稿　稿本　清勞格校〔上海圖書館〕

適園叢書第五集

全三國文卷七十

典語一卷　（吳）陸景撰　（清）王仁俊輯

玉函山房輯佚書續編·子編儒家類

注：陸景，字士仁，吳郡吳人，大司馬荊州牧抗之子，官至偏將軍、中夏督，著書數十篇（《三國志·陸抗傳》）。《隋志》子部儒家云："梁有《典語》十卷，《典語別》二卷，並吳中夏督陸景撰，亡。"兩《唐志》並作《典訓》十卷。嚴可均所輯較馬國翰爲備，如嚴採《群書治要》所載凡七篇，即爲馬所未及。至二家雜採唐、宋類書等所引，則各得十節，其中馬

缺"清風漂於青雲之上"、"周世以膏腴之沃壤"二節，嚴缺"顯臣以車服"、"里語曰"二節。又《類聚》二十三引《誡盈》一節。馬氏疑亦爲《典語》之文，錄以附末。王仁俊所輯凡二，其一輯則從《治要》錄出，又一輯則從宋本《意林》卷六錄出二節（王氏稿本後一輯置杜恕《體論》後，今併爲一輯著錄），按所採《意林》引二節爲馬、嚴未及採。

通語一卷　（吳）殷基撰　（清）馬國翰輯

玉函山房輯佚書·子編儒家類

殷興〔通語〕　（晉）殷興撰　（清）嚴可均輯

全晉文卷八十一

注：殷基，晉零陵太守禮之子，雲陽人，著《通語》數十篇（《三國志·顧邵傳》及裴注引張隱《文士傳》）。《隋志》子部儒家云："《通語》十卷（疑首脫"梁有"二字），晉尚書左丞殷興撰，亡。"兩《唐志》復載爲《通語》十卷，文禮撰，殷興續。姚振宗謂殷興爲殷基之誤，又據《抱朴子·正郭》載殷禮論郭宗林之文即《通語》之文，知書爲禮所撰，而其子基續成，兩《唐志》所載甚明，唯"文禮"乃"殷禮"之誤。（參姚氏《隋書經籍志考證》）馬國翰從《顧邵傳》裴注、《意林》、《太平御覽》採得八節。嚴可均僅從《御覽》二百六採得一節，爲馬所無，按此節標爲《古今通語》，姚氏以爲應是原書之名。

傅子　（晉）傅玄撰

說郛（商務印書館本）卷六·讀子隨識

傅子一卷　（晉）傅玄撰

四庫全書·子部儒家類

摛藻堂四庫全書薈要·子部

武英殿聚珍版書·子部

子書百家·儒家類

百子全書·儒家類

增訂漢魏叢書(三餘堂本、大通書局石
　印本)·子餘

子書四十八種

傅子　(晉)傅玄撰

　三十六子全書

傅子　(晉)傅玄撰

　續二十五子彙函

傅子一卷補遺一卷　(晉)傅玄撰
　補遺(清)孔廣根輯

　清武英殿活字印聚珍版書本　傅增湘
　　錄清盧文弨校記　〔北京圖書館〕

傅子一卷　(晉)傅玄撰

　清乾隆四十二年浙江重刻武英殿聚珍
　　版書本　清盧文弨校　〔上海圖書
　　館〕

傅子一卷補遺一卷　(晉)傅玄撰

　反約篇

傅子二卷附補遺二卷　(晉)傅玄
　撰　(清)嚴可均輯

　清抄本　清□思儼校　〔上海圖書館〕

　全晉文卷四十七至五十

傅子三卷　(晉)傅玄撰　(清)錢
　熙祚輯

　指海第十七集

傅子二卷　(晉)傅玄撰　(清)錢
　保塘輯

　清風室叢書

傅子四卷　(晉)傅玄撰　(清)傅
　以禮輯

　稿本　清傅以禮校　〔上海圖書館〕

傅子五卷　(晉)傅玄撰　(清)傅以
　禮輯

　傅氏家書

傅子五卷　(晉)傅玄撰　(清)嚴
　可均輯　(清)傅以禮重輯
　(清)孫星華校訂

　武英殿聚珍版書(福建本、廣雅書局
　　本)·子部

　叢書集成初編·哲學類

傅子附傅子校勘記　(晉)傅玄撰
　(清)方濬師輯並撰校勘記

　傅鶉觚集卷一、二、五(清光緒二年
　　刻本)

傅子一卷方本傅子校勘記一卷傅
　子校補一卷　(晉)傅玄撰
　(清)方濬師輯並撰校勘記　張
　鵬一校補

　關隴叢書·北地傅氏遺書

傅子三卷附傅子訂譌一卷　(晉)
　傅玄撰　葉德輝輯並撰訂譌
　觀古堂所著書第二集
　郋園先生全書

傅子一卷　(晉)傅玄撰

　清孫氏玉海樓抄本　清孫詒讓校　〔杭
　　州大學圖書館〕

傅子一卷　(晉)傅玄撰

　清抄本　清陳澧校　〔中山大學圖書
　　館〕

傅子三卷　(晉)傅玄撰

　清抄本　〔浙江圖書館〕

傅子逸文　(清)杜文瀾輯

　曼陀羅華閣叢書·古謠諺卷三十四

傅子一卷　(晉)傅玄撰　(清)王
　仁俊輯

玉函山房輯佚書續編·子編道家類

注：傅玄，字休奕，北地泥陽人，官至司隸校尉，撰論經國九流及三史故事，評斷得失，各爲區别，名爲《傅子》，爲内、外、中篇，凡有四部、六録，合百四十首，數十萬言（《晉書》本傳）。《隋》、《唐志》子部雜家並載《傅子》百二十卷，《宋志》僅五卷。按《玉海》引《中興書目》云："《傅子》五卷，今存二十三篇，餘均缺。"是宋時已無完書。《説郛》僅載一節，未注出處。清四庫館臣從《永樂大典》輯出二十四篇，並從《文選》李善注、《太平御覽》等採得佚文四十八節附後，合爲一卷。嚴可均據《群書治要》校以《永樂大典》本，輯爲二卷。又考《意林》所載《傅子》與楊泉《物理論》相溷，遂加以區分，輯出《傅子》各節，兼採史注、《文選》注及唐、宋類書等所引，成《補遺》二卷。嗣後錢熙祚、錢保塘皆爲採輯，大體未出嚴輯範圍。傅以禮依嚴本編次重輯，擴爲五卷，未及刊行，繼又得見錢保塘本，乃並付之孫星華校訂成書，刊附於殿本（福建本、廣雅書局本）《傅子》一卷之後。按此本據嚴本刪重、正譌，增爲五卷，視諸本爲備。葉德輝所輯三卷，採撫與傅、孫本相當。按兩本雜採諸書，均各得二百餘節，互爲有無者不過十餘節而已，以葉輯爲稍多。又《永樂大典》載《仁論》篇衍入《申鑒》二百五十四字，又所載《鏡總敍》篇實誤採《初學記·鏡部總敍》引《韓非子》文，殿本照録而未删正，清儒相沿無改，至葉氏始正焉。王仁俊所輯僅四十二節，多採自《意林》，然未加考訂，不知《意林》所載溷入《物理論》也。方濬師所輯二卷，前卷即採録《永樂大典》及《群書

治要》所載各篇，並别撰《校勘記》，後卷則爲方氏採撫群書所引，凡百十一節。張鵬一以方輯前卷並《校勘記》合刊爲二卷，又增補方輯後卷，題爲《校補》。按合方、張二家所採，亦未出傅、孫本及葉本之范圍。杜文瀾僅採得一節，爲韻文。

袁子正論二卷 （晉）袁準撰 （清）馬國翰輯

玉函山房輯佚書·子編儒家類

袁子正論一卷 （晉）袁準撰 （清）嚴可均輯

漢魏四家軼存

嚴鐵橋輯佚稿 稿本 清勞格校 〔上海國書館〕

全晉文卷五十四

袁子正論一卷 （晉）袁準撰 （清）王仁俊輯

玉函山房輯佚書續編·子編儒家類

注：袁準，參《喪服傳》。《隋志》子部儒家載《袁子正論》十九卷，袁準撰，注云："梁又有《袁子正書》二十五卷，袁準撰，亡。"兩《唐志》並載《正論》二十卷（《舊唐志》"正"作"政"），不載《正書》。《通典》及唐、宋類書等皆引《正論》，馬國翰、嚴可均皆據以採撫。兩家所採大體相當，唯馬採"論者以爲五行之官"、"唯《周官》有王大封之文"、"堯舜之人"等十節爲嚴所無，嚴採"伏羲畫八卦"、"《書》稱欽哉"、"爲父後猶服嫁母"三節爲馬所無。按馬所多諸節有似非《正論》之文者，如採《北堂書鈔》所引"蒸豚焉臝"等四節，其文皆四字爲句，非論之體。又如所採《三國志》注引《袁子》三節、《通典》引袁準説二節，皆不能定其

爲《正論》抑或《正書》之文。王仁俊僅據宋本《意林》卷六採得一節，爲嚴、馬所未及。

袁子正書一卷　（晉）袁準撰（清）馬國翰輯

玉函山房輯佚書・子編儒家類

袁子正書一卷附袁子一卷　（晉）袁準撰　（清）嚴可均輯

漢魏四家軼存

嚴鐵橋輯佚稿　稿本　清勞格校〔上海圖書館〕

全晉文卷五十五

袁子正書一卷　（晉）袁準撰（清）王仁俊輯

玉函山房輯佚書續編・子編儒家類

注：袁準及《正書》參上條。《正書》梁時有二十五卷，《隋志》已云亡佚，兩《唐志》不載。嚴可均從《群書治要》採得十七篇，爲馬國翰所未及。至二家雜採諸書所引，則馬多“禮者何也”、“申屠剛諫光武”、“輪車即輦”、“山梁氏”、“今有卿相之才”、“春秋鄭莊公封母弟於京”六節，其中有僅稱《袁子》者。按諸書泛稱《袁子》之文，馬氏分別輯入《正論》、《正書》，雖云依文辭義例區分，究難判定也。嚴氏僅從《三國志》注採得《袁子》五節（中唯“袁子曰張子布薦亮於孫權”一節爲馬所缺），皆附於《正書》之後，不與《正論》、《正書》相雜，較爲審慎。王仁俊所輯凡二，其一即採《治要》所載，其一則從宋本《意林》卷六採得二節，爲馬、嚴所未及。

孫氏成敗志一卷　（晉）孫毓撰（清）馬國翰輯

玉函山房輯佚書・子編儒家類

孫氏成敗志一卷　（晉）孫毓撰（清）王仁俊輯

玉函山房輯佚書續編・子編儒家類

注：孫毓，參《毛詩異同評》。《隋志》子部儒家云：“梁有《孫氏成敗志》三卷，孫毓撰，亡。”馬國翰從《意林》採得二節，又採《通典》所引孫毓《五禮駁》二節爲附錄，自謂其論冠服與成人之義有關。按此書名“成敗”者，當指立身與事業之成敗而言，與禮家成人之説似無涉，馬氏牽合之，非是。王仁俊亦採自《意林》，與馬氏誤重。

夏侯子新論一卷　（晉）夏侯湛撰（清）馬國翰輯

玉函山房輯佚書・子編儒家類

新論　（晉）夏侯湛撰　（清）嚴可均輯

全晉文卷六十九

夏侯子新論一卷　（晉）夏侯湛撰（清）王仁俊輯

玉函山房輯佚書續編・子編儒家類

注：夏侯湛字孝若，譙國譙人，官至散騎常侍，著論三十餘篇，別爲一家之言（《晉書》本傳）。《隋》、《唐志》並載夏侯湛《新論》十卷。《太平御覽》引有夏侯湛《新論》，又引有《夏侯子》，馬國翰以爲皆一書之文，據以採得六節，又從《晉書》本傳採得《抵疑》一篇。嚴可均僅從《御覽》採得一節，已見馬輯。按嚴氏以爲《夏侯子》乃魏夏侯玄之作，故馬輯所採《御覽》引《夏侯子》三節，嚴氏《全三國文》採入夏侯玄集中。王仁俊從宋本《意林》卷六採得一節，爲嚴、馬所無。

華氏新論一卷　（晉）華譚撰

（清）馬國翰輯

玉函山房輯佚書·子編儒家類

新論 （晉）華譚撰 （清）嚴可均輯

全晉文七十九

華氏新論一卷 （晉）華譚撰 （清）王仁俊

玉函山房輯佚書續編·子編儒家類

注：華譚，字令思，廣陵人，官至散騎常侍，贈光祿大夫金章紫綬（《晉書》本傳）。《隋志》子部儒家云：“梁有《新論》十卷，晉金紫光祿大夫華譚撰，亡。”兩《唐志》復載十卷。馬國翰從《初學記》、《御覽》各採得佚文一節。又《北堂書鈔》等引《華譚集·尚書二曹論》，馬氏以爲亦《新論》之一篇而後人收入文集中者，因採入，並從《晉書》本傳採其議論三篇。嚴可均僅採《初學記》所引一節。按馬氏所採各論，嚴氏皆別錄入華氏文集，而不視爲《新論》佚文。王仁俊從宋本《意林》卷六採得一節，爲馬、嚴所未及。

去伐論一卷 （晉）袁宏撰 （清）馬國翰輯

玉函山房輯佚書·子編儒家類

去伐論 （晉）袁宏撰 （清）嚴可均輯

全晉文卷五十七

注：袁宏，字彥伯，官至東陽太守，撰《後漢紀》三十卷、《竹林名士傳》三卷及詩賦誄表等雜文凡三百首（《晉書·文苑傳》）。《隋志》子部儒家云：“梁有《去伐論集》三卷，王粲撰，亡。”兩《唐志》復載十卷，亦題王粲撰。按此書鮮有徵引，唯《藝文類聚》二十三引袁宏《去伐論》一節，與《隋》、《唐志》題名異，馬國翰以爲當是粲作《去伐論》，而後賢多有擬議，因一併附入粲書中，故兩《志》均題爲《去伐論集》。馬國翰、嚴可均皆從《類聚》採此一節，依舊題屬之袁宏。

梅子新論一卷 （晉）梅□撰 （清）馬國翰輯

玉函山房輯佚書·子編儒家類

注：《隋志》子部儒家云：“梁有《梅子新論》一卷，亡。”馬國翰據《意林》、《太平御覽》等採得佚文六節。梅氏其人無考，馬氏據其文論及阮籍，以爲梅氏爲晉人。按馬說實本馬總《意林》，然僅以其書論及阮籍，乃定其爲晉人，似未可。

顧子義訓一卷 （晉）顧夷撰 （清）馬國翰輯

玉函山房輯佚書·子編儒家類

義記一卷 （晉）顧夷撰 （清）王仁俊輯

玉函山房輯佚書續編·子編儒家類

注：《隋志》子部儒家云：“梁有《顧子》十卷，晉揚州主簿顧夷撰，亡。”兩《唐志》並載《顧子義訓》十卷，顧夷撰。按顧夷，《晉書》無傳，據《世說新語·文學》注，夷字君齊，吳郡人。馬國翰從唐、宋類書採得佚文十餘節。王仁俊從宋本《意林》卷六採得四節，以補馬缺。按《意林》引作《義記》，王氏謂當是《義訓》之誤。

厲學一卷 （晉）虞溥撰 （清）馬國翰輯

玉函山房輯佚書·補遺·子編儒家類

獎訓學徒誥（一名厲學篇） （晉）虞溥撰 （清）嚴可均輯

全晉文卷七十九

注：虞溥，字允源，高平昌邑人，官至鄱陽内史，在任大修庠序，廣招學徒（《晉書》本傳）。本傳載溥移告屬縣及獎訓諸生語二文，其語文亦見引於《太平御覽》，而題爲《厲學》。馬國翰即從本傳採其語文，依《御覽》題爲《厲學》，並採其移告屬縣之文附益之。嚴可均袛採語文一篇。按此篇本爲語文，固無《厲學》之名，而史志亦不著録此篇也。疑《御覽》之題乃引者所加，不爾則後人以其語寓意勸學，遂傳而頌之，並題之爲《厲學》歟？

兵　書　類

黄帝問玄女兵法一卷　（清）洪頤煊輯
　問經堂叢書・經典集林
　經典集林
黄帝問玄女兵法　（清）嚴可均輯
　全上古三代文卷十六

注：《隋志》兵家載《黄帝問玄女兵法》四卷，注云：“梁三卷。”嚴可均謂五行家依托爲之。按此書僞托無疑，然虞世南《北堂書鈔》已引之，又載於《隋志》，則是隋、唐以前之書。洪頤煊、嚴可均皆從唐、宋類書等採得十二節，文無異。

六韜逸文　（清）孫志祖輯
　讀書脞録續編卷三（嘉慶七年刻本、民國二十年中國書店影印本）
六韜逸文　（清）孫同元輯
　平津館叢書・六韜附
　長恩書室叢書乙集・六韜附
　半畝園叢書・兵法彙編・六韜附
　兵書七種・六韜附
六韜一卷　（清）黄奭輯
　漢學堂叢書・子史鉤沈・子部兵家類
　黄氏逸書考・子史鉤沈
六韜〔佚文〕　（清）嚴可均輯
　全上古三代文卷六
太公六韜逸文　（清）顧觀光輯
　武陵山人遺稿・古書逸文
六韜佚文一卷　（清）王仁俊輯
　經籍佚文

注：嚴可均、孫同元均從《群書治要》、《意林》、《通典》及唐、宋類書等採摭佚文，有篇名者列前，無篇名者總附於後。大抵孫採稍多於嚴氏，嚴輯僅“辯言巧辭”、“欲伐大國”、“武王問太公曰夫貧富亦有命乎”三節爲孫所無。按嚴氏每將諸書所引散文零句省併重複，連綴成文，雖通暢可誦，然不可必謂復本書原貌，不如孫輯一一條録之以存其舊爲宜。孫輯約多嚴氏十餘節，其中自“又覆軍誡法曰”云云以下七節皆採自《通典》。今核此七節之文，第六節爲《周書陰符》文，嚴氏別輯爲《太公陰符》。第三、五、七節與今本文字雷同，似非佚文。其餘三節則嚴氏採入《太公兵法》中。按《通典》所引多泛稱“太公曰”，嚴氏分屬《兵法》、《六韜》二輯。孫

志祖、王仁俊僅採《意林》,唯王氏又從郝懿行《六韜逸文跋》(《曬書堂文集》卷四)轉錄《藝文類聚》三十五所引一節,按此節亦見嚴輯。黃奭全襲孫同元本。顧觀光採得十餘節,乃補孫同元輯本之缺。如孫輯《大明篇》僅採《御覽》而不及《路史》注、《通鑑外紀》,又如"太公對文王曰:禮儀者,治國之粉澤也"一節孫僅採自《初學記》而不及《北堂書鈔》,凡此之類顧氏皆採以補人。按所補之文有稱《周書》者,顧氏核其文知即《六韜》也。

太公金匱一卷　（周）呂望撰

（清）洪頤煊輯

問經堂叢書·經典集林

經典集林

金匱　（周）呂望撰　（清）嚴可均輯

全上古三代文卷七

太公金匱　（清）顧觀光輯

武陵山人遺稿·古書逸文

注:呂望,姜姓,呂氏,名望,文王立爲師。佐武王滅殷,號太公(《孟子·離婁》)。望封於齊,爲齊始祖(《史記·齊世家》)。《隋》、《唐志》並載《太公金匱》二卷。《文選·王文憲集序》注引劉向《別錄》云:"《太公金版玉匱》雖近世之文,然多善者。"然則《金匱》即《金版玉匱》之省稱,書乃出後人依托。《意林》、《文選》李善注、《後漢書》注、《開元占經》及唐、宋類書等皆引之,洪頤煊據以採得三十五節,嚴可均同,並從《開元占經》增補四節。按其中二節稱《尚書金匱》,嚴氏以爲即本書。顧觀光所輯與洪氏大體相當,中有數節互爲有無。洪

採"三苗時有日鬭"、"紂咠以六月獵於西土"、"武王伐紂至於鳳凰坡"三節爲顧所無,顧採"良弓非檠不張"、"桀怒湯"(此節未注出處)、"河伯姓馮"、"吾聞道自微而生"四節爲洪所無。又顧採"《七略》云"云云一節,非《太公金匱》本文。

太公兵法逸文一卷　（周）呂望撰

（清）汪宗沂輯

汪仲伊所著書

漸西村舍彙刊·汪氏兵學三書

〔太公〕兵法　（周）呂望撰　（清）嚴可均輯

全上古三代文卷七

太公兵法　（周）呂望撰　（清）顧觀光輯

武陵山人遺稿·古書逸文

注:呂望,參前條。《漢志》道家載《太公》二百三十七篇,《謀》八十一篇,《言》七十一篇,《兵》八十五篇(按錢大昭《漢書辨疑》謂《謀》、《言》、《兵》乃就二百三十七篇析言之,《太公》其總名)注云:"或有近世又以爲太公術者所增加也。"按此等書大抵依托爲之。《隋志》兵家載《太公兵法》二卷,注云:"梁六卷。"又載《太公兵法》六卷,注云:"梁有《太公雜兵書》六卷。"按《隋志》所載疑有訛誤,姚振宗《隋書經籍志考證》謂所載《兵法》六卷即《雜兵書六卷》,另爲一書。今按《隋志》凡云"梁有"者,皆已亡之書,則《志》文不當列《雜兵書》六卷,姚説未必是。疑注當云"梁又有《太公雜兵書》六卷",其正文"太公兵法六卷"乃衍文也。嚴可均從《五行大義》、《通典》、《開元占經》、《太平御覽》等採

得《兵法》佚文二十餘節。按《通典》所引但稱"太公曰"，參《六韜逸文》。顧觀光所輯略少，如嚴採《開元占經》所引諸節皆顧所未採，唯亦有出嚴氏之外者，如採《御覽》、《北堂書鈔》等引"張軍處將，必避七舍七殃"、"武王曰休息士衆皆有處乎"、"諸出軍行將屯守"等五節即爲嚴所未採。汪宗沂所輯頗濫雜，舉凡《逸周書》、《説苑》、《大戴禮》、《左傳》、《史記》、《漢書》、《通典》、今本《六韜》及唐、宋類書等所載談兵之文，不論其爲《兵法》、《六韜》、《金匱》、《陰謀》、《周書》、《兵書》、《軍志》，皆視爲《太公兵法》，擇而錄之。又以《史記》載黃石公授張良《太公兵法》事，更將諸書所引《黃石公記》採入，亦太附會。

陰謀　（周）呂望撰　（清）嚴可均輯

全上古三代文卷七

太公陰謀　（周）呂望撰　（清）顧觀光輯

武陵山人遺稿·古書逸文

注：呂望，參《太公金匱》。《漢志》載《太公》二百三十七篇，中有《謀》八十一篇。《隋志》載《太公陰謀》一卷，注云："梁六卷。梁又有《太公陰謀》三卷，魏武帝解。"兩《唐志》並三卷。《羣書治要》載文四節，嚴可均據以錄存。嚴氏又從《續漢書·百官志五》（嚴本原注誤爲《郡國志五》）劉劭注採得一節，按此節爲《太公陰符》文（參下條），嚴氏誤採。顧觀光亦採《治要》所載四節，又從《太平御覽》、《文選》李善注、《後漢書》注等採得六節，則爲嚴所無。

陰符　（周）呂望撰　（清）嚴可

均輯

全上古三代文卷七

太公陰符　（周）呂望撰　（清）顧觀光輯

武陵山人遺稿·古書逸文

注：呂望，參《太公金匱》。《隋志》、《新唐志》子部兵家並載《周書陰符》九卷。嚴可均謂《戰國策》言蘇秦得《太公陰符》，《史記》作《周書陰符》，是爲一書。《通典》、《五行大義》及唐、宋類書引《周書陰符》，嚴可均據以採得十二節。按中有但稱《周書》者，嚴氏驗其文知即《周書陰符》。又《續漢書·百官志五》注引《太公陰符》一節，嚴氏誤輯入《太公陰謀》中。顧觀光僅採得六節，中一節即採自《百官志》注，餘五節則採自《文選》李善注及《初學記》，多不見於嚴輯。

太公伏符陰謀　（周）呂望撰　（清）顧觀光輯

武陵山人遺稿·古書逸文

注：《初學記》、《太平御覽》引有《太公伏符陰謀》，顧觀光採得四節。按《隋志》子部兵家載《太公伏符陰陽謀》一卷，顧氏謂"陽"字疑衍。餘參《太公金匱》。

陰祕　（周）呂望撰　（清）嚴可均輯

全上古三代文卷七

決事占　（周）呂望撰　（清）嚴可均輯

全上古三代文卷七

注：《開元占經》引《太公陰祕》五節，《太公決事占》一節，嚴可均據以錄存。史志均不載。

〔孫子兵法〕佚文　（清）畢以珣輯

岱南閣叢書·孫子十家註·敍録

二十二子·孫子十家註·敍録

二十五子彙函·孫子十家註·敍録

子書二十二種·孫子十家註·敍録

子書四十八種·孫子十家註·敍録

袖珍古書讀本·孫子十家註·敍録

諸子集成·孫子十家注·敍録

四部備要·子部周秦諸子·孫子十家
註·敍録

叢書集成初編·孫子敍録

孫子脱句 （清）孫志祖輯

讀書脞録卷四（清嘉慶四年刻本、光緒
十三年醉六堂刻本、張氏聚珍版叢
書本）

〔孫子〕兵法〔佚文〕 （清）嚴可
均輯

全上古三代文卷五

孫武子逸文 （清）顧觀光輯

武陵山人遺稿·古書逸文

孫子佚文一卷 （清）王仁俊輯

經籍佚文

注：《漢志》載《孫子兵法》八十五篇。
今本僅十三篇，與《史記》孫武本傳所言
同。張守節《正義》引《七録》載《孫子兵
法》三卷，謂十三篇爲上卷，又有中、下
兩卷。今諸書引十三篇以外之文，多爲
孫武答吳王闔閭之問，畢以珣《孫子敍
録》謂武作十三篇以干闔閭，既見，相與
問答，武又定著爲若干篇，皆在《漢志》
八十五篇之中。按《漢志》所載未必爲
武自編定，溢出十三篇以外諸篇或是後
人所補入。畢氏據《潛夫論》、《文選》李
善注、《通典》、何延錫《孫子注》（在《十
家注》中）、《太平御覽》等採得二十四節
佚文。又《北堂書鈔》引三節，畢以其文

有疑，録以附後。嚴可均採得二十三
節，皆見於畢輯，似即轉録畢本。唯畢
引《通典》、《御覽》皆不注卷帙，嚴氏悉
注明。顧觀光採自《通典》者略少於畢
輯，然據《初學記》、《御覽》採得“吳孫子
三十二壘”、“井炊之蛙”、“擊電無餘
光”、“何世之無才”、“北方有獸”等九節
爲畢所無。王仁俊全録畢輯，別從《御
覽》採得一節。又《文選·鷦鷯賦》注引
《行軍篇》文一節，文字多於今本，孫志
祖以爲是今本之脱句，據以録存。按銀
雀山漢墓竹簡《孫子》有《吳問》、《見吳
王》、《四變》、《黃帝伐赤帝》、《地形二》、
《程兵》諸佚篇，當亦在《漢志》所載八十
五篇之内。

〔司馬法〕逸文一卷 （清）張澍輯

二酉堂叢書·司馬法附

司馬法逸文一卷 （清）錢熙祚輯

指海第七集

司馬法〔佚文〕 （清）丁晏輯

佚禮扶微·補遺（手稿本）〔北京圖書
館、上海圖書館〕

南菁書院叢書·佚禮扶微卷五

司馬兵法一卷 （清）王仁俊輯

玉函山房輯佚書續編·子編兵家類

司馬法佚文一卷 （清）王仁俊輯

經籍佚文

逸司馬法輯本 （清）汪宗沂輯

汪仲伊所著書

注：張澍、錢熙祚皆從《周禮》鄭玄
注、《孫子十家注》、史注及唐、宋類書等
採摭。張輯多於錢十餘節，錢輯唯“登
車不式”一節爲張所無。按張採杜牧
《孫子注》引“一車甲士三人”云云一節，
自“舉十萬之衆”以下，當是杜牧語，錢

不錄下文，是也。又採《周禮·鄉師》鄭玄注引"夏后氏謂輦曰余車"一節，自"說者以爲"云云以下，當是鄭引或說，非本書之文，錢亦不錄。丁晏所採，如《漢書》注引三節，《左傳》杜預注引"逐奔不遠"一節，《周禮》鄭注引"得意則愷樂愷歌"、"弓矢圍（按應作圉，通禦）"二節，《説文》引"有虞氏慨于中國"一節，皆諸家所未採，驗之乃今本《仁本》、《天子之義》、《定爵》三篇之文。其餘諸節未出張輯之外。王仁俊所輯《司馬法佚文》，乃從孫同元《司馬法考徵》錄出八節，又自採二節。中有五節爲張、錢所無，乃從《群書治要》、宋本《意林》卷六、《羣書考索》等錄出。按《意林》卷六所引，核之今本，實見於《仁本》、《天子之義》二篇，《意林》特約舉其文耳。又王氏所輯《司馬兵法》僅有一節，即錄自《意林》卷六者。

水戰法　（周）伍員撰　（清）嚴可均輯

全上古三代文卷五

注：伍員，即伍子胥，楚人。楚平王殺其父兄，員亡奔吳，與孫武共佐吳王夫差伐楚，入楚都，事見《史記》本傳。《漢志》兵家載《五子胥》十篇，《圖》一卷（五、伍古通）。《隋志》子部五行家載《遯甲決》、《遯甲文》、《遯甲孤虛記》各一卷，均題伍子胥撰。兩《唐志》並載《伍子胥兵法》一卷。按此等書疑皆出後人依托。嚴可均從《文選》李善注、《太平御覽》採得伍子胥《水戰法》三節。按《水戰法》當爲《兵法》之一篇。

黃石公記　（漢）黃石公撰　（清）王仁俊輯

玉函山房輯佚書續編·子編兵家類

注：黃石公即授張良兵書之下邳老人，見《史記·留侯世家》。《隋志》子部兵家載《黃石公内記敵法》、《三略》、《兵書》等數種，又云："梁又有《黃石公記》三卷。"按下邳老人事本屬傳聞無稽，諸書皆兵兵家者流依托爲之。王仁俊僅從宋本《意林》卷六採得《黃石公記》一節。姚振宗《隋書經籍志考證》謂《初學記》卷一引《黃石公記》一節，《開元占經》引作《黃石公三略》，又《文選》李善注引《黃石公記序》亦有"上略"、"中略"、"下略"之語，是《記》即《三略》也。按姚説近是。又《初學記》卷二十六亦引《黃石公記》一節，王氏亦失採。

三略一卷　（漢）黃石公撰　（清）王仁俊輯

玉函山房輯佚書續編·子編兵家類

注：黃石公，參前條。《隋志》子部兵家載《黃石公三略》三卷，成氏注。兩《唐志》、《宋志》並同。按此書亦後人依托爲之。今本三卷，《四庫全書簡明目錄》以爲宋以前舊本。按《羣書治要》、《初學記》等引《三略》有見於今本者，則唐初人已引之，似今本仍是六朝以前之舊也。王仁俊從《後漢書》注、《北堂書鈔》各採得佚文一節，又全錄《治要》所載。按《治要》所載實約舉今本之文，王氏失檢，誤作佚文輯入。又按姚振宗以爲《黃石公記》亦即《三略》，參上條。

兵法　（漢）曹操撰　（清）嚴可均輯

全三國文卷三

兵書要略　（漢）曹操撰　（清）嚴可均輯

全三國文卷三

兵書接要一卷 （漢）曹操撰
（清）王仁俊輯

玉函山房輯佚書·子編兵家類

注：曹操，字孟德，沛國譙縣人，獻帝以爲丞相，封爲魏公，子丕建魏國，追封操爲武帝（《三國志》本紀）。本紀裴松之注引孫盛《異同雜語》，謂操鈔集諸家兵法，名曰《接要》。《隋志》子部兵家載魏武帝《兵書接要》十卷，兩《唐志》並七卷。《新唐志》題作《兵書捷要》，或以爲應作"節要"，參姚振宗《三國藝文志》。按接要者，擷其精華之義，説詳周一良《魏晉南北朝札記》。《隋志》又載魏武帝《兵書要略》九卷、《兵法》一卷。今皆佚。嚴可均從《開元占經》四十五採得《兵法》一節，又從《太平御覽》三百五十七採得《兵書要略》一節。王仁俊從《御覽》八及十一採得《兵書接要》三節。按《御覽》十一別引《接要》一節，王氏失採。又《兵書要略》似即《兵書接要》。

兵法 （蜀）諸葛亮撰 （清）張澍輯

諸葛忠武侯文集卷二（清嘉慶十七年刻本、民國七年江左書林石印本）

兵法 （蜀）諸葛亮撰 （清）嚴可均輯

全三國文卷五十九

兵要 （蜀）諸葛亮撰 （清）張澍輯

諸葛忠武侯文集卷二（清嘉慶十七年刻本、民國七年江左書林石印本）

兵要 （蜀）諸葛亮撰 （清）嚴可均輯

全三國文卷五十九

兵要一卷 （蜀）諸葛亮撰 （清）

王仁俊輯

玉函山房輯佚書續編·子編兵家類

注：諸葛亮，字孔明，琅邪陽都人，佐劉備建蜀國，爲丞相，事具《三國志》傳。陳壽《進諸葛亮集表》載亮《集》目錄，有《兵要》一篇。《隋志》云："梁有諸葛亮《兵法》五卷。"侯康《補三國藝志》以爲《兵要》、《兵法》蓋一書而異名。按《太平御覽》兼引《兵法》、《兵要》，似非一書異名。姚振宗以爲《兵要》當係《兵法》之一篇（《三國藝文志》）。嚴可均從《通典》、《御覽》採得《兵法》二節。張澍從《玉海》採得一節，又從《御覽》採得《兵法祕訣》一節，按此節未標撰者姓名，未詳果爲武侯書與否。《書鈔》、《御覽》又引《兵要》，嚴採得七節，張採得九節。按嚴採《御覽》引"凡軍行營壘"一節爲張所無，張採《書鈔》引"督將已下"一節及《性理》引一節爲嚴所無。王仁俊僅從《御覽》採得一節，已見張、嚴二輯。

武侯八陣兵法輯略一卷 （清）汪宗沂輯

汪宗沂所著書

漸西村舍彙刊·汪氏兵學三書

叢書集成初編·社會科學類

注：《三國志·諸葛亮傳》稱亮推演兵法，作《八陳圖》（陳，古陣字）。《通志·藝文略》、《宋志》並載《武侯八陳圖》一卷。按此書《隋》、《唐志》不載，亡佚已久。宋人所載當出後人依托。汪宗沂是輯濫雜不可信。其採《水經注》、《荆州記》、《晉書·桓温傳》、杜牧《孫子注》等，雖皆後人述《八陣圖》之法，然猶可存參。至採晉、唐人論兵陣之文，以爲皆本於亮之《八陣圖》，亦太附會。

《自序》云"其皆出於武侯所推演歟？余不得而知之也"，則亦不能自信矣。

兵法　（宋）劉裕撰　（清）嚴可均輯

全宋文卷一

注：劉裕，字德輿，彭城人，元熙二年廢晉帝，建宋國，是爲武帝，見《宋書》、《南史》本紀。《隋志》載《皇帝兵法》一篇，注云："宋武帝所傳神人書。"按《通志》載作《黃帝兵法》，近是，蓋即所謂神人書也。姚振宗《隋書經籍志考證》疑即《黃石公三略》，無據。《新唐志》載作宋高祖《兵法要略》二卷。《開元占經》引宋武帝《兵法》一節，嚴可均據以錄存。

農　家　類

尹都尉書一卷　（漢）尹□撰　（清）馬國翰輯

玉函山房輯佚書·子編農家類

農學叢書·古農書輯佚

注：《漢志》農家載《尹都尉》十四篇，注云："不知何世。"馬國翰謂都尉爲尹氏官號，其人名字里居無考，《氾勝之書》（馬氏有輯本）稱尹澤取減法神農，其人疑即尹都尉。《太平御覽》引劉向《別錄》，稱《尹都尉》有種瓜、芥、葵、蓼、䪥、葱諸篇，馬氏謂《齊民要術》備載其法，據以輯出六篇。

蔡癸書一卷　（漢）蔡癸撰　（清）馬國翰輯

玉函山房輯佚書·子編農家類

農學叢書·古農書輯佚

注：《漢志》農家載《蔡癸》一篇，注云："宣帝時，以言便宜，至弘農太守。"顏師古注引劉向《別錄》云："邯鄲人。"《漢書·食貨志》云："五鳳中，蔡癸以好農，使勸郡國，至大官。"《隋》、《唐志》均不載此書，則佚散已久。《齊民要術》載崔寔《政論》，述趙過教民耕種之法，與《太平御覽》引宣帝使蔡癸教民耕植之文正同。馬氏以爲癸書蓋述趙過之法，而崔氏《政論》所載乃從癸書引之，因據《政論》錄出，並採《食貨志》所載趙過代田之法爲附錄。

氾勝之書二卷　（漢）氾勝之撰　（清）洪頤煊輯

問經堂叢書·經典集林

經典集林

漢氾勝之遺書一卷　（漢）氾勝之撰　（清）宋葆淳輯

昭代叢書（道光本）癸集萃編

鄦齋叢書

氾勝之遺書一卷

蓮池四種·區種五種

氾勝之書二卷　（漢）氾勝之撰　（清）馬國翰輯

玉函山房輯佚書·子編農家類

農學叢書·古農書輯佚

氾勝之書　（漢）氾勝之撰　（清）杜文瀾輯

曼陀羅華閣叢書·古謠諺卷三十七

氾勝之書 （漢）氾勝之撰 （清）顧觀光輯

武陵山人遺稿·古書逸文

氾勝之書一卷 （漢）氾勝之撰 （清）王仁俊輯

經籍佚文

注：《漢志》農家載《氾勝之》十八篇，注云："成帝時爲議郎。"顏師古注引劉向《別錄》云："使教田三輔，有好田者師之，徙爲御史。"《晉書·食貨志》云："漢遣輕車使者氾勝之督三輔種麥，而關中遂穰。"《廣韻》二十九《凡》云："氾，又姓，出敦煌、濟北二望。漢有氾勝之，撰書言種植之事，子輯，爲敦煌太守，子孫因家焉。"《通志·氏族略》則云："漢有氾勝之，爲黃門侍郎，撰《農書》十二篇。"按諸說述勝之官職不一，蓋初爲議郎，徙爲御史，累官至黃門侍郎歟？《隋》、《唐志》並載《氾勝之書》二卷。今佚，唯散見於《齊民要術》，而唐、宋類書及《文選》李善注亦引之。馬國翰據《齊民要術》採摭，以類歸爲十六篇，並據諸書所引校其文字，又雜採諸書得數節，合爲雜篇附後。洪頤煊採自《要術》者與馬輯相當。按"稗既堪水"一節，自"酒甚美"以下《要術》原作注文，洪氏據《爾雅翼》所引訂爲正文。又"驗其美田至十九石"一節，馬輯文多於洪輯。至二家雜採他書者，則洪輯"取雪汁漬原蠶矢"（此節馬氏已於注中引之）、"秫稻、林稻"、"種土不可厚"、"一年大豆有千萬粒"四節爲馬所無，馬輯"吳王濞開茱萸溝"、"農事惰"二節爲洪所無。顧觀光所採與洪輯大體相當，文字間亦互

有詳略。宋葆淳僅録《要術》所載，唯末附《文選》注所引一節而已。按宋輯漫無編次，大抵僅"蕎麥"一節未見洪、馬二輯，其餘不出二家之外。杜文瀾從輯録出二節，又採《爾雅翼》引一節，皆韻文。王仁俊僅採《爾雅翼》引一節。

家政法一卷 （清）馬國翰輯

玉函山房輯佚書·子編農家類

農學叢書·古農書輯佚

注：《齊民要術》引《家政法》，不名撰者，諸志亦不載，馬國翰採得十節。

〔齊民〕要術佚文一卷 （清）王仁俊輯

經籍佚文

注：王仁俊從《漫叟詩話》採得佚文一節。

蠶經一卷 （漢）劉安撰 （清）王仁俊輯

玉函山房輯佚書續編·子編藝術類

注：王仁俊從《路史·後紀》五採得《蠶經》一節，僅"西陵氏勸화嫁"一句。按兩《唐志》子部農家並載《蠶經》一卷，不著撰人，《宋志》一卷則題淮南王，當出依托。

相馬經 （清）郝懿行輯

郝氏遺書·曬書堂筆記卷下

相馬經一卷

玉函山房輯佚書續編·子編藝術類

伯樂相馬經 （清）顧觀光輯

武陵山人遺稿·古書逸文

相馬經一卷 陶棟輯

輯佚叢刊

注：《漢志》形法家載《相六畜》三十八卷。楊樹達謂《三國志·夏侯泰初傳》注云"漢世有《鷹經》、《牛經》、《馬

經》",正相六畜一類書(《漢書窺管》)。按楊説是,《漢志》所載蓋總稱。《隋志》子部五行家載《相馬經》一卷,又謂梁有《伯樂相馬經》二卷,亡。《舊唐志》載《相馬經》六十卷,諸葛穎等撰。《新唐志》載《伯樂相馬經》一卷,徐成等《相馬經》二卷,《相馬經》三卷,又六十卷。按六十卷者,蓋彙諸家經爲一書也。至題名伯樂,顯爲依托。郝懿行從《初學記》、《藝文類聚》各採得一節,從《文選》李善注、《御覽》各採得三節。(王仁俊《玉函山房輯佚書續編》即轉録郝輯。)顧觀光所採略多於郝氏,如採《文選》注即較郝輯爲多。陶棟僅採《文選》注所引。又《後漢書·馬援傳》載援相銅馬法,諸家皆附輯。

相牛經一卷　（周）甯戚撰

百川學海(重輯本)癸集

水邊林下

説郛(宛委山堂本)弓一百七

五朝小説·魏晉小説藝術家

五朝小説大觀·魏晉小説藝術家

相牛經　（周）甯戚撰　（清）郝懿行輯

郝氏遺書·曬書堂筆記卷下

相牛經一卷

玉函山房輯佚書續編·子部藝術類

甯戚相牛經　（清）顧觀光輯

武陵山人遺稿·古書佚文

注：漢有《相牛經》,參前條。《隋志》五行家云:"梁有齊大夫甯戚《相牛經》、王良《相牛經》、高堂隆《相牛經》各二卷,亡。"兩《唐志》並載甯戚《相牛經》一卷。《世説新語·汰侈》注引《相牛經》云:"《牛經》出甯戚,傳百里溪。漢世河

西薛公得其書,以相牛,百不一失。至魏世,高堂生又傳以與晉宣帝,其後王愷得其書焉。"姚振宗《隋書經籍志考證》以爲此蓋《牛經》序文。按此皆出後人依托,當非真有其事。郝懿行從《初學記》、《太平御覽》各採得一節。按其文有注,傳爲薛公所注,見《郡齋讀書志》。顧觀光所輯與郝輯略同,唯從《御覽》採治牛蝨一節不見郝輯。按此節似與相牛無關。《百川學海》本等所載未有出郝輯之外,蓋明人所見亦不能出類書所引也。

養羊法一卷　（漢）卜式撰　（清）馬國翰輯

注：卜式,河南人,以田畜爲事。畜羊百頭,入山牧羊十餘年,羊至千頭。武帝時,拜爲郎中(《漢書》本傳)。《隋志》云:"梁有卜式《養羊法》、《養豬法》各一卷,亡。"馬國翰謂史稱卜式不習文章,未必能著書,疑出依托。按此等書多爲後人依托,如相馬托之伯樂,相牛托之甯戚、王良,皆其比也。《齊民要術·養羊篇》引卜式説,馬氏據以録出一篇。

養魚經一卷　（周）范蠡撰

説郛(宛委山堂本)弓一百七

古今説部叢書一集

養魚經

説郛(商務印書館本)卷十五

養魚經一卷　（周）范蠡撰　（清）馬國翰輯

玉函山房輯佚書·子編農家類

農學叢書·古農書輯佚

陶朱公養魚經　（周）范蠡撰　（清）顧觀光輯

武陵山人遺稿·古書逸文

注：《隋志》子部農家云："梁有陶朱公《養魚法》一卷，亡。"兩《唐志》、《宋志》並作《養魚經》一卷。按范蠡佐越王句踐滅吳，乘扁舟浮於江湖，之陶，爲朱公，事見《史記·越世家》。此書蓋亦托名爲之。《説郛》載一節，實取之《齊民要術》，唯於首增"朱公居陶，齊"五字，而《要術》引陶朱公作魚池法則未載。馬國翰即採《要術》所引之二節，顧觀光缺採一節。

相貝經一卷　（漢）朱仲撰

説郛（宛委山堂本）弓九十七

五朝小説·魏晉小説藝術類

五朝小説大觀·魏晉小説藝術類

古今説部叢書二集

相貝經

説郛（商務印書館本）卷十五

朱仲相貝經　（漢）朱仲撰　（清）顧觀光輯

武陵山人遺稿·古書逸文

相貝經一卷　（漢）嚴助撰　（清）王仁俊輯

玉函山房輯佚書續編·子編藝術類

相貝經一卷　（漢）朱仲撰

惜寸陰軒叢鈔·土集　清抄本　清管庭芬校　〔上海圖書館〕

注：《隋志》子部五行家云："梁有《相貝經》二卷，亡。"兩《唐志》復載爲一卷，均不題撰人。《藝文類聚》八十四引《相貝經》一篇，首有序云："《相貝經》，朱仲受之於琴高。嚴助爲會稽太守，仲又出，遺助以徑尺之貝，並致此文於助。"姚振宗《隋書經籍志考證》云："琴高趙人，朱仲會稽人，並漢初時人，見《列仙傳》。"又楊慎《丹鉛總録》謂讀《初學記》始知《相貝經》爲嚴助撰。按《初學記》二十四引嚴助《相貝經》，其文有云"堯懸貝殻於塇宫"，或慎所見本作《相貝經》邪？然此書必後人依托爲之，不足考也。《説郛》所載及顧觀光所輯即見於《類聚》八十四所載者，文字大同小異而已。王仁俊從《太平御覽》八百七採出，其文亦與《類聚》同，並依楊慎説題爲嚴助撰。

相鶴經一卷　（□）浮丘公撰

百川學海（重輯本）

夷門廣牘·禽獸

水邊林下

説郛（宛委山堂本）弓一百七

五朝小説·魏晉小説藝術家

五朝小説大觀·魏晉小説藝術家

景印元明善本叢書·夷門廣牘·禽獸

相鶴經

説郛（商務印書館本）卷十五

相鶴經　（清）郝懿行輯

郝氏遺書·曬書亭筆記卷下

八公相鶴經一卷　（漢）淮南八公撰　（清）郝懿行輯　（清）王仁俊補

玉函山房輯佚書續編·子編藝術類

淮南八公相鶴經　（漢）淮南八公撰　（清）顧觀光輯

武陵山人遺稿·古書逸文

相鶴經一卷　（□）浮丘公撰　陶棟輯

輯佚叢刊

相鶴經一卷

惜寸陰軒叢鈔·土集　清抄本　清管庭芬校　〔上海圖書館〕

注：《隋志》子部五行家云："梁有《八公相鵠經》（鵠，古鶴字）、《浮邱公相鶴書》各二卷，亡。"按八公即淮南王所養士蘇非、李尚諸人，見《史記淮南王列傳索隱》。浮丘公，見劉向《列仙傳》。《文選·舞鶴賦》李善注引《相鶴經》，略云《經》出自浮丘公，後爲淮南八公所得。姚振宗據此以爲《八公相鵠經》與《浮邱公相鶴書》爲一書（《隋書經籍志考證》）。按此等書多出依托，浮丘公也，

八公也，皆後人托其名，然則或實有兩書亦未可知。郝懿行從《文選·舞鶴賦》注、《初學記》、《北户録》採得佚文七節，顧觀光所輯大體不出其外。宛委山堂本《説郛》與商務本所載詳略互見，驗之郝輯，文多雷同，知即雜採諸書而成。王仁俊轉録郝輯，又從《稽瑞》採得一節（王氏原分爲二輯，今併而録之。）陶棟僅採《文選》注所引，不涉他書，凡得十一節。

醫　家　類

素問佚文一卷　（清）王仁俊輯

經籍佚文

注：王仁俊從《宋史·天文志》採得佚文一節。按其文引作《黄帝素書》，王氏以爲即《素問》別名。

神農本草經三卷　（清）孫星衍、孫馮翼輯

問經堂叢書

叢書集成初編·應用科學類

中國醫學大成第二集

本草經三卷

周氏醫學叢書初集

四部備要·子部醫家

神農本草經三卷　（清）黄奭輯

漢學堂叢書·子史鉤沈·子部醫家類

黄氏逸書考·子史鉤沈

神農本草經三卷　（清）姜國伊輯

守中正齋叢書

神農本草經四卷　（清）顧觀光輯

武陵山人遺書·古書佚文

神農本草一卷　（清）王仁俊輯

玉函山房輯佚書續編·子編醫家類

注：《隋志》子部醫家載《神農本草》八卷，注云："梁五卷。"兩《唐志》並三卷。孫星衍《漢志》經方家載《神農黄帝食禁》七卷，《周禮·醫師》賈公彦疏引"食禁"作"食藥"，即《隋志》之《神農本草》。按《食禁》別爲一書，《周禮疏》引作《食藥》誤，參姚振宗《隋書經籍志考證》。然《漢書·平帝紀》、《樓護傳》已載《本草》，是漢時已有此書。《太平御覽》七二一引《帝王世紀》，謂神農氏嘗味百草，宣藥療疾，著《本草》四卷。按此書出依托無疑，書中述藥物産地，所載郡名多出漢時，是書出漢人之手也。孫星衍等以爲郡名爲後人衍入，非是。原書載藥三百六十種，梁陶弘景《名醫別録》又增入三百六十種，爲之注解，成書七卷。自唐以降，重修續增，原

書編次已失舊觀。（以上參宋開寶《重訂本草》序及孫星衍輯本序）。宋唐慎微撰《類證本草》三十卷，《本草》舊本與後增者以白黑字區別之，孫星衍、孫馮翼即據以輯出舊本，依舊本上中下三品分爲三卷，並輯附吳普等唐以前人舊注。按吳普爲華陀弟子，見《後漢書·華陀傳》，其說《本草》，《隋志》謂梁有六卷，今佚，唐、宋類書引之。孫本又附佚文十二節（今核中有一節重出），採自《抱朴子》、《博物志》及類書。按舊本經歷代醫家編録，藥名遞有增删，故孫所輯藥名亦不能盡與原數合。顧觀光依《本草綱目》所載本書篇目爲之重編，間據唐、宋類書及《本草類證》校訂文字，其書重在考訂《本草》正文及原編次弟，故不輯附唐以前舊注。顧氏亦輯有佚文十三節，其中採《水經注》、原本《北堂書鈔》、《初學記》各一節，爲孫輯所無，孫輯採《太平御覽》引"黄金與尤鉺之却粒"一節則爲顧所無。王仁俊僅從宋本《意林》卷六採得一節，其文與顧採一節同。黄奭全襲孫輯。

淮南枕中記一卷　（漢）劉安撰
（清）王仁俊輯
玉函山房輯佚書續編·子編藝術類

注：《歲時廣記》卷三十六引有《淮南枕中記》一節，王仁俊據以輯出。按諸志不載此書。兩《唐志》子部醫家載諸葛潁《淮南王食經》一百二十卷，《隋志》載爲一百六十五卷，不著撰人，注云：

"大業中撰。"《歲時廣記》所引一節乃述服食枸杞之法，或即《食經》之佚文歟？

藥録一卷　（晉）李當之撰
説郛（宛委山堂本）弓一百六

晉李當之藥録一卷　（晉）李當之撰
（清）黃奭輯
漢學堂知足齋叢書·子史鉤沈　清黃奭校〔北京圖書館〕

注：李時珍《本草綱目·序例》云："韓保昇《蜀本草》云：'李當之，華陀弟子，修《神農本草》三卷，而世少行。'"《隋志》子部醫方家載梁有李譓之《藥録》六卷，又《藥方》一卷，並亡。譓之蓋即當之。《説郛》載十餘節，皆不注出處，而題爲晉人。姚振宗《隋書經籍志考證》以爲劉宋時人。按《隋志》已不詳當之爲何時人，《蜀本草》所云華陀弟子者當出依託。又《太平御覽》卷五百十五引李嘗《藥録》，蓋李當之之誤，九百七十一引正作李當之《藥録》。黃奭輯本未見。

漢宮香方鄭注一卷　（漢）鄭玄撰
（清）王仁俊輯
玉函山房輯佚書補編

注：鄭玄，參《周易鄭康成注》。《郡齋讀書志》卷三稱宋洪芻《香譜》載鄭康成《漢宮香》。《墨莊漫録》卷二載《漢宮香方》鄭康成注一節，其文亦見明董斯張《吹景集》卷十四，王仁俊據以輯存。按此書不見載於諸志，未知是鄭玄所撰與否，似出依託。

曆　算　類

蓋天説一卷　（□）周髀撰　（清）
　　王仁俊輯
　　玉函山房輯佚書續編・子編天文類
　　注：《續漢書・天文志》上劉昭注引
蔡邕《表志》云：“言天體者有三家，一曰
周髀，二曰宣夜，三曰渾天。”《晉書・天
文志》云：“蔡邕所謂周髀者，蓋天之説
也。”王仁俊從《晉志》採得周髀家説二
節，並據《晉志》題爲《蓋天説》。《太平
御覽》二引虞喜《安天論》，謂周髀或爲
人姓名。按《晉志》釋周髀曰：“周人志
之，故曰周髀。髀者，股也。股者，表
也。”又《周髀算經》卷上云：“榮方曰周
髀者何？陳子曰古時天子治周，故曰周
髀。髀者，表也。”皆不以周髀爲人名。
王氏依虞説題作人名，似非。又《周髀
算經》亦載陳子蓋天論之説，錢寶琮《周
髀算經考》以爲陳子説天體多與《淮南
子・天文訓》同，當爲漢人之説（參《科
學雜誌》十四卷第一期）。

難蓋天一卷　（漢）揚雄撰　（清）
　　王仁俊輯
　　玉函山房輯佚書續編・子編天文類
　　注：蓋天，古天文家説，參上條。《隋
書・天文志》上引揚雄《難蓋天》一節，
王仁俊據以録存。按揚雄，參《琴清
英》。《宋書・天文志》云：“或問蓋天於
揚雄，揚雄曰‘蓋哉，蓋哉’，難其八事，
爲蓋天之學者不能通也。”所難之八事

即見於《隋書・天文志》所引者。

靈憲　（漢）張衡撰
　　漢魏六朝百三名家集・張河間集

靈憲一卷　（漢）張衡撰　（清）王
　　謨輯
　　重訂漢唐地理書鈔

靈憲一卷　（漢）張衡撰　（清）洪
　　頤煊輯
　　問經堂叢書・經典集林
　　經典集林

靈憲一卷　（漢）張衡撰　（清）馬
　　國翰輯
　　玉函山房輯佚書・子編天文類

靈憲　（漢）張衡撰　（清）嚴可均輯
　　全後漢文卷五十五
　　注：張衡，字子平，南陽西鄂人，通貫
五經，尤致思於天文曆算，爲太史令，官
至尚書，作渾天儀，著《靈憲》、《懸圖》等
（《後漢書》本傳）。《隋書・天文志》亦
謂衡總序經星，謂之《靈憲》。《隋志》、
《新唐志》並載張衡《靈憲》一卷，《舊唐
志》作《靈憲圖》一卷。洪頤煊、馬國翰
均從《續漢書・天文志》上劉昭注（馬輯
誤題李賢注）採得一篇，並據唐、宋類書
等所引校訂文字。按洪校爲詳，如“實
始紀綱而經緯之”下據《藝文類聚》、《初
學記》校補“崑崙之東南”云云四十七
字，又“故月光生於日之所造”之“故”字
下據《開元占經》補“天日宣明於晝”云

云三十六字,皆馬所缺。嚴可均所輯與洪輯文同,蓋即襲洪本而删去校語耳。其餘諸本皆不能出洪、馬之外。

渾儀 （漢）張衡撰

漢魏六朝百三名家集·張河間集

渾天儀一卷 （漢）張衡撰 （清）洪頤煊輯

問經堂叢書·經典集林

經典集林

渾儀一卷 （漢）張衡撰 （清）馬國翰輯

玉函山房輯佚書·子編天文類

渾天儀 （漢）張衡撰 （清）嚴可均輯

全後漢文卷五十五

注：張衡,參前條。渾天,古天文家説,參《蓋天論》。《法言·重黎》云："或問渾天,曰：'下閎營之。'"李軌注："落下閎爲武帝經營之。"按落下閎,字長松,武帝時爲太史,見《史記曆書索隱》引《益部耆舊傳》。《漢書·律曆志》顏師古注云："姓落下,名閎,巴郡人。"《開元占經》一引王蕃渾天象説云："古舊渾象以二分爲一度,凡周七尺三寸半分,漢張衡更制,以四分爲一度,凡周一丈四尺六寸一分。"《後漢書·張衡傳》稱安帝徵拜衡爲郎中,再遷爲太史令,乃研覈陰陽,妙盡璇機之正,作渾天儀。兩《唐志》並載張衡《渾天儀》一卷。《隋志》子部天文家載《渾天義》一卷,不著撰人。姚振宗《隋書經籍志考證》謂疑即衡書,而"儀"誤爲"義"。按《隋志》又載《渾天圖》一卷,姚振宗《後漢書藝文志》證以《開元占經》引張衡《渾儀圖注》,知《隋志》之《渾天圖》爲衡書。二

説不同,皆出姚氏,未詳孰是。蓋自落下閎以下,持渾天説者不止一家,《隋志》失載姓名,遂不能斷定。馬國翰、洪頤煊均從《續漢書·律曆志》劉昭注等採摭,洪氏更據唐、宋類書、《開元占經》等所引校補,故所輯較馬氏爲備。嚴可均所採與洪氏全同,蓋即轉録洪本也。按諸書所引者稱《渾儀》、《渾儀注》、《渾儀圖注》、《漏水轉渾天儀制》不一,蓋衡書有圖有注,而諸書引稱繁省互異歟？《漢魏六朝百三名家集》所載不出洪外。

漢乾象術二卷 （清）李鋭輯

李氏遺書

乾象術一卷 （漢）劉洪撰 （清）黃奭輯

漢學堂知足齋叢書·通緯 清黃奭校〔北京圖書館〕

漢學堂叢書·子史鉤沈·子部天文類

黃氏逸書考·子史鉤沈

注：劉洪,字元卓,泰山蒙陰人,官至山陽太守。作《七曜術》,造《乾象曆》（《續漢書·律曆志》劉昭注引《袁松山書》）。《晉書·律曆志》中稱洪於靈帝時作乾象法,造《乾象曆》,獻帝建安元年,鄭玄受其法,又加注釋焉。又稱吳中書令闞澤亦受其法而爲之注解。《隋志》子部曆數家云："《乾象曆》三卷,吳太子太傅闞澤撰。梁有《乾象曆》五卷,漢會都尉劉洪等注,亡。"按據《晉書》則爲洪所撰,闞、鄭諸人注焉,《隋志》渾言之不别也。此書略載於《晉書·律曆志》中,李鋭據以輯出,並加校注。黃奭即襲李輯,並雜録《續漢》及《晉書》之《律曆志》有關諸文附後。

宣夜説一卷　（漢）郗萌撰　（清）
　王仁俊輯
　　玉函山房輯佚書續編·子編天文類
　　注：宣夜，古天文家説，參《蓋天論》。
《晉書·天文志》上云"宣夜之書亡，惟
漢秘書郎郗萌記先師相傳"云云，王仁
俊即據以録出郗記一節，並云："與《御
覽》（按見卷二）引《抱朴子》略同，蓋《晉
書》即取於葛稚川也。"郗萌，其詳無考，
《隋志》稱萌集圖讖雜占爲五十篇，謂之
《春秋災異》，書亦久佚。

昕天論一卷　（吳）姚信撰　（清）
　馬國翰輯
　　玉函山房輯佚書·子編天文類

昕天論　（吳）姚信撰　（清）嚴可
　均輯
　　全三國文卷七十一
　　注：姚信，參《姚信周易注》。《隋志》
子部天文家云："梁有《昕天論》一卷，姚
信撰，亡。"兩《唐志》復載爲一卷。《禮
記月令疏》云："昕天，昕讀爲軒，言天北
高南下，若車之軒是矣。"馬國翰、嚴可
均皆從《晉書·天文志》等採得一篇，嚴
輯文較備。

徐整長曆一卷　（吳）徐整撰
　（清）黃奭輯
　　漢學堂知足齋叢書·子史鉤沈　清黃
　　奭校　〔北京圖書館〕

長曆一卷　（吳）徐整撰
　　説郛弓六十（宛委山堂本）
　　説郛弓六十（宛委山堂本）　傅增湘校
　　〔北京圖書館〕

三五曆記一卷　（吳）徐整撰
　（清）馬國翰輯
　　玉函山房輯佚書·史編雜史類

三五曆記一卷　（吳）徐整撰　（清）
　王仁俊輯
　　玉函山房輯佚書補編
　　注：徐整，參《毛詩譜注》。兩《唐志》
並載徐整《三五曆記》二卷。馬國翰云：
"亦名《長曆》。《隋志》梁有《三五曆説
圖》一卷，亡，不著撰人姓氏，當即是書
也。今佚已久。陶宗儀《説郛》弓六十
輯《長曆》一種，凡七節，尚有疎漏。茲
復蒐採補訂，合得十四節，録爲一卷。"
按兩《唐志》又載徐整《通曆》二卷、《雜
曆》五卷，馬氏謂《三五曆記》一名《長
曆》，未知何據？今姑從馬説，併此二書
於一處。王仁俊據《五行大義》卷五採
得二節，又從《法苑珠林》卷四採得一
節，均爲馬本所無。

渾天象説　（吳）王蕃撰　（清）嚴
　可均輯
　　全三國文卷七十二

渾天象説一卷　（吳）王蕃撰
　（清）王仁俊輯
　　玉函山房輯佚書續編·子編天文類
　　注：王蕃，字永元，廬江人。官至散
騎中常侍，善術數，傳劉洪《乾象曆》，依
其法而制渾儀（《三國志》本傳、《晉書·
天文志》上）。《隋》、《唐志》子部天文家
載《渾天象注》一卷，吳散騎常侍王蕃
撰。嚴可均從《晉書》、《隋書》、《宋書》
諸史《天文志》及《開元占經》、《御覽》採
摭，合録爲一篇。王仁俊從《續古文苑》
録出一篇，其文未出嚴採之外。

年曆一卷　（晉）皇甫謐撰　（清）
　馬國翰輯
　　玉函山房輯佚書·史編雜史類
　　注：皇甫謐，參《帝王世紀》。《晉書》

本傳載謚撰諸書,有《年曆》,不詳卷數。馬國翰從《開元占經》及唐、宋類書採得十餘節。

穹天論一卷 （晉）虞聳撰 （清）馬國翰輯

玉函山房輯佚書・子編天文類

四明叢書第六集

穹天論 （晉）虞聳撰 （清）嚴可均輯

全晉文卷八十二

穹天論 （晉）虞昺撰 （清）嚴可均輯

全晉文卷八十二

注:虞聳,翻第六子,會稽餘姚人,字世龍,官至河間相(《三國志・虞翻傳》及裴注引《會稽典録》)。《晉書・天文志》等引聳《穹天論》一節,馬國翰、嚴可均皆據以輯存。又《初學記》一、《太平御覽》二引作虞昺文(嚴謂《初學記》作虞洪,疑據誤本),嚴氏亦照録。按昺字世文,翻第八子,見裴注引《會稽典録》。又二文雷同,唯首句稍異,當爲一文而誤屬二人。

安天論一卷 （晉）虞喜撰 （清）馬國翰輯

玉函山房輯佚書・子編天文類

四明叢書第六集

安天論 （晉）虞喜撰 （清）嚴可均輯

全晉文卷八十二

注:虞喜,字仲寧,會稽餘姚人,不仕,著《安天論》以難蓋天、渾天之説,又爲《志林》三十篇等(《晉書・儒林傳》)。《隋志》子部天文家云:"梁有《安天論》六卷,虞喜撰。"兩《唐志》並一卷。馬國

翰據《太平御覽》二、《尚書疏》等所引合録爲一篇,又從《隋書・天文志》、《初學記》、《御覽》各採得一節。嚴可均所採未及《尚書疏》、《初學記》,不及馬輯爲備。

論天 （晉）劉智撰 （清）嚴可均輯

全晉文三十九

論天一卷 （晉）劉智撰 （清）王仁俊輯

玉函山房輯佚書續編・子編天文類

注:劉智,參《喪服釋疑》。《開元占經》一引劉智《論天》一篇,嚴可均據以録存。王仁俊從《續古文苑》録出,文與嚴採無異。

渾天論 （梁）祖暅撰 （清）嚴可均輯

全梁文卷六十三

渾天論一卷 （梁）祖暅撰 （清）王仁俊輯

玉函山房輯佚書續編・子編天文類

注:祖暅,一作祖暅之,字景爍,范陽薊人,官至太府卿(《南史》本傳)。《隋書・天文志》上引暅《渾天論》一篇,又《開元占經》一引一節,嚴可均據以録存。王仁俊所採未出嚴外。

渾天論 （後秦）姜岌撰 （清）嚴可均輯

全晉文一百五十三

渾天論答難 （後秦）姜岌撰 （清）嚴可均輯

全晉文一百五十三

渾天論答難一卷 （後秦）姜岌撰 （清）王仁俊輯

玉函山房輯佚書續編・子編天文類

注：姜岌，天水人，後秦姚興時造《三紀甲子元曆》，又著《渾天論》（《晉書·律曆志》下）。明寫本《開元占經》二引岌《渾天論》一篇，嚴可均據以錄存。又《占經》一、《隋書·天文志》上引岌《渾天論答難》二節，嚴可均、王仁俊均錄出。按王氏謂《答難》即在《渾天論》中，近是。嚴氏輯爲二書，疑非。

術　數　類

太玄佚文一卷　　（漢）揚雄撰 （清）王仁俊輯

經籍佚文

注：《意林》卷三載揚雄《太玄》文七節，其中三節不見今本，王仁俊據以錄出。

太玄宋氏注一卷　　（漢）宋衷撰 （清）王仁俊輯

玉函山房輯佚書續編·子編雜占類

注：宋衷，參《宋衷周易注》。《隋志》子部儒家載《揚子太玄經》九卷，宋衷注。兩《唐志》不載宋衷注，書佚已久。王仁俊從隋蕭該《漢書音義》採得宋注二節。

玄圖　　（漢）張衡撰　　（清）嚴可均輯

全後漢文五十五

注：張衡，參《靈憲》。《後漢書》本傳稱衡著《懸圖》，李賢注引衡《集》作《玄圖》，懸通玄。《隋志》子部天文家載《玄圖》一卷，不著撰人，侯康《補後漢書藝文志》謂即衡書。嚴可均從《太平御覽》、《文選》注採得佚文二節。姚振宗《隋書經籍志考證》謂揚雄《太玄》有《玄圖》一篇，衡之《玄圖》不知爲注解或擬作，據《華陽國志》衡爲《太玄》作注，或即指《玄圖》，《隋志》誤以爲玄象而入天文類。按姚説是也，今移此書入數術類。《北堂書鈔》九十六引衡《玄圖序》一節，嚴氏失採。

太玄經一卷　　（晉）楊泉撰　　（清）馬國翰輯

玉函山房輯佚書·子編儒家類

注：楊泉，參《物理論》。《隋志》子部儒家載梁有《楊子大元經》十四卷，晉徵士楊泉撰，亡。兩《唐志》復載十四卷，劉緝注。按兩《唐志》作《太元經》。大、太古通，元、玄古亦通。梁元帝《金樓子》稱揚雄、楊泉並有《太玄經》，是二書同名也。《意林》卷五載泉《太玄經》六節，馬國翰據以錄存。又《御覽》引《太玄經》，其文有不見於揚雄書中者，馬氏以爲皆泉書之佚文，據以採得七節。按此或亦有雄書之佚文，似未可必其爲泉書。

泰階六符經一卷　　（清）馬國翰輯

玉函山房輯佚書·子編天文類

注：《漢志》天文家載《泰階六符》一卷，顏師古注引李奇曰："三台謂之泰階，兩兩成體，三台故六，觀色以知吉

凶，故曰符。《漢書·東方朔傳》孟康注云："泰階，三台也。每台二星，凡六星之驗也。"馬國翰從《東方朔傳》應劭注採得十節。按應劭注引作《黄帝泰階六符經》，是此書托名黄帝爲之。

五殘雜變星書一卷　（清）馬國翰輯

玉函山房輯佚書·子編天文類

注：《漢志》天文家載《五殘雜變星書》二十一卷，顏師古注："五殘，星名也。"《漢書·天文志》載國皇、昭明、五殘等十有八星及所應人事，馬國翰以爲即此書之大略，因據以録出，並以孟康注説諸星之狀附焉。

未央術一卷　（清）馬國翰輯

玉函山房輯佚書·子編天文類

注：《開元占經》六十四引《未央分野》，馬國翰輯出十二節，題爲《未央術》。

星經一卷　（周）甘公、石申撰（清）王謨輯

重訂漢唐地理書鈔

注：甘公，齊人。石申，魏人。皆古史官，見《史記·天官書》。《正義》引《七録》云："甘公楚人，戰國時作《天文星占八卷》。石申魏人，戰國時作《天文》八卷。"《集解》引徐廣曰："或曰甘公名德，本是魯人。"此傳聞之異，其詳無考。姚振宗謂漢初有甘氏、石氏，蓋其後人。又謂石申或稱石申夫，乃誤讀《天官書》文（並參《隋書經籍志考證》）。《隋志》子部天文類載《星經》二卷，不題撰人。又載《石氏星簿經讚》、《甘氏四七法》各一卷（兩《唐志》同）。又注云："梁有《石氏星經》七卷，陳卓記；又《石

氏星官》十九卷，亡。"《宋志》載《甘、石、巫咸星經》一卷。諸書今均亡。今本石、申《星經》僞書，黄雲眉《古今僞書考補正》引證頗詳。按《開元占經》多引《星經》，爲唐人所見本。唯《漢志》不載，疑《隋志》等所載及唐人所見者乃漢初人所爲，即姚氏所云甘、石氏之後人也。王謨從《後漢書》注、《史記正義》採得三十四節。

請雨止雨書一卷　（清）馬國翰輯

玉函山房輯佚書·子編雜占類

求雨法一卷　（清）王仁俊輯

玉函山房輯佚書續編·子編藝術類

注：《漢志》雜占家載《請雨止雨》二十六卷，《隋》、《唐志》不載。董仲舒《春秋繁露》有《求雨》、《止雨》二篇，馬國翰以爲當是董氏取之古法，因據以録存，並採《論衡·順鼓》禱祠女媧一節附焉。又《藝文類聚》載《神農求雨書》一節，《博物志》載請雨、止雨祝辭各一節，馬氏悉採以附後。王仁俊僅從《續博物志》採得《蜥蜴求雨法》一節。

周易分野一卷　（漢）費直撰（清）馬國翰輯

玉函山房輯佚書·經編易類

費直易注　（漢）費直撰　（清）黄奭輯

黄氏逸書考·漢學堂經解·易雜家注

注：費直，參《費氏易》。《晉書·天文志》上述十二次度數，附記費直《周易分野》，《開元占經》亦引之，馬國翰據以録出，合爲十二節。按諸志不載此書，馬氏謂《隋志》有《易林》二卷，《易内神筮》二卷，梁有《周易筮占林》五卷，悉題費氏撰，今皆佚，不知《周易分野》當屬

何書。黃奭僅採《晉書・天文志》，未及
《占經》，而題爲《易注》，非是。

費直易林一卷　（漢）費直撰
（清）馬國翰輯
玉函山房輯佚書・經編易類

注：費直，參《費氏易》。《隋志》子部
五行家載《易林》二卷，費直撰，注云：
"梁五卷。"兩《唐志》並二卷。焦贛《易
林》序載費直説一節，馬國翰據以録存。
又《禮記月令疏》引《易林》一節，其文爲
焦氏《易林》所無，馬氏考其爲費氏書佚
文，亦採以附後。

易傳　（漢）京房撰
説郛（商務本）卷二・古典録略

易京氏傳一卷
增定漢魏六朝別解・經部

京房易傳一卷　（漢）京房撰
（清）王謨輯
漢魏遺書鈔・經翼第一册

易雜占條例法一卷　（漢）京房撰
（清）黃奭輯
黃氏逸書考・子史鉤沈

易傳一卷　（漢）京房撰　（清）王
保訓輯
木犀軒叢書・京氏易卷二

京房易傳一卷　（漢）京房撰
（清）王仁俊輯
玉函山房輯佚書續編・經編易類

注：京房，參《京房周易章句》。房從
焦延壽受《易》，善以《易》説災異。《漢
書・五行志》、經疏、史注及唐、宋類書
等多引有京氏《易傳》，皆災異占候之
説，蓋即《隋志》所載京氏諸占候書之佚
文（參《京房周易章句》），而泛題爲《易
傳》耳。《説郛》所載僅數節，未注出處。

王謨、王保訓皆從諸書採得數十百節，
所輯互爲有無。黃奭所輯，細核實據王
謨輯本校補，凡增三十餘節，而改題爲
《易雜占條例》。王仁俊從《稽瑞》採得
五節，爲諸家所未及。

易飛候一卷　（漢）京房撰
説郛（宛委山堂本）弓五
青照堂叢書摘次編第二函・諸經緯遺

易飛候　（漢）京房撰
説郛（商務本）卷二・古典録略

易飛候　（漢）京房撰　（清）王謨輯
漢魏遺書鈔・經翼第一册

易飛候　（漢）京房撰　（清）王保
訓輯
木犀軒叢書・京氏易卷五

注：京房，參《京房周易章句》。《隋
志》子部五行家載《周易飛候》九卷，又
一部六卷，並京房撰。姚振宗《隋書經
籍志考證》謂六卷者即九卷之別本。兩
《唐志》並六卷。委宛山堂本《説郛》所
載凡十一節（商務本凡四節，未出其
外），不注出處，實皆雜見于唐、宋類書，
而文字間有出入。王謨從唐、宋類書採
得十餘節。王保訓則採得百餘節，多據
《開元占經》、《隋書・五行志》，有見於
他書所引者亦附注焉。

別對災異　（漢）京房撰　（清）王
謨輯
漢魏遺書鈔・經翼第一册・易飛候附

別對災異　（漢）京房撰　（清）嚴
可均輯
全後漢文卷四十四

別對災異　（漢）京房撰　（清）王
保訓輯
木犀軒叢書・京氏易卷六

注：京房，參《京房周易章句》。《開元占經》、《太平御覽》等引京房《別對災異》，嚴可均、王保訓皆採得三十餘節，大體相當。王謨僅採得七節，除《御覽》引"人君罰賊"一節及《隋書·袁充傳》引一節外，餘皆不出王保訓所採之外。按諸志不載《別對災異》。

五星占　（漢）京房撰　（清）王謨輯

漢魏遺書鈔·經翼第一册·易飛候附

五星占　（漢）京房撰　（清）王保訓輯

木犀軒叢書·京氏易卷六

注：京房，參《京房周易章句》。王保訓從《太平御覽》、《北堂書鈔》採得京房《五星占》三節，王謨所採二節未出其外。按諸志未載《五星占》，《隋志》子部天文類載《京氏釋五星災異傳》一卷，疑即此書。

易占　（漢）京房撰　（清）王謨輯

漢魏遺書鈔·經翼第一册·易飛候附

易占　（漢）京房撰　（清）王保訓輯

木犀軒叢書·京氏易卷三至卷四

京氏易占一卷　（漢）京房撰（清）王仁俊輯

玉函山房輯佚書續編·子編雜占類

注：京房，參《京房周易章句》。《隋志》載《周易占》十二卷，京房撰。王謨從唐、宋類書、《文選》李善注、《後漢書》注採得四十餘節。王保訓從《開元占經》輯出二卷，見於他書所引者附注焉，他書所引出《占經》之外者間亦採入。王仁俊從《稽瑞》採得四節，按王謨、王保訓皆未及採《稽瑞》。

風角要占　（漢）京房撰　（清）王保訓輯

木犀軒叢書·京氏易卷六

注：京房，參《京房周易章句》。《隋志》子部五行類載《風角要占》三卷，梁八卷，京房撰。兩《唐志》不載，《通志》復載之。王保訓從《晉書·天文志》、《太平御覽》、《初學記》採得八節。

周易集林　（漢）京房撰　（清）王保訓輯

木犀軒叢書·京氏易卷八

注：京房，參《京房周易章句》。《隋志》子部五行類載《周易集林》十二卷，京房撰。注云："《七錄》云：伏萬壽撰。"姚振宗《隋書經籍志考證》云："《法苑珠林·至誠》篇引王琰《冥祥記》曰：'宋伏萬壽，平昌人也，元嘉十九年在廣陵爲衛府行參軍。'不知即此伏萬壽也。然考《唐藝文志》有伏曼容《周易集林》十二卷，《伏氏周易集林》一卷，《舊唐志》同，而本志皆不見。則又疑十二卷者爲伏曼容之書，一卷者或其節本，或伏萬壽撰。"按《隋志》題京房撰，不從《七錄》題伏萬壽撰，當別有所據，疑其時撰者已不能定，故又引《七錄》存參歟？兩《唐志》蓋承《七錄》，唯伏萬壽作伏曼容，當有一誤。王保訓從《太平御覽》、《初學記》、《月令正義》採得四節，所引均不稱撰者。

易妖占　（漢）京房撰　（清）王保訓輯

木犀軒叢書·京氏易卷五

注：京房，參《京房周易章句》。《隋志》子部五行類注云："梁（下疑脱"有"字）《周易妖占》十三卷，京房撰。"兩《唐

志》不載，《通志》復載之。王保訓從《開元占經》、《乾象通鑑》及唐、宋類書採得百餘節。

易逆刺　（漢）京房撰　（清）王保訓輯

木犀軒叢書・京氏易卷八

注：京房，參《京房周易章句》。《隋志》子部五行類載《逆刺》一卷，又《周易逆刺占災異》十二卷，並京房撰。兩《唐志》並載《逆刺》三卷，京房撰。又《新唐志》載《費氏周易逆刺占災異》十二卷，費直撰，與《隋志》異。王保訓從《藝文類聚》、《北堂書鈔》各採得一節。

律術　（漢）京房撰　（清）王保訓輯

木犀軒叢書・京氏易卷八

災異後序　（漢）京房撰　（清）王保訓輯

木犀軒叢書・京氏易卷八

外傳　（漢）京房撰　（清）王保訓輯

木犀軒叢書・京氏易卷七

易説　（漢）京房撰　（清）王保訓輯

木犀軒叢書・京氏易卷六

注：王保訓從《後漢書・律曆志》、《太平御覽》採得《律術》佚文五節，從《乾象通鑑》採得《災異後序》四十七節，又《外傳》一節，從《太平御覽》採得《易説》十五節。按諸書皆未見載於《隋》、《唐志》。

東方朔占　（漢）東方朔撰　（清）嚴可均輯

全漢文卷二十五

注：東方朔，字曼倩，平原厭次人，官至中郎，著《設客難》等，《漢書》有傳。《隋志》子部五行類載《東方朔占》二卷，兩《唐志》作《東方朔占書》一卷。嚴可均從《開元占經》採得九節。按此書蓋後人依托爲之。又今本《東方朔占書》三卷，乃明人所傳，《四庫全書總目》斥之爲"僞中之僞"，則又非隋、唐所傳之本矣。

易洞林一卷　（晉）郭璞撰

説郛（宛委山堂本）弓五

青照堂叢書摘次編第二函・諸經緯遺

周易洞林一卷　（晉）郭璞撰　（清）王謨輯

漢魏遺書鈔・經翼第一册

易洞林三卷補遺一卷　（晉）郭璞撰　（清）馬國翰輯

玉函山房輯佚書・子編雜占類

易洞林一卷　（晉）郭璞撰　（清）黃奭輯

黃氏逸書考・子史鈎沈

注：郭璞，參《毛詩拾遺》。《晉書》本傳稱璞好卜筮，多占驗，撰前後筮驗六十餘事，名爲《洞林》。《隋志》子部五行類載郭璞《易洞林》三卷，兩《唐易》作《周易洞林解》，亦三卷，《宋志》一卷。《説郛》載凡八節，未注出處，核其文皆未出類書所引。王謨、馬國翰均據元胡一桂《易學啓蒙翼傳》、唐宋類書、《説郛》等採摭。馬輯較備，編次亦善。王輯唯採《初學記》引"義興方叔保得寒傷垂死"一節及《藝文類聚》引梁元帝《序》一節爲馬所無，餘皆不出馬外。黃奭所輯，細核之似摘鈔王、馬二本而略有增補，編次不及馬善。

郭氏易占一卷　（晉）郭璞撰

（清）王仁俊輯

玉函山房輯佚書續編·子編雜占類

　　注：郭璞，參《毛詩拾遺》。王仁俊從《續博物志》採得郭氏《易占》一節。按《隋》、《唐志》不載《易占》，此或即《易洞林》之文，參前條。

師曠占一卷　　（清）洪頤煊輯

問經堂叢書·經典集林

經典集林

　　注：師曠，晉樂太師，見《左傳·襄公十四年》。《後漢書·方術列傳》云“師曠之書”，李賢注云：“占災異之書也。今書《七志》有《師曠》六篇。”《隋志》子部《五行類》云：“梁有《師曠占》五卷，亡。”又載《師曠書》三卷，姚振宗《隋書經籍志考證》謂即彼五卷之殘存。兩《唐志》並載《師曠占書》一卷。洪頤煊從《開元占經》、《齊民要術》及唐、宋類書等採得十六節。

相經　　（清）郝懿行輯

郝氏遺書·曬書堂隨筆卷下

相經一卷

玉函山房輯佚書續編·子編藝術類

　　注：《漢志》形法家載《相人》二十四卷，《隋志》子部五行家載《相書》四十六卷，均不著撰人。《隋志》又有蕭吉《相經要録》二卷，注云：“（梁有）《相經》三十卷，鍾武隸撰；《相書》十一卷，樊、許、唐氏《武王相書》一卷，《雜相書》九卷，《相書圖》七卷，亡。”疑蕭氏《要録》乃要約諸書而成者。今皆亡佚。《世説新語》注、《後漢書》注及唐、宋類書等引有《相經》，未詳何家之書，郝懿行據以採得十七節。

相笏經一卷　　（清）王仁俊輯

玉函山房輯佚書續編·子編藝術類

　　注：《相笏經》，諸志不載，《三國志·夏侯玄傳》裴松之注引《魏世春秋》云“本出漢世”。《太平御覽》六九三引之，潘眉録其大略，並謂書蓋出六朝人手定，非漢之舊本。王仁俊即轉録潘説，而未採《御覽》所引原文。按王引潘説，見潘氏《三國志考證》。

遁甲經一卷　　（清）王仁俊輯

玉函山房輯佚書補編

　　注：《隋志》子部五行家載《遁甲經》十卷，《新唐志》同，均不著撰人。《舊唐志》著爲一卷，疑誤。《後漢書·方術傳》注：“遁甲，推六甲之陰而隱遁也，今書《七志》有《遁甲經》。”王仁俊從《寰宇記》卷一百十四採得一節。

遁甲開山圖一卷

説郛（宛委山堂本）弓五

青照堂叢書摘次編第二函·諸經緯遺

遁甲開山圖一卷　　（清）王謨輯

重訂漢唐地理書鈔

遁甲開山圖一卷　　（□）榮□撰

（清）黄奭輯

漢學堂知足齋叢書·通緯　　清黄奭校〔北京圖書館〕

漢學堂叢書·通緯附讖

黄氏逸書考·通緯附讖

　　注：《隋志》子部五行家載《遁甲開山圖》三卷，榮氏撰，兩《唐志》並二卷。《隋志》又載《遁甲開山圖》一卷，不著撰人，《新唐志》同，《舊唐志》則題作王琛撰。榮氏、王琛並不詳何人，《隋書·滕嗣王（楊）綸傳》有術者王琛，姚振宗《隋經籍志考證》以爲即其人。《水經注》、《文選》李善注及唐、宋類書引之，

黄奭據以採摭，並合《説郛》所載，輯成
一卷，較王謨輯本略多。按諸書引《遁
甲開山圖》皆不稱撰者，唯《文選・遊仙
詩》七首注引《遁甲開山圖榮氏解》，似
榮氏僅作注解，撰者別爲一人歟？

淮南萬畢術一卷　（漢）劉安撰
説郛（宛委山堂本）弓五

淮南萬畢術一卷　　（漢）劉安撰
（清）孫馮翼輯

清抄本　吳昌綬、鄭文焯校　〔上海圖
書館〕
問經堂叢書・逸子書
叢書集成初編・哲學類

淮南萬畢術一卷補遺一卷再補遺
一卷　（漢）劉安撰　（清）茆泮
林輯

十種古逸書
十種古逸書　清許克勤校　〔復旦大學
圖書館〕
龍谿精舍叢書・子部
叢書集成初編・哲學類

淮南萬畢術一卷　　（漢）劉安撰
（清）黄奭輯

漢學堂叢書・子史鉤沈・子部藝術類
黄氏逸書考・子史鉤沈

淮南萬畢術一卷　　（漢）劉安撰
（清）丁晏輯

稿本　〔北京圖書館〕
稿本　羅振常跋　〔北京圖書館〕
南菁書院叢書第三集

淮南萬畢術一卷　　（漢）劉安撰
（清）沈小垣輯

清校經堂抄本　馬釗校　〔上海圖書
館〕
清抄本　馬釗校　〔南京圖書館〕

淮南萬畢術一卷補遺一卷附録一卷
（漢）劉安撰　（清）王仁俊輯

玉函山房輯佚書續編・子編藝術類

淮南萬畢術二卷　　（漢）劉安撰
葉德輝輯

觀古堂所著書第二集
郋園先生全書

注：劉安，參《周易淮南九師道訓》。
《隋志》子部五行類云：“梁有《淮南萬畢
經》一卷，亡。梁又有《淮南變化術》一
卷，亡。”兩《唐志》並載《淮南王萬畢術》
一卷。按此書《漢志》不載，然《漢書・
劉向傳》云“淮南有《枕中鴻寶苑秘書》，
書中言神仙使鬼神爲金之術”，《藝文類
聚》七十八引《列仙傳》稱作《鴻寶萬
畢》，萬畢即苑秘，聲類通轉也（萬、苑古
音皆隸元部，於聲唇喉通轉；畢、秘皆隸
質部，同唇音），是漢時已有此書。又
《史記・龜策列傳》褚少孫曰：“臣爲郎
時，見《萬畢》朱石方。”尤爲明證。（《龜
策傳》之《萬畢》即《萬畢術》。陳奐跋沈
小垣輯本，以爲“萬畢”人名，非是。）唯
其書《隋志》已云亡，則今見於類書所引
者未必是漢時之舊耳。丁晏、孫馮翼、
茆泮林皆據唐、宋類書採摭。丁輯爲
略，茆氏據孫輯校補。黄奭全襲茆本，
唯將茆本所附之《補遺》、《再補遺》凡七
節併入正文而已。沈小垣亦僅就唐、宋
類書採摭，馬釗取校孫本，著其異同，計
多出孫輯十節。王仁俊所輯，採書較
丁、孫諸人爲備，如採《北户録》、《歲時
廣記》、《龍筋鳳髓》注等皆諸家所未及。
又他書之文有與本書相類者，王氏採作
附録。葉德輝採書最備，其中如《玉燭
寶典》、慧琳《一切經音義》、《證類本

草》、《醫心方》等皆有所採,所輯凡百餘
節,編次亦較善。

夢書一卷
　説郛(宛委山堂本)弓一百九
　五朝小説·唐人百家小説
　五朝小説大觀·唐人百家小説

夢書一卷　（清）王圓照輯
　郝氏遺書
　龍谿精舍叢書·子部

夢書一卷　（清）洪頤煊輯
　問經堂叢書·經典集林
　經典集林
　注：占夢之書由來已久,《漢志》雜占
家載《黄帝長柳占夢》、《甘德長柳占
夢》。《隋志》子部五行類載京房、崔元、
周宣諸人《占夢書》(周宣書亦見載於兩
《唐志》),又有《夢書》、《解夢書》、《雜占
夢書》等,皆不知撰人。今並佚,唯唐、
宋類書引有《夢書》,不知何家之書。洪
頤煊採得六十餘節,多於王圓照所輯十
餘節。王輯則夢侏儒、夢柳、夢竹、夢蚍
蜉四節及《廣韻》引"塑,像也"一節則爲
洪所無。王氏又採《周禮》鄭玄注、《列
子》、《莊子》、《論衡》等説占夢之文數節
附後。《説郛》所載僅二十餘節,皆見於
類書所引。

宋司星子韋書一卷　（周）司星子
　韋撰　（清）馬國翰輯
　玉函山房輯佚書·子編陰陽類

宋司星子韋　（周）司星子韋撰
　李峻之輯
　古史辨第六册·吕氏春秋中古書輯佚
　（民國二十七年上海開明書局排
　印本）
　注：《漢志》陰陽家載《宋司星子韋》

三篇,注云："景公之史。"《吕氏春秋·
制樂》高誘注云："子韋,宋之太史,能占
宿度者。"《吕氏春秋》、《淮南子》、《新
序》並引子韋對宋景公問熒惑徙舍事,
馬國翰參訂文字,合録爲一篇。李峻之
僅採《吕氏春秋·制樂》所引,其文已見
馬輯。又以爲《明理篇》論災異之文及
《有始篇》論星野之文亦子韋書之佚文,
録以附後。按此屬李氏懸測,非有
明證。

鄒子一卷　（周）鄒衍撰　（清）馬
　國翰輯
　玉函山房輯佚書·子編陰陽類

鄒子　（周）鄒衍撰　（清）顧觀光輯
　武陵山人遺稿·古書逸文

鄒子書一卷　（周）鄒衍撰　（清）
　王仁俊輯
　玉函山房輯佚書續編·子編陰陽類

鄒子　（周）鄒衍撰　李峻之輯
　古史辨第六册·吕氏春秋中古書輯佚
　（民國二十七年上海開明書局排
　印本）
　注：《漢志》陰陽家載《鄒子》四十九
篇,注云："名衍,齊人,爲燕昭王師,居
稷下,號談天衍。"又載《鄒子終始》五十
六篇。按《史記·孟子荀卿列傳》作騶
衍,謂衍睹有國者益淫侈,乃深觀陰陽
消息而作怪迂之變,《終始》、《大聖》之
篇十餘萬言。又《封禪書集解》引如淳
説,其書有《主運》篇。馬國翰從《吕氏
春秋》、《史記》、《漢書》、《周禮》鄭玄注
等採得《主運》篇佚文三節及雜説六節。
又採《史記·三代世表》引《黄帝終始
傳》一節附後。顧觀光採得六節,中採
"中國爲赤縣"一節爲馬所無。按此節

見《尚書禹貢釋文》，原引稱《鄭子》，鄭、鄒同音。王仁俊從《周禮疏》引《五經異義》採得一節補馬之缺。李峻之僅採《呂氏春秋》所引一節，已見馬輯。

太史公素王妙論一卷　（漢）司馬遷撰　（清）馬國翰輯
玉函山房輯佚書·子編五行類

太史公素王妙論　（漢）司馬遷撰　（清）嚴可均輯
全漢文卷二十六

注：司馬遷，字子長，龍門人，官至太史令，撰《史記》，見《史記·太史公自序》及《漢書》本傳。《隋志》子部五行類云：“梁有《太史公素王妙論》二卷，亡。”《太平御覽》、《北堂書鈔》引之，馬國翰據以採得三節。又《論衡·命禄》引“太史公曰”一節，馬氏以爲亦此書佚文，併採入。嚴可均未採《論衡》，其餘與馬輯雷同。按姚振宗謂《素王妙論》疑是《漢志》道家《伊尹》五十一篇中之文，因司馬遷論述以傳，說詳《隋書經籍志考證》。

玉符瑞圖一卷　（梁）顧野王撰
說郛（宛委山堂本）弓六十

晉顧野王玉符瑞圖一卷　（清）黃奭輯
漢學堂知足齋叢書·子史鈎沈　清黃奭校　〔北京圖書館〕

注：顧野王，參《爾雅顧野王音》。《南史》本傳舉野王所撰書，有《符瑞圖》，不明卷數，亦未見載於諸志。《說郛》載八節，不注出處。黃奭輯本未見。

孫氏瑞應圖一卷　（梁）孫柔之撰
說郛（宛委山堂本）弓六十

瑞應圖一卷　（梁）孫柔之撰
（清）馬國翰輯
玉函山房輯佚書·子編五行類

瑞應圖一卷　（梁）孫柔之撰
（清）王仁俊輯
玉函山房輯佚書續編·子編五行類

瑞應圖記一卷　（梁）孫柔之撰
葉德輝輯
觀古堂所著書（光緒本）第一集
觀古堂所著書（民國重編本）第二集
郋園先生全書

注：《隋志》子部五行類載《瑞應圖》三卷，《瑞圖讚》二卷，均不著撰人。又云：“梁有孫柔之《瑞應圖記》、《瑞應圖讚》各三卷，亡。”兩《唐志》載孫柔之《瑞應圖讚》三卷（舊《唐志》二卷），又熊理《瑞應圖讚》三卷。按《玉海》引《中興書目》云：“初世傳《瑞應》一篇，云周公所制，魏晉間孫氏、熊氏合之爲三篇。”是《瑞應圖》舊有其書，依托周公爲之，孫、熊諸人不過據世傳之《圖》作讚作記而已。馬國翰謂崔豹《古今注》稱吳嗣主孫亮作流離屏風，鏤作瑞應圖，凡百二十種，乃《瑞應圖》緣起。按據《中興書目》，瑞應圖之作當早於魏晉，葉德輝舉漢武梁祠有祥瑞圖畫像，是漢時已有之矣。唐、宋類書及《開元占經》等引《孫氏瑞應圖》，又引《瑞應圖》，馬國翰、葉德輝皆據以採得百數十節，二家所輯編次不盡同，葉輯後出較備。葉採《稽瑞》引凡二十餘節，爲馬所缺，而馬所採均未出葉外。王仁俊亦採《稽瑞》以補馬缺，唯僅得四節。《說郛》所載凡二十餘節，驗之馬輯，實多見于類書。

白澤圖一卷　（清）洪頤煊輯
問經堂叢書·經典集林

經典集林

白澤圖一卷 （清）馬國翰輯

　玉函山房輯佚書・子編五行類

白澤圖佚文一卷 （清）王仁俊輯

　經籍佚文

　　注：《隋》、《唐志》子部五行類並載《白澤圖》一卷，不著撰人。又有《新增白澤圖》五卷，見《南史・梁簡文帝紀》。白澤，獸名。《開元占經》一一六引《瑞應圖》，謂白澤東海獸，能言語，知萬物之精。書今已佚，唐、宋類書引之，洪頤煊、馬國翰皆據以採得四十餘節。馬輯稍多，如"白鼠"、"蠍"、"蒼鸝"、"物如小兒手"、"無首似孩子"五節即爲洪所無。洪採唯《北戶錄》載"鬼車"一節爲馬所無。又"井神"一節馬氏附注於"故井之精"一節下，未列入正文。王仁俊僅據《通雅》二十一轉錄一節。

天鏡一卷 （清）馬國翰輯

　玉函山房輯佚書・子編五行類

天鏡一卷 （清）王仁俊輯

　玉函山房輯佚書續編・子編五行類

地鏡一卷 （清）馬國翰輯

　玉函山房輯佚書・子編五行類

地鏡一卷 （清）王仁俊輯

　玉函山房輯佚書續編・子編五行類

地鏡圖一卷

說郛（宛委山堂本）弓六十

地鏡圖一卷 （清）王謨輯

　重訂漢唐地理書鈔

地鏡圖一卷 （清）洪頤煊輯

　問經堂叢書・經典集林

　經典集林

地鏡圖一卷 （清）馬國翰輯

　玉函山房輯佚書・子編五行類

　　注：《隋志》子部五行類載《天鏡》二卷，注稱梁有《天鏡》、《地鏡經》各一卷，《地鏡圖》一卷，均不著撰人。《開元占經》引有《天鏡》、《地鏡》，皆言災異吉凶之事，馬國翰據以採摭，各輯爲一卷。王仁俊從《稽瑞》採得《天鏡》三節，《地鏡》二節，以補馬缺。又唐、宋類書等引有《地鏡圖》，《說郛》所載凡十餘節，多見於類書所引。馬國翰從類書採摭，兼及《說郛》，凡得三十餘節。洪頤煊所輯除"望石氣如浮雲"、"山有韭"、"山有白氣"三節外，其餘均見於馬輯。王謨所輯除《事類賦》所引一節外，其餘皆見馬所採。

雜五行書一卷 （清）馬國翰輯

　玉函山房輯佚書・子編五行類

　　注：《初學記》、《藝文類聚》、《太平御覽》等引有《雜五行書》，未詳撰者。馬國翰採得二十餘節。諸書又引有《五行論》等，馬氏亦採得數節附後。

藝　術　類

李斯用筆法 （秦）李斯撰 （清）

　顧觀光輯

武陵山人遺稿・古書逸文

用筆法一卷 （秦）李斯撰 （清）

王仁俊輯

玉函山房輯佚書續編・經編小學類

　注：李斯，楚上蔡人，秦始皇兼併六國，斯爲丞相，以小篆統一文字，《史記》有傳。《晉書・衛恒傳》載恒《四體書勢》云：「李斯號爲工篆（「工」字原作「二」，據《三國志・劉劭傳》注改），諸山及銅人銘皆斯書也。」《續古文苑》、《墨池編》載李斯《用筆法》二節，顧觀光、王仁俊皆據以錄存。按此書當出後人僞托。

篆勢　（漢）蔡邕撰　（清）嚴可均輯

全後漢文卷八十

篆勢一卷　（漢）蔡邕撰　（清）王仁俊輯

玉函山房輯佚書續編・經編小學類

　注：蔡邕，參《蔡氏月令章句》。《晉書・衛恒傳》載恒《四體書勢》，稱邕採李斯、曹喜之法，爲古今雜形，並引邕《篆勢》一節，其文亦見於本集及唐、宋類書所引，嚴可均據以錄存。王仁俊所輯採自《古文苑》，文與嚴輯雷同。

非草書　（漢）趙壹撰　（清）嚴可均輯

全後漢文卷八十二

非草書一卷　（漢）趙壹撰　（清）王仁俊輯

玉函山房輯佚書續編・經編小學類

非草書　（漢）趙壹撰　張鵬一輯

關隴叢書・趙計吏集

東漢四人小集・趙計吏集

　注：趙壹，字元叔，漢陽西縣人，爲漢陽郡吏，著賦、頌、箴、誄、書、論及雜文十六篇（《後漢書・文苑傳》）。《書法要

錄》、《墨池編》均載趙壹《非草書》一節，嚴可均、王仁俊據以錄存。張鵬一亦據《墨池編》錄出，並校以《太平御覽》所引。按正文「俯而捫蝨」下，《御覽》九五一引有「仰而觀鍼」云云一節，嚴、王均失校。

〔筆墨法〕　（魏）韋誕撰　（清）嚴可均輯

全三國文卷三十二

筆墨法一卷　（魏）韋誕撰　（清）王仁俊輯

玉函山房輯佚書續編・經編小學類

　注：韋誕，字仲將，官至光祿大夫，善書。（《三國志・劉劭傳》裴松之注引《文章敍錄》）誕師事邯鄲淳，太和中爲武都太守，以能書留侍中，魏氏寶器銘題皆誕所書（《晉書・衛恒傳》載恒《四體書勢》）。《初學記》二十一引韋仲將《墨方》一節，《齊民要術》引《筆方》一節，嚴可均據以輯存。王仁俊從宋本《意林》卷六採得韋仲將《筆墨法》一節，其文與《要術》引《墨方》雷同。按疑書名應是《筆墨法》，《墨方》與《筆方》當爲篇名。

草書狀一卷　（晉）索靖撰　（清）馬國翰輯

玉函山房輯佚書・經編小學類

草書狀　（晉）索靖撰　（清）嚴可均輯

全晉文卷八十四

　注：索靖，字幼安，敦煌人，官至散騎常侍、游擊將軍，贈太常，與衛瓘俱以善草書知名，著有《草書狀》等（《晉書》本傳）。嚴可均、馬國翰皆從本傳輯出《草書狀》一篇。按馬輯據唐、宋類書所引校勘，文較嚴輯爲詳。

四體書勢 （晉）衛恒撰

說郛（宛委山堂本）弖八十六

五朝小説·魏晉小説品藻家

五朝小説大觀·魏晉小説品藻家

四體書勢一卷 （晉）衛恒撰
（清）馬國翰輯

玉函山房輯佚書·經編小學類

四體書勢 （晉）衛恒撰 （清）嚴
可均輯

全晉文卷三十

注：衛恒，字巨山，河東安邑人，官至
太子庶子、黄門郎，善草、隸書，作《四體
書勢》（《晉書》本傳）。《隋》、《唐志》經
部小學類皆載衛恒《四體書勢》一卷。
嚴可均、馬國翰皆從本傳輯出此文。馬
氏又據《三國志》裴松之注及唐、宋類書
所引校其文。按此文之《序篆書》一節
云"秦時李斯號爲二篆"，《三國志·劉
劭傳》注引"二"作"工"，是也，馬氏失
校。《説郛》所載亦即見於本傳者，而文
稍有異同。

書論 （晉）王羲之撰 （清）嚴可
均輯

全晉文卷二十六

書論一卷 （晉）王羲之撰 （清）
王仁俊輯

玉函山房輯佚書續編·經編小學類

注：王羲之，字逸少，琅邪臨沂人，官
至右軍將軍、會稽内史。善隸書，爲古
今之冠（《晉書》本傳）。《墨池編》載羲
之《書論》三節，嚴可均、王仁俊皆據以
輯存。按"夫執筆"云云一節，《書法要
録》引稱爲《衛夫人筆陣圖》，未詳孰是。

筆經 （晉）王羲之撰 （清）嚴可
均輯

全晉文二十六

注：王羲之，參前條。《初學記》引羲
之《筆經》四節，嚴可均據以録存。

樂論一卷 （晉）阮籍撰 （清）王
謨輯

漢魏遺書鈔·經翼第二册

樂論 （晉）阮籍撰 （清）嚴可均輯

全三國文卷四十六

注：阮籍，字嗣宗，陳留尉氏人，官至
步兵校尉，著《詠懷詩》、《達莊論》、《大
人先生傳》等詩文（《晉書》本傳）。《隋
志》經部載梁武帝《樂論》三卷、蕭吉《樂
論》一卷，而不載阮籍《樂論》。王謨謂
不載阮書者，以其書在前而久佚。按
《隋志》載《阮籍集》十卷，注云："梁十三
卷，録一卷。"蓋《樂論》即在《集》中，故
不别載，今存明刻本阮集即載《樂論》一
篇，又唐、宋類書亦引之。王謨所輯八
節，除《北堂書鈔》一百五及《文選·琴
賦》李善注所引二節爲佚文外，其餘均
未出今本阮集所載。嚴可均即從阮集
録出，並校以唐、宋類書，較王輯爲備。
按今人李志鈞等點校《阮籍集》，中《樂
論》一篇校勘頗詳，勝於嚴輯。

古今樂録一卷 （陳）釋智匠撰
（清）王謨輯

漢魏遺書鈔·經翼第二册

古今樂録一卷 （陳）釋智匠撰
（清）馬國翰輯

玉函山房輯佚書·經編樂類

古今樂録一卷 （陳）釋智匠撰
（清）黄奭輯

漢學堂叢書·子史鈎沈·子部藝術類

黄氏逸書考·子史鈎沈

注：《隋志》經部樂類載《古今樂録》

十二卷，陳沙門智匠撰。兩《唐志》、《宋志》並十三卷。按智匠，其人無考。其書唐、宋類書及《文選》李善注等引之，馬國翰採得三十餘節。王謨謂宋郭茂倩所編《樂府詩集》分十二門，附傳記、辭曲解題，大率據《古今樂錄》，故除採類書等外，兼採郭書，凡得百六十餘節。按馬氏未採郭書，然所採他書間亦有溢出王輯之外者，如《御覽》引"晉宋已後歌曲"一節，《文選注》引"《雞鳴高樹巔》，古辭"一節，《路史》注引"大琴二十七弦"一節，均王所無。又採《後漢書》注引"橫吹，胡樂也"一節，其文較王採自《玉海》所引者爲備。黃奭全襲王輯。

琴歷一卷　（清）馬國翰輯

玉函山房輯佚書・經編樂類

注：《隋志》經部樂類載《琴歷頭簿》一卷，兩《唐志》作《琴集歷頭拍簿》一卷，均不著撰人。《初學記》、《太平御覽》引有《琴歷》佚文，馬國翰謂即此書，據以採得三十八節，皆曲名。

琴操一卷　（晉）孔衍撰　（清）王謨輯

漢魏遺書鈔・經翼第二册

〔琴操〕補　（清）□□輯

讀畫齋叢書・琴操附

邵武徐氏叢書初刻・琴操附

〔琴操〕補遺　（清）孫星衍輯

平津館叢書・琴操附

琴學叢書・琴粹・琴操附

叢書集成初編・藝術類・琴操附

琴操逸文　（清）杜文瀾輯

曼陀羅華閣叢書・古謠諺卷八十

〔琴操〕補遺　（清）黄奭輯

漢學堂叢書・子史鉤沈・子部藝術類・琴操附

黃氏逸書考・子史鉤沈・琴操附

〔琴操〕補遺

琴操附　（清抄本　清顧觀光校　〔上海圖書館〕）

琴操一卷　（漢）蔡邕撰　（清）王仁俊輯

玉函山房輯佚書續編・經編樂類

琴操佚文一卷　（漢）蔡邕撰　（清）王仁俊輯

經籍佚文

注：《隋》、《唐志》經部樂類並載《琴操》三卷，晉廣陵相孔衍撰（孔衍，參《凶禮》）。兩《唐志》又載桓譚《琴操》二卷（桓譚，參《新論》）。然《水經注》、《文選注》及唐、宋類書等引《琴操》均屬之蔡邕（蔡邕，參《蔡氏月令章句》），而未有稱引桓譚、孔衍者。馬瑞辰序孫星衍輯本，辨《琴操》爲邕所撰甚詳。今存《琴操》舊本二卷，爲惠棟抄本，不詳所自，其文與諸書所引多合，阮元收入《宛委別藏》中（詳參《揅經室外集》）。其後《讀畫齋叢書》等所刊者即此本，並附《補遺》三節，乃採自《藝文類聚》、《文選》李善注，不知何人所輯。孫星衍校本即據《讀畫齋叢書》本，並於《補遺》增輯佚文四節，採自《北堂書鈔》及《類聚》。黄奭又據孫本《補遺》增補，從《水經・淇水》注等採得三節，又於原輯"甯戚飯牛"一節增補八字。王仁俊所輯有二，收入《玉函山房輯佚書續編》者僅從《書鈔》採得一節，已見於孫本《補遺》；收入《經籍佚文》者則從《水經・漯水》注、《古詩源》各採得一節，則出諸家所採之外。王謨未見舊本，從唐、宋類書

及《樂府詩集》等輯成一卷,並依《隋志》題爲孔衍撰。按王所採皆未出舊本之範圍也。杜文瀾僅從《古詩源》轉録一節而已。

歌録一卷 （清）王謨輯

漢魏遺書鈔・經翼第二册

注:《文選》李善注引有《歌録》,皆釋歌曲名者,不詳撰人,諸志亦不載,王謨據以採得十四節。按所記歌曲有石崇《楚妃難辭》,則是書當爲晉以後人所撰。檢《隋志》經部樂類載《歌曲名》五卷,又《歷代樂名》一卷,皆不著撰人,疑《歌録》即其一也。

虞潭投壺變 （晉）虞潭撰 （清）臧琳輯

拜經堂叢書・經義雜記二十九

投壺變一卷

玉函山房輯佚書・子編藝術類

注:《隋志》子部兵家云:“梁有《大小博法》一卷、《投壺經》四卷、《投壺變》一卷,晉左光禄大夫虞潭撰。”按虞潭,字思奥,會稽餘姚人,由吴仕晉,官至侍

中、衞將軍,更拜右光禄大夫,卒,追贈左光禄大夫,《晉書》有傳。《太平御覽》引《投壺變》佚文,臧琳採得十一節(馬國翰即轉録臧輯)。按《御覽》所引有注,未詳出自何人。

藝經 （魏）邯鄲淳撰

説郛(宛委山堂本)弓一百二

藝經一卷 （魏）邯鄲淳撰 （清）馬國翰輯

玉函山房輯佚書・子編藝術類

注:邯鄲淳,一名竺,字子叔,博學有才章,善《蒼》、《雅》、蟲篆、許氏字指。黄初中,爲博士給事中。作《投壺賦》千餘言奏之,文帝以爲工,賜帛千匹(《三國志・王粲傳》裴松之注引《魏略》)。《文選》李善注、《太平御覽》等引邯鄲淳《藝經》,馬國翰據以採得十一節。按是書史志不見載,《御覽》所引但稱《藝經》,未稱撰人姓名,《文選》李注皆稱作邯鄲淳《藝經》。《説郛》載八節,皆不注出處,驗之馬輯,除首節亦見馬本外,其餘多互不同。

雜　學　類

蒯子一卷 （漢）蒯通撰 （清）馬國翰輯

玉函山房輯佚書・子編縱横家類

注:蒯通,范陽人,本名徹,史書避武帝諱,改爲通,《漢書》有傳。傳稱通論戰國説士權變,亦自序其説,凡八十一首,號曰《雋永》。《漢志》縱横家載《蒯子》五篇,注云:“名通。”其書《隋》、《唐志》不載,諸書亦無徵引者。本傳載其説徐公、韓信諸人之文,馬國翰以爲當是自序之本文,爰據輯録。按《漢書》傳稱自序其説者,序、敍古通,言自敍述己説,凡八十一首,號曰《雋永》也。

鼂氏新書一卷 （漢）晁錯撰

（清）馬國翰輯

　　玉函山房輯佚書・子編法家類

鼂錯　（漢）鼂錯撰　（清）嚴可
均輯

　　全漢文卷十八

　　　　注：鼂錯（鼂亦作晁，或作朝，古字
通），潁川人，學申商之術，官至御史大
夫，事具《漢書》本傳。《漢志》法家載
《鼂錯》三十一篇。《隋志》子部法家云：
"梁有《晁氏新書》三卷，漢御史大夫鼂
錯撰，亡。"《舊唐志》復載爲三卷，《新唐
志》則作《晁氏新書》七卷。姚振宗《漢
書藝文志條理》謂《新唐志》之七卷或併
其文集言之。《漢書》本傳載錯上言、對
策，馬國翰謂當屬《新書》之文，據以採
得五篇，並從《意林》、《文選》李善注、
《太平御覽》等採得佚文八節，歸爲雜篇
附後。嚴可均所輯未採本傳上書言太
子事一篇及《意林》等所引八節，唯別從
《漢書・食貨志》、《吳王濞傳》採得錯進
言文帝、景帝之文五節，則爲馬本所無。

鄒陽書一卷　（漢）鄒陽撰　（清）
馬國翰輯

　　玉函山房輯佚書・子編縱橫家類

　　　　注：鄒陽，齊人，仕吳，吳王濞有異
謀，陽上書諫，王不納，去而仕梁，復遭
讒下獄，上書孝王，遂得出爲上客，事具
《史記》本傳。《漢志》縱橫家載《鄒陽》
七篇，《隋》、《唐志》不載。馬國翰從《史
記》本傳採得獄中上書一篇，從《漢書》
本傳採得諫吳王、說王長君各一篇。

終軍書一卷　（漢）終軍撰　（清）
馬國翰輯

　　玉函山房輯佚書・子編儒家類

終軍　（漢）終軍撰　（清）嚴可
均輯

　　全漢文卷二十七

　　　　注：終軍，字子雲，濟南人，官至諫大
夫，使南越，爲呂嘉所殺，事具《漢書》本
傳。《漢志》儒家載《終軍》八篇。馬國
翰從本傳採得《白麟奇木對》等四篇，嚴
可均所輯多《自請使南越》一節。

淮南逸文　（清）孫志祖輯

　　讀書脞録卷四（嘉慶四年刻本、光緒十
　　　三年醉六堂刻本、江氏聚珍版叢書
　　　本）

淮南子佚文一卷　（清）王仁俊輯

　　經籍佚文

淮南子逸文　劉文典輯

　　三餘札記卷二（民國十七年商務印書館
　　　排印本、二十四年重印本）

　　　　注：劉文典從唐、宋類書及《文選》注
等採得佚文二十九節，按其中有他書之
文而誤引作《淮南子》者，詳劉氏案語。
孫志祖僅採得二節，王仁俊採得三節，
除王採《事類賦》所引一節，餘皆未出劉
輯之外。

許慎淮南子注一卷　（漢）許慎撰
（清）孫馮翼輯

　　問經堂叢書・逸子書

　　叢書集成初編・哲學類

許叔重淮南子注一卷　（漢）許慎
撰　（清）蔣曰豫輯

　　蔣侑石遺書・湝喜齋學録

許慎淮南子注一卷　（漢）許慎撰
（清）黃奭輯

　　黃氏逸書考・子史鉤沈

淮南鴻烈閒詁二卷　（漢）許慎撰
葉德輝輯

　　觀古堂所著書第二集

郋園先生全集

淮南許注鉤沈一卷　　易順鼎輯
琴志樓叢書

淮南許注異同詁四卷補遺一卷續
補遺一卷　　（清）陶方琦撰
光緒七年至十年刻本

注：許慎，參《駁五經異義》。《隋志》子部雜家載《淮南子》二十一卷，注者有許慎、高誘二家。兩《唐志》、《宋志》並載之。按據宋蘇頌《校上淮南子序》（見《蘇魏公集》），宋時許、高兩家注已淆亂。元以後許注散亡，今衹存高注而亦非完書。今《道藏》本所載注文較明刻爲詳，中間容或有許注羼入者，而徑題爲許慎注，則非也（參錢塘《溉亭述古錄》）。孫馮翼、蔣曰豫皆據《文選》李善注、玄應《一切經音義》及唐、宋類書等採得許注百餘節，蔣輯稍多。黃奭實因襲孫輯，間有出入。葉德輝輯本後出較備，所採書三十餘種，其中如《原本玉篇》、《玉燭寶典》、慧琳《一切經音義》、希麟《續一切經音義》、《群書治要》、《意林》等皆以前諸家所未及，計凡採得四百餘節。陶方琦所輯許注，取高注校其異同，並爲之詁訓。陶氏初未見《原本玉篇》及慧琳、希麟兩《音義》，故嗣後又爲《補遺》、《續補遺》各一卷。葉、陶所採大體相當，互爲有無者什之一二而已。如葉輯《原道》“席旃茵”、《俶真》“二者代謝舛馳”、《詮言》“厭文搔法”、《兵略》“養池魚者”等節爲陶所無，又《地形》、《主術》、《齊俗》、《氾論》、《說林》諸篇採《事物紀原》所引九節亦爲陶所未採。陶輯如《原道》“夏緜作九仞之城”、《俶真》“是故傷死者其鬼嬈”、《天文》“盛德在水”、《齊俗》“夫蝦蟇爲鶉”、

《說林》“曾子（今高注本作柳下惠）見錫可以養老”、《氾論》“然而兵殆於垂沙”等節爲葉所無，又《天文》、《時則》二篇採《五行大義論》所引九節及《北史·劉芳傳》所引四節亦爲葉所未採。又二家於許注之歸屬亦間有出入。如慧琳《音義》十一引“羸，劣也”一節，葉歸《主術》篇之注而陶歸《繆稱》篇。又七十七引“瘁，癏疾也”一節，陶歸《覽冥》篇之注而葉歸《俶真》篇。按陶氏所採多爲之詁訓，爲葉輯所無，唯其書分爲三編，翻檢不便。又《群書治要》等所載正文間與今本互異，葉氏輯出異文數十節，爲陶輯所無。

主父偃書一卷　　（漢）主父偃撰
（清）馬國翰輯
玉函山房輯佚書·子編縱橫家類

主父偃　　（漢）主父偃撰　　（清）嚴
可均輯
全漢文卷二十七

注：主父偃，齊臨菑人，仕漢爲郎中，事具《漢書》本傳。《漢志》縱橫家載《主父偃》二十八篇，馬國翰從本傳採得諫伐匈奴文等四則，嚴可均輯本缺置朔方議一則。

徐樂書一卷　　（漢）徐樂撰　　（清）
馬國翰輯
玉函山房輯佚書·子編縱橫家類

徐樂　　（漢）徐樂撰　　（清）嚴可均輯
全漢文卷二十六

注：徐樂，燕無終人，仕漢爲郎中，見《漢書》本傳及《主父偃傳》。《漢志》縱橫家載《徐樂》一篇，馬國翰以爲即本所載上書一篇，據以錄存。嚴可均所輯同。

嚴安書一卷　（漢）嚴安撰　（清）
　馬國翰輯
　　玉函山房輯佚書・子編縱橫家類

嚴安　（漢）嚴安撰　（清）嚴可
　均輯
　　全漢文卷二十七
　　注：嚴安，臨菑人，爲騎馬令，見《漢
　書》本傳。《漢志》縱橫家載《莊安》一
　篇。按明帝諱“莊”，班固於本傳改“莊”
　爲“嚴”，《志》則承《七略》之舊未改。馬
　國翰以爲本傳所載上書一篇即《漢志》
　所載之一篇，據以輯存。嚴可均所
　輯同。

論衡佚文一卷　（清）王仁俊輯
　　經籍佚文

論衡佚文　黃暉輯
　　論衡校釋附編一（民國間排印本）
　　注：黃暉從《意林》、《文選》李善注、
　史注及唐宋類書等採得佚文三十一節。
　王仁俊從《意林》、《太平御覽》採得八
　節，其中“東風至，酒湛溢”及“儒書稱孔
　子與顏淵俱登魯東山”二節爲黃輯所
　無。按今核其文，“東風至”一節實見本
　書《亂龍》篇，非佚文（《意林》引此節下
　更有“案酒味從酸”云云十五字，當是引
　者所加，非今本有脫佚）。又“儒書稱”
　云云一節，其文與本書《書虛》篇所載雷
　同，恐此節乃《御覽》約述其文，非佚文
　也。又今本《累害》篇“汙爲江河”下，明
　刻本脫去四百字，王氏據蔣光煦《東湖
　叢記》從元刻錄出。按今《四部叢刊》本
　已據宋刻補入此脫文。

友論　（漢）張升撰　（清）嚴可
　均輯
　　全後漢文卷八十二

反論一卷　（漢）張升撰　（清）王仁
　俊輯
　　玉函山房輯佚書續編・子編雜家類
　　注：張升，字彥真，陳留尉氏人，官至
　外黃令，著賦、誄、頌、碑、書，凡六十篇
　（《後漢書・文苑傳下》）。《文選》李善
　注、《太平御覽》等引張升《反論》。按諸
　志不載此書，諸書所引或作《友論》、《及
　論》，字形相近，未詳孰是。嚴可均、王
　仁俊皆採得二節，中有一節互爲有無。
　按王採《左傳》昭公七年疏引一節稱張
　叔《皮論》，孫志祖《讀書脞録》卷二以爲
　乃張升《反論》之誤。

嵯岈子　（漢）崔寔撰　（明）歸有
　光輯
　　諸子彙函

崔氏政論一卷　（漢）崔寔撰
　（清）馬國翰輯
　　玉函山房輯佚書・子編法家類

政論一卷　（漢）崔寔撰　（清）嚴
　可均輯
　　清陶濬宣家抄本　清陶濬宣校　〔浙江
　圖書館〕
　　全後漢文卷四十六

崔寔政論一卷　（漢）崔寔撰
　（清）姚振宗輯
　　清姚氏師石山房抄本　〔復旦大學圖書
　館〕

崔寔政論一卷　（漢）崔寔撰
　（清）王仁俊輯
　　玉函山房輯佚書續編・子編儒家類
　　注：崔寔，字子真，一名台，字元始，
　涿郡安平人，官至尚書，著《政論》等
　（《後漢書・崔駰傳》）。《隋志》子部法
　家載《正論》六卷，注云：“漢大尚書崔寔

撰。"兩《唐志》作《政論》,《舊唐志》作五卷。按正、政字通,依《崔駰傳》作"政"是。嚴可均從《群書治要》、《崔駰傳》、《通典》輯出九篇,並據《意林》及唐、宋類書等所引校補其文,諸書所引有溢出九篇外者三十餘節,皆錄以附後。王仁俊所輯未出嚴氏之外。馬國翰僅從《崔駰傳》採得一篇,題爲"卷上",而下卷則缺,蓋欲採他書而未果歟?《諸子彙函》所載僅一節,題曰《客譏》,核其文見於《藝文類聚》二十四引。按此節嚴氏輯入崔氏文集,不入《政論》。

任子 （漢）任奕撰 （清）杜文瀾輯

曼陀羅華閣叢書·古謠諺卷三十六

任子一卷 （漢）任奕撰 （清）張壽鏞輯

四明叢書第一集

注:《意林》卷五載《任子》十卷,注云"名弈"。按任奕,句章人,官御史中丞,朱育稱其爲文章之士,立言粲然,見《三國志·虞翻傳》裴注引《會稽典錄》。高似孫《子略》引梁庾仲容《子鈔》載《任子》十卷,題任弁撰。"弁"即"弈"之形訛。張壽鏞所輯即據《意林》錄出十七節。杜文瀾僅採其中一節,爲諺語。

任子道論一卷 （魏）任嘏撰 （清）馬國翰輯

玉函山房輯佚書·子編道家類

道論 （魏）任嘏撰 （清）嚴可均輯

全三國文卷三十五

注:任嘏,字昭先,樂安博昌人,官至河東太守,著書三十八篇,凡四萬餘言(《三國志·王昶傳》裴松之注引《任嘏別傳》)。《隋志》子部道家載《任子道論》十卷,注云:"魏河東太守任嘏撰。"兩《唐志》同。《初學記》、《太平御覽》引有《任子》,馬國翰採得九節。又《意林》卷五引《任子》十七節,題爲任弈撰。馬氏謂史志無任弈著書之目,"弈"蓋"嘏"之誤,爰並採入。按任弈自有其人,亦自有其書(參前條),與任嘏非一人。《初學記》兼引《任子》(卷三十)及任嘏《道德論》(卷十七、二十七),明是二書,則唐初猶未相渾。《御覽》則皆引作《任子》,核其文有與《意林》所載任弈《任子》同者,又有與《初學記》引任嘏《道德論》同者,是宋時已混二書不別矣。清黃以周《子敍》辨之甚詳,見《儆季雜著》。姚振宗《隋書經籍志考證》見《御覽》引《任子》有與《意林》所載合者,以爲馬説爲是,不知《御覽》已渾二書爲一,不能區別也。嚴可均不採《意林》,較爲審慎,至所採他書則未出馬外。

蔣子萬機論一卷 （魏）蔣濟撰 （清）馬國翰輯

玉函山房輯佚書·子編雜家類

蔣子萬機論一卷 （魏）蔣濟撰 （清）嚴可均輯

嚴鐵橋輯佚稿 稿本 清勞格校 〔上海圖書館〕

全三國文卷三十三

適園叢書第五集

蔣子萬機論一卷 （魏）蔣濟撰 （清）王仁俊輯

玉函山房輯佚書續編·子編雜家類

注:蔣濟,字子通,楚平阿人,仕魏官至太尉,著《萬機論》(《三國志》本傳)。《隋志》子部雜家載《蔣子萬機論》八卷,

《舊唐志》同，《新唐志》、《宋志》並十卷。按宋陳振孫《直齋書録解題》載爲二卷，云：“《館閣書目》十卷，五十五篇，今惟十五篇。”是南宋時已無完書。嚴可均從《羣書治要》録出三篇，又從《三國志》裴松之注、《文選》李善注及唐、宋類書等採得佚文二十二節（《適園叢書》本將其中三節併爲一節，又移《通典》所引一節置末尾，餘無異）。馬國翰未及採《治要》，僅雜採諸書得十六節，未出嚴輯之外。唯《通典》卷九引“《禮記》叔嫂無服”一節，自“尚書何晏”云云以下三百餘字嚴未録。按此段乃何晏諸人駁難，下更有“答曰”云云數語，當是濟所答，馬氏録入此三百餘字，是也。王仁俊補馬之缺，從《治要》録出三篇，又從宋本《意林》卷六採得一節。按嚴氏未及採《意林》卷六。

劉氏政論一卷　（魏）劉廙撰
（清）馬國翰輯
玉函山房輯佚書·子編法家類

劉氏政論一卷　（魏）劉廙撰
（清）嚴可均輯
嚴鐵橋輯佚稿　稿本　清勞格校〔上海圖書館〕
適園叢書第五集
政論
全三國文卷三十四

劉氏政論一卷　（魏）劉廙撰
（清）王仁俊輯
玉函山房輯佚書續編·子編法家類
注：劉廙，字恭嗣，南陽安衆人，仕魏官至侍中，著書數十篇（《三國志》本傳）。《隋志》子部法家云：“梁有《政論》五卷，魏侍中劉廙撰，亡。”兩《唐志》復

載五卷《群書治要》卷四十七載其書八篇，題爲《劉廙別傳》，而其目録又題爲《劉廙政論》。《別傳》之文，《三國志》本傳裴注引之，嚴可均以爲與《政論》似爲二書，謂《治要》所載應依目録作《政論》爲是。嚴氏所輯，即從《治要》採録七篇。馬國翰未及採《治要》，而從裴注引《別傳》採得《論治道》一篇。按《劉廙別傳》蓋兼述廙言論及事跡，《政論》所載諸論當即見於《別傳》中，後人從中摘出，別爲《政論》一書，故《治要》又題爲《別傳》也，參姚振宗《隋書經籍志考證》。又《三國志·陸遜傳》載廙《先刑後禮論》，似亦爲《政論》之一篇。王仁俊補馬氏之缺，所輯即採自《治要》。

阮子政論一卷　（魏）阮武撰
（清）馬國翰輯
玉函山房輯佚書·子編法家類

正論　（魏）阮武撰　（清）嚴可均輯
全三國文卷四十四
注：阮武，字文業，陳留人，官至清河太守（《三國志·杜恕傳》及裴注引《杜氏新書》）。《隋志》子部法家云：“梁有《阮子正論》五卷，魏清河太守阮武撰，亡。”兩《唐志》復載爲五卷，題作《阮子政論》。馬國翰從《意林》、《文選》李善注、《太平御覽》等採得十節。嚴可均所採凡六節，未出馬輯之外。

世要論一卷　（魏）桓範撰　（清）馬國翰輯
玉函山房輯佚書·子編法家類

桓氏世要論一卷　（魏）桓範撰
（清）嚴可均輯
嚴鐵橋輯佚稿　稿本　清勞格校〔上海圖書館〕

適園叢書第五集

世要論

全三國文卷三十七

世要論一卷 （魏）桓範撰 （清）王仁俊輯

玉函山房輯佚書續編·子編法家類

注：桓範，字元則，沛國人，官至大司農，嘗抄撮《漢書》中諸雜事，自以意斟酌之，名曰《世要論》（《三國志·曹爽傳》及裴注引《魏略》）。《隋志》子部法家載《世要論》十二卷，注云：“魏大司農桓範撰，梁有二十卷。”《舊唐志》十卷，《新唐志》十二卷。其書今佚，《文選》注及唐、宋類書引之，稱桓範、桓子、《政要論》、桓範《新論》、《要集》、《世論》者互見，馬國翰、嚴可均皆謂是一書之異稱。馬國翰僅採得二十五節，未及採《群書治要》。嚴氏從《治要》採得十四篇（原十三篇，嚴以《臣不意》篇分爲二），又從《太平御覽》二七三、《北堂書鈔》百十七輯出二篇，後附《文選》注、《長短經》、《御覽》所引佚文十四節。（《適園叢書》本後附佚文十六節，多“聖人之人”、“帝王用人”二節，並增附錄三節。）王仁俊採《治要》以補馬缺，又從宋本《意林》卷六採得一節。按嚴氏未採《意林》。

杜恕體論一卷 （魏）杜恕撰 （清）馬國翰輯

玉函山房輯佚書·子編儒家類

杜氏體論二卷 （魏）杜恕撰 （清）嚴可均輯

漢魏四家軼存

嚴鐵橋輯佚稿 稿本 清勞格校 〔上海圖書館〕

體論

全三國文卷四十二

體論一卷 （魏）杜恕撰 （清）王仁俊輯

玉函山房輯佚書續編·子編儒家類

注：杜恕，字務伯，京兆杜陵人，官至幽州刺史，著《體論》八篇，又著《興性》一篇（《三國志》本傳）。《隋》、《唐志》子部儒家並載杜恕《體論》四卷。馬國翰從《意林》、《太平御覽》等採得佚文十四節，未及採《群書治要》。王仁俊即從《治要》採得六篇以補馬缺。嚴可均兼採諸書，校訂文字，釐爲八篇，較馬、王爲備。

篤論一卷 （魏）杜恕撰 （清）馬國翰輯

玉函山房輯佚書·子編雜家類

杜氏篤論一卷 （魏）杜恕撰 （清）嚴可均輯

嚴鐵橋輯佚稿 稿本 清勞格校 〔上海圖書館〕

適園叢書第五集

篤論

全三國文卷四十二

注：杜恕，參前條。《隋》、《唐志》子部雜家並載杜恕《篤論》四卷，今佚。《意林》卷五引《篤論》六節，其中“陛下謂以今世無良才”一節，語見《三國志》本傳所載疏奏。馬國翰據此以爲杜氏之疏奏皆收入《篤論》中，故所輯除採《意林》外，兼從本傳採得上疏三篇，並從《太平御覽》採得佚文四節附益之。按馬採《御覽》三百七十六引一節，與本傳裴松之注引《杜氏新書》同文，當是一書而異稱。裴注引《杜氏新書》尚多，馬氏未一採，可謂失之交臂。嚴可均所輯

除採《意林》、《御覽》外，亦兼採《杜氏新書》，是矣。唯本傳所載上疏三篇，嚴氏不採而輯入文集中。按疏奏即在《篤論》中，《意林》所載可證，故《隋志》集部不載杜恕集也。《適園叢書》本已將疏三篇採入，是。

芻蕘論　（魏）鍾會撰　（清）嚴可均輯

全三國文卷二十五

鍾子芻蕘一卷　（魏）鍾會撰　（清）王仁俊輯

玉函山房輯佚書續編·子編儒家類

注：鍾會，參《老子鍾氏注》。《隋志》子部雜家云："梁有《芻蕘論》五卷，鍾會撰，亡。"兩《唐志》復載五卷。嚴可均從《文選》李善注及唐、宋類書採得佚文七節。王仁俊從宋本《意林》卷六錄出二節，爲嚴所未採。

諸葛子一卷　（吳）諸葛恪撰　（清）馬國翰輯

玉函山房輯佚書·子編雜家類

諸葛子　（吳）諸葛恪撰　（清）嚴可均輯

全三國文卷六十五

諸葛子一卷　（蜀）諸葛亮撰　（清）王仁俊輯

玉函山房輯佚書續編·子編儒家類

注：諸葛恪，字元遜，琅玡陽都人，仕吳官至太傅，《三國志》有傳。《隋志》子部雜家云："梁有《諸葛子》五卷，吳太傅諸葛恪撰，亡。"馬國翰謂《隋志》不載恪文集，本傳所載書、論當即在《諸葛子》中，爰從本傳輯錄三篇，並從《書鈔》、《太平御覽》採得佚文三節附後。嚴可均僅採《御覽》所引一節。王仁俊從宋

本《意林》卷六採得一節，爲嚴、馬所未及採。按《意林》引《諸葛子》未著明撰人，然據《隋志》知爲諸葛恪撰，王氏題爲諸葛亮撰，誤。

裴氏新言一卷　（吳）裴玄撰　（清）馬國翰輯

玉函山房輯佚書·子編雜家類

裴氏新言一卷　（吳）裴玄撰　（清）王仁俊輯

玉函山房輯佚書續編·子編雜家類

注：裴玄，字彥黃，下邳人，官至吳太中大夫（《三國志·嚴畯傳》）。《隋志》子部雜家載《裴氏新言》五卷，吳大鴻臚裴玄撰。（按《隋志》此條原作小字注，姚振宗《隋書經籍志考證》以爲是正文羨入注者。）兩《唐志》同。馬國翰從《文選》李善注及唐、宋類書等採得佚文八節，王仁俊從宋本《意林》卷六採得二節，以補馬缺。

默記一卷　（吳）張儼撰　（清）馬國翰輯

玉函山房輯佚書·子編雜家類

默記　（吳）張儼撰　（清）嚴可均輯

全三國文卷七十三

默記一卷　（吳）張儼撰　（清）王仁俊輯

玉函山房輯佚書續編·子編雜家類

注：張儼，字子節，吳人，官至大鴻臚，事見《三國志·孫皓傳》及裴松之注引《吳錄》。《隋志》子部雜家載《嘿記》三卷，吳大鴻臚張儼撰。（案《隋志》此條原作小字注，姚振宗《隋書經籍志考證》以爲是正文羨入注內者。）兩《唐志》並作《默記》，亦三卷。馬國翰從《三國志·諸葛亮傳》裴松之注錄出二篇，並

從《初學記》採得佚文一節。按馬所採諸葛亮《出師表》一篇，裴注雖云載於張儼《默記》，然究非儼文，故嚴可均所輯不採此篇。又嚴氏別從《北堂書鈔》採得佚文一節，則爲馬所無。王仁俊從宋本《意林》卷六採得一節，爲嚴、馬所未及採。

士緯一卷　（吳）姚信撰　（清）馬國翰輯

玉函山房輯佚書・子編名家類

注：姚信，參《姚信周易注》。《隋志》子部名家云："梁有《士緯新書》十卷，姚信撰，亡。"兩《唐志》子部名家復載姚信《士緯》十卷。馬國翰從《意林》及唐、宋類書採得佚文十六節。

新義一卷　（吳）劉廙撰　（清）馬國翰輯

玉函山房輯佚書・子編雜家類

新議　（吳）劉廙撰　（清）嚴可均輯

全三國文卷七十三

注：《隋志》子部雜家云："梁有《新義》十八卷，吳太子中庶子劉廙撰，亡。"兩《唐志》子部雜家復載之。廙其人事跡無考。馬國翰從《北堂書鈔》、《太平御覽》採得佚文四節。嚴可均缺採《書鈔》所引一節。按《御覽》引作《新議》，嚴氏從之，近是。

秦子一卷　（吳）秦菁撰　（清）馬國翰輯

玉函山房輯佚書・子編雜家類

注：《隋志》子部雜家云："梁有《秦子》三卷，吳秦菁撰，亡。"兩《唐志》復載之。秦菁其人無考，馬國翰從《意林》及唐、宋類書等採得佚文十七節。

陳子要言一卷　（吳）陳融撰　（清）馬國翰輯

玉函山房輯佚書・子編法家類

陳子要言一卷　（吳）陳融撰　（清）王仁俊輯

玉函山房輯佚書續編・子編法家類

注：《隋志》子部法家云："梁有《陳子要言》十四卷，吳豫章太守陳融撰，亡。"兩《唐志》復載之。按融，陳國人，見《三國志・陸瑁傳》，其詳無考。馬國翰從《太平御覽》採得佚文二節。王仁俊從宋本《意林》卷六採得一節，其文與馬採《御覽》八三七所引雷同。

唐子一卷　（吳）唐滂撰　（清）馬國翰輯

玉函山房輯佚書・子編道家類

注：《隋》、《唐志》子部道家並載《唐子》十卷，吳唐滂撰。按唐滂於史無傳，《意林》卷五載有《唐子》十九節，注云："名滂，字惠潤，生吳太元二年。"侯康（《補三國藝文志》）、姚振宗（《隋書經籍志考證》）皆有考證，各詳其所著書。馬國翰所輯除採《意林》外，更從唐、宋類書採得九節附後。又《意林》所載"大晉應期"一節，姚氏謂非《唐子》之文。按滂生吳太元二年，即建興元年也。距晉武帝踐祚不過十四年。至武帝太康元年亡吳，滂年二十九。則其人自少壯即爲晉之臣民，設如著書在晉時，何遽不能言大晉邪？姚說未是。

蘇子一卷　（晉）蘇彥撰　（清）馬國翰輯

玉函山房輯佚書・子編道家類

蘇子　（晉）蘇彥撰　（清）嚴可均輯

全晉文卷一百三十八

蘇子　（清）顧觀光輯

武陵山人遺稿・古書逸文

注：唐、宋類書等引《蘇子》，不詳其名。馬國翰、顧觀光皆採得十餘節，大體無所出入，嚴可均所輯較馬少二節。顧氏以其文多漢以後語，知非《漢志》所載之蘇秦《蘇子》。馬、嚴二氏則題爲蘇彥撰。按《隋志》子部道家云："梁有《蘇子》七卷，晉北郎中參軍蘇彥撰，亡。"兩《唐志》復載之。檢《北堂書鈔》引《蘇子》"蘭以芳自燒"一節，其文與《意林》引衛蘇淳《蘇子》略同（衛，應從《子鈔》作"魏"，詳前蘇淳《蘇子》條），蓋蘇彥、蘇淳實一人。其人由魏入仕晉，故《隋志》題其仕晉之官職，而著書時或在魏，故《子鈔》云其自稱魏人也。唯彥、淳二名當有一誤，其人事跡亦不詳。

時務論一卷　（晉）楊偉撰　（清）馬國翰輯

玉函山房輯佚書・子編雜家類

時務論　（晉）楊偉撰　（清）嚴可均輯

全晉文卷三十

注：楊偉，字世英，馮翊人（《三國志・曹爽傳》裴松之注引《世語》），仕魏爲尚書郎，景初元年造《景初曆》（《晉書・律曆志》），仕晉爲征南將軍（《隋志》）。《隋志》子部雜家類載偉《時務論》十二卷，兩《唐志》同。馬國翰從《北堂書鈔》、《太平御覽》採得佚文三節。嚴可均僅採《御覽》引一節。

化清經一卷　（晉）蔡洪撰　（清）馬國翰輯

玉函山房輯佚書・子編儒家類

蔡氏化清經一卷　（晉）蔡洪撰

（清）王仁俊輯

玉函山房輯佚書續編・子編儒家類

注：蔡洪，字叔開，吳郡人，仕晉爲松滋令，作《孤奮論》（《晉書・文苑・王沈傳》）。《隋志》子部儒家云："梁有《蔡氏化清經》十卷，松滋令蔡洪撰，亡。"兩《唐志》復載之。馬國翰從《意林》及唐、宋類書等採得佚文九節。按類書所引或稱《化清經》，或稱《清論》，當皆一書之文。王仁俊僅從《意林》錄出三節，與馬輯重複。

鄒子一卷　（晉）鄒□撰　（清）馬國翰輯

玉函山房輯佚書・子編雜家類

鄒子　（□）鄒□撰　（清）顧觀光輯

武陵山人遺稿・鄒子（鄒衍）附

注：《意林》卷五載《鄒子》一卷，並引其文二節，《太平御覽》亦引《鄒子》，均不詳撰人之名字。顧觀光謂其說爲漢以後人語，非鄒衍之書。馬國翰採得五節，顧氏所採多"將軍起事丞相"、"夫珠生於南海"二節。馬氏謂《意林》置此書於蔡洪《化清經》與孫綽《成敗志》之間，蔡、孫皆晉人，則鄒子當亦晉人，疑即《晉書・文苑傳》之鄒湛。按宋高以孫《子略》引《子鈔》載《鄒子》一卷，注云："其書多論漢人，恐是閏甫。"閏甫應作潤甫，即鄒湛之字，此與馬、顧說正同。

陸機要覽一卷　（晉）陸機撰

說郛（宛委山堂本）弓五十九

五朝小説・魏晉小説訓誡家

五朝小説大觀・魏晉小説訓誡家

古今説部叢書第一集

陸氏要覽一卷　（晉）陸機撰

（清）馬國翰輯

玉函山房輯佚書·子編道家類

晉陸機要覽一卷　（晉）陸機撰
（清）黃奭輯

漢學堂知足齋叢書·子史鉤沈　清黃奭校〔北京圖書館〕

注：陸機，字士衡，吳郡人，仕晉爲後將軍、河北大都督，所著文章凡三百餘篇（《晉書》本傳）。兩《唐志》子部雜家並載《要覽》三卷，陸士衡撰。《說郛》凡載九節，多見於《太平御覽》所引。馬國翰即從《說郛》錄出，並注明原引出處，又從《御覽》增補二節附後。

陸子一卷　（晉）陸雲撰　（清）馬國翰輯

玉函山房輯佚書·子編道家類

陸子一卷　（晉）陸雲撰　（清）王仁俊輯

玉函山房輯佚書續編·子編道家類

注：陸雲，字士龍，吳郡人，仕晉爲清河太守，所著文章三百四十九篇，又著《新書》十篇（《晉書》本傳）。《隋》、《唐志》子部道家並載《陸子》十卷，馬國翰謂即《新書》十篇。馬氏從《初學記》、《太平御覽》各採得佚文一節。又《三國志·鍾繇傳》裴松之注引《陸氏異林》載"叔父清河太守"說鍾繇事一節，清河太守即雲也，故馬氏亦採入。王仁俊補馬之缺，僅從宋本《意林》卷六採得一節。

杜氏幽求新書一卷　（晉）杜夷撰（清）馬國翰輯

玉函山房輯佚書·子編道家類

幽求子一卷　（晉）杜夷撰　（清）王仁俊輯

玉函山房輯佚書續編·子編道家類

注：杜夷，字行齋，廬江灊人，仕晉官至國子祭酒，著《幽求子》二十篇（《晉書·儒林傳》）。《隋志》子部道家載《杜氏幽求新書》二十卷，兩《唐志》並三十卷。馬國翰從《文選》注、《北堂書鈔》、《太平御覽》採得佚文十九節。又《三國志·杜畿傳》裴松之注引《杜氏新書》七節，記畿及其子言行，馬氏以爲當是夷稱述其先德之美，書名不稱《幽求》者，乃省文，因據以採入。姚振宗《隋書經籍志考證》謂《杜畿傳》注引《杜氏新書》，乃京兆杜陵之杜氏，與廬江灊縣之杜氏非爲一族。按姚說是也《杜氏新書》即杜恕《體論》，參《體論》。王仁俊補馬輯之缺，從宋本《意林》卷六採得五節。

干子一卷　（晉）干寶撰　（清）馬國翰輯

玉函山房輯佚書·子編儒家類

干子一卷　（晉）干寶撰　（清）王仁俊輯

玉函山房輯佚書續編·子編儒家類

注：干寶，參《干常侍易解》。《隋志》子部儒家云："梁有《干子》十八卷，干寶撰，亡。"兩《唐志》載《正言》十卷，《立言》十卷，並干寶撰。馬國翰從《通典》採得干寶《駁招魂議》一篇，從《荊楚歲時記》、《太平御覽》、《埤雅》採得干寶《變化論》佚文十一節，合爲一輯，依《隋志》題爲《干子》。王仁俊僅從宋本《意林》卷六採得《干子》一節。按姚振宗《隋書經籍志考證》謂馬氏所採《議》、《論》或是干寶文集五卷中文，未必屬《干子》。

物理論一卷　（晉）楊泉撰　（清）孫星衍輯

平津館叢書

龍谿精舍叢書·子部

叢書集成初編·哲學類

物理論一卷附録一卷　（晉）楊泉撰　（清）孫星衍輯　（清）錢保塘校補

清風室叢刊

物理論一卷　（晉）楊泉撰　（清）黃奭輯

漢學堂叢書·子史鉤沈·子部儒家類

黃氏逸書考·子史鉤沈

物理論　（晉）楊泉撰　（清）杜文瀾輯

曼陀羅華閣叢書·古謡諺卷三十四

物理論一卷　（晉）楊泉撰　（清）王仁俊輯

玉函山房輯佚書續編·子編儒家類

注：《隋志》子部儒家云：“梁有《楊子物理論》十六卷，晉徵士楊泉撰，亡。”兩《唐志》復載之。按泉其人無考，《北堂書鈔》六十三引《晉録》云：“會稽相朱則上書曰：‘楊泉清澡自然，徵聘終不就。’詔拜泉郎中。”姚振宗《隋書經籍志考證》引嚴可均《全三國文編》云：“字德淵，梁國人。”未知所據。孫星衍依章宗源舊稿重加校定，以事類編次，釐爲一卷，凡百六十餘節，大體採自唐、宋類書。按《意林》所載《物理論》與《傅子》互有錯簡，孫本遂誤採入《傅子》之文，而馬瑞辰序以爲《物理論》多引《傅子》，不知《意林》有誤也。錢保塘據孫本校補，删去羨入《傅子》各節，益以《齊民要術》、《五行大義》、《天中記》、《開元占經》諸書所引，凡所增皆注明，並以《意林》所載《物理論》錯入《傅子》中者八節

爲附録。黃奭全襲孫本。王仁俊所採不足百節，其中採《意林》凡四五十節，雖明知中有《傅子》錯簡，亦姑採之不加甄別，未免失之濫。杜文瀾僅從孫本録出二節，一爲俚語，一爲民歌。

析言論一卷　（晉）張顯撰　（清）馬國翰輯

玉函山房輯佚書·子編雜家類

析言　（晉）張顯撰　（清）嚴可均輯

全晉文卷七十三

析言論一卷　（晉）張顯撰　（清）王仁俊輯

玉函山房輯佚書續編·子編雜家類

注：《隋志》子部雜家云：“梁有《析言論》二十卷，晉議郎張顯撰，亡。”兩《唐志》載《誓論》三十卷，姚振宗謂“誓”即“析言”之誤，《新唐志》題張明撰者，乃承唐人避諱之舊文，參《隋書經籍志考證》。馬國翰從唐、宋類書採得佚文四節。嚴可均僅從《太平御覽》採得一節，未出馬外。王仁俊從宋本《意林》卷六採得一節，爲馬、嚴所無。

古今訓　（晉）張顯撰　（清）馬國翰輯

玉函山房輯佚書·子編雜家類·析言附

注：張顯，晉議郎，其詳無考，參前條。《隋志》子部雜家載張顯《古今訓》十一卷。馬國翰僅從《爾雅釋文》採得一節。

廣志　（晉）郭義恭撰

説郛（宛委山堂本）弓六十一

説郛（商務印書館本）卷六

廣志二卷　（晉）郭義恭撰　（清）馬國翰輯

玉函山房輯佚書·子編雜家類

晉郭義恭廣志一卷 （晉）郭義恭撰 （清）黃奭輯

漢學堂知足齋叢書·子史鉤沈 清黃奭校 〔北京圖書館〕

注：《隋志》子部雜家載《廣志》二卷，郭義恭撰。兩《唐志》並載二卷，《新唐志》又載一部爲十卷。按義恭不詳何人。《説郛》所載無多，不注出處，驗之馬國翰所輯，皆不出類書所引。馬氏從唐、宋類書等採得二百六十餘節，釐爲上下二卷，依《隋》、《唐志》也。

孫子一卷 （晉）孫綽撰 （清）馬國翰輯

玉函山房輯佚書·子編道家類

孫子 （晉）孫綽撰 （清）嚴可均輯

全晉文卷六十二

孫綽子 （晉）孫綽撰 （清）勞格輯

月河精舍雜鈔·讀書雜識卷六

孫綽子一卷補遺一卷 （晉）孫綽撰 （清）王仁俊輯

玉函山房輯佚書續編·子編道家類

注：孫綽，參《論語孫氏集解》。《隋》、《唐志》子部道家並載《孫子》十二卷，孫綽撰。《宋志》十卷，歸雜家。嚴可均、馬國翰皆從《文選》李善注及唐、宋類書採得二十餘節，馬採"伯牙鼓琴"、"銜轡衡軛"、"高祖御龍"三節爲嚴所無，嚴採"或問賈誼不遇漢文"、"秋霜被"、"或問人物"、"由禮則雅"、"鳥窮則啄"五節爲馬所無。又"或問雅俗"、"貞（馬作真）人在冬"二節，嚴氏輯文較備。勞格採得十三節，未出

馬、嚴之外。王仁俊即轉録勞輯，又從宋本《意林》卷六採得二節爲補遺，則爲三家所未及採。

苻子一卷 （晉）苻朗撰 （清）馬國翰輯

玉函山房輯佚書·子編道家類

苻子 （晉）苻朗撰 （清）嚴可均輯

全晉文卷一百五十二

苻子 （晉）苻朗撰 （清）顧觀光輯

武陵山人遺稿·古書逸文

苻子一卷 （晉）苻朗撰 （清）王仁俊輯

玉函山房輯佚書續編·子編道家類

注：苻朗，字元達，略陽臨渭氐人，仕秦爲青州刺史，降晉，詔加員外散騎侍郎，著《苻子》數十篇，亦老、莊之流，事見《晉書·苻堅載記》。《隋志》子部道家載《苻子》二十卷，兩《唐志》並三十卷。嚴可均、馬國翰皆從唐、宋類書採撾，各得四五十節，其中馬輯"楚成王生太子"、"心能善知人者"二節爲嚴所缺，嚴輯"老氏之師"、"晉之相者"、"夏王使羿射於方尺之皮"三節爲馬所缺，其餘無大異。顧觀光所輯較備，大抵馬、嚴二家皆不出其外也。王仁俊從宋本《意林》卷六採得一節，爲馬、嚴、顧所未及採。

文釋一卷 （劉宋）江邃撰 （清）馬國翰輯

玉函山房輯佚書·子編雜家類

注：江邃，字玄遠，濟陽考城人，官至司徒記室參軍，撰《文釋》（《宋書·沈野之傳》）。馬國翰從《文選》李善注採得佚文二節，又從《爾雅釋文》、《史記索隱》各採得一節。

少子一卷　（南齊）張融撰　（清）
馬國翰輯
　　玉函山房輯佚書·子編道家類
　　注：張融，字思光，吳郡吳人，官至司
徒左長史（《南齊書》本傳）。融著通源
之論，名曰《少子》，所以明會通道佛
（《南齊書·顧歡傳》，又《弘明集》載孔
稚圭説）。《隋志》子部道家云：“梁有
《少子》五卷，亡。”馬國翰從《南齊書》本
傳、《弘明集》採得其論説及與人論難之
文二十餘節。按嚴可均《全齊文》輯有
張融文集，中從《續高僧傳》採得融《與
周顒書論釋法龍》一節，似屬本書之文，
馬氏未採。

劉子新論逸文　（北齊）劉晝撰
（清）杜文瀾輯
　　曼陀羅華閣叢書·古謠諺卷四十三
新論佚文一卷
　　經籍佚文
　　注：杜文瀾從《風雅逸篇》卷八採得
佚文一節，爲諺語。王仁俊又錄入《經
籍佚文》。

風俗通逸文一卷　（清）錢大昕輯
　　清長沙龍氏重刻本
　　嘉定錢氏潛研堂全書·子

風俗通義逸文一卷　（清）錢大昕
輯　（清）孫志祖訂補
　　抱經堂叢書·群書拾補初編
　　紹興先正遺書第二集·群書拾補初編
　　叢書集成初編·總類·群書拾補

風俗通逸文　（清）臧鏞輯
　　讀書胜錄卷四（清嘉慶四年刻本、光緒
　　十三年醉六堂刻本、江氏聚珍版叢
　　書本）

風俗通義〔佚文〕　（清）嚴可均輯
　　全後漢文卷三十六至卷四十一

風俗通義逸文　（清）杜文瀾輯
　　曼陀羅華閣叢書·古謠諺卷四十七
風俗通義佚文一卷　（清）顧懷三輯
　　小方壺齋叢書二集
　　會稽徐氏初學堂群書輯錄
補輯風俗通義佚文一卷
　　金陵叢書丙集
風俗通逸文　（清）顧觀光輯
　　武陵山人遺稿·古書逸文
風俗通佚文一卷　（清）王仁俊輯
　　經籍佚文
　　注：《隋志》子部雜家載《風俗通義》
三十一卷，注云：“《錄》一卷。梁三十
卷。”兩《唐志》並三十卷。《宋志》僅十
卷，即今本之十篇也。蘇頌《校風俗通
義題序》（見《蘇魏公集》卷六十六）據
《意林》所載本書篇目（今本《意林》無
之），列舉自《心政》至《獄法》凡二十篇
爲今本所無，是今本僅存原書三之一，
所佚正多。《水經注》、《意林》、《文選》
李善注、史注及唐、宋類書等引佚文甚
夥，而《廣韻》、《元和姓纂》、《通志·氏
族略》、《姓解》、《姓氏急就篇》等引所佚
《姓氏篇》之文尤多，清儒輯佚文皆據以
採撼。其中《姓氏篇》採撼最富，且有單
輯此篇者，兹以此篇總述於下條。錢大
昕採得二百五十餘節（《姓氏篇》不計），
其書後經孫志祖校訂，盧文弨刻入《群
書拾補》。杜文瀾即據錢輯錄出十餘
節，皆諺語。嚴可均所輯實同錢本，蓋
即襲錢輯而析爲六卷（《姓氏篇》占二
卷）。顧懷三輯本後出，較錢輯所採稍
多。《續修四庫全書提要》謂顧氏於錢
輯“陳陳相因”，今取與抱經堂盧刻本細

核之，蓋弗然。二本編次迥異，佚文之分合亦不盡同。大略校之，顧本"石二丈一尺"、"舊俗太守侍伺"、"江者，貢也"、"鬼谷先生"、"潁川張欽孟孝"、"子不以從令爲孝"、"黃昌字真聖"、"聲所以五者"、"青角，黃帝之琴"、"張仲春"、"葬小兒必出於邊道"、"時京師賓昏(同婚)嘉會"等五十餘節皆錢本所無。錢本"俗説二人共操手"、"赤春"、"園，援也"、"圃，捕也"、"火斗曰尉"、"靈帝於西園中駕四白驢"等二十餘節爲顧本所無。其餘相同各節，文字間亦互有詳略，大抵以顧輯略備。臧鏞以孫志祖補綴錢輯猶未盡，從《華嚴經音義》、《太平御覽》等續採得十餘節，孫氏刻入《讀書脞錄》。王仁俊亦補錢本之缺，所補除從《棠陰比事》等採得數節外，亦兼錄臧氏所補各節。按王氏所採有出顧本之外者，如採《棠陰比事》四節即爲顧本所無。顧觀光亦就錢本之外補缺拾遺，大體所採皆未出諸家補綴之范圍。又錢氏據《御覽》、《續漢書·五行志》劉昭注考得《論數》、《災異》二篇目，驗之蘇頌《序》所列佚篇之目，《論數》當即《數紀》，《災異》則不合，蓋錢氏未檢蘇《序》也。今人王利器《風俗通義校注》、吳樹平《風俗通義校釋》皆附輯佚文，採摭之備，引據之詳，皆勝前人。

〔風俗通義姓氏篇〕

四庫全書·子部雜家類·風俗通義附

〔風俗通義姓氏篇佚文補〕　（清）徐友蘭輯

　　紹興先正遺書·群書拾補識語·風俗通義

風俗通義姓氏篇二卷　（清）張

澍輯

　　二酉堂叢書

　　知服齋叢書第一集

　　龍谿精舍叢書·史部

　　叢書集成初編·史地類

風俗通義姓氏篇佚文一卷補遺一卷　（清）王仁俊輯

　　經籍佚文

風俗通義姓氏篇校補一卷　陳漢章校補

　　綴學堂叢稿初集

　　注：《永樂大典》載《風俗通義》所佚《姓氏篇》，爲節本，其文多見於《廣韻》所引，而不及其備，《四庫全書》本《風俗通義》錄爲附錄（參《四庫全書總目》）。錢大昕、顧懷三輯《風俗通義》佚文，均有《姓氏》一篇。（又嚴可均亦有輯本，全同錢本，參上條。）錢輯凡二百三十餘節，採自《廣韻》、《通志·氏族略》及史注等，顧輯大體亦未出此范圍。按二家所採多有未及，如《元和姓纂》、《姓氏急就篇》、《姓解》所引逾百節，皆未採。許友蘭、王仁俊皆從《姓纂》等補輯，王氏所補爲多。張澍輯本較錢本爲備，錢氏未及採者張本多已補入，然疏漏在所不免。陳漢章取錢本及盧文弨校刻錢本（按二本實爲一本，盧刻略有增補，參前條）與張本互爲比勘，校其文字異同（凡校異皆不具錄原文，又凡文無異者則略之不錄），三本皆缺採者則爲補入，凡補二十餘節。按陳校亦有失誤，今核其文，如那氏、廣氏、忼氏、子仲氏、陽成氏諸節下陳皆注云"張本無"，檢張本，則那氏、廣氏、忼氏（張"忼"作"抗"）皆有之。又如據《姓纂》補入伯成氏，不知此

即《通志・氏族略》所引之陽成氏，《姓纂》文有誤也（參王利器《風俗通義校注》）。

錢神論　（晉）魯褒撰　（清）嚴可均輯

全晉文一百十三

錢神論　（晉）魯褒撰　（清）王仁俊輯

玉函山房輯佚書補編

注：魯褒，字元道，南陽人，隱居不仕，元康之後，傷時之貪鄙，著《錢神論》以刺之（《晉書・隱逸傳》）。《藝文類聚》卷六十六載褒《錢神論》，嚴可均、王仁俊皆據以録存。按《晉書》本傳亦節録其文，與《類聚》所載互有異同，嚴氏合而録之，又從《御覽》卷三十六採得一節附後。又按《御覽》所引亦見《初學記》卷二十七，而題作綦母氏《錢神論》。

王子正論一卷　（魏）王肅撰　（清）馬國翰輯

玉函山房輯佚書・子編儒家類

注：王肅，參《周易王氏注》。《隋》、《唐志》子部儒家載王肅《王子正論》十卷。《三國志》本傳、《晉書・禮志》及《通典》載肅議論、答問之文，多涉禮制，馬國翰以爲即本書之文，據以採得二十餘節。

古今通論一卷　（晉）王嬰撰

（清）馬國翰輯

玉函山房輯佚書・子編儒家類

古今通論一卷　（晉）王嬰撰

（清）王仁俊輯

玉函山房輯佚書・子編儒家類

注：《隋志》子部儒家云：“梁有《古今通論》二卷，松兹令王嬰撰。”兩《唐志》並載爲三卷。嬰其人無考，《隋志》以其書厠於孫敏《成敗志》與蔡洪《化清經》之間，孫、蔡皆晉人，馬國翰據此定嬰亦晉人。按《隋志》注“松兹令”三字當是誤置，説詳姚振宗《隋書經籍志考證》。馬國翰從《意林》、《開元占經》、《太平御覽》採得六節。王仁俊僅從《意林》採得二節，與馬採誤重。

鑒戒象讚一卷　（後魏）常景撰

（清）馬國翰輯

玉函山房輯佚書・史編雜傳類

圖古象讚述　（後魏）常景撰

（清）嚴可均輯

全後魏文卷三十二

注：常景，字永昌，河内温人，官至儀同三司（《北史》本傳）。本傳稱景圖古事可以鑒戒者，爲象讚而述之。馬國翰、嚴可均皆從本傳録出一篇，並據本傳自擬書名。

典　故　類

博物記一卷　（漢）唐蒙撰　（清）馬國翰輯

玉函山房輯佚書・子編雜家類

博物記一卷　（晉）張華撰　（清）

王謨輯

重訂漢唐地理書鈔

注：唐蒙，漢番陽令，見《漢書·西南夷傳》及《司馬相如傳》。《續漢書》諸《志》劉昭注多引《博物記》，皆述地理者，馬國翰輯得五十餘節，並題爲唐蒙撰。按《續漢書·郡國志》五犍爲郡下劉昭注云："（上略）有道廣四五尺，深或百丈，斬鑿之跡今存，昔唐蒙所造。《博物志》：‘縣西百里有牙門山。’"楊慎《丹鉛録》誤讀"昔唐蒙所造《博物志》"爲句，遂以《博物志》爲蒙所撰，孫志祖《讀書脞録》卷四已辨楊氏之誤，馬蓋從楊誤説也。胡應麟《二酉綴遺》卷中謂《博物記》即晉張華之《博物志》，今人范寧《博物志校證·後記》論證甚詳，殆無疑義。王謨所輯不及馬氏爲備，然題張華撰則是也。

〔博物志〕逸文　（清）錢熙祚輯

指海第十集·博物志附

叢書集成初編·自然科學類·博物志附

〔博物志〕補　（清）周心如輯

紛欣閣叢書·博物志附

博物志佚文一卷　（清）王仁俊輯

經籍佚文

注：錢熙祚、周心如、王仁俊均從唐、宋類書等採摭佚文，所採互爲有無，大較言之，周輯編次爲善。又《續漢書·郡國志》劉昭注引《博物記》，周氏採之，是也，參上條。按今人范寧《博物志校證》附輯佚文，採書四十種，凡得二百餘節，遠勝清儒諸輯。

古今善言一卷　（劉宋）范泰撰

（清）馬國翰輯

玉函山房輯佚書·子編雜家類

注：范泰，字伯倫，順陽山陰人，由晉仕劉宋，卒，追贈車騎將軍（《宋書》本傳）。本傳稱泰博覽篇籍，撰《古今善言》二十四卷，《隋志》子部雜家載爲三卷，兩《唐志》、《宋志》同。馬國翰從《水經注》、《太平御覽》採得三節。

皇覽一卷　　（魏）劉劭、王象撰

（清）孫馮翼輯

問經堂叢書·逸子書

叢書集成初編·總類

魏皇覽一卷　　（魏）劉劭、王象撰

（清）黃奭輯

漢學堂叢書·子史鉤沈·子部雜家類

黃氏逸書考·子史鉤沈

注：《三國志·魏文帝紀》云："帝使諸儒臣撰集經傳，隨類相從，凡千餘篇，號曰《皇覽》。"據《三國志·魏書》，撰集諸臣有劉劭、王象、繆襲諸人。《隋志》子部雜家載《皇覽》一百二十卷，繆襲等撰，注云："梁六百八十卷。"孫馮翼從史注、《水經注》、《太平寰宇記》及唐、宋類書等採摭，輯成一卷。按其中《逸禮》篇已著録於經部。黃奭全襲孫輯。

要雅一卷　（梁）劉杳撰　（清）馬國翰輯

玉函山房輯佚書·子編雜家類

注：劉杳，字士深，平原人，官至尚書左丞，博綜群書，撰集《要雅》五卷（《梁書》、《北史》本傳）。《隋》、《唐志》不載此書。馬國翰從《周禮·酒正》疏採得佚文一節。馬氏又考本傳答沈約、任昉諸問皆本書之文，據以採得五節。

小　説　類

玄晏春秋一卷　（晉）皇甫謐撰

　　説郛（宛委山堂本）弓五十九

晉皇甫謐元晏春秋一卷　（晉）皇
　　甫謐撰　（清）黃奭輯

　　漢學堂知足齋叢書・子史鈎沈　清黃
　　　奭校　〔北京圖書館〕

　　　注：皇甫謐，參《帝王世紀》。《晉書》
　　本傳稱謐自號玄晏先生，所著有《玄晏
　　春秋》，不詳卷數。《隋志》史部雜傳類
　　載爲三卷，《舊唐志》同。《太平御覽》、
　　《藝文類聚》、《初學記》皆引之，《御覽》
　　卷二十七引作《元晏春秋》，宋諱避“玄”
　　字。《説郛》凡載四節，不注出處，皆見
　　於類書所引。黃奭輯本未見。

魏晉世語　（晉）郭頒撰

　　説郛（宛委山堂本）弓五十九
　　五朝小説・魏晉小説訓誡家
　　五朝小説大觀・魏晉小説訓誡家

魏晉世語一則　（晉）郭頒撰

　　舊小説甲集

晉郭頒魏晉世語一卷　（晉）郭頒
　　撰　（清）黃奭輯

　　漢學堂知足齋叢書・子史鈎沈　（清）
　　　黃奭校　〔北京圖書館〕

　　　注：《三國志・三少帝紀》裴松之注
　　引郭頒《魏晉世語》，並駁其説，以爲此
　　書“蹇乏全無宮商，最爲鄙劣”云云。按
　　郭頒於史無傳，其詳無考。《世説新
　　語・方正》劉孝標注云：“郭頒西晉人，

爲《晉魏世語》（按“晉魏”疑誤倒），事多
詳覈，孫盛之徒皆採以著書云。”與裴氏
視爲鄙劣者異趣。其書史志不載，唯
裴、劉二注多引之，皆省稱《世語》。《説
郛》載凡十餘節，不注出處，蓋即雜採諸
書而成者。《舊小説》選錄《説郛》一節。

虞喜志林　（晉）虞喜撰

　　説郛（宛委山堂本）弓五十九
　　五朝小説大觀・魏晉小説偏録家
　　古今説部叢書一集

志林新書一卷　（晉）虞喜撰
　　（清）馬國翰輯

　　玉函山房輯佚書・子編儒家類
　　四明叢書第六集

志林　（晉）虞喜撰　（清）嚴可均輯

　　全晉文卷八十二

虞喜志林逸文　（清）杜文瀾輯

　　曼陀羅華閣叢書・古謠諺卷七十四

志林佚文一卷

　　經籍佚文

志林新書一卷　（晉）虞喜撰
　　（清）王仁俊輯

　　玉函山房輯佚書續編・子編儒家類

　　　注：虞喜，參《論語虞氏讚注》。《晉
　　書・儒林傳》云：“喜專心經傳，爲《志
　　林》三十卷。”《隋志》子部儒家載虞喜
　　《志林新書》三十卷，兩《唐志》並二十
　　卷。《説郛》所載凡十三節，馬國翰據以
　　校錄，更採《三國志》裴松之注、《文選》

李善注、《史記索隱》及唐、宋類書所引附益之，凡得六十餘節。嚴可均所輯僅五節，中唯"吳之創基，邵爲首相"爲馬所無。杜文瀾從《文選》李注採得一節，已見馬輯。王仁俊從宋本《意林》卷六採得一節，則爲諸家所未及。

裴啓語林　（晉）裴啓撰
説郛（宛委山堂本）弓五十九
五朝小説·魏晉小説訓誡家
五朝小説大觀·魏晉小説訓誡家
古今説部叢書一集

裴子語林十則　（晉）裴啓撰
舊小説甲集

裴子語林二卷　（晉）裴啓撰　（清）馬國翰輯
玉函山房輯佚書·子編小説家類

晉裴啓語林一卷　（晉）裴啓撰　（清）黃奭輯
漢學堂知足齋叢書·子史鉤沈　清黃奭校〔北京圖書館〕

語林逸文　（晉）裴啓撰　（清）杜文瀾輯
曼陀羅華閣叢書·古謠諺卷五十七

語林一卷　（清）王仁俊輯
玉函山房輯佚書補編

語林逸文一卷
經籍佚文

裴子語林一卷　（晉）裴啓撰　魯迅輯
魯迅全集·古小説鉤沈

注：《隋志》子部小説類云："梁有《語林》十卷，東晉處士裴啓撰，亡。"裴啓，於史無傳。《世説新語·輕詆》注引《續晉陽秋》曰："晉隆和中，河東裴啓撰漢魏以來迄於今時言語應對之可稱者，謂

之《語林》。"又《文學》注引《裴氏家傳》云："裴榮字榮期，河東人。父稚，豐城令。榮期少有風姿才氣，好論古今人物，撰《語林》數卷，號曰《裴子》。"則又以撰《語林》者爲裴榮。注又云："檀道鸞謂裴松之以爲裴啓作《語林》，榮儻別名啓乎？"諸家輯本除王仁俊所輯不題作者外，皆依《隋志》題裴啓撰。馬國翰據《世説新語》注及唐、宋類書等輯爲二卷。《説郛》所載僅二十節，驗之馬輯，知亦雜採諸書而成者。《舊小説》乃選錄《説郛》所載。魯迅採書較馬氏爲備，如採《事類賦》、《續助談》、《類林雜説》、《珥玉集》、《紺珠集》、《野客叢書》等皆馬所未採，故所採多於馬輯三十一節。馬輯唯"袁松山善音樂"、"王掾癡"二節爲魯迅所無。王仁俊採得二節，杜文瀾採得一節，皆未出魯迅所採之外。

郭子一卷　（晉）郭澄之撰
無一是齋叢鈔

郭玄二則　（晉）郭澄之撰
舊小説甲集

郭子一卷　（晉）郭澄之撰　（清）馬國翰輯
玉函山房輯佚書·子編小説家類

郭子一卷　（晉）郭澄之撰　魯迅輯
魯迅全集·古小説鉤沈

注：郭澄之，字仲静，太原陽曲人，官至相國從事中郎（《晉書·文苑傳》）。《隋志》子部小説類載《郭子》三卷，東晉中郎郭澄之撰。兩《唐志》亦三卷，賈題泉注。按泉不詳何人，考《南齊書》有賈淵，字希鏡，唐人避諱，或改爲賈泉歟？馬國翰從《世説新語》注及唐宋類書輯爲一卷。魯迅所輯略多於馬輯，其中

"將軍王敦起事"、"海西時朝堂猶暗"、"佛經以爲祛治神明"、"許玄度在西州講"、"庾公爲護軍"等十節爲馬所缺。馬輯唯"陳騫以韓壽爲掾"、"博學之士"、"王孝伯問王大"三節爲魯迅所無。

世說新語佚文　葉德輝輯

世說新語附（清光緒十七年思賢講舍刻本）

　　注：葉德輝從《文選》注、唐宋類書、《續幽談》等採摭佚文，省併重複，得八十餘節。按諸書所引，間有別稱《幽明錄》或《世語》者，葉氏悉注明，詳葉氏自序。

説苑一卷　（劉宋）劉義慶撰

（清）王仁俊輯

玉函山房輯佚書補編

　　注：劉義慶，參《幽明錄》。王仁俊從逸《寰宇記》二八採得劉義慶《説苑》一節。按義慶撰《世說新語》、《幽明錄》，見《隋》、《唐志》，又《小説》十卷，見兩《唐志》，皆未載其有《説苑》之作。

俗説一則　（梁）沈約撰

舊小説甲集

俗説一卷　（梁）沈約撰　（清）馬國翰輯

玉函山房輯佚書・子編雜家類

俗説一卷　（梁）沈約撰　魯迅輯

魯迅全集・古小説鉤沈

　　注：沈約，參《沈約晉書》。《隋志》雜家載《俗説》三卷，沈約撰，注云："梁五卷。"馬國翰、魯迅皆從唐、宋類書採摭，輯爲一卷，大體相當。魯迅所採"桓溫平蜀"、"桓豹奴善乘騎"、"王高麗年十四五時"、"羊元保爲吏部郎"四節爲馬所無，馬採"孝明帝時"、"丞相從事中郎王文英枕自作聲"二節爲魯迅所無。又

《太平御覽》引"何承天、顏延年俱爲郎"一節，自"言腹中無所有"以下似是注文，馬氏亦採入，疑非。

殷芸小説一卷　（梁）殷芸撰

説郛（宛委山堂本）弓四十六

五朝小説大觀・唐人百家小説紀載家

古今説部叢書一集

殷芸小説一卷

敬修堂叢書

殷芸小説

粵雅堂叢書三編第二十三集・續幽談

十萬卷樓叢書三編・續幽談

叢書集成初編・總類・續幽談

小説

説郛（商務印書館本）卷二十五

殷芸小説逸文　（梁）殷芸撰

（清）杜文瀾輯

曼陀羅華閣叢書・古謠諺卷五十七

小説佚文一卷

經籍佚文

小説一卷　（梁）殷芸撰　魯迅輯

魯迅全集・古小説鉤沈

　　注：殷芸（宋人避諱，或稱商芸），字灌疏，陳郡長平人，官至司徒左長史，事具《梁書》本傳。本傳不言芸有《小説》之作，唯《史通・雜説》引劉敬叔《異苑》，稱梁武帝命芸編《小説》。《隋》、《唐志》及《宋志》並載爲十卷。《隋志》注云："梁目，三十卷。"魯迅從《續幽談》、《紺珠集》、《太平廣記》等採摭，輯成一卷。杜文瀾僅從《太平廣記》採得一節，亦見於魯迅輯本。按近人輯此書者，又有余嘉錫《殷芸小説輯證》、唐蘭《殷芸小説》輯本（見《周叔弢先生六十生日論文集》），而以今人周楞伽所輯

《殷芸小説》爲最備。

妒記一卷　魯迅輯

魯迅全集·古小説鈎沈

注:《世説新語》注及《藝文類聚》、《太平御覽》等引《妒記》(或作《妬記》),魯迅據以採得七節。按《隋志》史部雜傳類載虞通之《妬記》二卷,亦見《新唐志》,當即此書。通之,會稽餘姚人,官至步兵校尉,見《南史·丘巨源傳》。又《類聚》八十六引"歷陽女"一節稱《妬女記》,《宋書·后妃傳》又稱通之撰《妒婦記》,蓋與《妒記》皆爲一書。

古傳一卷　(清)王仁俊輯

玉函山房輯佚書補編

傳一卷　(清)王仁俊輯

玉函山房輯佚書補編

注:《珋玉集》十二引《古傳》一節,《寰宇記》一一三、一一六各引《傳》一節,王仁俊據以輯存。按云"傳"、"古傳"者蓋泛指前代載記,猶《孟子·梁惠王下》所云"於傳有之"之"傳",似非書之名也。

類林一卷　(清)王仁俊輯

玉函山房輯佚書補編

注:《珋玉集》十二引《類林》七節,不具撰人姓名,王仁俊據以輯存。

同賢記一卷　(清)王仁俊輯

玉函山房輯佚書補編

注:《珋玉集》十二引《同賢記》三節,不具撰人姓名,王仁俊據以輯存。

女史一卷　(清)王仁俊輯

玉函山房輯佚書補編

注:《姓解》三引《女史》一節,不具撰人姓名,王仁俊據以輯存。

異聞記一卷　魯迅輯

魯迅全集·古小説鈎沈

注:魯迅從《抱朴子》、《北户録》各採得《異聞記》一節。按《抱朴子·對俗》篇云"故太丘長潁川陳仲弓,篤論之士也,撰《異聞記》"云云,仲弓即陳寔之字。寔,潁川許人,官太丘長令,《後漢書》有傳。此書《隋》、《唐志》皆不載。

神異經佚文一卷　(清)王仁俊輯

經籍佚文

注:《神異經》一卷,今存,舊題東方朔撰,實出依托,參《直齋書録解題》,蓋魏晉間人爲之。王仁俊從《集韻》採得佚文一節。

列異傳七則　(晉)張華撰

舊小説甲集

列異傳一卷　(魏)曹丕撰　魯迅輯

魯迅全集·古小説鈎沈

注:曹丕,參《典論》。《隋志》史部雜傳類載《列異傳》三卷,魏文帝撰。《舊唐志》亦三卷,《新唐志》一卷入子部小説類,兩《志》並題晉張華撰。姚振宗《隋書經籍志考證》以爲華續文帝之書,而後人合併之。魯迅從唐、宋類書等採得五十節。按所採《三國志》裴松之注引二節及《太平御覽》八百八十四引"任城公孫达,甘露中爲陳郡"一節,皆文帝以後事(參侯康《補三國藝文志》),姚氏《考證》謂當出張華所續。

陸氏異林一卷　(晉)陸雲撰　魯迅輯

魯迅全集·古小説鈎沈

注:陸雲,參《陸子》。《三國志·鍾繇傳》裴松之注引《陸氏異林》一節,魯迅據以輯存,並校以《太平御覽》所引。按馬國翰輯《陸子》,採入此節。

王浮神異記一卷　　魯迅輯
　　魯迅全集·古小説鉤沈
　　　注：《太平御覽》等引《王浮神異記》，魯迅據以採得八節。按此書不見載諸志，王浮其人亦無考。

曹毗志怪一卷　　（晉）曹毗撰　　魯迅輯
　　魯迅全集·古小説鉤沈
　　　注：曹毗，字輔佐，譙國人，官至光禄勳，所著文筆十五卷（《晉書·文苑傳》）。《初學記》卷七引曹毗《志怪》一節，魯迅據以輯存。按《隋志》有《曹毗集》十卷，注謂梁十五卷，與本傳載卷數合，而不載《志怪》，或即在文集中。

志怪録一卷　　（晉）祖台之撰
　　説郛（宛委山堂本）弓一百十七
　　古今説部叢書三集

祖台之志怪一卷　　（晉）祖台之撰
　　魯迅輯
　　魯迅全集·古小説鉤沈
　　　注：祖台之，字元辰，范陽人，官至侍中、光禄大夫，撰《志怪》（《晉書·王湛傳》）。其書《隋志》史部雜傳類載爲二卷，而兩《唐志》並四卷，不知係析爲四卷，抑或後人所續。魯迅從《北堂書鈔》、《太平御覽》等採得十五節。《説郛》載九節，驗之魯迅所輯，多見於《御覽》所引，唯其中“孫弘常自云見鬼神”、“會稽郡常有大鬼”二節爲魯迅輯本所無。按姚振宗《隋書經籍志考證》謂《法苑珠林·忠孝》、《蟲寓》、《邪淫》、《病苦》諸篇亦引此書。

甄異記一卷　　（晉）戴祚撰
　　説郛（宛委山堂本）弓一百八十
　　龍威祕書五集

甄異記二則　　（晉）戴祚撰
　　舊小説丁集

戴祚甄異傳一卷　　（晉）戴祚撰
　　魯迅輯
　　魯迅全集·古小説鉤沈
　　　注：《隋志》史部雜傳類載《甄異傳》三卷，晉西戎主簿戴祚撰，兩《唐志》同。按戴祚，江東人，晉末從劉裕西征姚泓，見封演《聞見記》。《隋志》史部地理類載《西征記》二卷，戴延之撰。章宗源《隋書經籍志考證》謂延之即祚之字。魯迅從《太平御覽》、《太平廣記》等採得十七節。諸書所引，或稱《甄異記》，一書也。《説郛》所載五節，除夏侯文規事一節外，餘皆爲魯迅輯本所無。《舊小説》乃選録《説郛》所載。又《藝文類聚》四十四引“永和中，吳郡陳緒家”云云一節，魯迅亦漏採。

靈鬼志　　（晉）荀□
　　説郛（宛委山堂本）弓一百三十

荀氏靈鬼志一卷　　（晉）荀□撰
　　魯迅輯
　　魯迅全集·古小説鉤沈
　　　注：《隋志》史部雜傳類載《靈鬼志》三卷，荀氏撰，兩《唐志》同。荀氏不詳何人，《隋志》厠其書於陶潛、祖台之撰著之間，則亦晉人。魯迅從《世説新語》注及唐、宋類書等採得二十四節。

玄中記　　（□）郭□撰
　　説郛（宛委山堂本）弓六十

玄中記一則　　（□）郭□撰
　　舊小説甲集

玄中記　　（□）郭□撰
　　説郛（商務印書館本）

玄中記一卷　　（□）郭□撰　　（清）

馬國翰輯

玉函山房輯佚書·子編小説家類

玄中記一卷補遺一卷 （□）郭□撰 （清）茆泮林輯

十種古逸書

十種古逸書 清許克勤校 〔復旦大學圖書館〕

郭氏玄中記 （□）郭□撰 （清）黄奭輯

黄氏逸書考·子史鉤沈

郭氏玄中記 （□）郭□撰 葉德輝輯

觀古堂所著書第二集

郎園先生全書

玄中記一卷 （□）郭□撰 魯迅輯

魯迅全集·古小説鉤沈

注：唐、宋類書等引《郭氏玄中記》，或但稱《玄中記》(清人避諱，或改爲《元中記》)。郭氏不詳何人，《隋》、《唐志》亦不載其書。羅萍《路史》卷二注以"狗封氏"一節與郭璞《山海經》注同，謂此書即璞所撰。茆泮林、馬國翰、黄奭皆輯成一卷，多採自唐、宋類書，大體相當。葉德輝輯本採書較三家爲備，如採《醫心方》、《玉燭寶典》、《古玉圖譜》、《經史證類本草》等皆三家未及採。魯迅所採與葉輯相當，其中"刑天與帝争神"、"荆州有樹名烏臼"、"千歲之鶴隨時鳴"、"越燕"四節爲葉所無，葉輯"今人正朝作兩桃人"、"蝙蝠百歲者"二節爲魯迅所無。按凡一事見於兩書以上所引者，葉氏以其文較備者居前，其餘皆低一格附焉以備參，故所輯文字較諸家爲詳。

孔氏志怪一卷 （□）孔□撰 魯迅輯

魯迅全集·古小説鉤沈

注：《隋志》史部雜傳類載《志怪》四卷，孔氏撰，兩《唐志》同(《新唐志》入子部小説類)。章宗源謂《文苑英華》載顧況《戴氏廣異記序》，稱孔慎言《神怪論》，然諸書所引但稱《孔氏志怪》，不知究係慎言之書否(《隋書經籍志考證》)。魯迅從《世説新語》注及唐宋類書等採得十節。按《太平廣記》引一節云"晉明帝時"云云，則此書爲晉以後人所撰，決非晉人可知也。

謝氏鬼神列傳一卷 （□）謝□撰 魯迅輯

魯迅全集·古小説鉤沈

注：《隋志》史部雜傳類載《鬼神列傳》一卷，謝氏撰。兩《唐志》同(《新唐志》入子部小説類)。謝氏不詳何人。魯迅僅從《太平御覽》三五九採得一節。

殖氏志怪記一卷 （□）殖□撰 魯迅輯

魯迅全集·古小説鉤沈

注：《隋志》史部雜傳類載《志怪記》三卷，殖氏撰，其人不詳，兩《唐志》亦不載其書。魯迅從《北堂書鈔》採得二節。

異苑逸文 （清）杜文瀾輯

曼陀羅華閣叢書·古謡諺卷九十四

異苑佚文一卷 （清）王仁俊輯

經籍佚文

注：劉敬叔《異苑》十卷，今存。杜文瀾從《太平御覽》六四三採得佚文一節。王仁俊除採此節外，更從《通雅》廿一採得一節。

齊諧記三則 （劉宋）東陽無疑撰

舊小説甲集

齊諧記一卷　（劉宋）東陽無疑撰

（清）馬國翰輯

玉函山房輯佚書·子編小説家類

續金華叢書·子部

齊諧記一卷　（劉宋）東陽無疑撰

魯迅輯

魯迅全集·古小説鉤沈

注：《隋志》史部雜傳類載《齊諧記》七卷，宋散騎侍郎東陽無疑撰，兩《唐志》同（《新唐志》入子部小説類）。按無疑其人無考。《太平御覽》、《太平廣記》引其書，馬國翰據以採得十五節。魯迅所輯凡十四節，較馬輯少《廣記》引“廣州刺史”一節。按《御覽》引“正月半有神降陳氏之宅”一節，自“疑非其事”云云以下，似非本書之文，魯迅不録入，是。

幽明録一卷　（劉宋）劉義慶撰

説郛（宛委山堂本）弓一百十七

五朝小説·魏晉小説志怪家

五朝小説大觀·魏晉小説志怪家

幽明録十七則　（劉宋）劉義慶撰

舊小説甲集

幽明録　（劉宋）劉義慶撰

説郛（商務印書館印本）卷三

幽明録一卷附校譌一卷　（劉宋）

劉義慶撰　校譌（清）胡珽撰

琳琅祕室叢書（咸豐本）第三集

幽明録一卷附校譌一卷續校一卷

（劉宋）劉義慶撰　校譌（清）胡珽撰　續校（清）董金鑑撰

琳琅祕室叢書（光緒本）第三集

幽明録逸文　（清）杜文瀾輯

曼陀羅華閣叢書·古謡諺卷九十四

幽明録一卷　（劉宋）劉義慶撰

（清）王仁俊輯

玉函山房輯佚書補編

幽明録一卷　（劉宋）劉義慶撰

魯迅輯

魯迅全集·古小説鉤沈

注：劉義慶，宋武帝弟道憐子，後襲封臨川王，著《世説新語》等，事具《宋書》、《南史》本傳。《隋志》史部雜傳類載《幽明録》二十卷，劉義慶撰。兩《唐志》並載三十卷（《新唐志》入子部小説類），疑後人續有所增。《太平御覽》、《太平廣記》多引是書之文。《説郛》等所載無幾。述古堂舊有鈔本一卷，不知何人所輯，皆不注出處，刊入《琳琅祕室叢書》。取與魯迅輯本相比勘，知鈔本多採自《御覽》、《廣記》。魯迅所輯均注明出處，並校勘文字，較舊本爲善。杜文瀾僅採三節，皆諺語，魯迅亦採入。王仁俊從《寰宇記》一一五採得一節，爲諸本所無。

宣驗記一卷　（劉宋）劉義慶撰

説郛（宛委山堂本）弓一百十七

五朝小説·魏晉小説志怪家

五朝小説大觀·魏晉小説志怪家

宣驗記一卷　（劉宋）劉義慶撰

魯迅全集·古小説鉤沈

注：劉義慶，參前條。《隋志》史部雜傳類載《宣驗記》三十卷，劉義慶撰。《説郛》所載僅三節，不注出處。魯迅據《太平御覽》、《太平廣記》、《辯證論》等採得三十餘節，《説郛》所載不出其外。

古異傳一卷　（劉宋）袁王壽撰

魯迅輯

魯迅全集・古小説鉤沈

注：《玉燭寶典》五引《古異傳》一節，不云作者，魯迅據以録存。高承《事物紀原》十亦引此節，而題爲《古今異傳》。按《隋志》史部雜傳類載《古異傳》三卷，宋永嘉太守袁王壽撰，即此書，《事物紀原》誤。兩《唐志》載同《隋志》，《新唐志》入子部小説類。袁王壽其人無考。

郭季産集異記一卷 （□）郭季産撰 魯迅輯

魯迅全集・古小説鉤沈

注：《太平御覽》引郭季産《集異記》，魯迅採得十一節。按《隋志》史部編年類載《續晉紀》五卷，宋新興太守郭季産撰，當即此人。《新唐志》季産作秀彦，疑是形訛。唯志不載郭季産有《集異記》之作。《新唐志》子部小説類載薛用弱《集異記》三卷，注云：“字中勝，長慶光州刺史。”《宋志》載同。其詳不能考。

冥祥記一卷 （梁）王琰撰

説郛（宛委山堂本）弓一百二十八

古今説部叢書二集

冥祥記五則 （梁）王琰撰

舊小説甲集

冥祥記 （梁）王琰撰

説郛（商務印書館本）

冥祥記一卷 （梁）王琰撰 魯迅輯

魯迅全集・古小説鉤沈

注：《隋志》史部雜傳類載《冥祥記》十卷，王琰撰，兩《唐志》同，《新唐志》入子部小説類。王琰，史無記載，《隋志》史部古史類載《宋春秋》二十卷，題梁吴興令王琰撰，當是一人。梁釋慧皎《高僧傳》稱太原王琰撰《冥祥記》，《法苑珠

林・敬佛》篇載琰年幼於交阯賢法師受五戒，事當在南齊時。書今佚，《説郛》（宛委山堂本）載七節（《舊小説》即選録《説郛》者），商務本《説郛》僅一節，皆未注出處，驗之魯迅輯本，知多見於《太平廣記》所引。按其中一節記唐貞觀二十年事，當是他書之文。《法苑珠林》引此書之文甚夥，魯迅據以輯出，並採《太平廣記》、《辯證論》所引，合爲一卷。

述異記逸文 （清）杜文瀾輯

曼陀羅華閣叢書・古謡諺卷六十九

述異記佚文一卷

經籍佚文

注：任昉《述異記》二卷，今存，《四庫全書總目》以爲出後人依托。杜文瀾從《廣博物志》三十六採得佚文一節。按《廣博物志》引此節未稱《述異記》，唯《古詩源》引作《述異記》，未知所據。

述異記一卷 （南齊）祖沖之撰 魯迅輯

魯迅全集・古小説鉤沈

注：祖沖之，字文遠，范陽薊人，由宋入齊，官至長水校尉（《南齊書・文苑傳》）。《隋志》史部雜傳類載《述異記》十卷，祖沖之撰。兩《唐志》同，《新唐志》入子部小説類。魯迅從《太平御覽》、《太平廣記》、《法苑珠林》等採撮，輯爲一卷。

劉之遴神録一卷 （梁）劉之遴撰 魯迅輯

魯迅全集・古小説鉤沈

注：劉之遴，字思貞，南陽涅陽人，官至太常卿（《梁書》本傳）。《隋志》史部雜傳類載《神録》五卷，劉之遴撰。兩《唐志》同，《新唐志》入子部小説類。魯

迅從《寰宇記》採得佚文三節。

集靈記一卷 （北齊）顏之推撰

說郛（宛委山堂本）弓一百十八

古今說部叢書三集

集靈記一卷 （北齊）顏之推撰

魯迅輯

魯迅全集·古小說鉤沈

注：顏之推，參《證俗音》。《隋志》史部雜傳類載《集靈記》二十卷，顏之推撰。兩《唐志》同，《新唐志》入子部小說類。魯迅從《太平御覽》七百八採得佚文一節。

漢武故事二卷 （漢）班固撰

（清）洪頤煊輯

問經堂叢書·經典集林

經典集林

漢武故事一卷 （漢）班固撰

（清）王仁俊輯

玉函山房輯佚書補編

漢武故事一卷 （漢）班固撰 魯迅輯

魯迅全集·古小說鉤沈

注：《隋》、《唐志》並載《漢武故事》二卷，不著撰人。至《崇文總目》、《宋志》，始載爲五卷，題班固撰。《郡齋讀書志》引張束之說，謂書爲王儉所造。黃廷覽又以此書出成帝、袁帝間人之手，而後人又有附益（見《第六弦溪文集鈔·跋重輯漢武故事》）。今存一卷，收入《歷代小史》等叢書中，乃後人鈔合而成，頗多脫漏。洪頤煊、魯迅皆就唐、宋類書採摭，魯迅兼採及《續助談》。二家所採互爲有無，大抵魯迅所輯多連綴成文，洪氏則條錄之，未加連屬也。王仁俊僅從《寰宇記》一一三採得一節。按此節亦見《太平御覽》四十九引，洪氏、魯迅均採之。

笑林一卷 （魏）邯鄲淳撰 （清）馬國翰輯

玉函山房輯佚書·子編小說家類

笑林一卷 （魏）邯鄲淳撰 （清）王仁俊輯

玉函山房輯佚書補編

笑林十則 （魏）邯鄲淳撰

舊小說甲集

笑林一卷 （魏）邯鄲淳撰 魯迅輯

魯迅全集·古小說鉤沈

注：邯鄲淳，參《藝經》。《隋志》子部小說類載邯鄲淳《笑林》三卷，兩《唐志》同。馬國翰從《太平廣記》、《太平御覽》等採得二十六節。魯迅所輯多於馬三節，餘無大異。王仁俊從《珊玉集》採得一節。按其文云"趙伯姓趙，字伯翁"云云，與《御覽》三百七十等所引略同。

道 家 類

抱朴子內篇佚文一卷抱朴子外篇佚文一卷 （清）繼昌輯

平津館叢書（光緒本）·抱朴子附

四部備要·子部雜家·抱朴子附

抱朴子內篇〔佚文〕　（清）嚴可
　均輯
　　全晉文一百十七

抱朴子逸文　（清）孫志祖輯
　　讀書脞録卷四（清嘉慶四年刻本、光緒
　　　十三年醉六堂刻本、江氏聚珍版叢
　　　書本）

抱朴子逸文　（清）勞格輯
　　月河精舍叢鈔・讀書雜識卷二

抱朴子佚文一卷　（清）王仁俊輯
　　經籍佚文
　　　注：繼昌據唐、宋類書等採得佚文百

四十五節，其中五十四節言神仙黄白事者歸爲《内篇》佚文，其餘雜駁之説均歸諸外篇佚文。此輯經嚴可均覆核，並據《北堂書鈔》、《藝文類聚》補入二節。嚴氏《全晉文》即録繼輯，唯其所自補二節翻未録入。《太平廣記》引《抱朴子内篇・道意》，其文“以捕麈”下較今本多十六字，勞格據以録存。《文選・雪賦》李善注引《釋鬼》篇一節，爲佚篇，孫志祖據以録存。王仁俊據《意林》等採得二十二節，除《道意》篇脱文外，其餘皆已見繼輯。

集　部

別　集

周

荀卿　〔文存〕　（周）荀況撰
　（清）嚴可均輯
　　全上古三代文卷九
　　注：荀況，趙人，遊學於齊，後爲楚蘭
陵令，《史記》有傳。按“荀”一作“孫”，
音之轉；“況”一作“卿”，名與字之別也，
並參梁啓雄《荀子簡釋・傳徵》。《漢
志》有孫卿賦十篇。《隋志》載其集一
卷，注云：“殘缺。梁二卷。”兩《唐志》復
載二卷。嚴可均據《荀子》、《戰國策》採
得文六首，爲《禮賦》、《知賦》、《雲賦》、
《蠶賦》、《箴賦》、《爲書謝春申君》。

宋大夫集三卷　（周）宋玉撰
　（明）張燮輯
　　七十二家集

宋玉文抄一卷　（周）宋玉撰
　（明）李賓輯
　　八代文抄

宋玉〔文存〕　（周）宋玉撰　（清）
　嚴可均輯
　　全上古三代文卷十
　　注：宋玉，楚大夫，屈原弟子，以賦見
稱，見《楚辭・九辯》王逸序，《史記・屈
原列傳》。《漢志》有宋玉賦十六篇。
《隋志》載其集三卷，兩《唐志》二卷。
《直齋書錄解題》載一卷，云：“今書乃
《文選》及《古文苑》中錄出者，未必當時

本也。”嚴可均據《文選》、《古文苑》、《楚
辭》採得辭賦十餘首，云：“或云《笛賦》
有宋意送荆卿之語，非宋玉作。”又自
《書鈔》卷三十三採得《宋玉集序》附於
末。李賓輯本中《舞賦》爲嚴本無，餘均
未出嚴本之外。按《舞賦》，《文選》、《類
聚》卷四十三及《初學記》卷十五均作傅
毅著，唯《古文苑》卷二題宋玉，故嚴氏
編入傅毅文。

漢

賈長沙集十卷　（漢）賈誼撰
　　明成化十九年喬縉刻本　〔上海圖書
　　　館〕

西漢賈氏至文十卷　（漢）賈誼撰
　　西漢三子至文

賈長沙集三卷　（漢）賈誼撰
　（明）張燮輯
　　七十二家集

賈長沙集一卷　（漢）賈誼撰
　　漢魏六朝百三名家集
　　漢魏六朝百三名家集（明婁東張氏刻
　　　本）　佚名錄清何焯批校　〔浙江圖
　　　書館〕
　　漢魏六朝百三名家集（明婁東張氏刻
　　　本）　清何紹基評點　〔武漢大學圖
　　　書館〕

賈長沙集　（漢）賈誼撰
　　增定漢魏六朝別解・集部

賈誼〔文存〕 （漢）賈誼撰 （清）
　嚴可均輯
　　全漢文卷十五至十六

賈太傅文一卷 （漢）賈誼撰
　（清）夏獻雲校
　　屈賈文合編
　　　注：賈誼，參《周易賈氏義》。《漢書》
　　本傳謂誼凡所著述五十八篇，《漢志》載
　　賦七篇。《隋志》注稱梁有其集四卷、錄
　　一卷，“亡”。兩《唐志》與《崇文總目》並
　　載二卷。《百三名家集》本錄存賦、騷、
　　疏十一首及《過秦論》。嚴可均據《漢
　　書》、唐宋類書等採摭，未採《百三名家
　　集》本之《上都輸疏》，云：“案賈誼諸疏
　　散在《新書》者十六篇，小有異同，見存
　　不錄。”又嚴輯《虡賦》較《百三名家集》
　　本多二節，《鵩鳥賦》（《百三名家集》本
　　作《服賦》）及《弔屈原賦》則多序。《屈
　　賈文合編》本唯《惜誓》、《弔屈原賦》、
　　《服賦》採朱子集注，餘同《百三名家
　　集》本。

鼂錯〔文存〕 （漢）鼂錯撰 （清）
　嚴可均輯
　　全漢文卷十八
　　　注：鼂錯一作晁錯，參《鼂氏新書》。
　　《隋志》注稱梁有其集三卷、錄一卷，
　　“亡”。嚴可均據《漢書》、《類聚》採得文
　　九首。

枚叔集一卷 （漢）枚乘撰
　清抄本 〔上海圖書館〕

枚乘〔文存〕 （漢）枚乘撰 （清）
　嚴可均輯
　　全漢文卷二十

枚叔集一卷 （漢）枚乘撰 （清）
　丁晏輯 段朝端校

楚州叢書第一集

枚叔集一卷 （漢）枚乘撰
　漢魏六朝名家集初刻

枚乘〔詩存〕 （漢）枚乘撰 丁福
　保輯
　　全漢詩卷二
　　　注：枚乘，字叔，淮陰人，初爲吳王濞
　　郎中，後景帝拜爲弘農都尉，善辭賦，
　　《漢書》有傳。《漢志》有《枚乘賦》九篇。
　　《隋志》注稱梁有其集二卷、錄一卷，
　　“亡”。《舊唐志》復載二卷，《新唐志》與
　　《宋志》並載一卷。《直齋書錄解題》載
　　一卷，云：“今本乃於《漢書》及《文選》諸
　　書鈔出者。”嚴可均據《文選》、《漢書》等
　　採得賦、上書與《七發》文五首。丁福保
　　《全漢詩》載詩九首，丁氏又採嚴本之文
　　與詩合爲一卷，收入《名家集初刻》。丁
　　晏輯本與《名家集初刻》本大體相當，唯
　　據《初學記》所採《月賦》一首爲《名家集
　　初刻》本所無。按《月賦》，段朝端注云：
　　“按《西京雜記》，公孫乘爲《月賦》，與枚
　　乘《柳賦》同時並作，右四言即公孫賦中
　　語也。徐堅誤引作‘枚’，《古文苑》亦不
　　言枚乘。《雜記》爲吳均僞書。均，梁
　　人，遠在徐前，較可據依。此首當削。”
　　嚴可均亦以《月賦》入公孫乘文（全漢文
　　卷十九），較丁晏所採爲詳。清抄本與
　　《名家集初刻》本同，僅編次稍異而已。

淮南王安〔詩存〕 （漢）劉安撰
　（明）馮惟訥輯
　　詩紀·漢卷一

淮南王安〔文存〕 （漢）劉安撰
　（清）嚴可均輯
　　全漢文卷十二

淮南王安〔詩存〕 （漢）劉安撰

丁福保輯

全漢詩卷一

　　注：劉安，參《周易淮南九師道訓》。《漢志》有淮南王賦八十二篇。《隋志》載其集一卷，注云：“梁二卷。”兩《唐志》復載二卷。嚴可均據《類聚》卷六十九與《漢書·嚴助傳》採得文二首，爲《屏風賦》、《上書諫伐南越》。按《類聚》卷八十九有《成相篇》，嚴未採。馮惟訥輯得《八公操》一首，丁福保所採與馮本同。

司馬相如〔詩存〕　　（漢）司馬相如撰　　（明）馮惟訥輯

　　詩紀·漢卷二

司馬長卿集一卷　　（漢）司馬相如撰

　　漢魏諸名家集

司馬長卿集一卷　　（漢）司馬相如撰

　　漢魏六朝諸家文集

　　漢魏六朝諸家文集　傅增湘校　〔北京圖書館〕

司馬文園集二卷　　（漢）司馬相如撰　　（明）張燮輯

　　七十二家集

司馬文園集一卷　　（漢）司馬相如撰

　　漢魏六朝百三名家集

　　漢魏六朝百三名家集（明婁東張氏刻本）　佚名録清何焯批校　〔浙江圖書館〕

　　漢魏六朝百三名家集（明婁東張氏刻本）　清何紹基評點　〔武漢大學圖書館〕

司馬長卿文抄一卷　　（漢）司馬相

如撰　　（明）李賓輯

　　八代文抄

司馬相如〔文存〕　　（漢）司馬相如撰　　（清）嚴可均輯

　　全漢文卷二十一至二十二

司馬長卿集二卷　　（漢）司馬相如撰

　　漢魏六朝名家集初刻

司馬相如〔詩存〕　　（漢）司馬相如撰　　丁福保輯

　　全漢詩卷二

　　注：司馬相如，參《凡將篇》。《漢書》本傳云：“相如既病免，家居茂陵。天子曰：‘司馬相如病甚，可往從悉取其書，若後之矣。’使所忠往，而相如已死，家無遺書。問其妻，對曰‘長卿未嘗有書也。時時著書，人又取去’。”云云。《漢志》有《司馬相如賦》二十九篇。《隋志》載其集一卷，兩《唐志》二卷。嚴可均謂：“長卿集，魏晉時早有散亡，隋、唐之二卷當是六朝重輯，其多出於今本者僅僅耳。”（《鐵橋漫稿》卷六）《百三名家集》本録存賦、書、檄、難、符命凡文十一首，又《琴歌》二首。《漢魏諸名家集》較《百三名家集》本少《報卓文君書》一首，餘同。嚴可均所採頗詳，較之《百三名家集》本文多《黎賦》、《答盛擥問作賦》、《題市門》，又以《上林賦》入《子虛賦》。馮惟訥輯得《封禪頌》一首及《琴歌》二首，丁福保僅採《琴歌》。按《封禪頌》，《百三名家集》本及嚴本均入文。《名家集初刻》本文據嚴本，詩亦爲《琴歌》。李賓輯得文九首，無出嚴本之外。

孔臧〔文存〕　　（漢）孔臧撰　　（清）嚴可均輯

　　全漢文卷十三

注：孔臧，仲尼之後，少以才博知名，事蹟略見《漢書·功臣表》與《文選·兩都賦序》注。《漢志》有《孔臧賦》二十篇。《孔叢子》卷下《連叢子》云："在官數年，著書十篇而卒。先時嘗爲賦二十四篇，四篇別不在集，似其幼時之作也。"《隋志》注稱梁有其集二卷，"亡"。兩《唐志》復載二卷。嚴可均據《孔叢子》採得賦、書凡文六首。

西漢董氏至文四卷 （漢）董仲舒撰
西漢三子至文

董仲舒集一卷 （漢）董仲舒撰
漢魏諸名家集

董仲舒集一卷 （漢）董仲舒撰
漢魏六朝諸家文集

漢魏六朝諸家文集 傅增湘校 〔北京圖書館〕

董膠西集二卷 （漢）董仲舒撰
（明）張燮輯
七十二家集

董膠西集一卷 （漢）董仲舒撰
漢魏六朝百三名家集

漢魏六朝百三名家集（明婁東張氏刻本） 佚名録清何焯批校 〔浙江圖書館〕

漢魏六朝百三名家集（明婁東張氏刻本） 清何紹基評點 〔武漢大學圖書館〕

董子文集一卷
畿輔叢書
叢書集成初編·哲學類

董膠西集 （漢）董仲舒撰
增定漢魏六朝別解·集部

董仲舒文抄一卷 （漢）董仲舒撰

（明）李賓輯
八代文抄

董仲舒〔文存〕 （漢）董仲舒撰
（清）嚴可均輯
全漢文卷二十三至二十四

注：董仲舒，參《春秋決事》。《隋志》載其集一卷，注云："梁二卷。"兩《唐志》復載二卷，宋代書目均爲一卷。《直齋書録解題》云："今惟録本傳中三策，及《古文苑》所載《士不遇賦》、《詣公孫弘記室書》二篇而已；其敘篇略本傳語，亦載《古文苑》。""其泯没不存多矣。"諸本以嚴可均所採較詳備，嚴據《漢書》、《古文苑》等採得賦、對策等文十餘首，較《百三名家集》本多《粤有三仁對》、《奏江都王求雨》、《請雨書》、《論禦匈奴》、《救日食祝》、《請雨祝》、《止雨祝》與《李少君家録》。按《百三名家集》本末附春秋時陰陽災異事，非董文，嚴氏未採。李賓所採無出嚴本之外。

東方先生文集三卷 （漢）東方朔撰
明康丕顯刻本 〔北京師範大學圖書館 中國科學院圖書館等〕

東方朔〔詩存〕 （漢）東方朔撰
（明）馮惟訥輯
詩紀·漢卷二

東方先生集一卷 （漢）東方朔撰
漢魏諸名家集

東方先生集一卷 （漢）東方朔撰
漢魏六朝諸家文集

漢魏六朝諸家文集 傅增湘校 〔北京圖書館〕

東方大中集二卷 （漢）東方朔撰
（明）張燮輯
七十二家集

東方大中集一卷　（漢）東方朔撰

　漢魏六朝百三名家集

　漢魏六朝百三名家集（明婁東張氏刻
　　本）　佚名録清何焯批校　〔浙江圖
　　書館〕

　漢魏六朝百三名家集（明婁東張氏刻
　　本）　清何紹基評點　〔武漢大學圖
　　書館〕

東方曼倩文抄一卷　　（漢）東方朔
　撰　（明）李賓輯

　八代文抄

東方朔〔文存〕　（漢）東方朔撰
　（清）嚴可均輯

　全漢文卷二十五

東方朔〔詩存〕　（漢）東方朔撰
　丁福保輯

　全漢詩卷二

　　注：東方朔，參《東方朔占》。《隋志》
　載其集一卷，兩《唐志》二卷。《百三名
　家集》本録存諫、疏、書、序、論等文凡十
　二首，及《據地歌》、《誡子詩》、《嗟伯夷》
　（按後二首，嚴可均編入文）。嚴可均據
　《書鈔》、《漢書》等採摭，較《百三名家
　集》本多《化民有道對》、《對詔》、《臨終
　諫天子》、《隱真論》。李賓所輯間有出
　《百三名家集》本與嚴本外者。馮惟訥
　輯得《誡子詩》一首，丁福保採得《據地
　歌》一首。

武帝〔詩存〕　漢武帝撰　（明）馮
　惟訥輯

　詩紀·漢卷一

武帝〔文存〕　漢武帝撰　（清）嚴
　可均輯

　全漢文卷三至四

武帝〔詩存〕　漢武帝撰　丁福
　保輯

　全漢詩卷一

　　注：漢武帝劉徹，景帝子，諡曰考武
　帝，廟號世宗，事蹟詳《史記》、《漢書》本
　紀。《隋志》載其集一卷，注云："梁二
　卷。"兩《唐志》復載二卷。嚴可均據《漢
　書》等採得賦、制、詔、策等文約一百首。
　馮惟訥採得詩歌七首；丁福保所採與馮
　本同，唯改《蒲梢天馬歌》爲《西極天馬
　歌》。

西漢司馬氏至文七卷　（漢）司馬
　遷撰

　西漢三子至文

司馬遷〔文存〕　（漢）司馬遷撰
　（清）嚴可均輯

　全漢文卷二十六

司馬子長集一卷

　漢魏六朝名家集初刻

　　注：司馬遷，參《太史公素王妙論》。
　《漢志》有《司馬遷賦》八篇。《隋志》載
　其集一卷，兩《唐志》二卷。嚴可均據
　《文選》、《類聚》、《漢書》等採得文四首，
　爲《悲士不遇賦》、《報任少卿書》、《與摯
　伯陵書》、《素王妙論》。按馬國翰輯有
　《太史公素王妙論》。

李陵〔詩存〕　（漢）李陵撰　（明）
　馮惟訥輯

　詩紀·漢卷二

李陵〔文存〕　（漢）李陵撰　（清）
　嚴可均輯

　全漢文卷二十八

李陵〔詩存〕　（漢）李陵撰　丁福
　保輯

　全漢詩卷二

　　注：李陵，字少卿，隴西成紀人，少爲

侍中建章監,武帝時拜騎都尉,在匈奴二十餘年,《史記》、《漢書》有傳。《隋》、《唐志》並載其集二卷。嚴可均據《文選》等採得令、表、書凡文四首。馮惟訥採得《與蘇武詩》三首及《別歌》一首;丁福保較馮本多輯《別詩》八首,又列《別歌》於附錄。按所採詩當出依托,參《兩漢文學史參考資料》。

王諫議集二卷　(漢)王襃撰

(明)張燮輯

七十二家集

王諫議集一卷　(漢)王襃撰

漢魏六朝百三名家集

漢魏六朝百三名家集(明婁東張氏刻本)　佚名錄清何焯批校　〔浙江圖書館〕

漢魏六朝百三名家集(明婁東張氏刻本)　清何紹基評點　〔武漢大學圖書館〕

王襃〔文存〕　(漢)王襃撰　(清)嚴可均輯

全漢文卷四十二

注:王襃,字子淵,蜀人,官至諫大夫,有俊才,善述作,《漢書》有傳。《漢志》有王襃賦十六篇。《隋》、《唐志》與《宋志》並載其集五卷。《百三名家集》本錄存賦、論、頌等文凡八首。嚴可均據《文選》、《類聚》等採摭,亦得八首,唯《甘泉宮頌》較《百三名家集》本多一節。

魏相〔文存〕　(漢)魏相撰　(清)嚴可均輯

全漢文卷二十九

注:魏相,字弱翁,濟陰定陶人,徙平陵,少學《易》,歷遷揚州刺史、河南太守、大司農、御史大夫等,代韋賢爲丞相,封高平侯,《史記》、《漢書》有傳。《隋志》注稱梁有其集二卷、錄一卷,"亡"。兩《唐志》復載二卷。嚴可均據《漢書》採得對策、上言、諫、奏等文凡七首。

張敞〔文存〕　(漢)張敞撰　(清)嚴可均輯

全漢文卷三十

注:張敞,字子高,本河東平陽人,徙茂陵,治《春秋》,歷豫州刺史、膠東相、冀州刺史、太原太守等,事跡見《漢書》本傳。《隋志》注稱梁有其集一卷、錄一卷,"亡"。兩《唐志》載二卷。嚴可均據《漢書》、《御覽》等採得上書、奏、議、書等文凡十六首。

韋玄成〔詩存〕　(漢)韋玄成撰

(明)馮惟訥輯

詩紀·漢卷二

韋玄成〔文存〕　(漢)韋玄成撰

(清)嚴可均輯

全漢文卷三十三

韋玄成〔詩存〕　(漢)韋玄成撰

丁福保輯

全漢詩卷二

注:韋玄成,參《魯詩韋氏説》。《隋志》注稱梁有其集二卷,"亡"。兩《唐志》復載二卷。嚴可均據《漢書》採得奏、議等文凡六首。

班婕妤〔詩存〕　(漢)班婕妤撰

(明)馮惟訥輯

詩紀·漢卷二

班倢伃〔文存〕　(漢)班婕妤撰

(清)嚴可均輯

全漢文卷十一

班婕妤〔詩存〕　（漢）班婕妤撰
　丁福保輯
　　全漢詩卷三
　　　注：班婕妤，一作班倢伃，名不詳，樓
　煩人，班固祖姑，漢成帝時立爲婕妤，能
　詩文，事蹟見《漢書・外戚傳》。《隋志》
　載其集一卷。嚴可均據《漢書》、《古文
　苑》與《御覽》採得文三首，爲《自悼賦》、
　《擣素賦》、《報諸姪書》。馮惟訥輯存
　《怨歌行》一首；丁福保所採與馮本同，
　名爲《怨詩》。

谷永〔文存〕　（漢）谷永撰　　（清）
　嚴可均輯
　　全漢文卷四十五至四十六
　　　注：谷永，本名並，以尉氏樊並反，更
　名永，字子雲，長安人，博學經書，工文，
　善言災異，歷遷安定太守、涼州刺史、北
　地太守、大司農等，《漢書》有傳。《隋
　志》載其集二卷，兩《唐志》五卷。嚴可
　均據《漢書》等採得對策、上書、疏、議等
　文二十餘首。

劉中壘集六卷　（漢）劉向撰
　明抄本　〔上海圖書館〕

漢劉中壘集一卷　（漢）劉向撰
　漢魏六朝百三名家集
　漢魏六朝百三名家集（明婁東張氏刻
　　本）　佚名録清何焯批校　〔浙江圖
　　書館〕
　漢魏六朝百三名家集（明婁東張氏刻
　　本）　清何紹基評點　〔武漢大學圖
　　書館〕

劉子政集　（漢）劉向撰
　增定漢魏六朝別解・集部

劉向〔文存〕　（漢）劉向撰
　全漢文卷三十五至三十七

　　　注：劉向，參《劉同劉歆易注》。《漢
　志》有《劉向賦》三十三篇。《隋志》載其
　集六卷，兩《唐志》與《宋志》均作五卷。
　《玉海・藝文》引《中興書目》載五卷，
　云：“集者云晉八卷，隋本五卷（按當爲
　六卷），今所存十八篇。”《直齋書録解
　題》亦五卷，云：“前四卷封事並見《漢
　書》，《九歎》見《楚辭》，末《請雨華山賦》
　見《古文苑》。”《百三名家集》本録存賦、
　疏、議、對、頌、銘等文凡二十二首，末爲
　《洪範五行傳》。按劉向《洪範五行傳》，
　今有王謨等輯本。嚴可均據《漢書》、
　《文選》與唐宋類書採摭，較《百三名家
　集》本多《雅琴賦》、《圍棋賦》、《奏劾甘
　忠可》、《管子書録》、《韓非子書録》、《鄧
　析書録》（此首《百三名家集》入劉歆
　文）、《說苑敍録》、《五紀説》、《五紀論》，
　又《孫卿書録》（《百三名家集》本作《孫
　卿子後序》）與《熏鑪銘》亦稍詳，然《百
　三名家集》本中《諫成帝》爲嚴本所無，
　《上於陵子》係僞作，嚴氏未採。明抄本
　卷一至四有文十餘首，無出嚴本之外，
　卷五至六則爲《列女傳》序頌、《說苑》序
　論，嚴氏未採。

陳湯〔文存〕　（漢）陳湯撰　　（清）
　嚴可均輯
　　全漢文卷四十三
　　　注：陳湯，字子公，山陽瑕丘人，善屬
　文，歷西域副校尉、射聲校尉等，事蹟詳
　《漢書》本傳。《隋志》注稱梁有其集二
　卷，“亡”。嚴可均據《漢書》本傳採得文
　二首，爲《上疏自理》、《上封事請徙初
　陵》。

李尋〔文存〕　（漢）李尋撰　　（清）
　嚴可均輯

全漢文卷五十五

注：李尋，字子長，平陵人，治《尚書》，好《洪範》災異，又習天文、月令、陰陽，曾師張山附，歷黄門侍郎、騎都尉等，《漢書》有傳。《隋志》注稱梁有其集二卷，"亡"。嚴可均據《漢書》採得對、議、奏、説凡五首。

息夫躬〔詩存〕　（漢）息夫躬撰

（明）馮惟訥輯

詩紀・漢卷二

息夫躬〔文存〕　（漢）息夫躬撰

（清）嚴可均輯

全漢文卷五十六

注：息夫躬，字子微，河内河陽人，少爲博士弟子，受《春秋》，通覽記書，歷光禄大夫左曹給事中，封宜陵侯，《漢書》有傳。嚴可均據《漢書》本傳採得文四首，爲《上疏詆公卿大臣》、《上言開言渠》、《奏閒匈奴烏孫》、《建言厭應變異》。馮惟訥採得《絶命詞》一首。按《絶命詞》，《詩紀匡謬》云："此騷體也。"

杜鄴〔文存〕　（漢）杜鄴撰　（清）

嚴可均輯

全漢文卷四十九

注：杜鄴，字子夏，本魏郡繁陽人，徙茂陵，官至涼州刺史，《漢書》有傳。《隋志》注稱梁有其集二卷，"亡"。兩《唐志》載五卷。嚴可均據《漢書》、《西京雜記》採得文、對、説等凡五首。

唐林〔文存〕　（漢）唐林撰　（清）

嚴可均輯

全漢文卷六十一

注：唐林，字子高，沛郡人，明經典，博通舊聞，官至尚書令，封建德侯（《漢書・鮑宣傳》與《王莽傳》）。《隋志》注

稱梁有其集一卷，"亡"。嚴可均據《漢書・師丹傳》、《初學記》卷二十採得文二首，爲《上哀帝疏請復師丹邑爵》、《奏事》。

師丹〔文存〕　（漢）師丹撰　（清）

嚴可均輯

全漢文卷四十八

注：師丹，字仲公，瑯邪東武人，治《詩》，事匡衡，歷遷太子太傅、大司馬等，封高樂侯，《漢書》有傳。《隋志》載其集一卷，注云："梁三卷、録一卷。"兩《唐志》載五卷。嚴可均據《漢書》本傳與《食貨志》採得文四首，爲《上書言封丁傅》、《建言限民田奴婢》、《劾奏董宏》、《共皇廟議》。

揚子雲集六卷　（漢）揚雄撰

（明）鄭樸輯

明萬曆刻本　〔北京圖書館　上海圖書館等〕

四庫全書・集部別集類

揚子雲集三卷　（漢）揚雄撰

漢魏諸名家集

揚子雲集三卷　（漢）揚雄撰

漢魏六朝諸家文集

漢魏六朝諸家文集　傅增湘校　〔北京圖書館〕

揚侍郎集五卷　（漢）揚雄撰

（明）張燮輯

七十二家集

揚侍郎集一卷　（漢）揚雄撰

漢魏六朝百三名家集

漢魏六朝百三名家集（明婁東張氏刻本）　佚名録清何焯批校　〔浙江圖書館〕

漢魏六朝百三名家集（明婁東張氏刻

本）　清何紹基評點　〔武漢大學圖
書館〕

揚侍郎集　（漢）揚雄撰

增定漢魏六朝別解·集部

揚子雲文抄一卷　（漢）揚雄撰
（明）李賓輯

八代文抄

揚雄〔文存〕　（漢）揚雄撰　（清）
嚴可均輯

全漢文卷五十一至五十四

揚子雲集四卷

漢魏六朝名家集初刻

揚子雲集六卷　（漢）揚雄撰

清抄本　盛鳳翔校　〔南京圖書館〕

注：揚雄，參《琴清英》。《漢志》有
《揚雄賦》十二篇。《隋》、《唐志》並載其
集五卷，《宋志》六卷。《郡齋讀書志》載
三卷，云：“皇朝譚愈好雄文，患其散在
諸篇籍離而不屬，因綴輯之，得四十餘
篇。”《直齋書錄解題》載五卷，謂“大抵
皆錄《漢書》及《古文苑》所載”，“蓋古本
多已不存，好事者於史傳類書中鈔錄”
云云。按晁、陳氏所見當爲輯本。鄭樸
輯本卷一至三爲《法言》、《太玄經》、《方
言》，卷四至六爲書、賦、箴等文四十餘
首，末爲《蜀王本紀》、《琴清英》等。《漢
魏諸名家集》本亦有文四十餘首，與鄭
樸本稍異。《百三名家集》本錄存各體
文近六十首。諸本以嚴可均所輯最詳
備，且注出處。按嚴氏亦輯《蜀王本
紀》、《琴清英》，見史部、經部。李賓僅
採得十三首，無出《百三名家集》本外。

漢劉子駿集一卷　（漢）劉歆撰

漢魏六朝百三名家集

漢魏六朝百三名家集（明婁東張氏刻

本）　佚名錄清何焯批校　〔浙江圖
書館〕

漢魏六朝百三名家集（明婁東張氏刻
本）　清何紹基評點　〔武漢大學圖
書館〕

劉子駿集　（漢）劉歆撰

增定漢魏六朝別解·集部

劉歆〔文存〕　（漢）劉歆撰　（清）
嚴可均輯

全漢文卷四十

注：劉歆，參《劉向劉歆易注》。
《隋》、《唐志》並載其集五卷。《百三名
家集》本錄存賦、書、議、說、奏、論凡文
十二首，末載《洪範五行傳》。按劉向
著《洪範五行傳》，今有王謨等輯本。
嚴可均據《漢書》、《文選》等採摭，較
《百三名家集》本多《上山海經表》、《斛
銘》，其中《甘泉宮賦》亦稍詳。又《百
三名家集》本中《上鄧析文》一文，嚴氏
編入劉向文。《洪範五行傳》，嚴氏
不採。

崔篆〔文存〕　（漢）崔篆撰　（清）
嚴可均輯

全漢文卷六十一

注：崔篆，涿郡安平人，明經，著《周
易林》，《後漢書》有傳。《隋志》注稱梁
有其集一卷，亡。兩《唐志》復載一卷。
嚴可均據《後漢書·崔駰傳》採得《慰志
賦》一首。

桓譚〔文存〕　（漢）桓譚撰　（清）
嚴可均輯

全後漢文卷十二

注：桓譚，參《新論》。《後漢書》本傳
云：“（譚）所著賦、誄、書、奏，凡二十六
篇。”《隋志》注稱梁有其集五卷，亡。兩

《唐志》載二卷。嚴可均據《後漢書》與《文選》注等採得賦、疏、書等文凡七首。

朱勃〔文存〕 （漢）朱勃撰 （清）嚴可均輯

全後漢文卷十七

注：朱勃，字叔陽，扶風平陵人，習《詩》、《書》，事蹟略見《後漢書·馬援傳》。《隋志》注稱梁有其集二卷，亡。兩《唐志》復載二卷。嚴可均據《後漢書》、《文選》注等採得《詣闕上書理馬援》一首。

陳元〔文存〕 （漢）陳元撰 （清）嚴可均輯

全後漢文卷十九

注：陳元，字長孫，蒼梧廣信人，少傳父業，習《左氏春秋》，爲之訓詁，辟司空李通府，通罷，復辟司徒歐陽歙府，《後漢書》有傳。嚴可均據《後漢書》與《後漢紀》採得文二首，爲《上疏難范升奏左氏不宜立博士》、《上疏駁江馮督察三公議》。

馮曲陽集二卷 （漢）馮衍撰 （明）張燮輯

七十二家集

馮曲陽集一卷 （漢）馮衍撰

漢魏六朝百三名家集

漢魏六朝百三名家集（明婁東張氏刻本） 佚名録清何焯批校 〔浙江圖書館〕

漢魏六朝百三名家集（明婁東張氏刻本） 清何紹基評點 〔武漢大學圖書館〕

馮衍〔文存〕 （漢）馮衍撰 （清）嚴可均輯

全後漢文卷二十

馮曲陽集一卷 （漢）馮衍撰 張鵬一校補

關隴叢書

東漢四人小集

注：馮衍，字敬通，京兆杜陵人，博通群籍，雅好辭説，官至司隸從事，所著賦、誄、銘、説、《問交》、《德誥》、《慎情》、書記説、自序、官録説、策凡五十篇，《後漢書》有傳。《隋》、《唐志》並載其集五卷，《後漢書》本傳注云："衍集見有二十八篇。"《百三名家集》本録存賦、疏、奏記、牋、書、論、銘凡十七首。嚴可均據《後漢書》、《後漢紀》等採摭，得文二十七首，較完備。張鵬一依《百三名家集》本校補，增《揚節賦》、《竹杖銘》、《德誥》與《爵銘》，除《竹杖銘》外，餘均無出嚴本之外。

班彪〔文存〕 （漢）班彪撰 （清）嚴可均輯

全後漢文卷二十三

叔皮集一卷 （漢）班彪撰 張鵬一輯

關隴叢書·扶風班氏佚書

注：班彪，字叔皮，扶風安陵人，好述作，專心史籍，曾除徐令，以病免，所著賦、論、書、記、奏事合九篇，事蹟詳《後漢書》本傳。《隋志》載其集二卷，注稱梁五卷，亡。《舊唐志》載二卷，《新唐志》三卷。嚴可均、張鵬一皆據《後漢書》、《書鈔》等採輯，各得文十餘首，不盡同。嚴本《悼離騷》、《上言宜復置烏桓校尉》、《奏事》、《奏議答北匈奴》諸文爲張本所無，又《冀州賦》（一作《遊居賦》）中"過蕩陰而弔晉鄙"云云一節、《上事》中"元狩六年"云云一節亦出張

氏所採;而張本《漢書》贊五首爲嚴氏未採,又《北征賦》多二節,《遊居賦》中"遵大路以北征兮"云云一節與《上事》中"竊見"云云一節爲嚴本所無。

杜篤〔文存〕 （漢）杜篤撰 （清）嚴可均輯

全後漢文卷二十八

注:杜篤,字季雅,京兆杜陵人,少博學,不修小節,官至車騎將軍馬防從事中郎,所著賦、誄、弔、書、讚、七言、《女誡》及雜文凡十八篇,又著《明世論》十五篇,《後漢書》有傳。《隋志》載其集一卷,兩《唐志》五卷。嚴可均據《後漢書》、《文選》注等採得賦、頌、論、誄、弔文等十餘首。

東平憲王蒼〔詩存〕 （漢）劉蒼撰 （明）馮惟訥輯

詩紀·漢卷三

東平王蒼〔文存〕 （漢）劉蒼撰 （清）嚴可均輯

全後漢文卷十

東平憲王蒼〔詩存〕 （漢）劉蒼撰 丁福保輯

全漢詩卷一

注:劉蒼,參《南北郊冕服議》。《後漢書》本傳謂:蒼卒,"詔告中傅,封上蒼自建武以來章奏及所作書、記、賦、頌、七言、別字、歌詩,並集覽焉。"《隋志》注稱梁有其集五卷,亡。兩《唐志》載二卷。嚴可均據《後漢書》、《續漢志》注採得疏、上書、上言、議凡文九首。馮惟訥採得《武德舞歌詩》一首,丁福保所輯與馮本同。

傅毅〔詩存〕 （漢）傅毅撰 （明）馮惟訥輯

傅毅〔文存〕 （漢）傅毅撰 （清）嚴可均輯

全後漢文卷四十三

傅蘭臺集二卷 （漢）傅毅撰 （清）傅以禮輯

傅氏家書

傅毅〔詩存〕 （漢）傅毅撰 丁福保輯

全漢詩卷二

傅司馬集一卷 （漢）傅毅撰 張鵬一輯

關隴叢書

東漢四人小集

注:傅毅,字武仲,扶風茂陵人,肅宗時爲蘭臺令史,後拜司馬,工詩文,著詩、賦、誄、頌、祝文、七激、連珠凡二十八篇,事蹟詳《後漢書·文苑傳》。《隋志》載其集二卷,注云:"梁五卷。"兩《唐志》復載五卷。張鵬一據《文選》注與《類聚》等採得賦、誄、頌、銘、詩等凡十五首。傅以禮亦採得十餘首,其中《與荊文姜書》爲張本所無,餘不出張本之外。嚴可均所輯大略不出傅本之外。馮惟訥輯得《迪志詩》一首,丁福保較馮本多古詩一首,均未出張本之外。

班固〔詩存〕 （漢）班固撰 （明）馮惟訥輯

詩紀·漢卷三

班蘭臺集四卷 （漢）班固撰 （明）張燮輯

七十二家集

班蘭臺集一卷 （漢）班固撰

漢魏六朝百三名家集

漢魏六朝百三名家集（明婁東張氏刻本） 佚名録清何焯批校 〔浙江圖書館〕

漢魏六朝百三名家集（明婁東張氏刻本） 清何紹基評點 〔武漢大學圖書館〕

班蘭臺集 （漢）班固撰

增定漢魏六朝別解・集部

班孟堅文抄一卷 （漢）班固撰 （明）李賓輯

八代文抄

班固〔文存〕 （漢）班固撰 （清）嚴可均輯

全後漢文卷二十四至二十六

班孟堅集三卷 （漢）班固撰

漢魏六朝名家集初刻

班固〔詩存〕 （漢）班固撰 丁福保輯

全漢詩卷二

蘭臺集一卷 （漢）班固撰 張鵬一校補

關隴叢書・扶風班氏佚書

注：班固，參《周易班氏義》。《後漢書・班彪附傳》云："固所著《典引》、《賓戲》、《應譏》、詩、賦、銘、誄、頌、書、文、記、論、議、六言，在者凡四十一篇。"《隋志》載其集十七卷，兩《唐志》十卷。《百三名家集》本録存賦、表、奏記、牋、書、議、符命、設難、頌、銘、論、哀辭、連珠、詩等約三十首。張鵬一據《百三名家集》本校補，以《覽海賦》、《遊居賦》入《叔皮集》，增入《離騷序》等，凡得文三十一首。嚴可均輯得三十餘首，與張鵬一校補本互有出入，嚴并從《文選・西征賦》注採得《覽海賦》一節，云："案此

賦今見存者僅二語耳。《藝文類聚》所載，乃班彪作，張溥本誤收。案張溥本有《遊居賦》，即《冀州賦》也，乃班彪所作，誤收。"馮惟訥輯得七首（其中《明堂詩》等五首，嚴氏入文），丁福保僅採二首，不出張校本之外。丁福保《名家集初刻》本文據嚴本，末爲詩歌三首。李賓所輯大致不出嚴、張本，唯採《漢書》諸贊及《漢武帝内傳》爲諸家所無，然亦李氏欠慎之處也。

崔駰〔詩存〕 （漢）崔駰撰 （明）馮惟訥輯

詩紀・漢卷三

東漢崔亭伯集一卷 （漢）崔駰撰

漢魏六朝百三名家集

漢魏六朝百三名家集（明婁東張氏刻本） 佚名録清何焯批校 〔浙江圖書館〕

漢魏六朝百三名家集（明婁東張氏刻本） 清何紹基評點 〔武漢大學圖書館〕

崔亭伯集 （漢）崔駰撰

增定漢魏六朝別解・集部

崔駰〔文存〕 （漢）崔駰撰 （清）嚴可均輯

全後漢文卷四十四

崔駰〔詩存〕 （漢）崔駰撰 丁福保輯

全漢詩卷二

注：崔駰，字亭伯，涿郡安平人，博通經傳及古今訓詁百家之言，善屬文，所著詩、賦、銘、頌、書、記、表、《七依》、《婚禮結言》、《達旨》、《酒警》合二十一篇，事蹟詳《後漢書》本傳。《隋》、《唐志》並載其集十卷。《百三名家集》本録存賦、

書、牋、箴、銘、頌、議、論等文三十餘首，又《安封侯詩》一首與七言詩一首。嚴可均據《後漢書》與唐宋類書等採摭，較《百三名家集》本文多《武賦》、《奏記竇憲》、《四晧墟頌》、《司空箴》、《尚書箴》、《太常箴》，又《章帝諡議》、《七依》、《扇銘》、《婚禮結言》文亦稍詳，《博徒論》則與《百三名家集》本略有差異，唯《百三名家集》本中《虎賁中郎箴》爲嚴本所無。曾樸云："案《書鈔》一百二十三引《刀劍韜銘》，嚴失採。"（《補後漢書藝文志并考》卷八）按《東巡頌》、《南巡頌》、《西巡頌》、《北巡頌》，嚴本爲殘文，《文館詞林》卷三百四十六載全文。馮惟訥輯得《安封侯詩》一首，丁福保所採與馮本同。

班昭〔文存〕　（漢）班昭撰　　（清）嚴可均輯

全後漢文卷九十六

曹大家集一卷　（漢）班昭撰　　張鵬一輯

關隴叢書·扶風班氏佚書

注：班昭，一名姬，字惠班，班彪女，曹世叔妻，扶風安陵人，博學高才，其兄固撰《漢書》未竟，和帝令昭續之。帝又令皇后諸貴人師事焉，號曰大家。所著賦、頌、銘、誄、問、注、哀辭、書、論、上疏、遺令凡十六篇，事蹟見《後漢書·列女傳》。《隋志》注稱梁有其集三卷，"亡"。兩《唐志》載二卷。嚴可均據《文選》注、《後漢書》與唐宋類書採得賦、疏、頌、《女誡》凡文八首。張鵬一所輯較嚴本多《幽通賦注》、《列女傳注》，末附班倢伃《自悼賦》、《擣素賦》與《怨歌行》。按班昭注《列女傳》見《隋志》史部雜傳類，注班固《幽通賦》見兩《唐志》集部。

賈逵〔文存〕　（漢）賈逵撰　　（清）嚴可均輯

全後漢文卷三十一

注：賈逵，參《周禮賈氏解詁》。《後漢書》本傳云："逵所著經傳義詁及論難百餘萬言，又作詩、頌、誄、書、連珠、酒令凡九篇，學者宗之，後世稱爲通儒。"《隋志》載其集一卷，注云："梁二卷。"兩《唐志》復載二卷。嚴可均據《後漢書》、《書鈔》、《文選》注採得文四首，爲《上書請宥劉愷》、《條奏左氏長義》、《永平頌》與連珠。姚振宗云："案《續漢書曆志》首一篇曰《賈逵論曆》，所載凡四篇，皆章帝、和帝時論列奏上者。嚴氏從《曆志》已輯邊詔、蔡邕等文，獨於賈氏此四篇棄而不取，則失之眉睫也。"（《隋書經籍志考證》卷三十九）

劉駒騄〔文存〕　（漢）劉駒騄撰　（清）嚴可均輯

全後漢文卷三十三

注：劉駒騄，北海靖王興孫，有才學，永寧中鄧太后召入東觀，與劉珍等著中興以下名臣列士傳，駒騄又自造賦、頌、書、論凡四篇（《後漢書·劉興傳》）。《隋志》載其集一卷，注稱"梁二卷、錄一卷"，"亡"。兩《唐志》復載二卷。嚴可均據《文選》注與唐宋類書採得賦、上書、書、箴凡文五首。曾樸云："案《六帖》十引'縹碧以爲瓦'，稱劉駒騄詩。"（《補後漢書藝文志并考》卷八）

葛龔〔文存〕　（漢）葛龔撰　　（清）嚴可均輯

全後漢文卷五十六

注：葛龔，字元甫，梁國寧陵人，歷遷太官丞、蕩陰令、臨汾令等，以善文記知名，著文、賦、碑、誄、書記凡十二篇，事蹟詳《後漢書·文苑傳》。《隋志》載其集六卷，注云：“梁五卷，一本七卷。”兩《唐志》載五卷。嚴可均據《文選》注等採得賦、牋、書等文凡九首。

蘇順〔文存〕 （漢）蘇順撰 （清）嚴可均輯

全後漢文卷四十九

注：蘇順，字孝山，京兆霸陵人，以才學顯，好養生術，拜郎中，所著賦、論、誄、哀辭、雜文凡十六篇，見《後漢書·文苑傳》。《隋志》注稱梁有郎中籍順集二卷，録二卷，亡。按“籍”當爲“蘇”字訛。兩《唐志》載作《蘇順集》二卷。嚴可均據《類聚》、《文選》注、《初學記》採得文四首，爲《歎懷賦》、《和帝誄》、《陳公誄》、《賈逵誄》。

黃香〔文存〕 （漢）黃香撰 （清）嚴可均輯

全後漢文卷四十二

注：黃香，字文彊，江夏安陸人，博學經典，究精道術，能文章，歷尚書郎、尚書令、魏郡太守等，所著賦、牋、奏、書、令凡五篇，事蹟詳《後漢書·文苑傳》。《隋志》注稱梁有其集二卷，亡。兩《唐志》復載二卷。嚴可均據《後漢書》、《文選》注、《古文苑》等採得賦、疏、議、頌、銘凡文六首。

劉珍〔文存〕 （漢）劉珍撰 （清）嚴可均輯

全後漢文卷五十六

注：劉珍，字秋孫，一名寶，南陽蔡陽人，永初中爲謁者僕射，鄧太后詔使校定東觀諸書，永寧元年太后又詔珍等作建武已來名臣傳，歷遷侍中、越騎校尉、衛尉，著誄、頌、連珠凡七篇，曾與崔寔等撰《東觀漢記》（參《東觀漢記》），又撰《釋名》三十篇，《後漢書》有傳。《隋志》載其集二卷、録一卷，兩《唐志》二卷。嚴可均據《後漢紀》卷十六採得《上言鄧太后宜獻朝》一首，又從《御覽》採得《東觀漢記》敍四首。曾樸云：“案《書鈔》一百引劉珍《賈逵碑》，又十六引‘飾玉輅’及‘居山隅而鳳凰集’二句，皆稱劉珍曰。又嚴目所載諸序皆《東觀記》中語，不應屬入集中。”（《補後漢書藝文志并考》卷八）按《文館詞林》卷三百四十六載劉珍《東巡頌》一首，爲嚴本所無。

王逸〔詩存〕 （漢）王逸撰 （明）馮惟訥輯

詩紀·漢卷三

東漢王叔師集一卷 （漢）王逸撰

漢魏六朝百三名家集

漢魏六朝百三名家集（明婁東張氏刻本） 佚名録清何焯批校 〔浙江圖書館〕

漢魏六朝百三名家集（明婁東張氏刻本） 清何紹基評點 〔武漢大學圖書館〕

王逸〔文存〕 （漢）王逸撰 （清）嚴可均輯

全後漢文卷五十七

王叔師集一卷 （漢）王逸撰

漢魏六朝名家集初刻

王逸〔詩存〕 （漢）王逸撰 丁福保輯

全漢詩卷二

注：王逸，參《王逸正部論》。《後漢

書·文苑傳》云："其賦、誄、書、論及雜文凡二十一篇，又作《漢詩》百二十三篇。"《隋志》注稱梁有其集二卷、錄一卷，亡。兩《唐志》復載二卷。《百三名家集》本錄存賦、序、論、騷凡文二十一首，又《琴思楚歌》一首。嚴可均據《文選》注與唐宋類書等輯存，與《百三名家集》本文大致相當，唯《機婦賦》、《荔支賦》文較詳。曾樸云："案《書鈔》三十三引《臨豫州教》，嚴失採。"（《補後漢書藝文志并考》卷八）馮惟訥亦採得《琴思楚歌》一首，丁福保所採與馮本同。《名家集初刻》本文依嚴本抄錄，又歌一首。

李尤〔詩存〕　（漢）李尤撰　（明）馮惟訥輯

詩紀·漢卷三

漢蘭臺令李伯仁集（一名李蘭臺集）一卷　（漢）李尤撰

漢魏六朝百三名家集

漢魏六朝百三名家集（明婁東張氏刻本）　佚名錄清何焯批校　〔浙江圖書館〕

漢魏六朝百三名家集（明婁東張氏刻本）　清何紹基評點　〔武漢大學圖書館〕

李尤〔文存〕　（漢）李尤撰　（清）嚴可均輯

全後漢文卷五十

李尤〔詩存〕　（漢）李尤撰　丁福保輯

全漢詩卷二

注：李尤，字伯仁，廣漢雒人，歷蘭臺令史、諫議大夫、樂安相，少即以文章顯，人稱其有相如、揚雄之風，所著詩、賦、銘、誄、頌、《七歎》、《哀典》凡二十八

篇，事蹟詳《後漢書·文苑傳》。《隋志》注謂梁有其集五卷，"亡"。《宋志》載二卷，疑爲輯本。《百三名家集》本錄存賦、銘等文約九十首，又《九曲歌》一首。嚴可均據《文選》注與唐宋類書等採摭，較《百三名家集》本文爲詳備，如《函谷關賦》、《辟雍賦》、《七款》、《鴻池陂銘》等均較《百三名家集》本所載詳。曾樸云："案《書鈔》百十二引《平硯賦》，《水經·河水注》一引《孟津銘》，《御覽》七百五十四引《博銘》，《初學記》人事部引《九賢》、《管徵君頌》，嚴失採。詩有《九曲歌》（《類聚》一）、《武功歌》（《書鈔》一百二十一）。"（《補後漢書藝文志并考》卷八）姚振宗謂《九賢》、《管徵君頌》係晉李充所作，嚴氏已編入《全晉文》，見《隋書經籍志考證》卷三十九。馮惟訥與丁福保均採得《九曲歌》一首。

張衡〔詩存〕　（漢）張衡撰　（明）馮惟訥輯

詩紀·漢卷三

張河間集六卷　（漢）張衡撰　（明）張燮輯

七十二家集

張河間集二卷　（漢）張衡撰

漢魏六朝百三名家集

漢魏六朝百三名家集（明婁東張氏刻本）　佚名錄清何焯批校　〔浙江圖書館〕

漢魏六朝百三名家集（明婁東張氏刻本）　清何紹基評點　〔武漢大學圖書館〕

張河間集　（漢）張衡撰

增定漢魏六朝別解·集部

張衡〔文存〕　（漢）張衡撰　（清）

嚴可均輯

全後漢文卷五十二至五十五

張衡〔詩存〕 （漢）張衡撰　丁福保輯

全漢詩卷二

注：張衡，參《靈憲》。《後漢書》本傳云："(衡)所著詩、賦、銘、七言、《靈憲》、《應間》、《七辯》、《巡誥》、《懸圖》凡三十二篇。"《隋志》載其集十一卷，注云"梁十二卷，又一本十四卷"，亡。兩《唐志》載十卷，《宋志》六卷。《百三名家集》本錄存賦、誥、疏、策、表、書、議、銘、誄等文三十餘首，又《怨篇》、《同聲歌》、《四愁詩》各一首。嚴可均據傳注類書採摭，頗詳備，較《百三名家集》本文多《鴻賦》、《陽嘉二年京師地震對策》、《奏事》、《條上司馬遷班固所敘不合事》及《玄圖》又《羽獵賦》等文亦稍詳；嚴氏又考《週天大象賦》爲隋李播所撰，故不採。按嚴氏所輯《靈憲》、《渾天儀》，已另列目。馮惟訥輯本不出《百三名家集》本之外，其中《定情歌》與《思玄詩》即爲《定情賦》、《思玄賦》，《百三名家集》本與嚴氏均入文。丁福保所輯與《百三名家集》本詩略同，唯《怨篇》諸本皆缺序，丁氏據《御覽》卷八百八十三補入。曾樸云："案《玉燭寶典》五引《逍遙賦》，嚴未採。""又《御覽》二十'浩浩陽春發，楊柳何依依。百鳥自南歸，翱翔萃我枝'。稱張衡歌。"(《補後漢書藝文志并考》卷八)

崔琦〔文存〕 （漢）崔琦撰 （清）嚴可均輯

全後漢文卷四十五

注：崔琦，字子瑋，涿郡安平人，以文章博通見稱，所著賦、頌、銘、誄、箴、弔、論、《九咨》、七言凡十五篇，事蹟詳《後漢書·文苑傳》。《隋志》載其集一卷，注云："梁二卷。"兩《唐志》復載二卷。嚴可均據《初學記》、《類聚》等採得文三首，爲《七蠲》、《四晧頌》、《外戚箴》。

崔瑗〔文存〕 （漢）崔瑗撰 （清）嚴可均輯

全後漢文卷四十五

注：崔瑗，字子玉，涿郡安平人，官至濟北相，明天官、曆數與《京房易傳》，高於文辭，猶善爲書、記、箴、銘，所著賦、碑、銘、箴、頌、《七蘇》、《南陽文學官志》、《歎辭》、《移社文》、《悔祈》、《草書執》、七言，凡五十七篇，《後漢書》有傳。《隋志》載其集六卷，注云："梁五卷。"兩《唐志》載五卷。嚴可均據《類聚》、《書鈔》等採得書、箴、銘、誄等文二十餘首。曾樸云："案《廣韻》上平十虞引崔子玉《清河王誄》，嚴失採。"(《補後漢書藝文志并考》卷八)

張綱〔文存〕 （漢）張綱撰 （清）嚴可均輯

全後漢文卷四十九

注：張綱，字文紀，犍爲武陽人，少明經學，官至廣陵太守，事蹟詳《後漢書》本傳。史志未載其集。《文選》卷二十三謝惠連《秋懷詩》注與卷五十九王簡栖《頭陁寺碑》注引其集，蓋時猶存。嚴可均據《後漢書》、《三國志》注採得文二首，爲《上疏諫縱宦官》、《上書劾梁冀》。按嚴氏未採《文選》注所引綱文。

竇章〔文存〕 （漢）竇章撰 （清）嚴可均輯

全後漢文卷十六

注：寶章,字伯向,扶風平陵人,善屬文,歷校書郎、長水校尉、屯騎校尉等,《後漢書》有傳。《隋志》注稱梁有其集二卷,亡。兩《唐志》復載二卷。嚴可均採得《移書勸葛龔》一首,云據《汝南先賢傳》採摭。按《汝南先賢傳》久佚,不知嚴氏依何書所引採摭,《說郛》本未載此文。曾樸云:"案《書鈔》三十三引《薦馬融文》,嚴失採。"(《補後漢書藝文志并考》卷八)

李固〔文存〕　(漢)李固撰　(清)嚴可均輯

全後漢文卷四十八

注：李固,字子堅,漢中南鄭人,歷荊州刺史、太山太守、太尉等,所著章、表、奏、議、教令、對策、記、銘凡十一篇,《後漢書》有傳。《隋志》載其集十二卷,注云:"梁十卷。"《舊唐志》載二卷(一本作十卷),《新唐志》十卷。嚴可均據《後漢書》、《後漢紀》等採得對策、疏、議、奏、記、書等文凡十九首。曾樸云:"案《水經·江水》一注引《與弟固書》,卷子殘本《文館詞林》九十九引《恤奉高令喪事教》、又《祀胡母先生教》,嚴均未採。"(《補後漢書藝文志并考》卷八)姚振宗云:"案《水經注》所引《與弟固書》,乃別一李固,嚴氏《後漢文編》已輯入八十六卷中,辨證極明。"(《隋書經籍志考證》卷三十九)

王延壽〔文存〕　(漢)王延壽撰　(清)嚴可均輯

全後漢文卷五十八

注：王延壽,字文考,一字子山,南郡宜城人,事蹟略見《後漢書·文苑王逸傳》及注引張華《博物志》。《隋志》注稱梁有其集三卷,亡。嚴可均據《類聚》、《文選》等採得文四首,爲《魯靈光殿賦》、《夢賦》、《王孫賦》、《桐柏淮源廟碑》。

桓驎〔詩存〕　(漢)桓驎撰　(明)馮惟訥輯

詩紀·漢卷三

桓麟〔文存〕　(漢)桓麟撰　(清)嚴可均輯

全後漢文卷二十七

桓驎〔詩存〕　(漢)桓驎撰　丁福保輯

全漢詩卷二

注：桓麟,一作桓驎,字元鳳,沛郡龍亢人,歷司徒掾、議郎,後出爲許令,病免,所著碑、誄、讚、說、書凡二十一篇,《後漢書》有傳。《後漢書》本傳注云:"案摯虞《文章志》,麟文見在者十八篇,有碑九首、誄七首、《七說》一首、《沛相郭府君書》一首。"《隋志》注稱梁有其集二卷、錄一卷,亡。兩《唐志》復載二卷。嚴可均據《類聚》、《文選》注等採得文二首,爲《七說》、《太尉劉寬碑》。馮惟訥採得《答客詩》一首,附《客示桓驎詩》;丁福保所採與馮本同。

崔寔〔文存〕　(漢)崔寔撰　(清)嚴可均輯

全後漢文卷四十五

注：崔寔,參《嵇斑子》。《後漢書》本傳云:"(寔)所著碑、論、箴、銘、答、七言、祠、文、表、記、書,凡十五篇。"《隋志》注稱梁有其集二卷、錄一卷,亡。嚴可均據唐宋類書採得文四首,爲《大赦賦》、《答譏》、《諫議大夫箴》、《太醫令箴》。曾樸云:"案《六帖》三引《轄銘》,

《書鈔》一百四十八引《酒箴》，嚴失採。"
《補後漢書藝文志并考》卷八）

邊韶〔文存〕 （漢）邊韶撰 （清）
　嚴可均輯
　全後漢文卷六十二
　　注：邊韶，字孝先，陳留浚儀人，以文
學知名，教授數百人，歷太中大夫、北地
太守、尚書令、陳相等，著詩、頌、碑、銘、
書、策凡十五篇，事蹟詳《後漢書·文苑
傳》。《隋志》注稱梁有其集一卷、録一
卷，"亡"。兩《唐志》復載二卷。嚴可均
據《後漢書》、《類聚》、《水經注》等採得
賦、上言、頌、銘等文凡五首。

張升〔文存〕 （漢）張升撰 （清）
　嚴可均輯
　全後漢文卷八十二
　　注：張升，參《友論》。《後漢書·文
苑傳》云："（升）著賦、誄、頌、碑、書凡六
十篇"。《隋志》注稱梁有其集二卷、録一
卷，亡。兩《唐志》復載二卷。嚴可均據
《御覽》、《文選》注採得文三首，爲《白鳩
賦》、《與任彦堅書》、《友論》。按嚴可均
云："《友論》，一作《反論》，一作《反論
語》，皆誤。"王仁俊輯有《反論》。

侯瑾〔文存〕 （漢）侯瑾撰 （清）
　嚴可均輯
　全後漢文卷六十六
　　注：侯瑾，參《漢皇德傳》。《後漢
書·文苑傳》云："（瑾）餘所作雜文數十
篇，多亡佚。"《隋志》注稱梁有其集二
卷，"亡"。兩《唐志》復載二卷。嚴可均
據《初學記》、《類聚》等採得文二首，爲
《箏賦》、《皇德頌敍》。

秦嘉〔詩存〕 （漢）秦嘉撰 （明）
　馮惟訥輯

詩紀·漢卷四

秦嘉〔文存〕 （漢）秦嘉撰 （清）
　嚴可均輯
　全後漢文卷六十六

秦嘉〔詩存〕 （漢）秦嘉撰 丁福
　保輯
　全漢詩卷二
　　注：嚴可均云："秦嘉，字士會，隴西
人。""案《書鈔》一百三十引秦士會與婦
書，秦嘉字士會，止此一見。"《隋志》注
謂梁有後漢黄門郎秦嘉妻徐淑集，知嘉
官至黄門郎。史志未載其集，唯唐林寶
《元和姓纂》卷二"皮"字下稱有後漢上
計掾秦嘉集。嚴可均據唐宋類書採得
文二首，爲《與妻徐淑書》、《重報妻書》。
馮惟訥採得《述昏詩》二章、《贈婦詩》一
首及《留郡贈婦詩》三首，丁福保所採與
馮本同。

徐淑〔詩存〕 （漢）徐淑撰 （明）
　馮惟訥輯
　詩紀·漢卷四

徐淑〔文存〕 （漢）徐淑撰 （清）
　嚴可均輯
　全後漢文卷九十六

徐淑〔詩存〕 （漢）徐淑撰 丁福
　保輯
　全漢詩卷三
　　注：《隋志》注謂梁有秦嘉妻徐淑集
一卷，亡。嚴可均據唐宋類書採得文三
首，爲《答夫秦嘉書》、《又報嘉書》、《爲
誓書與兄弟》。馮惟訥採得《答秦嘉詩》
一首，丁福保所輯與馮本同。

朱穆〔詩存〕 （漢）朱穆撰 （明）
　馮惟訥輯
　詩紀·漢卷三

朱穆〔文存〕　（漢）朱穆撰　（清）嚴可均輯

全後漢文卷二十八

朱穆〔詩存〕　（漢）朱穆撰　丁福保輯

全漢詩卷二

注：朱穆，字公叔，南陽宛人，歷侍御史、冀州刺史、尚書等，所著論、策、奏、教、書、詩、記、嘲凡二十篇，《後漢書》有傳。《隋志》注稱梁有其集二卷、錄一卷，亡。兩《唐志》復載二卷。嚴可均據《後漢書》、《文選》注等採得賦、上疏、奏、書、論凡文十一首。馮惟訥採得《與劉伯宗絕交詩》一首，丁福保所輯與馮本同。

東漢馬季長集一卷　（漢）馬融撰

漢魏六朝百三名家集

漢魏六朝百三名家集（明婁東張氏刻本）　佚名錄清何焯批校　〔浙江圖書館〕

漢魏六朝百三名家集（明婁東張氏刻本）　清何紹基評點　〔武漢大學圖書館〕

馬融〔文存〕　（漢）馬融撰　（清）嚴可均輯

全後漢文卷十八

注：馬融，參《馬氏周易注》。《後漢書》本傳云：“（融）所著賦、頌、碑、誄、書、記、表、奏、七言、琴歌、對策、遺令，凡二十一篇。”《隋志》載其集九卷，兩《唐志》五卷。嚴可均據唐宋類書與《文選》注、《後漢書》等採得賦、策、書、序、頌、《遺令》與《自敍》凡文二十首。曾樸云：“案《玉燭寶典》三引《上林頌》，嚴未採。”（《補後漢書藝文志并考》卷八）姚

振宗以爲嚴氏尚漏採賈公彥引馬氏《周官傳序》，詳《隋書經籍志考證》卷三十九。《百三名家集》本僅有文十二首，不出嚴本之外，唯其末《忠經》篇出後人依託，嚴氏未採。按《文館詞林》卷三百四十六載融《東巡頌》全文，嚴本爲殘文。

延篤〔文存〕　（漢）延篤撰　（清）嚴可均輯

全後漢文卷六十一

注：延篤，參《延篤易義》。《後漢書》本傳云：“（篤）所著詩、論、銘、書、應訊、表、教令，凡二十篇。”《隋志》載其集一卷，注稱梁二卷、錄一卷，亡。兩《唐志》復載二卷。嚴可均據《類聚》、《後漢書》等採得書、論凡文七首。

胡廣〔文存〕　（漢）胡廣撰　（清）嚴可均輯

全後漢文卷五十六

注：胡廣，參《胡廣漢制度》。《後漢書》本傳云：“其餘所著詩、賦、銘、頌、箴、弔及諸解詁凡二十二篇。”《隋志》注稱梁有集二卷、錄一卷，亡。兩《唐志》復載二卷。嚴可均據《後漢書》、《文選》注與唐宋類書等採得上書、疏、箴、銘等文凡十二首。

皇甫規〔文存〕　（漢）皇甫規撰（清）嚴可均輯

全後漢文卷六十一

皇甫司農集一卷　（漢）皇甫規撰（清）張澍輯

二酉堂叢書

注：皇甫規，字威明，安定朝那人，以《詩》、《易》教授門徒三百餘人，歷泰山太守、議郎、弘農太守、護羌校尉等，封壽成亭侯，所著賦、銘、碑、讚、禱文、弔、

章表、教令、書、檄、牋記凡二十七篇，事蹟詳《後漢書》本傳。《隋志》注稱梁有其集五卷，“亡”。兩《唐志》復載五卷。嚴可均從《後漢書》、《後漢紀》與唐宋類書採得對策、疏、書、牋凡文十一首。張澍所採較嚴本多《與張奐書》一首，又《舉賢良方正對策》與嚴本稍異，末附趙壹、蔡邕文各一首。

酈炎〔詩存〕 （漢）酈炎撰 （明）馮惟訥輯

詩紀·漢卷三

酈炎〔文存〕 （漢）酈炎撰 （清）嚴可均輯

全後漢文卷八十二

酈炎〔詩存〕 （漢）酈炎撰 丁福保輯

全漢詩卷二

注：酈炎，字文勝，范陽人，有文才，善解音律，不仕，《後漢書》有傳。盧植《酈文勝誄》云：“自齔未成童，著書十餘箱。”（《北堂書鈔》卷九十九）《隋志》注稱梁有其集二卷，錄二卷，亡。兩《唐志》復載二卷。嚴可均據《古文苑》採得文二首，爲《對事》、《遺令書》。曾樸云：“案《書鈔》一百二十一引《角賦》，嚴失採。”（《補後漢書藝文志并考》卷八）馮惟訥輯得《見志詩》二首，丁福保所採與馮本同。

劉陶〔文存〕 （漢）劉陶撰 （清）嚴可均輯

全後漢文卷六十五

注：劉陶，字子奇，一名偉，潁川潁陰人，歷侍御史、尚書令、京兆尹等，通《尚書》、《春秋》，爲之訓詁，《後漢書》有傳。《後漢書》本傳云：“陶著書數十萬言，又

作《七曜論》、《匡老子》、《反韓非》、《復孟軻》，及上書言當世便事、條教、賦、奏、書、記、辯疑，凡百餘篇。”《隋志》載其集三卷，注云：“梁二卷、錄一卷。”兩《唐志》載二卷。按《新唐志》誤題《劉白集》。嚴可均據《後漢書》、《後漢紀》採得上疏、議等文凡五首。

劉梁〔文存〕 （漢）劉梁撰 （清）嚴可均輯

全後漢文卷六十四

注：劉梁，字曼山，一名岑，東平寧陽人，歷北新城長、尚書郎等，《後漢書》有傳。《隋志》載其集三卷，注云：“梁二卷、錄一卷。”兩《唐志》載二卷。嚴可均據《後漢書》與唐宋類書等採得文三首，爲《除北新城長告縣人》、《七舉》、《辯和同論》，末附《劉梁碑》。

張超〔文存〕 （漢）張超撰 （清）嚴可均輯

全後漢文卷八十四

注：張超，字子並，河間鄚人，有文才，善草書，靈帝時從朱儁征黃巾，爲別部司馬，著賦、頌、碑文、薦、檄、書、謁文、嘲凡十九篇，《後漢書》有傳。《隋志》注稱梁有其集五卷，亡。兩《唐志》載《張邵集》五卷。按“邵”當爲“超”之誤。《宋志》載超集三卷。嚴可均據諸傳注類書採得賦、牋、書、頌、碑凡文六首。

張奐〔文存〕 （漢）張奐撰 （清）嚴可均輯

全後漢文卷六十四

張太常集一卷 （漢）張奐撰 （清）張澍輯

二西堂叢書

注：張奐，字然明，敦煌淵泉人，少游三輔，師事朱寵，學歐陽《尚書》，著《尚書記難》三十餘萬言，歷安定屬國都尉、武威太守、大司農、護匈奴中郎將等，所著銘、頌、書、教、誡、述、志、對策、章表凡二十四篇，事蹟詳《後漢書》本傳。《隋志》注稱梁有其集二卷、錄一卷，亡。兩《唐志》復載二卷。嚴可均據《後漢書》與唐宋類書等採得賦、上言、奏、書等文凡十五首。張澍所採與嚴本大體相當，唯張本《芙容賦》（嚴本爲《扶藜賦》）文較詳，而嚴本《應詔上書言災應》、《上言東羌事》文較張本爲詳。

高彪〔詩存〕　（漢）高彪撰　（明）
馮惟訥輯

詩紀・漢卷三

高彪〔文存〕　（漢）高彪撰　（清）
嚴可均輯

全後漢文卷六十六

注：高彪，字義方，吳郡無錫人，官至內黃令，工文，文章多亡，事蹟詳《後漢書・文苑傳》。《隋志》注謂梁有其集二卷、錄一卷，亡。兩《唐志》復載二卷。嚴可均據《後漢書》等採得文三首，爲《復刺遺馬融書》、《督軍御史箴餞贈第五永》、《清誡》。曾樸云：“《書鈔一百引‘五經爲府藏，雜藝爲庖廚’，稱《高彪集》》。”（《補後漢書藝文志并考》卷八）按嚴氏未採此文。馮惟訥輯得《清誡》一首，嚴氏入文。

趙壹〔詩存〕　（漢）趙壹撰　（明）
馮惟訥輯

詩紀・漢卷三

趙壹〔文存〕　（漢）趙壹撰　（清）
嚴可均輯

全後漢文卷八十二

趙壹〔詩存〕　（漢）趙壹撰　丁福
保輯

全漢詩卷二

趙計吏集一卷　（漢）趙壹撰　張
鵬一輯

關隴叢書

東漢四人小集

注：趙壹，參《非草書》。《後漢書》本傳云：“（壹）著賦、頌、箴、誄、書、論及雜文十六篇。”《隋志》注稱梁有其集二卷、錄一卷，“亡”。兩《唐志》復載二卷。嚴可均據《文選》注與唐宋類書等採得賦、書凡文六首。按嚴氏又輯《非草書》，見子部。張澍輯本無《報羊陟書》，然《解擯賦》較嚴本多一節。馮惟訥輯得《疾邪詩》二首，丁福保所採與馮本同。按馮、丁所採即《刺世疾邪賦》中詩歌。

荀爽〔文存〕　（漢）荀爽撰　（清）
嚴可均輯

全後漢文卷六十七

注：荀爽，參《周易注》。爽著述甚多，《後漢書》本傳謂：“凡百餘篇，今多所亡缺。”《隋志》載其集一卷，注云：“梁三卷、錄一卷。”兩《唐志》二卷。嚴可均據《後漢書》、《類聚》等採得對策、奏、書、《女誡》凡文五首。

盧子幹逸文　（漢）盧植撰　（清）
臧琳輯

經義雜記卷五（清嘉慶四年武進臧氏拜經堂刻本）

拜經堂叢書・經義雜記卷五

盧植〔文存〕　（漢）盧植撰　（清）
嚴可均輯

全後漢文卷八十一

注：盧植，參《盧氏禮記解詁》。《後漢書》本傳云："（植）所著碑、誄、表、記凡六篇。"《隋志》注稱梁有其集二卷，"亡"。兩《唐志》復載二卷。嚴可均據《後漢書》等採得上書、奏事、誄等文凡五首。臧琳採得五節，其末二節爲嚴氏失採，爲《御覽》卷八百三十四引植《與張然明書》與《文選·赭白馬賦》注引植集。

廉品〔文存〕 （漢）廉品撰 （清）嚴可均輯

全後漢文卷六十六

注：廉品，生平不詳。《隋志》注稱梁有議郎廉品集二卷，"亡"。嚴可均據《御覽》卷五百三十輯得《大儺賦》一首。

蔡中郎文集十卷 （漢）蔡邕撰

明正德十年華堅蘭雪堂銅活字印本〔北京圖書館〕

明影刻蘭雪堂銅活字印本 〔北京圖書館 上海圖書館〕

明影刻蘭雪堂銅活字印本 清瞿鏞錄黃丕烈、顧廣圻校 〔北京圖書館〕

清影抄蘭雪堂銅活字印本 佚名錄黃丕烈、顧廣圻校 〔北京圖書館〕

明刻本 〔北京圖書館 上海圖書館等〕

明刻本 清黃丕烈、顧廣圻校 〔北京圖書館〕

明刻本 佚名錄黃丕烈、顧廣圻校〔遼寧省圖書館〕

明刻本 〔山西大學圖書館〕

明萬曆三十九年馬維騄刻本〔北京圖書館 甘肅省圖書館等〕

清順治間劉嗣美刻本 〔北京大學圖書館 浙江圖書館〕

十萬卷樓叢書二編

四部叢刊·集部（初次印本）

四部叢刊·集部（二次印本 縮印二次印本）

萬有文庫·簡編

國學基本叢書

蔡中郎集十卷

明程榮刻本 〔中共中央黨校圖書館 河南省圖書館〕

新刊蔡中郎文集十二卷詩集二卷

明嘉靖三年鄭氏宗文堂刻本 〔北京圖書館 上海圖書館〕

蔡中郎集六卷 （漢）蔡邕撰

明嘉靖二十七年楊賢刻本 〔北京圖書館 南京圖書館等〕

明嘉靖二十七年楊賢刻本（卷四至六爲配清抄本） 清佚名錄黃丕烈、顧廣圻校 〔上海圖書館〕

明刻本 〔中國社會科學院文學研究所 中共北京市委圖書館〕

蔡中郎集六卷

清康熙三十四年刻本

四庫全書·集部別集類

蔡中郎集八卷 （漢）蔡邕撰

明刻本 清王韜校 〔中國社會科學院考古研究所〕

蔡中郎集十一卷 （漢）蔡邕撰

明萬曆八年茅一相文霞閣刻本 〔北京圖書館 上海圖書館等〕

蔡邕〔詩存〕 （漢）蔡邕撰 （明）馮惟訥輯

詩紀·漢卷三

蔡中郎集八卷 （漢）蔡邕撰

漢魏諸名家集

蔡中郎集八卷 （漢）蔡邕撰

漢魏六朝諸家文集

漢魏六朝諸家文集　傅增湘校　〔北京
　圖書館〕

蔡中郎集十二卷　（漢）蔡邕撰
（明）張燮輯
　七十二家集

蔡中郎集二卷　（漢）蔡邕撰
　漢魏六朝百三名家集
　漢魏六朝百三名家集（明婁東張氏刻
　　本）　佚名録清何焯批校　〔浙江圖
　　書館〕
　漢魏六朝百三名家集（明婁東張氏刻
　　本）　清何紹基評點　〔武漢大學圖
　　書館〕

蔡中郎集　（漢）蔡邕撰
　增定漢魏六朝別解・集部

蔡中郎文抄一卷　（漢）蔡邕撰
（明）李賓輯
　八代文抄

蔡中郎文集八卷　（漢）蔡邕撰
　清抄本　徐鴻寶校　〔北京圖書館〕

蔡中郎〔文存〕　（漢）蔡邕撰
（清）嚴可均輯
　全後漢文卷六十九至八十
　蔡中郎集十九卷
　清抄本　〔北京市文物局〕

蔡中郎集十卷外紀一卷外集四卷
（漢）蔡邕撰　（清）高均儒校輯
　清光緒十六年番禺陶氏據楊氏海源閣
　　本重刻
　海源閣叢書
　海源閣叢書　清許翰校　〔北京圖書
　　館〕
　海源閣叢書　清羅以智録盧文弨、顧廣
　　圻、勞格校　〔南京圖書館〕
　海源閣叢書　清佚名録各家校　〔上海

　　圖書館〕
　四部備要・集部漢魏六朝別集

蔡中郎集十卷外集四卷　（漢）蔡
邕撰　（清）高均儒校輯
　清抄本　〔湖南省圖書館〕

校蔡中郎文集疏證十卷外集疏證
一卷附蔡中郎文集補一卷
（清）吳志忠撰　附集補（清）吳
志忠輯
　稿本　〔北京圖書館〕

蔡中郎集舉正二卷　（清）羅以智撰
　清光緒五年朱桂模抄本　〔浙江圖書
　　館〕

蔡中郎集舉正二卷外紀不分卷外
集不分卷
　民國間抄本

蔡中郎集十二卷　（漢）蔡邕撰
　漢魏六朝名家集初刻

蔡邕〔詩存〕　（漢）蔡邕撰　丁福
保輯
　全漢詩卷二
　　注：蔡邕，參《月令章句》。《後漢書》
本傳云：“（邕）所著詩、賦、碑、誄、銘、
讚、連珠、箴、弔、論、議、《獨斷》、《勸
學》、《釋誨》、《敍樂》、《女訓》、《篆埶》、
祝文、章表、書記，凡百四篇，傳於世。”
《隋志》載其集十二卷，注云“梁有二十
卷，録一卷。”兩《唐志》二十卷，《崇文總
目》載文集五卷，《宋志》載集十卷。《郡
齋讀書志》載十卷，云：“所著文章百四
篇，今録止存九十篇，而銘墓居其半，或
曰碑銘，或曰神誥，或曰哀讚，其實一
也。”《直齋書録解題》亦載十卷，云：“今
本闕亡之外，纔六十四篇。其間有稱建
安年號及爲魏宗廟頌述者，非邕文也。

卷末有天聖癸亥歐陽靜所書,辨證甚詳,以爲好事者雜編他人之文相混,非本書。"按此書明代通行十卷本、六卷本及《百三名家集》本等,互有詳略。高均儒彙採衆本,以十卷本爲底本而校勘異同,又採十卷本所無之文編爲《外集》四卷,頗完善。羅以智亦以十卷本爲底本,廣收各名家校本,並取《漢書》以下諸書與蔡邕文相關者,博證旁通,悉心校勘;《外集》係遺文,採自《百三名家集》本,均注所出,校勘亦精。

士孫瑞〔文存〕 （漢）士孫瑞撰

（清）嚴可均輯

全後漢文卷八十四

注:士孫瑞,字君策,一作君榮,扶風人,有才謀,仕歷顯位,爲國三老(《後漢書·王允傳》及《三國志·董卓傳》注引《三輔決録注》)。《隋志》注稱梁有其集二卷,亡。兩《唐志》復載二卷。嚴可均據《書鈔》、《通典》、《類聚》採得文三首,爲《理王允等事》、《日蝕行冠禮議》、《劍銘》。

應劭〔文存〕 （漢）應劭撰 （清）

嚴可均輯

全後漢文卷三十三

注:應劭,參《漢官儀》。《隋志》載其集二卷,注云:"梁四卷。"兩《唐志》復載四卷。嚴可均據《後漢書》等採得表、奏、議、序等文凡八首。

鄭司農集一卷 （漢）鄭玄撰

清乾隆二十一年盧見曾刻雅雨堂叢書本 清李慈銘校 〔北京圖書館〕

雅雨堂藏書

鄭玄〔文存〕 （漢）鄭玄撰 （清）

嚴可均輯

全後漢文卷八十四

鄭康成集一卷

漢魏六朝名家集初刻

注:鄭玄,參《周易鄭康成注》。《隋志》注稱梁有其集二卷、録一卷,亡。兩《唐志》復載二卷。嚴可均據《通典》、《後漢書》等採得議、書、紋、序凡文六首。按嚴氏又輯《六藝論》,已另列目。《雅雨堂藏書》本有出嚴本外者,然或爲誤採,或不當採而採入。如《相風賦》,《類聚》卷六十八、《書鈔》卷一百三十均引作傅玄,唯《御覽》卷九誤題鄭玄,《雅雨堂藏書》本蓋據《御覽》採入,而失檢《類聚》、《書鈔》也。曾樸云:"案《書鈔》九十四引《舊君名諱論》,嚴失採。"(《補後漢書藝文志并考》卷八)

孔融〔詩存〕 （漢）孔融撰 （明）

馮惟訥輯

詩紀·漢卷三

孔少府集二卷 （漢）孔融撰

（明）張燮輯

七十二家集

孔少府集一卷 （漢）孔融撰

漢魏六朝百三名家集

漢魏六朝百三名家集(明婁東張氏刻本) 佚名録清何焯批校 〔浙江圖書館〕

漢魏六朝百三名家集(明婁東張氏刻本) 清何紹基評點 〔武漢大學圖書館〕

孔少府集 （漢）孔融撰

增定漢魏六朝別解·集部

孔北海集一卷 （漢）孔融撰

四庫全書·集部別集類

孔融〔文存〕 （漢）孔融撰 （清）

嚴可均輯

　全後漢文卷八十三

孔北海集一卷　（漢）孔融撰

　乾坤正氣集

孔文舉集一卷　（漢）孔融撰

　建安七子集

孔文舉集一卷　（漢）孔融撰

　漢魏六朝名家集初刻

孔融〔詩存〕　（漢）孔融撰　丁福保輯

　全漢詩卷二

　　注：孔融，字文舉，魯國人，博涉多覽，歷虎賁中郎將、議郎、北海相等，有《春秋雜議難》五卷，所著詩、頌、碑文、論議、六言、策文、表、檄、教令、書記凡二十五篇，見《後漢書》本傳及《隋志》經部。《隋志》載其集九卷，注云：“梁十卷、録一卷。”兩《唐志》載十卷。《四庫全書》本載表、疏、上書、奏事、議、對、教、書、碑銘、論凡文三十九首，又詩七首。《百三名家集》本不出《四庫全書》本之外。嚴可均據《三國志》注與《類聚》等採摭，所採較《四庫全書》本文多《與曹公書薦邊讓》、《與曹公書》、《答路粹書》、《肉刑論》、《同歲論》，又《告高密相立鄭公鄉教》、《衛尉張儉碑銘》文亦稍詳。唯《四庫全書》本所載《奏馬賢事》、《告高密僚屬教》爲嚴本所無。馮惟訥所採詩亦七首，與《四庫全書》本詩同。《乾坤正氣集》本僅載文，與《四庫全書》本文同。丁氏《名家集初刻》本文據嚴本，詩則較馮本少失題一首。

張紘〔文存〕　（漢）張紘撰　（清）嚴可均輯

　全後漢文卷八十六

　　注：張紘，字子綱，廣陵人，入太學事韓宗治《京氏易》、《歐陽尚書》，又於外黃從濮陽闓受《韓詩》、《禮記》及《左氏春秋》，好文學，善楷篆，歷侍御史、會稽東部都尉、討虜長史等，《三國志》有傳。《隋志》載其集一卷，注云：“梁二卷、録一卷。”兩《唐志》一卷。嚴可均據《類聚》、《三國志》等採得賦、書、牋、箴凡文五首。

阮瑀〔詩存〕　（漢）阮瑀撰　（明）馮惟訥輯

　詩紀・魏卷七

阮元瑜集一卷　（漢）阮瑀撰

　漢魏六朝百三名家集

　漢魏六朝百三名家集（明婁東張氏刻本）　佚名録清何焯批校　〔浙江圖書館〕

　漢魏六朝百三名家集（明婁東張氏刻本）　清何紹基評點　〔武漢大學圖書館〕

阮元瑜集　（漢）阮瑀撰

　增定漢魏六朝別解・集部

阮元瑜集二卷　（漢）阮瑀撰　（明）楊德周輯　（清）陳朝輔增訂彙刻建安七子集

阮瑀〔文存〕　（漢）阮瑀撰　（清）嚴可均輯

　全後漢文卷九十三

阮元瑜集一卷　（漢）阮瑀撰

　建安七子集

阮元瑜集一卷　（漢）阮瑀撰

　漢魏六朝名家集初刻

阮瑀〔詩存〕　（漢）阮瑀撰　丁福保輯

　全三國詩卷三

注：阮瑀，字元瑜，陳留尉氏人，少受業於蔡邕，以符檄擅名（《三國志·王粲傳》、《文心雕龍·才略》）。《隋志》載其集五卷，注云："梁有錄一卷，亡。"兩《唐志》亦載五卷。《百三名家集》本錄存賦、論、書、牋凡文九首，又詩十二首。嚴可均據《文選》注、《類聚》等採摭，所採與《百三名家集》本文同。馮惟訥輯本與《百三名家集》本詩同，當張溥依馮本抄錄；丁福保《全三國詩》所載與馮本同。丁福保《名家集初刻》本文據嚴本轉鈔，詩亦不出馮本之外。楊德周所採不出《百三名家集》本之外。

路粹〔文存〕 （漢）路粹撰 （清）
　嚴可均輯

全後漢文卷九十四

注：路粹，字文蔚，陳留人，少學於蔡邕，歷尚書郎、軍謀祭酒、秘書令，善屬文（《三國志·王粲傳》及注引《典略》）。《隋志》注稱梁有其集二卷、錄一卷，"亡"。兩《唐志》復載二卷。嚴可均據《後漢書·孔融傳》採得文二首，爲《枉狀奏孔融》、《爲曹公與孔融書》。

潘勗〔文存〕 （漢）潘勗撰 （清）
　嚴可均輯

全後漢文卷八十七

注：潘勗，字元茂，初名芝，改名勗，陳留中牟人，獻帝時爲尚書郎，官至尚書左丞，明習舊事，以文章顯（《三國志·衛覬傳》及注引《文章志》，又《三國志·武帝紀》裴注）。《隋志》載其集二卷，注云："梁有錄一卷，亡。"兩《唐志》二卷。嚴可均據《三國志》注、《文選》注等採得文四首，爲《玄達賦》、《册魏公九錫文》、《擬連珠》、《尚書令荀彧碑》。

楊修〔文存〕 （漢）楊修撰 （清）嚴
　可均輯

全後漢文卷五十一

注：楊修，字德祖，弘農華陰人，爲曹操主簿，有俊才，所著賦、頌、碑、讚、詩、哀辭、表、記、書凡十五篇，見《後漢書·楊震傳》。《隋志》載其集一卷，注云："梁二卷、錄一卷。"兩《唐志》復載二卷。嚴可均據《類聚》、《文選》注等採得賦、牋、讚凡文七首。

王粲〔詩存〕 （漢）王粲撰 （明）
　馮惟訥輯

詩紀·魏卷五

王侍中集三卷 （漢）王粲撰
　（明）張燮輯

七十二家集

王侍中集一卷 （漢）王粲撰

漢魏六朝百三名家集

漢魏六朝百三名家集（明婁東張氏刻
　本） 佚名錄清何焯批校 〔浙江圖
　書館〕

漢魏六朝百三名家集（明婁東張氏刻
　本） 清何紹基評點 〔武漢大學圖
　書館〕

王侍中集 （漢）王粲撰

增定漢魏六朝別解·集部

王仲宣集四卷 （漢）王粲撰
　（明）楊德周輯 （清）陳朝輔增訂

彙刻建安七子集

王仲宣文抄一卷 （漢）王粲撰
　（明）李賓輯

八代文抄

王粲〔文存〕 （漢）王粲撰 （清）
　嚴可均輯

全後漢文卷九十至九十一

王仲宣集一卷　（漢）王粲撰

建安七子集

王仲宣集三卷　（漢）王粲撰

漢魏六朝名家集初刻

王粲〔詩存〕　（漢）王粲撰　丁福保輯

全三國詩卷三

注：王粲，參《英雄記鈔》。《三國志》本傳云："（粲）著詩、賦、論、議垂六十篇。"《隋志》載其集十一卷，兩《唐志》十卷，《宋志》八卷。《郡齋讀書志》載八卷，云："今集有八十一篇。"陳振孫云："今諸家詩文散見於《文選》及諸類書，其以集傳者，仲宣、子建、孔璋而已。"（《直齋書録解題》陳琳集條）《百三名家集》本録存賦、書、檄、七、記、論、連珠、贊、銘、祭文凡文四十餘首，又詩二十六首。嚴可均據《文選》注、唐宋類書等採撮，較《百三名家集》本文多《投壺賦》、《圍棋賦》、《彈棋賦》及《靈壽杖頌》。按嚴本《七釋》爲殘文，《文館詞林》卷四百十四載全文。馮惟訥輯本與《百三名家集》本詩同，當係張溥抄録馮本；丁福保《全三國詩》所載與馮本同。楊德周輯本所採《懷德詩》爲諸本所無。李賓輯本大致不出嚴本之外，唯《與孔德琰書》爲嚴氏所未採，考《類聚》卷一百題應璩作，不知李賓據何書採之。丁氏《名家集初刻》本文據嚴本，詩則與馮本同。

應瑒〔詩存〕　（漢）應瑒撰　（明）馮惟訥輯

詩紀·魏卷七

魏應德璉集一卷　（漢）應瑒撰

漢魏六朝百三名家集

漢魏六朝百三名家集（明婁東張氏刻本）　佚名録清何焯批校　〔浙江圖書館〕

漢魏六朝百三名家集（明婁東張氏刻本）　清何紹基評點　〔武漢大學圖書館〕

應德璉集二卷　（漢）應瑒撰　（明）楊德周輯　（清）陳朝輔增訂

彙刻建安七子集

應瑒〔文存〕　（漢）應瑒撰　（漢）嚴可均輯

全後漢文卷四十二

應德璉集一卷　（漢）應瑒撰

建安七子集

應德璉集一卷　（漢）應瑒撰

漢魏六朝名家集初刻

應瑒〔詩存〕　（漢）應瑒撰　丁福保輯

全三國詩卷三

注：應瑒，字德璉，汝南人，有才學，善屬文，歷丞相掾、五官將文學等，著文賦數十篇，事蹟略見《三國志·王粲傳》。《隋志》載其集一卷，注云："梁五卷、録一卷，亡。"兩《唐志》載二卷。《百三名家集》本録存賦、書、論等文凡十五首，又詩六首。嚴可均據《類聚》、《續漢書志》注等採撮，較《百三名家集》本文多《西征賦》、《校獵賦》、《神女賦》及《釋賓》，又《靈河賦》、《正情賦》、《馳射賦》文亦稍詳。楊德周輯本所採《與州將牋》及雜詩一首爲諸本所無。按雜詩，《類聚》卷二十三題應璩作，馮惟訥、丁福保均入璩詩。馮惟訥輯本與《百三名家集》本詩同，當係張溥依馮本轉鈔；丁福保《全三國詩》所載與馮本同。丁氏

《名家集初刻》本文據嚴本，詩則與馮
本同。

陳琳〔詩存〕 （漢）陳琳撰 （明）
　馮惟訥輯
　詩紀·魏卷六

陳記室集二卷 （漢）陳琳撰
　（明）張燮輯
　七十二家集

陳記室集一卷 （漢）陳琳撰
　漢魏六朝百三名家集
　漢魏六朝百三名家集（明婁東張氏刻
　　本） 佚名錄清何焯批校 〔浙江圖
　　書館〕
　漢魏六朝百三名家集（明婁東張氏刻
　　本） 清何紹基評點 〔武漢大學圖
　　書館〕

陳記室集 （漢）陳琳撰
　增定漢魏六朝別解·集部

陳孔璋集二卷 （漢）陳琳撰
　（明）楊德周輯 （清）陳朝輔
　增訂
　彙刻建安七子集

陳琳〔文存〕 （漢）陳琳撰 （清）
　嚴可均輯
　全後漢文卷九十二

陳孔璋集一卷 （漢）陳琳撰
　（清）丁晏輯 （清）段朝端補
　楚州叢書第一集

陳孔璋集一卷 （漢）陳琳撰
　建安七子集

陳孔璋集一卷 （漢）陳琳撰
　漢魏六朝名家集初刻

陳琳〔詩存〕 （漢）陳琳撰 丁福
　保輯

全三國詩卷三
　注：陳琳，字孔璋，廣陵人，以文顯
名，歷何進府主簿、丞相軍謀掾等，著文
賦數十篇，事蹟見《三國志·王粲傳》。
《隋志》載其集三卷，注云："梁十卷、錄
一卷。"兩《唐志》與《宋志》並載十卷，
《崇文總目》載其文集九卷。《直齋書錄
解題》載十卷，云："今諸家詩文散於《文
選》及諸類書，其以集傳者，仲宣、子建、
孔璋而已。"《百三名家集》本錄存賦、
書、牋、檄、詩等綜二十餘首。嚴可均據
唐宋類書、《後漢書》等採摭，較《百三名
家集》本多《大荒賦》與《韋端碑》，唯《百
三名家集》本所載《爲袁紹上漢帝書》、
《爲袁紹與公孫瓚書》、《爲袁紹拜烏丸
三王爲單於版文》三文嚴氏輯入袁紹
文。馮惟訥輯本與《百三名家集》本詩
同，當是張溥抄錄馮本；丁福保《全三國
詩》所載與馮本同。楊德周輯本不出
《百三名家集》本之外。丁福保《名家集
初刻》本文據嚴本，詩則與馮本同。諸
本以丁晏、段朝端所採最完備，如段氏
據《韻補》所採佚文，均爲諸家失採。

劉楨〔詩存〕 （漢）劉楨撰 （明）
　馮惟訥輯
　詩紀·魏卷六

魏劉公幹集一卷 （漢）劉楨撰
　漢魏六朝百三名家集
　漢魏六朝百三名家集（明婁東張氏刻
　　本） 佚名錄清何焯批校 〔浙江圖
　　書館〕
　漢魏六朝百三名家集（明婁東張氏刻
　　本） 清何紹基評點 〔武漢大學圖
　　書館〕

劉公幹集二卷 （漢）劉楨撰

（明）楊德周輯　（清）陳朝輔
訂正

彙刻建安七子集

劉楨〔文存〕　（漢）劉楨撰　（清）
嚴可均輯

全後漢文卷六十五

劉公幹集一卷　（漢）劉楨撰

建安七子集

劉公幹集一卷　（漢）劉楨撰

漢魏六朝名家集初刻

劉楨〔詩存〕　（漢）劉楨撰　丁福
保輯

全三國詩卷三

注：劉楨，參《毛詩義問》。《三國
志・王粲傳》云："（楨）著文賦數十篇。"
《隋志》載其集四卷、録一卷，兩《唐志》
二卷。《百三名家集》本録存賦、書、碑
凡文十一首，又詩十四首。嚴可均據唐
宋類書、《文選》注採摭，其中《魯都賦》、
《黎陽山賦》、《清慮賦》均較《百三名家
集》本詳。馮惟訥輯本與《百三名家集》
本詩同；丁福保《全三國詩》與馮本同。
楊德周所採較少，唯《感遇》一首爲諸本
所無。丁氏《名家集初刻》本文依嚴採，
詩與馮本同。

徐幹〔詩存〕　（漢）徐幹撰　（明）
馮惟訥輯

詩紀・魏卷六

徐偉長集六卷　（漢）徐幹撰
（明）楊德周輯　（清）陳朝輔
增訂

彙刻建安七子集

徐幹〔文存〕　（漢）徐幹撰　（清）
嚴可均輯

全後漢文卷九十三

徐偉長集一卷　（漢）徐幹撰

建安七子集

徐偉長集一卷　（漢）徐幹撰

漢魏六朝名家集初刻

徐幹〔詩存〕　（漢）徐幹撰　丁福
保輯

全三國詩卷三

注：徐幹，參《周易徐幹義》。《隋志》
載其集五卷，注云："梁有録一卷，亡。"
兩《唐志》載五卷。嚴可均據《書鈔》、
《文選》注等採得賦與《七喻》等文凡十
首。馮惟訥輯得詩九首；丁福保《全三
國詩》所載與馮本同，唯改雜詩名爲《室
思》。楊德周輯本卷一爲詩文，不出諸
本之外，卷二至六爲《中論》。丁氏《名
家集初刻》本文據嚴本，詩則不出馮本
之外。

繁欽〔詩存〕　（漢）繁欽撰　（明）
馮惟訥輯

詩紀・魏卷七

繁欽〔文存〕　（漢）繁欽撰　（清）
嚴可均輯

全後漢文卷九十三

繁欽〔詩存〕　（漢）繁欽撰　丁福
保輯

全三國詩卷三

注：繁欽，字休伯，潁川人，少以文辨
得名，長於書記，又善爲詩賦，官至丞相
主簿（《三國志・王粲傳》注引《典略》與
《文選・與魏文帝牋》注引《文章志》）。
《隋志》載其集十卷，注云："梁録一卷，
亡。"兩《唐志》亦載十卷。嚴可均據《文
選》注及唐宋類書等採得賦、書、檄、頌、
讚、箴、碑文等文凡二十二首。馮惟訥

輯得詩六首，丁福保所採與馮本同。

禰衡〔文存〕 （漢）禰衡撰 （清）嚴可均輯

全後漢文卷八十七

注：禰衡，字正平，平原般人，事蹟見《後漢書·文苑傳》。《後漢書·文苑傳》謂"其文章多亡"。《隋志》注稱梁有其集二卷，錄一卷，"亡"。兩《唐志》復載二卷。嚴可均據《類聚》、《文選》注等採得賦、碑、弔文等文凡五首。

傅幹〔文存〕 （漢）傅幹撰 （清）嚴可均輯

全後漢文卷八十一

傅幹佚文 （漢）傅幹撰 張鵬一輯

關隴叢書·北地傅氏遺書·三傅集

注：傅幹，字彥林，一作彥材，小字別成，北地靈州人（《後漢書·傅燮傳》與《三國志·魏武帝紀》注引《九州春秋》）。史志無載其集，唯《後漢書·傅燮傳》注引其集。嚴可均從《類聚》、《初學記》等採得議、書、箋等文凡五首。張鵬一採得四首，其後《補三傅集》又有幹文，較嚴本多"六經爲庖厨，百家爲巽饌"一節。按張氏此文未注出處，見《書鈔》卷九十五引幹《與蘇文師書》。

曹操〔詩存〕 （漢）曹操撰 （明）馮惟訥輯

詩紀·魏卷一

魏武帝集五卷 （漢）曹操撰 （明）張燮輯

七十二家集

魏武帝集一卷 （漢）曹操撰

漢魏六朝百三名家集

漢魏六朝百三名家集（明婁東張氏刻本） 佚名錄清何焯批校 〔浙江圖書館〕

漢魏六朝百三名家集（明婁東張氏刻本） 清何紹基評點 〔武漢大學圖書館〕

魏武帝集 （漢）曹操撰

增定漢魏六朝別解·集部

魏武帝文抄一卷 （漢）曹操撰 （明）李賓輯

八代文抄

武帝〔文存〕 （漢）曹操撰 （清）嚴可均輯

全三國文卷一至三

魏武帝集四卷 （漢）曹操撰

漢魏六朝名家集初刻

曹操〔詩存〕 （漢）曹操撰 丁福保輯

全三國詩卷一

注：魏武帝曹操，參曹操《兵法》。《隋志》載《魏武帝集》二十六卷，注云："梁三十卷，錄一卷，梁又有《武皇帝逸集》十卷，亡。"又載《魏武帝集新撰》十卷。兩《唐志》僅載《魏武帝集》三十卷。《百三名家集》本有令、教、表、奏事、策、書、尺牘、序、祭文、詩，凡一百四十餘首。嚴可均據傳注類書採摭，得文約一百五十首，較《百三名家集》本文詳。按嚴氏又採《兵書要略》、《兵法》，已另列目。馮惟訥輯得詩二十餘首，不出《百三名家集》本之外；丁福保《全三國詩》所載較馮本多《塘上行》二首（《詩紀》入甄皇后詩）與《董逃歌詞》。按《塘上行》，《百三名家集》本亦未入曹集。丁氏《名家集初刻》本文據嚴採，詩則不出《百三名家集》本之外。

蔡琰〔詩存〕　（漢）蔡琰撰　（明）
馮惟訥輯
　詩紀・漢卷四

蔡琰〔詩存〕　（漢）蔡琰撰　丁福
保輯
　全漢詩卷三
　　注：蔡琰，字文姬，蔡邕之女，董祀
妻，陳留人，博學有才辯，妙於音律，事
蹟詳《後漢書・列女傳》。《隋志》注稱
梁有其集一卷，“亡”。馮惟訥輯得《悲
憤詩》二首及《胡笳十八拍》，丁福保所
採與馮同。

丁儀〔文存〕　（漢）丁儀撰　（清）
嚴可均輯
　全後漢文卷九十四
　　注：丁儀，字正禮，沛郡人，官至右刺
姦掾，有文才，事蹟見《三國志・陳思王
植傳》及注引《魏略》、又略見《三國志・
王粲傳》。《隋志》載其集一卷，注云：
“梁二卷、録一卷。”兩《唐志》復載二卷。
嚴可均據《類聚》、《文選》注採得文凡三
首，爲《厲志賦》、《周成漢昭論》、《刑禮
論》。

丁廙〔文存〕　（漢）丁廙撰　（清）
嚴可均輯
　全後漢文卷九十四
　　注：丁廙，字敬禮，儀弟，沛郡人，初
辟公府，建安中爲黃門侍郎，有文才，事
蹟見《三國志・陳思王植傳》及注引《魏
略》、又略見《三國志・王粲傳》。《隋
志》載其集一卷，注云：“梁二卷、録一
卷。”兩《唐志》載二卷。嚴可均據《類
聚》卷三十、卷七十四採得賦二首，爲
《蔡伯喈女賦》、《彈棋賦》。

梁鴻〔詩存〕　（漢）梁鴻撰　（明）

馮惟訥輯
　詩紀・漢卷三

梁鴻〔文存〕　（漢）梁鴻撰　（清）
嚴可均輯
　全後漢文卷三十二

梁鴻〔詩存〕　（漢）梁鴻撰　丁福
保輯
　全漢詩卷二
　　注：梁鴻，字伯鸞，扶風平陵人，受業
太學，學畢歸鄉里，不仕，携妻共入霸陵
山，不爲章句，潛閉著書十餘篇。《隋
志》注稱梁有其集二卷，“亡”。兩《唐
志》復載二卷。嚴可均據《文選・雪賦》
注採得《安丘嚴平頌》一節。馮惟訥採
得詩三首，爲《五噫歌》、《適吳詩》、《思
友詩》；丁福保所輯與馮本同。

三　國

袁渙〔文存〕　（魏）袁渙撰　（清）
嚴可均輯
　全後漢文卷三十
　　注：袁渙，字曜卿，陳郡扶樂人，官至
郎中令，事蹟詳《三國志》本傳。《隋志》
注稱梁有其集五卷、録一卷，“亡”。兩
《唐志》復載五卷。嚴可均據《三國志》
及注與《文選》注採得文三首，爲《與主
簿孫徽等教》、《説曹公》、《與曹子建
書》。

王脩〔文存〕　（魏）王脩撰　（清）
嚴可均輯
　全後漢文卷九十四
　　注：王脩，字叔治，北海營陵人，曹魏
時爲大司農郎中令，徙奉常，事蹟詳《三
國志》本傳。《隋志》注稱梁有其集二

卷，"亡"。兩《唐志》復載三卷。嚴可均據《通典》、《三國志》注及《類聚》等採得文三首，爲《四孤議》、《奏記曹公陳黃白異議》、《誡子書》。

劉廙〔文存〕　（魏）劉廙撰　（清）嚴可均輯

全三國文卷三十四

注：劉廙，參《劉氏政論》。《三國志》本傳云："廙著書數十篇，與丁儀共論刑禮，皆傳於世。"《隋志》注稱梁有其集二卷，"亡"。兩《唐志》復載二卷。嚴可均據《三國志》及注等採得表、疏、上言、奏、答等文凡十二首。按嚴氏又輯《政論》。

文帝〔詩存〕　魏文帝撰　（明）馮惟訥輯

詩紀·魏卷二

魏文帝集十卷　魏文帝撰　（明）張燮輯

七十二家集

魏文帝集二卷　魏文帝撰

漢魏六朝百三名家集

漢魏六朝百三名家集（明婁東張氏刻本）佚名錄清何焯批校　〔浙江圖書館〕

漢魏六朝百三名家集（明婁東張氏刻本）清何紹基評點　〔武漢大學圖書館〕

魏文帝集　魏文帝撰

增定漢魏六朝別解·集部

魏文帝文抄一卷　魏文帝撰　（明）李賓輯

八代文抄

文帝〔文存〕　魏文帝撰　（清）嚴可均輯

全三國文卷四至七

魏文帝集六卷　魏文帝撰

漢魏六朝名家集初刻

文帝〔詩存〕　魏文帝撰　丁福保輯

全三國詩卷一

注：魏文帝曹丕，參《典論》。《三國志》本紀云："初，帝好文學，以著述爲務，自所勒成垂百篇。"注引《魏書》曰："所著《典論》、詩、賦，蓋百餘篇。"《隋志》載其集十卷，注云："梁二十三卷。"兩《唐志》載十卷，《宋志》一卷。《玉海·聖文》引《中興書目》載六卷，云："賦、詩各二，書、表、詔一，雜文一。"《百三名家集》本錄存賦、詔、令、策、教、表、書、序、論、議、連珠、銘、哀策、誄、制與詩約二百首。嚴可均據傳注類書採得文約一百七十首，均注出處，較《百三名家集》本爲善。馮惟訥輯得詩四十餘首，較《百三名家集》本詩多《代劉勳妻王氏》二首（按此詩或謂曹植作，詳丁福保《全三國詩》注）；丁福保《全三國詩》所載較馮本多《夏詩》一首。丁氏《名家集初刻》本文據嚴本，詩則與《百三名家集》本詩同。李賓所輯較略。按《文館詞林》卷六百八十八載丕《改元大赦詔》，可補諸本之缺。

傅巽〔文存〕　（魏）傅巽撰　（清）嚴可均輯

全三國文卷三十五

傅巽佚文　（魏）傅巽撰　張鵬一輯

關隴叢書·北地傅氏遺書·三傅集

注：傅巽，字公悌，北地泥陽人，官至侍中，事蹟略見《三國志·劉表傳》及注引《傅子》。《隋志》注稱梁有其集二卷、

録一卷，"亡"。兩《唐志》復載二卷。嚴可均據唐宋類書採得賦、論、銘與《七誨》凡文五首。張鵬一輯得四首，其後《補三傅集》又載一首，與嚴本同。按《七誨》，嚴、張本均爲殘文，《文館詞林》卷四百十四載全文。

殷襃〔文存〕　（魏）殷襃撰　（清）嚴可均輯

全三國文卷四十三

注：嚴可均云："襃，字元祚。"《隋志》載魏章武太守殷襃集一卷，注云："梁二卷。"兩《唐志》復載二卷。嚴可均據《類聚》卷五十三、卷二十三採得《薦朱儉表》、《誡子書》凡二首。

邯鄲淳〔詩存〕　（魏）邯鄲淳撰　（明）馮惟訥輯

詩紀·魏卷七

邯鄲淳〔文存〕　（魏）邯鄲淳撰　（清）嚴可均輯

全三國文卷二十六

邯鄲淳〔詩存〕　（魏）邯鄲淳撰　丁福保輯

全三國詩卷三

注：邯鄲淳，參《藝經》。《隋志》載其集二卷，注云："梁有録一卷。"兩《唐志》載二卷。嚴可均據《類聚》與《古文苑》採得賦、表、述、碑凡文五首。馮惟訥輯得《答贈詩》一首，丁福保所採與馮本同。

王象〔文存〕　（魏）王象撰　（清）嚴可均輯

全三國文卷三十八

注：王象，字羲伯，河内人，以文章顯，有才智，人稱儒宗，歷散騎侍郎、常侍等，受詔撰《皇覽》，見《三國志·楊俊傳》及注引《魏略》，又略見《三國志·衛覬傳》。《隋志》注稱梁有其集一卷，"亡"。嚴可均據《三國志·楊俊傳》採得文一首，爲《薦楊俊》。

王朗〔文存〕　（魏）王朗撰　（清）嚴可均輯

全三國文卷二十二

注：王朗，參《論語王氏說》。《三國志》本傳云："（朗）奏議論記，咸傳於世。"《隋志》載其集三十四卷，注云："梁三十卷。"兩《唐志》載三十卷。嚴可均據傳注類書採得表、疏、上事、奏、議、書、論、箋等文三十餘首。

鍾毓〔文存〕　（魏）鍾毓撰　（清）嚴可均輯

全三國文卷二十四

注：鍾毓，字稚叔，潁川長社人，歷黄門侍郎、散騎常侍、魏郡太守、御史中丞、尚書等，清逸有才，事蹟見《三國志·鍾繇傳》及《管輅傳》注引《輅別傳》。《隋志》注稱梁有其集五卷、録一卷，"亡"。兩《唐志》復載五卷。嚴可均據《類聚》與《三國志》採得文四首，爲《果然賦》、《諫西征疏》、《奏誅李豐等》、《與曹爽書止增兵伐蜀》。

吳質〔詩存〕　（魏）吳質撰　（明）馮惟訥輯

詩紀·魏卷七

吳質〔文存〕　（魏）吳質撰　（清）嚴可均輯

全三國文卷三十

吳質〔詩存〕　（魏）吳質撰　丁福保輯

全三國詩卷三

注：吳質，字季重，濟陰人，才學通

博，爲文帝所善，歷北中郎將，官至振威將軍，假節督幽、并諸軍事，見《三國志·王粲傳》及注引《魏略》。《隋志》注稱梁有其集五卷，"亡"。兩《唐志》復載五卷。嚴可均據《文選》等採得賦、牋、書、論凡文七首。馮惟訥輯得《思慕詩》一首，丁福保所採與馮本同。

華歆〔文存〕 （魏）華歆撰 （清）嚴可均輯

全三國文卷二十二

注：華歆，字子魚，平原高唐人，歷御史大夫、司徒、太尉等，封安樂鄉侯、博平侯，《三國志》有傳。《隋志》注稱梁有其集二卷，"亡"。《舊唐志》載二十卷，《新唐志》載三十卷。嚴可均據《三國志》及注採得文四首，爲《請敍鄭小同表》、《諫伐蜀疏》、《請受禪上言》、《奏討孫吳》。

曹子建文集十卷 （魏）曹植撰

宋刻本 〔上海圖書館〕

明刻本 〔北京圖書館〕

民國間影印本

密韻樓景宋本七種

曹子建集十卷 （魏）曹植撰

明銅活字印本 〔北京圖書館 上海圖書館等〕

明嘉靖二十一年郭雲鵬刻本 〔北京圖書館 上海圖書館等〕

明嘉靖二十一年郭雲鵬刻本 清瞿鏞校 〔北京圖書館〕

明嘉靖二十一年郭雲鵬刻本 袁克文校 〔上海圖書館〕

明嘉靖二十一年郭雲鵬刻琴川補刻本 葉景葵校 〔上海圖書館〕

明萬曆六年蓮溪周氏刻本 〔吉林大學圖書館〕

明萬曆三十一年鄭士豪刻本 〔北京圖書館 中國歷史博物館〕

漢魏諸名家集

漢魏六朝諸家文集

漢魏六朝諸家文集 傅增湘校 〔北京圖書館〕

彙刻建安七子集

四庫全書·集部別集類

四部叢刊·集部

續古逸叢書

四部備要·集部漢魏六朝別集

陳思王集十卷 （魏）曹植撰

明正德五年舒貞刻本 〔北京圖書館〕

明嘉靖四年王準刻本 〔中共北京市委圖書館〕

明嘉靖二十年胡纘宗刻本 〔北京圖書館〕

明萬曆二十年李禎刻本 〔遼寧省圖書館〕

明刻本 〔天津圖書館〕

七十二家集

曹子建集十卷 （魏）曹植撰 （明）李夢陽、王世貞等評

明天啓元年凌性德刻朱墨套印本 〔上海圖書館 北京師範大學圖書館等〕

明天啓元年凌性德刻朱墨套印本 清周星詒校 〔北京圖書館〕

陳思王集四卷 （魏）曹植撰

六朝詩集

陳思王植〔詩存〕 （魏）曹植撰 （明）馮惟訥輯

詩紀·魏卷三至四

陳思王集二卷 （魏）曹植撰

漢魏六朝百三名家集

漢魏六朝百三名家集（明婁東張氏刻本）　佚名録清何焯批校　〔浙江圖書館〕

漢魏六朝百三名家集（明婁東張氏刻本）　清何紹基評點　〔武漢大學圖書館〕

曹子建集　（魏）曹植撰
漢魏別解・後漢三國文

陳思王集　（魏）曹植撰
增定漢魏六朝別解・集部

曹子建文抄一卷　（魏）曹植撰
（明）李賓輯
八代文抄

魏曹子建集二卷　（魏）曹植撰
（清）卓爾堪等輯
三家詩
三家詩　清梅植之批點　〔北京圖書館〕
三家詩　清梅植之批點　〔中國民族學院圖書館〕

陳王植〔文存〕　（魏）曹植撰
（清）嚴可均輯
全三國文卷十三至十九

曹子建集十卷　（魏）曹植撰
（清）朱緒曾輯
清道光間稿本　清朱緒曾校
清抄本　清莫友芝　□恂庭校　〔復旦大學圖書館〕

曹子建集十卷補遺一卷　（魏）曹植撰　（清）朱緒曾輯
清抄本　〔北京圖書館〕

曹集考異十二卷　（清）朱緒曾撰
金陵叢書丙集

曹集銓評十卷附逸文一卷　（清）
丁晏撰
清同治十一年金陵書局刻本
民國二十三年上海掃葉山房石印本
萬有文庫・第一集
國學基本叢書

曹子建集十卷附逸文一卷
漢魏六朝名家集初刻

陈思王植〔詩存〕　（魏）曹植撰
丁福保輯
全三國詩卷二

曹子建詩注二卷　黄節撰
民國十九年上海商務印書館鉛印本
民國二十二年上海商務印書館鉛印本

曹子建詩箋二卷　古直撰
層冰草堂叢書

曹子建詩箋定本四卷　古直撰
層冰堂五種

注：曹植，參《列女傳頌》。曹植《文章序》云：“余少而好賦，其所尚也，雅好慷慨，所著繁多，雖觸類而作，然蕪穢者衆，故删定別撰，爲前録七十八篇。”（《類聚》卷五十五）《三國志》本傳云：“景初中詔曰：‘陳思王昔雖有過失，既克己慎行，以補前闕，且自少至終，篇籍不離於手，誠難能也。其收黄初中諸奏植罪狀，公卿已下議尚書、祕書、中書三府、大鴻臚者皆削除之。撰録植前後所著賦頌詩銘雜論凡百餘篇，副藏内外。’”《隋志》載其集三十卷，兩《唐志》載二十卷、又一本三十卷，《宋志》十卷。《郡齋讀書志》載十卷，云：“詩文二百篇反溢於本傳所載，不曉其故。”《直齋書録解題》載二十卷，云：“卷數與前志合，其間亦有採取《御覽》、《書録》、《類聚》諸書中所有者，意皆後人附益，然則亦

非當時全書矣。其間或引摯虞《流別集》，此書國初已亡，猶是唐人舊傳也。"余嘉錫云："然則植所著文章，原有兩集，其七十八篇者有賦無詩文，植之所手定，蓋少年時所作也，其百餘篇者，景初中奉詔所撰錄，詩賦雜文，諸體悉備，時植卒已數年，乃其平生之全集也。疑兩《唐志》著錄之二十卷本，即植自定之前錄，其《隋》、《唐志》著錄之三十卷本，即景初勅編之全集耳。""《提要》（按《四庫總目提要》）所據嘉定本，凡二百餘篇，蓋與晁公武所見者同出一源。《讀書志》言詩文二百篇，舉成數也，其數所以溢於本傳，則疑今本《魏志》百餘篇上脱'二'字或'三'字耳。""振孫所見，別是一本，其書雖分二十卷，疑其篇數亦與十卷本相去不遠，否則十卷本二百餘篇已過於本傳所載，不應復溢出至於一倍也。其中文字多採自類書，知非《唐志》著錄之舊，當是中晚唐人所重輯。《御覽》者，指祖珽等所撰《修文殿御覽》"）《四庫提要辨證》卷二十）。今通行白文十卷本，凡二百餘篇詩文，即宋代以來傳本，所載詩文大體相當。《百三名家集》本、馮惟訥與嚴可均輯本等均可補十卷本之缺。朱緒曾《曹集考異》與丁晏《曹集銓評》甚善，搜採完備，且有注文。按丁晏意在校補明萬曆休陽程氏刻本與《百三名家集》本，朱氏《曹集考異》卷十一爲敍錄、卷十二爲年譜。丁福保《全三國詩》所載與朱氏《曹集考異》詩大致同，大約丁氏據朱本轉錄。

陳羣〔文存〕 （魏）陳羣撰 （清）嚴可均輯
　　全三國文卷二十六

注：陳羣，參《論語陳氏義説》。《隋志》注稱梁有其集五卷，"亡"。兩《唐志》載三卷。嚴可均據《三國志》等採得疏、諫、奏、議、書十餘首，又輯有《汝潁人物論》佚文一節。

明帝〔詩存〕 魏明帝撰 （明）馮惟訥輯
　　詩紀·魏卷二

明帝〔文存〕 魏明帝撰 （清）嚴可均輯
　　全三國文卷九至十

明帝〔詩存〕 魏明帝撰 丁福保輯
　　全三國詩卷一

注：魏明帝曹叡，文帝子，字元仲，諡明皇帝，廟號烈祖，好學博識，猶留意於法理，事蹟詳《三國志》本紀。《隋志》載其集七卷，注云："梁五卷，或九卷，錄一卷。"兩《唐志》載十卷。嚴可均據傳注類書採得賦、詔、璽書、論、哀文、冊文等文近百首，其中詔文居十之八、九。馮惟訥輯得詩十首，丁福保所採較馮本多樂府詩一首及《猛虎行》一首。

高堂隆〔文存〕 （魏）高堂隆撰 （清）嚴可均輯
　　全三國文卷三十一

注：高堂隆，字升平，泰山平陽人，歷散騎常侍、侍中等，著《魏臺雜訪議》三卷（見《隋志》史部刑法類），事蹟詳《三國志》本傳。《隋志》載其集六卷，注云："梁十卷、錄一卷。"兩《唐志》復載十卷。嚴可均據《三國志》、《通典》等採得詔、表、疏、上言、奏、議、對問凡文二十九首。

杜摯〔詩存〕 （魏）杜摯撰 （明）馮惟訥輯

詩紀・魏卷七

杜摯〔文存〕　（魏）杜摯撰　（清）嚴可均輯

全三國文卷四十一

杜摯〔詩存〕　（魏）杜摯撰　丁福保輯

全三國詩卷三

　　注：杜摯，字德魯，河東人，歷郎中令、校書郎等，著文賦頗傳於世，事蹟略見《三國志・劉劭傳》及注引《文章敍錄》。《隋志》載其集二卷，《舊唐志》一卷，《新唐志》二卷。嚴可均據《宋書・樂志》、《類聚》卷四十四採得《笳賦》一首。馮惟訥輯存詩二首，爲《贈毌丘儉》、《贈毌丘荆州》；丁福保所採與馮本同。

李康〔文存〕　（魏）李康撰　（清）嚴可均輯

全三國文卷四十三

　　注：李康，字蕭遠，中山人，性介立不和俗，爲鄉里所嫉，明帝異其文，遂起家，爲尋陽長（《文選・運命論》注引宋劉義慶《集林》、《御覽》卷五百八十六引《魏書》）。《隋志》注稱梁有其集二卷、錄一卷，“亡”。兩《唐志》復載二卷。嚴可均據《文選》及注、《類聚》採得文三首，爲《髑髏賦》、《遊山九吟序》、《運命論》。

管寧〔文存〕　（魏）管寧撰　（清）嚴可均輯

全三國文卷二十四

　　注：管寧，字幼安，北海朱虛人，不仕，《三國志》有傳。《隋志》注稱梁有其集三卷、錄一卷，“亡”。兩《唐志》載二卷。嚴可均據《三國志》與《類聚》等採

得文四首，爲《辭疾上書》、《辭徵命上疏》、《辭辟別駕文》、《答桓範書》。

劉劭〔文存〕　（魏）劉劭撰　（清）嚴可均輯

全三國文卷三十二

　　注：劉劭，一作劉邵，字孔才，廣平邯鄲人，歷尚書郎、散騎侍郎等。正始中，執經講學，賜爵關內侯，見《三國志》本傳，又參《皇覽》。《三國志》本傳云：“（劭）凡所撰述《法論》、《人物志》之類百餘篇。”《隋志》注稱梁有其集二卷，“魏一卷，亡。”按“魏”當爲“錄”之誤。兩《唐志》復載二卷。嚴可均據《文選》注、《類聚》等採得賦、疏、議、序、誄等文凡十三首。

繆襲〔詩存〕　（魏）繆襲撰　（明）馮惟訥輯

詩紀・魏卷七

繆襲〔文存〕　（魏）繆襲撰　（清）嚴可均輯

全三國文卷三十八

繆襲〔詩存〕　（魏）繆襲撰　丁福保輯

全三國詩卷三

　　注：繆襲，參《皇覽逸禮》。《隋志》載其集五卷，注云：“梁有錄一卷。”兩《唐志》載五卷。嚴可均據《通典》、《宋書》、唐宋類書等採得賦、表、奏、議、贊及《祭儀》凡文十四首。馮惟訥輯得《魏鼓吹曲》十二首及《挽歌》一首，丁福保所採與馮本同。

夏侯惠〔文存〕　（魏）夏侯惠撰　（清）嚴可均輯

全三國文卷二十一

　　注：夏侯惠，字稚權，沛國譙人，幼以

才學見稱，善屬奏議，歷散騎黄門侍郎、燕相、樂安太守（《三國志·夏侯淵傳》注引《文章敍録》）。《隋志》注稱梁有其集二卷、録一卷，"亡"。兩《唐志》復載二卷。嚴可均據《類聚》、《三國志》等採得文二首，爲《景福殿賦》、《薦劉劭》。

桓範〔文存〕 （魏）桓範撰 （清）嚴可均輯

全三國文卷三十七

注：桓範，參《桓氏世要論》。《隋志》注稱梁有其集二卷，"亡"。兩《唐志》復載二卷。嚴可均據《三國志》與唐宋類書採得表、書等文凡五首。按嚴氏又輯《世要論》，已另列目。

曹羲〔文存〕 （魏）曹羲撰 （清）嚴可均輯

全三國文卷二十

注：曹羲，真子，官至中領軍，事蹟略見《三國志·曹真傳》。《隋志》注稱梁有其集五卷、録一卷，"亡"。兩《唐志》復載五卷。嚴可均據《類聚》、《三國志》注等採得議、論等文凡五首。

王弼〔文存〕 （魏）王弼撰 （清）嚴可均輯

全三國文卷四十四

注：王弼，參《論語釋疑》。《隋志》注稱梁有其集五卷、録一卷，"亡"。兩《唐志》復載五卷。嚴可均據《三國志·鍾會傳》注引何劭《王弼傳》採得文二首，爲《戲答荀融書》、《難何晏聖人無喜怒哀樂論》。

司馬懿〔詩存〕 （魏）司馬懿撰 （明）馮惟訥輯

詩紀·晉卷一

宣帝〔文存〕 （魏）司馬懿撰

（清）嚴可均輯

全晉文卷一

司馬懿〔詩存〕 （魏）司馬懿撰 丁福保輯

全晉詩卷一

注：司馬懿，字仲達，河南温縣人，追尊宣皇帝，廟號高祖，《晉書》有紀。《隋志》載其集五卷，注云："梁有録一卷。"《舊唐志》載十卷，《新唐志》五卷。嚴可均據《三國志》注、《晉書》、《通典》及《御覽》等採得詔、教、上書、上言、奏、議、書等文凡十五首。馮惟訥輯得《讌飲歌》一首，丁福保所採與馮同。

何晏〔詩存〕 （魏）何晏撰 （明）馮惟訥輯

詩紀·魏卷七

何晏〔文存〕 （魏）何晏撰 （清）嚴可均輯

全三國文卷三十九

何晏〔詩存〕 （魏）何晏撰 丁福保輯

全三國詩卷三

注：何晏，參《何晏周易講説》。《三國志·曹爽傳》云："（晏）著《道德論》及諸文賦著述凡數十篇。"《隋志》載其集十一卷，注云："梁十卷、録一卷。"兩《唐志》載十卷。嚴可均據《三國志》、《文選》、《通典》及《御覽》等採得賦、奏、議、論、敍、頌、銘凡文十四首。馮惟訥採得擬古詩一首及失題一首，丁福保所輯與馮本同。

韋誕〔文存〕 （魏）韋誕撰 （清）嚴可均輯

全三國文卷三十二

注：韋誕，參《筆墨法》。《隋志》注稱

梁有其集三卷、録一卷，“亡”。兩《唐
志》載三卷。嚴可均據《文選》注與唐宋
類書等採得賦、奏、駁、頌、誄凡文六首。
按嚴氏又採得《墨方》、《筆方》各一首，
參《筆墨法》。

麋元〔文存〕　（魏）麋元撰　（清）

嚴可均輯

全三國文卷三十八

注：麋元，於史無傳。魏有麋信，蜀
有麋竺、麋芳，並爲東海胊人，疑元即其
族。《隋志》注稱梁有散騎常侍《麋元
集》五卷，“亡”。兩《唐志》復載五卷。
嚴可均據《類聚》卷三十六、卷三十七採
得文二首，爲《讓許由》、《弔夷齊文》。

卞蘭〔文存〕　（魏）卞蘭撰　（清）

嚴可均輯

全三國文卷三十

注：卞蘭，琅邪開陽人，少有才學，歷
奉車都尉、游擊將軍、散騎常侍，事蹟略
見《三國志·武宣卞皇后傳》。《隋志》
注稱梁有其集二卷、録一卷，“亡”。兩
《唐志》復載二卷。嚴可均據《類聚》、
《文選》注採得文四首，爲《贊述太子
賦》、《許昌宮賦》、《七牧》、《座右銘》。

應璩〔詩存〕　（魏）應璩撰　（明）

馮惟訥輯

詩紀·魏卷七

魏應休璉集一卷　（魏）應璩撰

漢魏六朝百三名家集

漢魏六朝百三名家集（明婁東張氏刻
　本）佚名録清何焯批校　〔浙江圖
　書館〕

漢魏六朝百三名家集（明婁東張氏刻
　本）清何紹基評點　〔武漢大學圖
　書館〕

應休璉集　（魏）應璩撰

增定漢魏六朝別解·集部

應璩〔文存〕　（魏）應璩撰　（清）

嚴可均輯

全三國文卷三十

應璩〔詩存〕　（魏）應璩撰　丁福

保輯

全三國詩卷三

注：應璩，字休璉，汝南人，博學好屬
文，善爲書記，以文章顯，歷散騎常侍、
侍中等，事蹟見《三國志·王粲傳》及注
引《文章敍録》。《隋志》載其集十卷，注
云：“梁有録一卷。”《百三名家集》本録
存牋、書凡文三十餘首，又詩十二首，末
爲《遺句》。嚴可均據《三國志》、《文
選》、《類聚》等採摭，所採與《百三名家
集》本文同。馮惟訥所採較《百三名家
集》本少《百一詩》（一名《新詩》）五首及
《遺句》，丁福保所輯與馮本同。

應瑒〔詩存〕　（魏）應瑒撰　（明）

馮惟訥輯

詩紀·魏卷七

應瑒〔文存〕　（魏）應瑒撰　（清）

嚴可均輯

全三國文卷三十

應瑒〔詩存〕　（魏）應瑒撰　丁福

保輯

全三國詩卷三

注：應瑒，生平不詳。兩《唐志》載其
集十卷。嚴可均據《文選·七命》注採
得《與桓元則書》殘文一節。馮惟訥採
得雜詩一首，丁福保所輯與馮本同。

夏侯玄〔文存〕　（魏）夏侯玄撰

（清）嚴可均輯

全三國文卷二十一

　　注：夏侯玄，字太初，沛國譙人，歷遷中護軍、征西將軍、太常等，《三國志》有傳。《隋志》載其集三卷，兩《唐志》二卷。嚴可均據《三國志》、《通典》等採得賦、議、書、論凡文七首。按嚴氏又從《御覽》採得《夏侯子》三節，馬國翰以爲晉夏侯湛《新論》之文，參《夏侯子新論》。

程曉〔詩存〕　（魏）程曉撰　（明）馮惟訥輯

　　詩紀・魏卷七

程曉〔文存〕　（魏）程曉撰　（清）嚴可均輯

　　全三國文卷三十九

程曉〔詩存〕　（魏）程曉撰　丁福保輯

　　全晉詩卷二

　　注：程曉，字季明，東郡東阿人，歷黃門侍郎、汝南太守，事蹟略見《三國志・程昱傳》及注引《世語》。《三國志・程昱傳》注引《曉別傳》云：“曉大著文章多亡失，今之存者不能十分之一。”《隋志》載其集二卷，注云：“梁録一卷。”兩《唐志》二卷。嚴可均據《三國志》、《初學記》及《類聚》採得文三首，爲《請罷校事官疏》、《與傅玄書》、《女典篇》。馮惟訥採得《贈傅休奕詩》二首及《嘲熱客》一首，丁福保所輯與馮本同。

傅嘏〔文存〕　（魏）傅嘏撰　（清）嚴可均輯

　　全三國文卷三十五

傅嘏佚文　（魏）傅嘏撰　張鵬一輯

　　關隴叢書・北地傅氏遺書・三傅集

　　注：傅嘏，字蘭石，北地泥陽人，歷尚書郎、河南尹等，《三國志》有傳。《隋志》注稱梁有其集二卷、録一卷，“亡”。兩《唐志》復載二卷。嚴可均據《三國志》及注、《類聚》採得對詔、表、議、論、頌凡文五首。張鵬一輯得二首，後《補三傅集》又有一首，均不出嚴本之外。

毌丘儉〔詩存〕　（魏）毌丘儉撰　（明）馮惟訥輯

　　詩紀・魏卷七

毌丘儉〔文存〕　（魏）毌丘儉撰　（清）嚴可均輯

　　全三國文卷四十

毌丘儉〔詩存〕　（魏）毌丘儉撰　丁福保輯

　　全三國詩卷三

　　注：毌丘儉，字仲恭，河東聞喜人，歷尚書郎、荆州刺史、左將軍等，《三國志》有傳。《隋志》注稱梁有其集二卷、録一卷，“亡”。兩《唐志》復載二卷。嚴可均據《三國志》、《類聚》等採得賦、表、疏、上言、書、銘等文凡九首。馮惟訥輯得《答杜摯》一首，丁福保所採與馮本同。

王肅〔文存〕　（魏）王肅撰　（清）嚴可均輯

　　全三國文卷二十三

　　注：王肅，參《周易王氏注》。《三國志・王朗附傳》云：“其所論駁朝廷典制、郊祀、宗廟、喪紀、輕重，凡百餘篇。”《宋書・樂志》云：“肅私造宗廟詩頌十二篇，不被哥。”《隋志》載其集五卷，注云：“梁有録一卷。”兩《唐志》五卷。嚴可均據《三國志》、《御覽》、《類聚》等採得賦、表、疏、議、答難、答問、書、序、頌等文三十餘首。

王昶〔文存〕　（魏）王昶撰　（清）
　嚴可均輯
　　全三國文卷三十六
　　　注：王昶，字文舒，太原晉陽人，歷散
　騎常侍、兗州刺史、征南大將軍等，《三
　國志》有傳。《三國志》本傳云：“（昶）著
　《治論》，略依古制而合於時務者二十餘
　篇，又著《兵書》十餘篇。”《隋志》載其集
　五卷，注云：“梁有録一卷。”兩《唐志》五
　卷。嚴可均據《三國志》、《晉書》、《御
　覽》等採得表、疏、奏、牋、論等文凡
　九首。

高貴鄉公〔文存〕　（魏）曹髦撰
　（清）嚴可均輯
　　全三國文卷十一
　　　注：曹髦，字彦士，文帝孫，封郯縣高
　貴鄉公，著《春秋左氏傳音》三卷（《三國
　志·三少帝紀》與《隋志·經部》春秋
　類）。《隋志》注稱梁有其集四卷，“亡”。
　兩《唐志》載二卷。嚴可均據《三國志》、
　《類聚》等採得賦、詔、論等文凡二十
　四首。

孫該〔文存〕　（魏）孫該撰　（清）
　嚴可均輯
　　全三國文卷四十
　　　注：孫該，字公達，任城人，歷博士司
　徒右長史、陳郡太守等，著《魏書》，所著
　文賦頗傳於世（《三國志·劉邵傳》及注
　引《文章敍録》）。《隋志》注稱梁有其集
　二卷、録一卷，“亡”。兩《唐志》復載二
　卷。嚴可均據《類聚》、《初學記》採得文
　二首，爲《三公山下神祠賦》、《琵琶賦》。

嵇中散集十卷　（魏）嵇康撰
　（明）黃省曾輯
　　明嘉靖四年黃省曾南星精舍刻本　〔北

京圖書館　上海圖書館等〕
明嘉靖四年黃省曾南星精舍刻本（卷一
　至四、卷十配清抄本）　清黃丕烈校
　〔上海圖書館〕
明抄本　明□夏校　〔北京圖書館〕
明抄本　鄧邦述校　〔南京圖書館〕
清抄本　〔上海圖書館〕
漢魏諸名家集
漢魏六朝諸家文集
漢魏六朝諸家文集　清周世敬校　〔南
　京圖書館〕
漢魏六朝諸家文集　傅增湘録明吳寬
　校　〔北京大學圖書館〕
漢魏六朝諸家文集　傅增湘校　〔北京
　圖書館〕
四庫全書·集部別集類
四部叢刊·集部
四部備要·集部漢魏六朝別集
萬有文庫·簡編
國學基本叢書

嵇康集十卷　（魏）嵇康撰　（明）
　黃省曾輯　魯迅校
　　魯迅全集卷九

嵇中散集十卷　（魏）嵇康撰
　　明程榮刻本　〔中醫科學院　湖南省圖
　書館等〕
　　明程榮刻本　繆荃孫校　〔北京圖書
　館〕

嵇中散集一卷　（魏）嵇康撰
　　六朝詩集

嵇康〔詩存〕　（魏）嵇康撰　（明）
　馮惟訥輯
　　詩紀·魏卷八

嵇中散集六卷　（魏）嵇康撰
　（明）張燮輯

七十二家集

嵇中散集一卷 （魏）嵇康撰

漢魏六朝百三名家集

漢魏六朝百三名家集（明婁東張氏刻本） 佚名錄清何焯批校 〔浙江圖書館〕

漢魏六朝百三名家集（明婁東張氏刻本） 清何紹基評點 〔武漢大學圖書館〕

嵇中散集 （魏）嵇康撰

漢魏別解·後漢三國文

嵇中散集 （魏）嵇康撰

增定漢魏六朝別解·集部

嵇叔夜文抄一卷 （魏）嵇康撰

（明）李賓輯

八代文抄

嵇康〔文存〕 （魏）嵇康撰 （清）

嚴可均輯

全三國文卷四十七至五十一

嵇中散集九卷 （魏）嵇康撰

乾坤正氣集

嵇中散集佚文一卷 （魏）嵇康撰

（清）王仁俊輯

經籍佚文

嵇叔夜集七卷 （魏）嵇康撰

漢魏六朝名家集初刻

嵇康〔詩存〕 （魏）嵇康撰 丁福

保輯

全三國詩卷四

注：嵇康，參《春秋左氏傳嵇氏音》。《三國志·王粲附傳》注引《魏氏春秋》云：“康所著諸文論六、七万言，皆爲世所玩詠。”《隋志》載其集十三卷，注云：“梁十五卷、錄一卷”，“亡”。兩《唐志》

十五卷，宋代書目均載十卷，《直齋書錄解題》云：“今存于世者僅如此。”今通行黃省曾所輯十卷本，《四庫總目提要》云：“此本凡詩四十七篇，賦一篇，書二篇，雜著二篇，論九篇，箴一篇，家誡一篇，而雜著中《嵇荀錄》一篇有錄無書，實其詩文六十二篇，又非宋本之舊，蓋明嘉靖乙酉吳縣黃省曾所輯也。”按黃輯十卷本以魯迅校本最精審，末又附《嵇康集逸文考》，可補黃本之缺。魯迅謂程榮所刻十卷本“較多異文，所據似別一本”。其餘各本以嚴可均所採之文與《百三名家集》本之詩較完備，丁氏《名家集初刻》本即依之抄錄。馮惟訥所採較《百三名家集》本詩少《琴歌》一首，丁氏《全三國詩》所載與馮本同。王仁俊所採可補黃本之缺。《乾坤正氣集》即錄黃本卷二至十者，無詩。

吕安〔文存〕 （魏）吕安撰 （清）

嚴可均輯

全三國文卷五十三

注：吕安，字仲悌，東平人，與嵇康友善，事蹟略見《三國志·王粲附傳》注引《魏氏春秋》、《杜恕傳》注引《世語》及《晉書·嵇康傳》。《隋志》注稱梁有其集二卷、錄一卷，“亡”。兩《唐志》復載二卷。嚴可均據《類聚》、《文選》注採得《髑髏賦》殘文二節。

阮嗣宗集二卷 （魏）阮籍撰

明嘉靖二十二年范欽陳德文刻本 〔北京圖書館 江西省圖書館等〕

阮嗣宗集二卷 （魏）阮籍撰

明程榮刻本 〔北京大學圖書館 上海辭書出版社圖書館等〕

阮嗣宗集四卷 （魏）阮籍撰

明天啓三年及樸刻本　〔北京圖書館
　北京師範大學圖書館〕

詠懷詩一卷　（魏）阮籍撰
　明刻本〔浙江圖書館〕

阮嗣宗集三卷　（魏）阮籍撰
　六朝詩集

阮籍〔詩存〕　（魏）阮籍撰　（明）
　馮惟訥輯
　詩紀・魏卷九

阮步兵集五卷　（魏）阮籍撰
　（明）張燮輯
　七十二家集

阮嗣宗集二卷　（魏）阮籍撰
　漢魏諸名家集

阮嗣宗集二卷　（魏）阮籍撰
　漢魏六朝諸家文集
　漢魏六朝諸家文集　傅增湘校　〔北京
　圖書館〕

阮步兵集一卷　（魏）阮籍撰
　漢魏六朝百三名家集
　漢魏六朝百三名家集（明婁東張氏刻
　　本）　佚名録清何焯批校　〔浙江圖
　　書館〕
　漢魏六朝百三名家集（明婁東張氏刻
　　本）　清何紹基評點　〔武漢大學圖
　　書館〕

阮嗣宗集　（魏）阮籍撰
　漢魏別解・後漢三國文

阮步兵集　（魏）阮籍撰
　增定漢魏六朝別解・集部

阮嗣宗集二卷　（魏）阮籍撰
　阮陶合集

阮嗣宗文抄一卷　（魏）阮籍撰
　（明）李賓輯

八代文抄

阮嗣宗詠懷詩注四卷　（清）蔣師
　爚撰
　清嘉慶四年敦艮堂刻本

阮籍〔文存〕　（魏）阮籍撰　（清）
　嚴可均輯
　全三國文卷四十四至四十六

阮嗣宗集四卷　（魏）阮籍撰
　漢魏六朝名家集初刻

阮籍〔詩存〕　（魏）阮籍撰　丁福
　保輯
　全三國詩卷五

阮步兵詠懷詩注一卷　黄節撰
　民國十五年鉛印本

阮嗣宗詠懷詩箋定本一卷　古直撰
　層冰堂五種

　　注：阮籍，字嗣宗，陳留尉氏人，博覽
群籍，好《老》、《莊》之學，善彈琴，工詩
文，官至步兵校尉，《晉書》有傳。《隋
志》載其集十卷，注云：“梁十三卷、録一
卷。”兩《唐志》五卷，宋代書目載十卷。
《直齋書録解題》詩集類又載其詩集四
卷，云：“其題皆曰《詠懷》，首卷四言十
三篇，餘皆五言，八十篇，通爲九十三
篇。《文選》所收十七篇而已。”按《晉
書》本傳云：籍著《詠懷詩》八十餘篇，
陳氏所見本溢出本傳所載，大約有他作
羼入。《百三名家集》本録存賦、牋、奏、
記、書、論、傳、贊、誄、帖等文凡二十首，
又《詠懷詩》八十五首，《採薪者歌》及
《大人先生歌》各一首。《漢魏諸名家
集》本有文十三首及《詠懷詩》八十五
首，均不出《百三名家集》本之外。嚴可
均據諸傳注類書採摭，所採與《百三名
家集》本文大致相當，唯《樂論》多一節。

馮惟訥所採詩與《百三名家集》本詩同，當是張溥全襲馮本；丁福保《全三國詩》所載與馮本亦同。丁福保《名家集初刻》本文據嚴採，詩同馮本。蔣師爚、黄節、古直均注《詠懷》八十二首。李賓僅輯文七首，不出《百三名家集》本之外。

魏鍾司徒集一卷　（魏）鍾會撰

漢魏六朝百三名家集

漢魏六朝百三名家集（明婁東張氏刻本）　佚名録清何焯批校　〔浙江圖書館〕

漢魏六朝百三名家集（明婁東張氏刻本）　清何紹基評點　〔武漢大學圖書館〕

鍾會〔文存〕　（魏）鍾會撰　（清）嚴可均輯

全三國文卷二十五

注：鍾會，參《老子鍾氏注》。《隋志》載其集九卷，注云：“梁十卷、録一卷。”兩《唐志》復載十卷。《百三名家集》本録存賦、檄、奏、書、記、傳，凡文十一首。嚴可均據《文選》注、《類聚》、《初學記》等採撷，較《百三名家集》本多《遺榮賦》、《懷士賦》與《論程盛》，其《菊花賦》亦多一節。按嚴氏又輯《芻蕘論》，已另列目。

文帝〔文存〕　（魏）司馬昭撰　（清）嚴可均輯

全晉文卷一

注：司馬昭，字子上，河南温縣人，追尊宣皇帝，廟號高祖，《晉書》有紀。《隋志》載其集三卷，《舊唐志》一卷，《新唐志》二卷。嚴可均據《三國志》、《晉書》等採得表、奏、書凡文八首。

許靖〔文存〕　（蜀）許靖撰　（清）

嚴可均輯

全三國文卷六十

注：許靖，字文休，汝南平輿人，官至司徒，事蹟詳《三國志》本傳。《隋志》注稱梁有其集二卷，録一卷，“亡”。兩《唐志》復載二卷。嚴可均據《三國志》及注採得文三首，爲《奔孔伷自表》、《因衆瑞上言》、《與曹公書》。

孟達〔文存〕　（蜀）孟達撰　（清）

嚴可均輯

全三國文卷六十一

注：孟達字子敬，避先主叔父諱而改字子度，扶風人，官宜都太守，後降魏，事蹟見《三國志·劉封傳》。《隋志》注稱梁有其集三卷，“亡”。兩《唐志》復載三卷。嚴可均據《三國志》及注、《華陽國志》等採得表、奏、書、告凡文五首。

蜀丞相諸葛亮文集六卷存卷四至六　（蜀）諸葛亮撰

明正德十二年閭欽刻本　〔北京圖書館〕

蜀丞相諸葛孔明文集六卷　（蜀）諸葛亮撰

明刻本　〔天一閣文物保管所　襄樊市圖書館〕

諸葛亮〔詩存〕　（蜀）諸葛亮撰　（明）馮惟訥輯

詩紀·漢卷四

諸葛丞相集二卷　（蜀）諸葛亮撰　（明）張燮輯

七十二家集

諸葛丞相集一卷　（蜀）諸葛亮撰

漢魏六朝百三名家集

漢魏六朝百三名家集（明婁東張氏刻本）　佚名録清何焯批校　〔浙江圖

書館〕

漢魏六朝百三名家集（明婁東張氏刻本）　清何紹基評點　〔武漢大學圖書館〕

武侯集十六卷　（蜀）諸葛亮撰（明）王士騏輯

明萬曆四十五年錢世垚刻本　〔中國社會科學院文學研究所　南京大學圖書館等〕

漢諸葛武侯全集四卷　（蜀）諸葛亮撰　（明）諸葛清輯

明天啓元年諸葛清刻本　〔中國社會科學院文學研究所　浙江圖書館〕

漢丞相忠武侯書三卷　（蜀）諸葛亮撰　（明）諸葛羲輯

明崇禎五年諸葛羲刻本　〔上海圖書館　南京圖書館〕

漢丞相諸葛忠武侯全集九卷（蜀）諸葛亮撰　（明）諸葛羲輯

明崇禎刻本　〔安徽省博物館〕

漢丞相諸葛忠武侯集二十一卷（蜀）諸葛亮撰　（明）諸葛羲輯

重刊道藏輯要・星集

諸葛忠武侯集二卷　（蜀）諸葛亮撰　（明）單恂輯

明崇禎十一年浄名齋刻本　〔上海圖書館〕

諸葛武侯集　（蜀）諸葛亮撰

增定漢魏六朝別解・集部

諸葛孔明文抄一卷　（蜀）諸葛亮撰　（明）李賓輯

八代文抄

諸葛丞相集四卷　（蜀）諸葛亮撰（清）朱璘輯

清康熙三十七年萬卷堂刻本　〔華東師範大學圖書館　紹興市魯迅圖書館等〕

諸葛武侯集四卷　（蜀）諸葛亮撰（清）朱璘輯

四忠遺集

忠武誌八卷　（蜀）諸葛亮撰（清）張鵬翮輯

清康熙間冰雪堂刻本

忠武誌十卷　（蜀）諸葛亮撰（清）張鵬翮輯

清嘉慶間麻城周晼蘭刻本

諸葛亮〔文存〕　（蜀）諸葛亮撰（清）嚴可均輯

全三國文卷五十八至五十九

諸葛忠武侯文集六卷　（蜀）諸葛亮撰　（清）張澍輯

清嘉慶十七年刻本

清光緒三十四年金溪周氏刻本

諸葛忠武侯文集六卷　（蜀）諸葛亮撰　（清）張澍輯　（清）劉質慧校

西京清麓叢書續編・四忠集

新刻諸葛宗岳史四公文集

諸葛武侯文集四卷　（蜀）諸葛亮撰　（清）張伯行輯

正誼堂全書

武侯全書二十卷　（蜀）諸葛亮撰（清）趙承恩輯

清光緒十年紅杏山房刻本

諸葛忠武侯全集二十卷　（蜀）諸葛亮撰　（清）胡昇猷輯

清光緒十四年岐山縣署刻本

諸葛亮〔詩存〕　（蜀）諸葛亮撰

丁福保輯

全三國詩卷六

注：諸葛亮，參諸葛亮《兵法》。《三國志》本傳云“亮言教書奏多可觀，別爲一集”，並載《諸葛氏集目録》“开府作牧第一、權制第二、南征第三、北出第四、計算第五、訓厲第六、綜覈上第七、綜覈下第八、雜言上第九、雜言下第十、貴和第十一、兵要第十二、傳運第十三、與孫權書第十四、與諸葛瑾書第十五、與孟達書第十六、廢李平第十七、法檢上第十八、法檢下第十九、科令上第二十、科令下第二十一、軍令上第二十二、軍令中第二十三、軍令下第二十四”，“凡十萬四千一百一十二字”，“輒删除重複，隨類相從，凡爲二十四篇”。《華陽國志·後賢志·陳壽傳》云：“(張)華又表令次定《諸葛亮故事》，集爲二十四篇。時壽良亦集，故頗不同。”按壽良，字文叔，蜀郡成都人，《華陽國志·後賢志》有傳。《隋志》載諸葛亮集二十五卷，注云：“梁二十四卷。”兩《唐志》載二十四卷，《宋志》十四卷。《玉海·藝文類》引《中興書目》載十四卷，云：“後一卷(疑爲二卷)録傳及碑記。其前十二篇，章句頗多，字數乃少。”《四庫總目提要》史部傳記類明楊時偉編《諸葛忠武書》條云：“初太倉王士騏撰《武侯全書》十六卷，時偉病其蕪累，更撰是書，存其《連吴》、《南征》、《北伐》、《調御》、《法檢》、《遺書》六卷，而增《年譜》、《傳略》、《紹漢》、《雜述》四卷，共爲十卷。昔陳壽所進《諸葛亮集》二十四篇，其文久佚，惟其目尚見亮傳末。今世所傳亮集四卷，由後人採撫而成，文多依托，如《梁父吟》、《黄陵廟記》之類，時偉皆鰲正其

譌，又如小説所載轉生韋舉之類，亦援據正史糾其附會，較他本特爲詳審。其排比事蹟，具有條理，可以見亮之始末，亦較士騏原本特爲精核。”按王士騏(一作騏)、楊時偉所編亮書爲亮生平資料，不編於目。今所録諸本，亦非盡係亮文，如張伯行、胡昇猷等所輯亮集，以其兼録亮文與亮之事蹟，故列目。今諸家所採亮集以張澍搜輯較備，張澍序云：“明王士騏集《武侯全書》二十卷，楊時偉以王書蕪累，更撰《諸葛忠武全書》十卷，亦無財擇。本朝朱璘輯《諸葛武侯集》二十卷，遂寧張鵬翮之《忠武志》全襲之，庸俗詩文盈汙篇牘，侯之著作反多遺漏。張氏又增《白浮鳩》一篇，乃吴人苦孫晧之曝而吟者，亦混簡編，其疏可知。澍搜採散逸較諸本益益倍蓰，編文集四卷、附録二卷，别撰《諸葛故事》五卷，都爲十一卷。”按王士騏輯《武侯集》十六卷，有明萬曆四十五年刻本，南京大學圖書館等藏；又《諸葛忠武侯全書》二十卷，薛寀評，有明崇禎十一年吴天挺刻本，北京大學圖書館等藏，大要澍所謂二十卷本即爲此本。朱璘輯本，僅見四卷本。澍所採附録二卷即文集卷五至六；《諸葛故事》非亮文，不編於目。劉質慧校本序云：“《諸葛忠武侯集》，據陳壽進表凡二十四篇，今不可考，而世傳本亦不一，然往往失之，明李空同辨其多非侯作，雖不盡然，要亦有可疑者。近武威張氏本較他本搜侯文爲獨備，因重刻之，至《便宜》十六策、《將苑》五十篇誠不免如空同所辨，但相傳已久，亦不敢遽削。其附録後人議論獨不及宋儒，張氏學博難，顧於此亦不足於宋儒歟！爲據諸家本擇其精要者

補入焉。張本有者，間不復載，恐無益於侯而徒爲重複，且眩後學也。又有《故事》五卷，雖足資博覽，今亦不暇及。特別取張南軒所爲侯本傳列之卷首。此皆異於張本者。"云云。又諸葛義所輯，諸本不盡同，三卷本爲文，二十一卷本則亮文與亮之生平事蹟資料並採。張鵬翮所採以十卷本稍多。馮惟訥與丁福保皆僅採《梁甫吟》一首，《四庫總目提要》定爲訛作也。

虞翻〔文存〕　（吳）虞翻撰　（清）

嚴可均輯

全三國文卷六十八

注：虞翻，參《虞翻周易注》。《隋志》載其集二卷，注云："梁三卷、録一卷。"兩《唐志》載三卷。嚴可均據諸傳注類書採得上書、奏、書凡文十首。姚振宗云："案傳注引《會稽典録》，有虞仲翔對太守王朗問士一篇，嚴氏未採，失之眉睫。"（《隋書經籍志考證》卷三十九）

駱統〔文存〕　（吳）駱統撰　（清）

嚴可均輯

全三國文卷六十七

注：駱統，字公緒，會稽烏傷人，官至偏將軍，封新陽亭侯，事蹟詳《三國志》本傳。《隋志》載其集十卷，注云："梁有録一卷。"兩《唐志》十卷。嚴可均據《三國志》、《書鈔》採得文三首，爲《表理張溫》、《民户損耗上疏》、《陳諸將舟船飾嚴牋》。

暨豔〔文存〕　（吳）暨豔撰　（清）

嚴可均輯

全三國文卷六十六

注：暨豔，字子休，吳郡人，歷選曹郎、尚書，好爲清議（《三國志·張溫傳》）。《隋志》載其集二卷，注云："梁三卷、録一卷。"兩《唐志》二卷。嚴可均據《御覽》卷三百四十八採得殘文一節。

張溫〔文存〕　（吳）張溫撰　（清）

嚴可均輯

全三國文卷六十六

注：張溫，字惠恕，吳郡人，歷議郎、選曹尚書、太子太傅等，著《三史略》二十九卷（《三國志》本傳及《隋志》雜史類）。《隋志》載其集六卷，兩《唐志》五卷。嚴可均據《三國志》、《御覽》與《類聚》採得文三首，爲《至蜀詣闕拜章》、《自理》各一首及表一首。

薛綜〔文存〕　（吳）薛綜撰　（清）

嚴可均輯

全三國文卷六十六

注：薛綜，字敬文，沛郡竹邑人，少明經，善屬文，歷五官郎中、選曹尚書、太子少傅等，事蹟見《三國志》本傳及注引《吳録》。《三國志》本傳云："（綜）凡所著詩賦難論數萬言，名曰《私載》，又定《五宗圖述》、《二京解》，皆傳於世。"《隋志》注稱梁有其集三卷、録一卷，亡。《舊唐志》載二卷，《新唐志》三卷。嚴可均據《三國志》、《初學記》、《類聚》等採得表、疏、移、頌等文凡十二首。

胡綜〔文存〕　（吳）胡綜撰　（清）

嚴可均輯

全三國文卷六十七

注：胡綜，字偉則，汝南固始人，善屬文，歷侍中、偏將軍等，《三國志》有傳。《隋志》載其集二卷，注云："梁有録一卷。"兩《唐志》載二卷。嚴可均據《三國志》、《類聚》等採得賦、盟文、表、議等文凡六首。

謝承〔文存〕 （吳）謝承撰 （清）
　　嚴可均輯
　　全三國文卷六十六
　　　注：謝承，參《謝承後漢書》。《隋志》
　　注稱梁有《謝丞集》四卷，"今亡"。按
　　"丞"當爲"承"之誤。兩《唐志》載作《謝
　　承集》四卷。嚴可均據《類聚》、《御覽》、
　　《初學記》採得文四首，爲《賀靈龜表》、
　　《上丹砂表》、《與步子山書》、《三夫
　　人箴》。

紀隲〔文存〕 （吳）紀隲撰 （清）
　　嚴可均輯
　　全三國文卷七十三
　　　注：紀隲，一作紀陟，字子上，丹陽
　　人，歷光禄大夫、中書郎、中書令、豫章
　　太守（《三國志·孫晧傳》及注引《吳
　　録》）。《隋志》載其集三卷，注云："梁有
　　録一卷。"《舊唐志》三卷，《新唐志》二
　　卷。嚴可均據《御覽》採得《上吳主晧
　　表》殘文一節。

姚信〔文存〕 （吳）姚信撰 （清）
　　嚴可均輯
　　全三國文卷七十一
　　　注：姚信，參《姚信周易注》。《隋志》
　　注稱梁有其集二卷、録一卷，亡。兩《唐
　　志》載十卷。嚴可均據《三國志·陸績
　　傳》注及《類聚》卷二十三採得文二首，
　　爲《表請褒陸績女鬱生》、《誡子》。按嚴
　　氏又輯《昕天論》，已另列目。

陸凱〔文存〕 （吳）陸凱撰 （清）
　　嚴可均輯
　　全三國文卷六十九
　　　注：陸凱，參《吳先賢傳贊》。《隋志》
　　載其集五卷，注云："梁有録一卷。"《新
　　唐志》五卷。嚴可均據《三國志》及注、

《類聚》採得表、疏、奏凡文八首。按嚴
氏又採《吳先賢傳贊》，已另列目。

韋昭〔詩存〕 （吳）韋昭撰 （明）
　　馮惟訥輯
　　詩紀·吳卷一

韋昭〔文存〕 （吳）韋昭撰 （清）
　　嚴可均輯
　　全三國文卷七十一

韋昭〔詩存〕 （吳）韋昭撰 丁福
　　保輯
　　全三國詩卷六
　　　注：韋昭，參《毛詩答雜問》。《三國
　　志·華覈傳》云："(曜)所論事章疏咸傳
　　於世也。"按韋曜即韋昭，陳壽避司馬文
　　王諱改爲曜。《隋志》注稱梁有其集二
　　卷、録一卷，亡。兩《唐志》復載二卷。
　　嚴可均據《三國志》、《御覽》、《宋書》等
　　採得賦、表、上辭、奏、論凡文五首。馮
　　惟訥輯得《吳鼓吹曲十二曲》，丁福保所
　　採與馮本同。

華覈〔文存〕 （吳）華覈撰 （清）
　　嚴可均輯
　　全三國文卷七十四
　　　注：華覈，字永先，吳郡武進人，歷上
　　虞尉、典農都尉、祕府郎、中書丞、東觀
　　令，封徐陵亭侯，有文賦之才，所論事章
　　疏傳於時，《三國志》有傳。《隋志》注稱
　　梁有其集五卷、録一卷，亡。《舊唐志》
　　載三卷，《新唐志》五卷。嚴可均據《三
　　國志》、《書鈔》、《初學記》採得賦、奏、
　　表、疏、對凡文十一首。

陸景〔文存〕 （吳）陸景撰 （清）
　　嚴可均輯
　　全三國文卷七十
　　　注：陸景，參《典語》。《三國志·陸

遜附傳》謂景"澡身好學,著書數十篇也"。《隋志》注稱梁有其集一卷,亡。嚴可均據唐宋類書採得《與兄書》一首、失題書一首與《誡盈》一首。按嚴氏又輯《典語》,已另列目。

閔鴻〔文存〕　（吳）閔鴻撰　（清）嚴可均輯

全三國文卷七十四

注:閔鴻,廣陵人,仕吳,官至尚書,入晉徵不就(《晉書·陸雲傳》及《隋志》)。《隋志》載其集三卷,兩《唐志》二卷。嚴可均據《文選》注與唐宋類書採得賦、書凡文五首。

張儼〔文存〕　（吳）張儼撰　（清）嚴可均輯

全三國文卷七十三

注:張儼,參《默記》。《隋志》載其集一卷,注云:"梁二卷、録一卷。"兩《唐志》復載二卷。嚴可均據《三國志·朱桓傳》注引《文士傳》與《類聚》卷十六採得文二首,爲《賦犬》、《請立太子師傅表》。按嚴氏又採《默記述佐篇》,已另列目。

晉

王沈〔文存〕　（晉）王沈撰　（清）嚴可均輯

全晉文卷二十八

注:王沈,字處道,太原晉陽人,歷尚書、豫州刺史、征虜將軍、振南將軍、御史大夫等,進爵博陵縣公,能屬文,善敍事,著《魏書》四十八卷(《晉書》本傳、《三國志·王昶傳》與《隋志》)。《隋》、《唐志》並載其集五卷。嚴可均據《晉

書》、《初學記》等採得賦、表、教、書、頌、祭文等文凡十四首。

何楨〔文存〕　（晉）何楨撰　（清）嚴可均輯

全晉文卷三十二

注:何楨,字元幹,廬江人,有文才,歷弘農太守、金紫光禄大夫等(《三國志·管寧傳》注引《文士傳》、《類聚》卷六及《隋志》)。《隋志》載何禎一卷,注云:"梁五卷。"按"禎"當爲"楨"之訛。兩《唐志》載《何楨集》五卷。嚴可均據《宋書》、《文選》注、《通典》等採得賦、表、議、箋、敍凡文五首。

向秀〔文存〕　（晉）向秀撰　（清）嚴可均輯

全晉文卷七十二

注:向秀,參《向秀周易義》。《隋志》注稱梁有其集二卷、録一卷,亡。兩《唐志》復載二卷。嚴可均據《文選》等採得文二首,爲《思舊賦》、《難嵇叔夜養生論》。

袁準〔文存〕　（晉）袁準撰　（清）嚴可均輯

全晉文卷五十四

注:袁準,參《喪服傳》。《隋志》注稱梁有其集二卷、録一卷,亡。兩《唐志》復載二卷。嚴可均據《三國志》注與唐人類書採得文三首,爲《招公子》、《獻言於曹爽宜捐淮漢已南》、《才性論》。按嚴氏又輯《喪服傳》、《袁子正論》、《袁子正書》已另列目。

程咸〔文存〕　（晉）程咸撰　（清）嚴可均輯

全晉文卷四十四

注:嚴可均云:咸,字延休。歷主簿,

官至侍中(《三國志・何夔傳》注引干寶《晉紀》、《晉書・賈充傳》)。《隋志》載其集三卷,兩《唐志》二卷。嚴可均據《三國志》注、《書鈔》等採得文凡三首,爲《已出女不從坐議》、《王昌前母服議》、《華林園詩序》。

嵇喜〔詩存〕 (晉)嵇喜撰 (明)馮惟訥輯

詩紀・魏卷八

嵇喜〔詩存〕 (晉)嵇喜撰 丁福保輯

全晉詩卷二

注:嵇喜,參《嵇康傳》。《隋志》載其集一卷,注云:“殘缺。梁二卷、録一卷。”兩《唐志》載二卷。馮惟訥採得《答嵇康》四首,丁福保所輯與馮本同。按嚴可均採得《嵇康傳》(《全晉文》卷六十五),已另列目。文廷式云:“《書鈔》六十八《稽憙集》。”(《補晉書藝文志》卷六)按稽憙即嵇喜。

孫毓〔文存〕 (晉)孫毓撰 (清)嚴可均輯

全晉文卷六十七

注:孫毓,參《毛詩異同評》。《隋志》載其集六卷,《舊唐志》二卷,《新唐志》五卷。嚴可均據《通典》、《書鈔》、《類聚》採得表、議等文凡十四首。按嚴氏又輯《五禮駁》,已另列目。

楊泉〔文存〕 (晉)楊泉撰 (清)嚴可均輯

全三國文卷七十五

注:楊泉,參《太玄經》。《隋志》載其集二卷、録一卷,兩《唐志》二卷。嚴可均據《文選》注與唐宋類書等採賦六首及《蜡辭》一首。

殷巨〔文存〕 (晉)殷巨撰 (清)嚴可均輯

全晉文卷八十一

注:殷巨,字元大,雲陽人,有才器,仕吳爲偏將軍,入晉爲蒼梧太守(《三國志・顧邵傳》注引《文士傳》)。《隋志》注稱梁有交阯太守《殷巨集》二卷、録一卷,亡。兩《唐志》復載二卷。嚴可均據《類聚》卷八十、卷八十五採得文二首,爲《鯨魚燈賦》、《奇布賦》。

阮种〔文存〕 (晉)阮种撰 (清)嚴可均輯

全晉文卷七十八

注:阮种,字德猷,陳留尉氏人,歷尚書郎、中書郎、平原相,《晉書》有傳。《隋志》注稱梁有其集二卷、録一卷,亡。兩《唐志》載《陸沖》集二卷。按“沖”當爲“种”之訛。嚴可均據《晉書》本傳採得文二首,爲《泰始七年舉賢良對策》、《廷試對策》。

應貞〔詩存〕 (晉)應貞撰 (明)馮惟訥輯

詩紀・晉卷三

應貞〔文存〕 (晉)應貞撰 (清)嚴可均輯

全晉文卷三十五

應貞〔詩存〕 (晉)應貞撰 丁福保輯

全晉詩卷二

注:應貞,字吉甫,汝南南頓人,善談論,以文章才學稱,歷給事中、太子中庶子、散騎常侍等,有文集行於世(《三國志・王粲傳》注引《文章敍録》及《晉書・文苑傳》)。《隋志》載其集一卷,注云:“梁五卷。”兩《唐志》復載五卷。嚴

可均據唐宋類書採得賦、論、箴、銘等文
凡九首。文廷式云"《書鈔》九十八引應
貞《安石榴賦》"，"嚴鐵橋輯貞集漏鈔此
條"(《補晉書藝文志》卷六)。馮惟訥輯
得《晉武帝華林園集詩》一首，丁福保所
採與馮本同。

裴秀〔詩存〕　（晉）裴秀撰　（明）
　馮惟訥輯
　詩紀·晉卷三

裴秀〔文存〕　（晉）裴秀撰　（清）
　嚴可均輯
　全晉文卷三十三

裴秀〔詩存〕　（晉）裴秀撰　丁福
　保輯
　全晉詩卷二
　　注：裴秀，參《禹貢九州制地圖論》。
《隋志》注稱梁有其集三卷、錄一卷，亡。
兩《唐志》復載三卷。嚴可均據《晉書》
與唐朝類書採得文四首，爲《平吳表
草》、《奏事》、《與山濤書》、《禹貢九州地
域圖序》。馮惟訥輯得《大蜡詩》一首，
丁福保所採與馮本同。按《書鈔》卷三
十九引秀《新詩》一首，爲諸本所無。

成公綏〔詩存〕　（晉）成公綏撰
　（明）馮惟訥輯
　詩紀·晉卷一

晉成公子安集一卷　（晉）成公
　綏撰
　漢魏六朝百三名家集
　漢魏六朝百三名家集（明婁東張氏刻
　　本）　佚名錄清何焯批校　〔浙江圖
　　書館〕
　漢魏六朝百三名家集（明婁東張氏刻
　　本）　清何紹基評點　〔武漢大學圖
　　書館〕

成公綏〔文存〕　（晉）成公綏撰
　（清）嚴可均輯
　全晉文卷五十九

晉成公子安集一卷　（晉）成公
　綏撰
　晉三家集合鈔

成公綏〔詩存〕　（晉）成公綏撰
　丁福保輯
　全晉詩卷二
　　注：成公綏，字子安，東郡白馬人，博
涉經傳，能文，辭賦麗采，官至中書郎，
所著詩賦雜筆十餘卷行於世，事蹟詳
《晉書·文苑傳》。《隋志》載其集九卷，
注云："殘缺。梁十卷。"兩《唐志》載十
卷。《百三名家集》本錄存賦、頌、銘、
箴、誄等文凡三十首，又詩歌五首。嚴
可均據《晉書》、《類聚》、《文選》注等採
摭，較《百三名家集》本文多《宣清賦》、
《慰情賦》、《鷹賦》、《射兔賦》、《徵士胡
昭贊》、《錢神論》及《市長箴》，又《天地
賦》、《琵琶賦》、《七唱》等文亦稍詳。馮
惟訥所採不出《百三名家集》本之外。
按《詩紀》晉十九有成公綏《晉四廟樂
歌》。丁福保所輯與馮本同。

庾峻〔文存〕　（晉）庾峻撰　（清）
　嚴可均輯
　全晉文卷三十六
　　注：庾峻，字山甫，穎川鄢陵人，歷司
空長史、祕書監、御史中丞、侍中等，潛
心儒典，有才思，《晉書》有傳。《隋志》
注稱梁有其集二卷、錄一卷，亡。兩《唐
志》載三卷。嚴可均據《晉書》、《類聚》
與《御覽》採得文三首，爲《上疏請易風
俗興禮讓》、《祖德頌》、《遺敕子珉》。

庾儵〔文存〕　（晉）庾儵撰　（清）

嚴可均輯

全晉文卷三十六

注：庾儵，一作庾徽，字玄默，潁川鄢陵人，官至尚書(《三國志・管寧傳》注引《庾氏譜》)。《隋志》注稱梁有其集二卷，録一卷，亡。兩《唐志》載三卷。嚴可均據《類聚》、《初學記》採得文三首，爲《冰井賦》、《大槐賦》、《安石榴賦》。

羊祜〔文存〕 （晉）羊祜撰 （清）

嚴可均輯

全晉文卷四十一

注：羊祜，字叔子，泰山南城人，博學能文，善談論，歷散騎常侍、尚書右僕射、征南大將軍等，所著文章及《老子傳》並行於世，事蹟詳《晉書》本傳。《隋志》載其集一卷，注云："殘缺。梁二卷、録一卷。"兩《唐志》載二卷。嚴可均據《晉書》、《類聚》等採得賦、表、疏、書凡文七首。

盧欽〔文存〕 （晉）盧欽撰 （清）

嚴可均輯

全晉文卷三十四

注：盧欽，字子若，范陽涿人，篤志經史，歷陽平太守、伏波將軍、平南將軍、尚書僕射等，事蹟詳《晉書》本傳。本傳云："(欽)所著詩賦論難數十篇，名曰《小道》。"史志未載其集。嚴可均據《三國志・徐邈傳》採得《論徐邈》一首。

郤正〔文存〕 （晉）郤正撰 （清）

嚴可均輯

全晉文卷七十

注：郤正，字令先，本名纂，河南偃師人，博涉墳籍，弱冠能屬文，歷安陽令、巴西太守等，封關內侯，凡所著述詩論賦之屬垂百篇，《三國志》有傳。《隋》、

《唐志》並載其集一卷。嚴可均據《三國志》採得文三首，爲《爲後主作降書》、《姜維論》、《釋譏》。

傅玄〔詩存〕 （晉）傅玄撰 （明）

馮惟訥輯

詩紀・晉卷二

傅鶉觚集六卷 （晉）傅玄撰

（明）張燮輯

七十二家集

傅鶉觚集一卷 （晉）傅玄撰

漢魏六朝百三名家集

漢魏六朝百三名家集(明婁東張氏刻本) 佚名録清何焯批校 〔浙江圖書館〕

漢魏六朝百三名家集(明婁東張氏刻本) 清何紹基評點 〔武漢大學圖書館〕

傅玄〔文存〕 （晉）傅玄撰 （清）

嚴可均輯

全晉文卷四十五至四十六

傅鶉觚集四卷 （晉）傅玄撰

（清）傅以禮輯

傅氏家書

傅鶉觚集五卷 （晉）傅玄撰

（清）李光廷輯 （清）方濬師增補

清光緒二年廣州書局刻本

晉司隸校尉傅玄集三卷 （晉）傅玄撰 葉德輝輯

觀古堂所著書・第二集

郋園先生全書

傅玄〔詩存〕 （晉）傅玄撰 丁福保輯

全晉詩卷二

鶡觚集二卷　（晉）傅玄撰　（清）
　李光廷輯　（清）方濬師增補
　張鵬一又校補
　關隴叢書・北地傅氏遺書
　　注：傅玄，參《傅子》。《晉書》本傳謂
玄有"文集百餘卷行於世。"《隋志》載其
集十五卷，注云："梁五十卷、錄一卷，
亡。"兩《唐志》復載五十卷，《宋志》一
卷。《百三名家集》本録存賦、墓誌銘、
疏、表、奏、議、序、論、贊、箴、銘、誡、頌、
設難、誄、祝文、服凡文百餘首，又詩一
百三十餘首。王重民云："（方濬師校集
本）五卷，前二卷爲《傅子》，後三卷《詩
文集》。《傅子》今有《永樂大典》輯本；
《詩文集》不注出處，據濬師自序，乃據
李光廷稿增輯而成。葉德輝又據此本
增輯，細書遍欄幅，後寫定爲《晉司隸校
尉傅玄集》三卷，光緒壬寅刻本，此其原
校本也。然取嚴可均輯《全晉文》覆之，
實皆本於嚴輯本。"（《中國善本書提要》
集部別集類《傅鶡觚集》條）按葉氏所採
與嚴本不盡同，如葉本《相風賦》、《擬天
問》文較嚴本詳。又《文選・九日從宋
公戲馬臺集送孔令詩》注引《西都賦》、
《文選・赭白馬賦》注引《北都賦》，葉氏
未採，嚴氏則以之入《正都賦》。張鵬一
據方氏本校補，有出嚴、葉本之外者，如
《琵琶賦》"合荊山之文梓，規靈象而定
婆"一節即爲諸本所無。馮惟訥《詩紀》
晉卷二載玄詩，又晉卷十九至二十載玄
歌曲謠辭，合之則與《百三名家集》本詩
同，當爲張溥轉襲馮本。丁福保輯本所
採《季冬詩》、《炎旱詩》爲馮本所無，然
亦不出葉、方本之外。檢傅以禮輯本之
目錄，與嚴本同，考其內容，知非按目
編輯，且詩文並收。

張載〔詩存〕　（晉）張載撰　（明）
　馮惟訥輯
　詩紀・晉卷九
晉張孟陽集一卷　（晉）張載撰
　漢魏六朝百三名家集
　漢魏六朝百三名家集（明婁東張氏刻
　　本）　佚名録清何焯批校　〔浙江圖
　　書館〕
　漢魏六朝百三名家集（明婁東張氏刻
　　本）　清何紹基評點　〔武漢大學圖
　　書館〕
張載〔文存〕　（晉）張載撰　（清）
　嚴可均輯
　全晉文卷八十五
晉張孟陽集一卷　（晉）張載撰
　晉三家集合鈔
張載〔詩存〕　（晉）張載撰　丁福
　保輯
　全晉詩卷四
　　注：張載，字孟陽，安平人，博學有文
才，歷著作佐郎、弘農太守、中書侍郎
等，事蹟詳《晉書》本傳。《隋志》載其集
七卷，注云："梁一本二卷、錄一卷。"《舊
唐志》載三卷，《新唐志》二卷。《百三名
家集》本録存賦、論、頌、銘凡文十首，又
詩十四首。嚴可均據《文選》注、唐宋類
書等採撾，較《百三名家集》本文多《鞞
舞賦》、《瓜賦》、《元康頌》。馮惟訥所採
與《百三名家集》本詩同，當係張溥轉録
馮本也；丁福保所輯較馮本多《秋詩》一
首。按《文館詞林》卷一百五十六載《贈
司隸傅咸》一首，爲諸本所無。

江偉〔詩存〕　（晉）江偉撰　（明）
　馮惟訥輯
　詩紀・晉卷十六

江偉〔文存〕 （晉）江偉撰
　　全晉文卷六十七
江偉〔詩存〕 （晉）江偉撰　丁福
　　保輯
　　全晉詩卷七
　　注：嚴可均云：“偉，陳留襄邑人。仕
魏，官爵未詳。武帝時爲通事郎。”《隋
志》載晉通事郎江偉集六卷，兩《唐志》
五卷。嚴可均據《類聚》卷五、卷五十採
得文二首，爲《答弟廣平賀蜡詩序》、《襄
邑令傅渾頌》。馮惟訥輯得《答賀蜡》一
首，丁福保所採與馮本同。

宣舒〔文存〕 （晉）宣舒撰　（清）
　　嚴可均輯
　　全晉文卷六十七
　　注：宣舒，字幼驥，陳郡人，官至宜城
令，著《宣子》二卷（《釋文序錄》、《隋
志》）。《隋志》注稱梁有其集五卷，亡。
《舊唐志》載作《宣聘集》三卷，《新唐志》
作《宣騁集》三卷。按宣聘、宣騁當即宣
舒，《隋志》載晉宜城令宣聘《宣子》二
卷，《釋文序錄》謂舒拜宜城令，則實爲
一人。嚴可均據《通典》卷九十二採得
《申袁準從母論》一首。

文立〔文存〕 （晉）文立撰　（清）
　　嚴可均輯
　　全晉文卷七十
　　注：文立，字廣休，巴郡臨江人，治
《毛詩》與三《禮》，曾師事譙周，歷卅別
駕從事、濟陰太守、衛尉等，事蹟詳《晉
書·儒林傳》。《晉書·儒林傳》云：
“（立）所著章奏詩賦數十篇行於世。”
《華陽國志·後賢志》云：“凡立章奏集
爲十篇，詩賦論頌亦數十篇。”史志不載
其集。嚴可均據《華陽國志》、《文選》注

等採得文四首，爲《蜀都賦》、《上疏辭太
子中庶子》、《上疏辭散騎常侍》、《上言
請敘故蜀大官及死事者子孫》。

薛瑩〔詩存〕 （晉）薛瑩撰　（明）
　　馮惟訥輯
　　詩紀·吳卷一
薛瑩〔文存〕 （晉）薛瑩撰　（清）
　　嚴可均輯
　　全晉文卷八十一
薛瑩〔詩存〕 （晉）薛瑩撰　丁福
　　保輯
　　全晉詩卷二
　　注：薛瑩，參《薛瑩後漢書》。《隋志》
載其集三卷，兩《唐志》二卷。嚴可均據
《三國志》、《御覽》及《初學記》採得《後
漢紀》諸帝贊等文八首。姚振宗云“案
《世說·規箴篇》注引《條列吳事》”，“又
《吳志》第二十評曰”，“嚴氏皆未採”
（《隋書經籍志考證》卷三十九）。馮惟
訥輯得《獻詩》一首，丁福保所採與馮
本同。

賈充〔詩存〕 （晉）賈充撰　（明）
　　馮惟訥輯
　　詩紀·晉卷三
賈充〔文存〕 （晉）賈充撰　（清）
　　嚴可均輯
　　全晉文卷三十
賈充〔詩存〕 （晉）賈充撰　丁福
　　保輯
　　全晉詩卷二
　　注：賈充，字公閭，平陽襄陵人，歷散
騎常侍、尚書僕射、司空、太尉等，封魯
郡公，事蹟詳《晉書》本傳。《隋志》注稱
梁有其集五卷，錄一卷，亡。兩《唐志》
載二卷。嚴可均據《晉書》採得文四首，

為《表裴頠》、《辭大都督表》、《請召還諸軍表》、《齊王攸為弘訓太后服議》。馮惟訥輯得《與妻李夫人聯句》一首，丁福保所採與馮本同。

皇甫謐〔詩存〕　（晉）皇甫謐撰　（明）馮惟訥輯

詩紀·晉卷三

皇甫謐〔文存〕　（晉）皇甫謐撰　（清）嚴可均輯

全晉文卷七十一

元晏先生集一卷　（晉）皇甫謐撰

元晏遺書

皇甫謐〔詩存〕　（晉）皇甫謐撰　丁福保輯

全晉詩卷二

注：皇甫謐，參《帝王世紀》。《晉書》本傳云："謐所著詩賦誄頌論難甚多"，"行於世"。《隋志》載其集二卷、録一卷，兩《唐志》二卷。嚴可均據傳注類書採得表、書、論、序等文凡十三首。《元晏遺書》本與嚴本互有詳略，如嚴本《帝王世紀》諸論、《高士傳焦先論》、《列女傳龐娥親論》等為《元晏遺書》本所無，而《元晏遺書》本較嚴本多《帝王世紀序》、《黄帝三部鍼灸甲乙經序》等文，又《元晏遺書》本有《女怨詩》一首。馮惟訥輯得《女怨詩》一首，丁福保所採與馮本同。

山濤〔文存〕　（晉）山濤撰　（清）嚴可均輯

全晉文卷三十四

注：山濤，參《山公啟事》。《隋志》載其集九卷，注云："梁五卷、録一卷；又一本十卷，齊奉朝請裴津注。"兩《唐志》載五卷。嚴可均據《晉書》等採得文四首，

為《為子淳尤辭召見表》、《表謝久不攝職》、《表乞骸骨》、《上疏告退》，又從《通典》採得《答詔問郊祀事》二節。按嚴氏又輯《啟事》，已另列目。

齊王攸〔文存〕　（晉）司馬攸撰　（清）嚴可均輯

全晉文卷十六

注：司馬攸，字大猷，武帝弟，好經籍，能文，善尺牘，歷驃騎將軍、鎮軍大將軍、司空、大司馬等，封齊王，《晉書》有傳。《隋志》載其集二卷，注云："梁三卷。"兩《唐志》二卷。嚴可均從《晉書》、《書鈔》與《淳化閣帖》等採得令、教、議、書、箋凡文八首。

盛彦〔文存〕　（晉）盛彦撰　（清）嚴可均輯

全晉文卷八十一

注：盛彦，字翁子，廣陵人，歷至本邑小中正，事蹟見《晉書·孝友傳》。《隋志》注稱梁有其集五卷。嚴可均據《御覽》、《通典》、《書鈔》採得文四首，為《擊壤賦》、《藏彄賦》、《通桑梓敬議》、《與劉頌書》。

楊乂〔文存〕　（晉）楊乂撰　（清）嚴可均輯

全晉文卷八十九

注：楊乂，參《楊乂周易卦序論》。《隋志》注稱梁有其集三卷、録一卷，兩《唐志》載三卷。嚴可均據《類聚》、《御覽》採得文二首，為《雲賦》、《刑禮論》。

晉杜征南集一卷　（晉）杜預撰

漢魏六朝百三名家集

漢魏六朝百三名家集（明婁東張氏刻本）　佚名録清何焯批校　〔浙江圖書館〕

漢魏六朝百三名家集(明婁東張氏刻本) 清何紹基評點 〔武漢大學圖書館〕

杜征南集 (晉)杜預撰

增定漢魏六朝别解·集部

杜預〔文存〕 (晉)杜預撰 (清)嚴可均輯

全晉文卷四十二至四十三

注:杜預,參《春秋釋例》。《隋志》載其集十八卷,兩《唐志》二十卷。《百三名家集》本録存奏、疏、表、議、書、序、論、説、譜、令等文凡三十一首。嚴可均據傳注類書採摭,較《百三名家集》本多《七規》(《百三名家集》本僅有其中《酒論》一節)、《春秋左氏傳後序》、《集要》、《自述》、《杜預集序》,又表多"所領郡曲皆居南鄉"云云一節。《百三名家集》本所載《春秋長曆説》爲嚴本所無。按《春秋長曆説》與前首《春秋長曆論》文雷同,實一文也。

棗據〔詩存〕 (晉)棗據撰 (明)馮惟訥輯

詩紀·晉卷三

棗據〔文存〕 (晉)棗據撰 (清)嚴可均輯

全晉文卷六十七

棗據〔詩存〕 (晉)棗據撰 丁福保輯

全晉詩卷二

注:棗據,字道彦,本姓棘,其先避讎改之,潁川長社人,善文辭,歷山陽令、尚書郎、黄門侍郎、冀州刺史、太子中庶子等,事蹟詳《晉書·文苑傳》。《晉書·文苑傳》云:"(據)所著詩賦論四十五首,遇亂多亡失。"《隋志》注稱梁有其集二卷、録一卷,亡。兩《唐志》復載二卷。嚴可均據《文選》注、《宋書》及唐宋類書採得文五首,爲《表志賦》、《逸民賦》、《登樓賦》、《船賦》、《追遠詩序》。馮惟訥輯得《答阮得猷》一首、《遊覽》一首、雜詩一首及失題一首,凡四首;丁福保所採與馮本同。

劉寶〔文存〕 (晉)劉寶撰 (清)嚴可均輯

全晉文卷七十五

注:劉寶,字道真,一作道宇,高平人,歷中書郎、河内太守、御史中丞、太子中庶子、吏部郎、安北將軍,著《漢書駁議》二卷(顔師古《漢書敍例》及王先謙補注、《隋志》史部)。《隋志》注稱梁有其集三卷,亡。兩《唐志》復載三卷。嚴可均據《通典》卷八十八採得《孫爲祖持重議》一首。

王濬〔詩存〕 (晉)王濬撰 (明)馮惟訥輯

詩紀·晉卷三

王濬〔文存〕 (晉)王濬撰 (清)嚴可均輯

全晉文卷四十三

王濬〔詩存〕 (晉)王濬撰 丁福保輯

全晉詩卷二

注:王濬,字士治,弘農湖人,博涉墳籍,有奇略,歷輔國大將軍、鎮軍大將軍、散騎常侍等,事蹟詳《晉書》本傳。《隋志》載其集一卷,注云:"殘缺。梁二卷、録一卷。"兩《唐志》載二卷。嚴可均據《晉書》本傳採得文三首,爲《上疏請平吴》、《上書自理》、《復上表自理》。馮惟訥輯得《祖道應令》一首,丁福保所採

與馮本同。

束晳〔詩存〕　（晉）束晳撰　（明）
　馮惟訥輯
　詩紀・晉卷三

晉束廣微集一卷　（晉）束晳撰
　漢魏六朝百三名家集
　漢魏六朝百三名家集（明婁東張氏刻
　　本）　佚名録清何焯批校　〔浙江圖
　　書館〕
　漢魏六朝百三名家集（明婁東張氏刻
　　本）　清何紹基評點　〔武漢大學圖
　　書館〕

束晳〔文存〕　（晉）束晳撰　（清）
　嚴可均輯
　全晉文卷八十七

束晳〔詩存〕　（晉）束晳撰　丁福
保輯
　全晉詩卷二
　　注：束晳，參《五經通論》。《晉書》本
傳謂晳所著“《補亡詩》、文集數十篇行
於世”。《隋志》載其集七卷，注云：“梁
五卷、録一卷。”兩《唐志》載五卷，《宋
志》一卷。《百三名家集》本録存賦、論、
議、對等文凡十五首，又《補亡詩》六首。
嚴可均據《隋書》與唐宋類書等採摭，較
《百三名家集》本文多《奏薦王璞》（《百
三名家集》本有目無文）、《孫爲庶祖持
重議》、《九品議》、《答汲冢竹書釋難書》
（《百三名家集》本有目無文），其《近遊
賦》、《勸農賦》、《餅賦》等文亦較詳，唯
《百三名家集》本《三日曲水對》爲嚴氏
未採。馮惟訥所採與《百三名家集》本
詩同，當爲張溥轉録馮本也；丁福保輯
本與馮本同。

張敏〔文存〕　（晉）張敏撰　（清）
　嚴可均輯
　全晉文卷八十
　　注：張敏，太原人，歷平南參軍、太子
舍人、濟北長史（洪邁《容齋五筆》卷四
《晉代遺文》篇）。嚴可均云：“敏，太原
中都人。咸寧中，爲尚書郎，領祕書監。
太康初，出爲益州刺史。”《隋志》載其集
二卷，注云：“梁五卷。”兩《唐志》及《宋
志》並載二卷。洪邁云：“故簏中得舊書
一帙，題爲《晉代名臣文集》，凡十四家，
所載多不能全，真太山一毫芒耳。有張
敏者”云云（《容齋五筆》卷四《晉代遺
文》篇）。嚴可均據《類聚》、《初學記》、
《世說》注等採得文四首，爲《奇士劉披
賦》、《神女賦》、《神女傳》、《頭責子羽
文》。

左思〔詩存〕　（晉）左思撰　（明）
　馮惟訥輯
　詩紀・晉卷九

左祕書集二卷　（晉）左思撰
　（清）周世敬輯
　清嘉慶間周氏目耕樓抄本　〔上海圖書
　　館〕

左思〔文存〕　（晉）左思撰　（清）
　嚴可均輯
　全晉文卷七十四

左太沖集一卷　（晉）左思撰
　漢魏六朝名家集初刻

左思〔詩存〕　（晉）左思撰　丁福
保輯
　全晉詩卷四
　　注：左思，字太沖，齊國臨菑人，善陰
陽之術，工詩文，曾爲祕書郎，事蹟詳
《晉書・文苑傳》。《隋志》載其集二卷，
注云：“梁有五卷、録一卷。”兩《唐志》復

載五卷。嚴可均據《文選》注、《類聚》等採摭，得《齊都賦》、《三都賦》（三首）、《白髮賦》與《七略》，凡六首。馮惟訥輯得詩十三首。周世敬輯本較嚴本少《齊都賦》與《七略》，詩同馮本。《名家集初刻》本文據嚴本，詩則較馮本少《贈妹九嬪悼離詩》。丁福保據《文館詞林》卷一百五十二採得《悼離贈妹》，收入《全晉詩》，較馮本詳，餘則與馮本同。

左貴嬪〔詩存〕 （晉）左芬撰 （明）馮惟訥輯

詩紀·晉卷十

左貴嬪集一卷 （晉）左芬撰

唐宋元三朝名賢小集

左九嬪集一卷 （晉）左芬撰 （清）周世敬輯

清嘉慶間周氏目耕樓抄本 〔上海圖書館〕

左九嬪〔文存〕 （晉）左芬撰 （清）嚴可均輯

全晉文卷十三

左貴嬪〔詩存〕 （晉）左芬撰 丁福保輯

全晉詩卷七

注：左芬，齊國臨菑人，思妹，少好學，善綴文，武帝納之，爲貴嬪，答兄思詩書及雜賦頌數十篇，行於時，事蹟見《晉書·后妃傳》。《隋志》注稱梁有其集四卷，亡。兩《唐志》載一卷。按《舊唐志》作《九嬪集》，疑脫“左”字。嚴可均據《晉書》與唐宋類書採得賦、頌、贊、誄等文二十餘首。馮惟訥輯得詩二首，爲《啄木詩》、《感離詩》；丁福保所採與馮本同。周世敬輯本文較嚴本多《相風賦》、《芍藥花頌》，詩與馮本同。按左氏《相風賦》，《御覽》卷一百四十五引其目，考周氏所採，與《類聚》卷六十八、《書鈔》卷一百三十相合，《類聚》、《書鈔》均題傅玄作，知周氏所輯之賦非出左氏之手；又《芍藥花頌》，《類聚》卷八十一引作傅統妻辛蕭，周氏亦誤採。

夏靖〔詩存〕 （晉）夏靖撰 丁福保輯

全晉詩卷三

注：《隋志》注稱梁有晉豫章太守夏靖集二卷，錄一卷，亡。按《晉書·熊遠傳》，遠，豫章南昌人，“太守會稽夏静辟爲功曹，及静去職，遠送至會稽以歸”云云，知夏静與夏靖實乃一人。静，會稽人也。兩《唐志》載作《夏侯靖集》二卷，當衍“侯”字。丁福保據《文館詞林》卷一百五十七採得《答陸士衡》一首。

劉毅〔文存〕 （晉）劉毅撰 （清）嚴可均輯

全晉文卷三十五

注：劉毅，字仲雄，東萊掖人，歷駙馬都尉、散騎常侍、太僕、尚書左僕射等，《晉書》有傳。《隋志》注稱梁有其集二卷、錄一卷，亡。兩《唐志》復載二卷。嚴可均據《晉書》採得表、上言、上疏、奏、駁凡文五首。

李密〔詩存〕 （晉）李密撰 （明）馮惟訥輯

詩紀·晉卷三

李密〔文存〕 （晉）李密撰 （清）嚴可均輯

全晉文卷七十

李密〔詩存〕 （晉）李密撰 丁福保輯

全晉詩卷二

注：李密，字令伯，一名虔，犍爲武陽人，曾師事譙周，博涉五經，治《春秋左傳》，善屬文，官至漢中太守，事蹟詳《晉書·孝友傳》及《華陽國志·後賢志》。《隋志》載其集一卷，注云："梁二卷、錄一卷。"兩《唐志》載十卷。嚴可均據《文選》與《華陽國志》採得文三首，爲《陳情事表》、《薦壽良表》、《與中山王牋》。馮惟訥輯得《賜餞東堂詔令賦詩》一首，丁福保所採與馮本同。

虞溥〔文存〕　（晉）虞溥撰　（清）嚴可均輯

全晉文卷七十九

注：虞溥，字允源，高平昌邑人，官至鄱陽内史，注《春秋經傳》，撰《江表傳》及文章詩賦數十篇，事蹟詳《晉書》本傳。《隋志》注稱梁有其集二卷、錄一卷，亡。兩《唐志》復載二卷。嚴可均據《晉書》採得文四首，爲《王昌前母服議》、《駁卞粹議王昌前母服》、《移告屬縣》、《獎訓學徒詔》。

曹志〔文存〕　（晉）曹志撰　（清）嚴可均輯

全晉文卷三十二

注：曹志，字允恭，譙國譙人，植子，好古博物，歷樂平太守、散騎常侍、國子博士等，事蹟見《三國志·陳思王植傳》注引《（曹）志別傳》及《晉書》本傳。《隋志》注稱梁有其集二卷、錄一卷，亡。兩《唐志》復載二卷。嚴可均據《晉書》本傳及《類聚》卷五十四採得文二首，爲《奏議齊王攸之藩》、《肉刑議》。

荀勗〔詩存〕　（晉）荀勗撰　（明）馮惟訥輯

詩紀·晉卷一

魏荀公曾集一卷　（晉）荀勗撰

漢魏六朝百三名家集

漢魏六朝百三名家集（明婁東張氏刻本）　佚名錄清何焯批校　〔浙江圖書館〕

漢魏六朝百三名家集（明婁東張氏刻本）　清何紹基評點　〔武漢大學圖書館〕

荀勗〔文存〕　（晉）荀勗撰　（清）嚴可均輯

全晉文卷三十一

荀勗〔詩存〕　（晉）荀勗撰　丁福保輯

全晉詩卷二

注：荀勗，參《中經簿》。《隋志》注稱梁有其集三卷、錄一卷，亡。兩《唐志》載二十卷。按，疑《唐志》二十卷衍"十"字。《百三名家集》本錄存賦、表、對、議、書、序凡文十四首，又樂歌十九首及《從武帝華林園宴》二首。嚴可均據《晉書》、唐宋類書等採摭，較《百三名家集》本文多《奏校試笛律》及《王昌前母服議》，又《爲晉文王與孫晧書》亦多一節。馮惟訥採得《從武帝華林園宴》二首與《三月二日從華林園》一首，末一首爲《百三名家集》所無；丁福保所採與馮本同。按《詩紀》晉卷十九又載勗《晉四廂樂歌》十七首，晉卷二十載《晉正德大豫舞歌》二首，合之即《百三名家集》本樂歌。

夏侯湛〔詩存〕　（晉）夏侯湛撰　（明）馮惟訥輯

詩紀·晉卷十

夏侯常侍集二卷　（晉）夏侯湛撰　（明）張燮輯

七十二家集

夏侯常侍集一卷 （晉）夏侯湛撰

漢魏六朝百三名家集

漢魏六朝百三名家集（明婁東張氏刻本） 佚名録清何焯批校 〔浙江圖書館〕

漢魏六朝百三名家集（明婁東張氏刻本） 清何紹基評點 〔武漢大學圖書館〕

夏侯湛〔文存〕 （晉）夏侯湛撰 （清）嚴可均輯

全晉文卷六十八至六十九

夏侯湛〔詩存〕 （晉）夏侯湛撰 丁福保輯

全晉詩卷四

注：夏侯湛，參《夏侯子新論》。《隋志》載其集十卷，注云："梁有録一卷。"兩《唐志》載十卷。《百三名家集》本録存賦、設難、序、誥、贊、傳凡文三十八首，又詩七首。嚴可均據《晉書》、《世説》注與《類聚》等採摭，較《百三名家集》本文多《寒雪賦》、《電賦》、《歎秋賦》、《合歡被賦》、《安石榴賦》、《泰始四年舉賢良方正對策》、《張平子碑》及《魯芝銘》，又《梁田賦》、《缸燈賦》、《春可樂》、《秋可哀》文亦稍詳，然《百三名家集》本所載《大暑賦》則較嚴本爲詳（《初學記》卷三引此賦佚文，嚴失採）。按嚴氏又輯《新論》，已另列目。馮惟訥所採較《百三名家集》本詩少《征邁辭》一首，丁福保輯本與馮本同。按《征邁辭》等，嚴氏入文。

衛恒〔文存〕 （晉）衛恒撰 （清）嚴可均輯

全晉文卷三十

注：衛恒，參《四體書勢》。史志不載其集，唯《書鈔》卷六十二引《衛恒集》，蓋時有其集。嚴可均據《晉書·禮志》與《淳化閣帖》卷二採得文二首，爲《王昌前母服議》一首及書一首。按嚴氏又輯《四體書勢》，已另列目。

孫楚〔詩存〕 （晉）孫楚撰 （明）馮惟訥輯

詩紀·晉卷十

孫馮翊集二卷 （晉）孫楚撰 （明）張燮輯

七十二家集

孫馮翊集一卷 （晉）孫楚撰

漢魏六朝百三名家集

漢魏六朝百三名家集（明婁東張氏刻本） 佚名録清何焯批校 〔浙江圖書館〕

漢魏六朝百三名家集（明婁東張氏刻本） 清何紹基評點 〔武漢大學圖書館〕

孫楚〔文存〕 （晉）孫楚撰 （清）嚴可均輯

全晉文卷六十

孫楚〔詩存〕 （晉）孫楚撰 丁福保輯

全晉詩卷四

注：孫楚，字子荆，太原中都人，才藻卓絶，官至馮翊太守，《晉書》有傳。《隋志》載其集六卷，注云："梁十二卷、録一卷。"兩《唐志》載十卷。《百三名家集》本録存賦、論、頌、贊、銘、碑、疏、牋、書、哀文凡文四十首，又詩六首。嚴可均據《水經注》、《文選》、唐宋類書等採摭，較《百三名家集》本文多《橘賦》、《鶴賦》、《王驃騎誄》、《胡母夫人哀辭》、《祭介子

推文》。馮惟訥所採與《百三名家集》本詩同，當爲張溥襲抄馮本；丁福保所輯與馮本同。

閻纘〔文存〕　（晉）閻纘撰　（清）嚴可均輯

全晉文卷一百五

注：閻纘，字續伯，巴西安漢人，博覽墳籍，研通物理，歷安復令、西戎司馬、漢中太守等，封平樂鄉侯，事蹟詳《晉書》本傳。《隋志》注稱梁有隴西太守閻纘集二卷，錄一卷，亡。兩《唐志》亦載《閻纘集》二卷。按，疑閻纘即閻纘，“纘”與“纘”相通。嚴可均據《晉書》與《文選》注採得文四首，爲《上詩表》、《輿棺詣闕上書理愍懷太子》、《皇太孫立復上疏》、《又陳宜選擇東宮師傅》。

華嶠〔文存〕　（晉）華嶠撰　（清）嚴可均輯

全晉文卷六十六

注：華嶠，參《華嶠後漢書》。《晉書·華表附傳》云：“嶠所著論議難駁詩賦之屬數十萬言。”又云：“永嘉喪亂，經籍遺沒，嶠書存者三十餘卷（一本作五十卷）。”《隋志》載其集八卷，注云，“梁二卷。”《舊唐志》載一卷，《新唐志》二卷。嚴可均據《晉書》、《通典》、《御覽》等採得表、奏、敍五首，又輯《後漢書》諸論四首，凡九首。

傅咸〔詩存〕　（晉）傅咸撰　（明）馮惟訥輯

詩紀·晉卷二

傅中丞集四卷　（晉）傅咸撰（明）張燮輯

七十二家集

傅中丞集一卷　（晉）傅咸撰

漢魏六朝百三名家集

漢魏六朝百三名家集（明婁東張氏刻本）　佚名錄清何焯批校　〔浙江圖書館〕

漢魏六朝百三名家集（明婁東張氏刻本）　清何紹基評點　〔武漢大學圖書館〕

傅中丞集　（晉）傅咸撰

清抄本　〔浙江圖書館〕

傅咸〔文存〕　（晉）傅咸撰　（清）嚴可均輯

全晉文卷五十一至五十二

傅中丞集一卷　（晉）傅咸撰（清）傅以禮輯

傅氏家書

傅咸〔詩存〕　（晉）傅咸撰　丁福保輯

全晉詩卷二

中丞集一卷　（晉）傅咸撰　張鵬一校補

關隴叢書·北地傅氏遺書

注：傅咸，字長虞，北地泥陽人，玄子，好屬文，長於議，歷尚書右丞、冀州刺史、車騎司馬、太子中庶子、御史中丞等，《晉書》有傳。《隋志》載其集十七卷，注云：“梁三十卷，錄一卷。”兩《唐志》復載三十卷。《百三名家集》本錄存賦、疏、表、奏、上書、牋、教、草、書、尺牘、頌、箴、銘、碑銘、誄凡文七十餘首，又詩十六首。張鵬一據《百三名家集》本校補，增補《贈郭泰機詩》、《答辛曠詩序》、《愁霖詩》及佚文一節、佚詩二首。嚴可均輯本亦可補《百三名家集》本之缺，其中《弔秦始皇賦》、《遭繼母憂上書》爲諸本所無，嚴云：“案張溥本有《燭

銘》，今據《御覽》改入《傅玄集》。"馮惟
訥所採與《百三名家集》本詩同，當係張
溥抄襲馮本；丁福保所採較馮本多《愁
霖詩》一首。傅以禮輯本文大略不出嚴
本之外，詩則不出張鵬一校補本之外。

夏侯淳〔文存〕 （晉）夏侯淳撰
（清）嚴可均輯

全晉文卷六十九

注：夏侯淳，字孝沖，譙國譙人，有文
藻，與兄湛俱知名於時，官至弋陽太守，
事蹟略見《晉書·夏侯湛傳》。《隋志》
注稱梁有其集二卷，亡。兩《唐志》載十
卷。嚴可均據《類聚》、《文選》注採得文
四首，爲《懷思賦》、《笙賦》、《彈棋賦》、
《馳射賦》。

蔡洪〔文存〕 （晉）蔡洪撰 （清）
嚴可均輯

全晉文卷八十一

注：蔡洪，參《化清經》。《隋志》注稱
梁有其集二卷、録一卷，亡。《舊唐志》
載三卷，《新唐志》二卷。嚴可均據《類
聚》、《世説》注採得文三首，爲《圍棋
賦》、《鬭鳧賦》、《與刺史周俊書》。

劉頌〔文存〕 （晉）劉頌撰 （清）
嚴可均輯

全晉文卷四十至四十一

注：劉頌，字子雅，廣陵人，歷中書侍
郎、黄門郎、淮南相、吏部尚書、光禄大
夫等，事蹟詳《晉書》本傳。《隋志》注稱
梁有其集三卷、録一卷，亡。《舊唐志》
復載三卷。嚴可均據《晉書》採得文四
首，爲《除淮南相在郡上疏》、《上疏請復
肉刑》、《上疏言斷獄宜守律令》、《趙王
倫加九錫議》。

胡濟〔文存〕 （晉）胡濟撰 （清）

嚴可均輯

全晉文卷一百九

注：胡濟，生平不詳。《隋志》注稱梁
有著作郎胡濟集五卷、録一卷，"亡"。
兩《唐志》復載五卷。嚴可均據《類聚》、
《晉書》、《通典》採得文四首，爲《瀍谷
賦》、《黄甘賦》、《奏薦伍朝》、《改葬前母
服議》。

張悛〔文存〕 （晉）張悛撰 （清）
嚴可均輯

全晉文卷一百五

注：張悛，字士然，吳國人，官太子庶
子（《文選·爲吳令謝詢求爲諸孫置守
冢人表》注引孫盛《晉陽秋》與《晉百官
名》）。《隋志》注稱梁有宗正卿張俊集
五卷、録一卷，亡。《舊唐志》載《張俊
集》二卷。按"俊"當爲"悛"之誤。《新
唐志》載作《張悛集》二卷。嚴可均據
《文選》採得《爲吳令謝詢求爲諸孫置守
冢人表》一首。

張浚〔文存〕 （晉）張浚撰 （清）
嚴可均輯

全晉文卷一百二十八

注：張浚，姚振宗以爲即張悛，詳《隋
書經籍志考證》卷三十九《張俊集》條
下，今姑從嚴氏分列。嚴可均據《類聚》
卷九十五採得張浚《白兔頌》一首。

王渾〔文存〕 （晉）王渾撰 （清）
嚴可均輯

全晉文卷二十八

注：王渾，字玄沖，太原晉陽人，歷徐
州刺史、安東將軍、征軍大將軍、尚書左
僕射、司徒、侍中等，事蹟詳《晉書》本
傳。《隋志》注稱梁有其集五卷，亡。兩
《唐志》復載五卷。嚴可均據《晉書》、

《通典》及唐宋類書採得表、奏、對、上書凡文九首。

盧播〔文存〕　（晉）盧播撰　（清）嚴可均輯

全晉文卷八十九

注：阮籍《與晉文王書薦盧播》稱同郡盧播，“字景宣，少有才秀之異，長懷淑茂之量”云云（嚴可均《全三國文》卷四十五轉載《阮籍集》）。按阮籍，陳留人，《三國志》及《晉書》均有傳。播，歷振威將軍、尚書（《晉書·周處傳》、《隋志》）。《隋志》載其集一卷，注云：“梁二卷、録一卷。”兩《唐志》復載二卷。嚴可均據《類聚》卷三十六採得《阮籍銘》一首。

應碩〔文存〕　（晉）應碩撰　（清）嚴可均輯

全晉文卷一百二十八

注：應碩，生平不詳。《隋志》注稱梁有汝南太守應碩集二卷，亡。《新唐志》復載二卷。嚴可均據《類聚》卷五採得《祝祖文》一首。

鍾琰〔文存〕　（晉）鍾琰撰　（清）嚴可均輯

全晉文卷一百四十四

注：鍾琰，名琰之（《世説·賢媛》注引《王氏譜》），字琰（《晉書·列女傳》），潁川人，王渾妻，善屬文，有詩賦頌誄行於時（《晉書·列女傳》、《世説·賢媛》注引《婦人集》）。《隋志》注稱梁有其集五卷，亡。兩《唐志》載二卷。嚴可均據《類聚》卷三十四、卷九十二採得文二首，爲《遐思賦》、《鶯賦》。

鄒湛〔文存〕　（晉）鄒湛撰　（清）嚴可均輯

全晉文卷六十七

注：鄒湛，參《鄒湛周易統略》。《晉書·文苑傳》云：“（湛）所著詩及論事議二十五首，爲時所重。”《隋志》注稱梁有其集三卷、録一卷，亡。兩《唐志》載四卷。嚴可均據《文選》注採得《爲諸葛穆答晉王令》殘文二節。

張華〔詩存〕　（晉）張華撰　（明）馮惟訥輯

詩紀·晉卷一

晉張司空集（一名張茂先集）一卷　（晉）張華撰

漢魏六朝百三名家集

漢魏六朝百三名家集（明婁東張氏刻本）　佚名録清何焯批校　〔浙江圖書館〕

漢魏六朝百三名家集（明婁東張氏刻本）　清何紹基評點　〔武漢大學圖書館〕

張華〔文存〕　（晉）張華撰　（清）嚴可均輯

全晉文卷五十八

張司空集一卷　（晉）張華撰

乾坤正氣集

張華〔詩存〕　（晉）張華撰　丁福保輯

全晉詩卷二

注：張華，字茂先，范陽方城人。博學擅文，圖緯方伎之書莫不詳覽，封廣武侯，《晉書》有傳。《晉書》本傳謂華所著文章行於世。《隋志》載其集十卷、録一卷，兩《唐志》十卷，《宋志》二卷。《郡齋讀書志》載三卷，云：“集有詩一百三十，哀詞、册文二十一，賦三。”《直齋書録解題》亦載三卷，云：“前二卷爲四言、

五言詩，後一卷爲祭、祝、哀、誄等文。"
《百三名家集》本録存賦、表、議、哀策、
誄、箴、銘、書、問、序、贊凡文三十首，又
詩數十首。嚴可均據《晉書》、《類聚》等
採摭，以《瓌材枕賦》、《瓌材枕箴》入張
紘文，以《豆羹賦》入張翰文，餘較《百三
名家集》本文多《席前左端銘》、《席前右
端銘》與《縱橫篇》，又《永懷賦》多一節，
又《封禪議》與《百三名家集》本所載文
異。馮惟訥輯得詩數十首，又《詩紀》晉
卷十九至二十有華之歌曲謡辭，均不出
《百三名家集》本之外。《乾坤正氣集》
本僅載文，與《百三名家集》本文同。丁
福保所採與馮本同。按《文館詞林》卷
六百七十載張華《魏高貴鄉公大赦詔》、
《西晉武帝赦詔》，卷六百六十八載《西
晉武帝即位改元大赦詔》，可補諸本
之缺。

歐陽建〔詩存〕 （晉）歐陽建撰
（明）馮惟訥輯
　詩紀·晉卷十

歐陽建〔文存〕 （晉）歐陽建撰
（清）嚴可均輯
　全晉文卷一百九

歐陽建〔詩存〕 （晉）歐陽建撰
丁福保輯
　全晉詩卷四
　　注：歐陽建，字堅石，世爲冀方右族，
雅有理思，才藻美瞻，擅名北州，歷山陽
令、尚書郎、馮翊太守（《晉書·石苞
傳》）。《隋》、《唐志》並載其集二卷。嚴
可均據《類聚》卷六十三、卷十九採得文
二首，爲《登櫓賦》、《言盡意論》。馮惟
訥採得《答棗腆詩》、《臨終詩》，凡二首；
丁福保輯本亦二首，其中《答石崇贈》

（馮本誤題《答棗腆》）採自《文館詞林》
卷一百五十六，較馮本爲詳。

謝衡〔文存〕 （晉）謝衡撰 （清）
嚴可均輯
　全晉文卷八十三
　　注：謝衡，陳國陽夏人，以儒素顯，歷
博士、國子祭酒（《晉書·謝鯤傳》、《世
説·方正》篇注引《永嘉流人名》）。《隋
志》注稱梁有其集二卷，亡。兩《唐志》
復載二卷。嚴可均據《通典》、《晉書》、
《宋書》採得文三首，爲《王昌前母服
議》、《蘇宙事議》、《爲皇太孫服齊衰期
議》。

潘岳〔詩存〕 （晉）潘岳撰 （明）
馮惟訥輯
　詩紀·晉卷八

潘黄門集六卷 （晉）潘岳撰
　漢魏諸名家集

潘黄門集六卷 （晉）潘岳撰
　漢魏六朝諸家文集
　漢魏六朝諸家文集　傅增湘校 〔北京
　　圖書館〕

潘黄門集六卷 （晉）潘岳撰
（明）張燮輯
　七十二家集

潘黄門集一卷 （晉）潘岳撰
　漢魏六朝百三名家集
　漢魏六朝百三名家集（明婁東張氏刻
　　本）佚名録清何焯批校 〔浙江圖
　　書館〕
　漢魏六朝百三名家集（明婁東張氏刻
　　本）清何紹基評點 〔武漢大學圖
　　書館〕

潘黄門集 （晉）潘岳撰
　漢魏别解·兩晉文

潘黄門集　（晉）潘岳撰

增定漢魏六朝別解·集部

潘安仁文抄一卷　（晉）潘岳撰

（明）李賓輯

八代文抄

潘岳〔文存〕　（晉）潘岳撰　（清）

嚴可均輯

全晉文卷九十至九十三

潘安仁集五卷　（晉）潘岳撰

漢魏六朝名家集初刻

潘岳〔詩存〕　（晉）潘岳撰　丁福

保輯

全晉詩卷四

注：潘岳，字安仁，滎陽中牟人，少以才穎見稱，號奇童，善屬文，猶長於哀誄，歷河陽令、長安令、著作郎、散騎侍郎等，事蹟詳《晉書》本傳。《隋》、《唐志》並載其集十卷，《宋志》七卷。《百三名家集》本録存賦、表、議、頌、贊、箴、訓、碑、哀文、祭文、誄凡文五十二首，又詩二十首。《漢魏諸名家集》本所載詩文亦六七十首，不出《百三名家集》本之外。嚴可均據《文選》、唐宋類書等採撫，較《百三名家集》本文多《寒賦》、《朝菌賦》、《果賦》、《刑夫人誄》、《從姊誄》、《秦氏從姊誄》、《虞茂春誄》、《都鄉碑》、《羊夫人謐策文》、《妹哀辭》，又《秋菊賦》、《射雉賦》、《上客舍議》、《故太常任府君畫贊》、《司空密陵侯鄭袤碑》、《荆州刺史東武戴侯楊使君碑》、《傷弱子辭》等文亦以嚴本爲詳。按《百三名家集》本有《賈充誄》，嚴本無此目，查此文即在《太宰魯武公誄》中，係重複。李賓僅輯得二十餘首，均不出嚴本之外。馮惟訥所採較《百三名家集》本詩少《閣柱

謡》一首；丁福保輯本與馮本大體相當，唯從《文館詞林》卷一百五十二採得《贈王胄》一首文稍詳（馮本名《別詩》）。丁福保《名家集初刻》文依嚴本，詩與《百三名家集》本同。

裴楷〔文存〕　（晉）裴楷撰　（清）

嚴可均輯

全晉文卷三十三

注：裴楷，字叔則，河東聞喜人，長於《老》、《易》，歷中書郎、散騎常侍、河内太守、右軍將軍、侍中、光禄大夫等，事蹟詳《晉書》本傳。《隋志》注稱梁有其集二卷、録一卷，亡。兩《唐志》復載二卷。嚴可均採得《與石崇書》殘文一節，謂從"宋王同蔡謨贊序"採撫。按《晉書》本傳亦載此文，文字與嚴採小異。

張輔〔文存〕　（晉）張輔撰　（清）

嚴可均輯

全晉文卷一百五

注：張輔，字世偉，南陽西鄂人，歷藍田令、尚書郎、御史中丞、馮翊太守、秦州刺史等，封宜昌亭侯，《晉書》有傳。《隋志》注稱梁有其集二卷、録一卷，"亡"。兩《唐志》復載二卷。嚴可均據《通典》、《晉書》及《類聚》採得文三首，爲《上司徒府言楊俊》、《與孫秀牋》、《名士優劣論》。

張翰〔詩存〕　（晉）張翰撰　（明）

馮惟訥輯

詩紀·晉卷九

張翰〔文存〕　（晉）張翰撰　（清）

嚴可均輯

全晉文卷一百七

張翰〔詩存〕　（晉）張翰撰　丁福

保輯

全晉詩卷四

注：張翰，字季鷹，吳郡吳人，有清才，善屬文，縱任不拘時，號爲江東步兵，齊王囧辟爲大司馬東曹掾，文筆數十篇行於世，事蹟見《晉書·文苑傳》。《隋志》注稱梁有其集二卷、録一卷，"亡"。兩《唐志》復載二卷。嚴可均據《類聚》、《書鈔》及《初學記》採得文三首，爲《杖賦》、《豆羹賦》、《詩序》。按《全晉文》卷一百七又載張韓《不用舌論》（採自《類聚》卷十七），嚴氏云："韓，爵里未詳。案韓，疑翰之誤。"馮惟訥輯得《周小史》一首及雜詩二首；丁福保又從《文館詞林》多採《贈張弋陽》一首，餘與馮本同，僅編次、篇名不同而已。

陸沖〔詩存〕 （晉）陸沖撰 （明）馮惟訥輯

詩紀·晉卷十六

陸沖〔文存〕 （晉）陸沖撰 （清）嚴可均輯

全晉文卷八十六

陸沖〔詩存〕 （晉）陸沖撰 丁福保輯

全晉詩卷七

注：陸沖，生平不詳。《隋志》注稱梁有揚州從事陸沖集二卷、録一卷，亡。兩《唐志》復載二卷。嚴可均據《類聚》卷一採得《風賦》一首。馮惟訥輯得雜詩二首；丁福保所採與馮本同，謂當題作"失題"，云："《詩紀》作'雜詩'，不知所本。"

蔡充〔文存〕 （晉）蔡充撰 （清）嚴可均輯

全晉文卷一百十三

注：蔡充，一作蔡克，字子尼，陳留考城人，少好學，博涉書記，官至車騎將軍從事中郎，事蹟見《晉書·蔡謨傳》。《隋志》注稱梁有其集二卷、録一卷，亡。兩《唐志》復載二卷。嚴可均據《晉書》、《通典》採得文三首，爲《梁王肜諡議》、《重議》、《沖太孫殤服議》。

李重〔文存〕 （晉）李重撰 （清）嚴可均輯

全晉文卷五十三

注：李重，字茂曾，江夏人，有文辭，歷尚書郎、中書郎、尚書吏部郎，事蹟詳《晉書》本傳。《隋志》注稱梁有其集二卷，"亡"。《舊唐志》復載二卷，《新唐志》誤題《李黃集》二卷。嚴可均據《晉書》、《類聚》及《三國志》注等採得疏、奏、啓等文凡八首。

吳商〔文存〕 （晉）吳商撰 （清）嚴可均輯

全晉文卷四十四

注：吳商，參《雜禮議》。《隋志》注稱梁有其集五卷，"亡"。兩《唐志》復載五卷。嚴可均據《通典》、《續漢書·祭祀志》劉昭注採得議、答、難、駁、説凡文七首。按馬國翰輯吳商《雜禮議》，凡六節，中第一至第五節即嚴輯文第二至第六節。吳商所著禮議書數本，未知嚴所採係何書之佚文，姑入集部。

仲長敖〔文存〕 （晉）仲長敖撰 （清）嚴可均輯

全晉文卷八十六

注：仲長敖，生平不詳。《隋志》注稱梁有其集二卷，"亡"。兩《唐志》復載二卷。嚴可均據《類聚》卷二十一採得《覈性賦》一首。

牽秀〔文存〕 （晉）牽秀撰 （清）

嚴可均輯

全晉文卷八十四

注：牽秀，字成叔，武邑觀津人，博辯，有文才，歷新安令、尚書、平北將軍等，事蹟詳《晉書》本傳。《隋志》載其集四卷，注云：“梁三卷，録一卷。”兩《唐志》載五卷。嚴可均據《類聚》、《文選》注採得賦、頌、碑凡文六首。

裴頠〔文存〕　（晉）裴頠撰　（清）嚴可均輯

全晉文卷三十三

注：裴頠，字逸民，河東聞喜人，歷太子中庶子、散騎常侍、國子祭酒、侍中、尚書等，《晉書》有傳。《隋志》載其集九卷，兩《唐志》十卷。嚴可均據《羣書治要》、《通典》、《晉書》等採得表、疏、上言、諫、議、答、論、箋凡文十三首。

石崇〔詩存〕　（晉）石崇撰　（明）馮惟訥輯

詩紀·晉卷十

石崇〔文存〕　（晉）石崇撰　（清）嚴可均輯

全晉文卷三十三

石崇〔詩存〕　（晉）石崇撰　丁福保輯

全晉詩卷四

注：石崇，字季倫，渤海南皮人，歷修武令、城陽太守、散騎常侍、荊州刺史、衛尉等，《晉書》有傳。《隋志》載其集六卷，注云：“梁有録一卷。”兩《唐志》載五卷。嚴可均據《類聚》、《華陽國志》等採得表、奏、序、論等凡文九首。馮惟訥輯得詩八首，丁福保所採與馮本同。

何劭〔詩存〕　（晉）何劭撰　（明）馮惟訥輯

詩紀·晉卷三

何劭〔文存〕　（晉）何劭撰　（清）嚴可均輯

全晉文卷十八

何劭〔詩存〕　（晉）何劭撰　丁福保輯

全晉詩卷二

注：何劭，參《王弼傳》。《晉書·何曾傳》謂劭諸奏議文章行於世。《隋志》注稱梁有何邵集二卷、録一卷，“亡”。按“邵”當爲“劭”。兩《唐志》載作《何劭集》二卷。嚴可均據《晉書·楊駿傳》採得《作武帝遺詔》一首。按嚴氏又輯《荀粲傳》、《王弼傳》，已另列目。馮惟訥輯得詩四首，爲《洛水祖王公應詔》、《贈張華》、《遊仙詩》各一首，及雜詩一首；丁福保所採與馮本同。

卞粹〔文存〕　（晉）卞粹撰　（清）嚴可均輯

全晉文卷八十四

注：卞粹，字玄仁，濟陰冤句人，以清辨鑒察稱，歷右軍將軍、中書令等，事蹟見《晉書·卞壼傳》。《隋志》載其集一卷，注云：“梁五卷。”兩《唐志》載二卷。嚴可均據《晉書·禮志》、《宋書·禮志》採得文二首，爲《王昌前母服議》、《爲皇太孫服議》。

索靖〔文存〕　（晉）索靖撰　（清）嚴可均輯

全晉文卷八十四

注：索靖，參《草書狀》。《晉書》本傳謂靖撰《晉詩》二十卷。《隋志》注稱梁有其集三卷，“亡”。兩《唐志》載二卷，《宋志》一卷。嚴可均據《淳化閣帖》採得書一首及《月儀帖》。按嚴氏又輯《草

書狀》，已另列目。

陸士衡文集十卷　（晉）陸機撰

　晉二俊文集

　晉二俊文集（明正德十四年陸元大刻本）　明管一德校　〔南京圖書館〕

　晉二俊文集（明正德十四年陸元大刻本）　清黄丕烈録　陸貽典校　〔北京圖書館〕

　晉二俊文集（明正德十四年陸元大刻本）　傅增湘録　陸貽典校　〔北京圖書館〕

　晉二俊文集（清影宋抄本）　清趙懷玉、翁同書校　嚴元照批注並録盧文弨校

　宛委别藏

　小萬卷樓叢書

　四部叢刊・集部・晉二俊文集

　叢書集成初編・文學類

陸士衡集十卷　（晉）陸機撰

　清光緒四年長沙寄生草堂刻本

　漢魏諸名家集・晉二俊文集

　漢魏六朝諸家文集

　漢魏六朝諸家文集　傅增湘校　〔北京圖書館〕

　漢魏六朝名家集初刻

　四部備要・集部漢魏六朝别集・晉二俊文集

陸士衡集七卷

　六朝詩集

陸機〔詩存〕　（晉）陸機撰　（明）馮惟訥輯

　詩紀・晉卷四至五

陸平原集八卷　（晉）陸機撰（明）張燮輯

　七十二家集

陸平原集二卷　（晉）陸機撰

　漢魏六朝百三名家集

　漢魏六朝百三名家集（明婁東張氏刻本）　佚名録清何焯批校　〔浙江圖書館〕

　漢魏六朝百三名家集（明婁東張氏刻本）　清何紹基評點　〔武漢大學圖書館〕

陸士衡集　（晉）陸機撰

　漢魏别解・兩晉文

陸平原集　（晉）陸機撰

　增定漢魏六朝别解・集部

陸士衡文抄一卷　（晉）陸機撰（明）李賓輯

　八代文抄

陸機〔文存〕　（晉）陸機撰　（清）嚴可均輯

　全晉文卷九十六至九十九

〔陸士衡集〕逸文　（晉）陸機撰（清）錢培名輯

　小萬卷樓叢書・陸士衡文集・札記附

　叢書集成初編・文學類・陸士衡文集・札記附

陸士衡集佚文一卷

　經籍佚文

陸機〔詩存〕　（晉）陸機撰　丁福保輯

　全晉詩卷三

陸士衡詩注四卷　郝立權撰

　民國二十一年鉛印本

　　注：陸機，參《陸機晉書》。《晉書》本傳云："（機）所著文章凡二百餘篇並行於世。"《隋志》載其集十四卷，注云"梁四十七卷、録一卷，亡"。兩《唐志》載十

五卷,《宋志》十卷。《郡齋讀書志》載十卷,云:"所著文章凡三百餘篇(按三百當爲二百之誤),今存詩、賦、論、議、箋、表、碑、誄一百七十餘首,以《晉書》、《文選》校正外,餘多舛誤。"今通行十卷本,祖本即爲宋徐民瞻刻《晉二俊文集》本。錢培名云:"今此本詩文共一百七十四首,蓋即晁氏所見之本。"徐民瞻序云:"聞之卿老曰,士衡有集十卷,以《文賦》爲首。又自述其搜訪之難,而云得之於新淮西撝幹林君,其首篇冠以《文賦》,若有所甚幸者。序作於慶元庚申,晁氏序《讀書志》在紹興二十一年,相距幾何!而當時已不恒經見如此,毋怪閱今又六百餘年,其流傳益尟也。集中殘篇斷簡雜出不倫,大要出《藝文類聚》、《初學記》諸書,而不無罣漏,疑亦北宋人捃摭而成。"(《小萬卷樓叢書》本跋)《百三名家集》本較十卷本詳。嚴可均輯本較善,所採均注出處,可補十卷本與《百三名家集》本文之缺。錢培名採得詩文數十節,以補十卷本之缺,其中有出嚴本與《百三名家集》本之外者。馮惟訥所採較《百三名家集》本詩少《講漢書詩》一首、《秋詠》一首及失題二首;丁福保所輯則較《百三名家集》本詩少《吳趨行》(後一首)與《飲酒樂》(第一首),然從《文館詞林》卷一百五十六多採《贈顧令文爲宜春令》、《贈武昌太守夏少明》,又《挽歌》末一首亦爲諸本所無。郝立權所收詩不及《百三名家集》本詳備,然郝氏均注出處,且附考語,可資參考。

陸士龍文集十卷　(晉)陸雲撰
明抄本　〔北京圖書館〕
清光緒四年長沙寄生草堂刻本
晉二俊文集
晉二俊文集(宋慶元六年華亭縣學刻本)〔北京圖書館〕
晉二俊文集(明正德十四年陸元大刻本)　明管一德校　〔南京圖書館〕
晉二俊文集(明正德十四年陸元大刻本)　傅增湘校　〔北京圖書館〕
晉二俊文集(清影宋抄本)　清趙懷玉、翁同書校　嚴元照批注並錄盧文弨校　〔北京圖書館〕
漢魏諸名家集·晉二俊文集
漢魏諸名家集、晉二俊文集　鄭文焯校〔中山圖書館〕
漢魏六朝諸家文集
漢魏六朝諸家文集　傅增湘校　〔北京圖書館〕
漢魏六朝名家集初刻
四部叢刊·集部·晉二俊文集

陸士龍集十卷　(晉)陸雲撰
四庫全書·集部別集類
四部備要·集部漢魏六朝別集·晉二俊文集

陸士龍集四卷　(晉)陸雲撰
明刻本　清周亮工校　〔上海圖書館〕

陸士龍集四卷　(晉)陸雲撰
六朝詩集

陸雲〔詩存〕　(晉)陸雲撰　(明)馮惟訥輯
詩紀·晉卷六至七

陸清河集八卷　(晉)陸雲撰
(明)張燮輯
七十二家集

陸清河集二卷　(晉)陸雲撰
漢魏六朝百三名家集
漢魏六朝百三名家集(明婁東張氏刻本)　佚名錄清何焯批校　〔浙江圖

書館〕

漢魏六朝百三名家集（明婁東張氏刻本）　清何紹基評點　〔武漢大學圖書館〕

陸士龍文抄一卷　（晉）陸雲撰（明）李賓輯

八代文抄

陸雲〔文存〕　（晉）陸雲撰　（清）嚴可均輯

全晉文卷一百至一百四

陸雲〔詩存〕　（晉）陸雲撰　丁福保輯

全晉詩卷三

注：陸雲，參《陸子》。《晉書》本傳謂"（雲）所著文章三百四十九篇"行於世。《隋志》載其集十二卷，注云："梁十卷、録一卷。"唐、宋書目均載十卷，唯《崇文總目》載八卷。《四庫總目提要》云："至南宋時十卷之本又漸湮没。慶元間信安徐民瞻始得之於祕書省，與機集並刊以行。""考史稱雲所著文詞凡三百四十九篇，此僅録二百餘篇，似非足本，蓋宋以前相傳舊集久已亡佚，此特裒合散亡，重加編輯，故敍次頗叢雜。"《百三名家集》本與十卷本不盡同。按《百三名家集》本載《泰伯碑》，考《類聚》卷二十一引此文，題"梁陸雲"，疑爲陸雲公，《類聚》脱"公"字。陸雲公，《梁書》有傳。嚴可均輯本大致不出十卷本之外，所多者數首而已，如嚴氏從《淳化閣帖》卷三採得書一首即是。馮惟訥所採與《百三名家集》本詩大體相當，唯末一節"逍遥近南畔，長嘯作悲歡"爲《百三名家集》本所無；丁福保輯本與馮本同。

孫拯〔詩存〕　（晉）孫拯撰（明）

馮惟訥輯

詩紀·晉卷七

孫承〔文存〕　（晉）孫拯撰　（清）嚴可均輯

全晉文卷一百四十三

孫拯〔詩存〕　（晉）孫拯撰　丁福保輯

全晉詩卷三

注：孫拯，一作孫丞，又作孫承（見《文館詞林》卷一百五十六），字顯世，吴郡富春人，善屬文，仕孫晧爲黄門侍郎，吴平，歷范陽涿令，後爲司馬（《三國志·孫桓傳》注及注引《文士傳》、《晉書·陸機附傳》）。《隋志》注稱梁有少府丞孫極集二卷、録一卷，亡。兩《唐志》亦載《孫極集》二卷。按孫極當爲孫拯之誤。嚴可均據《類聚》卷三十六採得《喜遷賦》一首。馮惟訥輯得《贈陸士龍》十章，末一章殘；丁福保據《文館詞林》卷一百五十六採者則爲全詩。

嵇紹〔詩存〕　（晉）嵇紹撰（明）馮惟訥輯

詩紀·晉卷十

嵇紹〔文存〕　（晉）嵇紹撰（清）嚴可均輯

全晉文卷六十五

嵇紹〔詩存〕　（晉）嵇紹撰　丁福保輯

全晉詩卷四

注：嵇紹，字延祖，譙國銍人，康子，少知名，有文思，且曉音律，官至侍中（《三國志·王粲傳》注與《晉書·忠義傳》）。《隋志》載其集二卷、録一卷，兩《唐志》二卷。嚴可均據《晉書》、《世説》注採得上疏、議、諫、敍凡

文五首。馮惟訥輯得《贈石季倫》一首，丁福保所採與馮本同。

孫惠〔文存〕　（晉）孫惠撰　（清）嚴可均輯

全晉文卷一百十五

注：孫惠，字德施，吳國富陽人，有才識，善屬文，歷太傅軍諮祭酒、彭城內史、廣陵相、安豐太守等，事蹟詳《晉書》本傳。《三國志・孫賁傳》注引《惠別傳》云：“惠文翰凡數十篇。”《隋志》載其集八卷，注云：“梁十一卷、録一卷。”兩《唐志》載十卷。嚴可均據《晉書》、《文選》注、唐宋類書等採得賦、諫、書、檄、序、祭文凡文十首。

鄭曼季〔詩存〕　（晉）鄭豐撰　（明）馮惟訥輯

詩紀・晉卷七

鄭豐〔文存〕　（晉）鄭豐撰　（清）嚴可均輯

全晉文卷一百九

鄭豐〔詩存〕　（晉）鄭豐撰　丁福保輯

全晉詩卷三

注：鄭豐，字曼季，沛國人，有文學操行，與陸雲友善，張華辟，未就（《三國志・孫權傳》注引《文士傳》）。《隋志》注稱梁有其集二卷、録一卷，“亡”。兩《唐志》復載二卷。嚴可均據《陸雲集》採得《答陸士龍詩序》三首。馮惟訥輯得《答陸士龍》詩四首，丁福保所採與馮本同。

劉弘〔文存〕　（晉）劉弘撰　（清）嚴可均輯

全晉文卷七十三

注：劉弘，字和季，又字叔和，沛國相

人，有幹略政事之才，歷寧朔將軍、烏丸校尉、荆州刺史、侍中等（《晉書》本傳與《三國志・劉馥傳》注引《晉陽秋》）。《隋志》注稱梁有其集三卷、録一卷，“亡”。兩《唐志》復載三卷。嚴可均據《晉書》、《御覽》等採得表、教、箋、書凡文十首。

司馬彪〔詩存〕　（晉）司馬彪撰　（明）馮惟訥輯

詩紀・晉卷三

司馬彪〔文存〕　（晉）司馬彪撰　（清）嚴可均輯

全晉文卷十六

司馬彪〔詩存〕　（晉）司馬彪撰　丁福保輯

全晉詩卷二

注：司馬彪，參《司馬彪續漢書》。《隋志》載其集四卷，注云：“梁三卷、録一卷。”兩《唐志》載三卷。嚴可均據《晉書》、《御覽》、《續漢志》注採得《駁祀六宗表》、《與山巨源書》，又《續漢書》敍論三首，凡五首。馮惟訥輯得《贈山濤》一首及雜詩一首，丁福保所採與馮本同。

嵇含〔詩存〕　（晉）嵇含撰　（明）馮惟訥輯

詩紀・晉卷十

嵇含〔文存〕　（晉）嵇含撰　（清）嚴可均輯

全晉文卷六十五

嵇含〔詩存〕　（晉）嵇含撰　丁福保輯

全晉詩卷四

注：嵇含，字君道，譙國銍人，居鞏縣亳丘，自號亳丘子，能屬文，歷中書侍郎、襄城太守等，事蹟詳《晉書・忠義嵇

紹傳》。《隋志》注稱梁有其集十卷、錄一卷，"亡"。兩《唐志》復載十卷。嚴可均據《類聚》、《書鈔》等採得賦、序、銘、誄等文凡二十五首。馮惟訥輯得詩二首，爲《悦晴》、《伉儷》；丁福保所採與馮本同。

曹攄〔詩存〕 （晉）曹攄撰 （明）馮惟訥輯

詩紀·晉卷十

曹攄〔文存〕 （晉）曹攄撰 （清）嚴可均輯

全晉文卷一百七

曹攄〔詩存〕 （晉）曹攄撰 丁福保輯

全晉詩卷四

注：曹攄，字顏遠，譙國譙人，歷齊王冏記室、洛陽令、襄陽太守、征南司馬，事蹟詳《晉書·良吏傳》。《隋志》注稱梁有其集三卷、錄一卷，"亡"。兩《唐志》載二卷。嚴可均據《類聚》、《文選》注採得文三首，爲《述志賦》、《感舊賦》、《圍棋賦》。馮惟訥輯得詩三首，爲《思友人詩》、《感舊詩》、《贈石崇》；丁福保又從《文館詞林》卷一百五十七多採《贈韓德真》、《贈石崇》（非馮本《贈石崇》）、《贈王弘遠》、《贈歐陽建》、《答趙景猷》。

江統〔文存〕 （晉）江統撰 （清）嚴可均輯

全晉文卷一百六

注：江統，字應元，陳留圉人，歷山陰令、太子洗馬、黃門侍郎、散騎常侍等，凡所造賦頌表奏皆傳於後，事蹟詳《晉書》本傳。《隋志》注稱梁有其集十卷、錄一卷，"亡"。兩《唐志》載十卷，《宋志》一卷。嚴可均據《通典》、《晉書》等

採得賦、疏、議、書、論、銘等文凡十四首。

閭丘沖〔詩存〕 （晉）閭丘沖撰 （明）馮惟訥輯

詩紀·晉卷十

閭丘沖〔文存〕 （晉）閭丘沖撰 （清）嚴可均輯

全晉文卷一百二十四

閭丘沖〔詩存〕 （晉）閭丘沖撰 丁福保輯

全晉詩卷四

注：閭丘沖，字賓卿，高平人，博學，有文義，歷太傅長史、光禄勳（《世説·品藻》篇注引《兗州記》）。《隋志》注稱梁有其集二卷、錄一卷，"亡"。兩《唐志》載二卷。嚴可均據《晉書·禮志》採得《武悼楊皇后服議》一首。馮惟訥輯得《三月二日應詔詩》二首及《招隱詩》一首，丁福保所採與馮本同。

張協〔詩存〕 （晉）張協撰 （明）馮惟訥輯

詩紀·晉卷九

晉張景陽集一卷 （晉）張協撰

漢魏六朝百三名家集

漢魏六朝百三名家集（明婁東張氏刻本） 佚名錄清何焯批校 〔浙江圖書館〕

漢魏六朝百三名家集（明婁東張氏刻本） 清何紹基評點 〔武漢大學圖書館〕

張協〔文存〕 （晉）張協撰 （清）嚴可均輯

全晉文卷八十五

晉張景陽集一卷 （晉）張協撰

晉三家集合鈔

張協〔詩存〕 （晉）張協撰 丁福
　保輯
　全晉詩卷四
　　注：張協，字景陽，安平人，歷祕書
　郎、華陰令、征北從事中郎、中書侍郎、
　河間内史等，《晉書》有傳。《隋志》載其
　集三卷，注云：“梁四卷、録一卷。”兩《唐
　志》載二卷。《百三名家集》本録存賦、
　銘及《七命》凡文十三首，又詩十三首。
　嚴可均據《文選》及注、唐宋類書採撮，
　較《百三名家集》本文多《歸舊賦》、《白
　鳩頌》。馮惟訥所採與《百三名家集》本
　詩同，當係張溥抄録馮本；丁福保所輯
　與馮本同。

王讚〔詩存〕 （晉）王讚撰 （明）
　馮惟訥輯
　詩紀·晉卷十

王讚〔文存〕 （晉）王讚撰 （清）
　嚴可均輯
　全晉文卷八十六

王讚〔詩存〕 （晉）王讚撰 丁福
　保輯
　全晉詩卷四
　　注：王讚，字正長，義陽人，博學有
　才，辟司空，歷太子舍人、散騎侍郎（《晉
　書·李胤傳》及《文選》王讚雜詩注引臧
　榮緒《晉書》）。《隋志》注稱梁有其集五
　卷，“亡”。《舊唐志》載三卷，《新唐志》
　二卷。嚴可均據《類聚》卷八十六採得
　《梨樹頌》一首。馮惟訥輯得詩四首，爲
　《三月三日詩》、《侍皇太子宴始平王》、
　《侍皇太子祖道楚淮南二王》各一首及
　雜詩一首；丁福保所採與馮本同。

王曠〔文存〕 （晉）王曠撰 （清）
　嚴可均輯

全晉文卷二十一
　　注：王曠，琅邪臨沂人，歷淮南太守、
　濟陽内史（《晉書·王羲之傳》、《隋
　志》）。《隋志》注稱梁有其集五卷、録一
　卷，“亡”。兩《唐志》復載五卷。嚴可均
　據《三國志》注、《御覽》採得文二首，爲
　《與東海王越書》、《與揚州論討陳敏
　計》。

王浚〔詩存〕 （晉）王浚撰 （明）
　馮惟訥輯
　詩紀·晉卷三

王浚〔詩存〕 （晉）王浚撰 丁福
　保輯
　全晉詩卷二
　　注：王浚，字彭祖，太原晉陽人，歷大
　司馬、侍中、大都督，《晉書》有傳。《隋
　志》注稱梁有侍中王峻集集二卷、録一
　卷，“亡”。兩《唐志》復載《王峻集》二
　卷。按《隋》、《唐志》並列峻於晉人別集
　中，疑王峻即王浚，皆晉人，並官至侍
　中。馮惟訥輯得《從幸洛水餞王公歸國
　詩》一首，丁福保所採與馮本同。

劉寔〔文存〕 （晉）劉寔撰 （清）
　嚴可均輯
　全晉文卷三十九
　　注：劉寔，字子真，平原高唐人，歷太
　常、國子祭酒、太子太保、侍中、太傅等，
　博通古今，著《春秋條例》二十卷（《晉
　書》本傳、《隋志》）。《隋志》注稱梁有其
　集二卷、録一卷，“亡”。兩《唐志》復載
　二卷。嚴可均據《晉書》本傳採得《崇讓
　論》一首。

阮脩〔詩存〕 （晉）阮脩撰 （明）
　馮惟訥輯
　詩紀·晉卷十

阮脩〔文存〕 （晉）阮脩撰 （清）
　嚴可均輯
　全晉文卷七十二

阮脩〔詩存〕 （晉）阮脩撰 丁福
　保輯
　全晉詩卷四
　　注：阮脩，字宣子，陳留尉氏人，好
　《易》、《老》之學，善清言，歷鴻臚丞、太
　子洗馬等，事蹟詳《晉書》本傳。《隋志》
　注稱梁有其集二卷、錄一卷，“亡”。兩
　《唐志》復載二卷。嚴可均據《書鈔》、
　《晉書》採得文二首，爲《患雨賦》、《大鵬
　贊》。馮惟訥輯得《上巳會詩》一首，丁
　福保所採與馮本同。

裴邈〔文存〕 （晉）裴邈撰 （清）
　嚴可均輯
　全晉文卷三十三
　　注：裴邈，字景聲，河東聞喜人，有雋
　才，東海王越以爲從事中郎，監中外營
　諸軍事，拜廣威將軍（《三國志·裴潛
　傳》注及《隋志》）。《隋志》注稱梁有其
　集二卷、錄一卷，“亡”。兩《唐志》復載
　二卷。嚴可均據《類聚》卷六十採得文
　二首，爲《文身劍銘》、《文身刀銘》。

棗腆〔詩存〕 （晉）棗腆撰 （明）
　馮惟訥輯
　詩紀·晉卷十

棗腆〔詩存〕 （晉）棗腆撰 丁福
　保輯
　全晉詩卷四
　　注：棗腆，字玄方，潁川長社人，以文
　章顯，官襄城太守（《晉書·文苑棗據
　傳》）。《隋志》注稱梁有其集二卷、錄一
　卷，“亡”。兩《唐志》復載二卷。馮惟訥
　採得詩二首，爲《答石崇詩》、《贈石季

倫》；丁福保所採亦二首，其中《答石崇
詩》從《文館詞林》卷一百五十七採出，
文較馮本爲詳。

傅暢〔文存〕 （晉）傅暢撰 （清）
　嚴可均輯
　全晉文卷五十二
　　注：傅暢，參《傅暢晉諸公讚》。《隋
　志》載其集五卷，注云：“梁有錄一卷。”
　兩《唐志》載五卷。嚴可均據《御覽》卷
　六百九十一、卷二百六十五採得《自敍》
　殘文二節。

杜育〔詩存〕 （晉）杜育撰 （明）
　馮惟訥輯
　詩紀·晉卷三

杜育〔文存〕 （晉）杜育撰 （清）
　嚴可均輯
　全晉文卷八十九

杜育〔詩存〕 （晉）杜育撰 丁福
　保輯
　全晉詩卷二
　　注：杜育，字方叔，襄城鄧陵人，幼有
　神童之號，長有才藻，人稱“杜聖”，官國
　子祭酒，著《易義》（《世說·品藻》篇注
　引《晉諸公贊》、《釋文序錄》）。《隋》、
　《唐志》並載其集二卷。嚴可均據《書
　鈔》、《類聚》採得文二首，爲《舛賦》、《菽
　賦》。馮惟訥輯得《贈摯仲治詩》一首，
　丁福保所採與馮本同。

棗嵩〔詩存〕 （晉）棗嵩撰 丁福
　保輯
　全晉詩卷二
　　注：棗嵩，字臺產，潁川長社人，才藝
　尤美，歷太子中庶子、散騎常侍，爲石勒
　所殺（《晉書·文苑棗據傳》）。《隋志》
　載其集一卷，注云：“梁二卷、錄一卷。”

兩《唐志》載二卷。丁福保據《文館詞
林》卷一百五十七採得詩二首，爲《贈杜
方叔》、《贈荀彥將》。

摰虞〔詩存〕　（晉）摰虞撰　（明）
馮惟訥輯

詩紀・晉卷三

晉摰太常集一卷　（晉）摰虞撰
漢魏六朝百三名家集

漢魏六朝百三名家集（明婁東張氏刻
本）　佚名録清何焯批校　〔浙江圖
書館〕

漢魏六朝百三名家集（明婁東張氏刻
本）　清何紹基評點　〔武漢大學圖
書館〕

摰虞〔文存〕　（晉）摰虞撰　（清）
嚴可均輯

全晉文卷七十六至七十七

摰虞〔詩存〕　（晉）摰虞撰　丁福
保輯

全晉詩卷二

摰太常文集一卷　（晉）摰虞撰
張鵬一校補

關隴叢書・摰太常遺書

關中叢書第四集・摰太常遺書

　　注：摰虞，參《三輔決録》。《隋志》載
其集九卷，注云：“梁十卷、録一卷。”《舊
唐志》載二卷，《新唐志》十卷。《百三名
家集》本録存賦、策、奏、議、駁、書、牋、
頌、箴、贊、銘、誥凡文五十餘首，又《文
章流別論》十二條；又載詩三首，爲《答
杜育詩》、《雍州詩》及《愍騷》（嚴可均以
此首入文）。張鵬一據《百三名家集》本
校補，增《朝會五輅制度議》、《徵士胡昭
贊》、《册隴西王太尉文》與《逸驥詩》。
嚴可均所採亦可補《百三名家集》本之

缺。馮惟訥所採詩二首，不出《百三名
家集》本之外；丁福保所輯較備，如從
《文館詞林》卷一百五十六採得《答伏仲
武》、《贈褚武良以尚書出爲安東》、《贈
李叔龍以尚書郎遷建平太守》三首，即
爲諸本所無。

王濟〔詩存〕　（晉）王濟撰　（明）
馮惟訥輯

詩紀・晉卷三

王濟〔文存〕　（晉）王濟撰　（清）
嚴可均輯

全晉文卷二十八

王濟〔詩存〕　（晉）王濟撰　丁福
保輯

全晉詩卷二

　　注：王濟，字武子，太原晉陽人，善
《易》、《老》、《莊》，能清言，伎藝過人，有
名於時，歷驍騎將軍、侍中、河南尹、太
僕，事蹟詳《晉書》本傳。《隋志》注稱梁
有其集二卷，亡。兩《唐志》復載二卷。
嚴可均據《初學記》、《通典》等採得文四
首，爲《槐樹賦》、《太常郭奕謚景議》、
《鍾夫人序德頌》、《銓孫楚品狀》。馮惟
訥輯得《平吳後三月三日華林園詩》一
首，丁福保所採與馮本同。

潘尼〔詩存〕　（晉）潘尼撰　（明）
馮惟訥輯

詩紀・晉卷八

潘太常集二卷　（晉）潘尼撰
（明）張燮輯

七十二家集

潘太常集一卷　（晉）潘尼撰
漢魏六朝百三名家集

漢魏六朝百三名家集（明婁東張氏刻
本）　佚名録清何焯批校　〔浙江圖

書館〕

漢魏六朝百三名家集（明婁東張氏刻本） 清何紹基評點 〔武漢大學圖書館〕

潘尼〔文存〕 （晉）潘尼撰 （清）嚴可均輯

全晉文卷九十四至九十五

潘尼〔詩存〕 （晉）潘尼撰 丁福保輯

全晉詩卷四

注：潘尼，字正叔，滎陽中牟人，善屬文，爲時人所重，歷太子舍人、著作郎、黄門侍郎、中書令、太常卿等，《晉書》有傳。《隋》、《唐志》並載其集十卷。《百三名家集》本録存賦、頌、箴、論、序、銘、碑凡文二十三首，又詩二十首。嚴可均據《晉書》及唐宋類書採摭，較《百三名家集》本文多《燈箴序》、《潘岳碣》，又《苦雨賦》、《惡道賦》、《懷退賦》等文亦稍詳。馮惟訥所採與《百三名家集》本詩同，當張溥抄録馮本；丁福保所輯較馮本多《獻長安君安仁》、《贈司空掾安仁》、《上巳日帝會天淵池》及《遊西岳詩》，前二首採自《文館詞林》卷一百五十二。

庾敳〔文存〕 （晉）庾敳撰 （清）嚴可均輯

全晉文卷三十六

注：庾敳，字子嵩，潁川鄢陵人，歷陳留相、吏部郎、軍諮祭酒等，事蹟詳《晉書》本傳。《隋志》載其集一卷，注云：“梁五卷、録一卷。”兩《唐志》載二卷。嚴可均據《晉書》、《類聚》採得文二首，爲《意賦》、《幽人箴》。

山簡〔文存〕 （晉）山簡撰 （清）嚴可均輯

全晉文卷三十四

注：山簡，字季倫，河内懷人，歷太子舍子、黄門郎、青州刺史、侍中、鎮軍將軍、荆州刺史、吏部尚書、尚書左僕射等，事蹟詳《晉書》本傳。《隋志》注稱梁有其集二卷、録一卷，亡。兩《唐志》復載二卷。嚴可均據《晉書》採得《上懷帝疏》一首，又《與王衍書》一首（未注出處）。

顧榮〔文存〕 （晉）顧榮撰 （清）嚴可均輯

全晉文卷九十五

注：顧榮，字彦先，吳國吳人，歷尚書郎、太子中舍人、散騎常侍等，《晉書》有傳。《隋志》注稱梁有其集五卷、録一卷，亡。《舊唐志》載二卷，《新唐志》五卷。嚴可均據《晉書》採得箋、上書、書凡文五首。

阮瞻〔文存〕 （晉）阮瞻撰 （清）嚴可均輯

全晉文卷七十二

注：阮瞻，字千里，陳留尉氏人，清心少欲，讀書僅識其要，歷司徒王戎府掾、東海王越記室參軍、太子中舍人，事蹟詳《晉書》本傳。《隋志》注稱梁有其集二卷、録一卷，亡。兩《唐志》復載二卷。嚴可均從《類聚》卷四採得《上巳會賦》一首。

郭象〔文存〕 （晉）郭象撰 （清）嚴可均輯

全晉文卷七十五

注：郭象，參《論語體略》。《晉書》本傳云：“（象）著碑論十二篇。”《隋志》載其集二卷，注云：“梁五卷、録一卷。”兩

《唐志》載五卷。嚴可均採得《莊子序》一首。

劉琨〔詩存〕　（晉）劉琨撰　（明）馮惟訥輯

詩紀・晉卷十一

晉劉越石集一卷　（晉）劉琨撰

漢魏六朝百三名家集

漢魏六朝百三名家集（明婁東張氏刻本）　佚名録清何焯批校　〔浙江圖書館〕

漢魏六朝百三名家集（明婁東張氏刻本）　清何紹基評點　〔武漢大學圖書館〕

劉越石集　（晉）劉琨撰

增定漢魏六朝別解・集部

劉琨〔文存〕　（晉）劉琨撰　（清）嚴可均輯

全晉文卷一百八

劉琨〔詩存〕　（晉）劉琨撰　丁福保輯

全晉詩卷五

注：劉琨，字越石，中山魏昌人，以雄豪著名，善屬詩文，歷尚書左丞、并州刺史、振威將軍、散騎常侍等，事蹟詳《晉書》本傳。《隋志》載其集九卷，注云：“梁十卷。”又載《別集》十二卷。兩《唐志》與宋代書目均載十卷，《崇文總目》別載《詩集》十卷。《直齋書録解題》云：“前五卷差全可觀；後五卷闕誤，或一卷數行，或斷續不屬，殆類鈔節者。末卷《劉府君誄》猶多訛，未有別本可以是正。”《百三名家集》本録存表、牋、書、盟文、誄及詩，凡四十餘首。嚴可均據《晉書》、《御覽》等採摭，較《百三名家集》本文多《請增荀藩位號表》、《上言請以樓

煩等五縣地處索頭猗盧》、《薦任光文》及《移檄州郡》，又《勸進表》文亦稍詳。唯《百三名家集》本所載《與兄子南兗州刺史演書》（第一首，按此首與次首大致同）與《與段匹磾書》爲嚴本所無。馮惟訥所採與《百三名家集》本詩同，當係張溥轉鈔馮本；丁福保所採與馮本同。

賀循〔文存〕　（晉）賀循撰　（清）嚴可均輯

全晉文卷八十八

注：賀循，參《葬禮》。《隋志》載其集十八卷，注云：“梁二十卷、録一卷。”兩《唐志》載二十卷。嚴可均據《通典》等採得上表、上言、答、議、書、論等文約四十首。按嚴氏又採《葬禮》、《喪服要記》，已另列目。

賈彬〔文存〕　（晉）賈彬撰　（清）嚴可均輯

全晉文卷八十九

注：賈彬，生平不詳。《隋志》注稱梁有車騎長史賈彬集三卷、録一卷，亡。兩《唐志》載作《賈霖集》三卷。嚴可均據《類聚》卷四十四採得《箏賦》一首。

衛展〔文存〕　（晉）衛展撰　（清）嚴可均輯

全晉文卷三十

注：衛展，字道舒，河東安邑人，歷尚書郎、南陽太守、江州刺史等，事蹟略見《晉書・衛瓘傳》。《隋志》載其集十二卷，注云：“梁十五卷。”《舊唐志》載四十卷（疑爲十四卷之誤），《新唐志》十四卷。嚴可均據《初學記》、《晉書》採得文三首，爲《陳諺言表》、《上書言祖父不合從坐》、《上言宜復肉刑》。

王鑒〔詩存〕　（晉）王鑒撰

（明）馮惟訥輯

詩紀・晉卷十二

王鑒〔文存〕 （晉）王鑒撰 （清）

嚴可均輯

全晉文卷一百二十八

王鑒〔詩存〕 （晉）王鑒撰 丁福

保輯

全晉詩卷五

注：王鑒，字茂高，堂邑人，少即以文筆著稱，官至永興令，文集傳於時，事蹟詳《晉書》本傳。《隋志》載晉散騎常侍王覽集九卷，注云：“梁五卷。”按王覽當作王鑒。兩《唐志》均載作《王鑒集》五卷。嚴可均據《書鈔》、《晉書》採得文二首，爲《竹簟賦》、《勸元帝親征杜弢疏》。馮惟訥輯得《七夕觀織女》詩一首，丁福保所採與馮本同。

周嵩〔文存〕 （晉）周嵩撰 （清）

嚴可均輯

全晉文卷八十六

注：周嵩，字仲智，汝南安成人，官至御史中丞，後王敦以爲從事中郎，《晉書》有傳。《隋志》注稱梁有其集三卷、錄一卷，亡。兩《唐志》復載三卷。嚴可均據《晉書》本傳採得文二首，爲《上晉王疏》、《諫疏忌王導等疏》。

熊遠〔文存〕 （晉）熊遠撰 （清）

嚴可均輯

全晉文卷一百二十六

注：熊遠，字孝文，豫章南昌人，有志尚，歷武昌太守、太子中庶子、尚書左丞、侍中等，事蹟詳《晉書》本傳。《隋志》載其集十二卷，注云：“梁五卷、錄一卷。”兩《唐志》載五卷。嚴可均據《晉書》、《初學記》、《通典》採得表、疏、奏、

議、啓凡文九首。

干寶〔文存〕 （晉）干寶撰 （清）

嚴可均輯

全晉文卷一百二十七

干寶〔詩存〕 （晉）干寶撰 丁福

保輯

全晉詩卷七

注：干寶，參《干常侍易解》。《晉書》本傳云：“（寶）爲《春秋左氏義外傳》、注《周易》、《周官》凡數十篇及雜文集皆傳於世。”《隋志》載其集四卷，注云：“梁五卷。”兩《唐志》四卷。嚴可均據《晉書》、《文選》等採得表、論、序等文凡七首，其中《晉紀》論三首。按干寶《晉紀》，後人有輯本。文廷式云：“《御覽》三十二引《荊楚時歲記》（當爲《歲時記》）曰：‘夏至日取菊爲灰，以止小麥虫蠱。’按干寶《變化論》乃云：‘稻成蛩，麥爲蛺蝶，其驗乎？’是寶有《變化論》，嚴氏失收。”（《補晉書藝文志》卷六）丁福保輯得《白志詩》一首。

傅純〔文存〕 （晉）傅純撰 （清）

嚴可均輯

全晉文卷一百二十八

注：傅純，生平不詳。《隋志》注稱梁有散騎常侍傅純集二卷、錄一卷，亡。兩《唐志》復載二卷。嚴可均據《類聚》、《通典》採得文四首，爲《雉賦》、《惠懷愍別廟議》、《居親喪遭外緦麻喪議》、《難改葬復虞》。

谷儉〔文存〕 （晉）谷儉撰 （清）

嚴可均輯

全晉文卷一百二十八

谷儉集一卷 （晉）谷儉撰 （清）

陳運溶輯

麓山精舍叢書第一集·湘中名賢遺集
五種

注：谷儉，字士風，湘州桂陽人，中興初甘卓舉秀才，策試高第，除中郎，俄歸，不復仕，研究經史，深有所得（《晉書·甘卓傳》）。《隋志》注稱梁有其集一卷，亡。嚴可均據《御覽》、《通典》採得文二首，爲《角賦》、《夫没歸宗未嫁而亡爲服議》。陳運溶所採與嚴本同。

荀組〔文存〕　（晉）荀組撰　（清）嚴可均輯

全晉文卷三十一

注：荀組，字大章，潁川潁陰人，歷河南尹、司隸校尉、太尉等，事蹟詳《晉書》本傳。《隋志》注稱梁有東晉太尉《荀爼集》三卷、錄一卷，亡。按荀爼當爲荀組之誤。兩《唐志》載《荀組集》二卷。嚴可均據《通典》、《晉書》採得文三首，爲《議定父子生離哀制表》、《請議定改葬服制表》、《霍原不應舉寒素議》。

周顗〔文存〕　（晉）周顗撰　（清）嚴可均輯

全晉文卷八十六

注：周顗，字伯仁，汝南安成人，歷荆州刺史、軍諮祭酒、右長史、太子少傅等，事蹟詳《晉書》本傳。《隋志》注稱梁有其集二卷、錄一卷，亡。兩《唐志》復載二卷。嚴可均據《晉書》採得文二首，爲《讓太子少傅疏》、《復肉刑議》。

王廙〔文存〕　（晉）王廙撰　（清）嚴可均輯

全晉文卷二十

注：王廙，參《王廙周易注》。《隋志》載其集十卷，注云：“梁三十四卷、錄一卷。”兩《唐志》十卷。嚴可均據《初學記》、《御覽》、《文選》注等採得賦、上疏、書、讚、箴凡文十首。

謝琨〔文存〕　（晉）謝琨撰　（清）嚴可均輯

全晉文卷八十三

注：嚴可均云：“琨，爵里未詳。”“案《藝文類聚》以爲宋人，下文稱蘇彦、何瑾、伏系之皆爲宋人，知諸‘宋’字皆‘晉’之誤。‘琨’與‘混’形相近，今姑編於謝混之後，俟考。”按，嚴氏疑琨爲混之誤，實欠考據，謝琨當爲謝鯤，姚振宗所言甚是，姚云：“案《晉書·王廙傳》明帝與大將軍溫嶠書曰：‘痛謝琨未絕於口，世稱復至於此。並盛年儁才，不遂其志。’‘廣明古多通，鯤達有識致。’史文於此數語之中，已琨、鯤互見，《舊》、《新唐志》亦鯤、琨互異，知琨即爲鯤，即此謝鯤，非兩人，謝衡之子也。”“又《溫嶠傳》亦以鯤爲琨。又《世說·賞譽》篇注有謝鯤《元化論序》，嚴氏未採，又有《樂廣別傳》。”（《隋書經籍志考證》卷三十九）謝鯤，字幼輿，陳國陽夏人，少知名，好《老》、《易》之學，善鼓琴，且能歌，官至豫章太守，《晉書》有傳。《隋志》載謝鯤集六卷，注云：“梁二卷。”《舊唐志》二卷，《新唐志》載作《謝琨集》二卷。嚴可均據《類聚》卷三採得《秋夜長》一首。

華譚〔文存〕　（晉）華譚撰　（清）嚴可均輯

全晉文卷七十九

注：華譚，參《華氏新論》。《隋志》注稱梁有其集二卷，亡。兩《唐志》復載二卷。嚴可均據《晉書》、《御覽》及《通典》採得策、牋、書、對、論等文凡六首。按嚴氏又輯《新論》，已另列目。

楊方〔詩存〕 （晉）楊方撰 （明）
　馮惟訥輯
　　詩紀・晉卷十二
楊方〔文存〕 （晉）楊方撰 （清）
　嚴可均輯
　　全晉文卷一百二十八
楊方〔詩存〕 （晉）楊方撰 丁福
　保輯
　　全晉詩卷五
　　　注：楊方，參《楊氏五經鉤沈》。《晉
　　書》本傳謂方雜文筆行於世。《隋志》注
　　稱梁有其集二卷，亡。兩《唐志》復載二
　　卷。嚴可均據《初學記》、《御覽》採得文
　　二首，爲《箜篌賦序》、《爲虞領軍薦張道
　　順文》。馮惟訥輯得詩五首，丁福保所
　　採與馮本同。
明帝〔文存〕 晉明帝撰 （清）嚴
　可均輯
　　全晉文卷九
　　　注：晉明帝司馬紹，字道畿，好文辭，
　　精物理，諡明皇帝，廟號肅祖，事蹟詳
　　《晉書》本紀。《隋志》注稱梁有其集五
　　卷，錄一卷，亡。兩《唐志》復載五卷。
　　嚴可均據《晉書》、《文館詞林》等採得
　　賦、詔、冊、書凡文二十九首。按《文館
　　詞林》卷六百六十六載明帝《立皇太子
　　大赦詔》，爲嚴本所無。
王敦〔文存〕 （晉）王敦撰 （清）
　嚴可均輯
　　全晉文卷十八
　　　注：王敦，字處仲，琅邪臨沂人，通
　　《左氏春秋》，猶好清談，歷廣武將軍、揚
　　州刺史、鎮軍大將軍、征南大將軍等，事
　　蹟見《晉書・叛逆傳》。《隋志》載其集
　　十卷，兩《唐志》五卷。嚴可均據《晉

書》、《御覽》等採得表、疏、書凡文十首。
郭璞〔詩存〕 （晉）郭璞撰 （明）
　馮惟訥輯
　　詩紀・晉卷十一
郭弘農集二卷 （晉）郭璞撰
　（明）張燮輯
　　七十二家集
郭弘農集二卷 （晉）郭璞撰
　　漢魏六朝百三名家集
　　漢魏六朝百三名家集（明婁東張氏刻
　　　本）　佚名錄清何焯批校 〔浙江圖
　　　書館〕
　　漢魏六朝百三名家集（明婁東張氏刻
　　　本）　清何紹基評點 〔武漢大學圖
　　　書館〕
郭弘農集 （晉）郭璞撰
　　增定漢魏六朝別解・集部
郭璞〔文存〕 （晉）郭璞撰 （清）
　嚴可均輯
　　全晉文卷一百二十至一百二十一
郭景純集二卷 （晉）郭璞撰
　　乾坤正氣集
郭璞〔詩存〕 （晉）郭璞撰 丁福
　保輯
　　全晉詩卷五
　　　注：郭璞，參《毛詩拾遺》。《晉書》本
　　傳云：“（璞）所作詩賦誄頌亦數萬言。”
　　《隋志》載其集十七卷，注云：“梁十卷，
　　錄一卷。”兩《唐志》載十卷，《宋志》六
　　卷。《百三名家集》本錄存賦、疏、表、
　　序、設難、哀策文二十餘首及《山海經圖
　　讚》與《爾雅圖贊》，末爲詩二十首，其中
　　《題墓詩》爲諸本所無。嚴可均據《晉
　　書》、《類聚》等採撫，較《百三名家集》本
　　文多《龜賦》、《奏事》，又《南郊賦》文亦

多一節。按嚴氏又輯《爾雅圖贊》、《山海經圖贊》，已另列目。馮惟訥所採不出《百三名家集》本之外；丁福保又從《文館詞林》卷一百五十七採得《答賈九州愁詩》、《與王使君》、《答王門子》三首，爲諸本所無，又《贈温嶠》詩亦稍詳。《乾坤正氣集》本據《百三名家集》本文録存，無詩。

戴邈〔文存〕　（晉）戴邈撰　（清）嚴可均輯

全晉文卷一百十六

注：戴邈，字望之，廣陵人，少好學，精漢史，歷太子洗馬、散騎常侍、丹陽尹、尚書僕射等，事蹟詳《晉書》本傳。《隋志》注稱梁有其集五卷、録一卷，亡。兩《唐志》復載五卷。嚴可均據《宋書·禮志》採得《上表請立學校》一首。

王隱〔文存〕　（晉）王隱撰　（清）嚴可均輯

全晉文卷八十六

注：王隱，參《王隱晉書地道記》。《隋志》載其集十卷，注云：“梁二十卷、録一卷。”兩《唐志》十卷。嚴可均據《通典》、《御覽》與《類聚》採得文三首，爲《議向雄事》、《白征西大將軍論復肉刑》、《筆銘》。

劉隗〔文存〕　（晉）劉隗撰　（清）嚴可均輯

全晉文卷一百十五

注：劉隗，字大連，彭城人，習文史，能著作，歷彭城內史、御史中丞、侍中、丹陽尹、鎮北將軍等，後奔石勒，爲從事中郎、太子太傅，《晉書》有傳。《隋志》注稱梁有其集二卷，亡。兩《唐志》載三卷。嚴可均據《晉書》、《通典》採得上

言、奏、書凡文九首。

曹毗〔詩存〕　（晉）曹毗撰　（明）馮惟訥輯

詩紀·晉卷十二

曹毗〔文存〕　（晉）曹毗撰　（清）嚴可均輯

全晉文卷一百七

曹毗〔詩存〕　（晉）曹毗撰　丁福保輯

全晉詩卷五

注：曹毗，參《曹毗志怪》。《晉書·文苑傳》云：“（毗）凡所著文筆十五卷傳於世。”《隋志》載其集十卷，注云：“梁十五卷、録一卷。”兩《唐志》復載十五卷。嚴可均據《文選》注、《類聚》與《御覽》等採得賦、序、讚等文凡十九首。馮惟訥輯得詩五首，又《詩紀》晉卷十九有毗宗廟歌；丁福保亦採得詩五首，與馮本同。按《文館詞林》卷三百四十七載毗《伐蜀頌》，嚴本無。

劉超〔文存〕　（晉）劉超撰　（清）嚴可均輯

全晉文卷一百二十七

注：劉超，字世瑜，琅邪臨沂人，歷琅邪國記室掾、中書舍人、句容令、中書通事郎、義興太守、右衛將軍等，事蹟詳《晉書》本傳。《隋志》注稱梁有其集二卷，“亡”。兩《唐志》復載二卷。嚴可均據《御覽》、《書鈔》與《淳化閣帖》採得表、書凡文三首。

張闓〔文存〕　（晉）張闓撰　（清）嚴可均輯

全晉文卷一百十五

注：張闓，字敬緒，丹陽人，歷侍中、大司農、尚書、散騎常侍、廷尉等，封宜

陽伯,牋表文議傳於世,《晉書》有傳。《隋志》注稱梁有其集二卷,録一卷,"亡"。兩《唐志》載三卷。嚴可均據《通典》、《晉書》採得文二首,爲《于氏養兄子率爲後議》、《難荀奕駮陳留出城夫》;又有《列侯不臣蕃國表》,未注所出。

卞壺〔文存〕 （晉）卞壺撰 （清）嚴可均輯

全晉文卷八十四

注:卞壺,字望之,濟陰冤句人,弱冠有名譽,歷太子詹事、御史中丞、右將軍、散騎常侍等,事蹟詳《晉書》本傳。《隋志》注稱梁有其集二卷,録一卷,亡。兩《唐志》復載二卷。嚴可均據《晉書》、《通典》等採得表、奏、議、牋、書凡文十一首。

諸葛恢〔文存〕 （晉）諸葛恢撰 （清）嚴可均輯

全晉文卷一百十六

注:諸葛恢,字道明,琅邪陽都人,與蔡謨等俱有名於時,歷江寧令、鎮東參軍、會稽太守、中書令、侍中、尚書右僕射等,事蹟詳《晉書》本傳。《隋志》注稱梁有其集五卷,録一卷,亡。兩《唐志》復載五卷。嚴可均據《類聚》、《御覽》採得表四節。

荀崧〔文存〕 （晉）荀崧撰 （清）嚴可均輯

全晉文卷三十一

注:荀崧,字景猷,潁川臨潁人,好文章,歷尚書吏部郎、太子中庶子、尚書僕射、散騎常侍等,事蹟詳《晉書》本傳。《隋志》注稱梁有其集一卷,亡。嚴可均據《晉書》、《通典》等採得上疏、議、答、書凡文六首。

溫嶠〔文存〕 （晉）溫嶠撰 （清）嚴可均輯

全晉文卷八十

注:溫嶠,字太真,太原祁人,博學工文,美於談論,歷散騎侍郎、太子中庶子、侍中、江州刺史、大將軍等,事蹟詳《晉書》本傳。《隋志》載其集十卷,注云:"梁録一卷。"兩《唐志》十卷。嚴可均據《類聚》、《初學記》、《通典》等採得賦、表、疏、上言、奏、議、教、牋、書、頌、箋等文凡二十二首。

梅陶〔詩存〕 （晉）梅陶撰 （明）馮惟訥輯

詩紀·晉卷十二

梅陶〔文存〕 （晉）梅陶撰 （清）嚴可均輯

全晉文卷一百二十八

梅陶〔詩存〕 （晉）梅陶撰 丁福保輯

全晉詩卷五

注:梅陶,字叔貞,汝南西平人,歷王敦諮議參軍、光禄大夫,著《新論》一卷(《世説·方正》篇注引《晉諸公贊》、《隋志》)。《隋志》載其集九卷,注云:"梁二十卷,録一卷。"兩《唐志》載十卷。嚴可均據《御覽》、《晉書》與《書鈔》採得文三首,爲《鵬鳥賦序》、《與曹識書論陶侃》、《自敍》。馮惟訥輯得《怨詩行》一首,丁福保又從《文館詞林》卷一百五十七採得《贈溫嶠》一首。

葛洪〔詩存〕 （晉）葛洪撰 （明）馮惟訥輯

詩紀·晉卷十二

葛洪〔文存〕 （晉）葛洪撰 （清）嚴可均輯

全晉文卷一百十六

葛洪〔詩存〕　（晉）葛洪撰　丁福保輯

全晉詩卷五

注：葛洪，參《葛氏喪服變除》。《晉書》本傳云："（洪）其餘所著碑誄詩賦百卷，移檄章表三十卷。"史志無載其集。嚴可均據《御覽》、《晉書》等採得賦、序、論凡文六首。馮惟訥輯得《洗藥池》一首，丁福保所採與馮本同。

王導〔文存〕　（晉）王導撰　（清）嚴可均輯

全晉文卷十九

注：王導，字茂弘，琅邪臨沂人，歷丹陽太守、輔國將軍、揚州刺史、太子太傅、司徒、丞相等，事蹟詳《晉書》本傳。《隋志》載其集十一卷，注云："梁十卷、錄一卷。"兩《唐志》十卷。嚴可均據《晉書》、《通典》、《御覽》等採得教、表、疏、議、啓、箋、書、銘凡文二十一首。

孫盛〔文存〕　（晉）孫盛撰　（清）嚴可均輯

全晉文卷六十三至六十四

注：孫盛，參《易象妙于見形論》。《晉書》本傳云："（盛）著《魏氏春秋》、《晉陽秋》，并造詩賦論難數十篇。"《隋志》載其集五卷，注云："殘缺。梁十卷、錄一卷。"兩《唐志》復載十卷。嚴可均據《御覽》、《弘明集》等採得賦、奏、教、書、論等文七首。按嚴氏又輯《魏氏春秋評》、《魏氏春秋異同》及《晉陽秋評》，已另列目。

沈充〔文存〕　（晉）沈充撰　（清）嚴可均輯

全晉文卷一百二十八

注：沈充，字士居，吳興人，歷王敦參軍、吳興太守（《晉書·叛逆王敦傳》、《隋志》）。《隋志》注稱梁有其集二卷，"亡"。嚴可均據《類聚》卷九十一採得《鵝賦序》一首。

鍾雅〔文存〕　（晉）鍾雅撰　（清）嚴可均輯

全晉文卷一百九

注：鍾雅，字彥胄，潁川長社人，好學，有才思，歷臨淮内史、散騎侍郎、尚書右丞、御史中丞等，事蹟詳《晉書》本傳。《隋志》注稱梁有其集一卷，"亡"。嚴可均據《晉書》本傳採得文二首，爲《奏改太廟祝文》、《奏劾尚書梅陶》。

虞預〔文存〕　（晉）虞預撰　（清）嚴可均輯

全晉文卷八十二

注：虞預，參《虞預晉書》。《晉書》本傳云："（預）所著詩、賦、碑、誄、論、難數十篇。"《隋志》注稱梁有其集十卷，錄一卷，"亡"。兩《唐志》復載十卷。嚴可均據《晉書》、《初學記》等採得表、疏、議、奏、箋、書等文凡九首。

應詹〔文存〕　（晉）應詹撰　（清）嚴可均輯

全晉文卷三十五

注：應詹，字思遠，汝南南頓人，修文史，以學藝文章稱，歷鎮南長史、建武將軍、益州刺史、後軍將軍、散騎常侍等，咸和六年卒，贈鎮南大將軍，事蹟詳《晉書》本傳。《隋志》注稱梁有晉鎮南大將軍應瞻集五卷，"亡"。按應瞻當即應詹。《舊唐志》載《應詹集》三卷，《新唐志》五卷。嚴可均據《晉書》、《文選》注採得表、疏、上言、書凡文七首。

李充〔詩存〕 （晉）李充撰 （明）
馮惟訥輯
詩紀·晉卷十二

李充〔文存〕 （晉）李充撰 （清）
嚴可均輯
全晉文卷五十三

李充〔詩存〕 （晉）李充撰 丁福
保輯
全晉詩卷五

注：李充，參《論語李氏集注》。《晉
書·文苑傳》云：“（充）詩賦表頌等雜文
二百四十首，行於世。”《隋志》載其集二
十二卷，注云：“梁十五卷、録一卷。”兩
《唐志》載十四卷。嚴可均據《文選》注
及唐宋類書採得賦、頌、誡、箴、銘、弔文
凡文十四首。按嚴氏又輯《翰林論》，已
另列目。馮惟訥輯得詩三首，爲《嘲友
人》、《七月七日》、《送許從詩》；丁福保
所採與馮同。

范堅〔文存〕 （晉）范堅撰 （清）
嚴可均輯
全晉文卷一百二十四

注：范堅，字子常，南陽順陽人，善屬
文，成帝時遷護軍長史，有文筆傳於時，
事蹟詳《晉書》本傳。《隋志》載晉護軍
長史庾堅集十三卷，注云：“梁十卷、録
一卷。”按庾堅始末不詳，疑爲范堅之
誤。兩《唐志》有《范宣集》十卷，考前後
次序，此范宣當爲范堅，兩《唐志》又別
載《范宣集》五卷，無《庾堅集》。嚴可均
據《晉書》與唐宋類書採得文三首，爲
《蠟燈賦》、《安石榴賦》、《駁議減邵廣死
罪》。

陶侃〔文存〕 （晉）陶侃撰 （清）
嚴可均輯

全晉文卷一百十一

注：陶侃，字士行，本鄱陽人，吳平徙
家廬江之尋陽，歷江夏太守、龍驤將軍、
平南將軍、交州刺史、大將軍等，《晉書》
有傳。《隋志》注稱梁有其集二卷，録一
卷，“亡”。兩《唐志》復載二卷。嚴可均
據《晉書》、《御覽》、《類聚》採得賦、表、
疏、書凡文十一首。

王愆期〔文存〕 （晉）王愆期撰
（清）嚴可均輯
全晉文卷一百十五

注：王愆期，參《公羊王門子注》。
《隋志》載其集七卷，注云：“梁十卷、録
一卷。”兩《唐志》載十卷。嚴可均據《御
覽》、《通典》、《晉書》採得文四首，爲《懷
秋賦》、《父母乖離議》、《陳詵後妻之子
爲前妻服議》、《降幕祠議》。

孔坦〔文存〕 （晉）孔坦撰 （清）
嚴可均輯
全晉文卷一百二十六

注：孔坦，字君平，會稽山陰人，通
《左氏傳》，能文，歷尚書左丞、侍中、散
騎常侍等，封晉陵男（《晉書·孔愉
傳》）。《隋志》載其集十七卷，注云：“梁
五卷、録一卷。”兩《唐志》載五卷。嚴可
均據《晉書》、《御覽》採得對策、表、奏、
書凡文五首。

郗鑒〔文存〕 （晉）郗鑒撰 （清）
嚴可均輯
全晉文卷一百九

注：郗鑒，字道徽，高平金鄉人，以儒
雅稱，歷中書侍郎、兗州刺史、尚書令、
車騎將軍、侍中等，封南昌縣公，事蹟詳
《晉書》本傳。《隋志》載其集十卷，録一
卷，兩《唐志》亦載十卷。嚴可均據《晉

書》、《淳化閣帖》採得文四首，爲《上疏遜位》、《周札加贈議》、《又駁》及書各一首。嚴氏云："案《晉書·郗鑒傳》有討蘇峻誓師文，《藝文類聚》三十三以爲庾闡作，今編入《庾闡集》。"

庾闡〔詩存〕 （晉）庾闡撰 （明）馮惟訥輯

詩紀·晉卷十二

庾闡〔文存〕 （晉）庾闡撰 （清）嚴可均輯

全晉文卷三十八

庾闡〔詩存〕 （晉）庾闡撰 丁福保輯

全晉詩卷五

注：字仲初，潁川鄢陵人，好學能文，歷尚書郎、彭城內史、散騎常侍、零陵太守、給事中等，封吉陽縣男，所著詩賦銘頌十卷行於時，事蹟詳《晉書·文苑傳》。《隋志》載其集九卷，注云："梁十卷，錄一卷。"兩《唐志》載十卷。嚴可均據《御覽》、《類聚》等採得賦、箋、檄、頌、贊、論、戒文、盟文、弔文凡文二十二首。馮惟訥輯得詩十八首，丁福保所採與馮本同。

張虞〔文存〕 （晉）張虞撰 （清）嚴可均輯

全晉文卷一百三十一

注：張虞，字里不詳，歷東陽太守、衛尉（《晉書·孝友許孜傳》、《隋志》）。《隋志》注稱梁有其集十卷，亡。兩《唐志》載五卷。嚴可均據《晉書·孝友許孜傳》採得《請旌孝子許孜疏》一首。

庾亮〔文存〕 （晉）庾亮撰 （清）嚴可均輯

全晉文卷三十六至三十七

注：庾亮，字元規，潁川鄢陵人，善談論，好《莊》、《老》，歷中書郎、黃門侍郎、中書監、平西將軍、司徒等，事蹟詳《晉書》本傳。《隋志》載其集二十一卷，注云："梁二十卷，錄一卷。"兩《唐志》二十卷。嚴可均據《文選》、《類聚》、《晉書》等採得表、疏、議、牋、書、讚等文凡二十首。按《文館詞林》卷六百九十九載亮《黜故江州刺史王敦像贊教》，嚴本無。

彭城王紘〔文存〕 （晉）司馬紘撰 （清）嚴可均輯

全晉文卷十五

注：司馬紘，字偉德，宣帝從孫，嗣立彭城王，《晉書》有傳。《隋志》注稱梁有其集二卷，亡。兩《唐志》載八卷。嚴可均據《御覽》卷六百五十七採得《上言宜敕作樂賢堂佛像頌》殘文一節。

應亨〔詩存〕 （晉）應亨撰 （明）馮惟訥輯

詩紀·漢卷四

應亨〔文存〕 （晉）應亨撰 （清）嚴可均輯

全晉文卷三十五

應亨〔詩存〕 （晉）應亨撰 丁福保輯

全漢詩卷二

注：應亨《讓著作表》云："自司隸校尉奉至臣父，五世著作不絕，邦族以爲美談"（《書鈔》卷五十七引《應亨集》）。是亨爲奉六世孫。奉，汝南南頓人，《後漢書》有傳。《隋志》注稱梁有南中郎長史應亨集二卷，亡。兩《唐志》復載二卷。嚴可均據唐宋類書採得表、牋、序凡文五首。馮惟訥輯得《贈四王冠詩》一首。按此詩序題"永平四年"作，嚴

云：“案惠帝永平元年三月改元元康，此云四年必有誤。”《贈四王冠詩序》）丁福保所採與馮本同。

謝沈〔文存〕 （晉）謝沈撰 （清）嚴可均輯

全晉文卷一百三十一

注：謝沈，參《謝沈後漢書》。《晉書》本傳謂沈所著詩賦文論行於世。《隋志》注稱梁有其集十卷，亡。兩《唐志》載五卷。嚴可均據《通典》採得文三首，爲《祥禫議》、《答張祖高問》、《答王氏問》。

庾冰〔文存〕 （晉）庾冰撰 （清）嚴可均輯

全晉文卷三十七

注：庾冰，字季堅，潁川鄢陵人，歷吳興内史、會稽内史、中書監、揚州刺史、江州刺史等，《晉書》有傳。《隋志》載其集七卷，注云：“梁二十卷、錄一卷。”兩《唐志》載二十卷。嚴可均據《晉書》、《書鈔》等採得詔、上疏、書凡文六首。

庾翼〔文存〕 （晉）庾翼撰 （清）嚴可均輯

全晉文卷三十七

注：庾翼，參《論語庾氏釋》。《隋志》載其集二十二卷，注云：“梁二十卷、錄一卷。”兩《唐志》載二十卷。嚴可均據《晉書》、《御覽》等採得表、疏、教、書等文凡十三首。按《文館詞林》卷六百九十九載翼《襃荊州主者王謙教》、《北征教》，嚴本無。

何充〔文存〕 （晉）何充撰 （清）嚴可均輯

全晉文卷三十二

注：何充，字次道，廬江灊人，能著

作，文義見稱，歷散騎常侍、東陽太守、丹陽尹、驃騎將軍、揚州刺史、侍中等，事蹟詳《晉書》本傳。《隋志》載其集四卷，注云：“梁五卷。”兩《唐志》載五卷。嚴可均據《晉書》、《通典》、《初學記》等採得表、疏、奏、議、書凡文七首。

王濛〔文存〕 （晉）王濛撰 （清）嚴可均輯

全晉文卷二十九

注：王濛，字仲祖，太原晉陽人，以清約見稱，善隸書，王導辟爲掾，歷長山令、中書令、司徒左長史等，撰《論語義》一卷（《晉書·外傳傳》及《隋志》）。《隋志》注稱梁有其集五卷，亡。兩《唐志》復載五卷。嚴可均據《通典》、《晉書》及《古刻叢鈔》採得文四首，爲《議立奔赴之制》、《申述前議》、《致王導牋》各一首及無題牋一首。

劉恢〔詩存〕 （晉）劉恢撰 （明）馮惟訥輯

詩紀·晉卷十二

劉恢〔文存〕 （晉）劉恢撰 （清）嚴可均輯

全晉文卷一百三十一

劉恢〔詩存〕 （晉）劉恢撰 丁福保輯

全晉詩卷五

注：劉恢，字道生，沛國人，有文武之才，曾爲車騎司馬，卒贈前將軍，見《世説·賞譽》篇注引宋明帝《文章志》。《隋志》注稱梁有丹陽尹《劉恢集》二卷、錄一卷，亡。按《隋志》丹陽尹劉恢似爲劉惔之誤。惔，字真長，沛國相人，官至丹陽尹，《晉書》有傳。兩《唐志》載《劉恢集》二卷，與《隋志》所載恢集卷數相

符，兩《唐志》又別出《劉恢集》五卷。嚴可均據《御覽》、《類聚》採得文二首，爲《圍棋賦序》、《與范汪論婚事》。馮惟訥輯得失題詩一首，丁福保所採與馮本同。

劉惔〔文存〕　（晉）劉惔撰　（清）嚴可均輯

全晉文卷一百三十一

注：劉惔，字真長，沛國相人，官至丹陽尹，事蹟詳《晉書》本傳。《隋志》注稱梁有丹陽尹劉恢集二卷、錄一卷，亡。按，疑劉恢爲劉惔之誤，參《劉恢詩存》。兩《唐志》載《劉恢集》二卷。嚴可均據《通典》、《初學記》採得文二首，爲《答范汪問》、《酒箴》。

袁喬〔文存〕　（晉）袁喬撰　（清）嚴可均輯

全晉文卷五十六

注：袁喬，參《論語袁氏注》。《晉書》本傳謂喬諸文筆行於世。《隋志》注稱梁有其集七卷，亡。兩《唐志》載五卷。嚴可均據《御覽》、《晉書》採得文三首，爲《江賦》、《與左軍褚裒解交書》、《勸桓溫伐蜀》。

徐禪〔文存〕　（晉）徐禪撰　（清）嚴可均輯

全晉文卷一百三十一

注：徐禪，字里不詳，歷尚書郎、尚書左丞（《晉書·禮志》與《隋志》）。《隋志》注稱梁有集六卷，亡。嚴可均據《通典》、《晉書》採得上事、議、告文凡文八首。

黃整〔文存〕　（晉）黃整撰　（清）嚴可均輯

全晉文卷一百三十二

注：黃整，生平不詳。《隋志》注稱梁有平越司馬黃整十卷、錄一卷，亡。兩《唐志》復載十卷。嚴可均從《通典》卷六十七採得《羣臣敬太后父議》一首。

劉遐〔文存〕　（晉）劉遐撰　（清）嚴可均輯

全晉文卷一百三十二

注：劉遐，仕晉爲尚書僕射，永和初爲吏部尚書（《晉書·褚裒傳》、《隋志》）。按《晉書》別有劉遐傳，彼劉遐非此人。《隋志》注稱梁有其集五卷，亡。兩《唐志》復載五卷。嚴可均據《通典》卷七十八採得《冬夏至寢鼓兵議》一首。

張憑〔文存〕　（晉）張憑撰　（清）嚴可均輯

全晉文卷一百三十二

注：張憑，參《論語張氏注》。《隋志》載其集五卷，注云："梁有錄一卷。"兩《唐志》五卷。嚴可均據《宋書》、《通典》採得議、答凡文五首。

徐彥〔文存〕　（晉）徐彥撰　（清）嚴可均輯

全晉文卷一百三十二

注：徐彥，生平不詳。《隋志》注稱梁有武昌太守徐彥則集十卷，亡。按徐彥與徐彥則似爲一人。嚴可均據《通典》卷九十九採得《與征西桓溫牋》一首。

江虨〔文存〕　（晉）江虨撰　（清）嚴可均輯

全晉文卷一百六

注：江虨，一作江霦（嚴輯本），一作江彬（《隋志》），或作江霖（《唐志》），字思玄，陳留圉人，歷車騎長史、侍中、吏部尚書、護軍將軍、國子祭酒等，事蹟詳《晉書》本傳。《隋志》注稱梁有其集五

卷、録一卷，"亡"。兩《唐志》復載五卷。嚴可均據《通典》、《晉書》採得文四首，爲《立琅邪王議》、《尊周貴人爲皇太妃議》、《庾家爲孝庾后服議》、《答高崧訪》。

盧諶〔詩存〕 （晉）盧諶撰 （明）馮惟訥輯

詩紀·晉卷十一

盧諶〔文存〕 （晉）盧諶撰 （清）嚴可均輯

全晉文卷三十四

盧諶〔詩存〕 （晉）盧諶撰 丁福保輯

全晉詩卷五

注：盧諶，參《祭法》。《晉書》本傳謂諶文集行於世。《隋志》載其集十卷，注云："梁有録一卷。"兩《唐志》載十卷，《舊唐志》誤題盧謀。嚴可均據《類聚》、《御覽》、《文選》等採得賦、表、書、誄凡文十四首。按嚴氏又輯《祭法》，已另列目。馮惟訥輯得詩八首，丁福保所輯與馮本同。

殷融〔文存〕 （晉）殷融撰 （清）嚴可均輯

全晉文卷一百二十九

注：殷融，字洪遠，陳郡人，歷吏部尚書、太常卿（《晉書·殷仲堪傳》、《世說·文學》篇注引《中興書》）。《隋》、《唐志》並載其集十卷。嚴可均據《通典》、《御覽》、《晉書》等採得上言、奏、議凡文六首。

王洽〔文存〕 （晉）王洽撰 （清）嚴可均輯

全晉文卷十九

注：王洽，字敬和，琅邪臨沂人，歷散

騎中書郎、建武將軍、吳郡内史等，事蹟詳《晉書》本傳。《隋志》載其集五卷、録一卷，兩《唐志》載三卷。嚴可均據《書鈔》、《淳化閣帖》、《廣弘明集》採得文三首，爲《臨吳郡上表》、《辭中書令表》、《與林法師書》，又無題書三節。按《文館詞林》卷六百九十九載洽《修太伯廟教》，嚴本無。

譙王無忌〔文存〕 （晉）司馬無忌撰 （清）嚴可均輯

全晉文卷十五

注：司馬無忌，字公壽，承子，嗣封譙王，歷散騎侍郎、屯騎校尉、御史中丞、長沙相、江夏相等，《晉書》有傳。《隋志》注稱梁有其集九卷、録一卷，亡。兩《唐志》載三卷。嚴可均據《書鈔》、《宋書》與《通典》採得文三首，爲《圓竹扇賦》、《京兆府君遷主議》、《王允之表郡與祖名同乞改授議》。

顧和〔文存〕 （晉）顧和撰 （清）嚴可均輯

全晉文卷九十五

注：顧和，字君孝，吳國吳人，歷晉陵太守、侍中、吏部尚書、國子祭酒、尚書令等，事蹟詳《晉書》本傳。《隋志》載其集五卷，注云："梁有録一卷。"兩《唐志》五卷。嚴可均據《通典》、《晉書》等採得表、上言、疏、奏、議凡文八首。

李顒〔詩存〕 （晉）李顒撰 （明）馮惟訥輯

詩紀·晉卷十二

李顒〔文存〕 （晉）李顒撰 （清）嚴可均輯

全晉文卷五十三

李顒〔詩存〕 （晉）李顒撰 丁福

保輯

全晉詩卷五

注：李顒，參《尚書集注》。《晉書·文苑李充傳》云："顒亦有文義，多所述作。"《隋志》載其集十卷、錄一卷，兩《唐志》十卷。嚴可均據《文選》注與唐宋類書採得賦、論、誄凡文八首。馮惟訥輯得詩四首，爲《經渦路作》、《涉湖》、《夏日》、《感冬篇》；丁福保所採與馮本同。文廷式云："《類聚》卷二有李顒《電賦》、卷三有李顒詩，《文選》卷五十五注亦引顒詩，《書鈔》一百二引李顒《弔平叔父文》，《高僧竺法乘傳》云高士李顒爲之贊傳，《書鈔》一百五十八引李顒《羨夏篇》，餘見嚴鐵橋輯本。《初學記》卷六有顒《感冬篇》。"（《補晉書藝文志》卷六）按《類聚》卷三顒詩即《夏日》，《文選》卷五十五劉孝標《廣絕交論》注引顒詩一句，爲馮、丁失採。

蔡謨〔文存〕　（晉）蔡謨撰　（清）
　嚴可均輯
　全晉文卷一百十四

注：蔡謨，參《蔡氏喪服譜》。《晉書》本傳云："（謨）文筆論議，有集行於世。"《隋志》載其集十七卷，注云："梁四十三卷。"兩《唐志》載十卷。嚴可均據《晉書》、《通典》等採得表、疏、上言、奏、議、檄、書、論等文凡三十二首。

殷浩〔文存〕　（晉）殷浩撰　（清）
　嚴可均輯
　全晉文卷一百二十九

注：殷浩，字淵源，唐人避諱改爲深源，又作泉源，陳郡長平人，歷司徒左長史、建武將軍、揚州刺史、中軍將軍等，事蹟詳《晉書》本傳。《隋志》載其集四

卷，注云："梁五卷、錄一卷。"兩《唐志》載五卷。嚴可均據《晉書》、《後魏書》及《世說》注採得文三首，爲《遺王羲之書》、《遺褚哀書》、《易象論》。

謝尚〔詩存〕　（晉）謝尚撰　（明）
　馮惟訥輯
　詩紀·晉卷十二

謝尚〔文存〕　（晉）謝尚撰　（清）
　嚴可均輯
　全晉文卷八十三

謝尚〔詩存〕　（晉）謝尚撰　丁福
　保輯
　全晉詩卷五

注：謝尚，字仁祖，陳國陽夏人，博綜衆藝，猶善音樂，歷南中郎將、江州刺史、鎮西將軍、尚書僕射等，事蹟詳《晉書》本傳。《隋志》注稱梁有其集十卷、錄一卷，"亡"。兩《唐志》載五卷。嚴可均據《晉書》、《御覽》、《書鈔》採得文四首，爲《談賦》、《遭亂父母乖離議》、《與張涼州書》、《與楊征南書》。馮惟訥輯得《大道曲》一首，丁福保所採與馮本同。

孫放〔文存〕　（晉）孫放撰　（清）
　嚴可均輯
　全晉文卷六十四

注：孫放，字齊莊，太原中都人，歷國子博士，終於長沙相（《晉書·孫盛傳》與《隋志》）。《隋志》載其集一卷，注云："殘缺。梁十卷。"兩《唐志》載十五卷。嚴可均據《水經注》、《初學記》採得文二首，爲《廬山賦》、《西寺銘》。

江逌〔詩存〕　（晉）江逌撰　（明）
　馮惟訥輯
　詩紀·晉卷十二

江逌〔文存〕 （晉）江逌撰 （清）
　嚴可均輯
　全晉文卷一百七

江逌〔詩存〕 （晉）江逌撰 丁福
保輯
　全晉詩卷五
　　注：江逌，字道載，陳留圉人，歷吳
令、中書郎、侍中、太常等，著《阮籍序
贊》、《逸士箴》及詩賦奏議數十篇行於
時，事蹟詳《晉書》本傳。《隋志》載其集
九卷，兩《唐志》五卷。嚴可均據《晉
書》、《類聚》、《書鈔》採得賦、表、疏、奏、
箴凡文十首。馮惟訥輯得詩二首，爲
《詠秋》、《詠貧》；丁福保所採較馮本多
一首。

庾統〔文存〕 （晉）庾統撰 （清）
　嚴可均輯
　全晉文卷一百三十二
　　注：庾統，字長仁，小字赤玉，潁川鄢
陵人，官至尋陽太守（《晉書·庾亮傳》
與《世說·賞譽》篇注）。《隋志》載晉尋
陽太守《庾純集》八卷，又別出《庾赤王
集》四卷。按庾純當爲庾統，庾赤王當
爲庾赤玉。兩《唐志》載《庾統集》二卷。
嚴可均據《初學記》卷十七採得文二首，
爲《三人讚》、《朱明張臣尉讚》。

謝敷〔文存〕 （晉）謝敷撰 （清）
　嚴可均輯
　全晉文卷一百三十八
　　注：謝敷，字慶緒，會稽人，性澄靖寡
欲，入太平山十餘年，郄愔召爲主簿、臺
徵博士，皆不就（《晉書·隱逸傳》）。
《隋志》注稱梁有其集五卷、錄一卷，
“亡”。嚴可均據《文選注》及《出三藏記
集》採得文二首，爲《答郄敬輿書》、《安

般守意經序》。

喻希〔文存〕 （晉）喻希撰 （清）
　嚴可均輯
　全晉文一百三十三
　　注：喻希，一作俞希，字益期，豫章
人，官至將作大匠（晁載之《續談助》卷
四載殷芸《小說》、《隋志》）。《隋志》注
稱梁有其集一卷，“亡”。嚴可均據唐宋
類書及《水經注》採得《與韓豫章牋》凡
六節。按《續談助》卷四殷芸《小說》亦
載俞氏牋，與嚴本稍異。

謝萬〔文存〕 （晉）謝萬撰 （清）
　嚴可均輯
　全晉文卷八十三

謝萬〔詩存〕 （晉）謝萬撰 丁福
保輯
　全晉詩卷五
　　注：謝萬，參《集解孝經》。《隋志》載
其集十六卷，注云：“梁十卷。”兩《唐志》
載作《謝方集》十卷。按“萬”或作“万”，
與“方”形近，故訛。嚴可均據《初學
記》、《淳化閣帖》、《世說》注採得賦、疏、
頌、讚、誄凡文五首。丁福保輯得《蘭
亭》二首。按此詩又見馮氏《詩紀》晉卷
十三。

羅含〔文存〕 （晉）羅含撰 （清）
　嚴可均輯
　全晉文卷一百三十一
　　注：羅含，參《湘中記》。《晉書·文
苑傳》謂：“（含）所著文章行於世。”
《隋》、《唐志》並載其集三卷。嚴可均據
《弘明集》採得文二首，爲《答孫安國
書》、《更生論》。

范汪〔文存〕 （晉）范汪撰 （清）
　嚴可均輯

全晉文卷一百二十四

　注：范汪，參《祭典》。《隋志》載其集一卷，注云："梁十卷。"兩《唐志》載八卷。嚴可均據《通典》、《晉書》、《世説》注等採得表、疏、議、書、答問等文凡八首。按嚴氏又輯《祭典》，已另列目。

支遁集二卷　（晉釋）支遁撰

　明嘉靖間吳郡楊儀抄本　〔上海圖書館〕

支道林集一卷　（晉釋）支遁撰

　明嘉靖十九年皇甫汸刻本　〔北京圖書館〕

支道林集一卷　（晉釋）支遁撰

　明刻本　〔上海圖書館〕

支遁〔詩存〕　（晉釋）支遁撰

　（明）馮惟訥輯

　詩紀·晉卷十七

支道林集一卷　（晉釋）支遁撰

　明末吳家駉刻本　〔北京圖書館　南京圖書館等〕

支遁集二卷　（晉釋）支遁撰

　清東武劉氏味經書屋抄本　〔北京圖書館〕

支遁集二卷　（晉釋）支遁撰

　清抄本　〔南京圖書館〕

支遁〔文存〕　（晉釋）支遁撰

　（清）嚴可均輯

　全晉文卷一百五十七

支遁集二卷　（晉釋）支遁撰

　宛委別藏

支遁集二卷補遺一卷　（晉釋）支遁撰　補遺（清）蔣清翊輯

　邵武徐氏叢書初刻

支遁〔詩存〕　（晉釋）支遁撰　丁

福保輯

全晉詩卷七

　注：支遁，字道林，本姓關，陳留人，一説河東林慮人，年二十五出家，善草隸，所著文翰集有十卷，事蹟詳《高僧傳初集》卷四。《隋志》載其集八卷，注云："梁十三卷。"兩《唐志》載十卷。楊儀抄本卷上爲詩十八首，卷下爲書、銘、讚凡文十五首。上圖所藏明刻本與楊儀抄本所載大致相當，除明刻本載《與桓玄論州符求沙門名籍書》一文外，餘兩本僅編次與篇名稍異而已。《邵武徐氏叢書初刻》本與楊儀本同，蔣清翊又輯得書、序、讚、論凡文十首，又失題詩一首，較詳備。嚴可均據《弘明集》等採摭，除《與高驪道人論竺法深書》文稍詳，餘均不出《邵武徐氏叢書初刻》本之外，如蔣氏所採《文殊像讚》爲嚴本無，又《天台山銘存》亦較嚴本多一節。馮惟訥所輯較《邵武徐氏叢書初刻》本少失題詩一首，丁福保輯本與馮本同。

王脩〔文存〕　（晉）王脩撰　（清）嚴可均輯

　全晉文卷二十九

　注：王脩，字敬仁，小字苟子，太原晉陽人，事蹟略見《晉書·外戚王濛傳》。《隋志》注稱梁有其集二卷、録一卷，"亡"。兩《唐志》復載二卷。嚴可均據《世説·文學篇》注採得《賢人論》一首。

庾龢〔文存〕　（晉）庾龢撰　（清）嚴可均輯

　全晉文卷三十七

　注：庾龢，字道季，潁川鄢陵人，善屬文，歷丹陽尹、中領軍，《晉書》有傳。《隋志》注稱梁有其集二卷、録一卷，

"亡"。兩《唐志》復載二卷。嚴可均據《晉書》本傳採得《諫叔父翼徙鎮襄陽書》一首。

郗超〔文存〕 （晉）郗超撰 （清）嚴可均輯

全晉文卷一百十

郗超〔詩存〕 （晉）郗超撰 丁福保輯

全晉詩卷五

注：郗超，字景興，一字嘉賓，高平金鄉人，善談論，奉釋教，歷大司馬桓溫參軍、散騎侍郎、中書侍郎、司徒左長史等，事蹟詳《晉書》本傳。《隋志》載其集九卷，注云："梁十卷。"兩《唐志》載十五卷。嚴可均據《淳化閣帖》、《高僧傳》及《弘明集》等採得文四首，爲《與桓溫牋》、《與親友書論支道林》、《與謝慶緒書論三幡義》、《奉法要》。丁福保從《文館詞林》卷一百五十七採得《答傅郎》一首。

王述〔文存〕 （晉）王述撰 （清）嚴可均輯

全晉文卷二十九

注：王述，字懷祖，太原晉陽人，襲父爵藍田縣侯，歷宛陵令、臨海太守、會稽内史、揚州刺史、尚書令等，事蹟詳《晉書》本傳。《隋志》載其集八卷，兩《唐志》五卷。嚴可均據《晉書》、《類聚》、《通典》等採得表、疏、議、牋、教等文凡九首。

孔嚴〔文存〕 （晉）孔嚴撰 （清）嚴可均輯

全晉文卷一百二十六

注：孔嚴，一作孔巖，字彭祖，會稽山陰人，有才學，歷丹陽尹、尚書左丞、吳興太守等，事蹟見《晉書》本傳及《世

説·品藻篇》注引《中興書》。《隋志》注稱梁有其集十一卷、録一卷，"亡"。兩《唐志》載五卷。嚴可均據《晉書》、《通典》採得文二首，爲《諫鴻祀》、《與王彪之論蔡謨謚書》。

王胡之〔文存〕 （晉）王胡之撰 （清）嚴可均輯

全晉文卷二十

王胡之〔詩存〕 （晉）王胡之撰 丁福保輯

全晉詩卷五

注：王胡之，字脩齡，琅邪臨沂人，好談諧，善屬文，爲時人所重，官至西中郎將（《晉書·王廙傳》與《世説·品藻》篇注引《王胡之别傳》）。《隋志》載其集十卷，注云："梁五卷、録一卷。"兩《唐志》五卷。嚴可均據《初學記》、《御覽》等採得文四首，爲《釋奠表》、《上疏薦沈勁》、《與庾安西牋》、《遺從弟洽書》。丁福保從《文館詞林》卷一百五十七輯得詩二首，爲《贈庾翼》、《答謝安》。

簡文帝〔文存〕 （晉）簡文帝撰 （清）嚴可均輯

全晉文卷十一

注：晉簡文帝，司馬昱，字道萬，謚簡文皇帝，廟號太宗，事蹟詳《晉書》本紀。《隋志》注稱梁有其集五卷、録一卷，"亡"。兩《唐志》復載五卷。嚴可均據《通鑑》、《晉書》等採得詔、表、奏、牋、書凡文十二首。

桓溫〔詩存〕 （晉）桓溫撰 （明）馮惟訥輯

詩紀·晉卷十二

桓溫〔文存〕 （晉）桓溫撰 （清）嚴可均輯

全晉文卷一百十八

桓溫〔詩存〕　（晉）桓溫撰　丁福
保輯

全晉詩卷五

注：桓溫，字元子，譙國龍亢人，歷輔
國將軍、徐州刺史、安西將軍、平北將軍
等，事蹟詳《晉書・叛逆傳》。《隋志》載
其集十一卷，注云：“梁有四十三卷，又
有《桓溫要集》二十卷、録一卷，亡。”兩
《唐志》載其集二十卷。嚴可均據《晉
書》、《世説》注等採得表、疏、檄、牋、書
凡文十八首。馮惟訥輯得《八陣圖》一
首，丁福保所採與馮本同。

鄭襲〔文存〕　（晉）鄭襲撰　（清）
嚴可均輯

全晉文卷一百三十五

注：鄭襲，鄭鮮之祖，滎陽開封人，官
至散騎常侍（《南史・鄭鮮之傳》與《隋
志》）。《隋志》注稱梁有其集四卷，
“亡”。嚴可均據《通典》卷一百採得文
二首，爲《喪遇閏議》、《難范寧論喪遇
閏》。

王坦之〔文存〕　（晉）王坦之撰
（清）嚴可均輯

全晉文卷二十九

注：王坦之，字文度，太原晉陽人，弱
冠知名，尚刑名之學，非詆莊學，歷大司
馬桓溫長史、侍中、中書令、丹陽尹等，
事蹟詳《晉書》本傳。《隋志》載其集七
卷，注云：“梁五卷、録一卷，亡。”兩《唐
志》載五卷。嚴可均據《晉書》、《淳化閣
帖》、《世説》注採得表、書、論凡文六首。

袁宏〔詩存〕　（晉）袁宏撰　（明）
馮惟訥輯

詩紀・晉卷十二

袁宏〔文存〕　（晉）袁宏撰　（清）
嚴可均輯

全晉文卷五十七

袁宏〔詩存〕　（晉）袁宏撰　丁福
保輯

全晉詩卷五

注：袁宏，字彦伯，陳郡陽夏人，有逸
才，文章絕美，歷大司馬桓溫府記室、吏
部郎、東陽太守等，撰《後漢紀》三十卷
及《竹林名士傳》三卷等，又詩賦誄表等
雜文凡三百首，事蹟詳《晉書・文苑
傳》。《隋志》載其集十五卷，注云：“梁
二十卷、録一卷。”兩《唐志》復載二十
卷。嚴可均據《世説》注、《文選注》與唐
宋類書等輯得賦、表、書、序、贊、碑、銘
等文凡十七首。按嚴可均又輯《去伐
論》，已另列目。馮惟訥輯得詩五首，爲
《從征行方頭山》、《擬古》與失題詩各一
首，及《詠史》二首；丁福保所採較馮本
多《採菊》一首。

孫綽〔詩存〕　（晉）孫綽撰　（明）
馮惟訥輯

詩紀・晉卷十二

孫廷尉集二卷　（晉）孫綽撰
（明）張燮輯

七十二家集

孫廷尉集一卷　（晉）孫綽撰

漢魏六朝百三名家集

漢魏六朝百三名家集（明婁東張氏刻
本）　佚名録清何焯批校　〔浙江圖
書館〕

漢魏六朝百三名家集（明婁東張氏刻
本）　清何紹基評點　〔武漢大學圖
書館〕

孫綽〔文存〕　（晉）孫綽撰　（清）

嚴可均輯

全晉文卷六十一至六十二

孫綽〔詩存〕 （晉）孫綽撰 丁福保輯

全晉詩卷五

注：孫綽，參《論語孫氏集解》。《隋志》載其集十五卷，注云：“梁二十五卷。”兩《唐志》十五卷。《百三名家集》本録存賦、疏、論、序、碑、銘、頌、贊、誄凡文二十八首，又詩七首。嚴可均據《文選》、《類聚》、《世説注》等採摭，較《百三名家集》本文多《父卒繼母還前親子家繼子爲服議》、《父母乖離議》、《京兆府君遷主議》、《難謝萬八賢論》、《絹扇銘》、《劉長真誄》、《桓玄城碑》等。按，《文館詞林》卷四百五十七載綽《江州都督庾冰碑銘》全文，《百三名家集》本與嚴本均爲殘文。又，嚴氏輯有《至人高士讚》、《列仙傳贊》、《孫子》，已另列目。馮惟訥輯得詩五首，又《詩紀》晉卷十三載綽《蘭亭》二首，合之即與《百三名家集》本詩同，當係張溥轉録馮本；丁福保所採頗爲詳備，如從《文館詞林》卷一百五十七採得《贈温嶠》、《與庾冰》、《答許詢》、《贈謝安》四首，即爲諸本所無。

王彪之〔詩存〕 （晉）王彪之撰 （明）馮惟訥輯

詩紀·晉卷十二

王彪之〔文存〕 （晉）王彪之撰 （清）嚴可均輯

全晉文卷二十一

王彪之〔詩存〕 （晉）王彪之撰 丁福保輯

全晉詩卷五

注：王彪之，字叔虎（見《淳化閣帖》卷七），或作叔武（唐人避諱改），琅邪臨沂人，歷著作佐郎、尚書左丞、御史中丞、會稽内史、尚書令等，《晉書》有傳。嚴可均據《晉書》、《通典》等採得賦、書、教、論、議、启、答、牋、序、讚等文四十餘首。馮惟訥輯得詩二首，爲《登會稽刻石山》、《與諸兄弟方山别詩》；丁福保所採與馮本同。

孫統〔文存〕 （晉）孫統撰 （清）嚴可均輯

全晉文卷六十

孫統〔詩存〕 （晉）孫統撰 丁福保輯

全晉詩卷五

注：孫統，字承公，太原中都人，性好山水，善屬文，知名於時，官至餘姚令，《晉書》有傳。《隋志》載其集二卷，注云：“梁九卷、録一卷。”兩《唐志》載五卷。嚴可均據《世説》注採得文二首，爲《高柔集敍》、《吏部郎虞存誄》。丁福保輯得《蘭亭》二首，誤題孫總。按此二詩又見馮氏《詩紀》晉卷十三。

晉王右軍集二卷 （晉）王羲之撰

漢魏六朝百三名家集

漢魏六朝百三名家集（明婁東張氏刻本） 佚名録清何焯批校 〔浙江圖書館〕

漢魏六朝百三名家集（明婁東張氏刻本） 清何紹基評點 〔武漢大學圖書館〕

王右軍文抄一卷 （晉）王羲之撰 （明）李賓輯

八代文抄

王羲之〔文存〕 （晉）王羲之撰

（清）嚴可均輯

全晉文卷二十二至二十六

王羲之〔詩存〕　（晉）王羲之撰

丁福保輯

全晉詩卷五

注：王羲之，參《書論》。《隋志》載其集九卷，注云：“梁十卷、録一卷。”兩《唐志》載五卷。《百三名家集》本録存書、序、書後等文十餘首，又雜帖約四百節，末爲《蘭亭》詩二首。嚴可均據《晉書》、《法書要録》等採摭，較《百三名家集》本文多《用筆賦》、《臨護軍教》、《與殷浩書》、《臨河敍》、《遊四郡記》、《月儀》、《筆經》等，又雜帖六百餘節。按嚴氏又輯《書論》，已另列目。李賓所採不足觀，且録他人之作。丁福保輯得《蘭亭》詩二首。按此詩又見《詩紀》晉卷十三。

謝歆〔文存〕　（晉）謝歆撰　（清）

嚴可均輯

全晉文卷一百三十五

注：嚴可均云：“歆，爵里未詳。案《隋志》注梁有車騎司馬謝韶集三卷，‘歆’、‘韶’形近，或即其人，姑繫於此。”按《晉書·謝萬傳》云：“韶，字穆度，少有名。時謝氏尤彦秀者，稱封胡羯末，封謂韶，胡謂朗，羯謂玄，末謂川，皆其小字也。韶、朗、川並早卒，惟玄以功名終。韶至車騎司馬。”《晉書·列女王凝之妻謝氏傳》云：“封謂謝歆，胡謂謝朗，羯謂謝玄，末謂謝川，皆其小字也。”是韶、歆一人也。《隋志》注稱梁有其集三卷，“亡”。嚴可均據《世説·輕詆》篇注採得《金昌亭詩敍》一首。

許詢〔詩存〕　（晉）許詢撰　（明）

馮惟訥輯

詩紀·晉卷十二

許詢〔文存〕　（晉）許詢撰　（清）

嚴可均輯

全晉文卷一百三十五

許詢〔詩存〕　（晉）許詢撰　丁福保輯

全晉詩卷五

注：許詢，字玄度，高陽人，有才藻，善屬文，猶工五言詩，以文義冠世，不仕（《晉書·王羲之傳》、《世説·言語篇》注引《續晉陽秋》、《世説·文學篇》及注引《續晉陽秋》）。《隋志》載其集三卷，注云：“梁八卷、録一卷。”兩《唐志》三卷。嚴可均據《書鈔》、《御覽》採得文二首，爲《墨麈尾銘》、《白麈尾銘》。馮惟訥輯得《竹扇》一首，丁福保所採與馮本同。

張望〔詩存〕　（晉）張望撰　（明）

馮惟訥輯

詩紀·宋卷十

張望〔文存〕　（晉）張望撰　（清）

嚴可均輯

全晉文卷一百三十五

張望〔詩存〕　（晉）張望撰　丁福保輯

全宋詩卷五

注：張望，生平不詳。《隋志》載晉征西將軍張望集十卷，注云：“梁十二卷、録一卷。”兩《唐志》載三卷。嚴可均據《書鈔》、《類聚》、《御覽》採得文三首，爲《枕賦》、《鸑鷟賦》、《蜘蛛賦》。按《文館詞林》卷四百五十七載望《江州都督庾翼碑銘》，嚴本無。馮惟訥輯得詩二首，爲《蠟除詩》、《貧士》；丁福保所採與馮本同。

韓伯〔文存〕 （晉）韓伯撰 （清）
　嚴可均輯
　　全晉文卷一百三十二
　　　注：韓伯，參《韓康伯易注》。《隋志》
　載其集十六卷，兩《唐志》五卷。嚴可均
　據《晉書》、《通典》、《文選》注採得文四
　首，爲《議周鍔》、《爲或人答殷靈符問》、
　《辯謙論》、《王述碑》。

蘇彥〔詩存〕 （晉）蘇彥撰 （明）
　馮惟訥輯
　　詩紀·晉卷十六

蘇彥〔文存〕 （晉）蘇彥撰 （清）
　嚴可均輯
　　全晉文卷一百三十八

蘇彥〔詩存〕 （晉）蘇彥撰 丁福
　保輯
　　全晉詩七
　　　注：蘇彥，參蘇彥《蘇子》。《隋志》注
　稱梁有其集十卷，亡。兩《唐志》復載十
　卷。嚴可均據《類聚》、《書鈔》採得賦、
　序、箴、銘凡文十一首。按嚴氏又輯《蘇
　子》，已另列目。馮惟訥輯得詩二首，爲
　《七月七日詠織女》、《西陵觀濤》；丁福
　保所採與馮本同。

范宣〔文存〕 （晉）范宣撰 （清）
　嚴可均輯
　　全晉文卷一百三十
　　　注：范宣，參《禮記范氏音》。《隋志》
　注稱梁有其集十卷、錄一卷，亡。兩《唐
　志》載五卷。按兩《唐志》於前又別出
　《范宣集》十卷，考其排列次序，當爲《范
　堅集》之誤。嚴可均據《通典》、《宋書》
　採得答、難、論凡文七首。

庾肅之〔文存〕 （晉）庾肅之撰
　（清）嚴可均輯

　　全晉文卷三十八
　　　注：庾肅之，潁川鄢陵人，有文才，歷
　給事中、相府記室、湘東太守（《晉書·
　文苑庾闡傳》）。《隋志》載其集十卷、錄
　一卷，兩《唐志》十卷。嚴可均據《類
　聚》、《初學記》採得賛五首。

王忱〔文存〕 （晉）王忱撰 （清）
　嚴可均輯
　　全晉文卷二十九
　　　注：王忱，字元達，太原晉陽人，與王
　恭等流譽一時，歷吏部郎、驃騎長史、建
　武將軍等，事蹟詳《晉書》本傳。《隋志》
　注稱梁有其集五卷、錄一卷，“亡”。嚴
　可均據《宋書·禮志》採得《郊祀明堂
　議》殘文一節。

陳玢〔文存〕 （晉）陳玢撰 （清）
　嚴可均輯
　　全晉文卷一百四十四
　　　注：《隋志》注稱梁有晉都水使者妻
　陳玢集五卷，“亡”。按《晉書·儒林徐
　邈傳》云：“（邈）父藻，都水使者。”《御
　覽》卷九百七十與《類聚》卷二十二引徐
　藻妻陳氏文，知晉都水使者即徐藻。嚴
　可均據《御覽》卷九百七十採得《石榴
　賦》一節。按《類聚》卷二十二載陳玢
　《與妹劉氏書》，嚴氏誤入陳珍文。

郗愔〔文存〕 （晉）郗愔撰 （清）
　嚴可均輯
　　全晉文卷一百九
　　　注：郗愔，字方回，高平金鄉人，歷黃
　門侍郎、散騎常侍、輔國將軍、會稽内
　史、鎮軍將軍等，《晉書》有傳。《隋志》
　載其集四卷，注云：“殘缺。梁五卷。”兩
　《唐志》誤作《郭愔集》五卷。嚴可均據
　《通典》採得《上言魏騫事》、《論喪遇閏

書則時》各一首，又從《淳化閣帖》採得
雜帖四節。

習鑿齒〔詩存〕（晉）習鑿齒撰
（明）馮惟訥輯

詩紀·晉卷十二

習鑿齒〔文存〕（晉）習鑿齒撰
（清）嚴可均輯

全晉文卷一百三十四

習鑿齒〔詩存〕（晉）習鑿齒撰
丁福保輯

全晉詩卷五

注：習鑿齒，參《習鑿齒漢晉春秋》。
《隋》、《唐志》並載其集五卷。嚴可均據
傳注類書採得疏、書、論、銘等文二十餘
首。馮惟訥輯得《燈》詩一首，丁福保所
採與馮本同。

殷康〔文存〕（晉）殷康撰　（清）
嚴可均輯

全晉文卷一百二十九

注：殷康，陳郡人，官至吳興太守
（《晉書·殷顗傳》）。《隋志》注稱梁有
其集五卷、錄一卷，亡。兩《唐志》復載
五卷。嚴可均據《書鈔》、《御覽》採得文
二首，爲《爲武康縣教》、《明慎》。

謝安〔文存〕（晉）謝安撰　（清）
嚴可均輯

全晉文卷八十三

謝安〔詩存〕（晉）謝安撰　丁福
保輯

全晉詩卷五

注：謝安，字安石，陳國陽夏人，寓居
會稽，能詩文，善談玄理，歷吳興太守、
尚書僕射、驃騎將軍、侍中、太保等，事
蹟詳《晉書》本傳。《隋志》載其集十卷，
注云：“梁十卷、錄一卷。”兩《唐志》載五

卷。嚴可均據《文選注》、《通典》、《世說
注》等採得疏、議、書凡文六首。丁福保
輯得《與王胡之》（見《文館詞林》卷一百
五十七）一首及《蘭亭》二首。按《蘭亭》
二首又見馮氏《詩紀》晉卷十三。

孫嗣〔詩存〕（晉）孫嗣撰　丁福
保輯

全晉詩卷五

注：孫嗣，太原中都人，善屬文，官至
中軍參軍（《晉書·孫綽傳》）。《隋志》
注稱梁有其集三卷、錄一卷，“亡”。兩
《唐志》載三卷。丁福保採得《兰亭》一
首。按《詩紀》晉卷十三亦載此詩。

伏滔〔文存〕（晉）伏滔撰　（清）
嚴可均輯

全晉文卷一百三十三

伏滔〔佚文〕（晉）伏滔撰　陳蜚
聲輯

十笏園叢刊·伏氏佚文

注：伏滔，參《北征記》。《隋志》載其
集十一卷，注云：“并目錄。梁五卷、錄
一卷。”兩《唐志》載五卷。嚴可均據《後
漢書》注、《世說》注、《晉書》等採得賦、
序、論、銘凡文六首。陳蜚聲所採較嚴
本多《徐州都督王坦之碑銘》（見《文館
詞林》卷四百五十七）及《遊廬山序》（見
《類聚》卷七），然嚴本所載《論青楚人
物》文稍詳。

殷允〔文存〕（晉）殷允撰　（清）
嚴可均輯

全晉文卷一百二十九

注：殷允，字子思，陳郡人，有儒者之
風，歷太常、吏部尚書（《世說·賞譽篇》
注引《中興書》及《隋志》）。《隋志》注稱
梁有其集十卷，“亡”。兩《唐志》復載十

卷。嚴可均據《御覽》、《通典》、《類聚》採得文四首，爲《石榴賦》、《與徐邈書》、《杖銘》、《祭徐孺子文》。

謝玄〔文存〕 （晉）謝玄撰 （清）嚴可均輯

全晉文卷八十三

注：謝玄，字幻度，陳國陽夏人，歷兗州刺史、徐州刺史、散騎常侍、會稽内史等，卒贈車騎將軍，《晉書》有傳。《隋志》注稱梁有車騎將軍謝頠集十卷，録一卷，"亡"。按，考《晉書》無謝頠其人，《隋志》置謝頠於《謝朗集》之後，兩《唐志》載《謝玄集》十卷，亦列於朗之後，而《唐志》又無頠集，是《隋志》謝頠當爲謝玄之誤。又，《隋志》謂車騎將軍頠，與玄傳相符，此又一證。嚴可均據《晉書》、《御覽》、《書鈔》採得疏、書凡文十首。

王珉〔文存〕 （晉）王珉撰 （清）嚴可均輯

全晉文卷二十

注：王珉，字季琰，琅邪臨沂人，有才藝，善行書，歷國子博士、黃門侍郎、中書令等，卒贈太常，《晉書》有傳。《隋志》載晉太常卿王岷集十卷，注云："梁録一卷。"按王岷當爲王珉之誤。嚴可均據《通典》、《類聚》、《高僧傳》採得文三首，爲《告廟議》、《答徐邈書》、《論序高座師帛尸黎密多羅》，又從《淳化閣帖》採得雜帖三節。

范弘之〔文存〕 （晉）范弘之撰 （清）嚴可均輯

全晉文卷一百二十五

注：范弘之，字長文，南陽順陽人，襲爵武興侯，歷太學博士、餘杭令，事蹟見

《晉書·儒林傳》。《隋志》注稱梁有其集六卷，"亡"。嚴可均據《晉書》採得文三首，爲《衛將軍謝石諡議》、《與會稽王道子牋》、《與王珣書》。

孔汪〔文存〕 （晉）孔汪撰 （清）嚴可均輯

全晉文卷一百二十六

注：孔汪，字德澤，會稽山陰人，歷侍中、太常卿、征虜將軍、平越中郎將、廣州刺史，《晉書》有傳。《隋志》注稱梁有其集十卷，亡。嚴可均據《宋書》、《通典》採得文二首，爲《四府君郊配議》、《答范寧問》。

褚爽〔文存〕 （晉）褚爽撰 （清）嚴可均輯

全晉文卷六十七

注：褚爽，字弘茂，小字期生，河南陽翟人，好《老》、《莊》之言，歷中書郎、義興太守（《晉書·外戚傳》與《世說·識鑒篇》注引《續晉陽秋》）。《隋志》注稱梁有其集十六卷，録一卷，"亡"。嚴可均據《類聚》卷四採得《禊賦》一首。

王肅之〔詩存〕 （晉）王肅之撰 丁福保輯

全晉詩卷五

注：王肅之，字幼恭，羲之子，琅邪臨沂人，歷中書郎、驃騎咨議、太子左率（《世說·排調篇》注引《王氏譜》、《隋志》）。《隋志》注稱梁有其集三卷，録一卷，亡。丁福保採得《蘭亭》二首。按此詩又見馮氏《詩紀》晉卷十三。

王徽之〔文存〕 （晉）王徽之撰 （清）嚴可均輯

全晉文卷二十七

王徽之〔詩存〕 （晉）王徽之撰

丁福保輯

全晉詩卷五

　　注：王徽之，字子猷，羲之子，琅邪臨沂人，歷桓溫大司馬參軍、桓沖車騎參軍、黃門侍郎，《晉書》有傳。《隋志》注稱梁有其集八卷，"亡"。嚴可均據《淳化閣帖》採得書一首。丁福保採得《蘭亭》二首。按馮氏《詩紀》晉卷十三亦載此詩。

王獻之〔詩存〕　（晉）王獻之撰

（明）馮惟訥輯

詩紀·晉卷十二

晉王大令集一卷　（晉）王獻之撰

漢魏六朝百三名家集

漢魏六朝百三名家集（明婁東張氏刻本）　佚名録清何焯批校　〔浙江圖書館〕

漢魏六朝百三名家集（明婁東張氏刻本）　清何紹基評點　〔武漢大學圖書館〕

王獻之〔文存〕　（晉）王獻之撰

（清）嚴可均輯

全晉文卷二十七

王獻之〔詩存〕　（晉）王獻之撰

丁福保輯

全晉詩卷五

　　注：王獻之，羲之子，琅邪臨沂人，善草隸，且工丹青，歷建威將軍、吳興太守、中書令等，《晉書》有傳。《隋志》注稱梁有其集十卷，録一卷，亡。《百三名家集》本録存書、疏、表、墓志凡六首，雜帖八十餘節，又《桃葉歌》二首。嚴可均據《晉書》、《墨池編》、《法書要録》等採摭，其中《進書訣表》爲《百三名家集》本所無，《百三名家集》本所載《啓瑯瑯王

爲中書監表》二首文雷同，嚴氏僅採其一，餘亦輯得雜帖八十餘節。馮惟訥所採亦爲《桃葉歌》二首，丁福保所輯與馮本同。

謝道韞〔詩存〕　（晉）謝道韞撰

（明）馮惟訥輯

詩紀·晉卷十七

謝道韞〔文存〕　（晉）謝道韞撰

（清）嚴可均輯

全晉文卷一百四十四

謝道韞〔詩存〕　（晉）謝道韞撰

丁福保輯

全晉詩卷七

　　注：謝道韞，道韞其字，奕女，王凝之妻，有才辨，所著詩、賦、誄、頌並傳於世，事蹟詳《晉書·列女傳》。《隋志》載其集二卷。嚴可均據《類聚》卷五十五採得《論語贊》一首。馮惟訥輯得詩三首，爲《登山》、《擬嵇中散詠松》、《咏雪聯句》；丁福保所採與馮本同。

戴逵〔文存〕　（晉）戴逵撰　（清）嚴可均輯

全晉文卷一百三十七

　　注：戴逵，參《五經大義》。《隋志》載其集九卷，注云："殘缺。梁十卷、録一卷。"兩《唐志》載十卷。嚴可均據《廣弘明集》、《文選注》、《初學記》等採得賦、書、贊、論、答凡文二十首。按嚴氏又輯《竹林七賢論》，已另列目。

孝武帝〔文存〕　晉孝武帝撰

（清）嚴可均輯

全晉文卷十一

　　注：晉孝武帝司馬曜，字昌明，謚孝武帝，廟號烈祖，《晉書》有紀。《隋志》注稱梁有其集二卷、録一卷，亡。嚴可

均據《晉書》、《元經》、《淳化閣帖》等採得詔、書、帖凡文三十八首。按《文館詞林》卷六百六十六載孝武帝《立皇后大赦詔》、《立皇太子大赦詔》,卷六百六十七載《霆震大赦詔》、《大旱恩宥詔》、《陰陽愆度大赦詔》、《玄象告譴大赦詔》,卷六百七十載《大赦詔》,均爲嚴本所無,又卷六百六十七《地震大赦詔》文較嚴本詳。

祖台之〔文存〕 (晉)祖台之撰

(清)嚴可均輯

全晉文卷一百三十八

注:祖台之,參《志怪録》。《隋志》載其集十六卷,注云:"梁二十卷。"嚴可均據《文選注》及唐宋類書採得賦、議、書、論凡文五首。

徐邈〔文存〕 (晉)徐邈撰 (清)

嚴可均輯

全晉文卷一百三十六

注:徐邈,參《徐邈易音注》。《隋志》載其集九卷,注云:"並目録。梁二十卷、録一卷。"兩《唐志》載八卷。嚴可均據《通典》、《晉書》、《御覽》等採得奏、議、書、答凡文二十五首。

王恭〔文存〕 (晉)王恭撰 (清)

嚴可均輯

全晉文卷二十九

注:王恭,字孝伯,太原晉陽人,歷中書郎、丹陽尹、太子詹事、輔國將軍等,事蹟詳《晉書》本傳。《隋志》注稱梁有其集五卷,録一卷,"亡"。嚴可均據《書鈔》、《宋書》、《晉書》及《高僧傳》採得文四首,爲《讓太子詹事表》、《抗表罪狀王國寶》、《與沈警書》、《與沙門僧檢書》。

殷仲堪〔文存〕 (晉)殷仲堪撰

(清)嚴可均輯

全晉文卷一百二十九

注:殷仲堪,參《論語殷氏解》。《隋志》載其集十二卷,注云:"並目録。梁十卷、録一卷,亡。"兩《唐志》載十卷。嚴可均據《晉書》、《通典》、《類聚》等採得賦、令、表、奏、牋、書、答、贊、論、銘、誄等文凡十七首。

王珣〔文存〕 (晉)王珣撰 (清)

嚴可均輯

全晉文卷二十

注:王珣,字元琳,琅邪臨沂人,雅好典籍,以才學文章顯,歷桓溫主簿、祕書監、輔國將軍、尚書右僕射、尚書令、衛將軍等,事蹟詳《晉書》本傳。《隋志》載其集十一卷,注云:"並目録。梁十卷、録一卷。"兩《唐志》載十卷。嚴可均據《類聚》、《通典》、《高僧傳》等採得奏、書、序、贊、銘、哀策文、祭文凡九首。又,馮氏《詩紀》晉卷十九載珣《歌太宗簡文皇帝》一首及《歌烈宗孝武皇帝》一首。

弘君舉〔文存〕 (晉)弘君舉撰

(清)嚴可均輯

全晉文卷一百三十八

注:弘君舉,生平不詳。嚴可均云:"案《隋志》注梁有驍騎將軍弘戎集十六卷,疑即此。"嚴可均據《書鈔》、《御覽》採得《食檄》四節。

伏系之〔詩存〕 (晉)伏系之撰

(明)馮惟訥輯

詩紀·宋卷十

伏系之〔文存〕 (晉)伏系之撰

(清)嚴可均輯

全晉文卷一百三十三

伏系之〔詩存〕　（晉）伏系之撰
　　丁福保輯
　　全宋詩卷五

伏系之〔佚文〕　（晉）伏系之撰
　　陳蜚聲輯
　　十笏園叢刊·伏氏佚文
　　　注：伏系之，字敬魯，平昌安丘人，有文才，官至光祿大夫（《晉書·文苑伏滔傳》、《世説·寵禮篇》注引丘淵之《文章録》）。《隋志》注稱梁有其集十卷、録一卷，亡。嚴可均據《御覽》、《類聚》採得文二首，爲《雪賦》、《秋懷賦》。陳蜚聲所採較嚴本多《致徐邈書》一首，又《詠椅桐詩》一首。馮惟訥、丁福保俱輯得《詠椅桐詩》一首。

孔璠之〔文存〕　（晉）孔璠之撰
　　（清）嚴可均輯
　　全宋文卷二十八
　　　注：孔璠之，生平不詳。嚴可均疑璠之爲孔琳之昆弟。按《隋志》載晉右軍參軍孔璠集二卷，疑脱“之”。兩《唐志》載作《孔璠之集》二卷。嚴可均據《類聚》卷八十二採得文二首，爲《艾賦》、《艾贊》。

湛方生〔詩存〕　（晉）湛方生撰
　　（明）馮惟訥輯
　　詩紀·晉卷十六

湛諮議集一卷　（晉）湛方生撰
　　（清）周世敬輯
　　清嘉慶間周氏目耕樓抄本

湛方生〔文存〕　（晉）湛方生撰
　　（清）嚴可均輯
　　全晉文卷一百四十

湛方生〔詩存〕　（晉）湛方生撰
　　丁福保輯
　　全晉詩卷七
　　　注：湛方生，生平不詳。《隋志》載晉衛軍諮議湛方生集十卷、録一卷，兩《唐志》十卷。嚴可均據《類聚》、《書鈔》、《初學記》採得賦、序、頌、贊、銘、弔等文凡十八首。馮惟訥、丁福保皆採得詩九首。周世敬所採較詳，其失題詩一首爲馮本所無，《讓中正牋》、《火論》、《盟社文》三文則出嚴本之外，唯嚴本《秋夜》一文較周本稍詳。

卞範之〔文存〕　（晉）卞範之撰
　　（清）嚴可均輯
　　全晉文卷一百四十
　　　注：卞範之，字敬祖，濟陰冤句人，有才識，歷始安太守、江州長史、丹陽尹、散騎常侍、尚書僕射等，封臨汝縣公，事蹟見《晉書·叛逆傳》。《隋志》注稱梁有其集五卷、録一卷，“亡”。嚴可均據《書鈔》採得文二首，爲《杖贊》、《無患枕贊》。

袁山松〔詩存〕　（晉）袁山松撰
　　（明）馮惟訥輯
　　詩紀·晉卷十二

袁崧〔文存〕　（晉）袁山松撰
　　（清）嚴可均輯
　　全晉文卷五十六

袁山松〔詩存〕　（晉）袁山松撰
　　丁福保輯
　　全晉詩卷五
　　　注：袁山松，一作袁崧，參《袁崧後漢書》。《隋志》注稱梁有其集十卷，“亡”。嚴可均據唐宋類書採得賦、答、序、論凡文八首，其中《後漢書》論三首。馮惟訥輯得《菊》一首，丁福保所採與馮本同。

范甯〔文存〕 （晉）范甯撰 （清）
嚴可均輯
全晉文卷一百二十五
注：范甯，參《古文尚書舜典注》。
《隋志》載其集十六卷，兩《唐志》十五
卷。嚴可均據《晉書》、《通典》等採得
表、疏、奏、議、啓、教、書、答、序、論等文
二十餘首。

會稽王道子〔文存〕 （晉）司馬道
子撰 （清）嚴可均輯
全晉文卷十七
注：司馬道子，字道子，簡文帝子，歷
散騎常侍、驃騎將軍、徐州刺史、揚州刺
史等，封會稽王，《晉書》有傳。《隋志》
載其集八卷，注云：“梁九卷。”兩《唐志》
八卷。嚴可均據《晉書》、《通典》等採得
疏、啓、書等文凡七首。

曾環〔文存〕 （晉）曾環撰 （清）
嚴可均輯
全晉文卷八十九
注：曾環，生平不詳。《隋志》載晉衡
陽內史《曾瓌集》三卷，注云：“梁四卷、
錄一卷。”兩《唐志》載《曾瓌集》五卷。
按《通典》卷九十引衡陽內史曾環議，疑
曾瓌與曾環爲一人，未知孰誤。嚴可均
從《通典》卷九十採得《爲舊君服議》
一節。

顧愷之〔詩存〕 （晉）顧愷之撰
（明）馮惟訥輯
詩紀·晉卷十二

顧愷之〔文存〕 （晉）顧愷之撰
（清）嚴可均輯
全晉文卷一百三十五

顧愷之〔詩存〕 （晉）顧愷之撰
丁福保輯

全晉詩卷五
注：顧愷之，參《啓蒙記》。《晉書·
文苑傳》云：“(愷之)所著文集及《啓矇
記》行於世。”《隋志》載其集七卷，注云：
“梁二十卷。”嚴可均據《類聚》、《御覽》、
《晉書》等採得賦、表、牋、序、贊、傳、祭
凡文十五首。姚振宗云：“(張彥遠《歷
代名畫記》載)顧愷之論畫一篇，《魏晉
勝流名畫贊》一篇，《畫雲臺山記》一篇
皆他書之所不載。案此三篇，嚴氏輯文
皆遺之，甚可惜也。又，張彥遠中晚唐
時人，尚見顧集，而《經籍》、《藝文》兩志
皆不載，蓋民間所有，官庫所無也”（《隋
書經籍志考證》卷三十九）。馮惟訥採
得《神情詩》一首，丁福保所輯與馮
本同。

辛昞〔文存〕 （晉）辛昞撰 （清）
嚴可均輯
全晉文卷一百三十八
注：《隋志》載晉臨海太守辛德遠集
五卷，注云：“梁四卷。”兩《唐志》載作
《辛昞集》四卷。按德遠當爲辛昞之字。
《晉書·安帝紀》與《孫恩傳》均言臨海
太守辛景討孫恩之事，辛景即辛昺，唐
人避諱改之，“昺”即“昞”。嚴可均據
《御覽》卷三百三十七採得《洛成時與桓
郎牋》一首。

何瑾〔文存〕 （晉）何瑾撰 （清）
嚴可均輯
全晉文卷一百四十
注：嚴可均云：“瑾，一作瑾之。”《隋
志》注稱梁有晉車騎參軍何瑾之集十一
卷，“亡”。何瑾，生平不詳。嚴可均據
《類聚》卷三採得《悲秋夜》一首。

桓玄〔詩存〕 （晉）桓玄撰 （明）

馮惟訥輯

詩紀・晉卷十六

桓玄〔文存〕　（晉）桓玄撰　（清）

嚴可均輯

全晉文卷一百十九

桓玄〔詩存〕　（晉）桓玄撰　丁福

保輯

全晉詩卷七

注：桓玄，參《桓玄周易繫辭注》。《隋》、《唐志》並載其集二十卷。嚴可均據傳注類書採得賦、教、疏、牋、書、論、難、序、誄等文三十餘首。馮惟訥輯得詩二首，爲《登荆山》、《南林彈》；丁福保所採與馮本同。

劉瑾〔文存〕　（晉）劉瑾撰　（清）

嚴可均輯

全晉文卷一百四十

注：劉瑾，字仲璋，南陽人，官至太常卿（《世說・品藻篇》注引《劉瑾集敍》）。《隋志》載其集九卷，注云：“梁五卷。”兩《唐志》八卷。嚴可均據《初學記》、《通典》採得文三首，爲《甘樹賦》一首、《殷祭議》二首。按《文館詞林》卷六百九十九載邁《廢袁真像教》，嚴本無。

殷仲文〔詩存〕　（晉）殷仲文撰

（明）馮惟訥輯

詩紀・晉卷十六

殷仲文〔文存〕　（晉）殷仲文撰

（清）嚴可均輯

全晉文卷一百二十九

殷仲文〔詩存〕　（晉）殷仲文撰

丁福保輯

全晉詩卷七

注：殷仲文，參《孝經殷氏注》。《世

説・文學篇》注引《續晉陽秋》曰：“仲文雅有才藻，著文數十篇。”《隋志》載其集七卷，注云：“梁五卷。”兩《唐志》七卷。嚴可均據《文選》採得《罪釁解尚書表》一首。馮惟訥輯得詩二首，爲《南州桓公九井作》、《送東陽太守》；丁福保所採與馮本同。

王謐〔文存〕　（晉）王謐撰　（清）

嚴可均輯

全晉文卷二十

注：王謐，字稚遠，琅邪臨沂人，歷黃門郎、吳國內史、吏部尚書、司徒、侍中等，事蹟詳《晉書》本傳。《隋志》載其集十卷，錄一卷，兩《唐志》十卷。嚴可均據《宋書》等採得疏、議、書、答凡文七首。

卞承之〔文存〕　（晉）卞承之撰

（清）嚴可均輯

全晉文卷一百四十

注：嚴可均云：“承之，字敬宗。”按，嚴氏據唐宋類書採得文六首，考諸書所引均題卞敬宗，或云其爲晉人（《類聚》卷九引《溝井贊》），或云宋人（《類聚》卷八十七引《甘蕉贊》），或言齊人（《類聚》卷八十九引《無患枕贊》），嚴氏謂承之字敬宗，未知何據？檢《晉書》，卞範之字敬祖，敬宗或其昆季？承之歷祕書監、光祿勳（見《晉書・桓玄傳》、《隋志》）。《隋志》注稱梁有其集十卷、錄一卷，亡。

周祇〔文存〕　（晉）周祇撰　（清）

嚴可均輯

全晉文卷一百四十二

注：周祇《祭梁鴻文》（見《類聚》卷三十八）自稱“陳郡周穎文”云云，知其字

穎文，陳郡人。《隋志》載晉國子博士《周祗集》十一卷，注云："梁一十卷、錄一卷。"兩《唐志》載十卷。嚴可均據《類聚》、《宋書》採得賦、書、箋、祭凡文五首。

殷闡〔文存〕 （晉）殷闡撰 （清）嚴可均輯

全晉文卷一百四十二

注：殷闡，字里不詳，事蹟略見《晉書·殷仲文傳》，官至相國主簿（《隋志》）。《隋志》注稱梁有其集十卷、錄一卷，"亡"。嚴可均據《類聚》卷三十八採得《祭王東亭文》一首。

卞裕〔詩存〕 （晉）卞裕撰 （明）馮惟訥輯

詩紀·晉卷十六

卞裕〔詩存〕 （晉）卞裕撰 丁福保輯

全晉詩卷七

注：卞裕，生平不詳。《隋志》載晉始安太守卞裕集十三卷，注云："梁十五卷。"兩《唐志》十四卷。馮惟訥輯得詩二首，爲《送桓竟陵》一首及失題一首；丁福保所採與馮本同。

徐乾〔文存〕 （晉）徐乾撰 （清）嚴可均輯

全晉文卷一百三十八

注：徐乾，參《春秋穀梁傳徐氏注》。《隋志》載其集二十一卷，注云："並目錄。梁二十卷、錄一卷。"嚴可均據《通典》、《宋書》採得文二首，爲《褚爽表稱太子名議》、《殷祭議》。

劉程之〔文存〕 （晉）劉程之撰 （清）嚴可均輯

全晉文卷一百四十二

注：《釋文序錄》載劉遺民《玄譜》一卷，云其字遺民，彭城人。《蓮社高賢傳》則云："劉程之，字仲思，彭城人。""妙善《老》、《莊》，旁通百氏。""號曰遺民。"與《釋文序錄》稍異，蓋仲思爲其字，遺民爲其號。劉程之歷府參軍、柴桑令，性好佛理，後遁蹟廬山，與周續之、陶潛皆不應徵命，號尋陽三隱（《蓮社高賢傳》、《宋書·隱逸周續之傳》、《隋志》）。嚴可均據《高僧傳》等採得文二首，爲《廬山精舍誓文》、《致書釋僧肇請爲般若無知論釋》。

支曇諦〔文存〕 （晉釋）曇諦撰 （清）嚴可均輯

全晉文卷一百六十五

注：曇諦，其先康居人，後移至吳興，十歲出家，能講《禮》、《易》、《春秋》，善屬文，有集六卷，事蹟詳《高僧傳》卷八。《隋》、《唐志》並載其集六卷。嚴可均據《類聚》、《御覽》採得文四首，爲《廬山賦》、《赴火蛾賦》、《燈贊》、《靈鳥山銘序》。

謝混〔詩存〕 （晉）謝混撰 （明）馮惟訥輯

詩紀·晉卷十六

謝混〔文存〕 （晉）謝混撰 （清）嚴可均輯

全晉文卷八十三

謝混〔詩存〕 （晉）謝混撰 丁福保輯

全晉詩卷七

注：謝混，字叔源，小字益壽，陳國陽夏人，歷中書令、中領軍、尚書左僕射，《晉書》有傳。《隋志》載其集三卷，注云："梁五卷。"嚴可均據《宋書》採得《殷

祭議》一首。馮惟訥輯得詩三首，爲《遊西池》、《送二王在領軍府集詩》、《誡族子》；丁福保所採與馮本同。

羊徽〔文存〕　（晉）羊徽撰　（清）嚴可均輯

全晉文卷一百四十一

羊徽〔詩存〕　（晉）羊徽撰　丁福保輯

全晉詩卷七

注：羊徽，字敬猷，泰山南城人，歷中書郎、河東太守等，事蹟見《宋書·羊欣傳》。《隋志》載其集九卷，注云：“梁十卷，錄一卷。”兩《唐志》一卷。嚴可均據《類聚》卷八十九採得《木槿賦》一首。丁福保據《文館詞林》卷一百五十七輯得詩二首，爲《贈傅長猷傅時爲太尉主簿入爲都官郎》、《答丘泉之》。

袁豹〔文存〕　（晉）袁豹撰　（清）嚴可均輯

全晉文卷五十六

注：袁豹，字士蔚，陳郡陽夏人，善屬文，有經國之才，官至丹陽尹，事蹟見《晉書·袁瓌傳》、《宋書·袁湛傳》。《隋志》載其集八卷，注云：“梁十卷，錄一卷。”《唐志》載十卷。嚴可均據《宋書》採得文三首，爲《四府君遷主議》、《大田議》、《爲宋公檄蜀文》。

王誕〔文存〕　（晉）王誕撰　（清）嚴可均輯

全晉文卷十九

注：王誕，字茂世，琅邪臨沂人，歷司徒長史、廬江太守、琅邪内史、吳國内史等，事蹟詳《宋書》本傳。《隋志》載其集二卷。嚴可均據《類聚》卷六十採得《代廣固祭牙文》一節。

釋僧肇〔文存〕　（晉）釋僧肇撰　（清）嚴可均輯

全晉文卷一百六十四至一百六十五

注：僧肇，京兆人，博獵經史，好玄微，後出家，從鳩摩羅什入長安，事蹟見《高僧傳》卷七。《隋志》載其集一卷。嚴可均據《廣弘明集》等採得書、論、序、誄凡文十一首。

惠遠〔詩存〕　（晉）釋慧遠撰　（明）嚴可均輯

詩紀·晉卷十七

釋慧遠〔文存〕　（晉）釋慧遠撰　（清）嚴可均輯

全晉文卷一百六十一至一百六十二

惠遠〔詩存〕　（晉）釋惠遠撰　丁福保輯

全晉詩卷七

注：慧遠，一作惠遠（見《隋》、《唐志》），本姓賈，雁門樓煩人，博涉六經，尤善《老》、《莊》，師事道安，所著論、序、銘、贊、詩、書五十餘篇，集爲十卷，見重於時，事蹟詳《高僧傳》卷六。《隋志》載其集十二卷，兩《唐志》十五卷。嚴可均據《弘明集》等採得書、論、記、序、頌、贊、銘凡文三十首。馮惟訥輯得詩二首，爲《廬山東林雜詩》、《報羅什偈》；丁福保所採與馮本同。

徐廣〔文存〕　（晉）徐廣撰　（清）嚴可均輯

全晉文卷一百三十六

注：徐廣，參《禮論答問》。《隋志》載其集十五卷、錄一卷，兩《唐志》十五卷。嚴可均據《通典》、《晉書》、《宋書》等採得賦、表、議、答凡文十三首。

周續之〔文存〕　（晉）周續之撰

（清）嚴可均輯

全晉文卷一百四十二

　　注：周續之，參《毛詩序義》。《隋志》注稱梁有徵士周桓之集一卷。按，疑桓之即續之之誤。嚴可均據《通典》、《廣弘明集》採得文三首，爲《答孟氏問有祖喪而父亡服》、《答戴處士書》、《難釋疑論》。

木華〔文存〕　（晉）木華撰　（清）嚴可均輯

全晉文卷一百五

　　注：木華，字玄虛，廣川人（《文選·海賦》注引《今書七志》及傅亮《文章志》）。史志未載其集，唯《文選·海賦》注稱華集。嚴可均採得《海賦》一首。

陳窈〔文存〕　（晉）陳窈撰　（清）嚴可均輯

全晉文卷一百四十四

　　注：陳窈，晉武平都尉陶融妻，事蹟不詳。《隋志》注稱梁有其集一卷，亡。嚴可均據《類聚》卷四十四採得《箏賦》一首。

陳珍〔文存〕　（晉）陳珍撰　（清）嚴可均輯

全晉文卷一百四十四

　　注：《隋志》注稱梁有晉海西令劉驎妻陳珍集七卷，亡。考《晉書·列女傳》，劉臻妻陳氏，能屬文，或《隋志》稱劉驎妻有誤。嚴可均據唐宋類書採得書、答、頌等文凡六首。兩《唐志》並載劉臻妻陳氏集五卷。按嚴氏據《類聚》卷二十二所採《與妹劉氏書》一文，當爲徐藻妻陳玢之作，嚴誤入珍文。

王劭之〔文存〕　（晉）王邵之撰　（清）嚴可均輯

全晉文卷一百四十四

　　注：王邵之，或作王劭之，劉柔妻，生平不詳。《隋志》注稱梁有其集十卷，亡。嚴可均據《類聚》採得賦、頌、銘、誄凡文六首。按《詩紀》晉卷十七載劉和妻王氏《正朝詩》一首，姚振宗疑後人避諱改柔爲和（《隋書經籍志考證》卷三十九）；又《全晉詩》卷七亦載此詩。

傅充妻辛氏〔詩存〕　（晉）辛蕭撰　（明）馮惟訥輯

詩紀·晉卷十七

辛蕭〔文存〕　（晉）辛蕭撰　（清）嚴可均輯

全晉文卷一百四十四

辛蕭〔詩存〕　（晉）辛蕭撰　丁福保輯

全晉詩卷七

　　注：辛蕭，傅統妻，生平不詳。按傅統（見《類聚》卷九十二），或作傅伉（見《隋志》），或作傅充（見《類聚》卷四，一作傅克），歷散騎常侍（《隋志》）。《隋志》注稱梁有其集一卷，亡。嚴可均據《類聚》採得文三首，爲《芍藥花頌》、《菊花頌》、《燕頌》。馮惟訥輯得《元正詩》一首，丁福保所採與馮本同。

孫瓊〔文存〕　（晉）孫瓊撰　（清）嚴可均輯

全晉文卷一百四十四

　　注：孫瓊，生平不詳。《隋志》注稱梁有晉松陽令鈕滔母孫瓊集二卷，亡。嚴可均據唐宋類書採得賦、書、贊凡文七首。文廷式謂《書鈔》卷一百一十引孫瓊《箜篌賦》云云，嚴輯孫氏《箜篌賦》脫二句（《補晉書藝文志》卷六）。

前　涼

張駿〔詩存〕　（前涼）張駿撰
　（明）馮惟訥輯
　　詩紀·晉卷十六
張駿〔文存〕　（前涼）張駿撰
　（清）嚴可均輯
　　全晉文卷一百五十四
張駿〔詩存〕　（前涼）張駿撰　丁
　福保輯
　　全晉詩卷七
　　注：張駿，參《山海經圖讚》。《隋志》
　載其集八卷，注云：“殘缺。”嚴可均據
　《晉書》本傳採得文二首，爲《上疏請討
　石虎李期》、《下令境中》。按嚴氏又輯
　《山海經圖讚》，已列目。馮惟訥輯得詩
　二首，爲《薤露行》、《東門行》；丁福保所
　採與馮同。
謝艾〔文存〕　（前涼）謝艾撰
　（清）嚴可均輯
　　全晉文卷一百五十四
　　注：嚴可均云：“艾，敦煌人。”謝艾事
　蹟略見《晉書·張重華傳》，歷中堅將
　軍、酒泉太守、太府左長史等，封福禄縣
　侯。《宋書·大且渠蒙遜傳》謂元嘉十
　四年河西王茂虔奉表獻《謝艾集》八卷。
　《隋志》載其集七卷，注云：“梁八卷。”兩
　《唐志》載八卷。嚴可均據《十六國春
　秋》、《御覽》採得文三首，爲《獻晉帝
　表》、《上疏言趙長張祚事》、《密令與楊
　初》。

後　趙

王度〔文存〕　（後趙）王度撰

　（清）嚴可均輯
　　全晉文卷一百四十八
　　注：王度，參《王度二石傳》。《隋志》
　注稱梁有其集五卷，録一卷，亡。兩《唐
　志》復載五卷。嚴可均據《高僧傳》、《初
　學記》採得文二首，爲《奏禁奉佛》、《扇
　上銘》。

前　秦

王猛〔文存〕　（前秦）王猛撰
　（清）嚴可均輯
　　全晉文卷一百五十二
　　注：王猛，字景略，北海劇人，歷尚書
　右丞、京兆尹、司隸校尉、尚書令、散騎
　常侍、司徒等，《晉書》有傳。《隋志》載
　其集九卷，録一卷。嚴可均據《十六國
　春秋》、《晉書》採得疏、書等文凡九首。

劉　宋

孔欣〔詩存〕　（劉宋）孔欣撰
　（明）馮惟訥輯
　　詩紀·宋卷十
孔欣〔文存〕　（劉宋）孔欣撰
　（清）嚴可均輯
　　全宋文卷四十
孔欣〔詩存〕　（劉宋）孔欣撰　丁
　福保輯
　　全宋詩卷五
　　注：嚴可均云：“欣，會稽山陰人。”歷
　國子博士，景平中會稽太守褚淡之以爲
　參軍（《宋書·褚叔度傳》）。《隋志》注
　稱梁有其集九卷，亡。《舊唐志》載八
　卷，《新唐志》十卷。嚴可均據《御覽》卷

三百五十一採得《七誨》殘文一節。馮惟訥輯得詩三首，爲《置酒高樓上》、《相逢狹路間》、《祠太廟》；丁福保所採與馮本同。

卞伯玉〔詩存〕 （劉宋）卞伯玉撰
（明）馮惟訥輯

詩紀·齊卷七

卞伯玉〔文存〕 （劉宋）卞伯玉撰
（清）嚴可均輯

全宋文卷四十

卞伯玉〔詩存〕 （劉宋）卞伯玉撰
丁福保輯

全宋詩卷五

注：卞伯玉，濟陰人，官至東陽太守，注《繫辭》二卷（《釋文敍録》、《隋志》）。《隋志》注稱梁有其集五卷、録一卷，亡。兩《唐志》復載五卷。嚴可均據《類聚》採得文四首，爲《大暑賦》、《菊賦》、《薺賦》、《祭孫叔敖文》。馮惟訥輯得詩《赴中書》一首，丁福保所採與馮本同。

伍緝之〔詩存〕 （劉宋）伍緝之撰
（明）馮惟訥輯

詩紀·宋卷十

伍緝之〔文存〕 （劉宋）伍緝之撰
（清）嚴可均輯

全宋文卷四十

伍緝之〔詩存〕 （劉宋）伍緝之撰
丁福保輯

全宋詩卷五

注：伍緝之，一作伍輯之（見《類聚》卷八十六），或云晉伍輯之（見《類聚》卷八十九），蓋自晉入宋，生平不詳。《隋志》載宋奉朝請伍緝之集十二卷，兩《唐志》十一卷。嚴可均據《類聚》採得文二首，爲《圉桃賦》、《柳花賦》。馮惟訥輯

得《勞歌》二首，丁福保所採與馮本同。

虞繁〔文存〕 （劉宋）虞繁撰
（清）嚴可均輯

全宋文卷四十

注：虞繁，生平不詳。《隋志》載宋祕書監盧繁集一卷，注云："殘缺。梁十卷，録一卷。"虞、盧音形相近，似一人。嚴可均據《類聚》卷八十一採得《蜀葵賦》一首。

張野〔文存〕 （劉宋）張野撰
（清）嚴可均輯

全宋文卷四十

注：張野，生平不詳。《隋志》注稱梁有其集十卷，亡。嚴可均從《世説·文學》篇注採得《遠法師銘》一首。

謝瞻〔詩存〕 （劉宋）謝瞻撰
（明）馮惟訥輯

詩紀·宋卷五

謝瞻〔文存〕 （劉宋）謝瞻撰
（清）嚴可均輯

全宋文卷三十三

謝瞻〔詩存〕 （劉宋）謝瞻撰 丁福保輯

全宋詩卷三

注：謝瞻，字宣遠，一名檐，字通遠，陳郡陽夏人，有文才，官至豫章太守，事蹟詳《宋書》、《南史》本傳。《隋志》載其集三卷，兩《唐志》二卷。嚴可均據《類聚》、《宋書》採得文二首，爲《安成郡庭枇杷樹賦》、《臨終遺弟晦書》。馮惟訥輯得詩五首，丁福保所採與馮本同。

武帝〔文存〕 宋武帝撰 （清）嚴可均輯

全宋文卷一

注：宋武帝劉裕，字德輿，小字寄奴，

彭城縣綏里人，諡曰武皇帝，廟號高祖，事蹟詳《宋書》本紀。《隋志》載其集十二卷，注云："梁二十卷、録一卷。"兩《唐志》載二十卷。顏師古云："余家嘗得《宋高祖集》十卷，是宋元嘉時祕閣官書"（《匡謬正俗》卷五）。嚴可均據《宋書》、《晉書》等採得制、詔、敕、策、令、表、牋、書、檄、銘等文約七十首。

孔琳之〔文存〕　（劉宋）孔琳之撰

（清）嚴可均輯

全宋文卷二十七

注：孔琳之，字彦琳，會稽山陰人，好文義，能解音律，善草隸，歷御史中丞、祠部尚書等，事蹟詳《宋書》、《南史》本傳。《隋志》載其集九卷，注云："并目録。梁十卷、録一卷。"兩《唐志》載十卷。嚴可均據《宋書》、《通典》等採得奏、議、答、書凡文七首。

蔡廓〔文存〕　（劉宋）蔡廓撰

（清）嚴可均輯

全宋文卷二十七

注：蔡廓，字子度，濟陽考城人，歷御史中丞、司徒左長史、豫章太守、吏部尚書等，《宋書》、《南史》有傳。《隋志》載其集九卷，注云："并目録。梁十卷、録一卷。"兩《唐志》載十卷。嚴可均據《御覽》、《宋書》採得奏、議、書凡文六首。

孔寧子〔詩存〕　（劉宋）孔寧子撰

（明）馮惟訥輯

詩紀·宋卷九

孔寧子〔文存〕　（劉宋）孔寧子撰

（清）嚴可均輯

全宋文卷二十八

孔寧子〔詩存〕　（劉宋）孔寧子撰

丁福保輯

全宋詩卷五

注：孔寧子，會稽人，歷武帝太尉主簿、黃門侍郎、侍中等（《宋書·王華傳》、《隋志》）。《隋志》載其集十一卷，注云："并目録。梁十五卷、録一卷。"兩《唐志》載十五卷。嚴可均據《初學記》、《宋書》、《類聚》採得文四首，爲《犛牛賦》、《陳損益》、《井頌》、《水贊》。馮惟訥輯得詩二首，爲《櫂歌行》、《前緩聲歌》；丁福保所採與馮本同。

何長瑜〔詩存〕　（劉宋）何長瑜撰

（明）馮惟訥輯

詩紀·宋卷九

何長瑜〔文存〕　（劉宋）何長瑜撰

（清）嚴可均輯

全宋文卷四十

何長瑜〔詩存〕　（劉宋）何長瑜撰

丁福保輯

全宋詩卷五

注：何長瑜，東海人，歷平西記室參軍、曾城令、平南將軍等（《宋書·謝靈運傳》、《隋志》）。《隋志》注稱梁有其集八卷，亡。嚴可均據《御覽》卷三百七十三採得《寄宗人何勗書以韻語序義慶州府僚佐》殘文一節。馮惟訥輯得詩二首，爲《嘲府僚詩》、《離合詩》；丁福保所採與馮本同。

王叔之〔詩存〕　（劉宋）王叔之撰

（明）馮惟訥輯

詩紀·宋卷十

王叔之〔文存〕　（劉宋）王叔之撰

（清）嚴可均輯

全宋文卷五十七

王叔之〔詩存〕　（劉宋）王叔之撰

丁福保輯

全宋詩卷五

　　注：嚴可均云：“叔之，字穆仲，琅邪人，晉宋間處士，有《莊子義疏》三卷，集十卷，見《經典釋文序録》。案《隋志》有《宋王敫之集》七卷，梁十卷，《舊唐經籍志》宋王叔之集十卷，羣書引見作升之、叔之、叔元、淑之與敫之，名凡五異，疑止一人。今從《釋文序録》列叔之名，而各書互異，每篇分注之。”按兩《唐志》或作《王敫之集》十卷，《册府元龜》卷六百六云：“王叔之字穆夜。”嚴可均據唐宋類書採得賦、論、序、頌、贊、銘凡文九首。馮惟訥輯得詩二首，爲《遊羅浮山》、《擬古》；丁福保所採與馮本同。

傅亮〔詩存〕　（劉宋）傅亮撰

（明）馮惟訥輯

詩紀·宋卷九

宋傅光禄集一卷　（劉宋）傅亮撰

漢魏六朝百三名家集

漢魏六朝百三名家集（明婁東張氏刻本）　佚名録清何焯批校　〔浙江圖書館〕

漢魏六朝百三名家集（明婁東張氏刻本）　清何紹基評點　〔武漢大學圖書館〕

漢魏六朝百三名家集（明婁東張氏刻本）　清傅以禮校　〔上海圖書館〕

傅亮〔文存〕　（劉宋）傅亮撰

（清）嚴可均輯

全宋文卷二十六

傅光禄集二卷　（劉宋）傅亮撰

（清）傅以禮輯

清光緒十九年演慎齋刻本

傅亮〔詩存〕　（劉宋）傅亮撰　丁福保輯

全宋詩卷五

　　注：傅亮，參《續文章志》。《隋志》載其集三十一集，注云：“梁二十卷，録一卷。”兩《唐志》載十卷。《百三名家集》本録存賦、代詔策文、教、表、奏、碑銘、論、書、讚文三十餘首，又詩四首。嚴可均據《文選》、《類聚》等採摭，其中《立學詔》爲《百三名家集》本所無，又《與謝晦書》多一節。按《百三名家集》本《爲晉安帝進劉裕侍中車騎將軍詔》、《封豫章郡公加號詔》、《封劉裕爲宋公詔》、《進宋公爲宋王詔》、《晉恭帝禪宋詔》、《禪策》、《禪宋璽書》爲嚴本所無，嚴氏云：“今考前二詔必非亮作，唯《宋公》、《宋王》當屬亮而無左證，禪代詔策則王韶之作也。”馮惟訥所採與《百三名家集》本詩同，當係張溥襲馮本；丁福保所採與馮本同。傅以禮輯本最詳備，其中《東晉安帝征劉毅詔》、《爲宋公收葬荆雍二州文武教》、《爲宋公試嚴教》、《殷祭即吉議》爲諸本所無，又《爲宋公修復前漢諸陵教》文亦稍詳。

鄭鮮之〔詩存〕　（劉宋）鄭鮮之撰

（明）馮惟訥輯

詩紀·宋卷九

鄭鮮之〔文存〕　（劉宋）鄭鮮之撰

（清）嚴可均輯

全宋文卷二十五

鄭鮮之〔詩存〕　（劉宋）鄭鮮之撰

丁福保輯

全宋詩卷五

　　注：鄭鮮之，字道子，滎陽開封人，歷御史中丞、侍中、丹陽尹、豫章太守、尚書右僕射等，有文集傳於世，《宋書》、《南史》有傳。《隋志》載其集十三卷，注

云：“梁二十卷、録一卷。”兩《唐志》載二十卷。嚴可均據《宋書》、《類聚》等採得表、議、論、祭等文凡九首。馮惟訥輯得詩《行經張子房廟》一首，丁福保所採與馮本同。

顔測〔文存〕　（劉宋）顔測撰
（清）嚴可均輯

全宋文卷三十八

注：顔測，一作顔惻，琅邪臨沂人，以文章見知，官至江夏王義恭司徒録事參軍（《宋書·顔延之傳》與《南史·顔竣傳》）。《隋志》載其集十一卷并目録，兩《唐志》十一卷。嚴可均據《類聚》、《御覽》採得文三首，爲《山石榴賦》、《大司馬江夏王賜絹葛啓》、《栀子贊》。

范泰〔詩存〕　（劉宋）范泰撰
（明）馮惟訥輯

詩紀·宋卷九

范泰〔文存〕　（劉宋）范泰撰
（清）嚴可均輯

全宋文卷十五

范泰〔詩存〕　（劉宋）范泰撰　丁福保輯

全宋詩卷五

注：范泰，參《古今善言》。《宋書》本傳謂泰文集傳於世。《隋志》載其集十九卷，注云：“梁二十卷、録一卷。”兩《唐志》二十卷。嚴可均據《宋書》、《弘明集》、《通典》等採得表、諫、議、書、序、贊等文凡二十首。按《文館詞林》卷六百九十九載泰《爲大司馬作北征教》，嚴本無。馮惟訥採得詩三首，爲《經漢高廟》、《鸞鳥》、《詠老》；丁福保所採與馮本同。

荀昶〔詩存〕　（劉宋）荀昶撰

（明）馮惟訥輯

詩紀·宋卷十

荀昶〔詩存〕　（劉宋）荀昶撰　丁福保輯

全宋詩卷五

注：荀昶，字茂祖，潁川潁陰人，官至中書郎，注《孝經》《宋書·荀伯子傳》、《釋文序録》）。《隋志》載其集十四卷，注云：“梁十五卷、録一卷。”兩《唐志》載十四卷。馮惟訥輯得詩二首，爲《擬相逢狹路間》、《擬青青河畔草》；丁福保所採與馮本同。

王曇首〔文存〕　（劉宋）王曇首撰
（清）嚴可均輯

全宋文卷十八

注：王曇首，琅邪臨沂人，能屬文，歷侍中，太子詹事等，事蹟詳《宋書》、《南史》本傳。《隋志》注稱梁有其集二卷、録一卷，亡。兩《唐志》復載二卷。嚴可均據《宋書》、《淳化閣帖》採得文二首，爲《南臺不開門啓》、《與釋某書》。

謝惠連集一卷　（劉宋）謝惠連撰
六朝詩集

謝惠連集一卷　（劉宋）謝惠連撰
三謝詩

謝惠連〔詩存〕　（劉宋）謝惠連撰
（明）馮惟訥輯

詩紀·宋卷五

謝惠連集一卷　（劉宋）謝惠連撰
漢魏諸名家集

謝惠連集一卷　（劉宋）謝惠連撰
漢魏六朝諸家文集

漢魏六朝諸家文集　傅增湘校　〔北京圖書館〕

謝法曹集二卷　（劉宋）謝惠連撰

（明）張燮輯
七十二家集

謝法曹集一卷 （劉宋）謝惠連撰
漢魏六朝百三名家集
漢魏六朝百三名家集（明婁東張氏刻
本） 佚名録清何焯批校 〔浙江圖
書館〕
漢魏六朝百三名家集（明婁東張氏刻
本） 清何紹基評點 〔武漢大學圖
書館〕

謝法曹詩二卷 （劉宋）謝惠連撰
陶謝四家詩

謝法曹詩二卷 （劉宋）謝惠連撰
陶謝詩集

謝惠連〔文存〕 （劉宋）謝惠連撰
（清）嚴可均輯
全宋文卷三十四

謝法曹集二卷 （劉宋）謝惠連撰
漢魏六朝名家集初刻

謝惠連〔詩存〕 （劉宋）謝惠連撰
丁福保輯
全宋詩卷三
注：謝惠連，陳郡陽夏人，工詩文，官
至彭城王義康法曹參軍（《宋書·謝方
明傳》）。《隋志》載其集六卷，注云：“梁
五卷，録一卷。”《新唐志》、《宋志》、《郡
齋讀書志》並載五卷。《直齋書録解題》
詩集類載一卷，云：“本集五卷，今惟詩
二十四首。”《百三名家集》本録存賦、
贊、箴、連珠、祭文凡二十首，又詩三十
二首。《漢魏諸名家集》本有文四首、詩
三十一首，《六朝詩集》僅五首，均不出
《百三名家集》本之外。嚴可均所採與
《百三名家集》本文大體相當，唯嚴氏注
引文出處。馮惟訥所採與《百三名家

集》本詩同，當係張溥轉録馮本；丁福保
《全宋詩》所載與馮本同。《名家集初
刻》本文據嚴本，詩則與馮本同。

謝元〔文存〕 （劉宋）謝元撰
（清）嚴可均輯
全宋文卷三十三
注：謝元，字有宗，陳郡陽夏人，官至
尚書左丞，著《内外書儀》四卷（《宋書·
隱逸雷次宗傳》、《宋書·何承天傳》、
《隋志》）。《隋志》注稱梁有其集一卷，
亡。嚴可均據《宋書》採得文二首，爲
《掖庭有故不舉祭議》、《刑法議》。

張鏡〔文存〕 （劉宋）張鏡撰
（清）嚴可均輯
全宋文卷四十九
注：張鏡，吳郡吳人，有盛名，顏延之
贊服之，官至新安太守，著《宋東宮儀
記》二十三卷（《宋書·張茂度傳》、《南
齊書·張岱傳》、《隋志》）。《隋志》注稱
梁有其集十卷，亡。嚴可均據《弘明集》
卷十二採得《答南譙王義宣書》一首。

孫康〔文存〕 （劉宋）孫康撰
（清）嚴可均輯
全宋文卷五十
注：孫康，太原中都人，歷起部郎、尚
書左丞、征南長史，清介，交游不雜（《南
史·范雲傳》、《宋書·文帝紀》、《隋
志》）。《隋志》注稱梁有其集十卷，亡。
兩《唐志》復載十卷。嚴可均據《書鈔》
卷一百三十四採得《團扇銘》一節。

釋慧琳〔文存〕 （劉宋）釋慧琳撰
（清）嚴可均輯
全宋文卷六十三
注：慧琳，一作惠琳，本姓劉，秦郡秦
縣人，少出家，有才章，兼内外之學，長

於製作,注《孝經》一卷,有集十卷(《宋書·天竺迦毗黎國傳》、《高僧傳》卷七釋道淵附傳、《隋志》)。《隋志》載其集五卷,注云:"梁九卷,錄一卷。"兩《唐志》五卷。嚴可均據《宋書》、《廣弘明集》採得文三首,爲《均善論》、《龍光寺竺道生法師誄》、《武丘法綱法師誄》。

王弘〔文存〕　（劉宋）王弘撰
（清）嚴可均輯
全宋文卷十八

　　注:王弘,字休元,琅邪臨沂人,歷琅邪内史、豫章相、江州刺史、司空、太保等,著《書儀》十卷(見《隋志》)。事蹟詳《宋書》、《南史》本傳。《隋志》載其集一卷,注云:"梁二十卷,錄一卷。"兩《唐志》載二十卷。嚴可均據《宋書》、《廣弘明集》、《類聚》等採得表、奏、疏、議、書等文凡十三首。

羊欣〔文存〕　（劉宋）羊欣撰
（清）嚴可均輯
全宋文卷二十二

　　注:羊欣,字敬元,泰山南城人,善隸書,精醫術,歷桓玄平西參軍、新安太守等,著《藥方》十卷(按《隋志》載三十卷),《宋書》、《南史》有傳。《隋志》注稱梁有其集九卷,亡。嚴可均據《淳化閣帖》卷三採得書一首。

謝靈運詩集二卷　（劉宋）謝靈運撰　（明）黄省曾輯
明嘉靖間黄省曾刻本　〔上海圖書館〕

謝康樂集一卷　（劉宋）謝靈運撰
六朝詩集

謝康樂集一卷　（劉宋）謝靈運撰
三謝詩

謝靈運〔詩存〕　（劉宋）謝靈運撰

（明）馮惟訥輯
詩紀·宋卷三至四

謝康樂集八卷　（劉宋）謝靈運撰
（明）張燮輯
七十二家集

謝康樂集四卷　（劉宋）謝靈運撰
明刻本　〔首都圖書館　南京大學圖書館等〕

謝康樂集四卷　（劉宋）謝靈運撰
明刻本　〔中國科學院圖書館　山東省圖書館等〕

謝康樂集四卷　（劉宋）謝靈運撰
（明）沈啓原等輯
明萬曆十一年沈啓原刻本　〔北京圖書館　上海圖書館等〕
明刻本　〔上海圖書館　浙江圖書館等〕
清同治六年謝文靖公祠堂刻本
清同治六年謝文靖公祠堂刻本　鄭文焯校　〔上海圖書館〕
漢魏諸名家集

謝康樂集四卷　（劉宋）謝靈運撰
漢魏六朝諸家文集
漢魏六朝諸家文集　傅增湘校　〔北京圖書館〕

謝康樂集二卷　（劉宋）謝靈運撰
漢魏六朝百三名家集
漢魏六朝百三名家集(明婁東張氏刻本)　佚名録清何焯批校　〔浙江圖書館〕
漢魏六朝百三名家集(明婁東張氏刻本)　清何紹基評點　〔武漢大學圖書館〕

謝康樂集　（劉宋）謝靈運撰
漢魏別解·南北朝文

謝康樂集　（劉宋）謝靈運撰
　　增定漢魏六朝別解・集部

謝靈運文抄一卷　（劉宋）謝靈運
　　撰　（明）李賓輯
　　八代文抄

宋謝康樂集二卷　（劉宋）謝靈運
　　撰　（清）卓爾堪等輯
　　三家詩
　　三家詩　清梅植之批點　〔北京圖書
　　　館〕
　　三家詩　清梅植之批點　〔中國民族學
　　　院圖書館〕

謝康樂詩三卷　（劉宋）謝靈運撰
　　陶謝四家詩

謝康樂詩三卷　（劉宋）謝靈運撰
　　陶謝詩集
　　陶謝詩集　清翁同龢批注　〔北京圖書
　　　館〕

謝康樂集四卷　（劉宋）謝靈運撰
　　（清）嚴可均輯
　　全宋文卷三十至三十三

謝康樂集五卷　（劉宋）謝靈運撰
　　漢魏六朝名家集初刻

謝靈運〔詩存〕　（劉宋）謝靈運撰
　　丁福保輯
　　全宋詩卷三

謝康樂集拾遺一卷　（劉宋）謝靈
　　運撰　冒廣生輯
　　如皋冒氏叢書

謝康樂詩註四卷附補遺　黃節撰
　　民國十四年鉛印本
　　　注：謝靈運，參謝靈運《晉書》條。
　　《宋書》本傳謂靈運所著文章傳於世。
　　《隋志》載其集十九卷，注云："梁二十

卷、録一卷。"兩《唐志》載十五卷，《宋
志》九卷。《百三名家集》本録存賦、表、
牋、書、志、論、頌、贊、銘、七、誄凡文四
十餘首，又詩約九十首。沈啓原所採大
致不出《百三名家集》本之外。嚴可均
與冒廣生所採均可補《百三名家集》本
之缺，冒氏云："得康樂逸文六十餘條。"
丁福保《名家集初刻》本文據嚴本，詩與
《百三名家集》本同。詩集各本亦不盡
同，《六朝詩集》本僅三、四十首，不出
《百三名家集》本之外；《三家詩》本凡九
十餘首，有出《百三名家集》本之外者；
馮惟訥所採與《百三名家集》本唯末數
首互有出入，其餘大體相當，丁福保從
《文館詞林》卷一百五十二採得《贈從弟
弘元》、《答中書》、《贈從弟弘元時爲中
軍功曹住京》、《贈安成》，又卷一百五十
八採得《答謝諮議》，均爲諸本所無，收
入《全宋詩》。李賓所輯較略。

荀雍〔詩存〕　（劉宋）荀雍撰
　　（明）馮惟訥輯
　　詩紀・宋卷九

荀雍〔詩存〕　（劉宋）荀雍撰　丁
　　福保輯
　　全宋詩卷五
　　　注：荀雍，字道雍，潁川人，官至員外
　　散騎郎（《宋書・謝靈運傳》）。《隋志》
　　載其集二卷，注云："梁四卷。"兩《唐志》
　　載十卷。馮惟訥輯得《臨川亭》一首，丁
　　福保所採與馮本同。

王韶之〔詩存〕　（劉宋）王韶之撰
　　（明）馮惟訥輯
　　詩紀・宋卷一

王韶之〔文存〕　（劉宋）王韶之撰
　　（清）嚴可均輯

全宋文卷十八

王韶之〔詩存〕　（劉宋）王韶之撰
丁福保輯

全宋詩卷二

注：王韶之，參《王韶之晉安帝紀》。《宋書》本傳稱其文集行於世。《隋志》注謂梁有其集二十四卷，亡。《舊唐志》復載二十四卷，《新唐志》二十卷。嚴可均據《御覽》、《宋書》採得啓、駁、教等文凡七首。馮惟訥輯得《贈潘綜吳逵舉孝廉詩》六章及《詠雪離合》一首（嚴可均以此首詩入文），丁福保所採與馮本同。按《詩紀》宋卷十一有韶之歌辭十五首。

荀伯子〔文存〕　（劉宋）荀伯子撰
（清）嚴可均輯

全宋文卷二十九

注：荀伯子，潁川潁陰人，博獵經傳，有才學，歷尚書祠部郎、尚書左丞、臨川內史、司徒左長史等，有文集傳於時，《宋書》、《南史》有傳。史志未載其集。嚴可均據《宋書》、《通典》、《晉書》等採得上表、奏、議、答凡文六首。

長沙王義欣〔文存〕　（劉宋）劉義欣撰　（清）嚴可均輯

全宋文卷十一

注：劉義欣，長沙王道憐子，嗣封，歷青州刺史、散騎常侍，南兗州刺史等，事蹟詳《宋書·宗室傳》。《隋志》無義欣集，唯載宋長沙王道憐集十卷，錄一卷；《舊唐志》載《宋長沙王集》十卷，未題名；《新唐志》則載《宋長沙王義欣集》十卷。按兩《唐志》未載《道憐集》而出《義欣集》，考之史籍，亦未言道憐能文，諸書頗載義欣之文，疑《隋志》誤。嚴可均據《宋書》採得文三首，爲《陳江淮事

宜》、《上言申季歷治績》、《檄司兗二州》。

殷景仁〔文存〕　（劉宋）殷景仁撰
（清）嚴可均輯

全宋文卷二十九

注：殷景仁，名鐵（見《宋書·劉湛傳》），以字行，陳郡長平人，歷衡陽太守、中書侍郎、太子中庶子、黃門侍郎、揚州刺史等，事蹟詳《宋書》、《南史》本傳。《隋志》注稱梁有其集九卷，亡。嚴可均據《宋書》、《廣弘明集》採得文四首，爲《辭侍中表》、《章太后生母蘇氏喪禮議》、《文殊像贊》、《文殊師利贊》。

王微〔詩存〕　（劉宋）王微撰
（明）馮惟訥輯

詩紀·宋卷九

王微〔文存〕　（劉宋）王微撰
（清）嚴可均輯

全宋文卷十九

王微〔詩存〕　（劉宋）王微撰　丁福保輯

全宋詩卷五

注：王微，字景玄，琅邪臨沂人，善屬文，工書，於音律、醫方、卜筮、陰陽數術之事無所不解，歷司徒祭酒、中書侍郎等，所著文集傳於世，事蹟詳《宋書》、《南史》本傳。《隋志》載其集十卷，注云：“梁有録一卷。”兩《唐志》十卷。嚴可均據《宋書》、《初學記》採得書、讚及《遺令》凡文九首。按，姚振宗云：“案張彥遠《歷代名畫記》有《敍畫》一篇，嚴氏未採。”（《隋書經籍志考證》卷三十九）馮惟訥輯得雜詩二首及《四氣》、《詠愁》各一首，丁福保所採與馮本同。

宗炳〔詩存〕　（劉宋）宗炳撰

（明）馮惟訥輯

詩紀·晉卷十六

宗炳〔文存〕 （劉宋）宗炳撰

（清）嚴可均輯

全宋文卷二十至二十一

宗炳〔詩存〕 （劉宋）宗炳撰 丁
福保輯

全晉詩卷七

注：宗炳，字少文，南陽涅陽人，善琴
書圖畫，精於言理，不仕，事蹟詳《宋
書·隱逸傳》。《隋志》載宋徵士宗景集
十六卷，注云："梁十五卷。"按宗景即宗
炳，唐人避諱所改。兩《唐志》載作《宗
炳集》十五卷。嚴可均據《弘明集》、《高
僧傳》、《初學記》等採得議、書、序、頌、
論凡文八首。馮惟訥輯得詩二首，爲
《登半石山》、《登白鳥山》；丁福保所採
與馮本同。

臨川王義慶〔詩存〕 （劉宋）劉義
慶撰 （明）馮惟訥輯

詩紀·宋卷一

臨川王義慶〔文存〕 （劉宋）劉義
慶撰 （清）嚴可均輯

全宋文卷十一

臨川王義慶〔詩存〕 （劉宋）劉義
慶撰 丁福保輯

全宋詩卷一

注：劉義慶，參《幽明録》。《隋》、《唐
志》並載其集八卷。嚴可均據《類聚》、
《宋書》、《御覽》採得賦、表、啟事、議凡
文六首。馮惟訥輯得《遊鼉湖》一首，丁
福保所採與馮本同。

范曄〔詩存〕 （劉宋）范曄撰
（明）馮惟訥輯

詩紀·宋卷九

范曄〔文存〕 （劉宋）范曄撰
（清）嚴可均輯

全宋文卷十五

范曄〔詩存〕 （劉宋）范曄撰 丁
福保輯

全宋詩卷五

注：范曄，字蔚宗，小字塼，南陽順陽
人，博涉經史，善屬文，工隸書，曉音律，
歷荆州別駕從事史、新蔡太守、宜城太
守、太子詹事等，著《後漢書》，《宋書》、
《南史》有傳。《隋志》注稱梁有其集十
五卷、録一卷，亡。嚴可均據《宋書》、
《類聚》採得上言、書、序凡文五首。馮
惟訥輯得詩二首，爲《樂遊應詔詩》、《臨
終詩》；丁福保所採與馮本同。

衡陽王義季〔文存〕 （劉宋）劉義
季撰 （清）嚴可均輯

全宋文卷十二

注：劉義季，武帝子，封衡陽王，歷征
虜將軍、南徐州刺史、荆州刺史、南蠻校
尉等，《宋書》、《南史》有傳。《隋志》注
稱梁有其集十卷、録一卷，亡。兩《唐
志》復載十卷。嚴可均據《宋書》採得文
二首，爲《傷劉道産啟》、《與江夏王義恭
書》。按《文館詞林》卷六百九十九載義
季《藏枯骨教》一首，嚴本無。

王敬弘〔文存〕 （劉宋）王敬弘撰
（清）嚴可均輯

全宋文卷十七

注：王敬弘，本名裕之，避武帝諱，故
以字行，琅邪臨沂人，歷吳興太守、度支
尚書、侍中、左光禄大夫等，《宋書》、《南
史》有傳。《隋志》注稱梁有右光禄大夫
王敬集五卷、録一卷，亡。按，疑《隋志》

脱"弘"字，"右光禄大夫"爲"左光禄大夫"之誤。嚴可均據《宋書》採得表、奏、書凡文六首。

任豫〔詩存〕　（劉宋）任預撰（明）馮惟訥輯

詩紀·梁卷三十一

任豫〔文存〕　（劉宋）任預撰（清）嚴可均輯

全宋文卷四十

任豫〔詩存〕　（劉宋）任預撰　丁福保輯

全梁詩卷十三

注：任預，一作任豫，參《禮論條牒》。《隋志》注稱梁有其集六卷，亡。嚴可均據《類聚》卷三十九採得《籍田賦》一首。馮惟訥輯得《夏潦省宅》一首，丁福保所採與馮本同。

何承天〔詩存〕　（劉宋）何承天撰（明）馮惟訥輯

詩紀·宋卷一

宋何衡陽集一卷　（劉宋）何承天撰

漢魏六朝百三名家集

漢魏六朝百三名家集（明婁東張氏刻本）　佚名録清何焯批校　〔浙江圖書館〕

漢魏六朝百三名家集（明婁東張氏刻本）　清何紹基評點　〔武漢大學圖書館〕

何衡陽集　（劉宋）何承天撰

增定漢魏六朝別解·集部

何承天〔文存〕　（劉宋）何承天撰（清）嚴可均輯

全宋文卷二十二至二十四

何承天〔詩存〕　（劉宋）何承天撰丁福保輯

全宋詩卷二

注：何承天，參《禮論》。《南史》本傳謂其文集傳於世。《隋志》載其集二十卷，注云："梁三十二卷，亡。"《舊唐志》載三十卷，《新唐志》二十卷。《百三名家集》本録存賦、表、議、奏、論、問、書、頌、贊約文三十首，又《鼓吹鐃歌》十五首。嚴可均據《宋書》、《隋書》、《弘明集》等採撮，較《百三名家集》本文多《爲謝晦奉表自理》、《又爲謝晦上表》、《立三百六十律法制議》、《爲謝晦檄京邑》、《答向歆問祖無服父有服嫁孫女》、《通裴難苟嗣大功嫁妹》及《三代樂序》，又《新曆敍》文亦稍詳。馮惟訥亦輯得《鼓吹鐃歌》十五首，丁福保所採與馮本同。

雷次宗〔文存〕　（劉宋）雷次宗撰（清）嚴可均輯

全宋文卷二十九

注：雷次宗，參《喪服經傳略注》。《隋志》載其集十六卷，注云："梁二十九卷、録一卷。"兩《唐志》載三十卷。嚴可均據《宋書》、《通典》採得文四首，爲《與子姪書》、《答袁悠問》、《答蔡廓問》、《甥姪》。

沈演之〔文存〕　（劉宋）沈演之撰（清）嚴可均輯

全宋文卷四十一

注：沈演之，字臺真，吳興武康人，喜讀《老子》，歷嘉興令、武康令、尚書吏部郎、侍中等，卒贈金紫光禄大夫，事蹟詳《宋書》、《南史》本傳。《隋志》注稱梁有金紫光禄大夫沈演集十卷，亡。按《隋志》當脱"之"字。嚴可均據《宋書》採得

文四首，爲《巡行上表言劉真道等政績》、《以一大錢當兩議》、《嘉禾頌》、《白鳩頌》。

沈亮〔文存〕 （劉宋）沈亮撰 （清）嚴可均輯

全宋文卷四十一

注：沈亮，字道明，吳興武康人，善屬文，歷南陽太守等，所著詩、賦、頌、讚、三言、誄、哀辭、祭告請雨文、樂府、挽歌、連珠、教記、白事、牋、表、籤、議一百八十九首（《宋書·自序》）。《隋志》注稱梁有南陽太守《沈亮之集》七卷，亡。按《隋志》當衍“之”字。嚴可均據《宋書》採得啓、議等文凡五首。

裴松之〔文存〕 （劉宋）裴松之撰 （清）嚴可均輯

全宋文卷十七

注：裴松之，參《集注喪服經傳》。《宋書》本傳謂其所著文論傳於世。《隋志》載其集十三卷，注云：“梁二十一卷。”兩《唐志》載三十卷。嚴可均據《宋書》、《通典》等採得表、奏、議、答、難凡文七首。

文帝〔詩存〕 宋文帝撰 （明）馮惟訥輯

詩紀·宋卷一

文帝〔文存〕 宋文帝撰 （清）嚴可均輯

全宋文卷二至四

文帝〔詩存〕 宋文帝撰 丁福保輯

全宋詩卷一

注：宋文帝劉義隆，小字車兒，武帝子，博涉經史，善隸書，諡曰文皇帝，廟號太祖，事蹟詳《宋書》、《南史》本紀。

《隋志》載其集七卷，注云：“梁十卷，亡。”兩《唐志》載十卷。嚴可均據《宋書》、《南齊書》等採得詔、敕、策命、書、答等凡文一百一十餘首。按《文館詞林》卷六百六十五載宋文帝《南郊大赦詔》、《親祠廟大詔》、《拜謁山陵赦詔》（第一首）、《藉田大赦詔》，卷六百六十七載《嘉禾秀京師大赦詔》，卷六百七十載《大赦詔》，卷六百九十一載《與彭城王義康勑》，均可補嚴本之缺，又《拜謁山陵赦詔》第二首與嚴本文稍異。馮惟訥輯得詩二首，爲《登景陽樓》、《北伐》，丁福保所採與馮本同。

袁淑〔詩存〕 （劉宋）袁淑撰 （明）馮惟訥輯

詩紀·宋卷九

宋袁陽源集一卷 （劉宋）袁淑撰

漢魏六朝百三名家集

漢魏六朝百三名家集（明婁東張氏刻本） 佚名録清何焯批校 〔浙江圖書館〕

漢魏六朝百三名家集（明婁東張氏刻本） 清何紹基評點 〔武漢大學圖書館〕

袁淑〔文存〕 （劉宋）袁淑撰 （清）嚴可均輯

全宋文卷四十四

袁忠憲集一卷 （劉宋）袁淑撰

乾坤正氣集

袁淑〔詩存〕 （劉宋）袁淑撰 丁福保輯

全宋詩卷五

注：袁淑，字陽源，陳郡陽夏人，不爲章句之學，博涉多通，有才辨，善屬文，歷宣城太守、中書侍郎、尚書吏部郎、御

史中丞等，有文集傳於時，事蹟詳《宋書》、《南史》本傳。《隋志》載其集十一卷，注云："并目録。梁十卷、録一卷。"兩《唐志》載十卷。《百三名家集》本録存賦、議、章、書、傳等文凡十四首，又詩六首。嚴可均據《類聚》、《文選》注、《御覽》等採摭，較《百三名家集》本文多《正情賦》一首，又《謝中丞章》亦多一節。《乾坤正氣集》本僅文九首，不出《百三名家集》本之外。馮惟訥所採較《百三名家集》本詩少《啄木詩》一首，丁福保所採與馮本同。

庾蔚之〔文存〕 （劉宋）庾蔚之撰
（清）嚴可均輯

全宋文卷五十二至五十三

注：庾蔚之，參《禮記略解》。《隋志》載其集十六卷，注云："梁二十卷。"兩《唐志》載十一卷。嚴可均據《宋書》、《通典》採得議及喪服佚文等七十餘首。按庾氏原有《喪服》、《喪服要記注》、《喪服世要》、《禮論鈔》、《禮答問》、《禮記略解》等書，嚴氏所輯多爲論喪服禮儀之文，未知究竟係何書逸文，姑入集部。

顏光禄集三卷 （劉宋）顏延之撰
顏氏傳書

顏延之〔詩存〕 （劉宋）顏延之撰
（明）馮惟訥輯

詩紀·宋卷二

顏光禄集五卷 （劉宋）顏延之撰
（明）張燮輯

七十二家集

顏延之集一卷 （劉宋）顏延之撰
漢魏諸名家集

顏延之集一卷 （劉宋）顏延之撰
漢魏六朝諸家文集

漢魏六朝諸家文集　傅增湘校　〔北京圖書館〕

顏光禄集一卷 （劉宋）顏延之撰
漢魏六朝百三名家集

漢魏六朝百三名家集（明婁東張氏刻本）　佚名録清何焯批校　〔浙江圖書館〕

漢魏六朝百三名家集（明婁東張氏刻本）　清何紹基評點　〔武漢大學圖書館〕

顏光禄集 （劉宋）顏延之撰
增定漢魏六朝別解·集部

顏延之〔文存〕 （劉宋）顏延之撰
（清）嚴可均輯

全宋文卷三十六至三十八

顏延年集四卷 （劉宋）顏延之撰
漢魏六朝名家集初刻

顏延之〔詩存〕 （劉宋）顏延之撰
丁福保輯

全宋詩卷二

注：顏延之，參《論語顏氏説》。《隋志》載其集二十五卷，注云："梁三十卷，又有《顏延之逸集》一卷，亡。"兩《唐志》載三十卷，《宋志》五卷。《百三名家集》本録存賦、詔、表、書、序、七繹、頌、贊、箴、連珠、謐議、哀策文、誄、祭文、銘、狀等文凡三十五首，又詩三十二首。《漢魏諸名家集》本不出《百三名家集》本之外。嚴可均據《文選》、《類聚》、《弘明集》等採摭，較《百三名家集》本文多《賜卹袁淑遺孤詔》、《策秀才文》、《答或問甥姪》、《新喻侯茅齋贊》、《論檢》，又《庭誥》與《右光禄大夫西平靖侯顏府君家傳銘》文亦稍詳。馮惟訥輯得詩二十八首，又《詩紀》宋卷十一有《宋南郊登歌》

三首,合之則較《百三名家集》本詩少《輓歌》一首;丁福保《全宋詩》所載與馮本同。丁氏《名家集初刻》本文據嚴本,詩則與《百三名家集》本同。

張暢〔文存〕 （劉宋）張暢撰
（清）嚴可均輯
全宋文卷四十九
注：張暢,字少微,吳郡吳人,歷沛郡太守、吏部尚書、侍中、會稽太守等,《宋書》、《南史》有傳。《隋志》載其集十二卷,注云:"殘缺。梁十四卷,錄一卷。"兩《唐志》載十四卷。嚴可均據《宋書》、《初學記》、《廣弘明集》採得文四首,爲《棄彭城南歸議》、《爲南譙王義宣與從弟永書》、《河清頌》、《若耶山敬法師誄》。

王僧達〔詩存〕 （劉宋）王僧達撰
（明）馮惟訥輯
詩紀·宋卷九

王僧達〔文存〕 （劉宋）王僧達撰
（清）嚴可均輯
全宋文卷十九

王僧達〔詩存〕 （劉宋）王僧達撰
丁福保輯
全宋詩卷五
注：王僧達,琅邪臨沂人,善屬文,歷太子舍人、宣城太守、尚書右僕射、左衛將軍、中書令等,事蹟詳《宋書》、《南史》本傳。《隋志》載其集十卷,注云:"梁有錄一卷。"兩《唐志》與《宋志》並載十卷。嚴可均據《宋書》、《南齊書》、《南史》及《文選》採得答詔、表、啓、書、祭凡文七首。馮惟訥輯得詩五首,丁福保所採與馮本同。

劉瑀〔文存〕 （劉宋）劉瑀撰
（清）嚴可均輯
全宋文卷三十九
注：劉瑀,字茂琳,東莞莒人,歷御史中丞、吳興太守等,事蹟見《宋書·劉穆之傳》。《隋志》注稱梁有其集七卷,"亡"。《舊唐志》復載七卷,《新唐志》十卷。嚴可均據《南史》、《宋書》採得文四首,爲《奏彈蕭惠開》、《奏彈王僧達》、《與顏竣書》、《與親故書》。

建平王宏〔文存〕 （劉宋）劉宏撰
（清）嚴可均輯
全宋文卷十三
注：劉宏,字休度,文帝子,封建平王,歷中護軍、江州刺史、中書令、尚書左僕射、尚書令等,事蹟詳《宋書》、《南史》本傳。《隋志》注稱梁有建平王休祐集十卷,亡。按休祐當爲休度之誤。兩《唐志》載十卷,《舊唐志》又載《小集》六卷,《新唐志》載《小集》十五卷。嚴可均據《宋書》採得議五首。

何偃〔詩存〕 （劉宋）何偃撰
（明）馮惟訥輯
詩紀·宋卷十

何偃〔文存〕 （劉宋）何偃撰
（清）嚴可均輯
全宋文卷二十八

何偃〔詩存〕 （劉宋）何偃撰 丁福保輯
全宋詩卷五
注：何偃,字仲弘,廬江灊人,歷丹陽丞、大司馬長史、侍中、吏部尚書等,好談玄,注《莊子·逍遙篇》傳於世,著《毛詩釋》一卷(見《隋志》經部詩家),事蹟詳《宋書》、《南史》本傳。《隋志》載其集十九卷,注云:"梁十六卷。"兩《唐志》載

八卷。嚴可均據《宋書》及唐代類書採得賦、議、書、銘凡文六首。馮惟訥輯得詩《冉冉孤生竹》一首，丁福保所採與馮本同。

顏竣〔詩存〕　（劉宋）顏竣撰

（明）馮惟訥輯

詩紀・宋卷九

顏竣〔文存〕　（劉宋）顏竣撰

（清）嚴可均輯

全宋文卷三十八

顏竣〔詩存〕　（劉宋）顏竣撰　丁福保輯

全宋詩卷五

注：顏竣，字士遜，琅邪臨沂人，歷左衛將軍、吏部尚書、散騎常侍、東揚州刺史等，有文集行於時，《宋書》、《南史》有傳。《隋志》載其集十四卷并目錄，兩《唐志》十三卷。嚴可均據《宋書》、《類聚》採得表、奏、議、檄、贊序凡文九首。馮惟訥輯得詩二首，爲《七廟迎神辭》、《淫思古意》；丁福保所採與馮本同。

竟陵王誕〔文存〕　（劉宋）劉誕撰

（清）嚴可均輯

全宋文卷十三

注：劉誕，字休文，文帝子，歷南兗州刺史、雍州刺史、會稽太守、侍中、南徐州刺史等，封竟陵王，事蹟詳《宋書》、《南史》本傳。《隋志》注稱梁有其集二十卷，亡。嚴可均據《宋書》本傳採得《奉表自陳》一首。

南平王鑠〔詩存〕　（劉宋）劉鑠撰

（明）馮惟訥輯

詩紀・宋卷一

南平王鑠〔文存〕　（劉宋）劉鑠撰

（清）嚴可均輯

全宋文卷十三

南平王鑠〔詩存〕　（劉宋）劉鑠撰　丁福保輯

全宋詩卷一

注：劉鑠，字休玄，文帝子，有文才，歷冠軍將軍、湘州刺史、散騎常侍、中軍將軍等，封南平王，《宋書》、《南史》有傳。《隋》、《唐志》並載其集五卷。嚴可均據《宋書・索虜傳》採得《答移魏若庫辰樹蘭》一首。馮惟訥輯得詩十首，丁福保所採與馮本同。

何尚之〔文存〕　（劉宋）何尚之撰

（清）嚴可均輯

全宋文卷二十八

注：何尚之，字彥德，廬江灊人，好文義，歷臨川內史、侍中、祠部尚書、尚書令等，事蹟詳《宋書》、《南史》本傳。《隋志》注稱梁有其集十卷，亡。嚴可均據《宋書》、《弘明集》、《通典》等採得賦、表、奏、上言、答、議、書等文凡十四首。

周朗〔文存〕　（劉宋）周朗撰

（清）嚴可均輯

全宋文卷四十八

注：周朗，字義利，汝南安成人，歷南平王鑠冠軍參軍、建平王宏中軍錄事參軍、太子中舍人等，事蹟詳《宋書》、《南史》本傳。《隋志》注稱梁有其集八卷，亡。嚴可均據《宋書》本傳採得文二首，爲《上書獻讜言》、《報羊希書》。

沈懷文〔文存〕　（劉宋）沈懷文撰

（清）嚴可均輯

全宋文卷四十五

注：沈懷文，字思明，吳興武康人，少好玄理，善爲文章。歷新興太守、淮南太守、揚州治中從事史、侍中等，著《隋

王入沔記》六卷（見《隋志》史部地理類，"隋王"當爲"隨王"之誤），有文集傳於時，事蹟詳《宋書》、《南史》本傳。《隋志》載其集十二卷，注云："殘缺。梁十六卷。"兩《唐志》載十三卷。嚴可均據《宋書》、《御覽》採得上言、議、碑凡文五首。

江智淵〔詩存〕　（劉宋）江智淵撰
（明）馮惟訥輯
　　詩紀·宋卷十

江智淵〔詩存〕　（劉宋）江智淵撰
丁福保輯
　　全宋詩卷五
　　注：江智淵，《南史》與《隋志》作江智深，唐人避諱所改，濟陽考城人，好文辭，與沈懷文友善，歷中書侍郎、北中郎長史、南東海太守等，《宋書》、《南史》有傳。《隋志》載其集九卷并目一卷，兩《唐志》載十卷，《舊唐志》作江智泉，亦避諱改字。馮惟訥輯得《宣貴妃挽歌》一首，丁福保所採與馮本同。

孝武帝〔詩存〕　宋孝武帝撰
（明）馮惟訥輯
　　詩紀·宋卷一

孝武帝〔文存〕　宋孝武帝撰
（清）嚴可均輯
　　全宋文卷五至六

孝武帝〔詩存〕　宋孝武帝撰　丁福保輯
　　全宋詩卷一
　　注：宋孝武帝，劉駿，字休龍，小字道民，文帝子，好爲文章，才藻甚美，諡孝武帝，廟號世祖，事蹟詳《宋書》、《南史》本紀。《隋志》載其集二十五卷，注云："梁三十一卷、録一卷。"《直齋書録解

題》詩集類有其集一卷，疑爲輯本。嚴可均據《宋書》、《書鈔》等採得賦、制、詔、答、教、表、頌、贊、銘等文一百一十餘首。按《文館詞林》卷六百六十五載孝武帝《躬耕千畝大赦詔》、《藉田大赦詔》、《明堂成大赦詔》，卷六百六十六載《立皇太子恩詔》、《巡幸歷陽郡大赦詔》、《巡幸曲赦南徐州詔》，卷六百七十載《大赦詔》，卷六百九十九載《試嚴教》，均可補嚴本之缺，又卷三百四十六載《巡幸舊宮頌》全文，嚴本爲殘文。馮惟訥輯得詩二十五首；丁福保所採與馮本同，唯改馮本《自君之出矣》爲《擬徐幹》。

前廢帝〔文存〕　宋前廢帝撰
（清）嚴可均輯
　　全宋文卷七
　　注：宋前廢帝劉子業，小字法師，孝武帝子，好讀書，頗識古事，粗有文才，事蹟詳《宋書》、《南史》本紀。《隋志》注稱梁有宋廢帝《景和集》十卷、録一卷，亡。按景和爲廢帝紀年。嚴可均據《宋書》、《魏書》採得詔、敕凡文十二首。

江夏王義恭〔詩存〕　（劉宋）劉義恭撰　（明）馮惟訥輯
　　詩紀·宋卷一

江夏王義恭〔文存〕　（劉宋）劉義恭撰　（清）嚴可均輯
　　全宋文卷十一至十二

江夏王義恭〔詩存〕　（劉宋）劉義恭撰　丁福保輯
　　全宋詩卷一
　　注：劉義恭，武帝子，歷散騎常侍、征北將軍、南兗州刺史、太尉、太宰等，封江夏王，著《要記》五卷，《宋書》、《南史》

有傳。《隋志》載其十一卷,注云:"梁十
五卷,錄一卷,又有《江夏王集》別本十
五卷,亡。"《舊唐志》載十三卷,《新唐
志》十五卷。嚴可均據《宋書》、《文選》
注及唐宋類書採得賦、表、奏、議、答、
啓、書、教、頌、贊凡文三十五首。馮惟
訥輯得詩七首,丁福保所採與馮本同。

戴法興〔文存〕　（劉宋）戴法興撰
（清）嚴可均輯
全宋文卷四十五
注:戴法興,會稽山陰人,歷南臺侍
御史、建武將軍、南魯郡太守、越騎校尉
等,能爲文章,頗行於時,《宋書》、《南
史》有傳。《隋志》注稱梁有其集四卷,
亡。嚴可均據《宋書·曆志》採得《議祖
沖之新曆》一首。

沈懷遠〔文存〕　（劉宋）沈懷遠撰
（清）嚴可均輯
全宋文卷四十五
注:沈懷遠,參《南越志》。《隋志》注
稱梁有其集十九卷,亡。嚴可均據《初
學記》採得文二首,爲《長鳴雞贊》、《博
羅縣箄竹銘》。

裴駰〔文存〕　（劉宋）裴駰撰
（清）嚴可均輯
全宋文卷十七
注:裴駰,字龍駒,河東聞喜人,官至
南中郎外兵參軍,著《史記集解》八十卷
(《宋書·裴松之傳》、《史記集解序》司
馬貞注、《隋志》)。《隋志》注稱梁有其
集六卷,亡。嚴可均採得《史記集解序》
一首。

謝莊〔詩存〕　（劉宋）謝莊撰
（明）馮惟訥輯
詩紀·宋卷二

謝光祿集三卷　（劉宋）謝莊撰
（明）張燮輯
七十二家集

謝光祿集一卷　（劉宋）謝莊撰
漢魏六朝百三名家集
漢魏六朝百三名家集（明婁東張氏刻
本）　佚名録清何焯批校　〔浙江圖
書館〕
漢魏六朝百三名家集（明婁東張氏刻
本）　清何紹基評點　〔武漢大學圖
書館〕

謝莊〔文存〕　（劉宋）謝莊撰
（清）嚴可均輯
全宋文卷三十四至三十五

謝希逸集三卷　（劉宋）謝莊撰
漢魏六朝名家集初刻

謝莊〔詩存〕　（劉宋）謝莊撰　丁福保輯
全宋詩卷二
注:謝莊,字希逸,陳郡陽夏人,歷侍
中、左衛將軍、臨淮太守、金紫光禄大夫
等,通《論語》,善屬文,所著文章四百餘
首行於時,《宋書》、《南史》有傳。《隋
志》載其集十九卷,注云:"梁十五卷。"
兩《唐志》載十五卷,《宋志》一卷。《百
三名家集》本録存賦、詔、表、奏、章、啓
事、牋、書、帖、議、贊、哀策文、誄、墓誌
銘凡文三十餘首,又詩二十六首。嚴可
均據《文選》、《宋書》、《類聚》等採摭,較
《百三名家集》本文多《雜言詠雪》、《爲
沈慶之答劉義宣書》。又《百三名家集》
本所載《爲八座江夏王請封禪表》第一
首及《上封禪儀注奏》,嚴氏分別入劉義
恭文與闕名文。丁氏《名家集初刻》本
文據嚴本,詩則與《百三名家集》本同。

馮惟訥所採詩十餘首，又《詩紀》宋卷十一載莊歌十二首，合之較《百三名家集》本少聯句一首。丁氏《全宋詩》所載頗詳，其末二首《瑞雪詠》與《長笛弄》爲諸本所無，又《懷園引》、《山夜憂》文亦較詳。

虞通之〔詩存〕 （劉宋）虞通之撰
（明）馮惟訥輯
詩紀·齊卷七

虞通之〔文存〕 （劉宋）虞通之撰
（清）嚴可均輯
全宋文卷五十五

虞通之〔詩存〕 （劉宋）虞通之撰
丁福保輯
全齊詩卷四

注：虞通之，參《妬記》。《隋志》載其集十五卷，注云："梁二十卷。"兩《唐志》載五卷。嚴可均據《類聚》、《初學記》採得文二首，爲《爲江斅讓尚公主表》、《明堂頌》。馮惟訥輯得《贈傅昭詩》一首，丁福保所採與馮本同。

孫夐〔文存〕 （劉宋）孫夐撰
（清）嚴可均輯
全宋文卷五十六

注：孫夐，泰始中爲御史中丞，歷光祿大夫（《南史·王僧虔傳》及《隋志》）。《隋志》注稱梁有其集十一卷，亡。嚴可均據《南齊書·江謐傳》採得《重奏江夏王女服》一首。

劉緄〔文存〕 （劉宋）劉緄撰
（清）嚴可均輯
全宋文卷五十六

注：劉緄，泰始初爲太學博士（《宋書·禮志》）。《隋志》注稱梁有删定郎劉鯤集五卷，"亡"。按劉鯤當即劉緄，

兩《唐志》載《劉緄集》五卷。嚴可均據《宋書·禮志》採得《祀孝武昭后二廟議》一首。

羊希〔文存〕 （劉宋）羊希撰
（清）嚴可均輯
全宋文卷二十二

注：羊希，字泰聞，泰山南城人，歷尚書左丞、御史中丞、寧朔將軍，廣州刺史等（《宋書·羊玄保傳》）。《隋志》注稱梁有廣州刺史楊希集九卷，"亡"。按楊希當爲羊希之誤。嚴可均據《宋書》、《御覽》採得奏、議、書等文凡五首。

袁伯文〔詩存〕 （劉宋）袁伯文撰
（明）馮惟訥輯
詩紀·宋卷十

袁伯文〔文存〕 （劉宋）袁伯文撰
（清）嚴可均輯
全宋文卷四十

袁伯文〔詩存〕 （劉宋）袁伯文撰
丁福保輯
全宋詩卷五

注：袁伯文，生平不詳。《隋志》載宋中書郎袁伯文集十一卷并目錄，兩《唐志》十卷。嚴可均據《文選·宋孝武宣貴妃誄》注採得《美人賦》殘文一節。馮惟訥輯得詩二首，爲《楚妃歎》、《述山貧》，丁福保所採與馮本同。

孫緬〔文存〕 （劉宋）孫緬撰
（清）嚴可均輯
全宋文卷五十四

注：孫緬，字伯緒，太康人，歷尋陽太守、尚書左丞、東中郎司馬（《南史·隱逸漁父傳》）。《隋志》載其集八卷，注云："並目錄。梁十一卷。"兩《唐志》載十卷。嚴可均據《宋書·禮志》採得文

二首，爲《章太后廟宜與殷祭議》、《祠孝武及昭后親報爵議》。

賀道養〔文存〕　（劉宋）賀道養撰　（清）嚴可均輯

全宋文卷四十三

注：賀道養，會稽山陰人，工卜筮，歷太學博士、征南參軍，著《賀子述言》十卷，注《春秋序》《南史·賀瑒傳》、《宋書·劉義宣傳》及《隋志》)。《隋志》注稱梁有其集十卷，亡。兩《唐志》復載十卷。嚴可均據《御覽》卷二採得《渾天記》一首。

張悦〔文存〕　（劉宋）張悦撰　（清）嚴可均輯

全宋文卷四十九

注：張悦，一作張説，吴郡吴人，歷南郡太守、吏部尚書、雍州刺史、三巴校尉等，事蹟詳《宋書·張暢傳》。《隋志》注稱梁有其集十一卷，亡。嚴可均據《類聚》卷六十九採得《瑇瑁塵尾銘》殘文一節。

明帝〔文存〕　宋明帝撰　（清）嚴可均輯

全宋文卷七至九

注：宋明帝劉彧，字休炳，小字榮期，文帝子，諡曰明皇帝，廟號太宗，事蹟詳《宋書》、《南史》本紀。《隋志》注稱梁有其集三十三卷，亡。嚴可均據《宋書》、《古刻叢鈔》等採得詔、令、書等文六十餘首。按馮氏《詩紀》宋卷十一有明帝樂舞歌二首及泰始歌舞曲十首。

張辯〔文存〕　（劉宋）張辯撰　（清）嚴可均輯

全宋文卷四十九

注：張辯，吴郡吴人，歷尚書吏部郎、

廣州刺史、大司農（《宋書·張茂度傳》)。《隋志》注稱梁有其集十六卷，亡。嚴可均據《法苑珠林》、《高僧傳》採得文二首，爲《廬山招提寺釋僧瑜贊》、《釋曇鑒讚》。

吴邁遠〔詩存〕　（劉宋）吴邁遠撰　（明）馮惟訥輯

詩紀·宋卷九

吴邁遠〔詩存〕　（劉宋）吴邁遠撰　丁福保輯

全宋詩卷五

注：吴邁遠，好爲篇章，喜自誇而蚩鄙他人，官至江州從事（《南史·文學檀超傳》及《隋志》)。《隋志》載其集一卷，注云："殘缺。梁八卷，亡。"馮惟訥輯得詩十一首，丁福保所採與馮同。

湯惠休〔詩存〕　（劉宋釋）湯惠休撰　（明）馮惟訥輯

詩紀·宋卷十

湯惠休〔詩存〕　（劉宋釋）湯惠休撰　丁福保輯

全宋詩卷五

注：湯惠休，本姓湯，入沙門，善屬文，世祖令其還俗，歷宛朐令、揚州從事史（《宋書·徐湛之傳》及《隋志》)。《隋志》載其集三卷，注云："梁四卷。"兩《唐志》三卷。馮惟訥輯得詩十一首，丁福保所採與馮本同。

王素〔詩存〕　（劉宋）王素撰　（明）馮惟訥輯

詩紀·宋卷九

王素〔詩存〕　（劉宋）王素撰　丁福保輯

全宋詩卷五

注：王素，字休業，琅邪臨沂人，初爲

廬陵國侍郎，母憂去職，隱居不仕，好文義，不以人俗累懷，《宋書》、《南史》有傳。《隋志》注稱梁有其集十六卷，亡。馮惟訥輯得《學阮步兵體》一首，丁福保所採與馮本同。

蕭惠開〔文存〕 （劉宋）蕭惠開撰

（清）嚴可均輯

全宋文卷三十九

注：蕭惠開，南蘭陵人，涉獵文史，善敍述，歷太子舍人、太子中庶子、司徒左長史、襄陽太守、御史中丞等，事蹟詳《宋書》、《南史》本傳。《隋志》注稱梁有其集七卷，"亡"。嚴可均據《宋書》、《南史》採得文二首，爲《求解職表》、《斬吉翰子啓》。

蔡興宗〔文存〕 （劉宋）蔡興宗撰

（清）嚴可均輯

全宋文卷二十七

注：蔡興宗，字興宗，濟陽考城人，歷武昌太守、臨海太守、司徒左長史、吏部尚書、鎮東將軍等，事蹟詳《宋書》、《南史》本傳。史志無載其集。《宋書》本傳謂其"文集傳於世"。嚴可均據《宋書》採得文二首，爲《申坦子令孫罪議》、《饋米郭原平及朱百年妻教》。

沈勃〔文存〕 （劉宋）沈勃撰

（清）嚴可均輯

全宋文卷四十一

注：沈勃，吳興武康人，好爲文章，善琴弈，官至司徒左長史，事蹟見《宋書·沈演之傳》。《隋志》載其集十五卷，注云："梁二十卷。"兩《唐志》十五卷。嚴可均據《類聚》卷三採得《秋羈賦》殘文一節。

劉勔〔文存〕 （劉宋）劉勔撰

（清）嚴可均輯

全宋文卷四十五

注：劉勔，字伯猷，彭城安上里人，歷湘東內史、晉康太守、鬱林太守、寧朔將軍等，卒贈司空，事蹟詳《宋書》、《南史》本傳。《隋志》注稱梁有司空劉緬集二十卷、録一卷，亡。按劉緬當爲劉勔之誤。嚴可均據《宋書》採得文三首，爲《條對賈元友北攻懸瓠書》、《與殷琰書》、《又與殷琰書》。

殷琰〔文存〕 （劉宋）殷琰撰

（清）嚴可均輯

全宋文卷四十九

注：殷琰字敬珉，陳郡長平人，諳前世舊事，歷豫州治中從事史、黃門侍郎、南梁郡太守、建武將軍等，《宋書》、《南史》有傳。《隋志》載其集七卷，兩《唐志》八卷。嚴可均據《御覽》卷三百五十八採得《宣貴妃誄》殘文一節。

徐爰〔文存〕 （劉宋）徐爰撰

（清）嚴可均輯

全宋文卷四十

注：徐爰，字長玉，一説字季玉（見《釋文序録》），本名瑗，琅邪開陽人，歷黃門侍郎、長水校尉、中散大夫等，《宋書》、《南史》有傳。《隋志》載其集六卷，注云："梁十卷。"兩《唐志》載十卷。嚴可均據《宋書》、《通典》等採得賦、表、議、論、説、箴等文凡二十四首。

張永〔文存〕 （劉宋）張永撰

（清）嚴可均輯

全宋文卷四十九

注：張永，字景雲，吳郡吳人，博涉書史，能爲文章，善隸書，於音律、騎射、雜藝無所不能，歷冀州刺史、征北將軍、南

兖州刺史等，《宋書》、《南史》有傳。《隋志》注稱梁有其集十卷，亡。嚴可均據《宋書》本傳採得《將士休假議》一首。

袁粲〔文存〕　（劉宋）袁粲撰

（清）嚴可均輯

全宋文卷四十四

注：袁粲，字景倩，陳郡陽夏人，能詩文，歷尚書吏部郎、廣陵太守、侍中、海陵太守、尚書僕射等，事蹟詳《宋書》、《南史》本傳。《隋志》載其集十一卷，注云：“并目録。梁九卷。”兩《唐志》十卷。嚴可均據《南史》、《高僧傳》、《宋書》及《齊書》採得文四首，爲《臨終啓》、《與釋道明書稱釋寶亮》、《妙德先生傳》、《託爲道人通公駁顧歡夷夏論》。

張委〔文存〕　（劉宋）張委撰

（清）嚴可均輯

全宋文卷五十七

注：《御覽》卷三百五十八引張委《九憋》一節，嚴可均據以録存，云：“案《御覽》列於顏延之後，殷琰前，知是宋人。”按《隋志》載晉祕書郎《張委集》九卷，注云：“梁五卷”，或即此人。今姑從嚴説列於宋。張委生平無考。

南　齊

崔祖思〔文存〕　（南齊）崔祖思撰

（清）嚴可均輯

全齊文卷二十一

注：崔祖思，字敬元，清河東武城人，歷相國從事中郎、齊國内史、寧朔將軍、征虜將軍等，事蹟詳《南齊書》、《南史》本傳。《隋志》注稱梁有其集二十卷，亡。嚴可均據《南齊書》本傳採得文二

首，爲《國名啓》、《陳政事啓》。

劉善明〔文存〕　（南齊）劉善明撰

（清）嚴可均輯

全齊文卷十八

注：劉善明，平原人，歷寧朔長史、尚書金部郎、海陵太守、散騎常侍、征虜將軍等，事蹟詳《南齊書》、《南史》本傳。《隋志》注稱梁有其集十卷，亡。嚴可均據《南齊書》、《弘明集》採得上表、書、答凡文五首。

褚淵〔文存〕　（南齊）褚淵撰

（清）嚴可均輯

全齊文卷十四

注：褚淵，字彥回，河南陽翟人，歷司徒右長史、侍中、吏部尚書、丹陽尹、中軍將軍、司徒等，事蹟詳《南齊書》、《南史》本傳。《隋》、《唐志》並載其集十五卷。嚴可均據《南齊書》、《初學記》採得賦、答、奏、議、啓、書等文凡十首。馮惟訥《詩紀》齊卷八載淵《登歌》二首。

顧歡〔詩存〕　（南齊）顧歡撰

（明）馮惟訥輯

詩紀·齊卷七

顧歡〔文存〕　（南齊）顧歡撰

（清）嚴可均輯

全齊文卷二十二

顧歡〔詩存〕　（南齊）顧歡撰　丁福保輯

全齊詩卷四

注：顧歡，參《顧歡周易繫辭注》。《南史·隱逸傳》云：“武帝詔歡諸子撰歡文議三十卷。”《隋志》注稱梁有其集三十卷，亡。嚴可均據《南齊書》、《南史》採得文四首，爲《獻治綱表》、《夷夏論》、《答袁粲駁夷夏論》、《題東府柱》。

馮惟訥輯得《臨終詩》一首，丁福保所採
與馮本同。

劉瓛〔文存〕 （南齊）劉瓛撰
（清）嚴可均輯

全齊文卷十八

注：劉瓛，字子珪，沛國相人，歷建平
王景素鎮北主簿、武陵王曄冠軍征虜參
軍、射聲校尉等，《南齊書》、《南史》有
傳。《隋志》注稱梁有其集三卷，亡。嚴
可均據《宋書·劉宏傳》採得《上書理宋
建平王景素》一首。

周顒〔文存〕 （南齊）周顒撰
（清）嚴可均輯

全齊文卷二十

注：周顒，字彦倫，汝南安成人，有辭
義，善尺牘，涉獵百家，長於佛理，又兼
長《老》、《易》，歷剡令、邵陵王南中郎參
軍、山陰令、中書郎等，著《周易論》十卷
（見《隋志》），事蹟詳《南齊書》、《南史》
本傳。《隋志》載其集八卷，注云："梁十
六卷。"兩《唐志》載二十卷。嚴可均據
《南齊書》、《弘明集》等採得議、書、答、
序等文凡七首。

劉祥〔文存〕 （南齊）劉祥撰
（清）嚴可均輯

全齊文卷十八

注：劉祥，字顯徵，東莞莒人，歷冠軍
征虜功曹、長沙王鎮軍諮議參軍、臨川
王驃騎從事中郎等，事蹟詳《南齊書》、
《南史》本傳。《隋志》注稱梁有其集十
卷，亡。嚴可均據《南齊書》本傳採得
《對獄鞫辭》一首及連珠十五首。

劉璡〔文存〕 （南齊）劉璡撰
（清）嚴可均輯

全齊文卷十八

注：劉璡，參《劉瓛周易義疏》。《南
齊書》本傳云："（璡）所著文集皆是禮
義，行於世。"《隋志》注稱梁有其集三十
卷，亡。嚴可均據《南齊書》本傳採得
《與張融王思遠書》一首。

王儉〔詩存〕 （南齊）王儉撰
（明）馮惟訥輯

詩紀·齊卷一

王文憲集一卷 （南齊）王儉撰

漢魏六朝百三名家集

漢魏六朝百三名家集（明婁東張氏刻
本） 佚名錄清何焯批校 〔浙江圖
書館〕

漢魏六朝百三名家集（明婁東張氏刻
本） 清何紹基評點 〔武漢大學圖
書館〕

王儉〔文存〕 （南齊）王儉撰
（清）嚴可均輯

全齊文卷九至十一

王儉〔詩存〕 （南齊）王儉撰 丁
福保輯

全齊詩卷二

注：王儉，參《喪服古今集記》。《南
齊書》本傳謂儉文集行於世。《隋志》載
其集五十一卷，注云："梁六十卷。"兩
《唐志》載六十卷。《百三名家集》本錄
存賦、表、議、奏、啟、章、牋、書、贊、碑
文、連珠凡文四十餘首，又《經義問答》，
末爲詩十四首。嚴可均據《南齊書》、
《宋書》等採摭，除未採《經義問答》外，
其餘較《百三名家集》本文多《策秀公九
錫文》、《策命齊王》、《再命璽書》、《奏勸
受禪》、《乘輿副車議》、《金貂議》、《穆太
妃小祥南郡王應不相待議》、《安陸王子
婦爲范貴妃服議》、《庶姓三公輴車議》、

《南郊明堂異日議》、《諫省南豫州啓》、《南郡王冠祝辭》、《南郡王冠醮酒辭》，又《和竟陵王子良高松賦》文亦較詳。按《文館詞林》卷六百六十五載儉《南齊武帝效祀大赦詔》、《南齊武帝饗祭大赦詔》、《南齊武帝殷祭恩降詔》、《南齊武帝籍田恩詔》，卷六百六十七載《南齊高帝水旱乘度大赦詔》，均爲嚴本所無。馮惟訥輯得詩八首，又《詩紀》齊卷八有儉樂歌等，然亦不出《百三名家集》本之外；丁福保所採與馮本同。

王僧祐〔詩存〕　（南齊）王僧祐撰　（明）馮惟訥輯

　　詩紀·齊卷一

王僧祐〔詩存〕　（南齊）王僧祐撰　丁福保輯

　　全齊詩卷二

　　注：王僧祐，字胤宗，琅邪臨沂人，善《老》、《莊》，工草隷，且善鼓琴，官至黃門郎，《南齊書》、《南史》有傳。《隋志》注稱梁有其集十卷，“亡”。馮惟訥輯得《贈王儉》一首，丁福保所採與馮本同。

虞炎〔詩存〕　（南齊）虞炎撰　（明）馮惟訥輯

　　詩紀·齊卷七

虞炎〔文存〕　（南齊）虞炎撰　（清）嚴可均輯

　　全齊文卷二十五

虞炎〔詩存〕　（南齊）虞炎撰　丁福保輯

　　全齊詩卷四

　　注：虞炎，會稽人，歷散騎常侍、驃騎將軍（《南齊書·文學陸厥傳》及《南齊書·孝義公孫僧遠傳》）。《隋志》注稱梁有其集七卷，亡。嚴可均據《南齊書》

及《鮑照集》附採得文二首，爲《郊壇瓦屋議》、《鮑照集序》。馮惟訥採得詩四首，爲《玉階怨》、《餞謝文學離夜》、《詠簾》、《奉和竟陵王經劉巘墓下》；丁福保所採與馮本同。

劉瑱〔詩存〕　（南齊）劉瑱撰　（明）馮惟訥輯

　　詩紀·齊卷七

劉瑱〔詩存〕　（南齊）劉瑱撰　丁福保輯

　　全齊詩卷四

　　注：劉瑱（馮惟訥、丁福保均題作劉瑱，按明英宗名祈鎮，馮氏避諱，丁氏襲之），字士溫，彭城安上里人，能文，善書畫，猶長於畫婦人，歷尚書吏部郎、義興太守，《南齊書》、《南史》有傳。《隋志》注稱梁有其集十卷，亡。馮惟訥輯得《上湘度琵琶磯》一首，丁福保所採與馮本同。按《類聚》卷二十七引劉瑱《上湘度琵琶磯》。

文惠太子〔文存〕　（南齊）蕭長懋撰　（清）嚴可均輯

　　全齊文卷六

　　注：蕭長懋，字雲喬，小字白澤，武帝子，歷黃門侍郎、左中郎將，雍州刺史、征虜將軍、侍中等，武帝即位立爲皇太子，諡曰文惠，事蹟詳《南齊書》、《南史》本傳。《隋志》載其集一卷，注云：“殘缺。梁十一卷。”嚴可均據《南齊書》本傳採得《疾篤上表》一首。

竟陵王子良〔詩存〕　（南齊）蕭子良撰　（明）馮惟訥輯

　　詩紀·齊卷一

南齊竟陵王集二卷　（南齊）蕭子良撰

漢魏六朝百三名家集

漢魏六朝百三名家集（明婁東張氏刻本） 佚名録清何焯批校 〔浙江圖書館〕

漢魏六朝百三名家集（明婁東張氏刻本） 清何紹基評點 〔武漢大學圖書館〕

竟陵王子良〔文存〕 （南齊）蕭子良撰 （清）嚴可均輯

全齊文卷七

竟陵王子良〔詩存〕 （南齊）蕭子良撰 丁福保輯

全齊詩卷一

注：蕭子良，字雲英，武帝子，好釋教，歷輔國將軍，會稽太守、南徐州刺史、太傅等，封竟陵郡王，所著内、外文筆數十卷，雖無文采，多是勸戒，事蹟詳《南齊書》、《南史》本傳。《隋志》載其集四十卷，兩《唐志》三十卷。《百三名家集》本録存啓、表、書等文凡十九首，又《净住子》，末爲詩五首。嚴可均據《初學記》、《南齊書》等採摭，除《净住子》僅輯序外，餘較《百三名家集》本文多《梧桐賦》、《上讜言表》（按《百三名家集》本之《上讜言表》嚴本作《請停臺使檢課表》）、《錢法表》、《眼銘》、《耳銘》、《口銘》。馮惟訥所採與《百三名家集》本詩同，當係張溥抄襲馮本；丁福保所採與馮本同。

王融〔詩存〕 （南齊）王融撰 （明）馮惟訥輯

詩紀·齊卷二

王寧朔集四卷 （南齊）王融撰 （明）張燮輯

七十二家集

王寧朔集四卷 （南齊）王融撰

漢魏六朝百三名家集

漢魏六朝百三名家集（明婁東張氏刻本） 佚名録清何焯批校 〔浙江圖書館〕

漢魏六朝百三名家集（明婁東張氏刻本） 清何紹基評點 〔武漢大學圖書館〕

王寧朔集 （南齊）王融撰

增定漢魏六朝別解·集部

王融〔文存〕 （南齊）王融撰 （清）嚴可均輯

全齊文卷十二至十三

王融〔詩存〕 （南齊）王融撰 丁福保輯

全齊詩卷二

注：王融，字元長，琅邪臨沂人，博涉羣籍，有文才，歷晉陵王司徒法曹參軍、祕書丞、中書郎等，文集行於時，事蹟詳《南齊書》、《南史》本傳。《隋》、《唐志》並載其集十卷，《宋志》七卷，《崇文總目》載《王融文集》七卷。《百三名家集》本録存賦、疏、表、策問、啓、書、序、頌、哀策文、墓銘凡文五十七首，又詩八十餘首，末附聯句。嚴可均據《文選》、《類聚》等採摭，所採與《百三名家集》本文大致相當。馮惟訥所輯較《百三名家集》本詩多《别王丞僧孺》（《類聚》作謝朓）、《後園作迴文詩》（見《類聚》卷五十六）及《净行詩》（《百三名家集》本入文）；丁福保所採較馮本多《有所思》一首，又從《文館詞林》卷一百五十二採得《贈族叔衛軍儉》亦較詳。

隨郡王蕭子隆〔詩存〕 （南齊）蕭子隆撰 （明）馮惟訥輯

詩紀・齊卷一

隨郡王子隆〔文存〕 （南齊）蕭子
隆撰　（清）嚴可均輯
　　全齊文卷七

隨郡王蕭子隆〔詩存〕 （南齊）蕭
子隆撰　丁福保輯
　　全齊詩卷一

　　注：蕭子隆，字雲興，武帝子，有文才，歷荆州刺史、中軍大將軍、侍中，有文集行於時，《南齊書》《南史》有傳。《隋志》注稱梁有其集七卷，“亡”。嚴可均採得《山居序》一首，未注出處。馮惟訥輯得《經劉瓛墓下》一首，丁福保所採與馮本同。

袁彖〔詩存〕 （南齊）袁彖撰
（明）馮惟訥輯
　　詩紀・齊卷七

袁彖〔文存〕 （南齊）袁彖撰
（清）嚴可均輯
　　全齊文卷十七

袁彖〔詩存〕 （南齊）袁彖撰　丁
福保輯
　　全齊詩卷四

　　注：袁彖，字偉才，陳郡陽夏人，善屬文，好玄言，歷廬陵内史、中書郎、御史中丞、南郡内史、侍中等，事蹟詳《南齊書》《南史》本傳。《隋志》載其集五卷並錄。嚴可均據《南齊書》《南史》採得文三首，爲《奏劾謝超宗》《劾蔣之胡之罪議》《駁檀超國史條例議》。馮惟訥輯得詩《贈庾易》一首及《遊僊詩》二首，丁福保所採與馮本同。

江朝請〔詩存〕 （南齊）江奐撰
（明）馮惟訥輯
　　詩紀・齊卷六

江朝請〔詩存〕 （南齊）江奐撰
丁福保輯
　　全齊詩卷四

　　注：江奐，生平不詳。《隋志》載齊中書郎江奐集九卷並錄，兩《唐志》載十一卷。馮惟訥輯得《渌水曲》一首，丁福保所採與馮本同。

丘巨源〔詩存〕 （南齊）丘巨源撰
（明）馮惟訥輯
　　詩紀・齊卷七

丘巨源〔文存〕 （南齊）丘巨源撰
（清）嚴可均輯
　　全齊文卷十七

丘巨源〔詩存〕 （南齊）丘巨源撰
丁福保輯
　　全齊詩卷四

　　注：丘巨源，蘭陵蘭陵人，歷南臺御史、奉朝請、尚書主客郎、餘杭令等，事蹟詳《南齊書》《南史》本傳。《隋志》注稱梁有其集十卷，錄一卷，“亡”。嚴可均據《南齊書》《宋書》採得文三首，爲《爲尚書符荆州》《馳檄數沈攸之罪惡》《與尚書令袁粲書》。馮惟訥輯得詩三首，爲《詠七寶畫圖扇》《詠扇》《聽鄰妓》；丁福保據《詩紀匡謬》刪除《詠扇》，餘同馮本。

劉虬〔文存〕 （南齊）劉虬撰
（清）嚴可均輯
　　全齊文卷二十

　　注：劉虬，字靈預，一字德明，南陽涅陽人，徙居江陵，好學，崇信釋氏，曾注《法華經》，歷晉平主驃騎記室、當陽令，後罷官歸家，屢辟不就，《南齊書》《南史》有傳。《隋志》注稱梁有其集二十四卷，亡。嚴可均據《南齊書》及《釋藏》採

得文二首，爲《答竟陵王子良書》、《無量
義經序》。

劉悛〔文存〕 （南齊）劉悛撰
（清）嚴可均輯

全齊文卷十七

注：劉悛，字士操，本名忱，宋明帝多
忌，以反語“劉忱”爲“臨讎”，遂改名悛，
彭城安上里人，歷散騎侍郎、中書郎、黄
門郎、越騎校尉、冠軍將軍、蜀郡太守
等，事蹟詳《南齊書》、《南史》本傳。《隋
志》注稱梁有其集二十卷、録一卷，
“亡”。嚴可均據《南齊書》本傳採得《蒙
山採銅啓》一首。

王寂〔詩存〕 （南齊）王寂撰 丁
福保輯

全齊詩卷二

注：王寂，字子玄，琅琊臨沂人，好文
章，官祕書，卒年二十一歲（《南齊書·
王僧虔傳》）。《隋志》注稱梁有其集五
卷，“亡”。丁福保據《文館詞林》卷一百
五十二採得《第五兄揖到太傅竟陵王屬
奉詩》一首。

張融〔詩存〕 （南齊）張融撰
（明）馮惟訥輯

詩紀·齊卷七

齊張長史集一卷 （南齊）張融撰

漢魏六朝百三名家集

漢魏六朝百三名家集（明婁東張氏刻
本） 佚名録清何焯批校 〔浙江圖
書館〕

漢魏六朝百三名家集（明婁東張氏刻
本） 清何紹基評點 〔武漢大學圖
書館〕

張融〔文存〕 （南齊）張融撰
（清）嚴可均輯

全齊文卷十五

張融〔詩存〕 （南齊）張融撰 丁
福保輯

全齊詩卷四

注：張融，參《少子》。《南齊書》本傳
云：“融自名集爲《玉海》。司徒褚淵問
《玉海》名，融答：‘玉以比德，海崇上
善。’文集數十卷行於世。”《隋志》載其
集二十七卷，注云：“梁十卷。又有張融
《玉海集》十卷、《大澤集》十卷、《金波
集》六十卷，亡。”兩《唐志》僅載《玉海
集》六十卷。《百三名家集》本録存賦、
牋、書、論、序、誡凡文十首，又詩四首。
嚴可均據《南齊書》、《弘明集》等採摭，
較《百三名家集》本文多《遺令》、《防
墓》。馮惟訥輯得詩四首，爲《白日歌》、
《蕭史曲》、《憂且吟》及《別詩》，與《百三
名家集》本詩同，當係張溥襲鈔馮本；丁
福保所採與馮本同。

徐孝嗣〔詩存〕 （南齊）徐孝嗣撰
（明）馮惟訥輯

詩紀·齊卷一

徐孝嗣〔文存〕 （南齊）徐孝嗣撰
（清）嚴可均輯

全齊文卷二十

徐孝嗣〔詩存〕 （南齊）徐孝嗣撰
丁福保輯

全齊詩卷二

注：徐孝嗣，字始昌，東海郯人，歷晉
陵太守、吳興太守、散騎常侍、侍中、尚
書令等，事蹟詳《南齊書》、《南史》本傳。
《隋志》載其集十卷，注云：“梁七卷。”兩
《唐志》載十二卷。嚴可均據《南齊書》
採得文四首，爲《表立屯田》、《奏劾蕭元
蔚等》、《嗣君廟見議》、《冠婚禮議》。按

《文館詞林》卷六百六十二載孝嗣《齊明帝北伐纂嚴詔》，卷六百七十載《大赦詔》、《南齊明帝原遣負及罷省詔》，均爲嚴本所無。馮惟訥輯得《白雪歌》一首，丁福保所採與馮本同。

陸厥〔詩存〕　（南齊）陸厥撰

（明）馮惟訥輯

詩紀·齊卷七

陸厥〔文存〕　（南齊）陸厥撰

（清）嚴可均輯

全齊文卷二十四

陸厥〔詩存〕　（南齊）陸厥撰　丁福保輯

全齊詩卷四

注：陸厥，字韓卿，吳郡吳人，工詩文，歷王晏分傅主簿、後軍法曹參軍，有文集行於時，事蹟詳《南齊書·文學傳》。《隋志》載其集八卷，注云：“梁十卷”。兩《唐志》載十卷。嚴可均據《南齊書》採得《與沈約書》一首。馮惟訥輯得詩十一首，丁福保所採與馮本同。

祖沖之〔文存〕　（南齊）祖沖之撰

（清）嚴可均輯

全齊文卷十六

注：祖沖之，參《述異記》。《隋志》注稱梁有其集五十一卷，亡。嚴可均據《宋書·曆志》採得文二首，爲《上新曆表》、《辯戴法興難新曆》。

孔稚珪〔詩存〕　（南齊）孔稚珪撰

（明）馮惟訥輯

詩紀·齊卷七

南齊孔詹事集一卷　（南齊）孔稚珪撰

漢魏六朝百三名家集

漢魏六朝百三名家集（明婁東張氏刻本）　佚名録清何焯批校　〔浙江圖書館〕

漢魏六朝百三名家集（明婁東張氏刻本）　清何紹基評點　〔武漢大學圖書館〕

孔詹事集　（南齊）孔稚珪撰

增定漢魏六朝別解·集部

孔稚珪〔文存〕　（南齊）孔稚珪撰

（清）嚴可均輯

全齊文卷十九

孔稚珪〔詩存〕　（南齊）孔稚珪撰

丁福保輯

全齊詩卷四

注：孔稚珪，字德璋，會稽山陰人，少知名，有文採，歷驍騎將軍、黃門郎、御史中丞、南郡太守等，事蹟詳《南齊書》、《南史》本傳。《隋》、《唐志》並載其集十卷，宋代目録亦録十卷。《郡齋讀書志》云：“集有序云：‘所爲文章雖行於世，竟未撰集，今摭其遺逸，分爲十卷。’然莫知其爲誰序也。”《百三名家集》本録存表、奏、啓、書、碑、移文、祭文凡文十四首，又詩四首。嚴可均據《類聚》、《南齊書》等採摭，所採與《百三名家集》本文同。馮惟訥輯得詩四首，與《百三名家集》本詩同，爲《白馬篇》（二首）、《旦發青林》、《遊太平山》，當係張溥轉録馮本；丁福保所採與馮本同。

裴昭明〔文存〕　（南齊）裴昭明撰

（清）嚴可均輯

全齊文卷十八

注：裴昭明，河東聞喜人，少傳儒史之業，歷長沙郡丞、祠部通直郎、始安內史、廣陵太守等，事蹟詳《南齊書·良政傳》。《隋志》注稱梁有其集九卷，亡。

嚴可均據《宋書》、《南齊書》採得文二首，爲《議皇太子納徵禮》、《郊殷議》。

劉繪〔詩存〕 （南齊）劉繪撰
（明）馮惟訥輯

詩紀・齊卷七

劉繪〔文存〕 （南齊）劉繪撰
（清）嚴可均輯

全齊文卷十七

劉繪〔詩存〕 （南齊）劉繪撰 丁
福保輯

全齊詩卷四

注：劉繪，字士章，彭城安上里人，工詩文，善隸書，歷太子洗馬、南康相、鎮軍長史、長沙内史等，事蹟詳《南齊書》、《南史》本傳。《隋志》注稱梁有其集十卷，亡。嚴可均據《南齊書》、《南史》採得文三首，爲《爲豫章王嶷乞收葬蛸子響表》、《難何佟之南北郊牲色議》、《與始安王遥光牋》。馮惟訥輯得詩七首，丁福保所採與馮本同。

虞羲〔詩存〕 （南齊）虞羲撰
（明）馮惟訥輯

詩紀・梁卷二十八

虞羲〔文存〕 （南齊）虞羲撰
（清）嚴可均輯

全齊文卷二十五

虞羲〔詩存〕 （南齊）虞羲撰 丁
福保輯

全梁詩卷十二

注：虞羲，字士光，會稽餘姚人，善辭藻，歷前軍參軍、晉安王侍郎（《南史・王僧孺傳》及《隋志》）。《隋志》載其集九卷，注云："殘缺。梁十一卷。"兩《唐志》並載十一卷。嚴可均據《類聚》卷四十採得《與蕭令王僕射書爲袁彖求謚》

一首。馮惟訥輯得詩十首；丁福保從《文館詞林》卷一百五十八採得《敬贈蕭諮議》、《贈何録事誝之》二首，餘同馮本。

梁

沈麟士〔文存〕 （梁）沈麟士撰
（清）嚴可均輯

全梁文卷四十

注：沈麟士，參《沈麟士易經要略論》。《隋志》載其集六卷。嚴可均據《南史》、《湖録金石考》採得文四首，爲《與沈約書辭表薦》、《答張永使者辭功曹》、《沈氏述祖德碑》、《終制遺令》。

范雲〔詩存〕 （梁）范雲撰 （明）
馮惟訥輯

詩紀・梁卷十四

范雲〔文存〕 （梁）范雲撰 （清）
嚴可均輯

全梁文卷四十五

范雲〔詩存〕 （梁）范雲撰 丁福
保輯

全梁詩卷六

注：范雲，字彦龍，南鄉舞陰人，善屬文，歷通直散騎侍郎、零陵内史、廣川刺史、尚書右僕射等，有集三十卷，《梁書》、《南史》有傳。《隋志》載其集十一卷並録，兩《唐志》十二卷。嚴可均據《類聚》採得文三首，爲《爲柳司空讓尚書令初表》、《第二表》、《除始興郡表》。馮惟訥輯得詩四十餘首，丁福保所採較馮本少《有所思》一首。按《有所思》，《詩紀匡謬》云："此詩《樂府》作王融，《藝文》亦作王融，舍二書之外無所見，

不知何據而歸彥龍也。"

宗夬〔詩存〕　（梁）宗夬撰　（明）馮惟訥輯

詩紀·梁卷二十六

宗夬〔詩存〕　（梁）宗夬撰　丁福保輯

全梁詩卷十一

注：宗夬，字明敭，南陽涅陽人，歷臨川王常侍、秣陵令、郢州治中、衞軍長史、東海太守等，事蹟詳《梁書》、《南史》本傳。《隋志》載梁司徒諮議宗史集九卷並録。按"宗史"當爲"宗夬"之形訛。兩《唐志》載十卷。馮惟訥輯得詩五首，丁福保所採與馮本同。

司馬褧〔文存〕　（梁）司馬褧撰　（清）嚴可均輯

全梁文卷五十八

注：司馬褧，字元素，一作字元表，河内温人，少傳家業，歷步兵校尉、仁威長史、雲騎將軍、御史中丞等，撰《嘉禮儀注》一百十二卷，庾肩吾集其文十卷，事蹟詳《梁書》、《南史》本傳。《隋》、《唐志》並載其集九卷。嚴可均據《通典》、《弘明集》採得文二首，爲《東宮樂議》、《答釋法雲書難范縝神滅論》。

劉昭〔文存〕　（梁）劉昭撰　（清）嚴可均輯

全梁文卷六十二

注：劉昭，字宣卿，平原高唐人，勤於學，善屬文，七歲即通《老》、《莊》之義，歷征北行參軍、通直郎、郯令等，注范曄《後漢書》，著《幼童傳》十卷，有文集十卷，《梁書》、《南史》有傳。史志未載其集。嚴可均據《通典》及劉昭《續漢書志》注採得文三首，爲《鈔集議祭六宗

論》、《難晉劉世明論久喪不葬服》、《注補續漢書八志序》。

王籍〔詩存〕　（梁）王籍撰　（明）馮惟訥輯

詩紀·梁卷二十三

王籍〔詩存〕　（梁）王籍撰　丁福保輯

全梁詩卷十

注：王籍，字文海，琅邪臨沂人，少能屬文，既長好學博涉，有才氣，善草書，歷外兵記室、錢塘令、中散大夫、安西府諮議參軍等，湘東王集其文十卷，《梁書》、《南史》有傳。史志無載其集。馮惟訥輯得詩二首，爲《櫂歌行》、《入若邪溪》；丁福保所採與馮本同。

謝綽〔文存〕　（梁）謝綽撰　（清）嚴可均輯

全梁文卷五十九

注：謝綽，參《宋拾遺録》。《隋志》注稱梁有其集十一卷，亡。嚴可均據《弘明集》卷十採得《答釋法雲書難范縝神滅論》一首。

王巾〔文存〕　（梁）王巾撰　（清）嚴可均輯

全梁文卷五十四

注：王巾，字簡棲，琅邪臨沂人，歷郢州從事、征南記室，天監四年卒，著《法師傳》十卷（《文選·頭陀寺碑文》注引《姓氏英賢録》、《隋志》史部雜傳類）。按巾仕齊入梁，今從嚴本列於梁。《隋志》注稱梁有其集十一卷，亡。嚴可均據《文選》卷五十九採得《頭陀寺碑文》一首。

王揖〔文存〕　（梁）王揖撰　（清）嚴可均輯

全梁文卷四十八

王揖〔詩存〕 （梁）王揖撰　丁福保輯

全梁詩卷十一

注：王揖，一作王楫，琅邪臨沂人，歷太中大夫、東陽太守（《梁書·王筠傳》、《南史·王志傳》及《隋志》）。《隋志》載其集五卷。嚴可均據《弘明集》卷十採得《答釋法雲書難范縝神滅論》一首。丁福保從《文館詞林》卷一百五十二輯得《在齊答弟寂》一首。

庾曇隆〔文存〕 （梁）庾曇隆撰（清）嚴可均輯

全梁文卷五十四

注：庾曇隆，歷通直散騎常侍、永嘉太守、光禄大夫（《南齊書·禮志》、《南史·江淹傳》及《隋志》）。《隋志》載其集十卷並錄，《新唐志》十卷。按《舊唐志》無《庾曇隆集》，載《庾景興集》十卷，疑景興爲其字。齊有庾杲之，字景行，新野人，景興或爲景行昆季？疑不能定。嚴可均據《南齊書》、《通典》與《弘明集》採得文三首，爲《請臨海王改封外州啓》、《郊壇不起瓦屋啓》、《答釋法雲書難范縝神滅論》。

范縝〔文存〕 （梁）范縝撰　（清）嚴可均輯

全梁文卷四十五

注：范縝，字子真，南鄉舞陰人，從劉瓛學，博通經術，精三《禮》，好危言高論，歷尚書殿中郎、宜都太守、中書郎、國子博士等，有文集十卷（《南史》作十五卷），《梁書》、《南史》有傳。《隋志》載其集十一卷。嚴可均據《梁書》、《文苑英華》等採得文五首。

謝朏〔文存〕 （梁）謝朏撰　（清）嚴可均輯

全梁文卷四十五

注：謝朏，字敬沖，陳郡陽夏人，善屬文，歷臨川内史、驃騎長史、侍中、征虜將軍、吳興太守等，所著書及文章並行於時，著《書筆儀》二十一卷（見《隋志》史部儀注類），事蹟詳《梁書》、《南史》本傳。《隋志》注稱梁有其集十五卷，亡。嚴可均據《類聚》、《梁書》採得文二首，爲《與王儉書》、《遺弟瀟書》。

任昉〔詩存〕 （梁）任昉撰　（明）馮惟訥輯

詩紀·梁卷十五

任彦升集六卷 （梁）任昉撰

漢魏諸名家集

任彦升集六卷 （梁）任昉撰

漢魏六朝諸家文集

漢魏六朝諸家文集　傅增湘校　〔北京圖書館〕

任中丞集六卷 （梁）任昉撰（明）張燮輯

七十二家集

任中丞集一卷 （梁）任昉撰

漢魏六朝百三名家集

漢魏六朝百三名家集（明婁東張氏刻本）　佚名錄清何焯批校　〔浙江圖書館〕

漢魏六朝百三名家集（明婁東張氏刻本）　清何紹基評點　〔武漢大學圖書館〕

任彦升集 （梁）任昉撰

漢魏別解·南北朝文

任中丞集 （梁）任昉撰

增定漢魏六朝別解·集部

任彥升文抄一卷　（梁）任昉撰
（明）李賓輯

　八代文抄

任昉〔文存〕　（梁）任昉撰　（清）
嚴可均輯

　全梁文卷四十一至四十四

任彥昇集五卷　（梁）任昉撰

　漢魏六朝名家集初刻

任昉〔詩存〕　（梁）任昉撰　丁福
保輯

　全梁詩卷六

　　注：任昉，字彥昇，樂安博昌人，善屬
文，歷征北行參軍、丹陽主簿、太子步兵
校尉、司徒右長史、御史中丞等，著《雜
傳》二百四十七卷、《地記》二百五十二
卷（見《隋志》史部），所著文章數十萬
言，文章三十三卷，事蹟詳《梁書》、《南
史》本傳。《隋》、《唐志》並載其集三十
四卷，《宋志》六卷。《百三名家集》本録
存賦、詔、璽書、册、令、教、表、彈文、啓、
牋、書、策、序、議、哀策文、碑、墓銘、行
狀、弔文凡文六十首，又詩二十三首，末
爲聯句。《漢魏諸名家集》本詩文七十
餘首，不出《百三名家集》本之外。嚴可
均據《類聚》、《梁書》等採摭，較《百三名
家集》本文多《封梁公詔》、《進梁公爵爲
王詔》、《策梁公九錫文》、《爲齊宣德皇
后令》、《爲梁武帝集墳籍令》、《爲梁武
帝斷華侈令》及《朝堂諱榜議》。按《文
館詞林》卷六百九十五載昉《梁武帝設
膀達枉令》、《梁武帝檢尚書衆曹昏朝滯
事令》、《梁武帝掩骼埋胔令》、《梁武帝
葬戰亡者令》，卷六百九十九載《轉送亡
軍士教》，均爲嚴本所無。馮惟訥所採
詩較《百三名家集》本少聯句，丁氏《全

梁詩》所載與馮本同。丁氏《名家集初
刻》本文據嚴本，詩則與《百三名家集》
本同。

丘遲〔詩存〕　（梁）丘遲撰　（明）
馮惟訥輯

　詩紀·梁卷十四

梁丘司空集一卷　（梁）丘遲撰

　漢魏六朝百三名家集

　漢魏六朝百三名家集（明婁東張氏刻
　　本）　佚名録清何焯批校　〔浙江圖
　　書館〕

　漢魏六朝百三名家集（明婁東張氏刻
　　本）　清何紹基評點　〔武漢大學圖
　　書館〕

丘遲〔文存〕　（梁）丘遲撰　（清）
嚴可均輯

　全梁文卷五十六

丘遲〔詩存〕　（梁）丘遲撰　丁福
保輯

　全梁詩卷六

　　注：丘遲，字希範，吳興烏程人，善屬
文，歷大司馬行參軍、驃騎主簿、中書侍
郎、司徒從事中郎等，所著詩賦行於世，
事蹟詳《梁書·文學傳》及《南史·文學
傳》。《隋志》載其集十卷，注云：“並録，
梁十一卷。”兩《唐志》十卷。《百三名家
集》本録存賦、表、啓、教、書、銘、誄凡文
十三首，又詩十一首。嚴可均據《類
聚》、《文選》採摭，所輯與《百三名家集》
本文同。馮惟訥輯得詩十一首，與《百
三名家集》本詩同，當係張溥抄録馮本；
丁福保所採與馮本同。

劉苞〔詩存〕　（梁）劉苞撰　（明）
馮惟訥輯

　詩紀·梁卷二十五

劉苞〔詩存〕 （梁）劉苞撰 丁福
保輯
全梁詩卷十一
注：劉苞，字孝嘗，一作孟嘗，彭城
人，以文藻見知，歷王中軍功曹、尚書庫
部侍郎、丹陽尹丞、太子太傅丞、太子洗
馬等，《梁書》、《南史》有傳。《隋志》注
稱梁有其集十卷，亡。馮惟訥輯得詩二
首，爲《九日侍宴樂遊苑正陽堂詩》、《望
夕雨》；丁福保所採與馮本同。

虞騫〔文存〕 （梁）虞騫撰 （清）
嚴可均輯
全梁文卷六十三
注：虞騫，字里不詳，歷治書侍御史、
尚書祠部郎（《梁書·良吏伏暅傳》、《隋
志》）。《隋志》載其集十卷，兩《唐志》六
卷。嚴可均據《梁書·良吏傳》採得《奏
彈伏暅》一首。

梁沈約集一卷 （梁）沈約撰
六朝詩集

沈約〔詩存〕 （梁）沈約撰 （明）
馮惟訥輯
詩紀·梁卷九至十一

沈休文集五卷 （梁）沈約撰
明程榮刻本 〔南京圖書館〕

沈隱侯集四卷 （梁）沈約撰
（明）沈啓原輯
明萬曆十三年沈啓原刻本 〔北京圖書
館 上海圖書館等〕

沈休文集四卷 （梁）沈約撰
明萬曆四十一年刻武康四生生集本
〔北京圖書館 吉林省圖書館等〕

沈隱侯集十六卷 （梁）沈約撰
（明）張燮輯

七十二家集

沈隱侯集二卷 （梁）沈約撰
漢魏六朝百三名家集
漢魏六朝百三名家集（明婁東張氏刻
本） 佚名録清何焯批校 〔浙江圖
書館〕
漢魏六朝百三名家集（明婁東張氏刻
本） 清何紹基評點 〔武漢大學圖
書館〕

沈隱侯集十六卷 （梁）沈約撰
（明）阮元聲評
劉沈合集

沈隱侯集 （梁）沈約撰
增定漢魏六朝別解·集部

沈休文文抄一卷 （梁）沈約撰
（明）李賓輯
八代文抄

沈約〔文存〕 （梁）沈約撰 （清）
嚴可均輯
全梁文卷二十五至三十二

沈休文集九卷 （梁）沈約撰
漢魏六朝名家集初刻

沈約〔詩存〕 （梁）沈約撰 丁福
保輯
全梁詩卷四
注：沈約，參《沈約晉書》。《梁書》本
傳謂約有文集一百卷。《隋志》載其集
一百一卷并録；兩《唐志》載一百卷，又
《集略》三十卷；《宋志》、《崇文總目》並
載九卷，《宋志》又載《詩》一卷。《直齋
書録解題》載《沈約集》十五卷，《別集》
一卷，又九卷，并云：“今所存惟此而已。
十五卷者，前二卷爲賦，餘皆詩也；《別
集》雜録詩文，不分卷；九卷者，皆詔草
也。《館閣書目》但有此九卷，及《詩》一

卷，凡四十八首。”《百三名家集》本録存賦、詔、勑、制、疏、表、章、啓、書、序、頌等文一百餘首，又詩二百餘首。嚴可均據《類聚》、《梁書》、《文苑英華》等採摭，可補《百三名家集》本之缺。馮惟訥詩所採除《詩紀》梁卷九至十一載沈詩，又梁卷三十二至三十四載約歌辭舞曲等，均不出《百三名家集》本之外。《劉宋合集》本亦録詩文數百首，與《百三名家集》本不盡同。丁氏《名家集初刻》本文據嚴本，詩與《百三名家集》本詩同。丁福保又從《文館詞林》卷一百五十八採得《贈沈録事江水曹二大使》及《贈劉南郡季連》，收入《全梁詩》中，爲諸本所無。按《文館詞林》卷六百六十二載約《梁武帝北伐詔》，卷六百七十載《梁武帝恩赦詔》，卷六百九十九載《祭故徐崔文教》、《贈留真人祖父教》，均爲諸本所無。

柳惔〔文存〕（梁）柳惔撰（清）嚴可均輯

全梁文卷五十九

注：柳惔，字文深，河東解人，通《老》、《易》，好玄言，歷給事黄門郎、始興王鎮北長史、鎮西長史，蜀郡太守等，《梁書》、《南史》有傳。《隋志》注稱梁有其集六卷，亡。嚴可均據《類聚》、《弘明集》採得文二首，爲《賦體》、《答釋法雲書難范縝神滅論》。

范岫〔文存〕（梁）范岫撰（清）嚴可均輯

全梁文卷四十五

注：范岫，字懋賓，濟陽考城人，博涉多通，尤悉魏晉以來吉凶故事，善屬文，歷護軍司馬、國子博士、尚書左丞、安成内史、御史中丞、光禄大夫等，所著文集、禮論雜儀、字訓行於時，《梁書》、《南史》有傳。史志不載其集。嚴可均據《弘明集》卷十採得《答釋法雲書難范縝神滅論》一首。

柳惲〔詩存〕（梁）柳惲撰（明）馮惟訥輯

詩紀·梁卷十六

柳惲〔文存〕（梁）柳惲撰（清）嚴可均輯

全梁文卷五十八

柳惲〔詩存〕（梁）柳惲撰　丁福保輯

全梁詩卷七

注：柳惲，字文暢，河東解人，精琴奕、醫術，善尺牘，工詩，歷相國右司馬、廣州刺史、吴興太守等，著《天監碁品》一卷（見《隋志》子部兵家類），《梁書》、《南史》有傳。《隋志》注稱梁有其集十二卷，亡。《直齋書録解題》詩集類載《柳吴興集》一卷，云：“僅有十八首。”嚴可均據《弘明集》卷十採得《答釋法雲書難范縝神滅論》一首。馮惟訥輯得詩二十二首，丁福保所採與馮本同。

安成王秀〔文存〕（梁）蕭秀撰（清）嚴可均輯

全梁文卷二十二

注：蕭秀，字彦達，武帝弟，歷征虜將軍、散騎常侍、江州刺史、荆州刺史、寧蠻校尉等，封安成王，事蹟詳《梁書》、《南史》本傳。《隋志》注稱“梁有晉安成王集三十卷，亡”。按“晉”當爲“梁”之誤。嚴可均據《梁書》本傳採得文二首，爲《臨江州下給船教》、《臨荆州下招隱逸教》。

費昶〔詩存〕 （梁）費昶撰 （明）
　　馮惟訥輯
　　詩紀・梁卷二十九
費昶〔詩存〕 （梁）費昶撰 丁福
　　保輯
　　全梁詩卷十二
　　　　注：費昶，江夏人，有文才，善爲樂
　　府，歷新田令（《南史・文學何思澄傳》、
　　《隋志》）。《隋志》載其集三卷。馮惟訥
　　輯得詩十六首，丁福保又從《文館詞林》
　　卷一百五十八採得《贈徐郎》一首。
謝瑱〔詩存〕 （梁）謝瑱撰 （明）
　　馮惟訥輯
　　詩紀・梁卷三十一
謝瑱〔詩存〕 （梁）謝瑱撰 丁福
　　保輯
　　全梁詩卷十三
　　　　注：謝瑱（馮惟訥、丁福保均題作謝
　　瑱，按明英宗名祈鎮，馮氏避諱，丁氏襲
　　之），生平不詳。《隋志》載梁東陽郡丞
　　謝瑱集八卷，兩《唐志》十卷。馮惟訥輯
　　得《和蕭國子詠柰花》一首，丁福保所採
　　與馮本同。
何水部集二卷 （梁）何遜撰
　　六朝詩集
何水部詩集一卷 （梁）何遜撰
　　陰何詩集
何遜〔詩存〕 （梁）何遜撰 （明）
　　馮惟訥輯
　　詩紀・梁卷二十至二十一
何記室集三卷 （梁）何遜撰
　　（明）張燮輯
　　七十二家集
　　七十二家集 傅增湘校 〔北京圖書

館〕
何記室集一卷 （梁）何遜撰
　　漢魏六朝百三名家集
　　漢魏六朝百三名家集（明婁東張氏刻
　　　本） 佚名録清何焯批校 〔浙江圖
　　　書館〕
　　漢魏六朝百三名家集（明婁東張氏刻
　　　本） 清何紹基評點 〔武漢大學圖
　　　書館〕
何水部集一卷
　　四部備要・集部漢魏六朝別集
何水部集二卷 （梁）何遜撰
　　清雍正二年項道暉羣玉書堂刻本 〔中
　　　國社會科學院文學研究所 山西省
　　　文物局〕
何水部集二卷 （梁）何遜撰
　　清乾隆十九年江昉貽清堂刻六朝二家
　　　集本 〔北京大學圖書館〕
　　清乾隆十九年江昉貽清堂刻六朝二家
　　　集本 傅增湘校 〔北京圖書館〕
何水部集一卷 （梁）何遜撰
　　四庫全書・集部別集類
何水部集三卷 （梁）何遜撰
　　清抄本 〔南京圖書館〕
何遜〔文存〕 （梁）何遜撰 （清）
　　嚴可均輯
　　全梁文卷五十九
何遜〔詩存〕 （梁）何遜撰 丁福
　　保輯
　　全梁詩卷九
何水部詩注二卷 郝立權撰
　　民國二十六年鉛印本
　　　　注：何遜，字仲言，東海郯人，少能賦
　　詩，有文才，以文章見重，歷奉朝請、建
　　安王水曹行參軍、尚書水部郎、仁威盧

陵王記室等，卒，王僧孺集其文爲八卷，《梁書》、《南史》有傳。《隋志》載其集七卷，兩《唐志》八卷，《宋志》載《詩集》五卷。《郡齋讀書志》載其集二卷，云：“今亡逸不全。”宋黃伯思云：“晉天福本但有詩兩卷，今世傳本是也。獨春明宋氏有舊八卷，特完，因借傳之，然少陵嘗引‘昏雅接趐歸，金粟裹搔頭’等語，而此集無有，猶當有軼者”云云。《直齋書錄解題》僅載三卷，云：“今所傳止此。”《四庫總目提要》云：“今舊本久亡，所謂八卷者不可復睹，即《永樂大典》所引逐詩亦皆今世所習見，則元、明間已不存矣。”《百三名家集》本錄存賦、牋、書四首及《七召》，又詩九十餘首，末爲聯句。《四庫全書》本源於明正德張紘刻本，凡詩九十五首及聯句，末附《七召》。江昉刻本詩文並存，其詩與《四庫全書》本大體相當，唯江氏本附有他人贈答之作，餘亦編次稍異而已。按《百三名家集》本詩較江昉本多《下直出谿邊望答虞丹徒教》、《春夕早泊和劉諮議落日望水》、《詠雜花》，唯江氏本《又贈江》爲《百三名家集》本所無，文則兩本同。嚴可均據《類聚》、《初學記》採得文四首，不出《百三名家集》本之外，云：“案前明張紘所刻集本有《七召》，張溥本從之。《七召》出《文苑英華》三百五十二，在簡文帝《七勵》之後、無名氏前，不言何遜作，葉紹泰又編入《昭明集》，皆無所據也，今入梁闕名類。”馮惟訥、丁福保輯本與《百三名家集》本詩同，郝立權所採不出馮本之外。

劉歆〔文存〕　（梁）劉歆撰　（清）
　　嚴可均輯
　　全梁文卷五十七

　　注：劉歆，字士光，平原人，有文才，不仕，《梁書》、《南史》有傳。《隋志》注稱梁有其集八卷，“亡”。嚴可均據《梁書》本傳採得《革終論》一首。

釋智藏〔詩存〕　（梁釋）智藏撰
　　（明）馮惟訥輯
　　詩紀·梁卷三十一

釋智藏〔文存〕　（梁釋）智藏撰
　　（清）嚴可均輯
　　全梁文卷七十四

釋智藏〔詩存〕　（梁釋）智藏撰
　　丁福保輯
　　全梁詩卷十三

　　注：智藏，姓顧，本名淨藏，吳郡吳人，年十六出家，事師僧遠、僧祐等，曾居鍾山開善寺，普通三年卒，年六十五，事蹟詳《續高僧傳》卷五。《隋志》注稱梁有其集五卷，“亡”。嚴可均據《續高僧傳》卷五（嚴注爲卷六）採得《辭會啓》一首。馮惟訥輯得《奉和武帝三教詩》一首，丁福保所採與馮本同。

孔翁歸〔詩存〕　（梁）孔翁歸撰
　　（明）馮惟訥輯
　　詩紀·梁卷二十八

孔翁歸〔詩存〕　（梁）孔翁歸撰
　　丁福保輯
　　全梁詩卷十二

　　注：孔翁歸，會稽人，工爲五言詩，官至南平王大司馬府記室，注《論語》、《孝經》，有文集（《梁書·文學何遜傳》）。史志無載其集。馮惟訥輯得《奉和湘東王教班婕妤》一首，丁福保所採與馮本同。

吳均〔詩存〕　（梁）吳均撰　（明）
　　馮惟訥輯

詩紀·梁卷十八至十九

吳朝請集三卷 （梁）吳均撰
（明）張燮輯
　七十二家集

吳朝請集一卷 （梁）吳均撰
　漢魏六朝百三名家集
　漢魏六朝百三名家集（明婁東張氏刻
　　本） 佚名錄清何焯批校 〔浙江圖
　　書館〕
　漢魏六朝百三名家集（明婁東張氏刻
　　本） 清何紹基評點 〔武漢大學圖
　　書館〕

吳均〔文存〕 （梁）吳均撰 （清）
　嚴可均輯
　全梁文卷六十

吳均〔詩存〕 （梁）吳均撰 丁福
　保輯
　全梁詩卷八
　　注：吳均，參《齊春秋》。《梁書·文
　學傳》謂其“文集二十卷”。《隋》、《唐
　志》並載其集二十卷，《崇文總目》十卷，
　《宋志》載《吳均詩集》三卷。《郡齋讀書
　志》載三卷，云：“（均）有集二十卷，唐世
　搜求止得十卷，今又亡其七矣。”《百三
　名家集》本錄存賦、表、書、檄、説、連珠
　凡文十四首，又詩一百三十餘首。嚴可
　均據《類聚》、《初學記》採撫，與《百三
　名家集》本文同。馮惟訥輯本較《百三名
　家集》本詩多《答柳惲》一首；丁福保所
　採與馮本稍異，丁氏從《文館詞林》卷一
　百五十八所採《重贈臨蒸郭某》爲馮本
　所無，馮本《春怨》（丁氏依《玉臺新詠》
　歸入王僧孺詩）及《古意》“雜虜寇銅鞮”
　云云一首、“西都盛冠蓋”云云一首均爲
　丁本未載，又“春草可攬結”云云一首，

丁氏入《古意》，馮氏入《閨怨》。

周興嗣〔詩存〕 （梁）周興嗣撰
（明）馮惟訥輯
　詩紀·梁卷十九

周興嗣〔文存〕 （梁）周興嗣撰
（清）嚴可均輯
　全梁文卷五十八

周興嗣〔詩存〕 （梁）周興嗣撰
　丁福保輯
　全梁詩卷八
　　注：周興嗣，字思纂，陳郡項人，世居
　姑孰，博通記傳，善屬文，歷桂陽郡丞、
　安成王國侍郎、員外散騎侍郎、臨川郡
　丞、給事中等，著《千字文》一卷、《梁皇
　帝實錄》三卷（見《隋志》經部與史部），
　有文集十卷，《梁書》、《南史》有傳。兩
　《唐志》並載其集十卷。嚴可均據《類
　聚》卷六十九採得《白鶴羽扇賦》一首。

劉峻〔詩存〕 （梁）劉峻撰 （明）
　馮惟訥輯
　詩紀·梁卷二十七

劉户曹集二卷 （梁）劉峻撰
（明）張燮輯
　七十二家集

劉户曹集一卷 （梁）劉峻撰
　漢魏六朝百三名家集
　漢魏六朝百三名家集（明婁東張氏刻
　　本） 佚名錄清何焯批校 〔浙江圖
　　書館〕
　漢魏六朝百三名家集（明婁東張氏刻
　　本） 清何紹基評點 〔武漢大學圖
　　書館〕

劉孝標集二卷 （梁）劉峻撰
（明）阮元聲評

劉沈合集

劉孝標文抄一卷　（梁）劉峻撰
（明）李賓輯
　八代文抄

劉峻〔文存〕　（梁）劉峻撰　（清）
嚴可均輯
　全梁文卷五十七

劉峻〔詩存〕　（梁）劉峻撰　丁福
保輯
　全梁詩卷十二
　　注：劉峻，字孝標，初名法武，平原
人，歷豫州府刑獄等，注《漢書》、《世
説》。《隋志》載其集六卷。《百三名家
集》本録存啓、書、序、志、論凡文十二
首，又詩四首。阮元聲評本與《百三名
家集》本同，僅編次有異。李賓所輯較
《百三名家集》本文少《辨命論》一首。
嚴可均據《橘録》、《類聚》、《文選》等採
撫，較《百三名家集》本文多《與諸弟書》
一首，又《自序》與《百三名家集》本文不
盡同，《百三名家集》本《自序》自“峻字
孝標”至“隱東陽金華山”一節爲嚴本所
無，疑非峻文，嚴本“黌中濟濟皆升堂，
亦有愚者解衣裳”一節則爲《百三名家
集》本所缺。馮惟訥輯得詩四首，爲《登
郁洲山望海》、《自江州還入石頭詩》、
《始營山居》、《出塞》，與《百三名家集》
本詩同，當係張溥抄録馮本；丁福保所
採與馮本同。

王僧孺〔詩存〕　（梁）王僧孺撰
（明）馮惟訥輯
　詩紀·梁卷十五

王左丞集三卷　（梁）王僧孺撰
（明）張燮輯
　七十二家集

王左丞集一卷　（梁）王僧孺撰
　漢魏六朝百三名家集
　漢魏六朝百三名家集（明婁東張氏刻
　　本）　佚名録清何焯批校　〔浙江圖
　　書館〕
　漢魏六朝百三名家集（明婁東張氏刻
　　本）　清何紹基評點　〔武漢大學圖
　　書館〕

王左丞集　（梁）王僧孺撰
　增定漢魏六朝別解·集部

王僧孺〔文存〕　（梁）王僧孺撰
（清）嚴可均輯
　全梁文卷五十一至五十二

王僧孺〔詩存〕　（梁）王僧孺撰
丁福保輯
　全梁詩卷六
　　注：王僧孺，參《百家譜》。《梁書》本
傳謂“（僧孺）文集三十卷，《兩臺彈事》
不入集内，爲五卷”。《隋》、《唐志》並載
其集三十卷，《新唐志》一本作二十卷。
《百三名家集》本録存賦、表、牋、啓、教、
書、序、碑、墓誌銘、傳、誄、祭文、佛事文
凡文二十八首，又詩三十七首。嚴可均
據《類聚》、《梁書》、《弘明集》等採撫，較
《百三名家集》本文多《論任昉》、《慧印
三昧及濟方等學二經序讚》。按《文館
詞林》卷六百九十九載僧孺《在縣祭杜
西曹教》，嚴本無。馮惟訥所輯與《百三
名家集》本詩同，當係張溥襲鈔馮本；丁
福保輯本較馮本多《春怨》一首（馮惟訥
歸入吳均詩）。

江洪〔詩存〕　（梁）江洪撰　（明）
馮惟訥輯
　詩紀·梁卷二十八

江洪〔詩存〕　（梁）江洪撰　丁福

保輯

全梁詩卷十二

注：江洪，濟陽人，善屬文，官至建陽令，有文集行於時（《梁書·文學吴均傳》）。《隋志》載其集二卷。馮惟訥輯得詩十七首，丁福保所採與馮本同。

王暕〔詩存〕　（梁）王暕撰　（明）馮惟訥輯

詩紀·梁卷二十三

王暕〔文存〕　（梁）王暕撰　（清）嚴可均輯

全梁文卷四十八

王暕〔詩存〕　（梁）王暕撰　丁福保輯

全梁詩卷十

注：王暕，字思晦，琅邪臨沂人，歷祕書丞、驃騎從事中郎、尚書左僕射等，《梁書》、《南史》有傳。《隋志》載其集二十一卷，兩《唐志》二十卷。嚴可均據《弘明集》卷十採得《答釋法雲書難范縝神滅論》一首。馮惟訥輯得詩二首，爲《觀樂應詔》、《詠舞》；丁福保所採與馮本同。

周捨〔詩存〕　（梁）周捨撰　（明）馮惟訥輯

詩紀·梁卷二十六

周捨〔文存〕　（梁）周捨撰　（清）嚴可均輯

全梁文卷五十八

周捨〔詩存〕　（梁）周捨撰　丁福保輯

全梁詩卷十一

注：周捨，參《禮疑義》。《南史》本傳謂捨集二十卷，《隋》、《唐志》並載二十

卷。嚴可均據《隋書》、《梁書》、《通典》等採得議、銘凡文九首。馮惟訥輯得《上雲樂》、《還田舍》，又《詩紀》梁卷三十四載捨梁鞞舞歌三首與鐸舞曲一首；丁福保所採與馮本同。

蕭洽〔詩存〕　（梁）蕭洽撰　丁福保輯

全梁詩卷十

注：蕭洽，字宏稱，蘭陵人，好學博涉，善屬文，歷通直散騎常侍、臨安太守、司徒左長史等，有集二十卷行於時，事蹟詳《梁書》、《南史》本傳。《隋》、《唐志》並載其集二卷。丁福保據《文館詞林》卷一百六十採得《侍釋奠會》一首。

謝幾卿〔文存〕　（梁）謝幾卿撰（清）嚴可均輯

全梁文卷四十五

注：謝幾卿，陳郡陽夏人，歷寧國令、尚書殿中郎、中書郎、國子博士、威戎將軍等，有文集行於時，事蹟詳《梁書》、《南史》本傳。史志未載其集。嚴可均據《廣弘明集》、《梁書》採得文二首，爲《丹陽琅邪二郡斷蒐捕議》、《答湘東王書》。

陸倕〔詩存〕　（梁）陸倕撰　（明）馮惟訥輯

詩紀·梁卷二十七

陸太常集二卷　（梁）陸倕撰（明）張燮輯

七十二家集

陸太常集一卷　（梁）陸倕撰

漢魏六朝百三名家集

漢魏六朝百三名家集（明婁東張氏刻本）　佚名録清何焯批校　〔浙江圖書館〕

漢魏六朝百三名家集（明婁東張氏刻本）　清何紹基評點　〔武漢大學圖書館〕

陸倕〔文存〕　（梁）陸倕撰　（清）嚴可均輯

全梁文卷五十三

陸倕〔詩存〕　（梁）陸倕撰　丁福保輯

全梁詩卷十二

　　注：陸倕，字佐公，吳郡吳人，善屬文，歷中書侍郎、給事黃門侍郎、尋陽太守、給事中等，有文集二十卷行於時，《梁書》、《南史》有傳。《隋志》載其集十四卷，兩《唐志》二十卷。按《舊唐志》題《陸子倕集》，當衍“子”字。《百三名家集》本錄存賦、表、章、教、書、啓、銘、碑、墓誌銘、祭文凡文二十五首，又詩三首。嚴可均據《類聚》、《梁書》、《文選》等採撮，所採與《百三名家集》本文同。馮惟訥輯得詩三首，爲《和昭明太子鍾山解講》、《以詩代書別後寄贈》、《贈任昉詩》，與《百三名家集》本詩同，當係張溥抄錄馮本；丁福保從《文館詞林》卷一百六十採得《釋奠應令》一首，餘同馮本。

到洽〔文存〕　（梁）到洽撰　（清）嚴可均輯

全梁文卷六十二

到洽〔詩存〕　（梁）到洽撰　丁福保輯

全梁詩卷十二

　　注：到洽，字茂㳆，彭城武原人，有才學，善言吐，歷司徒主簿、尚書殿中郎、臨川内史、國子博士、御史中丞等，有文集行於世，《梁書》、《南史》有傳。《隋志》注稱梁有其集十一卷，亡。嚴可均

據《梁書》、《陳書》採得文二首，爲《奏劾劉孝綽》、《周弘正補太學博士議》。丁福保從《文館詞林》卷一百五十八輯得詩二首，爲《贈任昉》、《答祕書丞張率》。

張率〔詩存〕　（梁）張率撰　（明）馮惟訥輯

詩紀·梁卷十六

張率〔文存〕　（梁）張率撰　（清）嚴可均輯

全梁文卷五十四

張率〔詩存〕　（梁）張率撰　丁福保輯

全梁詩卷七

　　注：張率，字士簡，吳郡吳人，能詩文，歷太子洗馬、中書侍郎、江陵令、司徒右長史、新安太守等，所著《文衡》十五卷，文集三十卷（《南史》作四十卷），行於時，事蹟詳《梁書》、《南史》本傳。《隋志》載其集三十八卷，兩《唐志》三十卷。嚴可均據《初學記》、《梁書》採得文二首，爲《繡賦》、《河南國獻舞馬賦應詔》。馮惟訥輯得詩二十四首，丁福保所採與馮本同。

王冏〔詩存〕　（梁）王冏撰　（明）馮惟訥輯

詩紀·梁卷三十

王冏〔詩存〕　（梁）王冏撰　丁福保輯

全梁詩卷十三

　　注：王冏，生平不詳。《隋志》載梁南徐州治中王冏集三卷，兩《唐志》亦載三卷。馮惟訥輯得詩二首，爲《長安有狹邪行》、《奉和往虎窟山寺》；丁福保所採與馮本同。

劉霽〔詩存〕　（梁）劉霽撰　（明）

馮惟訥輯

詩紀·梁卷二十七

劉霽〔詩存〕　（梁）劉霽撰　丁福
　保輯

全梁詩卷十二

　　注：劉霽，字士烜，一作字士湮，平原
人，少即能誦《左氏傳》，博涉多通，歷奉
朝請、宣惠晉安王府參軍、西昌相、海鹽
令等，著《釋俗語》八卷，有文集十卷，
《梁書》、《南史》有傳。史志未載其集。
馮惟訥輯得《詠荔枝》一首，丁福保所採
與馮本同。

許懋〔文存〕　（梁）許懋撰　（清）
　嚴可均輯

全梁文卷五十八

　　注：許懋，字昭哲，高陽新城人，篤志
好學，猶曉故事，歷太子步兵校尉、散騎
常侍、始平太守、天門太守等，著《述行
記》四卷，有集十五卷，《梁書》、《南史》
有傳。史志未載其集。嚴可均據《梁
書》本傳採得文三首，爲《答敕問雩祭燔
柴》、《封禪議》、《駁明堂儀注》。

梁昭明太子文集五卷　（梁）蕭
　統撰

明嘉靖三十四年周滿刻本　〔北京圖書
　館　南京圖書館〕

明遼國寶訓堂刻本　〔北京圖書館　上
　海圖書館等〕

明遼國寶訓堂刻本　張紹仁校　〔上海
　圖書館〕

清抄本　〔南京圖書館〕

漢魏六朝諸家文集

漢魏六朝諸家文集　傅增湘校　〔北京
　圖書館〕

四部叢刊·集部

四部備要·集部漢魏六朝別集

梁昭明太子集五卷補遺一卷

　（梁）蕭統撰補遺（清）盛宣懷輯

常州州先哲遺書第一集·集類

梁昭明太子文集五卷附劄記一卷

　考異一卷　（梁）蕭統撰　劄記
　　劉世珩撰　考異　龐樹鞾撰

民國間貴池劉氏玉海堂影刻宋淳熙八
　年池陽郡齋本

昭明太子集六卷　（梁）蕭統撰

　（明）閻光世輯

蕭梁文苑

文選遺集

四庫全書·集部別集類

昭明太子〔詩存〕　（梁）蕭統撰

　（明）馮惟訥輯

詩紀·梁卷三

梁昭明太子集五卷　（梁）蕭統撰

　（明）張燮輯

七十二家集

七十二家集　傅增湘校　〔北京圖書
　館〕

梁昭明太子集一卷　（梁）蕭統撰

漢魏六朝百三名家集

漢魏六朝百三名家集（明婁東張氏刻
　本）　佚名錄清何焯批校　〔浙江圖
　書館〕

漢魏六朝百三名家集（明婁東張氏刻
　本）　清何紹基評點　〔武漢大學圖
　書館〕

昭明太子集　（梁）蕭統撰

漢魏別解·南北朝文

昭明太子集　（梁）蕭統撰

增定漢魏六朝別解·集部

梁昭明文抄一卷　（梁）蕭統撰

（明）李賓輯

八代文抄

梁昭明太子六律六呂文啓一卷

（梁）蕭統撰　（清釋）行景注

清康熙間刻本

昭明太子統〔文存〕　（梁）蕭統撰

（清）嚴可均輯

全梁文卷十九至二十一

梁昭明太子集四卷　（梁）蕭統撰

漢魏六朝名家集初刻

昭明太子〔詩存〕　（梁）蕭統撰

丁福保輯

全梁詩卷一

注：蕭統，字德施，武帝子，天監元年立爲太子，善屬文，諡曰詔明，有《正序》十卷、《文帝英華》二十卷及《文選》，所著文集二十卷，事蹟詳《梁書》、《南史》本傳。《梁書·劉孝綽傳》紀孝綽編統集，考孝綽《昭明太子集序》（見統集附），知編於梁普通三年，“謹爲一帙十卷”。檢梁簡文帝《上昭明太子集別傳等表》（見《類聚》卷十六、卷五十五）與《昭明太子集序》（見統集附），知簡文帝亦編其集，然未言卷帙，疑即史傳所云二十卷本，簡文帝於東宮時所集也。《隋》、《唐志》並載其集二十卷，《宋志》與《直齋書錄解題》五卷。《四庫總目提要》云：“此本爲明嘉興葉紹泰所刊，凡詩賦一卷，雜文五卷，賦每篇不過數句，蓋自類書採掇而成，皆非完本。詩中《擬古》第二首、《林下作伎》一首、《照流看落釵》一首、《美人晨妝》一首、《名士悅傾城》一首，皆梁簡文帝詩，見於《玉臺新詠》，其書爲徐陵奉簡文之命而作，

不容有誤，當由書中稱簡文帝爲皇太子，輾轉稗販，故誤作昭明。又《錦帶書十二月啓》亦不類齊、梁文體，其《姑洗三月啓》中有‘啼鶯出谷，爭傳求友’之聲句，考唐人試鶯出谷詩，李綽《尚書故實》譏其事無所出，使昭明先有此啓，綽豈不見乎？是亦作僞之明證也。張溥《百三家集》中亦有統集，以兩本互校，此本《七召》一篇、《與東宮官屬令》一篇、《謝賚涅槃經講疏啓》一篇、《謝敕齎銅造善覺寺塔露盤啓》一篇，《謝賚魏國錦》、《賚廣州壠》、《賚城邊橘》、《賚河南菜》、《賚大菘》啓五篇，《與劉孝儀》、《與張纘》、《與晉安王論張新安》書三篇，《駁舉樂議》一篇，皆溥本所無，溥本《與明山賓令》一篇、《詳東宮禮絶傍親議》一篇、《謝敕鑄慈覺寺鐘啓》一篇，亦此本所無，然則是二本者皆明人所掇拾耳。”王重民云：“考《昭明集》有宋淳熙池陽郡齋五卷本，爲明楊慎等校本所從出。又有葉紹泰刊六卷本，《四庫全書》據以著錄，天啓元年張燮校刻本，見《郋園讀書志》卷七，及張溥《漢魏百三名家集》本。二張本大致無異。清代藏書家所見，不出此一宋本、四明本，均未見此本（編者按，指閔光世輯本）。然不論宋、明，皆非昭明原集之舊，皆爲後人所重輯者。約而論之，文以葉本爲多（王氏原注：余未見葉本，僅據《提要》推之），詩以張溥爲備。今按此本《與劉孝儀書》，僅節錄五行，蓋未參考《梁書·劉遵傳》，只從葉本轉錄；張溥本有《與明山賓令》，閔氏則據《梁書》錄爲《詒明山賓詩序》，頗爲有識。（王氏原注：葉本或原即如是，惜未見。）至於《謝勅賚魏國所獻錦等》、《賚廣州壠等》、《賚城

邊橘》、《賚河南菜》、《賚大菘》五啓,張溥編入《簡文帝集》,則因失考《藝文類聚》。《提要》謂張溥本較葉本尚多《詳東宮禮絕傍親議》一篇、《謝敕鑄慈覺寺鐘啓》一篇。按《慈覺寺鐘啓》,見《類聚》七十七,爲簡文帝作,是溥誤;《禮絕傍親議》,此本題作《駁劉僕射舉樂之議》,葉本作《駁舉樂議》,館臣不審,而謂葉本無之,未免自誤。詩則此本有《照流看落釵》、《詠新燕》、《晚春》、《名士悦傾城》四首,爲張溥所無。據《提要》,《照流看落釵》、《名士悦傾城》兩首已見葉本,溥蓋別入《簡文集》。光世云:'《詠新燕》、《晚春》、《名士悦傾城》三首,他本作簡文帝,不可識別,兩存之。'蓋以《詠新燕》見《簡文集》,而《文苑英華》以爲昭明作;《晚春》見《昭明集》,而《玉臺新詠》、《藝文類聚》以爲簡文作;《名士悦傾城》,《玉臺》作簡文,《類聚》作昭明,故並存之,以昭慎重。總之此本內容,頗近葉本,其即翻刻葉本與否,因余未見原書,不敢遽定,容他日明之"(《中國善本書提要》集部別集類)。按,今通行五卷本源出宋代,所採不出《梁書》、《文苑英華》、《類聚》與《廣弘明集》等,疑《七十二家集》本與之同。葉紹泰刻《蕭梁文苑》、《四庫全書》本或據此抄録,閭光世輯《蕭梁文苑》,所謂葉刻本、閭輯本,實一本也。五卷本不出六卷本之外。盛宣懷別輯逸文二十一首以補五卷本之缺,劉世珩、龐樹韓分撰《劄記》與《考異》,均善。丁福保《名家集初刻》本文同嚴本,詩則與《百三名家集》同。馮惟訥所輯較《百三名家集》少《美人晨粧》一首,多《晚春》一首;丁氏《全梁詩》所載與馮本大致同,唯《示徐州》馮本殘,丁氏據《文館詞林》卷一百五十二採得全詩。

張緬〔文存〕 （梁）張緬撰 （清）嚴可均輯

全梁文卷五十九

注:張緬,字元長,范陽方城人,歷祕書郎、豫章内史、御史中丞等,著《晉書鈔》三十卷、《後漢略》二十五卷(見《隋志》史部),有文集五卷(《南史》一本作三卷),事蹟詳《梁書》、《南史》本傳。史志未載其集。嚴可均據《弘明集》卷十採得《答釋法雲書難范縝神滅論》一首。

裴子野〔詩存〕 （梁）裴子野撰 （明）馮惟訥輯

詩紀・梁卷二十七

裴子野〔文存〕 （梁）裴子野撰 （清）嚴可均輯

全梁文卷五十三

裴子野〔詩存〕 （梁）裴子野撰 丁福保輯

全梁詩卷十二

注:裴子野,字幾原,河東聞喜人,善屬文,歷右軍安成王參軍、諸暨令、中書侍郎、步兵校尉等,著述頗富,有文集二十卷行於時,事蹟詳《梁書》、《南史》本傳。《隋》、《唐志》並載其集十四卷。嚴可均據《類聚》、《文苑英華》、《通鑑》等採得賦、檄、論、碑、行狀等文凡十四首。馮惟訥輯得詩三首,爲《答張貞成皐詩》、《詠雪》、《上朝值雪》;丁福保所採與馮本同。

何思澄〔詩存〕 （梁）何思澄撰 （明）馮惟訥輯

詩紀・梁卷二十八

何思澄〔詩存〕 （梁）何思澄撰

丁福保輯

全梁詩卷十二

　　注：何思澄，字元靜，東海郯人，善屬文，歷南康王侍郎、治書侍御史、秣陵令、黟縣令等，有文集十五卷，《梁書》、《南史》有傳。史志不載其集。馮惟訥輯得詩三首，爲《奉和湘東王教班婕妤》、《擬古》、《南苑逢美人》；丁福保所採與馮本同。

蕭琛〔詩存〕　（梁）蕭琛撰　（明）馮惟訥輯

　詩紀·梁卷二十

蕭琛〔文存〕　（梁）蕭琛撰　（清）嚴可均輯

　全梁文卷二十四

蕭琛〔詩存〕　（梁）蕭琛撰　丁福保輯

　全梁詩卷十

　　注：蕭琛，字彥瑜，蘭陵人，歷御史中丞、宣城太守、平西內史、安西長史、東陽太守、侍中等，著《漢書文府》、《齊梁拾遺》并諸文集數十萬言，事蹟詳《梁書》、《南史》本傳。史志未載其集。嚴可均據《南齊書》、《南史》、《弘明集》採得文四首，爲《嗣君廟見議》、《郎官緩杖密啓》、《答釋法雲書難范縝神滅論》、《難范縝神滅論》。馮惟訥輯得詩四首，爲《和元帝》、《別蕭諮議前夜以醉乖例今晝由醒敬應教》、《餞謝文學》、《詠鞞應詔》；丁福保所採與馮本同。

王錫〔詩存〕　（梁）王錫撰　（明）馮惟訥輯

　詩紀·梁卷十一

王錫〔文存〕　（梁）王錫撰　（清）嚴可均輯

全梁文卷五十九

王錫〔詩存〕　（梁）王錫撰　丁福保輯

　全梁詩卷四

　　注：王錫，字公嘏，琅邪人，歷祕書郎、太子洗馬、給事黃門侍郎等，《梁書》、《南史》有傳。《隋志》載其集七卷并錄，兩《唐志》七卷。嚴可均據《廣弘明集》卷二十九採得《宿山寺賦》一首。馮惟訥輯得詩二首，爲《大言應令》、《細言應令》；丁福保所採與馮本同。

徐勉〔詩存〕　（梁）徐勉撰　（明）馮惟訥輯

　詩紀·梁卷二十六

徐勉〔文存〕　（梁）徐勉撰　（清）嚴可均輯

　全梁文卷五十

徐勉〔詩存〕　（梁）徐勉撰　丁福保輯

　全梁詩卷十一

　　注：徐勉，字脩仁，東海郯人，博通經史，勤於著述，工文，歷中書侍郎、尚書吏部郎、侍中、散騎常侍、雲騎將軍、尚書僕射等，著《左丞彈事》五卷、《太廟祝文》二卷等，所著前後二集四十五卷，又爲《婦人集》十卷（《南史》謂所著前後二集五十卷，又爲《章表集》十卷），事蹟詳《梁書》、《南史》本傳。《隋志》載其《前集》三十五卷、《後集》十六卷，并序錄；《新唐志》所載同《隋志》，然無序錄；《舊唐志》載《前集》二十五卷、《後集》十六卷。按，疑《舊唐志》所載二十五卷爲三十五卷之誤。嚴可均據《初學記》、《梁書》、《隋書》等採得賦、上表、上疏、議、啓、書、答、墓誌銘、碑文凡文十五首。

按《文館詞林》卷六百六十五載勉《梁武帝新移南郊親祠赦詔》、《梁武帝南郊恩詔》、《梁武帝冬至郊禋赦詔》、《梁武帝藉田恩詔》，卷六百七十載《梁武帝开恩詔》、《梁武帝降寬大詔》，均爲嚴本所無。馮惟訥輯得詩八首；丁福保以《夏詩》一首歸徐朏，餘同馮本。馮舒云："（《夏詩》），《英華》作徐朏，《初學記》作徐晚，不得置脩仁卷中"（《詩紀匡謬》）。

江革〔詩存〕 （梁）江革撰 （明）
　馮惟訥輯
　詩紀・梁卷三十

江革〔文存〕 （梁）江革撰 （清）
　嚴可均輯
　全梁文卷五十

江革〔詩存〕 （梁）江革撰 丁福
　保輯
　全梁詩卷十三

　　注：江革，字休映，濟陽考城人，有才思，歷建安王偉鎮北記室參軍、中書舍人、尋陽太守、御史中丞、少府卿等，有集二十卷行於時，《梁書》、《南史》有傳。《隋志》載其集六卷，兩《唐志》十卷。嚴可均據《梁書・袁昂傳》採得《爲蕭僕射與袁昂書》一首。馮惟訥輯得詩二首，爲《贈何記室聯句不成》、《又贈何記室》；丁福保所採與馮本同。

王規〔詩存〕 （梁）王規撰 （明）
　馮惟訥輯
　詩紀・梁卷十一

王規〔詩存〕 （梁）王規撰 丁福
　保輯
　全梁詩卷四

　　注：王規，字威明，琅邪臨沂人，歷祕書丞、新安太守、吳興太守等，集後漢衆家異同，注《續漢書》二百卷，有文集二十卷，事蹟詳《梁書》、《南史》本傳。史志未載其集。馮惟訥輯得詩二首，爲《大言應令》、《細言應令》；丁福保所採與馮本同。

謝微〔詩存〕 （梁）謝微撰 （明）
　馮惟訥輯
　詩紀・梁卷二十八

謝微〔詩存〕 （梁）謝微撰 丁福
　保輯
　全梁詩卷十二

　　注：謝微，一作謝徵（見《梁書・文學傳》），字玄度，陳郡陽夏人，善屬文，歷豫章王記室、平北諮議參軍、尚書左丞、中書郎等，友人琅邪王籍集其文爲二十卷，《梁書》、《南史》有傳。史志未載其集。馮惟訥輯得《濟黃河應教》一首，丁福保所採與馮本同。

蕭子顯〔詩存〕 （梁）蕭子顯撰
　（明）馮惟訥輯
　詩紀・梁卷二十二

蕭子顯〔文存〕 （梁）蕭子顯撰
　（清）嚴可均輯
　全梁文卷二十三

蕭子顯〔詩存〕 （梁）蕭子顯撰
　丁福保輯
　全梁詩卷十

　　注：蕭子顯，參蕭景暢《晉史草》。《梁書》本傳謂其有文集二十卷，史志未載。嚴可均據《廣弘明集》、《梁書》採得文二首，爲《御講摩訶般若經序》、《自序》。馮惟訥輯得詩二十首，丁福保所採較馮本少《陌上桑》二首。按，馮氏於《陌上桑》第一首注云："《樂府》無名氏，《玉臺》作蕭子顯。"於第二首注云："《樂

府》作王臺卿。"馮舒云："《玉臺》無此詩，自應依《樂府》作無名氏；第二首，《樂府》之外亦無别出，應作王臺卿。"(《詩紀匡謬》)丁氏從馮説删此二首。

蕭子暉〔詩存〕　(梁)蕭子暉撰　(明)馮惟訥輯

詩紀·梁卷二十

蕭子暉〔文存〕　(梁)蕭子暉撰　(清)嚴可均輯

全梁文卷二十四

蕭子暉〔詩存〕　(梁)蕭子暉撰　丁福保輯

全梁詩卷十

注：蕭子暉，字景光，子雲弟，蘭陵人，少涉書史，有文才，歷員外散騎侍郎、臨安令、安西武陵王諮議、驃騎長史等，事蹟詳《梁書》本傳。《隋志》載其集九卷，兩《唐志》十一卷。嚴可均據《類聚》採得文二首，爲《冬草賦》、《反舌賦》。按《文館詞林》卷六百九十九載子暉《爲武陵王府州上禮迴爲法會教》，爲嚴本所無。馮惟訥輯得詩三首，爲《春宵》、《冬曉》、《應教使君奉遊詩》；丁福保所採與馮本同。

梁劉孝綽集一卷　(梁)劉孝綽撰

六朝詩集

劉孝綽〔詩存〕　(梁)劉孝綽撰　(明)馮惟訥輯

詩紀·梁卷二十四

劉祕書集二卷　(梁)劉孝綽撰　(明)張燮輯

七十二家集

劉祕書集一卷　(梁)劉孝綽撰

漢魏六朝百三名家集

漢魏六朝百三名家集(明婁東張氏刻本)　佚名録　清何焯批校　〔浙江圖書館〕

漢魏六朝百三名家集(明婁東張氏刻本)　清何紹基評點　〔武漢大學圖書館〕

劉孝綽〔文存〕　(梁)劉孝綽撰　(清)嚴可均輯

全梁文卷六十

劉孝綽〔詩存〕　(梁)劉孝綽撰　丁福保輯

全梁詩卷十

注：劉孝綽，字孝綽，本名冉，彭城安上里人，少能屬文，負盛名，歷著作佐郎、太子洗馬、祕書丞、安西驃騎諮議參軍、黄門侍郎等，所著文辭傳誦頗廣，有文集數十萬言行於時，《梁書》、《南史》有傳。《隋志》載其集十四卷，兩《唐志》十二卷(《舊唐志》一本作十一卷)。《宋志》載《劉子綽集》一卷，當爲孝綽之誤。《直齋書録解題》詩集類載一卷，云："今所存止此。"《百三名家集》本録存表、啓、書、序、碑凡文十六首，又詩六十餘首。嚴可均據《梁書》、《初學記》、《類聚》等採摭，較《百三名家集》本文多《東宫禮絶傍親議》一首。馮惟訥所輯與《百三名家集》本詩同，當爲張溥轉録馮本；丁福保所採與馮本同。《六朝詩集》本載詩約五十首，不及馮本爲詳。

徐悱妻劉氏〔詩存〕　(梁)劉令嫺撰　(明)馮惟訥輯

詩紀·梁卷三十一

劉令嫺〔文存〕　(梁)劉令嫺撰　(清)嚴可均輯

全梁文卷六十八

徐悱妻劉氏〔詩存〕　(梁)劉令嫺

撰　丁福保輯

全梁詩卷十三

　　注：劉令嫻，彭城人，梁太子洗馬徐
悱妻，有才學，文章清拔（《梁書·劉孝
綽傳》與《隋志》）。《隋志》載其集三卷，
兩《唐志》六卷。嚴可均據《類聚》卷三
十八採得《祭夫文》一首。馮惟訥輯得
詩十一首；丁福保所採較馮本少《代陳
慶之美人爲詠》、《夢見故人》、《有期不
至》。按丁氏以此三首歸姚翻詩，云：
"以上三首，宋刻《玉臺》題姚翻，《後村
詩話》亦引爲姚翻詩，馮氏《詩紀》並以
爲令嫻詩，誤。"

劉緩〔詩存〕　（梁）劉緩撰　（明）
馮惟訥輯

詩紀·梁卷二十七

劉緩〔文存〕　（梁）劉緩撰　（清）
嚴可均輯

全梁文卷六十三

劉緩〔詩存〕　（梁）劉緩撰　丁福
保輯

全梁詩卷十二

　　注：劉緩，字含度，平原高唐人，歷安
西湘東王記室、鎮南湘東王中錄事（《梁
書·文學劉昭傳》）。《隋志》注稱梁有
安西記室劉綏集四卷，"亡"。按劉綏當
爲劉緩之誤。嚴可均據《類聚》卷七十
採得《照鏡賦》一首。馮惟訥輯得詩八
首，丁福保所採與馮本同。

華陽陶隱居集二卷　（梁）陶弘景
撰　（□）傅霄輯

明末毛氏汲古閣刻本　〔北京圖書館〕

道藏·太玄部

宛委別藏

指海·第二十集

道藏舉要·第十類

貞白先生陶隱居文集一卷　（梁）
陶弘景撰

明嘉靖史臣紀抄本　〔北京圖書館〕

梁陶貞白先生文集二卷　（梁）陶
弘景撰　（明）黃省曾輯

明嘉靖三十一年蕭斯馨刻本　〔上海圖
書館　北京大學圖書館等〕

明嘉靖三十一年蕭斯馨刻朱多煌朱多
炡重刻本　〔上海圖書館〕

陶貞白集二卷

漢魏諸名家集

漢魏諸名家集　傅增湘校並錄文嘉、徐
濟忠、葉奕、彭元瑞等題識　〔北京圖
書館〕

漢魏諸名家集　傅增湘校　〔杭州大學
圖書館〕

貞白先生陶隱居集一卷　（梁）陶
弘景撰

明葉奕抄本　〔北京大學圖書館〕

梁陶貞白先生文集一卷　（梁）陶
弘景撰

明抄本　〔南京圖書館〕

梁貞白先生陶隱居集二卷　（梁）
陶弘景撰

明朱大英刻本　〔復旦大學圖書館〕

陶弘景〔詩存〕　（梁）陶弘景撰
（明）馮惟訥輯

詩紀·梁卷二十六

陶貞白集二卷　（梁）陶弘景撰

漢魏六朝諸家文集

漢魏六朝諸家文集　傅增湘校　〔北京
圖書館〕

陶隱居集四卷　（梁）陶弘景撰

（明）張燮輯

　　七十二家集

陶隱居集一卷　（梁）陶弘景撰

　　漢魏六朝百三名家集

　　漢魏六朝百三名家集（明婁東張氏刻
　　　本）　佚名錄　清何焯批校〔浙江
　　　圖書館〕

　　漢魏六朝百三名家集（明婁東張氏刻
　　　本）　清何紹基評點〔武漢大學圖
　　　書館〕

陶通明集　（梁）陶弘景撰

　　漢魏別解·南北朝文

陶隱居集　（梁）陶弘景撰

　　增定漢魏六朝別解·集部

陶通明文抄一卷　（梁）陶弘景撰

（明）李賓輯

　　八代文抄

貞白先生陶隱居文集一卷　（梁）

陶弘景撰

　　清劉氏味經書屋抄本　清劉喜海校
　　　〔北京圖書館〕

華陽陶隱居集二卷　（梁）陶弘
景撰

　　清抄本　繆荃孫校〔湖北省圖書館〕

陶弘景〔文存〕　（梁）陶弘景撰

（清）嚴可均輯

　　全梁文卷四十六至四十七

華陽陶隱居集二卷　（梁）陶弘
景撰

　　觀古堂所刊書

　　觀古堂彙刻書·第一集

　　郋園先生全書

陶貞白集一卷校勘記一卷　（梁）

陶弘景撰　校勘記　（清）汪振

之撰

　　金陵叢書乙集

陶弘景〔詩存〕　（梁）陶弘景撰

丁福保輯

　　全梁詩卷十一

　　　注：陶弘景，字通明，丹陽秣陵人，讀
書萬卷，善琴棋，工草隸，宋末爲諸王侍
讀，入齊除奉朝請，謚曰貞白先生，著述
宏富，《梁書》、《南史》有傳。江總云：
“文集缺亡，未有編錄。門人補輯，若逢
遼東之本；好事研搜，如誦河西之篋。
奉勅校之鉛墨，緘以緹緗，藏彼鴻都，副
在延閣。”(《類聚》卷五十五《陶貞白先
生集序》)《隋志》載其集三十卷，又《內
集》十五卷。兩《唐志》僅載三十卷。葉
德輝云：“梁陶弘景《華陽隱居集》，《道
藏》太玄部澄字號作二卷，明毛晉汲古
閣所刊《道藏》八種中有此書，蓋即據以
重刊者也。此外明刻有汪士賢本，亦二
卷。張溥《漢魏名家集》本作一卷。以
汪士本較張本，張多《真靈位業圖序》一
篇、《與親友書》一篇、《與從兄書》一篇、
《與釋曇鸞書》一篇、《瘞鶴銘》一篇。近
人嚴可均輯《全晉文》(當爲《全梁文》)
全據張本，注明出處，所增者惟《南史》
本傳所載《遺令》一篇而已，《全文》例不
錄詩，故張本載詩六篇嚴本無之。余合
數本參校，知嚴輯爲最精詳，今據以付
刊，增入張本詩六篇。”(見《觀古堂所刊
書》本)按汪士賢本即據黃省曾本刻。
馮惟訥輯得詩六首，與《百三名家集》本
同，又載《華陽頌》十五首(當入文)；丁
福保亦輯詩六首。李賓輯文凡十五首，
不出諸本之外。

袁昂〔文存〕　（梁）袁昂撰　（清）

嚴可均輯

全梁文卷四十八

　　注：袁昂，字千里，陳郡陽夏人，歷吳興太守、給事黃門郎、尋陽太守、國子祭酒、侍中等，有集二十卷，《梁書》、《南史》有傳。兩《唐志》並載其集二十卷。嚴可均據《梁書》、《弘明集》等採得啟、書、答等文凡七首。

劉孺〔詩存〕　（梁）劉孺撰

（明）馮惟訥輯

　　詩紀·梁卷二十五

劉孺〔詩存〕　（梁）劉孺撰　丁福保輯

　　全梁詩卷十一

　　注：劉孺，字孝稚，彭城安上里人，能文，歷中軍法曹行參軍、太子舍人、尚書殿中郎、中書郎、御史中丞、左民尚書等，有文集二十卷，事蹟詳《梁書》、《南史》本傳。史志未載其集。馮惟訥輯得詩二首，爲《侍宴餞新安太守蕭幾應令》、《相逢狹路間》；丁福保所採與馮本同。

陸雲公〔文存〕　（梁）陸雲公撰

（清）嚴可均輯

　　全梁文卷五十三

陸雲公〔詩存〕　（梁）陸雲公撰　丁福保輯

　　全梁詩卷十二

　　注：陸雲公，字子龍，吳郡人，有才思，歷宣惠武陵王平西湘東王行參軍、著作郎、中書黃門郎等，有文集行於時，《梁書》、《南史》有傳。《隋志》載其集十卷，兩《唐志》四卷。嚴可均據《初學記》、《廣弘明集》與《類聚》採得文三首，爲《星賦》、《御講般若經序》、《太伯碑》。

丁福保從《文館詞林》卷一百六十採得《釋奠詩應令》一首。

任孝恭〔文存〕　（梁）任孝恭撰

（清）嚴可均輯

　　全梁文卷六十七

　　注：任孝恭，字孝恭，臨淮人，勤勵好學，明佛理，善屬文，歷奉朝請、司文侍郎、中書通事舍人，有文集行於時，事蹟詳《梁書·文學傳》、《南史·文學傳》。《隋》、《唐志》並載其集十卷。嚴可均據《類聚》、《文苑英華》採得表、檄、移、啟、書、碑銘、祭文等凡文十二首。

朱异〔詩存〕　（梁）朱异撰　（明）馮惟訥輯

　　詩紀·梁卷二十九

朱异〔文存〕　（梁）朱异撰　（清）嚴可均輯

　　全梁文卷六十二

朱异〔詩存〕　（梁）朱异撰　丁福保輯

　　全梁詩卷十二

　　注：朱异，字彦和，吳郡錢塘人，徧覽五經，猶明《禮》、《易》，涉獵文史，且通雜藝，博奕書算皆其所長，歷太學博士、尚書儀曹郎、散騎常侍、右衛將軍等，所撰《禮》、《易》講疏及《儀》注、文集百餘篇，亂中多亡逸，《梁書》、《南史》有傳。史志未載其集。嚴可均據《隋書》、《類聚》、《通典》等採得詔、議等文凡九首，又輯《請改郊祀儀注》七節。馮惟訥輯得詩三首，爲《還東田宅贈朋離》、《詠貧》、《田飲引》；丁福保所採與馮本同。按《田飲引》，嚴氏入文。

到溉〔詩存〕　（梁）到溉撰　（明）馮惟訥輯

詩紀·梁卷二十九

到溉〔詩存〕　（梁）到溉撰　丁福
保輯

全梁詩卷十二

注：到溉，字茂灌，彭城武原人，有才
學，歷殿中郎、建安內史、太府卿、江夏
太守、侍中等，有集二十卷行於世，事蹟
詳《梁書》、《南史》本傳。史志無載其
集。馮惟訥輯得詩三首，爲《餉任新安
班竹杖因贈》、《答任昉》、《秋夜詠琴》；
丁福保所採與馮本同。

劉之遴〔詩存〕　（梁）劉之遴撰
（明）馮惟訥輯

詩紀·梁卷二十七

劉之遴〔文存〕　（梁）劉之遴撰
（清）嚴可均輯

全梁文卷五十六

劉之遴〔詩存〕　（梁）劉之遴撰
丁福保輯

全梁詩卷十二

注：劉之遴，參《劉之遴神錄》。《梁
書》本傳云：“（之遴）前、後文集五十卷，
行於世。”《隋志》載《前集》十一卷、《後
集》二十一卷，《舊唐志》載《前集》十卷、
《後集》三十卷，《新唐志》載《前集》十一
卷、《後集》三十卷。嚴可均據《梁書》、
《廣弘明集》、《類聚》採得啓、書、墓志銘
等文凡八首。馮惟訥輯得《酬江總詩》
一首，丁福保所採與馮本同。

謝郁〔文存〕　（梁）謝郁撰　（清）
嚴可均輯

全梁文卷六十七

注：謝郁，會稽人，歷至豫章世子侍
讀（《梁書·何敬容傳》與《隋志》）。
《隋》、《唐志》並載其集五卷。嚴可均據

《梁書·何敬容傳》採得《致書戒何敬
容》一首。

庾仲容〔詩存〕　（梁）庾仲容撰
（明）馮惟訥輯

詩紀·梁卷二十九

庾仲容〔詩存〕　（梁）庾仲容撰
丁福保輯

全梁詩卷十二

注：庾仲容，字仲容，一字子仲，潁川
鄢陵人，歷安西法曹行參軍、安成王主
簿、永康令、武康令、黟縣令等，《抄諸子
書》三十卷、《衆家地理書》二十卷及《列
女傳》三卷，文集二十卷行於時，《梁
書》、《南史》有傳。史志未載其集。馮
惟訥輯得《詠柿》一首，丁福保所採與馮
本同。

伏挺〔詩存〕　（梁）伏挺撰　（明）
馮惟訥輯

詩紀·梁卷二十八

伏挺〔文存〕　（梁）伏挺撰　（清）
嚴可均輯

全梁文卷四十

伏挺〔佚文〕　（梁）伏挺撰　陳蜚
聲輯

十笏園叢刊·伏氏佚文

伏挺〔詩存〕　（梁）伏挺撰　丁福
保輯

全梁詩卷十二

注：伏挺，字士摽，平昌安丘人，少通
《孝經》、《論語》，及長有才思，好屬文，
能詩，歷中軍參軍事、尚書儀曹郎、西中
郎記室參軍、晉陵令等，著《邇說》十卷，
有文集二十卷，《梁書》、《南史》有傳。
史志未載其集。嚴可均據《梁書》本傳
採得《致徐勉書》一首。馮惟訥輯得《行

舟值早霧》一首，丁福保所採與馮本同。陳荺聲輯得詩文各一首，不出嚴、馮本之外，末附聯句詩。

梁劉孝威集一卷 （梁）劉孝威撰

　六朝詩集

劉孝威〔詩存〕 （梁）劉孝威撰

　（明）馮惟訥輯

　詩紀・梁卷二十五

劉庶子集二卷 （梁）劉孝威撰

　（明）張燮輯

　七十二家集

劉庶子集一卷 （梁）劉孝威撰

　漢魏六朝百三名家集

　漢魏六朝百三名家集（明婁東張氏刻
　　本） 佚名錄　清何焯批校　〔浙江
　　圖書館〕

　漢魏六朝百三名家集（明婁東張氏刻
　　本） 清何紹基評點　〔武漢大學圖
　　書館〕

劉孝威〔文存〕 （梁）劉孝威撰

　（清）嚴可均輯

　全梁文卷六十一

劉孝威〔詩存〕 （梁）劉孝威撰

　丁福保輯

　全梁詩卷十一

　　注：劉孝威，字孝威，彭城安上里人，善屬文，歷安北晉安王法曹、太子洗馬、中庶子、通事舍人等，《梁書》、《南史》有傳。《隋志》載其集十卷，兩《唐志》載《前集》十卷、《後集》十卷，《宋志》一卷，《崇文總目》載其詩一卷。《百三名家集》本錄存啓、書、贊凡文十五首，又詩五十餘首。嚴可均據《類聚》、《初學記》採摭，較《百三名家集》本文多《謝賜棕啓》。馮惟訥輯本較《百三名家集》本詩

多《釣竿篇》一首。丁福保所採與馮本同。按《釣竿篇》，馮氏注云："《英華》、《樂府》並作孝綽。"

何子朗〔詩存〕 （梁）何子朗撰

　（明）馮惟訥輯

　詩紀・梁卷二十八

何子朗〔詩存〕 （梁）何子朗撰

　丁福保輯

　全梁詩卷十二

　　注：何子朗，字世明，東海郯人，有才思，工清言，以文擅名，歷員外散騎侍郎、固山令，有文集行於時（《梁書・文學何思澄傳》）。史志未載其集。馮惟訥輯得詩三首，爲《學謝體》、《和虞記室騫古意》、《和繆郎視月》；丁福保所採與馮本同。

謝舉〔詩存〕 （梁）謝舉撰　　（明）

　馮惟訥輯

　詩紀・梁卷二十八

謝舉〔文存〕 （梁）謝舉撰　　（清）

　嚴可均輯

　全梁文卷四十五

謝舉〔詩存〕 （梁）謝舉撰　丁福
　保輯

　全梁詩卷十二

　　注：謝舉，字言揚，陳郡陽夏人，博涉多通，猶擅玄理及釋氏義，歷祕書郎、侍中、豫章內史、吏部尚書、吳郡太守等，有文集二十卷，事蹟詳《梁書》、《南史》本傳。史志無載其集。嚴可均據《弘明集》、《梁書》採得文二首，爲《答釋法雲書難范縝神滅論》、《外弟廬陵王長史褚向墓誌銘》。馮惟訥輯得《凌雲臺》一首，丁福保所採與馮本同。

梁武帝集一卷 梁武帝撰

六朝詩集

武帝〔詩存〕　梁武帝撰　（明）馮惟訥輯

詩紀·梁卷一至二

梁武帝集八卷　梁武帝撰　（明）閻光世輯

文選遺集

蕭梁文苑

梁武帝御製集十二卷　梁武帝撰（明）張燮輯

七十二家集

梁武帝御製集一卷　梁武帝撰

漢魏六朝百三名家集

漢魏六朝百三名家集（明婁東張氏刻本）　佚名錄　清何焯批校　〔浙江圖書館〕

漢魏六朝百三名家集（明婁東張氏刻本）　清何紹基評點　〔武漢大學圖書館〕

梁武帝集　梁武帝撰

增定漢魏六朝別解·集部

武帝〔文存〕　梁武帝撰　（清）嚴可均輯

全梁文卷一至七

梁武帝集八卷　梁武帝撰

漢魏六朝名家集初刻

武帝〔詩存〕　梁武帝撰　丁福保輯

全梁詩卷一

注：梁武帝蕭衍，參《周易大義》。《梁書》本紀云：“（武帝）天情睿敏，下筆成章，千賦百詩，直疏便就，皆文質彬彬，超邁今古。詔銘贊誄，箴頌牋奏，爰初在田，洎登寶曆，凡諸文集，又百二十

卷。”《北史·蕭大圜傳》云：“《梁武帝集》四十卷，《簡文集》九十卷，各止一本，江陵平後，並藏祕閣。大圜入麟趾，方得見之，乃手寫二集，一年並畢，識者稱歎之。”梁沈約序云：“謹因事立名，隨源編次。”（《類聚》卷十四《武帝集序》）不知約所指何本。《隋志》載《梁武帝集》二十六卷，注云：“梁三十二卷。”又載《詩賦集》二十卷，《雜文集》九卷，《別集目錄》二卷。兩《唐志》僅錄《梁武帝集》十卷。《百三名家集》本錄存賦、詔、勑、制、册、璽書、令、檄、表、書、序、連珠、銘等文約二百首，又詩六十餘首。嚴可均據《梁書》、《南齊書》、《隋書》等採摭，較《百三名家集》本文詳備。按《文館詞林》卷六百六十五載武帝《南郊恩降詔》、《藉田勸農大赦詔》，卷六百六十六載《重立皇太子赦詔》、《誕皇子恩降詔》、《皇太子冠赦詔》、《皇太子婚降大辟以下罪詔》，卷六百九十一載《與劉孝綽勑》、《命百官聽採勑》，卷六百九十五載《克定京邑赦令》、《開國赦令》，均可補嚴本之缺。馮惟訥輯本與《百三名家集》本詩同，當係張溥轉錄馮本。按《答蕭琛》，《詩紀匡謬》云：“《梁書》但云上答而已，語雖有韻，實不稱詩。”丁福保從《文館詞林》卷一百五十八採得《逸民》（或題《贈逸人》）一首，收入《全梁詩》，按此詩馮本殘。《名家集初刻》本文據嚴本，詩則與馮本同。《六朝詩集》本不及馮本完備。

王筠〔詩存〕　（梁）王筠撰　（明）馮惟訥輯

詩紀·梁卷二十三

王詹事集二卷　（梁）王筠撰

（明）張燮輯

七十二家集

王詹事集一卷 （梁）王筠撰

漢魏六朝百三名家集

漢魏六朝百三名家集（明婁東張氏刻本）　佚名録　清何焯批校　〔浙江圖書館〕

漢魏六朝百三名家集（明婁東張氏刻本）　清何紹基評點　〔武漢大學圖書館〕

王筠〔文存〕 （梁）王筠撰　（清）嚴可均輯

全梁文卷六十五

王筠〔詩存〕 （梁）王筠撰　丁福保輯

全梁詩卷十

注：王筠，字元禮，一字德柔，琅邪人，工詩文，著述甚富，歷太子舍人、中書郎、尚書吏部郎、步兵校尉、臨海太守、司徒左長史等，自纂其文章，以一官爲一集，自《洗馬》、《中書》、《中庶》、《吏部》、《左佐》、《臨海》、《太府》各十卷，《尚書》三十卷，凡一百卷，行於時，《梁書》、《南史》有傳。《隋志》載《王筠集》十一卷并録、《中書集》十一卷并録、《臨海集》十一卷并録、《左佐集》十一卷并録、《尚書集》九卷并録，兩《唐志》載《洗馬集》十卷、《中庶子集》十卷、《左右集》（按“右”當爲“佐”之誤）十卷、《臨海集》十卷、《中書集》十卷、《尚書集》十一卷。《百三名家集》本録存賦、表、牋、書、序、記、碑、哀策文凡文十七首，又詩四十一首。嚴可均據《類聚》、《梁書》等採摭，所採與《百三名家集》本詩同。按《文館詞林》卷六百九十九載筠《造立騰霄觀

教》、《習戰備教》，均爲嚴本所無。馮惟訥輯本與《百三名家集》本詩同，當爲張溥襲抄馮本。丁福保所採較馮本多《以服散鎗贈殷鈞别》一首，丁注云：“案《藝文類聚》七十三載此詩，王作吳，誤字也。《詩紀》改筠作吳，《百三名家》、《吳朝請集》依《詩紀》收入，今以《御覽》七百五十七訂正録之。”

蕭子範〔詩存〕 （梁）蕭子範撰　（明）馮惟訥輯

詩紀·梁卷二十二

蕭子範〔文存〕 （梁）蕭子範撰　（清）嚴可均輯

全梁文卷二十三

蕭子範〔詩存〕 （梁）蕭子範撰　丁福保輯

全梁詩卷十

注：蕭子範，字景則，嶷子，善屬文，歷太子中舍人、建安太守、信威長史、中散大夫、始興内史等，著《千字文》一卷（見兩《唐志》經部），有前、後文集三十卷，事蹟詳《梁書》、《南史》本傳。《隋志》載其集十三卷，兩《唐志》三卷。按《隋志》十三卷疑爲三十卷之誤，兩《唐志》似脱“十”字。嚴可均據《梁書》、《類聚》採得賦、表、牋、箋等文凡十首。馮惟訥輯得詩九首，丁福保所採與馮本同。

張纘〔詩存〕 （梁）張纘撰　（明）馮惟訥輯

詩紀·梁卷十一

張纘〔文存〕 （梁）張纘撰　（清）嚴可均撰

全梁文卷六十四

張纘〔詩存〕 （梁）張纘撰　丁福

保輯

全梁詩卷四

　　注：張纘，字伯緒，范陽方城人，歷祕書郎、太子舍人、南蘭陵太守、吳興太守、尚書僕射等，著《鴻寶》一百卷，文集二十卷，《梁書》、《南史》有傳。《隋志》載其集十一卷并録，兩《唐志》十卷。嚴可均據《梁書》、《周書》等採得賦、表、啓、書、哀策文、墓誌銘等文凡十六首。馮惟訥輯得詩二首，爲《大言應令》、《細言應令》；丁福保所採與馮本同。

邵陵王綸〔詩存〕　（梁）蕭綸撰

（明）馮惟訥輯

詩紀・梁卷八

邵陵王綸〔文存〕　（梁）蕭綸撰

（清）嚴可均輯

全梁文卷二十二

邵陵王綸〔詩存〕　（梁）蕭綸撰

丁福保輯

全梁詩卷三

　　注：蕭綸，字世調，武帝子，博學能文，猶工尺牘，歷彭城太守、會稽太守、江州刺史、侍中、宣威將軍、郢州刺史等，封邵陵王，事蹟詳《梁書》、《南史》本傳。《隋志》載其集六卷，兩《唐志》四卷。嚴可均據《類聚》、《梁書》等採得賦、教、表、啓、書、墓誌銘等文凡十首。馮惟訥輯得詩六首，丁福保所採與馮本同。

蕭子雲〔詩存〕　（梁）蕭子雲撰

（明）馮惟訥輯

詩紀・梁卷二十

蕭子雲〔文存〕　（梁）蕭子雲撰

（清）嚴可均輯

全梁文卷二十三

蕭子雲〔詩存〕　（梁）蕭子雲撰　丁福保輯

全梁詩卷十

　　注：蕭子雲，參《蕭子雲晉書》。《隋志》載其集十九卷，兩《唐志》二十卷。嚴可均據《類聚》、《廣弘明集》、《梁書》採得賦、啓、答凡文五首。馮惟訥輯得詩六首，又《詩紀》梁卷三十二載其歌十一首；丁福保所採與馮本同。

劉孝儀〔詩存〕　（梁）劉潛撰

（明）馮惟訥輯

詩紀・梁卷二十四

劉豫章集二卷　（梁）劉潛撰

（明）張燮輯

七十二家集

劉豫章集一卷　（梁）劉潛撰

漢魏六朝百三名家集

漢魏六朝百三名家集（明婁東張氏刻本）　佚名録　清何焯批校　〔浙江圖書館〕

漢魏六朝百三名家集（明婁東張氏刻本）　清何紹基評點　〔武漢大學圖書館〕

劉潛〔文存〕　（梁）劉潛撰　（清）嚴可均輯

全梁文卷六十一

劉孝儀〔詩存〕　（梁）劉潛撰　丁福保輯

全梁詩卷十

　　注：劉潛，字孝儀，彭城安上里人，善屬文，歷尚書殿中郎、太子洗馬、陽羨令、建康令、中書郎、尚書左丞等，有文集二十卷行於時，《梁書》、《南史》有傳。《隋》、《唐志》並載其集二十卷。《百三名家集》本録存賦、表、彈文、啓、書、連

珠、碑、銘凡文三十六首，又詩十二首。嚴可均據《類聚》、《文苑英華》等採摭，較《百三名家集》本文多《爲鄱陽嗣王初讓雍州表》、《爲李揚州舅讓表》、《謝東宫賜五色藤筌蹄一枚啓》。馮惟訥輯本與《百三名家集》本詩同，當係張溥依馮本轉録；丁福保所採與馮本同。

鮑機〔詩存〕 （梁）鮑機撰　（明）馮惟訥輯

　　詩紀·梁卷二十九

鮑機〔詩存〕 （梁）鮑機撰　丁福保輯

　　全梁詩卷十二

　　注：鮑機，或作鮑幾，字景玄，東海郯人，博涉文史，頗閑刀筆，以才學知名，歷春陵令、太常丞、湘東王諮議參軍、治書侍御史等（《梁書·鮑泉傳》、《南史·鮑泉傳》、《隋書·鮑宏傳》、《類聚》卷五十三《薦鮑幾表》）。《隋志》與《舊唐志》並作《鮑幾集》八卷，《新唐志》載作《鮑幾集》八卷。按“畿”當爲“幾”之誤。馮惟訥輯得《伍子胥》一首，丁福保從《文館詞林》卷一百六十增採《釋奠應詔爲王曒作》一首。

庾肩吾〔詩存〕 （梁）庾肩吾撰　（明）馮惟訥輯

　　詩紀·梁卷十七

庾度支集四卷 （梁）庾肩吾撰　（明）張燮輯

　　七十二家集

庾度支集一卷 （梁）庾肩吾撰

　　漢魏六朝百三名家集

　　漢魏六朝百三名家集（明婁東張氏刻本）　佚名録　清何焯批校〔浙江圖書館〕

　　漢魏六朝百三名家集（明婁東張氏刻本）　清何紹基評點〔武漢大學圖書館〕

庾度支集 （梁）庾肩吾撰

　　增定漢魏六朝别解·集部

庾肩吾〔文存〕 （梁）庾肩吾撰　（清）嚴可均輯

　　全梁文卷六十六

庾肩吾〔詩存〕 （梁）庾肩吾撰　丁福保輯

　　全梁詩卷七

　　注：庾肩吾，字子慎，新野人，有才思，歷晉安王國常侍、東宫通事舍人、安西湘東王録事參軍、度支尚書等，著《採璧》三卷（見《隋志》子部雜家類），文集行於時，《梁書》、《南史》有傳。《隋》、《唐志》並載其集十卷，《宋志》二卷。《百三名家集》本録存表、章、啓、序、論、銘凡文四十一首，又詩八十餘首，末附聯句。嚴可均據《類聚》、《初學記》等採摭，所採與《百三名家集》本文同。馮惟訥輯本與《百三名家集》本詩同，當係張溥依馮本録存；丁福保所輯與馮本同。

梁簡文帝集二卷　梁簡文帝撰

　　六朝詩集

簡文帝〔詩存〕　梁簡文帝撰　（明）馮惟訥輯

　　詩紀·梁卷四至六

梁簡文帝集十四卷　梁簡文帝撰　（明）閻光世輯

　　文選遺集

　　蕭梁文苑

梁簡文帝御製集十六卷　梁簡文帝撰　（明）張燮輯

　　七十二家集

梁簡文帝御製集二卷　梁簡文帝撰

　　漢魏六朝百三名家集

　　漢魏六朝百三名家集（明婁東張氏刻本）　佚名録　清何焯批校　〔浙江圖書館〕

　　漢魏六朝百三名家集（明婁東張氏刻本）　清何紹基評點　〔武漢大學圖書館〕

梁簡文帝集　梁簡文帝撰

　　增定漢魏六朝別解·集部

梁簡文文抄一卷　梁簡文帝撰（明）李賓輯

　　八代文抄

簡文帝〔文存〕　梁簡文帝撰（清）嚴可均輯

　　全梁文卷八至十四

梁簡文帝集八卷　梁簡文帝撰

　　漢魏六朝名家集初刻

簡文帝〔詩存〕　梁簡文帝撰　丁福保輯

　　全梁詩卷一至二

　　注：梁簡文帝蕭綱，參《毛詩十五國風義》。《南史》本紀謂簡文帝有文集一百卷行於時，自幽摯之後，又爲文數百篇。《北史·蕭大圜傳》云：“《梁武帝集》四十卷，《簡文集》九十卷，各止一本，江陵平後，並藏祕閣。大圜入麟趾，方得見之，乃手寫二集，一年並畢，識者稱歎之。”《隋志》載其集八十五卷，兩《唐志》八十卷，《宋志》一卷。《直齋書録解題》詩集類載五卷，云：“《中興書目》止存一卷，詩名篇又缺其三首。今五卷皆詩，總二百四十四篇。”《百三名家集》本録存賦、詔、令、教、移文、表、

疏、章、啓、書、序、論、頌、銘、碑、連珠、墓誌銘、誄、哀辭等文八十餘首，又詩二百餘首。按其中《謝勅賚魏國獻錦等啓》、《謝勅賚廣州堀啓》、《謝勅賚大菘啓》、《謝勅賚城邊橘啓》、《謝勅賚河南菜啓》，分載《類聚》卷七十三、卷八十二、卷八十五、卷八十六，題梁皇太子撰，似爲昭明太子之作；又《類聚》卷七十七載簡文帝《東宮上掘得慈覺寺鍾啓》一文，張溥誤入《梁昭明太子集》。嚴可均據《類聚》、《廣弘明集》、《梁書》等採撫，較《百三名家集》本爲善。按《文館詞林》卷六百九十九載簡文帝《祭北行戰亡將客教》、《贈賻扈玄達教》、《監護杜嵩喪教》、《贍卹部曲喪柩教》、《修理羊太傅蕭司徒碑教》、《祠司徒安陸王教》、《三日賦詩教》、《北略教》，均可補嚴本之缺。又卷六百九十九載《圖雍州賢能刺史教》、《甄張景顧復讎教》亦較嚴本文詳。馮惟訥輯本較《百三名家集》本詩多《臨高臺》一首，馮注云：“《玉臺》作梁武帝。”（張溥以之入《梁武帝御製集》）按馮本《採蓮曲》第二首“常聞菓可愛”云云，即《採蓮賦》末段，當入文。又《大垂手》、《小垂手》，《詩紀匡謬》云：“《大垂手》一篇，《玉臺》作簡文，《樂府》作吳均；《小垂手》篇，《樂府》亦作吳均，舍《樂府》別無所出，自不得并入簡文也。”又《夜夜曲》二首，《詩紀匡謬》云：“‘北斗闌干去’一篇，《樂府》作沈約，《玉臺》作簡文；‘愁人夜獨傷’一篇，《玉臺》無此詩，《樂府》明注無名氏，不應混入也。”丁福保據《文館詞林》卷一百五十八又採得《和贈逸人應詔》一首。《名家集初刻》本文據嚴本，詩則與《百三名家集》本同。《六朝詩集》本不

及馮本詳,李賓輯本亦略。

武陵王紀〔詩存〕 （梁）蕭紀撰 （明）馮惟訥輯

詩紀·梁卷八

武陵王紀〔詩存〕 （梁）蕭紀撰 丁福保輯

全梁詩卷三

注:蕭紀,字世詢,武帝子,有文才,歷彭城太守、丹陽尹、會稽太守、侍中、宣惠將軍、散騎常侍等,封武陵郡王,《梁書》、《南史》有傳。《隋》、《唐志》並載其集八卷。馮惟訥輯得詩六首,丁福保所採與馮本同。

鮑泉〔詩存〕 （梁）鮑泉撰 （明）馮惟訥輯

詩紀·梁卷二十九

鮑泉〔詩存〕 （梁）鮑泉撰 丁福保輯

全梁詩卷十二

注:鮑泉,字潤岳,東海人,博涉史傳,明於儀禮,有文筆,歷信州刺史、平北府長史(《隋志》)等,著《六經通數》十卷(見《隋志》經部論語類),《梁書》、《南史》有傳。《隋》、《唐志》並載其集一卷。馮惟訥輯得詩九首,丁福保所採與馮本同。

張縉〔文存〕 （梁）張縉撰 （清）嚴可均輯

全梁文卷六十四

注:張縉,字孝卿,范陽方城人,與兄續齊名,歷國子博士、北中郎長史、蘭陵太守、御史中丞、史部尚書等,《梁書》、《南史》有傳。《隋志》載其集十一卷并錄,兩《唐志》十卷。嚴可均據《類聚》卷七十六採得《龍樓寺碑》一首。

梁元帝集一卷 梁元帝撰

六朝詩集

元帝〔詩存〕 梁元帝撰 （明）馮惟訥輯

詩紀·梁卷七至八

梁元帝集八卷 梁元帝撰 （明）閻光世輯

文選遺集

蕭梁文苑

梁元帝御製集十卷 梁元帝撰 （明）張燮輯

七十二家集

梁元帝集一卷 梁元帝撰

漢魏六朝百三名家集

漢魏六朝百三名家集(明婁東張氏刻本) 佚名錄 清何焯批校 〔浙江圖書館〕

漢魏六朝百三名家集(明婁東張氏刻本) 清何紹基評點 〔武漢大學圖書館〕

梁元帝集 梁元帝撰

增定漢魏六朝別解·集部

元帝〔文存〕 梁元帝撰 （清）嚴可均輯

全梁文卷十五至十八

梁元帝集五卷 梁元帝撰

漢魏六朝名家集初刻

元帝〔文存〕 梁元帝撰 丁福保輯

全梁詩卷三

注:梁元帝蕭繹,參《纂要》。《梁書》本紀謂元帝著述辭章多行於時,"文集五十卷"。《金樓子·著書篇》則云:"集三秩三十卷。"《隋志》載其集五十二卷,又《小集》十卷;《新唐志》載五十卷,《小

集》十卷;《舊唐志》亦載五十卷,又出其集十卷(按當爲《小集》十卷)。《直齋書錄解題》僅載元帝詩一卷。《百三名家集》本録存賦、詔、令、敕、教、表、啓、書、檄、論、議、序、贊、銘、碑、墓誌、祭文、騷凡文一百三十餘首,又詩百餘首。嚴可均據《類聚》、《廣弘明集》、《梁書》、《南史》等採撮,與《百三名家集》本互爲有無,《百三名家集》本《詔褒庾詵與劉之遴》、《答廣信侯書》、《秋興賦》、《臨秋賦》爲嚴本所無(按《秋興賦》、《臨秋賦》,嚴氏據《類聚》編入簡文帝文),嚴本則較《百三名家集》本文多《秋風搖落》、《手詔封宗懍》、《與諸藩令》、《論詩》、《金樓子序》、《揚州梁安寺碑》、《山水松竹格》,又《又與武陵王紀書》第二節"裂帛爲書,催王僧辯入援"亦爲《百三名家集》本缺載。按《文館詞林》卷四百五十七載元帝《郢州都督蕭子昭碑銘》,卷六百九十五載《議移都令》、《祠房廟令》、《勸農令》、《策勳令》、《封劉毅宗懍令》、《封射書雍州令》、《責南軍令》、《遣上封令》,均可補嚴本之缺。馮惟訥所採與《百三名家集》本詩同,唯篇名與編次有異,當係張溥依馮本抄録;丁福保所採亦與馮本同。《名家集初刻》本文據嚴本,詩則與《百三名家集》本同。《六朝詩集》本不及馮本詳備。

甄玄成〔文存〕　（梁）甄玄成撰

（清）嚴可均輯

全梁文卷六十八

　　注:甄玄成,字敬平,中山人,博達經史,善屬文,歷中書侍郎、御史中丞、祠部尚書等,有文集二十卷,《周書》、《北史》有傳。《隋志》載其集十卷并録,兩《唐志》一卷。嚴可均據《初學記》卷二

十五採得《車賦》一首。

梁宣帝集一卷　梁宣帝撰

六朝詩集

宣帝〔詩存〕　梁宣帝撰　（明）馮惟訥輯

詩紀·梁卷八

後梁宣帝〔文存〕　梁宣帝撰

（清）嚴可均輯

全梁文卷六十八

宣帝〔詩存〕　梁宣帝撰　丁福保輯

全梁詩卷三

　　注:梁宣帝蕭詧,字理孫,昭明太子子,善敍述,長於佛義,謚宣皇帝,廟號中宗,有文集十五卷,《周書》、《北史》有傳。《隋志》載其集十卷。《六朝詩集》本載詩六首,馮惟訥輯本較之多《詠紙》、《牀詩》、《詠弓》、《詠履》,丁福保所採與馮本同。嚴可均據《周書》、《廣弘明集》、《初學記》等採得賦、教、連珠凡文六首。

沈君攸〔詩存〕　（梁）沈君游撰

（明）馮惟訥輯

詩紀·梁卷三十

沈君攸〔詩存〕　（梁）沈君游撰

丁福保輯

全梁詩卷十三

　　注:《隋志》載梁散騎常侍《沈君攸集》十三卷,兩《唐志》載《沈君攸集》十二卷。按《周書·沈君游傳》謂君游官至散騎常侍,有文集十卷,是君攸與君游當爲一人。君游,吳興人,有詞採,事蹟詳《周書》本傳。馮惟訥輯得詩十首,丁福保所採與馮本同。

蕭欣〔詩存〕　（梁）蕭欣撰　（明）

馮惟訥輯

詩紀·梁卷三十一

蕭欣〔文存〕 （梁）蕭欣撰 （清）嚴可均輯

全梁文卷二十二

蕭欣〔詩存〕 （梁）蕭欣撰 丁福保輯

全梁詩卷十三

注：蕭欣，秀孫，博涉墳典，善屬文，歷中書令、尚書僕射等，襲封安成王，著《梁史》百卷，有集三十卷，事蹟詳《周書》本傳。《隋》、《唐志》並載其集十卷。嚴可均據《初學記》卷二採得《謝賜甘露啓》一首。馮惟訥輯得《還宅作》一首，丁福保所採與馮同。

朱超道〔詩存〕 （梁）朱超道撰 （明）馮惟訥輯

詩紀·梁卷三十

朱超道〔詩存〕 （梁）朱超道撰 丁福保輯

全梁詩卷十三

注：《隋志》載梁中書舍人《朱超集》一卷。馮惟訥疑朱超道、朱越、朱超爲一人，並輯得詩十七首，各首之下仍分注本名，以俟考訂。丁福保所採與馮本同。

明帝〔文存〕 梁明帝撰 （清）嚴可均輯

全梁文卷六十八

注：梁明帝蕭巋，字仁遠，詧子，有才學，謚孝明皇帝，廟號世宗，所著文集等行於時，事蹟詳《周書》、《隋書》本紀。《隋志》載其集十卷，兩《唐志》一卷。嚴可均據《隋書》本紀採得《臨終上隋文帝表》一首。

蕭琮〔詩存〕 （梁）蕭琮撰 （明）馮惟訥輯

詩紀·隋卷五

後主〔文存〕 （梁）蕭琮撰 （清）嚴可均輯

全梁文卷六十八

蕭琮〔詩存〕 （梁）蕭琮撰 丁福保輯

全隋詩卷三

注：蕭琮，字溫文，巋子，博學有文義，天保二十四年嗣位，明年改元廣運，在位二年，開皇七年廢，《周書》、《隋書》有傳。《隋志》載其集七卷。嚴可均據《國清百錄》採得《與釋智顗書》一首。馮惟訥輯得《奉和月夜觀星》一首，丁福保所採與馮本同。

范靖妻沈氏〔詩存〕 （梁）沈滿願撰 （明）馮惟訥輯

詩紀·梁卷三十一

范靖妻沈氏〔詩存〕 （梁）沈滿願撰 丁福保輯

全梁詩卷十三

注：范靖妻沈氏，諸書或引作范靖妻沈氏（見《類聚》卷三十、《玉臺新詠》卷五等）。《隋志》載梁征西記室范靖妻《沈滿願集》三卷，《新唐志》載三卷，《舊唐志》五卷。沈滿願生平不詳。馮惟訥輯得詩十一首，丁福保所採與馮本同。

陳

杜之偉〔文存〕 （陳）杜之偉撰 （清）嚴可均輯

全陳文卷十三

注：杜之偉，字子大，吳郡錢塘人，少受《尚書》，習《詩》、《禮》，及長遍覽文史

與儀禮故事，歷揚州議曹從事、刑獄參軍、丞相記室參軍、中書侍郎等，所製多遺失，存者十七卷，《陳書》、《南史》有傳。《隋志》載其集十二卷。嚴可均據《陳書》本傳採得《求解著作啓》一首。

沈炯〔詩存〕　（陳）沈炯撰　（明）
馮惟訥輯

　　詩紀·陳卷四

沈侍中集三卷　（陳）沈炯撰
（明）張燮輯

　　七十二家集

沈侍中集一卷　（陳）沈炯撰

　　漢魏六朝百三名家集

　　漢魏六朝百三名家集（明婁東張氏刻
　　　本）　佚名録　清何焯批校　〔浙江
　　　圖書館〕

　　漢魏六朝百三名家集（明婁東張氏刻
　　　本）　清何紹基評點　〔武漢大學圖
　　　書館〕

沈炯〔文存〕　（陳）沈炯撰　（清）
嚴可均輯

　　全陳文卷十四

沈炯〔詩存〕　（陳）沈炯撰　丁福
保輯

　　全陳詩卷二

　　注：沈炯，字禮明，一作初明，吳興武康人，有才學，善屬文，歷給事黃門侍郎、御史中丞、通直散騎常侍等，有集二十卷行於時，事蹟詳《陳書》、《南史》本傳。《隋志》載其《前集》七卷、《後集》十三卷。按劉師知《侍中沈府君序集》云：“今乃撰（纂）西還所著文章，名爲《後集》。”（《類聚》卷五十五）兩《唐志》載《前集》六卷、《後集》十三卷，《宋志》載其集七卷。《百三名家集》本録存賦、

表、啓、書、銘、碑、哀策文、祭文等文凡二十二首，又詩十八首。嚴可均據《初學記》、《類聚》、《梁書》等採摭，較《百三名家集》本文少《爲王僧辯答貞陽侯啓》、《爲王僧辯重答貞陽侯啓》、《爲王僧辯奉貞陽侯啓》及《爲王僧辯重奉貞陽侯啓》，按嚴氏以爲此四首文非炯所作，分別編入梁闕名文與王僧辯文。按《文館詞林》卷六百九十九載炯《爲王公修相國德政碑》，爲諸本所無。馮惟訥所採與《百三名家集》本詩同，當係張溥抄録馮本；丁福保輯本與馮本同。

釋洪偃〔詩存〕　（陳釋）洪偃撰
（明）馮惟訥輯

　　詩紀·陳卷十

釋洪偃〔詩存〕　（陳釋）洪偃撰
丁福保輯

　　全陳詩卷四

　　注：洪偃，俗姓謝氏，會稽山陰人，勤於學，幼而聰敏，及長遊京邑，遍聞數論，值龍光寺綽法師，便委心受業，後居揚都宣武寺，善屬文，綴述篇章隨手散失，後人集成二十餘卷，值亂零失，猶存八軸，陳太建間學士何儇上之，封於祕閣，事蹟詳《續高僧傳》卷七。《隋志》載其集八卷。馮惟訥輯得詩三首，爲《遊故苑》、《登吳昇平亭》、《遊鍾山之開善定林息心宴坐引筆賦詩》；丁福保所採與馮本同。

江德藻〔文存〕　（陳）江德藻撰
（清）嚴可均輯

　　全陳文卷十二

　　注：江德藻，字德藻，濟陽考城人，善屬文，歷尚書比部郎、廬陵王記室參軍、尚書吏部侍郎、太子中庶子、新喻令等，

所著文筆十五卷,《陳書》、《南史》有傳。史志未載其集。嚴可均據《陳書》採得文二首,爲《沈孝軌諸弟除服議》、《大行俠御服又議》。

陰常侍集一卷　（陳）陰鏗撰

六朝詩集

陰常侍詩集一卷　（陳）陰鏗撰

陰何詩集

陰鏗〔詩存〕　（陳）陰鏗撰　（明）馮惟訥輯

詩紀・陳卷二

陰常侍集一卷　（陳）陰鏗撰

清抄本　〔山東省博物館〕

陰常侍集一卷　（陳）陰鏗撰

清抄本　〔南京圖書館〕

陰常侍詩集一卷　（陳）陰鏗撰

清抄本　〔上海師範大學圖書館〕

陰常侍詩集一卷　（陳）陰鏗撰　（清）張澍輯

二西堂叢書

叢書集成初編・文學類

陰鏗〔詩存〕　（陳）陰鏗撰　丁福保輯

全陳詩卷一

注：陰鏗,字子堅,武威姑臧人,博涉史傳,猶長五言詩,爲時所重,歷始興王府中録事參軍、招遠將軍、晉陵太守、員外散騎常侍等,有集三卷行於時,《陳書》、《南史》有傳。《隋志》載其集一卷。《郡齋讀書志》載一卷,云:"今所存者十數詩而已。"《直齋書録解題》詩集類亦録一卷,云:"財三十餘篇。"馮惟訥輯得詩三十四首。《六朝詩集》本亦三十四首,較馮本多《昭君怨》一首,然馮本《詠鶴》一首爲其缺載。張澍輯本凡三十五

首,包括《詠鶴》及《昭君怨》；丁福保所採與張澍本同。

袁樞〔文存〕　（陳）袁樞撰　（清）嚴可均輯

全陳文卷十三

注：袁樞,字踐言,陳郡陽夏人,歷員外散騎常侍、吳興太守、侍中、吏部尚書、尚書左僕射等,有集十卷行於世,《陳書》、《南史》有傳。史志未載其集。嚴可均據《陳書》本傳採得《追贈錢蔵及子岊官議》一首。

庾持〔文存〕　（陳）庾持撰　（清）嚴可均輯

全陳文卷十三

注：庾持,字允德,一作元德,潁川鄢陵人,能文,猶善書記,歷安吉令、尚書左丞、臨安令、給事黃門侍郎、太中大夫等,有集十卷,《陳書》、《南史》有傳。史志未載其集。嚴可均據《隋書・禮儀志》採得《請詳正哀策稱大行》一首。

許亨〔文存〕　（陳）許亨撰　（清）嚴可均輯

全陳文卷十五

注：許亨,字亨道,高陽新城人,博通羣書,多識前代舊事,歷平西記室參軍、太尉從事中郎、中散大夫、太中大夫等,初撰《齊書》并志五十卷,遇亂失亡,後撰《梁史》五十八卷,梁太清之後所製文筆六卷,《陳書》、《南史》有傳。史志無載其集。嚴可均據《隋書・禮儀志》採得文三首,爲《奏南郊不宜祭五祀》、《奏南郊宜除風伯雨師星位》、《奏郊祀宜三獻》。

張種〔文存〕　（陳）張種撰　（清）嚴可均輯

全陳文卷十五

注：張種，字士苗，吳郡人，歷太子中庶子、御史中丞、太府卿、步兵校尉、中書令等，有集十四卷，《陳書》、《南史》有傳。史志無載其集。嚴可均據《類聚》卷八採得《與沈炯書》一首。

釋惠標〔詩存〕　（陳釋）惠標撰

（明）馮惟訥輯

詩紀·陳卷十

釋惠標〔詩存〕　（陳釋）惠標撰

丁福保輯

全陳詩卷四

注：惠標，一作慧標，有才思，陳寶應反，慧標作五言詩以贈，寶應敗，慧標以之伏誅（《陳書·虞寄傳》）。《隋志》載陳沙門《釋標集》二卷，脫“惠”（或慧）字。馮惟訥輯得詩六首，丁福保所採與馮本同。

周弘正〔詩存〕　（陳）周弘正撰

（明）馮惟訥輯

詩紀·陳卷四

周弘正〔文存〕　（陳）周弘正撰

（清）嚴可均輯

全陳文卷五

周弘正〔詩存〕　（陳）周弘正撰

丁福保輯

全陳詩卷二

注：周弘正，參《周氏易注》。《南史》本傳謂弘正有集二十卷行於時。《隋》、《唐志》並載其集二十卷。嚴可均據《陳書》、《類聚》採得表、議、奏、啓凡文八首。馮惟訥輯得詩十三首，丁福保所採與馮本同。

周弘讓〔詩存〕　（陳）周弘讓撰

（明）馮惟訥輯

詩紀·陳卷四

周弘讓〔文存〕　（陳）周弘讓撰

（清）嚴可均輯

全陳文卷五

周弘讓〔詩存〕　（陳）周弘讓撰

丁福保輯

全陳詩卷二

注：周弘讓，弘正弟，汝南安成人，歷國子博士、太常卿、金紫光禄大夫等，著《續高士傳》七卷（見《隋志》史部傳記類），《陳書》、《南史》有傳。《隋志》載其集九卷、《後集》十二卷，《新唐志》載其集十八卷。嚴可均據《周書》、《隋書》、《類聚》及《文苑英華》採得文四首，爲《山蘭賦》、《奏宋齊故事》、《答王襃書》、《與徐陵書薦方圓》。馮惟訥輯得詩四首，爲《留贈山中隱士》、《春夜醮五嶽圖文》、《賦得長笛吐清氣》、《立秋》；丁福保所採與馮本同。

張正見〔詩存〕　（陳）張正見撰

（明）馮惟訥輯

詩紀·陳卷五至六

張散騎集二卷　（陳）張正見撰

（明）張燮輯

七十二家集

陳張散騎集一卷　（陳）張正見撰

漢魏六朝百三名家集

漢魏六朝百三名家集（明婁東張氏刻本）　佚名録　清何焯批校　〔浙江圖書館〕

漢魏六朝百三名家集（明婁東張氏刻本）　清何紹基評點　〔武漢大學圖書館〕

張正見〔文存〕　（陳）張正見撰

（清）嚴可均輯

全陳文卷十六

張正見〔詩存〕　（陳）張正見撰

丁福保輯

全陳詩卷二

注：張正見，字見賾，清河東武城人，善爲五言詩，歷通直散騎侍郎、彭澤令、衡陽王府長史、尚書度支郎等，有集十四卷，《陳書》、《南史》有傳。《隋志》載其集十四卷，兩《唐志》四卷，《宋志》一卷。《百三名家集》本錄存賦、啓凡文四首，又詩八十七首。嚴可均據《類聚》、《初學記》採得文四首，與《百三名家集》本文大體同，唯《石賦》以嚴採稍詳。馮惟訥輯本與《百三名家集》本詩同，當係張溥抄錄馮本；丁福保所採與馮本同。

周弘直〔詩存〕　（陳）周弘直撰

（明）馮惟訥輯

詩紀・陳卷四

周弘直〔文存〕　（陳）周弘直撰

（清）嚴可均輯

全陳文卷五

周弘直〔詩存〕　（陳）周弘直撰

丁福保輯

全陳詩卷二

注：周弘直，字思方，弘正弟，汝南安城人，歷衡陽內史、長沙內史、零陵太守、國子博士、尚書左丞、太常卿等，有集二十卷，《陳書》、《南史》有傳。史志未載其集。嚴可均據《陳書》本傳採得《遺疏敕其家》一首。馮惟訥輯得《賦得荊軻》一首，丁福保所採與馮本同。

陸玠〔詩存〕　（陳）陸玠撰　（明）

馮惟訥輯

詩紀・陳卷四

陸玠〔詩存〕　（陳）陸玠撰　丁福

保輯

全陳詩卷二

注：《隋志》載陳少府卿《陸玠集》十卷。據《陳書・文學陸玠傳》紀，玠字潤玉，吳郡吳人，善屬文，追贈少府卿，《隋志》陸玢當爲陸玠之誤。兩《唐志》載《陸珍集》五卷，陸珍亦當爲陸玠之誤。馮惟訥輯得《賦得雜言詠栗》一首，丁福保所採與馮本同。

蔡景歷〔文存〕　（陳）蔡景歷撰

（清）嚴可均輯

全陳文卷十五

注：蔡景歷，字茂世，濟陽考城人，善尺牘，工草隸，所著不尚雕靡而長於敍事，歷給事黃門侍郎、中書侍郎、散騎常侍、宣惠豫章王長史、御史中丞等，有文集三十卷，事蹟詳《陳書》、《南史》本傳。《隋志》載其集五卷。嚴可均據《陳書》採得文三首，爲《大行俠御服議》二首及《答陳征北書》一首。

岑之敬〔詩存〕　（陳）岑之敬撰

（明）馮惟訥輯

詩紀・陳卷九

岑之敬〔詩存〕　（陳）岑之敬撰

丁福保輯

全陳詩卷四

注：岑之敬，字思禮，南陽棘陽人，少即習經，博涉文史，雅有詞筆，歷武陵王安西府刑獄參軍事、南沙令、晉安王宣惠府中記室參軍、南臺治書侍御史等，有集十卷行於世，《陳書》、《南史》有傳。史志未載其集。馮惟訥輯得詩五首，丁福保所採較馮本少《當壚曲》一首。按《當壚曲》，《詩紀匡謬》云：“‘明月二八照新花，當壚十五晚留賓’二句，本之敬

《烏樓曲》，載在《樂府》。今截此二句，添‘回眸百萬橫自陳’一句，別題《當鱸曲》，楊君之妄不待言矣。"丁從此說。

沈不害〔文存〕　（陳）沈不害撰

（清）嚴可均輯

全陳文卷十二

　　注：沈不害，字孝和，吳興武康人，治經術，善屬文，歷衡陽王府中記室參軍、灞令、尚書儀曹郎、尚書左丞等，著《五禮儀》一百卷，文集十四卷，《陳書》、《南史》有傳。兩《唐志》並載其集十卷。嚴可均據《陳書·儒林傳》採得《上文帝書請立國學》一首。

褚玠〔詩存〕　（陳）褚玠撰　　（明）馮惟訥輯

詩紀·陳卷九

褚玠〔文存〕　（陳）褚玠撰　　（清）嚴可均輯

全陳文卷十六

褚玠〔詩存〕　（陳）褚玠撰　丁福保輯

全陳詩卷四

　　注：褚玠，字溫理，河南陽翟人，博學能文，善占對，歷王府法曹、中書侍郎、戎昭將軍、御史中丞等，所著章奏雜文二百餘篇，皆切事理，《陳書》、《南史》有傳。《隋志》載其集十卷，兩《唐志》載作《褚介集》十卷。按褚介當爲褚玠之誤。嚴可均據《初學記》卷三十採得《風裏蟬賦》一首。馮惟訥輯得《鬥雞東郊道》一首，丁福保所採與馮本同。

顧野王〔詩存〕　（陳）顧野王撰　　（明）馮惟訥輯

詩紀·陳卷九

顧野王〔文存〕　（陳）顧野王撰

（清）嚴可均輯

全陳文卷十三

顧野王〔詩存〕　（陳）顧野王撰　丁福保輯

全陳詩卷四

　　注：顧野王，參《爾雅顧野王音》。《陳書》本傳謂其有文集二十卷，《隋志》載十九卷。嚴可均據《初學記》、《類聚》、《玉篇》採得賦、啓、序凡文七首。馮惟訥輯得詩九首，丁福保輯本較馮本多《餞友之綏安》一首。

曇瑗〔詩存〕　（陳 釋）曇瑗撰

（明）馮惟訥輯

詩紀·陳卷十

釋曇瑗〔文存〕　（陳 釋）曇瑗撰

（清）嚴可均輯

全陳文卷十八

曇瑗〔詩存〕　（陳 釋）曇瑗撰　丁福保輯

全陳詩卷四

　　注：曇瑗，金陵人，有才學，精於佛理，住揚都光宅寺，著《十誦疏》十卷、《僧家雜儀》四卷等，有集八卷，並行於時，事蹟詳《續高僧傳》卷二十一。《隋》、《唐志》並載其集六卷。嚴可均據《廣弘明集》卷三十二採得文二首，爲《答津律師書》、《與梁朝士書》。馮惟訥輯得《遊故苑》一首，丁福保所採與馮本同。

徐孝穆集十卷　　（陳）徐陵撰

（明）屠隆輯評

徐庾集

四部叢刊·集部

徐陵〔詩存〕　（陳）徐陵撰　　（明）

馮惟訥輯

詩紀·陳卷三

徐孝穆集七卷 （陳）徐陵撰

明文漪堂抄本 〔北京圖書館〕

徐孝穆集十卷 （陳）徐陵撰

（明）閻光世輯

文選遺集

徐僕射集十卷 （陳）徐陵撰

（明）張燮輯

七十二家集

徐僕射集一卷 （陳）徐陵撰

漢魏六朝百三名家集

漢魏六朝百三名家集（明婁東張氏刻本） 清何紹基評點 〔武漢大學圖書館〕

漢魏六朝百三名家集（明婁東張氏刻本） 佚名錄 清何焯批校 〔浙江圖書館〕

徐孝穆集 （陳）徐陵撰

漢魏別解·南北朝文

徐僕射集 （陳）徐陵撰

增定漢魏六朝別解·集部

徐孝穆文抄一卷 （陳）徐陵撰

（明）李賓輯

八代文抄

徐孝穆全集六卷附備考一卷

（陳）徐陵撰 （清）吳兆宜箋注 備考（清）徐文炳撰

清刻本 〔福建省圖書館 湖南省圖書館等〕

清刻本 清王芑孫批 〔上海圖書館〕

清刻本 清丁晏批 〔上海圖書館〕

清康熙間吳郡寶翰樓刻本

清康熙間吳郡寶翰樓刻本 清彭元瑞

批校 〔湖北省圖書館〕

清揚州藝古堂刻本

清淮南阮學濬補刻本

清西齋別墅刻本

清光緒二年廣東翰墨園刻本

四部備要·集部漢魏六朝別集

徐孝穆集箋註六卷附備考一卷

四庫全書·集部別集類

徐孝穆集六卷附備考一卷

摛藻堂四庫全書薈要·集部

萬有文庫·第二集

萬有文庫·簡編

國學基本叢書

徐陵〔文存〕 （陳）徐陵撰 （清）嚴可均輯

全陳文卷六至十一

徐陵〔詩存〕 （陳）徐陵撰 丁福保輯

全陳詩卷二

注：徐陵，字孝穆，東海郯人，有口辯，通《老》、《莊》之義，歷尚書左丞、散騎常侍、吏部尚書、國子祭酒、安右將軍等，工詩文，每一文出手，好事者傳寫成誦，被之華夷，家藏其本，後逢喪亂，多散失，存三十卷，《陳書》、《南史》有傳。《隋》、《唐志》並載其集三十卷，《宋志》載《徐陵詩》一卷，《崇文總目》則錄《徐陵文集》二卷。《直齋書録解題》詩集類載其集一卷，云："今惟詩五十餘篇。"《百三名家集》本錄存賦、詔、策文、璽書、表、移、檄、啟、書、序、碑、頌、墓誌等文八十餘首，又詩四十首。嚴可均據《類聚》、《初學記》、《文苑英華》等採摭，得文七十九首，以爲他本中《陳武帝即位詔》、《陳武帝下州郡璽書》、《爲陳武

帝即位告天文》宜入武帝文。馮惟訥所採與《百三名家集》本詩同,當係張溥轉錄馮本。屠隆本不及《百三名家集》本詳,李賓所採僅文三十二首。吳兆宜注本與《百三名家集》本大體相當,《四庫全書總目提要》云:"蓋主於掇拾字句,不甚考訂史傳也。然箋釋詞藻,亦頗足備稽考。"

孔奐〔詩存〕　（陳）孔奐撰　（明）馮惟訥輯

詩紀·陳卷四

孔奐〔詩存〕　（陳）孔奐撰　丁福保輯

全陳詩卷二

　　注:孔奐,字休文,會稽山陰人,通涉經史百家,善屬文,歷御史中丞、中書舍人、尋陽太守、吏部尚書、侍中等,有集十五卷,《彈文》四卷,事蹟詳《陳書》、《南史》本傳。史志不載其集。馮惟訥輯得《賦得名都一何綺》一首,丁福保所採與馮本同。

陸瑜〔詩存〕　（陳）陸瑜撰　（明）馮惟訥輯

詩紀·陳卷四

陸瑜〔文存〕　（陳）陸瑜撰　（清）嚴可均輯

全陳文卷十七

陸瑜〔詩存〕　（陳）陸瑜撰　丁福保輯

全陳詩卷二

　　注:陸瑜,字幹玉,吳郡吳人,博覽強記,曾從周弘正學《老》、《莊》,以才學顯,歷驃騎安成王行參軍、桂陽王明威將軍功曹史、太子洗馬中舍人,有集十卷,《陳書》、《南史》有傳。《陳書·陸瓊

傳》云:"(瓊子從典)爲從父瑜特所賞愛,及瑜將終,家中墳籍皆付從典,從典乃集瑜文爲十卷,仍製集序,其文甚工。"《隋志》載其集十一卷并錄,兩《唐志》十卷。嚴可均據《初學記》卷十六採得《琴賦》一首。馮惟訥輯得詩三首,爲《仙人攬六著篇》、《東飛伯勞歌》、《獨酌謠》;丁福保所採與馮本同。

傅縡〔詩存〕　（陳）傅縡撰　（明）馮惟訥輯

詩紀·陳卷九

傅縡〔文存〕　（陳）傅縡撰　（清）嚴可均輯

全陳文卷十六

傅縡〔詩存〕　（陳）傅縡撰　丁福保輯

全陳詩卷四

　　注:傅縡,字宜事,北地靈州人,善屬文,歷司空記室參軍、驃騎安成王中記室、鎮南始興王諮議參軍、中書通事舍人等,有集十卷行於時,《陳書》、《南史》有傳。史志未載其集。嚴可均據《初學記》、《陳書》採得文四首,爲《笛賦》、《博山香鑪賦》、《獄中上陳後主書》、《明道論》。馮惟訥輯得詩三首,爲《採桑》、《天馬引》及雜曲;丁福保所採與馮本同。

陸瓊〔詩存〕　（陳）陸瓊撰　（明）馮惟訥輯

詩紀·陳卷四

陸瓊〔文存〕　（陳）陸瓊撰　（清）嚴可均輯

全陳文卷十七

陸瓊〔詩存〕　（陳）陸瓊撰　丁福保輯

全陳詩卷二

　　注：陸瓊，字伯玉，吳郡吳人，歷殿中郎、中書侍郎、太子中庶子、散騎常侍等，有集二十卷行於時，《陳書》《南史》有傳。史志未載其集。嚴可均據《初學記》、《陳書》採得文三首，爲《栗賦》、《下符討周迪》、《下符討陳寶應》。馮惟訥輯得詩六首，丁福保所採與馮本同。

毛喜〔文存〕　（陳）毛喜撰　（清）嚴可均輯

全陳文卷十五

　　注：毛喜，字伯武，榮陽陽武人，善草隸，歷給事黃門侍郎、義興太守、侍中、吏部尚書、安南内史等，有集十卷，事蹟詳《陳書》、《南史》本傳。史志未載其集。嚴可均據《國清百錄》採得書五首。

江總〔詩存〕　（陳）江總撰　（明）馮惟訥輯

詩紀·陳卷七至八

江令君集五卷　（陳）江總撰

（明）張燮輯

七十二家集

江令君集一卷　（陳）江總撰

漢魏六朝百三名家集

漢魏六朝百三名家集（明婁東張氏刻本）　佚名錄　清何焯批校〔浙江圖書館〕

漢魏六朝百三名家集（明婁東張氏刻本）　清何紹基評點〔武漢大學圖書館〕

江令君集　（陳）江總撰

增定漢魏六朝別解·集部

江總〔文存〕　（陳）江總撰　（清）嚴可均輯

全隋文卷十至十一

江總〔詩存〕　（陳）江總撰　丁福保輯

全陳詩卷三

　　注：江總，字總持，濟陽考城人，有文才，歷中書侍郎、司徒右長史、太子中庶子、太常卿、尚書僕射、宣惠將軍等，有文集三十卷行於時，《陳書》、《南史》有傳。《隋志》載其集三十卷、《後集》二卷，兩《唐志》載其集二十卷，《宋志》七卷。《直齋書錄解題》載一卷，云：“今惟存詩近百首。”《百三名家集》本錄存賦、詔、表、章、啓、序、碑、贊、頌、銘、哀策文、誄、墓誌銘等文五十餘首，又詩約九十首。嚴可均據《類聚》、《廣弘明集》、《文苑英華》等採摭，所採較《百三名家集》本文多《爲陳後主在東宮臨學聽講令》。按《文館詞林》卷六百六十六載總《陳後主幸長千寺大赦詔》，嚴本無。馮惟訥輯本較《百三名家集》本多《南越木槿歌》，按《百三名家集》本此首人文（即《南越木槿賦》）；丁福保亦未採《南越木槿賦》，餘與馮本同。按《文館詞林》卷一百六十載總《釋奠詩應令》，爲馮、丁本所無。

陳後主集一卷　陳後主撰

六朝詩集

後主〔詩存〕　陳後主撰

詩紀·陳卷一

陳後主集三卷　陳後主撰　（明）張燮輯

七十二家集

陳後主集一卷　陳後主撰

漢魏六朝百三名家集

漢魏六朝百三名家集（明婁東張氏刻本）　佚名錄　清何焯批校〔浙江

圖書館〕

漢魏六朝百三名家集（明婁東張氏刻

本）　清何紹基評點　〔武漢大學圖

書館〕

後主〔文存〕　陳後主撰　（清）嚴

可均輯

全陳文卷四

陳後主集二卷　陳後主撰

漢魏六朝名家集初刻

後主〔詩存〕　陳後主撰　丁福

保輯

全陳詩卷一

注：陳後主陳叔寶，字元秀，宣帝子，雅尚文詞，有才藝，在位七年，滅於隋，事蹟詳《陳書》、《南史》本紀。《陳書·姚察傳》云："後主所製文筆卷軸甚多，乃別寫一本付察，有疑悉令刊定。"《隋志》載其集三十九卷，《舊唐志》五十卷，《新唐志》五十五卷，《宋志》一卷，《崇文總目》十卷。《百三名家集》本録存賦、詔、勑、制、策、書、銘凡文二十八首，又詩九十餘首。嚴可均據《陳書》、《南史》、《初學記》等採撮，較之《百三名家集》本文，唯《諮詢詔》一首嚴氏未採，餘則多《聞隋軍至下詔》、《手勑姚察》、《勑施文慶》、《勑迎釋智顗》（三首）、《勑東揚州刺史永陽正》、《勑書迎侯智顗》、《勑治光宅寺》、《宣旨誡諭姚察》、《揚都興皇寺釋法朗墓銘》。按《諮詢詔》，後主至德四年詔，見《陳書·後主紀》，然《類聚》卷五十三、《初學記》卷二十均載作江總《舉士詔》，嚴氏以此首入江總文。馮惟訥所採與《百三名家集》本詩同，當係張溥抄録馮本；丁福保《全陳詩》所載較馮本少《楊叛兒曲》及《小膃

詩》，又以《隋渠詩》、《寄碧玉詩》、《戲贈沈后》爲附録，謂其載於小説家而不可信。按《楊叛兒曲》，《詩紀匡謬》云："按《樂府》作隋後主，唐人每稱煬帝爲後主，則此曲意亦煬帝所著。改隋作陳，非也"云云。又《小膃詩》亦載於小説家。《名家集初刻》本文據嚴本，詩與《百三名家集》本同。

姚察〔詩紀〕　（陳）姚察撰　（明）

馮惟訥輯

詩紀·隋卷二

姚察〔文存〕　（陳）姚察撰　（清）

嚴可均輯

全隋文卷十三

姚察〔詩存〕　（陳）姚察撰　丁福

保輯

全隋詩卷二

注：姚察，字伯審，吳興武康人，善屬文，歷始興王府衞記室參軍、散騎常侍、東宮通事舍人、中書侍郎等，著《漢書訓纂》三十卷、《説林》十卷等，有文集二十卷，《陳書》、《南史》有傳。兩《唐志》並載其集二十卷。嚴可均據《陳書》本傳採得文二首，爲《乞終喪表》、《遺命》。馮惟訥輯得詩二首，爲《遊明慶寺悵然懷古》、《賦得笛》；丁福保所採與馮本同。

後主沈氏〔文存〕　（陳）沈婺華撰

（清）嚴可均輯

全陳文卷四

注：沈婺華，吳興武康人，沈君理女，涉獵經史，工書翰，太建三年納爲皇太子妃，後主即位立爲皇后，事蹟詳《陳書·皇后列傳》及《南史·后妃列傳》。《隋志》載其集十卷。嚴可均據《國清百

録》卷一採得《與釋智顗手書》殘文
一節。

後　魏

宗欽〔詩存〕　（後魏）宗欽撰
　（明）馮惟訥輯
　　詩紀·北魏卷一
宗欽〔文存〕　（後魏）宗欽撰
　（清）嚴可均輯
　　全後魏文卷二十九
宗欽〔詩存〕　（後魏）宗欽撰　丁
　福保輯
　　全北魏詩
　　注：宗欽，字景若，金城人，有儒者之
　風，歷中書郎、世子洗馬、著作郎等，著
　《蒙遜記》十卷，《魏書》、《北史》有傳。
　《隋》、《唐志》並載其集二卷。嚴可均據
　《魏書》本傳採得文二首，爲《與高允
　書》、《東宮侍臣箴》。馮惟訥輯得《贈高
　允》十二章，丁福保所採與馮本同。
程駿〔文存〕　（後魏）程駿撰
　（清）嚴可均輯
　　全後魏文卷三十二
　　注：程駿，字騂駒，本廣平曲安人，先
　祖坐事流涼州，歷著作郎、任城王雲郎
　中令、祕書令等，所制文筆自有集録，事
　蹟詳《魏書》、《北史》本傳。史志不載其
　集。嚴可均據《魏書》本傳採得文四首，
　爲《神主祔廟執事官不必賜爵表》、《請
　停兵招諭淮南表》、《慶國頌》、《遺令》。
高允〔詩存〕　（後魏）高允撰
　（明）馮惟訥輯
　　詩紀·北魏卷一
高令公集二卷　（後魏）高允撰

　（明）張燮輯
　　七十二家集
高令公集一卷　（後魏）高允撰
　　漢魏六朝百三名家集
　　漢魏六朝百三名家集（明婁東張氏刻
　　　本）　佚名録　清何焯批校　〔浙江
　　　圖書館〕
　　漢魏六朝百三名家集（明婁東張氏刻
　　　本）　清何紹基評點　〔武漢大學圖
　　　書館〕
高允〔文存〕　（後魏）高允撰
　（清）嚴可均輯
　　全後魏文卷二十八
高令公集一卷　（後魏）高允撰
　　畿輔叢書
　　叢書集成初編·文學類
高允〔詩存〕　（後魏）高允撰　丁
　福保輯
　　全北魏詩
　　注：高允，字伯恭，勃海人，好文學，
　博通經史天文術數，歷中書博士、建武
　將軍、中書令、散騎常侍等，所製詩賦誄
　頌箴論表贊，《左氏》、《公羊》釋、《毛詩
　拾遺》、《論雜解》、《議何鄭膏肓事》，凡
　百餘篇，別有集行於時，事蹟詳《魏書》、
　《北史》本傳。《隋志》載其集二十一卷，
　兩《唐志》二十卷。按《北史·崔宏傳》
　云：“始宏因苻氏亂，欲避地江南，爲張
　願所獲，本圖不遂。乃作詩以自傷，而
　不行於時，蓋懼罪也。誥誅，中書侍郎
　高允受敕收浩家書，始見此詩，允知其
　意。允孫綽録於允集。”是允集爲其孫
　綽所纂。《百三名家集》本録存賦、表、
　疏、上書、書、頌、論、訓、祭文凡文十二
　首，又詩存《羅敷行》、《王子喬》、《答宗

欽》（十三章）、《詠貞婦彭城劉氏》（八章）。嚴可均據《魏書》、《御覽》等採摭，較《百三名家集》本文多《塞上公亭詩序》，又《徵士頌》文亦稍詳。《畿輔叢書》本與《百三名家集》本大致相當，唯《東宮對》爲諸本所無，《徵士頌》則與嚴本同。按《文館詞林》卷三百四十六載允《南巡頌》，諸本無。馮惟訥所採與《百三名家集》本詩同，當係張溥依馮本轉録；丁福保輯本亦與馮本同。

孝文帝〔詩存〕　（後魏）孝文帝撰
　　（明）馮惟訥輯

詩紀·北魏卷一

孝文帝〔文存〕　（後魏）孝文帝撰
　　（清）嚴可均輯

全北魏文卷三至七

孝文帝〔詩存〕　（後魏）孝文帝撰
　　丁福保輯

全北魏詩

　　注：後魏孝文帝拓跋宏，改姓元，善談《老》、《莊》，猶精釋義，謚曰孝文帝，廟號高祖，事蹟詳《魏書》、《北史》本紀。《魏書》本紀云：“（孝文帝）才藻富贍，好爲文章，詩賦銘頌，任興而作。有大文筆，馬上口授，及其成也，不改一字。自太和十年已後詔册，皆帝之文也。自餘文章，百有餘篇。”《隋志》載其集三十九卷，兩《唐志》四十卷。嚴可均據《魏書》、《南齊書》、《初學記》等採得詔、敕、書、祭文等文二百四十餘首。按《文館詞林》卷六百六十二載孝文帝《戒師詔》、《出師詔》，卷六百六十四載《與高句麗王雲詔》，卷六百六十五載《祭圓丘大赦詔》、《遷都洛陽大赦詔》，卷六百六十六載《誕皇孫大赦詔》，卷六百七十載

《大赦詔》，均可補嚴本之缺。馮惟訥輯得《縣瓠方丈竹堂饗侍臣聯句》，丁福保所採與馮同。

韓顯宗〔文存〕　（後魏）韓顯宗撰
　　（清）嚴可均輯

全後魏文卷三十一

　　注：韓顯宗，字茂親，昌黎棘城人，有才學，歷著作佐郎、中書侍郎、鎮南廣陽王嘉諮議參軍等，著《馮氏燕志》及《孝友傳》各十卷，所作文章頗傳於時，《魏書》、《北史》有傳。《隋志》載其集十卷，兩《唐志》作《韓宗集》五卷。按《唐志》作韓宗，避中宗諱。嚴可均據《魏書》採得文二首，爲《上書陳時務》、《上言時務》。

李彪〔文存〕　（後魏）李彪撰
　　（清）嚴可均輯

全後魏文卷四十二

　　注：李彪，字道固，頓丘衛國人，歷祕書丞、中壘將軍、散騎常侍等，所著詩頌賦誄章奏雜筆百餘篇另有集，《魏書》、《北史》有傳。史志未載其集。嚴可均據《魏書》採得文四首，爲《表上封事》、《求復修國史表》、《五德議》、《拜散騎常侍啓》。

高閭〔文存〕　（後魏）高閭撰
　　（清）嚴可均輯

全後魏文卷三十

　　注：高閭，參《高閭燕志》。《魏書》本傳云：“閭好爲文章，軍國書檄詔令碑頌銘贊百有餘篇，集爲三十卷。”《北史》本傳云：“集四十卷。”史志未載其集。嚴可均據《魏書》、《通典》採得表、議、頌、碑文等文凡十五首。

李平〔文存〕　（後魏）李平撰

（清）嚴可均輯

全後魏文卷三十五

注：李平，字曇定，一作字雲定，頓丘人，博涉羣籍，好《禮》《易》，有文才，歷散騎常侍、長樂太守、黃門侍郎、鎮北將軍等，所製詩賦箴諫詠頌別有集録，事蹟詳《魏書》《北史》本傳。史志不載其集。嚴可均據《魏書》採得表、奏凡文五首。

崔光〔文存〕 （後魏）崔光撰

（清）嚴可均輯

全後魏文卷二十三至二十四

注：崔光，本名孝伯，孝文帝賜名光，字長仁，東清河鄃人，歷中書侍郎、散騎常侍、侍中、中書令等，凡所爲詩賦銘贊誄頌表啓數百篇，五十餘卷，別有集，《魏書》《北史》有傳。史志不載其集。嚴可均據《魏書》等採得表、上言、奏、議、啓、序等文凡二十五首。

陽固〔詩存〕 （後魏）陽固撰

（明）馮惟訥輯

詩紀・北魏卷二

陽固〔文存〕 （後魏）陽固撰

（清）嚴可均輯

全後魏文卷四十四

陽固〔詩存〕 （後魏）陽固撰 丁福保輯

全北魏詩

注：陽固，字敬安，北平無終人，歷平南司馬、給事中、尚書考功郎、步兵校尉等，《魏書》《北史》有傳。《隋》《唐志》並載其集三卷。嚴可均據《魏書》採得文二首，爲《演賾賦》《上讜言表》。馮惟訥輯得詩二首，爲《刺讒詩》《疾倖詩》；丁福保所採與馮本同。

袁曜〔詩存〕 （後魏）袁曜撰 （明）馮惟訥輯

詩紀・北魏卷二

袁曜〔詩存〕 （後魏）袁曜撰 丁福保輯

全北魏詩

注：袁曜，疑即袁躍。躍，字景騰，陳郡項人，歷尚書都兵郎中、員外散騎常侍等，有文集行於時，《魏書》《北史》有傳。《隋志》載《袁躍集》十三卷，兩《唐志》九卷。馮惟訥輯得《釋奠詩》一首，丁福保所採與馮本同。

馮元興〔詩存〕 （後魏）馮元興撰

（明）馮惟訥輯

詩紀・北魏卷一

馮元興〔詩存〕 （後魏）馮元興撰 丁福保輯

全北魏詩

注：馮元興，字子盛，東魏郡肥鄉人，從張吾貴、房虬學，通《禮》傳，有文才，歷奉朝請、尚書殿中郎、中書舍人、安東將軍等，有文集百餘卷，事蹟詳《魏書》《北史》本傳。史志不載其集。馮惟訥輯得《浮萍》一首，丁福保所採與馮本同。

李騫〔詩存〕 （後魏）李騫撰

（明）馮惟訥輯

詩紀・北魏卷二

李騫〔文存〕 （後魏）李騫撰

（清）嚴可均輯

全後魏文卷三十三

李騫〔詩存〕 （後魏）李騫撰 丁福保輯

全北魏詩

注：李骞，字希義，趙郡平棘人，博涉經史，文藻富盛，歷中散大夫、中書舍人、散騎常侍、尚書左丞、征南將軍等，所著詩賦碑誄別有集錄，《魏書》、《北史》有傳。史志未載其集。嚴可均據《魏書·李順附傳》採得《釋情賦》一首。馮惟訥輯得《贈親友》一首，丁福保所採與馮本同。

祖瑩〔詩存〕 （後魏）祖瑩撰 （明）馮惟訥輯
詩紀·北魏卷一

祖瑩〔文存〕 （後魏）祖瑩撰 （清）嚴可均輯
全後魏文卷四十五

祖瑩〔詩存〕 （後魏）祖瑩撰 丁福保輯
全北魏詩

注：祖瑩，字元珍，范陽遒人，善屬文，歷尚書三公郎中、國子博士、散騎常侍、祕書監等，有文集行於時，《魏書》、《北史》有傳。史志不載其集。嚴可均據《魏書·樂志》採得《樂舞名議》一首。馮惟訥輯得《悲彭城》一首，丁福保所採與馮本同。

溫子昇〔詩存〕 （後魏）溫子昇撰 （明）馮惟訥輯
詩紀·北魏卷二

溫侍讀集二卷 （後魏）溫子昇撰 （明）張燮輯
七十二家集

溫侍讀集一卷 （後魏）溫子昇撰
漢魏六朝百三名家集

漢魏六朝百三名家集（明婁東張氏刻本） 佚名錄 清何焯批校 〔浙江圖書館〕

漢魏六朝百三名家集（明婁東張氏刻本） 清何紹基評點 〔武漢大學圖書館〕

溫子昇〔文存〕 （後魏）溫子昇撰 （清）嚴可均輯
全後魏文卷五十一

溫子昇〔詩存〕 （後魏）溫子昇撰 丁福保輯
全北魏詩

注：溫子昇，字鵬舉，自云太原人，其祖恭之避難濟陰冤句，涉獵百家，善屬文，歷廣陽王淵行臺郎中、伏波將軍、中書舍人、侍讀、散騎常侍等，著《永安記》三卷，宋游道集其文筆為三十五卷，《魏書》、《北史》有傳。《隋志》載其集三十九卷，《舊唐志》二十五卷，《新唐志》三十五卷。《百三名家集》本錄存詔、敕、表、上書、銘、碑、墓誌銘等文凡二十五首，又詩十一首。嚴可均據《魏書》、《類聚》、《北齊書》等採摭，較《百三名家集》本文多《又上言》一首。按《文館詞林》卷六百六十六載子昇《後魏孝靖帝納皇后大赦詔》，嚴本無。馮惟訥輯本與《百三名家集》本詩同，當係張溥抄錄馮本；丁福保所採與馮本同。

盧元明〔詩存〕 （後魏）盧元明撰 （明）馮惟訥輯
詩紀·北魏卷二

盧元明〔文存〕 （後魏）盧元明撰 （清）嚴可均輯
全後魏文卷三十七

盧元明〔詩存〕 （後魏）盧元明撰 丁福保輯
全北魏詩

注：盧元明，字幼章，范陽涿人，好玄

理，有文義，歷中書侍郎、吏部郎中、尚書右丞、黃門郎等，作史子新論數十篇，諸文別有集錄，《魏書》、《北史》有傳。《隋志》載其集十七卷，兩《唐志》六卷。嚴可均據《初學記》、《隋書》採得文二首，爲《劇鼠賦》、《嵩高山廟記》。馮惟訥輯得《晦日汎舟應詔》一首，丁福保所採與馮本同。

薛孝通〔文存〕 （後魏）薛孝通撰 （清）嚴可均輯

全後魏文卷三十六

注：薛孝通，字士達，河東汾陰人，歷行臺郎中、散騎常侍、中書郎、常山太守等，有文集八十卷行於時，《魏書》、《北史》有傳。兩《唐志》並載其集六卷。嚴可均據《御覽》卷七百五十四採得《博譜》一首。

李諧〔文存〕 （後魏）李諧撰 （清）嚴可均輯

全後魏文卷三十五

注：李諧，字虔和，頓丘人，有文辯，歷中書侍郎、金紫光祿大夫、給事黃門侍郎、驃騎將軍等，文集十餘卷行於時，《魏書》、《北史》有傳。《隋志》與《新唐志》並載其集十卷。嚴可均據《魏書》採得《述身賦》一首。

常景〔詩存〕 （後魏）常景撰 （明）馮惟訥輯

詩紀・北魏卷一

常景〔文存〕 （後魏）常景撰 （清）嚴可均輯

全後魏文卷三十二

常景〔詩存〕 （後魏）常景撰 丁福保輯

全北魏詩

注：常景，參《鑒戒象讚》。《魏書》本傳云："景所著述數百篇，見行於世。"《洛陽伽藍記》卷一云："景所著文集數百餘篇，給事封暐伯作序，行於世。"史志未載其集。嚴可均據《魏書》、《洛陽伽藍記》採得議、讚、銘凡文六首。按嚴氏又輯《圖古像讚述》，已另列目。馮惟訥輯得《讚四君》四首，丁福保所採與馮本同。

北 齊

盧詢祖〔詩存〕 （北齊）盧詢祖撰 （明）馮惟訥輯

詩紀・北齊卷一

盧詢祖〔文存〕 （北齊）盧詢祖撰 （清）嚴可均輯

全北齊文卷二

盧詢祖〔詩存〕 （北齊）盧詢祖撰 丁福保輯

全北齊詩

注：盧詢祖，范陽涿人，善屬文，襲爵大夏男，歷太子舍人、司徒記室等，有文集十卷，皆致遺逸，《北齊書》、《北史》有傳。史志無載其集。嚴可均據《北齊書》、《北史》採得文二首，爲《築長城賦》、《破蟝蝀賀表》。馮惟訥輯得《趙郡王配鄭氏挽詞》一首，丁福保所採與馮本同。

楊愔〔文存〕 （北齊）楊愔撰 （清）嚴可均輯

全北齊文卷二

注：楊愔，字遵彥，小名秦王，弘農華陰人，習經史，歷行臺右丞、給事黃門侍郎、太子少傅、尚書令等，所著詩賦表奏

書甚多，誅後散失，門生鳩集，所得者萬餘言，《北齊書》、《北史》有傳。史志未載其集。嚴可均據《北齊書》、《魏書》採得文三首，爲《奏請置學及修立明堂》、《迎勞郎基》、《文德論》。

邢邵〔詩存〕　（北齊）邢邵撰
（明）馮惟訥輯
詩紀・北齊卷一

邢特進集二卷　（北齊）邢邵撰
（明）張燮輯
七十二家集

邢特進集一卷　（北齊）邢邵撰
漢魏六朝百三名家集
漢魏六朝百三名家集（明婁東張氏刻本）　佚名録　清何焯批校　〔浙江圖書館〕
漢魏六朝百三名家集（明婁東張氏刻本）　清何紹基評點　〔武漢大學圖書館〕

邢劭〔文存〕　（北齊）邢邵撰
（清）嚴可均輯
全北齊文卷三

邢邵〔詩存〕　（北齊）邢邵撰　丁福保輯
全北齊詩
注：邢邵，或作邢劭，字子才，河間鄚人，勤學能文，有才思，歷著作佐郎、中書侍郎、散騎常侍、太常卿等，有集三十卷，《北齊書》、《北史》有傳。《洛陽伽藍記》卷三云：“（邵）所箸詩賦詔策章表碑頌贊記五百篇皆徧於世。”《隋志》載其集三十一卷，兩《唐志》三十卷。《百三名家集》本録存賦、詔、表、奏、書、序、議、頌、銘、碑、謚議、哀策文、墓誌凡文二十九首，又詩八首。嚴可均據《類聚》、《北齊書》、《隋書》等採摭，較《百三名家集》本文多《上言畢善昭事》，又《爲文宣帝受禪登極赦詔》亦稍詳。《百三名家集》本中唯《太尉韓公墓誌》爲嚴本所無。按《太尉韓公墓誌銘》，見《類聚》卷四十六，嚴失採。馮惟訥輯本與《百三名家集》本詩同，當係張溥依馮本抄録；丁福保所採與馮本同。

崔瞻〔文存〕　（北齊）崔瞻撰
（清）嚴可均輯
全北齊文卷六
注：崔瞻，一作崔贍，字彥通，清河東武城人，習經史，曾受學於荀濟，有才學，歷吏部郎中、征虜將軍、太子中庶子、驃騎大將軍等，有集二十卷，事蹟詳《北齊書》、《北史》本傳。史志未載其集。嚴可均據《北齊書》本傳採得《遺李㮕書》殘文一節。

魏收〔詩存〕　（北齊）魏收撰
（明）馮惟訥輯
詩紀・北齊卷一

魏特進集三卷　（北齊）魏收撰
（明）張燮輯
七十二家集

魏特進集一卷　（北齊）魏收撰
漢魏六朝百三名家集
漢魏六朝百三名家集（明婁東張氏刻本）　佚名録　清何焯批校　〔浙江圖書館〕
漢魏六朝百三名家集（明婁東張氏刻本）　清何紹基評點　〔武漢大學圖書館〕

魏收〔文存〕　（北齊）魏收撰
（清）嚴可均輯
全北齊文卷四

魏收〔詩存〕 （北齊）魏收撰 丁
　福保輯
　全北齊詩
　　注：魏收，字伯起，小字佛助，鉅鹿下
曲陽人，以文才顯，歷中書舍人、中書
令、侍中、齊州刺史等，著《魏書》百餘
卷，有集七十卷，《魏書》、《北齊書》、《北
史》有傳。《隋志》載其集六十八卷，兩
《唐志》七十卷。《百三名家集》本錄存
詔、冊、啓、移、書、議、祭文等凡十五首，
又詩十二首。嚴可均據《北齊書》、《文
苑英華》、《魏書》等採摭，較《百三名家
集》本文多《爲魏孝靜帝伐元神和等
詔》。《百三名家集》本中《爲東魏檄梁
文》、《爲齊即位告天文》則爲嚴本所無。
按《爲東魏檄梁文》，《文苑英華》卷六百
四十五與《通鑑》卷一百六十均引作杜
弼，唯《類聚》題魏收，嚴可均入杜弼文；
又《爲齊即位告天文》載於《北齊書·文
宣紀》，未言收著，嚴入宣帝文。又按
《文館詞林》卷四百五十二載收《征南將
軍和安碑銘》，卷四百五十七載《兗州都
督胡延碑銘》，卷六百六十二載《後魏節
閔帝伐爾朱文暢等詔》，卷六百六十五
載《北齊孝昭帝郊祀恩降詔》，卷六百七
十載《北齊文宣帝大赦詔》、《北齊武成
帝大赦詔》、《北齊後主大赦詔》，均可補
嚴本之缺。馮惟訥所輯與《百三名家
集》本詩同，當係張溥依馮本轉鈔；丁福
保輯本與馮本同。

劉逖〔詩存〕 （北齊）劉逖撰
　（明）馮惟訥輯
　詩紀·北齊卷一

劉逖〔文存〕 （北齊）劉逖撰
　（清）嚴可均輯

　全北齊文卷八

劉逖〔詩存〕 （北齊）劉逖撰 丁
　福保輯
　全北齊詩
　　注：劉逖，字子長，彭城叢亭里人，頗
工詩詠，歷太子洗馬、散騎常侍、中書侍
郎、江州刺史、仁州刺史等，所制詩賦及
雜文文筆三十卷，《北齊書》、《北史》有
傳。《隋志》載其集二十六卷，兩《唐志》
四十卷。嚴可均據《隋書·辛德源傳》
採得《薦辛德源表》一首。馮惟訥輯得
詩四首，爲《對雨》、《秋朝野望》、《浴温
湯泉》、《清歌發》；丁福保所採與馮
本同。

李概〔文存〕 （北齊）李概撰
　（清）嚴可均輯
　全北齊文卷六
　　注：李概，字季節，趙郡平棘人，歷文
襄大將軍府行參軍、殿中侍御史、并州
功曹參軍等，自簡詩賦二十四首，謂之
《達生丈人集》，事蹟詳《北史·李公緒
傳》。史志未載其集。嚴可均據《北
史·李公緒傳》採得《達生丈人集序》
一首。

陽休之〔詩存〕 （北齊）陽休之撰
　（明）馮惟訥輯
　詩紀·北齊卷一

陽休之〔文存〕 （北齊）陽休之撰
　（清）嚴可均輯
　全隋文卷九

陽休之〔詩存〕 （北齊）陽休之撰
　丁福保輯
　全北齊詩
　　注：陽休之，參《韻略》。《北齊書》本
傳云："所著文集三十卷。"《北史·陽尼

附傳》則云："所著文集四十卷。"《舊唐
志》載其集二十卷,《新唐志》三十卷。
嚴可均據《陶淵明集》採得《陶潛集序
錄》一首。按《文館詞林》卷六百六十二
載休之《北齊文宣帝西伐詔》,嚴本無。
馮惟訥輯得詩四首,爲《春日》、《詠萱
草》、《正月七日登高侍宴》、《秋詩》;丁
福保所採與馮本同。

蕭愨〔詩存〕　（北齊）蕭愨撰
（明）馮惟訥輯
　詩紀·北齊卷一
蕭愨〔文存〕　（北齊）蕭愨撰
（清）嚴可均輯
　全隋文卷十三
蕭愨〔詩存〕　（北齊）蕭愨撰　丁
福保輯
　全北齊詩
　　注：蕭愨,字仁祖,梁上黃侯曄之子,
蘭陵人,能詩文,梁末奔齊,武平中歷太
子洗馬,入隋爲記室參軍(《北齊書·文
苑顏之推附傳》及《隋志》)。《隋》、《唐
志》並載其集九卷。嚴可均據《初學記》
卷三採得《春賦》一首。馮惟訥輯得詩
十七首,丁福保所採與馮本同。

顏之推〔詩存〕　（北齊）顏之推撰
（明）馮惟訥輯
　詩紀·北齊卷一
顏之推〔文存〕　（北齊）顏之推撰
（清）嚴可均輯
　　全隋文卷十三
顏之推〔詩存〕　（北齊）顏之推撰
丁福保輯
　　全北齊詩
　　注：顏之推,參《證俗音》。《北史·
文苑傳》謂其有文集三十卷行於時。史

志未載其集。嚴可均據《北齊書》、《隋
書》、《顏氏家訓》採得文三首,爲《觀我
生賦》、《上言用梁樂》、《顏氏家訓·序
致》。馮惟訥輯得詩五首,丁福保所採
與馮本同。

北　周

後周明帝集一卷　北周明帝撰
　六朝詩集
明帝〔詩存〕　北周明帝撰　（明）
馮惟訥輯
　詩紀·北周卷一
明帝〔文存〕　北周明帝撰　（清）
嚴可均輯
　全後周文卷一
明帝〔詩存〕　北周明帝撰　丁福
保輯
　全北周詩卷一
　　注：北周明帝宇文毓,小名統萬突,
博覽羣籍,善屬文,詞採溫麗,諡曰明
帝,廟號世宗,所著文章十卷,事蹟詳
《周書》、《北史》本紀。《隋志》載其集九
卷,《舊唐志》十卷,《新唐志》五十卷。
《六朝詩集》本録存詩二首,爲《過舊
宮》、《招隱士逍遙公韋夐》。馮惟訥輯
本較《六朝詩集》本多《和王褒詠摘花》
一首,丁福保所採與馮本同。嚴可均據
《周書》、《御覽》、《北史》、《初學記》採得
詔、敕凡文十四首。按《文館詞林》卷六
百六十六載明帝《誕皇太子恩降詔》,嚴
本無,又卷六百六十七載《靈鳥降大赦
詔》文亦較嚴本爲詳。

宗懍〔詩存〕　（北周）宗懍撰
（明）馮惟訥輯

詩紀・北周卷一

宗懍〔詩存〕 （北周）宗懍撰 丁
福保輯

全北周詩卷一

注：宗懍，參《荆楚歲時記》。《北史》
本傳謂其有集二十卷行於時，《隋志》載
其集十二卷并録，《舊唐志》三十卷，《新
唐志》十卷。馮惟訥輯得詩四首，爲《和
歲首寒望》、《早春》、《春望》、《麟趾殿詠
新井》；丁福保所採與馮本同。

釋亡名〔詩存〕 （北周釋）亡名撰
（明）馮惟訥輯

詩紀・北周卷二

亡名〔文存〕 （北周釋）亡名撰
（清）嚴可均輯

全後周文卷二十二

釋亡名〔詩存〕 （北周釋）亡名撰
丁福保輯

全北周詩卷一

注：亡名，俗姓宋，南郡人，本名闕
始，事梁元帝，官爵不詳，後潛志玄門，
不知所終，有集十卷，盛重於時，事蹟詳
《續高僧傳》卷七。據《法苑珠林・傳記
篇》紀，亡名撰有《至道論》、《淳德論》、
《遣執論》、《不殺論》、《去是非論》、《修
空論》、《影喻論》、《法界寶人銘》、《猒食
想文》、《僧崖菩薩傳》、《韶法師傳》、《驗
善知識傳》，凡十二卷。《隋志》載其集
十卷，題忘名。兩《唐志》作《亡名集》十
卷。嚴可均據《續高僧傳》、《法苑珠林》
採得文三首，爲《答宇文護書》、《又列六
不可十歎息書》、《寶人銘》。馮惟訥輯
得詩六首，爲《五苦詩》五首及《五盛陰》
一首；丁福保所採與馮本同。

劉璠〔文存〕 （北周）劉璠撰

（清）嚴可均輯

全後周文卷十九

注：劉璠，參劉璠《梁典》。《周書》本
傳謂璠有集二十卷行於世。史志未載
其集。嚴可均據《周書》本傳採得《雪
賦》一首。

蕭撝〔詩存〕 （北周）蕭撝撰
（明）馮惟訥輯

詩紀・北周卷一

蕭撝〔文存〕 （北周）蕭撝撰
（清）嚴可均輯

全後周文卷十九

蕭撝〔詩存〕 （北周）蕭撝撰 丁
福保輯

全北周詩卷一

注：蕭撝，字智遐，蘭陵人，梁安成王
秀之子，博覽經史，雅好屬文，善草隸，
亦留意於算數醫方，歷禮部中大夫、益
州刺史、少傅等，所著詩賦雜文數萬言，
頗行於時，《周書》、《北史》有傳。《隋》、
《唐志》並載其集十卷。嚴可均據《周
書》本傳採得《請歸養表》一首。馮惟訥
輯得詩五首，丁福保所採與馮本同。

王子淵集一卷 （北周）王褒撰

六朝詩集

王褒〔詩存〕 （北周）王褒撰
（明）馮惟訥輯

詩紀・北周卷二

王司空集三卷 （北周）王褒撰
（明）張燮輯

七十二家集

王司空集一卷 （北周）王褒撰

漢魏六朝百三名家集

漢魏六朝百三名家集（明婁東張氏刻

本）　佚名録　清何焯批校　〔浙江
圖書館〕

漢魏六朝百三名家集（明婁東張氏刻
本）　清何紹基評點　〔武漢大學圖
書館〕

王司空集　（北周）王襃撰
增定漢魏六朝別解・集部

王襃〔文存〕　（北周）王襃撰
（清）嚴可均輯
全後周文卷七

北周王司空集注　（清）段朝端撰
稿本　〔上海圖書館〕
稿本（二稿）〔上海圖書館〕

王襃〔詩存〕　（北周）王襃撰　丁
福保輯
全北周詩卷一

　　注：王襃，字子淵，琅邪臨沂人，善談
笑，博觀史傳，工文，歷内史中大夫、太
子少保、宜州刺史等，著《王氏江左世家
傳》二十卷（見《隋志》雜傳類），事蹟詳
《周書》、《北史》本傳。《隋志》載其集二
十一卷并録，《舊唐志》三十卷，《新唐
志》二十卷。《百三名家集》本録存詔、
表、啓、書、序、箴、銘、碑、祭文等文凡二
十六首，又詩四十九首。嚴可均據《類
聚》、《周書》、《梁書》等採摭，較《百三名
家集》本文多《爲庫狄峙致仕表》、《服要
記序》各一首及論一首，嚴云：“案《周
書・王襃傳》，建德已後凡大詔册皆令
襃具草，張溥據之，以建德元年三月癸
亥詔、三年二月乙卯詔、六月戊午詔凡
三首編入襃集，然建德詔見存三十二
首，而張溥僅取三首，何所據乎？今以
建德詔編入武帝文。”馮惟訥輯本與《百
三名家集》本詩同，當係張溥抄録馮本；

丁福保所採與馮本同。《六朝詩集》本
凡詩四十五首，不及馮本詳。段朝端依
《百三名家集》本注釋，唯末一首《奉報
窮秋寄隱》爲《百三名家集》所無（《百三
名家集》本入《庾開府集》）。

趙王招〔詩存〕　（北周）宇文招撰
（明）馮惟訥輯
詩紀・北周卷一

趙王招〔詩存〕　（北周）宇文招撰
丁福保輯
全北周詩卷一

　　注：宇文招，字豆盧突，文帝子，好屬
文，學庾信體，詞多輕豔，歷益州總管、
大司空，上柱國、太師等，封趙王，所著
文集十卷行於時，《周書》、《北史》有傳。
《隋志》載其集八卷，兩《唐志》十卷。馮
惟訥輯得《從軍行》一首，丁福保所採與
馮本同。

滕王逌〔詩存〕　（北周）宇文逌撰
（明）馮惟訥輯
詩紀・北周卷一

滕王逌〔文存〕　（北周）宇文逌撰
（清）嚴可均輯
全後周文卷四

滕王逌〔詩存〕　（北周）宇文逌撰
丁福保輯
全北周詩卷一

　　注：宇文逌，字爾固突，文帝子，少好
經史，能文，歷大將軍、行軍總管、上柱
國等，封滕王，所著文章頗行於世，《周
書》、《北史》有傳。《隋志》載其集八卷，
兩《唐志》十二卷。嚴可均據《初學記》
卷二十三採得《道教實花序》，又輯得
《庾信集序》一首，然未注出處。按《庾
信集序》》載於《文苑英華》卷六百九十

九。馮惟訥輯得《至渭源》一首，丁福保
所採與馮本同。

庾開府詩集四卷 （北周）庾信撰
　　明正德十六年朱承爵存餘堂刻本 〔北
　　京圖書館〕

庾開府集二卷 （北周）庾信撰
　　六朝詩集
　　六朝詩集　清黃丕烈校 〔北京圖書
　　館〕

庾開府詩集六卷 （北周）庾信撰
　　明朱曰藩刻本 〔北京圖書館　上海圖
　　書館等〕

庾子山集十六卷 （北周）庾信撰
　　（明）屠隆評
　　徐庾集
　　四部叢刊・集部

庾信〔詩存〕 （北周）庾信撰
　　（明）馮惟訥輯
　　詩紀・北周卷三至七

庾開府集十二卷 （北周）庾信撰
　　漢魏諸名家集

庾開府集十二卷 （北周）庾信撰
　　漢魏六朝諸家文集
　　漢魏六朝諸家文集　傅增湘校 〔北京
　　圖書館〕

庾子山集十六卷 （北周）庾信撰
　　（明）閻光世輯
　　文選遺集

庾開府集十六卷 （北周）庾信撰
　　（明）張燮輯
　　七十二家集

庾開府集二卷 《北周）庾信撰
　　漢魏六朝百三名家集
　　漢魏六朝百三名家集（明婁東張氏刻

本）　佚名錄　清何焯批校 〔浙江
圖書館〕
漢魏六朝百三名家集（明婁東張氏刻
本）　清何紹基評點 〔武漢大學圖
書館〕

庾子山集 （北周）庾信撰
　　漢魏別解・南北朝文

庾開府集 （北周）庾信撰
　　增定漢魏六朝別解・集部

庾子山文抄一卷 （北周）庾信撰
　　（明）李賓輯
　　八代文抄

庾子山全集十卷 （北周）庾信撰
　　（清）吳兆宜箋注
　　清康熙間吳郡寶翰樓刻本
　　清貴文堂刻本
　　清刻本
　　庾開府集箋注十卷
　　四庫全書・集部別集類

庾子山集十六卷 （北周）庾信撰
　　（清）倪璠注
　　清康熙間刻本
　　清崇岫堂刻本
　　清道光十九年同文堂刻本
　　清同治八年刻本
　　清光緒十六年廣州經史閣刻本
　　清光緒二十年儒雅堂刻本
　　民國二十二年掃葉山房石印本
　　四庫全書・集部別集類
　　摘藻堂四庫全書薈要・集部
　　湖北先正遺書・集部
　　四部備要・集部漢魏六朝別集
　　　萬有文庫・第二集
　　　國學基本叢書

庾信〔文存〕 （北周）庾信撰

（清）嚴可均輯

全後周文卷八至十八

庾開府集四卷　（北周）庾信撰

六朝四家全集

庾開府集辨譌考異　（清）胡鳳丹撰

六朝四家全集・辨譌考異

庾信〔詩存〕　（北周）庾信撰　丁福保輯

全北周詩卷二

注：庾信，字子山，南陽新野人，博覽羣書，善《春秋左氏傳》，工詩文，歷郢州別駕、建康令、散騎常侍、弘農郡守、洛州刺史等，有文集二十卷，《周書》、《北史》有傳。字文逌序云："昔在揚都有集十四卷，值太清罹亂，百不一存，及到江陵，又有三卷，即重遭軍火，一字無遺。今之所撰，止入魏已來，爰洎皇代，凡所著述合二十卷，分成兩帙，附之後爾。"《文苑英華》卷六百九十九《隋志》載其集二十一卷并録，《唐》、《宋志》並載二十卷。倪璠序云："惟《隋書・經籍志》稱二十一卷，集中詩賦多雜梁時舊作，疑是平陳後所得，增多一卷。且今所貽留亦非滕王故本，大抵建業之文猶有存者，而江陵軍火無遺一字矣。"《百三名家集》本録存賦、表、啓、書、移、教、連珠、序、碑、銘、贊等文一百六十餘首，

又詩三百餘首。吳兆宜、倪璠注本與《百三名家集》本所載詩文不盡同，嚴可均輯本亦可參閱。馮惟訥《詩紀》除北周卷三至七載詩外，卷八又信歌辭等，均不出《百三名家集》本之外。丁福保輯本中《七夕》一首爲《百三名家集》本所無。《六朝四家全集》本依《百三名家集》本轉録，又從倪注本中採得《周處士》、《尋周處士弘讓》、《俠客行》三首。

蕭大圜〔文存〕　（北周）蕭大圜撰（清）嚴可均輯

全隋文卷十三

注：蕭大圜，字仁顯，梁簡文帝子，歷寧遠將軍、彭城太守、車騎大將軍等，入隋亡，著《梁舊事》三十卷、《寓記》三卷、《士喪儀注》五卷、《要決》二卷，并文集二十卷，《周書》、《北史》有傳。史志未載其集。嚴可均據《初學記》、《周書》採得文二首，爲《竹花賦》、《閒放之言》。

蕭圓肅〔文存〕　（北周）蕭圓肅撰（清）嚴可均輯

全隋文卷十三

注：蕭圓肅，字明恭，梁武帝孫，歷侍中、驃騎大將軍、陵州刺史等，撰時人詩筆爲《文海》四十卷，又有《廣堪》十卷、《淮海亂離志》四卷及文集十卷，《周書》、《北史》有傳。史志未載其集。嚴可均據《周書》本傳採得《少傅箴》一首。

詩　文　評

文章流別一卷　（晉）摯虞撰

增定漢魏六朝別解・子部

文章流別論 （晉）摯虞撰 （清）
嚴可均輯
全晉文卷七十七

文章流別志論一卷 （晉）摯虞撰
張鵬一校補
關隴叢書·摯太常遺書
關中叢書第四集·摯太常遺書

注：摯虞，參《三輔决錄》。《晉書》本傳云：“(虞)又撰(纂)古文章，類聚區分爲三十卷，名曰《流別集》，各爲之論，辭理愜當，爲世所重。”《隋志》載摯虞《文章流別集》四十一卷，注云：“梁六十卷，志二卷，論二卷。”又別出《文章流別志論》二卷。兩《唐志》僅載《文章流別集》三十卷，不另載論，或論附於集。《隋志》敘云：“總集者，以建安之後辭賦轉繁，衆家之集日以滋廣。晉代摯虞苦覽者之勞倦，於是採摘孔翠，芟剪繁蕪，自詩賦下各爲條貫，合而編之，謂爲《流別》，是後又集總鈔，作者繼軌，屬辭之士以爲覃奥而取則焉。”嚴可均據唐宋類書採得十二節。張鵬一據張溥本《晉摯太常集》所載校補，較嚴本多數節。

翰林論 （晉）李充撰 （清）嚴可
均輯
全晉文卷五十三

注：李充，參《論語李氏集注》。《隋志》載李充《翰林論》三卷，注云：“梁五十四卷。”《唐》、《宋志》及《崇文總目》均載三卷，《宋志》誤題李允撰。《文心雕龍·序志》篇云：“詳觀近代之論文者多矣，《翰林》淺而寡要。”嚴可均據《初學記》、《御覽》採得八節。

附　　録

本書所收叢書版本表

説　　明

一、本表以本目録所載叢書爲主，兼收目録未注版本的單行本總集。

二、著録藏書者以二家爲限，如藏者有二家以上，加“等”字樣。著録主要依據《中國古籍善本書目》及《中國叢書綜録》。

三、凡“藏書者”項標“＊”者指殘本。凡標“△”者，指除上海圖書館外，其他單位收藏情況未查。

四、本表書名按四角號碼排列。

四角號碼	書　　名	輯撰者	版　　本	藏書者
0026	唐宋元三朝名賢小集	(清)趙典輯	清乾隆嘉慶間趙之玉星鳳閣抄本	湖南省圖書館
0028	廣漢魏叢書	(明)何允中輯	明刻本	天津圖書館 復旦大學圖書館等
			清嘉慶間刻本	北京師範大學圖書館 上海圖書館等
	廣雅書局叢書	(清)廣雅書局輯	清光緒間廣雅書局刻民國九年番禺徐紹棨彙編重印本	北京圖書館 上海圖書館等
	廣倉學宭叢書甲類（一名學術叢編）	姬佛陀輯	民國五年上海倉聖明智大學排印本	北京圖書館 上海圖書館等
0040	文選遺集	(明)閭光世輯	明笙臺刻本	清華大學圖書館
0000	六藝堂詩禮七編	(清)丁晏撰	清咸豐二年聊城楊以增海源閣刻本	北京圖書館 上海圖書館等
	六朝詩集	(明)薛應旂輯	明嘉靖間刻本	北京圖書館 南京圖書館等
	六朝四家全集	(清)胡鳳丹輯	清同治九年永康胡氏退補齋刻本	北京圖書館 上海圖書館等
0121	龍谿精舍叢書	鄭國勳輯	民國六年序潮陽鄭氏刻本	北京圖書館 上海圖書館等
	龍威祕書	(清)馬俊良輯	清乾隆五十九年石門馬氏大酉山房刻本	北京圖書館 上海圖書館等
0128	顏氏傳書	(明)顏欲章輯	明萬曆三十六年刻本	南京圖書館 復旦大學圖書館
0164	評註諸子菁華錄	張之純評註	民國二十八年上海商務印書館排印本	山東大學圖書館 上海圖書館等
0260	訓纂堂叢書	(清)楊調元輯	清光緒間貴築楊氏刻本	北京圖書館 上海圖書館等
0291	新刻諸葛宗岳史四公文集	(清)劉質慧輯	清同治十二年三原劉氏述荊堂刻本	吉林市圖書館 上海圖書館
0464	詩紀	(明)馮惟訥輯	明嘉靖三十九年甄敬刻本	北京圖書館 南京圖書館等

四角號碼	書　　名	輯撰者	版　　本	藏　書　者
0464	詩紀	(明)馮惟訥輯	明萬曆四十一年黄承玄、馮珣刻本	北京圖書館 山東省圖書館等
			明萬曆四十一年黄承玄、馮珣刻本　逯欽立批校	東北師範大學圖書館
			明萬曆吳琯、謝陞、陸弼、俞策刻本	北京圖書館 上海圖書館等
			明萬曆吳琯、謝陞、陸弼、俞策刻本　清丁晏批校	北京圖書館*
			明萬曆吳琯、謝陞、陸弼、俞策刻本　陳允倩校	山東大學圖書館
			明萬曆吳琯、謝陞、陸弼、俞策刻方天瀠印本　佚名録　清陳祚明評點	上海圖書館
			明萬曆吳琯、謝陞、陸弼、俞策刻聚錦堂印本　清王闓運批校	湖南省圖書館
			四庫全書·集部總集類	(參四庫全書)
0466	諸子集成	國學整理社輯	民國二十四年世界書局排印本	北京圖書館 浙江圖書館等
	諸子彙函	(明)歸有光輯	明天啓六年序刻本	北京圖書館 上海圖書館等
0468	讀畫齋叢書	(清)顧修輯	清嘉慶四年桐川顧氏刻本	北京圖書館 上海圖書館等
	讀書堂叢刻	簡朝亮撰	清光緒至民國間刻本	上海圖書館 福建師範大學圖書館等
0861	説郛一百卷	(元)陶宗儀輯	明鈕氏世學樓抄本	北京圖書館*
			明抄本(配明吳氏叢書堂抄本及明弘農楊氏抄本)	上海圖書館

四角號碼	書　名	輯撰者	版　本	藏書者
0861	説郛一百卷	(元)陶宗儀輯	明抄本	北京圖書館*
			明抄本	北京圖書館*
			明潭南書舍抄本	北京圖書館*
			明抄本	瑞安縣玉海樓*
			明抄本	浙江圖書館*
			民國十六年上海商務印書館排印本	北京圖書館 上海圖書館等
	説郛一百二十号	(元)陶宗儀輯 (明)陶珽重校	清順治三年兩浙督學周南李際期宛委山堂刻本	北京圖書館 上海圖書館等
1000	一瓶筆存	(清)管庭芬輯	稿本	天津圖書館
1010	二酉堂叢書(一名張氏叢書)	(清)張澍輯	清道光元年武威張氏二酉堂刻本	北京圖書館 上海圖書館等
	二十二子	(清)浙江書局輯	清光緒間浙江書局刻本	北京圖書館 上海圖書館等
	二十五子彙函	(清)鴻文書局輯	清光緒十九年上海鴻文書局石印本	北京圖書館 上海圖書館等
	三謝詩	闕名輯	明嘉靖間刻本	上海圖書館
	三家詩	(清)卓爾堪輯	清康熙間刻本	北京圖書館 上海圖書館等
	三十六子全書	闕名輯	民國七年掃葉山房石印本	上海圖書館△
	正誼堂全書	(清)張伯行輯 (清)楊浚重輯	清同治五年福州正誼書院刻八年至九年續刻本	北京圖書館 上海圖書館等
	玉函山房輯佚書	(清)馬國翰輯	清光緒九年長沙嬭嬛館刻本	北京圖書館 上海圖書館等
			清光緒十年章邱李氏據馬氏刻版重印本	上海圖書館 北京師範大學圖書館等
			清光緒十年楚南書局刻本	北京圖書館 南京圖書館等
	玉函山房輯佚書續編	(清)王仁俊輯	稿本	上海圖書館

四角號碼	書　名	輯　撰　者	版　本	藏　書　者
	玉函山房輯佚書補編	（清）王仁俊輯	稿本	上海圖書館
	玉津閣叢書甲集	（清）胡薇元撰	清光緒至民國間刻本	北京圖書館 上海圖書館等
1010	玉海	（宋）王應麟撰	元刻明正德嘉靖萬曆崇禎補刻清康熙二十六年吉水李振裕補刻印本	北京圖書館 上海圖書館等
			清光緒九年浙江書局刻本	首都圖書館 上海圖書館等
			清光緒十年成都志古堂刻本	首都圖書館 上海圖書館等
	王氏遺書	（清）王朝渠撰	清抄本	上海圖書館
	五朝小説	闕名輯	清據説郛説郛續刻版重編印本	北京圖書館 上海圖書館等
	五朝小説大觀		民國十五年上海掃葉山房石印本	首都圖書館 上海圖書館等
	靈鶼閣叢書	（清）江標輯	清光緒間元和江氏湖南使院刻本	北京圖書館 上海圖書館等
1017	雪堂叢刻	羅振玉輯	民國四年上虞羅氏排印本	北京圖書館 上海圖書館等
1021	元和蔡氏所著書	（清）蔡雲撰	清道光七年刻本	北京圖書館 上海圖書館等
	元晏遺書	（晉）皇甫謐撰	清抄本	上海圖書館△
1022	兩京遺編	（明）胡維新輯	明萬曆間刻本	北京圖書館 吉林大學圖書館等
1040	平津館叢書	（清）孫星衍輯	清嘉慶間蘭陵孫氏刻本	北京圖書館 上海圖書館等
			清光緒十一年吴縣朱氏槐廬家塾刻本	北京圖書館 上海圖書館等
1043	天馬山房叢箸	馬敍倫撰	民國間排印本	首都圖書館 上海圖書館等

四角號碼	書　名	輯　撰　者	版　本	藏　書　者
1060	石研齋四種	(清)秦恩復輯	清乾隆至道光間江都秦氏享帚精舍刻本	上海圖書館 南京圖書館等
	百子全書	(清)崇文書局輯	民國八年上海掃葉山房石印本	北京圖書館 上海圖書館等
	百川學海	(宋)左圭輯 (明)闕名重輯	明刻本	上海圖書館 遼寧省圖書館等
	西京清麓叢書	(清)賀瑞麟輯	清同治至民國間刻本	上海圖書館 甘肅省圖書館
	西河合集	(清)毛奇齡撰	清康熙間書留草堂刻本	中共北京市委圖書館
			清康熙間李塨等刻本	北京圖書館 上海圖書館等
			清乾隆三十五年陸體元據康熙李塨等刻本修補重印	上海圖書館 南京大學圖書館等
	西漢三子至文	(明)朱節輯	明刻本	上海辭書出版社圖書館
	面城樓叢刊	(清)曾釗撰	清嘉慶道光間南海曾氏面城樓刻本	北京圖書館
	晉二俊集	(宋)徐民瞻輯	明正德十四年陸元大刻本	北京圖書館 上海圖書館等
			明刻本	北京市文物局 中山圖書館
			明刻本	南開大學圖書館
			明末刻本	北京圖書館 上海圖書館*
			明萬曆間瑞桃堂刻本	上海圖書館 浙江圖書館等
	晉三家集合鈔	闕名輯	清吳松巖抄本	北京大學圖書館
	晉石厂叢書	(清)姚慰祖輯	清光緒七年歸安姚氏粵東藩署刻民國二十三年海虞瞿氏鐵琴銅劍樓重修印本	北京圖書館 上海圖書館等

四角號碼	書　　名	輯　撰　者	版　　本	藏　書　者
1073	雲自在龕叢書	繆荃孫輯	清光緒間江陰繆氏刻本	北京圖書館 上海圖書館等
1077	函海	(清)李調元輯	清乾隆間綿州李氏萬卷樓刻嘉慶十四年李鼎元重校印本	北京圖書館 上海圖書館等
			清道光五年李朝夔補刻印本	北京圖書館 上海圖書館等
	函海	(清)李調元輯	清光緒七年至八年廣漢鍾登甲樂道齋刻本	北京圖書館 上海圖書館等
1090	粟香室叢書	金武祥輯	清光緒至民國間江陰金氏刻本	北京圖書館 上海圖書館等
1120	琴志樓叢書	易順鼎撰	清光緒間刻本	北京圖書館 南京大學圖書館等
	琴學叢書	楊宗稷撰	民國間楊氏刻本	北京圖書館 上海圖書館等
1123	張皋文箋易詮全集	(清)張惠言撰	清嘉慶道光間刻本	北京圖書館 南京圖書館等
	張佩綸雜稿	(清)張佩綸撰并輯	稿本	上海圖書館
1223	水邊林下	湖南漫士輯	清初刻本	北京圖書館
1249	孫氏山淵閣叢刊	(清)孫葆田輯	清光緒間榮成孫氏問經精舍刻本	上海圖書館 福建師範大學圖書館*
1263	砭愚堂叢書	(清)孫國仁撰	稿本	上海圖書館
1314	武英殿聚珍版書	清乾隆間輯	清乾隆間武英殿木活字排印本	北京圖書館 湖北省圖書館等
			清乾隆間浙江重刻本	北京圖書館 上海圖書館等
			清同治十三年江西書局刻本	北京圖書館 上海圖書館等
			清乾隆四十二年福建刻道光同治遞修光緒二十一年增刻本	北京圖書館 上海圖書館等

四角號碼	書　名	輯撰者	版　本	藏書者
1314	武英殿聚珍版書	清乾隆間輯	清光緒二十五年廣雅書局刻本	上海圖書館天津圖書館等
	武陵山人遺稿	（清）顧觀光撰	稿本	上海圖書館
1419	琳琅祕室叢書	（清）胡珽輯	清咸豐三年仁和胡氏木活字排印本	天津圖書館南京圖書館等
		（清）胡珽輯（清）董金鑑校	清光緒十三年會稽董氏雲瑞樓木活字排印本	北京圖書館上海圖書館等
			清光緒十四年會稽董氏取斯堂木活字排印本	上海圖書館△
1540	建安七子集	（清）楊逢辰輯	清光緒十六年長沙楊氏坦園刻本	上海圖書館重慶市圖書館等
1610	聖門十六子書	（清）馮雲鵷輯	清道光十四年崇川馮氏刻本	北京圖書館上海圖書館等
1660	碧琳琅館叢書	（清）方功惠輯	清光緒十年序巴陵方氏廣東刻宣統元年印本	北京圖書館上海圖書館等
1723	豫章叢書	（清）陶福履輯	清光緒間新建陶氏刻本	北京圖書館南京圖書館等
1740	子書二十二種	（清）浙江書局輯	清光緒二十三年上海圖書集成局排印本	北京圖書館上海圖書館等
	子書二十八種	（清）育文書局輯	清宣統三年育文書局石印本	遼寧省圖書館上海圖書館等
	子書百家	（清）崇文書局輯	清光緒元年湖北崇文書局刻本	北京圖書館南京圖書館等
	子書四十八種	五鳳樓主人輯	民國九年上海五鳳樓石印本	北京圖書館南京大學圖書館等
1762	邵武徐氏叢書	（清）徐幹輯	清光緒間刻本	北京圖書館上海圖書館等
1771	乙亥叢編	趙詒琛　王保譿王大隆輯	民國二十四年排印本	北京圖書館上海圖書館等
1812	珍埶宦遺書	（清）莊述祖撰	清嘉慶道光間武進莊氏脊令舫刻本	北京圖書館上海圖書館等

四角號碼	書　名	輯　撰　者	版　本	藏　書　者
1813	玲瓏山館叢書(一名益雅堂叢書)	闕名輯	清光緒十五年文選樓刻本	北京圖書館 上海圖書館等
2010	重訂漢唐地理書鈔	(清)王謨輯	鈔本	上海圖書館
			清嘉慶間金谿王氏刻本	北京大學圖書館 上海圖書館
	重刊拜經樓叢書七種	(清)吳騫輯	清光緒十一年會稽章氏鄂渚刻本	北京圖書館 上海圖書館等
	重刊道藏輯要	(清)彭定求輯 (清)閭永和增	清光緒三十二年成都二仙庵刻本	首都圖書館 上海圖書館等
	重校拜經樓叢書十種	(清)吳騫輯	清光緒二十年吳縣朱氏校經堂刻本	天津圖書館 上海圖書館等
2022	喬勤恪公全集	(清)喬松年撰	清光緒三年強恕堂刻本	上海圖書館 湖北省圖書館
2026	信古閣小叢書	黃任恒輯	民國二十一年至二十三年南海黃氏排印本	首都圖書館 上海圖書館等
2033	焦氏叢書	(清)焦循撰	清嘉慶道光間江都焦氏雕菰樓刻本	北京圖書館 上海圖書館等
			清光緒二年衡陽魏氏刻本	北京圖書館 南京圖書館等
2090	採昭堂秘書史拾	(明)鍾惺輯	明末刻本	揚州市圖書館
	集虛草堂叢書甲集	李國松輯	清光緒間合肥李氏刻本	北京圖書館 上海圖書館等
	集緯(一名緯書)	(清)殷元正輯 (清)陸明睿增訂	清抄本	北京圖書館
			清抄本	中山大學圖書館
			清清芬書屋抄本	上海圖書館*
			清觀我生齋抄本	上海圖書館
2110	上虞錢氏叢著	闕名輯	清抄本	北京圖書館
2155	拜經樓雜抄	(清)吳騫輯	清吳氏拜經樓抄本	北京圖書館
	拜經樓叢書(一名愚谷叢書)	(清)吳騫輯	清乾隆嘉慶間海昌吳氏刻本	北京圖書館 上海圖書館等

四角號碼	書　名	輯撰者	版　本	藏書者
2155	拜經樓叢書(一名愚谷叢書)	(清)吳騫輯	民國十一年北京博古齋據清吳氏刻本增輯影印	北京圖書館 上海圖書館等
	拜經樓叢抄	(清)吳騫輯	清抄本	山東省博物館
	拜經堂叢書	(清)臧琳 (清)臧庸撰	清乾隆嘉慶間武進臧氏同述觀刻本	北京圖書館 上海圖書館等
			日本昭和十年東方文化學院京都研究所據清乾隆嘉慶間臧氏刻本影印	北京圖書館 上海圖書館等
2172	師伏堂叢書	(清)皮錫瑞撰	清光緒間善化皮氏刻本	北京圖書館 上海圖書館等
2191	經訓堂叢書	(清)畢沅輯	清乾隆間鎮洋畢氏刻本	北京圖書館 上海圖書館等
			清光緒十三年上海大同書局據清畢氏刻本影印	北京圖書館 南京圖書館等
	經玩	(清)沈淑撰	清雍正三年常熟沈氏孝德堂刻本	北京圖書館 上海圖書館等
	經典集林	(清)洪頤煊輯	民國十五年陳氏慎初堂據清嘉慶間經堂叢書本影印	北京圖書館 上海圖書館等
	經義考	(清)朱彝尊撰	清乾隆二十年盧氏刻本 光緒二十三年浙江書局刻本 四庫全書本 摛藻堂四庫全書薈要 四部備要	略
	經籍佚文	(清)王仁俊輯	稿本	上海圖書館
2224	後知不足齋叢書	(清)鮑廷爵輯	清光緒間常熟鮑氏刻本	北京圖書館 上海圖書館等
2238	嶺南遺書	(清)伍元薇 (清)伍崇曜輯	清道光同治間南海伍氏粵雅堂文字歡娛室刻本	北京圖書館 上海圖書館等
2265	畿輔叢書	(清)王灝輯	清光緒五年定州王氏謙德堂刻本	北京圖書館 上海圖書館等

四角號碼	書　名	輯撰者	版　本	藏書者
2277	山右叢書初編	山西省文獻委員會輯	民國排印本	北京圖書館上海圖書館等
	山居便覽	闕名輯	明抄本	上海圖書館*南京圖書館*
2290	崇文書局彙刻書（一名三十三種叢書）	（清）崇文書局輯	清光緒元年湖北崇文書局刻本	北京圖書館上海圖書館等
	崇雅堂叢書	楊晨撰	民國二十五年楊紹翰排印本	北京圖書館浙江圖書館等
2324	傅氏家書	（清）傅以禮輯	清光緒二年手稿本	上海圖書館
2360	台州叢書後集	楊晨輯	民國四年黃巖楊氏刻本	首都圖書館上海圖書館等
2377	岱南閣叢書	（清）孫星衍輯	清乾隆嘉慶間蘭陵孫氏刻本	北京圖書館上海圖書館等
			民國十三年上海博古齋據清孫氏刻本影印	北京圖書館上海圖書館等
2390	私立北泉圖書館叢書	民國私立北泉圖書館輯	民國怡蘭堂刻本	上海圖書館福建師範大學圖書館
2498	續二十五子彙函	上海鴻文書局輯	清光緒二十四年上海鴻文書局石印本	上海圖書館△
	續百川學海	（明）吳永輯	明刻本	北京圖書館浙江圖書館等
	續古逸叢書	張元濟等輯	民國十一年至一九五七年上海商務印書館影印本	北京圖書館上海圖書館等
	續金華叢書	胡宗楙輯	民國十三年永康胡氏夢選廔刻本	北京圖書館上海圖書館等
2598	積學齋叢書	徐乃昌輯	清光緒間南陵徐氏刻本	北京圖書館上海圖書館等
2610	皇清經解	（清）阮元輯	清道光九年廣東學海堂刻本	北京圖書館上海圖書館等
	皇清經解續編	王先謙輯	清光緒十四年南菁書院刻本	北京圖書館上海圖書館等

四角號碼	書　　名	輯　撰　者	版　　本	藏　書　者
2610	皇清經解續編	王先謙輯	清光緒十五年上海蜚英館石印本	北京圖書館 上海圖書館等
2620	粤雅堂叢書	(清)任崇曜輯	清道光光緒間南海伍氏刻本	北京圖書館 上海圖書館等
2643	吳興叢書	劉承幹輯	民國吳興劉氏嘉業堂刻本	北京圖書館 上海圖書館等
2694	稷山館輯補書	(清)陶濬宣輯	手稿本	上海圖書館
2712	歸雲别集	(明)陳士元撰	明萬曆間刻本	北京大學圖書館 杭州大學圖書館等
			清道光十三年應城吳毓梅刻本	北京圖書館 上海圖書館等
2722	仰視千七百二十九鶴齋叢書	(清)趙之謙輯	清光緒間會稽趙氏刻本	北京圖書館 上海圖書館等
			民國十八年紹興墨潤堂書苑據清趙氏刻本影印	北京圖書館 上海圖書館等
2760	魯迅全集	魯迅先生紀念委員會輯	民國二十七年上海魯迅全集出版社排印本	北京圖書館 上海圖書館等
2762	郎園先生全書	葉啓倬輯	民國二十四年長沙中國古書刊印社彙印本	北京圖書館 南京圖書館等
2790	彙刻建安七子集	(明)楊德周輯 (清)陳朝輔增	明崇禎十一年刻本	杭州大學圖書館 寧夏回族自治區圖書館
			清乾隆二十三年刻本	清華大學圖書館 上海圖書館
2794	綴學堂叢稿初集(一名見山樓叢書)	陳漢章撰	民國二十五年排印本	北京圖書館 上海圖書館等
2796	紹興先正遺書	(清)徐友蘭輯	清光緒間會稽徐氏鑄學齋刻本	北京圖書館 上海圖書館等
2829	徐庾集	(明)屠隆輯評	明刻本	湖北省圖書館 華東師範大學圖書館等 *
2892	紛欣閣叢書	(清)周心如輯	清道光間浦江周氏刻本	北京圖書館 上海圖書館等

四角號碼	書　　名	輯　撰　者	版　　本	藏　書　者
3012	滂喜齋叢書	(清)潘祖蔭輯	清同治光緒間吳縣潘氏京師刻本	北京圖書館 上海圖書館等
3021	宛委別藏	(清)阮元輯	原稿本	北京圖書館
3030	適園叢書	張鈞衡輯	民國烏程張氏刻本	北京圖書館 上海圖書館等
3034	守山閣叢書	(清)錢熙祚輯	清道光二十四年金山錢氏據墨海金壺版重編增刻本	北京圖書館 上海圖書館等
			清光緒十五年上海鴻文書局據清錢氏本影印	北京圖書館 上海圖書館等
			民國十一年上海博古齋據清錢氏本影印	北京圖書館 上海圖書館等
	守中正齋叢書	(清)姜國伊撰	清同治光緒間刻本	湖北省圖書館 上海圖書館等
3077	密韻樓景宋本七種	蔣汝藻輯	民國烏程蔣氏樂地盦刻本	北京圖書館 上海圖書館等
3080	寶顏堂祕笈	(明)陳繼儒輯	明萬曆間繡水沈氏刻本	北京圖書館 南京圖書館等
			民國十一年上海文明書局石印本	北京圖書館 上海圖書館等
3111	江都陳氏叢書	(清)陳本禮 (清)陳逢衡撰	清嘉慶道光間遞刻本	天津圖書館 上海圖書館等
	汪仲伊所著書	(清)汪宗沂撰	稿本	湖南省圖書館
3112	涉聞梓舊	(清)蔣光煦輯	清咸豐元年海昌蔣氏宜年堂刻六年重編本	天津圖書館 上海圖書館等
			民國十三年上海商務印書館據清蔣氏刻本影印	北京圖書館 上海圖書館等
			民國武林竹簡齋據清蔣氏刻本影印	北京圖書館 上海圖書館等
3114	汗筠齋叢書第一集（一名蘭芬齋叢書初集）	(清)秦鑑輯	清嘉慶三年至四年嘉定秦氏刻本	北京圖書館 上海圖書館等

四角號碼	書　　名	輯　撰　者	版　　本	藏　書　者
3212	漸西村舍彙刊	（清）袁昶輯	清光緒間桐廬袁氏刻本	北京圖書館 上海圖書館等
3214	浮谿草堂叢書	（清）宋翔鳳撰并輯	清嘉慶道光間宋氏浮谿草堂刻本	北京圖書館
	浮谿精舍叢書	（清）宋翔鳳撰	清嘉慶二十五年刻本	吉林大學圖書館 上海圖書館等
	叢書集成初編	商務印書館輯	民國二十四年至二十六年上海商務印書館排印本	北京圖書館 上海圖書館等
3230	遜敏堂叢書	（清）黃秩模輯	清道光咸豐間宜黃黃氏刻本木活字排印本	北京圖書館 上海圖書館等
3300	心齋十種	（清）任兆麟撰	清乾隆間震澤任氏忠敏家塾刻本	北京圖書館 上海圖書館等
3320	祕書廿一種	（清）汪士漢輯	清康熙七年新安汪氏據古今逸史刻版重編印本	北京圖書館 南京圖書館等
			清嘉慶九年新安汪氏重刻本	北京圖書館 上海圖書館等
	祕書廿八種	闕名輯	清同治四年紫文閣刻本	上海圖書館△
	祕册彙函	（明）沈士龍 （明）胡震亨輯	明萬曆間刻本	北京圖書館 山東省圖書館等
3330	述記（一名三代兩漢遺書）	（清）任兆麟輯	清乾隆五十三年映雪草堂刻本	首都圖書館 上海圖書館等
			清嘉慶十五年遂古堂刻本	北京大學圖書館 上海師範大學圖書館
3411	沈氏羣峯集	（清）沈清瑞撰	民國二十二年沈恩孚排印本	北京圖書館 上海圖書館等
3413	漢唐三傳	（明）黃魯曾輯	明嘉靖三十一年至三十二年黃魯曾刻本	北京圖書館 重慶市圖書館等＊
	漢魏六朝諸家文集	闕名輯	明刻本	故宮博物院圖書館 吉林省圖書館等
			明刻本	山東省圖書館＊

四角號碼	書　名	輯撰者	版　本	藏書者
3413	漢魏六朝百三名家集 （一名漢魏六朝一百三家集）	（明）張溥輯	明婁東張氏刻本	北京圖書館 上海圖書館等
			清光緒三年滇南唐氏壽考堂刻本	北京圖書館 上海圖書館等
			清光緒五年彭懋謙信述堂重刻本	首都圖書館 南京圖書館等
			清光緒十八年善化章經濟堂刻本	首都圖書館 杭州大學圖書館等
			清光緒十八年長沙謝氏翰墨山房刻本	北京圖書館 南京圖書館等
			民國六年上海掃葉山房石印本	北京圖書館 南京圖書館等
			民國七年四川官印局刻本	遼寧省圖書館 四川省圖書館等
	漢魏六朝名家集初刻	丁福保輯	清宣統三年無錫丁氏排印本	北京圖書館 上海圖書館等
	漢魏諸名家集（一名漢魏六朝二十一名家集）	（明）汪士賢輯	明萬曆十一年南城翁少麓刻本	北京圖書館 上海圖書館等
			明萬曆天啓間新安汪氏刻本	北京圖書館 上海圖書館等
	漢魏二十一家易注	（清）孫堂輯	清嘉慶四年平湖孫氏映雪草堂刻本	北京圖書館 上海圖書館等
	漢魏遺書鈔	（清）王謨輯	清嘉慶三年金溪王氏刻本	北京圖書館 上海圖書館等
	漢魏四家軼存	（清）嚴可均輯	清抄本	北京圖書館
	漢魏別解	（明）黃澍 （明）葉紹泰輯	明崇禎十一年香谷山房刻本	首都圖書館 山東省圖書館等
	漢官六種	闕名輯	清光緒六年誦芬閣刻本	上海圖書館△
	漢學堂叢書	（清）黃奭輯	清道光間甘泉黃氏刻光緒間印本	北京圖書館 上海圖書館等
	漢學堂知足齋叢書	（清）黃奭輯	清刻本	北京圖書館

四角號碼	書　　名	輯　撰　者	版　　本	藏　書　者
3413	漢摯室遺著	（清）陶方琦撰	清光緒間會稽徐氏鑄學齋抄本	上海圖書館
3510	津逮祕書	（明）毛晉輯	明崇禎間虞山毛氏汲古閣刻本	北京圖書館 上海圖書館等
			民國十一年上海博古齋據明汲古閣本影印	北京圖書館 上海圖書館等
3512	清芬堂叢書	（清）梅雨田輯	清光緒十六年黃梅梅氏慎自愛軒刻本	中國科學院圖書館 湖北省圖書館等
	清風室叢刊	（清）錢保塘輯	清同治至民國間海寧錢氏清風室刻本	遼寧省圖書館 上海圖書館等
3526	袖珍古書讀本	中華書局輯	民國十九年上海中華書局排印本	湖北省圖書館 上海圖書館等
3610	湘綺樓全書	王闓運撰	清光緒宣統間刻本	北京圖書館 上海圖書館等
3712	湖北先正遺書	盧靖輯	民國十二年沔陽盧氏慎始基齋影印本	北京圖書館 上海圖書館等
	湖北叢書	（清）趙尚輔輯	清光緒十七年三餘草堂刻本	北京圖書館 上海圖書館等
	湖州叢書	（清）陸心源輯	清光緒間湖城義塾刻本	北京圖書館 上海圖書館等
	湖海樓叢書	（清）陳春輯	清嘉慶間蕭山陳氏刻本	北京圖書館 上海圖書館等
3730	通德遺書所見録	（漢）鄭玄撰 （清）孔廣林輯	清光緒十六年山東書局刻本	北京圖書館 上海圖書館等
3815	海寧王忠愨公遺書	王國維撰	民國十六年海寧王氏排印石印本	北京圖書館 上海圖書館等
	海寧王靜安先生遺書	王國維撰	民國二十九年商務印書館長沙石印本	北京圖書館 上海圖書館等
	海源閣叢書	（清）楊以增輯	清咸豐間聊城楊氏海源閣刻本	北京圖書館 上海圖書館等
3830	道藏	闕名輯	明正統間刻續萬曆間刻本	北京圖書館 上海圖書館等

四角號碼	書　名	輯撰者	版　本	藏書者
3830	道藏	闕名輯	民國十二年至十五年上海商務印書館據明正統本續據萬曆本影印	北京圖書館上海圖書館等
	道藏舉要	商務印書館輯	民國上海商務印書館據明本影印	北京圖書館上海圖書館等
4000	十三經讀本	唐文治輯	民國十三年吳江施肇曾醒園刻本	北京圖書館上海圖書館等
	十三經漢注	(清)王仁俊輯	稿本	上海圖書館
	十三經拾遺	(清)王朝渠撰	清嘉慶五年尋孔顏樂處刻本	北京圖書館上海圖書館等
	十種古逸書	(清)茆泮林輯	清道光十四年梅瑞軒刻本	北京圖書館上海圖書館等
	十萬卷樓叢書	(清)陸心源輯	清光緒間歸安陸氏刻本	北京圖書館上海圖書館等
	十笏園叢刊(一名伏乘)	陳蜚聲撰并輯	民國十四年丁氏十笏園石印本	上海圖書館△
4001	左海續集(一名小琅嬛館叢書)	(清)陳壽祺撰	清道光同治間刻本	北京圖書館上海圖書館等
	左海全集	(清)陳壽祺撰	清嘉慶道光間刻陳紹塘補刻本	北京圖書館上海圖書館等
4022	南菁書院叢書	王先謙　繆荃孫輯	清光緒十四年江陰南菁書院刻本	北京圖書館上海圖書館等
4024	皮氏經學叢書	(清)皮錫瑞撰	清光緒間思賢書局刻本	北京圖書館上海圖書館等
4040	李氏遺書	(清)李銳撰	清道光三年儀徵阮氏刻本	北京圖書館上海圖書館等
			清光緒十六年上海醉六堂刻本	首都圖書館上海圖書館
4046	嘉定錢氏潛研堂全書	(清)錢大昕撰	清光緒十年長沙龍氏家塾刻本	北京圖書館上海圖書館等
4060	古香堂叢書	(清)王初桐撰	清乾隆嘉慶間刻本	北京圖書館河南省圖書館

四角號碼	書　名	輯撰者	版　本	藏書者
4060	古經解彙函	(清)鍾謙鈞等輯	清同治十二年粵東書局刻本	北京圖書館 上海圖書館等
			清光緒十四年上海蜚英館石印本	首都圖書館 上海圖書館等
			清光緒十五年湖南書局刻本	黑龍江省圖書館 復旦大學圖書館等
	古名儒毛詩解十六種	(明)鍾惺輯	明擁萬堂刻本	北京圖書館 復旦大學圖書館等
	古微書	(明)孫𣥳輯	清嘉慶十七年禹航陳世望對山問月樓刻本	北京圖書館 上海圖書館等
			清光緒十四年刻本	北京圖書館 安徽省圖書館等
			清光緒二十一年上海鴻文書局石印本	北京師範大學圖書館 上海圖書館等
	古書逸文	(清)顧觀光輯	鈔本	上海圖書館
	古今説部叢書	國學扶輪社輯	清宣統至民國間上海國學扶輪社排印本	北京圖書館 上海圖書館等
	古今逸史	(明)吳琯輯	明刻本	北京圖書館 南京圖書館等
4071	七緯	(清)趙在翰輯	清嘉慶十四年侯官趙氏小積石山房刻本	清華大學圖書館 上海圖書館等
	七家後漢書	(清)汪文臺輯	清光緒八年太平崔國榜等刻本	北京圖書館 上海圖書館等
	七十二家集	(明)張燮輯	明天啓崇禎間刻本	北京圖書館 故宮博物院圖書館等
4090	木犀軒叢書	李盛鐸輯	清光緒間德化李氏木犀軒刻本	北京圖書館 上海圖書館等
4094	校經山房叢書	(清)朱記榮輯	清光緒三十年孫谿朱氏槐廬家塾據式訓堂叢書版重編本	北京圖書館 上海圖書館等
4310	式訓堂叢書	(清)章壽康輯	清光緒間會稽章氏刻本	北京圖書館 上海圖書館等

四角號碼	書　名	輯　撰　者	版　本	藏　書　者
4313	求實齋叢書	（清）蔣德鈞輯	清光緒間湘鄉蔣氏龍安郡署刻本	北京圖書館上海圖書館等
4396	榕園叢書	（清）張丙炎輯（清）張允頤重輯	清同治間真州張氏廣東刻民國二年重修印本	北京圖書館上海圖書館等
4411	范白舫所刊書	（清）范鍇輯	清道光十年至二十四年烏程范氏刻本	北京圖書館上海圖書館
	范聲山雜著	（清）范鍇輯	清道光間烏程范氏刻本	吉林大學圖書館上海圖書館
			民國二十年北平富晉書社據清范氏本影印	北京圖書館上海圖書館等
	范氏三種	（清）范家相撰	清會稽范氏刻光緒十三年墨潤堂重修印本	北京圖書館上海辭書出版社圖書館等
4421	麓山精舍叢書	（清）陳運溶輯	清光緒宣統間湘西陳氏刻本	遼寧省圖書館上海圖書館等
	花雨樓叢鈔	（清）張壽榮輯	清光緒間蛟川張氏花雨樓刻本	北京圖書館上海圖書館等
4422	蕭山王氏十萬卷樓輯佚七種	（清）王紹蘭輯	清蕭山王氏知足知不足館抄本	上海圖書館
	蕭梁文苑	（明）閻光世輯	明末刻本	四川省圖書館雲南省圖書館
4424	蔣侑石遺書	（清）蔣曰豫撰	清光緒三年蓮池書局刻本	北京圖書館上海圖書館等
	覆古介書	（明）邵闓生輯	明天啓七年序刻本	北京大學圖書館浙江圖書館
4425	藏修堂叢書	（清）劉晚榮輯	清光緒十六年新會劉氏藏修書屋刻本	北京圖書館中山圖書館等
4430	蓮池四種	闕名輯	清同治光緒間刻本	北京圖書館復旦大學圖書館等
4440	芋園叢書	黃肇沂輯	民國二十四年南海黃氏據舊版彙印本	北京大學圖書館中山圖書館

四角號碼	書　名	輯　撰　者	版　本	藏　書　者
4442	萬有文庫	王雲五等輯	民國十八年至二十三年上海商務印書館鉛印本	北京圖書館 上海圖書館等
4473	藝海珠塵	(清)吳省蘭輯 (清)徐時棟重定	清乾隆間刻本	北京圖書館
		(清)吳省蘭輯壬癸集(清)錢熙輔增輯	清嘉慶間南匯吳氏聽彝堂刻壬癸集道光三十年金山錢氏漱石軒據吳氏原版重印增刻本	北京圖書館 上海圖書館等
	藝風堂讀書志	繆荃孫輯	民國江陰繆氏刻本	北京圖書館 南京圖書館等
4477	廿二子全書	(清)王繼堂輯	清道光十三年王氏棠蔭館刻本	遼寧省圖書館 上海圖書館等
	舊小說	吳曾祺輯	民國二十四年商務印書館排印本	北京圖書館 上海圖書館等
4430	楚州叢書第一集	冒廣生輯	民國十年如皋冒氏刻本	北京圖書館 上海圖書館等
	黃氏逸書考(一名漢學堂叢書)	(清)黃奭輯	清道光間甘泉黃氏刻民國十四年王鑒修補印本	北京圖書館 上海圖書館等
			民國二十三年江都朱長圻據甘泉黃氏原版補刻印本	首都圖書館 雲南省圖書館等
4621	觀古堂彙刻書	葉德輝輯	清光緒二十八年長沙葉氏刻民國八年重編印本	北京圖書館 上海圖書館等
	觀古堂所刊書	葉德輝撰	清光緒間長沙葉氏刻本	北京圖書館 上海圖書館等
	觀古堂所著書	葉德輝輯	清光緒間長沙葉氏刻本	北京圖書館 上海圖書館等
			民國八年重編印本	北京圖書館 上海圖書館等
4640	如皋冒氏叢書	冒廣生輯	清光緒至民國間如皋冒氏刻本	北京圖書館 上海圖書館等
4691	槐廬叢書	(清)朱記榮輯	清光緒吳縣朱氏槐廬家塾刻本	北京圖書館 上海圖書館等

四角號碼	書　名	輯　撰　者	版　本	藏　書　者
4691	槐軒全書	（清）劉沅撰	清咸豐至民國間刻本	首都圖書館 上海圖書館等
4732	郝氏遺書	（清）郝懿行撰	清嘉慶至光緒間刻本	首都圖書館 上海圖書館等
4792	桐城吳先生點勘諸子七種	（清）吳汝綸點勘	清宣統二年衍星社排印本	遼寧省圖書館 上海圖書館等
	桐華館史翼	（清）金德輿輯	清嘉慶間刻本	北京圖書館 北京師範大學圖書館
4796	格致叢書	（明）胡文煥輯	明萬曆三十一年刻本	北京圖書館 上海辭書出版社圖書館等
4816	增訂漢魏叢書	（清）王謨輯	清乾隆五十六年金谿王氏刻本	北京圖書館 上海圖書館等
			清光緒二年紅杏山房刻民國四年蜀南馬湖盧樹柟修補印本	北京圖書館 上海圖書館等
			清光緒六年三餘堂刻本	北京圖書館 南京圖書館等
			清宣統三年上海大通書局石印本	首都圖書館 上海圖書館等
	增定漢魏六朝別解	（明）葉紹泰輯	明崇禎十五年採隱山居刻本	中國科學院圖書館 武漢大學圖書館
4841	乾坤正氣集	（清）姚瑩（清）顧沅（清）潘錫恩輯	清道光二十八年涇縣潘氏袁江節署刻同治五年新建吳坤修補皖江印本	北京圖書館 上海圖書館等
4864	敬修堂叢書	闕名輯	清敬修堂抄本	北京師範大學圖書館
4980	趙氏藏書	（清）趙承恩輯	清同治光緒間金谿趙氏紅杏山房補刻重印本	上海圖書館
5000	中國醫學大成	曹炳章輯	民國二十五年至二十六年上海大東書局排印本	四川省圖書館 * 上海辭書出版社圖書館等 *
5002	摛藻堂四庫全書薈要	（清）于敏中等輯	清乾隆三十八年抄本	故宮博物院

四角號碼	書　名	輯　撰　者	版　本	藏　書　者
5003	夷門廣牘	(明)周履靖輯	明萬曆間刻本	北京圖書館 南京大學圖書館等
5022	青照堂叢書	(清)李元春輯	清道光十五年朝邑劉際清等刻本	北京圖書館 上海圖書館等
5060	春在堂全書	(清)俞樾撰	清光緒二十五年刻本	北京圖書館 上海圖書館等
5090	東漢四人小集	張鵬一輯	民國抄本	上海圖書館
5103	振綺堂遺書	(清)汪遠孫撰	清道光刻民國十一年錢唐汪氏彙印本	北京圖書館 上海圖書館等
5106	指海	(清)錢熙祚輯 (清)錢培讓 (清)錢培杰續輯	清道光間金山錢氏據借月山房彙抄刻版重編增刻本	北京圖書館 上海圖書館等
			民國二十四年上海大東書局據清錢氏重編借月山房彙抄本影印	北京圖書館 上海圖書館等
5523	農學叢書	上海農學會輯	清光緒間上海農學會石印本	上海圖書館△
5604	輯佚叢刊	陶棟輯	民國三十七年上海中華書局排印本	北京師範大學圖書館 上海圖書館等
5701	抱經堂叢書	(清)盧文弨輯	清乾隆嘉慶間餘姚盧氏刻本	北京圖書館 上海圖書館等
			民國十二年北京直隷書局據清盧氏刻本影印	北京圖書館 上海圖書館等
5774	觳淡盧叢藥	葉昌熾輯	稿本	上海圖書館
6010	墨海金壺	(清)張海鵬輯	清嘉慶間海虞張氏刻本	北京圖書館 南京圖書館等
			民國十年上海博古齋據清張氏刻本影印	北京圖書館 上海圖書館等
6015	國學基本叢書	闕名輯	民國二十一年至一九五八年上海商務印書館排印本	北京圖書館 上海圖書館等

四角號碼	書　名	輯　撰　者	版　本	藏　書　者
6015	國學小叢書	王雲五主編	民國十二年至三十七年上海商務印書館排印本	北京圖書館 上海圖書館等
6021	四庫全書	清乾隆三十年敕輯	清文淵閣抄本	故宮博物院
			清文溯閣抄本	甘肅省圖書館
			清文津閣抄本	北京圖書館
			清文瀾閣抄本（民國補抄二萬七千九十册）	浙江圖書館
	四部備要	中華書局輯	民國二十五年上海中華書局排印本	北京圖書館 上海圖書館等
			民國二十五年上海中華書局縮印本	北京圖書館 上海圖書館等
	四部叢刊	張元濟等輯	民國八年上海商務印書館初次影印本	北京圖書館 上海圖書館等
			民國十八年上海商務印書館二次影印本	北京圖書館 上海圖書館等
			民國二十五年上海商務印書館縮印本	北京圖書館 上海圖書館等
	四部叢刊三編	張元濟等輯	民國二十四年至二十五年上海商務印書館影印本	北京圖書館 上海圖書館等
	四忠遺集	闕名輯	清光緒二十三年湘南書局刻本	首都圖書館 上海圖書館等
	四明叢書	張壽鏞輯	民國四明張氏約園刻本	北京圖書館 上海圖書館等
6022	易學六種	（清）汪□輯	蕭山汪氏環碧山房抄本	浙江圖書館
6023	晨風閣叢書	沈宗畸輯	清宣統元年番禺沈氏刻本	北京圖書館 上海圖書館等
6090	景印元明善本叢書十種	商務印書館輯	民國上海商務印書館景印本	北京圖書館 上海圖書館等
6502	晴川八識	（清）孫之騄撰	清刻本	上海辭書出版社圖書館 浙江圖書館

四角號碼	書　　名	輯　撰　者	版　　本	藏　書　者
6706	昭代叢書	(清)張潮(清)張漸輯(清)楊復吉(清)沈楙惪續輯	清道光間吳江沈氏世楷堂刻本	北京圖書館上海圖書館等
7021	雅雨堂藏書	(清)盧見曾輯	清乾隆二十一年德州盧氏刻本	首都圖書館上海圖書館等
7121	阮陶合集(一名陶阮合集)	(明)潘璁輯	明崇禎間刻本	山東省圖書館四川省圖書館等
7124	反約篇	(清)李光廷輯	清同治間番禺李氏抄本	福建師範大學圖書館
7132	馬氏家刻集	(清)馬□輯	清光緒間刻本	北京圖書館吉林大學圖書館
	馬鍾山遺書	(清)馬徵麐撰	民國八年至十二年馬林排印影印本	北京圖書館上海圖書館等
7173	長汀江先生著書	江瀚撰	民國十三年太原排印本	北京圖書館上海圖書館等
	長恩書室叢書	(清)莊肇麐輯	清咸豐四年新昌莊氏過客軒刻本	北京圖書館上海圖書館等
7178	頤志齋叢書	(清)丁晏撰	清咸豐至同治間山陽丁氏六藝堂刻同治元年彙印本	北京圖書館上海圖書館等
7210	劉沈合集	(明)阮元聲輯	明崇禎五年刻本	上海圖書館中央民族學院圖書館
	劉申叔先生遺書	劉師培撰	民國二十五年寧武南氏排印本	北京圖書館上海圖書館等
7280	兵書七種	(清)聚奎主人輯	清光緒二十四年杭城衛樽石印本	上海圖書館四川省圖書館等
7422	勵志齋叢書	(清)陸錫熊(清)紀昀等輯	清光緒間據武英殿聚珍版本重印	中國科學院圖書館上海圖書館
7423	隨盦徐氏叢書	徐乃昌輯	清光緒至民國間南陵徐氏刻本	北京圖書館上海圖書館等
7680	咫進齋叢書	(清)姚覲元輯	清光緒九年歸安姚氏刻本	北京圖書館上海圖書館等

四角號碼	書　名	輯撰者	版　本	藏書者
7710	閏竹居叢書	(清)觀頤道人輯	清刻本	首都圖書館 上海圖書館等
7722	月河精舍叢鈔	(清)丁寶書輯	清光緒六年苕溪丁氏刻本	北京圖書館 上海圖書館等
	周氏醫學叢書	(清)周學海輯	清光緒宣統間池陽周氏刻宣統三年彙印本	北京圖書館 上海圖書館等
			民國二十五年建德周學熙影印本	北京圖書館 安徽省圖書館等
	陶廬叢刻	王樹柟撰	清光緒至民國間新城王氏刻本	北京圖書館 上海圖書館等
	陶謝詩集	(清)姚培謙輯	清乾隆二十九年姚氏刻本	北京圖書館 北京師範大學圖書館
	陶謝四家詩	闕名輯	清抄本	上海圖書館
7726	層冰草堂叢書	古直撰	民國中華書局排印本	北京師範大學圖書館 上海圖書館
	層冰堂五種	古直撰	民國二十四年中華書局排印本	北京圖書館 上海圖書館等
7727	屈賈文合編	(清)夏獻雲輯	清光緒三年長沙刻本	北京圖書館 上海圖書館等
7740	學津討原	(清)張海鵬輯	清嘉慶十年虞山張氏照曠閣刻本	北京圖書館 上海圖書館等
			民國十一年上海商務印書館據清張氏刻本影印	北京圖書館 上海圖書館等
7760	問經堂叢書	(清)孫馮翼輯	清嘉慶間承德孫氏刻本	北京圖書館 上海圖書館等
7777	關中叢書	宋聯奎輯	民國陝西通志館排印本	北京圖書館 上海圖書館等
	關隴叢書	張鵬一輯	民國十一年排印本	北京圖書館 上海圖書館等
7810	鹽邑志林	(明)樊維城輯	明刻本	北京圖書館 上海圖書館等

四角號碼	書　名	輯撰者	版　本	藏書者
7823	陰何詩集	(明)洪瞻祖輯	明洪瞻祖刻本	北京大學圖書館
			清初抄本	浙江圖書館
8000	八代文鈔	(明)李賓輯	明末刻本	北京大學圖書館 天津圖書館等
8010	全上古三代秦漢三國六朝文	(清)嚴可均輯	稿本	上海圖書館
			清光緒十三年至十九年廣雅書局刻本	北京圖書館 上海圖書館等
			清光緒二十年黃岡王敏藻刻本	北京圖書館 上海圖書館等
			民國十九年石印本	北京圖書館 上海圖書館等
	全漢三國晉南北朝詩	丁福保輯	民國上海醫學書局排印本	北京圖書館 上海圖書館等
	金陵叢書	翁長森　蔣國榜輯	民國三年至五年上元蔣氏慎修書屋排印本	北京圖書館 上海圖書館等
8033	無一是齋叢鈔	闕名輯	清宣統元年夢梅仙館刻本	北京師範大學圖書館 南京大學圖書館等
	無錫國學專修學校叢書	闕名輯	民國二十三年至二十六年無錫國學專修學校排印本	上海圖書館△
8060	曾思二子全書	(宋)汪晫輯	明隆慶四年汪文川刻本	北京圖書館
	會稽郡故書雜集	魯迅輯	民國四年會稽周氏刻本	北京圖書館 上海圖書館等
	會稽徐氏初學堂羣書輯録	(清)徐維則輯	清光緒二十年會稽徐氏鑄學齋刻本	上海師範大學圖書館
8073	食舊堂叢書	(清)汪大鈞輯	民國十四年錢唐汪氏刻本	北京圖書館 上海圖書館等
	養素軒叢録	闕名輯	抄本	南京圖書館
8640	知不足齋叢書	(清)鮑廷博輯 (清)鮑志祖續輯	清乾隆道光間長塘鮑氏刻本	北京圖書館 上海圖書館等

四角號碼	書　名	輯　撰　者	版　本	藏　書　者
8640	知不足齋叢書	(清)鮑廷博輯 (清)鮑志祖續輯	民國十年上海古書流通處據清鮑氏刻本影印	北京圖書館 上海圖書館等
	知足齋叢書	(清)黃奭輯	清道光間甘泉黃氏刻本	上海圖書館 杭州大學圖書館
	知服齋叢書	(清)龍鳳鑣輯	清光緒間順德龍氏刻本	北京圖書館 南京圖書館等
8732	鄎齋叢書	徐乃昌輯	清光緒二十六年南陵徐氏刻本	北京圖書館 上海圖書館等
8742	鄭氏佚書	(漢)鄭玄撰 (清)袁鈞輯	清光緒十四年浙江書局刻本	北京圖書館 上海圖書館等
			清光緒十年四明觀稼樓刻本	北京師範大學圖書館 上海師範大學圖書館
	鄭學彙函	(漢)鄭玄撰 闕名輯	清光緒間定州王氏刻本	北京師範大學圖書館
	鄭學十八種	(漢)鄭玄撰 (清)孔廣林輯	清抄本	北京圖書館
8845	箋經室叢書	曹元忠撰	清光緒間曹氏箋經室刻本	北京圖書館 上海圖書館等
9000	小方壺齋叢書	(清)王錫祺輯	清光緒間南清河王氏排印本	北京圖書館 上海圖書館等
	小萬卷樓叢書	(清)錢培名輯	清咸豐四年刻本	上海圖書館 陝西省圖書館等
			清光緒四年金山錢氏重刻本	北京圖書館 上海圖書館等
9021	光華大學叢書	闕名輯	民國二十五年至二十六年上海中華書局排印本	上海圖書館△
9022	常州先哲遺書	(清)盛宣懷輯	清光緒間武進盛氏刻本	北京圖書館 上海圖書館等
9050	半畝園叢書	(清)吳坤修輯	清同治間新建吳氏皖城刻本	首都圖書館 南京圖書館等
9181	煙嶼樓集	(清)徐時棟撰	清同治光緒間刻本	上海圖書館 北京師範大學圖書館等

四角號碼	書　　名	輯撰者	版　　本	藏　書　者
9306	怡蘭堂叢書	唐鴻學輯	民國十一年大關唐氏成都刻本	北京圖書館 上海圖書館等
9408	慎子三種合帙	陳乃乾輯	民國十七年中國學會影印本	北京圖書館 上海圖書館等
9503	快閣師石山房叢書（一名珍本叢刊）	（清）姚振宗撰	民國二十年浙江省立圖書館排印本	北京圖書館 上海圖書館等
			民國二十五年上海開明書店排印本	北京圖書館 浙江圖書館等

索 引 凡 例

一、本索引分書名和作者名兩種，分別按四角號碼順序排列，并附拼音與四角號碼對照表。

二、書名、作者名相同而時代不同者，分列條目，并括注朝代；書名相同，作者不同時，在書名後用小字注明其作者，以示區別。

三、同一種書，名稱不一，則分列條目。輯者另擬的書名與原名有歧異者，恢復本名列目，其後括注輯者擬名。

四、同一頁中，書名、作者名相同而輯者不同時，只列一個條目，在頁碼後括注種數。

五、同一人以字或稱號出現者，互見。

陳　雅

書 名 索 引

0010₄ 主

80主父偃 400
　主父偃書一卷 400

0021₆ 竟

74竟陵王誕〔文存〕 547
　竟陵王子良〔文存〕 556
　竟陵王子良〔詩存〕
　　　　　 555　556

0022₃ 齊

01齊諧記一卷 421(2)
　齊諧記三則 420
04齊詩 53　54(5)
　齊詩翼氏學疏證二
　卷 55
　齊詩傳一卷(輯固齊
　詩傳一卷) 54
　齊詩傳二卷 54
　齊詩〔釋〕 54
　齊詩〔補注〕附補遺 54
　齊詩遺説考十二卷
　叙録一卷 54
　齊詩遺説考四卷叙
　録一卷 54
　齊詩遺説考附叙録 54
　齊詩故傳 54
　齊詩〔異文疏證〕 54
08齊論語一卷 110
　齊論語問王知道逸

文補一卷 110
10齊王攸〔文存〕 481
11齊張長史集一卷 558
30齊永明諸王孝經講
　義一卷 127
44齊地記一卷 308
50齊春秋 252
　齊春秋一卷 252
　齊春秋一卷(梁吳均
　齊春秋一卷) 252
77〔齊民〕要術佚文一
　卷 376

0022₇ 商

17〔商君書〕六法 345

方

00方言佚文一卷 180

帝

10帝王要略一卷 294
　帝王經界紀一卷 301
　帝王世記一卷 230(3)
　帝王世紀一卷(皇甫
　謐帝王世紀一卷) 230
　帝王世紀不分卷 230
　帝王世紀集校十卷 230
　帝王世紀續補一卷
　考異一卷 230
　帝王世紀十卷 230
　帝王世紀十卷補遺

一卷 230
　帝王世紀輯注八卷 230
　帝王世家一卷 231

高

02高誘易義 15
22高彪〔文存〕 447
　高彪〔詩存〕 447
23高允〔文存〕 600
　高允〔詩存〕 600(2)
40高士傳 272(2)
　高士傳(虞般佑高士
　傳) 273
　高士傳讚(至人高士
　傳讚) 273
　高士傳一卷嵇康 271
　高士傳一卷皇甫謐
　　　　　 272(4)
　高士傳一卷 273
　高士傳二卷 272
　高士傳三卷 272(2)
　高士傳三卷(刪補高
　士傳三卷) 272
　高士傳三卷附逸文
　一卷 272
　高士傳佚文一卷 272
50高貴鄉公〔文存〕 467
77高閭〔文存〕 601
　高閭燕志一卷 265

644

80高令公集一卷	600(2)
高令公集二卷	600
90高堂隆〔文存〕	462

0023₀ 卞

17卞承之〔文存〕	529
26卞伯玉〔文存〕	534
卞伯玉〔詩存〕	534(2)
38卞裕〔詩存〕	530(2)
40卞壼〔文存〕	508
44卞蘭〔文存〕	465
88卞範之〔文存〕	527
90卞粹〔文存〕	493

0023₁ 應

00應亨〔文存〕	511
應亨〔詩存〕	511(2)
11應璩〔文存〕	465
應璩〔詩存〕	465(2)
應碩	489
12應瑗〔文存〕	465
應瑗〔詩存〕	465(2)
14應劭〔文存〕	450
應劭漢官儀一卷	298
應劭漢官儀引里語	297
16應瑒〔文存〕	453
應瑒〔詩存〕	453(2)
21應貞〔文存〕	476
應貞〔詩存〕	476(2)
24應德璉集一卷	453(2)
應德璉集二卷	453
應休璉集	465
27應詹〔文存〕	509

0023₂ 康

07康部抄一卷	257

0023₇ 庾

00庾亮〔文存〕	511
庾度支集	586

庾度支集一卷	586
庾度支集四卷	586
17庾子山文抄一卷	610
庾子山集	610
庾子山集十六卷	610(3)
庾子山全集十卷	610
庾翼〔文存〕	512
20庾信〔文存〕	610
庾信〔詩存〕	610 611
庾統〔文存〕	516
23庾峻〔文存〕	477
25庾仲容〔詩存〕	581(2)
27庾儵〔文存〕	477
28庾敳〔文存〕	502
30庾肩吾〔文存〕	586
庾肩吾〔詩存〕	586(2)
32庾冰〔文存〕	512
44庾蔚之〔文存〕	545
50庾蕭之〔文存〕	522
54庾持〔文存〕	592
60庾曇隆〔文存〕	562
77庾開府詩集六卷	610
庾開府詩集四卷	610
庾開府集	610
庾開府集辨譌考異	611
庾開府集二卷	610(2)
庾開府集十六卷	610
庾開府集十二卷	610(2)
庾開府集四卷	611
庾開府集箋注十卷	610
庾闡〔文存〕	511
庾闡〔詩存〕	511(2)
82庾龢〔文存〕	517

廉

60廉品〔文存〕	448

0024₁ 庭

04庭誥	165
庭誥一卷	165(2)

0026₇ 唐

17唐子一卷	406
44唐林〔文存〕	434
60唐固國語注一卷	255

0028₆ 廣

32廣州記	322
廣州記一卷	322
廣州記一卷顧微	322
廣州記一卷(晉顧微廣州記一卷)	322
廣州先賢傳	284
廣州先賢傳一卷	284
廣州先賢傳一卷(鄒閎甫廣州先賢傳一卷)	284
40廣志	409
廣志一卷(晉郭義恭廣志一卷)	410
廣志二卷	409
44廣蒼一卷	164
廣林一卷	292
70廣雅佚文一卷	171
80廣倉	163(2)
廣倉一卷	164(2)
廣倉一卷(樊恭廣倉一卷)	164
廣倉一卷附廣倉輯本考異一卷敍錄一卷	164
廣倉一卷附考異一卷	164

0029₄ 麇

10麇元〔文存〕	465

廉

20廉（原題誤麋）信春
　秋穀梁傳注一卷　106

0040₀ 文

00文立〔文存〕　480
文帝〔文存〕司馬昭　470
文帝〔文存〕魏文帝　458
文帝〔文存〕宋文帝　544
文帝〔詩存〕魏文帝
　　　　458(2)
文帝〔詩存〕宋文帝
　　　　544(2)
文章流別論　612
文章流別一卷　611
文章流別志論一卷　612
文章志　332
17文子逸文　342
26文釋一卷　410
30文字辨疑　180
文字音義一卷　167
文字集略一卷　151(3)
文字集略一卷（阮孝
　緒文字集略一卷）151
文字集略附字略　150
文字集略附字略阮
　孝緒　151
文字釋訓一卷　180
37文選注引晉紀　342
40文士傳　271
文士傳一卷　270
文士傳一卷（晉張隱
　文士傳一卷）270
文士傳一卷（穎川棗
　氏文士傳一卷）288
文士傳佚文一卷　271
文士傳逸文　270

50文惠太子〔文存〕　555

0040₁ 辛

50辛蕭〔文存〕　532
辛蕭〔詩存〕　532
60辛甲　340
辛甲書一卷　340
61辛昞〔文存〕　528
72辛氏三秦記一卷　305

0040₈ 交

32交州記姚文咸　322
交州記劉澄之　322
交州記劉欣期　322
交州記一卷　321
交州記一卷（晉劉欣
　期交州記一卷）321
交州記二卷　321
交州以南外國傳一
　卷　325
交州異物志　321

0044₁ 辨

26辨釋名　173
辨釋名韋昭　173
辨釋名一卷　173(2)
辨釋名一卷（韋昭辨
　釋名一卷）173
辨釋名、官職訓　172

0050₈ 牽

20牽秀〔文存〕　492

0060₁ 音

08音譜　168
音譜一卷　168(2)

0063₁ 譙

10譙王無忌〔文存〕　514
72譙氏五經然否論　144
77譙周五經然否論　144
譙周五經然否論一
卷　144
譙周法訓　363
譙周古史考一卷　269

0071₀ 亡

27亡名〔文存〕　608

0073₂ 玄

50玄中記　419(2)
玄中記（郭氏玄中
　記）　420(2)
玄中記一則　419
玄中記一卷　419　420
玄中記一卷補遺一
　卷　420
60玄晏春秋一卷　415
玄圖　385

襄

76襄陽記　282
襄陽記一卷　283(2)
襄陽耆舊記三卷　282
襄陽耆舊記佚文一
　卷　282
襄陽耆舊記逸文　282
襄陽耆舊傳　282
襄陽耆舊傳一卷　282

0080₀ 六

21六經略注序一卷　145
25六律六呂文啓一卷
　（梁昭明太子六律
　六呂文啓一卷）573
42六韜一卷　369
六韜〔佚文〕　369
六韜佚文一卷　369
六韜逸文　369(2)
44六藝論　140
六藝論一卷　140(7)
六藝論一卷（鄭玄六

藝論一卷） 140

六藝論一卷（鄭氏六
藝論一卷） 140

六藝論疏證一卷 140

0090₆ 京

30京房易章句一卷 8

京房易傳一卷 387(2)

京房周易章句一卷 8

46京相璠春秋土地名
一卷 97(2)

72京氏易占一卷 388

0091₄ 雜

10雜五行書一卷 394

27雜祭法一卷 293

30雜字 177

雜字（張揖雜字） 177

雜字一卷 177(2)

雜字解詁 178

雜字解詁周成 178

雜字解詁一卷 178(2)

雜字指（郭顯卿雜字
指） 176

雜字指一卷 176

35雜禮議一卷 84

0121₁ 龍

27龍魚河圖 184(5)

龍魚河圖一卷 184(2)

0128₆ 顏

03顏竣〔文存〕 547

顏竣〔詩存〕 547(2)

12顏延之〔文存〕 545

顏延之〔詩存〕 545

顏延之集一卷 545(2)

顏延之幼誥 165

顏延年集四卷 545

30顏之推〔文存〕 607

顏之推〔詩存〕 607(2)

32顏測〔文存〕 537

90顏光祿集 545

顏光祿集一卷 545

顏光祿集三卷 545

顏光祿集五卷 545

0166₁ 語

44語林一卷 416

語林一卷（晉裴啓語
林一卷） 416

語林逸文 416

語林逸文一卷 416

0260₀ 訓

88訓纂篇一卷 158

0261₈ 證

28證俗文 170

證俗音 170

證俗音顏之推 170

證俗音一卷 170

0292₁ 新

00新序〔佚文〕 359

新序佚文一卷 359

新序逸文 359

〔新序〕逸篇 359

08新論桓譚 359

新論夏侯湛 367

新論華譚 368

新論一卷 360(2)

新論一卷（夏侯子新
論一卷） 367

新論一卷（華氏新論
一卷） 367 368

新論一卷（梅子新論
一卷） 368

新論三卷（桓子新論
三卷） 360

新論佚文一卷 411

新論逸文（劉子新論
逸文） 411

新議 406

12新刊蔡中郎文集十
二卷詩集二卷 448

30新定禮一卷 70

50新本鄭氏周易三卷
附易贊易論一卷 12

新書一卷（王氏新書
一卷） 362

新書一卷（亀氏新書
一卷） 398

80新義一卷 406

0363₂ 詠

90詠懷詩一卷 469

0365₀ 識

01識語附錄 192

0460₀ 計

23計然萬物録一卷補
遺一卷 354

謝

00謝康樂詩註四卷附
補遺 540

謝康樂詩三卷 540(2)

謝康樂集 539 540

謝康樂集一卷 539(2)

謝康樂集二卷 539

謝康樂集五卷 540

謝康樂集拾遺一卷 540

謝康樂集四卷 539(4)

謝康樂集八卷 539

謝玄〔文存〕 524

07謝欣〔文存〕 521

10謝靈運文抄一卷 540

謝靈運詩集二卷 539

謝靈運〔詩存〕539 540
謝靈運晉書一卷 239(2)
謝元〔文存〕 538
14謝琪〔詩存〕 566(2)
16謝琨〔文存〕 505
17謝承〔文存〕 474
謝承後漢書 233
謝承後漢書一卷 233
謝承後漢書八卷 233
謝承會稽先賢傳一
卷 279
21謝衡〔文存〕 490
謝綽〔文存〕 561
22謝幾卿〔文存〕 570
28謝微〔詩存〕 576(2)
30謝安〔文存〕 523
謝安〔詩存〕 523
34謝沈〔文存〕 512
謝沈後漢書 235
謝沈後漢書一卷 236(2)
謝法曹詩二卷 538(2)
謝法曹集一卷 538
謝法曹集二卷 538
36謝混〔文存〕 530
謝混〔詩存〕 530(2)
38謝道韞〔文存〕 525
謝道韞〔詩存〕 525(2)
40謝希逸集三卷 549
44謝莊〔文存〕 549
謝莊〔詩存〕 549(2)
謝艾〔文存〕 533
謝萬〔文存〕 516
謝萬〔詩存〕 516
47謝郁〔文存〕 581
50謝惠連〔文存〕 538
謝惠連〔詩存〕 538

謝惠連集一卷 537(4)
58謝敷〔文存〕 516
67謝瞻〔文存〕 534
謝瞻〔詩存〕 534(2)
72謝朓〔文存〕 562
謝氏後漢書補佚五
卷 234
謝氏後漢書補逸六
卷 234
謝氏後漢書補逸五
卷 233
謝氏鬼神列傳一卷 420
77謝舉〔文存〕 582
謝舉〔詩存〕 582(2)
90謝光祿集一卷 549
謝光祿集三卷 549
謝尚〔文存〕 515
謝尚〔詩存〕 515(2)

0464₁ 詩
03詩讖附錄 204
08詩譜一卷 50(2)
詩譜三卷 50
詩譜考正一卷 50
詩譜考正一卷(鄭氏
詩譜考正一卷) 50
詩譜補亡後訂一卷 50
詩譜補亡後訂一卷
拾遺一卷 50
詩譜逸文考 51
18詩考補二卷 59
21詩經拾遺一卷 45
詩經四家異文考五
卷 59
詩經四家異文考補
一卷 59
24詩緯 204

詩緯(泛引詩緯) 204
詩緯一卷 204(3)
詩緯紀歷樞一卷 205
詩緯汜歷樞訓纂一
卷 206
詩緯汜歷樞一卷
205 206
詩緯推度災訓纂一
卷 205
詩緯推度災一卷 205
詩緯附錄附補遺 204
詩緯含文侯一卷 205
詩緯含神霧訓纂一
卷 204
詩緯含神霧一卷 204
27詩紀歷樞一卷 205
詩紀歷圖 205
35詩遺句 45
詩遺篇 45
37詩汜歷樞一卷附補遺 205
詩汜歷樞 205(2)
詩汜歷樞一卷 205
詩逸篇附遺句 45
40詩古訓 60
50詩推度災 205(3)
詩推度災一卷 205
詩推度災一卷附補
遺 205
80詩含神霧 204(5)
詩含神霧一卷 204(3)
詩含神霧附補遺 204

0466₀ 詁
24詁幼一卷 165(2)

諸
44諸葛亮〔文存〕 471
諸葛亮〔詩存〕470 471

諸葛孔明文抄一卷　　471
諸葛武侯文集四卷　　471
諸葛武侯集　　　　　471
諸葛武侯集四卷　　　471
諸葛丞相集一卷　　　470
諸葛丞相集二卷　　　470
諸葛丞相集四卷　　　471
諸葛子　　　　　　　405
諸葛子一卷諸葛亮　　405
諸葛子一卷諸葛恪　　405
諸葛忠武侯文集六
　卷　　　　　　471(2)
諸葛忠武侯集二卷　　471
諸葛忠武侯全集二
　十卷　　　　　　471
諸葛恢〔文存〕　　　508

0562₇ 請

10請雨止雨書一卷　　386

0668₆ 韻

20韻集　　　　　167(2)
　韻集一卷　　　167(4)
67韻略　　　　　169(2)
　韻略一卷　　　169(4)
80韻會一卷　　　　　168

0742₇ 郭

00郭玄二則　　　　　416
02郭訓古文奇字　　154(2)
12郭璞〔文存〕　　　506
　郭璞〔詩存〕　　506(2)
　郭璞尒雅贊　　　　134
　郭弘農集　　　　　506
　郭弘農集二卷　　506(2)
17郭子一卷　　　416(3)
20郭季產集異記一卷　422
27郭象〔文存〕　　　502
　郭緣生述征記一卷　329

30郭注引水經　　　　327
60郭景純集二卷　　　506
61郭顯卿雜字指　　　176
72郭氏玄中記　　420(2)
　郭氏易占一卷　　　389

鶉

22鶉觚集二卷　　　　479

0762₀ 讕

00讕言一卷　　　　　338

0821₂ 施

20施讐易章句　　　　6

0844₀ 敦

96敦煌新錄一卷（宋劉
　昞敦煌新錄一卷）
　　　　　　　　　267

0861₆ 說

00說文逸字二卷附錄
　一卷　　　　　　146
44說苑一卷　　　　　417
　說苑〔佚文〕　　　359
　說苑佚文　　　　　359
　說苑逸文　　　　　359
　〔說苑〕逸篇　　　359

0861₇ 諡

34諡法一卷　　　　　293
　諡法三卷　　　　　293
　諡法注（劉熙諡法
　注）　　　　　　293
　諡法劉熙注一卷　　293

0862₇ 論

01論語庾氏釋一卷　　117
　論語麻達注一卷　　114
　論語譙氏注一卷　　115
　論語六卷（古論語六
　卷）　　　　　　109
　論語顏氏說一卷　　117

論語讖　　　　　218(2)
論語讖（泛引論語
　讖）　　　　　　218
論語讖一卷　　　　　218
論語讖附錄　　　　　218
論語譔考　　　　219(2)
論語譔考讖　　　219(4)
論語一卷（王肅注論
　語一卷）　　　　114
論語一卷（孔注論語
　一卷）　　　　　110
論語一卷（何注論語
　一卷）　　　　　113
論語一卷（包咸注論
　語一卷）　　　　111
論語一卷（馬融注論
　語一卷）　　　　111
論語一卷（鄭注論語
　一卷）　　　　　649
論語二卷附錄一卷
　（古文論語二卷附
　錄一卷）　　　　112
論語王註一卷　　　　115
論語王氏說一卷　　　114
論語王氏義說一卷　　114
論語張氏注一卷　　　117
論語孔子弟子目錄　　269
論語孔子弟子目錄
　一卷　　　269　270
論語孔注一卷　　　　110
論語孔氏訓解十一
　卷　　　　　　　110
論語孔氏注一卷　　　110
論語孫氏集解一卷　　116
論語琳公說一卷　　　117
論語何注一卷　　　　113

論語衛氏集注一卷	115	論語李氏集注二卷	116	論語鄭氏注一卷	112
論語虞氏讚注一卷	117	論語古訓十卷	119	論語鄭氏注二卷	112
論語熊氏説一卷	118	論語〔古解鉤沉〕	119	論語鄭氏注十卷	112
論語旨序一卷	115	論語古注集箋二十		論語鄭氏注輯二卷	112
論語比考	219	卷	119	論語鄭義一卷	113
論語比考讖 218	219	論語袁氏注一卷	116	論語篇目弟子一	
論語比考讖一卷		論語范氏注一卷	116	卷 269	270
	218 219	論語蔡氏注一卷	116	10論天	650
論語糾滑讖	220(2)	論語摘衰聖		論天一卷	650
論語崇爵讖	220(4)		219(2) 220(2)	21論衡佚文	401
論語崇爵讖一卷	220	論語摘衰聖一卷	219	論衡佚文一卷	401
論語樂氏釋疑一卷	115	論語摘衰聖承進讖		**0864₀ 許**	
論語釋疑一卷	115	一卷	220	00許亨〔文存〕	592
論語殷氏集解一卷	117	論語摘輔象	219(4)	05許靖〔文存〕	470
論語包注一卷	111	論語摘輔象一卷	219(2)	07許詢〔文存〕	521
論語包氏章句二卷	111	論語素王受命讖	220(4)	許詢〔詩存〕	521(2)
論語紀滑讖	220	論語素王受命讖一		27許叔重淮南子注	
論語紀滑讖一卷	220(2)	卷	220	一卷	399
論語繆氏説一卷	117	論語撰考讖	219(3)	44許懋〔文存〕	572
論語注一卷	112(2)	論語撰考讖一卷	219	72許氏五經異義	139
論語注十卷	112(2)	論語馬氏訓説二卷	111	94許慎淮南子注一卷	
論語江氏集解二卷	116	論語隱義一卷	118		399(2)
論語顧氏注一卷	118	論語隱義注一卷	118(2)		
論語述一卷(何休注		論語體略一卷	115	**1010₁ 三**	
訓論語述一卷)	113	論語陳氏義説一卷	114	00三齊記佚文一卷	308
論語梁武帝注一卷	118	論語周生氏義説一		三齊記逸文	308
論語梁氏注釋一卷	116	卷	114	三齊略記	307
論語沈氏訓注一卷	117	論語周氏章句一卷	111	三齊略記一卷	
論語沈氏説一卷	118	論語陰嬉讖		307	308(2)
論語漢説	119		220 221(3)	三齊略記一卷(晉伏	
論語褚氏義疏一卷	118	論語陰嬉讖一卷	221	琛三齊略記一卷)	307
論語遺文	109	論語義一卷(何劭公		10三正記	82
論語遺篇	109	論語義一卷)	113	三五曆記一卷	383(2)
論語逸篇附遺句	109	論語鄭注	112	30三家詩遺説不分卷	60
論語太史氏集解一		論語鄭注一卷	112(2)	三家詩遺説八卷補	
卷	118	論語鄭注十卷	112	一卷	60
				三家詩拾遺十卷	59

三家詩異文釋三卷
　補遺三卷　　　　60
35三禮目録一卷　88(5)
　三禮目録一卷（鄭氏
　　三禮目録一卷）　88
　三禮圖一卷　　87(2)
　三禮圖一卷（梁氏三
　　禮圖一卷）　　　87
　三禮圖一卷（阮諶三
　　禮圖一卷）　　　87
　三禮圖三卷　　　　87
　三禮義宗一卷　85　86
　三禮義宗一卷（崔靈
　　恩三禮義宗一卷）　86
　三禮義宗四卷　　　86
40三十國春秋一卷　262
　三十國春秋一卷（武
　　敏之三十國春秋
　　一卷）　　　　　262
　三十國春秋一卷（蕭
　　方等三十國春秋
　　一卷）　　　　　262
　三柱子　　　　　　339
44三蒼一卷　　　　157
　三蒼一卷　　　　　158
　三蒼考逸補正一卷　157
50三秦記　　　　　305
　三秦記一卷　　305(2)
　三秦記一卷（辛氏三
　　秦記一卷）　　　305
　三秦記佚文一卷　　305
　三秦記逸文　　　　306
53三輔決録　　　　278
　三輔決録一卷　278(3)
　三輔決録一卷補遺
　　一卷　　　　　　278

三輔決録二卷　　　278
三輔決録注一卷　　278
三輔舊事一卷　　　306
三輔黃圖佚文一卷　329
三輔黃圖補遺一卷　329
三輔故事一卷　　　306
三輔録一卷　　　　278
60三國評　　　　　269
三國志佚文一卷　　230
三國志注引晉書　　242
三國典略一卷　　　258
三國典略一卷（晉魚
　豢三國典略一卷）　259
67三略一卷　　　　373
80三倉　　　　　　157
三倉一卷　　　　　158
三倉解詁　　　　　157
三倉解詁一卷　　　157
三倉附三倉訓詁三
　倉解詁　　　　　157

正

07正部論（王逸正部
　論）　　　　　　361
正部論一卷　　　　361
08正論　　　　　　403
正論一卷（袁子正論
　一卷）　　　　366(2)
50正書一卷（袁子正書
　一卷）　　　　367(2)

1010₃ 玉

88玉符瑞圖一卷　　393
玉符瑞圖一卷（晉顧
　野王玉符瑞圖一
　卷）　　　　　　393

1010₄ 王

00王度〔文存〕　　533

王度記一卷　　　　82
王度二石傳一卷　　264
王廙〔文存〕　　　505
王廙易注一卷　　　23
王廙周易注一卷　　23
王文憲集一卷　　　554
王褒〔文存〕　432　609
王褒〔詩存〕　608　609
02王誕〔文存〕　　531
03王謐〔文存〕　　529
04王讚〔文存〕　　499
王讚〔詩存〕　　499(2)
05王諫議集一卷　　432
王諫議集二卷　　　432
07王韶之〔文存〕　540
王韶之〔詩存〕540　541
王韶之晉安帝紀一
　卷　　　　　　　248
王韶之孝子傳　　　275
王歆孝子傳　　　　276
08王敦〔文存〕　　506
12王弘〔文存〕　　539
王延壽〔文存〕　　443
王孫子　　　　　339(2)
王孫子一卷　　　　339
14王劭之〔文存〕　532
15王融〔文存〕　　556
王融〔詩存〕　　556(2)
17王珣〔文存〕　　526
王珉〔文存〕　　　524
王弼〔文存〕　　　464
王弼傳　　　　　　287
王子正論一卷　　　413
王子淵集一卷　　　608
王司空集　　　　　609
王司空集一卷　　　608

王司空集三卷	608	
21王愆期〔文存〕	510	
22王彪之〔文存〕	520	
王彪之〔詩存〕	520(2)	
23王獻之〔文存〕	525	
王獻之〔詩存〕	525(2)	
24王侍中集	452	
王侍中集一卷	452	
王侍中集三卷	452	
25王仲宣文抄一卷	452	
王仲宣集一卷	453	
王仲宣集三卷	453	
王仲宣集四卷	452	
27王凱沖易注	28	
王脩〔文存〕	457	517
王象〔文存〕	459	
王詹事集一卷	584	
王詹事集二卷	583	
王粲〔文存〕	452	
王粲〔詩存〕	452	453
王粲英雄記一卷	285	
王叔師集一卷	440	
王叔之〔文存〕	535	
王叔之〔詩存〕	535(2)	
28王微〔文存〕	541	
王微〔詩存〕	541	
王徽之〔文存〕	524	
王徽之〔詩存〕	524	
王僧孺〔文存〕	569	
王僧孺〔詩存〕	569	
王僧祐〔詩存〕	555(2)	
王僧達〔文存〕	546	
王僧達〔詩存〕	546(2)	
王儉〔文存〕	554	
王儉〔詩存〕	554(2)	
30王濟〔文存〕	501	
王濟〔詩存〕	501(2)	
王寧朔集	556	
王寧朔集四卷	556(2)	
王寂〔詩存〕	558	
31王瀟〔文存〕	482	
王瀟〔詩存〕	482(2)	
32王浮神異記一卷	419	
33王浚〔詩存〕	499(2)	
王述〔文存〕	518	
34王沈〔文存〕	475	
王濛〔文存〕	512	
36王昶〔文存〕	467	
37王渾〔文存〕	488	
王逸〔文存〕	440	
王逸〔詩存〕	440(2)	
王逸正部論	361	
王朗〔文存〕	459	
38王洽〔文存〕	514	
王導〔文存〕	509	
40王左丞集	569	
王左丞集一卷	569	
王左丞集三卷	569	
王巾〔文存〕	561	
王右軍文抄一卷	520	
44王基	362	
王恭〔文存〕	526	
46王坦之〔文存〕	519	
47王猛〔文存〕	533	
王朝目録	299	
王胡之〔文存〕	518	
王胡之〔詩存〕	518	
48王敬弘〔文存〕	542	
50王肅〔文存〕	466	
王肅儀禮喪服注一卷	70	
王肅注論語一卷	114	
王肅之〔詩存〕	524	
王肅喪服要記一卷	71	
王肅國語章句一卷	254	
王肅易注一卷	17	
王肅周易注一卷	17	
王素〔詩存〕	551(2)	
56王規〔詩存〕	576(2)	
王揖〔文存〕	561	
王揖〔詩存〕	562	
60王曠〔文存〕	499	
王曇首〔文存〕	537	
王景暉南燕書一卷	266	
65王暕〔文存〕	570	
王暕〔詩存〕	570(2)	
72王隱〔文存〕	507	
王隱晉書一卷	238	
王隱晉書二卷	238	
王隱晉書地道記一卷	238(2)	
王隱晉書十一卷	238	
王氏新書一卷	362	
王氏喪服要記一卷	71	
王氏周易注	17	
77王隆漢官解詁	296	
王隆漢官解詁一卷	296	
王岡〔詩存〕	571(2)	
78王鑒〔文存〕	504	
王鑒〔詩存〕	503	504
80王羲之〔文存〕	520	
王羲之〔詩存〕	521	
86王錫〔文存〕	575	
王錫〔詩存〕	575(2)	
88王筠〔文存〕	584	
王筠〔詩存〕	583	584
王籍〔詩存〕	561(2)	
94王忱〔文存〕	522	

1010₄ 至

00至言　　　　　　357
　至言一卷　　　　357
80至人高士傳讚　　273

1010₇ 五

13五殘雜變星書一卷　386
21五經章句後定一卷
　（劉表五經章句後
　定一卷）　　　143
五經要義一卷（雷次
　宗五經要義一卷）　145
五經要義　　　138(2)
五經要義一卷　138(2)
五經要義一卷雷次
　宗　　　　　　145
五經要義一卷雷□
　□　　　　　　145
五經要義一卷劉向　138
五經要義一卷（劉向
　五經要義一卷）　138
五經然否論（譙氏五
　經然否論）　　144
五經然否論（譙周五
　經然否論）　　144
五經然否論一卷　144(2)
五經疑問　　　　146
五經疑問一卷　　146
五經疑問一卷（房景
　先五經疑問一卷）146
五經通論一卷　145(2)
五經通義　　　136(3)
五經通義許慎　　138
五經通義（劉氏五經
　通義）　　　　136
五經通義一卷　137(5)
五經通義一卷（劉向

五經通義一卷）　137
五經大義一卷　　145
五經析疑　　　144(2)
五經析疑（邯鄲氏五
　經析疑）　　　144
五經析疑一卷　　144
五經異義（許氏五經
　異義）　　　　139
五經異義（駁五經異
　義）　　　139(2)
五經異義一卷（駁五
　經異義一卷）　139
五經異義一卷補遺
　一卷（駁五經異義
　一卷補遺一卷）　139
五經異義二卷　　139
五經異義疏證三卷　139
五經異義疏證十卷
　（駁五經異義疏證
　十卷）　　　　139
五經鉤沈（楊氏五經
　鉤沈）　　　　145
五經鉤沈一卷　145(2)
30五家要説章句一卷　38
32五溪記一卷　　319
35五禮駁　　　　84
　五禮駁一卷　　84
60五星占　　　388(2)

1010₈ 靈

26靈鬼志　　　　419
　靈鬼志一卷（荀氏靈
　鬼志一卷）　　419
30靈憲　　　381(2)
　靈憲一卷　　381(3)

1020₀ 丁

00丁廙〔文存〕　　457

20丁孚漢儀一卷　　298
28丁儀〔文存〕　　457

1021₁ 元

00元帝〔文存〕　588(2)
　元帝〔詩存〕　　588
40元嘉起居注一卷　252
60元晏先生集一卷　481
　元晏春秋一卷（晉皇
　甫謐元晏春秋一
　卷）　　　　　415

1022₇ 爾

70爾雅麻呆注　　134
　爾雅音注一卷　133(2)
　爾雅音義一卷　　132
　爾雅謝嶠音一卷　134
　爾雅郭璞音義一卷　132
　爾雅郭璞圖讚一卷　134
　爾雅施乾音一卷　133
　爾雅施氏音一卷　134
　爾雅許氏義一卷　128
　爾雅許義一卷　　128
　爾雅一切注音十卷　135
　爾雅孫叔然注一卷　131
　爾雅孫氏音一卷　131
　爾雅孫氏注三卷　131
　爾雅孫炎音注一卷　131
　爾雅佚文一卷　　128
　爾雅犍爲文學注一
　卷　　　　　　129
　爾雅犍爲文學注三
　卷　　　　　　129
　爾雅衆家注二卷　135
　爾雅注（犍爲文學爾
　雅注）　　　　128
　爾雅注（犍爲舍人爾
　雅注）　　　　128

爾雅注（李氏爾雅
　　注）　　　　　130
爾雅注（樊氏爾雅
　　注）　　　　　130
爾雅注一卷　　　128
爾雅注一卷（犍爲文
　　學爾雅注一卷）　129
爾雅顧野王音一卷　133
爾雅顧氏音一卷　133
爾雅沈旋集注一卷　133
爾雅漢注三卷　　135
爾雅遺文　　　　128
爾雅遺句　　　　128
爾雅逸文　　　　128
爾雅李巡注一卷　130
爾雅李氏注一卷　130(2)
爾雅〔古解鉤沉〕　135
爾雅古注斠三卷　135
爾雅古注斠補二卷　135
爾雅古注合存十九
　　卷　　　　　135
爾雅樊氏注一卷　130
爾雅樊光注一卷　130
爾雅舊注三卷　　135
爾雅圖讚一卷
　　　　　　134(3)　135
爾雅圖贊　　　　135
爾雅劉歆注　　　129
爾雅劉劭注一卷　132
爾雅劉氏注一卷　129
爾雅舍人注一卷　129
爾雅鄭注一卷　　131
爾雅鄭氏注一卷　131
　　　1024₇ 夏
05夏靖〔詩存〕　484
27夏侯玄〔文存〕　465

夏侯子新論一卷　367(2)
夏侯淳〔文存〕　488
夏侯湛〔文存〕　486
夏侯湛〔詩存〕485　486
夏侯惠〔文存〕　463
夏侯常侍集一卷　486
夏侯常侍集二卷　485
40夏大正逸文考　82
　　　1030₇ 零
74零陵先賢傳（司馬彪
　　零陵先賢傳）　282
零陵先賢傳一卷　282(2)
　　　1040₀ 干
17干子一卷　　408(2)
30干寶〔文存〕　504
干寶〔詩存〕　504
干寶晉紀一卷　245(2)
干寶晉紀二卷　245
干寶易注一卷　23
干寶周易注一卷　23
72干氏易傳三卷　23
90干常侍易解三卷　23
干常侍易注疏證一
　　卷　　　　　23(2)
　　　1040₄ 要
70要雅一卷　　414
77要用字苑一卷　148
78要覽一卷（晉陸機要
　　覽一卷）　　408
要覽一卷（陸機要覽
　　一卷）　　　407
要覽一卷（陸氏要覽
　　一卷）　　　407
　　　1040₉ 平
71平原君書一卷　357

　　　1043₀ 天
80天鏡一卷　　394(2)
　　　1060₀ 石
22石崇〔文存〕　493
石崇〔詩存〕　493(2)
31石渠禮論一卷　83(3)
石渠禮論一卷（戴聖
　　石渠禮論一卷）　83
石渠禮議一卷（漢甘
　　露石渠禮議一卷）
　　　　　　　83(2)
　　　　百
10百兩篇一卷　　37
30百家譜一卷　288
　　　　西
21西征記　　　329
西征記一卷　329(2)
31西河記一卷　267
西河記一卷（喻歸西
　　河記一卷）　267
西河舊事一卷　306
34西漢賈氏至文十卷　427
西漢司馬氏至文七
　　卷　　　　　431
西漢董氏至文四卷　430
43西域諸國志一卷　325
西域志一卷　325
50西秦録一卷　268
　　　1060₁ 吾
72吾丘壽王　　358
吾丘壽王書一卷　358
　　　　晉
00晉康帝起居注　251
晉庾翼晉陽秋一卷　246
04晉謝綽宋拾遺録一
　　卷　　　　　261

晉諸公讚一卷（傅暢
　晉諸公讚一卷） 286
　晉諸公別傳一卷 241
　晉諸公敍讚二卷 286
07晉郭義恭廣志一卷 410
　晉郭頒魏晉世語一
　卷 415
10晉王韶之神境記一
　卷 326
　晉王韶南雍州記一
　卷 315
　晉王韶始興記一卷 322
　晉王大令集一卷 525
　晉王右軍集二卷 520
　晉要事 260
　晉百官名一卷 299
　晉百官表注一卷（荀
　綽晉百官表注一
　卷） 299
11晉張孟陽集一卷 479(2)
　晉張司空集（一名張
　茂先集）一卷 489
　晉張僧鑒潯陽記一
　卷 320
　晉張景陽集一卷 498(2)
　晉張隱文士傳一卷 270
　晉張敞東宮舊事一
　卷 291
　晉裴啓語林一卷 416
12晉孔曄會稽記一卷 310
　晉孫盛魏春秋一卷 244
13晉武帝起居注 249
15晉建武起居注 250
17晉鄧德明南康記一
　卷 320
　晉司隷校尉傅玄集

　三卷 478
21晉何法盛晉中興書
　一卷 239
　晉何晏九江志一卷 319
　晉虞預會稽典録一
　卷 279
22晉山謙之丹陽記一
　卷 308
　晉山濤山公啓事一
　卷 295
　晉山陵故事 260
23晉伏琛三齊略記一
　卷 307
24晉先賢傳一卷 286
26晉皇甫謐元晏春秋
　一卷 415
　晉皇甫謐列女傳一
　卷 274
27晉魚豢三國典略一
　卷 259
　晉紀（北堂書鈔引晉
　紀） 242
　晉紀（御覽引晉紀） 242
　晉紀（白帖引晉紀） 242
　晉紀（初學記引晉
　紀） 242
　晉紀一卷鄧粲 246
　晉紀一卷劉謙之 247
　晉紀一卷 249
　晉紀一卷（干寶晉紀
　一卷） 245(2)
　晉紀一卷（裴松之晉
　紀一卷） 248
　晉紀一卷（鄧粲晉紀
　一卷） 246(2)
　晉紀一卷（徐廣晉紀

　一卷） 247
　晉紀一卷（曹嘉之晉
　紀一卷） 245(2)
　晉紀一卷（劉謙之晉
　紀一卷） 247(2)
　晉紀一卷（陸機晉紀
　一卷） 245(2)
　晉紀二卷（干寶晉紀
　二卷） 245
30晉永和起居注 251
　晉永安起居注 250
　晉安帝紀一卷（王韶
　之晉安帝紀一卷） 248
　晉宮闕銘一卷 329
　晉官品令 299
31晉江微陳留風俗傳
　一卷 311
　晉顧微之廣州記一
　卷 322
　晉顧野王玉符瑞圖
　一卷 393
32晉潘岳關中記一卷 305
40晉太康三年地記一
　卷 302(2)
　晉太元起居注 251
　晉太興起居注 250
　晉李當之藥録一卷 380
　晉檀道鸞續晉陽秋
　一卷 248
44晉孝武帝起居注 251
　晉摯虞決疑要注一
　卷 291
　晉摯太常集一卷 501
　晉世譜 249
　晉綦毋邃孟子注 122
　晉杜征南集一卷 481

47晉朝雜事　　　　260

　晉起居注一卷　　251

　晉起居注一卷(劉道
　　薈晉起居注一卷)　251

50晉中興徵祥説一卷　239

　晉中興書一卷　　239

　晉中興書一卷(何法
　　盛晉中興書一卷)　239

　晉中興書一卷(晉何
　　法盛晉中興書一
　　卷)　　　　　239

　晉中興書一卷附徵
　　祥説(何法盛晉中
　　興書一卷附徵祥
　　説)　　　　　239

　晉中興書二卷(何法
　　盛晉中興書二卷)　240

　晉中興書七卷(何法
　　盛晉中興書七卷)　239

　晉史草(蕭景暢晉史
　　草)　　　　　241

　晉史草一卷(蕭子顯
　　晉史草一卷)　　241

　晉泰康起居注(李軌
　　晉泰康起居注)　250

　晉泰始起居注(李軌
　　晉泰始起居注)　249

　晉書(三國志注引晉
　　書)　　　　　242

　晉書(羣書治要所載
　　晉書)　　　　242

　晉書(沈約晉書)　240

　晉書(蕭子雲晉書)　241

　晉書(世説注引晉
　　書)　　　　　242

　晉書一卷　　　238

晉書一卷(謝靈運晉
　書一卷)　　　239(2)

晉書一卷(王隱晉書
　一卷)　　　　238

晉書一卷(虞預晉書
　一卷)　　　　238(2)

晉書一卷(臧榮緒晉
　書一卷)　　　240(2)

晉書一卷(朱鳳晉書
　一卷)　　　　239(2)

晉書一卷(沈約晉書
　一卷)　　　　241

晉書一卷(蕭子雲晉
　書一卷)　　　241

晉書一卷(陸機晉書
　一卷)　　　　245(2)

晉書二卷(王隱晉書
　二卷)　　　　238

晉書二卷(臧榮緒晉
　書二卷)　　　240

晉書十一卷(王隱晉
　書十一卷)　　238

晉書十七卷補遺一
　卷(臧榮緒晉書十
　七卷補遺一卷)　240

晉書地道記一卷　237

晉書地道記一卷(王
　隱晉書地道記一
　卷)　　237　238(2)

晉春秋　　　　246

晉束廣微集一卷　483

晉束皙發蒙記一卷　164

53晉盛宏之荆州記一
　卷　　　　　313

晉咸康起居注　　250

晉咸和起居注(李軌

晉咸和起居注)　250

晉咸寧起居注(李軌
　晉咸寧起居注)　249

晉成公子安集一卷
　　　　　　　477(2)

59晉抄一卷　　　242

60晉四王遺事一卷(盧
　綝晉四王遺事一
　卷)　　　　　260

　晉羅含湘中記一卷　316

72晉劉澄之鄱陽記一
　卷　　　　　320

　晉劉澄之梁州記一
　卷　　　　　327

　晉劉越石集一卷　503

　晉劉欣期交州記一
　卷　　　　　321

74晉陸機要覽一卷　408

75晉陳壽益都耆舊傳
　一卷　　　　284

76晉陽秋評　　　247

　晉陽秋一卷　246　247

　晉陽秋一卷(晉庾翼
　　晉陽秋一卷)　246

　晉陽秋一卷(孫盛晉
　　陽秋一卷)　　247

　晉陽秋三卷(孫盛晉
　　陽秋三卷)　　247

　晉陽抄一卷　　260

77晉隆安起居注　　251

　晉周斐汝南先賢傳
　　一卷　　　　281

　晉周處風土記一卷　307

　晉段龜龍涼州記一
　　卷　　　　　266

80晉八王故事一卷(盧

絑晉八王故事一
卷）　　　　　259
晉義熙起居注　　251
晉公卿禮秩　　　298
晉公卿禮秩一卷　298
晉公卿禮秩一卷附
晉故事（傅暢晉公
卿禮秩一卷附晉
故事）　　　　　299
晉公卿禮秩故事　299
87晉錄　　　　　249
晉錄一卷　　　　249
晉鄭緝之永嘉郡記
一卷　　　　　311

1060₃雷
37雷次宗〔文存〕　543
雷次宗五經要義一
卷　　　　　　145
雷次宗豫章古今記
一卷　　　　　319
雷次宗儀禮喪服經
傳略注一卷　　74

1080₆賈
00賈充〔文存〕　480
賈充〔詩存〕　480(2)
03賈誼〔文存〕　428
17〔賈子新書〕佚文輯
補　　　　　　357
34賈逵〔文存〕　439
賈逵春秋左氏解詁
一卷　　　　　92
賈逵易義　　　　10
賈逵國語注　　　254
賈逵國語注一卷　254
40賈太傅文一卷　428
42賈彬〔文存〕　503

71賈長沙集　　　427
賈長沙集一卷　　427
賈長沙集三卷　　427
賈長沙集十卷　　427

1111₀北
21北征記一卷　　330
44北燕錄一卷　　265
77北周王司空集注　609
90北堂書鈔引晉紀　242

1111₁非
44非草書　　　395(2)
非草書一卷　　　395

1111₄班
17班孟堅集三卷　438
班孟堅文抄一卷　438
22班彪〔文存〕　436
25班倢伃〔文存〕　432
44班蘭臺集　　　438
班蘭臺集一卷　　437
班蘭臺集四卷　　437
45班婕妤〔詩存〕432　433
60班固〔文存〕　438
班固〔詩存〕　437　438
67班昭〔文存〕　439

1111₇甄
00甄玄成〔文存〕　589
60甄異記一卷　　419
甄異記二則　　　419
甄異傳一卷（戴祚甄
異傳一卷）　　419
67甄曜度讖　　　192

1120₇琴
35琴清英　　　　90
琴清英（揚雄琴清
英）　　　　　90
琴清英一卷　　90(2)

56琴操一卷孔衍　397
琴操一卷蔡邕　　397
琴操佚文一卷　　397
〔琴操〕補　　　397
〔琴操〕補遺　397(3)
琴操逸文　　　　397
71琴歷一卷　　　397

1123₂張
00張方楚國先賢傳一
卷　　　　　　281
張率〔文存〕　　571
張率〔詩存〕　571(2)
張辯〔文存〕　　551
07張望〔文存〕　521
張望〔詩存〕　521(2)
張諮涼記一卷　　266
10張正見〔文存〕　593
張正見〔詩存〕593　594
張霸尚書百兩篇　37
12張璠後漢紀一卷　343
張璠漢記　　　　243
張璠漢記一卷　　243
張璠易集解一卷　22
張璠周易集解一卷　22
15張融〔文存〕　558
張融〔詩存〕　558(2)
17張司空集一卷　489
20張委〔文存〕　553
21張衡〔文存〕　441
張衡〔詩存〕441　442
張虞〔文存〕　　511
張緬〔文存〕　　574
22張種〔文存〕　592
23張縮〔文存〕　588
24張升〔文存〕　441
張紘〔文存〕　　451

張纘〔文存〕		584
張纘〔詩存〕		584(2)
26張儼〔文存〕		475
27張奐〔文存〕		446
張綱〔文存〕		442
30張永〔文存〕		552
31張河間集		441
張河間集六卷		441
張河間集二卷		441
張憑〔文存〕		513
33張浚〔文存〕		488
36張溫〔文存〕		473
40張太常集一卷		446
43張載〔文存〕		479
張載〔詩存〕		479(2)
44張協〔文存〕		498
張協〔詩存〕	498	499
張茂先集 見《晉張		
司空集》		489
張勃吳地理志一卷		237
張華〔文存〕		489
張華〔詩存〕		489(2)
47張超〔文存〕		446
48張散騎集二卷		593
張翰〔文存〕		491
張翰〔詩存〕		491(2)
53張輔〔文存〕		491
54張軌易義		22
56張暢〔文存〕		546
張揖雜字		177
張揖古今字詁一卷		176
張揖埤倉一卷附補		
遺		162
67張野〔文存〕		534
72張氏土地記一卷		302
張氏易注一卷		27

73張駿〔文存〕		533
張駿〔詩存〕		533(2)
77張闓〔文存〕		507
80張鏡〔文存〕		538
88張敏〔文存〕		483
93張悛〔文存〕		488
98張悦〔文存〕		551
張敞〔文存〕		432
1173₂ 裴		
17裴子語林一卷		416
裴子語林二卷		416
裴子語林十則		416
裴子野〔文存〕		574
裴子野〔詩存〕		574(2)
20裴秀〔文存〕		477
裴秀〔詩存〕		477(2)
21裴頠〔文存〕		493
36裴邈〔文存〕		500
38裴啓語林		416
41裴楷〔文存〕		491
48裴松之〔文存〕		544
裴松之晉紀		248
裴松之晉紀一卷		248
60裴景仁秦記一卷		268
67裴昭明〔文存〕		559
72裴氏新言一卷		405(2)
76裴頠〔文存〕		549
1210₀ 到		
31到溉〔詩存〕	580	581
38到洽〔文存〕		571
到洽〔詩存〕		571
1212₇ 瑞		
00瑞應圖記一卷		393
瑞應圖一卷		393(2)
瑞應圖一卷(孫氏瑞		
應圖一卷)		393

1220₀ 列		
22列仙傳		277
列仙傳一卷		277(2)
列仙傳贊		277
列仙傳佚文一卷		277
40列士傳一卷		273
44列女傳		274
列女傳一卷		274(2)
列女傳一卷(晉皇甫		
謐列女傳一卷)		274
列女傳佚文一卷		273
列女傳頌		273
列女傳缺文		273
60列異傳一卷		418
列異傳七則		418
1223₀ 弘		
17弘君舉〔文存〕		526
水		
21水經(郭注引水經)		327
〔水經弱水黑水注佚		
文〕		328
〔水經注佚文〕		328
水經注佚文一卷		328
〔水經注〕補遺		328
水經注逸文		328
〔水經洛水涇水注佚		
文〕		328
63水戰法		373
1224₇ 發		
44發蒙記		164
發蒙記一卷		165(2)
發蒙記一卷(晉束皙		
發蒙記一卷)		164
60發墨守評一卷		102
發墨守一卷		102(4)
80發公羊墨守一卷		102(2)

1240₁ 延

88延篤〔文存〕　　　　445
　延篤易義　　　　　　14

1241₀ 孔

00孔文舉集一卷　　451(2)
11孔北海集一卷　450　451
12孔璠之〔文存〕　　　527
14孔琳之〔文存〕　　　535
15孔融〔文存〕　　　　450
　孔融〔詩存〕　450　451
17孔子河洛讖　　　192(2)
　孔子弟子目錄一卷
　　　　　　　　269　270
20孔稚珪〔文存〕　　　559
　孔稚珪〔詩存〕　559(2)
21孔衍春秋後語一卷　256
23孔臧〔文存〕　　　　429
27孔詹事集　　　　　　559
　孔奐〔詩存〕　　597(2)
30孔注論語一卷　　　　110
　孔寧子〔文存〕　　　535
　孔寧子〔詩存〕　535(2)
　孔安國易義　　　　　9
31孔汪〔文存〕　　　　524
46孔坦〔文存〕　　　　510
60孔晁國語注一卷　　　255
66孔嚴〔文存〕　　　　518
72孔氏志怪一卷　　　　420
77孔欣〔文存〕　　　　533
　孔欣〔詩存〕　　533(2)
80孔翁歸〔詩存〕　567(2)
87孔舒元公羊傳一卷　103
90孔少府集　　　　　　450
　孔少府集一卷　　　　450
　孔少府集二卷　　　　450

1249₃ 孫

00孫康〔文存〕　　　　538
　孫該〔文存〕　　　　467
08孫放〔文存〕　　　　515
12孫廷尉集一卷　　　　519
　孫廷尉集二卷　　　　519
13孫武子逸文　　　　　372
17孫瓊〔文存〕　　　　532
　孫承(拯)〔文存〕　　496
　孫子　　　　　　　　410
　孫子一卷　　　　　　410
　孫子佚文一卷　　　　372
　〔孫子兵法〕佚文　　371
　〔孫子〕兵法〔佚文〕　372
　孫子脫句　　　　　　372
20孫統〔文存〕　　　　520
　孫統〔詩存〕　　　　520
21孫綽〔文存〕　　　　519
　孫綽〔詩存〕　519　520
　孫綽子　　　　　　　410
　孫綽子一卷補遺一
　　卷　　　　　　　　410
　孫緬〔文存〕　　　　550
27孫復〔文存〕　　　　550
31孫馮翊集一卷　　　　486
　孫馮翊集二卷　　　　486
44孫楚〔文存〕　　　　486
　孫楚〔詩存〕　　486(2)
50孫惠〔文存〕　　　　497
53孫盛〔文存〕　　　　509
　孫盛晉陽秋一卷　　　247
　孫盛晉陽秋三卷　　　247
57孫拯〔詩存〕　　496(2)
67孫嗣〔詩存〕　　　　523
72孫氏詩評摭遺一卷　　47
　孫氏瑞應圖一卷　　　393

　孫氏世錄一卷　　　　288
　孫氏成敗志一卷　367(2)
80孫毓〔文存〕　　　　476
　孫毓毛詩異同評一
　　卷　　　　　　　　47
　孫曾爲後議一卷　　　72
90孫炎周易例　　　　　29

1314₀ 武

00武帝〔文存〕宋武帝　534
　武帝〔文存〕梁武帝　583
　武帝〔文存〕漢武帝　431
　武帝〔文存〕曹操　　456
　武帝〔詩存〕梁武帝
　　　　　　　　　583(2)
　武帝〔詩存〕漢武帝
　　　　　　　　　431(2)
27武侯集十六卷　　　　471
　武侯八陣兵法輯略
　　一卷　　　　　　　374
　武侯全書二十卷　　　471
74武陵記一卷伍安貧　318
　武陵記一卷黃閔(題
　　鮑堅)　　　　　318(2)
　武陵王紀〔詩存〕　588(2)
　武陵先賢傳一卷　　　284
　武陵源記一卷　　　　318
　武陵十仙傳一卷　　　277
88武敏之三十國春秋
　　一卷　　　　　　　262

1315₀ 職

10職貢圖序　　　　　　325
　職貢圖序一卷　　　　325
　職貢圖一卷(梁元帝
　　職貢圖一卷)　　　325

1421₇ 殖

72殖氏志怪記一卷　　　420

1540₀ 建

10建平王宏〔文存〕 546

13建武故事 260

1610₄ 聖

02聖證論一卷 143(2)

　聖證論補評 143

26聖皇篇 161

　聖皇篇蔡邕 162

　聖皇篇曹植 162

　聖皇篇(蔡邕聖皇篇) 162

　聖皇篇一卷 162

77聖賢高士傳一卷 271(2)

　聖賢高士傳贊一卷 271

1710₇ 孟

00孟康易義 18

17孟子高氏章句一卷 122

　孟子高氏義一卷 122

　孟子章句一卷附劉　熙事跡考一卷 121

　孟子程氏章句一卷 120

　孟子注(晉綦毋邃孟　子注) 122

　孟子注(漢劉熙孟子　注) 120

　孟子注(綦毋氏孟子　注) 122

　孟子注一卷 120

　孟子遺文 120

　孟子遺句附逸篇目 119

　孟子遺篇 120

　〔孟子〕逸文 119

　孟子逸文考一卷 120

　孟子〔古解鉤沉〕 122

　孟子古注一卷 122

　孟子綦毋氏注一卷 122

孟子劉向注一卷 120

孟子劉注一卷 121

孟子劉氏注一卷 121(2)

孟子劉熙注一卷 121(2)

孟子鄭氏注一卷 121(2)

34孟達〔文存〕 470

40孟喜易章句一卷附　逸象 7

　孟喜周易章句一卷 6

72孟氏周易章句 6

1712₇ 鄧

27鄧粲晉紀一卷 246(2)

1721₄ 瞿

00瞿玄周易義一卷 22

17瞿子玄易義一卷 22

1722₇ 鶡

17鶡子二卷 341

　鶡子〔佚文〕 341

　鶡子補一卷 341

　〔鶡子〕逸文 341

酈

90酈炎〔文存〕 446

　酈炎〔詩存〕 446(2)

1723₂ 豫

00豫章記 319

　豫章記一卷 319

　豫章記一卷(宋雷次　宗豫章記一卷) 319

　豫章古今記 319

　豫章古今記一卷 319

　豫章古今記一卷(雷　次宗豫章古今記　一卷) 319

1740₇ 子

10子夏易傳一卷 3(4)

　子夏易傳鉤遺二卷 4

44子華子 353

60子思子 338

　子思子一卷 337(2)

　子思子七卷 338

　子思子書六卷首一　卷 337

　子思子全書一卷 337

1742₇ 邢

14邢劭〔文存〕 605

17邢邵〔詩存〕 605(2)

24邢特進集一卷 605

　邢特進集二卷 605

1750₁ 羣

50羣書治要所載晉書 242

1750₇ 尹

00〔尹文子〕佚文 347

　尹文子佚文一卷補　遺一卷 347

　尹文子逸文 347

37尹逸 348

47尹都尉書一卷 375

1760₂ 習

37習鑿齒〔文存〕 523

　習鑿齒〔詩存〕 523(2)

　習鑿齒漢晉春秋一　卷 246

　習鑿齒漢晉春秋三　卷 246

1762₀ 司

71司馬文園集一卷 429

　司馬文園集二卷 429

　司馬子長集一卷 431

　司馬裦〔文存〕 561

　司馬彪〔文存〕 497

　司馬彪〔詩存〕 497(2)

　司馬彪續漢書 235

司馬彪續漢書五卷　235

司馬彪零陵先賢傳
　一卷　282

司馬彪九州春秋一
　卷　258

司馬彪莊子注一卷　343

司馬彪莊子注一卷
　莊子司馬注補遺
　一卷莊子司馬音
　一卷莊子司馬注
　疑義一卷莊子司
　馬音補遺一卷莊
　子司馬注又補遺
　一卷　343

司馬彪莊子注一卷
　莊子逸注考一卷　343

司馬彪戰略一卷　258

司馬遷〔文存〕　431

司馬法〔佚文〕　372

司馬法佚文一卷　372

〔司馬法〕逸文一卷　372

司馬法逸文一卷　372

司馬相如〔文存〕　429

司馬相如〔詩存〕　429(2)

司馬相如凡將篇一
　卷　160

司馬懿〔詩存〕　464(2)

司馬長卿文抄一卷　429

司馬長卿集一卷　429(2)

司馬長卿集二卷　429

司馬兵法一卷　372

1762₇ 邵

74邵陵王綸〔文存〕　585

邵陵王綸〔詩存〕　585(2)

1768₂ 歌

87歌錄一卷　398

1814₀ 政

08政論　403

政論一卷　401

政論一卷(崔寔政論
　一卷)　401(2)

政論一卷(崔氏政論
　一卷)　401

政論一卷(阮子政論
　一卷)　403

政論一卷(劉氏政論
　一卷)　403(3)

2010₄ 重

01重訂三家詩拾遺十
　卷　59

56重輯蒼頡篇二卷　158(2)

重輯曾子遺書十四
　卷　335

2022₇ 爲

80爲曾祖後服議　72

2025₂ 舜

55舜典補亡一卷　41

2040₇ 季

34季漢輔臣贊　270

2042₇ 禹

10禹貢鄭注釋二卷　41

禹貢鄭氏略例一卷　41

20禹受地記一卷　301

2061₄ 雒

50雒書(泛引雒書)　190

雒書說禾　191

雒書說禾　191

雒書說徵示　191

雒書一卷　190(2)

雒書靈准聽一卷　190

洛書靈準聽　190

雒書靈準聽一卷　190

洛書甄曜度　191

雒書甄曜度一卷　191(2)

雒書雒罪級　191(2)

洛書寶予命　191

雒書寶予命一卷　191

雒書寶號命　191

洛書摘六辟　191(2)

雒書摘六辟一卷　191(2)

雒書兵鈐一卷　191

洛書錄運法　191

雒書錄運法　191

雒書錄運期　192

雒書錄運期一卷　191

2071₄ 毛

04毛詩序義一卷　48

毛詩序義疏一卷　50

毛詩譜一卷　50　51(2)

毛詩譜注一卷　51

毛詩譜暢一卷　51

毛詩一卷(集注毛詩
　一卷)　48

毛詩王基申鄭義一
　卷　47

毛詩王肅注一卷　46

毛詩王氏注四卷　46

毛詩賈氏義一卷　45

毛詩集注一卷　48

毛詩先鄭義一卷　45

毛詩徐氏音一卷　50

毛詩沈氏義疏一卷　49

毛詩沈氏義疏二卷　49

毛詩十五國風義一
　卷　49

毛詩〔古解鉤沉〕　60

毛詩草蟲經一卷　49

毛詩奏事一卷　47

毛詩提綱　　　　　　　49

毛詩拾遺一卷　　　　　49

毛詩異同評一卷　　　　47

毛詩異同評一卷（孫
　毓毛詩異同評一
　卷）　　　　　　　　47

毛詩異同評三卷　　　　47

毛詩題綱一卷　　　　　49

毛詩馬王徵一卷　　　　47

毛詩馬融注一卷　　　　46

毛詩馬氏注一卷　　　　46

毛詩隱義一卷　　　　　48

毛詩駁一卷　　　　　　47

毛詩周氏注一卷　　　　48

毛詩問難一卷　　　　　46

毛詩義疏（沈氏毛詩
　義疏）　　　　　　　49

毛詩義疏一卷　　　　　49

毛詩義駁一卷　　　　　46

毛詩義問　　　　　　　46

毛詩義問一卷　　　　　46

毛詩鄭譜疏證一卷　　　51

毛詩舒氏義疏一卷　　　48

毛詩箋音義證（劉氏
　毛詩箋音義證）　　　50

毛詩箋音義證一卷 50(2)

毛詩答雜問一卷　47(2)

40毛喜〔文存〕　　　598

2090₄ 集

10集靈記一卷　　423(2)

27集解孝經一卷　　　127

30集注爾雅一卷　　　133

　集注毛詩一卷　　　　48

　集注喪服經傳一卷
　　　　　　　　72　73

2091₄ 纏

17纏子　　　　　　　350

　纏子一卷　　　　　350

　纏子佚文　　　　　350

2121₇ 伍

26伍緝之〔文存〕　　534

　伍緝之〔詩存〕　534(2)

盧

04盧諶〔文存〕　　　514

　盧諶〔詩存〕　　514(2)

07盧詢祖〔文存〕　　604

　盧詢祖〔詩存〕　604(2)

10盧元明〔文存〕　　603

　盧元明〔詩存〕　603(2)

17盧子幹逸文　　　　447

24盧綝晉四王遺事一
　卷　　　　　　　　260

　盧綝晉八王故事一
　卷　　　　　　　　259

44盧植〔文存〕　　　447

　盧植禮記解詁一卷　77

52盧播〔文存〕　　　489

72盧氏禮記解詁一卷
　補遺一卷附錄一
　卷　　　　　　　　76

　盧氏易注一卷　　　28

87盧欽〔文存〕　　　478

2122₀ 何

00何充〔文存〕　　　512

07何記室集一卷　　　566

　何記室集三卷　　　566

12何水部詩集一卷　　566

　何水部詩注二卷　　566

　何水部集一卷　　566(2)

　何水部集二卷　　566(3)

　何水部集三卷　　　566

14何瑾〔文存〕　　　528

　何劭〔文存〕　　　493

　何劭〔詩存〕　　493(2)

　何劭公論語義一卷　113

17何承天〔文存〕　　543

　何承天〔詩存〕　543(2)

　何承天說一卷　　　288

　何承天纂文一卷　　174

　何子朗〔詩存〕　　582

21何偃〔文存〕　　　546

　何偃〔詩存〕　　546(2)

　何衡陽集　　　　　543

24何休注訓論語述一
　卷　　　　　　　　113

　何休冠禮約制　　　67

30何注論語一卷　　　113

　何之元梁典　　　　253

32何遜〔文存〕　　　566

　何遜〔詩存〕　　566(2)

34何法盛晉中興書一
　卷　　　　　　　　239

　何法盛晉中興書一
　卷附徵祥說　　　239

　何法盛晉中興書二
　卷　　　　　　　　240

　何法盛晉中興書七
　卷　　　　　　　　239

41何楨〔文存〕　　　475

60何思澄〔詩存〕　574(2)

　何晏〔文存〕　　　464

　何晏〔詩存〕　　464(2)

　何晏周易講說　　　18

71何長瑜〔文存〕　　535

　何長瑜〔詩存〕　535(2)

90何尚之〔文存〕　　547

2122₁ 衡

22衡山記一卷　　　327
76衡陽王義季〔文存〕542

衝

34衝波傳　　　286
　衝波傳一卷　　286

衛

30衛宏詔定古文官書
　一卷　　　　153
　衛宏一卷　　　153
77衛展〔文存〕　503
91衛恒〔文存〕　486

2123₄ 虞

11虞預〔文存〕　509
　虞預晉書一卷　238(2)
27虞盤佑孝子傳　275
　虞般佑高士傳　273
　虞翻〔文存〕　473
　虞翻國語注一卷　255
　虞翻易注一卷　19
　虞翻周易注十卷　19
31虞潭投壺變　398
33虞溥〔文存〕　485
37虞通之〔文存〕550
　虞通之〔詩存〕550(2)
40虞喜志林　　415
　虞喜志林逸文　415
62虞矞〔文存〕　564
72虞氏春秋一卷　340
　虞氏易義補注一卷　20
80虞義〔文存〕　560
　虞義〔詩存〕560(2)
88虞繁〔文存〕　534
90虞炎〔文存〕　555
　虞炎〔詩存〕555(2)

2128₆ 潁

22潁川棗氏文士傳一
　卷　　　　288

2133₁ 熊

34熊遠〔文存〕　504

2172₇ 師

60師曠占一卷　390
　師曠紀一卷　286
77師覺授孝子傳　275
　師覺授孝子傳一卷　275
　師丹〔文存〕　434

2180₆ 貞

26貞白先生陶隱居文
　集一卷　578　579
　貞白先生陶隱居集
　一卷　　　578

2220₇ 岑

30岑之敬〔詩存〕594(2)

2221₄ 任

00任彥升文抄一卷　564
　任彥升集　　562
　任彥升集六卷　562(2)
　任彥昇集五卷　563
17任豫〔文存〕　543
　任豫〔詩存〕543(2)
　任子　　　402
　任子一卷　　402
　任子道論一卷　402
44任孝恭〔文存〕580
50任中亟集　　562
　任中亟集六卷　562
　任中亟集一卷　562
60任昉〔文存〕　563
　任昉〔詩存〕562　563

崔

00崔亭伯集　　438

10崔靈恩三禮義宗一
　卷　　　　86
12崔瑗〔文存〕　442
14崔琦〔文存〕　442
30崔寔〔文存〕　443
　崔寔政論一卷　401(2)
37崔鴻十六國春秋略
　不分卷　　263
　崔祖思〔文存〕553
46崔覲易注　　25
67崔瞻〔文存〕　605
72崔氏政論一卷　401
76崔駰〔文存〕　438
　崔駰〔詩存〕438(2)
88崔篆〔文存〕　435
90崔光〔文存〕　602

2224₇ 後

00後主〔文存〕蕭琮　590
　後主〔文存〕陳後主599
　後主〔詩存〕598　599
　後主沈氏〔文存〕599
33後梁宣帝〔文存〕589
34後漢紀一卷(張璠後
　漢紀一卷)　243
　後漢書(謝承後漢
　書)　　　233
　後漢書(謝沈後漢
　書)　235　236(2)
　後漢書(失氏名後漢
　書)　　　237
　後漢書(袁崧後漢
　書)　　236(2)
　後漢書(華嶠後漢
　書)　234　235
　後漢書(薛瑩後漢
　書)　　　234

後漢書一卷　235　236
後漢書一卷謝承　233
後漢書一卷華嶠　234
後漢書一卷袁山松　236
後漢書一卷謝沈　236
後漢書一卷(謝承後
　漢書一卷)　236
後漢書一卷(謝沈後
　漢書一卷)　236
後漢書一卷(袁山松
　後漢書一卷)　236
後漢書一卷(薛瑩後
　漢書一卷)　234
後漢書二卷(華嶠後
　漢書二卷)　234
後漢書逸文　229
後漢書注一卷(華嶠
　後漢書注一卷)　234
後漢書補佚五卷(謝
　氏後漢書補佚五
　卷)　234
後漢書補逸六卷(謝
　氏後漢書補逸六
　卷)　234
後漢書補逸五卷(謝
　氏後漢書補逸五
　卷)　233
後漢書異文　229
後漢書八卷(謝承後
　漢書八卷)　233
後漢抄一卷　258
44後燕録一卷　265
49後趙録一卷　264
50後秦記一卷(姚和都
　後秦記一卷)　268
　後秦録一卷　268

60後蜀録一卷　265
77後周明帝集一卷　607
80後養議一卷　292

2265_3 畿

77畿服經一卷　303

2277_0 凶

35凶禮一卷　68

山

22山川記一卷　327
34山濤〔文存〕　481
38〔山海經〕佚文　355
　山海經佚文一卷　355
　山海經逸文　355
　山海經圖讚　356
　山海經圖讚一卷　355(2)
　山海經圖贊一卷　355
　山海經圖贊二卷　355
50山書一卷　325
80山公啓事一卷　295(2)
　山公啓事一卷(晉山
　濤山公啓事一卷)　295
88山簡〔文存〕　502

幽

43幽求新書一卷(杜氏
　幽求新書一卷)　408
　幽求子一卷　408
67幽明録　421
　幽明録一卷　421(3)
　幽明録一卷附校譌
　一卷　421
　幽明録一卷附校譌
　一卷續校一卷　421
　幽明録逸文　421
　幽明録十七則　421

2277_2 出

22出後者爲本父母服

議一卷　72

2280_9 災

60災異後序　389

2290_4 樂

07樂記一卷　89
08樂論　396
　樂論一卷　396
10樂元語一卷　89(2)
21樂經(陽城衡樂經)　89
　樂經一卷　89
23樂稽耀嘉　209(4)
　樂稽耀嘉一卷　209
　樂稽耀嘉一卷附補
　遺　209
24樂動聲儀　208　209(2)
　樂動聲儀一卷　209
　樂動聲儀一卷附補
　遺　209
24樂緯(泛引樂緯)　208
　樂緯一卷　208(3)
　樂緯稽耀嘉一卷　209(2)
　樂緯動聲儀一卷　209(3)
　樂緯叶圖徵一卷　210(3)
　樂緯附録附補遺　208
25樂律義一卷　91
34樂社大義一卷　90
35樂遺句　88
　樂遺篇　89
37樂資春秋後傳一卷　256
44樂協圖徵一卷　210
50樂書一卷　90
64樂叶圖徵　209(2)　210
　樂叶圖徵附補遺　209

2320_0 外

25外傳　389
60外國事一卷　325

外國圖一卷　　　　324

2323₄ 伏

20伏系之〔文存〕　　526

　伏系之〔詩存〕526　527

　伏系之〔佚文〕　　527

25伏生尚書　　　　　32

27伏侯古今注一卷　294(3)

　伏侯古今注三卷補

　遺一卷又補遺一

　卷　　　　　　　294

32伏滔〔文存〕　　　523

　伏滔〔佚文〕　　　523

52伏挺〔文存〕　　　581

　伏挺〔詩存〕　　581(2)

　伏挺〔佚文〕　　　581

60伏曼容易注　　　　26

獻

00獻帝春秋一卷　　　244

　獻帝春秋一卷(袁曄

　獻帝春秋一卷)　　244

2324₂ 傅

00傅充妻辛氏〔詩存〕　532

　傅亮〔文存〕　　　536

　傅亮〔詩存〕　　536(2)

　傅玄〔文存〕　　　478

　傅玄〔詩存〕　　478(2)

07傅毅〔文存〕　　　437

　傅毅〔詩存〕　　437(2)

　傅鶉觚集六卷　　　478

　傅鶉觚集一卷　　　478

　傅鶉觚集五卷　　　478

　傅鶉觚集四卷　　　478

17傅子　　364　365(2)

　傅子一卷　364　365(4)

　傅子一卷方本傅子

　校勘記一卷傅子

校補一卷　　　　　365

傅子一卷補遺一卷

　　　　　　　　365(2)

傅子二卷　　　　　365

傅子二卷附補遺二

　卷　　　　　　　365

傅子三卷　　　　365(2)

傅子三卷附傅子訂

　譌一卷　　　　　365

傅子五卷　　　　　365

傅子逸文　　　　　365

傅子四卷　　　　　365

傅子附傅子校勘記　365

傅司馬集一卷　　　437

23傅縡〔文存〕　　　597

　傅縡〔詩存〕　　597(2)

25傅純〔文存〕　　　504

44傅蘭臺集二卷　　　437

47傅碬〔文存〕　　　466

　傅碬佚文　　　　　466

48傅幹〔文存〕　　　456

　傅幹佚文　　　　　456

50傅中丞集　　　　　487

　傅中丞集一卷　　487(2)

　傅中丞集四卷　　　487

53傅咸〔文存〕　　　487

　傅咸〔詩存〕　　487(2)

56傅暢〔文存〕　　　500

　傅暢晉諸公讚一卷　286

　傅暢晉公卿禮秩一

　卷附晉故事　　　299

72傅氏周易注　　　　25

77傅巽〔文存〕　　　458

　傅巽佚文　　　　　458

90傅光禄集二卷　　　536

2325₀ 臧

99臧榮緒晉書一卷　240(2)

　臧榮緒晉書二卷　　240

　臧榮緒晉書十七卷

　補遺一卷　　　　240

2397₂ 嵇

00嵇康〔文存〕　　　468

　嵇康〔詩存〕　467　468

　嵇康集十卷　　　　467

　嵇康傳　　　　　　287

27嵇叔夜文抄一卷　　468

　嵇叔夜集七卷　　　468

　嵇紹〔文存〕　　　496

　嵇紹〔詩存〕　　496(2)

40嵇喜〔詩存〕　　476(2)

50嵇中散集　　　　468(2)

　嵇中散集六卷　　　468

　嵇中散集一卷467　468

　嵇中散集佚文一卷　468

　嵇中散集十卷　　467(2)

　嵇中散集九卷　　　468

80嵇含〔文存〕　　　497

　嵇含〔詩存〕　　497(2)

2420₀ 射

80射慈禮記音隱一卷　81

2421₀ 化

35化清經一卷　　　　407

　化清經一卷(蔡氏化

　清經一卷)　　　407

2421₁ 先

77先賢傳一卷　　　　285

2471₆ 嵃

21嵃岈子　　　　　　401

2472₇ 幼

00幼童傳一卷　　　　277

　幼童傳一卷(梁劉劭

幼幼傳一卷） 277

04幼誥（顔延之幼誥） 165

2498₆ 續

00續文章志一卷 332

10續晉陽秋一卷 248

續晉陽秋一卷（晉檀道鸞續晉陽秋一卷） 248

續晉陽秋一卷（檀道鸞續晉陽秋一卷） 248

34續漢書（司馬彪續漢書） 235

續漢書五卷（司馬彪續漢書五卷） 235

50續春秋左氏傳義略一卷 97

2503₀ 失

72失氏名後漢書 237

2520₆ 仲

17仲子昌言一卷 360

71仲長子昌言一卷 360 361

仲長統論一卷 360

仲長敖〔文存〕 492

2520₇ 律

21律術 389

71律曆逸文 229

律曆逸文一卷 229

2524₃ 傳

10傳一卷 418

2554₀ 犍

20犍爲文學爾雅注 128

犍爲文學爾雅注一卷 129

犍爲舍人爾雅注 128

2590₀ 朱

25朱仲相貝經 378

26朱穆〔文存〕 445

朱穆〔詩存〕 444 445

27朱仰之易注 28

44朱勃〔文存〕 436

47朱超道〔詩存〕 590(2)

77朱鳳晉書一卷 239(2)

朱异〔文存〕 580

朱异〔詩存〕 580(2)

2593₀ 秩

30秩官 295

2600₀ 白

36白澤圖一卷 393 394

白澤圖佚文一卷 394

41白帖引晉紀 242

2610₄ 皇

53皇甫謐帝王世紀一卷 230

皇甫謐〔文存〕 481

皇甫謐〔詩存〕 481(2)

皇甫謐説一卷 288

皇甫司農集一卷 445

皇甫規〔文存〕 445

78皇覽一卷 414

皇覽逸禮 66

皇覽逸禮一卷 66

皇覽逸禮附太平御覽引逸禮、藝文類聚引逸禮 66

2620₀ 伯

22伯樂相馬經 376

2621₃ 鬼

35鬼神列傳一卷（謝氏鬼神列傳一卷） 420

80〔鬼谷子佚文〕 351

鬼谷子佚文 351

鬼谷子佚文一卷 351

鬼谷先生 351

2633₀ 息

50息夫躬〔文存〕 434

息夫躬〔詩存〕 434

2641₃ 魏

00魏應德璉集一卷 453

魏應休璉集一卷 465

魏文帝文抄一卷 458

魏文帝雜事一卷 259

魏文帝集 458

魏文帝集六卷 458

魏文帝集二卷 458

魏文帝集十卷 458

魏文侯 337

魏文侯書一卷 337

10魏晉世語 415

魏晉世語一則 415

魏晉世語一卷（晉郭頒魏晉世語一卷） 415

13魏武帝文抄一卷 456

魏武帝集 455

魏武帝集一卷 456

魏武帝集五卷 456

魏武帝集四卷 456

17魏子一卷 361

24魏特進集一卷 605

魏特進集三卷 605

26魏皇覽一卷 414

28魏收〔文存〕 605

魏收〔詩存〕 605 606

44魏荀公曾集一卷 485

46魏相〔文存〕 432

50魏春秋一卷 244

魏春秋一卷（晉孫盛

魏春秋一卷） 244
55魏曹子建集二卷 461
67魏略一卷 259
魏略輯本二十五卷
補遺一卷 259
72魏劉公幹集一卷 454
魏氏春秋評 244
魏氏春秋一卷 244
魏氏春秋異同評 244
82魏鍾司徒集一卷 470
90魏尚書奏王侯在喪
襲爵議一卷 291

2643₀ 吳
見 6043₀ 吳

2690₀ 和
44和苞漢趙記一卷 263

2691₄ 程
53程咸〔文存〕 475
64程曉〔文存〕 466
程曉〔詩存〕 466(2)
73程駿〔文存〕 600

2694₁ 釋
00釋廢疾一卷 105
釋亡名〔詩存〕 608(2)
28釋僧肇〔文存〕 531
34釋滯 292
釋滯一卷 292
釋洪偃〔詩存〕 591(2)
47釋穀梁廢疾一卷 105(2)
50釋惠標〔詩存〕 593
55釋慧琳〔文存〕 538
釋慧遠〔文存〕 531
60釋曇瑗〔文存〕 595
86釋智藏〔文存〕 567
釋智藏〔詩存〕 567(2)

2712₇ 歸
44歸藏 30(2)
歸藏一卷 30(4)

2722₀ 向
20向秀〔文存〕 665
向秀易義一卷 21
向秀周易義一卷 21

御
78御覽引晉紀 242

2723₄ 侯
14侯瑾〔文存〕 444

2724₇ 殷
00殷康〔文存〕 523
殷褒〔文存〕 459
15殷融〔文存〕 514
19殷琰〔文存〕 552
23殷允〔文存〕 523
25殷仲文〔文存〕 529
殷仲文〔詩存〕 529(2)
殷仲堪〔文存〕 526
34殷浩〔文存〕 515
44殷芸小説 417
殷芸小説一卷 417(2)
殷芸小説逸文 417
60殷景仁〔文存〕 541
71殷巨〔文存〕 476
77殷闡〔文存〕 530
殷興〔通語〕 364

2725₂ 解
27解疑論一卷 101

2725₇ 伊
17伊尹 340(2)
伊尹書一卷 340

2731₂ 鮑
26鮑泉〔詩存〕 588(2)
42鮑機〔詩存〕 586(2)

2742₇ 芻
44芻蕘論 405
芻蕘一卷（鍾子芻蕘
一卷） 405

鄒
17鄒子鄒衍 392(2)
鄒子鄒□ 407
鄒子一卷鄒衍 392
鄒子一卷鄒□ 407
鄒子書一卷 392
34鄒湛〔文存〕 489
鄒湛周易統略論 21
76鄒陽書一卷 399
77鄒閦甫廣州先賢傳
一卷 284

2743₀ 獎
02獎訓學徒誥（一名屬
學篇） 368

2752₀ 物
16物理論 409
物理論一卷408 409(2)
物理論一卷附録一
卷 409

2760₃ 魯
04魯詩 52(5)
魯詩傳一卷 52
魯詩傳一卷（申培魯
詩傳一卷） 52
魯詩〔釋〕 52
魯詩遺説考六卷叙
録一卷 52
魯詩遺説考二十卷
叙録一卷 52
魯詩遺説攷附紋録 52
魯詩韋氏義一卷 53
魯詩韋氏説一卷 53

魯詩故二卷　52
魯詩〔異文疏證〕附
　補遺　52
魯詩附補遺　52
35魯禮禘祫志一卷　86
　魯禮禘祫義一卷　86(4)
　魯禮禘祫義疏證一
　卷　86
魯連子　339(3)
　魯連子一卷　339(2)
44魯恭易義　10
60魯國先賢傳一卷　278
　魯國先賢志一卷　278

2762₇ 鄱
76鄱陽記一卷　320
　鄱陽記一卷(晉劉澄
　之鄱陽記一卷)　320

2771₂ 包
53包咸注論語一卷　111

2790₁ 祭
34祭法　293
55祭典　292
　祭典一卷　292

2791₇ 紀
79紀隋〔文存〕　474

2792₂ 繆
01繆襲〔文存〕　463
　繆襲〔詩存〕　463(2)

2793₃ 終
37終軍　399
　終軍書一卷　399

2794₀ 叔
12叔孫通漢禮器制度　289
　叔孫通漢禮器制度
　一卷　289
40叔皮集一卷　436

2825₃ 儀
35儀禮班氏義一卷　67
儀禮遺文　65
儀禮遺篇　65
儀禮逸文　65
儀禮逸經　65
　儀禮逸經一卷　65
儀禮〔古解鉤沉〕　75
儀禮喪服經傳一卷
　(馬融儀禮喪服經
　傳一卷)　69
儀禮喪服經傳略注
　一卷(雷次宗儀禮
　喪服經傳略注一
　卷)　74
儀禮喪服經傳馬王
　注　70
儀禮喪服注一卷(王
　肅儀禮喪服注一
　卷)　70
儀禮目錄校證一卷
　(鄭氏儀禮目錄校
　證一卷)　88

2826₈ 俗
08俗説一則　417
　俗説一卷　417(2)

2829₄ 徐
00徐彥〔文存〕　513
　徐廣〔文存〕　531
　徐廣晉紀一卷　247
　徐廣孝子傳一卷　275
17徐子一卷　339
20徐爰〔文存〕　552
22徐僕射集　596
　徐僕射集一卷　596
　徐僕射集十卷　596

徐樂　400
　徐樂書一卷　400
24徐偉長集六卷　455
　徐偉長集一卷　455(2)
　徐勉〔文存〕　575
　徐勉〔詩存〕　575(2)
36徐禪〔文存〕　513
　徐邈〔文存〕　526
　徐邈易音注一卷　29
37徐淑〔文存〕　444
　徐淑〔詩存〕　444(2)
44徐孝穆文抄一卷　596
　徐孝穆集　596
　徐孝穆集六卷附備
　考一卷　596
　徐孝穆集十卷　596
　徐孝穆集七卷　596
　徐孝穆集箋註六卷
　附備考一卷　596
　徐孝穆全集六卷附
　備考一卷　596
　徐孝嗣〔文存〕　558
　徐孝嗣〔詩存〕　558(2)
48徐乾〔文存〕　530
　徐幹〔文存〕　455
　徐幹〔詩存〕　455(2)
58徐整長曆一卷　383
74徐陵〔文存〕　596
　徐陵〔詩存〕　595　596
91徐悱妻劉氏〔詩存〕
　577(2)

3010₆ 宣
00宣帝〔文存〕　464
　宣帝〔詩存〕　589(2)
宣夜説一卷　383
43宣城記一卷　308

78宣驗記一卷　　　421(2)

87宣舒〔文存〕　　　480

30107 宜

47宜都記　　　　　316

　宜都記一卷　　　316

　宜都山川記一卷　316

30114 淮

40淮南許注異同詁四

　卷補遺一卷續補

　遺一卷　　　　400

　淮南許注鉤沈一卷　400

　淮南王安〔文存〕　428

　淮南王安〔詩存〕　428(2)

　淮南子佚文一卷　399

　淮南子注一卷(許叔

　　重淮南子注一卷)

　　　　　　　399(2)

　淮南子注一卷(許慎

　　淮南子注一卷)　399

　淮南子逸文　　　399

　淮南鴻烈閒詁二卷　399

　淮南逸文　　　　399

　淮南九師道訓　　　9

　淮南九師道訓附淮

　　南引易　　　　9

　淮南萬畢術一卷　391(5)

　淮南萬畢術一卷補

　　遺一卷再補遺一

　　卷　　　　　　391

　淮南萬畢術一卷補

　　遺一卷附錄一卷　391

　淮南萬畢術二卷　391

　淮南枕中記一卷　380

　淮南八公相鶴經　378

30196 涼

07涼記一卷(張諮涼記

　一卷)　　　　　266

涼記一卷(段龜龍涼

　記一卷)　　　　266

32涼州記張諮　　266

　涼州記段龜龍　266(2)

　涼州記一卷　　　266

　涼州記一卷(晉段龜

　　龍涼州記一卷)　266

　涼州異物志一卷　306

50涼書　　　　　　267

30207 穹

10穹天論虞聳　　384

　穹天論虞昺　　　384

　穹天論一卷　　　384

30227 房

60房景先五經疑問一

　卷　　　　　　146

宵

17宵子一卷　　　339

　甯戚相牛經　　　377

30232 家

01家語佚文一卷　335

　家語逸文　　　　335

18家政法一卷　　376

永

37永初山川記一卷(宋

　永初山川記一卷)　326

　永初山川記一卷(宋

　　劉徵之永初山川

　　記一卷)　　　326

　永初山川古今記一

　　卷(劉澄之永初山

　　川古今記一卷)　326

40永嘉郡記一卷　311(2)

　永嘉郡記一卷(晉鄭

　　緝之永嘉郡記一

卷)　　　　　　311

30332 宓

17宓子　　　　　336

　宓子一卷　　　336

30404 安

10安天論　　　　384

　安天論一卷　　　384

53安成王秀〔文存〕　565

30407 字

04字詁一卷　　　176

06字諟　　　　　155(3)

　字諟一卷　　　155

08字說　　　　　179

20字統　　　　　152(2)

　字統一卷　　　152(3)

　字統一卷附補遺(楊

　　承慶字統一卷附

　　補遺)　　　　152

　字統輯逸　　　　152

44字苑　　　　　148(2)

　字苑一卷　　　148(2)

　字林　　　　　149

　字林補逸一卷　149

　字林七卷首一卷　149

　字林考逸八卷　149

　字林考逸八卷附錄

　　一卷補本一卷補

　　本附錄一卷　149

50字書　　　　　150(2)

　字書一卷　　　150(2)

　字書二卷　　　150

51字指　　　　　179(2)

　字指一卷　　　179(3)

　字指一卷附四部、單

　　行字　　　　179

67字略一卷阮孝緒　151

字略一卷宋世良　　151

　字略一卷（宋世良字

　　略一卷）　　151

75字體　　156(2)

　字體一卷　　156

91字類　　152　153(2)

3080₆ 寶

00寶章〔文存〕　　442

3090₁ 宗

08宗議　　72

　宗議一卷　　72

50宗夬〔詩存〕　　561(2)

87宗欽〔文存〕　　600

　宗欽〔詩存〕　　600(2)

90宗懍〔詩存〕　607　608

91宗炳〔文存〕　　542

　宗炳〔詩存〕　541　542

3090₄ 宋

00宋衷易注一卷　　16

　宋衷周易注一卷　　16

04宋謝康樂集二卷　　540

10宋玉〔文存〕　　427

　宋玉文抄一卷　　427

　宋王元謨壽陽記一

　　卷　　308

　宋雷次宗豫章記一

　　卷　　319

17宋子一卷　　356

　宋司星子韋　　392

　宋司星子韋書一卷　　392

21宋何衡陽集一卷　　543

23宋傅光禄集一卷　　536

27宋躬孝子傳　　276

　宋紀一卷　　252

30宋永初山川記一卷　　326

40宋大夫集三卷　　427

宋袁陽源集一卷　　544

44宋世良字略一卷　　151

47宋起居注一卷　　252

50宋書一卷　　252

58宋拾遺録（晉謝綽宋

　拾遺録）　　261

　宋拾遺録一卷　　260

72宋劉徵之永初山川

　記一卷　　326

　宋劉昞敦煌新録一

　卷　　267

3111₀ 江

10江夏王義恭〔文存〕　　548

　江夏王義恭〔詩存〕

　　548(2)

　江霈〔文存〕　　513

20江統〔文存〕　　498

24江德藻〔文存〕　　591

　江偉〔文存〕　　480

　江偉〔詩存〕　479　480

26江總〔文存〕　　598

　江總〔詩存〕　　598(2)

31江源記一卷　　329

　江逌〔文存〕　　516

　江逌〔詩存〕　515　516

34江洪〔詩存〕　　569(2)

44江革〔文存〕　　576

　江革〔詩存〕　　576(2)

47江朝請〔詩存〕　　557(2)

50江表傳一卷　　260

80江令君集　　598

　江令君集一卷　　598

　江令君集五卷　　598

86江智淵〔詩存〕　　548(2)

3111₁ 沅

22沅川記一卷　　329

3112₀ 河

08河説命徵宋注一卷　　185

60河圖（泛引河圖）　　181

　河圖帝系譜一卷　　181

　河圖帝視萌　　181(2)

　河圖帝視萌一卷　　181

　河圖帝通紀　　181(4)

　河圖帝通紀一卷　　181

　河圖帝覽禧　　183(2)

　河圖帝覽嬉　　183(2)

　河圖帝覽嬉一卷　　183(2)

　河圖龍文　　185(2)

　河圖龍文一卷　　185

　河圖説徵　　185(2)

　河圖説徵祥　　185

　河圖一卷　　181(2)

　河圖玉版　183　184(2)

　河圖玉版一卷　183　184

　河圖要元　　187

　河圖要元篇　　187(3)

　河圖要元篇一卷　　187

　河圖天靈　187　188

　河圖聖洽一卷　　188

　河圖聖洽符　　188

　河圖聖洽符一卷　　188

　河圖秘徵　　186(4)

　河圖秘徵篇　　186

　河圖秘徵篇一卷　　186

　河圖稽命徵　　187(3)

　河圖稽命徵一卷　187(2)

　河圖稽耀鉤　　183

　河圖稽耀鉤一卷　183(2)

　河圖稽燿鉤　　183(4)

　河圖緯象　　188

　河圖緯逸文　　109

　河圖皇參持　　189(4)

河圖皇參持一卷　　189

河圖絳象　　188(2)

河圖絳象一卷　　188

河圖汁光篇　　185

河圖禄運法一卷　　185

河圖赤伏符　　184(3)

河圖赤伏符一卷　　184

河圖真紀鉤　　186(3)

河圖真紀鉤一卷　　186

河圖真鉤　　186

河圖始開圖　　182(3)

河圖始開圖一卷　　182(3)

河圖始開篇　　182

河圖考靈曜　　187(2)

河圖考靈曜一卷　　187

河圖考鉤　　186

河圖考鉤一卷　　186

河圖著命　　188(3)　189

河圖抃光篇　　185

河圖揆命篇　　187

河圖挺佐輔　　182(3)

河圖挺佐輔一卷　　182(2)

河圖括地象　　182(4)

河圖括地象一卷
　　　　181　182(3)

河圖提劉　　188

河圖提劉一卷　　188

河圖提劉子　　188

河圖提劉篇　　188(2)

河圖握矩記　　183(2)

河圖握矩記一卷　　183

河圖握矩紀一卷　　183

河圖握矩起　　183

河圖叶光紀　　185

河圖叶光篇一卷　　185

河圖闓苞受

　　　　　184　185(2)

河圖闓苞受一卷　　184

河圖八丈一卷　　186

河圖今占篇　　184

河圖合古篇　　184(3)

河圖合古篇一卷　　184

河圖舍占篇　　184

河圖會昌符
　　　　185　186(3)

河圖會昌符一卷　　186

河圖録運法　　185(2)

河圖録運法一卷　　185

77河閒獻王書一卷　　358

3112₇ 馮

10馮元興〔詩存〕　602(2)

21馮衍〔文存〕　　436

55馮曲陽集一卷　　436(2)

馮曲陽集二卷　　436

3116₁ 潛

50潛夫論佚文一卷　　361

3122₇ 禰

21禰衡〔文存〕　　456

3128₆ 顧

01顧譚　　363

17顧子新言一卷　　363(2)

顧子義訓一卷　　368

26顧和〔文存〕　　514

47顧歡〔文存〕　　553

顧歡〔詩存〕　　553(2)

顧歡周易繫辭注　　24

67顧野王〔文存〕　　595

顧野王〔詩存〕　　595(2)

顧野王輿地志一卷　　304

92顧愷之〔文存〕　　528

顧愷之〔詩存〕　　528(2)

99顧榮〔文存〕　　502

3213₇ 泛

12泛引詩緯　　204

泛引論語讖　　218

泛引雛書　　190

泛引樂緯　　208

泛引河圖　　181

泛引禮緯　　206

泛引孝經緯　　222

泛引春秋緯　　210

泛引易緯　　192

泛引尚書緯　　197

3216₉ 潘

30潘安仁文抄一卷　　491

潘安仁集五卷　　491

40潘太常集一卷　　501

潘太常集二卷　　501

44潘黃門集　　490　491

潘黃門集六卷　　490(3)

潘黃門集一卷　　490

64潘勗〔文存〕　　452

72潘岳〔文存〕　　491

潘岳〔詩存〕　490　491

77潘尼〔文存〕　　502

潘尼〔詩存〕　501　502

3230₆ 遁

60遁甲經一卷　　390

遁甲開山圖一卷　　390(2)

3318₆ 演

08演說文一卷　　155

3322₇ 補

26補釋名　　172

30補注尚書大傳七卷　35

56補輯風俗通義佚文
　一卷　　411

3330₉ 述

21述征記一卷（郭緣生

述征記一卷） 329
60述異記一卷 422
　述異記佚文一卷 422
　述異記逸文 422
3390₄ 梁
10梁元帝職貢圖一卷 325
　梁元帝集 588
　梁元帝集一卷 588(2)
　梁元帝集五卷 588
　梁元帝集八卷 588
　梁元帝御製集十卷 588
　梁天監起居注一卷 253
13梁武帝集 583
　梁武帝集一卷 582
　梁武帝集八卷 583
　梁武帝御製集一卷 583
　梁武帝御製集十二
　　卷 583
　梁武帝周易講疏 26
21梁貞白先生陶隱居
　集二卷 578
30梁宣帝集一卷 589
32梁州記 326
　梁州記一卷 326
　梁州記一卷（晉劉澄
　之梁州記一卷） 326
34梁沈約集一卷 564
37梁鴻〔文存〕 457
　梁鴻〔詩存〕 457(2)
40梁大同起居注一卷 253
47梁起居注一卷 253
55梁典（何之元梁典） 253
　梁典一卷（劉璠梁典
　一卷） 253
60梁吳均齊春秋一卷 252
97梁昭明文抄一卷 573

梁昭明太子文集五
　卷 572
梁昭明太子文集五
　卷附劄記一卷考
　異一卷 572
梁昭明太子六律六
　呂文啓一卷 573
梁昭明太子集一卷 572
梁昭明太子集五卷 572
梁昭明太子集五卷
　補遺一卷 572
梁昭明太子集四卷 573
72梁劉劭幼童傳一卷 277
梁劉孝綽集一卷 577
梁劉孝威集一卷 582
梁丘司空集一卷 563
梁氏三禮圖一卷 87
77梁陶貞白先生文集
　一卷 578
梁陶貞白先生文集
　二卷 578
88梁簡文帝集 587
梁簡文帝集二卷 586
梁簡文帝集十四卷 586
梁簡文帝集八卷 587
梁簡文帝御製集二
　卷 587
梁簡文帝御製集十
　六卷 586
梁簡文文抄一卷 587
3411₁ 湛
00湛方生〔文存〕 527
　湛方生〔詩存〕 527(2)
07湛諮議集一卷 527
3411₂ 沈
00沈充〔文存〕 509

沈亮〔文存〕 544
10沈不害〔文存〕 595
17沈君攸〔詩存〕 589(2)
24沈侍中集一卷 591
　沈侍中集三卷 591
　沈休文文抄一卷 564
　沈休文集五卷 564
　沈休文集九卷 564
　沈休文集四卷 564
27沈約〔文存〕 564
　沈約〔詩存〕 564(2)
　沈約晉書 240
　沈約晉書一卷 241
33沈演之〔文存〕 543
44沈勃〔文存〕 552
72沈隱侯集 564
　沈隱侯集二卷 564
　沈隱侯集十六卷 564(2)
　沈隱侯集四卷 564
　沈氏毛詩義疏 49
79沈麟士〔文存〕 560
　沈麟士易經要略 25
90沈懷文〔文存〕 547
　沈懷遠〔文存〕 549
97沈炯〔文存〕 591
　沈炯〔詩存〕 591(2)
3413₁ 法
00〔法言〕佚文 359
02法訓 363(2)
　法訓一卷 363(3)
21法經三卷 345
62法訓（譙周法訓） 363
3413₂ 漆
50漆書古文尚書逸文
　考一卷 37
70漆雕子一卷 335

3413₄ 漢

04漢諸葛武侯全集四
　卷　　　　　　　　471
07漢記(張璠漢記)　243
　漢記一卷　　　　243
　漢記一卷(張璠漢記
　　一卷)　　　　243
10漢石渠禮論　　　83
　漢晉春秋一卷　　246
　漢晉春秋一卷(習鑿
　　齒漢晉春秋一卷)　246
　漢晉春秋三卷(習鑿
　　齒漢晉春秋三卷)　246
13漢武故事一卷　423(2)
　漢武故事二卷　　423
17漢丞相諸葛忠武侯
　集二十一卷　　　471
　漢丞相諸葛忠武侯
　　全集九卷　　　471
　漢丞相忠武侯書三
　　卷　　　　　　471
21漢衛宏漢舊儀一卷
　附補遺　　　　　296
22漢制度　　　　　290
　漢制度(胡廣漢制
　　度)　　　　　290
　漢後記一卷　　　234
26漢皇德傳一卷　　257
28漢儀一卷　　　　298
　漢儀一卷(丁孚漢儀
　　一卷)　　　　298
30漢宮香方鄭注一卷　380
　漢官一卷　295　296
　漢官解詁一卷　　296
　漢官解詁一卷(王隆
　　漢官解詁一卷)　296

漢官儀　　　　　　298
漢官儀一卷　　297(2)
漢官儀一卷(應劭漢
　官儀一卷)　　297
漢官儀二卷　　　298
漢官儀引里語(應劭
　漢官儀引里語)　297
漢官儀佚文一卷　298
漢官儀逸文　　　297
漢官舊儀二卷補遺
　一卷　　　　　296
漢官典職儀式選用
　一卷　　　　　297
漢官典儀一卷(蔡質
　漢官典儀一卷)　297
35漢禮器制度　　　289
　漢禮器制度(叔孫通
　　漢禮器制度)　289
　漢禮器制度一卷
　　　　　　289(3)　290
37漢氾勝之遺書一卷　375
40漢南記一卷　　　236
43漢戴德喪服變除　68
44漢蘭臺令李伯仁集
　(一名李蘭臺集)
　一卷　　　　　441
漢甘露石渠禮議一
　卷　　　　　83(2)
漢舊儀一卷附補遺
　(漢衛宏漢舊儀一
　卷附補遺)　　296
漢舊儀二卷補遺二
　卷　　　　　　296
48漢乾象術二卷　　382
49漢趙記一卷(和苞漢
　趙記一卷)　　263

50漢書許義一卷　　229
　漢書糾謬一卷　　229
　漢書佚文一卷　　229
　漢書逸文　　　　229
　漢書舊注一卷　　229
72漢劉子駿集一卷　435
　漢劉中壘集一卷　433
　漢劉熙孟子注　　120
76漢陽郡圖經一卷　315
77漢輿地圖一卷　　302
　漢桑欽古文尚書説
　　一卷　　　　　43

3414₀ 汝

40汝南先賢傳　281(2)
　汝南先賢傳一卷　281(2)
　汝南先賢傳一卷(晉
　　周斐汝南先賢傳
　　一卷)　　　　281

3418₁ 洪

88洪範五行傳一卷　43
　洪範五行傳一卷(劉
　　向洪範五行傳一
　　卷)　　　　　43
　洪範五行傳三卷　43
　洪範緯　　　　　200

3426₀ 褚

18褚玠〔文存〕　　595
　褚玠〔詩存〕　595(2)
32褚淵〔文存〕　　553
40褚爽〔文存〕　　524
72褚氏易注一卷　　26

3430₄ 達

40達士傳一卷　　　273

3513₀ 決

27決疑要注一卷　291(2)
　決疑要注一卷(晉摯

虞決疑要注一卷)
　　　　　　　　　291
50決事占　　　　　371
3520₆ 神
22神仙傳一卷　　　277
40神境記一卷　326(3)
　神境記一卷(晉王韶
　　之神境記一卷)　326
55神農本草一卷　　379
　神農本草經三卷 379(3)
　神農本草經四卷　379
　神農書　　　　353
60神異經佚文一卷　418
87神録一卷(劉之遴神
　録一卷)　　　　691
3521₈ 禮
00禮雜問一卷　　　84
07禮記音隱一卷(射慈
　　禮記音隱一卷)　81
　禮記音義隱　　　81
　禮記音義隱一卷謝□
　　　　　　　　81(2)
　禮記音義隱一卷射慈　81
　禮記新義疏一卷　78
　禮記王氏注二卷　77
　禮記孫氏注一卷　77
　禮記盧注佚文疏證
　　二卷　　　　77
　禮記盧氏注一卷　77
　禮記熊氏義疏四卷　79
　禮記佚文　　　75
　禮記皇氏義疏四卷　78
　禮記解詁一卷(盧植
　　禮記解詁一卷)　77
　禮記徐氏音三卷　82
　禮記注　　　　76

禮記沈氏義疏一卷　78
禮記遺文　　　　75
禮記遺篇　　　　75
禮記逸文附逸句　75
禮記〔古解鉤沈〕　82
禮記范氏音一卷　81
禮記略解一卷　　78
禮記馬氏注一卷　76
禮記劉氏音一卷　78
禮記隱義　　　　78
禮記隱義一卷　78(2)
禮記義證一卷　　78
08禮論(漢石渠禮論)　83
　禮論一卷　　　84
　禮論條牒一卷　85
　禮論難一卷　　84
　禮論答問一卷　84
　禮論鈔略一卷　85
10禮元命包　　　208
　禮元命包一卷　208
20禮統一卷　　85(2)
23禮稽命徵　　　207
　禮稽命徵一卷 207(4)
　禮稽命徵一卷附補
　　遺　　　　207
24禮緯(泛引禮緯)　206
　禮緯一卷　　206(2)
　禮緯稽命徵一卷 207(3)
　禮緯斗威儀一卷 208(3)
　禮緯附録附補遺　206
　禮緯含文嘉一卷 207(3)
25〔禮〕佚文　　　75
　〔禮〕佚記　　　75
　〔禮〕佚經　　　65
　禮傳一卷　　　77
　禮傳一卷(荀氏禮傳

一卷)　　　　　83
27禮疑義一卷　　　85
34禮斗威儀　207(3) 208
　禮斗威儀一卷　　208
　禮斗威儀附補遺　208
37禮逸篇附遺句　　75
80禮義答問一卷　　85
　禮含文嘉　206(3) 207
　禮含文嘉一卷　　207
　禮含文嘉一卷附補
　　遺　　　　　206
3530₀ 連
22連山　　　　　30
　連山一卷　　　30
　連山歸藏逸文一卷　30
　連山易　　　　30
3610₀ 湘
12湘水記一卷　　328
32湘州記一卷　317(2)
　湘州記一卷郭仲産
　　　　　　　317(2)
　湘州記一卷甄烈 317(2)
　湘州記一卷庾仲雍
　　　　　　　317(2)
　湘州滎陽郡記一卷 317
50湘中記　　　316
　湘中記一卷　318(2)
　湘中記一卷庾仲雍 317
　湘中記一卷羅含 316(3)
3611₇ 温
17温子昇〔文存〕　603
　温子昇〔詩存〕 603(2)
22温嶠〔文存〕　508
24温侍讀集一卷　603
　温侍讀集二卷　603

3612₇ 湯

50湯惠休〔詩存〕　　551(2)

3630₂ 邊

07邊韶〔文存〕　　444

3711₂ 氾

71氾麻樞　　206

79氾勝之遺書一卷　　375

　氾勝之書　　375　376

　氾勝之書一卷　　376

　氾勝之書二卷　　375(2)

3712₀ 洞

00洞庭記一卷　　329(2)

3714₆ 潯

76潯陽記　　320

　潯陽記一卷　　320

　潯陽記一卷(晉張僧

　鑒潯陽記一卷)　　320

3714₇ 汲

37汲冢紀年存真二卷　　243

　汲冢書鈔一卷　　232

　〔汲冢周書〕逸書　　232

3715₆ 渾

10渾天論祖暅　　384

　渾天論姜岌　　384

　渾天論一卷　　384

　渾天論答難　　384

　渾天論答難一卷　　384

　渾天象說　　383

　渾天象說一卷　　383

　渾天儀　　382

　渾天儀一卷　　382

28渾儀　　382

　渾儀一卷　　382

3716₄ 洛

50洛書靈準聽　　190(2)

　洛書甄曜度　　190　191

洛書甄曜度一卷　　191

洛書甄耀度　　190

洛書緯逸文　　190

洛書寶予命　　191

洛書摘六辟　　191(2)

洛書兵鈐勢　　191

洛書錄運法　　191

洛書鄭注一卷　　190

76洛陽記一卷　　312(2)

　洛陽記一卷(陸機洛

　陽記一卷)　　312

3721₀ 祖

23祖台之〔文存〕　　526

　祖台之志怪一卷　　419

35祖沖之〔文存〕　　559

72祖氏家傳一卷　　288

99祖瑩〔文存〕　　603

　祖瑩〔詩存〕　　603(2)

3721₄ 冠

35冠禮約制(何休冠禮

　約制)　　67

　冠禮約制一卷　　67

3722₀ 初

77初學記引晉紀　　242

3730₁ 逸

04逸詩　　44(4)　45

　逸詩一卷　　45

　逸詩徵三卷　　45

　逸詩附補遺　　44

08逸論語　　109

　逸論語一卷　　109(2)

17逸孟子一卷　　119　120

　逸司馬法輯本　　372

35逸禮一卷　　65

　逸禮經一卷　　65

　逸禮經輯本　　65

〔逸禮佚文〕　　65

　逸禮考一卷　　65

40逸士傳一卷　　273(2)

44逸莊子一卷　　342

50逸書　　31

　逸書一卷　　31

　逸書徵三卷　　31

60逸易一卷　　3

77逸周書諡法解劉注

　補遺一卷　　293

　〔逸周書〕補遺　　232

　逸周書逸文　　232

3730₂ 通

01通語一卷　　364

27通疑　　292

　通疑一卷　　292

28通俗文服虔　　171(2)

　通俗文(李虔通俗

　文)　　172

　通俗文一卷服虔　　171(3)

　通俗文一卷李虔　　172

　通俗文一卷(服虔通

　俗文一卷)　　171

　通俗文一卷補音一

　卷　　171

3780₀ 冥

38冥祥記　　422

　冥祥記一卷　　422(2)

　冥祥記五則　　422

3792₇ 鄴

50鄴中記　　312

　鄴中記一卷　312(2)　313

3815₇ 海

40海內先賢傳一卷　　285

3830₄ 遊

27遊名山志　　330

3830₆ 道

08道論　402

3830₇ 逆

77逆降義一卷　74

3860₄ 啓

44啓蒙記一卷　165

50啓事　295

3912₀ 沙

32沙州記一卷　307

　沙州記一卷附録一

　　卷　307

4000₀ 十

00十六國春秋一百卷　262

　十六國春秋佚文一

　　卷　263

　十六國春秋逸文　263

　十六國春秋十六卷　262

　十六國春秋輯補一

　　百卷年表一卷　263

　十六國春秋略不分

　　卷（崔鴻十六國春

　　秋略不分卷）　263

　十六國春秋纂録校

　　本十卷附校勘記

　　一卷　263

10十二州箴一卷（揚雄

　　十二州箴一卷）　295

　十三州記一卷　303

　十三州志一卷　304(3)

　十三州志一卷（闞駰

　　十三州志一卷）　304

60十四州記一卷（黄恭

　　十四州記一卷）　303

4001₁ 左

25左傳延注一卷　93

33左祕書集二卷　483

40左九嬪〔文存〕　484

　左九嬪集一卷　484

　左太冲集一卷　483

50左貴嬪〔詩存〕　484(2)

　左貴嬪集一卷　484

60左思〔文存〕　483

　左思〔詩存〕　483(2)

72左氏膏肓一卷　94

　左氏傳解誼四卷　93

　左氏奇説一卷　95

4001₇ 九

30九家易集注一卷　15

　九家易解一卷　15

　九家周易集注一卷　15

31九江志　320

　九江志一卷　319

　九江志一卷（晉何晏

　　九江志一卷）　319

32九州記一卷　303

　九州要記一卷　303

　九州春秋　258

　九州春秋　258

　九州春秋一卷（司馬

　　彪九州春秋一卷）

　　　258

4003₀ 大

17大司馬寮屬名一卷　299

26大魏諸州記一卷　305

43大戴禮記逸文　674

　大戴禮逸　82

　大戴喪服變除一卷　68

太

00太玄經一卷　385

　太玄佚文一卷　385

　太玄宋氏注一卷　385

　太康地記　302

　太康地記一卷　302(2)

　太康地志一卷　302

　太府之憲　294

50太史公素王妙論　393

　太史公素王妙論一

　　卷　393

52太晉　42(3)

80太公六韜逸文　369

　太公伏符陰謀　371

　〔太公〕兵法　370

　太公兵法　370

　太公兵法逸文一卷　370

　太公陰謀　371

　太公陰符　371

　太公金匱　370

　太公金匱一卷　370

4004₇ 友

08友論　401

4010₀ 士

12士孫瑞〔文存〕　450

24士緯一卷　406

土

44土地記一卷（張氏土

　　地記一卷）　302

4022₇ 南

00南雍州記一卷　315

　南雍州記一卷（晉王

　　韶南雍州記一卷）

　　　315

　南方草木狀佚文一

　　卷　321

　南裔異物志　320

　南康記　320

　南康記一卷　320

　南康記一卷（晉鄧德

　　明南康記一卷）　320

南齊竟陵王集二卷　555
南齊孔詹事集一卷　559
10南平王鑠〔文存〕　547
　南平王鑠〔詩存〕　547(2)
11南北郊冕服議　290
　南北郊冕服議一卷　290
22南嶽記　326
　南嶽記一卷　326(2)
28南徐州記一卷　308
32南州異物志一卷　324
　南州異物志贊　324
43南越記　323
　南越志　323(2)
　南越志一卷　323(3)
　南越志佚文一卷　323
　南越志逸文　323
44南燕書一卷　265
　南燕書一卷(王景暉
　南燕書一卷)　266
　南燕錄一卷　266
　南華逸篇一卷　342
4033₁ 志
44志林　415
　志林(虞喜志林)　415
　志林新書一卷　415(2)
　志林佚文一卷　415
　志林逸文(虞喜志林
　逸文)　415
97志怪記一卷(殖氏志
　怪記一卷)　420
　志怪一卷(孔氏志怪
　一卷)　420
　志怪一卷(祖台之志
　怪一卷)　419
　志怪一卷(曹毗志怪
　一卷)　419

志怪録一卷　419
4040₀ 女
50女史一卷　418
4040₇ 支
32支遁〔文存〕　517
　支遁〔詩存〕　517(2)
　支遁集二卷　517(4)
　支遁集二卷補遺一
　卷　517
38支道林集一卷　517(3)
60支曇諦〔文存〕　530
李
00李充〔文存〕　510
　李充〔詩存〕　510(2)
　李康〔文存〕　463
01李諧〔文存〕　604
10李平〔文存〕　601
12李登聲類一卷　166
17李尋　433
20李重〔文存〕　492
21李虔通俗文　172
22李彪〔文存〕　601
30李騫〔文存〕　602
　李騫〔詩存〕　602(2)
　李密　484
　李密〔詩存〕　484(2)
40李克　337
　李克書一卷　337
41李概〔文存〕　606
42李斯用筆法　394
43李尤〔文存〕　441
　李尤〔詩存〕　441(2)
54李軌晉泰康起居注　250
　李軌晉泰始起居注　249
　李軌晉咸和起居注　250
　李軌晉咸寧起居注　249

李軌周易音　29
60李固〔文存〕　443
61李顒〔文存〕　514
　李顒〔詩存〕　514(2)
72李氏爾雅注　130
　李氏春秋　340
74李陵〔文存〕　431
　李陵〔詩存〕　431(2)
96李悝一卷　345
4050₆ 韋
00韋玄成〔文存〕　432
　韋玄成〔詩存〕　432(2)
02韋誕〔文存〕　464
67韋昭〔文存〕　474
　韋昭〔詩存〕　474(2)
　韋昭辨釋名一卷　173
4051₄ 難
12難孫氏毛詩評一卷　48
30難字一卷　178
44難蓋天一卷　381
　難杜一卷　97
4060₀ 古
00古文論語二卷附錄
　一卷　112
　古文一卷　155
　古文官書　153(2)
　古文官書一卷　153(3)
　古文官書一卷(衛宏
　詔定古文官書一
　卷)　153
　古文奇字(郭訓古文
　奇字)　154
　古文春秋左傳一卷　99
　古文春秋左傳十二
　卷　99(2)
　古文周書　232

古文尚書音一卷　　43
古文尚書訓一卷　　38
古文尚書訓旨一卷　38
古文尚書證訛十一
　卷(鄭氏古文尚書
　證訛十一卷)　　39
古文尚書說一卷(漢
　桑欽古文尚書說
　一卷)　　　　　43
古文尚書三卷　　　37
古文尚書舜典注一
　卷　　　　　　　41
古文尚書逸文考一
　卷(漆書古文尚書
　逸文考一卷)　　37
古文尚書十卷　　　40
古文尚書十卷(鄭氏
　古文尚書十卷)　39
古文尚書十一卷　　39
08古論語六卷　　　109
25古傳一卷　　　　418
37古逸詩　　　　44(2)
50古史考一卷(譙周古
　史考一卷)　　269(2)
古本竹書紀年輯校
　一卷　　　　　243
55古農家言四篇　　354
60古易訂文十二卷(費
　氏古易訂文十二
　卷)　　　　　　5
古異傳一卷　　　421
72古岳瀆經一卷　　326
80古今文字表一卷　155
古今訓　　　　　409
古今樂錄一卷　396(3)
古今字詁　　　176(2)

古今字詁一卷　177(2)
古今字詁一卷(張揖
　古今字詁一卷)　176
古今字詁疏證一卷　177
古今通論一卷　413(2)
古今奇字　　　　154
古今善言一卷　　414
4064₁ 壽
76壽陽記一卷(宋王元
　謨壽陽記一卷)　308
4071₀ 七
21七經詩一卷　　　145
七經義綱　　　　146
七經義綱一卷　146(2)
67七略　　　　　　331
七略一卷　　　　331
七略一卷(劉歆七略
　一卷)　　　　　331
七略佚文一卷　　331
七略佚文七卷　　331
七略別錄一卷　　330
七略別錄一卷別錄
　補遺一卷　　　330
七略別錄佚文一卷　330
87七錄序　　　　　332
七錄序目一卷　　332
七錄一卷　　　　332
七錄目錄　　　　332
4073₁ 去
23去伐論　　　　　368
去伐論一卷　　　368
4073₂ 喪
77喪服譜一卷(蔡氏喪
　服譜一卷)　　　73
喪服譜一卷(賀氏喪
　服譜一卷)　72(2)

喪服要記　　　　73
喪服要記一卷　70　71
喪服要記一卷(王肅
　喪服要記一卷)　71
喪服要記一卷(王氏
　喪服要記一卷)　71
喪服要記一卷(賀氏
　喪服要記一卷)　73
喪服要記注一卷　73
喪服要集一卷　　71
喪服經傳一卷　　69
喪服經傳一卷(集注
　喪服經傳一卷)
　　　　　　72　73
喪服經傳一卷(略注
　喪服經傳一卷)　74
喪服經傳王氏注一
　卷　　　　　　70
喪服經傳袁氏注一
　卷　　　　　　71
喪服經傳略注一卷　74
喪服經傳馬氏注一
　卷　　　　　　69
喪服經傳陳氏注　73
喪服變除　　　　71
喪服變除(漢戴德喪
　服變除)　　　　68
喪服變除(鄭玄喪服
　變除)　　　　　69
喪服變除一卷戴德　68
喪服變除一卷鄭玄　69
喪服變除一卷(戴德
　喪服變除一卷)　68
喪服變除一卷(葛氏
　喪服變除一卷)　73
喪服變除一卷(鄭氏

喪服變除一卷)　　69
喪服變除一卷附變
　除注　　69
喪服變除注(鄭玄喪
　服變除注)　　69
喪服變除圖一卷　71(2)
喪服傳　　71
喪服釋疑論　　72
喪服釋疑一卷　72(2)
喪服注一卷(周氏喪
　服注一卷)　　74
喪服古今集記一卷　74
喪服世行要記一卷　75
喪服問難一卷　74
喪服答問　　74

袁

17袁子正論一卷　366(2)
袁子正論二卷　366
袁子正書一卷　367(2)
袁子正書一卷附袁
　子一卷　367
20袁喬〔文存〕　513
22袁山松〔詩存〕　527(2)
袁山松郡國志一卷　236
袁山松後漢書一卷
　　236(2)
袁崧〔文存〕　527
袁崧後漢書　236(2)
袁崧宜都記一卷　316
26袁伯文〔文存〕　550
袁伯文〔詩存〕　550(2)
27袁豹〔文存〕　531
袁象〔文存〕　557
袁象〔詩存〕　557(2)
袁粲〔文存〕　553
30袁準〔文存〕　475

袁宏〔文存〕　519
袁宏〔詩存〕　519(2)
37袁渙〔文存〕　457
袁淑〔文存〕　544
袁淑〔詩存〕　544(2)
41袁樞〔文存〕　592
50袁忠憲集一卷　544
60袁昂〔文存〕　579
64袁曄獻帝春秋一卷　244
67袁曜〔詩存〕　602(2)

4090₀ 木

44木華〔文存〕　532

4090₃ 索

05索靖〔文存〕　493

4091₆ 檀

38檀道鸞續晉陽秋一
　卷　248
檀道鸞續晉陽秋二
　卷　248

4094₈ 校

44校蔡中郎文集疏證
　十卷外集疏證一
　卷附蔡中郎文集
　補一卷　449

4191₆ 桓

00桓玄〔文存〕　529
桓玄〔詩存〕　528　529
桓玄周易繫辭注　28
01桓譚〔文存〕　435
09桓麟〔文存〕　443
17桓子新論三卷　360
36桓溫〔文存〕　518
桓溫〔詩存〕　518　519
71桓階別傳一卷　287
72桓氏世要論一卷　403
79桓驎〔詩存〕　443(2)

88桓範〔文存〕　464

4212₂ 彭

30彭宣易傳　7
43彭城王紘〔文存〕　511

4220₀ 蒯

17蒯子一卷　398

4240₀ 荆

22荆山子　360
32荆州記　313(2)
荆州記一卷郭仲產　313
荆州記一卷盛弘之
　　313　314(2)
荆州記一卷范汪　313
荆州記一卷劉澄之　314
荆州記一卷　314(2)
荆州記一卷庚仲雍
　　313(2)
荆州記一卷(晉盛宏
　之荆州記一卷)　313
荆州記三卷　314(2)
荆州記三卷附錄一
　卷　314
荆州土地記一卷　315
荆州圖記一卷　314
荆州圖副一卷　315
荆州圖經一卷　315(2)
40荆南志一卷　316
荆南地志一卷　316
44荆楚歲時記　315(2)
荆楚歲時記一卷　315(3)

4241₃ 姚

20姚信〔文存〕　474
姚信易注一卷　20
姚信周易注一卷　20
26姚和都後秦記一卷　268
30姚察〔文存〕　599

姚察〔詩紀〕 599

姚察〔詩存〕 599

56姚規易注 26

4246₄ 婚

35婚禮 67

婚禮一卷（鄭氏婚禮
一卷） 67

婚禮謁文 67

婚禮謁文一卷 67

婚禮謁文贊 67

4291₃ 桃

40桃左春秋 253

4292₁ 析

00析言 409

析言論一卷 409(2)

4304₂ 博

27博物記一卷唐蒙 413

博物記一卷張華 413

博物志佚文一卷 414

〔博物志〕補 414

〔博物志〕逸文 414

4313₂ 求

10求雨法一卷 386

4340₇ 炉

07炉記一卷 418

4346₀ 始

77始學篇一卷 164(3)

始興記 322

始興記一卷

322(2) 323

始興記一卷（晉王韶
之始興記一卷） 322

4380₅ 越

27越絕書逸文 261

〔越絕書〕逸文 261

越絕書佚文一卷 261

4385₀ 戴

16戴聖石渠禮論一卷 83

24戴德喪服變除一卷 68

34戴法興〔文存〕 549

戴逵〔文存〕 545

36戴逵〔文存〕 507

38戴祚甄異傳一卷 419

4410₀ 封

36封禪儀記一卷 290(2)

4410₄ 董

17董子一卷 339

董子文集一卷 430

25董仲舒〔文存〕 430

董仲舒文抄一卷 430

董仲舒集一卷 430(2)

董仲舒春秋決獄一
卷 103

董仲舒公羊治獄一
卷 103

36董遇易章句一卷 18

董遇周易章句一卷 18

64董勛問禮俗一卷 292

72董氏周易注 18

77董膠西集 430

董膠西集一卷 430

董膠西集二卷 430

4410₇ 蓋

10蓋天說一卷 381

4411₂ 地

16地理志考逸（桑欽地
理志考逸） 302

地理書抄一卷（陸澄
地理書抄一卷） 304

60地圖一卷 302

80地鏡一卷 394(2)

地鏡圖一卷 394(4)

4411₂ 范

00范亨燕書一卷 265

10范雲〔文存〕 560

范雲〔詩存〕 560(2)

12范弘之〔文存〕 524

17范子計然 354

范子計然一卷 354(2)

范子計然三卷 354

24范縝〔文存〕 562

25范岫〔文存〕 565

30范宣〔文存〕 522

范甯〔文存〕 528

范甯穀梁傳例一卷 107

31范汪〔文存〕 516

50范泰〔文存〕 537

范泰〔詩存〕 537(2)

52范靜妻沈氏〔詩存〕

590(2)

64范曄〔文存〕 542

范曄〔詩存〕 542

71范長生易注一卷 21

77范堅〔文存〕 510

4412₇ 蒲

10蒲元傳 287

蒲元別傳 287

4414₂ 薄

27薄叔玄問穀梁義一
卷 107

4420₇ 考

10考工記遺文 61

考工記遺職 61

夢

50夢書一卷 392(3)

4421₁ 麓

22麓山記一卷 327(2)

4421₄ 莊

17莊子司馬注一卷　　343
　莊子佚文一卷　　342
　莊子注一卷（司馬彪
　　莊子注一卷）　　343
　莊子注一卷莊子逸
　　注考一卷（司馬彪
　　莊子注一卷莊子
　　逸注考一卷）　　343
　莊子遺篇一卷　　342
　莊子逸文　　342(3)
　莊子逸文一卷補遺
　　一卷續補遺一卷　342
　〔莊子〕逸語　342(2)
　〔莊子〕逸篇　　342
　莊子逸篇　　342
　莊子逸篇一卷莊子
　　逸語司馬彪注一
　　卷莊子逸篇司馬
　　注補遺一卷　　342
72莊氏易義一卷　　26

4422₇ 勸

77勸學篇　　161(3)
　勸學篇一卷　　161(3)
　勸學篇一卷（蔡邕勸
　　學篇一卷）　　161

蕭

00蕭方等三十國春秋
　　一卷　　262
　蕭廣濟孝子傳　　274
　蕭廣濟孝子傳一卷　274
　蕭廣濟孝子傳輯本
　　一卷　　274
13蕭琮〔詩存〕　590(2)
17蕭琛〔文存〕　　575
　蕭琛〔詩存〕　575(2)

蕭子雲〔文存〕　　585
蕭子雲〔詩存〕　585(2)
蕭子雲晉書　　241
蕭子雲晉書一卷　　241
蕭子顯〔文存〕　　576
蕭子顯〔詩存〕　576(2)
蕭子顯晉史草一卷　241
蕭子暉〔文存〕　　577
蕭子暉〔詩存〕　577(2)
蕭子範〔文存〕　　584
蕭子範〔詩存〕　584(2)
38蕭洽〔詩存〕　　570
40蕭大圜〔文存〕　　611
47蕭愨〔文存〕　　607
　蕭愨〔詩存〕　607(2)
50蕭惠開〔文存〕　　552
52蕭撝〔文存〕　　608
　蕭撝〔詩存〕　　608
60蕭圓肅〔文存〕　　611
　蕭景暢晉史草　　241
77蕭欣〔文存〕　　590
　蕭欣〔詩存〕　589　590

蘭

40蘭臺集一卷　　438

4424₀ 苻

17苻子　　410(2)
　苻子一卷　　410(2)

4424₇ 蔣

17蔣子萬機論一卷　402(3)

4425₃ 茂

74茂陵書一卷　　294

4426₇ 蒼

41蒼頡篇二卷（重輯蒼
　　頡篇二卷）　158(2)

4433₁ 燕

40燕太子傳一卷　　286

燕志一卷（高閭燕志
　　一卷）　　265
50燕書一卷（范亨燕書
　　一卷）　　265
77燕丹子三卷　　356

4439₄ 蘇

00蘇彥〔文存〕　　522
　蘇彥〔詩存〕　522(2)
17蘇子　　406　407
　蘇子一卷蘇彥　　406
　蘇子一卷蘇淳　　345
　蘇子一卷蘇秦　　351
21蘇順〔文存〕　　440
44蘇林陳留耆舊傳一
　　卷　　280

4440₆ 草

50草書狀　　395
　草書狀一卷　　395

4440₇ 孝

00孝文帝〔文存〕　　601
　孝文帝〔詩存〕　601(2)
13孝武帝〔文存〕晉孝武
　　帝　　525
　孝武帝〔文存〕宋孝武
　　帝　　548
　孝武帝〔詩存〕　548(2)
17孝子傳　　276
　孝子傳（王韶之孝子
　　傳）　　275
　孝子傳（王歆孝子
　　傳）　　276
　孝子傳（虞盤佑孝子
　　傳）　　275
　孝子傳（師覺授孝子
　　傳）　　275
　孝子傳（宋躬孝子

傳) 276
孝子傳(蕭廣濟孝子
傳) 274
孝子傳(劉向孝子
傳) 274
孝子傳(周景式孝子
傳) 276
孝子傳(鄭緝之孝子
傳) 275
孝子傳一卷徐廣 275
孝子傳一卷劉向 274
孝子傳一卷鄭緝之 275
孝子傳一卷 276
孝子傳一卷宋躬 276
孝子傳一卷(師覺授
孝子傳一卷) 275
孝子傳一卷(徐廣孝
子傳一卷) 275
孝子傳一卷(蕭廣濟
孝子傳一卷) 274
孝子傳一卷(劉向孝
子傳一卷) 274
孝子傳補遺 276
孝子傳輯本一卷(蕭
廣濟孝子傳輯本
一卷) 274
21孝經章句 225
孝經章句一卷 225
孝經註一卷 124
孝經雜緯 221
孝經讖附錄 225
孝經講義一卷(齊永
明諸王孝經講義
一卷) 127
孝經一卷 221
孝經一卷(集解孝經

一卷) 127
孝經王氏解一卷 126
孝經雌雄圖 225
孝經雌雄圖一卷 225(2)
孝經緯 221
孝經緯(泛引孝經
緯) 222
孝經緯附錄附補遺 221
孝經傳一卷 123(2)
孝經皇氏義疏一卷 128
孝經殷氏注一卷 127
孝經解讚一卷 126
孝經解一卷 124
孝經注(鄭氏孝經
注) 124
孝經注一卷 125(2)
孝經安昌侯説一卷 124
孝經河圖 224(3)
孝經遺文 123
孝經遺章 123
孝經逸篇 123
孝經左契
222(2) 223(3)
孝經左契一卷 223
孝經左契圖 223
孝經內記 224
孝經內記圖一卷 224
孝經內事 224(3)
孝經內事一卷 224
孝經內事圖一卷 224(2)
孝經〔古解鉤沉〕 128
孝經古秘 225(2)
孝經古秘一卷 225
孝經右契 223(5)
孝經右契一卷 223
孝經右契圖 223

孝經董氏義一卷 124
孝經中黃 224
孝經中黃讖 224
孝經中黃讖一卷 224
孝經中契 222(4)
孝經中契一卷 222(2)
孝經援神契 222(5)
孝經援神契一卷 222(2)
孝經援神契一卷附
補遺 222
孝經援神契二卷 222
孝經威嬉拒
224 225(2)
孝經契 223
孝經嚴氏注一卷 127
孝經劉氏説一卷 127
孝經后氏説一卷 124
孝經馬氏注一卷 124
孝經長孫氏説一卷 123
孝經義疏一卷 77
孝經鉤命訣 223
孝經鉤命訣一卷 224(2)
孝經鉤命決 223(2) 224
孝經鉤命決一卷 223
孝經鉤命決附補遺 223
孝經鄭註一卷 124
孝經鄭注 125
孝經鄭注一卷 125
孝經鄭注疏二卷 125
孝經鄭注補證一卷 124
孝經鄭注附音 125
孝經鄭氏解輯一卷 124
孝經鄭氏注 126
孝經鄭氏注一卷 125(2)
孝經鄭氏注箋釋三
卷 125

24孝德傳序　　　　276
　孝德傳序一卷　　277

4444₇ 萬

12萬形經　　　　196
27萬物錄一卷補遺一卷
　（計然萬物錄一卷
　補遺一卷）　　354
42萬機論一卷（蔣子萬
　機論一卷）　402(3)

4443₀ 樊

44樊恭廣倉一卷　164
72樊氏爾雅注　　130

4444₁ 葬

35葬禮　　　　　　68
　葬禮一卷　　　　68

4445₆ 韓

00韓康伯易注　　　24
04韓詩　55(2)　56(3)
　韓詩章句二卷（薛君
　　韓詩章句二卷）58
　韓詩說一卷　　　56
　韓詩一卷　　　　57
　韓詩翼要一卷　58(3)
　韓詩外傳佚文一卷59(2)
　〔韓詩外傳〕補遺　59
　韓詩外傳補逸一卷58
　韓詩外傳逸文　　58
　韓詩〔釋〕　　　56
　韓詩遺說二卷訂譌
　　一卷　　　56(2)
　韓詩遺說考五卷敘
　　錄一卷韓詩外傳
　　附錄一卷韓詩內
　　外傳補逸一卷　56
　韓詩遺說考十七卷
　　敘錄一卷韓詩外

傳附錄一卷韓詩
　內外傳補逸一卷　57
　韓詩遺說考並敘錄、
　　韓詩外傳附錄、韓
　　詩內外傳補逸　57
　韓詩遺說續考四卷　57
　韓詩遺說補一卷　57
　韓詩內傳一卷　56(2)
　韓詩內傳考　　　57
　韓詩內傳徵四卷補遺
　　一卷　　　　　56
　韓詩內傳徵四卷敘
　　錄二卷補遺一卷
　　疑義一卷　　　56
　韓詩故二卷　　56(2)
　韓詩趙氏學一卷　58
　韓詩輯一卷　　　56
　韓詩〔異文疏證〕附
　　補遺　　　　　57
　韓詩附補遺　　　56
11〔韓非子〕佚文　347
　韓非子佚文　347(2)
26韓伯〔文存〕　　522
61韓顯宗〔文存〕　601
66韓嬰詩內傳一卷　56

4450₂ 摯

21摯虞〔文存〕　　501
　摯虞〔詩存〕　501(2)
40摯太常文集一卷　501

4450₄ 華

01華譚〔文存〕　　505
07華歆〔文存〕　　460
10華覈〔文存〕　　474
22華嶠〔文存〕　　487
　華嶠後漢書　234　235
　華嶠後漢書二卷　234

華嶠後漢書注一卷　234
72華氏新論一卷　367　368
76〔華陽國志佚文〕　323
　華陽國志佚文
　　補遺一卷　　　324
　華陽國志逸文　　324
　華陽國志校補　　324
　華陽國志巴郡士女
　　逸文一卷　　　324
　華陽陶隱居集二卷
　　　　　　　579(2)

4453₀ 英

40英雄記一卷　　　285
　英雄記一卷（王粲英
　　雄記一卷）　　285
　英雄記逸文　　　285
　英雄記鈔一卷　　285
77英賢傳一卷　　　288

4460₇ 蒼

41蒼頡訓詁一卷　　158
　蒼頡篇一卷　　　157
　蒼頡篇二卷　　　157

4462₇ 荀

00荀雍〔詩存〕　　540
17荀子佚文　　　　338
　荀子佚文一卷　　338
　荀子佚文輯補一卷338
　荀子逸文　　　　338
　荀柔之易音繫辭注　28
21荀綽晉百官表注一
　　卷　　　　　　299
　荀綽晉後略一卷　259
22荀崧〔文存〕　　508
26荀伯子〔文存〕　541
27荀粲易義　　　　19
　荀組〔文存〕　　505

36荀昶〔詩存〕　537(2)

40荀爽〔文存〕　447

　荀爽易言一卷　14

　荀爽周易注一卷　14

60荀勖〔文存〕　485

　荀勖〔詩存〕　485(2)

72荀氏靈鬼志一卷　419

　荀氏禮傳一卷　83

77荀卿〔文存〕　427

4471₁ 老

17老子失文　341

　老子佚文一卷　341

　老子鍾氏注一卷　341

44老萊子一卷　344

4471₇ 世

08世說新語佚文　417

　世說注引晉書　242

10世要論　404

　世要論一卷　403　404

　世要論一卷(桓氏世

　要論一卷)　403

17世子一卷　336

50世本一卷　231(4)

　世本二卷　231(2)

　世本二卷附考證一

　卷　231

　世本五卷　231

　世本集覽一卷　231

　世本集覽四十八卷　231

　世本輔補十卷　231

　世本輯逸一卷　231

4472₇ 葛

01葛龔〔文存〕　439

27葛粲傳　287

34葛洪〔文存〕　508

　葛洪〔詩存〕　508　509

72葛氏喪服變除一卷　73

4473₁ 藝

21藝經　398

　藝經一卷　398

4474₁ 薛

17薛君韓詩章句二卷　58

21薛虞易音注一卷　17

23薛綜〔文存〕　473

44薛孝通〔文存〕　604

99薛瑩〔文存〕　480

　薛瑩〔詩存〕　480(2)

　薛瑩後漢書　234

　薛瑩後漢書一卷　234

　薛瑩漢後書一卷　234

4477₀ 甘

30甘容訟易箋　17

4480₁ 楚

34楚漢春秋一卷(陸賈

　楚漢春秋一卷)　257(2)

　楚漢春秋一卷附疑

　義一卷　257

　楚漢春秋一卷附疑

　義一卷考證一卷　257

44楚地記一卷　318

60楚國先賢傳　281

　楚國先賢傳一卷　281(3)

　楚國先賢傳一卷(張

　方楚國先賢傳一

　卷)　281

　楚國先賢傳逸文　281

4480₆ 黃

00黃帝問玄女兵法　369

　黃帝問玄女兵法一

　卷　369

10黃石公記　373

20黃香〔文存〕　440

21黃穎易注一卷　24

44黃恭十四州記一卷　303

58黃整〔文存〕　513

4490₁ 蔡

00蔡充〔文存〕　492

　蔡廓〔文存〕　535

04蔡謨〔文存〕　515

12蔡癸書一卷　375

19蔡琰〔詩存〕　457

　蔡琰別傳一卷　287

22蔡邕〔詩存〕　448　449

　蔡邕聖皇篇　162

　蔡邕勸學篇一卷　161

　蔡邕明堂月令論一

　卷　80

　蔡邕月令章句一卷　79

　蔡邕月令問答一卷　81

34蔡洪〔文存〕　488

50蔡中郎文集十卷　448

　蔡中郎文集八卷　449

　蔡中郎〔文存〕　449

　蔡中郎文抄一卷　449

　蔡中郎集　449

　蔡中郎集六卷　448(2)

　蔡中郎集二卷　449

　蔡中郎集十二卷　449(2)

　蔡中郎集十卷　448

　蔡中郎集十卷外集

　四卷　449

　蔡中郎集十卷外紀

　一卷外集四卷　449

　蔡中郎集十九卷　449

　蔡中郎集舉正二卷　449

　蔡中郎集舉正二卷

　外紀不分卷外集

　不分卷　449

蔡中郎集八卷　448(3)
蔡中郎集十一卷　448
60蔡景歷〔文存〕　594
72蔡氏化清經一卷　407
蔡氏喪服譜一卷　73
蔡氏易説一卷　6
蔡氏明堂月令章句一卷　79
蔡氏月令章句二卷　79
蔡質漢官典儀一卷　297
77蔡興宗〔文存〕　552

4490₃ 綦
77綦毋氏孟子注　122

4490₄ 藥
87藥錄一卷　380
藥錄一卷（晉李當之藥錄一卷）　380

4491₀ 杜
00杜育〔文存〕　500
杜育〔詩存〕　500(2)
11杜預〔文存〕　482
21杜征南集　482
30杜之偉〔文存〕　590
37杜夷〔文存〕　434
杜夷易義　10
44杜摯〔文存〕　463
杜摯〔詩存〕　462 463
杜林訓詁逸文一卷　158
46杜恕體論一卷　404
72杜氏幽求新書一卷　408
杜氏體論二卷　404
杜氏篤論一卷　404
87杜欽易義　10
88杜篤〔文存〕　437

4491₄ 桂
76桂陽記一卷　318(2)

桂陽列仙傳一卷　277
桂陽先賢傳一卷　282
桂陽先賢畫贊　282

4499₀ 林
60林邑記一卷　325

4541₀ 姓
44姓苑一卷　288
50姓書一卷　289

4614₀ 坤
44坤蒼　162
坤蒼一卷　162 163
80坤倉　162
坤倉一卷　163
坤倉一卷附補遺（張揖坤倉一卷附補遺）　162
坤倉二卷附考異一卷　163
坤倉二卷附坤倉輯本考異一卷敍錄一卷　162

4622₇ 獨
22獨斷佚文一卷　294

4680₆ 賀
22賀循〔文存〕　503
38賀道養〔文存〕　551
72賀氏喪服譜一卷　72(2)
賀氏喪服要記一卷　73

4690₀ 相
21相經　390
相經一卷　390
25相牛經　377
相牛經（甯戚相牛經）　377
相牛經一卷　377(2)
47相鶴經　378(2)

相鶴經（淮南八公相鶴經）　378
相鶴經一卷　378(2)
相鶴經一卷（八公相鶴經一卷）　378
60相貝經　378
相貝經（朱仲相貝經）　378
相貝經一卷朱仲　378(2)
相貝經一卷嚴助　378
71相馬經　376
相馬經（伯樂相馬經）　376
相馬經一卷　376(2)
88相笏經一卷　390

4692₇ 楊
00楊方〔文存〕　506
楊方〔詩存〕　506(2)
17楊承慶字統一卷附補遺　152
26楊泉〔文存〕　476
27楊修〔文存〕　452
40楊乂〔文存〕　481
楊乂周易卦序論　21
72楊氏五經鉤沈　145
90楊惲〔文存〕　604

4722₇ 郗
47郗超〔文存〕　518
郗超〔詩存〕　518
78郗鑒〔文存〕　510
90郗愔〔文存〕　522

4740₁ 聲
08聲譜　168(4)
91聲類　166(2)
聲類一卷　166(4)
聲類一卷（李登聲類

一卷） 166

4762₀ 胡

00胡廣〔文存〕 445

胡廣漢制度 290

〔胡廣漢制度〕 291

11胡非子 349(2)

胡非子一卷 349

胡非子佚文 349

23胡綜〔文存〕 473

30胡濟〔文存〕 488

4772₇ 邯

67邯鄲淳〔文存〕 459

邯鄲淳〔詩存〕 459(2)

邯鄲氏五經析疑 144

4780₁ 起

00起廢疾一卷 105(3)

4792₀ 柳

92柳憕〔文存〕 565

97柳惲〔文存〕 565

柳惲〔詩存〕 565(2)

4794₇ 穀

33穀梁廢疾一卷 105

穀梁廢疾申何二卷 105

穀梁一卷 108

穀梁傳例一卷 107

穀梁傳例一卷（范甯

穀梁傳例一卷） 107

穀梁傳注一卷 106

穀梁劉氏義一卷 108

4841₇ 乾

27乾象術一卷 382

乾象術二卷（漢乾象

術二卷） 382

45乾坤義一卷（劉瓛乾

坤義一卷） 24

4842₇ 翰

44翰林論 612

4894₀ 枚

20枚乘〔文存〕 428

枚乘〔詩存〕 428

27枚叔集一卷 428(3)

4895₇ 梅

17梅子新論一卷 368

77梅陶〔文存〕 508

梅陶〔詩存〕 508(2)

4980₂ 趙

04趙計吏集一卷 447

10趙王招〔詩存〕 609(2)

30趙賓易義 689

36趙溫易義 15

40趙壹〔文存〕 447

趙壹〔詩存〕 447

50趙書一卷 264

5000₆ 中

00中文尚書 40

08中論佚文一卷 360

中論逸文 360

10中霤禮 67

17中丞集一卷 487

21中經簿一卷 332

27中侯雒予命 202

中侯雒師謀 202

中侯我應 201

中侯稷起 202(2) 203

中侯儀明篇 202

中侯準讖哲 203(3)

中侯洛予命 202(2)

中侯運行 203

中侯運衡 203

中侯運衡篇 203

中侯考河命 201(3)

中侯苗興 203

中侯摘雒貳 202

中侯摘洛戒 202(2)

中侯摘洛戒 202

中侯握河紀 201(2)

中侯契握 203(2)

中侯敕省圖 202(2)

中侯義明 202(2)

中侯合符后 203

史

07史記佚文一卷 229

史記寧成傳異文 229

08史説一卷 257

25史佚書一卷 348

88史篇 146

史籀篇一卷 146

史籀篇疏證一卷敍

録一卷 146

申

17申子 346(4)

申子一卷 346(2)

申子逸文 346

40申培魯詩傳一卷 52

車

21車頻秦書一卷 267

5001₄ 推

00推度災 205

5013₂ 泰

52泰誓 42

71泰階六符經一卷 385

5022₇ 青

32青州先賢傳一卷 279

50青史子 256(2)

青史子一卷 256(2)

5023₀ 本

44本草經三卷 379

5033₃ 惠

00惠帝起居注　250

　惠帝起居注一卷（陸
　機惠帝起居注一
　卷）　250

17惠子　347(2)

　惠子一卷　347

　惠子徵文記　347

34惠遠〔詩存〕　531

5033₆ 忠

13忠武誌十卷　471

　忠武誌八卷　471

71忠臣傳序　270

　忠臣傳序一卷　270

5040₄ 婁

48婁敬　357

5043₀ 奏

40奏土論　301

　奏土論一卷　301

5060₀ 由

80由余書一卷　352

5060₁ 書

08書論　396

　書論一卷　396

10書王氏注一卷　40

　書賈氏義一卷　36

24書贊一卷　43

35書遺句　31

　書遺篇　31

37書逸篇附遺句　31

40書古文訓一卷　38

　書古文訓旨一卷　38

　書古文同異　38

44書范氏集解一卷　41

5060₃ 春

29春秋文謚例一卷　101

春秋文曜鈎　212

春秋文曜鈎一卷　211

春秋文曜鈎一卷附
　補遺　211

春秋文義　218

春秋文耀鈎　211

春秋文耀鈎一卷　212

春秋讖附錄一卷　210

春秋説一卷（驕氏春
　秋説一卷）　101

春秋説題　215

春秋説題辭
　　　215　216(3)

春秋説題辭一卷　216

春秋説題辭附補遺　216

春秋説命徵一卷　217

春秋一卷　210

春秋三家經本訓詁
　一卷　108

春秋三傳異同説一
　卷　108

春秋玉版　217

春秋玉版讖一卷　217

春秋元命包　211(3)

春秋元命苞　211(2)

春秋元命苞一卷　211(2)

春秋瑞應傳　217

春秋孔演圖一卷　211

春秋孔錄法　217(3)

春秋璇璣樞　217

春秋後語　256

春秋後語一卷　256(3)

春秋後語一卷（孔衍
　春秋後語一卷）　256

春秋後傳一卷　256

春秋後傳一卷（樂資

春秋後傳一卷）　256

春秋外傳國語唐氏
　注一卷　255

春秋外傳國語孔氏
　注一卷　255

春秋外傳國語虞氏
　注一卷　255

春秋佐助期
　　　214(2)　215

春秋佐助期一卷　214(2)

春秋佐助期附補遺　214

春秋牒例章句一卷　93

春秋緯　210(2)

春秋緯（泛引春秋
　緯）　210

春秋緯文耀鈎一卷
　　　212(2)

春秋緯説題辭一卷
　　　216(2)

春秋緯一卷　210

春秋緯元命苞一卷　211

春秋緯元命苞二卷　211

春秋緯佐助期　215

春秋緯保乾圖一卷　214

春秋緯潛潭巴一卷
　　　215(2)

春秋緯演孔圖一卷
　　　211(2)

春秋緯運斗樞一卷
　　　212(2)

春秋緯感精符一卷
　　　213(2)

春秋緯握誠圖一卷　215

春秋緯附錄附補遺　210

春秋緯合誠圖一卷
　　　213(2)

春秋傳駁一卷　　97
春秋傳服氏注十二
　卷　　93
春秋保乾圖　214(3)
春秋保乾圖一卷　214(2)
春秋保乾圖附補遺　214
春秋釋痾駁一卷　95
春秋釋例一卷　98(2)
春秋釋例十五卷　98(2)
春秋釋例十五卷附
　校勘記二卷　　98
春秋徐氏音一卷　99
春秋河圖揆命篇　217(2)
春秋潛潭巴　215(5)
春秋潛潭巴一卷　215
春秋潛潭巴附補遺　215
春秋演孔圖
　　　210(2)　211
春秋演孔圖一卷　211
春秋演孔圖一卷附
　補遺　210
春秋漢議一卷　101
春秋漢含　214
春秋漢含孳　214(3)
春秋漢含孳一卷　214
春秋漢含孳附補遺　214
春秋決獄一卷(董仲
　舒春秋決獄一卷)　103
春秋決事一卷　103(2)
春秋逸義述一卷(嚴
　氏春秋逸義述一
　卷)　101
春秋運斗樞　212(5)
春秋運斗樞一卷　212
春秋運斗樞附補遺　212
春秋左傳許氏注一

卷許淑　96
春秋左傳許氏注一
　卷許慎　93
春秋左傳一卷(古文
　春秋左傳一卷)　99
春秋左傳王氏注　96
春秋左傳賈服注輯
　述二十卷　94
春秋左傳解誼一卷
　(服虔春秋左傳解
　誼一卷)　93
春秋左傳十二卷(古
　文春秋左傳十二
　卷)　99(2)
春秋左傳〔古解鈎
　沈〕　100
春秋左傳劉氏注一
　卷　96
春秋左傳服注存二
　卷　93
春秋左傳服注存二
　卷續一卷補遺一
　卷　93
春秋左傳鄭氏義一
　卷　95
春秋左氏膏肓釋痾
　一卷　95
春秋左氏函傳義一
　卷　96
春秋左氏經傳章句
　一卷　96
春秋左氏經傳義略
　一卷　96
春秋左氏經遺文　91
春秋左氏傳章句一
　卷　92

春秋左氏傳嵇氏音
　一卷　99
春秋左氏傳解誼四
　卷　93
春秋左氏傳解詁一
　卷　92
春秋左氏傳解詁二
　卷　92
春秋左氏傳遺文　91
春秋左氏傳遺句　91
春秋左氏傳吳氏義
　一卷　91
春秋左氏傳服氏注
　一卷　93
春秋左傳義疏一卷　97
春秋左氏傳義注一
　卷　96
春秋左氏解詁一卷
　(賈逵春秋左氏解
　詁一卷)　92
春秋左氏古義六卷　99
春秋左氏長經章句
　一卷　92
春秋大傳一卷　108(2)
春秋土地名一卷　97(2)
春秋土地名一卷(京
　相璠春秋土地名
　一卷)　97(2)
春秋內傳古注輯存
　三卷　99
春秋內事
　　　216(2)　217(2)
春秋內事一卷　216(2)
春秋考異　213
春秋考異郵　213(3)
春秋考異郵一卷

213(2) 214
春秋考異郵附補遺 213
春秋考曜文 217
春秋穀梁傳序一卷 107
春秋穀梁傳麋氏注
一卷 106
春秋穀梁傳章句一
卷 104
春秋穀梁傳説一卷 105
春秋穀梁傳徐氏注
一卷 107
春秋穀梁傳注一卷
（麋信春秋穀梁傳
注一卷） 106
春秋穀梁傳注義一
卷 106
春秋穀梁傳鄭氏説
一卷 107
春秋穀梁〔古解鉤
沉〕 108
春秋穀梁劉更生義
一卷 105
春秋穀梁劉氏義一
卷 105
春秋穀梁氏經遺文 104
春秋穀梁氏傳遺文 104
春秋穀梁段氏注一
卷 106
春秋撲命篇 217
春秋括地象 218
春秋成長説一卷 94
春秋感精符
212(3) 214
春秋感精符一卷
212 213
春秋感精符一卷附

補遺 212
春秋握誠圖 215(3)
春秋握誠圖一卷 215
春秋撰命篇 217
春秋圖 217
春秋盟會圖一卷 104
春秋盟會圖一卷（嚴
彭祖春秋盟會圖
一卷） 104
春秋長曆一卷 99
春秋前傳一卷 256
春秋合誠圖 213(3)
春秋合誠圖一卷 213
春秋合誠圖附補遺 213
春秋含文嘉 217
春秋命歷序 216(3)
春秋命歷序一卷 216(2)
春秋命厤序一卷 216
春秋公子譜一卷 285
春秋公羊顏氏記一
卷 101
春秋公羊貢氏義一
卷 101
春秋公羊〔古解鉤
沉〕 104
春秋公羊穀梁二傳
評一卷 108
春秋公羊穀梁傳集
解一卷 108
春秋公羊穀梁傳解
詁一卷 108
春秋公羊睦氏義一
卷 100
春秋公羊嚴氏義一
卷 100
春秋公羊氏經遺文 100

春秋公羊氏傳遺文 100
春秋公羊鄭氏義一
卷 103
春秋錄運法 217
春秋錄圖 217(2)
春秋符 217
春秋繁露佚文一卷 103
〔春秋繁露〕佚文輯
補 103
春秋少陽篇 218
5090₀ 未
50未央術一卷 386
5090₂ 棗
22棗嵩〔詩存〕 500
51棗據〔文存〕 482
棗據〔詩存〕 482(2)
75棗腆〔詩存〕 500(2)
5090₃ 素
77素問佚文一卷 379
5090₄ 秦
07秦記一卷（裴景仁秦
記一卷） 268
17秦子一卷 406
32秦州記 306
秦州記一卷 306(2)
40秦嘉〔文存〕 444
秦嘉〔詩存〕 444(2)
44秦地圖一卷 301
50秦書一卷 268
秦書一卷（車頻秦書
一卷） 267
5090₆ 束
47束皙〔文存〕 483
束皙〔詩存〕 483(2)
東
00東方先生文集三卷 430

東方先生集一卷　430(2)
東方大中集一卷　431
東方大中集二卷　430
東方曼倩文抄一卷　431
東方朔〔文存〕　431
東方朔〔詩存〕430　431
東方朔占　389
10東平王蒼〔文存〕　437
東平憲王蒼〔詩存〕
　　437(2)
30東宮舊事一卷　291
東宮舊事一卷（晉張
　敞東宮舊事一卷）291
34東漢王叔師集一卷　440
東漢崔亭伯集一卷　438
東漢馬季長集一卷　445
46東觀漢記　232　233
東觀漢記一卷　233
東觀漢記二卷拾遺
　二卷　233
東觀漢記二十四卷　233

5206₄ 括
14括地譜　302
括地圖　301
括地圖一卷　301(2)

5310₇ 盛
00盛彦〔文存〕　481
12盛弘之荆州記一卷　314

5320₀ 成
80成公綏〔文存〕　477
成公綏〔詩存〕　477(2)

戚
72戚氏周禮音拾遺一
　卷　64

5403₂ 轅
60轅固齊詩傳一卷　54

5503₀ 扶
40扶南記一卷　324
扶南傳　325
扶南傳一卷　325
扶南土俗一卷　324
扶南土俗傳一卷　324
扶南異物志一卷　321

5560₆ 曹
17曹子建詩注二卷　461
曹子建詩箋二卷　461
曹子建詩箋定本四
　卷　461
曹子建文集十卷　460
曹子建文抄一卷　461
曹子建集　461
曹子建集十卷
　　460(2)　461
曹子建集十卷補遺
　一卷　461
曹子建集十卷附逸
　文一卷　461
20曹集考異十二卷　461
曹集銓評十卷附逸
　文一卷　461
40曹大家集一卷　439
曹志〔文存〕　485
曹嘉之晉紀一卷　245(2)
51曹攄〔文存〕　498
曹攄〔詩存〕　498(2)
56曹操〔詩存〕　456(2)
61曹丕〔文存〕　507
曹丕〔詩存〕　507(2)
曹丕志怪一卷　419
80曹羲〔文存〕　464

5580₁ 典
01典語一卷　364(3)

08典論一卷荀悦　361
典論一卷曹丕　361(3)
典論一卷補遺一卷　362

5580₈ 費
36費昶〔詩存〕　566(2)
40費直易　5
費直易注　386
費直易林一卷　387
72費氏古易訂文十二
　卷　5
費氏易一卷　5

5602₇ 揚
17揚子雲文抄一卷　435
揚子雲集六卷　434　435
揚子雲集三卷　434(2)
揚子雲集四卷　435
24揚侍郎集　435
揚侍郎集一卷　434
揚侍郎集五卷　434
40揚雄〔文存〕　435
揚雄琴清英　90
揚雄十二州箴一卷　295
揚雄蜀王本紀　262
揚雄蜀王本紀一卷　261

5701₂ 抱
43抱朴子佚文一卷　424
抱朴子逸文　424(2)
抱朴子内篇〔佚文〕　424
抱朴子内篇佚文一
　卷抱朴子外篇佚
　文一卷　423

5704₇ 投
40投壺變（虞潭投壺
　變）　398
投壺變一卷　398

5790₈ 繫

20繫辭義疏一卷（劉瓛
　繫辭義疏一卷）　25

6010₄ 墨

17墨子佚文　350(6)
　墨子佚文一卷　350
　墨子傳一卷　286

星

21星經一卷　386

6012₇ 蜀

10蜀王本紀　261
　蜀王本紀（揚雄蜀王
　本紀）　262
　蜀王本紀一卷　262
　蜀王本紀一卷（揚雄
　蜀王本紀一卷）　261
17蜀丞相諸葛亮文集
　六卷存卷四至六　470
　蜀丞相諸葛孔明文
　集六卷　470
40蜀才周易注一卷　20
　蜀李書一卷（常璩蜀
　李書一卷）　264
87蜀錄一卷　265

6015₃ 國

01國語章句一卷　254
　國語章句一卷（王肅
　國語章句一卷）　254
　國語註一卷　254
　國語三君注輯存四
　卷　255
　國語賈景伯注一卷　254
　國語賈氏注一卷　254
　國語虞氏注一卷　255
　國語佚文一卷　254
　國語解詁一卷（鄭眾

　國語解詁一卷）　254
　國語解詁二卷　254
　國語注（賈逵國語
　注）　254
　國語注一卷（唐固國
　語注一卷）　255
　國語注一卷（賈逵國
　語注一卷）　254
　國語注一卷（虞翻國
　語注一卷）　255

6021₀ 四

00四方獻令　301
　四方令一卷　301
75四體書勢　396(2)
　四體書勢一卷　396
77四民月令一卷　300(7)
　四民月令一卷附札
　記一卷　300

6022₇ 易

00易章句（施讎易章句）
　6
　易章句一卷（京房易
　章句一卷）　8
　易章句一卷（董遇易
　章句一卷）　18
　易章句一卷附逸象
　（孟喜易章句一卷
　附逸象）　7
　易辨終備　195(3)
　易辨終備一卷　195
　易辨終備逸文　195
　易辨終備鄭氏注一
　卷　195
　易言一卷（荀爽易言
　一卷）　14
　易音注一卷（徐邈易

　音注一卷）　29
　易音注一卷（薛虞易
　音注一卷）　17
　易音繫辭注（荀柔之
　易音繫辭注）　28
　易京氏傳一卷　387
　易京氏章句一卷　8
　易雜占條例法一卷　387
03易讖附錄　192
08易說　389
　易說一卷（蔡氏易說
　一卷）　6
10易一卷（費氏易一
　卷）　5
　易王氏義一卷　10
　易下邳傳甘氏義一
　卷　17
　易天人應　196
　易賈氏義一卷　9　10
12易飛候　387(3)
　易飛候一卷　387
20易集解一卷（張璠易
　集解一卷）　22
　易集注一卷（九家易
　集注一卷）　15
　易統驗玄圖　193
21易占　388(2)
　易占一卷（郭氏易占
　一卷）　389
　易經要略（沈驎士易
　經要略）　25
　易經備一卷　195
22易巛靈圖一卷　193
23易稽覽圖　194(3)
　易稽覽圖一卷　194(2)
　易稽覽圖逸文　194

易稽覽圖鄭氏注一

　卷　　　　　　194

24易緯(泛引易緯)　　192

　易緯辨終備一卷　195(2)

　易緯一卷　　　192(2)

　易緯天人應一卷　195

　易緯稽覽圖一卷　194

　易緯稽覽圖二卷　194

　易緯通卦驗一卷　193

　易緯通卦驗二卷　193

　易緯通卦驗鄭注佚

　　文一卷　　　　193

　易緯萌氣樞一卷　196

　易緯坤靈圖一卷

　　　　　　193　194

　易緯乾元序制記一

　　卷　　　196　197

　易緯是類謀一卷

　　　　　　194　195

　易緯附錄　　　192

25易傳　　　　　387

　易傳(彭宣易傳)　7

　易傳一卷　　　387

　易傳一卷(京房易傳

　　一卷)　　　　387

　易傳一卷(子夏易傳

　　一卷)　　　3(4)

　易傳一卷(馬融易傳

　　一卷)　　　　11

　易傳三卷(干氏易傳

　　三卷)　　　　23

　易傳太初篇　196(2)

　易傳鈎遺二卷(子夏

　　易傳鈎遺二卷)　4

27易象妙于見形論一

　　卷　　　　　　29

易解一卷(九家易解

　　一卷)　　　　15

易解一卷(陸氏易解

　　一卷)　　　19(2)

易解一卷(陸公紀易

　　解一卷)　　　19

易解三卷(干常侍易

　　解三卷)　　　23

易解附錄一卷附後

　　語一卷　　　　12

易魯氏義一卷　　11

30易注(王凱沖易注)　28

　易注(崔覲易注)　25

　易注(伏曼容易注)　26

　易注(朱仰之易注)　28

　易注(姚規易注)　26

　易注(韓康伯易注)　24

　易注(費直易注)　386

　易注(劉昞易注)　27

　易注(服虔易注)　14

　易注一卷(王廙易注

　　一卷)　　　　23

　易注一卷(王肅易注

　　一卷)　　　　17

　易注一卷(干寶易注

　　一卷)　　　　23

　易注一卷(張氏易注

　　一卷)　　　　27

　易注一卷(盧氏易注

　　一卷)　　　　28

　易注一卷(虞翻易注

　　一卷)　　　　19

　易注一卷(宋衷易注

　　一卷)　　　　16

　易注一卷(褚氏易注

　　一卷)　　　　26

易注一卷(姚信易注

　　一卷)　　　　20

易注一卷(范長生易

　　注一卷)　　　21

易注一卷(黃穎易注

　　一卷)　　　　24

易注一卷(周氏易注

　　一卷)　　　　27

易注疏證一卷(干常

　　侍易注疏證一卷)

　　　　　　　23(2)

易注九卷附易贊易

　　論一卷　　　　13

易注附漢書本傳引

　　易、五行志易義

　　(劉向劉歆易注附

　　漢書本傳引易、五

　　行志易義)　　10

31易河圖數　　　195

35易遺句　　　　　3

37易洞林一卷　389(2)

易洞林三卷補遺一

　　卷　　　　　389

易通統圖　　193(5)

易通卦驗

　　192(2)　193(2)

易通卦驗玄圖　193

易通卦驗一卷　193

易通卦驗逸文　193

易通卦驗鄭氏注一

　　卷　　　　　193

易運期　　　196(4)

38易逆刺　　　　389

40易九厄讖　　196(2)

易內傳　　　　196

易內篇　　　　196

42易彭氏義一卷 8
　易妖占 388
44易萌氣樞 196(5)
　易林一卷（費直易林一卷） 387
45易坤靈圖 193(2)
　易坤靈圖一卷 194
　易坤靈圖逸文 194
　易坤靈圖鄭氏注一卷 194
48易乾元序制記一卷 197
　易乾元序制記鄭氏注一卷 197
50易中孚傳 195(2)
　易中備 195
55〔易〕軼語 3
60易蜀才注 21
　易是類謀 194　195
　易是類謀一卷 194
　易是類謀逸文 195
　易是類謀鄭氏注一卷 195
71易曆 196
72易劉氏義一卷 10
80易義（高誘易義） 15
　易義（賈逵易義） 10
　易義（張軌易義） 22
　易義（延篤易義） 14
　易義（孟康易義） 18
　易義（魯恭易義） 10
　易義（荀爽易義） 19
　易義（杜鄩易義） 10
　易義（杜欽易義） 10
　易義（趙賓易義） 7
　易義（趙溫易義） 15
　易義（明僧紹易義） 28

易義（谷永易義） 8
易義（鄭衆易義） 11
易義一卷（翟子玄易義一卷） 22
易義一卷（向秀易義一卷） 21
易義一卷（莊氏易義一卷） 26
易義一卷（馬王易義一卷） 691
易義補注一卷（虞氏易義補注一卷） 20
87易鄭司農注一卷 11
88易筮類謀 194
　易箋（甘容訟易箋） 17
6040_0 田
15田融趙書一卷 264
17田子 344
　田子一卷 344
23田俅子 348(2)
　田俅子一卷 348(2)
　田俅子佚文 348
6040_4 晏
17晏子佚文一卷 336
　晏子春秋佚文 336
6043_0 吳
00吳商〔文存〕 492
24吳先賢傳贊 279
34吳邁遠〔詩存〕 551
43吳越春秋佚文一卷 261
　吳越春秋逸文 261
　吳越春秋逸文一卷 261
44吳地理志一卷（張勃吳地理志一卷） 237
47吳均〔文存〕 568
　吳均〔詩存〕 567　568

吳朝請集一卷 568
吳朝請集三卷 568
50吳書抄一卷 237
64吳時外國傳一卷 324
72吳質〔文存〕 459
　吳質〔詩存〕 459
77吳興記一卷 309(2)
　吳興山墟名一卷 309(2)
　吳興入東記一卷 309
87吳錄 237
　吳錄一卷 237(3)
　吳錄逸文 237
88吳篤趙書一卷 264
6060_0 呂
30呂安〔文存〕 468
72呂氏春秋佚文一卷 353
　呂氏春秋佚文輯校一卷 353
　呂氏春秋逸文 353
昌
00昌言 360
　昌言二卷 360
6060_4 圖
24圖緯絳象 188
40圖古象讚述 413
6071_7 壘
72壘氏新書一卷 398
84壘錯 399
　壘錯〔文存〕 428
6073_1 曇
12曇瑗〔詩存〕 595(2)
6080_1 異
27異物志 320
　異物志一卷 321
　異物志三卷 321
30異字音 147

異字一卷　　　148(2)
異字苑　　　147(3)
異字苑一卷　　147
44異苑佚文一卷　420
異苑逸文　　420
77異聞記一卷　418
80異義一卷(駁異義一卷)　　139

6090₆ 景
17景子一卷　　336

6091₄ 羅
80羅含〔文存〕　516
羅含別傳一卷　287

6121₇ 號
08號謚記　　293

6202₁ 昕
10昕天論　　383
昕天論一卷　383

6240₀ 別
34別對災異　387(3)
87別錄　　330
別錄一卷(劉向別錄一卷)　330(3)

6333₄ 默
07默記　　405
默記一卷　405(2)

6355₀ 戰
60〔戰國策佚文〕　256
戰國策佚文一卷　256
戰國策逸文　256
67戰略一卷(司馬彪戰略一卷)　258

6404₁ 時
17時務論　　407
時務論一卷　407

6624₈ 嚴
30嚴安　　401
嚴安書一卷　401
42嚴彭祖春秋盟會圖一卷　　104
72嚴氏春秋逸義述一卷　　101
74嚴助　　358
嚴助書一卷　358

6650₆ 單
21單行字一卷　179
38單道開傳贊　287

6702₀ 明
00明帝〔文存〕晉明帝　506
明帝〔文存〕北周明帝　　607
明帝〔文存〕魏明帝　462
明帝〔文存〕宋明帝　551
明帝〔文存〕梁明帝　590
明帝〔詩存〕北周明帝　　607(2)
明帝〔詩存〕魏明帝　　462(2)
28明僧紹易義　28
90明堂論　　80
明堂制度論一卷　87
明堂月令章句一卷(蔡氏明堂月令章句一卷)　79
明堂月令論　80
明堂月令論一卷　80(2)
明堂月令論一卷(蔡邕明堂月令論一卷)　80
明堂月令問答　80

6706₂ 昭
67昭明太子〔詩存〕　　572　573
昭明太子集　572(2)
昭明太子集六卷　572
昭明太子統〔文存〕　573

6706₄ 略
30略注喪服經傳一卷　74

6712₂ 野
44野老書一卷　354

6716₄ 路
90路粹〔文存〕　452

6772₇ 鶡
37鶡冠子佚文一卷　344
鶡冠子逸文　344

6802₁ 喻
27喻歸西河記一卷　267
40喻希〔文存〕　516

6832₇ 黔
50黔婁子一卷　344

7034₈ 駁
10駁五經異義　139(2)
駁五經異義一卷　139
駁五經異義一卷補遺一卷　139
60駁異義一卷　139

7110₆ 暨
24暨豔〔文存〕　473

7113₆ 盤
21盤經一卷　376

7121₁ 阮
04阮諶三禮圖一卷　87
10阮元瑜集　451
阮元瑜集一卷　451(3)
阮元瑜集二卷　451
12阮瑀〔文存〕　451

阮瑀〔詩存〕　　　451(2)
17阮子政論一卷　　　403
21阮步兵詠懷詩注一
　　卷　　　　　　　469
　阮步兵集　　　　　469
　阮步兵集一卷　　　469
　阮步兵集五卷　　　469
25阮种〔文存〕　　　476
27阮脩〔文存〕　　　500
　阮脩〔詩存〕　499　500
44阮孝緒文字集略一
　　卷　　　　　　　151
67阮瞻〔文存〕　　　502
　阮嗣宗文抄一卷　　469
　阮嗣宗詠懷詩注四
　　卷　　　　　　　469
　阮嗣宗詠懷詩箋定
　　本一卷　　　　　469
　阮嗣宗集　　　　　469
　阮嗣宗集二卷
　　　　468(2)　469(3)
　阮嗣宗集三卷　　　469
　阮嗣宗集四卷　468　469
88阮籍〔文存〕　　　469
　阮籍〔詩存〕　　469(2)

7122₇ 厲

77厲學一卷　　　　　368
　厲學篇（獎訓學徒
　　語）　　　　　　368

7132₇ 馬

10馬王易義一卷　　　11
15馬融〔文存〕　　　445
　馬融儀禮喪服經傳
　　一卷　　　　　　69
　馬融注論語一卷　　111
　馬融易傳一卷　　　11

馬融周易傳一卷　　　11
72馬氏周易注　　　　11

7173₂ 長

39長沙王義欣〔文存〕541
　長沙耆舊傳　　　　283
　長沙耆舊傳一卷　283(2)
　長沙耆舊傳一卷（劉
　　或長沙耆舊傳一
　　卷）　　　　　　283
　長沙耆舊傳逸文　　283
71長曆一卷　　　　　383
　長曆一卷（徐整長曆
　　一卷）　　　　　383

7210₀ 劉

00劉庶子集一卷　　　582
　劉庶子集二卷　　　582
　劉廞〔文存〕　　　458
07劉毅〔文存〕　　　484
　劉歆〔文存〕　　　567
　劉歆〔詩存〕　　　435
　劉歆七略一卷　　331(3)
　劉歆鐘律書一卷　　90
08劉謙之晉紀一卷　247(2)
10劉璵〔文存〕　　　554
　劉霽〔詩存〕　571　572
11劉孺〔詩存〕　　580(2)
12劉瑀〔文存〕　　　546
　劉璠〔文存〕　　　608
　劉璠梁典一卷　　　253
　劉弘〔文存〕　　　497
13劉瓛〔文存〕　　　554
　劉瓛乾坤義一卷　　24
　劉瓛繫辭義疏一卷　25
　劉瓛周易義疏一卷　24
14劉劭〔文存〕　　　463
　劉瑾〔文存〕　　　529

劉瑱〔詩存〕　　　555(2)
16劉琨〔文存〕　　　503
　劉琨〔詩存〕　　503(2)
17劉豫章集一卷　　　585
　劉豫章集二卷　　　585
　劉子新論逸文　　　411
　劉子政集　　　　　433
　劉子駿集　　　　　435
18劉珍〔文存〕　　　440
21劉勔〔文存〕　　　552
22劉緩〔文存〕　　　578
　劉緩〔詩存〕　　578(2)
23劉峻〔文存〕　　　569
　劉峻〔詩存〕　568　569
26劉緄〔文存〕　　　550
　劉程之〔文存〕　　530
27劉向〔文存〕　　　433
　劉向五經要義一卷　138
　劉向五經通義一卷
　　　　　　　　137(2)
　劉向洪範五行傳一
　　卷　　　　　　　43
　劉向孝子傳　　　　274
　劉向孝子傳一卷　　274
　劉向別錄一卷　　330(3)
　劉向劉歆易注附漢
　　書本傳引易、五行
　　志易義　　　　　10
28劉繪〔文存〕　　　560
　劉繪〔詩存〕　　560(2)
30劉戶曹集一卷　　　568
　劉戶曹集二卷　　　568
　劉之遴〔文存〕　　581
　劉之遴〔詩存〕　581(2)
　劉之遴神錄一卷　　422
　劉寬〔文存〕　　　499

劉寶〔文存〕　　　482
31劉潛〔文存〕　　　585
32劉澄之永初山川古
　　今記一卷　　　326
33劉祕書集一卷　　577
　劉祕書集二卷　　577
　劉梁〔文存〕　　446
37劉退〔文存〕　　513
38劉祥〔文存〕　　554
　劉道真錢塘記　　309
　劉道薈晉起居注一
　　卷　　　　　251
39劉逖〔文存〕　　606
　劉逖〔詩存〕　606(2)
41劉楨〔文存〕　　455
　劉楨〔詩存〕　454　455
43劉越石集　　　503
44劉孝綽〔文存〕　577
　劉孝綽〔詩存〕577(2)
　劉孝儀〔詩存〕585(2)
　劉孝標文抄一卷　569
　劉孝標集二卷　　568
　劉孝威〔文存〕　582
　劉孝威〔詩存〕582(2)
　劉苞〔詩存〕563　564
47劉超〔文存〕　　507
48劉敬書一卷　　　357
50劉中壘集六卷　　433
　劉表五經章句後定
　　一卷　　　143
　劉表周易章句一卷　16
　劉表易章句一卷　16
52劉虯〔文存〕　　557
53劉彧長沙耆舊傳一
　　卷　　　　　283
61劉昞燉煌實錄一卷　267

劉昞易注　　　　27
67劉昭〔文存〕　　561
72劉氏五經通義　　136
　劉氏政論一卷　403(3)
　劉氏毛詩箋音義證　50
76劉隗〔文存〕　　507
77劉陶〔文存〕　　446
　劉駒騄〔文存〕　439
　劉熙謚法注　　　293
80劉令嫻〔文存〕　577
　劉善明〔文存〕　553
　劉公幹集一卷　455(2)
　劉公幹集二卷　　454
81劉頌〔文存〕　　488
93劉悛〔文存〕　　558
94劉恢〔文存〕　　512
　劉恢〔詩存〕　512(2)
99劉憕〔文存〕　　513

72101 丘
37丘遲〔文存〕　　563
　丘遲〔詩存〕　563(2)
71丘巨源〔文存〕　557
　丘巨源〔詩存〕557(2)

72247 反
08反論一卷　　　401

72400 删
33删補高士傳三卷　272

72801 兵
10兵要　　　　374(2)
　兵要一卷　　　374
34兵法諸葛亮　　374(2)
　兵法曹操　　　373
　兵法劉裕　　　375
50兵書要略　　　373
　兵書接要一卷　　374

74214 陸
10陸平原集　　　494
　陸平原集二卷　　494
　陸平原集八卷　　494
　陸雲〔文存〕　　496
　陸雲〔詩存〕495　496
　陸雲公〔文存〕　580
　陸雲公〔詩存〕　580
　陸賈楚漢春秋一卷
　　　　　　　257(2)
17陸瓊〔文存〕　　597
　陸瓊〔詩存〕　597(2)
　陸子一卷　　408(2)
18陸瑜〔文存〕　　597
　陸瑜〔詩存〕　597(2)
　陸玢〔詩存〕　594(2)
22陸倕〔文存〕　　571
　陸倕〔詩存〕570　571
25陸績周易述一卷　19(2)
27陸凱〔文存〕　　474
32陸澄地理書抄一卷　304
35陸沖〔文存〕　　492
　陸沖〔詩存〕　492(2)
　陸清河集二卷　　495
　陸清河集八卷　　495
40陸太常集一卷　　570
　陸太常集二卷　　570
　陸士龍文集十卷　495
　陸士龍文抄一卷　496
　陸士龍集十卷　　495
　陸士龍集四卷　495(2)
　陸士衡文集十卷　494
　陸士衡文抄一卷　494
　陸士衡詩注四卷　494
　陸士衡集　　　494
　陸士衡集佚文一卷　494

〔陸士衡集〕逸文　494
陸士衡集十卷　494
陸士衡集七卷　494
42陸機〔文存〕　494
陸機〔詩存〕　494(2)
陸機要覽一卷　407
陸機晉紀一卷　245
陸機晉書一卷　245
陸機洛陽記一卷　312
陸機惠帝起居注一
　卷　250
60陸景〔文存〕　474
71陸厥〔文存〕　559
陸厥〔詩存〕　559(2)
72陸氏要覽一卷　407
陸氏易解一卷　19(2)
陸氏異林一卷　418
陸氏周易述一卷　19
80陸公紀易解一卷　19

7423₂ 隨
17隨郡王子隆〔文存〕　557
隨郡王蕭子隆〔詩
　存〕　556　557
22隨巢子　348　349(2)
隨巢子一卷　349(2)
隨巢子佚文　349

7434₀ 駁
10駁五經異義一卷補
　遺一卷　138　139
駁五經異義疏證十
　卷　139
50駁春秋釋痾一卷　95

7521₈ 體
08體論　404
體論一卷　404
體論一卷(杜恕體論

一卷)　404
體論二卷(杜氏體論
　二卷)　404

7529₆ 陳
07陳記室集　454
陳記室集一卷　454
陳記室集二卷　454
10陳王植〔文存〕　461
陳元〔文存〕　436
11陳張散騎集一卷　593
12陳孔璋集一卷　454(3)
陳孔璋集一卷　454
13陳珍〔文存〕　532
14陳琳〔文存〕　454
陳琳〔詩存〕　454(2)
17陳子要言一卷　406(2)
陳羣〔文存〕　462
18陳玢〔文存〕　522
22陳後主集一卷　598(2)
陳後主集二卷　599
陳後主集三卷　598
30陳窈〔文存〕　532
36陳湯〔文存〕　433
60陳思王集　461
陳思王集二卷　460
陳思王集十卷　460
陳思王集四卷　460
陳思王植〔詩存〕　460
77陳留耆舊傳　280
陳留耆舊傳一卷　280
陳留耆舊傳一卷(蘇
林陳留耆舊傳一
卷)　280
陳留耆舊傳佚文一
卷　280
陳留耆舊傳逸文　280

陳留風俗傳　311
陳留風俗傳一卷
　311　312
陳留風俗傳一卷(晉
江微陳留風俗傳
一卷)　311
陳留風俗傳逸文　311

7622₇ 陽
24陽休之〔文存〕　606
陽休之〔詩存〕　606(2)
43陽城衡樂經　89
60陽固〔文存〕　602
陽固〔詩存〕　602(2)
80陽羨風土記補輯一
　卷　307
陽羨風土記一卷附
校勘記一卷補輯
一卷續補輯一卷　307

7714₈ 闞
76闞駰十三州志一卷　304

7721₀ 凡
27凡將一卷　160
凡將篇任大椿　160
凡將篇司馬相如　160
凡將篇一卷　160
凡將篇一卷(司馬相
如凡將篇一卷)　160
凡將篇佚文　160
凡將篇逸文注一卷　160

風
27風角要占　388
28風俗通佚文一卷　411
風俗通逸文　411(2)
風俗通逸文一卷　411
風俗通義〔佚文〕　411
風俗通義佚文一卷　411

風俗通義逸文 411
風俗通義逸文一卷 411
〔風俗通義姓氏篇〕 412
風俗通義姓氏篇二
卷 412
風俗通義姓氏篇佚
文一卷補遺一卷 412
〔風俗通義姓氏篇佚
文補〕 412
風俗通義姓氏篇校
補一卷 412
40風土記 307
風土記一卷 307
風土記一卷(晉周處
風土記一卷) 307

7721₇ 兒

30兒寬 358
兒寬書一卷 358

7722₀ 同

77同賢記一卷 418

周

08周譜一卷 329
12周弘讓〔文存〕 593
周弘讓〔詩存〕 593(2)
周弘正〔文存〕 593
周弘正〔詩存〕 593(2)
周弘直〔文存〕 594
周弘直〔詩存〕 594(2)
17周子一卷 363
21周顗〔文存〕 505
22周嵩〔文存〕 504
24周續之〔文存〕 531
25周生烈子一卷 362
周生子要論一卷 362(2)
30周官干寶注一卷 62
周官傳一卷 62(2)

周官禮干氏注一卷 62
周官禮注一卷 62
周官禮異同評一卷 63
周官禮義疏一卷 63
周官馬融傳一卷 62
32周祇〔文存〕 529
35周禮序(鄭康成周禮
序) 64
周禮序一卷 64
周禮音拾遺一卷(戚
氏周禮音拾遺一
卷) 64
周禮三家佚注一卷 62
周禮聶氏音一卷 64
周禮賈氏解詁一卷 61
周禮賈氏注一卷 61
周禮班氏義一卷 61
周禮徐氏音一卷 64
周禮遺文 60
周禮遺官 60
周禮李氏音一卷 64
周禮〔古解鉤沉〕 65
周禮杜氏注二卷 61
周禮戚氏音一卷 64
周禮馬融鄭玄敘一
卷 64
周禮劉氏音二卷 64
周禮鄭司農解詁六
卷 61
周禮鄭大夫解詁一
卷 61
周禮鄭氏音一卷 64
37周朗〔文存〕 547
44周地圖記一卷 305
50周書(古文周書) 232
周書佚文一卷 232

〔周書〕佚文考 232
周書逸文 232
53周成難字 178(2)
周成難字一卷 178
58周捨〔文存〕 570
周捨〔詩存〕 570(2)
60周易章句 8
周易章句(孟氏周易
章句) 6
周易章句一卷 6
周易章句一卷(京房
周易章句一卷) 8
周易章句一卷(孟喜
周易章句一卷) 6
周易章句一卷(董遇
周易章句一卷) 18
周易章句一卷(劉表
周易章句一卷) 16
周易音(李軌周易
音) 29
周易京氏 8
周易京氏章句 8
周易京氏章句一卷 8(2)
周易講説(何晏周易
講説) 18
周易講疏(梁武帝周
易講疏) 26
周易施讐章句 6
周易施讐章句一卷 6
周易三卷附易贊易
論一卷(新本鄭氏
周易三卷附易贊
易論一卷) 12
周易王子雍氏 17
周易王世將氏 23
周易王氏音一卷

周易王氏注一卷王廙　23

周易王氏注一卷王
　凱沖　28

周易王氏注二卷　17

周易王氏義一卷王充　10

周易王氏義一卷王
　嗣宗　28

周易丁氏傳二卷　6

周易干氏　23

周易干氏注三卷　23

周易班氏義一卷　10

周易孟喜章句附孟
　氏易圖　7

周易孟氏　7

周易孟氏章句二卷
　附孟氏易圖、卦氣
　圖　7

周易子夏傳　3

周易子夏傳二卷　4

周易賈氏義一卷賈誼　9

周易賈氏義一卷賈逵　10

周易翟氏　22

周易翟氏義一卷　22

周易張氏講疏一卷　27

周易張氏集解一卷　22

周易張氏義一卷　22

周易集解一卷（張璠
　周易集解一卷）　22

周易集注一卷（九家
　周易集注一卷）　15

周易集林　388

周易統略論（鄒湛周
　易統略論）　21

周易統略一卷　21

周易盧氏注一卷　28

周易何氏解一卷　18

〔周易虞氏〕義釋　20

周易虞氏義九卷　19

周易虞氏義箋　20

周易虞氏義箋訂二
　十卷　20

周易師説一卷　27

周易例（孫炎周易
　例）　29

周易崔氏注一卷　25

周易傳一卷（馬融周
　易傳一卷）　11

周易伏氏集解　26

周易傅氏注一卷　25

周易朱氏義一卷　28

周易向氏音義一卷　21

周易魯恭義一卷　10

周易徐幹義一卷　16

周易徐氏音一卷　29

周易注（王氏周易
　注）　17

周易注（傅氏周易
　注）　25

周易注（董氏周易
　注）　18

周易注（馬氏周易
　注）　11

周易注（鄭氏周易
　注）　12

周易注一卷（王廙周
　易注一卷）　23

周易注一卷（王肅周
　易注一卷）　17

周易注一卷（干寶周
　易注一卷）　23

周易注一卷（宋衷周
　易注一卷）　16

周易注一卷（姚信周
　易注一卷）　20

周易注一卷（荀爽周
　易注一卷）　14

周易注一卷（蜀才周
　易注一卷）　20

周易注一卷附易贊
　易論一卷　12

周易注三卷　12

周易注三卷附易贊
　易論一卷補遺一
　卷（鄭康成周易注
　三卷附易贊易論
　一卷補遺一卷）　12

周易注三卷附易贊
　易論一卷補遺一
　卷（鄭氏周易注三
　卷附易贊易論一
　卷補遺一卷）　12

周易注十二卷附易
　贊易論一卷　13

周易注十卷（虞翻周
　易注十卷）　19

周易淮南九師道訓　8

周易淮南九師道訓
　一卷　8

周易宋忠注　16

周易宋氏　16

周易宋氏注一卷　16

周易述一卷（陸氏周
　易述一卷）　19

周易述一卷（陸績周
　易述一卷）　19

周易梁丘賀章句　7

周易梁丘氏章句一
　卷　7

周易沈氏要略一卷　　25
周易褚氏講疏一卷　　26
周易遺文　　3
周易遺篇　　3
周易洞林一卷　　389
周易大義一卷　　26
周易李氏音一卷　　29
周易古五子傳　　5
周易古五子傳一卷　　5
周易〔古經解鉤沉〕　　29
周易古義七卷　　30
周易彭氏義一卷　　8
周易姚氏　　20
周易姚氏注一卷姚信　　20
周易姚氏注一卷姚規　　26
周易卦序論（楊乂周
　易卦序論）　　21
周易卦序論一卷　　21
周易董氏　　18
周易董氏章句一卷　　18
周易董氏義一卷　　9
周易莊氏義一卷　　26
周易韓嬰傳　　5
周易韓氏傳二卷　　5
周易荀爽注　　14
周易荀氏注三卷　　14
周易荀氏九家三卷　　15
周易薛氏記一卷　　17
周易黃氏注一卷　　24
周易黃氏義一卷　　4
周易蔡景君説　　6
周易趙氏義一卷　　15
周易史氏義一卷　　4
周易繫辭注（顧歡周
　易繫辭注）　　24
周易繫辭注（桓玄周

易繫辭注）　　28
周易繫辭桓氏注　　28
周易繫辭荀氏注一
　卷　　28
周易繫辭明氏注一
　卷　　28
周易蜀才注一卷　　21
周易蜀才氏　　20
周易呂氏義一卷　　4
周易馬融傳　　11
周易馬氏　　11
周易馬氏傳三卷　　11
周易劉子珪氏　　24
周易劉晝義一卷　　27
周易劉表章句　　16
周易劉氏章句一卷　　16
周易劉氏注一卷　　27
周易劉氏義一卷　　10
周易劉氏義疏一卷
　　　　25(2)
周易劉景升氏　　16
周易陸氏　　19
周易陸氏述三卷　　19
周易周氏義疏一卷　　27
周易分野一卷　　386
周易義一卷（翟玄周
　易義一卷）　　22
周易義一卷（向秀周
　易義一卷）　　21
周易義疏一卷（劉瓛
　周易義疏一卷）　　24
周易鄭康成注一卷
　附易贊易論一卷　　12
周易鄭司農注一卷　　11
周易鄭注三卷附易
　贊易論一卷　　12

周易鄭氏注三卷附
　易贊易論一卷　　12
周易鄭注十二卷附
　易贊易論一卷叙
　録一卷　　12
周易鄭注箋釋十六
　卷附易贊易論釋
　一卷　　13
周景式孝子傳　　276
61周顒〔文存〕　　554
67周昭　　363
72周氏喪服注一卷　　74
　周氏易注一卷　　27
77周興嗣〔文存〕　　568
　周興嗣〔詩存〕　　568(2)
80周公城名録一卷　　301
月
80月令章句　　79
　月令章句一卷　　79(4)
　月令章句一卷（蔡邕
　月令章句一卷　　79
　月令章句二卷（蔡氏
　月令章句二卷）　　79
　月令章句三卷　　79
　月令章句四卷　　79
　月令佚文一卷　　79
　月令輯佚一卷　　79
　月令明堂論　　80
　月令問答　　80　81
　月令問答一卷
　　　　80　81(2)
　月令篇名　　81
用
88用筆法（李斯用筆
　法）　　394
　用筆法一卷　　394

陶

12陶弘景〔文存〕　　　　579

　陶弘景〔詩存〕578　579

21陶貞白集一卷校勘記

　一卷　　　　　　　579

　陶貞白集二卷　578(2)

25陶朱公養魚經　　　377

26陶侃〔文存〕　　　　510

　陶侃別傳一卷　　　287

37陶通明文抄一卷　　579

　陶通明集　　　　　579

72陶隱居集　　　　　579

　陶隱居集一卷　　　579

　陶隱居集四卷　　　578

7724₇ 服

21服虔通俗文一卷　　171

　服虔春秋左傳解誼

　一卷　　　　　　　93

　服虔易注　　　　　14

7727₀ 尸

17尸子　　　　　352(2)

　尸子一卷　　　352(4)

　尸子二卷　　　　　352

　尸子二卷存疑一卷　352

　尸子三卷附錄一卷　352

　尸子逸文　　　　　352

7732₇ 騶

72騶氏春秋説一卷　　101

7736₄ 駱

20駱統〔文存〕　　　　473

7740₀ 閔

37閔鴻〔文存〕　　　　475

7744₀ 丹

40丹壺名山記一卷　　327

76丹陽記　　　　　　308

　丹陽記一卷　　　　308

丹陽記一卷（晉山謙

　之丹陽記一卷）　308

丹陽尹傳序　　　　　280

丹陽尹傳序一卷　　　280

7744₇ 段

27段龜龍涼記一卷　　266

7748₂ 關

17關子一卷　　　　351(2)

27關名八王故事　　　259

7760₆ 閭

72閭丘沖〔文存〕　　　498

　閭丘沖〔詩存〕　　　498

7760₇ 問

35問禮俗一卷　　　292(2)

　問禮俗一卷（董勛問

　禮俗一卷）　　　　292

7771₅ 毌

72毌丘儉〔文存〕　　　466

　毌丘儉〔詩存〕　　　466

7777₂ 關

50關中記　　　　　　305

　關中記一卷　　　305(2)

　關中記一卷（晉潘岳

　關中記一卷）　　　305

7777₇ 閻

24閻纘〔文存〕　　　　487

7778₂ 歐

76歐陽建〔文存〕　　　490

　歐陽建〔詩存〕　490(2)

　歐陽生尚書章句一

　卷　　　　　　　　36

7780₁ 輿

44輿地志一卷　　　　304

　輿地志一卷（顧野王

　輿地志一卷）　　　304

興

37興軍國圖經一卷　　315

7780₆ 矕

22矕山子　　　　　　360

7790₄ 桑

87桑欽地理志考逸　　302

7810₉ 鑒

53鑒戒象讚一卷　　　413

7823₁ 陰

04陰謀　　　　　　　371

33陰祕　　　　　　　371

87陰鏗〔詩存〕　　592(2)

88陰符　　　　　　　371

90陰常侍詩集一卷　592(3)

　陰常侍集一卷　　592(3)

7876₆ 臨

22臨川王義慶〔文存〕　542

　臨川王義慶〔詩存〕

　　　　　　　　　542(2)

38臨海記一卷　　　　311

　臨海水土記　　　　310

　臨海異物志　　　　311

　臨海異物志一卷　311(2)

　臨海異物志一卷沈瑩

　　　　　　　　　　310

　臨海異物志佚文一

　卷　　　　　　　　311

　臨海異物志逸文　　311

7923₂ 滕

10滕王逌〔文存〕　　　609

　滕王逌〔詩存〕　609(2)

8000₀ 八

10八王故事一卷　　　259

75八陣兵法輯略一卷

　（武侯八陣兵法輯

　略一卷）　　　　　374

80八公相鶴經一卷　　378

8010₄ 全
24全德志論　　285
　全德志論一卷　　285

8010₇ 益
32益州記一卷　　324
47益都耆舊傳　　284(2)
　益都耆舊傳一卷　284(2)
　益都耆舊傳一卷(晉
　　陳壽益都耆舊傳
　　一卷)　　284
　益都耆舊傳一卷雜
　　記一卷補遺一卷　284
　益都耆舊傳逸文　284

8010₉ 金
71金匱　　370

8011₄ 鐘
25鐘律緯　　91
　鐘律緯一卷　　91
　鐘律書　　90
　鐘律書一卷　　90
　鐘律書一卷(劉歆鐘
　　律書一卷)　　90

8020₇ 今
00今文尚書説一卷　36
　今文尚書一卷　　32
　今文尚書經説考三十
　　八卷　　32
　今文尚書經説考三
　　十卷首一卷敍録
　　一卷　　32

8022₁ 前
00前廢帝〔文存〕　548
30前涼録一卷　　266
44前燕録一卷　　265
49前趙録一卷　　264

50前秦録一卷　　268

8050₀ 年
71年曆一卷　　383

8050₁ 羊
28羊徽〔文存〕　　531
　羊徽〔詩存〕　　531
34羊祜〔文存〕　　478
40羊希〔文存〕　　550
72羊氏家傳一卷　　287
77羊欣〔文存〕　　539

8055₃ 義
07義記一卷　　368

8060₆ 曾
16曾環〔文存〕　　528
17曾子遺書十四卷(重
　　輯曾子遺書十四
　　卷)　　335
　曾子逸文　　335
　曾子書補遺　　335

會
23會稽記一卷孔靈符
　　　　310(2)
　會稽記一卷賀循　310
　會稽記一卷(晉孔曄
　　會稽記一卷)　310
　會稽記佚文一卷　310
　會稽記逸文　　310
　會稽王道子〔文存〕528
　會稽後賢傳記一卷　280
　會稽先賢傳一卷　279(2)
　會稽先賢傳一卷(謝
　　承會稽先賢傳一
　　卷)
　會稽先賢像讚一卷　280
　會稽土地記一卷　309
　會稽地志一卷　　310

會稽典録　　279(2)
　會稽典録一卷　279(2)
　會稽典録一卷(晉虞
　　預會稽典録一卷)　279
　會稽典録二卷存疑
　　一卷　　279

8060₇ 含
35含神霧附補遺　204

倉
41倉頡訓纂一卷　157
　倉頡解詁　　157
　倉頡解詁一卷　157
　倉頡篇　　157
　倉頡篇一卷　　157
　倉頡篇二卷　　157
　倉頡篇二卷續本一
　　卷補本一卷　156
　倉頡篇三卷　156(2)
　倉頡篇補本續一卷　156
　倉頡篇校證三卷補遺
　　一卷　　156
　倉頡篇附倉頡訓詁
　　倉頡解詁　　157
　倉頡篇義證三卷校
　　義二卷箋釋一卷　156

8060₈ 谷
28谷儉〔文存〕　504
　谷儉集一卷　　504
30谷永〔文存〕　433
　谷永易義　　8

8073₂ 公
12公孫龍子佚義　347
　公孫弘　　358
　公孫弘書一卷　358
　公孫尼子　　337
　公孫尼子一卷　337(2)

17公子牟 344
　公子牟子一卷 344
80公羊一卷鄭玄 103
　公羊一卷劉兆 108
　公羊王門子注一卷 103
　公羊貢氏義一卷 101
　公羊傳一卷(孔舒元
　公羊傳一卷) 103
　公羊傳佚文一卷 100
　公羊治獄一卷(董仲
　舒公羊治獄一卷)
　　 103
　公羊劉氏注一卷 108
　公羊墨守一卷 102
　公羊眭氏説一卷 100
　公羊嚴氏春秋一卷 100

養
27養魚經 377
　養魚經(陶朱公養魚
　經) 377
　養魚經一卷 377(2)
80養羊法一卷 377

8090₀ 亣
70亣雅贊 134
　亣雅贊(郭璞亣雅
　贊) 134

8211₄ 鍾
00鍾離意別傳一卷 286
17鍾子芻蕘一卷 405
19鍾琇〔文存〕 489
70鍾雅〔文存〕 509
80鍾毓〔文存〕 459
　鍾會〔文存〕 470

8315₃ 錢
35錢神論 413(2)
40錢塘記(劉道真錢塘

記) 309
　錢塘記一卷 309

8713₂ 録
37録運期讖 192

8742₇ 鄭
00鄭康成集一卷 450
　鄭康成別傳 286
　鄭康成周禮序 64
　鄭康成周易注三卷
　附易贊易論一卷
　補遺一卷 12
　鄭玄〔文存〕 450
　鄭玄六藝論一卷 140
　鄭玄喪服變除 69
　鄭玄喪服變除注 69
　鄭玄別傳一卷 286
01鄭襲〔文存〕 519
07鄭記一卷 143
　鄭記考證 143
17鄭君別傳一卷 286
　鄭司農集一卷 450
22鄭豐〔文存〕 497
　鄭豐〔詩存〕 497
26鄭緝之孝子傳 275
27鄭衆國語解詁一卷 254
　鄭衆易義 11
28鄭鮮之〔文存〕 536
　鄭鮮之〔詩存〕 536(2)
30鄭注論語一卷 112
40鄭志一卷 141(2)
　鄭志三卷 141(2)
　鄭志三卷補遺一卷
　　 141(2)
　鄭志三卷拾遺一卷
　附校勘記一卷 141
　鄭志疏證三卷補遺

一卷 142
　鄭志疏證八卷 142
　鄭志考證一卷 142
　鄭志八卷 141(2)
50鄭書 253
60鄭易京氏學一卷 14
　鄭易馬氏學一卷 14
　鄭曼季〔詩存〕 497
71鄭長者書一卷 345
72鄭氏六藝論一卷 140
　鄭氏詩譜考正一卷 50
　鄭氏三禮目録一卷 88
　鄭氏儀禮目録校證
　一卷 88
　鄭氏古文尚書證訛十
　一卷 39
　鄭氏古文尚書十卷 39
　鄭氏喪服變除一卷 69
　鄭氏婚禮一卷 67
　鄭氏孝經注 124
　鄭氏周易注 12
　鄭氏周易三卷附易
　贊易論一卷 12
　鄭氏周易注三卷附
　易贊易論一卷補
　遺一卷 12

8762₇ 郤
10郤正〔文存〕 478

8822₀ 竹
44竹林七賢論 271
50竹書佚文一卷 243
　竹書紀年一卷 243
　〔竹書紀年〕補遺 243
　竹書紀年補遺辨證 243
　竹書紀年存真 243
　竹書紀年輯校一卷

（古本竹書紀年輯
校一卷）　　　243

8822₇ 簡

00簡文帝〔文存〕梁簡文
帝　　　　　　587
　簡文帝〔文存〕簡文帝
　　　　　　　518
　簡文帝〔詩存〕586　587

8823₂ 篆

44篆勢　　　　　395
　篆勢一卷　　　395

8825₃ 箴

00箴膏肓評一卷　　95
　箴膏肓一卷　　94(4)
40箴左氏膏肓一卷　94(2)

8832₇ 篤

08篤論　　　　　404
　篤論一卷　　　404
　篤論一卷（杜氏篤論
　一卷）　　　　404

8843₀ 笑

44笑林一卷　　423(3)
　笑林十則　　　423

8850₇ 筆

21筆經　　　　　396
60〔筆墨法〕　　　395
　筆墨法一卷　　395

8860₁ 答

00答庾亮問　　　72
　答庾亮問宗議一卷　72
44答薄氏駁穀梁義一
　卷　　　　　　107
77答周禮難一卷　　63
78答臨碩難周禮一卷　63
　答臨碩周禮難一卷　63
　答臨孝存周禮難一

卷　　　　　　63
答臨孝存周禮難疏
證　　　　　　63

8877₇ 管

17管子〔佚文〕　　345
　管子逸文　　　345
30管寧〔文存〕　　463

8890₃ 繁

87繁欽〔文存〕　　455
　繁欽〔詩存〕　455(2)

纂

00纂文　　　　174(2)
　纂文一卷　　174(4)
10纂要　　　　175(2)
　纂要文徵遺一卷　174
　纂要一卷顏延之　蕭
繹　　　　　　175
　纂要一卷顏延之　175(3)
　纂要一卷蕭繹　175(3)
　纂要解　　　　175

9000₀ 小

08小說　　　　　417
　小說一卷　　　417
　小說佚文一卷　417
10小爾雅佚文一卷　170
43小戴禮記注一卷　77
77小學集略七卷補一
卷　　　　　　181
　小學鈎沈續編不分
卷　　　　　　181
　小學篇　　　180(3)
　小學篇一卷王義　180
　小學篇一卷王羲之　180

9003₂ 懷

44懷舊志序　　　285
　懷舊志序一卷　285

9020₀ 少

17少子一卷　　　411

9022₇ 尚

50尚書帝驗期　　199(2)
　尚書帝命期　　198
　尚書帝命驗　　198(2)
　尚書帝命驗一卷　198(4)
　尚書帝命驗宋注一
卷　　　　　　198
　尚書章句一卷（歐陽
生尚書章句一卷）　36
　尚書音一卷（古文尚
書音一卷）　　　43
　尚書訓旨一卷（古文
尚書訓旨一卷）　38
　尚書讀本十卷　　40
　尚書旋璣鈴　　199(3)
　尚書旋璣鈴一卷　199(3)
　尚書旋璣鈴一卷附
補遺　　　　　199
　尚書三卷（古文尚書
三卷）　　　　37
　尚書王氏注二卷　40
　尚書五行傳一卷　34
　尚書五行傳注一卷　34
　尚書百兩篇（張霸尚
書百兩篇）　　　37
　尚書刑德放 199(2)　200
　尚書刑德放一卷　199(2)
　尚書刑德放一卷附
補遺　　　　　199
　尚書舜典注一卷（古
文尚書舜典注一
卷）　　　　　41
　尚書集注一卷　　40
　尚書緯（泛引尚書

緯）　　　　　　　197
尚書緯帝命驗一卷　198
尚書緯一卷　　　197(2)
尚書緯刑德放一卷
　　　　　　　　200(2)
尚書緯璇璣鈐一卷　199
尚書緯運期授一卷　200
尚書緯考靈曜一卷
　　　　　　　　198(2)
尚書緯附錄附補遺　197
尚書佚文一卷補遺
　一卷　　　　　　32
尚書注一卷　　　　39
尚書注十卷　　　　39
尚書注九卷　　　　39
尚書洪範記　　　　200
〔尚書〕逸文　　　31
尚書逸文　　　31(2)
尚書逸文二卷　　　31
尚書逸文〔古訓〕　44
尚書逸句　　　　　31
尚書逸湯誓考六卷　42
尚書逸湯誓考六卷
　附校勘一卷　　　42
尚書逸湯誓考四卷　42
尚書逸篇一卷　　　32
尚書運期授　　200(2)
尚書運期授一卷　200(2)
尚書運期授附補遺　200
尚書大夏侯章句一卷　36
尚書大傳　　33　34
尚書大傳一卷　　　34
尚書大傳二卷　　　34
尚書大傳三卷　34(2)
尚書大傳三卷補遺
　一卷　　　　　　33

尚書大傳三卷補遺
　一卷續補遺一卷　33
尚書大傳三卷附序
　錄一卷辨譌一卷　34
尚書大傳五卷附序
　錄一卷辨譌一卷　34
尚書大傳疏證七卷　35
尚書大傳考纂三卷
　附錄一卷補遺一
　卷源委一卷備考
　一卷　　　　　　34
尚書大傳佚文一卷
　補遺一卷　　　　34
尚書大傳注　　　　33
尚書大傳注一卷　　34
尚書大傳注三卷　　34
尚書大傳注四卷　　34
尚書大傳定本五卷
　附序錄一卷辨譌
　一卷　　　　　　34
尚書大傳四卷補遺
　一卷　　　　33(3)
尚書大傳四卷補遺
　一卷續補遺一卷
　考異一卷　　　　33
尚書大傳四卷補遺
　一卷續補遺一卷
　考異一卷附參考
　一卷拾遺一卷　　34
尚書古文注十卷　　39
尚書古文同異一卷　38
尚書〔古解鉤沈〕　43
尚書考靈曜一卷　198
尚書考靈曜一卷附
　補遺　　　　　198
尚書考靈曜　　198(2)

尚書考靈曜二卷　198
尚書考靈耀一卷　198(2)
尚書中侯　　　　201
尚書中侯一卷
　　　　　200　201(5)
尚書中侯三卷　　201
尚書中侯疏證一卷　201
尚書中侯注六卷　201
尚書中侯注一卷　201
尚書中侯馬氏注一
　卷　　　　　　201
尚書中侯鄭注一卷　201
尚書中侯鄭注五卷　201
尚書略説一卷　　　34
尚書略説注一卷　　34
尚書馬氏傳四卷　　39
尚書歐陽章句一卷　36
尚書歐陽夏侯遺説
　考一卷　　　　　36
尚書今文〔古訓〕　43
尚書鄭氏注十卷　　36
尚書小夏侯章句一
　卷　　　　　　　36

　　　　常
11常璩蜀李書一卷　264
60常景〔文存〕　604
　常景〔詩存〕　604(2)

9148₆ 類
44類林一卷　　　418

9408₁ 慎
17慎子逸文　345　346(3)
　慎子逸文一卷　346

9884₀ 燉
96燉煌新錄一卷　267
　燉煌實錄一卷（劉昞
　燉煌實錄一卷）　267

作者名索引

0010₄ 主

80主父偃   400

0022₇ 方

53方成珪   23

高

02高誘   15   122
22高彪   447
23高允   600
77高閭   265   601
90高堂隆   462

0023₀ 卞

17卞承之   529
26卞伯玉   534
38卞裕   530
40卞壺   508
44卞蘭   465
88卞範之   527
90卞粹   493

0023₁ 應

00應亨   511
11應璩   465
  應碩   489
12應瑗   465
14應劭   297
16應瑒   453
21應貞   476
27應詹   509

0023₂ 康

32康泓   287
50康泰   324

0023₇ 庚

00庚亮   511
17庚翼   117   246   512
20庚信   610   611
  庚統   516
23庚峻   477
25庚仲雍(題庚穆之)   313   317
  庚仲容   581
26庚儼(題庚儼默)   155
27庚儵   477
28庚數   502
30庚肩吾   586
32庚冰   512
44庚蔚之   78   545
50庚肅之   522
54庚持   592
60庚曇隆   562
77庚闡   511
82庚龢   517

廉

60廉品   448

0026₇ 唐

30唐滂   406
44唐蒙   413
  唐勒   301
  唐林   434
60唐固   255

0029₄ 糜

20糜信   106

麻

34麻達   114
60麻杲   134

麇

10麇元   465

0040₀ 文

00文立   480

0040₁ 辛

00辛文(計然)   354
50辛肅   532
60辛甲   340
61辛昞   528
  辛□   305

0050₃ 牽

20牽秀   492

0063₁ 譙

77譙周   115   144   269   363

0071₀ 亡

27亡名   608

0090₆ 京

30京房   8   387   388   389

46京相璠　97

0128_6 顔

03顔竣　547
12顔延之　74
30顔之推　170
　顔安樂　101
32顔測　537

0460_0 計

23計然　見辛文　354

謝

00謝玄　524
07謝歆　521
10謝靈運
　239　330　539　540
　謝元　538
14謝瑱　566
16謝琨　505
17謝承
　233　234　279　474
21謝衡　490
　謝綽　260　261　561
22謝幾卿　570
　謝嶠　134
28謝徽　73
30謝安　523
34謝沈　235　236　512
36謝混　530
38謝道韞　525
44謝莊　549
　謝艾　533
　謝萬　127　516
47謝郁　581
50謝惠連　537　538
58謝敷　516
67謝瞻　534
72謝朏　562

77謝舉　582
90謝尚　515
　謝□　81
　謝□　420

0466_0 諸

44諸葛亮
　374　405　470　471
　諸葛恢　508
　諸葛恪　405

0742_7 郭

02郭訓　154　176
12郭璞
　49　132　134　135
　157　355　389　506
20郭季産　422
25郭仲産　306　313　317
27郭象　115　502
　郭緣生　329
32郭澄之　416
61郭顯卿　154
80郭義恭　409　410
　郭舍人　129
81郭頒　415
　郭□　419　420

0821_2 施

20施犨　見施讐　6
　施讐(施犨)　6
48施乾　133　134

0864_0 許

00許亨　592
05許靖　470
07許詢　521
37許淑　96
38許瀚　177
44許懋　572
94許慎　93　128　138

　139　229　399

1010_4 王

00王充　10
　王度　264　533
　王廣　23　72　505
　王襃(汉)　432
　王襃(北周)　608　609
02王誕　531
03王謐　529
04王讚　499
07王韶之　248　275　322
　323　326　540　541
　王歆　276
08王敦　506
10王元謨　308
　王元規　97
12王弘　539
　王延　167
　王延壽　443
　王孫　339
15王融　556
17王珣　526
　王珉　524
　王弼　115　464
　王邵之(王劭之)　532
19王琰　422
21王愆期　103　510
22王彪之　520
23王獻之　525
27王凱沖　28
　王脩(魏)　457
　王脩(晉)　517
　王象　414　459
　王粲　285　452　453
　王叔之　535
28王微　541

王徽之 524
王僧孺 288 569
王僧祐 555
王僧達 546
王儉 74 85 554
30王濟 501
王寂 558
31王濬 482
33王浚 499
王逸之 75
王述 518
34王沈 475
王濛 512
36王昶 467
37王渾 488
王逸 361 440
王朗 114 459
38王洽 514
王導 509
40王巾 561
王梓材 231
44王基 47 362
王恭 526
王蕃 383
王樹枏 5 639
46王坦之 519
47王猛 533
王胡之 518
48王敬弘 542
50王肅 11 17 29
　40 46 47 70
　71 77 96 114
　126 254 413 466
王肅之 524
王素 551
56王規 576

王揖 561 562
60王曠 499
王國維 146 630
王曇首 537
王景暉 266
65王暕 570
66王嬰 413
67王嗣宗 28
72王隱 237 238 507
77王隆 296
王冏 571
78王鑒 503 504
80王羲之
　180 396 520 521
王義 180
86王錫 575
王智深 252
88王筠 583 584
王籍 561
94王忱 522

1014_1 聶
聶□ 64

1020_0 丁
00丁廙 457
20丁孚 298
28丁儀 457
30丁寬 6
60丁晏 50 461 616

1024_7 夏
05夏靖 484
27夏侯玄 465
夏侯建 36
夏侯淳 488
夏侯湛 367 485 486
夏侯惠 463
夏侯勝 36

夏侯曾先 310

1040_0 干
30干寶 23 62 96 245
　292 408 504

1060_0 石
22石崇 493
50石申 386

1060_1 吾
72吾丘壽王 358

晉
44晉孝武帝 525
67晉明帝 506

1060_3 雷
10雷雨人 142
37雷次宗
　74 145 319 543
雷□□ 145

1080_6 貢
20貢禹 101

賈
00賈充 480
03賈誼
　9 357 427 428
22賈山 357
34賈逵 10 38 45 61
　92 108 254 439
42賈彬 503
44賈執 288
60賈思同 97

1111_0 北
77北周明帝 607

1111_4 班
22班彪 436
45班婕妤 432 433
60班固 10 62 67 229
　423 437 438

67班昭		439	43張載		479	41裴楷		491
1111₇ 甄			44張協	498	499	48裴松之	73　248	544
00甄玄成		589	張勃		237	60裴景仁		268
12甄烈		317	張華	413　418	489	67裴昭明		559
1123₂ 張			47張超		446	76裴駰		549
00張方		281	48張翰		491	**1210₀ 到**		
張率		571	50張惠言	19　20	621	31到溉	580	581
張辯		551	53張輔		491	38到洽		571
張玄之		309	54張軌		22	**1223₀ 弘**		
02張譏		27	56張暢		546	17弘君舉		526
07張望		521	張揖	155　162	163	**1240₁ 延**		
張諮		266		176	177	88延篤	14　93	445
08張詮		265	61張顯		409	**1241₀ 孔**		
10張正見	593	594	67張野		534	10孔靈符		310
張霸		37	72張隱	270	271	12孔瑈之		527
12張璠	22	243	73張駿	356	533	14孔琳之		535
15張融	411	558	77張闓		507	15孔融	450	451
20張委		553	79張勝		282	20孔稚珪		559
張禹		124	80張鏡		538	21孔衍		
21張衡	381　382	385	88張敏		483		68　103　256	397
	441	442	93張悛		488	23孔臧		429
張虞		511	98張悅		551	27孔伋	337	338
張緬		574	張敞(晉)		291	孔奐		597
22張種		592	張敞(漢)		432	28孔倫		72
23張綰		588	99張瑩		236	30孔寧子		535
24張升	401	444	張□		27	孔穿		338
張紘		451	張□		302	孔安國	9	110
張纘		584	**1118₆ 項**			31孔汪		524
26張儼	405	475	03項竣		164	46孔坦		510
27張奐		446	**1173₂ 裴**			60孔晁		255
張綱		442	00裴玄		405	66孔嚴		518
28張僧鑒		320	17裴子野		574	77孔欣		533
30張永		552	20裴秀		477	80孔翁歸		567
31張憑	117	513	21裴頠		493	孔□		420
33張浚		488	36裴邈		500	**1249₃ 孫**		
36張溫		473	38裴啓		416	00孫康		538

孫該		467
08孫放		515
17孫瓘		532
孫承　見孫拯		496
孫柔之		393
20孫統		520
21孫綽	116　273	277
	410　519	520
孫緬		550
27孫夐		550
44孫楚		486
50孫惠		497
53孫盛		
	29　244　247	509
57孫拯(孫承)		496
60孫國仁	45	621
67孫嗣		523
80孫毓		
47　84　96　367		476
90孫炎　　29　77		131

1314₀ 武

88武敏之		262

1421₇ 殖

殖□		420

1613₂ 環

30環濟		294

1710₇ 孟

00孟康		18
34孟達		470
36孟昶		168
40孟喜	6	7

1712₇ 鄧

24鄧德明		320
27鄧粲		246

1721₄ 翟

00翟玄		22
17翟子玄		22

1722₇ 鸞

21鸞熊		341

酈

38酈道元		328
90酈炎		446

1742₇ 邢

17邢邵		605

1750₇ 尹

10尹更始		104
25尹佚		348
37尹逸		348
尹□		375

1760₂ 習

37習鑿齒　246　282		523

1762₀ 司

60司星子韋		392
71司馬彪		561
司馬彪　235　258　282		
	343	497
司馬紘		511
司馬攸		481
司馬遷　229　393		431
司馬道子		528
司馬相如	160	429
司馬懿		464
司馬昭		470
司馬無忌		514

1762₇ 邵

10邵晉涵		57

2026₁ 信

47信都芳		90

2033₁ 焦

22焦循	41	623

2071₄ 毛

40毛喜		598

2091₄ 纏

17纏子		350

2121₇ 伍

26伍緝之		534
30伍安貧		318
60伍員		373

2121₇ 盧

04盧諶	293	514
07盧詢祖		604
10盧元明		603
24盧綝	259	260
44盧植	76　77	447
52盧播		489
87盧欽		478
盧□		28

2122₀ 何

00何充		512
14何瑾		528
何琦		72
何劭	287	493
17何承天		543
何子朗		582
21何偃		546
22何胤	48	78
24何休	67　94	101
	102　105	113
29何秋濤		41
30何之元		253
32何遜		566
34何法盛	239	240
41何楨		475
60何思澄		574
何晏		
18　319　320		464
71何長瑜		535
90何尚之		547

2122₁ 衛

11衛冀隆　　　　　　　97
14衛瓘　　　　　　　115
30衛宏　38　153　296
77衛展　　　　　　　503
91衛恒　　　396　486

2123₄ 虞

11虞預　238　279　509
27虞般佑　　　　　　273
　虞翻　19　255　473
28虞聳　　　　　　　384
31虞潭　　　　　　　398
33虞溥　260　368　485
37虞通之　　　　　　550
40虞喜
　　117　292　384　415
60虞昺　　　　　　　384
62虞瞭　　　　　　　564
77虞卿　　　　　　　340
80虞義　　　　　　　560
88虞繁　　　　　　　534
90虞炎　　　　　　　555

2128₆ 潁

30潁容　　　　　　　98

2133₁ 熊

30熊安生　　　　　　79
34熊遠　　　　　　　504
46熊埋　　　　　　　118

2172₇ 師

77師覺授　　　　　　275
　師丹　　　　　　　434

2220₇ 岑

30岑之敬　　　　　　594

2221₄ 任

00任奕　　　　　　　402
11任預　85　324　543

44任孝恭　　　　　　580
47任嘏　　　　　　　402
60任昉　　　562　563

崔

10崔靈恩　48　85　86
12崔瑗　　　　　　　442
14崔琦　　　　　　　442
27崔凱　　　　　　　74
30崔寔　300　401　443
37崔鴻　　　262　263
　崔祖思　　　　　　553
46崔覲　　　　　　　25
67崔瞻　　　　　　　605
76崔駟　　　　　　　438
88崔篆　　　　　　　435
90崔光　　　　　　　602

2224₇ 後

26(後魏)孝文帝　　　601

2277₀ 山

08山謙之　　308　309
34山濤　　　295　481
88山簡　　　　　　　502

2290₄ 樂

00樂彥　　　　　　　302
37樂資　　　　　　　256
38樂肇　　　　　　　115

2300₀ 卜

00卜商　　　　　3　4
43卜式　　　　　　　377

2323₄ 伏

17伏琛　　　307　308
20伏系之　　526　527
26伏儼　　　　　　　229
32伏滔　299　330　523
52伏挺　　　　　　　581
60伏曼容　　　　　　26

79伏勝　　　　33　34
80伏無忌　　　　　　294

2324₂ 傅

00傅亮　　　332　536
　傅玄
　　364　365　478　479
07傅毅　　　　　　　437
23傅縡　　　　　　　597
25傅純　　　　　　　504
47傅嘏　　　　　　　466
48傅幹　　　　　　　456
53傅咸　　　　145　487
56傅暢
　　286　298　299　500
77傅巽　　　　　　　458
　傅□　　　　　　　25

2325₀ 臧

00臧庸　　12　56　624
99臧榮緒　　　　　　240

2397₂ 嵇

00嵇康
　　99　271　467　468
27嵇紹　　　　　　　496
40嵇喜　　　287　476
80嵇含　　　321　497

2420₀ 射

80射慈　　　　71　81

2520₆ 仲

71仲長統　　360　361
　仲長敖　　　　　　492

2554₀ 犍

20犍爲文學　　　　　128
　犍爲舍人　　　　　128

2590₀ 朱

00朱育
　　47　147　148　309

朱應　　　　　　　　321
15朱建　　　　　　　357
24朱緒曾　　　　　　461
25朱仲　　　　　　　378
26朱穆　　　　444　445
27朱仰之　　　　　　28
40朱士端　52　54　56
　朱右曾　　　　　　243
44朱勃　　　　　　　436
47朱超道　　　　　　590
77朱鳳　　　　　　　239
　朱异　　　　　　　580

2610₄ 皇

26皇侃　　　　78　128
53皇甫謐　230　272　273
　　274　288　383　415
　　　　　　481　619
　皇甫規　　　　　　445

2633₀ 息

50息夫躬　　　　　　434

2641₈ 魏

00魏文帝(曹丕)　　　458
　魏文侯　　123　337
28魏收　　　605　606
37魏朗　　　　　　　361
46魏相　　　　　　　432
67魏明帝　　　　　　462

2643₀ 吳

見 6043₀ 吳

2690₀ 和

44和苞　　　　　　　263

2691₄ 程

53程咸　　　　　　　475
64程曉　　　　　　　466
73程駿　　　　　　　600
80程曾　　　　　　　120

2694₁ 釋

30釋寶誌　　　　　　180
55釋慧琳　　　117　538
86釋智匠　　　　　　396

2722₀ 向

20向秀　　　　21　475

2723₄ 侯

14侯瑾　　　257　444
27侯包　見侯苞　　58
44侯苞(侯包)　　　58

2724₇ 殷

00殷康　　　　　　　523
　殷褒　　　　　　　459
15殷融　　　　　　　514
19殷琰　　　　　　　552
23殷允　　　　　　　523
25殷仲文　　　127　529
　殷仲堪　　　117　526
34殷浩　　　　　　　515
44殷基　　　　　　　364
　殷芸　　　　　　　417
60殷景仁　　　　　　541
71殷巨　　　　　　　476
77殷闡　　　　　　　530
　殷興　　　　　　　364

2725₇ 伊

17伊尹　　　　　　　340
44伊摯　　　　　　　340

2731₂ 鮑

26鮑泉　　　　　　　588
42鮑機　　　　　　　586

2733₆ 魚

90魚豢　　　258　259

2742₇ 鄒

21鄒衍　　　　　　　392
34鄒湛　　　　21　489

76鄒陽　　　　　　　399
77鄒閎甫　　　　　　284
　鄒□　　　　　　　407

2760₃ 魯

00魯褒　　　　　　　413
25魯仲連　　　　　　339
44魯恭　　　　10　11

2771₂ 包

53包咸　　　　　　　111

2791₇ 紀

79紀隋　　　　　　　474
80紀義　　　　　　　308

2792₂ 繆

01繆襲　　　　　　　463
44繆協　　　　　　　117
52繆播　　　　　　　115

2793₃ 終

37終軍　　　　　　　399

2794₀ 叔

12叔孫通　　　289　290

2826₆ 僧

38僧肇　　　　　　　531

2829₄ 徐

00徐彥　　　　　　　513
　徐廣
　　84　247　275　531
10徐靈期　　　　　　326
20徐爰　　　　　　　552
22徐樂　　　　　　　400
24徐勉　　　　　　　575
27徐衆　　　　　　　269
36徐禪　　　　　　　513
　徐邈　　　　29　43　50
　　64　82　99　106
　　　　　　　　　526
37徐淑　　　　　　　444

44徐孝嗣		558	13宋武帝（劉裕）		534	26顧和		514
48徐乾	107	530	26宋綿初		56	27顧凱之		165
徐幹	16	455	27宋躬		276	28顧微		322
58徐整	51	383	32宋淵		327	47顧歡	24 118	553
60徐昂		20	44宋孝武帝		548	50顧夷		368
64徐時棟		42	宋世良		151	67顧野王		
74徐陵	595	596	47宋均		198		133 304 393	595
徐□		339	50宋忠 見宋衷 16		385	92顧愷之		528
3010₆ 宣			67宋明帝		551	99顧榮		502
87宣舒		480	80宋前廢帝		548	**3214₇ 浮**		
3011₄ 淮			81宋鈃		356	72浮丘公		378
40淮南八公		378	**3111₀ 江**			**3216₉ 潘**		
3014₇ 淳			20江統		498	20潘維城		119
10淳于髡		82	22江彪		513	64潘勖		452
3022₇ 房			24江德藻		591	72潘岳	305 490	491
60房景先		146	江偉	479	480	77潘尼	501	502
甯			26江總		598	**3390₄ 梁**		
43甯越		339	27江敻		557	10梁正		87
53甯戚		377	31江迵	515	516	梁元帝（蕭繹）	270	276
3033₂ 宓			33江遂		410		277 280 285	316
10宓不齊		336	34江洪		569			325 588
3040₁ 宇			43江式		155	13梁武帝（蕭衍）		
00宇文逌		609	44江革		576		90 91 582	583
宇文招		609	48江翰		59	26梁覬		116
3080₆ 寶			77江熙	109	116	30梁宣帝		589
00寶章		442	86江智淵		548	37梁鴻		457
3090₁ 宗			**3112₇ 馮**			67梁明帝		590
32宗測（題宋居士）		327	10馮元興		602	72梁丘賀		7
50宗夬		561	12馮登府			88梁簡文帝（蕭綱）		
87宗欽		600		52 54 57	60			586 587
90宗懍	315 607	608	21馮衍		436	**3411₁ 湛**		
91宗炳	541	542	**3122₇ 禰**			00湛方生		527
3090₄ 宋			21禰衡		456	**3411₂ 沈**		
00宋文帝		544	**3128₆ 顧**			00沈充		509
宋衷（宋忠）	16	385	01顧譚		360	沈亮		544
10宋玉		427	10顧震福		57	沈文阿		96

08沈旋	133		**3721₀ 祖**			40李克				337
10沈不害	595	23祖台之	419	526		41李概				606
17沈君游	589	35祖沖之	422	559		42李斯				394
18沈婺華	599	61祖暅	384			43李尤				441
20沈重 49 63 78 91		99祖瑩	603			54李軌				
27沈約			**3830₆ 道**				29	64	249	250
240 241 417 564		30道安	325			60李固				443
29沈峭	118		**4001₁ 左**			61李顒		40		514
33沈演之	543	44左芬	484			71李槃				168
34沈滿願	590	60左思	483			72李彤				179
44沈勃	552		**4003₀ 太**			74李陵				431
79沈驎士 25 117 560		50太史叔明	118			90李當之				380
90沈懷文	547	太史籀	146			96李悝				345
沈懷遠 323 549			**4010₀ 士**			李□				316
97沈炯	591	12士孫瑞	450				**4050₆ 韋**			
99沈瑩 310 311			**4024₇ 皮**			00韋玄成		53		432
3413₂ 漆		86皮錫瑞				02韋誕		395		464
70漆雕□	335		35 63 86 125			67韋昭				
3413₄ 漢			139 140 142 143			126	172	173		474
13漢武帝	431		201 624 631				**4060₀ 古**			
3418₁ 洪			**4040₇ 支**			40古直	461	469		639
21洪偓	591	32支遁	517				**4073₂ 袁**			
3426₀ 褚			**李**			00袁康				261
18褚玠	595	00李充 116 510 612				10袁王壽				421
25褚仲都 26 118		李康	463			20袁喬		116		513
32褚淵	553	01李諧	604			22袁山松 236 316 527				
40褚爽	524	03李謐	87			26袁伯文				550
3611₇ 溫		10李平	601			27袁豹				531
17溫子昇	603	12李登	166			袁彖				557
22溫嶠	508	17李尋	433			袁粲				553
3612₇ 湯		20李重	492			30袁準				
50湯惠休	551	21李虔	172			71 366 367 475				
3630₂ 邊		22李彪	601			袁宏		368		519
07邊韶	444	30李騫	602			37袁渙				457
3711₂ 氾		李密	484			袁淑				544
79氾勝之 375 376		32李巡	130			41袁樞				592

60袁昂 579
64袁曄 244
67袁曜 602

4090$_0$ 木

44木華 532

4090$_3$ 索

05索靖 395 493

4091$_6$ 檀

38檀道鸞 248

4191$_6$ 桓

00桓玄 28 528 529
01桓譚 359 360 435
09桓麟(桓驎) 443
36桓温 518 519
79桓驎 見桓麟 443
88桓範 403 404 464

4212$_2$ 彭

30彭宣 7 8
31彭汪 95

4220$_0$ 蒯

37蒯通 398

4241$_3$ 姚

00姚文咸 322
20姚信
20 383 406 474
26姚和都 268
30姚察 599
56姚規 26

4385$_0$ 戴

16戴聖 83
24戴德 68
30戴宏 101
34戴法興 549
戴逵 145 271 525
36戴邈 507
38戴祚 329 419

4410$_4$ 董

22董豐垣 243
25董仲舒
9 103 124 430
36董遇 18 96
64董勛 292
80董無心 339

4411$_2$ 范

00范亨 265
10范雲 560
12范弘之 524
24范縝 562
25范岫 565
27范蠡 377
30范宣 81 84 522
范甯 41 84 107
116 528
31范汪 292 313 516
50范泰 414 537
64范曄 229 542
71范長生 20
77范堅 510

4421$_4$ 莊

莊□ 26

4422$_7$ 蕭

00蕭方 262
蕭廣濟 274
10蕭雲 585
13蕭琮 590
17蕭琛 575
蕭子雲 241 585
蕭子良 555 556
蕭子顯 241 576
蕭子暉 577
蕭子隆 556 557
蕭子範 584
20蕭秀 565
蕭統 572 573
21蕭衍 見梁武帝
26 91 118 127
26蕭繹 見梁元帝 175
27蕭紀 588
蕭綱 見梁簡文帝 49
28蕭綸 585
38蕭洽 570
40蕭大圜 611
47蕭慤 607
50蕭惠開 552
52蕭撝 608
60蕭圓肅 611
71蕭長懋 555
77蕭欣 589 590

4424$_0$ 苻

37苻朗 410

4424$_7$ 蔣

10蔣元慶 77
21蔣師爚 469
30蔣濟 402

4433$_1$ 赫

35赫連氏 267

4439$_4$ 蘇

00蘇彦 406 522
21蘇順 440
30蘇淳 345
蘇寬 97
44蘇林 280
50蘇秦 351

4442$_7$ 萬

10萬震 324

4443$_0$ 樊

37樊深 146
44樊恭 163 164

90樊光　　　　　　　130

4445_6 韓
26韓伯　　　　24　522
61韓顯宗　　　　　601
66韓嬰　　　　5　55

4450_2 摯
21摯虞　278　291　303
　　332　501　611　612

4450_4 華
01華譚　367　368　505
07華歆　　　　　　460
10華覈　　　　　　474
22華嶠　234　235　487

4462_7 荀
00荀雍　　　　　　540
17荀柔之　　　　　28
21荀綽　　　259　299
22荀崧　　　　　　508
26荀伯子　　　　　541
27荀粲　　　　　　19
　荀組　　　　　　505
36荀況　　　　　　427
　荀昶　　　　　　537
40荀爽　14　77　83　447
44荀萬秋　　　　　85
60荀勗　　　332　485
98荀悦　　　　　　361
　荀□　　　　　　419

4471_1 老
44老萊子　　　　　344

4471_7 世
11世碩　　　　　　336

4472_7 葛
01葛龔　　　　　　439
34葛洪
　73　148　508　509

4474_1 薛
21薛虞　　　　　　17
23薛綜　　　　　　473
34薛漢　　　　　　58
44薛孝通　　　　　604
99薛瑩　　　234　480

4477_0 甘
30甘容(甘容訟)　17
　甘容訟　見甘容　17
80甘公　　　　　　386

4480_6 黃
10黃石公　　　　　373
20黃香　　　　　　440
21黃穎　　　　　　24
44黃恭(題黃義仲)　303
58黃整　　　　　　513
67黃歇　　　　　　4
77黃閔(題鮑堅)　318
88黃節　　461　469　540

4490_1 蔡
00蔡充　　　　　　492
　蔡廓　　　　　　535
04蔡謨　73　116　515
12蔡癸　　　　　　375
19蔡琰　　　　　　457
22蔡邕　　　79　80　81
　161　162　294　395
　　　397　448　449
34蔡洪　　　　407　488
60蔡景君　　　　　6
　蔡景歷　　　　　594
72蔡質　　　　　　297
77蔡興宗　　　　　552

4490_3 綦
77綦毋邃　　　　　122

4490_4 葉
40葉大莊　　　　　156

4491_0 杜
00杜育　　　　　　500
11杜預
　71　98　99　481　482
17杜子春　　　　　61
30杜之偉　　　　　590
37杜鄴　　　　10　434
44杜摯　　　　462　463
　杜林　　　　　　158
46杜恕　　　　　　404
50杜夷　　　　　　408
87杜欽　　　　　　10
88杜篤　　　　　　437

4680_6 賀
16賀瑒　　　　　　78
17賀琛　　　　　　293
22賀循
　68　72　73　310　503
33賀述　　　　　　85
38賀道養　　　　　551
72賀氏　　　　　　280

4692_7 楊
00楊方　　　　145　506
17楊承慶　　　　　152
20楊孚　　　　310　320
23楊戲　　　　　　270
24楊偉　　　　　　407
26楊泉
　385　408　409　476
27楊修　　　　　　452
40楊乂　　　　21　481
90楊惲　　　　　　604

4722_7 郗
44郗萌　　　　　　383

47郗超 518
78郗鑒 510
90郗愔 522

4732₇ 郝
00郝立權 494 566

4762₀ 胡
00胡廣 290 291 445
11胡非子 349
23胡綜 473
30胡濟 488
44胡薇元
204 205 206 619
77胡鳳丹 611 616

4772₇ 邯
67邯鄲綽 144
邯鄲淳 398 423 459

4792₀ 柳
92柳惲 565
97柳惲 565

4894₀ 枚
20枚乘 428

4895₇ 梅
77梅陶 508
梅□ 368

4980₂ 趙
24趙岐 278
30趙賓 7
36趙溫 15
40趙壹 395 447
64趙曄(原題趙煜)
58 261

5000₆ 史
63史默 4

申
10申不害 346
40申培 52

車
21車頻 267

5033₃ 惠
08惠施 347
34惠遠 531
41惠標 593

5040₄ 婁
48婁敬 357

5060₀ 由
80由余 352

5090₂ 棗
22棗嵩 500
51棗據 482
75棗腆 500

5090₄ 秦
40秦嘉 444
44秦菁 406

5090₆ 束
42束皙
145 164 165 483

東
00東方朔 389 430 431
76東陽無疑 420 421

5310₇ 盛
00盛彥 481
12盛弘之 313 314

5320₀ 成
44成蓉鏡 142
80成公綏 477

戚
00戚衰 64

5403₂ 轅
60轅固 53 54

5533₇ 慧
14慧琳 117 538
34慧遠 531

5560₆ 曹
10曹丕 見魏文帝
361 362 418
曹元弼 13 125
40曹志 485
曹嘉之 245
44曹植
162 273 460 461
51曹攄 498
56曹操 373 374 456
61曹毗 419 507
72曹髦 467
80曹羲 464

5580₆ 費
36費昶 566
40費直 5 386 387

5602₇ 揚
40揚雄 90 157 158
180 261 262 295
381 385 434 435

6011₃ 晁
84晁錯 見鼂錯 398 399

6040₀ 田
15田融 264
23田俅 348
78田騈 344

6043₀ 吳
00吳商 84 492
34吳邁遠 551
40吳志忠 449
47吳均
252 309 567 568
吳起 91
72吳質 459
88吳篤 264

6060₀ 呂
07呂望　　370　371
10呂不韋　　　　4
30呂安　　　　468
57呂静　　　　167
94呂忱　　　　149

6071₂ 圈
22圈稱(題晉江微)
　　　　311　312

6071₇ 鼂
84鼂錯(晁錯)　398　399

6073₁ 曇
00曇諦　　　　530
12曇瑗　　　　595

6090₆ 景
　景□　　　　336

6091₄ 羅
28羅以智　　　449
80羅含　　316　516

6401₄ 眭
17眭孟　　　　100

6624₈ 嚴
30嚴安　　　　401
42嚴彭祖　　　100
44嚴植之　　　127
74嚴助　　358　378

6702₀ 明
28明僧紹　　　28

6716₄ 路
90路粹　　　　452

6802₁ 喻
27喻歸　　　　267
40喻希　　　　516

6832₇ 黔
50黔婁先生　　344

7110₆ 暨
24暨豔　　　　473

7121₁ 阮
04阮諶　　　　87
12阮瑀　　　　451
13阮武　　　　403
25阮种　　　　476
27阮脩　　499　500
44阮孝緒　151　332
67阮瞻　　　　502
88阮籍　396　468　469

7132₇ 馬
15馬融　11　39　46
　　62　69　76　108
　　111　124　201　445
28馬徵慶　　　51
88馬第伯　　　290

7173₂ 長
12長孫□　　　123

7210₀ 劉
00劉廣　　403　458
　劉廞　　　　406
02劉誕　　　　547
07劉毅　　　　484
　劉歆　　　　567
　劉歆　10　90　92
　　129　331　435
08劉謙之　　　247
10劉瓛　　　　554
　劉霽　　571　572
11劉孺　　　　580
12劉瑀　　　　546
　劉璠　　253　608
　劉弘　　　　497
13劉瓛
　　24　25　127　554

14劉瑾　　　　529
　劉瑱　　　　555
　劉劭　　132　463
16劉琨　　　　503
18劉珍　　　　440
21劉勔　　　　552
22劉緩　　　　578
23劉峻　　568　569
24劉德　　89　358
26劉緄　　　　550
　劉程之　　　530
27劉向　10　43　105
　　120　136　137　138
　　273　274　277　330
　　　　　　　433
28劉繪　　　　560
30劉之遴　422　581
　劉安　9　376　380
　　　　391　428
　劉宏　　　　546
　劉寔　　　　499
　劉寶　　　　482
31劉潛　　　　585
32劉兆　　　　96
　劉澄之　314　320　322
　　　　326　327
33劉梁　　　　446
34劉洪　　　　382
37劉逢祿　　95　102
　劉遐　　　　513
38劉祥　　　　554
　劉裕　　見宋武帝
　　　　　375　534
　劉道真　　　309
　劉道薈　　　251
39劉逖　　　　606

40劉杳　　　　　　　414
41劉楨　　46　454　455
44劉莊　　　　　　　38
　劉芳　　　　　　　50
　劉孝綽　　　　　　577
　劉孝威　　　　　　582
　劉蒼　　　　290　437
　劉苞　　　　563　564
47劉超　　　　　　　507
48劉敬　　　　　　　357
50劉晝　　　　27　411
　劉表　　　　16　70
52劉虯　　　　　　　557
53劉彧　　　　283　143
60劉昌宗　　　　　　64
61劉昞　　　　27　267
67劉昭（題劉劭）277　561
76劉隗　　　　　　　507
77劉陶　　　　　　　446
　劉欣期　　　321　322
　劉駒騹　　　　　　439
　劉熙
　　120　121　172　293
80劉令嫺　　　　　　577
　劉義慶　417　421　542
　劉義季　　　　　　542
　劉義恭　　　　　　548
　劉義欣　　　　　　541
　劉善明　　　　　　553
81劉頌　　　　　　　488
82劉鑠　　　　　　　547
86劉智　　　　72　384
93劉悛　　　　　　　558
94劉恢　　　　　　　512
99劉惔　　　　　　　513

7210₁ 丘
37丘遲　　　　　　　563
71丘巨源　　　　　　557

7226₁ 后
44后蒼　　　　54　124

7421₄ 陸
10陸雲　408　418　495
　　　　　　　　　　496
　陸雲公　　　　　　580
　陸賈　　　　　　　257
17陸瓊　　　　　　　597
18陸瑜　　　　　　　597
　陸玠（陸玢）　　　594
　陸玢　見陸玠　　　594
22陸倕　　　　570　571
24陸德明　　　　　　27
25陸績　　　　　　　19
27陸凱　　　　279　474
　陸翽　　　　312　313
32陸澄　　　　　　　304
35陸沖　　　　　　　492
42陸機　　　245　250　312
　　　　　　407　408　494
60陸景　　　　364　474
71陸厥　　　　　　　559

7423₂ 隨
22隨巢子　　　348　349

7529₆ 陳
10陳元　　　　　　　436
13陳珍　　　　　　　532
14陳琳　　　　　　　454
15陳融　　　　　　　406
17陳羣　　　　　　　114
　陳邵　　　　　　　63
18陳玢　　　　　　　522
20陳喬樅　　36　55　59

陳統　　　　　　　48
22陳後主　　　598　599
30陳窈　　　　　　　532
36陳湯　　　　　　　433
40陳壽　　　　230　284
　陳壽祺　52　54　56
　　　　　　　139　631
88陳銓　　　　　　　73

7622₇ 陽
24陽休之　　　169　606
43陽城衡　　　　　　89
53陽成子長　　　　　88
60陽固　　　　　　　602

7714₈ 闞
76闞駰　　　　　　　304

7721₇ 兒
30兒寬　　　　　　　358

7722₀ 周
11周斐　　　　　　　281
12周弘讓　　　　　　593
　周弘正　　　　27　593
　周弘直　　　　　　594
21周顒　　　　　　　505
　周處　　　　　　　307
22周嵩　　　　　　　504
24周續之　　48　74　531
25周生烈　　　114　362
32周祇　　　　　　　529
37周朗　　　　　　　547
53周成　　　　　　　178
58周捨　　　　　85　570
60周景式　　　　　　276
61周顗　　　　　　　554
67周昭　　　　　　　363
76周髀　　　　　　　381
77周興嗣　　　　　　568
　周□　　　　　　　111

陶

00陶方琦
  14 57 400 630
12陶弘景 578 579
26陶侃 510

7724₇ 服

21服虔
 14 93 94 95 171

7727₀ 尸

20尸佼 352

7736₄ 駱

20駱統 473

7740₀ 閔

37閔鴻 475

7744₇ 段

27段龜龍 266 267
47段朝端 609
50段肅 106
60段國 307

7748₂ 關

關□ 351

7760₆ 閭

72閭丘沖 498

7771₅ 毌

72毌丘儉 466

7777₇ 閻

24閻纘 487

7778₂ 歐

76歐陽建 490
歐陽生 36

7790₄ 桑

87桑欽 302 327

7823₁ 陰

87陰鏗 592

8040₄ 姜

22姜岌 384

8050₁ 羊

28羊徽 531
34羊祜 478
40羊希 550
77羊欣 539

8060₆ 曾

16曾環 528
23曾參 335

8060₈ 谷

28谷儉 504
30谷永 8 433

8073₂ 公

12公孫弘 358
公孫尼 337
17公子牟 344

8211₄ 鍾

00鍾離岫 280
19鍾琰 489
70鍾雅 509
80鍾毓 459
鍾會 341 405 470

8660₀ 智

44智藏 567

8742₇ 鄭

00鄭玄 12 13 33
  34 39 43 50
  51 63 64 67
  69 86 88 94
  95 102 103 105
  112 121 124 125
  131 139 140 190
  193 194 195 197
  201 269 270 380
    450 630 641
01鄭襲 519
22鄭豐 497
鄭儼 126
26鄭緝之 275 311
27鄭眾 11 45 61
    67 93 254
28鄭鮮之 536
67鄭嗣 107
71鄭長者 345
77鄭興 61
90鄭小同 141

8762₂ 舒

12舒瑗 48

8762₇ 郜

10郜正 478

8810₁ 竺

44竺芝 324

8822₇ 簡

00簡文帝 518 586 587

8877₇ 管

30管寧 463

8890₃ 繁

87繁欽 455

9022₇ 常

11常璩 264 323 324
40常爽 145
60常景 413 604

9990₄ 榮

榮□ 390

拼音與四角號碼對照表

　　表內彙集"索引"中各條目的第一個字，按拼音順序排列。正體數目字是該字在索引裏的四角號碼；斜體數目字爲該字在索引裏的頁數。表中的"Z"表示該字爲"作者索引"。

an
安　3040_4

ba
八　8000_0

bai
白　2600_0
百　1060_0

ban
班　1111_4
班Z

bao
包　2771_2
包Z
抱　5701_2
鮑　2731_2
鮑Z

bei
北　1111_0
北Z

ben
本　5023_0

bi
筆　8850_7

bian
邊　3630_2
邊Z
卞　0023_0
卞Z
辨　0044_1

bie
別　6240_0

bing
兵　7280_1

bo
伯　2620_0
駁　7434_0
駁　7034_8
薄　4414_2
博　4304_2

bu
卜Z　2300_0
補　3322_7

cai
蔡　4490_1
蔡Z

can
竄　7113_6

cang
倉　8060_7
蒼　4460_7

cao
曹　5560_6
曹Z
草　4440_6

cen
岑　2220_7
岑Z

cha
嵖　2471_6

chan
纏　2091_4
纏Z

chang
昌　6060_0
長　7173_2
常　9022_7
常Z

chao
晁　6071_7
晁Z

che	**dan**	段$_z$
車 5000$_6$	丹 7744$_0$	**dun**
車$_z$	單 6650$_6$	敦 0844$_0$
chen	**dao**	燉 9884$_0$
陳 7529$_6$	道 3830$_6$	遁 3230$_6$
陳$_z$	道$_z$	**er**
識 0365$_0$	到 1210$_0$	尒 8090$_0$
cheng	到$_z$	爾 1022$_7$
程 2691$_4$	**deng**	**fa**
程$_z$	鄧 1712$_7$	發 1224$_7$
成 5320$_0$	鄧$_z$	法 3413$_1$
成$_z$	**di**	**fan**
chong	地 4411$_2$	凡 7721$_0$
衝 2122$_1$	帝 0022$_7$	樊 4443$_0$
重 2010$_4$	**dian**	樊$_z$
chu	典 5580$_1$	反 7224$_7$
出 2277$_2$	**ding**	氾 3711$_2$
初 3722$_0$	丁 1020$_0$	氾$_z$
芻 2742$_7$	丁$_z$	泛 3213$_7$
楚 4480$_1$	**dong**	范 4411$_2$
褚 3426$_0$	東 5090$_6$	范$_z$
褚$_z$	東$_z$	**fang**
chun	董 4410$_4$	方 0022$_7$
春 5060$_3$	董$_z$	方$_z$
淳$_z$ 3014$_7$	洞 3712$_0$	房 3022$_7$
鶉 0742$_7$	**dou**	房$_z$
cui	竇 3080$_6$	**fei**
崔 2221$_4$	竇$_z$	非 1111$_1$
崔$_z$	**du**	費 5580$_6$
da	獨 4622$_7$	費$_z$
答 8860$_1$	篤 8832$_7$	**feng**
達 3430$_4$	杜 4491$_0$	封 4410$_0$
大 4003$_0$	杜$_z$	風 7721$_0$
dai	妒 4340$_7$	馮 3112$_7$
戴 4385$_0$	**duan**	馮$_z$
戴$_z$	段 7744$_7$	

fu		詁	0466_0	**he**	
伏	2323_4	穀	4794_7	何	2122_0
伏z		顧	3128_6	何z	
宓	3033_2	顧z		河	3112_0
宓z		**guan**		和	2690_0
扶	5503_0	關	7777_2	和z	
苻	4424_0	管	8877_7	鷗	6772_7
苻z		管z		賀	4680_6
服	7724_7	毌	7771_5	賀z	
服z		毌z		赫z	4433_1
浮z	3214_7	冠	3721_4	**heng**	
傅	2324_2	**guang**		衡	2122_1
傅z		廣	0028_6	**hong**	
gai		**gui**		弘	1223_0
蓋	4410_7	歸	2712_7	弘z	
gan		鬼	2621_3	洪	3418_1
干	1040_0	桂	4491_4	洪z	
干z		**guo**		贛	7780_6
甘	4477_0	郭	0742_7	**hou**	
甘z		郭z		侯	2723_4
gao		國	6015_3	侯z	
高	0022_7	**hai**		后z	7226_1
高z		海	3815_7	後	2224_7
ge		**han**		後z	
歌	1768_2	邯	4772_7	**hu**	
葛	4472_7	邯z		胡	4762_0
葛z		含	8060_2	胡z	
gong		韓	4445_6	**hua**	
公	8073_2	韓z		華	4450_4
公z		漢	3413_4	華z	
貢z	1080_6	漢z		化	2421_0
gu		翰	4842_7	**huai**	
古	4060_0	**hao**		懷	9003_2
古z		號	6121_7	淮	3011_4
谷	8060_8	郝z	4732_7	淮z	
谷z					

huan

環z 1613_2

桓 4191_6

桓z

huang

皇 2610_4

皇z

黃 4480_6

黃z

hui

惠 5033_3

惠z

慧z 5533_7

hun

婚 4246_4

渾 3715_6

ji

稽 2397_2

稽z

幾 2265_3

汲 3714_7

集 2090_4

紀 2791_7

紀z

季 2040_7

計 0460_0

計z

祭 2790_1

暨 7110_6

暨z

jia

家 3023_2

賈 1080_6

賈z

jian

簡 8822_7

簡z

建 1540_0

鑒 7810_9

jiang

江 3111_0

江z

姜 8040_4

獎 2743_0

蔣 4424_7

蔣z

jiao

交 0040_8

焦 2033_1

校 4094_8

jie

解 2725_2

jin

今 8020_7

金 8010_9

晉 1060_1

晉z

jing

京 0090_6

京z

荊 4240_0

景 6090_6

景z

竟 0021_6

jiu

九 4001_7

juan

圈z 6071_2

jue

決 3513_0

kan

闞 7714_3

闞z

kang

康 0023_2

康z

kao

考 4420_7

kong

孔 1241_0

孔z

kuai

蒯 4220_0

蒯z

會 8060_6

kuo

括 5206_4

lan

蘭 4422_7

讕 0762_0

lao

老 4471_1

老z

lei

雷 1060_3

雷z

類 9148_6

li

禮 3521_3

李 4040_7

李z

厲 7122_7

酈 1722_7

酈z

lian

連 3530_0

廉 0023_7

廉z

liang	**閭**z	**廥**z
涼 3019_6	呂 6060_0	襧 3122_7
梁 3390_4	呂z	襧z
梁z	律 2520_7	**miao**
lie	**lüe**	繆 2792_2
列 1220_0	略 6706_4	繆z
lin	**lun**	**min**
林 4499_0	論 0862_7	閔 7740_0
臨 7876_6	**luo**	閔z
ling	羅 6091_4	**ming**
靈 1010_8	羅z	明 6702_0
零 1030_7	洛 3716_4	明z
liu	駱 7736_4	冥 3780_0
劉 7210_0	駱z	**mo**
劉z	雒 2061_4	墨 6010_4
柳 4792_0	**ma**	默 6333_4
柳z	麻z 0029_4	**mu**
六 0080_0	馬 7132_7	木 4090_0
long	馬z	木z
龍 0121_1	**mao**	**nan**
lou	毛 2071_4	南 4022_7
婁 5040_4	毛z	難 4051_4
婁z	茂 4425_3	**ni**
lu	**mei**	兒 7721_7
盧 2121_7	枚 4894_0	兒z
盧z	枚z	逆 3830_7
魯 2760_8	梅 4895_7	**nian**
魯z	梅z	年 8050_0
陸 7421_4	**meng**	**nie**
陸z	孟 1710_7	聶z 1014_1
錄 8713_2	孟z	**ning**
路 6716_4	夢 4420_7	甯 3022_7
路z	**mi**	甯z
蘆 4421_1	糜 0029_4	**nü**
lü	糜z	女 4040_0
閭 7760_6	麋 0029_4	

ou

歐 7778_2
歐z

pan

潘 3216_9
潘z

pei

裴 1173_2
裴z

peng

彭 4212_2
彭z

pi

皮z 4024_7
坯 4614_0

ping

平 1040_9

po

鄱 2762_7
繁 8890_3
繁z

pu

蒲 4412_7

qi

戚 5320_0
戚z
漆 3413_2
漆z
齊 0022_3
七 4071_0
綦 4490_3
綦z
啓 3860_4
起 4780_1

qian

牽 0050_3
牽z
前 8022_1
乾 4841_7
犍 2554_0
犍z
潛 3116_1
黔 6832_7
黔z
錢 8315_3

qiao

譙 0063_1
譙z

qin

秦 5090_4
秦z
琴 1120_7

qing

青 5022_7
請 0562_7

qiong

穹 3020_7

qiu

丘 7210_1
丘z
求 4313_2

qu

去 4073_1

quan

全 8010_4
勸 4422_7

que

闕 7748_2
闕z

qun

羣 1750_1

ren

任 2221_4
任z

rong

榮 9990_4

ru

汝 3414_0

ruan

阮 7121_1
阮z

rui

瑞 1212_7

san

三 1010_1

sang

桑 7790_4
桑z
喪 4073_2

seng

僧z 2826_6

sha

沙 3912_0

shan

山 2277_0
山z
删 7240_0
單 6650_6

shang

商 0022_7
尚 9022_7

shao

少 9020_0
邵 1762_7
邵z

she

射 2420_0

射z	**shou**	**suo**
shen	壽 4064_1	索 4090_3
申 5000_6	**shu**	索z
申z	書 5060_1	**tai**
神 3520_6	叔 2794_0	太 4003_0
沈 3411_2	叔z	太z
沈z	舒 8762_2	泰 5013_2
慎 9408_1	蜀 6012_7	**tan**
sheng	束 5090_6	曇 6073_1
聲 4740_1	束z	曇z
聖 1610_4	述 3330_9	檀 4091_6
盛 5310_7	**shui**	檀z
盛z	水 1223_0	**tang**
shi	**shun**	湯 3612_7
尸 7727_0	舜 2025_2	湯z
尸z	**shuo**	唐 0026_7
失 2503_0	説 0861_6	唐z
師 2172_7	**si**	**tao**
師z	司 1762_0	桃 4291_3
施 0821_2	司z	陶 7722_0
施z	四 6021_0	陶z
詩 0464_1	**song**	**teng**
十 4000_0	宋 3090_4	滕 7923_2
石 1060_0	宋z	**ti**
石z	**su**	體 7521_8
時 6404_1	蘇 4439_4	**tian**
史 5000_6	蘇z	天 1043_0
史z	俗 2826_8	田 6040_0
始 4346_0	素 5090_3	田z
士 4010_0	**sui**	**ting**
士z	眭z 6401_4	庭 0024_1
世 4471_7	隨 7423_2	**tong**
世z	隨z	通 3730_2
諡 0861_7	**sun**	同 7722_0
釋 2694_1	孫 1249_3	**tou**
釋z	孫z	投 5704_7

tu

圖 6060₄
土 4010₀

tui

推 5001₄

wai

外 2320₀

wan

萬 4442₇
萬z

wang

亡 0071₀
亡z
王 1010₄
王z

wei

爲 2022₇
韋 4050₆
韋z
衛 2122₁
衛z
未 5090₀
魏 2641₃
魏z

wen

溫 3611₇
溫z
文 0040₀
文z
問 7760₇

wu

吾 1060₁
吾z
吳 6043₀
吳z
五 1010₇

伍 2121₇
伍z
武 1314₀
武z
物 2752₀

xi

西 1060₀
析 4292₁
郗 4722₇
郗z
息 2633₀
息z
習 1760₂
習z
郤 8762₇
郤z
繫 5790₃

xia

夏 1024₇
夏z

xian

先 2421₁
獻 2323₄

xiang

相 4690₀
襄 0073₂
湘 3610₀
向 2722₀
向z
項z 1118₆

xiao

蕭 4422₇
蕭z
小 9000₀
笑 8843₀
孝 4440₇

xie

謝 0460₀
謝z

xin

辛 0040₁
辛z
新 0292₁
信z 2026₁

xing

興 7780₁
星 6010₄
邢 1742₇
邢z
姓 4541₀

xiong

凶 2277₀
熊 2133₁
熊z

xu

徐 2829₄
徐z
許 0864₀
許z
續 2498₆

xuan

宣 3010₆
宣z
昕 6202₁
玄 0073₂

xue

薛 4474₁
薛z

xun

荀 4462₇
荀z
潯 3714₆

訓	0260_0	儀	2825_3	興	7780_1
	yan	義	8055_3	庚	0023_7
燕	4433_1	異	6080_1	庚z	
嚴	6624_8	易	6022_7	語	0166_1
嚴z		益	8010_7	禹	2042_7
延	1240_1	逸	3730_1	宇z	3040_1
延z		藝	4473_1	喻	6802_1
閻	7777_7		*yin*	喻z	
閻z		音	0060_1	御	2722_0
顏	0128_6	殷	2724_7	玉	1010_3
顏z		殷z		豫	1723_2
演	3318_6	陰	7823_1	鬻	1722_7
晏	6040_4	陰z		鬻z	
	yang	尹	1750_7		*yuan*
羊	8050_1	尹z		元	1021_1
羊z			*ying*	沅	3111_1
楊	4692_7	英	4453_0	袁	4073_2
楊z		應	0023_1	袁z	
揚	5602_7	應z		轅	5403_2
揚z		穎	2128_6	轅z	
陽	7622_7	穎z			*yue*
陽z			*yong*	月	7722_0
養	8073_2	詠	0363_2	樂	2290_4
	yao	永	3023_2	樂z	
要	1040_4	用	7722_0	越	4380_5
姚	4241_3		*you*		*yun*
姚z		幽	2277_0	韻	0666_6
藥	4490_4	由	5060_0		*za*
	ye	由z		雜	0091_4
野	6712_2	遊	3830_4		*zai*
鄴	3792_7	友	4004_7	災	2280_9
葉z	4490_4	幼	2472_7		*zang*
	yi		*yu*	臧	2325_0
伊	2725_7	魚z	2733_6	臧z	
伊z		虞	2123_4	葬	4444_1
宜	3010_7	虞z			

zao

棗　5090₂
棗z

zeng

曾　8060₆
曾z

zhai

翟　1721₄
翟z

zhan

戰　6355₀
湛　3411₁
湛z

zhang

張　1123₂
張z
長z　7173₂

zhao

昭　6706₂
趙　4980₂
趙z

zhen

貞　2180₆
甄　1111₇
甄z
箴　8825₃

zheng

正　1010₁
政　1814₀
證　0261₈
鄭　8742₇

鄭z

zhi

職　1315₀
殖　1421₇
殖z
至　1010₄
智z　8660₀
秩　2593₀
摯　4450₂
摯z
志　4033₁
支　4040₇
支z

zhong

中　5000₆
忠　5033₆
終　2793₃
終z
鍾　8211₄
鍾z
鐘　8011₄
仲　2520₆
仲z

zhou

周　7722₀
周z

zhu

諸　0466₀
諸z
朱　2590₀

朱z
竹　8822₀
竺z　8810₁
主　0010₄
主z

zhuan

篆　8823₂
傳　2524₃

zhuang

莊　4421₄
莊z

zi

子　1740₇
字　3040₇

zong

宗　3090₁
宗z

zou

鄒　2742₇
鄒z
騶　7732₇
奏　5043₀

zu

祖　3721₀
祖z

zuan

纂　8890₃

zuo

左　4001₁
左z